PARIS

A TRAVERS LES SIÈCLES

SCEAUX. — IMPRIMERIE CHARAIRE ET FILS

COSTUMES DE PARIS A TRAVERS LES SIÈCLES

ARBALÉTRIER
(XVIe SIÈCLE)
(Tiré du Manuscrit de Froissard.)

PARIS
A TRAVERS LES SIÈCLES

HISTOIRE NATIONALE
DE
PARIS ET DES PARISIENS

DEPUIS LA FONDATION DE LUTECE JUSQU'A NOS JOURS

PAR

H. GOURDON DE GENOUILLAC

OUVRAGE RÉDIGÉ SUR UN PLAN NOUVEAU

AVEC UNE LETTRE DE

M. HENRI MARTIN
DE L'ACADÉMIE FRANÇAISE

Contenant 63 gravures hors texte et 16 belles gravures coloriées.

TOME TROISIÈME

PARIS

F. ROY, ÉDITEUR, 185, RUE SAINT-ANTOINE

M DCCC LXXX

PARIS
A TRAVERS LES SIÈCLES

TROISIÈME PARTIE

XXX

Saint-Thomas-d'Aquin. — Révocation de l'édit de Nantes. — La place des Victoires. — Saint-Germain-des-Prés. — La place Vendôme. — Persécution des protestants. — Les comédiens français. — Un banquet à l'hôtel de ville. — L'Opéra. — Les hôtels. — La Comédie italienne. — L'homme au masque de fer. — Bercy. — Corporations. — Mœurs, coutumes, modes.

LUSIEURS arrestations pour affaires d'empoisonnement furent opérées pendant le cours de 1681. Paul, André et Victorino Trovato, sujets italiens, furent envoyés à la Bastille sous l'inculpation de composer des drogues et poudres « suspectes de poison ». Marie Matar, fille de Gédéon Bouffet, marchand drapier, y fut aussi envoyée « convaincue d'avoir fait accoucher par force plusieurs femmes et filles avec des mauvaises drogues ».

Ce fut le 16 mai 1681, dans *le triomphe de l'Amour*, opéra en cinq actes de Benserade, Quinault et Lulli, qu'une danseuse, Mlle La Fontaine, parut pour la première fois sur la scène de l'Opéra. Avant elle, quelques dames avaient figuré dans les ballets de la cour. C'étaient Mme la Dauphine, la princesse de Conti, Mlle de Nantes : mais leurs rôles consistaient à réciter des vers, lorsqu'un acteur ne les disait pas en leur lieu et place. Au reste, dans les commencements du théâtre, aucune femme ne figurait sur la scène et, lorsqu'il arrivait qu'un personnage féminin fût nécessaire à la pièce, il était joué par un homme travesti.

Quant aux danseuses, — c'étaient des danseurs, qui, sous le masque et des vêtements féminins, les formes arrondies par l'art et le coton, en tenaient lieu, et nous devons dire qu'ils n'excitaient qu'un enthousiasme modéré.

Aussi, la présence de Mlle La Fontaine fut plus qu'un événement, ce fut une révolution dans les us et coutumes du théâtre.

On la nomma la reine de la danse ; trois coryphées l'escortaient, c'étaient Mlles Lepeintre, Fernon et Roland (qui, devenue premier sujet à son tour, épousa le marquis de Saint-Geniès).

A propos de théâtre, disons qu'à cette époque florissait sur la scène italienne un artiste dont les Parisiens raffolaient : c'était Joseph Biancolelli, dit Dominique, qui jouait les Arlequin avec un talent exceptionnel; il était avec cela spirituel, ce qui ne gâte rien.

Les comédiens français avaient réclamé contre la troupe italienne qui leur faisait concurrence, et ce fut Baron, l'un d'eux, qui fut chargé de plaider leur cause devant Louis XIV ; Dominique avait le soin des intérêts des Italiens.

Après que Baron eut exposé ses raisons, Dominique, s'adressant au roi, lui dit avant de commencer :

— En quelle langue Votre Majesté veut-elle que je parle ?

— Eh ! parle comme tu voudras, répondit le roi.

— J'ai gagné mon procès, reprit Dominique, nous ne demandons pas autre chose.

Le roi rit et déclara qu'il ne s'en dédirait.

Les Italiens purent donc, à partir de ce moment, jouer leurs pièces italiennes, sans avoir à redouter les réclamations des comédiens français.

Un autre personnage de la comédie italienne, qui était aussi en grande faveur auprès des Parisiens, était Tiberio Fuirelli, dit Scaramouche. Il était venu à Paris en 1640 et, jusqu'à l'âge de quatre-vingt-trois ans, il joua, attaché d'abord à la comédie italienne, puis au théâtre de la foire. Dans un âge aussi avancé, il avait encore tant d'agilité et de souplesse, que, dans quelques scènes pantomimes, il donnait, sans effort, un soufflet avec le pied. Il mourut en 1696, à quatre-vingt-huit ans, et fut inhumé en grande pompe dans l'église Saint-Eustache.

Le 3 mars 1682, fut posée la première pierre de l'église des Jacobins du faubourg Saint-Germain, sur les dessins de Pierre Bullet, mais elle ne fut achevée qu'en 1740, avec le produit des quêtes faites par les Jacobins parmi les personnes pieuses.

Cet édifice est digne de l'artiste qui en donna le plan ; une ordonnance de colonnes doriques, surmontée d'une autre de colonnes ioniques caractérise sa façade.

« Cette église a, selon la description d'un auteur du temps, 22 toises depuis le portail jusqu'au fond du sanctuaire. La nef en a douze de hauteur sous clef de la voûte et environ 18 pieds en carré. De grands pilastres corinthiens décorent l'intérieur et soutiennent une corniche de toutes les moulures convenables. Les vitraux distribuent une lumière si douce, que les yeux les plus foibles n'en sont point offensés. On a fait servir pour la chapelle du rosaire l'autel principal de cette église qui étoit du dessin et de l'exécution de Martin, sculpteur, de même que les marbres et les deux tombeaux. »

Le portail, rebâti en 1787, par le frère Claude, est surmonté d'un fronton orné d'un bas-relief, représentant *la Religion*. Deux autres bas-reliefs qui occupent les caissons au-dessus des portes latérales représentent, à gauche, *la Vierge donnant le chapelet à saint Dominique*, à droite, *Jésus-Christ donnant des éloges à saint Thomas* pour ses écrits.

Le plan de l'église affecte la forme d'une croix grecque.

On voit encore dans la voûte de la chapelle, située derrière le chœur, une *Transfiguration* peinte par Lemoine en 1724 ; dans les bas-côtés une *descente de croix* de Guillemot et *saint Thomas apaisant la tempête*, de M. Ary Scheffer. On a aussi décoré de grisailles rehaussées d'or cette partie de l'édifice.

Il y avait à l'intérieur de cette église, érigée sous le vocable de Saint-Thomas-d'Aquin, de nombreux monuments sépulcraux qui disparurent après 1790, époque où le couvent des Jacobins fut supprimé. C'était d'abord le tombeau de François Romain, un des habiles ingénieurs et architectes de son temps, puis celui de Philippe de Montault, duc de Navailles, maréchal de France, et celui de sa femme, Suzanne de Beaudéan de Neuillan de Parabeyre, ceux du marquis de Soyecourt, de l'architecte Hyacinthe Serroni, d'Henriette de Conflans marquise d'Armentières, de Réné du Bec-Crespin Rinaldi, marquis de Vardes, du marquis de Clérambault, etc., etc.

De superbes ornements s'y trouvaient aussi, cependant on y voit encore au-dessus du maître-autel une gloire figurée par le triangle mystérieux, environnée de nuages et de chérubins d'où partent les rayons. Ce groupe est de bronze doré à l'or moulu.

A droite est une chapelle dédiée à saint Vincent de Paul : au-dessus de l'autel on voit dans une niche la figure de cet ami de l'humanité, recueillant les enfants nouveau-nés qui sont à ses pieds.

En 1793, l'église Saint-Thomas-d'Aquin devint le temple de la Paix.

En 1802, elle fut rendue au culte et devint paroisse du Xe arrondissement.

Saint-Thomas-d'Aquin n'éprouva aucun dégât ni aucune perte, pendant la durée de la Commune, en 1871.

En même temps qu'on construisait cette église, on formait la place qui se trouve au-devant et qui a pris le nom de place Saint-Thomas-d'Aquin.

Quant à la rue du même nom, elle s'appelait, avant la Révolution, passage des Jacobins. Depuis 1802, on lui a donné le nom de l'église.

Depuis quelques années, l'horrible maladie que propage la débauche avait fait de notables progrès, malgré tout ce que l'édilité parisienne tentait pour réprimer le libertinage à Paris ; par une ordonnance de 1684, rendue par Colbert, un sévère règlement devait être appliqué aux femmes de mauvaise vie ; il avait trait spécialement à celles dont le désordre avait altéré la santé. La fille envoyée à l'hôpital général y recevait le fouet en y entrant et était soumise au régime le plus dur, aux travaux les plus pénibles. En cas de paresse et d'insubordination, on lui infligeait le carcan et les « malaises. »

Nombre de femmes furent ainsi arrêtées et envoyées à l'hôpital.

Si nous consultons le livre d'écrou de la Bastille, nous y trouvons aussi bon nombre de personnes emprisonnées dans cette année 1684. Entre autres, c'est un sieur Thomas Crisafi, chevalier de Malte et son frère Antoine, soupçonnés d'intrigues avec l'ambassadeur d'Espagne, contre le service du roi ; une femme, Marie-Geneviève de Saint-André, y avait été envoyée « soupçonnée de mauvais desseins, ayant cassé les glaces du carrosse de la reine ».

Un sieur Joseph Jorin ou Jarina, valet de pied de l'ambassadeur de Venise, y fut aussi emprisonné, pour avoir dit dans une antichambre de Versailles, en présence de ses camarades : — (l'un d'eux, valet de pied comme lui, partagea son sort.)

— Qui pourrait m'empêcher d'aller tuer le roi ?

Il paraît que cette année-là, on conspirait volontiers contre la personne de Louis XIV, car nous voyons encore le sieur Béranger de la Berrière, major au régiment de Bourgogne, incarcéré pour « machination contre la personne du roi », et un certain comte de Morlot, embastillé comme « soupçonné d'avoir machiné plusieurs intrigues en Hollande, avec le prince d'Orange, faisant plusieurs voyages de Hollande à Paris et par des lettres qu'il faisoit circuler et dont il déguisoit la signature, empruntant un autre nom pour mieux couvrir son détestable projet de faire mourir le roi et pour le mieux faire réussir ».

Cet accusé nia énergiquement le dessein qu'on lui imputait, ce qui n'empêcha pas qu'on le transféra à Vincennes.

Un sieur Durand, conseiller et secrétaire du roi, ci-devant commis général à la caisse des emprunts, fut mis à la Bastille pour avoir malversé, ainsi que le sieur Destoré, écuyer, sieur des Réaux, ingénieur du roi, qui s'était approprié une partie des fonds destinés aux travaux du port de Dieppe ; le sieur Joseph de Saint-Gorge, commissaire ordonnateur de la marine, et son complice Nicolas Benigne du Guay, président de la chambre des comptes de Bourgogne, aussi pour malversation.

On voit que les fonctionnaires d'alors n'étaient pas tous d'une honnêteté scrupuleuse.

Signalons encore, parmi les gens arrêtés, Charles Combon, écuyer, dit le Comte de Longueval « tireur d'horoscopes, se mêlant de deviner, donnant des drogues aux femmes et aux filles pour les faire avorter ».

La clientèle ne manquait sans doute pas aux gens qui faisaient ce métier, car en feuilletant les registres, on trouve souvent cette accusation répétée.

Il arrivait aussi parfois que nul ne savait pourquoi le prisonnier était sous les verrous. Ainsi nous voyons — toujours en 1684 — cette note mystérieuse sur le livre : « le nommé Delasse, remis à un officier de la prévôté de l'hôtel, pour le conduire à la Cour. — Lettre de M. de la Reynie pour qu'on ne parle à personne du prisonnier amené le matin à la Bastille et que personne n'ait connaissance de son nom. — Lettre du chancelier Le Tellier pour faire garder à vue l'homme que M. de la Reynie a envoyé à la Bastille et dont il lui mandera le nom. »

De quoi cet homme était-il accusé ? on l'ignore.

Le chevalier du guet et les officiers et archers de sa compagnie, étant en désaccord au sujet de la résignation des charges, le roi, par arrêt de son Conseil du 24 janvier 1684, mit fin à ces contestations, en ordonnant que le sieur Chopin, chevalier du guet et ses successeurs, seraient maintenus dans la possession du droit de nommer aux charges de lieutenant, exempts et archers de la compagnie du guet, lorsqu'elles vaqueraient, soit par mort, résignation, forfaiture ou autrement, et les lieutenant, exempts et archers, dans la faculté de résigner leurs offices de leur vivant, en payant par les résignataires au chevalier du guet : le lieutenant 1000 livres, les exempts 500 les archers à cheval 100 et les archers à pied 50, lesquelles résignations seraient nulles si elles n'étaient signifiées au chevalier du guet, quinze jours avant le décès du résignant. Et quant «aux officiers qui seroient tuez en faisant le devoir de leurs charges, le Roy voulut que leurs veuves et héritiers pussent résigner leurs offices, comme ils l'auroient pu faire eux-mêmes de leur vivant.»

Plus tard, c'est à dire le 2 janvier 1688, le roi fit un règlement nouveau pour la compagnie du guet.

Nous avons parlé du pont de bois, appelé Pont-Rouge ou des Tuileries, qui avait été construit par le sieur Barbier. Le 20 février 1684, il fut emporté par les grandes eaux et le roi prit alors la résolution de le faire reconstruire en pierre.

On en posa les fondations le 25 octobre 1685.

Le dessin et les devis furent fournis par Jules Hardouin Mansard, et les travaux furent conduits par le sieur Gabriel, « aidé par le frère François-Romain, jacobin, originaire de Gand, fort expérimenté dans la confection des ponts ».

Ce pont, qui coûta 240,000 écus, fut appelé Pont-Royal.

Il se compose de cinq arches en pierres à plein cintre, d'un diamètre moyen de 22 mètres; sa longueur entre les culées est de 128 mètres, sa largeur entre têtes de 17 mètres. Sur l'un des éperons de l'arche la plus voisine des Tuileries, une échelle métrique mesure la hauteur des eaux de la Seine, et indique les plus fortes crues observées jusqu'à ce jour.

Quelque temps avant sa mort (1683), Colbert avait prescrit l'emmagasinement dans un terrain appartenant à la couronne des blocs de marbre qui n'avaient pas été employés dans la construction de la colonnade du Louvre et qui étaient demeurés provisoirement sans emploi. Ce terrain, situé entre le quai d'Orsay, l'avenue de la Bourdonnaye et la rue de l'Université, a conservé l'appropriation qui lui fut donnée à cette époque, et le dépôt des marbres resta une dépendance du mobilier de la couronne, dont il ne fut séparé qu'à la fin du second empire.

Dès le commencement du xixe siècle l'affectation du dépôt des marbres prit une plus grande extension; de simple chantier, d'entrepôt pour ainsi dire, il a été élevé peu à peu au rang de musée transitoire, où les œuvres de statuaires achetées par l'État et destinées aux musées des départements sont emmagasinées en attendant que l'Administration les dirige sur leurs diverses destinations; des ateliers géants y ont été construits, où les artistes peuvent exécuter les commandes de grandes dimensions, difficiles à mener à bien dans des ateliers privés.

Mais l'usage le plus piquant qu'ont fait du dépôt des marbres les gouvernements nombreux qui se sont succédé depuis quatre-vingts ans dans notre beau pays de France est assurément le remisage des bustes et statues officielles.

« En effet, dit M. H. Bradot à qui nous empruntons ces détails, chaque fois qu'un gouvernement fait place à un autre, les bustes du souverain qui ornent les cheminées des mairies, les justices de paix, les salles de délibérations de divers centres administratifs s'acheminent tristement vers le Dépôt des marbres et viennent se ranger auprès de leurs devanciers; Napoléon, Louis-Philippe, la reine Marie-Amélie, la deuxième République, le président Louis-Napoléon, Napoléon III, l'impératrice Eugénie forment là l'assemblage le plus étrange qui se puisse rencontrer. Au milieu de l'océan des bustes, émergent quelques statues colossales : un Louis XVI de bronze, que la Restauration destinait à la place de la Concorde; le « Petit Caporal », décapité, non point, comme on l'a prétendu, par un vandalisme inepte, mais au moment de son immersion à Neuilly, qui n'avait pour but que de le dérober aux outrages possibles des Prussiens; un duc d'Orléans, autrefois dressé dans la cour des Pairs. Nous en passons et des meilleurs : la statue de la République de M. Soitoux elle-même, qui vient de rendre au dépôt un regain d'actualité, était destinée en 1848 à orner la petite place du palais Bourbon, où se voit en ce moment une assez médiocre statue de la Loi.

« Quant aux « marbres » qui forment la partie essentielle et pourtant la moins intéressante du dépôt, la consommation qu'en fait l'État en commandes n'obéit pas à des règles bien rigoureuses : telle année coûte 40,000, telle autre 30,000 francs, tandis qu'une troisième ne figure que pour 500 francs; même diversité dans la qualité et la dimension des blocs qui s'alignent dans les enclos comme des allées de dolmens dans les plaines de la Basse-Bretagne; de 1 mètre cube, ils atteignent quelquefois à 6, 7 et 8 mètres cubes, le Carare et le Falcovaia à 1,500 francs le mètre cube y coudoient familièrement le vulgaire Saint-Béat à 100 francs, au milieu du Betogli, du Joudpore et du Crestola.

« C'est ce dernier qui servit à la confection des statues de Panthès, commandées par M. de Chennevières et qui ont été exécutées au dépôt même. »

Le 24 juillet 1684, le prévôt des marchands et les échevins fondèrent un panégyrique en l'honneur du roi, pour être récité tous les ans, le 15 mai, par le recteur de l'Université, en présence du corps de ville, et, à cet effet, un traité fut passé avec l'Université qui dut recevoir annuellement quarante louis d'or valant 440 livres. La fondation fut acceptée par l'Université et homologuée au parlement, le 17 août 1684.

Le roi songea, dans le même temps, à apporter une réforme dans les dépenses superflues que les religieux mendiants faisaient pour la décoration de leurs monastères, aussi bien que dans les moyens qu'ils employaient pour augmenter leurs revenus, et, par sa déclaration du 5 septembre 1684, il leur défendit, sous peine de privation de tous leurs

Maison où est mort le grand Corneille, en 1684, rue d'Argenteuil, n° 18.

Sur les tablettes des armoires secrètes reposent 26 têtes d'hommes coupées et conservées sur des plats d'argent. (Page 7, col. 1.)

privilèges, « d'entreprendre aucun bâtiment dont la despense excédast la somme de quinze mille livres, sans en avoir obtenu la permission par lettres patentes signées de sa main, contresignées par un des secrétaires d'estat, scellées du grand sceau, et enregistrées au parlement, avec les formalitez accoustumées ».

Et même pour les constructions au-dessus de trois mille livres, il leur fut interdit de les entreprendre sans la permission du parlement.

Nous avons déjà parlé des religieuses du Saint-Sacrement de la rue Cassette. Quelques autres religieuses du même institut, ayant été envoyées à Paris, en 1674, à cause de la guerre qui ravageait la Lorraine, demeurèrent pendant quatre ou cinq mois dans le couvent de la rue Cassette; après quoi l'archevêque de Paris leur permit « de se mettre en hospice dans une maison proche la porte Montmartre », qu'abandonnaient les religieuses de la congrégation de Notre-Dame, pour aller demeurer au faubourg Saint-Victor. Les filles du Saint-Sacrement y entrèrent le 22 octobre de la même année, mais elles n'avaient cette maison qu'en location et elle fut vendue en 1680. Alors elles en prirent une autre au delà de la porte Richelieu et le roi, voulant que cette communauté fût conservée, leur accorda des lettres patentes, au mois de juin 1680. Quatre ans plus tard, par contrat passé avec le cardinal de Bouillon, le 30 avril 1684, elles acquirent l'hôtel de Bouillon, situé dans la rue Neuve-Saint-Louis (rue de l'Égout, puis rue de l'Égout couvert, rue Neuve-Saint-Louis, rue Saint-Louis au Marais et rue de Turenne par arrêté du 14 vendémiaire an IX), et le contrat fut homologué au parlement, le 26 août suivant. Elles en prirent possession, le 16 septembre, et établirent l'adoration perpétuelle du Saint-Sacrement dans un hôtel où les huguenots avaient autrefois tenu leurs assemblées.

Ce couvent fut supprimé en 1790 et devint propriété nationale.

En vertu d'une ordonnance royale du 29 mai 1822, la ville de Paris fit l'acquisition des bâtiments de la communauté, moyennant la somme de 115,000 francs ; les anciennes constructions furent abattues vers 1826. Alors sur ce terrain M. Godde, architecte, fut chargé de construire une église qui fut livrée au culte le jour de Pâques 1835, sous le vocable de Saint-Denis-du-Saint-Sacrement.

Cette église coûta 1,347,380 francs 93 centimes. Elle est précédée d'un péristyle dont le fronton a été décoré, par M. Feuchères, d'un bas-relief représentant : *la Foi, l'Espérance et la Charité*. Les statues de saint Pierre et de saint Paul occupent des niches carrées à droite et à gauche de la porte principale. A l'intérieur, l'église se compose de trois nefs séparées par des colonnes d'ordre ionique, en pierre polie avec chapiteaux dorés. La voûte en plein cintre est divisée en caissons peints et dorés. Les bas côtés, qui se prolongent au delà du chœur, le long de la sacristie, située derrière le maitre-autel, se terminent aux deux extrémités par des chapelles.

La nef et les chapelles sont décorées de peintures remarquables d'Abel de Pujol, de Picot, de Court, de Decaisne.

Mais la principale est une superbe *Pieta* d'Eugène Delacroix.

Pendant la Commune de 1871, cette église n'eut à souffrir aucun dommage.

On avait déjà abattu plusieurs portes de la ville. En 1684, on jeta bas celle Saint-Victor rebâtie en 1570, au coin des murs du séminaire des Bons-Enfants, celle Saint-Jacques, celle Saint-Michel (appelée jadis porte Bordel) ; on démolit aussi l'église ou chapelle Saint-Leufroi, pour faire place aux constructions exécutées alors aux bâtiments du grand Châtelet. Ses fondations pieuses furent réunies à l'église Saint-Jacques-la-Boucherie, et les paroissiens furent reportés dans la paroisse Saint-Germain-l'Auxerrois.

Au reste, plusieurs grands travaux d'édilité eurent lieu à cette époque.

Par arrêts du conseil, du 7 juin 1670 et du 11 mars 1671, et par lettres patentes du mois de juillet 1676, il avait été ordonné au prévôt des marchands et aux échevins de fermer les remparts de la ville, depuis la porte Saint-Antoine jusqu'à celle Saint-Honoré, et d'y planter des arbres pour faire un cours servant à la décoration de la ville. Ce boulevard avait été poussé, ainsi qu'on l'a vu, jusqu'à la porte Poissonnière (dite de Sainte-Anne), et on avait démoli l'ancienne porte du Temple dans le dessein d'en rebâtir une nouvelle au delà du boulevard ; le roi, par arrêt du conseil, du 4 novembre 1684, ordonna la construction de cette nouvelle porte et, par un autre arrêt, du 7 avril 1685, il donna les ordres nécessaires pour l'enlèvement des terres, l'aplanissement des buttes et la continuation du rempart et du boulevard jusqu'à la porte Saint-Honoré.

Le 16 décembre 1684 « Le roy s'estant faict représenter en son conseil le plan que les prévost des marchands et eschevins de sa bonne ville de Paris ont faict lever par ses ordres pour eslargir la rue des Nonnaindières et donner par l'ouverture d'un petit cul-de-sacq, estant entre la rue de Jouy et celle de Saint-Anthoine, un passage fort commode et de communiquation du quartier de l'Isle Notre-Dame à celui de la dite rue Saint-Anthoine et du Marais ; et sa Majesté ayant esté informée par le dit prévost des marchands que la despence qui estoit à faire pour le dit eslargissement et ouverture du dit cul-de-sacq, debvant estre considérable, etc » le roi ordonna l'élargissement de la rue des Nonnaindières et l'ouverture de l'impasse, et voulut que les propriétaires des rues circonvoisines et ceux de l'Ile Notre-Dame contribuassent aux frais nécessaires.

Cet arrêt fut immédiatement exécuté. On donna à la nouvelle communication le nom de rue de Fourcy, en l'honneur de Henri de Fourcy, chevalier, seigneur de Chessy, ancien président aux enquêtes, alors prévôt des marchands.

Cette rue fut désignée peu de temps après sous le nom de Fourcy-Saint-Antoine, pour la distinguer de la rue de Fourcy-Sainte-Geneviève, ouverte l'année suivante en l'honneur du même prévôt des marchands. C'est aujourd'hui la rue Thouin.

Une affaire mystérieuse préoccupa vivement Paris vers cette époque : dans l'espace d'environ quatre mois, vingt-six jeunes gens, le plus jeune ayant atteint sa dix-septième année, et le plus âgé n'ayant pas dépassé sa vingt-cinquième, manquaient à leurs familles inconsolables d'une telle perte. Des bruits mystérieux et contradictoires circulaient à cet égard dans le faubourg Saint-Antoine, veuf de la sorte de quatre ou cinq beaux garçons, fils d'ébénistes et de marchands de vieux meubles. Les commères prétendaient qu'une princesse, dont une maladie de foie mettait les jours en danger, luttait contre le mal en se baignant chaque jour dans du sang humain. D'autres affirmaient que les juifs crucifiaient les chrétiens, en haine du Dieu crucifié.

Quoi qu'il en soit, la terreur et la désolation remplissaient Paris. Le duc de Gèvres en parla au roi, et celui-ci, lorsque le lieutenant de police vint à l'ordre, se plaignit vivement de ce qu'on souffrait une telle perpétuité d'enlèvements.

La Reynie, désespéré du mécontentement de Sa Majesté, s'en retourna à Paris et fit appeler un agent de son administration, homme des plus adroits, nommé Lecoq, auquel il expliqua son embarras.

Ce Lecoq, dont les romanciers devaient plus tard emprunter si souvent la personnalité dans leurs romans, avait un fils de seize ans, grand, fort, intelligent, il résolut de l'employer à la découverte de ces disparitions.

Le soir même, *L'Éveillé* (tel était le nom du fils) sortit en grande toilette. Il portait à son cou et autour de la forme de son chapeau des chaînes d'or et des plaques d'orfèvrerie, deux montres pendaient à ses goussets, et il faisait résonner nombre de louis dont sa bourse était pleine... Il alla ainsi se promener dans les rues, sur les quais, aux Tuileries, au Luxembourg; mais c'était inutilement, il passait inaperçu. Enfin le cinquième jour il rencontra aux Tuileries, sur la terrasse du bord de l'eau, une jeune fille d'une grande beauté, accompagnée d'une vieille femme. Il s'approcha d'elles et entama la conversation. La duègne lui raconta que sa maîtresse était fille naturelle d'un prince polonais et d'une mercière de la rue Saint-Denis; que le père, rappelé par le roi de Pologne, était mort assassiné par des brigands, mais en laissant ses biens à la jeune fille, et enfin, après s'être enquise de la position de fortune du jeune homme, elle lui proposa de l'aider à épouser la princesse.

L'Éveillé, enchanté et devinant qu'il était sur une bonne piste, se donna pour le fils d'un médecin très riche, fit parade de ses bijoux et de son or, tant et si bien que la vieille lui donna rendez-vous pour le soir à Saint-Germain-l'Auxerrois, afin de le présenter à sa maîtresse.

Le jeune policier accepta et courut au rendez-vous, après avoir averti son père.

Le soir, il était à Saint-Germain-l'Auxerrois. La vieille, déguisée en pauvresse, l'attendait. Elle le prit par la main, le conduisit à travers un dédale de ruelles noires, et enfin, près de Saint-Eloi, l'introduisit, avec mille précautions, auprès de la princesse Jabirowska.

La princesse le reçut en déshabillé galant. Le jeune homme, ébloui, oublia sa mission pour ne penser qu'à sa bonne fortune.

Pendant ce temps, Lecoq père était dans la rue avec ses agents, attendant impatiemment le signal convenu.

Mais le temps se passait, et, tandis qu'ils montaient la garde, le jeune homme, tout entier au plaisir qu'il se promettait, ne songeait guère à eux.

Cependant, la prétendue fille du prince s'était retirée dans son appartement.

Pour abréger la durée de son absence qui lui semblait longue, L'Éveillé s'amusa à faire l'inspection de l'appartement; il voulut déplier un paravent, mais ne put y parvenir. Les feuilles de ce meuble semblent clouées entre elles. L'Éveillé les secoue fortement, une d'elles s'abaisse et démasque une secrète et profonde armoire, où, sur vingt-six plats d'argent, reposent vingt-six têtes d'hommes, coupées et conservées par un procédé aussi admirable qu'effrayant.

En ce moment, la fenêtre s'ouvre avec fracas, et son père, suivi de toute sa brigade, entre dans l'appartement.

Effrayé du silence de son fils, et le croyant peut-être assassiné, Lecoq était bravement monté à l'assaut de cette maison maudite.

Cette heureuse témérité sauvait en effet la vie de L'Éveillé, car, au bruit que Lecoq et ses agents firent en s'introduisant dans la chambre, Mlle Jabirowska, escortée de quatre bandits armés jusqu'aux dents, sortait du cabinet.

Donnons maintenant la clef de ce mystère :

Une association de malfaiteurs s'était formée, à la tête de laquelle était une riche et belle Anglaise qui attirait chez elle les jeunes gens faciles à se laisser prendre à ses dehors charmants.

On les tuait, puis on séparait leur tête de leur corps.

Ces têtes, desséchées avec soin et embaumées, étaient envoyées en Allemagne où elles servaient aux études phrénologiques dont on commençait alors à s'occuper; quant aux corps, ils étaient vendus aux étudiants en chirurgie.

On voit qu'il n'y avait rien de perdu.

Inutile d'ajouter que la fausse princesse et ses complices furent tous arrêtés sur l'heure, jugés et pendus.

Mais pendant quinze grands jours, on parla à Paris de cette mystérieuse affaire, et quelques jeunes gens qui, bien qu'ayant remarqué la belle princesse, n'avaient pas poussé l'aventure jusqu'au bout, se félicitèrent hautement d'avoir échappé au triste sort qui les eût attendus, s'ils eussent pénétré dans l'antre de la sirène.

Le 1er octobre 1684, Dangeau écrivit sur son journal cette simple et courte mention : « Aujourd'hui est mort le bonhomme Corneille. »

En effet, non pas un « bonhomme », mais le plus grand de nos poètes tragiques et le père de la comédie classique, Pierre Corneille, mourait, le dimanche 1er octobre, dans une maison qu'il occupait, ou plutôt dans un logis situé au second étage d'une maison de la butte Saint-Roch, dont l'une des deux portes donnait sur la rue l'Évèque et l'autre sur la rue d'Argenteuil, en face de l'hôtel de la prévôté.

« Rien n'était plus simple, on le devine, que sa chambre de travail. Sur cinq ou six planches étagées le long du mur quelques centaines de volumes français, latins, espagnols ou italiens, son seul luxe, sa seule passion. »

La maison portait le n° 18, une maison très ordinaire qui resta bien longtemps sans être remarquée ; enfin, en 1834, le propriétaire voulut bien laisser mettre sur la façade, aux frais du roi Louis-Philippe, une table de marbre noir sur laquelle fut gravée cette inscription :

LE GRAND CORNEILLE EST MORT
DANS CETTE MAISON, LE 1er OCTOBRE 1684.

Dans la cour, cette légende fut répétée au-dessus d'un buste de l'illustre auteur dramatique; au-dessous on lisait encore :

Né a Rouen en 1606,
le Cid en 1636.
Je ne dois qu'a moi seul toute ma renommée.

Cette maison, dont tous les Parisiens avaient fini par connaître l'emplacement, fut démolie pour le percement de l'avenue de l'Opéra, et on espère qu'un jour ou l'autre un monument quelconque viendra la remplacer et faire savoir que là vécut et mourut Pierre Corneille. — Disons en passant que la rue d'Argenteuil, bâtie sur l'ancien chemin qui conduisait de Paris à Argenteuil et se trouvait encore en 1560, à droite, en sortant de la rue Saint-Honoré, en avait pris la dénomination; on la nomma aussi la haute voirie Saincte-Honoré. (On sait qu'entre cette voie publique et celles des Moineaux et des Orties, se trouvait, antérieurement à 1667, le marché aux chevaux.)

Au mois de février 1684, Louis XIV octroya des lettres patentes accordant permission d'établir une communauté d'ecclésiastiques séculiers anglais. L'archevêque y donna son consentement, le 12 septembre 1685, et, sur les avis du prévôt des marchands et des échevins et du lieutenant de police, ces lettres patentes furent enregisau parlement, le 9 juin 1687. Le 3 messidor an XI, le gouvernement arrêta que les collèges anglais établis en France seraient réunis aux collèges irlandais et écossais, dont l'union avait été ordonnée le 24 vendémiaire précédent.

Un règlement du 20 avril 1684, étendant la destination de l'hôpital général, érigea Bicêtre et la Salpêtrière en maisons de correction pour les enfants de famille des deux sexes. Le bureau de l'hôpital général ordonnait l'arrestation des enfants paresseux, indociles ou débauchés, à la requête des pères et mères, tuteurs ou curateurs, ou des plus proches parents et même, en cas de mort des parents, sur la dénonciation des curés des paroisses. Créé dans un but soi-disant hospitalier, l'hôpital général prenait de plus en plus le caractère pénitencier; déjà, le règlement de 1680, afin d'ajouter à la punition « des gueux vagabonds, que l'oisiveté plongeait dans un nombre infini de déréglemens », avait ordonné aux directeurs de les renfermer, soit à temps, soit pour la vie, dans une prison spéciale ; là, il ne leur était donné que la nourriture strictement nécessaire à leur existence, et ils étaient employés aux plus rudes travaux que leurs forces pussent supporter.

Il ne paraît pas que cette épouvantable rigueur ait eu aucun résultat, car, d'année en année, parurent de nouveaux édits redoublant de sévérité contre les mendiants.

Nous avons vu plus haut qu'une déclaration royale avait fixé l'âge où les enfants des protestants pouvaient être convertis au catholicisme; une autre déclaration, du 12 janvier 1685, abaissa cette limite d'âge. Depuis cinq ans jusqu'à seize, les enfants pouvaient être enlevés à leurs pères et mères et mis entre les mains de leurs parents catholiques, ou, s'ils n'en avaient pas, on les pouvait placer chez des personnes catholiques désignées par les juges, et la pension devait être payée par les parents.

Les protestants, qui étaient souvent molestés par les catholiques lorsqu'ils se rendaient au prêche de Charenton, avaient pris le parti d'y aller et d'en revenir par la Seine, sur des bateaux, en chantant des psaumes pendant le trajet; mais une ordonnance de 1681 avait déclaré que ces chants causaient un très grand scandale aux catholiques, et les avait interdits en prescrivant de les exécuter « à voix si basse, qu'ils ne puissent être entendus des passants et voisins ».

Au mois d'août 1685, les catholiques entreprirent, comme ils l'avaient déjà fait en 1621, d'aller brûler le temple de Charenton. Une expédition se prépara; mais les protestants se plaignirent vivement au parlement qui ordonna une information. Malheureusement l'enquête ne put aboutir: le 22 octobre 1685, le roi signait la révocation de l'édit de Nantes, et l'ordonnance de cette révocation fut enregistrée le jour même. On verra plus loin les suites déplorables qu'elle eut.

Le même soir une foule nombreuse, composée de tout ce que Paris renfermait de plus apte à mal faire, se groupa dans les rues et bientôt, réunie en masse compacte, elle suivit la rue Saint-Antoine et se dirigea vers Charenton, munie de torches et de divers engins de destruction, et elle alla anéantir le temple des protestants. Toutefois, ces forcenés ne le brûlèrent pas et, comme la démolition de tous les temples protestants du royaume était ordonnée par le nouvel édit, ils se contentèrent d'obéir à la loi, en le mettant en pièces.

Ils revinrent à Paris, enchantés de leur exploit, et tous les matériaux provenant de la démolition du temple de Charenton furent donnés à l'Hôtel-Dieu.

Les protestants, atterrés par le coup inattendu qui les frappait en leur interdisant l'exercice de leur culte, étaient dans la consternation.

Par contre, la politique du roi avait ses admirateurs fanatiques.

Le vicomte d'Aubusson, duc de la Feuillade, pair et maréchal de France, plein d'enthousiasme pour le génie de Louis XIV, voulant laisser à la postérité un monument durable de son admiration pour le roi, fit sculpter une statue en marbre de Louis XIV, qu'il se proposa de placer dans un endroit apparent, et il ne trouva rien de mieux pour cela, que d'acheter l'hôtel de la

Les catholiques, en 1685, démolirent le temple des protestants. (Page 8, col. 2.)

Ferté-Sénectère, qu'il fit entièrement démolir pour construire sur son emplacement une place publique. Le prévôt des marchands s'adressa au roi pour être autorisé à faire établir cette place « de forme ronde qui a été jugée commode, en la rue des Fossés-Montmartre et, pour cet effet, abattre du costé de l'hostel de la Ferté, appartenant à M. le maréchal de la Feuillade, et y former une rue venant du costé de la rue Neuve-des-petits-Champs, et de l'autre costé une grande maison appartenante au sieur Perrault », et, le 19 décembre 1685, « le roi ayant consenti qu'il soit fait une place dans la maison du duc de la Feuillade, qui sera appelée place des Victoires, pour y mettre la figure de Sa Majesté, que le dit sieur duc de la Feuillade a pris soin de faire faire à ses propres frais et dépens, et que les prévost et échevins de sa bonne ville de Paris, qui ont désiré fournir la dite place, donnent au sieur de la Feuillade partie des maisons qu'ils ont acquises et eschangées, de ce qu'il convient prendre de celle du dit sieur duc de la Feuillade pour former la dite place des Victoires, Sa Majesté estant en son conseil a permis et permet aux dits prévost et eschevins de Paris de contracter avec le dit sieur de la Feuillade, pour l'eschange à faire de la partie de sa maison et jardin, qui sera par lui abandonnée pour former la dite place des Victoires, contre les places et maisons que les prévost des marchands et eschevins lui fourniront pour son indemnité ; et pour l'exécution du contrat qui sera passé entre eux, toutes lettres nécessaires seront expédiées. »

Ce fut Jean-Baptiste Prédot, architecte bourgeois de Paris « y demeurant, rue Pachevin (Pagevin), paroisse Saint-Eustache », qui fut chargé de l'exécution des travaux dont le plan avait été fourni par Mansart.

« Malgré le renversement de tant de maisons — l'hôtel d'Émery et plusieurs autres maisons furent toutes renversées pour ce dessein — cette place n'est pas d'une grande étendue ; mais six rues qui y viennent aboutir la dégagent beaucoup et semblent la rendre plus grande qu'elle n'est en effet. Les bâtiments qui règnent autour sont d'une même symétrie et ornés de pilastres d'ordre ionique, soutenus sur des arcades chargées de refends.

« Du milieu de cette place s'élève un monument qui a 35 pieds de hauteur, vingt-deux pour le piédestal, qui est de marbre blanc veiné, et treize pour la figure de Louis le Grand. La statue de ce prince et celle de la Victoire font ici un groupe d'autant plus brillant, qu'il est de bronze doré. La première est vêtue d'un grand habit dont on se sert à la cérémonie du sacre, habillement particulier à nos rois, et qui les distingue des autres rois. Elle foule aux pieds le chien Cerbère qui, par ses trois têtes, désigne ici la triple alliance formée pour lors, par les ennemis de la France. Derrière cette statue est celle de la Victoire, ayant un pied posé sur un globe et le reste du corps en l'air. Elle met, d'une main, une couronne de laurier sur le trône du roi et, de l'autre, tient un faisceau de palmes et de branches d'olivier. Sur la plinthe et sous les pieds du roi est cette inscription, en lettres d'or : *Viro Immortali* (à l'homme immortel). Derrière ces deux figures, on voit un bouclier, un faisceau d'armes, une massue d'Hercule et une peau de lion. Toutes ces choses forment un groupe de treize pieds de hauteur d'un seul jet dans lequel il est entré environ trente milliers de métal.

« Sur les quatre corps avancés du soubassement qui sert d'empâtement au piédestal, on a placé autant d'esclaves qui sont aussi de bronze, et ont douze pieds de proportion. Ils sont enchaînés au piédestal par de grosses chaînes ; leurs vêtements et les diverses espèces d'armes qui sont auprès d'eux font connaître les différentes nations dont la France a triomphé sous le règne de Louis le Grand. Tous ces ouvrages, de même que les bas-reliefs qui remplissent les faces du piédestal et les deux qui sont sur les faces du grand soubassement, sont de bronze, et dessinés très correctement ; la corniche du piédestal est soutenue et ornée par huit consoles aussi de bronze et a, aux quatre faces, les armes de France entourées de palmes et de lauriers. L'espace qui est au pourtour de ce monument, jusqu'à neuf pieds de distance, est pavé de marbre et entouré d'une grille de fer, haute de six pieds. »

Quatre grands fanaux, ornés de sculptures, éclairaient autrefois cette place pendant la nuit. Ils étaient élevés chacun sur trois colonnes doriques de marbre veiné, disposés en triangle, et dont les bas-reliefs étaient chargés de plusieurs inscriptions sur les actions les plus mémorables de Louis XIV.

Une critique anonyme écrivit sur le piédestal du monument, à propos de ces fanaux :

La Feuillade, sandis, je crois que tu me bernes,
De placer le soleil entre quatre lanternes.

On sait que Louis XIV avait pris pour emblème un soleil.

Les fanaux furent enlevés en 1718.

Une autre inscription, celle-ci officielle, décorait l'une des faces de ce groupe ; elle mérite d'être rapportée :

A LOUIS LE GRAND
LE PÈRE ET LE CONDUCTEUR DES ARMÉES
TOUJOURS HEUREUX

Après avoir vaincu ses ennemis, protégé ses alliés, ajouté de très puissans peuples à son empire, assuré les frontières par des places imprenables, joint l'Océan à la Méditerranée, chassé les pirates de toutes les Mers, réformé les Loix, détruit l'hérésie, porté par le bruit de son nom les Nations les plus barbares à le révérer des extrémités de la Terre, et réglé parfaitement toutes choses au dedans et au dehors, par la grandeur de son courage et de son génie.

FRANÇOIS VICOMTE D'AUBUSSON, DUC DE LA FEUILLADE,
Pair et maréchal de France, gouverneur du Dauphiné
et colonel des gardes françoises.

POUR PERPÉTUELLE MÉMOIRE A LA POSTÉRITÉ

La dédicace de ce monument se fit le 28 mars 1686. Ce jour-là le duc de la Feuillade, à cheval et à la tête des régiments des gardes-françaises dont il était colonel, fit trois fois le tour de la statue, en présence du gouverneur de Paris et du corps de ville.

Il y eut encore à cette occasion une querelle à propos de la préséance. M. de Bullion, prévôt de Paris, prétendit assister à la cérémonie à la tête du Châtelet et marcher à la gauche du gouverneur ; mais le roi ayant appris que lors de l'érection de la statue de Louis XIII, le prévôt de Paris ni le Châtelet n'y avaient assisté, il leur enjoignit de ne pas s'y trouver.

Bien que le duc eût tout fait pour rendre le monument « aussi durable que les ouvrages des hommes » en 1790, la municipalité parisienne fit enlever les quatre esclaves de bronze qui juraient avec l'ère de liberté qu'on inaugurait et on les déposa provisoirement dans la cour du Louvre ; on s'en servit ensuite, pour décorer la façade de l'hôtel des Invalides.

La place des Victoires ne fut pas plus épargnée que le monument.

Dans sa séance du 12 août 1792, le Conseil général de la Commune arrêta, le substitut du procureur de la Commune entendu, que la place des Victoires se nommerait désormais place de la Victoire Nationale et qu'il y serait érigé une pyramide sur laquelle seraient gravés les noms des généraux citoyens morts pour la liberté dans la journée du 10 août.

Au mois de septembre la statue de Louis XIV fut abattue.

La pyramide en bois fut élevée, mais elle dura moins encore que la statue du roi soleil ; Bonaparte en fit cadeau à un corps de garde et les soldats en firent du feu.

Un arrêté du 9 vendémiaire an XI porta :

« Art. 1ᵉʳ. — Une statue colossale sera érigée sur la place des Victoires à la mémoire du général Desaix, mort à la bataille de Marengo.

« Art. 2. — Sur le piédestal seront placés les bas-reliefs relatifs à la conquête de la haute-Égypte et à la bataille d'Héliopolis, gagnée par ce général.

« Art. 3. — L'exécution de cette statue sera confiée au citoyen Dejoux, sculpteur. »

Le sculpteur Dejoux fit sa statue, mais trop imbu des idées académiques qui étaient de mode alors, il représenta Desaix absolument nu, sans la moindre feuille de vigne, ce qui souleva les réclamations unanimes des pères de famille qui n'osaient traverser la place avec leurs femmes et leurs filles.

De nombreuses pétitions réclamèrent ou l'habillement ou la suppression du général républicain ; le gouvernement prit un moyen terme : il fit couvrir le monument d'une charpente.

Cette façon de dissimuler une œuvre d'art ne plaidait pas en sa faveur, mais au moins la pudeur cessait d'être offensée.

C'était le principal.

La Restauration fit retirer la charpente, mais ce fut pour qu'on pût s'emparer de la statue et la porter dans une des caves du Louvre, et une ordonnance du 14 février 1816 prescrivit le rétablissement sur la place des Victoires d'une statue de Louis XIV.

C'est celle qui y est encore de nos jours.

Elle est due au ciseau de M. Bosio et représente Louis XIV à cheval, vêtu en empereur romain et coiffé d'une perruque selon la mode du XVIIᵉ siècle ; La sculpture est peut-être un peu lourde, mais l'ensemble a un caractère monumental qui résulte de l'harmonie des lignes principales et de la juste proportion qui existe entre la monture et le cavalier ; le piédestal est orné de deux bas-reliefs dus à M. Bosio neveu et représentant l'un *le passage du Rhin*, l'autre *Louis XIV distribuant des récompenses militaires*.

Sur la face principale on lit cette inscription : *Ludovico Magno* (à Louis le Grand) et sur la façade opposée : *Ludovicus XVIII atavo suo* (Louis XVIII à son aïeul).

Le piédestal, en marbre blanc, est de M. Alavoine.

Ce monument qui est entouré d'une grille de fer, et a coûté 535,000 fr., a été inauguré le 25 août 1822.

Sous le rapport architectural, la place des Victoires n'a guère changé depuis l'époque de sa construction ; cependant, elle présente un aspect tout différent. Livrée au commerce en gros, notamment à l'industrie des soieries et des châles, les vastes hôtels qui l'entourent sont aujourd'hui morcelés en magasins, en bureaux et en boutiques. Leurs façades grandioses sont couvertes du haut en bas d'enseignes gigantesques ou d'écussons commerciaux.

Ce fut aussi en 1685, qu'eut lieu une réparation presque totale de la vieille abbaye de Saint-Germain des Prés.

On commença par élever le grand bâtiment qui servait d'entrée au monastère et comprenait plusieurs grands appartements qui donnaient sur la cour intérieure et à l'extérieur. Le cloître, le réfectoire et les autres parties du corps principal d'habitation furent réparés ; on refit la bibliothèque ; plus tard trois grandes arcades percées sous le principal corps du bâtiment et donnant sur le jardin lui imprimèrent une physionomie particulière. Déjà, en 1653, de grands travaux avaient été entrepris, mais ceux de 1685 établirent le monastère tel qu'il était lorsqu'il fut supprimé par la révolution de 1789. Les terrains domaniaux de l'abbaye furent vendus comme biens nationaux les 18 et 24 thermidor an V, le 1ᵉʳ thermidor an VII et le 18 prairial an VIII ; les bâtiments devinrent propriété nationale et sur leur emplacement furent ouvertes la rue de l'Abbaye qui fut d'abord appelée rue de la Paix et peu de temps après rue de l'Abbaye, et la rue Bonaparte (de la rue Jacob à la place Saint-Germain des Prés). En 1815, cette rue prit le nom de la Poste-aux-Chevaux, en 1816, on l'appela rue Saint-Germain des Prés, et depuis le second empire, rue Bonaparte.

Une partie du palais abbatial subsiste encore dans la rue de l'Abbaye.

« Le palais abbatial (conservé presque intact dans la rue de l'Abbaye, en face de la rue de Furstenberg) est, dit M. de Guilhermy, un monument de la munificence du cardinal de Bourbon qui le fit construire vers 1685. L'architecture en briques et pierres, décorée de refends, de pilastres et de frontons, a le mérite de plaire aux yeux par l'harmonie de ses couleurs et par le pittoresque de ses dispositions. Au sommet d'un pavillon, une femme assise tient un écusson aux armes du fondateur. L'édifice est habité en majeure partie par des artisans et des industriels. En avant du palais abbatial, des bâtiments très simples et conservés en partie, servaient d'écuries, de greniers, d'appartements pour les officiers de la maison, d'auditoire pour le bailli. »

La société centrale d'agriculture y installa son bureau, une imprimerie typographique disposa du rez-de-chaussée et les artistes Gigoux, Pradier, Péron et Fauginet y eurent leurs ateliers.

La prison de l'Abbaye rebâtie en 1685 à l'angle sud-est de l'enceinte, et si célèbre par les tristes scènes dont elle fut le théâtre en 1792, a subsisté jusqu'en 1854, après être devenue une prison militaire.

Quant à l'église, dégagée par le percement du boulevard Saint-Germain d'une partie des maisons au milieu desquelles elle se trouvait enclavée, elle n'a guère conservé de l'époque de sa fondation que des chapiteaux de marbre blanc qui ont été dispersés et quelques colonnes employées dans la galerie absidale.

L'église Saint-Germain des Prés, succursale de la paroisse Saint-Sulpice, est à coup sûr, une des plus curieuses de Paris, au point de vue archéologique et l'un des monuments les plus vénérables de la capitale.

Le porche du XVIIe siècle précède un portail occidental qui s'ouvre au pied d'un grand clocher. Le stylobate de ce portail était orné de huit statues qui furent détruites pendant la révolution de 1789 ; elles représentaient saint Germain, Clovis, Clotilde, Clodomir, Childebert, Ultrogothe, Clotaire et Chilpéric ; bien qu'on ne fût pas d'accord sur leur âge véritable, il est certain qu'elles remontaient au moins au XIe siècle.

Au tympan du portail est sculpté un bas-relief représentant la Cène. Au-dessus de l'entrée s'élève la grosse tour quadrangulaire, dont nous avons déjà parlé et qui est surmontée d'une haute flèche couverte en ardoises. L'étage supérieur, sur les quatre faces duquel s'ouvrent deux baies cintrées, accompagnées de colonnes, présente les caractères de l'architecture du XIIe siècle. Deux tours un peu moins hautes que celle de l'ouest, s'élevaient sur les deux côtés de la croisée, aux angles du chœur et du transept. Il paraît qu'en 1821, les fondations cédant sous le poids des constructions supérieures, les deux tours se penchèrent en faisant tinter leurs cloches ; on les abattit pour ne pas avoir à les restaurer.

« L'intérieur de la vieille basilique de Saint-Germain des Prés est remarquable à plus d'un titre, et, surtout, dit l'auteur de *Paris Illustré*, parce qu'il nous montre à côté du style roman, les premiers élans du style ogival. Tandis que la nef avec ses lourds piliers, dont les chapiteaux ont malheureusement été refaits, ne présente plus aujourd'hui que des arcades à plein cintre, l'ogive apparaît dans le chœur et dans les maîtresses voûtes de l'édifice.

« Le chœur et l'abside, dont la voûte est soutenue à l'intérieur par de gros piliers monocylindriques et, à l'extérieur par des arcs-boutants, sont entourés de quatre chapelles carrées et de cinq chapelles circulaires. La chapelle de la Vierge au chevet, a été rebâtie au commencement de ce siècle et manque complètement de style. Le pape Pie VII a posé la première pierre de l'autel qu'elle renferme.

« La nef accompagnée de collatéraux simples, compte cinq travées. Sa charpente apparente fut remplacée au XVIIe siècle par une grande voûte, à laquelle on a essayé récemment de donner une physionomie romano-ogivale. Les piliers qui soutiennent les arcs latéraux en plein cintre, sont flanqués, chacun de quatre colonnes dont les chapiteaux historiés ont été, pour la plupart, transportés au palais des Thermes vers 1824, et remplacés par des copies.

« Le chœur se compose de quatre travées accompagnées de chapelles carrées, et d'un rond-point à cinq chapelles cylindriques. Les fenêtres supérieures de l'abside sont en ogive. Les arcs-boutants qui les séparent, datent de l'époque où ce membre important des églises ogivales commençait à peine à être usité. A l'intérieur, les voûtes sont en ogive et reposent sur de grosses colonnes monocylindriques, à chapiteaux soigneusement sculptés. Quelques-unes des colonnes du triforium datent du VIe siècle ; leurs bases et leurs chapiteaux sont des œuvres remarquables du XIIe. »

Nous avons dans le cours de cette histoire parlé des inhumations faites à Saint-Germain des Prés : rappelons celles des rois Childebert Ier, Caribert, Chilpéric, Clotaire II, Childéric II ; là aussi reposèrent les reines Ultrogothe, Frédégonde, Bertrude, Bathilde et nombre de princes et princesses du sang royal. Ce qui restait de ces sépultures fut transporté à l'abbaye de Saint-Denis.

Parmi les autres personnages illustres qui furent inhumés dans cette église, on peut citer le cardinal d'Estrées, la comtesse de la Mark, le prince de la Tour et Taxis, le comte Lyon de Furstenberg, Jean Grollier, le fameux bibliophile, Marie de Clèves princesse de Condé, Catherine de Bourbon, Guillaume Douglas, comte d'Angus, et plusieurs autres membres de sa famille, le prince de Conti, le duc de Verneuil, Casimir V roi de Pologne, le comte de Vexin, la famille de Castellan, etc, etc. Ces trois derniers tombeaux se voient encore. En 1821, on plaça dans les chapelles des bas côtés du chœur les cendres de Descartes, de Mabillon et de Montfaucon et on y apporta le cœur de Boileau qui était déposé à la sainte-chapelle du palais.

On remarque aussi dans le collatéral de droite, près de la porte, une grande statue en marbre de *Notre-Dame la Blanche*, donnée en 1340 par la reine Jeanne d'Evreux à l'abbaye de Saint-Denis et qu'on transporta plus tard à Saint-Germain des Prés.

Si nous passions la revue de tous les tableaux qui décorent cette église, il nous faudrait leur consacrer un chapitre spécial ; contentons-nous de citer : *la Résurrection de Lazare*, par Verdier ; *le Baptême de l'Eunuque*, par Bertin ; *le Christ entrant à Jérusalem* ; *Saint Germain faisant l'aumône* ; *la Mort de Saphira*.

Vers 1846, commencèrent dans cette église d'importants travaux de restauration et de décoration polychrome entrepris sous la direction de

Intérieur de la vieille basilique de Saint-Germain des Prés.

M. Baltard; ils ne furent terminés qu'en 1861. Ce fut d'abord le chœur qui fut entièrement peint depuis la base des piliers jusqu'aux clefs de voûte et les magnifiques peintures à la cire de M. H. Flandrin ont reçu l'approbation générale. Sur les murs latéraux, l'artiste représenta *Jésus-Christ portant sa croix* et *Jésus-Christ entrant en triomphe à Jérusalem*. Dans cette partie de l'église, éclairée seulement par le reflet des verrières dessinées par le même artiste, l'or des fonds et les couleurs des motifs produisent un effet remarquable.

M. Flandrin fut ensuite chargé d'appliquer le même système décoratif à toute la nef et les couleurs des nouvelles fresques paraissent touchées à la manière des fresques antiques. Les colonnes sont en vert uni; les pilastres sont en rouge avec une arabesque, les motifs des chapiteaux sont dorés et les archivoltes décorées en palmettes. Au-dessus des ogives, des sujets tirés de l'histoire sainte ornent les murailles.

Les transepts devaient être aussi décorés de fresques peintes par M. Flandrin, mais sa mort survenue en 1864, ne le permit pas; ses amis ont fait placer son buste dans le bas-côté gauche de la nef : le monument marbre blanc est dû à M. Oudiné.

En 1793, l'église Saint-Germain des Prés était

Louis XIV signa la révocation de l'édit de Nantes.

devenue la maison de l'Unité et servait de magasin de salpêtre. Elle n'eut rien à souffrir pendant la commune de 1871.

La rue Croix-des-Petits-Champs date aussi de 1685, pour la partie qui finit à la place des Victoires. Le 22 juin, le roi ordonna que « les maisons construites en la dite rue des Petits-Champs du costé de la rue Coquillière, depuis la maison de la dame Hotman, seront nécessairement retranchées jusques à l'extrémité de celle appartenant au sieur Poix, pour donner le point de veue à l'endroit où sera posée dans la dite place la statue de Sa Majesté. »

La partie de cette voie publique qui fit l'objet de cet arrêt fut nommée rue d'Aubusson, en l'honneur du duc de la Feuillade qui faisait bâtir la place des Victoires.

Peu de temps après, elle s'appela rue Croix-des-Petits-Champs dans tout son parcours.

En la même année, le prévôt des marchands conçut le projet de donner une pente plus douce au chemin qui allait des fossés de l'estrapade à la rue neuve Sainte-Geneviève, et il obtint un arrêt du conseil, qui l'autorisait à démolir la porte Saint-Marcel et ordonnait de reprendre à 15 pieds sous œuvre, les maisons situées près de la contrescarpe des anciens murs d'enceinte de Philippe-Auguste et ce chemin aplani devint une rue qu'on nomma rue Contrescarpe-Saint-Marcel.

Le 2 mai 1686, le roi « ayant esté informé de la facilité qu'il y auroit de faire une belle et grande place en la ville de Paris, dans l'espace qu'occupe l'hostel de Vandosme, laquelle place seroit d'un grand ornement à la dite ville et d'une grande commodité pour la communication des rues qui en sont voisines avec la rue Saint-Honoré » donna ses ordres au sieur marquis de

Louvois, surintendant général de ses bâtiments d'acquérir en son nom l'hôtel de Vendôme et d'y faire construire dans le fond un couvent pour les religieuses capucines, afin que celui qu'elles habitaient et qui était contigu à l'hôtel, pût être abattu. De plus, le roi songeant que ceux qui achèteraient des terrains pour bâtir sur cette place, feraient construire selon leur goût et leur intention, il voulut supporter lui-même la dépense d'une construction uniforme, et commanda en conséquence à son ministre de faire élever de ses deniers toutes les façades symétriques.

Louvois se mit aussitôt à l'œuvre; il acheta l'hôtel de Vendôme qui était situé rue Saint-Honoré, au débouché de la rue Castiglione, mais cet emplacement n'étant pas suffisant, il lui fallut ensuite acquérir et démolir le couvent des capucines.

Les travaux d'alignement de la place (qui porta d'abord le nom de place des Conquêtes), commencèrent alors et se continuèrent rapidement; mais il fallut s'arrêter, l'argent commençait à devenir rare, par suite des nombreuses guerres que le roi avait à soutenir. Bientôt, la mort subite de Louvois suspendit tous travaux, et ils ne furent repris qu'en 1699. Le 7 avril, le roi signa les lettres patentes suivantes :

« Louis, etc. Notre ville de Paris augmentant tous les jours par le nombre de ses habitants et ses édifices, nous avions pour son embellissement, et pour faciliter la communication des rues Neuve-Saint-Honoré et des Petits-Champs et autres adjacentes, résolu de faire une belle grande place au quartier de la rue Saint-Honoré... sur quoi les prévôt des marchands et eschevins désirant nous donner des marques de leur zèle pour l'exécution de nos projets et procurer aux habitants du dit quartier et des rues Neuve-Saint-Honoré et des Petits-Champs, et autres adjacentes, la commodité qu'ils recevront de cette place, nous auroient offert et proposé de se charger de la construction de cette dite place rue Saint-Honoré, suivant le dit nouveau plan, d'acquérir l'emplacement nécessaire pour la construction de la dite place si nous voulions bien délaisser et abandonner aux dits prévost des marchands et eschevins, l'emplacement restant du dit hostel de Vandosme et de l'ancien couvent des Capucines, place et es-environs, avec les édifices qui ont esté commencés sur le dit emplacement pour former ladite place en l'état qu'elle est; à ces causes etc » le roi donna aux prévôts et échevins l'emplacement et les travaux commencés à la condition qu'ils les continueraient, qu'ils formeraient la place, feraient le premier pavé et que les édifices seraient construits sur le plan de Mansart.

La ville accepta le traité et sous-traita elle-même moyennant la somme de 620,000 livres, fixant à 1701 l'achèvement des travaux qui furent immédiatement repris et menés avec une grande vigueur.

La place Vendôme, carrée, présente cependant des pans coupés à chaque angle et par le fait, huit façades décorées d'un ordre corinthien, élevées sur un soubassement.

Au-dessus de l'entablement corinthien sont des lucarnes de pierre de formes variées. Les pans coupés angulaires se composent d'un avant-corps de trois arcades et de deux arrière-corps d'une arcade chacun. Le tout couronné de frontons, est d'un effet imposant et magistral. Les ornements de sculpture sont de Poulletier.

Les hôtels environnant la place ont été bâtis pour la plupart, pour le compte des fermiers généraux; le premier achevé fut occupé en 1702, par Antoine Crozat receveur des finances; en 1707, ce fut l'hôtel du comte d'Évreux, gendre de Crozat; ces deux hôtels furent faits sur les dessins de Bulet. A main gauche, en entrant par la rue Saint-Honoré, se trouvait l'hôtel du fermier général Luillier qui le fit élever en 1702; il fut vendu en 1706 à Paul Poisson de la Bourvalais : la chambre de justice ayant condamné en 1717, ce financier à l'amende, le roi se saisit de son hôtel pour le payement, de même que l'hôtel contigu, appartenant au sieur Vallemare, dans le même cas.

De ces deux hôtels, on n'en fit qu'un, sur la porte duquel on plaça un marbre noir avec cette inscription : Hôtel du chancelier de France. C'est aujourd'hui l'hôtel du ministère de la justice.

Il restait encore quelques places vides sur la place Vendôme en 1719, mais Law les acheta toutes.

Au milieu de la place on voyait une statue équestre de Louis le Grand, d'un seul jet : elle avait vingt pieds de hauteur, et fut fondue le 1er décembre 1692, par Jean Balthazar Keller d'après le dessin de Girardon; « il y entra 70,000 milliers de métal, et vingt hommes assis le long d'une table, et rangés de deux côtés, seroient à l'aise dans le ventre du cheval » ;

Ce monument colossal fut érigé le 13 août 1699, avec grande solennité; la statue était posée sur un piédestal de marbre blanc, ayant trente pieds de haut et vingt-quatre de long, sur treize de large. Les faces étaient ornées d'inscriptions latines, dues à messieurs de l'Académie.

En 1730, on ajouta aux inscriptions des cartels et des trophées en bronze doré sculptés par Coustou le jeune, et on entoura le monument d'une grille de fer protégée par des bornes.

En 1792, on jeta la statue à terre, et la place Vendôme vit son nom changer en celui de place des Piques qu'elle ne quitta officiellement qu'à l'avènement de Napoléon Ier, pour reprendre sa première dénomination.

L'empereur voulant récompenser dignement la

grande armée, qui venait de gagner la bataille d'Austerlitz, fit ériger au milieu de la place Vendôme en remplacement de la statue de Louis XIV, une colonne dédiée à la gloire des soldats français et dont les 1200 canons enlevés aux Autrichiens et aux Russes, fourniraient le bronze.

Ce monument fut commencé le 25 août 1806 et terminé le 15 août 1810, sous la direction de M. Denon et de MM. Lepère et Gondoin architectes.

La colonne reproduit les proportions de la colonne Trajane, et elle est en pierres revêtues de bronze. Sa hauteur est de 43 mètres 50, y compris le piédestal et la statue qui la termine. Sa fondation est de 30 pieds de profondeur et son diamètre de 12 pieds; 378 pièces de bronze entrent dans le revêtement de l'édifice et tous les rajustements sont si soigneusement exécutés qu'on n'en voit aucune trace. Une spirale de bas-reliefs dont tous les personnages et les accessoires reproduisent les costumes militaires et les armes de l'Empire, déroule autour du fût en vingt-deux révolutions, les faits d'armes de la campagne de 1805 et forme un développement de plus de 200 mètres. Les personnages principaux sont des portraits; les bas-reliefs sont reliés entre eux par un cordon sur lequel est inscrit en relief l'action ou la scène guerrière que représente le dessin. Le fût, dont une couronne de feuilles d'olivier tressée de bandelettes, forme le tore, mesure 30^m,60 de hauteur sur 3^m,90 de diamètre à sa base. Le piédestal élevé sur une base de granit gris de Corse, dit de Memphis, de 0^m,50, a 5^m,64 de hauteur et 5^m,55 de côté au nu. Il est orné, à ses quatre faces, de trophées d'armes et de costumes des armées vaincues; sur l'attique se dessinent de lourdes guirlandes de chêne, soutenues aux quatre angles par des serres d'aigles colossales aux ailes à demi éployées et retombant sur le haut de la corniche taillée en forme de congé. Une porte de bronze ciselée, ouverte au sud donne entrée dans ce piédestal où commence un escalier à vis de 180 degrés creusés dans la pierre de la colonne et revêtus de bronze. Cet escalier conduit sur le chapiteau où un amortissement circulaire, haut de 4^m,55, terminé par un hémisphère sculpté, porte la statue de Napoléon.

Cette inscription, en langue française, est gravée sur l'amortissement qui porte la statue:

MONUMENT ÉLEVÉ A LA GLOIRE DE LA GRANDE ARMÉE,
PAR NAPOLÉON LE GRAND;
COMMENCÉ LE XXV AOUT MDCCCVI,
TERMINÉ LE XV AOUT MDCCCX,
SOUS LA DIRECTION DE D. V. DENON,
DIRECTEUR GÉNÉRAL.
MM. J. B. LEPÈRE ET L. GONDOIN, ARCHITECTES.

Le socle est chargé d'une autre inscription en latin. Au-dessus de la porte d'entrée; dans un cadre soutenu par deux victoires on lit:

NEAPOLEO. IMP. AUG.
MONUMENTUM. BELLI. GERMANICI.
ANNO. M.D.CCC.V.
TRIMESTRI. SPATIO. DUCTU. SUO. PROFLIGATI
EX. ÆRE CAPTO.
GLORIÆ. EXERCITUS. MAXIMI. DICAVIT

Voici la traduction « Napoléon, empereur auguste, a dédié à la gloire de la grande armée ce monument fait avec le bronze pris sur l'ennemi, l'an 1805, dans la guerre d'Allemagne, terminée en trois mois, sous son commandement »

Le poids des pièces de bronze qui forment la colonne est estimé 2,000,000 de kilogrammes.

La statue primitive ne fut placée qu'en 1812; elle était du sculpteur Chaudet et représentait Napoléon, en costume d'empereur romain, la tête couronnée de laurier, une main appuyée sur son glaive et tenant dans l'autre un globe surmonté d'une victoire.

Elle pesait 3277 kilog., et sa hauteur était de plus de dix pieds.

La dépense totale de la colonne et de la statue s'éleva à 1,975,417 francs.

En 1814, on remplaça la statue par un drapeau blanc, et plus tard, cette statue fut fondue.

En 1832, les chambres décidèrent que la statue de Napoléon serait replacée au faîte de la colonne Vendôme. Un concours fut ouvert à cet effet: ce fut M. Seurre jeune qui l'emporta; son modèle coulé en bronze, par le fondeur Crozatier, fut replacé le 28 juillet 1833; cette fois, l'empereur était représenté avec la traditionnelle redingote et le petit chapeau: la dépense fut de 60,000 fr.

En 1864, le Napoléon populaire, fut de nouveau remplacé par un Napoléon empereur romain, dû à M. Dumont, et l'ancienne statue alla orner le centre du rond-point de Courbevoie.

Le 14 septembre 1870, alors que les Prussiens assiégaient Paris, le peintre Courbet adressa aux membres du gouvernement de la défense nationale, une proposition émettant le vœu que le gouvernement voulût bien l'autoriser à déboulonner la colonne, ou qu'il voulût bien en prendre l'initiative, en chargeant de ce soin l'administration du musée d'artillerie, et en faisant transporter les matériaux à l'hôtel de la Monnaie.

Ce fut sous la Commune, le 16 mai seulement, que le gouvernement révolutionnaire mit cette mesure à exécution; la colonne fut renversée, la statue eut un bras cassé et la tête fut séparée du tronc.

Le 30 mai 1873, l'Assemblée nationale vota le rétablissement de la colonne qui fut réédifiée; les plaques de bronze, moulées de nouveau sur les formes qui avaient été conservées, furent exactement rétablies et la statue de M. Dumont reprit sa place au faîte.

Les persécutions continuaient contre les protestants.

Une déclaration du roi, enregistrée au parlement le 24 mai 1686, porte :

« Ordonnons, voulons et nous plaît que si aucuns de nos sujets de l'un et de l'autre sexe, qui auront fait abjuration de la religion prétendue réformée, venant à tomber malades refusent aux curés, vicaires et autres prêtres de recevoir les sacrements de l'église et déclarent qu'ils veulent persister dans la religion prétendue réformée, au cas que les dits malades recouvrent la santé, le procès leur soit fait et parfait par nos juges, et qu'ils les condamnent, à l'égard des hommes : à faire amende honorable et aux galères perpétuelles, avec confiscation de biens ; et à l'égard des femmes et filles : à faire amende honorable et être enfermées, avec confiscation de leurs biens ; et quant aux malades qui seront morts dans cette malheureuse disposition, nous ordonnons que le procès sera fait au cadavre ou à leur mémoire et qu'ils soient traînés sur la claie, jetés à la voirie et leurs biens confisqués. »

Une seconde déclaration royale du 12 juillet, défendit toute assemblée et réunion dans les maisons publiques ou particulières, sous peine de mort.

Naturellement, ces rigueurs, en épouvantant les protestants, les engageaient à chercher le salut dans la fuite ; aussi nombre de ceux qui purent quitter Paris se hâtèrent ils de le faire. Quant à ceux qui pendant les dernières années s'étaient convertis au catholicisme, ils furent rigoureusement surveillés et s'ils faisaient mine d'émigrer ils étaient, les hommes, condamnés aux galères à perpétuité et, les femmes, rasées et emprisonnées pour le reste de leurs jours.

Le 2 mai 1686, le roi avait ordonné que tous les enfants des nouveaux convertis fussent placés dans les couvents et les collèges pour y être élevés dans la religion catholique et ordre fut donné d'enlever de force ceux dont les parents seraient opposés à cette mesure.

Paris fut agité par tout ceci ; néanmoins l'ordre ne fut pas troublé et les quelques gens qui parlèrent inconsidérément de ces choses, furent envoyées à la Bastille. Car nous voyons sur le livre d'écrou de 1686 « le sieur Marquis de Campagnac — pour la religion ; le nommé Desvallons — pour avoir tenu des propos insolens contre le roi ; la dame Desfontaines et ses deux filles — pour la religion ; le sieur Duprez, sa femme, ses filles et ses domestiques, de la religion prétendue réformée — pour avoir voulu sortir du royaume ; le sieur de Beringhen conseiller au parlement de Paris — pour la religion — transféré au château d'Angoulême ; » etc.

Le même registre porte aussi trace de l'écrou du sieur de Montmorency arrêté le 14 février, mais il ne donne pas les motifs de cette arrestation. A titre de curiosité nous relevons quelques annotations singulières : Le père de Hanne, jacobin irlandais incarcéré en 1686, « fou dangereux » ; l'abbé Dubois (1687), « homme très méchant et chicaneur ». Jean Martinon écuyer natif de Nîmes « mort et enterré à Saint Paul le 30 juillet 1694, après huit jours de maladie, s'est confessé trois fois et est mort en bon catholique ; sa femme et sa fille en ont eu soin pendant toute sa maladie ». Rolland « il voulait se donner au Diable ». La Tour « homme à machines pour les feux d'artifices ».

L'année 1687, fut pleine de tribulations pour la troupe de comédiens français : on sait qu'ils étaient établis dans la rue Mazarine ; or, le 20 juin, le lieutenant général de police, M. de la Reynie, les manda pour leur donner ordre de la part du roi et de M. de Louvois de changer de local, messieurs de la Sorbonne, avant de prendre possession du collège des Quatre-Nations, ayant demandé pour première condition qu'on éloignât les comédiens de ce collège.

La comédie n'avait qu'à obéir ; elle se hâta de délibérer sur les mesures à prendre et se mit à la recherche d'une salle.

Ce n'était pas facile à trouver.

On lui avait donné trois mois pour quitter le théâtre qu'elle occupait et s'en procurer un autre.

Après plusieurs démarches, les comédiens avisèrent l'hôtel de Sourdis, rue Neuve-des-Fossés-Saint-Germain-l'Auxerrois et consultèrent M. de Louvois qui trouva le local convenable et obtint le consentement du roi ; déjà le contrat était signé, lorsque le roi se ravisant, retira son consentement.

Le curé de Saint-Germain-l'Auxerrois avait représenté à Sa Majesté que l'hôtel de Sourdis, était trop voisin de son église, dans laquelle on eût entendu les violons du théâtre, tandis que les spectateurs de la comédie auraient entendu l'orgue.

Il n'y fallait pas songer.

Ils se remirent en quête, « marchandant des places dans cinq ou six endroits. »

Boileau écrivit à cette occasion à Racine :

« S'il y a quelque malheur dont on se puisse réjouir c'est, à mon avis, celui des comédiens : si l'on continue à les traiter comme on fait, il faudra qu'ils aillent s'établir entre la Villette et la porte Saint-Martin ; encore ne sais-je s'ils n'auront point sur les bras le curé de Saint-Laurent. »

Le satirique écrivain faisait allusion au dépôt de vidanges qui se faisait alors à Montfaucon et pour que Racine ne s'y trompe pas, il continue :

« Ce serait un merveilleux théâtre pour jouer

Le prévôt des marchands assistait au lever du roi.

les pièces de M. Pradon ; ils y auront une commodité, c'est que quand le souffleur aura oublié d'apporter la copie de ses ouvrages, il en retrouvera infailliblement une bonne partie dans les précieux dépôts qu'on apporte là tous les matins. »

Quoiqu'il en soit, les comédiens cherchaient toujours : ils songèrent à l'hôtel de Nemours ayant issue sur le quai des Augustins et par derrière, sur la rue de Savoie.

Le roi autorisa encore sans contestation.

Mais bien vite, le curé de Saint-André fit comme son confrère de Saint-Germain-l'Auxerrois ; dès qu'il eut vent de la chose, il courut chez le roi et lui remontra qu'il n'y avait plus guère dans sa paroisse que des aubergistes et des coquetiers et que si les comédiens y venaient, son église serait bientôt déserte.

Et à leur tour, les grands Augustins vinrent à la rescousse du curé ; ils allèrent aussi trouver le roi et le père Lambrochons, provincial, porta la parole et fulmina contre les malheureux comédiens.

Mais ceux-ci tinrent bon, et ne se gênèrent pas pour dire à Louis XIV que ces mêmes Augustins qui tonnaient si fort contre eux étaient leurs plus assidus spectateurs ; qu'ils avaient voulu vendre à la troupe des maisons qui leur appartenaient dans la rue d'Anjou, pour y bâtir un théâtre, et que si le marché n'était pas conclu, c'est que eux, les comédiens, n'avaient pas trouvé l'emplacement convenable.

Le roi qui connaissait les Augustins sourit, mais il ne voulait pas se brouiller avec eux et pour la seconde fois, il retira le consentement qu'il avait donné.

Les comédiens se trouvèrent encore sur le pavé.

Ils proposèrent alors au roi une maison rue de l'Arbre-Sec, proche de la Croix du Trahoir ; elle fut refusée.

Ils indiquèrent l'hôtel de Lussan, rue des Petits-Champs ou à son défaut l'hôtel de Sens ; le roi leur permit d'acheter l'hôtel de Lussan.

Satisfaits d'avoir enfin un gîte, ils se hâtèrent de terminer l'affaire et de verser au propriétaire 14,000 livres.

« Aussitôt que le curé de Saint-Eustache a su

que les comédiens français voulaient s'établir rue des Petits-Champs, il en fit ses plaintes au roi, représentant que cet endroit est le quartier le plus considérable de sa paroisse et plusieurs propriétaires des maisons voisines se sont joints à lui pour faire les mêmes plaintes ; sur quoi je vous prie de me faire savoir s'il ne conviendrait pas mieux de mettre cette troupe à l'hôtel d'Auch qu'on leur propose, rue Montorgueil. »

Cette lettre était adressée par le ministre au lieutenant général de police.

Décidément, les comédiens n'avaient pas de chance !

Ils allèrent humblement démontrer au ministre que cet hôtel ne pouvait leur convenir et proposèrent encore quatre locaux différents, au nombre desquels se trouvait le jeu de paume de l'Étoile, rue Neuve-des-Fossés-Saint-Germain-des-Prés.

La permission d'acheter ce jeu de paume et d'y bâtir leur fut octroyée, malgré les vives oppositions du curé de Saint-Sulpice qui avait ce jeu de paume sur le territoire de sa paroisse et qui ne manqua pas de bonnes raisons à invoquer pour que les comédiens ne vinssent pas l'habiter, et qui, ne pouvant l'éviter, fit du moins une espèce de protestation publique, en ne voulant pas que désormais la procession du Saint-Sacrement continuât de passer dans cette rue.

Les comédiens payèrent pour l'achat de ce jeu de paume la somme de 60,000 livres et ils furent obligés d'acheter une maison contiguë qui leur coûta 12,000 livres. Ils firent démolir le tout et sur cet emplacement, François d'Orbay leur construisit une salle de spectacle, dont la dépense s'éleva à 200,000 livres.

Sur la façade une inscription porta : Hôtel des Comédiens entretenus par le roi.

Cette inscription échauffa la bile de l'abbé de la Tour : « Il est singulier, dit-il, qu'on ait osé mettre au frontispice de l'hôtel de la comédie : « Hôtel des Comédiens entretenus par le roi », une troupe de comédiens n'étant composée que de gens vicieux, infâmes et méprisables, la comédie n'étant qu'un composé de bouffonneries, de passions et de vices. Ils ne sont que tolérés. »

L'ouverture de la nouvelle salle se fit le 18 avril 1689, par *Phèdre* et *le Médecin malgré lui* et la recette s'éleva à 1,870 livres.

La compagnie avait décidé dans une assemblée particulière qu'on prélèverait chaque mois sur la recette une somme qui serait distribuée aux plus pauvres communautés religieuses de Paris. Les capucins ressentirent les premiers l'effet de cette charitable décision ; puis ensuite, au mois de juin 1690, les cordeliers furent admis à y participer, à raison de 3 livres par mois ou 36 francs par an.

Voici le placet que ces religieux avaient fait remettre aux comédiens :

« Messieurs, les PP. cordeliers vous supplient très humblement d'avoir la bonté de les mettre au nombre des pauvres religieux à qui vous faites la charité. Il n'y a pas de communauté qui en ait plus besoin, eu égard à leur grand nombre et à l'extrême pauvreté de leur maison, qui, le plus souvent, manque de pain. L'honneur qu'ils ont d'être vos voisins, leur fait espérer que vous leur accorderez l'effet de leurs prières qu'ils redoubleront envers le Seigneur pour la prospérité de votre chère compagnie. »

A leur tour, les religieux augustins qui s'étaient si vivement opposés à l'établissement des comédiens, s'adressèrent à eux pour être compris dans la répartition de l'aumône mensuelle et en 1700, ils leur adressèrent une supplique ainsi conçue :

« A messieurs de l'illustre compagnie de la comédie du roi. Les religieux augustins réformés du faubourg Saint-Germain, vous supplient très humblement de leur faire part des aumônes que vous distribuez aux pauvres maisons religieuses de Paris dont ils sont du nombre, ils prieront Dieu pour vous. »

L'aumône faite aux religieux de la Charité se montait à 180 livres par année.

L'hôtel des comédiens du roi fut en outre taxé pour la contribution à l'acquittement des dettes de la fabrique de Saint-Sulpice, à la somme de 185 livres 8 sous 4 deniers et enfin, M. Eugène Despois dans *le Théâtre-Français sous Louis XIV* dit avoir trouvé encore dans les registres « une transaction passée le 25 août 1693, entre monseigneur le cardinal de Furstenberg, abbé de Saint-Germain des Prés et la troupe des comédiens du roi, par laquelle les comédiens s'obligeaient à lui payer, ainsi qu'à ses successeurs, la somme de 250 livres de redevance annuelle »

En 1699, le roi obligea les comédiens à payer au profit des hospices un droit prélevé sur le produit de leurs représentations et comme ils ne pouvaient en supporter la charge, ils durent l'imposer au public par une augmentation du prix de leurs places ; les premières loges furent augmentées de 12 sous, les secondes de 6 sous, les troisièmes de 4 sous et le parterre de 3 sous.

Les comédiens touchaient une pension royale de 12,000 livres qui leur avait été concédée le 24 août 1682. « Aujourd'hui 24e jour du mois d'août 1682, le roy estant à Versailles, voulant gratifier et traiter honorablement la troupe de ses comédiens françois, en considération des services qu'ils rendent à ses divertissemens, Sa Majesté leur a accordé et fait don de la somme de 12,000 livres de pension annuelle et viagère pour en être payés sur leurs simples quittances. »

La Comédie-Française donna ses représentations dans la salle du jeu de paume de l'Étoile jusqu'en 1770, et elle joua pendant cette période 576 pièces nouvelles dont nous empruntons à

COSTUMES DE PARIS A TRAVERS LES SIÈCLES

LA FÊTE DES FOUS ET DES DIACRES

(XIVᵉ SIÈCLE)

(D'après les *Arts somptuaires* de Ch. Louandre et Mifflier, Jacquemin, etc.)

Foyers et Coulisses la nomenclature des principaux auteurs : « Dancourt, Baron, La Fontaine, Bruyes et Palaprat, Boursault, Hauteroche, Campistron, Du Fresny, Champmeslé, Lagrange-Chancel, Longepierre, Regnard, qui débute par le petit acte de *la Sérénade* (3 juillet 1694); Rousseau Jean-Baptiste se produisant au théâtre avec un petit acte en prose : *le Café* (2 août 1694); l'abbé Boyer, La Fosse, Le Sage dont la première pièce, *le Point d'Honneur* comédie en cinq actes (3 février 1702), est aujourd'hui parfaitement oubliée ; Danchet, Crébillon, Legrand, Destouches qui donne sa première pièce *le Curieux impertinent* cinq actes en vers (17 novembre 1710); Voltaire dont la première œuvre dramatique : *Œdipe* (18 novembre 1718), est un triomphe ; Marivaux qui prélude à ses comédies si vives et si brillantes, par une grosse tragédie en cinq actes dont, depuis longtemps personne ne se souvient plus : *Annibal* (16 décembre 1720); Saint-Foix, Boissy, Poisson, d'Allainval, dont *l'École des Bourgeois* (20 septembre 1728) restera toujours au répertoire ; Piron qui fait jouer le 10 octobre 1728 *les Fils ingrats* ou *l'École des Pères*, en attendant *la Métromanie* (10 janvier 1738); Moncrif, Lachaussée, qui inaugure un nouveau genre à la Comédie-Française, où il donne les premiers drames, qu'on y ait joués : *la Fausse Antipathie* (2 octobre 1733), et *le Préjugé à la Mode* (3 février 1735); Lefranc de Pompignan, Gresset, dont la tragédie *Édouard III* (22 janvier 1740), ne faisait guère pressentir l'œuvre charmante qu'il devait donner le 27 avril 1747 : *le Méchant;* Saurin, Laplace, Marmontel, qui fait jouer à vingt ans et avec un certain succès, sa tragédie de *Denys le Tyran* (5 février 1748); Vadé, Mme de Graffigny, Desmahis et son *Impertinent* (25 août 1750), Palissot, Guimond de la Touche, Colardeau, Lemierre qui débute par sa meilleure tragédie *Hypermnestre* (31 août 1758), Poinsinet, Diderot, dont le drame doctrinaire du *Père de Famille* (18 février 1761), Belloy, Rochon de Chabanne, Collé, Favart, Laharpe, le critique célèbre dont la première pièce, *le Comte de Warwick* (17 novembre 1763), est demeurée de beaucoup la meilleure ; Barthe Champfort avec *la Jeune Indienne* (30 avril 1764), de Belloy qui, le premier, traite au théâtre des sujets nationaux, et dont *le Siège de Calais* (13 février 1765), obtint un succès patriotique qui fut considérable ; Calhaiva, Sedaine déjà connu au théâtre Italien, lorsqu'il donna sa première et sa meilleure pièce aux comédiens français, *le Philosophe sans le savoir* (2 novembre 1765), Beaumarchais qui avait déjà fait tant parler de lui ailleurs qu'au théâtre, et dont la première pièce, *Eugénie* drame en cinq actes (29 janvier 1767), est encore aujourd'hui au répertoire ; Denon et enfin Ducis, dont l'heureuse imitation d'*Hamlet* (30 septembre 1769), obtient un prodigieux succès. »

Et les comédiens qui interprétèrent ces œuvres, combien d'entre eux furent des artistes de grand talent! au reste, la bienveillance de Louis XIV, et plus tard celle de Louis XV, ne leur manquèrent pas ; ce dernier, en toutes circonstances, se montra très généreux pour eux ; malgré la vogue que nombre de leurs pièces obtenaient et le goût du théâtre qui de plus en plus s'introduisait dans les mœurs des Parisiens, la Comédie-Française était loin de voir ses affaires prospérer et en 1758, elle se trouvait devoir la somme énorme de 276,000 livres.

Louis XV paya ces dettes.

Les comédiens français qui s'illustrèrent sur la scène de la rue des Fossés, furent en suivant l'ordre chronologique, Poisson, Beaubourg, Sallé, Legrand, Dangeville, Ph. Poisson, Quinault, Dumirail, Champvallon, la Thorillière, Huguet, Ar. Poisson, Grandval, Sarrazin, Ét. Dangeville, Fleury. Baron, La Noue, Lekain, Bellecour, Préville, Brizard, Molé, d'Auberval, Bouret, Auger, Feulie et Dalainval, et Mmes Dancourt, Duclos, Lavoy, Champvallon, Desmares, Mimi Dancourt, Sallé, de Nesle, Lachaise, A. Lecouvreur, Jouvenot, Balicourt, Desbrosses, Dangeville, Gaussin, Grandval, Dumesnil, Clairon, Brillant, Préville, Lekain, Dubois, Doligny, Luzy, Fanier, Dugazon et Vestris.

En 1770, les comédiens quittèrent la salle du Jeu de Paume pour aller aux Tuileries.

La même année 1687 est, au dire de Félibien, « une époque d'éternelle mémoire pour la ville, à cause de l'honneur que lui fit le roy de disner à son hostel commun, lorsqu'il vint à Paris rendre grâces à Dieu, dans l'église Notre-Dame, de la santé qu'il lui avoit rendue. »

Le samedi 25 janvier, le prévôt des marchands reçut ordre de se trouver le lendemain matin, au lever du roi ; il s'y rendit, fut immédiatement introduit dans le cabinet où se trouvait le roi qui lui fit connaître qu'il avait résolu d'aller diner à l'hôtel de ville le jeudi 30, en sortant d'entendre la messe à Notre-Dame.

En conséquence, il lui ordonna de préparer une table de vingt-cinq couverts pour lui et quelques autres, de quinze à vingt couverts pour les seigneurs de sa suite, et « lui dit qu'il mangeroit de tout ce qui lui seroit présenté. »

On sait que Louis XIV possédait un appétit vraiment royal.

Le prévôt, s'inclinant humblement, demanda si le roi voulait être servi par les officiers de la ville.

« Le roy respondit qu'il se confioit assez aux habitans pour estre persuadé qu'il n'avoit aucune précaution à prendre, et qu'il ordonnoit aux officiers de la ville de le servir. »

Il ordonna en même temps au sieur de Livré, premier maître d'hôtel, de donner au prévôt des marchands, tous les officiers qu'il demanderait,

et le lendemain M. de Livré alla à l'hôtel de ville prévenir le prévôt, que le roi exigeait pour lui une table de trente-cinq couverts à la place d'une de vingt-cinq :
Il s'agissait de la couvrir de mets dignes des convives.

Des ordres furent immédiatement donnés aux officiers de la bouche et du gobelet « d'aller enlever partout ce qu'on trouveroit de plus exquis, et l'on envoya jusqu'à Rouen, chercher des veaux de rivière ». On alluma du feu dans toutes les chambres de l'hôtel de ville et la table fut dressée, dès le mardi, afin de permettre aux officiers de ville de s'exercer au service.

Le même jour, dans la soirée, le prévôt reçut une lettre du marquis de Seignelay, le prévenant que le roi ne voulait pas qu'on tirât le canon à son arrivée ni à sa sortie; mais qu'il lui serait agréable qu'il fût fait des feux de joie par toute la ville, que les boutiques fussent fermées, le jour du festin, et qu'il y eût un feu d'artifice devant l'hôtel de ville.

Le lendemain, nouvelle lettre, celle-ci du roi, adressée au prévôt et aux échevins et leur ordonnant de se vêtir de leurs robes de cérémonie; et le parlement, s'assemblant, arrêta que, lors de l'arrivée du roi dans la ville (il était à Versailles), les boutiques seraient aussitôt fermées et que des feux de joie seraient allumés partout.

On régla aussi qu'il y aurait trois signaux, c'est-à-dire qu'aussitôt l'entrée du roi à Notre-Dame, la grosse cloche sonnerait en faux bourdon, qu'à l'élévation, un drapeau blanc serait arboré sur les tours, et qu'à la sortie, les deux cloches sonneraient.

Tout cela bien convenu, le roi quitta Versailles dans la matinée, et arriva à Paris avant midi par la porte de la Conférence, au dehors de laquelle stationnait une foule considérable qui se mit à suivre le carrosse royal jusqu'à la cathédrale, où le roi fut reçu par l'archevêque et son chapitre.

La messe dite, Louis XIV, accompagné du dauphin, de la dauphine et de plusieurs autres princes et princesses, se dirigea vers l'hôtel de ville, sur la grande porte duquel se tenaient le prévôt, les échevins, le procureur du roi, le greffier, le receveur, tous vêtus de robes de velours, et il fut conduit par eux à la grande salle, où la table royale avait encore été augmentée, par un nouvel avis, de 20 couverts, ce qui en portait le nombre à 55. Le prévôt des marchands donna la serviette au roi et le servit.

Le premier échevin Geofroi servait le dauphin.

La présidente de Fourcy servait la dauphine.

Monsieur était servi par Gayot, second échevin.

Madame l'était par Chupin, troisième échevin.

Et le duc de Chartres par Sangumière, quatrième échevin.

Mademoiselle par Titon, procureur du roi, Mademoiselle d'Orléans par Mitantier, greffier, et la grande duchesse de Toscane par le receveur Boucot. Les conseillers et quarteniers en robe servaient Monsieur le prince et Madame la princesse de Condé, le duc de Bourbon, le duc du Maine, le comte de Toulouse et les autres princes et princesses qui étaient placés à la table royale, faite en forme de fer à cheval.

Trois huissiers de la ville, en robes mi-parties, marchaient à la tête des services par trois files et ensuite trois maîtres d'hôtel, celui de la ville au milieu.

Les plats étaient apportés par cent vingt archers de la ville en casaque, l'épée au côté, sans bandoulière, conduits par leur colonel et par leurs autres officiers sur trois lignes.

Le maître d'hôtel plaçait les plats sur la table devant le roi.

Le premier service fut de cent cinquante plats, le second de vingt-deux plats de rôti, vingt-un plats d'entremets et soixante-quatre assiettes.

Le troisième était composé de fruits : « il fut servi avec la même abondance et avec une quantité de fleurs extraordinaire, quoique la gelée fût des plus fortes et ensuite on servit toutes sortes de liqueurs. Pendant tout le repas, on eut le plaisir de la symphonie que donnèrent les vingt-quatre violons et les hautbois du roy placez sur un amphithéâtre. Les autres tables de vingt-cinq couverts chacune pour les seigneurs et pour la suite de la Cour furent servies en même temps avec une pareille magnificence, l'une dans le bureau, deux dans la salle des colonels, et une quatrième dans celle du greffier. Chacune estoit servie par deux maistres d'hôtel et un controlleur avec d'autres officiers. Après que le roy se fut levé de table et qu'il eut receu la serviette du prévost des marchands, il entra dans la chambre des conseillers de ville et la dauphine dans celle qui lui avoit esté préparée dans l'appartement du greffier. Le roy se montra à la fenestre à une multitude infinie de peuple assemblé dans la Grève qui ne cessa de crier : Vive le roy, dès le moment qu'il parut. Outre les tables préparées pour le roy, les princes et leurs officiers, il se fit en mesme tems, tant au-devant de l'hostel de ville, qu'au bureau préparé au dehors, auprès du Saint-Esprit, des distributions de pastez, de langues et de viandes froides, de pain et de près de sept mille bouteilles de vin, outre celui qui coula tout le jour, à quatre fontaines, dans la place de Grève. Le roy, après avoir tesmoigné sa satisfaction au prévost des marchands, fit assembler sur une ligne les eschevins, le procureur du roy, le greffier, le receveur, les conseillers et quarteniers, le prévost des marchands à leur teste, leur parla presque à tous, et leur marqua qu'il estoit

Interdiction des prêches et arrestation des protestants.
(Après la révocation de l'édit de Nantes).

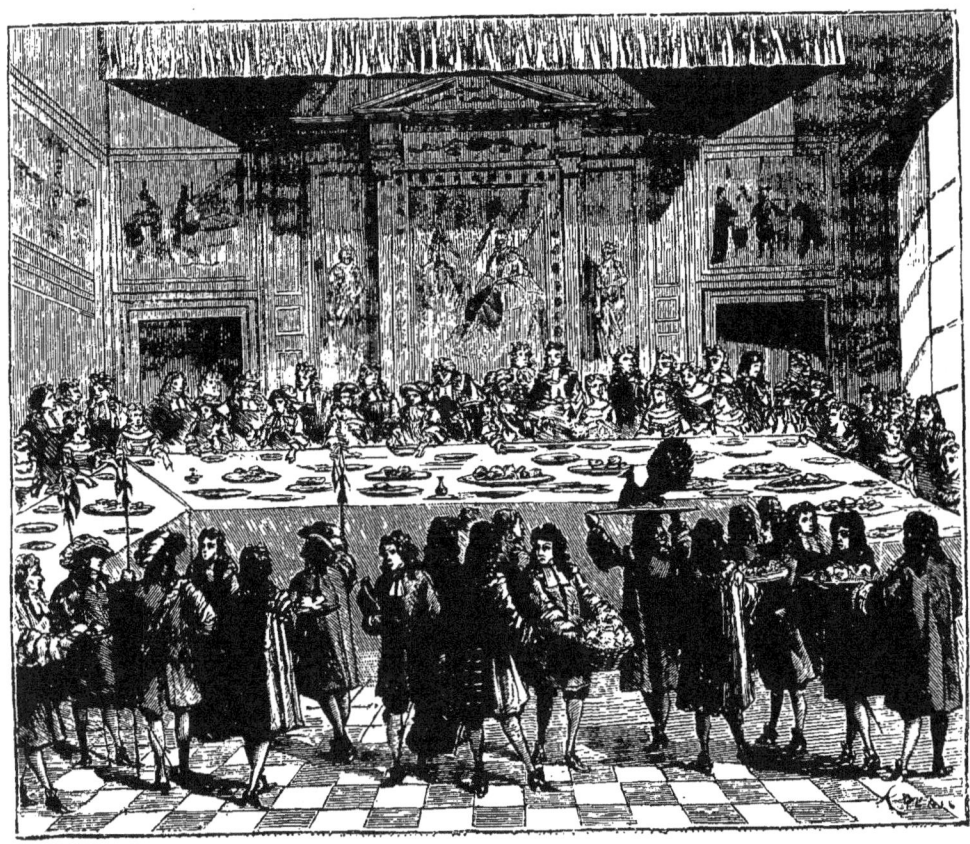

Le roi Louis XIV dinant avec sa cour à l'hôtel de ville. (Page 20, col. 1.)

très content de la ville. Le prévost des marchands demanda au roy la liberté de quelques prisonniers qui estoient dans l'hostel de ville et il la lui accorda, à condition que ceux qui estoient arrestez pour dettes ne seroient élargis qu'après que leurs parties auroient esté satisfaites. Le roy s'en retourna par la place des Victoires, pour voir le monument que le duc de la Feuillade avoit fait élever en son honneur. Mademoiselle d'Orléans demeura à l'hostel de ville pour voir tirer le feu d'artifice qui fut suivi d'un bal qui dura jusqu'au lendemain matin.

« Le prévost des marchands et les eschevins firent faire quelque temps après un tableau représentant le roy disnant avec toute sa cour à l'hostel de ville, et servi par les officiers du bureau. »

Ce fut encore en 1687, le 8 février, que le parlement enregistra des lettres patentes du roi, en date d'avril 1686, en faveur de Denis Coignet, docteur en Sorbonne, curé de Saint-Roch, et Nicolas de Fromont, grand audiencier de France, pour l'établissement d'une maison en laquelle un certain nombre de filles et de femmes, maîtresses de petites écoles et de métiers « convenables », enseigneraient gratuitement aux filles indigentes de la paroisse Saint-Roch leurs professions.

La maison devait être dirigée par les curés de Saint-Roch, sous l'autorité de l'archevêque de Paris, et par le sieur Fromont et ses successeurs.

L'archevêque donna son consentement à cette fondation, le 15 avril 1686.

Elle disparut sans laisser de traces.

Enfin nous trouvons en 1687, la nomination de Francine, gendre de Lulli, à la direction de l'Opéra ; son brevet porte la date du 27 juin. Le privilège lui fut accordé pour trois années, mais il fut bientôt augmenté de sept années.

« La direction de Francine, dit M. G. d'Heylli, fut moins brillante, moins heureuse que celle de Lulli. Il fut bientôt obligé, pour soutenir les dépenses de l'entreprise que ne couvraient pas les recettes, alors fort diminuées, de prendre trois associés. Fouassin, l'Apôtre et Montarsy avec lesquels il eut presqu'aussitôt de graves démêlés qui durent être portés devant la justice. Cette situation difficile dura dix années. Le 30 décembre 1698, Francine obtint, cependant, une nouvelle prolongation de son privilège pour dix autres années, mais il fut obligé d'associer à son exploitation les nommés Hyacinthe, Gauréaut et Dumont, ce dernier écuyer du dauphin.

« Cette association ne fut pas plus heureuse que la précédente et cinq ans après, Francine en était réduit à accuser un passif de 380,780 livres et de de céder momentanément, pour sortir d'embarras, son privilège à Pécourt et à Belleville, auxquels d'ailleurs, il le reprit presqu'aussitôt. Il continua alors son exploitation, mais toujours sans succès jusqu'en 1704, époque à laquelle il fut forcé de se retirer une seconde fois.

« L'opéra représenta quarante et un ouvrages pendant cette première période de la direction de Francine. »

Francine avait cédé son privilège à un payeur de rentes du nom de Guyenet qui prit l'engagement de payer ses dettes, et obtint une prolongation de dix années, à partir du 1er mars 1709, bien qu'il eût pris possession le 7 octobre 1704.

Seize ouvrages furent représentés sous cette nouvelle direction.

Lorsque Guyenet mourut le 20 août 1712, il laissait un déficit de 400,000 livres, somme considérable à cette époque. Il fut déclaré en faillite.

Alors Francine se remit sur les rangs avec Dumont pour associé et le 12 décembre de la même année, il rentra en possession de son privilège; mais les syndics de la faillite Guyenet s'arrangèrent avec Francine pour exploiter concuremment avec lui. Il en résulta pour la faillite une augmentation de passif de 80,000 livres.

Francine et Dumont restèrent donc seuls; mais à partir du 2 décembre 1715, ils furent placés sous une sorte de protectorat, qu'on appellerait aujourd'hui un conseil d'administration, à la tête duquel se trouva le duc d'Antin, avec le titre de régisseur royal de l'Académie.

Comme il était facile de le prévoir, le conseil ne marcha pas longtemps d'accord avec Francine qui était accoutumé à agir à sa guise, sans contrôle, et il s'arrangea de façon à faire supprimer la régie royale et à demeurer seul maître de son théâtre qu'il conserva jusqu'en 1728, et pendant cette direction de seize années, il fit représenter trente-deux ouvrages nouveaux.

Disons en passant que, jusqu'en 1718, les auteurs n'avaient leur entrée qu'au parterre et ce fut une ordonnance du roi datée de cette année-là, qui les plaça à l'amphithéâtre, non pas comme on serait tenté de le croire par considération pour eux, mais afin qu'ils fussent plus en évidence sous les yeux de la police qui put mieux les surveiller et les empêcher de siffler les pièces de leurs confrères.

On sait que les personnes de qualité avaient seules droit aux premières loges et que les seigneurs de la cour se plaçaient au balcon sur la scène.

A Francine, succéda en 1728 (8 février), le compositeur Destouches; il fit représenter huit ouvrages et vendit, en 1730, son privilège 300,000 livres à un sieur Gruer qui fut nommé pour trente-deux années, à partir du 1er avril et ne resta que dix-sept mois à la tête de l'opéra; il y fit jouer trois ouvrages : une partie de plaisir scandaleuse qu'il donna, obligea le roi à lui retirer son privilège pour le donner à un nommé Lecomte qui avait comme associé le président Lebœuf et fut directeur pendant vingt mois. Sa mauvaise gestion le fit révoquer et après avoir fait représenter quatre ouvrages nouveaux, il eut pour successeur en 1733, M. de Thuret qui administra l'opéra pendant onze années et fit jouer vingt-trois ouvrages.

Thuret s'endetta comme ses prédécesseurs et fut remplacé le 18 mars 1744, par un ancien receveur général des finances appelé François Berger qui, malgré sa connaissance des chiffres, se ruina et s'endetta de 400,000 livres; il passa la main le 3 mai 1748, après la représentation de onze ouvrages nouveaux, à Tréfontaine qui s'associa plusieurs personnes, entre autres le chevalier de Mailly, qui était déjà intéressé dans la direction précédente.

Tréfontaine dirigea pendant quinze mois l'opéra, représenta cinq ouvrages nouveaux et dut 252,909 livres. On trouva que son mode de direction n'était pas meilleur que les autres et M. le lieutenant de police vint en personne le 17 août 1749, le prier de vider les lieux, ce qu'il fit d'assez mauvaise grâce.

On remarquera que, depuis Francine, chaque directeur n'avait fait que grossir le chiffre du passif, en y apportant sa quote part.

Le gouvernement commença à s'émouvoir du fait et à penser que la direction de l'académie de musique, confiée aux mains d'un directeur, était impuissante à donner d'autre résultat que la faillite, et on pensa faire mieux, en plaçant la ville de Paris à la tête de l'administration.

Un arrêt du conseil, du 27 août 1749, fut rendu en ce sens, et la ville, par l'intermédiaire du prévôt des marchands et des échevins, exploita le théâtre sans résultats meilleurs que les précédents; il manquait une main expérimentée pour diriger cette scène si difficile à conduire; la ville appela alors à la gérance deux personnes qui lui inspiraient toute confiance : MM. Rebel et Francœur.

L'inconvénient qui avait signalé l'ingérance du duc d'Antin et de ses collègues se renouvela; Rebel et Francœur, tiraillés par les volontés et les *idées* de la commission administrative supérieure, qui n'entendait rien aux choses de théâtre, furent en luttes incessantes avec elle et, dès l'année suivante, ils se retirèrent pour faire place à un « inspecteur général de l'opéra » qui fut M. Royer, maître de musique des enfants de France et compositeur. Il mourut en 1750.

Bontemps et Levasseur lui succédèrent seulement à partir du 9 avril 1755 jusqu'au 13 mars 1757; mais cette fois, ce fut la ville de Paris qui lâcha pied ; elle renonça à la direction de l'académie de musique, après que trente ouvrages nouveaux eurent été représentés sous son administration.

Bontemps et Levasseur, nommés par elle, se retirèrent avec elle ; ce fut alors que MM. Rebel et Francœur sollicitèrent et obtinrent le privilège en leur nom pour trente années, à la condition d'être déchargés de tout le passif antérieur que la ville prit à sa charge et qui se montait à environ 1,200,000 livres. Ils furent nommés le 13 mars 1757 et représentèrent dix-huit ouvrages jusqu'au 6 avril 1763 époque à laquelle l'opéra fut réduit en cendres.

Ce fut en 1688, que les frères des écoles chrétiennes ou de Saint-Yon (institués à Reims en 1681, par Jean-Baptiste de la Salle) arrivèrent à Paris, et se logèrent d'abord rue Princesse ; un noviciat fut fondé à Vaugirard. Cette congrégation reconnue civilement en 1724, prit en peu de temps une extension considérable ; dispersée lors de la révolution de 1789, elle survécut cependant à la suppression des ordres religieux, et fut autorisée à rouvrir ses écoles aussitôt après le concordat. Le décret du 17 mars 1808 lui donna une existence légale.

En 1805, cette institution fut relevée, et on y réunit les frères de la doctrine chrétienne.

Aux termes de ce décret, les frères des écoles chrétiennes devaient être « brevetés et encouragés par le grand maître de l'Université, qui visera leurs statuts intérieurs, les admettra au serment, leur prescrira un habit particulier et fera surveiller leurs écoles. Les supérieurs de ces congrégations pourront être membres de l'Université. »

Les frères des écoles chrétiennes, portant une grande robe de bure noire et un chapeau à cornes, sont voués à l'éducation des enfants du peuple.

Leur chef-lieu qui était à Lyon fut transféré par Louis XVIII à l'ancien hospice de M. Dubois, rue du faubourg Saint-Martin ; ce fut de cette maison du noviciat, connue sous le nom du Saint-Enfant-Jésus, que furent tirés les maîtres répartis dans les différentes écoles du royaume.

Depuis, le chef-lieu général fut transféré rue Oudinot.

Le frère Anaclet, supérieur général, avait fondé un pensionnat au faubourg Saint-Martin en janvier 1839. Cet établissement fut transféré à Passy, le 8 avril 1839, dans l'hôtel de Valentinois et le frère Théotique, qui le dirigeait, fut chargé de dresser les plans d'un nouvel édifice dont la première pierre fut posée le 20 juin de la même année, en présence du frère Philippe, supérieur général, et des autorités civiles et religieuses.

En 1853, une aile fut ajoutée à ce bâtiment ; elle renferme la lingerie et l'infirmerie. Sa communauté, commodément installée dans cette maison, fonda quatre autres établissements relevant directement de celui de Passy ; ce furent : en 1848 une école gratuite pour les enfants de la ville, une école du soir pour les adultes en 1849, la maîtrise de Notre-Dame de Grâce en 1856 et l'école gratuite de la plaine de Passy.

En 1860, au moment où les communes de la banlieue furent annexées à Paris, les écoles communales tenues par les frères des écoles chrétiennes étaient établies rue du Rocher 45, rue des Jardins 14, rue d'Argenteuil 37, rue de Chabrol 61, rue Montmartre 1, rue des Récollets 23, cour des Miracles 4, rue Ferdinand Berthier 2, rue Cafarelli 6, rue d'Angoulême du Temple 54, rue Salle-au-Comté 18, rue du Cloître Saint-Merri, rue des Blancs-Manteaux 21, rue Saint-Bernard 33, Impasse des Hospitaliers 1, rue des Francs-Bourgeois 10, rue de Reuilly 25, rue Saint-Louis-en-l'Ile 79, rue Saint-Paul passage Saint-Pierre 8, rue du Cloître-notre-Dame 16, rue Saint-Benoît 16 et 18, rue de Grenelle-Saint-Germain 44 et 46, rue de Varennes 39, rue de Fleurus 14, rue des Noyers 55, rue Neuve-Saint-Étienne-du-Mont 35, rue des Francs-Bourgeois-Saint-Marcel, 4 et 6, rue St-Jacques, 278, rue du Marché-aux-Chevaux, 34.

Nous avons vu Louis XIV donnant l'ordre de démolir le couvent que les capucines occupaient, pour faciliter à la place Vendôme un débouché dans la rue Saint-Honoré ; le monastère qui remplaça celui-ci fut élevé sur les dessins de François d'Orbay, architecte, et terminé en 1689. Les religieuses s'y installèrent, le 26 juillet, et, le 27 août 1689, leur église fut dédiée sous le titre de Saint-Louis.

La suppression de cette communauté eut lieu en 1790. Les bâtiments, devenus propriété nationale, furent affectés à la fabrication des assignats. Les jardins qui étaient d'une vaste étendue servirent de promenade publique. On y établit successivement un théâtre, un cirque et un panorama.

Le 9 février 1806, un décret ordonna que l'ancien couvent des capucines et ses bâtiments seraient divisés en 32 lots et que deux rues seraient percées sur cet emplacement, l'une dans l'axe de la place Vendôme et devant aboutir au boulevard, l'autre en prolongement de la rue Neuve-Saint-Augustin.

La première fut appelée rue Napoléon et, en 1814, prit le nom de rue de la Paix ; la seconde fut, nous venons de le dire, la continuation de la rue Neuve-Saint-Augustin et alla de la rue Louis-le-Grand (ouverte en 1703) au boulevard des Capucines formé en juillet 1676.

Paris s'occupa beaucoup en 1689 d'une affaire judiciaire.

Une dame Mazel était logée rue des Maçons-Sorbonne. Dans l'après-dîner du 27 novembre 1689, cette dame avait reçu la visite des deux filles de son valet de chambre, Le Brun. Ces filles sorties, Le Brun avait accompagné sa maîtresse à vêpres chez les prémontrés de la rue Hautefeuille puis l'avait quittée. La dame rentra chez elle, se coucha, et le lendemain on la retrouva, le corps percé de cinquante coups de couteau et les doigts entièrement coupés. — Cette dame était riche ; cependant on n'avait dérobé chez elle qu'une somme peu importante. Bien que rien ne parût de prime abord, faire supposer que le valet de chambre Le Brun fût le meurtrier, on l'envoya en prison ainsi que sa femme. Le procès s'instruisit et, sans qu'aucune preuve matérielle vint appuyer les soupçons conçus contre Le Brun, le 18 janvier 1690, une sentence fut rendue par laquelle :

« Le Brun fut déclaré atteint et convaincu d'avoir eu part au meurtre de la dame Mazel, pour réparation de quoi il fut condamné à faire amende honorable, à être rompu vif et expirer sur la roue, préalablement appliqué à la question ordinaire et extraordinaire, pour avoir révélation de ses complices, tous ses biens confisqués au roy, ou à qui il appartiendra ; sur iceux préalablement pris la somme de 500 livres d'amende, au cas que confiscation n'ait pas lieu, au profit du roy ; 8,000 livres de réparation civile, dommages et intérêts envers messieurs de Savonière (fils de la victime), 100 livres pour faire prier Dieu pour l'âme de la dame Mazel. Le dit Le Brun déclaré indigne des dispositions et legs faits à son profit par le testament de la dite dame Mazel, et condamné en tous les dépens ; sursis à plus ample instruction contre Magdeleine Tisserel, femme de Le Brun jusqu'après l'exécution. »

Ce jugement souleva l'indignation publique et chacun se demandait ce qui avait pu faire condamner l'accusé. Les juges avaient prétendu que la dame Mazel n'avait pu être assassinée que par un de ses domestiques, et que si Le Brun n'était pas le coupable, il devait être au moins complice.

Appel fut porté à la Tournelle. — Disons d'abord que sur les onze juges qui avaient été appelés à se prononcer, trois avaient conclu à un plus ample informé, deux à l'application de la question et six à la peine de mort.

Le procès ayant été discuté en appel, sur 22 juges, il y en eut deux seulement qui furent d'avis de confirmer purement et simplement la sentence ; quatre qui conclurent à un plus ample informé et les seize autres demandèrent qu'avant tout, Le Brun fût appliqué à la question ordinaire et extraordinaire, avec la réserve des preuves.

Un arrêt dans ce sens fut rendu le 21 février 1690.

Le 23, la question fut appliquée au malheureux qui nia de toutes ses forces être coupable.

Le 25, un des juges s'étant trouvé indisposé, on remit pour juger définitivement au 27.

Ce jour là, un seul juge opina pour la condamnation aux galères, et tous les autres furent d'avis qu'il y avait lieu d'infirmer la sentence de mort rendue au Châtelet, et d'ordonner qu'il serait plus amplement informé contre Le Brun et sa femme.

Malheureusement, le pauvre diable avait été tellement torturé par le supplice de la question, qu'on lui avait fait subir, qu'il mourut à la suite.

« Avant que de mourir, il protesta devant Dieu de son innocence et expira dans les sentiments d'un innocent opprimé, parfaitement résigné aux ordres de la Providence. »

Tout le monde à Paris était persuadé de son innocence et le plaignit ; les femmes pleurèrent en apprenant sa mort, « et se distinguèrent par leur douleur. Le sort funeste de cet accusé et l'infortune de sa famille occupèrent longtemps le public ; il sembloit qu'il appartenoit à tout le monde. »

Le 27 mars, on arrêtait à Sens un ancien domestique de Mme Mazel, qu'elle avait renvoyé de chez elle parce qu'il l'avait volé. Berry, c'était son nom, fut amené à Paris à la requête de MM. de Savonière et de la veuve de Le Brun.

Le 21 juillet, intervint un arrêt qui le déclara dûment atteint et convaincu du meurtre de la dame Mazel et du vol à elle fait, le condamna à faire amende honorable et à être ensuite rompu vif, préalablement appliqué à la question pour savoir ses complices, etc.

Le 22, il fut mis à la question ; là il avoua que, par les ordres de Mme de Savonière, belle-fille de la victime, Le Brun et lui avaient comploté de tuer et voler la dame Mazel, que Le Brun, qui s'était chargé de l'exécution, était entré seul dans la chambre de sa maîtresse et l'avait poignardée pendant que lui, Berry, faisait le guet à la porte.

Après la question, il persista dans ses déclarations.

Dès que ce fait fut connu dans Paris, il y produisit un vif sentiment de surprise ; on apprenait avec peine que Le Brun était bien coupable.

Une foule énorme s'était rendue à la Grève pour voir exécuter Berry.

Mais quelques heures auparavant, celui-ci avait demandé à faire des révélations et, à ce moment suprême, il fit une confession complète « ne voulant pas porter dans l'éternité le poids de ses crimes ».

Il commença par désavouer tout ce qu'il avait dit contre Mme de Savonière et Le Brun, et dit qu'il avait seul commis le meurtre et le vol ; le mercredi 23 novembre 1689, il était arrivé à Paris à l'hôtel du Chariot d'or, dans le dessein de voler la dame Mazel, et le jour du meurtre, s'étant introduit dans la maison de cette dame, il s'était

Le roi et toute la cour se rendirent dans la chambre de Madame la duchesse. (Page 29, col. 1.)

caché sous le lit, et à une heure du matin il l'avait tuée à coups de couteau, puis avait pris dans le coffre-fort une somme de 5 à 6,000 livres, et une montre qu'on avait saisie sur lui.

Il donna les détails les plus complets, dont l'exactitude fut reconnue.

Après s'être ainsi confessé devant les gens de justice, il monta d'un pas ferme à l'échafaud et fut exécuté.

Alors toute la sympathie qu'on avait montrée pour Le Brun se réveilla bien plus vive encore; la veuve, au nom de ses cinq enfants mineurs, poursuivit la réhabilitation de l'innocent et attaqua Mrs de Savonière qui s'étaient fait les accusateurs de son mari, et leur demanda 70,000 livres de dommages intérêts (50,000 pour ses enfants et 20,000 pour elle).

Tout Paris faisait des vœux pour la réussite de ce procès, mais il traîna en longueur et ce ne fut que le 30 mars 1694, que le Parlement rendit son arrêt.

Il déchargeait la mémoire de Le Brun et absolvait sa femme, déclarait leur emprisonnement injurieux, tortionnaire et déraisonnable, ordonnait que les écrous faits de leurs personnes aux prisons du Châtelet et de la Conciergerie seraient biffés, autorisait la délivrance du legs fait à Le Brun par le testament de la dame Mazel; mais ce fut tout.

Pour le surplus de sa demande, la pauvre veuve fut déboutée.

Procès et jugement furent vivement commentés et plus d'un bon bourgeois, en causant de cette affaire, s'éleva avec force contre cette barbare institution de la question qui tuait les accusés, sous prétexte de les obliger à s'avouer coupables, alors qu'ils étaient innocents.

Mais il devait encore se passer bien du temps avant qu'elle fût abolie.

Le prévôt des marchands et les échevins ayant représenté au roi que quelques entrepreneurs, ayant fait l'acquisition de l'hôtel du président des Maisons, rue de Béthisy, où était ci-devant établie la douane, y désiraient faire l'ouverture « d'une nouvelle rue, en face de la rue des Prouvaires, rue Saint-Honoré, qui conduiroit à travers de la rue de la Monnaie au bout du Pont-Neuf, et par ce moyen donneroit une très grande et facile communication, du quartier Saint-Eustache au faubourg Saint-Germain ».

Un arrêt du conseil d'état, du 31 janvier 1689, autorisa l'ouverture de cette rue qui fut appelée rue du Roule, en raison de l'ancien fief du Roule dont le chef-lieu était situé à l'encoignure de cette rue du Roule et de celle des Fossés-Saint-Germain-l'Auxerrois.

Le 18 mai 1689, fut rompu vif sur la place de Grève un sieur François Maniquin, convaincu de faux témoignage; ce malheureux n'était âgé que de 21 ans et avait soutenu pendant le procès, — probablement pour attendrir ses juges, — qu'il n'en avait que 17; le 21 janvier suivant, ce fut une femme qui subit cet affreux supplice, Gabrielle Henry, femme de Jacques Piedeseigle, aide-major du comte de Chamilly. Elle était condamnée pour assassinat.

Pendant l'année 1689, entrèrent à la Bastille : « Joachim Girard, ci-devant valet de chambre et maître d'hôtel du maréchal d'Aumont, accusé de s'être livré à la recherche de trésors; Poupaillard, mauvais catholique; Lacour, homme de difficile garde; le duc de la Force pour la religion, et de Villeroi, aide-major du régiment de Tessé-Infanterie, sans motif connu. »

En 1690, ce furent : le sieur Cardel « pour la religion qui a servi de motif que voici : pour des raisons très importantes qui regardaient la sûreté de la personne du roi, mort subitement le 13 juin 1715 »; le nommé Saint-Vigor, travesti en hermite, mauvais sujet; Jean Blondeau, hermite, « tenu pour suspect »; le sieur Braconneau, pour la religion, mort le 2 mars 1691, d'un coup de couteau qu'il s'était donné le 18 février précédent.

Un beau jour de l'année 1690, on brûla sur le Pont-Neuf un mannequin représentant le roi d'Angleterre, Guillaume, à la grande satisfaction du populaire qui dansa autour.

Car on était en guerre, — en guerre perpétuelle avec la Hollande, avec l'Angleterre, avec l'Espagne.

En 1688, pour parer aux dépenses excessives que nécessitaient ces prises d'armes successives, il fut ordonné que tous les meubles d'argent massif, possédés par les grands seigneurs, seraient portés à la Monnaie. Louis XIV donna l'exemple, et fit fondre les chefs-d'œuvre de l'orfèvre Balin qu'il possédait, tables d'argent, candélabres, sièges d'argent, etc. Les armées dévoraient tout, et les commerçants de Paris se ressentaient péniblement de la rareté des finances.

Un nouveau règlement pour la compagnie du guet de Paris fut composé, en 1688, par Augustin-Jean-Baptiste Choppin, écuyer, seigneur de Gouzanguez, conseiller du roi, chevalier de l'ordre de Notre-Dame-du-Mont-Carmel, et de Saint-Lazare, capitaine du Guet, afin que les officiers de sa compagnie « soient informés des intentions de Sa Majesté et des fonctions de leurs charges ».

Les archers et soldats furent divisés en vingt-quatre escouades dont seize devaient être de service et huit au repos.

Il était prescrit aux officiers, archers et soldats de porter des pistolets de poche, des lanternes sourdes, en observant de battre les quartiers les plus éloignés de leurs corps de garde, d'écouter au coin des rues, de faire des contremarches, et de détacher des soldats, auxquels ils devaient faire quitter leurs armes et bandoulières, pour rôder et surprendre plus aisément les voleurs.

Les soldats à pied faisaient collation à neuf heures, ceux de la cavalerie à dix, mais il était interdit aux uns et aux autres d'entrer au cabaret.

« Défendons très expressément à nos sergents de payer la solde de leurs soldats, les jours de leur service, crainte que le vin ne les mette hors d'estat de faire leur garde.

« Enjoignons à nos dits officiers, archers et soldats, d'avoir des habits uniformes : savoir nos exempts, des justaucorps bleus gallonnez d'or, et une plume blanche; nos sergents, des justaucorps bleus avec des gallons d'argent, une plume blanche, et des bas rouges; et à l'égard des soldats, des justaucorps de drap gris de fer, garnis de boutons d'étain, les parements des manches rouges gallonnez d'argent, un baudrier de buffle aussi gallonné d'argent, un chapeau bordé d'argent, une plume blanche, et une bandoulière conforme à celles que nous leur avons ordonnées. »

En février 1690, un édit du roi porta création, en titre d'office, d'un premier président et de huit présidents au grand conseil.

Le 24 septembre, le roi rendit aussi une ordonnance portant exemption du logement des gardes françaises pour les habitants des maisons situées, par suite de la démolition des portes Saint-Jacques et Saint-Michel, dans l'enceinte de Paris. Cette ordonnance fut rendue sur la réclamation des propriétaires de ces maisons, qui s'étaient plaints de ce qu'un maréchal des logis des gardes françaises, leur avait expédié des billets de logement, et avait exigé de l'argent de la part de ceux qui avaient demandé à en être exemptés.

Et le 11 octobre suivant, une assignation fut adressée, à la requête des héritiers Blavet, de la veuve Pontcrochet, de la veuve Crespinet, des proviseur, prieur et procureur du collège d'Harcourt, des prieur, procureur et religieux du grand couvent des Jacobins, et nombre d'autres propriétaires des maisons situées dans l'enceinte de Paris, au sieur de Lafontaine, maréchal des logis des gardes françaises, afin qu'à l'avenir, « ils soient bien et duement exempts de tous logements de gens de guerre. »

Au fur et à mesure que des nouveaux quartiers se bâtissaient dans Paris, d'élégants hôtels se construisaient pour les gens de noblesse et de finance qui rivalisaient de luxe. Ce fut ainsi que s'éleva, rue de Jouy, l'hôtel d'Aumont sur les dessins de François Mansart. L'ordonnance de la façade sur le jardin était dans d'excellentes proportions. Le Brun peignit une apothéose de Romulus, sur un des plafonds, et dans le jardin on admirait une figure antique et une Vénus à demi couchée d'Anguier. Après la Révolution, cet hôtel devint la mairie du IX arrondissement, puis une pension et enfin la pharmacie centrale.

L'hôtel de Beauvilliers ou de Saint-Aignan fut bâti rue du Temple, sur l'emplacement de l'ancien hôtel de Mesmes, (le nouvel hôtel de Mesmes situé de l'autre côté de la rue, lui faisait face), sur les dessins de Pierre le Muet, pour M. de Mesmes, comte d'Avaux. Il fut vendu à Paul de Beauvilliers, duc de Saint-Aignan, qui lui donna son nom, et fut ensuite habité, vers 1740, par M. de Bernage, prévôt des marchands, qui y demeura douze ans. Il appartint ensuite à la famille de Rochechouart-Mortemart. On y remarque une porte monumentale et une cour environnée d'arcades et de grands pilastres d'ordre corinthien ; des réparations inintelligentes ont gâté la physionomie de ce vieil hôtel.

L'hôtel de Bretonvilliers, bâti à la pointe de l'Ile Notre-Dame, fut construit pour M. le Ragois de Bretonvilliers, président à la chambre des comptes. Des peintures de Bourdon, de Mignard, et des tableaux du Poussin le décoraient. En 1719, les fermiers généraux y transférèrent le bureau des aides et du papier timbré, qui était à l'hôtel de Charny, rue des Barres. Plus tard, il fut occupé par les ateliers de parfumerie de la maison Chardin-Hadancourt, et détruit par le boulevard Saint-Germain et le pont de Sully.

L'hôtel de Créqui fut rebâti pour Charles de Créqui, maréchal de France, en 1622, à côté des maisons qui couvraient les anciens emplacements des hôtels de Retz et de Longueville. Originairement il avait appartenu au comte d'Étampes et au comte de Clermont. Il traversait de la rue des Poulies, où était son entrée principale, dans le cul-de-sac des pères de l'Oratoire.

Il fut restauré vers 1680, et appartint à Marie-Anne de Bourbon, légitimée de France ; il fut abattu, en 1710, pour faire un passage, et sur son emplacement passa, en 1780, la rue d'Angivilliers, qui se fondit dans la rue de Rivoli en 1863.

L'hôtel de Pontchartrain, ou plutôt du contrôleur général, fut construit dans la rue Neuve-des-Petits-Champs, sur les dessins de Levau, pour Hugues de Lionne, secrétaire d'état. M. Phélypeaux de Pontchartrain, chancelier de France, l'acheta en 1703 et lui donna son nom. Louis XV en fit plus tard l'acquisition et, après l'avoir destiné au logement des ambassadeurs extraordinaires, il y plaça le ministère des finances. M. de l'Averdi fut le premier qui l'habita en qualité de contrôleur général et sur la porte était une plaque de marbre portant l'indication : Hôtel du contrôleur général.

Cet hôtel fut détruit pour le passage Choiseul et le théâtre des Italiens.

L'hôtel Lambert, rue Saint-Louis en l'Ile, date aussi du milieu du xviie siècle ; il fut construit pour le président Lambert de Thorigny, sur les dessins de Levau. Lebrun et Eustache Le Sueur furent chargés de peindre les décorations de cette somptueuse demeure. Le sculpteur flamand van Obtal en modela en stuc toute l'ornementation sous la direction de Lepautre.

Déjà, au xviiie siècle, les écrivains considéraient cet hôtel comme un des beaux de Paris.

« La porte est grande et annonce un bel édifice, dit l'un d'eux ; la cour est entourée de bâtiments décorés d'ordre dorique. Un perron qui est vis-à-vis la porte, conduit à un grand pallier où commencent deux rampes, par lesquelles on monte aux appartements qui sont magnifiques.

« Cette maison n'a point de jardin, mais du côté de la rivière, règne une grande terrasse qui offre un des plus beaux points de vue. Elle est ornée de quatre statues antiques de marbre.

« Cet hôtel rassembloit un grand nombre de tableaux excellents, un grand entr'autres du Bassan, représentant *l'enlèvement des Sabines* chef-d'œuvre de ce peintre. On y voit des paysages peints dans les panneaux du lambris, par Patel et Hermans, cinq tableaux de l'histoire d'Énée par Romanelli. Eustache Le Sueur a représenté sur le plafond d'un cabinet *la naissance de l'Amour*, morceau frappant ; celui de la cheminée est du même pinceau, et un autre chef-d'œuvre.

« La galerie est une des plus belles et des plus curieuses de Paris. La porte par laquelle on y entre, est décorée en dedans de deux belles colonnes corinthiennes toutes dorées. Le plafond représente les travaux d'Hercule et a été peint par Le Brun avec toute la correction et la force dont il étoit capable, et qui devoit produire la vive émulation qu'il y avoit entre Le Sueur et lui. Le triomphe de Le Sueur se voit dans le plafond d'un appartement qui est de l'autre côté de la galerie : c'est Phaëton qui demande au Soleil, son père, qu'il veuille bien lui confier la conduite de son char. Il a aussi enrichi l'alcôve de cette même pièce de plusieurs tableaux qui représentent les neuf muses, et le cabinet des bains, pratiqué dans le comble de cette belle maison. »

Tel était l'hôtel Lambert ; il eut à subir des vicissitudes diverses, il passa aux mains du fermier général Dupin, et au marquis du Châtelet-Laumont ; madame du Châtelet y logea Voltaire. La famille de la Haye, qui le posséda ensuite, donna à Louis XVI pour le musée du Louvre les tableaux du Bassan, de Romanelli, d'Hermans et de Patel qui le décoraient. Bientôt, le plafond du cabinet des Muses : *Apollon écoutant la prière de Phaëton*, sortit de l'hôtel ; il orne aujourd'hui une des pièces du palais du Luxembourg; les tableaux des Muses sont au Louvre.

M. de Montalivet fut un des derniers propriétaire de l'hôtel, qui servit plus tard de pensionnat de jeunes filles, puis de magasin de literie militaire. Abandonné peu à peu, même de l'industrie, il fut, vers 1840, mis à prix à 180,000 francs et ne trouva pas d'acquéreur. Quelque temps après, il fut, acheté par le prince Czartoryski et il est resté depuis lors la propriété de la famille.

Des travaux d'architecture y furent exécutés par M. Lincelle, ils n'altérèrent en rien le caractère de l'édifice et conservèrent dans sa pureté le style de l'ornementation. Les raccords des peintures ont été faits par M. Eugène Delacroix avec tant d'intelligence et d'habileté qu'il est impossible de les reconnaître. Du reste, la façade extérieure et celle de la cour qui sont d'une grande magnificence sont en état de parfaite conservation.

La galerie de Le Brun est intacte, ainsi que l'appartement des bains dans l'attique.

Un autre hôtel du quai d'Anjou, qui date à peu près de la même époque, est l'hôtel Pimodan. Celui qui le fit bâtir s'appelait Charles Gruyn; il était fils du cabaretier de *la Pomme de pin* dont la boutique était auprès du palais, à l'un des bouts du pont Notre-Dame. Cet honnête tavernier avait fait fortune, et son fils, commissaire

Hôtel Lambert, vue prise du quai, vers 1640.

général des vivres, étant devenu un personnage, avait pris le nom de des Bordes, d'une terre qui lui appartenait et, comme il était de bon ton d'avoir son hôtel en l'Ile, il s'en fit construire un qui fut terminé en 1658. C'était une belle et vaste demeure où s'étalaient partout les armes des Mony, (Gruyn ayant épousé une Geneviève de Mony, veuve de Lanquetot), et des M. et G. entrelacés.

La chambre de justice ayant condamné et ruiné Gruyn des Bordes, celui-ci mourut en prison et l'hôtel fut vendu, par le cordonnier Feret qui lui servit de prête-nom, au duc de Lauzun; ce fut à partir de cette époque que l'hôtel fut appelé hôtel de Lauzun; il passa ensuite à Mlle de Mazarin, qui se fit enlever par le duc de Richelieu qui l'épousa et vendit l'hôtel en 1709, au receveur du clergé, M. Ogier; les appartements y furent alors d'une richesse qui allait jusqu'à la magnificence : « l'or y est prodigué partout avec profusion. »

A Pierre-François Ogier succéda, en 1752, comme propriétaire, M. de la Vallée, marquis de Pimodan, qui le conserva jusqu'à la Révolution.

Au XIXe siècle, l'hôtel de Pimodan devint la propriété de M. le baron Jérôme Pichon qui, en 1844, le loua au romancier Roger de Beauvoir; puis M. le baron Pichon, le savant bibliophile, vint l'habiter et au-dessus de la porte on peut lire cette inscription : Hôtel de Lauzun 1657 et, après être entré dans une cour spacieuse, on se trouve en présence d'une seconde inscription : Hôtel de Pimodan.

« C'est peut-être à Paris, a dit M. Paulin Pâris, la seule maison qui donne encore une idée de l'habitation d'un homme de qualité au XVIIe siècle. »

De tous côtés, les demeures fastueuses s'élevaient et Paris s'embellissait, mais il était toujours abondamment pourvu de voleurs et de criminels. « Bien que les spectacles de la Grève ne soient pas de fort belles choses à mander à une personne

Hôtel Lambert, vu du quai des Célestins.

de qualité, écrit Scarron, je vous dirai pourtant, par pure stérilité de nouvelles, que l'on pend et roue tous les jours de la semaine. »

Nous avons parlé du Palais-Royal et nous avons dit qu'il devint la demeure du duc de Chartres. On lira peut-être avec quelque intérêt le récit d'une visite que Louis XIV fit à ce Palais, le 26 février 1692; on y trouvera de curieux détails sur l'aménagement et l'ameublement des lieux. « Sa Majesté (qui venait de Versailles), étant arrivée au Palais Royal sur les trois heures et demie et ayant été reçue par Monsieur et M. le duc de Chartres, alla à l'appartement de ce jeune prince et se rendit ensuite à celui de Madame la duchesse de Chartres qui est à la droite, en montant le grand escalier, et qui a pour première pièce une fort grande salle des Gardes, qui étoit destinée pour le souper. On trouve ensuite une fort belle antichambre et la chambre de M. le duc de Chartres. Elle étoit magnifiquement meublée et la tapisserie à personnages étoit d'après Jules Romain; elle représentoit l'histoire de Scipion et étoit rehaussée d'or. L'ameublement étoit de velours couleur de feu, et la broderie qui le fesoit briller, or et argent et par bandes. Les miroirs et les lustres de cette chambre étoient d'une très grande beauté. Le roi passa ensuite dans un grand cabinet qui est tout de menuiserie, avec des figures

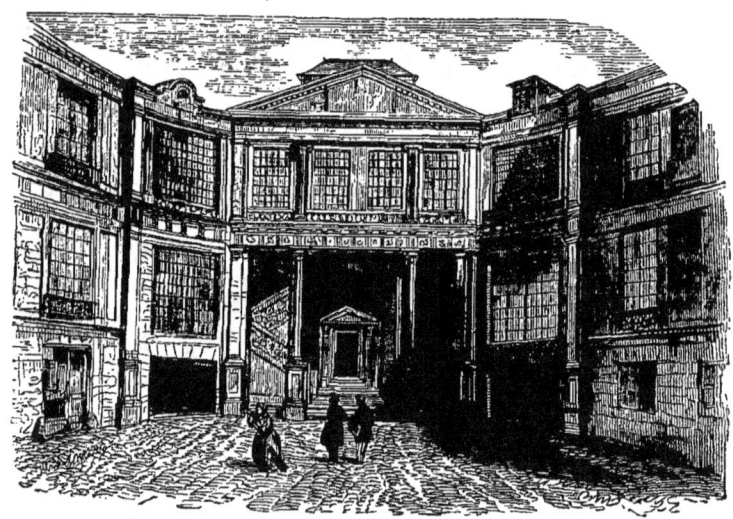

Hôtel Lambert, intérieur de la cour en 1640.

sculptées et dorées d'or bruni. Il y a dans ce cabinet plusieurs tableaux encastrés dans la menuiserie. Comme on avoit destiné ce lieu pour un bal, il étoit rempli de lustres. Le roi et toute la cour passèrent après cela dans une petite antichambre et se rendirent de là dans la chambre de Madame la duchesse de Chartres, dont la tapisserie, par bandes de velours cramoisi plein, étoit enrichie d'une broderie or et argent. Le lit, les fauteuils et les pliants étoient de broderie d'or plein sans fond. Il y avoit un très beau lustre dans cette chambre et des miroirs de distance en distance. Le roi, étant ensuite entré dans un petit cabinet, passa dans une grande galerie magnifiquement meublée; la tenture de tapisserie étoit d'après le Poussin et représentoit plusieurs de ses tableaux, comme le *Veau d'or*, le *Frappement du rocher* etc. Les fauteuils, les pliants et le grand tapis d'une table de quinze pieds de long étoient de bandes or, argent et vert. Il y avoit quatre beaux lustres, et au bout de la galerie, vis-à-vis de la cheminée, un miroir de soixante et douze pouces de glace, sans y comprendre la bordure, avec laquelle ce miroir a dix pieds de large. Cette galerie étoit destinée pour le jeu. Le roi y laissa Madame la duchesse de Chartres, et elle tint cercle pendant que ce prince alla visiter les nouveaux appartemens auxquels Son Altesse Royale fait travailler dans l'endroit ou étoient les Académies de peinture, sculpture et architecture. »

« Sa Majesté ayant demeuré environ demi-heure dans les appartemens et près d'une heure et demie à Paris, monta seule en chaise et repassa au travers du même peuple qui remplissoit les rues à son arrivée.

« Monseigneur le Dauphin, Monsieur, Madame et toutes les dames allèrent à l'Opéra, et toute cette brillante cour, après avoir pris ce divertissement, vint jouer dans la galerie de Madame la duchesse de Chartres. Le jeu fut grand, et la perte et le gain à proportion. On dressa pendant ce temps, deux tables dans la grande salle des Gardes, il y en avoit une de vingt-deux couverts, qui fut tenue par Monseigneur et servie par les officiers de Monsieur, qui tint l'autre table; celle-là étoit de vingt-et-un couverts et fut servie par les officiers de Madame la duchesse de Chartres. Monseigneur, qui étoit à la première, avoit à sa gauche Madame, madame la princesse de Conty douairière, madame la princesse d'Épinay et ensuite plusieurs duchesses et maréchales de France, et Monsieur le duc. Il y avoit un vide de deux places à la droite de Monseigneur, et après cet intervalle étoient Madame la princesse de Turenne, Madame de Château-Thiers, Madame la comtesse de Bury et M. le duc du Maine. La table étoit de forme ovale. Il y avoit au milieu une grande machine de vermeil doré, de nouvelle invention, appelée *surtout de table*. Outre les lumières que ces machines portent, elles sont remplies de vases et d'ustensiles, le tout fort utile à ceux qui sont à ces repas. Je ne vous parle point de la magnificence et de la délicatesse de ces tables; il n'y a personne qui ne se l'imagine. La table de Monsieur fut aussi très magnifiquement servie. S. A. R. avoit à sa gauche M. le duc de Chartres, et plusieurs dames à une distance de ce prince, et M. le prince de Conty et à sa droite Mademoiselle, Madame la princesse de Conty, plusieurs dames, M. le comte de Toulouse, et le reste des dames nommées. Un surtout de table remplissoit aussi le milieu de celle-là. Il étoit d'un très beau travail et d'un très bon goût, mais d'un plan différent de celui dont je viens de vous parler.

« Les violons de Monsieur jouèrent pendant tout le souper, après lequel il y eut bal dans le grand cabinet, où s'étoient rendues plusieurs dames, dont les habits quoique superbes, ne laissèrent pas d'être ornés de pierreries.

« Le bal dura jusqu'à deux heures après minuit, et Monseigneur s'en retourna à Versailles ».

On voit par cette relation, empruntée au *Mercure galant*, que le Palais-Royal était alors une demeure dont le luxe intérieur rivalisait avec celui des appartements de Versailles.

Le 14 janvier 1692, le roi, par arrêt de son conseil, ordonna qu'il serait bâti des casernes dans les faubourgs de Paris, afin d'exonérer les bourgeois qui y demeuraient, de l'obligation de loger des soldats des régiments des Gardes Françaises et Suisses, ce qui leur occasionnait « beaucoup d'incommodité, non seulement du logement des dits soldats, mais aussi de ce qu'ils sont souvent obligés de payer des sommes considérables que les dits soldats exigent d'eux sous divers prétextes ».

Lorsque les propriétaires des maisons sujettes au logement des soldats apprirent qu'il était question de les décharger de cette obligation, ils s'en montrèrent très satisfaits, mais leur satisfaction fut de courte durée. Le roi jugea à propos de suspendre l'exécution du dessein qu'il avait conçu et par arrêt de son conseil d'état, du 20 décembre 1692, il ordonna qu'il serait procédé à la liquidation des sommes dues pour les préparatifs des casernes, la ville se trouvant chargée de trop grosses dettes pour qu'il put être donné suite au projet.

Cette liquidation fut assez difficile et en 1695, intervint un contrat entre la ville et le sieur Beausire « tant pour libérer la ville de ce quelle doit aux créanciers des préparatifs des casernes, que pour exécuter quelques projets qui concernaient l'agrandissement et l'embellissement de Paris ». Aux termes de ce contrat, on abandonnait au sieur Beausire toutes les places vagues situées le long du cours (boulevard) entre le Calvaire et la rue du Temple, et, de son côté, il s'engageait à percer plusieurs rues sur cet emplacement.

Mais on ne pouvait rien faire sans l'autorisation de l'ordre de Malte qui possédait le Temple et avait des droits sur tous les terrains environnants; le 18 août 1695, « nobles et religieuses personnes, frère Hippolyte de Handesene des Cluseaux, sous-prieur de l'église du Temple et commandeur de Valcannière, J. B. de Handesene des Cluseaux, docteur ès droits, chapelain conventuel du dit ordre de Saint-Jean de Jérusalem » et quelques autres, après avoir pris connaissance du plan proposé consentirent à l'accepter. En conséquence, Beausire prit l'engagement d'ouvrir les rues et de faire faire certains travaux d'édilité convenus, dans l'espace de quatre années.

Depuis plusieurs années, les gens de métiers n'étaient pas heureux à Paris, les vivres étaient chers, les guerres coûtaient gros, et de plus, les finances étaient épuisées par les dépenses considérables. Phélypeaux de Pontchartrain avait remplacé au ministère Claude Lepelletier et ce fut en partie par des impôts indirects, qu'il pourvut aux énormes dépenses d'une nouvelle guerre qui employa quatre ou cinq années et 450,000 soldats.

En 1690, une circulaire fut adressée aux évêques pour les inviter à ne garder strictement que l'argenterie nécessaire à l'exercice du culte et d'envoyer fondre le reste.

Mais en 1692, un hiver des plus rigoureux vint encore augmenter le malaise de tous. Le samedi 11 octobre, il commença sur les huit heures du matin à neiger si fortement jusqu'à midi, que la neige était « de plus de quatre doigts de hauteur sur les maisons ».

Le vin d'Orléans valut cent livres les deux pièces, ce qui était alors un prix exorbitant. « Il y a plus de trente ans qu'il n'a fait si cher vivre que cette année. »

Le 2 novembre, les soldats révoltés pillèrent les boutiques des boulangers de la place Maubert. Le 27 décembre, il ne se trouvait à Paris ni blé, ni farine, pour la consommation d'une journée!

Afin de soulager la misère publique, en mai 1693, le prévôt des marchands et les échevins ouvrirent des ateliers dans Paris, pour y faire travailler à des ouvrages publics.

Et à cette occasion, le 29 mai, le Parlement rendit un arrêt portant que « tous mandians valides, tant hommes que femmes et enfans au-dessus de douze ans qui se trouveront en cette ville de Paris et qui ont la force et la santé nécessaires pour travailler, soit qu'ils ayent un mestier ou qu'ils n'en ayent pas, seront incessamment tenus d'aller travailler aux hasteliers qui seront ouverts en cette ville et fauxbourgs de Paris, par les prévost des marchands et eschevins, et à cet effet, de s'enroller sur le registre qui sera tenu, en l'hostel de ville par le greffier ou autre officier qui sera commis par le prévost des marchands... Comme aussi fait inhibitions et deffenses à tous ceux qui seront enrollez de mandier par cette ville et fauxbourgs de Paris à peine, pour la première fois d'estre enfermez pendant quinzaine dans les prisons de Bicestre ou de la Salpêtrière destinées à cette fin, et pour la seconde fois, des galères durant cinq ans, à l'égard des hommes et, pour ce qui est des femmes, du fouet et d'estre razées et enfermées pendant pareil tems de quinzaine dans la dite maison de la Salpêtrière, et du fouet par un correcteur à l'égard des garçons et des filles au-dessous de quinze ans et d'estre enfermez et corrigez dans les maisons de l'hospital général durant le tems qui sera jugé convenable, etc. »

Il ne suffisait pas de prendre des mesures de rigueur contre les pauvres et les mendiants, il fallait donner du pain à ceux qui en manquaient : « Le roy, dans la nécessité présente ordonna, pour le soulagement du public, qu'il se distribueroit chaque jour le nombre de cent mille livres de pain, à raison de deux sous la livre. On s'aperceut bientost que les véritables pauvres estoient frustrez du secours que leur présentoit la libéralité du roy, par les achats que les personnes accommodées faisoient de ce pain pour le revendre et y profiter. »

La ville de Paris donna au roi 5,200,000 livres, payables moitié en 1693, moitié en 1694, afin d'exonérer les propriétaires de la taxe des maisons de Paris et, le 5 septembre, le roi établit une chambre pour « donner ordre aux blés qui sont dans le royaume » c'est-à-dire pour aviser aux moyens les plus convenables à prendre pour procurer le débit des blés dans tout le royaume et pour pourvoir à la provision nécessaire à la subsistance de Paris.

Les accapareurs de grains avaient profité de la disette pour s'enrichir en affamant la ville, et le blé était monté à un prix si élevé, que tout le monde en souffrait cruellement.

Une déclaration du roi commit des personnes « intelligentes et de probité » pour faire la visite dans tous les couvents, abbayes, communautés d'hommes et de femmes, à l'effet d'y dresser procès-verbal et de faire l'estimation des blés qui s'y trouvaient. Toutes ces maisons qui en étaient abondamment pourvues durent en envoyer la moitié en vente pour les besoins du peuple.

« Comme le roi veut que sa déclaration en faveur de ses sujets soit exécutée dans toute son étendue, il a ordonné qu'à la fin de chaque mois il sera fait visite dans les lieux où ces blés se seront trouvés », et les possesseurs devaient déclarer ce qu'ils avaient fait de la quantité manquante.

Une amende égale au double de la valeur du prix des grains était appliquée aux délinquants.

En outre, le roi, par arrêt du conseil, du 29 octobre 1693, ordonna que la distribution de ces cent mille livres de pain se ferait chaque jour, dans les paroisses, aux véritables pauvres par les curés et les marguilliers, et l'archevêque donna un mandement dans ce sens. « Mais, comme le pain n'estoit pas la seule chose dont on avoit besoin, le roy, à la prière des curez, par arrest de son conseil, du 14 novembre suivant, convertit son aumosne en argent, et ordonna qu'il fust distribué six vingt mille (120,000) livres par mois, durant l'hyver, de semaine en semaine, à partager entre les paroisses, suivant les rolles qui en seroient dressez au conseil, et que la somme destinée pour chaque paroisse seroit remise aux mains des curez, vicaires, ou autres personnes charitables pour estre employée avec les autres aumosnes de la paroisse, en viande, potage et autres alimens nécessaires pour le soulagement des pauvres. »

Malgré ces dispositions, la misère ne faisait qu'augmenter et des milliers de gens criaient la faim ; on songea alors à faire une procession générale, en priant sainte Geneviève de venir au secours des Parisiens affamés, et le Parlement ordonna par arrêt du 21 mai 1694, qu'elle aurait lieu le 25 à sept heures du soir ; la châsse de la sainte fut descendue et portée en procession avec toute la solennité voulue ; les pauvres des petites maisons et ceux de toutes les paroisses de Paris marchaient quatre par quatre, le chapelet à la main, conduits par leurs vergers, suivis des femmes de l'hôpital des petites maisons, dans le même ordre, du clergé avec sa croix, des commissaires des pauvres et des administrateurs de l'hôpital.

Cette procession alla de Notre-Dame à Sainte-Geneviève.

Mme de Miramion, qui s'était déjà signalée par plusieurs bonnes œuvres, fit plus que d'assister à la procession, elle alla trouver le roi, Mme de Maintenon et les ministres, et obtint qu'on fît venir à Paris une grande quantité de riz qui fut vendu à très bon marché à ceux qui pouvaient le payer et donné aux autres.

De plus, elle fit distribuer à ses frais, six mille potages aux pauvres honteux de sa paroisse.

Il y avait alors environ 6,000 malades à l'Hôtel-Dieu, une partie fut déversée à l'hôpital Saint-Louis. Les administrateurs de l'hôpital général empruntèrent 100,000 écus pour les besoins de la maison ; ils les trouvèrent, mais ne purent les rembourser et se virent dans la nécessité de congédier une partie des pauvres qu'ils abritaient et ne gardèrent que ceux que l'âge et les infirmités empêchaient de travailler.

M%ᵐᵉ de Miramion, touchée du sort de 900 jeunes filles qu'on avait mises ainsi à la porte de l'hôpital, se mit en devoir de venir à leur aide ; celles qui avaient des parents leur furent rendues. Il en restait 700. Mᵐᵉ de Miramion s'étant informée auprès de la sœur Marguerite Pantaclin, supérieure de l'hôpital général, de la somme qui était nécessaire à leur entretien pendant un an, se chargea de la trouver ; elle se rendit de nouveau auprès du roi, du prince et de la princesse de Conti, du cardinal de Bouillon et de quelques autres, et parvint à leur faire donner ce qu'il fallait.

Il arriva à Paris, en 1692, une aventure qui divertit la cour et la ville. On donna sur le théâtre de la rue Guénégaud une comédie intitulée *l'Opéra de village*, de Dancourt, et, parmi les spectateurs assis sur le théâtre — comme les gens de qualité avaient alors coutume de le faire — se trouvait le marquis de Sablé qui était dans un état voisin de l'ivresse, ce qui ne l'empêchait pas de paraître suivre avec attention la pièce ; mais il y eut un moment où l'acteur chanta :

> En parterre, il bout'ra nos prés ;
> Choux et poireaux seront sablés.

A ce dernier mot, Sablé crut qu'on parlait de lui et, persuadé qu'on l'insultait, il se leva tout à coup, marcha droit vers l'auteur-acteur Dancourt qui était en scène et lui asséna un formidable soufflet sur la joue.

Dancourt demeura stupéfait, n'osant tirer vengeance de cet affront ; mais quelques autres comédiens, indignés de ce qui se passait et qui étaient dans la coulisse, entrèrent vivement en scène ; les gentilshommes qui étaient assis sur le théâtre se levèrent et mirent l'épée à la main ; une agglomération confuse de gens effrayés et de champions irrités se forma en vue du parterre qui ne savait ce que tout cela signifiait.

Cependant, les comédiens en nombre serraient de près Sablé et allaient lui faire un mauvais parti, lorsque celui-ci, voyant le danger, s'élança la tête la première au milieu du décor qu'il déchira, et disparut.

L'affaire en resta là.

Le 10 avril 1693, le parlement enregistra l'édit de création de l'ordre royal et militaire de Saint-Louis, que le roi avait signé quelques jours auparavant, et l'ordre se trouva doté de 300,000 livres de rentes en biens et revenus purement temporels, et Paris commenta pendant plusieurs jours les mérites de ceux qui avaient eu la faveur d'être compris dans la première promotion. On sait que cet ordre fut spécialement réservé aux officiers, et que la vertu, le mérite et les services rendus avec distinction dans les armées furent les seuls titres pour y entrer. (La croix d'or à quatre branches portait l'effigie de saint Louis et le ruban était rouge.)

« La détresse des finances, dit M. Steenackers, dans son *Histoire des ordres*, poussait le gouvernement au triste expédient de vendre les régiments et les compagnies. Louis voulut, en quelque sorte, compenser cette injustice envers les soldats et officiers capables, mais pauvres, qui, depuis le code Michau, pouvaient parvenir au grade de capitaine, par un système de récompenses honorifiques assez enviables pour solliciter l'ardeur de tous ses sujets. Ce fut l'origine de l'ordre de Saint-Louis, institution démocratique, si on la compare à l'ordre du Saint-Esprit. »

S'il ne manquait pas à Paris de gens toujours disposés à applaudir à tous les faits et actes du roi, il y en avait d'autres qui ne se gênaient pas pour les censurer hautement, — il est vrai que ceux-là, on les envoyait à la Bastille ou à la place de Grève. Jean de Lamas, boulanger de son métier « qui vomit des imprécations contre le roi, fut arrêté en 1692, et jeté à la Bastille où il demeura vingt années, après quoi on l'en tira pour l'envoyer jusqu'à la fin de ses jours à Bicêtre. Les libellistes étaient aussi sévèrement punis et ceux qui vendaient leurs livres faisaient également connaissance avec la Bastille. Ce fut ainsi que la veuve Calonne, libraire à Rouen, y fut écrouée en 1694, et qu'un compagnon imprimeur nommé Rambault, et un garçon relieur de chez Bourdon, bedeau de la communauté des libraires, nommé Larcher, furent pendus en place de Grève, le 19 septembre de la même année, à six heures du soir, pour avoir imprimé, relié, vendu et débité des libelles contre le roi, entre autres *l'ombre de M. Scarron*.

Le 20 décembre suivant, la potence se dressa encore pour un garçon libraire nommé Chavanne, mais il y eut au dernier moment, ordre de surseoir à l'exécution.

Le 1ᵉʳ mars 1694, les bourgeois qui se promenaient aux environs de la porte de la Conférence furent tout intrigués de voir certains préparatifs qu'on y faisait et le nombre de gens de qualité qui s'y trouvaient ; or, comme à toutes les époques les bourgeois de Paris ont été curieux, dès que quelques-uns se furent arrêtés pour voir ce qui allait se passer, d'autres les imitèrent, si bien qu'en peu de temps un grand nombre de gens se trouva assemblé là.

De Noviou paya un brave qui se chargea, moyennant finance, de couper le nez du chevalier de Saint-Geniès. (Page 38, col. 2.)

Or, voici ce qui avait motivé ce rassemblement :

Le duc d'Elbeuf, qui avait acheté quatorze juments noires hollandaises, avait fait un attelage de six des plus vigoureuses, avec lesquelles il allait souvent de Paris à Versailles et en revenait en fort peu de temps.

La vitesse de ces juments excitait souvent l'envie des courtisans. Un jour qu'on s'en entretenait en présence du duc d'Elbeuf, celui-ci paria contre M. de Chemerault 1,400 louis d'or neufs, qu'un brancard attelé de ses six juments partirait de Paris de dessous la porte de la Conférence, irait jusqu'à la grille de Versailles, ferait tourner l'équipage autour d'un pilier dressé devant la première grille, repartirait de là pour Paris et arriverait à la porte de la Conférence, avant que deux heures se fussent écoulées entre le départ et le retour.

Voilà pourquoi des laquais étaient occupés, le 1er mars, à placer une pendule à côté de la porte de la Conférence et que se tenait là le prince de Conti que l'on avait choisi comme juge de la course et du pari.

Le signal du départ fut donné et le cocher du duc s'élança sur la route avec un postillon et suivi d'un second brancard attelé de quatre autres juments, pour le cas où le premier viendrait à casser.

Ils arrivèrent à Versailles en une heure une minute, le duc ayant voulu ménager l'attelage pour l'aller. Au retour, il monta sur le siège, fit donner du vin d'Espagne à ses juments et partit.

Il était de retour à Paris une heure cinquante-trois minutes après en être parti.

« Ainsi ce prince gagna le pari avec l'applaudissement de la cour et du peuple dont le chemin se trouva bordé depuis Paris jusqu'à Versailles. Il a fait de grandes largesses, tant à ceux qui ont eu soin de nourrir les juments, qu'au cocher et aux postillons qui les ont menées. »

Nous avons vu l'engagement pris par le sieur Beausire, de percer de nouvelles rues dans le quartier du Temple, dans l'espace de quatre années. Par suite du traité consenti, la rue de Vendôme fut une des premières ouvertes ; un arrêt du conseil, du 23 novembre 1694, ordonna sa formation, suivant une direction qui fut modifiée par un autre arrêt, du 22 décembre 1696. Ce percement fut exécuté sur des terrains provenant du prieuré du Temple. Puis, vint, en 1696, l'ouverture de la rue des Filles-du-Calvaire ; son alignement fut confirmé par un arrêt du 12 juillet 1698, et son nom lui vint du couvent qui s'y trouvait situé. La rue Meslay vint ensuite. L'arrêt du conseil, du 22 décembre 1696, qui indiquait le tracé de la rue de Vendôme portait : « A l'endroit où se terminera cette nouvelle rue, il en sera formé une autre vis-à-vis, de pareille largeur de 6 toises, traversant de la rue du Temple à la rue Saint-Martin, sur le terrain de la place d'entre le cours et le derrière des maisons de la rue Neuve-Saint-Martin, à l'effet de quoy seront les terres de la butte Saint-Martin, transportées sur les lieux qui seront à ce destinez. »

Son nom lui vint de M. Rouillé de Meslay, l'un des principaux propriétaires riverains. En 1723, la rue n'était pas encore ouverte entièrement ; ce fut le 6 mars de cette année, qu'un arrêt du conseil prescrivit l'acquisition de deux maisons pour effectuer le débouché du côté de la rue Saint-Martin. La rue de Normandie fut ouverte aussi en 1696, entre les rues Charlot et de Périgueux.

Nous avons dit qu'en 1673, un arrêt avait supprimé la chambre royale des médecins provinciaux établie à Paris, mais elle n'en continua pas moins à subsister, au grand scandale des médecins de la faculté de Paris, qui continuaient à solliciter l'abolition de cette chambre ; ils obtinrent une nouvelle déclaration, le 3 mai 1694, par laquelle le roi abolit et supprima de nouveau la prétendue chambre royale, révoqua les lettres patentes d'avril 1673, et déclara nuls les arrêts donnés en exécution. Il fit en même temps défense à toutes personnes de professer la médecine à Paris, à moins d'être docteurs ou licenciés de la faculté de médecine de cette ville, ou médecins d'autres facultés approuvées par celle de Paris, ou enfin exerçant la médecine auprès de la personne du roi, ou dans la famille et les maisons royales.

Le président de Mesmes se maria, le lundi 23 mai 1695, et la noce se fit avec une grande magnificence ; nous allons montrer ce qu'était une noce de magistrat à cette époque.

« Sur les six heures du soir, la duchesse de Vivonne et la comtesse de Nancré, en qualité de proches parentes de M. de Mesmes, allèrent prendre la mariée et la menèrent à l'hôtel de Mesmes où elle fut reçue par M. de Mesmes et par un grand nombre de personnes de la première qualité qui l'attendoient. Elle fut conduite dans le grand appartement de l'hôtel de Mesmes, qui étoit superbement meublé et l'on voyoit briller de toutes parts la magnificence, la propreté, le bon goût et la délicatesse. On passa jusqu'à huit heures à recevoir tous les conviés, M. le duc visita dans ce temps-là madame de Mesmes, et, après le compliment ordinaire, on se rendit dans l'appartement à l'italienne, où toute la compagnie fut régalée d'un excellent concert de musique. Sur les neuf heures on monta dans une grande salle où le souper se trouva servi. Cette salle étoit éclairée par un grand nombre de lustres et de bougies. Il y avoit deux tables de grandeur égale, de trente couverts chacune et d'un buffet d'une extrême magnificence. La mariée et toutes les dames se mirent à une même table et tous les hommes à l'autre, avec cette circonstance que cette table se trouvant plus remplie qu'il ne falloit, M. de Mesmes en fit dresser une troisième, où il se mit avec M. le duc d'Elbeuf et deux ou trois autres personnes. Les viandes furent servies par quarante suisses divisés en quatre quadrilles, distingués par quatre différentes couleurs ; quatre maîtres d'hôtel avoient soin de servir chaque table et quarante valets de chambre étoient occupés à donner à boire, sans qu'il y eût une seule personne de livrée dans la salle. Le repas fut composé de tout ce qu'il y avoit de plus délicat pour la saison, mais l'ordre et la propreté fut (*sic*) ce qu'il y a de plus admirable. Dès qu'on fut à table, on entendit dans une salle voisine toute la symphonie de l'Opéra, qui ne discontinua pas pendant ce repas. Quelque soin que quatre suisses eussent pris de refuser l'entrée de l'hôtel à toute autre personne qu'aux conviés, la maison ne laissa pas de se trouver remplie d'un peuple infini, que la curiosité, aussi bien que l'affection que tout le monde a pour M. de Mesmes, avoit porté à vouloir être témoin de cette fête.

« Après le souper, tout le monde descendit dans l'appartement à l'italienne où l'on trouva encore un autre concert de musique qui dura jusques à minuit. Ensuite la mariée fut conduite dans son appartement et, après qu'elle fut déshabillée, tous les convives s'en retournèrent chez eux. »

Les privilèges dont les nobles jouissaient faisaient naturellement envier par nombre de bourgeois la qualité nobiliaire et ils faisaient tous leurs efforts pour l'acquérir, soit en exerçant des charges municipales, soit en achetant quelque charge conférant la noblesse, mais à côté de l'emploi de ces moyens très légaux, beaucoup préféraient usurper purement et simplement le titre qu'ils ambitionnaient et, sous Louis XIV, le nombre des faux nobles était déjà considérable, bien que Colbert eût tout fait pour empêcher ces usurpations.

Il avait fait publier un édit ordonnant la recherche des faux nobles, et les condamnations n'avaient pas manqué.

Mais le mal subsistait toujours et à Paris les bourgeois gentilshommes ne se comptaient plus.

Ce fut pour remédier à cet état de choses, qu'en novembre 1696, un nouvel édit créa à Paris une grande maîtrise générale et souveraine avec un *Armorial général* ou dépôt public des armes et blasons de la noblesse.

« La maîtrise particulière de la ville de Paris, qui connoistra des armes de son ressort et de celles de toutes les personnes de la suite de nostre cour et de nos camps et armées sera jointe, unie et incorporée à la grande maîtrise et exercée par ces officiers ainsy et de la mesme manière que celles des provinces le seront par les leurs. »

Cette mesure avait encore un autre but, celui de rapporter une somme considérable à l'État. L'Armorial général où durent être enregistrées les armoiries des « personnes, domaines, compagnies, corps et communautez » n'était ouvert aux ayants droit que moyennant le prix minimum de 20 livres pour les personnes possesseurs d'armoiries, et un droit plus élevé pour les titres, les villes, les communautés, les provinces, etc.

La ferme en fut adjugée moyennant 5,833,333 livres, 13 sols et 4 deniers nets au sieur Adrien Vanier, bourgeois de Paris, 1,166,666 livres, 6 sols, 1 denier lui étant remis pour frais de recouvrement et de confection de l'Armorial que Vanier s'était engagé à faire rapporter 7 millions. Dix-huit financiers se portèrent caution de Vanier qui dut verser au trésor royal 1,200,000 livres comptant et le reste en douze payements de 386,111 livres à partir du 1ᵉʳ janvier 1697, et ce, de deux mois en deux mois.

L'édit de novembre n'avait accordé que deux mois pour l'enregistrement des armoiries, mais des délais successifs conduisirent la confection de l'Armorial jusqu'en 1718.

Mais, comme il était facile de le prévoir, le fermier, qui tenait essentiellement à faire produire le plus possible à son entreprise, se montra peu scrupuleux sur le droit que les gens avaient à faire enregistrer leurs armes.

Autant d'enregistrements, autant de vingt livres qui tombaient dans sa caisse.

Il s'occupa surtout des moyens à employer pour obliger les gens à s'exécuter.

Le 22 janvier 1697, il obtint, en même temps qu'une prorogation de délai, une amende de 300 livres contre ceux qui ne se conformeraient pas aux prescriptions de l'édit.

Un second arrêt du conseil, du même jour, porta que les femmes veuves ou mariées seraient astreintes à faire enregistrer leurs armes propres, et à payer 20 livres pour le droit de les porter séparément ou accolées à celles de leurs maris.

Ce fut donc une taxe de 40 livres par ménage au lieu de 20.

Le 5 mars 1697, nouvel arrêt du conseil, qui étendit la mesure de l'enregistrement des armoiries à toutes personnes qui, étant majeures et non mariées, prétendaient qu'il suffisait que leurs père et mère encore vivants eussent fait enregistrer leur blason.

Nombre de bourgeois de Paris, soit pour se soustraire au payement des droits de finance, soit pour éviter d'être inquiétés au sujet des armoiries dont ils ne pouvaient justifier la possession, s'empressèrent de les supprimer sur leurs voitures, leur vaisselle et leurs cachets.

Un édit du 19 mars 1697 ordonna la recherche de ceux qui avaient fait effacer leurs blasons, mais le même édit contint une disposition qui allait faire couler le pactole dans les caisses du fermier : « Sa Majesté, par grâce spéciale, autorise tous ceux qui avoient fait ou qui feroient enregistrer leurs armoiries, à les porter, sans qu'ils puissent être inquiétés ni recherchés pour raison du dit port des armoiries, soit pour le passé ou pour l'avenir, en aucune sorte et manière que ce puisse estre ».

Cette concession paraissait si belle qu'on hésitait encore à se rendre au bureau d'enregistrement ; on craignait quelque malentendu ; mais un nouvel arrêt, du 3 décembre 1697, leva tous les scrupules et bientôt tous les apothicaires, les aubergistes, les tailleurs d'habits, les perruquiers se hâtèrent, moyennant 20 livres, d'aller faire enregistrer un blason.

Les véritables gentilshommes montrèrent beaucoup moins d'empressement.

Quoi qu'il en soit, la création de l'Armorial général, conservé aujourd'hui à la bibliothèque nationale, et qui ne contient pas moins de 60,000 noms de famille, eut pour résultat réel, en consacrant les usurpations, d'en arrêter le cours, au moins pendant quelque temps, et l'on put voir bientôt à Paris une foule de gens faire parade d'armoiries choisies à leur gré, à l'exception toutefois de celles timbrées d'une couronne, qui étaient à l'usage spécial des titrés, et de celles qui étaient formées avec des fleurs de lis d'or sur des écus d'azur et qui appartenaient exclusivement à la maison de France, ou à ceux qui en avaient obtenu la concession spéciale.

François de Harlay, archevêque de Paris, mourut au mois d'août 1695 et, le 15 du même mois, Louis-Antoine de Noailles, évêque de Châlons-sur-

Marne, fut pourvu de l'archevêché de Paris. Il fut reçu au Parlement comme duc de Saint-Cloud et pair de France, le 9 mai 1696.

Un des premiers actes du nouvel archevêque fut l'établissement d'un petit séminaire dans la rue d'Enfer « pour y élever dans l'esprit de l'Église les enfans dont on connaissoit la vocation à l'état ecclésiastique. »

Les lettres patentes furent expédiées au mois de décembre 1696. Le roi avait accordé à cette fondation une gratification de 3,000 livres, il permit aussi qu'on pût enseigner à ce séminaire les humanités, la philosophie et la théologie, sans cependant que les élèves pussent prétendre aux grades de l'Université de Paris. Ces lettres furent enregistrées au Parlement le 28 février 1697.

Les comédiens italiens qui s'étaient établis à l'hôtel de Bourgogne, que les comédiens français avaient abandonné pour la rue Guénégaud, y jouaient tous les jours, excepté le vendredi. Ils s'avisèrent en 1697, de jouer une pièce appelée *la fausse Prude*, où Mme de Maintenon fut aisément reconnue. Tout le monde y courut; mais après trois ou quatre représentations « qu'ils donnèrent de suite parce que le gain les y engagea », ils reçurent l'ordre de fermer leur théâtre et de vider le royaume dans le mois. « Cela fit grand bruit, dit Saint-Simon, et si ces comédiens y perdirent leur établissement par leur hardiesse et leur folie, celle qui les fit chasser n'y gagna pas, par la licence avec laquelle ce ridicule événement donna lieu d'en parler. »

Le lieutenant de police, d'Argenson, qui venait tout récemment de remplacer M. de la Reynie, accompagné d'une troupe nombreuse de commissaires et d'exempts, se transporta à l'hôtel de Bourgogne, et fit apposer les scellés sur toutes les portes, même sur les loges des acteurs. On supposait que c'était dans ces loges qu'ils renfermaient leurs manuscrits, et on craignait qu'il s'en trouvât d'autres conçus dans le même esprit que *la fausse Prude*.

« La comédie italienne, lisons-nous dans *le Théâtre-Français sous Louis XIV*, resta fermée jusque sous la régence, où, comme tant d'autres choses proscrites sous le régime précédent, elle reparut. Pendant cette interruption, la salle de l'hôtel de Bourgogne servit, sous Louis XIV, au tirage des loteries qui venaient d'être instituées. »

Tout ce que la cour et Paris avaient de distingué se trouva, ainsi que l'annonça *le Mercure* de février 1697, au bal qui fut donné par « M. le prince », le lundi gras; à ce bal, « la magnificence, la profusion et la galanterie parurent dans le plus haut point. Il y avoit un appartement de huit pièces, tout brillant de lumières et superbement paré. Après un magnifique souper, la compagnie que M. le prince avoit régalée descendit dans cet appartement. On y trouva plusieurs masques qu'on crut être venus pour le bal. Les violons jouèrent comme pour commencer; les masques sortirent de leur place et dansèrent un ballet. Ils cachoient tout ce que l'Opéra a de meilleurs danseurs et de meilleures danseuses. Ce ballet fini, ils se retirèrent et le bal commença.

« Tant qu'il dura, on servit un nombre infini de bassins remplis de tout ce que la pâtisserie peut fournir de plus agréable au goût; le tout étoit chaud. Il y avoit outre cela, dans la principale pièce, une alcôve garnie de tables pleines de liqueurs; derrière la balustrade et dans le fond, des gradins qui s'élevoient fort haut. Le premier étoit chargé de toutes sortes d'eaux, le second de pyramides de confitures sèches; le troisième des plus beaux fruits du monde, le quatrième étoit garni de soucoupes de cristal et de girandoles de même matière, et le cinquième étoit tout rempli de lumières, et tout ce qui étoit sur les gradins paraissoit double, parce que tous les fonds étoient pleins de glaces, de sorte que tout cela ensemble produisoit un éclat que la vue avoit peine à supporter. Chacun demandoit suivant son goût de ce qui remplissoit les gradins et on lui servoit aussitôt sans dégarnir ces gradins, parce qu'il y avoit des corbeilles toutes pareilles cachées dans l'alcôve, qui étoient aussitôt présentées par des officiers. Ainsi toute l'assemblée eut ce qu'elle souhaitoit pour manger ou pour boire, ce qui ne seroit pas arrivé s'il n'y eût eu que ce qui remplissoit les gradins. Rien n'étoit plus magnifique que l'endroit où les princes et les princesses étoient placés, et il y avoit un seul miroir de douze pieds de hauteur. Ceux qui avoient dansé un ballet avant l'ouverture du bal surprirent une seconde fois l'assemblée et en dansèrent un second sous d'autres habits. »

Était-ce à ce bal que se passa l'aventure que nous allons rapporter? nous l'ignorons. Toujours est-il qu'en cette année 1697, on mena au For-l'Évêque un mousquetaire appelé Guy-Durand, dans des circonstances assez singulières.

Les princes Alexandre et Constantin, fils du prince Jacques de Pologne, venaient d'arriver à Paris avec trois millions en or qu'ils se proposaient d'y dépenser, afin de se faire des partisans et d'empêcher l'élection du prince de Conti, comme roi de Pologne.

Or, bien que la politique fût le principal but de leur voyage, ils ne négligèrent aucune occasion de se divertir et ce n'étaient pas les millions qu'ils avaient apportés avec eux qui pouvaient les en empêcher; loin de là, c'était à qui les inviterait et leur procurerait les plaisirs qu'ils recherchaient avec toute l'avidité de la jeunesse.

Ce fut ainsi qu'ils se rendirent à un bal, accompagnés de cinq ou six gentilshommes de leur suite, lesquels étaient masqués et costumés aussi bien qu'eux.

Parmi les masques qui étaient présents, se trouvait un mousquetaire costumé en avocat qui,

Portrait de Louis XIV.

(D'après une tapisserie des Gobelins).

Les étudiants en droit se jetant sur la charretée de balais en firent des verges pour fouetter les jésuites.
(Page 39, col. 1.)

les reconnaissant, s'amusa, en continuant son rôle d'avocat, à leur donner le conseil de retourner en Pologne, en les assurant qu'ils perdaient leur temps à Paris, où ils ne faisaient qu'être joués par de plus malins qu'eux.

Malheureusement pour le pauvre avocat, les princes avaient reçu dans la journée des lettres de Pologne qui s'accordaient à peu près avec le langage qu'il leur tenait, ce qui fit qu'ils se formalisèrent fort de la liberté grande que prenait ce masque de leur parler de la sorte, et leur premier mouvement fut de lui donner du pied au derrière.

Celui-ci se récria sur cette façon un peu brutale d'entendre la plaisanterie, mais alors les cinq ou six personnes qui accompagnaient les princes se mirent de la partie et les coups de poing et les coups de pied tombèrent dru comme grêle sur le pauvre avocat-mousquetaire, dont la robe fut mise en lambeaux.

En vain il criait à tue-tête, en s'indignant que tant de gens s'entendissent pour le frapper; les princes s'étant fait connaître, personne n'osa venir au secours du battu, qui n'eut que le temps de prendre la porte et de se sauver pour éviter d'être assommé sur place.

Le lendemain, tout meurtri et tout penaud, il eut la malencontreuse idée de se plaindre, et, ne doutant pas que le bon droit fût pour lui, il alla trouver un gentilhomme bien en cour, et fit tant qu'il obtint du roi la faveur d'une audience dans laquelle il se promit bien de conter ses griefs; mais à peine eut-il prononcé le nom des princes, que le roi fit un signe et que deux gardes s'emparèrent de Guy-Durand et l'emmenèrent au For-l'Évêque, où il put réfléchir tout à l'aise sur l'inconvénient qu'il pouvait y avoir à donner aux gens des conseils dont ils n'ont que faire, et surtout quand ces gens-là étaient des princes.

Malgré la sévérité du dernier édit sur les duels, il y en avait toujours; il y en eut un, en 1697, qui fit assez de bruit, entre le bailli d'Auvergne, chevalier de Malte, et le chevalier de Caylus, qui s'étaient querellés à propos d'une demoiselle Chambonneau. Le rendez-vous fut pris dans la cour de l'abbaye de Saint-Germain-des-Prés où ils se rencontrèrent, comme si l'un sortait de l'église alors que l'autre allait y entrer.

Ils mirent l'épée à la main, Caylus fut blessé et les deux adversaires se hâtèrent de rentrer chacun chez soi; mais l'éveil avait été donné, et le roi avait immédiatement intimé ordre au procureur général du Parlement d'informer. Un moment, on crut que les deux gentilshommes allaient être punis selon la rigueur de l'édit, mais le roi se départit de la parole qu'il avait donnée de ne faire grâce à personne, et tout se termina par une lettre de cachet qui exila Mlle Chambonneau à Rouen; — elle y mourut de chagrin. Quant à ce chevalier de Caylus et au bailli d'Auvergne, ils furent tout simplement décapités en effigie sur la place de Grève, et le tableau qui les représentait disparut, après avoir été attaché pendant une heure au poteau.

La même année, l'archevêque de Paris rendit une ordonnance destinée à faire cesser l'abus que plusieurs personnes commettaient d'ouvrir des chapelles dans leurs maisons; à partir de ce moment, il fut arrêté que nul à Paris ne pourrait avoir de chapelle consacrée chez soi, sans en avoir obtenu la permission expresse de l'archevêque.

Il essaya aussi de proscrire les mascarades pendant le temps du carnaval, mais il ne put y réussir.

Marie de Cyr, veuve d'Adrien de Combe, protestante convertie au catholicisme, avait fondé dans la rue du Cherche-Midi un établissement de refuge appelé *le bon Pasteur*, pour y recevoir gratuitement les filles que le libertinage avait entraînées et qui se repentaient.

Louis XIV encouragea cette fondation et l'autorisa en donnant à Mme de Combe une maison confisquée sur un protestant et une somme de 1,500 livres pour la réparer convenablement. On y construisit une chapelle et la messe y fut célébrée pour la première fois, le jour de la Pentecôte de l'année 1686.

D'autres personnes charitables imitèrent le roi et donnèrent à l'établissement, qui fut bientôt en état de réunir deux cents pensionnaires et reçut des lettres patentes du roi, au mois de juin 1698. Deux maisons acquises, l'une sous le nom de Pierre du Guet, sieur de Méridon, et l'autre sous celui de Guillaume de Bitauld, abbé de Solignac, permirent d'agrandir le couvent qui était habité par deux sortes de personnes: des filles qu'on nommait sœurs, dont la conduite avait toujours été régulière et qui se consacraient à la conversion des pénitentes, et des filles qui, revenues de leurs égarements, suivaient de leur plein gré les exemples des premières.

Cette maison qui jouissait d'un revenu de 10,000 livres, fut supprimée en 1790, et les bâtiments furent plus tard occupés par l'entrepôt des subsistances des troupes composant la garnison de Paris.

En 1698, il arriva une assez vilaine affaire au marquis de Novion, frère du président à mortier. Il s'était amouraché d'une certaine chanoinesse qui avait à se plaindre d'un gentilhomme appelé le chevalier de Saint-Geniès, et il eut la faiblesse de promettre à cette femme de la débarrasser des visites du chevalier qui lui redemandait une somme qu'il lui avait prêtée.

Pour tenir sa promesse, le marquis s'aboucha avec ce qu'on appelait alors un brave, qui, moyennant finance, se chargea du chevalier et, un jour qu'il passait dans une rue étroite, il lui coupa le nez d'un coup d'épée; l'homme put se sauver tandis que le blessé se faisait panser. La nouvelle de cette agression se répandit aussitôt dans Paris et le chevalier, un bandeau à travers la figure, alla chez le commissaire de police faire sa déposition en accusant nettement le marquis de Novion d'être l'instigateur du crime. Le lieutenant criminel décréta contre « le brave ». Quant au marquis, à la chanoinesse et à sa mère, il fut décerné contre eux un ajournement personnel; les deux femmes y comparurent, mais le marquis, étant informé que son brave était arrêté, prit la fuite et se sauva en Suisse.

Les femmes furent mises hors de cause, mais le brave fut condamné à la potence.

La famille du marquis, craignant les révélations du condamné qui, jusqu'alors, avait tout pris sur son compte, lui conseillèrent d'aller en appel et lui promirent un acquittement, tous les Novions appartenant à la magistrature; mais le chevalier de Saint-Geniès qui tenait à tirer vengeance de la perte de son nez, qu'on avait cependant rajusté tant bien que mal à son visage, fit prier le roi de lui donner d'autres juges.

Ce procès fit un gros scandale dans Paris, où la famille de Novion comptait de nombreux ennemis; on plaignait Saint-Geniès.

Enfin l'appel fut porté au grand conseil, au lieu de l'être au Parlement.

Les parents et amis de Novion étaient désolés et ils lui firent dire de bien se garder de rentrer en France, son affaire tournant du mauvais côté.

Il serait difficile de se figurer toutes les démarches, les obsessions, les intrigues qui signalèrent ce procès dont tout le monde s'occupait.

La sentence fut confirmée et le brave fut pendu; — mais avant d'être accroché à la potence, il chargea tant qu'il put le marquis; alors Saint-Geniès poursuivit celui-ci, mais il n'en put avoir raison « parce que quoiqu'il eût sorti le marquis de son tripot, c'est-à-dire du Parlement, où il avait une infinité de parents et d'amis, comme tous les juges se tiennent pour ainsi dire par la queue, il est encore à l'heure que je parle à en avoir justice. »

Or, en même temps que ceci se passait, le neveu du président de Novion se mettait aussi une mauvaise affaire sur les bras. Ce jeune homme appelé d'Ombreval, était étudiant en droit;

en sortant de l'école avec ses camarades, il vit passer deux jésuites et aussitôt après, une charrette chargée de balais ; une idée folle lui traversa l'esprit : il fit remarquer à ses camarades qu'ils avaient été si souvent les uns et les autres fouettés par les jésuites, alors qu'ils étaient à leur collège, que ce serait seulement rendre la pareille aux jésuites, que de fouetter à leur tour les deux pères qui passaient.

Les autres étudiants applaudirent à ces paroles et tous, se jetant sur la charrette chargée de balais, confectionnèrent des poignées de verges et, s'élançant sur les jésuites, ils les dépouillèrent de leur robe, de leur manteau, retirèrent les boutons du haut de chausse et, écartant le dernier et faible obstacle qui protégeait l'épiderme des malheureux jésuites, il frappèrent à tour de bras, tant et si bien, que leurs victimes jetaient des cris qui mirent tout le monde aux fenêtres.

Une jeune personne, témoin de ce qui se passait en fut tellement indignée, que, quittant précipitamment la fenêtre, elle descendit pour remontrer aux jeunes gens combien leur conduite était blâmable ; malheureusement, elle se servit de termes un peu vifs, et les étudiants, qui s'excitaient en frappant, se saisirent d'elle et la fouettèrent tout comme ils avaient fouetté les jésuites qui avaient profité de la diversion pour rajuster leurs vêtements et s'esquiver.

Cette action avait été trop publique et trop hardie, pour que le bruit ne s'en répandit pas aussitôt dans tout Paris. M. D'Argenson mit immédiatement ses agents en campagne et il sut bientôt que les instigateurs de toute cette équipée étaient le jeune d'Ombreval et un de ses camarades, qui venait de consigner la somme nécessaire pour être reçu conseiller au Parlement ; il les fit arrêter tous deux.

Le président de Novion, au lieu de demander grâce pour une peccadille de jeunesse, le prit de très haut et prétendit qu'on ne devait pas en user de la sorte vis-à-vis d'une personne de sa famille, et il écrivit au lieutenant de police une lettre des moins civiles. Puis, de nouveau, il remua ciel et terre et parvint à tirer son neveu de prison ; l'autre jeune homme put aussi recouvrer quelque temps après sa liberté et l'affaire fut assoupie, mais les Parisiens tinrent les Novion en piètre estime.

De tout ceci, il résulte qu'il était bon d'être allié à la magistrature.

Si la pauvre fille qui reçut publiquement la fessée dut dévorer son affront en silence, il n'en fut pas de même de deux dames de qualité qui en éprouvèrent un, moins sensible pourtant. Voici le fait tel que nous le trouvons raconté dans les *Annales de la Cour et de Paris*. Il se passa la même année.

« Comme les Tuileries sont le rendez-vous de tout ce qu'il y a d'honnêtes gens à Paris et des personnes de qualité, et que la mode aujourd'hui, des dames aussi bien que des hommes, est d'avoir des laquais de vingt-cinq à trente ans, l'on y en voit d'ordinaire une si grande quantité aux portes, qu'on en pourroit faire au besoin une recrue de quatre ou cinq mille hommes.

« Au reste, comme ces maîtres laquais voient tous les jours les fredaines de leurs maîtresses et qu'ils n'ont pas grand sujet d'en avoir bonne opinion, il n'y a qu'à les entendre discourir pour savoir l'histoire de chacune.

« Un de ces drôles dit alors à ses camarades que, s'ils vouloient seulement payer bouteille, il alloit lever la jupe à la première qui sortiroit.

« Ils ne feignirent point de lui promettre, pourvu qu'il leur voulût donner ce plaisir.

« Mlle d'Armagnac et la marquise de Villequier sortirent sur ces entrefaites, et ce laquais, ne sachant apparemment qui elles étoient, se mit en devoir d'accomplir l'insolence qu'il leur avoit annoncée.

« Ces dames, suprises au dernier point de cette brutalité, crièrent au secours et arrêtèrent elles-mêmes le laquais.

« Quelques personnes de qualité qui descendoient de leurs carrosses pour entrer dans le beau jardin leur prêtèrent main-forte, de peur qu'il ne leur échappât. Il fut ainsi mené en prison au For-l'Évêque.

« Quelques juges vouloient qu'on le fît mourir pour donner de la crainte à ceux qui pouvoient lui ressembler, mais les autres ne furent pas de cet avis, croyant qu'il seroit assez puni de ce qu'il avoit fait, s'ils le condamnoient au carcan et aux galères.

« Il en fut quitte ainsi pour y aller servir le roi, quoique, pour en dire le vrai, son insolence semblât mériter encore toute autre chose. Ces malheureux donnent ainsi de temps en temps quelques scènes au public, et c'étoit encore bien pis quand ils portoient des épées. Il n'y en avoit point qui ne fît tous les jours quelque insolence et l'on eut grand raison quand on leur en interdit le port. »

La récolte de 1698 ayant été des plus mauvaises, il s'ensuivit une disette terrible. « On ne voyoit plus qu'un tas de pauvres dans les rues de Paris. Il y en abondoit même de toutes parts, parce que la misère étoit encore plus grande à la campagne que dans la ville. Le bon ordre qu'y tenoit M. d'Argenson étoit cause qu'on n'y osoit rançonner le peuple comme on faisoit ailleurs. Cependant, cela n'empêcha pas que quelques-uns de ces misérables ne fussent attendre les boulangers qui venoient de Gonesse, et qu'il n'arrivât encore du désordre. Il y en eut un même, qui donna un coup de couteau à un boulanger parce qu'il ne vouloit pas vendre son pain au prix qu'il le vouloit avoir.

« La misère des peuples remplit tout Paris et

toute la campagne de voleurs, et l'on ne fut presque plus en seureté jusques dans les maisons. On n'osa plus ainsi se hazarder à marcher ni trop matin ni trop tard, parce que le désespoir où étoient ces misérables les rendoit capables de toutes choses. M. d'Argenson étoit allerte là-dessus, aussi bien que sur tout le reste. »

Après la disette vint le scorbut « meslé de cette cruelle peste dont le poëte Lucrèce a fait la description dans son sixième livre ». Le grand nombre des personnes qui en furent atteintes, obligea les administrateurs de l'Hôtel-Dieu de les faire transporter à l'hôpital Saint-Louis.

Le 18 août 1698, la duchesse de Bourgogne vint à Paris ; elle y arriva à deux heures trois quarts et entra par la porte Saint-Honoré avec quatre carrosses magnifiques de sa livrée, chacun attelé de huit beaux chevaux richement harnachés. Les deux premiers étaient occupés par les dames de la duchesse, c'est-à-dire Mmes de Lude, de Sully, de Roussy, de Nogaret, du Chastelet, de Mongon, d'Estrées, d'Ayen, de Maulevrier, de Torcy et de Maurepas. « M. le comte de Tessé marchoit dans son carrosse à la tête de celui des corps, et celui des écuyers à la tête de tout. Ce cortège tourna dans la rue de Richelieu, puis dans la rue Neuve-des-Petits-Champs ; mais un embarras de paveurs obligea de prendre la rue Coquillière et ensuite par la rue de Grenelle, pour regagner la rue Saint-Honoré, le long de la rue Saint-Denis. On tourna à gauche et l'on continua la route jusqu'à la foire par la porte Saint-Denis. On y avoit envoyé trente gardes du roi, avec deux brigadiers qui gardoient les portes. Madame la duchesse de Bourgogne y descendit avec toute sa suite, et cette princesse attira les regards et les applaudissements du peuple qui y étoit accouru en foule, et l'on admira sa parure qui étoit grande. Elle avoit un habit gris de lin en falbala, tout garni de dentelles d'argent, de diamans et d'émeraudes. Sa tête en étoit aussi chargée et tous les rubans garnis. Sur le devant de la tête, elle avoit des pendeloques de très gros diamans, surtout une au milieu du front, et deux aux oreilles, avec un collier de diamans, le plus beau qu'on ait jamais été fait, et une pendeloque au milieu, placée comme une croix. Elle alla dans les plus belles boutiques et choisit beaucoup de porcelaines chez le Maire, faïencier, qui les lui porta le lendemain. Elle entra chez un marchand de rubans et de bijoux, nommé d'Afauville, où elle joua, avec les dames, et perdit plusieurs bijoux. Ce marchand qui savoit que cette princesse devoit aller chez lui, fit servir une collation très propre. Elle alla ensuite chez la Frenaye, où elle acheta beaucoup de choses, des boîtes fort riches, des étuis et des flacons d'or et d'autres galanteries, dont elle fit donner tout ce qu'on lui demanda. Elle en fit autant chez Laigu et avec la même noblesse.

« M. le duc de Chartres et Mademoiselle vinrent trouver cette princesse à la foire et l'accompagnèrent partout, jusqu'à ce qu'elle en sortit. Cette princesse alla ensuite voir les danseurs de corde, puis les marionnettes, où elle paya fort largement. On remonta en carrosse, sur les six heures et demie, et l'on tourna par le rempart à la porte Saint-Denis jusque dans la rue Saint-Louis ; elle fit deux tours dans la place Royale et reprit le chemin de Versailles, où elle arriva à dix heures du soir, après avoir fait distribuer beaucoup d'argent aux pauvres de Paris. »

Le jeudi 18 septembre 1698, à trois heures après-midi, M. de Saint-Mars, gouverneur de la Bastille, arriva des îles Sainte-Marguerite et Honorat, « amenant avec lui dans sa litière un ancien prisonnier qu'il avait à Pignerol, dont le nom ne se dit pas, lequel on faisoit toujours tenir masqué, et qui fut d'abord mis dans la tour de la Bazinière, en attendant la nuit.

« Je le conduisis moi-même, lit-on sur un registre trouvé à la Bastille, sur les neuf heures du soir, dans la troisième chambre de la tour de la Berthaudière, laquelle chambre, j'avois eu soin de faire meubler de toutes choses avant son arrivée, en ayant reçu l'ordre de M. de Saint-Mars. En le conduisant à ladite chambre, j'étois accompagné du sieur Rosarges que M. de Saint-Mars avoit amené avec lui, lequel étoit chargé de servir et de soigner le dit prisonnier qui étoit nourri par le gouvernement. »

C'était l'homme qu'on désigna depuis sous le nom d'homme au masque de fer.

S'il est un problème en possession, depuis plus d'un siècle, de surexciter la curiosité publique, c'est asurément celui-là ; nombre de chercheurs et d'érudits ont fouillé vainement les documents les plus secrets de cette époque, dans l'espoir d'établir l'individualité de ce fameux homme au masque de fer, mais il faut bien reconnaître que, malgré la vraie solution, que tous ont prétendu donner, on ne sait encore rien de positif, et qu'il faut s'en tenir à des suppositions.

Nous ne nous appesantirons pas sur le plus ou moins de vraisemblance qu'offrent chacune des versions, tour à tour acceptées et abandonnées. Rappelons seulement qu'on a cru voir dans ce mystérieux personnage le comte de Vermandois, fils de Louis XIV et de Mlle de la Vallière, puis le duc de Beaufort, un frère de Louis XIV, Fouquet, Monmouth, Avedick, Louis de Ollendorff, Matthioli, etc.

Sans donc nous arrêter au nom problématique du personnage, citons ce qu'on sait de lui par la relation qu'en donne M. de Palteau, petit neveu de Saint-Mars : « Le sieur Blainvilliers, officier d'infanterie, qui avoit accès auprès de M. de Saint-Mars, m'a dit plusieurs fois que le sort du masque de fer ayant beaucoup excité sa curiosité, pour la satisfaire, il avoit pris l'habit et les armes

COSTUMES DE PARIS A TRAVERS LES SIÈCLES

UN MARIAGE

(XVᵉ SIÈCLE)

(Principaux personnages tirés d'un coffret de mariage. — *Art pour tous*, école française, 4ᵉ année.)

Les officiers allaient souvent tenir compagnie et manger avec le masque de velours, dit le masque de fer.
(Page 41, col. 1.)

d'un soldat qui devoit être en sentinelle dans une galerie sous les fenêtres de la chambre qu'occupoit ce prisonnier; que de là, il l'avoit très bien vu ; qu'il n'avoit point son masque, qu'il étoit blanc de visage, grand et bien fait de corps; ayant la jambe un peu trop fournie par le bas, et les cheveux blancs, bien qu'il ne fût que dans la force de l'âge. Il avoit passé cette nuit-là presqu'entière à se promener dans sa chambre. Blainvilliers ajoutoit qu'il étoit toujours vêtu de brun; qu'on lui donnoit de beau linge et des livres; que le gouverneur et les officiers restoient devant lui debout et découverts, jusqu'à ce qu'il les fît couvrir et asseoir; qu'ils alloient souvent lui tenir compagnie et manger avec lui. »

Ajoutons que le fameux masque de fer était tout simplement un masque de velours noir.

Voici l'acte de décès qui fut dressé lorsqu'il mourut, en 1703.

« L'an 1703, le 19 novembre, Marchialy, asgé de quarante-cinq ans ou environ, est décédé dans la Bastille, duquel le corps a été inhumé dans la paroisse de Saint-Paul, sa paroisse, le 20 du dit mois, en présence de M. Rosarges, major de la Bastille, et de M. Reilh, chirurgien de la Bastille. »

Le journal de du Junca, dont l'original est à la bibliothèque de l'Arsenal, établit l'identité du prétendu Marchialy avec le prisonnier inconnu. Il renferme cette mention :

« Le lundi 17 novembre 1703, le prisonnier inconnu, toujours masqué d'un masque de velours noir, que M. de Saint-Mars, gouverneur, a amené avec lui en venant des îles Sainte-Marguerite, et qu'il gardoit depuis longtemps, s'étant trouvé la veille dimanche un peu mal en sortant de la messe, est mort sur les dix heures du soir, sans avoir eu une grande maladie. M. Giraut, aumônier, le confessa et, surpris par la mort, il ne reçut point les sacrements; l'aumônier l'exhorta un moment avant de mourir. Ce prisonnier inconnu, gardé depuis si longtemps, a été enterré le mardi à quatre heures de l'après-midi: sur le registre mortuaire, on a donné un nom inconnu. »

Liv 129. — 3ᵉ volume.

Au commencement de l'année 1699, un événement étrange produisit une sensation profonde à Paris et y devint bientôt le principal aliment de toutes les conversations. M. Claude Tiquet, conseiller au parlement, qui avait passé la soirée chez Mme de Villemur sa voisine, rentrait chez lui lorsqu'il essuya le feu d'une bande d'assassins apostés sur son passage et tomba sanglant sur le pavé de la rue, à quelques pas de son hôtel.

Ses domestiques en entendant le bruit des détonations accoururent et trouvèrent leur maître presque inanimé ; ils voulurent le transporter chez lui, mais il s'y refusa obstinément et demanda qu'on le ramenât chez Mme de Villemur, en accusant sa femme d'avoir attenté à ses jours.

C'était elle, en effet, qui s'était entendue avec son portier pour faire assassiner son mari : les preuves manquèrent pour la convaincre, mais il en était de suffisantes pour établir que trois ans auparavant, le portier Jacques Moura, avait donné une somme d'argent à un sieur Auguste Catelain, qui vint lui-même le déclarer, pour empoisonner son époux.

Par suite de cette déclaration, Catelain et Moura furent arrêtés ainsi que Mme Tiquet et, laissant de côté le second crime, la justice poursuivit ces trois personnes pour le premier.

Le 3 juin, une sentence du Châtelet condamnait Angélique Nicole Carlier, femme Tiquet, à avoir la tête tranchée en place de Grève et Jacques Moura le portier à être pendu.

Auguste Catelain, le dénonciateur officieux, fut condamné aux galères perpétuelles, et plusieurs autres personnes, arrêtées comme complices, furent mises hors de cause.

Ce jugement fut très commenté ; en définitive M. Tiquet était guéri de ses blessures, on pensait généralement qu'il eût dû se montrer plus clément envers sa femme qui, après tout, était condamnée pour un projet de crime resté sans exécution et bien que « la belle madame Tiquet eût pour amant un jeune capitaine aux gardes françaises, M. de Montgeorges, on plaignait cette jeune femme mariée à un vieux conseiller, avare et jaloux, avec lequel on comprenait qu'elle n'avait pas dû se trouver heureuse. »

Les femmes surtout s'apitoyaient sur son sort.

Enfin, on apprit que le conseiller Tiquet était allé, ses deux enfants à la main, se jeter aux pieds de Louis XIV pour implorer la grâce de sa femme.

Le monarque la refusa.

— Alors, dit le brave conseiller, puisque le tribunal a ordonné aussi la confiscation des biens de ma femme, que ce soit au moins à mon profit !

Ce dernier trait exaspéra les Parisiens contre lui.

Le frère de Mme Tiquet et le capitaine de Montgeorges mirent tout en œuvre pour sauver la coupable, et le roi eût peut-être cédé à leurs prières, mais l'archevêque de Paris lui représenta que le grand pénitencier avait les oreilles rebattues des confessions de femmes qui s'accusaient d'avoir attenté à la vie de leurs époux, et Louis XIV demeura inexorable.

Mme Tiquet avait été condamnée la veille de la Fête-Dieu ; elle eût dû être décapitée le lendemain, mais des reposoirs s'élevant dans les rues pour la solennité du lendemain, l'exécution fut renvoyée au vendredi.

On n'avait pas encore achevé d'enlever les tentures de ces reposoirs, lorsque le bourreau arriva sur la place de Grève pour y faire dresser l'échafaud et placer le billot.

Pendant ce temps, on s'apprêtait à donner la question à la condamnée.

Elle refusa d'abord nettement de faire aucun aveu, mais lorsqu'elle eut bu le premier coquemart d'eau elle se décida à tout avouer, en protestant de l'innocence absolue du capitaine de Montgeorges.

Elle monta alors sur la charrette, où se trouvait déjà son portier, et l'abbé de la Chétardie, curé de Saint-Sulpice, prit place à côté d'elle pour l'exhorter au repentir.

« Il n'y eut peut être jamais une plus grande affluence de peuple que celle qui étoit répandüe dans les ruës par où madame Tiquet devoit passer pour aller à la Grève. Plusieurs personnes qui y furent étouffées, payèrent cher leur curiosité. Elle étoit vétuë de blanc ce jour-là, cette couleur relevoit l'éclat de sa beauté. Quand elle vit cette quantité prodigieuse de personnes dont tous les regards étoient attachés sur elle, elle se figura son ignominie dans toute son étendüe…

« Toute la cour et la ville étoient accouruës à ce spectacle aux fenêtres des maisons, et partout on étoit extrêmement pressé.

« Quand madame Tiquet arriva dans la place il survint une si grande pluye qu'il fallut attendre pour faire l'exécution que l'orage fût passé. Elle eut pendant ce temps là devant les yeux l'appareil de son supplice et un carrosse noir auquel on avoit attelé ses chevaux qui attendoit son corps. Tout cela ne l'ébranla point ; elle vit exécuter le portier dont elle plaignit amèrement la destinée, sans qu'il parût qu'elle fît aucun retour humain sur la sienne. Lorsqu'il fallut monter sur l'échafaud, elle tendit la main au bourreau afin qu'il lui aidât ; avant que de la lui présenter elle la porta à la bouche ; ce qu'elle accompagna d'une inclination de tête par une civilité qui montroit qu'elle étoit bien éloignée d'avoir pour lui de l'horreur. Quand elle fut sur l'échafaud, elle baisa le billot, puis s'adressant au bourreau :

« — Monsieur, voulez vous bien me dire dans quelle attitude je dois me mettre ? »

Le bourreau la lui indiqua ; puis, soulevant à

deux mains le large cimeterre qui servait aux décapitations, il frappa.

Un flot de sang jaillit, mais la tête ne tomba pas.

Un cri d'horreur s'éleva dans la foule.

Samson fit de nouveau tournoyer son arme et frappa encore.

La tête n'était point détachée, et les personnes qui se trouvaient près de l'échafaud prétendirent que le corps avait frémi.

Enfin le bourreau frappa pour la troisième fois.

Et la tête de madame Tiquet roula à ses pieds.

Un cri universel, terrible, sortit de toutes les poitrines.

Les aides ramassèrent la tête et la laissèrent quelque temps sur le billot, la face tournée vers l'hôtel de ville, « sans doute afin que ce spectacle s'imprimât profondément dans l'esprit des femmes mariées présentes à cette exécution, qui pourroient être tentées de commettre un si grand crime.

« Quoique madame Tiquet eût alors quarante-deux ans, elle avoit conservé l'éclat de sa beauté et la mort sembloit n'avoir rien éteint sur son visage. »

Il parut, peu de temps après cette exécution, une brochure intitulée *Oraison funèbre de madame Tiquet*. C'était un composé de louange et de blâme, écrit en bon style par la plume d'un avocat, et cet opuscule eut un grand succès.

Quant au conseiller Tiquet, le mépris public fit justice de sa cupidité.

Une autre affaire criminelle fit grand bruit. Il existait en 1699, rue des Jeuneurs, un ancien trésorier de l'ordinaire des guerres, du nom de Savary, vivant retiré avec un valet et une cuisinière. Ce train modeste n'empêchait pas les grands seigneurs, particulièrement le duc de Vendôme, de fréquenter la maison.

Une personne de la connaissance de Savary vint un jour lui demander à dîner. Savary ordonne à son valet d'aller tirer du vin de champagne. Le survenant, voyant le domestique descendre à la cave, dit qu'il y va avec lui, afin de veiller à ce qu'il prenne bien du meilleur. A peine sont-ils descendus, que l'individu ramasse un levier et assomme avec le domestique ; un chien qui les avait accompagnés et qui, s'était mis à hurler, subit le même sort.

Le soi-disant dîneur remonte alors à la cuisine, frappe la servante qui était devant ses fourneaux et l'étend à ses pieds ; il passe alors dans la chambre de Savary, se précipite sur lui et le tue.

« Tous ces détails ne furent connus, lisons-nous dans les *Cours galantes*, que parce que le meurtrier eut l'audace d'écrire dans un livre qu'il trouva sur la table le récit de ce triple crime. Il y avait sur la cheminée une pendule surmontée d'une tête de mort avec cette devise : « Regardez-la, afin de régler votre vie ». On avait écrit dessous : « Regardez sa vie et vous ne serez pas surpris de sa fin ». L'assassin se retira tranquillement, referma la porte sur lui, sans rien soustraire, bien que le couvert fût mis et que la vaisselle d'argent fût sous sa main. L'immobilité qui régnait dans cette maison surprit à la longue.

On força la porte et l'on trouva les trois cadavres, sans une goutte de sang, assommés. La justice accourut, fit des fouilles et, parmi les papiers, découvrit une lettre de femme ainsi conçue : « Nous sommes perdus ! mon mari vient de tout savoir, songez au remède ; il n'y a que Paparel qui puisse ramener son esprit, faites qu'il lui parle, sans quoi il n'y a point de salut à espérer. »

Ce Paparel était un personnage d'une débauche repoussante ; interrogé, il garda le silence ; on arrêta un marchand de chevaux nommé Portier ; il fut relâché deux jours plus tard et l'affaire n'alla pas plus loin. « On ne doute guère, dit Saint-Simon dans ses Mémoires, qu'un très vilain petit homme ne l'eût fait faire (le crime), mais d'un sang si supérieur et si respecté, que toute formalité tomba dans la frayeur de se trouver au bout, et après le premier bruit tout le monde cessa d'oser parler de cette tragique histoire. » Elle resta un mystère pour tous et les bourgeois craintifs n'aimaient pas s'en entretenir, dans la crainte de s'attirer quelque mauvaise affaire.

En 1699, un règlement fut homologué au Parlement pour la discipline militaire des officiers, gardes, archers, arbalétriers et arquebusiers de la ville de Paris ; l'année suivante un édit du roi porta règlement pour la juridiction du lieutenant général de police et celle des prévôt des marchands et échevins de Paris. « Les inconvéniens que causent les conflits de juridiction estant également contraires au bien de la justice, à l'ordre public et à la dignité des magistrats qui sont obligez d'y prendre part... Nous avons estimé nécessaire de les terminer par notre présent règlement et de prévenir les suites fâcheuses qu'ils pourroient avoir à l'avenir. »

Le règlement qui suivit cet ordre assignait à chacun ses attributions.

Un arrêt du conseil d'état porta aussi établissement d'un conseil de commerce « uniquement attentif à connoistre et à procurer tout ce qui pourroit estre de plus avantageux au commerce et aux manufactures du royaume ». Ce conseil qui se réunissait une fois par semaine, fut composé de d'Aguesseau, Chamillart, le comte de Pontchartrain, Amelot, Dernothon et Bauyn d'Angervilliers, et de douze des principaux négocians du royaume « ou qui auront fait longtemps le commerce. » Il devait toujours y avoir parmi ces négocians, deux de la ville de Paris et dix pris dans les principales villes.

Cet établissement fut l'origine des chambres de commerce.

Ce fut en 1699, le 26 avril, que mourut à Paris Jean-Baptiste Racine, un des plus illustres poètes tragiques. Il occupait précédemment une maison rue Saint-André-des-Arts au coin de la rue de l'Éperon, maison remarquable par une petite tourelle qui faisait saillie dans la rue, à la hauteur du premier étage et qui était son arrière-cabinet.

En 1686, il quittait cette maison pour aller demeurer rue des Maçons-Sorbonne qu'il cessa d'habiter en 1693 pour s'établir rue des Marais, faubourg Saint-Germain, dans la maison où il mourut.

Racine avait désiré être inhumé à Port-Royal-des-Champs. Il le fut et lorsque l'abbaye fut détruite en 1709, ses restes furent transportés à Paris dans l'église Saint-Étienne-du-Mont, et sur la pierre brisée qui les recouvre, on peut lire une longue épitaphe latine, composée en français par Boileau et traduite par Dodart.

Le cardinal de Furstenberg, abbé de Saint-Germain-des-Prés aliéna, en 1699, plusieurs places de l'enclos abbatial, à la charge par les acquéreurs d'y construire trois rues : la rue Abbatiale, la rue Cardinale et la rue de Furstenberg. La première, allant de la rue de l'Abbaye à la rue Sainte-Marguerite prit le nom de passage de la Petite-Boucherie, en raison d'une boucherie qui y était située ; ce fut par suite de l'exhaussement de son sol que la rue devint un passage ; il a disparu après 1860.

En 1806, la rue Cardinale fut appelée rue de Guntzbourg et la rue Furstenberg s'appela rue de Wertingen, en souvenir des combats de ce nom ; elles reprirent leur première appellation en 1814.

Le 3 septembre 1699, une délibération des trésoriers de France est ainsi conçue : « Attendu qu'il nous appert que la rue Saint-Fiacre est peu praticable, qu'elle est remplie d'immondices et sert de retraite aux vagabonds, avons permis et permettons de la faire fermer par deux portes ou grilles en fer, l'une du costé du cours (boulevard) et l'autre environ à 12 toises de long de la dite rue où finit le pavé d'icelle par la rue des Jeux-neufs (Jeûneurs) ; lesquelles portes ou grilles seront ouvertes pendant le jour et fermées tous les soirs. »

Il faut croire qu'on ne se hâta pas de fermer cette rue (qui devait son nom au fief Saint-Fiacre sur lequel elle avait été ouverte). Car trois arrêts du conseil d'état, des 24 août 1715, 20 juin et 3 août 1716 prescrivirent successivement l'exécution de cette mesure. Enfin elle fut opérée et les grilles subsistèrent jusqu'à la fin du xviiie siècle.

Nous avons parlé de l'hôpital du Roule. Sa chapelle existait encore en 1699 ; à cette époque, sur la demande des habitants, le territoire du Roule, réuni à celui de la Ville-L'Évêque, fut érigé en faubourg et cette chapelle devint une paroisse, sous l'invocation de saint Jacques et de saint Philippe ; toutefois, la population augmentant, la paroisse ne tarda pas à devenir trop exiguë, et un arrêt du conseil d'état du 12 mai 1769, prescrivit de faire acquisition des terrains et maisons sis au Roule, nécessaires pour former l'emplacement sur lequel serait construit une nouvelle église qui serait appelée Saint-Jacques et Saint-Philippe-du-Roule. Nous en parlerons à cette date.

Il existait aussi en 1699, en face l'hôtel des Mousquetaires de la rue de Charenton, une grande maison qu'on appelait la maison de la Boule-Blanche ; le 5 juin 1700, le roi, étant en son conseil, ordonna qu'il serait percé une rue traversant cette maison, de façon à faire communiquer la rue de Charenton avec le faubourg Saint-Antoine. Peu de temps après ce percement eut lieu, mais la rue fut un simple passage qu'on appela passage de la Boule-Blanche.

Dans la même année, fut ouverte la rue Neuve-des-Capucines, en exécution de cet arrêt du 5 juin 1700 : « ordonne Sa Majesté, pour faciliter aux bourgeois et habitants de ces quartiers la communication des cours pour leur servir de promenade et de commodité par rapport aux issues du cours, que la rue Neuve-des-Petits-Champs sera continuée en droite ligne de la même largeur depuis l'encoignure du couvent des religieuses capucines jusqu'à la rencontre du cours » Ce prolongement aussitôt percé reçut le nom de rue Neuve-des-Capucines, en raison du voisinage du couvent.

Une voie publique traversait autrefois la rue des Postes et s'étendait jusqu'à la rue Neuve-Sainte-Geneviève ; elle avait été ouverte sur un clos de vignes dont elle prit le nom (rue des Vignes). C'était là que se trouvait le cimetière spécialement affecté aux inhumations des pestiférés. Ce triste voisinage, joint à l'isolement de ce lieu désert, lui avait fait donner le nom de Coupe-Gorge et un honnête bourgeois ne se serait pas exposé à y passer sans se signer. Lorsque les dames de la Providence furent établies dans la rue de l'Arbalète, elles obtinrent, en 1691, des lettres patentes qui les autorisèrent à supprimer une partie de la rue des Vignes et la ruelle des Marionnettes, où les gardes françaises dégainaient pour le point d'honneur, au grand effroi des religieuses ; et le terrain que ces rues occupaient leur fut donné en 1694, ce qui fit que la rue des Vignes coupée devint une impasse appelée impasse des Vignes.

« Au n° 3, lisons-nous dans le *Dictionnaire administratif et historique* de MM. Lazare, était située la maison des orphelines du Saint-Enfant-Jésus et de la Mère-de-Pureté. Cet établissement fut fondé vers l'année 1700. Les orphelines firent l'acquisition, en 1711, d'une maison voisine de leur communauté, à l'effet de construire des classes, un réfectoire et une chapelle. »

Intérieur du parc et château de Bercy.

Il mit le mort sur son dos, accompagné de sa servante, et le jeta dans la rivière. (Page 46, col. 2.)

Cet établissement fut confirmé par lettres patentes de 1717. Plusieurs personnes charitables y fondèrent des places qui restèrent à la nomination de leurs familles. Outre les filles que la charité faisait entrer dans cette maison, on en recevait d'autres moyennant une pension modique. Il suffisait, pour avoir droit d'admission dans cet établissement, qu'une fille fût privée de son père ou de sa mère. Reçues à l'âge de sept ans, les orphelines pouvaient y demeurer jusqu'à leur vingtième année. Cette communauté, confiée à des femmes pieuses, formait une société purement séculière. En 1754, on leur substitua des filles de la communauté de Saint-Thomas-de-Villeneuve. Cette maison est occupée maintenant par une communauté de dames de la charité.

« Dans la même impasse, et presque en face de la maison des orphelines, était une pension pour les femmes ou filles tombées en démence, à laquelle on avait donné le titre de communauté de Saint-Simon-Salus. On y voyait une petite chapelle construite en 1696, sous l'invocation de ce saint qui cacha, par excès d'humilité, de grandes vertus sous les apparences de la folie. On ignore l'époque précise de l'extinction de cet utile établissement qui existait encore en 1782. »

Ce fut en 1700, que fut abattue la porte de Gaillon, « pour donner plus d'ouverture au quartier Saint-Roch, l'un des plus beaux de Paris, et procurer un accès facile à la promenade du cours sur le boulevard qui règne derrière l'hôtel de Lorges. » La même année fut bâti pour la marquise de Noailles l'hôtel d'Estrées, rue de l'Université; il fut appelé plus tard hôtel de Richelieu, puis hôtel d'Estrées, et enfin hôtel de Noailles. On y plaça plus tard le dépôt des archives de la guerre et il fut détruit par le percement du boulevard Saint-Germain.

Les banques, blanques ou loteries devenaient de plus en plus nombreuses, malgré les défenses constamment faites d'en établir; le 5 et le 26 mars 1700, deux sentences de police proscrivirent les loteries; mais comme le roi était au-dessus de la loi et qu'il ne se gênait nullement pour faire ce qu'il interdisait aux autres, il ordonna, le 11 mai suivant, qu'il serait ouvert à l'hôtel de ville de Paris une loterie royale composée de 400,000 billets de deux louis d'or (un louis d'or valait 13 livres). Le capital de cette loterie fut de 10,000,000.

Elle comportait 485 lots en argent et 500,000 livres de rente viagère. Le gros lot consistait en 20,000 livres de rente :

« Sa Majesté, était-il dit dans le décret, ayant remarqué l'inclination naturelle de la plupart de ses sujets à mettre de l'argent aux loteries particulières et désirant leur procurer un moyen agréable et commode de se faire un revenu sûr et considérable pour le reste de leur vie, et même d'enrichir leur famille, en donnant au hasard des sommes si légères qu'elles ne pussent leur causer aucune incommodité, a jugé à propos d'établir une loterie royale de 10 millions. »

Cette déclaration ne s'accordait guère avec les peines édictées contre ceux qui établissaient des loteries et toutes les mesures de rigueur, prises pour tâcher de s'opposer au goût toujours croissant des loteries chez les Parisiens.

Au reste une autre loterie particulière, faite la même année par la duchesse de Bourgogne, au capital de 20,000 pistoles, fut tirée devant la cour, et le gros lot, qui était de 4,000 louis, fut gagné par un garde du corps.

A partir de ce moment, l'élan fut donné : chaque fois qu'on eut besoin d'argent pour une entreprise quelconque, on eut recours à la loterie.

En 1701, le jour de la Chandeleur, il y eut un ouragan si furieux, que personne ne se souvint de rien qui eût approché d'une telle violence, au dire de Saint-Simon. Le haut de l'église de Saint-Louis-en-l'Ile tomba, beaucoup de gens qui y entendaient la messe furent tués ou blessés.

Nombre de bourgeois craignirent fort d'être ruinés cette année-là par suite de la faillite la Touane et Saurion, trésoriers de l'extraordinaire des guerres. Ils devaient quatre millions ; mais le roi se chargea de les payer, afin de se conserver son crédit, au moment d'entrer dans une grosse guerre. On avait été fort surpris à Paris de cette faillite ; en raison du soin extrême avec lequel la Touane et Saurion avaient soutenu et caché leurs désordres « sous la sérénité et le luxe des financiers ».

Charles Renouard de la Touane étalait un faste insolent qui révolta longtemps les honnêtes gens ; il occupait, rue Neuve-Saint-Augustin, l'un des hôtels les mieux décorés de ce quartier de la finance, bâti par un partisan du nom de Cotte-Blanche, (on l'appela plus tard hôtel de Pons ; de Cotte-Blanche, il passa au comte d'Estrées et de Cœuvres, puis à M. de Ferriol qui le vendit à de Touane ; il vint ensuite au marquis de Pons). Touane engloutit des sommes considérables dans la décoration de cet hôtel.

Saurion fut mis à la Bastille ; quant à Touane, trop malade pour y être transporté comme son associé, il expirait quelque temps après son désastre.

Le 14 février 1702, le roi, par arrêt du conseil, divisa Paris en 20 quartier- ainsi répartis : quartier de la Cité — de Saint-Jacques-la-Boucherie — Sainte-Opportune — du Louvre ou Saint-Germain-l'Auxerrois — du Palais-Royal — Montmartre — de Saint-Eustache — des Halles — de Saint-Denis — de Saint-Martin — de la Grève — de Saint-Paul — de Sainte-Avoie — du Temple — de Saint-Antoine — de la place Maubert — de Saint-Benoit — de Saint-André-des-Arts — du Luxembourg et de Saint-Germain-des-Prés.

Malgré cette nouvelle division, lorsque Louis XIV donna un édit, au mois de septembre 1703, pour la création en titre d'offices formés et héréditaires des officiers de la milice bourgeoise de la ville, il se servit encore de l'expression : seize quartiers. Cette milice était alors composée de cent trente-trois compagnies dont les officiers n'exerçaient qu'en vertu des commissions du prévôt des marchands et des échevins. A la réserve des colonels qui continuèrent à être élus par les notables bourgeois de Paris, tous les autres officiers furent révoqués. Il fut nommé un lieutenant-colonel par chaque quartier et un major, un capitaine, un lieutenant et un enseigne par chacune des compagnies. Les lieutenants-colonels et les seize majors reçurent la qualité d'écuyer pendant leur vie, à la condition qu'ils ne tiendraient pas boutique ouverte. Ils eurent en outre chacun un demi-minot de sel de franc salé et le droit de *committimus* au petit sceau. Plusieurs autres exemptions et privilèges furent donnés aux divers officiers par cet arrêt, qui fut enregistré à la chambre des vacations, le 3 octobre suivant.

Dans la nuit du 19 décembre 1700, des voleurs arrêtèrent, à la descente du Pont-Neuf, du côté de la Samaritaine, la malle du courrier de Tours et la dévalisèrent tout à leur aise, sans être inquiétés le moins du monde.

« On n'y marchandait pas, dit M. Édouard Fournier, avec les crimes les plus compliqués, et, ce qui était fort commode, vu l'absence des maisons qui ne le bordaient pas comme les autres ponts de la ville, vu aussi le peu de hauteur des parapets, on pouvait, le meurtre commis, en faire aussitôt disparaître les traces. Un homme vient d'en poignarder un autre chez lui ; il met le mort sur son dos et, accompagné de sa servante, il arrive sur le Pont-Neuf. Là, il dit à la fille de le débarrasser de son fardeau, en le poussant par-dessus le parapet dans la rivière. Elle obéit ; mais à peine libre, il la prend elle-même et l'envoie rejoindre le cadavre. »

Cependant, le même auteur nous apprend qu'il y avait, à cette époque (1700), soixante-et-un bijoutiers, joailliers et orfèvres dans les rues, places ou quais avoisinant le Pont-Neuf. Ils avaient émigré du pont Notre-Dame et du pont au Change « où si longtemps leurs forges avaient été les plus riches boutiques du monde, et du pont Saint-Michel aussi, où se trouvaient peut-être les plus habiles.

« Il y avait trente-six boutiques d'orfèvres sur le quai dont le nom est presque le seul souvenir de ce long séjour; rue du Harlay on en comptait treize, six sur le quai de l'Horloge, trois rue de Lamoignon, un dans la cour du Palais et douze sur la place Dauphine. Leur étalage ne le cédait guère en éclat à celui de nos boutiques du Palais-Royal. »

« On trouve sur le Pont-Neuf, dit encore une soi-disant lettre italienne du temps, une infinité de gens qui donnent des billets (prospectus). Les uns remettent les dents tombées, les autres font des yeux de cristal. Il y en a qui guérissent des maux incurables; celui-ci prétend avoir découvert la vertu cachée de quelques simples, ou de quelque pierre en poudre pour blanchir et pour embellir le visage. Il s'en trouve qui chassent les rides du front et des yeux et qui font les jambes de bois pour réparer la violence des bombes. »

Bref, tous les métiers interlopes étaient représentés là — et ces métiers n'avaient rien à démêler avec les maîtres et syndics des corporations dont le nombre augmentait toujours et qui étaient soumis à de nouveaux règlements constitutifs; ce fut ainsi qu'en 1686, les imprimeurs et les libraires ne formèrent plus qu'une seule et même communauté, sous le nom de corps de la librairie, à laquelle demeurèrent unis les maîtres fondeurs de caractères, et de laquelle furent séparés les relieurs doreurs de livres qui furent érigés en corps de jurande particulier. Par les statuts qui leur furent donnés (août 1686), le nombre des jurés gardes de la communauté des relieurs fut fixé à quatre, dont deux furent élus chaque année: l'apprentissage était de trois ans et le compagnonnage d'une année; toutefois les compagnons ne pouvaient être reçus maîtres avant l'âge de vingt ans.

Un édit du mois de mai 1690 et une déclaration du mois d'août 1691 créèrent des architectes-experts jurés du roi composés d'architectes et de maîtres maçons. Ces officiers-architectes étaient divisés en jurés-experts bourgeois et en jurés-experts entrepreneurs.

Ce fut aussi en 1691, que les charges de maîtres et gardes ou jurés, créés en titre d'office la même année par tous les corps et communautés de Paris, furent incorporées au corps des marchands de vin; ce qui se fit aussi plus tard pour les offices d'auditeurs des comptes, trésoriers, etc., créés en 1694.

Les paveurs composaient à Paris une communauté d'environ cinquante maîtres. Leurs premiers statuts dataient de 1501, ils avaient été confirmés par Henri III et Henri IV. Plusieurs déclarations, édits et arrêts, rendus de 1691 à 1707, les modifièrent. L'apprentissage était de trois ans, après lesquels l'aspirant à la maîtrise pouvait être reçu, après avoir produit son chef-d'œuvre.

Les tablettiers virent aussi leurs statuts confirmés par lettres patentes de Louis XIV, de 1691, et quelques articles de discipline furent ajoutés à ces statuts qui dataient de 1507. L'apprentissage était de six ans et tout apprenti était astreint au chef-d'œuvre pour obtenir la maîtrise, sauf les fils de maîtres, qui n'étaient pas même tenus à la simple expérience.

La communauté des aiguilletiers de Paris ne subsistait qu'avec peine depuis la fin du XVIᵉ siècle, et les maîtres n'étant plus qu'au nombre de cinq ou six, elle fut unie à celle des épingliers par lettres patentes du roi, d'octobre 1695. Enfin par autres lettres patentes, enregistrées au Parlement en 1764, les communautés d'aiguilletiers-ferreurs d'aiguillettes et de chaînetiers de Paris furent définitivement réunies et incorporées à celle des épingliers-aiguilletiers-aléniers.

Les mégissiers composaient à Paris une communauté dont les statuts remontaient à 1407. Le 20 octobre 1702, une ordonnance de police défendit aux mégissiers et aux tanneurs de porter à la Seine leurs bourres pour y être lavées, ni leurs cuirs avant qu'ils aient été écharnés; comme aussi de bouler les morplains ni les jeter dans la rivière. Il leur fut également enjoint de ne jeter dans la rivière ni écharnures ni aucunes autres immondices, à peine de 300 livres d'amende — et même d'interdiction, en cas de récidive.

Une compagnie avait proposé en 1689, d'établir de nouvelles machines hydrauliques destinées à alimenter d'eau plusieurs quartiers de Paris qui en manquaient. En 1695 on en construisit une au-dessous de la première arche du pont de la Tournelle, du côté de l'île Saint-Louis; mais elle fonctionna si mal, qu'on dut la démolir en 1707.

En 1700, Servais Rennequin, célèbre mécanicien, refit une des machines du pont Notre-Dame, mais il ne fut pas plus heureux que ses prédécesseurs.

Par arrêt du conseil, du 22 mars 1701, le roi ordonna « pour la commodité des habitants des quartiers de Saint-Roch et de Saint-Honoré, que la rue Neuve-Saint-Augustin serait continuée jusqu'à la rue Neuve-Saint-Roch, ou Gaillon... et qu'il serait formé une autre rue, laquelle serait appelée rue Louis-le-Grand, pour communiquer à la rue Neuve-des-Petits-Champs et conduire à la place de Louis-le-Grand » et, le 3 juillet 1703, le roi, par un autre arrêt, ordonna une seconde fois la continuation de la rue Neuve-Saint-

Augustin jusqu'à la rencontre de la nouvelle rue Louis-le-Grand, à percer depuis la rue Neuve-des-Petits-Champs jusqu'au rempart (boulevard), ce qui fut exécuté.

Ce fut en 1703, que fut fondé, dans la rue Neuve-Sainte-Geneviève, un établissement destiné aux jeunes gens que le manque de fortune empêchait de suivre la carrière ecclésiastique, et qu'on appela le séminaire du Saint-Esprit et de l'Immaculée Conception. Son fondateur, M. François Poullard des Places, prêtre du diocèse de Rennes, exigea qu'on ne reçût dans la maison que des jeunes gens capables d'étudier en philosophie ou en théologie, et qu'ils y restassent pendant deux ans pour se former aux fonctions du sacerdoce. Ils ne devaient prendre aucun degré, s'engageaient à renoncer aux dignités ecclésiastiques et à se borner à servir dans les pauvres paroisses, dans les hôpitaux, dans les postes déserts pour lesquels les évêques ne trouvaient pas de sujets. La charité et l'humilité étaient les bases de cet établissement qui eut bientôt de puissants protecteurs. Le clergé, dans son assemblée de 1723, lui assigna une pension et il en obtint en 1726 une seconde du roi avec des titres de confirmation.

Un prêtre, Charles le Baigue, décédé en 1723, leur laissa 4,0000 livres, et avec cet argent ces ecclésiastiques achetèrent une maison le 4 juin 1731 dans la rue des Postes, où ils s'installèrent. Ce séminaire occupait une superficie de 2,524 mètres. Supprimé en 1792; il devint propriété nationale et fut vendu le IV floréal an V.

En continuant à compulser les registres d'écrou de la Bastille, nous y voyons entrer trois prisonniers en 1700, détenus pour avoir fabriqué de faux titres de noblesse. C'étaient : le sieur Le Bar âgé de 76 ans, il y resta 14 ans et y mourut à 90; le sieur Chassebras de Carmail mort peu de temps après son incarcération et un troisième sans nom.

En 1701, 10 prisonniers accusés d'avoir fait sortir des protestants du royaume.

En 1702 y sont incarcérés Jean Galembert, gendarme de la garde, suspect d'intelligence avec les ennemis de l'État; Constantin de Renneville, auteur de *l'Inquisition française de la Bastille;* La Perche, maître d'armes, accusé d'avoir dit que le roi ne songeait qu'à sucer ses peuples, qu'à courtiser sa vieille, et qu'il serait bientôt le roi des gueux, que les officiers mouraient de faim, que Sa Majesté avait ruiné son royaume en chassant les Huguenots, et qu'elle se... moquait du peuple ; le père Fleurand de Brandebourg capucin et espion, homme suspect, dangereux et vagabond, en relation avec la reine douairière d'Espagne et tous les grands de ce royaume; le prince de la Riccia, chef de la conspiration de Naples contre Philippe V.

En 1703, le chevalier du Rosset pour avoir voulu passer dans les Cévennes avec les révoltés. Il fut transféré à Charenton en 1714; le sieur Le Coq espion et son valet; dom Jean Tirou bénédictin suspect, auteur de libelles contre le roi, l'État, la religion et les jésuites ; Germain Veillart janséniste outré; on lui fit subir 89 interrogatoires; il fut rendu à la liberté et mourut quelques jours après; Nicolas Buisson pour lettres insolentes contre le financier Samuel Bernard; le marquis d'Aremberg; Duplessis, Flamand; de Soulange ancien capitaine, fripon et espion.

Le 28 avril, le prince d'Auvergne fut pendu en effigie sur la place de Grève, en vertu d'un arrêt du parlement pour avoir déserté à l'ennemi et le tableau avec son inscription y demeura près de deux fois vingt-quatre heures.

Le 27 août 1704, un *Te Deum* fut chanté à Notre-Dame en l'honneur de la naissance du duc de Bretagne, fils de Mme la duchesse de Bourgogne qui en était accouchée le 25 juin précédent.

Le soir, il y eut un très beau feu d'artifice devant l'hôtel de ville « on voyoit au haut de la décoration, la ville de Paris qui offroit son cœur au ciel en reconnoissance du bienfait qu'elle venoit d'en recevoir. Dans les quatre facades il y avoit un cartouche, deux desquelles contenoient chacune une devise. Celle qui regardoit l'hôtel de ville représentoit l'éternité qui présentoit au roi M. le Dauphin, M. le duc de Bourgogne et M. le duc de Bretagne avec ces mots tirés du psaume 131 : Tes arrières neveux règneront après toi. »

Pendant trois jours les boutiques furent fermées à Paris et les illuminations furent générales. — Toutes ces réjouissances furent en pure perte, le prince mourut le 13 avril suivant.

Au mois d'octobre, un second *Te Deum* fut chanté dans la cathédrale (le 19). Cette fois ce fut pour célébrer une victoire navale et ce fut encore pour nombre de gens l'occasion de se répandre par les rues et de se promener sur les ponts.

Une déclaration du roi datée de décembre, porte que tous les hôteliers, taverniers, aubergistes et vendeurs de vins, liqueurs et boissons seraient déchargés du payement des redevances annuelles attribuées aux visiteurs des poids et mesures, en payant une taxe.

On ne manqua pas de s'élever contre cette disposition qui, en soustrayant les débitants au contrôle des mesures dont ils se servaient, leur permettait d'en abuser pour tromper sur la quantité des boissons qu'ils vendaient.

Enfin, le 6 décembre, une déclaration du roi, fit connaître que Sa Majesté, voulait que tous les Parisiens qui avaient porté leur argent à la Monnaie « pour être les espèces réformées ou remarquées », reçussent en échange des billets ayant cours public, et devant être reçus dans toutes les caisses comme argent comptant.

C'était l'emploi officiel du papier-monnaie.

Un garde alla vers cet intrus et reconnut qu'il était à genoux comme tout le monde. (Page 49, col. 2.)

« Sa Majesté ordonna que ces billets seroient payés à l'hôtel des Monnoies avec intérêt sur le pied de sept et demi pour cent. »

Mais, lisons-nous dans un mémoire du temps, ceux qui avaient plusieurs payements à faire, ou qui devaient des sommes moindres que celles contenues auxdits billets, se trouvèrent bien embarrassés pour les diviser.

Un jour de 1704, Louis XIV eut la fantaisie d'entendre la messe à Notre-Dame-de-Bercy. — En promenant ses yeux sur la foule prosternée, le roi remarqua au-dessus de toutes les têtes baissées celle d'un homme qui semblait se tenir debout.

Le monarque fronça le sourcil, il était tellement accoutumé à voir les fronts courbés, qu'il avait peine à comprendre que cet homme osât rester debout en sa présence.

Sur un signe du prêtre, un garde alla vers cet intrus, mais il reconnut avec surprise qu'il était à genoux comme tout le monde : seulement, comme sa taille dépassait sept pieds, sa tête se trouvait même, lorsqu'il était à genoux, au-dessus de toutes les autres. Il s'appelait Martin et était vigneron aux environs de Joigny, d'où il venait de temps à autre amener ses vins à Paris.

Après la messe, le roi instruit de l'aventure fit venir le géant bourguignon, et causa avec lui; celui-ci, malin, profita de l'occasion pour se plaindre des tracasseries qu'on apportait à son commerce.

Séance tenante, le roi l'autorisa à venir vendre et débiter tous les ans ses vins sur la grève de Bercy, comme il le voudrait, en pleine franchise de droits.

Martin usa de la charte royale, et Bercy fut fondé.

Deux ans plus tard, en 1706, le château de Bercy et ses magnifiques jardins étaient complètement restaurés.

Le président Malon, seigneur de Bercy, l'avait fait construire par Levau ; du côté de la cour la face du batiment décrivait une forme elliptique dans ses extrémités terminées par deux pavillons. Un ordre ionique moderne s'élevait dans le milieu à la hauteur du premier étage. Il soutenait un fronton circulaire ; ceux des pavillons étaient triangulaires.

Le vestibule présentait une agréable décoration de pilastres ioniques modernes entre lesquels étaient des trophées de sculpture. Trois grands tableaux de Snyders ornaient la salle à manger, et le vestibule, sur le jardin, renfermait quatre grands tableaux de Carrey.

Le château renfermait une salle de spectacle.

Le milieu et les pavillons en façade sur le jardin formaient avant-corps et étaient décorés de pilastres ioniques au premier étage et de frontons pareils à ceux du côté de la cour.

Le parc contenait environ neuf cents arpents et était terminé par une longue terrasse que la Seine baignait de ses eaux.

« Les jardins sont embellis depuis 1706 de quantités d'allées, de statues », dit Hurtaut. Deux lions de marbre les décoraient.

Le château resta dans la famille Malon jusqu'en 1809 ; après la mort de Charles de Malon de Bercy, dernier rejeton de cette maison, décédé le 3 mars, il devint la propriété du comte de Nicolaï. Il souffrit beaucoup pendant la révolution de 1789. Il ne fut pas morcelé, mais ce fut à peu près tout ce qu'on lui épargna. Pendant plusieurs années il fut fermé et ses dépendances furent louées à différentes personnes, les unes exploitèrent les arbres qu'elles firent abattre ; d'autres labourèrent les allées pour y semer du blé. Presque tout devint la proie de cette manie de destruction qui soufflait alors ; toutefois l'intérieur des appartements fut respecté, et lorsque la famille de Nicolaï y rentra, elle trouva le tout à peu près intact. Cependant M. de Nicolaï ne l'habita pas et le loua pour y installer une raffinerie de sucre de betteraves.

M. de Nicolaï, comte de Bercy, bien qu'il ne l'habitât pas, tenait beaucoup à ce domaine, et il fallut que le chemin de fer vînt traverser son parc et effleurer le château jusqu'au ras du perron pour qu'il se décidât à le vendre. M. Péreire et le Crédit mobilier devaient l'acheter au prix modeste de 9,500,000 francs ; mais un délai de vingt-quatre heures ayant été demandé par l'une des parties contractantes, une société de capitalistes en offrit 10,500,000 francs qui furent acceptés.

La démolition du château était décidée.

Bientôt les marbres et les sculptures, les devises et les guirlandes, les hauts pilastres ioniques et les grands trophées de cette habitation magnifique furent jonchés sur le sol, et ne parlèrent plus aux regards de cette banlieue active qui les avait si longtemps admirés.

« Ce qui démontre la richesse des ornementations intérieures de ce magnifique château, c'est le prix excessif auquel furent vendues les boiseries ; un amateur en avait offert 100,000 francs, la vente en détail rapporta le double de cette somme. La boiserie d'un seul petit salon fut vendue 25,000 francs pour l'impératrice. La boiserie du cabinet d'étude qui n'était pas d'un travail moins admirable fut achetée pour l'empereur au prix de 17,000 francs. Le corps seul de la bibliothèque fut vendu 27,000. »

Ce fut au mois de juillet 1860, qu'on commença à jeter par terre le château et on retira du caveau de la chapelle deux cercueils, qui furent transférés au cimetière Picpus. Ces deux cercueils renfermaient la dépouille mortelle de Mme la comtesse de Saint-Lieux, née de Nicolaï, morte en 1830, à l'âge de 27 ans, et celle de M. Malon, mort en 1809, à l'âge de 29 ans.

Le troisième seigneur de Bercy avait cédé au financier Pâris de Montmartel une vaste portion de terrain, sur lequel celui-ci fit bâtir un pavillon à pans coupés, qu'on nomma le Petit-Bercy et que le peuple appelé Pâté-Paris. Après Pâris, le Petit-Bercy appartint à un autre financier, Boismorel, qui s'y était fait disposer un jardin qui luttait pour l'élégance avec celui de son fastueux voisin, et une superbe bibliothèque. Le parc qui était d'une quarantaine d'arpents, est aujourd'hui converti en rues.

Nous avons parlé tout à l'heure de l'église Notre-Dame-de-Bercy, qui n'était qu'une chapelle, elle fut reconstruite sous la Restauration dans la rue du Commerce (aujourd'hui rue de la Nativité). Elle n'avait rien de monumental, mais elle était gracieuse et bien bâtie, quoique sans style particulier.

Depuis plusieurs années, on projetait de la reconstruire, en raison de son insuffisance pour la population de Bercy, considérablement accrue depuis l'annexion, mais les événements de 1871 hâtèrent la besogne.

Le 7 mai, elle fut réduite en cendres par les fédérés qui l'incendièrent au moyen du pétrole ; il ne resta absolument que les quatre murs carbonisés.

Depuis que le vigneron Martin commença à faire de Bercy le centre du commerce des vins, trois groupes de population distincts contribuèrent à la formation de la nouvelle commune, La Rapée, Bercy proprement dit et la Grand'Pinte. La Rapée tire son nom de Jean de la Rapée, commissaire général des guerres, qui possédait là de magnifiques jardins. Peu à peu, les maisons de campagne s'élevèrent les unes à côté des autres, des cabarets s'ouvrirent le long des berges que l'administration fit rehausser.

Nous verrons bientôt deux ports s'y créer, l'un pour le vin, l'autre pour le plâtre, et la commune de Bercy aller toujours en prospérant jusqu'à ce qu'une loi, ayant pour objet l'agrandissement de Paris, fit entrer Bercy à partir du 1er janvier 1860, dans l'enceinte de la capitale.

Deux hôtels importants furent bâtis en 1704; l'hôtel de Broglie, rue Saint-Dominique, au coin de la rue de Bellechasse, élevé pour le comte de Revel, frère puîné de Victor-Maurice, comte de Broglie. Poulain de Beaumont, payeur de rentes en fit l'acquisition plus tard et le fit décorer d'ornements sur les dessins de Boffrand. Il retourna dans la famille de Broglie, fut habité sous l'Empire par le comte Chaptal, puis en 1850 par Armand Marast; il fut détruit lors du percement du boulevard Saint-Germain.

L'hôtel de Mazarin, rue de Varennes, bâti sur les dessins du duc Fornari. Il appartient à M. de Roise, conseiller au parlement, au comte de Tessé, puis en 1819, à M. de Vendôme, grand prieur de France, au marquis de Latour-Maubourg et à Mme de Mailly, duchesse de Mazarin, veuve de M. de la Porte-Mazarin, duc de la Meilleraye.

Cet hôtel très vaste fut séparé en deux par la duchesse, et une partie devint l'hôtel de Duprat, marquis de Barbançon, puis de Rohan, de Chimay, de Mme Tallien, princesse de Chimay. L'autre fut l'hôtel de la Trémouille, prince de Talmond, puis hôtel de Rohan-Chabot, prince de Léon, du duc de Montebello. Il fut occupé ensuite par l'architecte Rougevin, en 1826, et fut coupé en deux par la rue Mademoiselle, devenue rue Vaneau en 1830.

Mais, n'oublions pas en parlant d'hôtels, de mentionner l'hôtel Fieubet qui existe encore au coin de la rue du Petit-Musc, sur le quai des Célestins, et fut bâti sur une partie de l'emplacement de l'hôtel Saint-Paul pour M. de Combourg; il appartient ensuite à Anne de Fieubet, conseiller au parlement, qui y fit faire de grands embellissements : Lesueur y peignit de beaux tableaux. Après il passa aux mains de M. de Gaucourt. Sous la Révolution cet hôtel servit à un pensionnat, puis à une raffinerie de sucre. M. de Mareuil l'acheta en 1813. En 1857, il fut acquis par M. le comte Adrien de la Valette. La façade monumentale, reconstruite sur les dessins de Le Gros, est enrichie de magnifiques sculptures et en particulier de six cariatides, la Richesse, l'Abondance, la Royauté, la République, l'Empire et la Restauration, dues au ciseau de M. Meya. Malheureusement, M. le comte de la Valette, en voulant tirer cette belle mais triste habitation de son délaissement, s'y prit avec trop de somptuosité. Obligé de couper court aux travaux trop coûteux, il n'en fit qu'une ruine plus enjolivée, qui fut revendue ces dernières années, et est devenue l'école des Pères de l'Oratoire. C'est aujourd'hui l'école Massillon.

Citons aussi l'hôtel de Mélusine-Lusignan, construit en 1652, rue des Bons-Enfants, qui fut acquis au domaine privé d'Orléans le 24 juillet 1702. En 1726, le duc d'Orléans donna sa vie hôtel où fut établie sa chancellerie au duc d'Argenson; il fit retour à la maison d'Orléans; mis en vente en 1793, il fut acheté par le citoyen Arnouet; Méot, le traiteur en vogue sous le Directoire l'occupa, puis, vers la fin du règne de Louis XIII, M. Pape, facteur de pianos acquit l'immeuble et le vendit en 1853 à M. Fastré. L'hôtel a deux entrées, l'une rue des Bons-Enfants et l'autre rue de Valois, où furent longtemps établis les bureaux du journal le *Constitutionnel* qui occupaient le rez-de-chaussée comportant deux salons merveilleusement décorés, dont l'un conservait des peintures de Lebrun. Depuis le 1er janvier 1880, époque à laquelle le journal se transporta rue Baillif, ces salons n'existent plus. Le journal *le Pays* a encore ses bureaux de rédaction dans la partie de l'hôtel donnant sur la rue des Bons-Enfants.

Les Carmes firent bâtir en 1704 dans la rue Cassette l'hôtel Brissac; on vantait l'entablement dorique qui couronnait l'édifice et la commodité de l'habitation, mais ses dispositions furent modifiées par le gouverneur de Paris, M. de Brissac, qui fit bâtir le pavillon de gauche dont le perron disparut et qui menait à la salle des gardes, pavée en marbre. De chaque côté, à la porte de cette salle, il y avait un grand éteignoir qui servait à éteindre les torches que les valets de pied tenaient le soir derrière les voitures.

En 1808, M. d'Hinnisdal acheta cet hôtel qui n'a pas subi grand changement.

Il ne faut pas confondre cet hôtel avec l'hôtel Brissac ou Forbin-Janson, de la rue de Grenelle-Saint-Germain, autrefois occupé par le ministère de l'Intérieur, puis par l'ambassade Ottomane; il est surtout remarquable par sa porte d'entrée.

Enfin, pour terminer l'indication des travaux d'édilité entrepris pendant cette année 1704, disons qu'on avait projeté de faire passer le long des murs du Val-de-Grâce, un boulevard qui devait environner la ville dans sa partie méridionale; ce projet fut abandonné. Le 18 octobre, le roi étant en son conseil ordonna que la rue de Richelieu serait continuée depuis le boulevard « jusqu'à la rencontre d'un pan coupé, qui sera formé de 8 toises de face, jusqu'à la distance de 3 toises de la maison de la Grange-Batelière et qu'il serait formé une rue en retour de 3 toises de largeur le long du mur de la Grange-Batelière, jusqu'à la rencontre du chemin du Marais. » Le prolongement de la rue Richelieu fut exécuté, et devint la rue Grange-Batelière. Quant à la rue en retour, le percement n'en ayant pas été complètement exécuté, il formait une impasse qu'on désigna sous le nom de Cul-de-Sac de la Grange-Batelière. En 1781, un entrepreneur de bâtiments appelé Thévenin, conçut le projet de prolonger cette impasse sur ces terrains et de lui donner le nom de rue Neuve-de-Bourbon. Enfin, en 1784, le roi ordonna que le Cul-de-Sac de la Grange-Batelière serait prolongé jusqu'à la rue d'Artois (Laffitte) de façon à former une rue qui serait nommée rue Pinon (en l'honneur du président Pinon).

L'arrêt du conseil du 18 octobre 1704, que nous avons cité plus haut portait encore : « Sa Majesté voulant que le quai de la Grenouillière qui fait un très désagréable objet à l'aspect du Louvre et des Thuilleries, soit continué de ligne droite de 10 toises de longueur en toute son estendue, depuis le Pont-Royal et l'encoignure de la rue du Bacq jusqu'à la rencontre du rempart qui sera planté d'arbres et revêtu de pierres de taille dans toute cette estendue, avec un trottoir de 9 pieds de largeur, le long du parapet, pour le passage des gens de pied avec des rampes en glacis descendant au bord de la rivière, ce qui sera non seulement un ornement, mais encore sera d'une grande utilité pour les rues de Poitiers et de Bellechasse et de celle qui doit estre formée près les filles de Saint-Joseph, pour leurs issues sur le dit quai et pour les abreuvoirs et l'enlèvement des marchandises déchargées sur le port... »

L'exécution de ce quai fut ordonnée et les tra-

Le château de Bercy, sur le bord de la Seine, vue de la terrasse des Deux-Lions.

vaux commencèrent, mais ils furent continués avec lenteur et le 23 août 1707, un autre arrêt du conseil ordonna de nouveau qu'il serait construit un nouveau quai en face de celui des Tuileries, qui serait appelé quai d'Orsay, en l'honneur de Boucher d'Orsay, conseiller au parlement et alors prévôt des marchands.

La première pierre fut posée le 6 juin 1705.

La construction se fit toujours bien lentement et des lettres patentes du 22 avril 1769 portèrent que le quai d'Orsay ordonné en 1704 serait continué sous la même dénomination jusqu'à la rue de Bourgogne, et de la rue de Bourgogne à la barrière des Invalides, sous le nom de quai de Condé.

Tout cela n'empêcha pas que le 13 messidor an X, les consuls de la république rendirent à leur tour l'arrêt suivant : le quai d'Orsay, situé à Paris sur la rive gauche de la Seine, entre le pont National et celui de la Révolution, sera incessamment construit. Le ministre de l'Intérieur posera la première pierre de ce quai le 24 de ce mois.

L'empereur Napoléon Ier, le 29 fructidor an XII, fixa l'alignement des maisons du quai Bonaparte (c'était son nouveau nom) situé à Paris entre le pont des Tuileries et le pont de la Concorde.

Un décret impérial du 11 mars 1808, porta construction d'un quai depuis le pont de la Concorde jusqu'à celui de l'École militaire.

Le 10 février 1812, nouveau décret établissant le long du nouveau quai entre les ponts de la Concorde et d'Iéna, du côté des Invalides, un cours planté d'arbres. Ce quai prit alors le nom de quai des Invalides, peu de temps après on l'appela quai d'Orsay jusqu'à la barrière.

Le quai de la Grenouillière était en 1704 une sorte de marais peu agréable à la vue : «Le quartier du Gros-Caillou, dit Pasquier en 1776, s'est extrêmement peuplé depuis dix-huit ou vingt ans; c'est là où se logent un nombre de boulangers pour la provision de Paris, les blanchisseuses et gens de rivières en sont la principale partie, le bord de la rivière est bien fourny de jolies guinguettes. C'est près de là que sont les Invalides. »

L'arrêt du conseil relatif aux améliorations à

Hôtel de La Valette sur le quai des Célestins, au coin de la rue du Petit-Musc.

exécuter dans le faubourg Saint-Germain portait en outre ceci :

« Ordonne, Sa Majesté, que, depuis la rue de Varennes, il soit formé une grande rue de 8 toises de largeur qui sera nommée rue de Bourgogne, se terminera au nouveau quai et aura pour point de vue le nouveau Cours, près la porte Saint-Honoré.

Cet arrêt fut confirmé les 1er décembre 1715 et 10 janvier 1716.

Un autre arrêt du conseil du 13 mars 1720, prescrivit le prolongement de cette rue, depuis la rue de Varennes jusqu'à la rue Plumet.

Par lettres patentes de novembre 1775, le prince de Condé fut autorisé à changer la direction de la rue de Bourgogne comprise entre celle de l'Université et Saint-Dominique et à former une place demi-circulaire au devant de l'entrée de son palais (le palais Bourbon dont nous parlons plus loin).

La rue de Bourgogne prit le nom de rue du Conseil des Cinq-Cents, par arrêt du 29 nivôse an VI ; depuis, elle a repris sa première dénomination.

Ne quittons pas ce quartier sans dire qu'en 1704, une communauté de filles pénitentes

Écusson sculpté au-dessus de la porte du château de Bercy.

acheta un vaste terrain dans la rue de Grenelle-Saint-Germain, à l'angle de l'esplanade des Invalides et y fit construire des bâtiments et une chapelle qui fut placée sous l'invocation de sainte Valère.

Le bureau de la ville consulté à propos du plus ou moins d'utilité de cette nouvelle communauté, exprima l'avis suivant le 26 août 1718 :

« Notre avis est sous le bon plaisir de la chambre que l'établissement des filles pénitentes de la communauté de Sainte-Valère étant d'une grande utilité à cause que cette communauté est une retraite volontaire aux filles que la Grâce a retirées du désordre pour y vivre dans la piété, sans être à charge au public ny à l'État, les lettres patentes peuvent être enregistrées, etc. »

Les religieuses de Sainte-Valère furent supprimées en 1790 ; les bâtiments devenus propriété nationale, furent vendus les 3 et 28 floréal an III. La chapelle devint en 1802 la troisième

succursale de Saint-Thomas-d'Aquin. Elle fut démolie en 1837.

Au mois de janvier 1704, Louis XIV avait, par un édit spécial, créé en titre d'offices formés et héréditaires, deux échevins perpétuels dans chacune des villes du royaume ; mais ayant été depuis informé des privilèges accordés par les rois ses prédécesseurs à la ville de Paris, aux termes desquels le prévôt des marchands et les échevins étaient dans l'usage de faire procéder à la nomination des échevins par voie d'élection, il se ravisa et il rendit le 15 avril suivant une déclaration déchargeant la ville de Paris de l'obligation d'avoir un échevin perpétuel. Cette déclaration fut enregistrée au parlement le 25 du même mois.

Au mois de février, il avait aussi « éteint et supprimé » le siège et la juridiction de la table de marbre établie près la Cour du parlement de Paris ; en mai, il revint sur cette suppression et rétablit le siège et la juridiction de la table de marbre, pour juger en dernier ressort les procès et différends concernant les eaux et forêts.

En 1705, un autre édit d'une importance considérable à cette époque, fut rendu sur le fait de la noblesse des magistrats de Paris qu'il établissait d'une façon définitive. « Nous avons, dit-il, par notre édit du mois de novembre 1690, pour les causes y contenuës, attribué aux présidens, conseillers et autres officiers de nostre Cour de parlement de Paris qui ne seroient issus de race noble, ensemble à leurs veuves, demeurantes en viduité, à leurs enfans et descendans nez et à naistre en légitime mariage la noblesse au premier degré, pour en jouir avec tous les droits et privilèges dont jouïssent les autres nobles de nostre royaume, pourveu que lesdits officiers ayent servi vingt ans ou qu'ils décèdent revestus de leurs dits offices. Nous avons depuis par autre nostre édit du mois de mai 1691, accordé le même privilège de noblesse au premier degré, aux présidens, conseillers et autres officiers de nostre Cour des Aydes de Paris. Et par nostre édit du mois d'avril 1704, nous l'avons accordé aux présidens conseillers-maistres, correcteurs, auditeurs et autres officiers de nostre Chambre des Comptes de Paris...

« A ces causes et autres à ce nous mouvans, de notre certaine science pleine puissance et autorité royale, nous avons par le présent édit perpétuel et irrévocable attribué, et attribuons aux présidens, trésoriers généraux de France au bureau de nos finances et chambre de nostre domaine à Paris, nos avocat et procureur du dit bureau et chambre du domaine et au greffier en chef du dit bureau présentement pourveus et qui seront cy après lesquels ne seront issus de race noble, ensemble à leurs veuves pendant leur viduité, à leurs enfans et descendans nez et à naistre en légitime mariage, tant masles que femelles, la noblesse au premier degré telle et semblable qu'en jouissent les officiers de nostre dite Cour de parlement, Chambre de nos Comptes et Cour des Aydes; ordonnons qu'ils jouiront de tous les droits, privilèges, franchises, immunitez, rang, séance et prééminences dont jouissent les autres nobles de races de nostre royaume, pourveu que les dits officiers ayent servi vingt ans ou qu'ils décèdent revestus de leurs offices. Et à l'égard de ceux des officiers du dit bureau qui seront issus de race noble, voulons que le présent édit leur serve d'accroissement d'honneur par le tesmoignage que nous y donnons de l'estime que nous faisons des services qu'ils nous ont rendus dans l'exercice de leurs charges... »

Cet édit fut enregistré au parlement le 6 mai et, comme bien on le pense, la Cour ne souleva aucune objection à l'enregistrement d'un édit qui anoblissait ses membres.

Mais Louis XIV qui venait de se montrer si bien disposé pour les magistrats ne pouvait priver le corps de ville des mêmes honneurs.

Bientôt un nouvel édit daté de novembre 1706, vérifié au parlement le 31 janvier 1707, attribua au prévôt des marchands le titre de chevalier et les honneurs et privilèges de la noblesse aux échevins, au procureur, au greffier et au receveur de la ville de Paris.

Cet édit intéressa vivement la bourgeoisie parisienne et nous allons en donner les principales dispositions. :

« Louis, etc. Par notre édit du mois de juillet 1656, nous avions confirmé le prévôt des marchands de l'hostel de nostre bonne ville de Paris dans la jouissance du titre de chevalier avec droit de manteau, armes timbrées et autres prérogatives appartenantes au degré de chevalier; et les eschevins, nostre procureur, le greffier et le receveur de la dite ville dans la jouissance des titres, honneurs et privilèges de la noblesse. Mais cet édit n'ayant point eu d'exécution par le défaut d'enregistrement, et voulant témoigner notre affection particulière pour la ville capitale de nostre royaume et accorder aux prévôt des marchands et eschevins d'icelle tous les avantages qui leur avoient été accordez par les lettres patentes des rois nos prédécesseurs et notamment par les lettres patentes des rois Charles V de l'an 1371, Charles VI de l'an 1411, Henry III de l'an 1577 et qui peuvent faire connoistre à la postérité combien nous prenons de confiance en leur fidélité et en celle de tous les citoyens, bourgeois et habitans de nostre dite ville, et au zèle qu'ils nous font journellement paroistre pour nostre service et le bien de nostre estat, nous avons résolu de les confirmer tout de nouveau dans la jouïssance des dits privilèges de noblesse et d'attribuer à nostre procureur, aux eschevins, au greffier et au receveur de la dite ville des gages pour estre acquis par ceux qui sont actuellement en place, dont la finance sera remboursée auxdits eschevins par ceux qui leur succèderont. Et comme les conseillers et quarteniers de la dite ville sont ordinairement nomméz eschevins à l'exclusion de tous autres, qui est une voie seure pour parvenir au degré de noblesse qui sera attaché à l'échevinage, qui rendra leurs offices très considérables, nous avons cru devoir confirmer l'usage qu'il y ait toujours un desdits conseillers ou quarteniers dans le nombre des eschevins élus par chaque année et augmenter en même temps leurs gages à proportion, afin que ces offices ne soient possédez que par des personnes qui ayent les qualités requises pour soutenir un titre si honorable. Nous avons aussi trouvé à propos de créer quatre intendans et commissaires des fontaines, acqueducs et regards publics, au lieu des conseillers de ville qui en doivent faire les fonctions; un syndic général des communautez d'officiers dépendantes de l'hostel de nostre dite ville, et un trésorier des deniers, destinez à l'entretenement des hostels des deux compagnies de mousquetaires...

A ces causes... nous avons, par le présent édit perpétuel et irrévocable, confirmé et confirmons le prévost des marchands de nostre bonne ville de Paris estant en charge et ceux qui lui succèderont à l'avenir dans les titre, dignité et qualité de chevalier, avec droit de manteau, armes timbrées et autre privilèges et prérogatives appartenant au degré de chevalier, et les eschevins et nostre procureur, ensemble le greffier de l'hostel de ville estant présentement en charge et qui y entreront cy-après, leurs enfans nez et à naistre en légitime mariage, et leur postérité, dans les titre, honneurs, droits, privilèges et prérogatives de noblesse que nous leur avions accordez par nostre édit du mois de juillet 1636, soit qu'eux ou leurs enfans et descendans soient résidans en la dite ville de Paris ou hors d'icelle, en quelque lieu et endroit de nostre royaume, pays, terres et seigneuries de nostre obéissance que ce soit, et sans qu'ils soient tenus de faire autre preuve de noblesse, au cas qu'elle leur fût contestée ou à leurs descendans, que de faire apparoir qu'eux ou leurs pères auront possédé un desdits offices de nostre procureur, greffier ou receveur dudit hostel de ville de Paris, ou qu'ils auront passé par l'échevinage. Et comme nous sommes bien informez que le commerce qui se fait en gros en la dite ville, tant en deniers en forme de banque, que de marchandises, est ce qui y entretient et augmente le négoce et le trafic, mais encore dans les autres principales de nostre royaume, et ce qui y attire les correspondances des marchands, négocians et royaumes étrangers, nous permettons aux marchands, négocians, lorsqu'ils tiendront les dites charges ou après qu'ils seront hors de l'exercice d'icelles, comme aussi à leurs enfans et postérité nez et à naistre en loyal mariage, de continuer le négoce et le trafic, tant en deniers en forme de banque, que de toutes marchandises en gros, et tenir magazin, sans que pour ce il leur puisse être imputé d'avoir fait aucun acte dérogeant à noblesse, conformément à nostre édit du mois de décembre 1701... pourvû toutefois qu'ils ne fassent point le débit des marchandises en détail ni en boutique ouverte, et que le trafic soit par eux honorablement et fidèlement exercé... En considération dudit rétablissement de noblesse, nous avons créé et créons 22,300 livres de gages héréditaires, savoir 5,500 livres au denier vingt (5 0/0), que nous avons attribué et attribuons aux eschevins estans présentement en charge, à nostre procureur de la dite ville, au greffier et au receveur d'icelle, et 16,800 livres au denier dix-huit, que nous avons attribué et attribuons aux conseillers et quarteniers de la dite ville... »

Le reste de l'édit est consacré aux attributions des nouveaux intendants et commissaires des fontaines, regards, aqueducs et conduites publiques, auxquels furent attribuées 1,000 livres de gages et un minot de sel de franc salé, le droit de *committimus* au petit sceau et de deux bourses de jetons, l'une comme intendants des fontaines, l'autre comme conseillers de ville. — Puis l'édit enfin, fixe les attributions, les gages et les droits et devoirs du syndic général et d'un conseiller trésorier des deniers. Il fut enregistré au parlement le 31 janvier 1707.

Il existait en 1705, entre le hameau de Monceaux et Montmartre, un chemin qu'on appelait chemin de Clichy; ce chemin fut planté d'arbres en cette année par Marguerite de Beautru, veuve du marquis de Vaubrun et dame de Clichy. Elle conclut des échanges de terrains avec les abbayes de Saint-Denis et Montmartre pour élargir cette voie de communication qui, par la rue du Coq et le chemin de la Grande-Pinte, aboutissait au boulevard de Paris.

Le chemin de Clichy, qui commençait au châ- du Coq (rue Saint-Lazare), devint plus tard la rue de Clichy dans sa première partie, la grande rue des Batignolles dans la seconde, et l'avenue de Clichy à son extrémité; aujourd'hui c'est la rue de Clichy, de la rue Saint-Lazare à la place Moncey, et l'avenue de Clichy, depuis cette place jusqu'au village de Clichy,

Le plan de Jaillot l'indique sous le seul nom de rue du Coq.

Tous les dix ans, se tenait à Paris la grande assemblée du clergé; l'ouverture de celle de 1705 se fit le 2 juin, par une messe du Saint-Esprit, célébrée par le cardinal de Noailles dans l'église des Grands-Augustins. Le lendemain toute l'assemblée alla à Versailles saluer le roi et, deux jours après, Louis XIV y envoya six conseillers d'état qui furent reçus à la porte de la cour par huit évêques et huit députés du second ordre. Ils entrèrent ensuite dans l'assemblée et M. Pelletier de Souzy, le plus ancien conseiller, porta la parole, en assurant le clergé qu'en toutes occasions le roi soutiendrait les intérêts de l'Eglise.

Quelques jours après, ce fut le tour des messieurs du corps de ville, et le prévôt des marchands, Boucher d'Orsay, assura l'assemblée du profond respect de la ville de Paris.

Le feu prit, en 1705, dans la maison d'un artificier, située près l'église du petit Saint-Antoine, et endommagea fortement les maisons voisines; pour l'éteindre, on se servit pour la première fois de pompes à incendie que le comédien du Mouriez du Périer avait mises en usage et dont la ville avait pu être pourvue, grâce au produit d'une loterie, autorisée par lettres du 12 janvier de cette année, qui avait permis l'achat de vingt de ces pompes.

Une ordonnance fut rendue, le 23 février 1716,

touchant le renouvellement et l'entretien des pompes, et indiquant les lieux où elles étaient remisées; des lettres patentes du 17 avril 1722 ordonnèrent la construction de dix-sept autres.

Avant cette époque, on ne se servait contre les feux que de seaux en osier foncés de cuir.

Douze corps de garde, répartis dans les différents quartiers de Paris, furent munis d'une pompe et de garde-pompes toujours prêts à partir au premier avertissement.

Avant que Louis XIV eût approuvé la fondation de l'Académie royale de peinture et de sculpture, il existait à Paris une communauté de peintres et de sculpteurs, qui avait sa chapelle sous le titre de Saint-Luc dans l'église des filles pénitentes de Saint-Magloire; en 1704, la communauté se transporta dans l'église Saint-Symphorien-de-la-Chartre, et son école fut rétablie par lettres patentes du 17 novembre 1705. Elle fut ouverte, le 20 janvier suivant, sous la direction du lieutenant général de police. On y entretenait un modèle et ceux qui voulaient suivre les cours pouvaient s'y rendre tous les jours à cinq heures de relevée. Les élèves les plus méritants étaient récompensés par deux médailles d'argent qui étaient distribuées tous les ans le jour de saint Luc.

Cette communauté était composée de peintres, de sculpteurs, de graveurs et d'enlumineurs.

Dans la salle de l'assemblée se trouvait un grand tableau de Charles Le Brun représentant *saint Jean l'évangéliste suspendu en l'air, prêt à être plongé dans une chaudière d'huile bouillante.* (Ce tableau fut gravé par Cossin). On y remarquait aussi un *saint Paul guérissant un possédé*, peint par Eustache Lesueur; un sujet allégorique par Poerson, *saint Jean dans l'île de Pathmos*, par Blanchard, un portrait de Pierre Mignard, peint par lui-même, et plusieurs autres tableaux de valeur.

La chapelle était aussi fort bien décorée. Nous avons dit, en parlant de saint Symphorien, comment la révolution de 1789 la supprima; l'académie de Saint-Luc subit le sort de la chapelle.

On avait enregistré le 11 juillet au parlement de Paris, un édit portant établissement de la loterie royale devant produire deux millions dans les coffres du roi. Aux termes de cet édit, il avait été arrêté que les billets seraient de cent livres chacun : « toute sorte de personnes, même les étrangers, seront admis à cette loterie, sans craindre, en cas de guerre, aucunes confiscations, représailles, droit d'aubeine, etc. »

Cette loterie, lisons-nous dans la *Clef du cabinet*, ne peut-être qu'avantageuse au roi et aux particuliers qui y mettront leur argent; car on fera expédier des contrats de constitution de rentes sur l'hôtel de ville de Paris, au denier vingt, pour cent mille livres de rentes annuelles qui seront héréditaires et, outre ce, il y aura 100,000 livres de rentes viagères qui seront distribuées en 594 lots, dont le 1er sera de 3,000 livres de rentes viagères, 2 de 2,000, 5 de 1,000, 36 de 500 livres, 50 de 300, 100 de 200, 300 de 100 et 100 de 50 livres, de manière que celui qui aura le bonheur d'avoir un de ces lots, aura une rente constituée de 5 pour cent de la somme qu'il aura mise à la loterie; « et ceux qui n'auront point été du nombre des heureux pour attraper un des 594 lots seront assurés de ne rien perdre puisqu'ils auront un contrat de constitution de rente héréditaire à raison de cinq pour cent de la somme qu'ils auront hasardée. »

Ces combinaisons toutes nouvelles alléchaient considérablement les Parisiens qui firent des rêves de fortune et prirent des billets avec d'autant plus d'empressement, que la date du tirage fut fixée au mois de décembre suivant.

Mais, le 19 août 1704, un arrêt du conseil d'état avait changé le mécanisme de cette loterie; les cent mille livres de rentes viagères furent divisées en 209 lots au lieu de 594, le 1er lot était élevé à 6,000 livres de rentes et tous les autres augmentés en conséquence, ce qui avait eu pour résultat de jeter la perturbation chez les preneurs de billets.

Le tirage, nous l'avons dit, était indiqué pour le mois de décembre; mais il n'eut pas lieu et, le 30 de ce mois, le conseil d'état rendit un nouvel arrêt par lequel Sa Majesté l'avait prorogé au 1er février 1705.

Un avis portait que si des porteurs de billets venaient à décéder dans l'intervalle, les héritiers se partageraient les rentes viagères qui pourraient échoir à leurs lots.

Enfin, un arrêt du 13 janvier 1706 porta que ceux qui prendraient des billets jouiraient des arrérages des rentes perpétuelles depuis le 1er juillet 1704 et ceux des rentes viagères depuis le 1er janvier 1705.

Janvier passa et la loterie ne se tirait pas; le tirage fut reporté au 1er avril 1705 « afin de donner le temps à ceux qui y voudroient mettre, d'apporter leur argent et à ceux qui y ont mis de faire des vœux pour avoir le gros lot ».

On commençait à trouver le temps long.

« Cela me fait souvenir, dit à ce propos un journaliste du temps, d'un gentilhomme vénitien qui avait fait vœu de donner aux pauvres la moitié de tout ce qu'il gagneroit et ayant un jour gagné dans une loterie un sac plein de noix, il les fit toutes casser, garda le dedans pour lui et donna les coquilles aux pauvres, et depuis ce temps-là, on dit en proverbe : *l'exécution du vœu à la Vénitienne.* »

Enfin, le 15 juillet 1705, la fameuse loterie fut tirée et ce fut un bourgeois appelé Claude Michel Estancelin qui eut le gros lot de six mille livres de rentes viagères, outre le contrat de rente per-

A partir de ce moment, M. Fraguier put se qualifier chevalier de Malte. (Page 60, col. 1.)

pétuelle pour l'intérêt des sommes qu'il avait mises à cette loterie, à raison de cinq pour cent.

« Comme elle a été remplie et tirée avec toute l'exactitude et la fidélité qu'on en pouvoit espérer, il semble que le public souhaite qu'on en établisse une nouvelle sur le même pied. »

En effet, ce bon public n'attendit pas longtemps : le 14 janvier 1706, on enregistra au parlement un édit de décembre 1705, portant établissement de deux loteries royales, l'une desquelles produirait un million 400,000 livres sur le pied de 240,000 billets de dix livres chacun, l'autre produirait un million par un pareil nombre de billets de vingt sols chacun.

C'était une innovation ; on visait cette fois non pas seulement les poches de la bourgeoisie, mais celles du populaire.

« Le roi veut que la moitié soit distribuée en argent comptant aux intéressés en 430 lots dont il y en aura un de 50,000 livres, 2 de 25,000. 4 de 12,500, 8 de 6,000, 16 de 3,000, 32 de 1,500, 64 de 1,000, 128 de 700, 174 de 300 et un de 200.

« A l'égard des 500,000 livres restant, elles étaient converties en 50,000 livres de rentes viagères au denier 10, qui étaient partagées en 370 lots, dont un de 5,000 livres de rentes viagères et nombre d'autres, dont le plus bas était de 250 livres ».

C'était la loterie à vingt sols le billet.

« Quant à l'autre « sur le pied qu'elle est établie, elle durera jusqu'à la fin des siècles, et peut bien être nommée loterie perpétuelle. »

De vives critiques l'accueillirent : les 2,400,000

livres portaient 120,000 livres de rentes perpétuelles à cinq pour cent et étaient distribuées annuellement en douze billets seulement de 10,000 livres de rente perpétuelle chacun. On tirait 3 billets à chaque trimestre et on les remettait dans le sac, ce qui fit dire dans le public que ce serait toujours les mêmes porteurs de billets qui gagneraient.

C'était une grosse affaire que cette loterie, et tous les mémoires de l'époque accusent la préoccupation qu'elle causait dans Paris, où nombre de gens étaient toujours à l'affût des moyens à employer pour s'enrichir vite.

Par décret du conseil d'état du 30 novembre 1706, il fut ordonné que cette loterie se tirerait le 15 janvier 1707. Les lots en rentes viagères avaient été fixés à 370 dont le plus gros était de 5,000 livres de rente et il devait y avoir en outre 430 lots en argent ; l'arrêt du 30 novembre ordonna que les lots en rentes viagères demeureraient tels qu'ils avaient été fixés, mais que les lots en argent seraient élevés au nombre de 1,500, dont le plus fort serait de 50,000 livres.

Le 15 mars 1707, il restait encore bien des billets à placer, le roi rendit un arrêt ordonnant que le reste des numéros se distribuerait chez le sieur Soubeyran, rue Saint-Honoré et chez le sieur Boucot, à l'hôtel de ville jusqu'au 1ᵉʳ mai, et que, passé ce délai, le tirage aurait lieu quand même.

Malgré cette déclaration, elle ne fut tirée que le 12 décembre 1708.

La réformation et la refonte de la monnaie causait un vif mécontentement à Paris, les billets-monnaie circulaient difficilement et il fallut plusieurs arrêts pour qu'on se décidât à leur accorder la confiance qu'ils n'avaient pas inspirée tout d'abord.

Un de ces arrêts daté, d'avril 1705, ordonna qu'après le 5 de ce mois, les louis d'or ne seraient plus reçus à l'hôtel des monnaies que pour douze livres dix sous et les écus pour trois livres huit sous. Quant aux espèces réformées, les louis valaient 14 livres 10 sous et les écus 3 livres 18 sous. Nombre d'autres décisions furent rendues à propos de la valeur de ces monnaies et des papiers destinés à les représenter, ce qui amena une véritable perturbation dans le commerce parisien.

Un autre arrêt, publié en avril, mais daté de février, porta défense très expresse à toute personne de quelque qualité et condition qu'elle fût de se servir d'aucune étoffe de l'Inde, et interdiction absolue aux marchands de Paris d'en vendre ni débiter sous les peines les plus sévères.

Le populaire prit grand plaisir à voir le 2 mai exposer au pilori, pour la troisième fois, un financier appelé La Noue, qui, après avoir été laquais de M. d'Armenonville, avait spéculé et était devenu millionnaire, puis intendant du prince de Condé ; mais dans cette charge, il avait malversé avec tant d'impudence, qu'il fut condamné à neuf ans de galères et à trois expositions au pilori. Dans la nuit qui précéda la dernière exposition, on avait affiché ces vers au pilori :

> De financier, jadis laquais,
> Ainsi la fortune se joue,
> Je vous montre aujourd'hui La Noue.
> Vous verrez bientôt B.....

B..., c'était Bourvalais, un autre financier, qui avait passablement volé ses contemporains, mais c'était chose commune alors. Les nouveaux enrichis recherchaient toutes les jouissances et bien des scandales en résultaient ; en juillet 1705, ce fut un joaillier qui, marchant sur les traces des gens de finance, fit une banqueroute frauduleuse de 400,000 livres : cet honnête négociant, nommé Le Vacher, s'était sauvé en Suisse, mais il fut arrêté à Lausanne et ramené à Paris, où on le condamna à la prison perpétuelle.

Au mois de mars suivant (1706) on enregistra au parlement de Paris, un édit royal portant établissement de contrôleurs des perruques, qui fonctionnèrent à partir du 1ᵉʳ mai. En voici les dispositions : « Les perruquiers ne pourront travailler que sur les coëfes que le Traitant leur vendra qui seront marquées par ses commis. Il y en aura de trois prix différens ; les moindres seront de dix sols pour les peruques au-dessous de dix livres, quarante sols pour les peruques du prix de dix livres jusques à trente, et trois livres dix sols pour les peruques dont le prix sera au-dessus de trente livres. Le Traitant est autorisé de visiter dans les maisons royales, dans celles des princes et grands seigneurs, dans leurs châteaux et dans les maisons et communautez religieuses, pour empêcher qu'on n'y fasse des peruques de contrebande : celles venant des païs étrangers sont pareillement défendues ; le tout sous peine de confiscation, et de grosses amandes, même contre les voituriers qui les apporteront. Les particuliers seront obligez de porter leurs vieilles peruques (s'ils veulent s'en servir) dans les bureaux pour les faire marquer gratis, c'est-à-dire celles qu'ils auront achetées avant le 1ᵉʳ mai 1706, car au mois de mai 1707 toutes les peruques non marquées qui se trouveront sur la tête des particuliers seront déclarées de contrebande et eux condamnez à l'amande. »

L'édit ne dit pas si les contrôleurs de perruques avaient le droit, lorsqu'ils rencontraient par les rues de la ville des gens portant cet appendice chevelu, de les décoiffer et de vérifier s'il était marqué conformément à la loi.

On se demande comment le parlement, qui refusait parfois d'enregistrer certains édits, put gravement accorder sans rire son enregistrement à celui-ci.

Une affaire singulière piqua la curiosité des

Parisiens en 1706 ; une certaine dame Gaudon, veuve Troussebois, marquis de Ris, avait épousé en secondes noces le marquis de Sassy qui était plus jeune qu'elle ; le mariage eut lieu le 9 janvier 1702. L'année suivante, craignant d'être soupçonné d'un crime contre la sûreté de l'État, le marquis se décida à partir en voyage, laissant sa femme à Paris et, le 13 janvier 1704, il écrivit de Normandie à sa femme, puis cessa de donner de ses nouvelles.

Un carme, le père Gérotée, ayant entendu dire par la femme de chambre de la marquise que celle-ci ne serait pas fâchée d'être débarrassée de son mari, rapporta cette conversation et, le 19 mai 1704, des exempts pénétraient chez Mme de Sassy et l'emmenaient à la Bastille, sous l'inculpation d'assassinat de son mari ; les scellés furent apposés sur ses papiers et ses effets, et deux jours plus tard, ses domestiques étaient également envoyés à la Bastille.

M. de Villiers, beau-frère du marquis, avait formé une plainte en règle faisant connaître que messire Nicolas Vauquelin, chevalier, seigneur de Sassy, était disparu à peu près vers la fête des Rois sans qu'on sût où il était, et que de plus, il existait dans la maison de la marquise un enfant de quatre à cinq ans que l'on supposait appartenir au marquis, « bien qu'il n'eût pas d'enfant », et il appelait l'attention de la justice sur tous ces faits.

Dès que le bruit de cette affaire transpira dans le public, elle y causa un profond étonnement et on se demanda comment il se pouvait faire que la justice emprisonnât une femme, parce qu'il avait plu à son mari de voyager depuis trois mois.

Quoi qu'il en soit, la marquise fut transférée de la Bastille au Châtelet et mise au cachot ; elle subit un long interrogatoire par-devant le lieutenant criminel et la malheureuse femme était sur le point d'être condamnée pour meurtre, lorsque son mari lui écrivit ; le Châtelet, rendit le 20 mars 1706, un jugement qui renvoyait des fins de la plainte la marquise de Sassy, et condamnait son beau-frère à 2,000 livres de dommages-intérêts à son profit ; mais ce qui amusa considérablement la cour et la ville, c'est que la sentence qui innocentait l'accusée, statuait à l'égard de l'enfant qui existait dans la maison et que, sans consulter le mari, elle déclara que cet enfant n'appartenait ni au marquis ni à sa femme. Celle-ci écrivit alors à son mari, qui était à Jersey, pour le prier de revenir en toute hâte, mais en arrivant à Paris il fut tellement bouleversé par tout ce qui lui arrivait qu'il en perdit la tête ; cependant, grâces aux bons soins de sa femme, il recouvra suffisamment son esprit pour poursuivre l'annulation du jugement rendu, et un arrêt du parlement infirma la sentence, éleva les dommages-intérêts à 3,000 livres et laissa le marquis de Sassy libre de considérer comme sien l'enfant que la marquise avait prétendu avoir eu de lui avant son mariage.

Pendant longtemps on parla au palais de cette singulière affaire et les quolibets de toute espèce pleuvaient dru comme grêle sur le malheureux marquis, qui finit par devenir à peu près idiot.

Il y eut grand bruit chez les augustins déchaussés ou petits pères de la place des Victoires, en 1706.

Procédant, au mois de mai, à l'élection de leur supérieur, le cardinal de Noailles, archevêque de Paris, leur recommanda un candidat, mais ils s'excusèrent de ne pouvoir le nommer, une bulle du pape excommuniant *ipso facto* tous ceux qui auraient égard à une recommandation dans le choix d'un supérieur, et ils élurent quelqu'un qu'ils préférèrent au postulant.

Mais deux heures plus tard, l'archevêque vexé leur fit signifier la mise en interdit du nouvel élu et de treize de ses électeurs.

Ceux-ci en appelèrent au conseil d'état et, au mois de décembre suivant, un arrêt intervenait qui ordonnait au vicaire-général de l'ordre, d'éloigner de Paris les treize électeurs interdits et lui faisait injonction de faire murer les portes du jardin du monastère qui donnaient sur la rue, de condamner les portes des chapelles et des tribunes donnant également sur la rue, de faire retirer les parquets et les lambris des chambres des religieux, de leur défendre de laisser croître leur barbe, de leur interdire l'usage des matelas, la règle les obligeant à coucher sur la paille, et enfin, de leur défendre de sortir du couvent passé 8 heures du soir.

En un mot, on les rappelait à la stricte observation de la règle de leur ordre, que depuis quelques années ils laissaient volontiers en oubli.

Le 8 janvier 1707, à sept heures un quart du matin, la duchesse de Bourgogne accoucha de nouveau d'un prince, qui fut encore appelé duc de Bretagne, et le surlendemain il y eut, à cette occasion, *Te Deum* dans la métropolitaine de Paris ; le clergé, le chancelier à la tête du conseil, le parlement et les autres cours y assistèrent, et les réjouissances publiques, illuminations, etc., durèrent plusieurs jours.

On sait que Vauban avait présenté à Louis XIV le projet d'une dîme royale repartie équitablement sur les citoyens de toutes classes. Le roi avait reçu fort mal ce novateur et un arrêt du Conseil du 14 février, ordonna que le projet détaillé en un volume, serait saisi et mis au pilori ; ces sortes de spectacles attiraient toujours la foule et le surlendemain, 16, nombre de gens se pressaient autour de l'instrument de supplice pour voir le fameux livre et parmi ceux qui applaudissaient à cet acte émanant de la souveraineté royale, bien peu savaient que le livre était écrit dans l'intérêt du peuple, puisqu'il avait pour but de faire répartir l'impôt aussi bien sur les nobles que sur le populaire.

Nous avons souvent parlé de l'ordre de Malte ou de Saint-Jean-de-Jérusalem dont le grand prieuré était au Temple ; en mars 1707, on reçut dans l'ordre le sieur Fraguier, et le lecteur apprendra peut-être avec intérêt en quoi consistait cette cérémonie de la réception d'un chevalier de Malte : Le prieur, curé du Temple, après quelques prières, bénit l'épée du nouveau chevalier qui était vêtu d'une longue robe. Le plus ancien commandeur, assis dans un fauteuil élevé sur une estrade, lui mit cette épée au côté en prononçant ces mots :

— Je vous ceins cette épée, la mettant à votre côté, au nom de Dieu tout-puissant, de la glorieuse Vierge Marie, de M. saint Jean Baptiste, notre patron, et du glorieux saint Georges, en l'honneur duquel vous recevrez l'ordre de chevalerie.

Ensuite le novice tira son épée, la brandit trois fois en l'honneur de la sainte Trinité, et l'ayant remise dans le fourreau, le commandeur de Bachevilliers l'en retira et, lui en donnant trois coups du plat sur l'épaule, lui dit :

— Frère Fraguier, je vous fais chevalier.

Le chevalier de Thumery de Boissise lui chaussa alors les éperons dorés.

Et, à partir de ce moment, M. Fraguier put se qualifier chevalier de Malte.

Paris s'amusa d'un petit scandale en 1707. Le sieur Lenoir, avocat des dames de Port-Royal-des-Champs, fut arrêté, à la fin du mois de novembre, dans le monastère de ces dames, où il s'était introduit sous des habits de paysan, avec un surtout de grosse toile et des sabots.

Il fut envoyé à la Bastille, et l'abbesse, qu'il allait trouver sous ce déguisement, fut transférée au couvent de la Roquette, au faubourg Saint-Antoine.

Le roi, voulant couper court à la spéculation des billets de monnaie, en fixa l'intérêt à six pour cent, avec défense absolue d'exiger davantage, sous peine des galères.

On enregistra à la cour des monnaies, à Paris, le 18 août 1707, une déclaration du roi, du 9 du même mois, qui ordonnait la fabrication de nouvelles pièces d'argent de 20 sols.

Ces pièces devaient porter la même empreinte que les pièces de dix sols, et être du poids de quatre deniers dix-huit grains trébuchans, au titre de dix deniers de fin à la taille et de trente-neuf pièces et demie au marc.

Le 8 septembre, il y eut un nouveau *Te Deum* chanté à Notre-Dame pour la naissance du prince des Asturies, et le même jour on tira un feu d'artifice, devant l'hôtel de ville, orné d'emblèmes et de devises, à la grande satisfaction des Parisiens, qui eurent toujours un faible pour les spectacles pyrotechniques.

Ils purent encore admirer l'hôtel et les jardins de l'ambassade d'Espagne, le duc d'Albe, ambassadeur, ayant à cette occasion donné une fête qui dura trois jours et trois nuits, et « qui a surpassé l'ordre, la délicatesse et la magnificence de toutes celles qu'on avoit vues à Paris depuis un très grand nombre d'années. Il y avoit plusieurs tables, dont l'une, de 50 couverts, étoit pour les dames du premier rang, les ambassadeurs et les seigneurs de la première distinction ; ces tables furent servies de plus de sept cents plats avec un ordre et une somptuosité inexprimables. Le devant et le dedans de l'hôtel étoient éclairés par une infinité de flambeaux de cire blanche ; le parterre et les compartiments des jardins étoient marquez par l'illumination d'un grand nombre de pots à feu. On avoit élevé des balcons où l'on avoit placé plusieurs bandes de violons et hautbois qui mêloient leur simphonie au son des trompettes et au bruit des timbales et des tambours. »

Nous voyons, en 1707, un magnifique hôtel s'élever dans la rue d'Enfer, sur les dessins et la conduite de l'architecte Le Blond ; ce fut la duchesse de Vendôme qui le fit élever à la place d'une maison appartenant aux chartreux, et qui lui donna son nom ; il fut ensuite habité par le maréchal, duc de Chaulnes, et le duc de Pecquigny, son fils. En 1738, il était occupé par la princesse douairière d'Anhalt-Zerbst qui obtint du roi, en 1759, la permission de faire faire une grille de communication de son jardin, qui était très beau, sur celui du Luxembourg.

Cet hôtel est aujourd'hui occupé par l'école des Mines.

Un riche financier, appelé de La Cour des Chiens, fit aussi construire à grands frais, en 1707, un fastueux hôtel, rue Louis-le-Grand et rue d'Antin, sur les dessins de l'architecte Pierre Levé. La Cour des Chiens fit comme la plupart de ses confrères : il culbuta, et le roi, qui avait pris son hôtel en déduction des sommes qu'il devait, le céda, en 1712, au comte de Toulouse qui le vendit l'année suivante au duc d'Antin ; jusqu'alors on l'avait appelé l'hôtel de travers, en raison de sa position ; on le nomma l'hôtel d'Antin. En 1757, ce fut l'hôtel de Richelieu, le maréchal l'ayant acheté pour le prolonger et y ajouter le pavillon de Hanovre sur le boulevard.

C'était une demeure princière que celle de Richelieu ; les monographies de Paris du XVIIIe siècle en font une pompeuse description. « On y remarque la porte qui est assez belle. L'architecture du grand escalier est du sieur Brunetti et est d'un grand goût ; les figures sont d'Eyssen. On a enrichi la galerie du rez-de-chaussée de tout ce que la sculpture et la menuiserie ont de mieux en trophées, chûtes de fleurs, guirlandes, etc. Le tout doré d'or de plusieurs couleurs. Le salon du premier étage est revêtu de panneaux de vieux laque avec des peintures chinoises, dont les formes, toutes variées et ornées de glaces, offrent

La dîme de Vauban exposée au pilori des Halles, en 1707.
(D'après une estampe du temps).

Le lendemain, une nouvelle troupe de démolisseurs jetèrent une seconde fois à bas le théâtre. (Page 64, col. 2.)

un coup d'œil séduisant. Le jardin a eu aussi ses changements à la mode; on y voit trois statues d'une grande perfection, dont deux sont attribuées à Michel-Ange, qui les avait faites pour le tombeau de Jules II. Ce jardin est terminé par un magnifique salon donnant sur le rempart. »

C'était l'architecte Chevautet qui avait fait exécuter tous ces embellissements, et le pavillon de Hanovre, qui existe encore au coin de la rue Louis-le-Grand, est un échantillon du reste qui fut démoli d'abord pour le percement de la rue d'Antin, puis pour celui de la rue de Port-Mahon, et enfin pour l'avenue de l'Opéra.

Ce fut en 1704, que Étienne Gabriau, écuyer, sieur de Riparfond, passa de vie à trépas; c'était le plus célèbre avocat consultant de son époque, et, avant de mourir, il avait légué à ses confrères, les avocats, une superbe bibliothèque qu'il avait formée, avec des fonds destinés à son entretien.

Cette bibliothèque fut placée dans une galerie du bâtiment de l'avant-cour de l'archevêché de Paris, et l'ouverture s'en fit solennellement, le 5 mai 1708, par une messe que célébra, dans la salle de l'archevêché, le cardinal de Noailles, en présence des avocats du barreau de Paris.

A partir de ce moment, cette bibliothèque fut accessible à tout le monde, et l'on y fit des consultations gratuites en faveur des pauvres.

Elle n'avait alors d'autre bibliothécaire, au dire de Me Frédéric Thomas, « qu'une vieille femme qui filait sa quenouille, assistée d'une jeune fille de dix-sept ans, pour donner les livres aux avocats ».

Il faut dire que les fonds légués par le sieur de Riparfond n'étaient guère suffisants pour l'entretien de la bibliothèque; aussi, un arrêt du parlement, du 31 août 1712, augmenta d'un cinquième la somme de vingt livres qui se payait, pour droit de chapelle, par les officiers, avocats et procureurs, lors de leur réception, et attribua le montant de cette augmentation à l'entretien de la bibliothèque.

De nos jours, un membre de l'Institut en devint conservateur; les temps ont bien changé!

Nous avons déjà relaté les démêlés des comédiens avec les spectacles forains; messieurs de la Comédie française ne cessaient de se plaindre contre les empiètements des gens qui croyaient avoir, comme eux, le droit d'amuser leurs concitoyens en jouant et paradant.

Mais la Comédie française tenait *mordicus* à ses privilèges, et Dieu sait si elle entendait les faire respecter par tous les moyens.

Elle faisait fermer impitoyablement tous les spectacles qui s'ouvraient, et cela un peu malgré le sentiment personnel de M. le lieutenant de police, qui penchait pour la liberté des théâtres.

Avant de raconter ces nouveaux débats, disons d'abord que, depuis quelques années, la censure dramatique était officiellement établie. Le ministre Pontchartrain avait écrit, le 31 mars 1701, à M. d'Argenson, lieutenant général de la police :

« Il est revenu au roi que les comédiens se dérangent beaucoup, que les expressions et les postures indécentes commencent à reprendre vigueur dans leurs représentations, et, qu'en un mot, ils s'écartent de la pureté où le théâtre était parvenu. Sa Majesté m'ordonne de vous écrire de les faire venir, et de leur expliquer de sa part que, s'ils ne se corrigent, sur la moindre plainte qui lui parviendra, Sa Majesté prendra contre eux des mesures qui ne leur seront pas agréables. Sa Majesté veut aussi que vous les avertissiez qu'elle ne veut pas qu'ils représentent aucune pièce nouvelle, qu'ils ne vous l'aient auparavant communiquée, son intention étant qu'ils ne puissent représenter aucune pièce qui ne soit dans la dernière pureté. »

A partir de ce moment la censure dramatique fonctionna — et elle fonctionne encore.

Revenons aux ennuis des comédiens.

Un arrêt du 22 février 1707 avait interdit positivement le dialogue aux bateleurs. Néanmoins, le jour même où l'arrêt était rendu et le lendemain, des contraventions furent signalées par des procès-verbaux dressés contre les forains.

« Expropriés du dialogue, lisons-nous dans les *spectacles forains*, les forains ont recours au monologue, mais à un monologue qui sera réellement un dialogue ; un seul acteur parlera, mais il aura des partenaires qui mimeront leur réplique. Ce genre, pour l'exploitation duquel surgissent des auteurs inventifs, obtient un grand succès. Alors les comédiens adressèrent une requête au lieutenant de police. » Celui-ci fit droit à leurs réclamations, et, par sentence du 9 septembre, il ordonna la fermeture du théâtre et sa démolition, en permettant aux comédiens de faire également démolir tous ceux qui seraient dorénavant construits aux deux foires, avec menace, en cas de récidive, d'infliger 6,000 livres de dommages-intérêts et des dépens.

Les forains en appelèrent au parlement, et prétendirent que ce qu'ils exécutaient, n'était ni des colloques ni des dialogues, mais les comédiens soutinrent le contraire.

Le 21 mars 1708, le parlement donna gain de cause à ceux-ci, mais la foire tirait à sa fin, et les comédiens n'eurent pas le temps de faire exécuter l'arrêt. Nouvel arrêt, l'année suivante, qui confirma les précédents, condamna les contrevenants à payer aux comédiens 1,000 francs, et prononça la démolition définitive des théâtres de la foire.

Les forains battus, mais non disposés à céder, usèrent alors de stratagème ; les Suisses jouissaient en France de privilèges qui leur permettaient de faire valoir leur industrie dans plusieurs professions ; Bertrand et Scelle, les deux principaux directeurs des théâtres forains, s'abouchèrent à deux soldats suisses de la garde du duc d'Orléans et leur firent une vente simulée de leurs spectacles. Les Suisses demandèrent et obtinrent l'autorisation de faire jouer leurs troupes ; mais le jour même de l'ouverture de la foire Saint-Germain, M. d'Argenson la leur retira, et cependant quelles belles affiches ils avaient préparées ! Les voici telles que M. Bonnassies les a retrouvées dans les archives de la Comédie :

PAR PERMISSION DU ROY
ET DE MONSIEUR LE LIEUTENANT GÉNÉRAL DE POLICE

LA TROUPE DE SON ALTESSE ROYALE

MONSEIGNEUR LE DUC D'ORLÉANS

ous avertit qu'elle vous donnera des Divertissemens nouveaux dans le goût italien, par Monologues. L'on changera tous les jours de Divertissemens.

C'est dans la grande loge du sieur Celle, dans le Préau de la foire Saint-Germain.

Le prix ordinaire, la pièce de trente sols neuve, tant au Théâtre que Loges et Parquet, douze sols aux Galleries, cinq sols au Parterre.

L'on commencera à cinq heures.

En tête de cette affiche se trouvaient à gauche les armes du roi, à droite celles du cardinal.

Voici la seconde qui porte seulement les armes du roi en tête :

PAR PERMISSION DU ROY
LA GRANDE TROUPE ÉTRANGÈRE DES DANSEURS DE CORDE ET SAUTEURS, ET AUTRES MENUS PLAISIRS DE LA COUR

e public est averty que le sieur HOLTZ aura dans la loge qui estoit cy devant au sieur Alexandre Bertrand, dans le Préau de la foire Saint-Germain, une Troupe qui n'a point encore parue, et il fera aussi paroistre les sieurs DOLET et LA PLACE, qui ont eu l'honneur de divertir à Compiègne Son Altesse Electorale de BAVIÈRE, et l'avantage qu'ils ont eû plusieurs fois d'attirer vos applaudissemens; ils espèrent vous bien divertir, en changeant tous les jours de divertissemens. Il y aura grand feu partout.

C'est dans la Grande Loge, dans le Préau attenant la Porte de la Treille.

On prendra au Parterre cinq sols, Amphiteâtre et troisième Loge dix sols, Parquet et seconde Loge vingt sols, téâtre et première Loge l'écu courant.

Les deux gardes suisses, poussés par les forains, se pourvurent devant la prévôté de l'hôtel, et furent déboutés de leur opposition; ils s'adressèrent alors au grand conseil qui cassa un arrêt du parlement ordonnant la démolition; mais le parlement rendit de son côté un arrêt qui déboutait les Suisses de leur appel.

Bref, c'était à n'y rien comprendre, mais les forains tenaient toujours bon.

Tout cela devait finir par un éclat.

Le samedi 2 Mars 1709, à huit heures du soir, le spectacle venait de finir et les derniers spectateurs quittaient la loge de Holtz (on appelait loge la baraque qui servait de théâtre) lorsque tout à coup apparurent plusieurs escouades du guet à pied et à cheval qui l'entourèrent; en même temps, s'avancèrent en troupe quarante archers de robe courte, commandés par deux exempts, et accompagnés de deux huissiers porteurs de l'arrêt qui avait ordonné la démolition de la salle de spectacle.

Ensuite venaient Pelletier, le menuisier de la Comédie française, avec plusieurs de ses garçons, munis de haches, de scies, de marteaux.

Il était facile de voir qu'ils venaient, requis par justice, pour mettre l'arrêt à exécution.

En vain les forains voulurent résister; en vain ils allèrent chercher des huissiers qui embrouillèrent l'affaire en verbalisant : le papier timbré alla son train, mais les marteaux et les hâches aussi, et tandis que les uns paraphaient du grimoire basochien, les autres abattaient le théâtre et les loges, cassaient les bancs, rompaient les décorations,

Ils se retirèrent quand tout fut en pièces.

Holtz, Dolet et Laplace ne perdirent par leur temps à gémir sur les débris de leur salle de spectacle : c'étaient des gens d'action; immédiatement ils allèrent querir d'autres menuisiers, dont quelques bouteilles échauffèrent le zèle et le lendemain matin on put voir une nouvelle loge se dresser à la place de celle que les gens de justice avaient fait renverser.

A dix heures on posait les affiches de la représentation du soir.

Qui furent ébahis? les comédiens du roi qui, furieux, allèrent chercher le commissaire Moncrif qui dressa procès verbal.

Le lendemain, une nouvelle troupe d'hommes noirs, d'archers et de démolisseurs se présentèrent à la foire, et jetèrent une seconde fois à bas le théâtre.

Mais comme Holtz et ses compagnons pouvaient être tentés de recommencer encore à se moquer des huissiers en le reconstruisant, douze archers campèrent sur ses ruines pendant plusieurs jours et plusieurs nuits, et comme on était alors en plein hiver de 1709, hiver terrible dont nous allons parler, ces braves archers se chauffèrent avec les morceaux de bois provenant de la salle de spectacle.

L'autre loge, celle de Godard, où jouaient Scelle et sa troupe, avait reçu aussi la visite des gens de justice, mais ceux-ci n'avaient fait que la démolir pour la forme : on avait renversé quelques planches et c'était tout; on supposait que Godard serait moins audacieux que son confrère Holtz et ses associés.

En effet, il ne s'opposa pas au simulacre de destruction qu'on fit, mais concurremment avec Holtz, il attaqua les comédiens coupables de violences criminelles, et ceux-ci, à leur grande stupéfaction, se virent condamner par le grand conseil en 6,000 livres de dommages-intérêts envers les forains et en 300 livres d'amende.

Pas d'argent pas de Suisses, dit-on.

Mais ce n'était pas le cas, les Suisses triomphaient; bien vite ils firent travailler nuit et jour à la reconstruction ou réparation des loges, et huit jours plus tard, les Parisiens enchantés de voir les opprimés vainqueurs, se portèrent en foule à la foire Saint-Germain et applaudirent les acteurs à tout rompre.

Pendant ce temps, les comédiens qui enrageaient ne restaient pas inactifs, ils faisaient retentir le palais de leurs doléances.

Le parlement, le grand conseil, le conseil privé du roi les virent tour à tour implorer leur justice au nom du respect des privilèges.

Jamais on ne vit pareille avalanche de citations, d'assignations, de placets, de requêtes et d'exploits de tous genres.

Les Suisses soutinrent bravement la lutte et continuèrent, malgré vent et marée, à jouer jusqu'à la clôture de la foire.

Mais, malgré le succès inespéré qu'ils avaient obtenu au grand conseil, ils étaient fatalement destinés à être écrasés par des adversaires qui avaient pour eux la protection du roi, et le 17 mars 1710, un an plus tard, un arrêt du conseil privé du roi annula toute la procédure passée, déchargea les comédiens des condamnations prononcées contre eux, ordonna la restitution des 6,300 livres, et condamna les Suisses à tous les dépens.

Cet arrêt-là était définitif; il fallut se soumettre.

D'ailleurs, le 23 juillet suivant, un arrêt du parlement fit de nouveau défense aux danseurs de corde d'y contrevenir et de jouer des comédies par dialogues, monologues, colloques ou autrement.

Les Suisses, la partie perdue, résilièrent leurs traités avec les forains et ceux-ci partirent pour la province.

Nous avons omis de dire que, tandis que tout ceci se passait à la foire Saint-Germain, les forains de la foire Saint-Laurent n'étaient point rassurés, et, dans la crainte d'être poursuivis comme leurs confrères de l'autre côté de l'eau, ils imaginèrent de *jouer à la muette*, c'est-à-dire qu'ils remplaçaient les paroles de leurs rôles par une sorte de galimatias qui n'avait pas de sens, et de façon à ne faire comprendre l'action que par la mimique.

Le chef-d'œuvre de ce genre bizarre intitulé : *les Poussins de Léda* par Lenoble, est une parodie des Tyndarides, la tragédie de Danchet.

Cette façon de déclamer d'un ton tragique, des mots vides de sens, mais ayant la mesure et la cadence des alexandrins, était une manière de se venger des comédiens; elle eut tout d'abord un grand succès; mais comme ce genre de pièces était peu compréhensible, on eut recours à un autre subterfuge. Sur des écriteaux fut imprimée, en grosses lettres, l'explication sommaire de ce qui ne pouvait se traduire par la pantomime, et chaque acteur avait dans sa poche droite un certain nombre d'écriteaux, classés conformément à l'ordre dans lequel se succédaient ces explications graphiques ; il prenait le premier rouleau, le montrait au public, et le mettait dans sa poche gauche, et ainsi de suite, jusqu'à la fin du rôle.

En 1713, les écriteaux descendirent des frises, portés par des enfants costumés en amours, qui étaient suspendus en l'air au moyen d'un contrepoids.

D'autres fois, l'acteur étalait son écriteau, l'orchestre jouait un air, et un compère placé dans la salle chantait le couplet.

Pendant quelque temps, cette nouvelle méthode fit *florès;* les spectateurs répétaient en chœur le couplet, et cela les amusait.

Mais comme les entrepreneurs de spectacle s'ingéniaient toujours à trouver de nouveaux moyens de faire jouer la comédie, sans se mettre en contravention avec les privilèges de messieurs les comédiens, ils imaginèrent de faire dire par les acteurs les mots de la pièce en en changeant seulement la terminaison; et il faut croire que cette manière prévalut, car nous la trouvons encore en usage en 1720. En voici un exemple, tiré de l'*Ile du Lougou* de d'Orneval.

Léandre et Arlequin ont fait naufrage dans une île et les habitants se disposent à les faire manger par le Gougou, crocodile sacré. L'exécution est retardée par l'arrivée de la princesse Tourmentine.

« *L'Eunuque :* Arrêtic! arrêtic! l'infantic Toumentiric désiric parlic à Léandric; le regardic de son balconic, voulic l'empêchic d'estric mangic.

« *Tourmentine à Léandre :* Voulic m'épousic ? »

Léandre fait signe que non.

« *Tourmentine :* Ah! ah! méprisic charmic, insolentic? Seric dévoric... Amenic Crocodilic.

« *Arlequin :* Apaisic coleric ! donnez lui le temps de se reconnaitric, il vous aimera peut-être à la fin.

« *Tourmentine :* Nic voulic attendric.

« *Carabosse :* Regardoc visageoc, désiroc épousoc.

« *Arlequin* : Noc.

« *Carabosse ;* O Ingratoc ! »

La comédie pouvait sans danger tolérer ces parodies; mais gardienne vigilante de ses droits, elle veillait, toute prête à réprimer le plus léger écart dans son domaine.

Il y avait encore une chose qui contrariait beaucoup les comédiens, c'était l'usage du sifflet

Mᵐᵉ de Maintenon traversant Paris, on lui jeta un enfant à demi-mort dans son carrosse. (Page 66, col. 2.)

qui s'était introduit depuis quelque temps à la comédie avec tant de fureur, que les acteurs étaient souvent interrompus « et même contraints quelquefois de quitter une pièce nouvelle dès le troisième acte pour en représenter une des anciennes, selon qu'il plaît aux siffleurs de la demander. On ne se contente pas de siffler les pièces, on va quelquefois jusqu'à siffler les acteurs, quand ils n'ont pas le bonheur de plaire. »

Revenons à l'année 1709, dont l'hiver fut un des plus rigoureux qui eussent sévi à Paris. Le froid commença à dans la nuit du 6 janvier, et il devint immédiatement si violent, que plusieurs personnes en moururent. Le 14, il y eut à Paris 21 degrés 2 dixièmes de froid. Dès ce jour, l'Opéra, les théâtres, les tribunaux, les jeux se fermèrent. *Turcaret* fut arrêté à sa neuvième représentation. Les bals, les réunions, les plaisirs cessèrent; on n'avait plus qu'une seule préoccupation, se préserver du froid.

Le 30 avril, le dauphin, la duchesse de Bourgogne et le roi d'Angleterre se rendirent un soir à l'Opéra qui avait repris le cours de ses repré-

sentations. Plus de quarante mille personnes, des femmes principalement, s'amassèrent sur leur chemin, entourèrent le carrosse, demandant du pain et montrant celui qu'elles étaient réduites à manger.

C'était ce qu'on appelait du pain de disette ; il était fait avec de l'orge ; d'autre était fabriqué avec des fougères triturées et réduites en pâte, ou avec de l'asphodèle, de la racine d'arum, du chiendent, du choux-navet.

Mᵐᵉ de Maintenon écrivait : « Je mange du pain d'avoine, ce ménagement n'est pas considérable, mais cela épargne du froment. »

« S'il ne vient de plus grands secours, lisait-on sur un placard affiché à Paris par le comité de charité, il faut que le tiers de ces peuples-là périsse. Il est impossible de les voir sans pleurer de compassion ! »

Un concert d'imprécations s'éleva jusqu'au trône qui en fut ébranlé.

« Beaucoup de gens, dit Saint-Simon, crurent que ces Messieurs des finances avoient saisi cette occasion de s'emparer des blés par des émissaires répandus dans le royaume pour les vendre ensuite au prix qu'ils y voudroient mettre au profit du roi, sans oublier le leur ».

Ce n'était que le cri aveugle d'une absurde calomnie. Loin de songer à affamer son peuple, Louis XIV témoigna la plus vive sollicitude pour les malheurs publics. Ordre fut donné à tous les citoyens de déclarer leurs subsistances. Des primes furent offertes à l'importation des grains et la peine de mort édictée contre les accapareurs.

Voici ce que rapporte Félibien, à propos de ce terrible hiver :

« L'année 1709 sera toujours mémorable par le rigoureux hyver qu'on y éprouva non seulement à Paris et dans tout le reste de l'Europe, et qui fut suivi d'une disette qui donna beaucoup d'exercice au zèle et à l'attention des magistrats et aux soins prévoyants des puissances supérieures. On commença par les remèdes spirituels, et à cette fin, pour calmer la colère du ciel, le cardinal de Noailles, par son mandement du 10 may, ordonna un jeûne public et de précepte pour le mercredi 15 du mesme mois, avec des processions particulières dans toutes les églises : et que le jeudi 16, à six heures précises du matin, toutes se rendissent à l'église cathédrale avec leurs châsses et reliques, pour aller de là, à Sainte-Geneviève et en ramener à Notre-Dame les châsses de cette sainte patronne de Paris et de Saint Marcel. Le soin de ménager les espèces devenues rares, et la nécessité de faire trouver du soulagement aux pauvres engagea le parlement à renouveler par son arrest du 7 juin, ce qui s'estoit déjà pratiqué en 1436 et 1437 et d'ordonner qu'au lieu des différentes espèces de pain qui se vendoient dans les marchez et les boutiques, dont les principales estoient le pain mollet, le blanc, le bis-blanc et le bis, les boulangers ne feroient plus que deux sortes de pain ; dont la première seroit composée de la pure fleur de farine, de moitié de la farine blanche d'après la fleur et de moitié des fins gruaux et la seconde seroit composée de moitié de la farine blanche d'après la fleur, de moitié des fins gruaux et de tous les gros gruaux avec les recoupes. Nonobstant cette ordonnance, quantité de boulangers dédaignèrent de faire du pain bis et en exposèrent beaucoup de mollet. Par sentence de police du 22 juin, tout le pain fait en contravention fut confisqué au profit des hôpitaux et des maisons religieuses ; une autre sentence du 28, condamna à l'amende des regrattiers qui avoient acheté du pain pour le revendre.

« Le roy, de son costé, par une déclaration du 6 aoust registrée au parlement le 12, donna des ordres pour purger la ville de l'inondation des mandians, en faisant travailler les valides aux ateliers publics.

« Par deux autres déclarations du 3 septembre, registrées le 7, et du 22 octobre et vérifiées au parlement le 25, il pourvut à la subsistance des pauvres de l'hospital général de l'hostel Dieu et des paroisses de Paris. Et pour faciliter l'achat des bleds nécessaires pour la ville, il ordonna, par autre déclaration du 29 octobre registrée au parlement le 13 novembre, qu'il seroit levé un dixième d'augmentation sur tous les droits qui se percevoient à Paris. Il y avoit alors à l'hostel Dieu 4,500 malades, et la grande multitude de gens attaqués du scorbut avoit obligé d'ouvrir de nouveau l'hospital Saint-Louis pour les y placer. Avec cela, les bleds, les vins, la viande et toutes les autres denrées estoient d'une cherté excessive et l'hostel Dieu estoit déjà endetté de plus de trois cent mille livres. Cependant, la charité de ses administrateurs n'estoit point rebutée, mais leur dernier remède fut d'obtenir du roy la permission de vendre des immeubles de l'hostel Dieu jusqu'à la concurrence de huit cent mille livres ; ce qui leur fut accordé par lettres patentes du mois de novembre, registrées au parlement le 11 décembre. »

Un jour que madame de Maintenon traversait Paris en voiture, on lui jeta un enfant demi-mort dans son carrosse.

Louis XIV envoya toute sa vaisselle à la Monnaie, aucun prince ne garda la sienne et comme toujours, les grands seigneurs imitèrent les princes.

Il devint aussi honorable de manger avec des cuillers d'étain et des fourchettes de fer qu'avec des couverts d'argent ; les bijoux furent mis en gage ; on se retourna de toutes les façons pour se procurer de l'argent afin de venir au secours des pauvres dont la voix commencait à devenir menaçante. Le prévot des marchands et les échevins avaient employé trente mille bras à aplanir le rempart du côté de la porte Saint-Denis, l'autorité faisait de son mieux pour venir au secours de ceux qui souffraient ; mais un jour (le 6 août), qu'un retard s'était produit dans l'heure de la distribution du pain aux indigents, ceux-ci se fâchèrent et se mirent à piller la maison du fournisseur.

Puis, se répandant dans divers quartiers, ils enlevèrent tout ce qu'ils purent trouver chez les marchands de comestibles, boulangers, pâtissiers, et se dirigèrent ensuite vers l'hôtel de M. d'Argenson, lieutenant général de police, avec l'intention bien arrêtée de pendre ce fonctionnaire à la porte de son hôtel.

Celui-ci prévenu à temps, se mit en devoir de s'opposer à cette manifestation du mécontement public, et rassemblant à la hâte tout ce qu'il put trouver de force militaire à Paris, il tint bravement tête à la sédition.

Elle eut eu peut-être des suites graves, si le chevalier de Boufflers n'eût été à pied haranguer avec l'éloquence du cœur, cette foule désespérée.

Le mêmejour, le carrosse de madame de Maintenon faillit être renversé par les mutins dans le faubourg Saint-Antoine.

Le 20 août, les boulangers et les pâtissiers furent de nouveau pillés; les mousquetaires et les gardes françaises chargèrent la foule qui se défendit avec énergie : les malheureux qui souffraient la faim se battaient en gens qui ne craignent pas la mort; la lutte continua depuis sept heures du matin jusqu'à deux heures de l'après-midi.

Mais naturellement, force resta à l'autorité.

L'année rigoureuse 1709 vit périr à Paris 29,288 personnes.

L'année suivante (1710) le pont de bois qui joignait l'île Notre-Dame à celle du palais fut fort endommagé par les fortes eaux de la Seine, et on fut obligé de le détruire complètement pour le rebâtir en 1717.

Un arrêt du parlement du 31 août 1709, reconnut encore au bourreau de Paris le droit de demeurer dans la maison du pilori et de louer à son profit les échoppes qu'il lui plaisait faire bâtir autour de cette demeure.

Le 10 juin 1710, le roi signa des lettres patentes qui maintenaient l'hôpital général, ceux des Enfants-Trouvés, du Saint-Esprit et autres de la même direction, dans leurs privilèges et exemptions, et l'année suivante, c'est-à-dire en août 1711, il donna un édit qui portait suppression de la juridiction de la panneterie, et les termes de cet édit indiquent la raison qui le provoqua.

Par arrêts antérieurs, le roi avait ordonné en faveur de plusieurs marchands, artisans et gens de métier qui étaient établis dans les faubourgs de Paris, leur réunion aux corps et communautés des mêmes professions. Seuls, les boulangers « n'avoient point joüy de cette grace » par l'effet de l'opposition du comte de Cossé, grand pannetier de France « à cause du dommage qu'il auroit souffert par la suppression qui devoit s'ensuivre de la juridiction de la paneterie dépendante de son office.

Le roi ordonna donc que « tous les boulangers qui sont présentement establis dans les dits fauxbourgs de Paris, à la réserve de celuy de Saint-Antoine et autres lieux privilègiez ou prétendus tels, soient réunis à ceux de la ville, pour ne composer à l'avenir qu'une seule et mesme communauté, sous la juridiction du lieutenant général de la police, laquelle sera régie suivant les statuts que nous leur accorderons, à la charge de payer, par chacun des dits boulangers, sçavoir 220 livres par ceux qui justifieront de leurs lettres de maîtrise dans les fauxbourgs Saint-Germain, Saint Michel, Saint-Jacques, Saint-Marcel, Saint-Victor et autres, 330 livres par chacun des compagnons et apprentifs qui justifieront du temps et de leurs brevets d'apprentissage bien et dûment accompli, soit chez les maistres des dits fauxbourgs, soit chez ceux de la ville et 440 livres pour chacun des autres maîtres qui seront reçus sans qualité, sans préjudice des droits particuliers établis par les édits de 1691, 1694 et autres. »

Moyennant l'acquittement de ces sommes, les boulangers se trouvaient investis du droit de pouvoir s'établir en tel lieu de la ville et des faubourgs que bon leur semblait.

Le parlement enregistra cet édit le 7 septembre 1711.

Et à partir de ce jour, la boulangerie de Paris se trouva affranchie de la juridiction de la grande paneterie.

En 1710, fut fondée une nouvelle Académie qui fut de courte durée. Melle d'Ormilly, considérant qu'il existait à Paris des Académies des sciences, des langues, de musique et de peinture, et que l'amour seul n'avait pas d'Académie, résolut d'en fonder une en son honneur et s'occupa immédiatement avec l'aide de son frère, de deux autres demoiselles de qualité et de trois gentilshommes, à dresser les statuts et règlements de l'association qui fut installée dans sa maison de la rue Garancière; on la nomma l'Académie galante; mais il faut croire que la galanterie y affectait des dehors qui éveillèrent l'attention de la police, car un beau jour un exempt s'y présenta pour la faire fermer.

On jeta en 1710, un petit pont de pierre, dit pont d'Antin, sur l'égout qui se trouvait alors où est aujourd'hui le rond point des Champs-Élysées.

En 1711, une déclaration du roi fut donnée en faveur des étudiants en médecine qui suivaient les cours de la faculté et qui, en cette qualité, pouvaient être reçus dans toutes les autres universités du royaume.

Le 28 du mois de juin 1712, il tomba dans la rue Mazarine six à sept toises d'entablement d'une maison faisant l'encoignure de cette rue et de celle Dauphine, appartenant à M. Ravière conseiller au parlement : trois personnes furent tuées par cette chute et une femme eut les deux jambes brisées. Cet événement résultait de ce que la maison étant construite en pans de bois, l'entablement du pilastre n'avait pu faire liaison avec. Ce fut pour éviter le retour de semblables accidents, qu'un règlement émanant de François Jomard, architecte du roi, architecte de ses bâtiments, fut obligatoire pour la construction des bâtiments et que des jurés et maîtres furent commis pour faire chaque mois la visite des bâtiments, sous peine d'interdiction, contre les maîtres maçons qui ne se soumettraient pas à ces visites, de leurs travaux et « telle peine qu'il appartiendra contre les compagnons ».

En 1712, Louis XIV fit construire l'hôtel de l'Académie royale de musique dans la rue Saint-Nicaise. Cet hôtel était le chef-lieu de l'ad ministration; il renfermait un théâtre pour les répétitions; là se trouvaient la bibliothèque, le bureau de copies et les ateliers. On le désignait généralement sous le nom du Magasin. En 1790, cet hôtel devint propriété nationale, et en 1802, il fut démoli pour livrer son emplacement à la galerie septentrionale du Louvre.

Le 14 mai 1713, « le roi s'étant fait représenter en son conseil, le plan du quartier de Gaillon, que les prévôt des marchands et échevins de Paris on fait lever de nouveau, en conséquence des ordres de Sa Majesté; ouï le rapport du sieur Desmarets, conseiller ordinaire au conseil royal, Sa Majesté a ordonné et ordonne que la rue Saint-Augustin sera continuée depuis le carrefour Gaillon, à prendre de l'encoignure de la basse-cour de l'ancien hôtel de Gaillon, à celle de face du portail dudit hôtel et en retour, jusqu'à la rencontre de la rue Louis-le-Grand, et d'une autre rue qui sera formée en face du portail du dit hôtel jusqu'à la rue Neuve-des-Petits-Champs. »

Cette rue fut nommée rue d'Antin : elle fut prolongée, en 1840, sur les terrains appartenant à M. Crapez et provenant de l'ancien hôtel de Richelieu.

Deux rues furent aussi ouvertes en 1715, sur l'enclos de l'abbaye de Saint-Germain-des-Prés, par les soins du cardinal de Bissy, alors abbé : la rue Childebert, et la petite rue Sainte-Marguerite, dont le nom fut changé, en 1807, en celui d'Erfurth, en souvenir de la célèbre capitulation conclue le 16 octobre 1806. La rue Childebert fut coupée en deux, en 1852, par la rue Bonaparte. Le boulevard Saint-Germain l'a fait disparaître.

Il y a bien longtemps que nous n'avons entretenu nos lecteurs des basochiens; nous trouvons, à la date du 7 septembre 1713, un arrêt du parlement concernant les officiers de la basoche qui furent maintenus dans la possession du droit de vérifier le temps des dix années de palais, que devaient avoir ceux qui se présentaient pour être admis aux charges de procureur en la cour.

« Maintient et garde pareillement les dits officiers de la bazoche, dans le droit de profession de percevoir sur chacun desdits récipiendaires, quinze livres pour le droit de chapelle, lorsque le certificat du temps de palais leur sera délivré; fait deffenses aux dits officiers de la bazoche de recevoir ni exiger plus grand droit des élèves même des récipiendaires, soit pour droits d'entrée et de sortie, soit en argent, jetons, repas ou autres choses, en quelque sorte et manière que ce soit, sous peine, pour la première fois, d'être interdits pour six mois de la fonction qu'ils pourroient exercer en la bazoche, et de 500 livres d'amende, et, en cas de récidive, d'être privés de ladite fonction pour toujours, et mille livres d'amende ».

Ce fut le 22 mai 1713, qu'on publia à son de trompe sur les principales places de Paris, le traité de paix conclu entre la France, l'Angleterre, la Savoie, le Portugal, la Prusse et la Hollande.

« Messieurs du Châtelet et le corps de ville accompagné du roi d'armes et des hérauts avec leurs habits de cérémonie, des trompettes, des timbales et des tambours de la ville, annoncèrent partout cette agréable nouvelle aux peuples de la capitale et du royaume. Le même jour on alluma des feux particuliers devant toutes les maisons. »

Le 25, jour de l'Ascension, le cardinal de Noailles officia au *Te Deum* qui fut chanté dans l'église métropolitaine de Paris où se trouvèrent le chancelier de France à la tête du conseil, le parlement, la chambre des comptes, la cour des aides, la cour des monnaies, l'université et le corps de ville.

Le soir, il y eut grand feu d'artifice devant l'hôtel de ville et un repas magnifique où « un grand nombre de personnes de la première distinction furent invitées. M. l'électeur de Bavière et M. le prince Ragotzki furent de ce nombre. On jeta, tant devant l'hôtel de ville que devant les palais et les hôtels des princes et des autres personnes de caractère distingué, des sommes considérables pour être au pillage des peuples : Il y avoit à Paris ce jour-là, sans le secours de la Samaritaine, un grand nombre de fontaines qui sembloient avoir renouvelé le miracle des noces de Cana puis qu'au lieu d'eau, on ne voyoit que des ruisseaux de vin ».

Tous les ivrognes s'en donnèrent à cœur joie et ce fut en titubant que plus d'un Parisien rentra à son logis en criant vive le roy et vive la paix, dans les rues illuminées.

Outre les réjouissances publiques qui furent faites à Paris et les fêtes qu'on donna à l'hôtel de ville, chez les princes, les ministres et les principaux seigneurs à l'occasion de cette fameuse paix d'Utrecht, qui comblait de joie tous ceux qui depuis si longtemps souffraient des maux de la guerre, le roi fit organiser le 26 juin dans le jardin des Tuileries, sur un théâtre qui fut élevé au pied du pavillon de l'Horloge « un beau concert de toute sorte d'instrumens, mélez des plus belles voix de l'Opéra et de Paris. S. A. E. de Bavière et M. le prince Ragotzi étoient placez sur le balcon au dessus du théâtre.

« Il y avoit un grand nombre de personnes de la première distinction qui remplissoient les galeries, les deux perons qui sont aux deux côtez du pavillon, de même que le parterre du jardin. Ce divertissement commença à neuf heures et ne finit qu'à minuit. Il fut suivi d'une superbe collation qu'on servit sur plusieurs tables pour les princes, princesses, ambassadeurs et autres personnes qui avoient eu l'entrée du Louvre. »

Le convoi du roi Louis XIV, traversant Paris, laissa la population indifférente.

Une foule considérable de curieux s'était posée sur le passage du cortège nuptial. (Page 69, col. 2.)

Par arrêt du conseil d'État du 4 juillet 1713, le roi ordonna qu'il serait fabriqué par la monnaie de Paris des pièces de quarante-huit sols jusqu'à concurrence de 50,000 marcs, à la taille de dix-neuf pièces et trois quarts au marc.

Des pluies continuelles signalèrent les mois de juillet et d'août ; la Seine s'accrut considérablement et le coche d'eau qui faisait le service de Paris à Sens sombra, noyant une vingtaine de personnes et endommageant de nombreuses marchandises.

Un mariage fit grand bruit à Paris en cette année, bien que les époux n'appartinssent pas au monde de la cour.

Un brave jardinier appelé l'Archer, âgé de cent trois ans, épousa au mois de juillet à l'église de Saint-Hippolyte, faubourg Saint-Marceau, une femme âgée de soixante-seize ans. Une foule considérable de curieux s'était posée sur le passage du cortège nuptial et de chaleureux vivats accueillirent les époux à leur entrée et à leur sortie de l'église.

Ce ne fut pas par des vivats qu'on accueillit quelque temps après une sorte de monstre, qui parut dans la rue Saint-Honoré et dont toutes les femmes se sauvaient en se signant. Cependant des archers s'approchèrent de lui et s'en saisirent. Ce monstre était tout simplement un galant personnage qu'un teinturier de la rue Saint-Honoré avait surpris chez lui, en conversation criminelle avec sa femme ; aidé par deux de ses ouvriers, il avait complètement déshabillé le séducteur et après l'avoir teint en vert foncé, il l'avait jeté dehors sans vêtement aucun.

Les mémoires du temps portent que cette aventure fit quelque bruit dans Paris, vu la qualité du personnage passé au vert.

Un arrêt du conseil d'état, du 30 septembre, diminua la valeur des pièces d'or et d'argent et ordonna en conséquence : qu'à partir du 1er décembre 1713, le louis d'or de 20 livres n'aurait plus cours que pour 19 livres 10 sols, les écus de 5 livres que pour 4 livres 17 sols 6 deniers, les doubles, demis, quarts, dixièmes et vingtièmes furent réduits dans la même proportion.

De plus, qu'au 1er février 1714, les louis d'or seraient encore diminués de 10 sols, les écus de 2 sols 6 deniers.

Qu'au 1er avril, pareille diminution serait de nouveau opérée ainsi qu'au 1er juin ; qu'à cette époque, les pièces de 30 deniers, ne vaudraient que 2 sols, les pièces de 18 deniers n'en vaudraient plus que 15, et celles de 15, 12.

La diminution ne s'arrêta pas là ; il fut encore ordonné qu'au 1er septembre 1714 les louis d'or ne seraient plus reçus que pour 17 livres, les écus pour 4 livres 5 sols ; qu'au 1er décembre, les louis diminueraient à nouveau de 20 sols par pièce, et les écus, de 5 sols.

En 1715, le 1er mars, pareille diminution de 20 sols pour les louis et 5 sols pour les écus.

Au 1er Juin de la même année encore pareille diminution ; de façon que les louis se trouvaient réduits à 14 livres, les écus à 3 livres 10 sous et la monnaie divisionnaire dans la même proportion.

On juge si ces diminutions multiples, outre qu'elles causaient une perte réelle aux détenteurs des pièces d'or et d'argent, amenèrent du désordre dans les transactions commerciales, en raison de la multiplicité des époques où les réductions partielles devaient s'opérer.

Au reste les finances étaient dans un déplorable état.

Le roi en envoyant sa vaisselle d'or et d'argent à la monnaie et en acceptant, pour la faire fondre, celle qu'on lui offrit, afin de venir au secours des misères amenées par le terrible hiver de 1709, n'avait fait que montrer l'état précaire de ses ressources, et la fonte de toutes les matières précieuses, n'avait produit qu'une somme de trois millions.

L'établissement d'un impôt du dixième des revenus ordonné en 1710, excita de vifs murmures à Paris. Louis XIV avait longtemps résisté à l'adoption de cette mesure ; mais le jésuite Le Tellier son confesseur, pour vaincre ses scrupules, lui avait dit : que le roi était le vrai propriétaire et le maître de tous les biens de ses sujets.

— Vous me soulagez beaucoup, répondit le roi, me voilà tranquille.

Et l'édit fut publié.

Paris était inquiet.

Le dauphin, fils unique du roi, était mort le 14 avril 1711.

Le duc de Bourgogne, devenu dauphin, était mort aussi le 18 février 1712, n'ayant survécu que six jours à sa femme décédée le 12.

Enfin, trois semaines plus tard, ça avait été le duc de Bretagne, l'aîné des fils du duc de Bourgogne, qui les avait suivis au tombeau.

Paris avait vu le même char funèbre renfermer le père, la mère et l'enfant ; le duc d'Anjou (Louis XV) avait été à deux doigts de la mort.

On se demandait ce que signifiaient toutes ces morts et on disait hautement que le poison n'y avait pas été étranger et on accusait tout haut le duc d'Orléans, depuis régent. Un moment même, celui-ci averti de ce qui se passait, crut devoir demander au roi de lui permettre de se constituer prisonnier jusqu'à ce que la calomnie fût démontrée et détruite.

L'affaire en resta là, mais les soupçons subsistèrent.

Un cordelier nommé Augustin Le Marchand, apostat devenu soldat, déserta et fut arrêté à Bressuire, puis conduit à Paris, où le lieutenant de police le fit conduire à la Bastille ; chargé seul de l'interroger, ce magistrat trouva dans un sac que le moine portait avec lui, dix paquets d'arsenic, et d'une correspondance saisie sur lui, on inféra qu'il était l'agent de la maison d'Autriche, chargé d'empoisonner divers personnages. Ce cordelier, après trois mois de détention à la Bastille, fut transféré en Espagne.

Le 16 octobre 1713, il se tint au palais archiépiscopal, une assemblée de plusieurs prélats du royaume, à propos des discussions religieuses soulevées à l'occasion d'un livre janséniste du P. Quesnel et pour l'examen de la fameuse bulle *Unigenitus*.

Après l'examen, il fut convenu qu'une seconde assemblée se tiendrait dans la salle des Augustins, lieu ordinaire des réunions du clergé ; la bulle y fut acceptée le 23 janvier 1714 et enregistrée en Sorbonne le 5 mars suivant.

Nous avons vu plus haut un édit diminuer la valeur des monnaies ; au mois de décembre il en fut signé un second, enregistré au parlement le 1er janvier 1714, et portant réduction des rentes de l'hôtel de ville de Paris. Les rentiers furent tenus d'échanger leurs titres de rentes pour de nouveaux de moindre valeur, et cette mesure souleva de nombreuses réclamations de la part des intéressés.

Le 19 avril 1714, on publia à Paris avec la solennité accoutumée, un traité de paix conclu entre le roi et l'empereur ; le 22 du même mois un *Te Deum* fut chanté à Notre-Dame en présence des cours souveraines, et le lendemain 23, le cardinal de Noailles célébra la première messe sur le magnifique autel que Louis XIV avait fait élever dans le chœur de la cathédrale, en exécution du vœu de Louis XIII, ce prince étant mort sans l'exécuter. Une fondation de 6,000 livres fut créée à cet effet par l'archevêque, et le revenu de cette somme fut employé à célébrer à l'intention du roi une messe solennelle chaque année à pareil jour.

Le duc de Berry, petit-fils de Louis XIV, mourut le 4 mai, à 4 heures du matin, au château de Marly, et son corps fut apporté à Paris et exposé sur un lit de parade au château des Tuileries, en attendant qu'on eût disposé l'appareil funèbre pour le conduire à Saint-Denis.

Le duc d'Orléans, premier prince du sang, alla jeter de l'eau bénite sur le corps, ainsi que les autres princes et princesses et les principaux personnages de l'État. C'était le grand maître des cérémonies qui les recevait à l'entrée du palais et qui les conduisait dans l'appartement où le corps était exposé.

Le parlement et les autres cours s'y rendirent ensuite et le 16 mai, le duc de Bourbon, désigné par le roi pour mener le deuil, accompagné du duc de la Trémouille, premier gentilhomme de la chambre, se rendit au palais des Tuileries et le corps de M. le duc de Berry ayant été placé sur un char funèbre, fut conduit à Saint-Denis, avec les cérémonies accoutumées.

De toute la famille royale, il ne restait plus qu'un faible rejeton qu'on n'espérait guère conserver et le 2 août 1714, le roi prit des dispositions qui appelaient à lui succéder à la couronne les princes légitimés et leurs descendants, à défaut des princes du sang. Cet édit fut enregistré au Parlement le 2 juillet, en présence du duc d'Enghien, du prince de Conti, du duc du Maine, du comte de Toulouse et de dix-neuf ducs et pairs.

Le 21 mai, le baron de Péronne, ambassadeur ordinaire du roi de Sicile, fit son entrée publique à Paris ; le maréchal de Montesquiou et le baron de Breteuil, introducteur des ambassadeurs, allèrent le prendre, dans un des carrosses du roi, au monastère de Picpus, et le conduisirent à son hôtel.

« Le cortège étoit presque tout composé de ceux des princes et princesses de la maison de France. Ceux de M. de Breteuil et du maréchal de Montesquiou commençoient la marche, l'écuyer et les pages de l'ambassadeur suivoient à cheval et les gens de sa livrée à pied ; le carosse du roi étoit suivi de celui de Madame, de ceux du duc d'Orléans et de Madame d'Orléans ; venoient après ceux de Mesdames la princesse de Condé, de la duchesse de Bourbon, douairière, etc. Le carosse du marquis de Torcy, secrétaire d'État pour les affaires étrangères, marchoit après.

« On laissa une distance d'environ cinquante pas dans laquelle marchoient ensuite les carrosses de l'ambassadeur de Sicile, remplis de ses officiers ou gentilhommes de sa nation. Étant arrivé dans son hôtel, il fut complimenté de la part du roi par le duc de la Trémouille, de la part de Madame par le marquis de Mortagne ; de celle de M. le duc et Madame la duchesse d'Orléans, par le marquis d'Armentières et de Saint-Pierre, premiers écuyers de leurs altesses royales.

Le prince de Lambesc, grand écuyer de France, et Monsieur de Breteuil allèrent le 24 prendre l'ambassadeur à son hôtel, dans le carrosse du roi et le conduisirent à Versailles.

Le 27, ce furent MM. Buys et Goflinge, ambassadeurs extraordinaires des États généraux des Provinces-Unies qui firent leur entrée publique à Paris, avec les mêmes cérémonies, les mêmes honneurs et le même cortège.

Ajoutons qu'ils inaugurèrent le magnifique carrosse que le roi avait fait faire pour servir aux entrées publiques des représentants des puissances. « Il n'a qu'un fonds à sept glaces recouvert partout de bronze doré, les carreaux se joignent et se démontent à vis, l'écusson à chaque portière est soutenu par deux figures d'anges, tout est de bronze doré, relevé en bosse sur un fonds bleu, et au lieu de pomettes sur les coins de l'impériale, on y a mis des fleurs de lis de bronze doré. Le dedans est en brocard cramoisi, parsemé de fleurs de lis d'or, le tout orné de franges d'or. »

Le roi, désireux de protéger l'industrie des manufactures françaises, défendit, par édit du 11 juin 1714, l'usage des étoffes de l'Inde, de la Chine, etc. Très expresses inhibitions et défenses furent faites à toutes personnes, non seulement de vendre, mais « de porter, s'habiller, employer ou faire employer en meubles, habits et vêtements, soit dedans, soit dehors leurs maisons aucunes étoffes de soye pures ou mêlées d'or et d'argent, d'écorces d'arbres, laine, fil ou coton, etc., provenant des Indes, de la Chine ou du Levant, à l'exception des mousselines et toiles de cotton blanches, apportées par la compagnie des Indes. »

En juin, le roi rendit aussi un édit (enregistré au Parlement le 23), portant établissement d'une nouvelle loterie sous forme de tontine, au capital de 10,000,000. « On distribuera 10,000 billets de 1,000 livres chacun. » Les femmes mariées furent autorisées à prendre ou acquérir des actions dans cette loterie, sans avoir besoin de la permission de leurs maris.

Il fut aussi stipulé que tous les gens qui avaient en mains des billets d'emprunt de l'État pourraient les écouler par le moyen de cette loterie, en payant les actions un quart en argent et les trois quarts en billets. Une quantité de lots en numéraire et en rentes viagères furent offerts aux numéros gagnants, et l'appât du gain fit qu'à Paris, les actions se souscrivirent vite.

Le 29 août, on enregistra au Parlement un édit du roi portant dépôt de son testament. Cet édit fut présenté au Parlement par l'avocat général Joly de Fleury, qui fit à ce sujet un discours; puis les gens du roi se retirèrent ensuite, laissant sur le tapis le testament; après quoi, la cour délibéra sur les précautions à prendre pour conserver en lieu sûr ce précieux acte, qui dut être placé au greffe, dans une armoire de fer fermée de trois clefs.

Le lendemain, toutes les chambres furent encore assemblées pour entendre un rapport fait par le premier président, sur la confiance que le roi avait montrée en son Parlement, en lui confiant le dépôt et la garde de son testament.

Enfin, le 5 décembre, le Parlement enregistra encore un édit portant création de vingt nouvelles charges de conseillers du roi, agents de change, banque, commerce et finance, dans la ville de Paris. Les premiers agents de change avaient été institués en août 1705, au nombre de quarante. Outre plusieurs privilèges attachés à ces nouvelles charges, « S. M. attribue mille livres de gages effectifs à chacun des vingt nouveaux offices en payant vingt mille livres de finance au trésor royal, et déclare que ceux qui les exerceront ne dérogeront point à la noblesse et que ces charges seront compatibles avec celles de conseiller secrétaire du roi. »

L'arrivée à Paris d'un ambassadeur de Perse fut un événement pour les Parisiens.

Le 28 janvier 1715, le baron de Breteuil « suivi de plusieurs carrosses et de beaucoup de gens à cheval, » se rendit à Charenton, où était l'ambassadeur depuis l'avant-veille, afin de le complimenter au nom du roi, et le 7 février, il fit son entrée dans la capitale, au milieu d'une foule énorme attirée par la curiosité du spectacle. Ce jour-là, le baron de Breteuil alla le prendre à Charenton, dans le carrosse dont nous avons parlé; nombre de voitures occupées par les princes et princesses de la maison royale suivaient.

Parvenus au faubourg Saint-Antoine, l'ambassadeur et son compagnon mirent pied à terre et descendirent dans la maison du sieur Titon.

Or, lorsque M. de Breteuil avait été trouver le Persan à Charenton, celui-ci l'avait reçu assis à l'orientale, et l'introducteur avait été assez mortifié; il eut soin, la seconde fois qu'il se trouva en sa présence, de lui recommander par l'intermédiaire de l'interprète, de se lever lorsque le maréchal de Matignon, envoyé par le roi, viendrait le prendre, un maréchal de France ayant droit à la plus haute considération.

Mais le Persan s'y refusa absolument, en déclarant qu'il ne se lèverait pas, attendu qu'après la personne du roi, il considérait les autres comme des esclaves.

— Êtes-vous donc le roi de Perse? lui demanda alors l'introducteur.

— Non, je ne suis qu'un de ses moindres esclaves.

— Eh bien donc, morbleu! esclave pour esclave, rendez donc, en qualité d'esclave du roi de Perse, à l'esclave du roi mon maître, les honneurs qu'on vous rend ici.

L'argument était sans réplique, néanmoins le Persan tint bon.

Le maréchal de Matignon venait d'arriver dans la maison; M. de Breteuil alla au-devant de lui. L'ambassadeur profita du moment où il était seul pour descendre immédiatement dans la cour, où se trouvait préparé le cheval sur lequel il devait traverser Paris, et montant prestement en selle, il crut de cette façon se dispenser de recevoir debout le maréchal.

Mais si le Persan était entêté, Breteuil ne l'était pas moins; il saisit la bride du cheval, et, moitié par persuasion, moitié par force, il obligea celui-ci à mettre pied à terre et à remonter dans sa chambre, où il le suivit.

Mais à peine y furent-ils arrivés, qu'on vit entrer six gardes de l'ambassadeur, mousqueton bandé, et un septième qui présenta le sabre nu à son maître.

La scène tournait au tragique; néanmoins, de Breteuil n'en parut nullement intimidé.

— Est-ce ainsi que vous croyez me faire peur? dit-il, sachez que vous êtes dans la capitale du roi mon maître, que pour six misérables fusiliers que vous avez là, d'un coup de sifflet j'aurai 6,000 mousquetaires qui feraient main-basse sur vous et vos gens. Ordonnez tout présentement à ces gueux, qui me manquent de respect de se retirer; vous êtes dans un pays où les violences sont défendues et si vous continuez à faire le mauvais, on saura bien vous mettre à la raison.

Ce discours, traduit par l'interprète, calma le Persan, qui consentit enfin à recevoir debout le maréchal de Matignon et le programme de la cérémonie de l'entrée put s'effectuer.

Il était temps, on commençait à s'impatienter de toutes ces lenteurs.

Enfin, les choses réglées, le Persan, Breteuil et le maréchal montèrent à cheval et le cortège se forma, en commençant par la compagnie des inspecteurs de police, tous à cheval, et qui avaient pour mission spéciale d'écarter la foule qui, pour mieux voir l'ambassadeur et son turban, se serait fait écraser sous les pieds des chevaux.

A la distance de 40 pas, venaient deux carrosses vides, puis un brancard porté par deux mulets « du roi », sur lequel étaient les présents que le roi de Perse envoyait à Louis XIV. Seize trompettes escortaient ce brancard, huit devant, huit derrière.

Ensuite, marchaient douze chevaux de main des écuries du roi magnifiquement harnachés, menés par des palefreniers; quatre autres chevaux, harnachés à la persane, menés à la main

Un brancard porté par deux mulets contenait les présents du roi.

par des Persans; dix fusiliers persans et arméniens à cheval, deux pages de l'ambassadeur, son maître des cérémonies, son secrétaire et son interprète.

Sur la même ligne venaient alors l'ambassadeur et Messieurs de Matignon et de Breteuil, le Persan au milieu ; des gens de livrée marchaient à pied à côté de leurs chevaux.

L'écuyer de l'ambassadeur, portant l'étendard du roi de Perse, venait immédiatement derrière son maître avec un page qui portait, appuyé sur sa cuisse, le sabre de l'ambassadeur.

La marche était fermée par le carrosse du roi et ceux des princes.

Le cortège, escorté par un grand nombre de curieux, se rendit dans cet ordre à l'hôtel des Ambassadeurs et, le 19 février, l'ambassade partit pour Versailles, et ce fut encore pour les bourgeois de Paris un spectacle auquel ils se gardèrent bien de manquer, que celui de ce départ qui occasionna un nouveau cortège.

Le lendemain, le bruit se répandit partout que l'ambassadeur, n'ayant pu fumer à Versailles, avait réparé le temps perdu, au retour, et que dans sa soirée il avait fumé douze pipes.

Ces douze pipes alimentèrent pendant toute une semaine les conversations parisiennes et devinrent légendaires.

Au reste, la présence de ce Persan fut l'événement du printemps.

« Il a été à l'opéra, à la comédie, aux danseurs de corde et aux autres spectacles publics ; il a même vu quelques bals particuliers et y a paru assez docile. On dit qu'une assez jolie fille de la moyenne réputation fit offrir ses services à Son Excellence orientale; on lui en fit faire la proposition par son interprète.

« L'ambassadeur fit réponse qu'il la trouvoit tellement de son goût, qu'elle n'avoit qu'à passer dans une chambre voisine, où l'un de ses gens lui couperoit la tête pour la porter en Perse comme une rareté française. »

Cette anecdote fit le tour de Paris.

Il en arriva une autre plus sérieuse, qui acheva de le rendre tout à fait célèbre.

Depuis que l'ambassade était à Paris, le personnel s'amusait volontiers, sous les yeux de l'ambassadeur, à une sorte de fantasia; les Persans montaient à cheval, se poursuivaient en se lançant des bâtons en guise de javelots, qu'ils évitaient avec beaucoup d'habileté et qu'ils ramassaient sur le sol avec une adresse extrême, sans avoir besoin de mettre pied à terre. L'ambassadeur prenait part quelquefois à ce jeu et, lorsqu'il en était fatigué, il donnait le signal de le cesser; on lui étendait un tapis à terre, sur lequel il se reposait en buvant du café et en fumant sa pipe.

Chaque fois qu'il prenait ce divertissement sur une place quelconque, les spectateurs arrivaient en foule pour l'admirer.

Un jour que cela se passait hors du faubourg Saint-Honoré, une affluence considérable de gens était accourue, et chacun, pour mieux voir, s'approchait, de manière que le cercle réservé aux exercices des Persans se trouvait restreint; un des gens de l'ambassade voulant faire reculer les spectateurs les repoussait, un bâton à la main, et comme un mousquetaire qui se trouvait parmi les curieux ne s'était pas reculé assez vite, l'homme lui flanqua un coup de bâton à travers le visage, et le lui mit en sang; celui-ci tira son épée pour venger cet affront, mais le sang l'aveuglait et le coup avait été si violent qu'il était tout étourdi.

Nombre d'officiers présents mirent l'épée à la main, mais le Persan se réfugia auprès de son maître et celui-ci se hâta de s'en retourner avec tout son monde à l'hôtel des Ambassadeurs, sans que personne osât s'y opposer, en raison de sa qualité.

De leur côté, les mousquetaires, prenant parti pour leur camarade, se disposaient à tirer une éclatante satisfaction de cet acte de brutalité; mais le roi, prévenu, envoya ordre à la compagnie des mousquetaires de ne pas s'approcher de l'hôtel des Ambassadeurs, et fit dire à l'ambassadeur qu'il eût à donner une juste réparation au blessé.

Celui-ci répondit qu'il avait fait donner la bastonnade au coupable, mais que si Sa Majesté désirait qu'il lui envoyât sa tête, il la lui ferait couper sur-le-champ.

Cette réponse fut considérée comme une satisfaction suffisante et, à partir de ce moment, l'ambassade alla faire ses combats au bâton dans des endroits éloignés de la ville et peu fréquentés; les Parisiens se montrèrent moins empressés d'y assister.

De plus, l'ambassadeur quitta son hôtel et alla demeurer à Chaillot, dans une maison qu'on lui avait meublée; le 13 août, il reçut son audience de congé et se rendit à Versailles en grande cérémonie; mais peu de gens se dérangèrent pour voir le cortège et, comme ce jour-là il plut beaucoup et qu'il était allé à Versailles à cheval, il fut obligé de revenir à Chaillot en voiture de louage. Quelques jours plus tard, il partait pour aller s'embarquer au Havre.

On chargea à Paris un bateau de ses bagages et des présents que le roi lui avait faits et de ceux destinés au shah (qu'on évaluait à 200,000 livres) et Paris, qui avait fêté ce singulier ambassadeur, le vit partir sans regret aucun.

Le 24 février, il y avait eu encore une entrée d'ambassadeur — celle de l'ambasssadeur de Malte, mais on s'y porta beaucoup moins, ne supposant pas qu'elle fût aussi curieuse à voir que celle du Persan.

Nous trouvons parmi les établissements utiles fondés à cette époque, l'institution des bureaux de nourrices, qui date de 1715, et l'auteur du *Dictionnaire historique de la ville de Paris* l'annonce en des termes trop pompeux pour ne pas mériter d'être reproduits textuellement.

« On ne peut trop faire connoître aux grandes villes et aux nations étrangères les moyens simples et éprouvés, par lesquels la police si prévoyante et si vigilante de cette capitale est parvenue à protéger et conserver les citoyens naissans, sur qui l'État doit porter une attention paternelle.

« La plupart des mères de Paris ayant écarté leurs enfants de leur sein, par délicatesse ou par nécessité, appelèrent, par cet apus difficile à réformer, une grande quantité de nourrices que la pauvreté et l'espoir d'un gain médiocre conduisit dans cette ville. Cette espèce de trafic ne tarda pas à s'accréditer dans les campagnes. Alors différents pourvoyeurs pour l'approvisionnement de Paris et d'autres voituriers d'un autre genre, rassemblèrent et amenèrent en troupes ces mères mercenaires. Les auberges où ils les déposoient devinrent des dépôts publics, où l'on alloit louer des nourrices.

« Dès ce moment, la police qui les surveilloit, craignant les dangers que les enfans pouvoient courir dans des mains étrangères, établit des recommandaresses pour rassembler les nourrices et leur donner un asyle sûr. »

Si la police croyait innover en créant des recommandaresses, elle se trompait, car une ordonnance du roi Jean, en date du 13 jan-

COSTUMES DE PARIS A TRAVERS LES SIÈCLES

BOURGEOIS DE PARIS SOUS CHARLES VII
(XVᵉ SIÈCLE)
D'après une miniature des *Chroniques* de Monstrelet. — Bibliothèque nationale.)

vier 1350, en avait établi et si ces femmes étaient convaincues d'avoir confié plus d'un enfant par an à la même nourrice, elles étaient passibles du pilori.

Quant aux meneurs ou pourvoyeurs, un arrêt de 1611 leur défendait sous peine d'amende et de punition corporelle en cas de récidive, de conduire les nourrices ailleurs qu'aux bureaux des recommandaresses. Et il était déjà défendu aux sages-femmes et aux aubergistes de recevoir, loger et louer des nourrices.

Toutefois, il n'existait avant Louis XIV que deux bureaux de recommandaresses ; la déclaration du roi du 25 janvier 1715 en établit quatre nouveaux : le premier au Crucifix-Saint-Jacques, le second dans la rue de l'Échelle, au delà des Quinze-Vingts, le troisième dans la rue des Mauvais-Garçons et le quatrième à la place Maubert.

La surveillance de ces bureaux, ainsi que la connaissance des affaires qui les concernaient, passa des attributions du lieutenant criminel dans celles du lieutenant général de police. Ce magistrat prononçait au sujet des mois de nourrice non payés. Ses décisions étaient sans appel. Une déclaration du 1er mars 1727 ajouta quelques dispositions nouvelles au règlement.

Les nourrices avaient dès lors une mauvaise habitude que nombre d'elles ont conservée, celle de coucher leurs nourrissons avec elles. Cette pratique ayant donné lieu à de graves accidents, une sentence rendue en la chambre de police, exigea des nourrices qu'elles eussent un berceau, sous peine de 100 livres d'amende, et ordonna aux recommandaresses d'y tenir la main sous leur responsabilité.

D'autres continuaient, étant enceintes, de nourrir les enfants qui leur étaient confiés ; il s'en trouvait même qui, dans cet état, se rendaient à Paris pour prendre d'autres nourrissons. Une sentence de police, en date du 17 janvier 1757, prononça contre ces nourrices la peine du fouet et contre leurs maris une amende de 50 livres.

Une ordonnance de M. de Sartine, datée de 1762, fixa à deux ans la durée du maximum de l'allaitement pour les nourrices.

Les meneurs, qui jusqu'alors n'avaient joué qu'un rôle très secondaire, furent investis d'une surveillance étendue. Si la nourrice était empêchée de continuer son allaitement, c'était le meneur qui devait en prévenir le curé, et il lui était défendu de laisser accumuler plus de trois mois de gages, sans en prévenir le lieutenant de police.

Louis XV entreprit une réforme radicale du service. Par sa déclaration du 28 juillet 1769, il substitua un seul bureau de recommandaresses à ceux qui existaient et la direction en fut confiée à quatre personnes, deux hommes et deux femmes. Une des plus grandes difficultés avait toujours été d'assurer le payement des mois des nourrices ; vingt préposés, un par quartier de Paris et deux pour la banlieue, furent chargés du recouvrement des mois de nourrice qu'ils versaient jour par jour dans la caisse centrale.

Jusqu'en 1806, aucune loi, aucun règlement ne modifia la législation existante ; seulement, pendant cette période, le service passa de la police au département des établissements publics et, en l'an IX, il fut placé sous la surveillance du conseil général des hospices.

En 1821, des plaintes nombreuses s'élevèrent contre la direction des nourrices ; en 1828, les abus étaient devenus si monstrueux, que le préfet de police édicta tout un règlement nouveau.

En 1842, de nouvelles améliorations furent apportées ; nous dirons plus loin quelle est la situation actuelle des bureaux de nourrices à Paris.

On s'entretint beaucoup à Paris, en 1715, d'un bal qui fut donné par le prince électoral de Saxe à l'hôtel de Soissons, le 16 février. Il commença à huit heures du soir et ne finit qu'à pareille heure le lendemain matin. Il y avait quatre salles réservées à la danse, et, parmi les personnes masquées qui s'y trouvaient, on remarqua surtout l'ambassadrice de Portugal. Les reporters du temps, en rendant compte de cette fête pleine de « profusion, de délicatesse et de magnificence, estiment que la dépense alla à près de dix mille écus ».

L'émotion produite par la diminution des monnaies n'étant pas encore calmée, le roi rendit un édit, le 14 mai 1715, qui déclarait le cours des des espèces d'or et d'argent définitivement fixé, savoir : les louis à 14 livres, les écus à 3 livres 10 sols, les « doubles, demis et menuës espèces à proportion », et qu'il n'y serait fait aucune innovation pour l'avenir.

Décidément les ambassadeurs affluaient.

A peine celui de Perse était-il parti, qu'il en arriva un de Portugal. Il fit son entrée le 18 août avec une magnificence extraordinaire, il avait cinq carrosses à huit chevaux, six pages à cheval et vingt-quatre valets de pied. Le jour de sa première audience avait été fixé au 21 août, mais la maladie du roi l'ajourna indéfiniment, car, en effet, Louis XIV était tombé malade et, le 1er septembre, il mourait au château de Versailles, laissant à son successeur un Paris bien différent du Paris de Louis XIII.

On compta dans la capitale sous Louis XIV 500 grandes rues, 9 faubourgs, 100 places, 9 ponts, 25,000 maisons, dont 4,000 à porte cochère. Nous avons dit que les boulevards avaient été plantés ; que les faubourgs, jusqu'alors séparés de la ville par l'enceinte, en firent partie, et qu'en même temps que les vieilles murailles tombaient, elles étaient remplacées par de belles promenades, de superbes arcs de triomphe, et qu'enfin les accroissements de Paris devinrent si considérables, que le roi crut devoir assigner des bornes à sa zone de constructions.

Que d'institutions, que de monuments sous ce règne !

Et de quel vif éclat brillèrent les lettres, les sciences et les arts !

Aucune époque ne produisit un tel nombre de chefs-d'œuvre. Les écrivains, les artistes, les savants, affluèrent vers Paris comme au centre de toute intelligence, tandis que le commerce et l'industrie prenaient un développement extrême.

Au reste, veut-on savoir ce que les étrangers pensaient de la capitale? lisons cette lettre de l'un d'eux : « Tout Paris est une grande hôtellerie; les cuisines fument à toute heure; on voit partout des cabarets et des hôtes, des tavernes et des taverniers... Le luxe est ici dans un tel excès que, qui voudrait enrichir trois cents villes désertes, il lui suffirait de détruire Paris. On y voit briller une infinité de boutiques où l'on ne vend que des choses dont on n'a aucun besoin ; jugez du nombre des autres, où l'on achète celles qui sont nécessaires. »

Sauval va maintenant nous renseigner sur la statistique.

« Dans les six corps de marchands se trouvent 2,752 maîtres, et plus de 5,000 garçons de boutiques. Dans les 1,550 communautés d'artisans, on compte 17,080 maîtres, 38,000 compagnons et 6000, apprentis. Le nombre des tireurs de bois flotté va jusqu'à 400, celui des porteurs d'eau jusqu'à 600, et jusqu'à 1,700 celui des porteurs de chaise. Les crocheteurs font un corps de 2,400 au moins. On fait état de 4,000 carrosses roulants au moins et d'autant de chevaux et sans tout cela de 482,400 hommes capables de porter les armes. Pour tant d'hommes, il faut par an 600 muids de de sel, 800 barils de maquereaux, 2,000 barils de saumons, autant de morues 20,000 barils de harengs, 19,000 muids de charbon, 27,000 porcs, 50,000, bœufs, 70,000 veaux, 416,000 moutons, 80,200 muids de blé, 260,000 poignées de morue, et, quant aux bêtes, 16,000 muids d'avoine et 6 millions de bottes de foin. »

Ces chiffres doivent-ils être acceptés sans réserve, nous ne saurions l'affirmer, si nous considérons celui de 482,400, indiqué comme nombre des hommes en état de porter les armes, et qui est évidemment exagéré.

La grande quantité de cabarets qui existaient sous Louis XIV, avait frappé l'attention de l'étranger dont nous avons cité un fragment de lettre. A ceux que nous avons précédemment signalés comme les plus importants, il convient d'en ajouter quelques-uns qui partageaient leur vogue ou qui en héritèrent ; tels furent l'Ecu d'argent, la Cave de la Morellière, rue du Temple, le Mouton blanc, l'Épée de bois, rue Quincampoix, le cabaret de Landel, rue de Buci, etc.

— Vive le cabaret, foin de l'académie et de ses grimaces ! avait dit Mézeray.

— Vive le café! diront bientôt les nombreux habitués de ces établissements.

Trévoux prétend dans son dictionnaire que déjà sous Louis XIII on vendait, auprès du petit châtelet, du cahove qui n'était autre que de la décoction de café. Quoiqu'il en soit, cette boisson fut mise à la mode à Paris par Soliman Aga, ambassadeur ottoman, vers 1669, et ce fut à peu près à la même époque, on le sait, que l'Arménien Pascall ouvrit un café public à la foire Saint-Germain et le transporta ensuite quai de l'École.

Plusieurs autres cafés s'ouvrirent sous Louis XIV et les femmes les fréquentaient volontiers si nous en croyons J.-B. Rousseau qui fit jouer, en 1695, une pièce appelée le Caffé, et dans laquelle la limonadière dit en s'adressant aux consommateurs :

— Messieurs, il est minuit sonné ; faites-moi la grâce de vous retirer... Voici l'heure des femmes, et puisqu'elles ne viennent pas vous incommoder le jour, il est bien juste que vous leur laissiez la nuit.

On sait du reste combien la boisson du café avait en peu de temps conquis le goût public; on en servit bientôt sur toutes les tables.

A propos de table, on lira peut-être avec intérêt le menu d'un souper offert, le 28 mars 1709, au duc d'Orléans par M. Langlois de Septenville, maître de l'hôtel du Roi.

« Il y avoit, pour Monsieur seul, un potage de santé, composé d'une poularde aux œufs et d'un chapon.

Ensuite venaient :

POUR ENTRÉES

« Un pâté chaud de lapereaux et perdrix dans lequel on mit, en le servant, un bon coulis de perdrix ;

« Un poupeton farci de vingt ou trente pigeonneaux avec toutes sortes de garnitures.

« Un plat de brusolles à la braise, un coulis par-dessus.

« Un ris de veau farci à la braise, un ragoût par-dessus.

« Une marinade de poulets frits.

« Une poularde à l'angloise rôtie ; un ragoût par-dessus en servant.

« Un plat de filets en tranches au jambon.

« Un de croquets.

« Un de filets de poularde au concombre.

« Un de fricandeaux farcis en ragoût.

SECOND SERVICE : LE ROT

« Trois grands plats composés de gibiers de la saison et quatre salades dans les angles.

POUR L'ENTREMETS

« Douze plats ; savoir : un plat de jambon garni de langues fourrées et saucissons de Bou-

Premier lit de justice tenu par Louis XV, âgé de 4 ans, le 12 septembre 1715.

Les Persans montaient à cheval, se poursuivant en se lançant des bâtons. (Page 74, col. 1.)

logne, — une tourte de crème garnie de tartelettes, — un blanc manger de diverses couleurs de gelées, — un plat d'asperges à la crème, — un de morilles à la crème, — un de ris de veau et crèmes farcies en ragoût, — un ris de veau mariné frit, — un de foie gras à la crépine grillez, — un de roignons de chapons, — un pain au jambon, — un plat de truffes au court boüillon, — un ragoût de ris de veau, champignons et morilles.

D'après ce menu, on voit que les grands repas étaient surtout plantureux et on peut en inférer que les convives, se modelant comme toujours sur le roi, avaient de robustes appétits.

Venons au costume :

Après que Louis XIV eut passé sous la direction spirituelle de madame de Maintenon, il s'observa sur sa personne ; chacun voulut paraître en faire autant « et la frivolité eut dans ses caprices quelque chose de compassé et d'austère. Plus de ramages dans les étoffes, rarement des broderies, et de si petit effet, qu'il fallait être dessus pour les voir ; la dentelle, réservée seulement pour la cravate et les manchettes ; les boutons détrônant pour toujours les attaches d'aiguillettes et de rubans ; ceux-ci n'ayant plus d'emploi que pour les nœuds d'épaule et la cocarde du chapeau, puis, à la fin, tout à fait bannis ; la culotte courte adoptée partout à la place des rhingraves devenues un objet de risée ; l'ampleur ne résidant plus que dans la perruque et les manches d'habit, comme pour attester les anciennes erreurs d'une génération convertie : tels sont les traits caractéristiques du costume porté par les hommes à la fin du XVIIe siècle et au commencement du XVIIIe. »

Il y eut un relâche dans la sévérité du costume ; en 1697, lors du mariage du duc de Bourgogne, et jusqu'à 1700, les nobles se ruinèrent en ornements d'or, d'argent et de pierreries et les bourgeois en étoffes de velours ; à cette date, un édit avait interdit les matières précieuses aux bourgeois et bourgeoises : — sauf les femmes d'avocat « elles n'y furent point soumises, autrement que par un effet de la sagesse de leurs pères et maris. »

L'habillement des Parisiens à la fin du règne de Louis XIV, fixa le costume moderne. En 1708, un édit défendit encore une fois l'usage de l'or employé comme ornement des vêtements, mais ce fut le dernier édit somptuaire et, bientôt tombé en désuétude, on ne s'en préoccupa plus et chacun demeura libre de s'habiller à sa guise et M. Quicherat dans son *Histoire du costume* fait remarquer, avec raison, « qu'il n'y eut jamais moins d'or et d'argent sur les habits, que depuis que le gouverment cessa de se mêler de ces choses-là. »

Les chapeaux d'hommes étaient à larges bords et retroussés sur trois côtés avec un tour de plumes qu'ils conservèrent jusqu'en 1710. A partir de cette époque, les chapeaux se rapetissèrent et devinrent le lampion qu'on porta jusqu'à la Révolution.

Le visage était complètement rasé.

En 1703, on poudra les perruques à blanc, ainsi que l'habit.

N'oublions pas d'ajouter que dans la poche de la veste se trouvait toujours soit la tabatière, soit une râpe à tabac, qui parfois était un objet d'art, et à l'aide de laquelle les amateurs de tabac frais râpaient une carotte de la précieuse plante.

> J'ai du bon tabac dans ma tabatière,
> J'ai du bon tabac, tu n'en auras
> Pas.
> J'en ai du fin et du râpé,
> Ce n'est pas pour ton fichu né.
> J'ai du bon tabac etc.,

Ainsi que le dit si bien ce premier couplet de la chanson que l'abbé de L'Attaignant compléta par neuf autres beaucoup moins connus.

« Dans les salons, où l'on n'avait point à éprouver de contrainte, on prenait le tabac avec une sorte d'ostentation. Il se forma tout un rituel pour ouvrir la tabatière et la renfermer d'un main, pour saisir la prise avec un air dégagé, pour la tenir quelque temps entre ses doigts avant de la porter au nez et pour la renifler avec justesse en l'y recevant. »

Continuons à interroger l'*Histoire du costume*, en ce qui concerne celui des femmes.

« Les robes devinrent tout à fait déplaisantes par l'exagération des corsages serrés et par la lourdeur des jupes tombantes, maladroitement opposée à une profusion de plis que formait le manteau. On n'a pas oublié que le manteau d'alors formait la jupe de dessus ; on lui avait ôté l'apparence de jupe en lui donnant un dégagement excessif et en le ramenant d'un seul côté, par une trousse particulière à l'époque. De grandes basques, ajoutées au corsage, couvrirent l'attache du manteau à la taille.

« Les *Criardes* datent du commencement du XVIIIᵉ siècle. C'étaient des tournures qu'on mettait sous le manteau pour le faire bouffer davantage. Comme elles étaient en toile gommée ; elles faisaient du bruit au moindre frôlement. De là leur nom.

Mais ce qui distingua la toilette des femmes à partir de 1700, ce furent les falbalas, accessoire de toilette formé de bandes plissées qui ornaient la robe et dont M. de Langlé, maréchal des camps et armées du roi, était l'inventeur, en collaboration avec une fameuse couturière de l'époque ; les falbalas ont eu l'honneur de provoquer les recherches des étymologistes, et la plupart des dictionnaires français dissertent à perte de vue sur l'origine de ce nom qu'ils font gravement dériver de l'espagnol, de l'anglais, etc.

Ils partagèrent la vogue avec les prétintailles, autre ornement en découpure, qui se mettait également sur la robe des femmes.

« Chargées de prétintailles et de falbalas, les femmes semblent parées de guenilles, » a dit J. J. Rousseau.

Guenilles ou non, c'était la mode, mode qui dura bien longtemps : il n'est donc pas permis de la discuter ; car les modes ne se discutent pas, on les subit.

La mode donc fut aussi aux gourgandines, c'est-à-dire aux corsets entr'ouverts par devant, à l'aide d'un lacet ; on y ajoutait sur le sein gauche un nœud de brillants qu'on appelait un boute-en-train, ou encore un tâtez-y.

Joignez à cela un manchon dans lequel dormait un tout petit chien, qu'on appelait chien-manchon et une haute coiffure composée d'un indicible entassement de boucles, de touffes, de tortillons dont la nomenclature bizarre nous entraînerait beaucoup trop loin, telle était la mise d'une élégante.

En 1714, les cheveux haut, avec choux, tignons, passagère, favorite, cruches, confidentes, crève-cœur, bergers, meurtriers, souris, duchesse, firmaments, guêpes, papillons, commode, palissade, monte-là-haut, culbute, Bourgogne, jardinière, cornette, chicorée, etc., tombèrent tout à coup ; une dame anglaise « une guenille d'Angleterre », selon l'expression choisie du roi-soleil, se présenta à la cour avec une coiffure basse, et en un clin d'œil, toutes les dames de Versailles et de Paris se coiffèrent en cheveux plats.

En 1704, les dames essayèrent de remettre le masque en usage et plusieurs se montrèrent au Cours-la-Reine, le visage couvert d'un masque en velours noir doublé de taffetas blanc, aucune ligature ne servait pour les fixer, mais du bord de l'ouverture pratiquée à l'endroit de la bouche, se trouvait au dedans une petite tige de fil d'argent que terminait une boule de verre de la grosseur d'une noisette. Cette tige introduite dans la bouche suffisait pour soutenir le masque et déguiser légèrement la voix.

Toutefois, cette tentative n'eut pas de succès, et, à la fin de la saison, le masque était définitivement abandonné.

Un objet de toilette commun aux deux sexes,

et dont nous n'avons pas encore parlé, acquit une grande importance sous Louis XIV; il s'agit de la canne. A la cour de Louis XIII, le gentilhomme commença à se promener dans les riantes avenues plantées par Marie de Médicis, la canne à la main; c'était alors une canne creuse à l'aide de laquelle on lançait aux dames des dragées entourées de devises, mais comme cette gracieuseté avait des inconvénients pour les yeux des belles qu'on mitraillait ainsi, l'usage de la canne creuse fut défendu et, bien que Louis XIII se servît habituellement d'une haute canne d'ébène avec pomme d'ivoire, les grands seigneurs, à commencer par Richelieu, dont la canne était d'une splendeur sans pareille, les fermiers généraux et les financiers rivalisèrent de luxe à cet égard. Les cannes de la Popelinière et de Samuel Bernard valaient jusqu'à dix mille écus.

Incrustées de pierres précieuses, ciselées, travaillées avec un soin exquis, elles devinrent de véritables objets d'art, et les femmes se hâtèrent de les adopter; la canne de *Mademoiselle* l'héroïne de la Fronde, avait la pomme ornée de rubans.

« Quand je me représente la Rochois, cette petite femme qui n'étoit plus jeune, coiffée en cheveux noirs, armée d'une canne noire, avec un ruban couleur de feu... » c'est Lulli qui s'exprime ainsi en parlant d'une artiste.

Nombre de portraits du temps nous montrent des femmes montées sur leurs hauts talons, plus grandes que les hommes, le buste rejeté en arrière, se tenant majestueuses et souriantes, la canne à la main.

Toutefois, depuis la Révolution, la canne est exclusivement demeurée à l'usage des hommes.

Les femmes l'ont remplacée par l'ombrelle, l'en-cas ou l'éventail.

Terminons par un mot sur le parapluie qui ne date guère que de 1650 et qui, sous Louis XIV, portait par un gros anneau de cuivre fixé à sa partie inférieure; il avait ordinairement 1 mètre 20 de longueur, dix baleines de 80 cent., et pesait de 3 à 4 livres.

XXXI

La régence. — Les bals de l'Opéra. — L'Élysée. — Law et la rue Quincampoix. — La foire Saint-Laurent et les Italiens. — Pierre-le-Grand à Paris. — L'incendie du Petit-Pont. — L'Abbaye-au-Bois. — Les porcherons. — Louis XV. — Les réjouissances publiques. — Cartouche. — Le palais Bourbon. — Fêtes du mariage. — Les convulsionnaires. — La bibliothèque royale.

E 2 septembre 1715, le duc d'Orléans, accompagné du duc de Bourbon, du comte de Charolais, du prince de Conti, du duc du Maine, du prince de Dombes et du comte de Toulouse, se rendit à la sainte chapelle et dans la grande salle du parlement, où deux présidents à mortier et deux conseillers députés par le parlement vinrent le prendre pour le conduire à la grande chambre où il fit un discours sur la mort du roi et demanda à être déclaré régent.

On procéda d'abord à l'ouverture du testament et des deux codiciles que Louis XIV avait faits et on n'y trouva aucun régent désigné, mais l'établissement d'un conseil de régence dont le duc d'Orléans était déclaré le chef.

Après avoir entendu les gens du roi, on alla aux voix, et l'avis unanime fut de déclarer le duc d'Orléans régent du royaume.

Celui-ci fit alors un fort beau discours ayant pour objet de nommer un conseil, c'est-à-dire un ministère composé de six ministres.

Le 3 septembre, l'assemblée générale du clergé se rendit à Versailles pour faire au nouveau roi ses compliments de condoléance et présenter ses devoirs au régent.

Le même jour, un service religieux fut célébré dans toutes les églises de Paris pour le repos de l'âme du feu roi et, le 9, on porta son corps à Saint-Denis, ses entrailles à la cathédrale de Paris, et son cœur à l'église Saint-Paul-Saint-Louis de la rue Saint-Antoine, qui était alors la maison professe des jésuites.

Le même le jour, le jeune Louis XV avait été conduit au château de Vincennes; il fut convenu qu'il tiendrait un lit de justice au parlement le 12.

Dans la matinée de ce jour, il prit place dans un carrosse où se trouvaient sa gouvernante, la duchesse de Ventadour, les ducs d'Orléans, de

Bourbon, du Maine, et le maréchal de Villeroy, et la voiture se dirigea vers la porte Saint-Antoine où se trouvaient le prévôt des marchands et les échevins attendant le roi pour lui remettre les clefs de la ville.

De la porte Saint-Antoine, le carrosse transporta le roi au palais de justice ; il se rendit d'abord à la sainte chapelle où l'abbé de Champigny le reçut à la tête du chapitre, puis il fut conduit dans la grande chambre du parlement et placé sur son lit de justice.

Et aussitôt que les princes du sang, les pairs du royaume et les divers membres du parlement furent placés, chacun selon son rang, le jeune roi ôtant son chapeau et le remettant, dit :

— Messieurs, je suis venu ici pour vous assurer de mon affection ; monsieur le chancelier vous dira mes volontés.

Alors le chancelier monta vers le siège royal, mit un genou en terre et, après avoir demandé au roi la permission de parler, il retourna à sa place et prononça son discours.

Lorsqu'il eut terminé, le premier président de Mesmes, les présidents et les conseillers mirent le genou en terre, et le chancelier les fit immédiatement relever par ordre du roi, et le premier président fit à son tour sa harangue.

Puis, ce fut le tour des gens du roi qui, eux aussi, s'agenouillèrent et furent relevés, et l'avocat général Joly parla en leur nom.

Et ensuite fut rendu l'arrêt solennel qui confirmait la régence au duc d'Orléans, sans tenir davantage compte des dispositions prises par le feu roi.

Une circonstance singulière de ce lit de justice, fut la présence de la duchesse de Ventadour qui, en sa qualité de gouvernante du roi, y assista assise au bas du trône. C'était la première fois qu'une femme, non reine ou régente, assistait à une cérémonie de ce genre.

La complaisance dont le parlement fit preuve envers le duc d'Orléans méritait bien d'être récompensée ; elle le fut : le régent lui rendit le droit dont il était privé depuis quarante-deux ans, celui de faire des remontrances avant l'enregistrement des lettres patentes, édits et déclarations. En outre, le premier président de Mesmes fut fait grand maître des ponts et chaussées du royaume.

Quelques jours plus tard, un acte de clémence rendu au nom du roi, ouvrit les prisons de Paris à un certain nombre de personnes incarcérées pour crimes divers, et les portes de la capitale furent ouvertes à plusieurs proscrits.

Le 28 novembre, on célébra à Notre-Dame un service solennel pour le repos de l'âme du feu roi ; ce fut le cardinal de Noailles qui officia, et l'évêque d'Alet prononça l'oraison funèbre « avec tous les traits de la belle éloquence ». Le duc d'Orléans, le duc de Bourbon et le comte de Charolais conduisaient le deuil, et les personnes les plus considérables de la cour et de la ville assistèrent à cette cérémonie, ainsi que le corps du clergé, le parlement, la chambre des comptes, la cour des aides, l'Université, le corps de ville, qui avaient été invités par le roi.

Pareille invitation fut aussi adressée aux ambassadeurs et envoyés des cours étrangères, auxquels on avait réservé des places spéciales.

Après le service, le régent se rendit à l'archevêché où le cardinal de Noailles lui avait fait préparer un magnifique dîner. « Il y avoit une table à 18 couverts, où étoient M. le régent, M. le duc de Bourbon, M. le comte de Charolois, M. le cardinal et plusieurs seigneurs de la famille de Son Éminence. »

La faculté de théologie tint, le 2 décembre, une assemblée à la Sorbonne et il s'y éleva quelques difficultés entre les docteurs, au sujet de la fameuse constitution *Unigenitus*. Certaines propositions avaient été émises par quelques docteurs, lorsque deux autres, MM. Humbelot et Clavel, se levèrent soudain et injurièrent le syndic et l'assemblée, en prétendant qu'on avait insulté le pape, le clergé et la faculté tout entière.

Un grand tumulte suivit ces paroles ; un moment, on put croire que les docteurs allaient en venir aux mains ; enfin, lorsque le calme fut un peu rétabli, une résolution fut votée par la majorité de l'assemblée, elle portait que la sacrée faculté déclarait calomnieuse la plainte formulée contre le syndic par le sieur Humbelot, excluait celui-ci de ses assemblées et lui ordonnait de s'abstenir désormais de toutes les fonctions du doctorat, jusqu'à ce qu'il eût rétracté publiquement la susdite plainte, en présence de la faculté « et qu'il eût demandé humblement pardon à tout le corps et à M. le syndic en particulier ».

Puis, l'assemblée tout émue s'ajourna au 5 du même mois ; Humbelot et Clavel y assistèrent et protestèrent contre la décision prise, mais 141 voix contre 19 passèrent outre, et il fut arrêté que Humbelot et Clavel seraient « absolument rayés du catalogue des docteurs ».

Cette affaire fit grand bruit ; néanmoins on ne tarda pas à l'oublier et à n'en plus parler.

Le 30 décembre « les Parisiens furent au comble de leurs vœux, en voyant le roi fixer son séjour dans la capitale ; en effet, ce prince arriva de Vincennes sur les genoux de sa gouvernante, dans un carrosse où se tenoient le régent, le duc du Maine et le maréchal de Villeroi, escorté des troupes de sa maison. Les ruës de Paris étoient si remplies de peuples assemblez pour voir le roi, que la garde avoit assez de peine à les faire ranger pour faire place au passage des carrosses. Lorsque S. M. fut arrivée dans son appartement, elle y fut complimentée par M. le duc de Tresme, par le prévost des marchands et par les eschevins qui, au nom de toute la ville, lui témoignèrent

Ce fut sous un reverbère que les deux gentilshommes mirent l'épée à la main. (Page 84, col. 2.)

la joye que tous les habitans ressentoient de sa venuë, en lui souhaitant une santé parfaite, un long et glorieux règne. »

Le 2 janvier 1716, eut lieu le premier bal masqué à l'Opéra.

Ce fut le chevalier de Bouillon qui eut l'idée de ces bals, et la soumit à Louis XIV; on construisait alors l'hôtel de l'opéra dans la rue Saint-Nicaise, et, comme on cherchait le moyen de diminuer le plus possible les frais qu'entraînerait cette construction, le chevalier proposa de donner des bals masqués à l'opéra, dont le produit serait affecté aux dépenses de l'hôtel.

L'idée fut trouvée excellente, et pour en récompenser son auteur, le roi commença par lui allouer une pension de 6,000 livres.

Puis, le 8 janvier 1713, il attribua par lettres patentes à son Académie de musique le privilège des bals masqués.

Seulement, comme, à cette époque, les directeurs de l'opéra, Francine et Dumont, se trouvaient en grande contestation avec le syndic de la direction précédente, ils ne purent ou ne voulurent s'occuper des bals masqués qui demeurèrent à l'état de projet.

Mais Louis XIV mort, le régent, par nouvelles lettres patentes du 2 décembre 1715, confirma le privilège et ordonna que les préparatifs de l'inauguration des bals fussent poussés avec activité.

Le 30 du même mois, il fit en outre publier et afficher le règlement suivant :

« De par le roi :

« Sa Majesté ayant trouvé bon que l'Académie royale de musique donnât un Bal public, en conséquence du privilège accordé par lettres patentes du 8 janvier 1713, et confirmées par celles du 2 décembre 1715, de l'avis de M. le duc d'Orléans, son oncle, régent du royaume, a ordonné et ordonne ce qui suit :

« ART. 1. Aucunes personnes de quelque qualité et condition qu'elles soient, même les officiers de la maison, ne pourront entrer dans le bal sans payer, et n'y pourront rentrer après en être sorties, sans payer de nouveau ainsi que la première fois.

« ART. 2. Fait Sa Majesté très expresses inhibitions et deffenses à toutes personnes de quelque qualité et condition qu'elles soient, d'entrer dans le dit bal sans être masquées, comme aussi d'y porter des épées et autres armes.

« ART. 3. Il n'y aura d'entrée au dit bal que celle qui donne sur la place du Palais-Royal, avec deffenses à toutes personnes d'entrer par celle du Cul-de-Sac, qui, pour éviter la confusion, sera uniquement réservée pour la sortie.

« ART. 4. Défend pareillement Sa Majesté à toutes personnes de commettre soit aux portes, soit dans la salle du dit bal, aucune violence, insulte ni indécence.

« ART 5. Veut Sa Majesté que les contrevenans à la présente ordonnance soient punis de prison et de plus grandes peines s'il y échet.

« ART 6. Ordonne Sa Majesté que la présente ordonnance sera lue, publiée, affichée partout où besoin sera. Fait à Paris le 30 décembre 1715. Signé Louis et plus bas Phélypeaux. »

Le prix d'entrée au bal fut fixé à cinq livres.

Il fut rendu une seconde ordonnance qui fit « deffenses à quelques personnes que ce soit, de donner de pareils bals ou assemblées, pour l'entrée desquels ils seroit pris une rétribution ».

« Le 10 décembre 1717, Sa Majesté fit distribuer un brevet par le quel, de l'avis de M. le duc d'Orléans, son oncle, régent, S. M. accorde aux cessionnaires du privilège de l'Académie royale de musique la permission de donner seule, dans la ville de Paris, et à l'exclusion de tous autres, un bal public, moyennant telle rétribution qu'ils jugeront à propos, dans la salle de l'opéra, pendant l'espace de dix années consecutives, à commencer du 1er janvier 1718, pendant les quelles le sieur Destouches en aura l'inspection. »

Ces bals étaient donnés depuis la Saint Martin jusqu'à l'Avent et depuis l'Épiphanie jusqu'à la fin du carnaval et avaient lieu trois fois par semaine.

Voici la description de la salle de l'Opéra, une nuit de bal, à cette époque.

« Pour former la salle du bal, on avoit trouvé le moyen d'élever le parterre et l'amphithéâtre au niveau du théâtre par le secours d'un cabestan d'une nouvelle invention ; (c'était un moine carme, appelé le père Sébastien, habile mécanicien, qui était l'inventeur de ce procédé). Cette salle formoit une espèce de galerie de 98 pieds de long, compris un demi-octogone ; lequel, par le moyen des glaces dont il étoit orné, devenoit aux yeux un salon octogone parfait. Tous les lustres, les bras et les girandoles se répétoient dans les glaces, ainsi que toute la salle, dont la longueur par ce moyen paraissoit doublée, de même que le nombre des spectateurs. Les glaces des côtés étoient placées avec art et symétrie, selon l'ordre d'une architecture composite, enrichie de différentes sortes de marbres dont tous les ornements étoient de bronze doré. La salle pouvoit être divisée en trois parties ; la première contenoit le lieu que les loges occupoient ; la seconde un sallon quarré et la troisième le sallon demi-octogone dont on vient de parler.

« Les loges étoient ornées de balustrades avec des tapis des plus riches étoffes et des plus belles couleurs, sur les appuis, et conservoient l'accord nécessaire entre ces ornemens, et la peinture de l'ancien plafond qui régnoit au-dessus des loges.

« Deux buffets, un de chaque côté, séparoient par le bas les loges du sallon qui avoit 30 pieds en quarré sur 22 d'élévation et terminé par un plafond ingénieux, orné de roses dorées, enfermées dans des lozanges et entourées d'oves qui formoient une espèce de bordure. Deux pilastres de reliefs sur leurs piédestaux marquoient l'entrée du salon. On y voyoit un rideau réel d'une riche étoffe à frange d'or relevé en feston. Ces pilastres s'accouploient dans les angles, de même que dix autres pilastres cannelés peints sur les trois autres faces du sallon. Ils imitoient la couleur du marbre de brèche violette, ainsi que la frise ; leur dimension étoit de 13 pieds et demi, compris la base et le chapiteau. Leurs piédestaux avoient 5 pieds, compris les socles ; l'architrave, frise et corniche, 3 pieds et demi. La grande corniche qui régnoit autour du sallon étoit de relief. Au milieu des grandes arcades, il y avoit un groupe de quatre figures jouant de différens instrumens. Ces arcades où paroissoient des glaces étoient ouvertes par des rideaux de velours cramoisi, bordés d'or et relevés avec des cordons, qui, en tombant, servoient à cacher les joints des glaces ; en sorte qu'elle paroissoient être d'une seule pièce. Des festons de guirlandes et d'autres ornemens produisoient le même effet.

« Le sallon quarré et le sallon octogone étoient encore enrichis de 20 colonnes avec leurs arrière pilastres de marbre bleu jaspé, ainsi que les quatre pilastres du sallon demi-octogone. Six statues, dans le goût antique, représentoient Mercure et Momus dans le fond, et aux côtés quatre Muses peintes en marbre blanc et de grandeur naturelle ainsi que les autres. Ces ouvrages étoient de Carle Vanloo et peints de très bon goût.

La grande arcade du fond, où commençoit la troisième partie de la galerie avoit 16 pieds de haut sur 10 de large; deux Renommées y soutenoient les armes du roi en relief.

« Vingt-deux lustres de crystaux, garnis chacun de douze bougies, descendoient des trois plafonds par des cordons et des houpes d'or et de soie. Trente-deux bras, portant des doubles bougies, étoient placés dans l'entre-deux des pilastres qui soutenoient les loges. Dix girandoles de cinq bougies chacune étoient placées sur les pilastres couplés du grand sallon, et dans le sallon octogone, il y avoit sur chacun des pilastres une girandole à trois branches; en sorte que cette salle étoit éclairée par plus de 300 bougies, sans compter les chandelles, les lampions et pots à feu, qui se mettoient dans les coulisses et avenues du bal.

« Trente instrumens placés, quinze à chaque extrémité de la salle, composoient la symphonie pour le bal; mais pendant une demi-heure, avant qu'on commençât, les instrumens s'assembloient dans le sallon octogone, avec des tymbales et trompettes, et donnoient un concert composé de grands morceaux des meilleurs maîtres. »

Le 26 décembre 1716, les comédiens français avaient obtenu du duc d'Orléans la permission de donner des bals publics sur leur théâtre. Ces bals eurent immédiatement une telle vogue que ceux de l'Opéra furent désertés pendant les mois suivants et furent même fermés pendant les trois derniers jours du carnaval.

Les directeurs de l'Opéra effrayés du préjudice que cette concurrence leur causait, firent de si vives réclamations et employèrent des protecteurs si puissants, que la permission fut retirée aux comédiens français en 1721.

Les comédiens italiens ayant abandonné leur théâtre de l'hôtel de Bourgogne, pour en ouvrir un autre à la foire Saint-Laurent, voulurent aussi, pour grossir leurs recettes, donner bal deux fois par semaine, mais ils furent obligés d'y renoncer.

Quelques années plus tard, l'Opéra-Comique donna aussi quelques bals de nuit; il y en eut un en 1734, qui fut si brillant, qu'à partir de cette époque, l'Opéra-Comique en donna un chaque année, le jour de la fête du roi.

En 1746, le sieur Berger, directeur de l'Opéra, informé du tort que lui faisaient les assemblées et bals particuliers qui se multipliaient, présenta un mémoire au conseil pour faire cesser cet abus si préjudiciable aux bals **masqués de l'Opéra**; des perquisitions furent faites dans plusieurs maisons suspectées et des procès verbaux furent dressés contre plusieurs traiteurs reconnus coupables.

En 1753, le sieur Grandval, comédien du roi, obtint la permission de donner huit bals publics dans la salle de la comédie française et ils furent très suivis.

Après l'incendie de l'Opéra survenu en 1763, les bals masqués eurent lieu dans la nouvelle salle de la rue Saint-Honoré et se continuèrent également, après le second incendie de 1781, dans la salle provisoire de la Porte Saint-Martin, mais la Révolution supprima les bals masqués de l'Opéra; toutefois, un arrêté des consuls les rétablit en 1799 et le 20 décembre de cette même année ils firent leur réouverture avec cette modification que les déguisements étaient interdits et que les hommes ne pouvaient y entrer qu'en habit noir et les dames en domino.

La restriction fit grand tort aux bals, car le premier qui fut donné ne produisit qu'une recette de 5,325 francs et le second à peine 1,200 francs!

En 1800, on réfléchit que les masques ne menaçaient en rien la République et on leva l'interdiction prononcée contre eux.

Immédiatement les recettes montèrent: le premier bal donna une recette de plus de 26,000 francs, et les huit bals qui furent donnés dans la saison formèrent un total de 85,907 francs.

Mais depuis le jour où le costume et le masque avaient fait place à l'habit noir et au domino, la danse s'était évanouie; malgré les sollicitations de l'orchestre, on se bornait à se promener et à s'intriguer.

Il en fut ainsi pendant de longues années dans l'intervalle desquelles l'Opéra s'était transporté rue Lepelletier et ce régime menaçait de faire à jamais disparaître les bals de l'Opéra, dont les administrateurs ne faisaient pas leurs frais, lorsque l'un d'eux Mira, afferma ses bals moyennant une redevance pour la saison de 12,000 francs et fit diriger l'orchestre par Musard, dont le bâton magique galvanisa les jambes les plus rebelles à la danse.

A partir de 1837, époque à laquelle le fameux Musard prit la direction de l'orchestre, la physionomie des bals changea complètement. Livrés aux amateurs de la danse échevelée, on n'y vit plus que des costumes débraillés, burlesques et extravagants; toutefois, cette mode passa et sous le second empire, les bals masqués de l'Opéra eurent deux publics distincts, celui des danseurs revêtus de costumes bizarres mais élégants, et celui des promeneurs et curieux qui était le plus considérable et surtout le mieux composé.

L'entrée du foyer était réservée aux habits noirs et aux dominos et c'était un magnifique spectacle que celui de la salle au milieu de laquelle tourbillonnait à la lueur de milliers de flammes, un essaim de masques aux couleurs variées, multiples, étincelantes mis en mouvement par un orchestre incomparable qui exécutait sous la direction de Strauss, dont la réputation avait succédé à celle de Musard, le répertoire le plus dansant qui puisse exister.

Le troisième incendie de l'Opéra, qui eut lieu

le 29 octobre 1873, mit naturellement fin aux bals masqués ; en 1874-75, on en donna quelques-uns, pendant la saison du carnaval, à l'Opéra-Comique, mais ce n'était que l'ombre des anciens.

Lorsque le nouvel Opéra fut construit les bals reparurent. Nous dirons plus loin ce qu'ils devinrent dans cette nouvelle salle et ce qu'ils sont aujourd'hui.

On dansa beaucoup pendant la Régence.

Les bals de l'Opéra ne furent pas les seuls suivis pendant l'hiver de 1715-1716, et les mémoires de l'époque en signalent un grand nombre qui furent donnés à Paris par les gens de cour et de finance ; mais l'un des plus beaux fut sans contredit celui que donna l'ambassadeur de Portugal dans son hôtel (qui était alors l'hôtel Bretonvillers île Saint-Louis).

Il eut lieu le 28 janvier ; il commença à 11 heures du soir et ne finit que le lendemain à neuf heures du matin. L'ambassadrice qui en faisait les honneurs se costuma trois fois différemment dans le cours de la nuit « et brilla toujours beaucoup ». Plus de 3,000 personnes costumées assistèrent à ce bal « où l'or, l'argent et les pierreries brilloient de tous côtés. Pour plus de commodité, on dansoit en quatre endroits différens, ce qui empêchoit la confusion et donnoit plus de liberté aux danseurs. Il y avoit d'autres chambres pour les joueurs avec différentes tables. Tout cela fut accompagné de piramides de viandes, de fruits, de confitures, et une profusion de toutes sortes de vins et de liqueurs. En un mot, il y avoit dix grandes chambres ou sales remplies de personnes de la première distinction, et chacun parut être autant satisfait de la fête que surpris de l'éclat et de la magnificence de M. l'Ambassadeur et du brillant de madame l'Ambassadrice ».

Chacun voyant sous la régence qu'on pouvait régler ses droits sur ses prétentions, la duchesse de Berry, à défaut du titre de reine, chercha à s'en attribuer les honneurs ; elle prit quatre dames du palais et une compagnie de gardes et un beau jour, elle traversa Paris depuis le Luxembourg, où elle logeait, jusqu'aux Tuileries, entourée de ses gardes avec trompette et timbales sonnant. Le maréchal de Villeroi représenta au régent que cet honneur n'appartenait à qui que ce fût, excepté au roi, et la duchesse dut se priver de ses gardes.

Elle chercha alors autre chose et imagina de paraître sous un dais à l'Opéra, et le lendemain à la comédie, avec quatre de ses gardes sur le théâtre et le reste au parterre.

Mais ce fut un *tolle* général dans la salle.

Furieuse de cet échec, elle se retira depuis dans une petite loge, où elle venait incognito.

Le commencement de la régence fut fécond en duels. Le mardi 12 novembre 1715, Ferrant, capitaine au régiment du roi, se battit contre Girardin, capitaine aux gardes, sous la terrasse des Tuileries. Puis ce furent Caylus contre le comte d'Auvergne, le duc de Richelieu contre Matignon ; Jonsac d'Aubeterre se battit contre Vilette ; bref c'était chaque jour de nouvelles rencontres et il semblait que tous les précédents édits rendus contre les duels eussent été abrogés.

Quelques mots sur le duel de Richelieu.

Ce fut au bal de l'opéra le 17 février, que le comte de Gacé, fils du maréchal de Matignon, légèrement pris de vin — car sous la Régence les gentilshommes se grisaient volontiers, c'était admis — s'avisa de rompre la conversation que Richelieu avait avec un domino, en s'amusant à le plaisanter d'une façon impertinente.

Celui-ci qui n'était pas patient, l'appela sot et lui demanda s'il ne serait pas disposé à continuer dehors l'entretien si mal commencé.

— Volontiers, répondit l'autre, c'est ce que je cherchais.

Richelieu se hâta de conduire la jeune femme dans une loge occupée par Soubise, puis il sortit en même temps que Gacé de Matignon ; mais les abords de l'opéra étaient encombrés de carrosses et de gens qui stationnaient, dans l'espérance de voir entrer ou sortir quelque personnage important.

Ils gagnèrent la rue Saint-Thomas-du-Louvre.

Ce fut là, sous un reverbère dont la clarté douteuse ne projetait qu'une faible lueur autour d'eux, que les deux gentilshommes, après s'être courtoisement salués, mirent l'épée à la main.

Ce combat impromptu fut des plus animés ; les deux adversaires étaient jeunes, ennemis depuis déjà longtemps à cause de Mme de Gacé dont on prétendait que Richelieu était épris ; ils se portèrent de vigoureux coups, et après quelques parades, ce fut Matignon qui fut légèrement blessé.

— Ce n'est rien, dit-il.

Et le combat continua, mais une seconde fois Matignon fut blessé à l'épaule ; rendu furieux par ces deux blessures, Matignon s'élança contre son adversaire et lui planta son épée dans le ventre ; puis jetant précipitamment son épée dans une cave, il prit la fuite. Quelques instants plus tard, une patrouille de gardes françaises et d'archers apparut sur le lieu du combat et relevait Richelieu sanglant.

L'affaire ne pouvait en rester là ; le parlement cita les deux adversaires à sa barre, mais le régent intervint et fit cesser tout le bruit qui se faisait à propos de ce duel ; il substitua, au décret d'ajournement personnel et à l'injonction de prendre prison dans quinzaine, à la Conciergerie du palais, une lettre de cachet, du 4 mars, qui envoyait le duc et Matignon à la Bastille.

Le nombre des malades de l'Hôtel-Dieu avait tellement augmenté depuis 1709, qu'on fut obligé

La banque de Law était rue Quincampoix, n° 47.
(démolie pour le passage de la rue Rambuteau.)

Un savetier louait son échoppe aux dames qui venaient contempler ce spectacle.

d'agrandir les bâtiments ; mais pour cela il fallait des fonds et le, 6 février 1716, une ordonnance fut rendue dans laquelle on lit : « A quoy Sa Majesté voulant pouvoir, a ordonné et ordonne de l'avis de M. le duc d'Orléans, son oncle régent, qu'à l'avenir à commencer du 10 du présent mois de février, il sera levé et reçu au profit de l'Hostel-Dieu un neuviesme par augmentation des sommes qu'on reçoit présentement et que l'on recevra à l'avenir pour les places et les entrées aux opéra, comédies et autres spectacles publics qui se jouent à Paris par la permission de Sa Majesté sans aucune diminution ni retranchement, sous prétexte de frais ou autrement ; lequel neuviesme sera remis au receveur de l'Hostel-Dieu pour estre employé au bastiment des nouvelles salles et à la subsistance des malades. »

Le 23 du même mois, une autre ordonnance fut rendue pour le renouvellement et l'entretien des pompes à incendie ; elle assignait un fonds annuel de 6,000 livres pour l'entretien de ces pompes et en même temps créait un corps de pompiers composé de trente-deux hommes (deux par chaque pompe) ; seize faisant l'office de pompiers en chef, touchaient cent livres par an, et seize autres placés en sous ordre, cinquante livres.

Les uns et les autres devaient porter un bonnet particulier devant les faire reconnaître dans les incendies, de façon qu'ils pussent commander aux autres ouvriers aux pompes.

Ils étaient tenus de loger aux environs des lieux où les pompes étaient déposées.

Cette ordonnance qui intéressait tous les habitants de Paris, « fut lue et publiée à haute et intelligible voix, à son de trompe et cry public, en tous les lieux ordinaires et accoutumez » par Antoine Pasquier juré crieur, accompagné de Louis Ambezar, Nicolas Ambezar et Claude Craponne jurés trompettes.

Les six corps des marchands de Paris, les députés pour le conseil du commerce, et tous les commerçants en général, avaient fait instamment prier le roi d'augmenter la valeur des monnaies qu'il avait si arbitrairement diminuée, en lui représentant que c'était le seul moyen de donner le mouvement et la circulation aux dites espèces pour le rétablissement du commerce et le soutien des manufactures.

Le roi finit par céder à ces sollicitations et rendit un édit ordonnant de fabriquer de nouvelles pièces de monnaie ayant cours, les louis pour 20 livres, les écus pour 5 et les autres pièces divisionnaires dans la même proportion.

Par le même édit, il fut ordonné que les espèces frappées en vertu de l'édit de 1709, seraient portées à la monnaie pour être réformées, et le roi « voulant partager le bénéfice de cette réformation avec ses sujets, ordonna que les louis qui valoient auparavant 14 livres et les écus qui valoient 3 livres 10 sols » seraient reçus à l'hôtel des monnaies jusqu'à la fin mars, les louis pour 16 livres et les écus pour 4. Les espèces d'or et d'argent fabriquées antérieurement à 1709 furent reçues, les louis pour 13 livres 2 sols 6 deniers et les écus pour 3 livres 11 sols, et encore fallait-il que ces pièces eussent conservé le poids exact fixé par les ordonnances.

Ce nouvel édit ne fit qu'accroître le trouble qui régnait dans les transactions commerciales. La rigueur d'un hiver exceptionnel avait encore augmenté le malaise général. Dès le 14 décembre, il avait gelé avec une extrême violence et cette gelée avait continué d'intensité jusqu'à la fin de janvier ; aussi les pauvres étaient-ils plus nombreux que jamais, et l'on murmurait sourdement contre le luxe des traitants et des financiers qu'on accusait fortement de s'être enrichis par des moyens plus ou moins avouables.

Ce fut pour faire droit aux plaintes formulées de tous côtés, que le 13 mars, fut établie une Chambre de justice par arrêt du roi.

Les dispositifs de cet arrêt indiquent suffisamment ses causes et son but.

« L'épuisement où nous avons trouvé nostre royaume et la déprédation qui a été faite des deniers publics pendant les deux dernières guerres, nous obligent d'accorder à nos peuples la justice qu'ils nous demandent contre les traitans et gens d'affaires, leurs commis et préposez qui par leurs exactions les ont forcez de payer beaucoup au delà des sommes que la nécessité des temps avoit contraint de leur demander ; contre les officiers comptables, les munitionnaires et autres qui, par le crime de péculat, ont détourné la plus grande partie des deniers qui devoient être portez au trésor royal ou qui en avoient esté tirez pour estre employez suivant leur destination ; et contre une autre espèce de gens auparavant inconnus, qui ont exercé des usures énormes en faisant un commerce continuel des assignations, billets et rescriptions des trésoriers, receveurs et fermiers généraux. Les fortunes immenses et précipitées de ceux qui se sont enrichis par ces voyes criminelles, l'excez de leur luxe et de leur faste qui semble insulter à la misère de la plupart de nos autres sujets sont déjà par avance une preuve manifeste de leurs malversations ; et il n'est pas surprenant qu'ils dissipent avec profusion, ce qu'ils ont acquis avec injustice, etc... »

Suit l'établissement de la Chambre de justice, « composée des officiers de nos Cours qui seront par nous nommez pour servir en la dite Chambre qui tiendra ses séances au couvent des Grands-Augustins de nostre bonne ville de Paris et estre par eux procédé sans aucune discontinuation tous les matins depuis sept heures jusqu'à onze et même les après-midy pour les affaires civiles depuis trois heures jusqu'à six, à l'instruction et jugement des procez civils et criminels et autres différens meus et à mouvoir pour raison de péculat, concussions, exactions et malversations au fait de nos finances, crimes et délits commis à l'occasion d'icelles en quelle que sorte et manière, et par quelques personnes que ce puisse estre, soit officiers de nos finances, officiers comptables, traitans, sous-traitans, et gens d'affaires, leurs clercs, commis et préposez, et autres qui ont vacqué et travaillé, tant en la levée, perception et régie de nos droits et des deniers de nos recettes, qu'autres levées et recouvrements ordinaires et extraordinaires, traitez, sous-traitez, entreprises et marchés pour estapes ; fournitures de vivres aux troupes, hospitaux, munitions de guerre et de bouche aux villes, garnisons et armées de terre et de mer en l'emploi et distribution des dits deniers soit pour les dépenses de la guerre, de nos maisons royales et autres charges de nostre Etat. Ensemble tous ceux qui ont exercé l'usure à l'occasion et au détriment de nos finances, tant sur les papiers que sur les espèces. »

Et enfin, pour inviter les bons et fidèles sujets à l'éclaircissement de ces faits, on donnait à ceux qui voudraient se rendre et déclarer dénonciateurs de ces personnes, le cinquième des amendes et confiscations et à ceux qui découvriraient les effets celés, le dixième ou plus grande récompense, « selon les diligences, qualités et circonstances de leur avis. »

Quelques jours après cet édit dont la publication jeta la plus vive alarme dans le monde financier, mais qui fut admirablement reçu du populaire et des petits bourgeois, enchantés de voir que « toutes ces sangsues publiques alloient être obligées de rendre une partie considérable de leurs profits excessifs » — quelques jours plus tard, disons-nous, une commission du roi parut contenant les noms des juges et officiers composant la Chambre de justice, dont Bouvard de Fourqueux, procureur général en la chambre des comptes, fut nommé président.

L'énumération du nombre de gens exposés aux recherches jeta une véritable panique chez tous les maniers d'argent ; il y en avait tant qui ne se sentaient pas la conscience tranquille !

Les procédures furent aussi promptes que rigoureuses; la Bastille et les autres prisons se remplirent de gens accusés ou simplement soupçonnés; plusieurs furent gardés dans leurs maisons et il fut publié une défense de donner des chevaux de poste à ceux qui chercheraient le salut dans la fuite.

Un arrêt rendu par la chambre défendit sous les peines les plus sévères aux orfèvres, lapidaires et autres, d'acheter aucunes vaisselles ou matières d'or et d'argent des traitants, gens d'affaires et autres personnes prohibées. Et aux graveurs et ouvriers d'en effacer les armes et chiffres. L'un des maltôtiers, le nommé Bourvalais, fut un des plus maltraités; ses richesses, la beauté et la magnificence de son hôtel meublé princièrement, le luxe, la délicatesse de sa table, tout plaidait contre lui ; il avait commencé par être décrotteur et était parvenu à devenir plusieurs fois millionnaire et, aussitôt la Chambre formée, il fut décrété d'accusation et envoyé en prison; on pilla sa demeure, le régent donna à un duc son magnifique attelage, et le Président de la Chambre de Justice eut des seaux d'argent dont Bourvalais se servait sur sa table pour faire rafraîchir les vins.

Aussi depuis ce jour n'appela-t-on plus Fourqueux que le garde des *seaux*.

Bout, premier commis du fournisseur des bestiaux de l'armée, fut condamné pour malversation à faire amende honorable, à 50,000 livres de dommages envers le roi et à neuf ans de bannissement.

Paparel, ci-devant trésorier de l'ordinaire de guerre, fut convaincu de fraude et de malversation à un tel excès, que la Chambre de justice siégeant aux Grands-Augustins, le condamna à mort et à la confiscation de tous ses biens envers le roi à qui il devait 1,900,000 livres.

La peine de mort fut commuée en une prison perpétuelle aux îles Sainte-Marguerite.

Quant à ses biens, ils furent donnés au marquis de la Farre son gendre — de sorte qu'ils ne sortirent pas de la famille, à l'exception des 1,900,000 livres que le roi fit rentrer dans ses coffres.

« Tous les partisans, fermiers, entrepreneurs, receveurs des deniers, pourvoyeurs des armées et des hôpitaux, furent cités devant la Chambre de justice et condamnés à de grosses restitutions; on remarqua pourtant que les plus opulens ne furent pas les plus taxés : ce spectacle réjouit quelque temps Paris, mais quand on sçut qu'il n'entroit qu'une bien petite partie de ces taxes dans les coffres du roi, que ce que ces gens avoient pris sur le peuple, ne faisoit que changer de main, que les favoris, les maîtresses vendoient la diminution et la réduction de ces taxes, la joie fut de courte durée. »

Le lecteur sera peut être désireux de savoir comment étaient appliquées ces taxes et sur quelles bases elles étaient calculées, nous allons le satisfaire en lui donnant le modèle d'une de ces taxes que nous avons sous les yeux.

« M.... âgé de 50 ans a de bien... 400,000 liv.

« Il est, depuis l'âge de vingt ans, dans les affaires; il a été huit ans commis à 1,200 livres par an. Depuis ce temps jusqu'à présent, il a toujours été dans les traitez et suivant sa déclaration, il a eu, sçavoir :

« De patrimoine . .	10,000 liv.
« De dot	3,000
« De succession . .	7,000
Total	20,000 liv.

« Sa déclaration de biens monte à 400,000 livres consistant en une charge de secrétaire du roy. . . . . 80,000 liv.
« Rentes sur l'État. 40,000
« Billets d'État. . . 50,000
« Terres 50,000
« Maisons 60,000
« Patrimoine ci-dessus spécifié 20,000
« Fonds dans les affaires. 100,000
Total 400,000 liv.

« Ses dettes à distraire. 70,000
« Reste qu'il a net, distraction faite de son patrimoine et de ses dettes. . . . . 330,000 liv.

« Est taxé à 230,000 livres payables :
« Sçavoir en sa charge de secrétaire du roy . . . . . 80,000 liv.
« Rentes sur la ville. 40,000
« Billets d'État . . . 50,000
« Et en argent comptant 60,000
Total 230,000 liv.

« Par ainsi, prélevé son patrimoine, la dot de son épouse, et ses dettes payées, le tout suivant sa déclaration, il reste au cotisé un gain de la somme de. . . . . . . 100,000 l. »

Voilà la façon dont on opérait.

Ces taxes qu'on imposa à environ quatre cents personnes produisirent en peu de temps, plus de 180 millions, dont une centaine fut distribuée en dons de toute nature aux courtisans et aux gens d'affaires; et l'on murmura hautement.

Lorsqu'on eut tiré des bourses financières à peu près ce qu'on voulait, la chambre de justice fut supprimée (22 mars 1717), et les choses reprirent leur cours ordinaire; c'est-à-dire que le peuple n'en fut pas plus heureux et que les traitants firent du mieux qu'ils purent pour rattraper ce qu'ils avaient payé.

Les affaires politiques de l'intérieur n'étaient pas non plus dans un état bien prospère : les princes du sang imaginèrent de présenter requête au Parlement tendant à priver les princes légitimés du rang et des prérogatives que leur avait accordés le feu roi, et de faire révoquer l'édit de 1714, rendu en leur faveur. De longs débats s'élevèrent à ce propos, le conseil de régence nomma six commissaires pour examiner la question, et trente-neuf personnages de la noblesse, prétendant que cette affaire, intéressant la nation, ne pouvait être jugée que par l'assemblée des états, firent signifier une protestation contre tout jugement qui pourrait intervenir; mais le parlement ordonna la suppression de cette signification et interdit l'huissier qui l'avait faite.

De son côté, le régent fit mettre à la Bastille MM. de Châtillon, de Vieux-Pont, de Beauffremont, et au château de Vincennes MM. de Polignac et de Clermont,

Grâce aux instances du duc de Chartres, ils furent relâchés un mois plus tard.

Enfin le 2 juillet 1717, intervint un édit qui revoquait celui du mois de juillet 1714 et la déclation de 1715, et priva les princes légitimés du droit de se pouvoir dire princes du sang, tout en leur conservant les honneurs dont ils avaient joui jusqu'alors. Ainsi finit cette affaire qui occupa longtemps tous les esprits.

La situation financière déjà si mauvaise qu'on n'avait pas craint de conseiller au régent la banqueroute, allait bientôt se compliquer singulièrement.

Un certain Jean Law de Lauriston, écossais, ayant tué en duel un gentilhomme dans son pays, avait été obligé de s'expatrier et était venu à Paris où il avait fait connaissance du régent chez une courtisane célèbre nommée la Duclos et s'était promptement lié avec lui.

Or Law, qui s'était beaucoup occupé de calculs, avait en tête un système de crédit qui d'après lui, devait centupler les ressources de l'État en les mobilisant au moyen d'un papier-monnaie qui aurait pour garantie le produit des impôts, des fermes, des compagnies etc. et qui remplacerait le numéraire insuffisant pour les relations commerciales.

Il en fit part au régent qui, séduit par ces brillantes conceptions, y vit le moyen de sauver la France menacée, nous l'avons dit, de la banqueroute et le 2 mai 1716, il signa en faveur de Law un édit portant un établissement d'une banque générale. Le capital de cette banque était fixé originairement à 1200 actions de mille écus chacune, mais bientôt, il fut porté à six millions de livres divisés en 12,000 actions de 500 livres chacune, dans le but de faciliter le commerce avec un escompte de 1/4 pour cent. Le succès fut rapide : Law fit adjoindre successivement à sa banque la compagnie du Mississipi avec la propriété du Sénégal, le commerce exclusif de la Chine, l'ancienne compagnie des Indes, la fabrication des monnaies, les fermes, etc.

Maître de tous les revenus publics, il donna sa banque à l'État et se fit nommer contrôleur général des finances.

Par édits des 8 et 10 mai, la banque de Law fut établie rue Vivienne dans une partie de l'ancien palais Mazarin; mais depuis longtemps, le centre de l'agiotage qui se faisait sur les billets de l'extraordinaire des guerres, était dans la rue Quincampoix (cette rue existe depuis 1210, sa première partie comprise entre la rue des Lombards et celle Aubry-le-Boucher était appelée autrefois rue Courroierie ou de la vieille Courroierie parce qu'elle était habitée par des corroyeurs, puis elle prit le nom de rue des Cinq-Diamants qu'elle devait à une enseigne et fut réunie en 1851 à la rue Quincampoix).

Law y transporta sa banque dans une maison qui portait jadis le n° 47; elle était garnie d'énormes barreaux de fer et le bandeau du premier étage était orné de trois têtes sculptées en relief dans des médaillons. Elle fut démolie et remplacée par celle qui fait le coin de la rue de Rambuteau.

La banque ne pouvait être mieux placée que dans une rue habitée par des juifs, des usuriers et des courtiers en finances; elle fut bientôt le lieu de rendez-vous de tous les Parisiens qui y portaient leur argent pour recevoir en échange des billets.

La rue Quincampoix, c'était tout Paris; écoutons un de ses historiens :

« La possession du moindre réduit dans cette enceinte privilégiée (la rue Quincampoix) passait pour le comble du bonheur, et la cupidité les avait multipliés avec une étonnante industrie; chaque parcelle d'habitation se changeait en petits comptoirs; à la lueur de lampes infectes, on en trouvait des labyrinthes dans les caves, tandis que quelques banquiers, pareils aux oiseaux de proie, avaient attaché leurs guérites sur les toits. Une maison ainsi distribuée constituait une ruche d'agioteurs, animée dans toutes ses parties par un mouvement perpétuel. Celles dont le revenu était de 600 livres en rapportaient alors cent mille. Les spéculations sur les baux en totalité furent une source facile de richesses.

« Mais la rencontre des essaims étrangers et les plus vives négociations se faisaient dans la rue, c'est là qu'un attroupement bizarre fondait les

Le comte de Horn tomba, et on s'empara de lui dans la rue de Venise même. (Page 91, col. 1.)

rangs, les âges et les sexes. Jansénistes, molinistes, seigneurs, femmes titrées, magistrats, filous, laquais, courtisans se heurtaient et se parlaient sans étonnement. L'avidité, la crainte, l'espérance, l'erreur, la fourberie remuaient sans relâche cette foule intarissable ; une heure élevait la fortune que renversait l'heure suivante.

« La précipitation était si grande, ajoute un des auteurs des *rues de Paris*, qu'un abbé livra impunément pour des actions de la compagnie des billets d'enterrement et dans cette burlesque substitution, les applaudissements se partagèrent avec l'effronterie du vol et la malice de l'épigramme.

Dans cette rue Quincampoix, on était si entassé les uns sur les autres que le besoin changea des hommes en meubles et parmi ceux qu'enrichirent ces métamorphoses, on cite un soldat, dont l'immense omoplate valait un bureau et un petit bossu, qui soutenu par une muraille, devenait un pupitre commode sur lequel on transigea pour des milliards.

Le public frappé de ce que le roi achetait 500 livres en espèces des actions de la banque qui n'avaient coûté dans l'origine que 500 livres en billets de l'État, ce qui ne représentait pas plus de 170 livres, conçut une si haute opinion des actions, qu'il en voulut à tout prix.

On s'étouffa dans la rue Quincampoix.

Un savetier, dont l'échoppe était appuyée contre le jardin du banquier Tourton qui donnait sur la rue, gagna deux cents livres par jour à louer son échoppe aux dames qui venaient contempler ce spectacle inouï.

La ruse amenait alternativement la hausse et la baisse dans le prix des actions.

Les variations étaient si rapides, que les agioteurs, recevant des actions pour aller les vendre, en les gardant un jour seulement, avaient le temps de faire des profits énormes.

L'un d'eux, chargé d'aller en vendre un certain nombre, resta deux jour sans paraître; on crut les actions volées; point du tout, il en rendit fidèlement la valeur, mais il s'était donné le temps de gagner un million pour lui.

« Le système commença à fleurir vers le milieu de 1718; au mois de septembre 1719, Law qui voyait les actions de sa banque monter, par suite d'édits qui diminuaient la valeur des espèces, saisit ce moment pour faire ordonner, par un arrêt qui fut rendu le 2 octobre, la création de trois cent mille nouvelles actions aux prix de 5,000 livres. Elles furent distribuées à des gens choisis, à des amis de Law; le public empressé d'en avoir fut obligé de les leur racheter, ce qui eut pour résultat naturel d'en faire monter le prix; elles atteignirent 10,000 livres.

Enfin, quoiqu'elles fussent déjà au nombre de 600,000, on en créa encore 24,000 le 4 du mois d'octobre.

Il est impossible de raconter ici comment on s'y prit pour soutenir ces cours, ni de faire le récit de tous les moyens plus ou moins licites, honnêtes ou légaux, qui furent employés dans ce but.

On avait donné à la compagnie des Indes la ferme du tabac, le produit des monnaies, les fermes générales, toutes les branches du commerce de l'Amérique, du Sénégal, des Indes. Il ne restait plus qu'à continuer de discréditer les monnaies et de multiplier les billets de banque.

On fit l'un et l'autre par une multitude innombrable d'arrêts du conseil qui ordonnaient des diminutions et en annonçaient de nouvelles.

Il se trouva au 1ᵉʳ décembre 1719 pour 640 millions de billets de banque entre les mains du public « avec lesquels on avoit remboursé les sujets du roi; et que l'on disoit par l'arrêt du conseil plus que suffisans pour la circulation; » cependant on ne s'en tint pas là; on le porta à plus du quadruple en moins de six mois.

Le 21 décembre, il fut rendu un arrêt défendant de faire des payements au-dessus de dix livres en argent et au-dessus de 300 livres en or!

Ainsi non seulement l'or et l'argent étaient réduits de valeur par des diminutions successives, mais ils se trouvaient encore proscrits et hors du commerce par cet arrêt.

On était obligé de porter son argent à la banque, et de l'échanger contre des billets.

Le président Lambert de Vermon, un des plus honnêtes hommes de Paris, alla trouver le régent et lui dénonça quelqu'un qui avait en or 500,000 livres et, comme un récent arrêt accordait au dénonciateur le tiers de la somme qu'on saisirait sur le dénoncé, il demanda son tiers.

Le régent, extrêmement étonné de la démarche de ce président, lui exprima la profonde surprise qu'elle lui causait.

— Eh monsieur! quel vilain métier faites-vous donc là? lui dit-il.

— Monseigneur, lui répondit Lambert de Vermon, celui que je dénonce c'est moi-même et j'aime mieux cent mille livres en espèces, que tous les billets de la banque.

Toujours est-il que les actions de 500 livres avaient fini par monter jusqu'à 18 et 20,000 livres, c'est-à-dire trente-six et quarante capitaux pour un. « Tout avait été régularisé dans la rue Quincampoix; des gardes avaient été placés aux deux bouts de cette rue. Une commission avait été nommée pour juger sommairement toutes les contestations. L'affluence des spectateurs était sans cesse croissante. Tout le monde accourait au rendez-vous commun de la fortune; les créanciers y apportaient leurs remboursements, beaucoup de propriétaires, la valeur de leurs terres, et de grandes dames mêmes, celle de leurs diamants.

« Les Mississipiens (on appelait ainsi ceux qu'avait enrichis le système) commencèrent alors à se livrer aux plaisirs et aux désordres qui accompagnent les fortunes subitement acquises. Le régent dégagé de ses soucis, la noblesse qui se croyait enrichie, les agioteurs, possesseurs de quantités immenses de papiers, se livrèrent à toutes les débauches. Les magasins de la rue Saint-Honoré remplis ordinairement des plus riches étoffes étaient épuisés; le drap d'or était devenu excessivement rare; on le voyait dans les rues porté par des gens de toutes les classes. Les denrées de toute nature avaient augmenté. »

Les mœurs du peuple furent profondément atteintes par ces événements.

Ce moyen offert à tout le monde de s'enrichir sans travailler et simplement par le jeu, excita chez la multitude une ambition démesurée et développa tous les instincts de jouissance.

Les nouveaux enrichis se vautraient avec délices dans un luxe sensuel, ils avaient des hôtels garnis de meubles d'or et d'argent, des pierreries, des parfums; ils se faisaient servir des vins exquis, des poissons monstrueux, des fruits rares, ils donnaient des bals, des fêtes, où des courtisanes venaient étaler leurs charmes aux plus offrants.

Jamais on n'avait vu saturnales semblables.

Elles ne pouvaient pas durer.

Les Mississipiens les plus riches voulurent enfin réaliser en espèces leurs monceaux de billets; quelques autres rêvèrent mieux. C'étaient de jeunes gentilshommes déréglés, à qui l'agiotage n'avait pas réussi; ils avaient résolu de voler ce qu'ils n'avaient pu gagner. Ils formèrent le projet d'enlever les portefeuilles en fondant en troupe, l'épée à la main, sur les spectateurs réunis dans la rue Quincampoix. Ce crime fut empêché par un autre dont nous empruntons la relation à Mary-Aycard.

« A l'un des coins formés par les rues Quincampoix et de Venise, là même où est aujourd'hui établi un marchand de vin, il y avait en 1720, à l'enseigne de l'*Epée de bois* un cabaret célèbre par les orgies qu'y faisaient les Mississipiens. Antoine de Horn, frère cadet de Maximilien Emmanuel, seigneur de Horn et de Lootz, un des plus petits princes d'Allemagne et parent du régent Antoine, disons-nous, connu alors à Paris sous le nom de comte de Horn, s'associa de Miles, gentilhomme piémontais et un certain Lestang, fils d'un banquier de Tournay qui se faisait nommer le chevalier d'Estampes, tous trois entraînèrent à l'*Épée-de-Bois*, Lacroix, un des plus riches Mississipiens, sous prétexte de traiter avec lui de la vente d'une terre ; ils se firent ouvrir une pièce dont les fenêtres donnaient sur la rue de Venise, et au lieu de traiter avec le détenteur d'actions, ils l'assassinèrent pour s'emparer de son portefeuille. Le meurtre fut commis par de Horn et de Miles seuls, Lestang faisait le guet dans la rue. Un garçon du cabaret, qui était dans l'escalier, entr'ouvrit la porte du lieu où étaient les assassins, vit le crime, referma la porte, emporta la clef et alla répandre la nouvelle dans le cabaret de l'*Épée-de-Bois*. Quand Lestang vit ses deux complices découverts, il prit la fuite, sortit sans retard de Paris, quitta la France et, il paraît, passa à la Nouvelle-Orléans ; il alla voir ce Mississipi dont il avait voulu voler les actions. De Miles, à l'aide d'une poutre qui étançonnait la maison de l'*Épée-de-Bois*, se laissa glisser dans la rue de Venise, traversa l'église du Saint-Sépulcre, bâtie sur l'emplacement où est aujourd'hui la cour Batave, et fut arrêté dans le marché des Innocents. Le comte de Horn voulut prendre le chemin qu'avait pris de Miles, mais il tomba, se foula le pied et on s'empara de lui dans la rue de Venise même. Le crime était patent, c'était un assassinat prémédité. Les coupables devaient, suivant la loi, subir le suplice de la roue. Toute la noblesse entoura le régent pour épargner au jeune comte de Horn un supplice infamant ; mais le régent résista noblement à toutes les instances.

« Le duc de Saint-Simon lui représenta que le comte de Horn était non seulement gentilhomme, mais encore allié aux familles princières d'Allemagne, Philippe fut inexorable. Enfin le duc lui dit :

« — Mais, monseigneur, M. le comte de Horn a l'honneur d'être votre parent.

« A quoi le régent fit cette réponse si connue :

« — Quand j'ai du mauvais sang, je me le fais tirer. »

Law et Dubois insistèrent pour faire donner un exemple indispensable dans un moment où tout le monde avait sa fortune en portefeuille. Le comte de Horn et son complice de Miles furent roués tous deux en place de Grève, le 26 mars 1720.

Peu de temps après l'exécution de ces deux assassins, une ordonnance royale transporta la banque de Law sur la place Vendôme et plus tard à l'hôtel de Soissons.

Mais il y avait déjà quelque temps que les actions baissaient.

Bientôt ce ne fut pas seulement une baisse, ce fut une véritable débâcle et quand toutes ces valeurs fictives s'évanouirent dans les mains de ceux qui les possédaient, un des amis du régent, à qui celui-ci faisait part de ses réflexions sur le système de Law, M. de Canillac lui dit :

— Le système! parbleu il n'est pas nouveau et Law n'a rien inventé : bien avant lui j'ai fait des billets que je n'ai pas payés, voilà tout le système !

C'était spirituel, mais ce n'était pas absolument juste et si les agioteurs ne s'étaient pas jetés sur les actions de la banque, à seule fin de leur faire subir une hausse exagérée, beaucoup de gens alléchés par un gain facile n'eussent pas sacrifié leur fortune pour tenter de la quintupler.

En somme, c'est à ce système ramené à des proportions logiques, qu'on dut plus tard les billets de la banque de France.

Mais il est temps de revenir à l'année 1716 ; en juin un édit du roi conféra la noblesse aux principaux officiers de l'hôtel de ville de Paris. Les termes de cet édit méritent d'être reproduits en partie :

« Louis, etc. Nous avons jugé à propos d'accorder, à nostre avénement à la couronne, le privilège de la noblesse aux principaux officiers de l'hostel de nostre bonne ville de Paris, et par cette concession perpétuelle et irrévocable de donner en leurs personnes à tous les habitans de la capitale de nostre royaume, séjour ordinaire de nostre personne, un témoignage de l'affection que nous avons pour eux et de la confiance que nous aurons toujours dans leur zèle et dans leur fidélité. Il nous a paru qu'il étoit d'autant plus convenable de leur attribuer cette marque de distinction, que l'eschevinage ne nostre bonne ville de Paris ne peut estre déféré qu'à des personnes d'une profession honorable et de mœurs sans reproches, puisque le moindre soupçon ; un contrat d'atermoyement, de simples lettres de répy, quelque justes que puissent être les causes qui les font accorder, suffisent toujours pour exclure ceux qui pourroient prétendre à la qualité d'eschevin ; que les sujets qui l'obtiennent ne doivent cet avantage qu'au choix des plus notables citoyens qui les ont nommez par préférence, comme les plus capables d'en remplir dignement les devoirs et qu'ils sont les seuls de tous les eschevins de nostre royaume qui ont l'honneur de prester serment entre nos mains. »

Nous citons ce texte, afin de faire remarquer la haute considération dont jouissaient alors les bourgeois revêtus des fonctions municipales.

Maintenant, si on est surpris de voir ce nouvel anoblissement de l'échevinage après la déclaration de 1706 que nous avons relatée, nous dirons qu'après avoir joui des dispositions de cet édit pendant neuf années, il l'avait vu révoquer en 1715, et voilà pourquoi Louis XV ou plutôt le Régent crut devoir signer un nouvel édit dans lequel on lit : « Nous avons par le présent édit perpétuel et irrévocable, maintenu et maintenons le prévost des marchands de nostre bonne ville de Paris estant présentement en charge et ceux qui lui succéderont à l'avenir dans le titre, dignité et qualité de chevalier et dans toutes les prérogatives qui leur ont esté cy-devant accordées ; et de la mesme autorité nous avons accordé et octroyé, accordons et octroyons aux eschevins, à nostre procureur, au greffier et receveur de l'hostel de nostre dite ville de Paris qui sont présentement en charge et ceux qui exerceront les mesmes charges à l'avenir, ensemble aux anciens eschevins qui ont esté dans l'eschevinage depuis l'année 1706, à leurs enfans nés et à naître en légitime mariage et à leur postérité, les titres, honneurs, droits, privilèges, prééminences et prérogatives de noblesse, soit qu'eux ou leurs enfans et descendans soient résidens en la dite ville de Paris ou hors d'icelle sans estre obligez de faire autre preuve de noblesse en cas qu'elle fût contestée à eux ou à leurs descendans, que de faire apparoir qu'eux ou leurs pères ont esté eschevins de nostre dite ville de Paris, ou qu'ils ont possédé l'un des offices de nostre procureur, greffier ou receveur du dit hostel de ville de Paris, à condition néantmoins qu'ils ne pourront, les uns ny les autres, faire d'autre commerce que le commerce en gros pour lequel il ne pourra être imputé d'avoir fait acte dérogeant à noblesse et qu'en cas qu'aucun d'eux vînt à faire faillite, passer contrat d'atermoyement ou obtenir des lettres de répy, ils seront déchus et privez de la noblesse qui leur est accordée par le présent édit ; comme aussi à condition que nostre procureur, le greffier et le receveur de la dite ville auront exercé les dites charges pendant le temps de vingt années consécutives ou qu'ils s'en trouveront revêtus au jour de leur décès. »

On a vu que sous Louis XIV, les comédiens italiens s'étaient fait renvoyer de Paris pour s'être permis de représenter une pièce faisant allusion à madame de Maintenon ; ils reparurent en 1716 et l'ordonnance suivante fut rendue en leur faveur, le 18 mai.

« Sa Majesté ayant permis que la nouvelle troupe de comédiens italiens de M. le duc d'Orléans régent du royaume fist ses représentations, soit dans la salle du Palais-Royal, soit sur le théâtre de l'hostel de Bourgogne, Sa Majesté, de l'avis de mon dit seigneur le duc d'Orléans, fait très expresses inhibitions et défenses à toutes personnes de quelque qualité et condition qu'elles soient, mesme aux officiers de sa maison, ses gardes, gendarmes, chevau-légers, mousquetaires et autres, d'entrer dans le parterre, sur le théâtre, dans les balcons, les premières, deuxièmes et troisièmes loges de la dite comédie sans payer, défend aussi à tous ceux qui assisteront à ces spectacles d'y commettre aucun désordre, soit en entrant, soit en sortant, et d'interrompre les acteurs pendant les représentations et les entr'actes, à peine de désobéissance ; fait pareillement défenses et sous les mesmes peines à toutes personnes de quelque qualité et condition qu'elles soient de s'arrester dans les coulisses qui servent d'entrée au théâtre de la comédie, et hors de l'enceinte des balustrades qui sont posées par son ordre exprès, pour y tenir les spectateurs assis et séparés d'avec les acteurs, afin que ceux-ci puissent faire leurs représentations avec plus de décence et à la plus grande satisfaction du public. Défend aussi à tous domestiques portant livrées, sans aucune réserve, exception ni distinction, d'entrer à la dite comédie, mesme en payant, de commettre aucunes violences, indécences ou autres désordres aux entrées ny aux environs des lieux où se fera cette représentation sous telle peine qu'il sera jugé convenable. Permet Sa Majesté d'emprisonner les contrevenans ; et enjoint au sieur d'Argenson, conseiller d'estat, lieutenant général de police de sa bonne ville de Paris, de tenir la main à l'exécution de la présente ordonnance qu'elle veut estre publiée et affichée partout où besoin sera. »

Les comédiens italiens débutèrent le 18 mai par une pièce intitulée : *l'Inganno fortunato*, comédie peu intéressante et qui fut néanmoins fort applaudie par les spectateurs, moins attentifs à suivre la conduite de l'intrigue, qu'à examiner les gestes des acteurs, la figure des actrices et le jeu de ces nouveaux venus comparé à celui de leurs prédécesseurs.

Les suffrages du public furent de suite acquis à cette troupe dirigée par Riccoboni, et la recette s'éleva à 4,068 livres.

La représentation avait eu lieu sur la scène du Palais-Royal, mais une ordonnance du roi du 20 annonça l'établissement des comédiens italiens rue Mauconseil à l'hôtel de Bourgogne ; cependant ils jouèrent encore au Palais-Royal ce jour-là, et la représentation d'inauguration à l'hôtel de Bourgogne eut lieu le 1er juin, en présence du régent, par *la Folie supposée* et à partir de ce jour, les Italiens ne jouèrent plus que le

Pont de Charenton sous Louis XIV, avant la destruction de ses fortifications.

Le sieur Le Normand fit à genoux amende honorable. (Page 93, col. 1.)

samedi sur le théâtre du Palais-Royal, qu'ils quittèrent définitivement après la mort de Madame.

Les principaux artistes de cette troupe étaient le fameux Thomasso Vicentini, dit Thomassin, qui excellait dans les rôles d'Arlequin et les joua à Paris pendant quarante années; Alborghetti, très bon Pantalon, et Giacoppo le scaramouche; Silvia, qui, elle aussi, remplit pendant trente-six ans les rôles d'amoureuse; Flaminia, etc.

En 1721, ils quittèrent la rue Mauconseil pour aller s'installer à la foire Saint-Laurent où ils débutèrent le 27 juillet par *Danaé* ; puis, en 1724, ils revinrent à l'hôtel de Bourgogne où ils jouèrent des parodies, des pantomimes, des ballets, des scènes épisodiques et des pastorales.

Le Théâtre des Italiens, qui jouissait des privilèges accordés aux comédiens du roi, fut en 1762 réuni au théâtre de l'Opéra-Comique.

Les époux Gaultier de Saint-Edme avaient traité depuis plusieurs années avec l'Académie royale de musique pour un privilège d'Opéra-Comique et ils s'entendirent avec les syndics de la faillite Guyenet directeur de l'Opéra, cessionnaires du privilège de cet entrepreneur, afin d'obtenir une permission plus ample qui leur fut accordée le 26 décembre 1709; ils s'associèrent alors à la dame Chartier de Baulne qui dirigeait un théâtre forain, et ce fut la naissance de l'Opéra-Comique qui résulta de cette association.

Les foires de 1716 et 1717 furent des plus brillantes, mais les comédiens français ne voyaient pas sans envie nombre de gens préférer le spectacle de la foire Saint-Laurent à celui de la comédie et ils s'en plaignirent.

En 1718, défense fut signifiée aux entrepreneurs de l'Opéra-Comique de continuer leurs représentations ; on était alors à la fin de la foire et le régent qui avait honoré de sa présence une des dernières représentations dit, à la fin du spectacle, que l'Opéra-Comique ressemblait au cygne qui ne chante jamais mieux que lorsqu'il est prêt de mourir.

En 1719, il n'y eut pas d'Opéra-Comique.

Mais en 1720, une troupe dirigée par Francisque se hasarda à jouer un opéra-comique de Lesage à la foire Saint-Laurent et il ne fut pas inquiété.

L'année suivante, les comédiens de la foire firent agir plusieurs personnes de distinction, à la considération desquelles il leur fut permis de représenter des pièces avec vaudevilles chantés.

Enfin, en 1724, l'Opéra-Comique fut rétabli officiellement et le privilège en fut accordé à un sieur Honoré qui l'exploita pendant quatre ans ; mais le mauvais état de ses affaires ne lui permettant pas de continuer davantage, il céda à Pontau le reste de la jouissance de son privilège. Pontau eut la direction de ce spectacle jusqu'en 1733 ; il passa après au sieur de Vienne qui l'exploita sous le nom d'Hamoche, acteur de la foire, et ensuite sous celui de Pontau. Celui-ci eut une seconde fois le privilège et le posséda jusqu'en 1743. Un sieur Monnet l'obtint après lui et ne le garda qu'un an ; son successeur fut le sieur Berger, directeur de l'Opéra.

En 1745, l'Opéra-Comique fut de nouveau suspendu sur la plainte des Comédiens français et ne fut rétabli qu'en 1752, à la sollicitation des officiers composant le bureau de la ville, qui étaient alors chargés de l'administration de l'Académie royale de musique et qui, depuis 1751, demandaient la réouverture de l'Opéra-Comique ; le prévôt des marchands concéda le privilège de l'Opéra-Comique pour la seconde fois à M. Monnet qui fit bâtir à la foire Saint-Laurent une salle qui coûta 45,000 livres. « Cette salle a été admirée de tous les gens de goût ; elle est de l'invention du sieur Arnoult, machiniste du Roi. »

« Le sieur Monnet a incontestablement l'honneur d'avoir brisé les tréteaux ; il a le premier donné à ce spectacle la forme d'un théâtre régulier ; le zèle, la vivacité et l'intelligence avec lesquels le sieur Monnet s'est conduit dans cette entreprise, ont été suivis des succès les plus heureux. »

Au mois de décembre 1756, il vendit son privilège à une compagnie à la tête de laquelle était placé le sieur Corbie, pour la somme de 84,000 livres et les nouveaux entrepreneurs, au nombre desquels se trouvait Favart, commencèrent leurs représentations à la foire Saint-Germain de l'année 1757.

En 1762, l'Académie royale de musique jugea à propos d'affermer le privilège de l'Opéra-Comique aux comédiens italiens, moyennant la somme de 32,000 livres payée annuellement par ces derniers.

En prenant possession de l'hôtel de Bourgogne, les artistes italiens prirent le titre de comédiens italiens de S. A. R. le duc d'Orléans. Après la mort de leur protecteur on les autorisa à faire graver en lettres d'or sur un marbre noir scellé au-dessus de la porte principale de leur théâtre : *Hôtel des Comédiens italiens ordinaires du Roi, entretenus par Sa Majesté, rétablis à Paris en 1716.*

Les deux troupes réunies continuèrent à occuper l'hôtel de Bourgogne jusqu'en 1783 où nous les verrons transporter leur scène sur le boulevard de la Chaussée-d'Antin, qui de là, fut appelé des Italiens, entre les rues Grammont et Richelieu.

Le 12 juin 1716, on fit à Paris, en présence du régent, l'épreuve de quelques canons d'une nouvelle invention due à l'ingénieur Thomas. Ces canons n'avaient que 18 lignes d'épaisseur et un mulet suffisait pour traîner une pièce de 36. On mit en batterie ces canons entre la Villette et le faubourg Saint-Laurent et on tira sur un but placé au bas de la montagne de Belleville. Tous les coups portèrent, et comme le tir de ces canons n'exigeait que cinq livres de poudre, chacun s'extasia sur cette belle invention.

Le 5 juillet, une fête magnifique fut donnée à la duchesse de Berry par le duc d'Antin dans la belle propriété qu'il possédait hors la porte Richelieu ; le régent, les princes, les princesses y assistèrent et nombre de courtisans.

Tous les appartements étaient éclairés par un grand nombre de lustres et de girandoles, et le jardin était illuminé « par une infinité de lamperons, si artistement rangez, qu'ils formoient un parterre représentant toutes sortes de fleurs. On y distinguoit des couronnes, des fleurs de lis, etc. »

On sortit de table à onze heures du soir et les invités se répandirent dans le jardin, au fond duquel avait été élevé un théâtre sur lequel furent représentés un opéra et une comédie italienne ; chaque acte de l'opéra servait d'intermède aux actes de la comédie.

A ce premier divertissement, succéda un feu d'artifice que le duc d'Antin fit tirer sur le boulevard, qui était couvert de Parisiens, venus là pour admirer les splendeurs de la fête.

Jusqu'à 2 heures du matin, la foule stationna et les gens ne se décidèrent à aller se coucher que lorsqu'ils eurent vu les carrosses du régent et de la duchesse de Berry quitter l'hôtel.

Le 12, les bourgeois eurent encore l'occasion

de contempler une cérémonie sur laquelle ils ne se blasaient jamais, celle de l'entrée publique à Paris de l'ambassadeur du roi de Sicile. Le cortège fut des plus beaux et les bonnes gens qui s'étaient dérangés tout exprès pour voir la belle mine de la livrée de Monsieur l'ambassadeur et les carrosses de gala, ne regrettèrent pas le temps qu'ils avaient perdu à les attendre.

La veille déjà, un spectacle d'un autre genre leur avait été offert : le 9, la Chambre de justice avait condamné un sieur Le Normand à faire amende honorable, aux galères perpétuelles et à la confiscation de ses biens, dont 20,000 livres devaient être distribuées aux pauvres de Paris.

Donc, le 11, le bourreau était allé prendre Le Normand dans sa prison, il lui avait attaché les mains derrière une charrette qui le traîna en chemise, tête, jambes et pieds nus, escorté par 50 archers, devant l'église Notre-Dame où il fit à genoux amende honorable.

De là on le conduisit, toujours en chemise, dans la cour du Palais où le parlement tenait ses séances, puis devant la Chambre de justice, et pendant le parcours le cortège s'était grossi d'un nombre considérable de flâneurs, de mendiants et de polissons qui invectivaient le coupable qu'on mena au pilori où on lui fit faire trois tours.

Et les quolibets, les insultes de la populace, massée autour, pleuvaient dru comme grêle sur le malheureux financier qui fut enfin soustrait à ce supplice; mais ce fut pour monter dans la charrette qui l'avait amené et traverser de nouveau Paris pour être conduit à la Tournelle et de là envoyé aux galères.

Et afin que personne n'ignorât le crime de ce malheureux, on lui avait attaché sur la poitrine et sur le dos un écriteau sur lequel les passants lisaient, en gros caractères, les mots : voleur, faussaire et concussionnaire ; ce qui avait pour but d'attirer sur lui les huées et les injures de tous ceux qui passaient auprès.

Au reste, les amateurs d'exécutions publiques purent satisfaire leur curiosité pendant ce mois de juillet, car les 13, 14, 15 et 16, la place de Grève ne chôma pas de condamnés, et le bourreau fut occupé pendant ces quatre jours à rouer vifs onze voleurs de grands chemins qui avaient pillé les carrosses publics sur les routes de Bourgogne et de Normandie. « Cependant ces exemples de rigueur n'ont pas été capables d'amander plusieurs malfaicteurs, puisqu'on commet assez souvent des vols dans les rues de Paris. »

Ceux qui avaient assisté le 13 à l'agonie des suppliciés purent agréablement varier leurs plaisirs en se rendant le soir dans les environs de l'hôtel de Condé, où avaient lieu des réjouissances publiques en faveur du rétablissement de Son Altesse Sérénissime Monseigneur le duc de Bourbon, qui avait été gravement malade de la petite vérole.

On avait d'abord chanté un *Te Deum* dans l'église des Cordeliers, et le soir un superbe feu d'artifice avait été tiré dans la cour du monastère.

« Il y eut aussi de grandes illuminations dans l'hôtel et dans le quartier, qui attirèrent un nombre infini de peuple. »

Enfin, toujours dans le même mois, on publia un nouvel arrêt du conseil d'État qui ordonna « pour la dernière fois et sans espérance d'aucun autre délai, que, pendant les mois d'août et de septembre, les anciennes espèces d'or et d'argent seroient reçues à la Monnaie ; les louis, pour 16 livres et les écus aux trois couronnes pour 4 livres, etc. »

Chaque mois, on le voit, on assignait une nouvelle valeur à la monnaie, ce qui fit que des contestations sans nombre s'élevaient journellement entre débiteurs et créanciers qui n'étaient jamais d'accord sur la somme exacte qu'ils devaient payer ou recevoir.

Le 14 juillet, le roi rendit une ordonnance pour faire cesser les abus qui se commettaient journellement à propos du port d'armes.

Elle arrêtait que tous les habitants de Paris et du royaume « à l'exception des gentilshommes et autres y dénommez, ne pourront plus porter des armes de quelqu'espèce qu'elles puissent être après le terme d'un mois, à peine de 10 livres d'amande pour la première contravention, de 50 livres pour la seconde, un mois de prison et de plus grande s'il y échet, outre la confiscation des armes qu'on leur saisira. »

Quelques jours plus tard, ce fut le prévôt des marchands qui rendit une ordonnance ainsi conçue :

« Un grand nombre de fainéants, vagabonds et gens sans aveu et autres, passent la plus grande partie des jours sur le sable, au bas du Pont-Neuf, et sur les autres graviers de la rivière, même sur les bords où ils jouent et se promènent nus, et se présentent en cet état aux blanchisseuses qui travaillent dans les bateaux à laver lessive, leur tiennent des discours dissolus et contre l'honnêteté.... Ce qui cause un grand scandale et est contraire aux lois et réglements. »

Défense fut faite à toutes personnes de se montrer en cet état, mais il paraît que la défense ne fut guère observée, car nous la retrouvons reproduite vingt-cinq ans plus tard ; il paraît que c'était une habitude invétérée chez certains Parisiens. (12 juin 1742) « Il est fait très expresses défenses à toutes personnes de se baigner d'une manière indécente, de rester nud sur les bords et graviers de la rivière et sur les bateaux chargés ou vuides à peine de trois mois de prison. »

Les religieux de Saint-Germain-des-Prés ayant demandé au bureau de la ville la concession d'un pouce d'eau, dont 44 lignes seraient réservées pour leur usage et 100 lignes livrées au public, ils s'étaient engagés à faire à leurs dépens construire une fontaine sur un terrain qui leur appartenait. La proposition fut acceptée et la fontaine construite en 1716.

Elle était située près l'église, au coin de la rue Childebert, et fut alimentée plus tard par les eaux provenant de la pompe à feu de Chaillot.

Ce fut aussi en 1716 que fut construit, sur les dessins de Nicolas Bourgeois, religieux augustin du grand couvent, un pont facilitant la communication entre les Tuileries, la place Louis XV, le cours la Reine et les Champs-Élysées ; on l'appela le pont Tournant.

La fête de la saint Louis fut célébrée à Paris avec plus de solennité que les années précédentes à cause de la présence du roi, qui y avait établi sa résidence. Le jeune Louis XV fut placé sur un des balcons du palais des Tuileries, où le peuple vint le saluer, et des divertissements de tous genres eurent lieu.

La petite vérole fit de grands ravages à Paris pendant l'année 1716 et nombre de personnes en moururent.

De nouveaux édits monétaires vinrent encore s'ajouter à tous ceux que nous avons relatés, nous les citons seulement pour mémoire, en répétant une fois de plus qu'ils ne firent qu'augmenter la confusion.

Tout Paris alla voir, au mois de décembre, un prodige que tenait à la disposition des curieux le sieur Legendre, chirurgien de Paris ; c'était un enfant, conformé dans toutes ses parties, qu'on avait trouvé dans « la poche du ventre d'une brebis ». Legendre conservait cet enfant dans une bouteille pleine d'esprit de vin, et les plus savants anatomistes étudièrent ce curieux phénomène ; seulement tout le monde put voir l'enfant conservé, mais personne ne vit la brebis. Ce qui n'empêchait pas les bons bourgeois de s'extasier devant une chose si extraordinaire, et les mémoires du temps ne manquent pas de rapporter le fait, en le faisant suivre de nombreux commentaires.

Il y eut encore, au mois de décembre, un arrêt de la Chambre de justice « condamnant Jean-François Gruet, huissier à cheval au Châtelet de Paris, inspecteur de police, préposé au recouvrement des débets de la capitation des communautez de la ville de Paris, guidon de la compagnie du lieutenant criminel de robe courte, juré vendeur de foin, etc., à faire amende honorable, nud en chemise, la corde au col, tenant en ses mains une torche de cire ardente du poids de 2 livres, ayant des écriteaux devant et derrière portant ces mots : *Gruet huissier, prévaricateur et concussionnaire public*, au-devant de la principale porte et entrée de l'église de Paris, et au-devant de la principale porte et entrée de l'église du couvent des Grands-Augustins ; là étant à genouil, dire et déclarer à haute et intelligible voix, à chacun des dits endroits, que méchamment, indiscrètement et comme mal avisé en qualité d'huissier et de préposé au recouvrement des débets de la capitation des communautez de Paris, il a commis des prévarications, concussions et malversations sans nombre, mentionnées au procès, dont il se repent et demande pardon à Dieu, au Roy, à Justice et aux dites communautez. Condamne en outre le dit Jean-François Gruet d'être mené et conduit aux halles de cette ville de Paris ayant écriteaux devant et derrière portant les dits mots et là être mis et attaché au pilory par trois jours de marché consécutifs, y demeurer pendant deux heures de chacun des dits jours et faire quatre tours du dit pilory pendant le dit temps d'un chacun jour, ce fait, conduit es galères du Roy pour en icelles être détenu et servir ledit seigneur Roy, comme forçat à perpétuité, etc. »

Un huissier ! un inspecteur de police ! un préposé au recouvrement des débets, au pilori !

Quelle aubaine ! ah ! on n'avait pas souvent la chance de voir un tel régal ; aussi ce jour-là on n'aurait pu jeter une épingle autour du pilori sans qu'elle tombât sur quelqu'un, et quels cris de joie lorsqu'on vit la blême figure de l'huissier paraître à l'instrument de honte !

On trépignait et jamais on n'avait trouvé dans son répertoire plus de grossières injures que celles qu'on lui adressait avec bonheur et on fouillait dans le ruisseau à pleines mains pour y puiser de la boue qu'on lui jetait.

Ces mots d'huissier et d'inspecteur de police avaient suffi pour attirer là tous les mauvais payeurs, les ruffians, les braves de Paris ; on eût dit que la cour des miracles avait soudain retrouvé tous ses sabouleux, ses malandrins et ses truands.

Bonne journée que celle-là !

Et avec quel plaisir on vida chopine avec un ami, en revenant du Pilori, tout en se remémorant en riant les laides grimaces qu'avait faites l'huissier.

Les jolies filles elles mêmes, les femmes de la halle, les poissardes s'en étaient mêlées.

— Huissier du diable ! gueule de chien ! jardin à poux, grenier à puces, sac à vin, mousquetaire de Piquepuce, aumônier du cheval de bronze, poulet dinde de la Râpée, etc.

Elles en avaient tant dégoisé, que lorsqu'elles se turent, c'est qu'elles n'avaient plus de voix.

Si le pilori fut souvent occupé pendant l'an de grâce 1716, la Bastille ne chôma pas non plus de locataires ; nous y trouvons l'agent de change Vincent Leblanc pour négociations usuraires dans les billets-monnaie (il avait déjà fait connaissance avec elle en 1710 et 1714) ; Laurent d'Houry imprimeur pour avoir manqué de respect dans son almanach au roi Georges en ne

Le czar vint recevoir le roi à la descente de son carrosse. (Page 98, col. 2.)

le désignant pas comme roi de la Grande Bretagne.

Les erreurs se payaient cher à cette époque!

Le duc de Richelieu et Matignon, pour leur duel. Richelieu y était déjà venu en 1711. Durpoint, accusé d'avoir fait embarquer des ouvriers des Gobelins pour le Portugal. Charles Le Lorrain dit de Preuil Soulanges, délateur. Courtin de Janqueux, ex-officier. Joseph Gory, intrigant se faisant appeler Gory de Montgommery et ayant épousé Mlle de Boulainvilliers; c'était le fils naturel d'un paysan. De Creil, lieutenant aux gardes françaises. La Baume de Montron, commissaire d'artillerie, pour avoir donné de faux avis au duc d'Orléans sur la cour d'Espagne. Philippe Marinier dite la Bourgneuf, pour faux. François Barrois, libraire, pour avoir imprimé et vendu des livres défendus, Nicolas Ferrari, on ne sait pourquoi. Jean Lefèvre pour avoir tenu des propos insolents contre le régent et avoir dit qu'il ne le manquerait pas d'un coup de pistolet et que s'il ne changeait de note, son affaire n'irait pas loin.

On a vu tout à l'heure un huissier au pilori;
un notaire Jean-Nicolas Lievain lui succéda : il était receveur de la loterie et en avait dissipé les deniers.

L'année 1717 commença par un arrêt du conseil d'État, du 30 janvier, qui supprimait les nouveaux louis d'or de vingt livres frappés depuis le nouveau règne, et ordonnnait qu'à partir du 15 mars ils ne seraient plus reçus à la monnaie qu'au marc le franc, sur le pied des louis fabriqués sous le règne précédent. Naturellement, de nouveaux et vifs murmures accueillirent cet arrêt.

Le 30 novembre 1671, Colbert avait fondé une sorte d'académie d'architecture en réunissant tous les architectes renommés du royaume, et deux architectes du roi furent nommés l'un professeur, l'autre secrétaire de cette association; cependant elle n'avait jamais obtenu de sanction officielle. En février 1717, le roi signa des lettres patentes confirmant son établissement attendu que « l'architecture doit avoir la prééminence sur les autres ouvrages qui ne servent, pour ainsi dire, que d'ornements dans les différentes parties des édifices. »

Les statuts de cette académie furent divisés en 43 articles.

Tous les ans, elle distribuait deux prix, l'un consistait en une médaille d'or de la valeur de 200 livres, le second en une médaille d'argent. Celui qui remportait le premier prix était envoyé à Rome.

Le nombre des académiciens était de 24; supprimée momentanément en 1767, pour avoir protesté contre la nomination illégale de de Vailly, elle fut réorganisée par nouvelles lettres patentes en 1775 et composée 1° de 32 architectes divisés en deux classes; 2° de 16 membres honoraires ou associés libres; 3° de 12 correspondants ou associés étrangers.

L'académie d'architecture fut supprimée en 1793; elle devint plus tard une section d'architecture dans l'Académie des beaux-arts.

Un arrêt du conseil, du 5 avril 1717, supprima les offices d'inspecteurs et contrôleurs des porcs, et deux ordonnances royales furent rendues le 8, l'une défendit « à toutes personnes de quelque rang, dignité, qualité et condition qu'elles soient, de tailler, de jouer ni de donner à jouer aux jeux de la bassette, du pharaon ou autres semblables, même de souffrir qu'on joue dans les maisons qu'elles habitent ou qu'elles protègent, à peine de désobéissance. »

Il fut enjoint à M. d'Argenson, lieutenant général de police, de tenir la main à l'exécution sévère de cette ordonnance, qui fut publiée à son de trompe le 29 avril 1717.

La seconde ordonnance concernait les gens de livrée. « Ordonne que conformément à la déclaration du 1er juillet 1713, tous les domestiques compris sous le nom de gens de livrée, sçavoir les portiers, laquais, porteurs de chaises, cochers, postillons, palefreniers et frotteurs, lorsqu'en qualité de domestiques ils demeurent dans les maisons, seront tenus de porter sur leur juste au corps et surtout, du moins sur le parement extérieur des manches ou sur les poches, un galon de livrée, d'une couleur et d'une largeur apparente qui sera posé et cousu dans un endroit à pouvoir être aperçu aisément. Ordonne S. M. aux maîtres de faire observer cette ordonnance par leurs domestiques, à peine de désobéissance. »

Nous avons vu les Parisiens se porter avec empressement au-devant des ambassadeurs qui arrivaient dans la capitale. Ce fut bien autre chose lorsqu'on apprit que le czar Pierre (Pierre le Grand) devait entrer à Paris qu'il venait visiter, le 7 mai, à 9 heures du soir.

Tout Paris se porta à sa rencontre.

Il descendit au Louvre à l'appartement de la reine préparé pour le recevoir, avec force éclairage et meublé somptueusement; mais Pierre, ami de la simplicité, trouva tout cela trop beau et demanda une maison particulière; on n'osa pas le contrarier sur ce point et il remonta de suite en carrosse; on le conduisit alors à l'hôtel de Lesdiguières, près l'arsenal.

Mais, comme l'ameublement de cet hôtel était encore beaucoup plus beau qu'il ne le désirait et comprenant que partout où il irait il en serait probablement de même, il se déclara satisfait et appelant une des personnes de sa suite, il lui commanda de tirer d'un fourgon qui le suivait un lit de camp et le fit dresser dans une garde-robe, au grand ébahissement du maréchal de Tessé, qui avait reçu du roi le commandement de la maison du czar et d'un des maîtres d'hôtel du roi, de Verton, qui était chargé d'entretenir matin et soir pour le prince une table de quarante couverts, sans compter celles des officiers et des domestiques.

Ces deux personnages étaient scandalisés de voir un si grand monarque coucher dans une garde-robe, alors qu'on mettait à sa disposition tout le luxe qu'il pouvait désirer.

Mais en courtisans bien appris, ils s'inclinèrent.

Pierre le Grand était servi par les officiers du roi et cinquante gardes françaises et suisses commandés par un lieutenant étaient préposés à la garde de l'hôtel avec huit gardes du corps et un exempt qui montaient à cheval et lui servaient d'escorte lorsqu'il sortait.

Le 9, dans la matinée, le régent alla lui rendre visite; le lendemain, ce fut le jeune roi Louis XV, accompagné du maréchal de Villeroi et des principaux officiers de la cour, qui alla saluer son collègue couronné.

Il était suivi d'un détachement des gardes du corps, trompettes et timbales en tête.

Le czar vint recevoir le roi à la descente de son carrosse et le mena dans son appartement; ils se promenèrent ensuite dans la galerie de l'hôtel, un des plus beaux qu'il y eût alors dans le quartier Saint-Antoine; il était attenant à l'hôtel de Mayenne.

La visite finie, le czar reconduisit le roi jusqu'à la portière de son carrosse et, le lendemain dans l'après-midi, il alla rendre la visite qu'il avait reçue du roi; il était accompagné des principaux seigneurs de sa suite et du maréchal de Tessé. Ils montèrent tous dans les carrosses du roi qui avaient été envoyés à son hôtel pour le prendre. Le czar trouva sur la place du château des Tuileries les gardes françaises et suisses sous les armes, les tambours battant aux champs et les gardes de la porte à leur poste, ainsi que les gardes du corps.

Le roi alla au-devant du czar jusqu'à son carrosse et le reconduisit de même.

Le même jour, le prévôt des marchands et le corps de ville de Paris, conduits par le marquis de Dreux, grand maître des cérémonies, allèrent saluer le czar et lui portèrent les présents ordinaires de la ville.

COSTUMES DE PARIS A TRAVERS LES SIÈCLES

IMPRIMERIE PARISIENNE

(XVᵉ SIÈCLE)

D'après Roigny-Jehan, libraire-imprimeur à Paris. (Sylvestre, *Marques typographiques*. Carnavalot, vol. 2.)

Aussitôt après ces visites et ces réceptions officielles, Pierre le Grand s'empressa de se promener dans Paris, entrant dans les boutiques et chez les artisans et s'arrêtant à tout ce qui attirait son attention.

Les Parisiens n'étaient pas habitués à ces façons bourgeoises chez un souverain et ils regardaient curieusement cet homme vêtu d'un habit de bouracan ou de drap serré au corps par un large ceinturon où pendait un sabre, d'une perruque blonde, sans poudre, qui ne lui passait pas le col, d'une chemise sans manchettes et ils ne savaient que penser.

Cependant le czar songea à se commander une perruque neuve, la sienne étant hors de service ; le perruquier ne douta pas qu'il ne la lui fallût à la dernière mode et il lui en apporta une dont les cheveux longs et fournis étaient du plus bel effet.

Le czar la prit, l'essaya, puis fit donner un coup de ciseau tout autour pour la réduire à la forme de celle qu'il portait.

Ce trait acheva de le faire considérer comme un sauvage par tous ceux qui avaient été accoutumés à se prosterner devant la perruque du grand roi.

Le 14, le régent le conduisit à l'Opéra en grande loge et tous deux se placèrent seuls sur la même banquette. Vers le milieu de la représentation, le czar demanda de la bière ; le régent en fit aussitôt apporter, puis se leva et en présenta à Pierre le Grand un verre sur une soucoupe avec une serviette.

Le czar but sans se lever et quand le verre fut vide, il le rendit au régent avec la serviette.

Puis au quatrième acte, il sortit du théâtre pour aller souper.

Il dînait à onze heures et soupait à huit et le service de sa table coûtait 1800 livres par jour.

Il était toujours splendidement servi, bien qu'il eût ordonné des retranchements dès le premier jour. Ce n'était pas précisément par sobriété, car il aimait la table, mais il en voulait supprimer le luxe ; il tenait plus aux bons plats qu'aux beaux. Il mangeait excessivement à dîner et à souper et buvait deux bouteilles de vin à chaque repas et ordinairement une bouteille de liqueur au dessert, sans compter la bière et la limonade, dont il faisait une grande consommation dans le cours de la journée et dans la soirée.

Ses officiers lui tenaient volontiers tête, surtout son aumônier qu'il aimait beaucoup, et plus d'une fois il se livra en leur compagnie à des excès de boisson auxquels ils semblaient tous être assez accoutumés.

On lui fit voir tout Paris, on le promena de tous côtés, le 16 mai on le mena à l'hôtel des Invalides. Il y voulut tout voir, tout examiner et finit par le réfectoire, où il demanda à goûter la soupe puis le vin des soldats qu'il but avec eux, à leur santé, les traitant de camarades et frappant sur l'épaule de ses voisins.

Le 16 juin il assista à la revue de la maison du roi, mais la magnificence des uniformes parut lui déplaire ; sans attendre la fin, il partit brusquement, et se rendit à Saint-Ouen chez le duc de Tresmes.

Il assista aussi à des séances de l'académie ; et, à la Monnaie, on lui fit la gracieuseté de lui frapper une médaille représentant d'un côté son portrait et de l'autre une renommée passant du nord au midi avec ces mots de Virgile : *Vires acquirit eundo* (Elle acquiert des forces dans sa course). C'était une allusion au résultat fécond de ses voyages.

Il fut extrêmement charmé de cette politesse à laquelle il ne s'attendait pas.

Le 18 juin, il reçut la dernière visite du régent et alla prendre congé du roi qui, le lendemain, vint lui dire adieu et lui fit présent de deux tapisseries des Gobelins.

Il avait joint à ce cadeau celui d'un sabre à poignée de diamants, mais il ne voulut pas l'accepter.

Enfin, le 20 juin, il partit pour Spa, après avoir donné son portrait au duc d'Antin, aux maréchaux de Tessé et d'Estrées, au marquis de Livri et à M. de Verton ; il avait pris ce dernier en affection et lui fit obtenir une pension de 6,000 livres sur les bénéfices. Le czar distribua en outre à diverses personnes de grandes médailles d'or et d'argent représentant les principales actions de sa vie et laissa 60,000 livres aux domestiques qui l'avaient servi. Il fit encore d'autres cadeaux à plusieurs personnages et le montant de ces dons s'éleva à environ 100,000 livres.

La foire Saint-Laurent était toujours fort suivie par les Parisiens, mais en 1717 ils furent surtout attirés à cette foire par un spectacle qui piqua fort leur curiosité. C'était celui du sieur Guérin, qui prenait le titre d'académiste de pigeons de Turquie.

Voici ce qu'en dit le *Journal historique :* « Il a dressé des pigeons, les uns à tourner la broche quoique chargée de dix à douze livres de viande, d'autres à élever à dix pieds de hauteur avec leurs pattes, une pyramide de six autres pigeons ; d'autres à tirer un chariot chargé de dix pigeons placez en pyramide qui, quoique vivans ne remuent pas, à moins que leur maître ne les appelle, chacun par leur nom. Il fait voir sept autres pigeons se tenant en l'air et formant un cerceau à trois pieds de hauteur, au travers duquel une chienne saute, sans qu'aucun pigeon, nonobstant leur timidité naturelle, branle de sa place. Cette chienne, dit-on, connoît les chifres, toutes les lettres de l'alphabet, comme aussi le blason et les monnoyes des souverains de l'Europe dans les cours desquels elle a paru. »

L'académiste des pigeons eut un succès prodigieux.

Par déclaration du roi, en date du 21 août, il fut établi une loterie à vingt-cinq sols le billet, qui dut être tirée tous les mois à dater d'octobre quelque fût l'état de la recette; le bénéfice de cette loterie devait être employé à éteindre les billets de l'État.

Les fonds provenant du placement des billets de cette loterie devaient être portés chaque semaine dans un coffre déposé à l'hôtel de ville, fermant à deux clefs, dont l'une était gardée par le prévôt des marchands et l'autre par le sieur Virloys, receveur général.

« Vu l'incertitude du montant de la recette, il est seulement ordonné qu'il y aura soixante-quatorze lots à chaque loterie; sçavoir un du dixième de la recette qui aura été faite le mois précédent, deux du vingtième, quatre du quarantième, trois du cinquantième, et soixante-quatre du centième ; qu'avant de tirer la loterie, il sera mis des affiches à l'hôtel de ville et lieux accoutumez pour instruire les actionnaires de la valeur précise des lots à proportion de la recette. Voulant Sa Majesté que les lots les plus foibles ne puissent être moindres de mille livres chacun et que le gros lot, qui sera celui du dixième de la recette, ne puisse jamais être plus fort que de la somme de trente mille livres, les autres par proportion, si la recette se trouve plus considérable, ce qui excédera sera employé à former des lots de mille livres chacun.

« Le dixième jour du mois on tirera la loterie aux formes ordinaires dans la grande salle de l'hôtel de ville de Paris, en présence du prévôt des marchands, des échevins, de six conseillers de ville et de tous ceux qui voudront y assister, on annoncera au public à haute voix les numéros, noms, mots ou devises qu'on tirera à mesure des boëtes et le sort qu'ils auront eu, faisant enregistrer ceux à qui la fortune aura été favorable.

« Les porteurs de billets qui auront été favorisés s'adresseront au sieur Virloys qui leur payera en deniers comptant la valeur de chaque lot, à condition néanmoins que les porteurs remettront des billets de l'État ou de la caisse commune des recettes générales pour une pareille somme à laquelle le lot se montera. Le sieur Virloys remettra en échange une quittance de pareille somme à laquelle se monteront les billets de l'État ou de la caisse commune, sur laquelle on expédiera aux propriétaires un contrat de rentes viagères à quatre pour cent du prix principal. »

Les billets d'État rentrés devaient être brûlés.

On commença le 16 novembre de livrer aux flammes dans l'hôtel de ville en présence du prévôt des marchands, des échevins et de tous ceux qui voulurent s'y trouver 3,295 de ces billets dont le montant s'élevait à 2 millions 492,180 livres.

La loterie avait été tirée la veille.

Mais pour en activer le succès, on décida qu'il y aurait aux tirages mensuels suivants plusieurs lots payés en argent, sans qu'il fût nécessaire de remettre des billets d'État en échange et on remania tout le système qu'il serait inutile de détailler ici. Disons seulement que la nouvelle combinaison assurait quatre lots par chaque cent billets pris.

Jamais gouvernement n'avait poussé plus vivement le peuple et surtout la bourgeoisie à jouer, aussi la loterie était devenue une rage et beaucoup de gens s'ingéniaient à faire des calculs de probabilité et délaissaient le travail lent et continu, qui leur assurait le pain de chaque jour, pour se lancer à la poursuite d'un gain éphémère, mais dont la réalisation pouvait leur donner une grosse somme d'un jour à l'autre.

Et naturellement, le goût de la loterie développait celui du jeu en général.

« La fureur du jeu s'étant renouvellée depuis quelques mois à Paris, lisons-nous dans le *Journal historique* de février 1718, et ayant produit des vols et des meurtres en plusieurs endroits, à la sortie des maisons où l'on donnoit à jouer, pour remédier à ces désordres on publia à Paris au mois de décembre (1717) une ordonnance du roi dont voici la teneur. »

Cette ordonnance est trop longue pour être reproduite ; il est bon cependant de constater en quels termes le roi appréciait la situation :

« Sa Majesté étant informée que la licence des jeux est devenue si excessive et si générale, qu'elle trouble la tranquillité publique et qu'elle cause non seulement une espèce d'altération et de dérèglement dans le commerce, mais aussi un désordre presqu'universel dans toutes les conditions, tant par les vols et par les infidélités domestiques qu'elle donne lieu de commettre, que par le scandale, les attroupements et le tumulte, suites nécessaires de ces assemblées dont les unes sont ou paraissent sous la protection de personnes d'une qualité distinguée et les autres se tiennent dans des maisons particulières dont la plupart de ceux qui les tiennent ne connaissent pas les maîtres.

« L'excès ayant été porté si loin, que chacun affecte d'attirer chez soi les passans en éclairant le dehors de son logis par des lampions, faisant distribuer par la ville et dans les caffez un grand nombre de billets d'invitation, les uns écrits à la main, les autres imprimez, mettant une espèce de garde à sa porte et distinguant les lieux où se tiennent ces assemblées par différentes indications extérieures qui les font regarder comme des maisons publiques ce qui en facilite l'entrée aux gens les plus suspects et qui ne subsistent à Paris que par le secours d'une industrie criminelle, etc. »

Pousser le peuple à exposer son argent aux loteries et vouloir l'empêcher de jouer, c'était choses difficiles à concilier !

Façade et entrée du palais de l'Élysée rue du faubourg Saint-Honoré.

Salon du palais de l'Élysée, appelé salon de la Toison d'or.

Après la suppression des inspecteurs des porcs, vint celle des inspecteurs de la boucherie de Paris, qui fut ordonnée par édit de septembre 1717.

Le 7 octobre, fut rendue une déclaration du roi ordonnant des mesures sévères contre les usurpateurs de noblesse qui pullulaient à Paris.

Et le 27 novembre, une ordonnance de M. d'Argenson défendit de nouveau à toutes personnes de porter des armes à feu pendant la nuit, à l'exception des officiers et archers du guet. Il fut aussi défendu aux soldats de la garnison de s'éloigner de leurs quartiers ou corps de garde après six heures du soir en hiver et neuf heures en été, sans ordre écrit de leur capitaine.

Défendu aussi aux épiciers, cabaretiers, limonadiers et à tous vendeurs de boissons, de recevoir dans leurs maisons, cabarets, ou boutiques, après cinq heures du soir en hiver, et neuf heures en été, aucun soldat ou archer du guet, à peine de 100 livres d'amende, « leur étant aussi défendu, de même qu'aux vendeurs de café, de tenir leurs maisons et boutiques ouvertes après huit heures du soir en hiver, et dix heures en été » et de donner à boire dans aucune arrière-boutique, cave, magasin, ni chambre particulière mais seulement à boutique ouverte, afin qu'on puisse voir de la rue tout ce qui s'y passe ».

Par la même ordonnance, tous les propriétaires et principaux locataires furent astreints à tenir les portes de leurs maisons fermées après huit heures en hiver et dix en été, sous peine de 100 livres d'amende, afin d'ôter aux voleurs et aux vagabonds poursuivis par les archers, le moyen de se sauver en se réfugiant dans les maisons qui demeureraient ouvertes.

Aux pages, laquais et autres gens de livrée, français ou étrangers, de porter des épées, sabres, cannes, bâtons ou baguettes « sous prétexte qu'elles appartiennent à leurs maîtres », et ceux-ci furent déclarés responsables des amendes encourues par leurs gens.

Il fut de nouveau enjoint aux chirurgiens d'avertir les commissaires de police, chaque fois qu'on leur amenait des blessés, ou qu'ils allaient les panser chez eux, à peine de 300 livres d'amende et privation de leur maîtrise.

Enfin, il fut aussi défendu de jouer au volant, aux quilles et autres jeux dans les rues, à peine de 100 livres d'amende « dont les pères, mères, maîtres et maîtresses seront responsables pour leurs enfants ou domestiques ».

Ce fut en 1717 que fut instituée dans la rue de la Muette (qui allait de la rue de Charonne à celle de la Roquette, et qui devait son nom au territoire sur lequel elle fut construite; après 1860, elle devint la continuation de la rue des Boulets), la communauté des filles de Sainte-Marthe. Ce fut une dame, Élisabeth Jourdain, veuve Théodon, qui l'avait d'abord établie dans le pavillon Adam, faubourg Saint-Antoine, mais elle n'eût d'existence réelle que lorsqu'elle eût été installée rue de la Muette; elle avait pour but l'enseignement de la lecture, de l'écriture et du travail aux jeunes filles du faubourg; elle était dirigée par une sœur première. On prit parmi elles les sœurs chargées des petites écoles de Saint-Séverin et de Saint-Paul.

Cette communauté fut supprimée en 1790, et remplacée par les sœurs de Saint-François et de Sainte-Claire, vouées au service des hôpitaux.

Le duc et la duchesse de Lorraine vinrent faire visite à la famille royale et arrivèrent à Paris le 18 février 1718; ce fut l'occasion d'une entrée qui fit promener les Parisiens par les rues; le régent et toute la maison de France étaient allés au-devant des visiteurs et les accompagnèrent jusqu'au Palais-Royal où ils furent logés.

Dîners, soupers, soirées à l'Opéra, fêtes, signalèrent la présence de ces princes à Paris.

A cette occasion, la duchesse de Berry donna le lundi gras une fête magnifique dans son palais du Luxembourg, et une partie de la nuit les abords en furent occupés par une foule de gens qui admiraient les brillantes illuminations du palais et se pâmaient d'aise à la vue des carrosses de gala qui arrivaient de tous côtés.

Cette fête coûta 50,000 écus. Les autres princes en donnèrent aussi et, pendant tout le mois de mars, ce ne fut que divertissements de tous genres, promenades à la foire Saint-Germain, bals, et spectacles de gala.

Le 8 avril, les altesses royales prirent congé des Parisiens et partirent pour retourner chez elles.

Par ordre du parlement, on brûla quelques jours plus tard dans la cour du palais, vis-à-vis la porte de la conciergerie, un libelle diffamatoire ; cette exécution se fit par la main du bourreau, au pied du grand escalier.

Nous avons dit précédemment, qu'une idée superstitieuse, très enracinée au moyen âge, voulait qu'on retrouvât le corps d'un noyé dans la Seine, en mettant sur l'eau une écuelle de bois portant une chandelle allumée.

Là où s'arrêtait l'écuelle était le corps.

Il paraît que cette pratique superstitieuse existait encore au XVIIIe siècle, car elle fut cause d'un incendie effroyable qui eut lieu le 27 avril 1718.

Une femme ayant perdu son fils qui s'était noyé, mit dans une sébille de bois un pain de Saint-Nicolas-de-Tolentin avec un cierge allumé. Cette sébille se promena sur l'eau et alla s'arrêter contre un bateau de foin qui était attaché sur le quai de la Tournelle vis-à-vis le couvent des dames de Miramion. Le feu y prit; le maître du bateau, lisons-nous dans le *Journal de Barbier*, ne voulut point prendre les soins nécessaires pour faire conduire ce bateau au milieu de l'eau et le faire couler à fond. Les marchands de bois qui en avaient une grande quantité en piles sur le pont, craignirent que le feu ne gagnât les autres bateaux de foin et de charbon et incendiât leurs bois ; ils coupèrent l'amarre du bateau qui s'en alla tout en feu au gré de l'eau.

Il suivit le petit bras de la rivière, enfila les deux petits ponts de l'Hôtel-Dieu, mais lorsqu'il arriva au petit pont du Châtelet, il ne put passer, en raison de l'encombrement des arches tout embarrassées de poutres et de pièces de bois.

Le feu prit aux maisons bâties sur ce pont; la première atteinte fut celle d'un sieur Olivier, marchand linger; cette maison, comme toutes les autres, était construite en bois; toutes flambèrent et il fut impossible de les en empêcher.

Le feu consuma d'abord toutes les maisons situées entre le petit Châtelet et l'Hôtel-Dieu, et il gagna en même temps, tant par-dessous, que par le travers de la rue, les maisons de l'autre côté, de sorte que le feu était sur les deux rives.

« C'étoit un spectacle affreux de voir cet embrasement, dit Barbier, les pompes qui alloient à force ne faisoient que l'irriter ; la vue de ce feu étoit aussi épouvantable du côté de la rue Saint-Jacques par l'ouverture de l'arcade du petit Châtelet ; il sembloit un four à chaux. L'on voyoit tomber des poutres entières ; la rivière au bas du pont fut bientôt comblée, l'eau ne passoit plus que par une arche ; toute la charpente qui tomboit brûloit même dans l'eau dans ces décombres.

Tout le guet fut sur pied; on ordonna de jeter l'eau des puits dans toutes les maisons du voisinage; on commanda des détachements de soldats aux gardes pour travailler, des capucins, des cordeliers se joignirent à eux, tandis que toutes les autorités municipales, le premier président, le lieutenant de police, etc., s'étaient rendus à l'Hôtel-Dieu pour donner les ordres nécessaires.

Plusieurs personnes, soldats et moines qui travaillaient au sauvetage, périrent.

Tout Paris vint pendant la nuit des différents quartiers voir le feu.

L'hôtel-Dieu et le petit Châtelet furent en grand danger; néanmoins, ils furent préservés des flammes, mais beaucoup de gens logés dans les maisons incendiées avaient péri ou étaient tout au moins ruinés; en exécution d'un arrêt du parlement, du 3 mai, on dressa une liste de personnes charitables de tous les quartiers de Paris, qui furent priées de quêter, de recevoir les aumônes pour les victimes de l'incendie et d'en verser le montant qui se monta à 111,898 livres 9 sous, 9 deniers. Des quêtes ultérieures permirent d'élever le chiffre des sommes recueillies à 430,000 livres, qui furent versées au sieur Houdiart chargé d'en faire la distribution suivant l'état qui avait été relevé.

Le cardinal de Noailles, par un mandement du 6 mai, ordonna des prières publiques « tant pour apaiser la colère divine que pour rendre grâces de la conservation de l'Hostel-Dieu qui devoit naturellement périr dans cet incendie. »

D'autres arrêts des 18 mai, 20 août et 5 septembre, furent rendus à propos de la distribution de ces aumônes et afin d'ordonner la réédification du pont qui, cette fois, fut rebâti sans maisons dessus.

Le 23 mai 1718, des lettres patentes du roi ordonnèrent que le coude du mur de la terrasse du Louvre serait retranché et reconstruit en ligne droite aux frais du roi et que les quais de l'École et du Louvre seraient également reconstruits et alignés.

Le 31, un édit fut rendu, qui ordonnait encore une fois la refonte générale des monnaies et une augmentation considérable de leur valeur.

Le parlement s'éleva contre cet édit et rendit, le 20 juin, un arrêt ordonnant qu'il serait fait au roi de très humbles remontrances, non seulement sur la forme de l'édit, non enregistré en la cour, mais aussi sur les conséquences fâcheuses qu'il exercerait sur le commerce et sur la fortune des particuliers.

Cet arrêt suspendait l'exécution de l'édit jusqu'à ce qu'il eût plu au roi de faire droit à ces remontrances.

Mais le régent n'aimait pas plus que Louis XIV les remontrances, et, s'il avait rendu au parlement le droit de lui en faire, il comptait bien que cette cour satisfaite s'en tiendrait là, mais n'userait jamais de ce droit; aussi fut-il très mécontent de ce qui se passait, et, dès qu'il eut connaissance de l'arrêt, il s'empressa de convoquer le conseil et de lui en faire rendre un qui cassait celui du parlement et ordonnait l'exécution immédiate de l'édit sur les monnaies.

Alors le parlement fit des remontrances plus vives et elles furent appuyées par la chambre des comptes et la cour des aides.

Le régent ne tint pas plus compte de celles-ci que des précédentes.

De son côté, le parlement persévéra dans la voie qu'il s'était tracée et fit « itératives remontrances ».

Le garde des sceaux y répondit :

— Le roi vous a déjà dit ses intentions et vous les expliquera encore.

Cette réponse en annonçait une autre; ce fut le lit de justice qui fut tenu un mois après au palais des Tuileries.

Le 26 août, dès la pointe du jour, la maison du roi prit les armes et se rendit aux différents postes qu'on lui avait assignés. Des lettres circulaires avaient été envoyées aux princes du sang, à tous les pairs et maréchaux de France, aux cordons bleus, aux gouverneurs et lieutenants généraux des provinces, aux secrétaires et conseillers d'État, pour les convier à la cérémonie.

On avait passé la nuit à préparer la salle où devait se tenir la séance.

Le parlement avait été convoqué par une lettre de cachet. L'ordre portait qu'il se rendrait en corps, à pied et en robe rouge, à onze heures, au palais des Tuileries. Les chambres assemblées délibérèrent et arrêtèrent qu'elles se conformeraient à l'invitation, et entre dix et onze heures du matin, on vit 165 membres du parlement défiler, le président de Novion à leur tête, le long des quais, entre deux haies de curieux qui, en les regardant passer, se demandaient si les troubles de la Fronde allaient renaître.

La séance s'ouvrit à l'heure dite; chacun prit sa place et les portes demeurèrent ouvertes.

Elle commença par la lecture des lettres patentes du 28 janvier 1718, qui créaient l'état et office de garde des sceaux et en avaient pourvu Marc-René de Voyer de Paulmy d'Argenson, conseiller d'État ordinaire et lieutenant général de police.

Après cette lecture, le roi ordonna que le présent édit serait enregistré au greffe de son parlement.

Ensuite, le garde des sceaux ayant dit : « Les gens du roi peuvent parler, » ceux-ci usèrent de la permission, et firent tous leurs efforts pour expliquer leurs remontrances, tout en protestant de leur dévouement et de leur fidélité, mais ce fut en pure perte :

— Le roi veut être obéi et obéi sur-le-champ, répliqua le garde des sceaux.

C'était net.

Messieurs du parlement n'eurent plus qu'à s'incliner, et ses membres réduits au silence, durent entendre lecture d'un édit qui leur faisait injonction de se borner à rendre la justice aux sujets du roi, sans se mêler en aucune façon des affaires d'État ou de finance, avec défenses de faire aucune remontrance à cet égard. Puis une déclaration qui rendait aux ducs et pairs la séance au parlement, immédiatement après les princes du sang, une autre qui restreignait les princes légitimés au rang de leur pairie, à l'exception du comte de Toulouse, à qui elle conservait celui dont il avait joui jusqu'alors.

Dans ce lit de justice, le duc du Maine fut aussi dépouillé de la surintendance de l'éducation du roi, qui fut donnée au duc de Bourbon.

Messieurs du parlement s'en retournèrent l'oreille basse et profondément humiliés par tout ce qu'ils venaient d'entendre.

Le lendemain, ils s'assemblèrent pour protester contre tout ce qui s'était fait au lit de justice et, « pour que la postérité en fût instruite », ils nommèrent des commissaires pour consigner leur protestation sur un registre, mais ils serrèrent prudemment ce livre dans leurs archives, en se gardant bien de publier au dehors ce qu'il contenait.

Cette protestation en famille était une bien faible satisfaction d'amour-propre, eu égard à la profondeur de l'humiliation qu'ils avaient subie, mais ils durent s'en contenter.

Cependant, quelques-uns ayant apprécié d'une façon un peu libre les faits que nous avons racontés, et s'étant servis de termes peu mesurés, le régent en fut instruit et, dans la nuit du 27 au 28, le président de Blamond et les conseillers Feydeau de Calendes et de Saint-Martin furent enlevés de leur domicile par des mousquetaires et placés séparément dans des carrosses qui les attendaient pour les transporter en exil.

Chaque voiture était escortée par huit mousquetaires (Barbier dit qu'il y en avait seize) avec un officier à leur tête.

On fit perquisition chez le président de Blamont et chez le conseiller Feydeau, et comme le portier de M. de Saint-Martin avait refusé d'ouvrir la porte, on l'avait enfoncée à coups de haches.

Le bruit de cet enlèvement se répandit immédiatement.

Dès six heures du matin, le parlement s'assembla et il fut résolu qu'on demanderait audience au roi ; elle fut accordée, et bientôt, le premier président, à la tête de six présidents à mortier et de soixante conseillers, se rendit aux Tuileries.

« — Sire, dit-il au roi, votre parlement occupé de sa juste douleur, d'avoir ressenti aussi sévèrement les effets de la colère de Votre Majesté au lit de justice, n'aurait pas cru que rien eût pu augmenter sa consternation. Nous avons été assommés ce matin de la nouvelle que nous avons reçue de l'enlèvement violent qui a été fait cette nuit de trois magistrats que nous avons toujours vus se conduire avec beaucoup d'amour pour la justice et un grand zèle pour le service de Votre Majesté ; la porte de l'un d'eux a été enfoncée, comme on aurait pu faire pour se saisir de quelque scélérat convaincu des plus grands crimes. Nous venons aujourd'hui, Sire, avec le plus profond respect, vous supplier en toute humilité d'accorder à nos larmes la liberté de nos confrères, et nous ne la demandons que parce que nous les croyons innocents. »

Ce discours eut pour réponse ces paroles énergiques du garde des sceaux :

« — Les affaires qui attirent au roi cette députation, sont affaires d'État qui demandent le silence et le secret. Le roi est obligé de faire respecter son autorité. La conduite que tiendra son parlement déterminera les sentiments et les dispositions de Sa Majesté à son égard ».

Le parlement s'en revint très contristé.

Mais à partir de ce moment, il cessa de siéger et envoya le greffier en chef faire des compliments de condoléance aux familles des exilés. De plus, chaque chambre députa auprès d'elles deux conseillers dans le même but.

Le régent laissa faire, mais le marquis d'Effiat intima de sa part au parlement l'ordre de reprendre ses audiences, ce qui eut lieu ; peu à peu l'effervescence se calma, et deux ou trois mois plus tard, les exilés revinrent.

A peine l'émotion produite par la division qui s'était élevée entre le parlement et le régent fut-elle calmée, qu'un autre événement vint occuper les esprits.

Il se forma une conspiration dont le but était d'enlever le régent, et de mettre le roi d'Espagne à la tête du gouvernement de France, avec le duc du Maine pour régent.

On comptait sur l'union des parlements ; le prince de Cellamare, ambassadeur d'Espagne à Paris, et la duchesse du Maine étaient les principaux chefs de la conspiration, menée en Espagne par le cardinal Alberoni, ministre de Philippe V.

Or, voici ce qui se passa :

Il y avait alors à Paris une femme galante, très lancée, et qu'on appelait la Fillion, très connue de l'abbé Dubois, chargé de la direction des affaires étrangères ; or, un secrétaire du prince de Cellamare, qui avait un soir rendez-vous avec elle, s'excusa d'être en retard, prétextant qu'il avait été occupé à des expéditions de lettres dont il laissa deviner l'importance. La Fillion en avertit Dubois qui fit saisir ces lettres sur la personne à qui elles étaient destinées, et toute la conspiration fut découverte.

Suivant une autre version, Cellamare aurait fait

Le cocher de Law fut assassiné à moitié et le carrosse mis en pièces. (Page 116, col. 1.)

traduire les pièces qu'il envoyait à sa cour par un sieur Buvat, employé à la bibliothèque du roi qui, un jour, en traduisit une qui lui sembla compromettante, et dénonça les auteurs de la conspiration.

Quoi qu'il en soit, elle avorta, mais plusieurs de ceux qui en faisaient partie furent sévèrement punis; le duc du Maine fut appréhendé au corps et conduit à Doullens, sa femme fut arrêtée par le duc d'Ancenis, capitaine des gardes du corps, dans une maison de la rue Saint-Honoré, et envoyée au château de Dijon.

Le marquis de Pompadour, l'abbé Brigault, et tous les domestiques et commensaux de la maison du Maine furent envoyés à la Bastille.

Arouet de Voltaire, dont le nom devait plus tard briller d'un si vif éclat, débuta comme auteur dramatique, le 18 novembre 1718, à la comédie française, par la tragédie d'*Œdipe*.

Tandis qu'on applaudissait sa première pièce, il était à la Bastille par ordre du régent, faussement accusé d'une satire politique.

Le duc d'Orléans, entendant parler du succès de cette tragédie, voulut la voir et il en fut si charmé, qu'il rendit immédiatement la liberté au prisonnier. Voltaire alla aussitôt remercier le prince qui lui dit :

— « Soyez sage et j'aurai soin de vous.

— « Je vous suis infiniment obligé, répondit le poète, mais je supplie Votre Altesse de ne plus se charger de mon logement et de ma nourriture.

Le régent s'amusa fort de cette spirituelle saillie.

Le 29 novembre, on fit dans la maison de

Saint-Charles, des prêtres de la doctrine chrétienne, l'ouverture de la bibliothèque publique fondée par M. de Miron, docteur en théologie de la faculté de Paris; à partir de ce jour cette bibliothèque fut ouverte au public les mardis et vendredis.

C'est en l'année 1718 que commencèrent les travaux de l'hôtel d'Évreux, qui devait plus tard changer son nom en celui de Palais de l'Élysée.

Ce palais fut construit pour le comte d'Évreux, cadet de la maison de Bouillon, qui avait épousé la fille du financier Crozat, mésalliance compensée par une fortune immense, ce qui n'empêchait pas le comte d'être d'une avarice extrême et il ne se fût peut-être pas décidé à se faire bâtir une si magnifique demeure, s'il n'y avait été incité par le régent, qui, sollicité par lui de lui accorder une faveur quelconque, lui répondit un jour malignement : je vous l'accorderai, lorsque je pourrai vous en porter moi-même le brevet dans un hôtel digne de vous.

Le comte comprit et comme tous les avares qui, une fois en train de faire des prodigalités ne connaissent plus de bornes, il vendit sur l'heure le domaine de Tancarville à Law qui le lui paya 800,000 livres et il consacra cette somme à l'achat d'un terrain hors de la ville à l'extrémité d'un faubourg encore peu habité et chargea l'architecte Molet de lui édifier là une résidence princière; dès l'année suivante, le régent, satisfait de voir le comte d'Évreux se conformer de la sorte à son désir, lui fit accorder sept cent quarante toises de terrain pour agrandir les dépendances de l'hôtel.

Le palais de l'Élysée a subi depuis sa construction tant de modifications successives, qu'à peine la donnée générale, le plan des bâtiments tels que nous les voyons aujourd'hui, peuvent-ils être regardés comme l'œuvre personnelle du premier architecte.

En 1748, l'hôtel d'Évreux passa aux mains de la Pompadour qui, goûtant fort peu la pompe sévère de sa nouvelle résidence, fit appeler Lassurance, architecte contrôleur des domaines du roi, qui, par ses ordres, agrandit l'hôtel et le fit décorer par Boucher, Vanloo, Lantara, etc. La marquise y dépensa 95,169 livres 6 sols dans la seule année 1754.

A la mort de la célèbre marquise, l'hôtel d'Évreux fit retour à Louis XV, qui, après l'avoir affecté à la résidence des ambassadeurs, en fit le garde-meuble de la couronne.

Puis, en 1773, M. de Beaujon, receveur général des finances, l'acheta moyennant un million, somme énorme pour l'époque, et le fit restaurer magnifiquement.

On peut dire que ce fut Beaujon qui mit l'hôtel dans l'état où il est demeuré jusqu'à ces derniers temps. L'architecte qu'il employa fut un nommé Boullée, célèbre alors, qui dessina aussi le charmant jardin qui accompagne l'hôtel.

Une relation du temps nous apprend ce qu'était cette superbe demeure, habitée par le fameux financier.

« C'est une des plus magnifiques maisons de la ville. Une belle et vaste cour, et deux plus petites sur les côtés, annoncent son entrée. Dans une salle à droite de l'antichambre, est un très beau billard anglais et Zéphyre et Flore, groupe de marbre par M. Tassaert, sculpteur du roi, dont on voit aussi les bustes en marbre des quatre parties du monde, sont placés sur des gaines dans le salon qui est à côté. Dans la salle à manger que l'on trouve à droite, sont deux magnifiques vases de Chine ornés de bronze.

« Le grand salon à gauche du premier est remarquable par ses superbes glaces, les bronzes précieux, les marbres et les vases dont il est orné, ainsi que par le charmant point de vue du jardin dont les Champs Élysées semblent former le parc.

« La pièce suivante forme une chambre à coucher donnant aussi sur le jardin, décorée de trois belles tapisseries des Gobelins représentant *le Sommeil de Renaud, son Départ, Angélique et Médor*. Quatre palmiers, ornés de draperies et de roses supportent un riche couronnement au-dessus du lit. Le Salon des Muses, qui est ensuite, sert de salon de musique. Les médaillons des Sœurs y sont peints et rehaussés d'or. On voit Zéphyre et Flore, groupe de marbre blanc exécuté par Guyard; une statue de marbre, placée sur une table, entre les croisées, représente Louis XV en Apollon. Une autre statue de ce dieu se trouve sur une pareille table entre les croisées de retour. Par une autre pièce servant de chambre à coucher, l'on dégage dans les antichambres du petit hôtel qui est de ce côté; elles conduisent à un premier salon remarquable : 1° par quatre dessus de portes peints en bas-reliefs par M. Sauvage, peintre du roi; 2° par un saint Roch du Guide; Sénèque par le Guerchin et Antiope par Rubens; 3° par une pendule dans un vase d'albâtre et montée sur un fût de colonnes de même matière.

« Le cabinet qui est à côté contient quelques tableaux de Poter, Lancret, Vanloo, Wille, Houel, Doyen et plusieurs têtes d'étude; deux fêtes grecques par M. Le Barbier l'aîné; des portraits par Santerre et Grimoux, etc. Entre les croisées est un beau groupe des trois Muses soutenant une sphère mobile, autour de laquelle sont marquées les heures. Cette pièce est aussi ornée d'un superbe lustre enrichi de bronzes supérieurement exécutés et dorés d'or moulu. Elle communique à la grande galerie éclairée par le haut et contenant plusieurs objets curieux et rares. Les armoires formant soubassement dans le fronton renferment une bibliothèque d'un choix précieux, dont la collection avait été formée par le sieur d'Hemeri dans le temps qu'il était inspecteur de la librairie. Sur les tablettes de marbre qui couvrent ce soubassement, sont placés des vases de bronze, porcelaine, marbre, etc., tous d'un grand prix.

« Aux deux extrémités de cette galerie sont deux statues de marbre montées sur des piédestaux, dont un sert de cheminée et l'autre de poêle; l'une de ces statues est une belle copie de l'Apollon du Belvédère faite à Rome par M. Guyard, l'autre une copie de la Diane antique dont la tête représente le portrait de feue madame la marquise de Pompadour par M. Tassaert. Aux quatre angles de cette galerie sont autant de statues de marbre. Les deux côtés de la cheminée représentent Vénus pudique et l'autre Vénus Callipyge. Les deux autres sont un flûteur et une figure académique. Tous les tableaux qui ornent cette galerie sont recommandables, étant tous morceaux de peintres ci-après savoir : Santerre, Berghem, Rubens, le Poussin, Vanloo, Téniers, Paul Poter, Jordaens, Van Ostade, Rembrandt, Gérard Dow, etc., etc.

« A côté de cette galerie, est une bibliothèque particulière, mais dont le choix est ordinaire ; cette pièce est aussi éclairée par le plafond.

« Sortant de cette galerie, il faut passer par le grand cabinet pour aller à l'arrière cabinet où l'on doit remarquer quatre portraits donnés à M. de Beaujon ; savoir : le portrait de Louis XIV par le roi, celui de Monsieur frère du roi par Monsieur, celui de Mgr. le comte d'Artois par ce prince et celui du roi de Suède. Deux tableaux de Le Prince, deux de Guérin, deux superbes vases d'albâtre oriental posés sur des fûts de colonnes et un buste du roi par M. Pajou.

« On trouve dans la pièce suivante, formant le salon des petits appartements, le portrait de Mme Adélaïde tante du roi, donné par elle-même à M. de Beaujon, et quatre tableaux précieux exécutés en tapisserie par M. Cozette, directeur de la manufacture des Gobelins...

« De cette pièce on communique à la chambre à coucher, revêtue depuis le haut jusqu'en bas d'étoffes plissées ; le lit agencé, avec grâce, est placé dans un renfoncement, dans le fond duquel est une glace qui, lorsqu'on ouvre les portes de l'aile, offre le tableau des Champs Élysées qui sont en face ; cette pièce est éclairée par le haut. En traversant un cabinet fort agréable, vous entrez dans le boudoir qui termine l'aile. On ne sait ce qu'on doit admirer le plus dans cette pièce, de la richesse du décor, de la beauté des glaces disposées de manière qu'elles produisent des effets variés et piquants, ou du choix des étoffes drapées avec goût. Ce boudoir est couronné d'une voussure surmontée d'un attique percé de plusieurs œils de bœuf qui rappellent la lumière sous la calotte qui est au-dessus, ornée de peintures agréables.

« Les pans coupés de ce boudoir charmant forment des renfoncements ornés de glaces, terminés par des groupes d'enfants, des draperies retroussées également couronnent le tout : le bas est occupée par des sofas.

« Cette pièce conduit au jardin placé dans une disposition très agréable...

« La chapelle se trouve dans l'aile près de la salle à manger ; elle est décorée de tableaux de stuc, exécutés par le sieur Chevalier stucateur.

« Le premier étage est divisé en deux appartements occupés par les amis de M. de Beaujon. »

Nicolas de Beaujon vendit son hôtel le 12 août 1786, moyennant 110,000 livres et 200,000 liv. pour les glaces et les tableaux, au sieur Joseph Dumey qui l'acheta pour le compte du roi.

Il est dit dans un arrêt du 3 novembre de la même année « que le roi destine ce palais pour loger les princes et princesses que leurs voyages amèneront à Paris ainsi que les ambassadeurs extraordinaires ». En 1790, ce fut la duchesse de Bourbon qui l'acheta et lui donna le nom d'Élysée.

Au commencement de la Révolution, le palais devint propriété nationale et fut vendu, le 25 ventôse an VI, à un industriel appelé Hovyn qui en fit un bal public et lui donna le nom de Hameau de Chantilly. — On n'a jamais su pourquoi. — Un moment il servit d'imprimerie nationale.

Murat acheta le « Hameau » en 1805, et le restaura au goût du jour. Seul, le grand salon de Mme de Pompadour trouva grâce devant Murat qui, nommé roi de Naples, vit son hôtel faire retour à la couronne, et Napoléon Ier vint souvent l'habiter pendant l'été. On l'appela alors l'Élysée Napoléon. Lors de son divorce, l'empereur le donna pour résidence à Joséphine ; celle-ci préféra aller habiter la Malmaison avec la reine Hortense, et Napoléon racheta le palais.

Sous la Restauration, l'Élysée faisait partie de l'apanage du duc de Berry ; la veuve de ce prince quitta l'hôtel en 1820.

Rentré dans le domaine de l'État en 1830, il resta sans emploi jusqu'en 1848, époque à laquelle il fut d'abord le siège de la Commission des récompenses nationales, puis un vote de l'Assemblée constituante l'assigna pour résidence au Président de la République qui s'y installa le 20 décembre 1849.

Après 1852, le palais reprit le nom d'Élysée Napoléon.

Depuis le rétablissement de la République, il est affecté au logement de son Président.

L'Élysée est un des plus remarquables édifices construits à Paris dans la première moitié du XVIIIe siècle. Cependant sa façade sur le faubourg Saint-Honoré était loin d'être en rapport avec l'architecture et les décorations du palais ; mais en 1854 et 1855 d'importants travaux y furent exécutés sous la direction de l'architecte Lacroix.

La création d'une nouvelle rue parallèle à l'avenue de Marigny l'isola, et une galerie composée d'un étage et d'un attique que surmonte une terrasse et que couronne une balustrade en pierre à la manière italienne, ferme la cour du côté du faubourg Saint-Honoré, en faisant retour à droite et à gauche.

Au milieu s'ouvre une porte monumentale en forme d'arc de triomphe et dont le sommet est décoré d'un écusson ; de chaque côté des grilles d'entrée, est un groupe de colonnes corinthiennes, semblables à celles qui ornent la porte principale.

Les jardins qui se prolongent jusqu'à l'avenue Gabrielle sont plantés de beaux arbres et bien entretenus.

Les mendiants et les vagabonds pullulaient toujours à Paris, et bien que de nouveaux édits redoublassent de sévérité contre eux, c'était, toujours une plaie qui rongeait la ville ; une déclaration du 8 janvier 1719, disposa que, dans les cas prescrits par les déclarations précédentes, contre ceux qui ne gardaient pas leur ban, contre les vagabonds et les gens sans aveu, les hommes seraient transportés dans les colonies pour y servir comme engagés et travailler à la culture des terres ou autres ouvrages, et les femmes seraient enfermées à l'hôpital général de la ville de Paris pour un temps laissé à l'arbitrage des juges. Les individus condamnés à être envoyés aux colonies devaient être enfermés immédiatement dans l'hôpital général pour y être nourris et gardés jusqu'à ce qu'ils fussent conduits dans les ports pour y être embarqués.

Cette législation ne resta pas longtemps en vigueur ; les archers de l'hôpital général abusant indignement de leur mandat, arrêtaient en pleine rue des individus qui n'étaient ni mendiants ni vagabonds et qui, appelant des passants à leur secours, soulevaient de véritables séditions. L'indignation générale força le gouvernement à rapporter, en 1722, l'ordonnance de 1719, d'autant plus que les colonies elles-mêmes réclamaient énergiquement contre l'exportation des malfaiteurs. A cette époque, l'hôpital général, non seulement servait de prison aux mendiants valides arrêtés en contravention, mais il recevait aussi ceux qui s'y présentaient de leur plein gré et qui consentaient à aliéner leur liberté pour toute leur vie. Ils étaient tenus, dans ce cas, de contracter un engagement régulier. Les administrateurs devaient nourrir et habiller les mendiants engagés qui, de leur côté, étaient tenus d'exécuter dans l'intérieur de l'hôpital les travaux qui leur étaient assignés.

Nous avons, à plusieurs reprises, mentionné les entrées officielles des ambassadeurs étrangers, mais, aucune d'elles n'eut un tel apparat que celle faite par le comte de Stairs ambassadeur d'Angleterre, le 5 février 1719, et nous ne saurions la passer sous silence.

Donc le 5 février, le maréchal d'Estrées, vice-amiral, et le chevalier de Sainctot, introducteur des ambassadeurs, allèrent prendre le comte à la Roquette, dans les carrosses du roi ; ils étaient suivis au retour des princes et princesses du sang, du comte de Toulouse, grand amiral, et de l'abbé Dubois ; venaient ensuite cinq carrosses de l'ambassadeur, d'une magnificence extraordinaire, attelés chacun de huit chevaux, accompagnés par douze pages à cheval, trente-six valets de pied, six palefreniers, tenant chacun un cheval de main superbement harnaché, un écuyer, douze gentilshommes à cheval et deux suisses aussi montés.

On s'écrasait dans les rues pour admirer les livrées et les uniformes ; les pages étaient vêtus de drap orange couvert d'un large galon d'argent surbroché ; le revers des manches en velours bleu, avec des nœuds d'épaules brodés d'argent, avec chapeaux à plumes blanches et cocardes jaunes.

Les valets de pied n'étaient pas moins beaux, mais c'étaient les carrosses qui arrachaient des cris d'admiration aux Parisiens ! Le premier était à huit glaces, doublé de velours cramoisi à fond d'or. « L'impériale en dedans est ornée d'une grande cartisane d'or qui en fait le circuit et les cantonnements ; au milieu d'une rose d'or qui fait un ornement en cul de lampe, les rideaux de damas de Gênes cramoisi avec une broderie d'or en plein ; aux panneaux, devant, derrière et aux portières, on voit une broderie relevée en bosse représentant les armes d'Angleterre et dans les quatre coins les devises des ordres de la Jarretière et de Saint-André. Au lieu des pommes on a mis des enfans sculptez et groupez deux à deux tenans les armes d'Angleterre d'une main et de l'autre des aigrettes d'or trait. La pomme sur le milieu de l'impériale est un groupe de quatre enfans adossez qui soutiennent la couronne d'Angleterre, en forme de couronne impériale ; les autres parties du carrosse et les harnois répondent à cette magnificence. »

Les quatre autres étaient dans le même style.

L'ambassadeur fut conduit à l'hôtel des Ambassadeurs et traité avec tous les égards dûs à son rang.

Un arrêt du conseil, du 1er juin 1719, ordonna la construction de cinq fontaines dans le faubourg Saint-Antoine, mais on ne s'empressa pas de le mettre à exécution ; cependant en 1724, il y en avait quatre terminées, c'étaient :

La fontaine du Basfroid, située au coin de la rue Basfroid et de la rue de Charonne ; elle fut alimentée par l'eau de la Seine et, après 1782, par la pompe à feu de Chaillot.

La fontaine Trogneux, rue de Charonne, dans les mêmes conditions, et la fontaine de la petite Halle, située en face de l'hôpital, ci-devant monastère de Saint-Antoine.

Jardin du Palais-Royal, sous Louis XV.

Pont du petit Châtelet, construit en 1719, démoli en 1852.

La fontaine des Mousquetaires, rue de Charenton.

La cinquième ne fut bâtie qu'en 1779; ce fut la fontaine du marché Lenoir.

Mais en 1718, on en avait reconstruit une, appelée fontaine des Capucins dans la rue Saint-Honoré entre le couvent des Capucins et celui des Feuillants. C'est la fontaine qui se trouve aujourd'hui au coin de la rue Saint-Honoré et de la rue Castiglione.

Les religieux du couvent des Blancs-Manteaux consentirent en 1719 à céder un emplacement et à construire à leurs frais une fontaine moyennant la somme de 13,000 livres qui leur fut comptée par les trésoriers de la ville. Plus tard, elle fut aussi alimentée par la pompe à feu de Chaillot.

Une autre fontaine, qu'on désigna sous le nom de château d'eau, fut en outre élevée en 1719 sur la place du Palais-Royal, juste à l'endroit où se trouvait auparavant l'hôtel de Sillery, vendu le 22 mars 1640 à d'Escoubleau de Sourdis, qui en fit déclaration au profit de Richelieu. Lorsque Anne d'Autriche vint habiter le Palais-Royal avec ses enfants, elle fit jeter bas l'hôtel Sillery pour en faire une place et des corps de garde, mais, comme cette place était bornée par de vieilles et laides maisons, Philippe d'Orléans les fit abattre en 1719, et élever sur les dessins de Robert de Cotte, premier architecte du roi, un grand corps de bâtiment qui fut appelé le château d'eau, et dans lequel furent placés des réservoirs d'eau de la Seine et d'eau d'Arcueil, destinés à alimenter les bassins du Palais-Royal et des Tuileries.

Ce bâtiment, dont l'architecture était en bossages rustiques vermiculés, était flanqué de deux pavillons de même style; le tout présentait vingt toises de façade. Au milieu se trouvait un avant-corps formé par quatre colonnes d'ordre toscan, portant un fronton dans le tympan duquel étaient les armes de France. Au-dessus, on voyait deux statues à demi couchées, dues au ciseau de Coustou le jeune, et représentant, l'une la Seine, l'autre la nymphe de la fontaine d'Arcueil. Au bas de cet avant-corps se trouvait une niche abritant le robinet de la fontaine au-dessus de laquelle se trouvait une plaque de marbre noir, portant une inscription latine.

Ce monument fut démoli en 1852, lorsqu'on

commença les travaux préparatoires pour la réunion du Louvre aux Tuileries.

Le 6 juillet de la même année, fut posée la première pierre de la reconstruction du Petit-Pont et le procès-verbal suivant fut placé entre deux feuilles de plomb dans la troisième voussure de la première arche de la rive droite; on le trouva lorsque le pont fut démoli en 1852.

« Le 6 juillet 1719, du règne de Louis XV°, sous la prévosté de Messire Charles Trudaine, chevalier, seigneur de Montigny et autres lieux, con^{er} du roy et de la ville, Pierre Messon, escuyer, avocat en parlement, greffier de la cinquième chambre des enquêtes, Henry de Rosnet, escuyer, con^{er} du roy, quartenier, Paul Ballin, escuyer, con^{er} du roy, notaire.

« Étant Nicolas-Guillaume Moriau, escuyer, conseiller, avocat et procureur du roy et de la ville, Jean-Baptiste Julien Taitbout, escuyer conseiller du roy, greffier, Jacques Boucot, escuyer, con^{er} du roy, receveur.

« La reconstruction des trois arches du Petit-Pont et partie des pilles qui avoient été très endommagées par l'incendie des maisons qui étoient sur le pont, arrivé le 27° avril 1718, a été faite des deniers de la ville et rélargie avec banquettes et parapets en place des maisons et la première pierre posée à la pille servant de culée, du côté du portail de l'hostel-Dieu, par messieurs les prévost des marchands, eschevins, procureur du roy, greffier et receveur assemblés sur les travaux, assistés de leurs officiers, suivant les dessins et alignements donnez par M° Jean Beausire, con^{er} architecte ordinaire du roy et de son académie, maistre général des bastimens de Sa Majesté et de l'hostel de ville, inspecteur et contrôleur des bastimens de la dite ville, garde ayant charge des eaux et fontaines publiques d'icelle, et ont distribué aux ouvriers les libéralités de la recette de la ville. »

Le pont, reconstruit en 1719, demeura sans changement jusqu'en 1852, mais à cette époque sa démolition fut décidée, non parce qu'il menaçait ruine, mais parce que deux de ses arches, n'ayant que 6 mètres 40 d'ouverture, gênaient la navigation du petit bras de la Seine, que l'on canalisait, et arrêtaient la construction de l'égout latéral de la Seine; enfin, la grande élévation de son tablier en rendait l'accès difficile aux voitures chargées.

Par toutes ces raisons, on démolit le Petit-Pont pour le reconstruire avec une seule arche et dans le système de Vicat : un assemblage de meulières reliées entre elles avec du ciment romain, sans pierres de taille dans sa construction, pas même pour les culées; ce système permettant de donner plus d'ouverture aux voûtes et réunissant en même temps la solidité et l'élégance.

Par suite de l'abaissement du tablier, la démolition du Petit-Pont devait entraîner un nivellement assez considérable, et on allait être obligé de jeter bas les maisons formant l'îlot circonscrit entre la Seine, le quai du Marché-Neuf et la rue de la Cité. Cette nécessité ne changea rien au projet.

Les travaux commencèrent le 1er mars 1852. Pour obvier à l'interruption momentanée que ces travaux devaient apporter à la circulation, on construisit dans l'axe du Marché-Neuf, au quai Saint-Michel, une passerelle qui n'était accessible que pour les piétons, les voitures devant passer sur les ponts Saint-Michel et de l'Hôtel-Dieu.

Quant aux neuf maisons qui composaient l'îlot, aucune d'elles n'offrait rien de remarquable; si ce n'est qu'elles étaient bâties en partie sur une ancienne voie qui descendait à la rivière, pratiquée sous leur sol, voie à ciel ouvert dans certaines parties au moyen de cagnards qui étaient devenus depuis longtemps le receptacle des immondices de ces propriétés.

Toutes ces maisons furent démolies; elles occupaient une superficie de 1,125 mètres 76 centimètres.

Un édit, du mois d'août 1717, avait ordonné que les premier président, présidents conseillers, avocats et procureurs généraux, greffier en chef, premier huissier du Grand Conseil et huissier ordinaire de la grande Chancellerie, actuellement en charge ou qui le seraient dans l'avenir, qui ne seraient pas issus de race noble, seraient réputés nobles et jouiraient, ainsi que leur postérité et leurs veuves, de tous les privilèges de la noblesse, dans les termes de l'édit de 1716 qu'on a lus plus haut, à propos de l'anoblissement des échevins.

Mais il paraît que dans la nomenclature de ces divers magistrats, n'avaient pas été compris les conseillers substituts du procureur général.

Ils réclamèrent, en se plaignant vivement d'avoir été exclus de la faveur royale et une déclaration du 22 mai 1719, enregistrée au parlement le 6 juillet, anoblit les substituts, aussi bien que les présidents et les autres.

Le 6 février, le roi avait accordé à l'Université 60,000 livres par an, à prendre sur les postes et messageries de France, pour enseigner les sciences gratuitement; mais cette disposition fut modifiée. L'Université fit remontrer au roi que, depuis son établissement, elle avait eu le droit d'établir des messageries reliant toutes les provinces à Paris et qu'en conséquence elle « suppliait très humblement Sa Majesté qu'il lui plût fixer à la somme de 150,000 livres le prix des dites messageries, si mieux n'aimoit Sa Majesté lui permettre de les affermer séparément, à la charge par elle de faire gratuitement l'instruction de la jeunesse dans tous les collèges de plein exercice de l'Université ». Le roi ayant égard aux remontrances de l'Université, ordonna par arrêt rendu en son Conseil d'État le 14 avril 1719, que le bail des messageries serait toujours considéré comme compris dans le bail général des postes et messageries, à la condition ci-dessus exprimée.

Cette gratuité de l'éducation fut très favorablement accueillie et le recteur présenta son compliment au roi pour le remercier. « L'Université, sire, dit-il, s'efforcera de seconder vos intentions vraiment royales, en redoublant ses soins auprès de ce peuple naissant qu'elle élève pour Vostre Majesté. »

Après avoir prodigué au roi les plus plates adulations, le recteur alla complimenter le Régent sur le même objet, et épuisa toutes les fleurs de son éloquence.

Et, probablement pour montrer qu'il savait aussi bien complimenter les gens en latin qu'en français, ce fut dans cette langue classique, qu'il s'adressa à M. le garde des sceaux pour lui exprimer la satisfaction qu'il ressentait.

Ce n'est pas tout :

Après avoir donné trois jours de congé aux écoliers à cette occasion, le recteur ordonna une belle procession, dont le programme mérite d'être reproduit *in extenso*, et qui se fit le mardi 13 juin, en l'église paroissiale de Saint-Roch.

« Les sept compagnies qui composent l'Université, scavoir : la faculté de théologie, celle des droits, celle de médecine ; et les quatre nations de France, de Picardie, de Normandie et d'Allemagne, qui forment la faculté des arts, s'assembleront aux Mathurins à 7 heures et demie précises du matin, et après que M. le recteur aura fait un discours selon la coutume ordinaire, la procession partira en cet ordre :

« La croix sera portée à l'ordinaire par un religieux augustin, accompagné de deux autres religieux du même ordre portans chandeliers.

« Ensuite, seront appelés pour marcher selon leur ordre : les cordeliers, les augustins, les carmes, les jacobins.

« Les maistres en arts en robe noire, avec le petit chaperon sans fourrure.

« Six religieux bénédictins du prieuré royal de Saint-Martin-des-Champs en aubes et en chapes, précédés de quelques autres religieux de l'habit de leur ordre et de quelques ecclésiastiques en surplis et en chapes. Ce qui forme le chœur.

« Les bacheliers en médecine en robe noire, avec un chaperon erminé (d'hermine) précédez du second massier de la faculté, en robe noire.

« Les bacheliers en la faculté des droits.

« Les bacheliers en théologie, en robe noire et fourrure, précédez du second appariteur de la faculté, en robe noire.

« Les docteurs-régens en la faculté des arts, en robe ou chape rouge, avec l'épitoge ou le chaperon doublé de fourrure.

« Les quatre procureurs des nations, vestus d'une robe rouge erminée blanc et gris, comme celle des électeurs de l'Empire, précédez chacun du second massier de leur nation.

« Les docteurs en médecine, aussi en robes et chapes rouges, avec l'épitoge ou chaperon doublé de fourrure, précédés de leur premier massier, vestu d'une robe bleue fourrée de blanc.

« Les docteurs en la faculté des droits en robes rouges, avec leur chaperon erminé précédé de leur massier habillé de violet.

« Les docteurs en théologie pareillement en fourrure et robe noire ou violette, avec un bonnet de mesme, précédez de leur premier appariteur qui porte une robe de drap violet fourrée de blanc.

« M. le recteur en robe violette et mantelet royal avec la bourse ou escarcelle de velours violet garnie de glands et de galons d'or, et le bonnet noir ; accompagné du doyen de théologie, aussi en robe violette et fourrure ; précédé des quatre premiers massiers des quatre nations de la faculté des arts.

« Après M. le recteur, suivront immédiatement :

« Les syndic, greffier et receveur de l'Université, en robes rouges et fourrures.

« Enfin la procession sera fermée par les libraires-imprimeurs, les papetiers, les parcheminiers, les escrivains, les relieurs et les enlumineurs jurez de l'Université.

« Les grands messagers-jurez de l'Université, précédez de leur clerc, lequel portera une robe de couleur rose sèche et une tunique sur laquelle sont les armes de l'Université en forme d'un héraut d'armes, ayant un baston royal d'azur, semé de fleurs de lis d'or.

« La procession partira de l'église des Mathurins.

« Descendra par la ruë de la Harpe jusqu'à l'entrée du pont Saint-Michel.

« Tournera sur le quay des Augustins jusqu'au Pont-Royal.

« Passera sur le Pont-Royal et, prenant à droite, le long des galeries du Louvre, entrera par le guichet du milieu dans la ruë Saint-Thomas du Louvre jusqu'à la ruë Saint-Honoré.

« Et delà, elle ira à l'église de Saint-Roch, qui est le lieu de la station, où S. E. M. le cardinal de Nouailles, archevesque de Paris, docteur de la faculté de théologie, proviseur de Sorbonne et supérieur du Collège de Navarre, officiera pontificalement.

« Après l'office, la procession sortira de l'église de Saint-Roch et, suivant la ruë Saint-Honoré, ira gagner la ruë du Roule, passera le Pont-Neuf, entrera dans la ruë Dauphine et, prenant la ruë des Cordeliers, se rendra en l'église des Mathurins. »

Cette procession universitaire eut lieu dans l'ordre ci-dessus, et elle plut fort aux écoliers, qui semblèrent y retrouver un retour des manifestations dont leurs confrères du moyen âge étaient si prodigues Un grand concours de gens se porta sur le passage de ce cortège de religieux et de lettrés.

Nous avons vu les prédécesseurs de Louis XV assister au feu de joie de la Saint-Jean ; ce prince ne pouvait se dispenser de les imiter. Il s'y rendit le 23 juin, accompagné du régent et de plusieurs autres seigneurs de la cour et fut reçu en descendant de son carrosse, qui était entouré d'un détachement de gardes du corps (dont les officiers jetaient de l'argent au peuple pendant toute la marche) par le duc de Tresmes, gouverneur de Paris, par M. de Trudaine, prévôt des marchands, par les échevins et autres officiers de la ville. Il fut conduit dans la grande salle, où un trône avait été dressé à son intention. Puis, après y avoir reçu les compliments de quelques personnages officiels, il passa dans une pièce où il soupa, servi par le prévôt des marchands.

Après le souper, il retourna dans la grande salle et s'assit sur le trône, et aussitôt après furent tirées des fusées et on alluma le feu, dont la construction, avait 96 pieds de pourtour et 24 de façade ; c'était un groupe représentant Minerve, la sagesse, la science et la valeur ; une médaille, placée à la partie supérieure, annonçait la présence du roi à cette fête. Au-dessus de ce groupe, étaient d'autres figures représentant la bonté royale, la religion, la piété, l'amour, etc., et sur le haut des pilastres étaient placés tous les bustes des membres de la famille royale.

Une foule énorme encombrait la place, attirée par la curiosité du spectacle.

Le feu terminé, le roi remonta en carrosse avec le même cortège et retourna au palais des Tuileries au bruit des acclamations et des vivats, et pendant une partie de la nuit, les rues furent sillonnées de promeneurs.

Le jeune Louis XV s'était fort amusé à la cérémonie, mais ce qui gâta un peu son plaisir, ce fut une pièce de vers qu'il dut entendre avant de se retirer. Mais les rois, comme les autres mortels, ont parfois de mauvais moments à passer !

Ces vers d'amateur, dus à M. Martineau de Soleine, eussent fait éclater un mirliton s'ils l'eussent entouré ; en voici quatre comme échantillon. Il est bien entendu que ce sont des vers en l'honneur du nouveau roi :

O ! quel présage heureux pour l'empire françois,
Ses vertus ont passé du Tibre sur la Seine.
Prince, son allégresse à couler sous tes loix,
De fleuve qu'elle étoit, la transforme en fontaine.

Et on s'étonne que les rois s'illusionnent sur leur propre mérite !

A qui la faute? si ce n'est à la platitude de ceux qui ne craignent pas de leur débiter en face de pareilles inepties !

Au reste, dans son enfance, Louis XV fut entouré des plus minutieuses prévenances ; la duchesse de la Fare était sa marraine ; un jour que le jeune roi allait venir la voir après dîner, elle fit dresser d'espace en espace, depuis les Tuileries jusqu'à son hôtel, rue Richelieu, des réchauds allumés dans lesquels on jetait de temps en temps du genièvre et autres bois de senteur, dont la fumée remplissait l'air et l'assainissait.

Nous avons parlé plus haut du monastère des Annonciades des dix vertus de Notre-Dame, occupé après celles-ci, par les dames de Notre-Dame-aux-bois. Ce fut en 1718, le 8 juin, que *Madame*, veuve de Philippe de France, duc d'Orléans, posa la première pierre de la nouvelle église de l'Abbaye-au-bois, située au coin de la rue de Sèvres et de la rue de la Chaise.

Dans la première pierre posée fut encastrée une grande médaille, donnée par *Madame*, sur laquelle était gravé le portrait de cette princesse ; au revers, elle est assise sur deux lions et tient dans sa main droite le plan de la nouvelle église ; autour de la médaille on lit : *Diis genita et genitrix Deum*. Au bas de la pierre est écrit : Haute et puissante dame, Madame Marie-Anne de Harlay, abbesse de cette abbaye.

Cette église n'offrait rien de curieux, si ce n'est une *Descente de croix* de Canis.

En 1789, l'abbaye avait un revenu de plus de 50,000 livres et n'en dépensait guère plus de 20,000.

En 1790, elle fut supprimée et devint propriété nationale ; elle servit de maison d'arrêt.

En 1803, l'église devint succursale de Saint-Thomas-d'Aquin.

En 1827, dans une partie de l'ancien couvent, s'établit une communauté de chanoinesses de Saint-Augustin.

Mais l'Abbaye-au-Bois fut surtout célèbre par le séjour qu'y fit Madame Récamier, qui y demeura de 1814 à 1849 ; elle était venue s'établir là après la ruine de son mari et la mort de son amie Mme de Staël. Toutes les illustrations de l'époque briguaient la faveur d'être reçues dans les salons que Mme Récamier avait ouverts à l'Abbaye-au-Bois et où Chateaubriand régnait en souverain. Il se rendait régulièrement à l'abbaye tous les jours à trois heures, et, pendant la première heure de ses entretiens avec Mme Récamier, il ne souffrait pas de tiers ; mais cette première heure écoulée, on ouvrait la porte du salon et les intimes y pénétraient. Parmi ceux-ci, il faut citer : le duc Mathieu de Montmorency, Ballanche, le duc Hamilton, Eugène Delacroix, David (d'Angers), Alexandre de Humboldt, Augustin Thierry, Salvandy, Villemain, Sainte-Beuve, Ampère, le duc de Noailles, Al. de Tocqueville, etc.

Ce fut à l'Abbaye-au-Bois que Lamartine lut ses premières méditations et que toutes les re-

On traîna les voitures enflammées par les rues, escortées par quatre mille personnes qui vociféraient.
(Page 119, col. 1.)

nommées naissantes reçurent leur baptême et leur consécration.

Si l'on fait abstraction de la politique, on peut dire que ce cénacle, qui exerça longtemps une grande influence sur les élections de l'Académie française, fut une sorte d'hôtel de Rambouillet du XIXe siècle, dont Mme Récamier était la Julie d'Angennes.

On ouvrit en 1719 une rue commençant à la rue du faubourg Saint-Martin et finissant rue de Château-Landon; on la nomma rue Chaudron, du nom de Joseph Chaudron qui fit construire en 1718 la fontaine située à l'encoignure des rues du chemin de Pantin et du faubourg Saint-Martin.

A la même date 1718-19, nous trouvons aussi l'ouverture d'une rue commençant à la rue de Bourbon-Villeneuve et finissant rue de Cléry, on la nomma rue Saint-Philippe Bonne-Nouvelle. C'est la continuation de la rue des Filles-Dieu.

Le 3 septembre 1719, des lettres patentes furent signées par le roi approuvant le plan nouveau du quartier Saint-Honoré :

« Louis, etc. Nous estant fait représenter en nostre conseil le plan général des quartiers appelés la place de Louis-le-Grand, porte et rempart de Saint-Honoré et des Capucines que les prévost des marchands et eschevins de nostre bonne ville de Paris ont fait lever par le maître général de ses bastimens et estant informé de la difficulté du passage de la porte Saint-Honoré qui est très fréquentée et souvent embarrassée par le grand nombre des voitures, et ayant appris que l'emplacement de l'hostel de Luxembourg qui est entre la place de Louis le Grand et la porte Saint-Honoré est vendu et que le sieur Leduc, architecte acquéreur, offre à la ville de donner l'ouverture d'une rue à travers le dit emplacement, de cinq toises de large, qui communiqueroit de la rue Saint-Honoré au rempart, à la rencontre de celle des Petits-Champs, ce qui seroit un très grand dégagement et commodité pour le quartier de Louis-le-Grand, et voulant contribuer à la perfection et embellissement de ce quartier, nous avons par nostre arrest de nostre conseil du 22 août dernier ordonné que le nouveau plan du quartier de Saint-Honoré et de la place Louis-le-Grand seroit exécuté et que suivant icelui, la rue seroit ouverte de ligne droite dans l'emplacement de l'hostel de Luxembourg, de cinq toises de large et nommée de ce nom depuis la rue Saint-Honoré jusqu'au rempart etc. »

En 1720, un arrêt du conseil, du 4 décembre, ordonna le prolongement de la rue d'Anjou-Saint-Honoré jusqu'au canal du grand égout qui existait alors; cette disposition fut confirmée par un autre arrêt du 22 juillet 1721. En 1778, sur la demande de plusieurs propriétaires, le roi prescrivit la continuation de la rue d'Anjou, depuis le grand égout jusqu'à la rue de la Roche (devenue depuis la rue du Rocher). Cette partie nouvelle de la rue se nomma alors rue Quatremère, en l'honneur de Bernard Quatremère de l'Épine, échevin de 1772 à 1774, mais elle n'alla que jusqu'à la rue de la Pépinière. A partir de 1796, ce fut, d'un bout à l'autre, la rue d'Anjou-Saint-Honoré.

De la rue Pépinière à la rue Saint-Lazare, la distance est courte; franchissons-la pour apprendre au lecteur qu'à la rue Saint-Lazare était à cette époque le village des Porcherons, et le château du Cocq ou des Porcherons (qui se trouvait entre la rue de la Chaussée-d'Antin et la rue Caumartin); l'hôtel Cocq datait de 1320. Jaillot, qui écrivait en 1775, dit de lui : « soit que cette maison ait été divisée en deux parties, ou qu'on y ait réuni la maison voisine, on voit aujourd'hui une porte, au-dessus de laquelle sont les armes des Le Cocq, et l'inscription HOTEL COCQ ; elle est murie. » En 1855, on voyait encore des restes de bâtiment et le mur du château.

M. Amédée Achard nous a laissé une piquante description de ce quartier :

« Il y avait, dit-il, entre les quartiers de la Grange-Batelière et de la Ville-l'Évêque un abominable marécage formé de lambeaux de prairies où les roseaux poussaient à même : toutes sortes de maisons foisonnaient sur ce terrain vague qui était aux roués de la Régence, ce qu'était le Pré-aux-Clercs aux raffinés de la Ligue, un lieu de débauches, de plaisirs et de duels qui, en ce temps-là, faisaient trois synonymes.

« Les maisons étaient basses et d'équivoque apparence ; on y entendait incessamment un grand fracas de bouteilles, un grand rentissement de couplets où la morale n'avait que faire et un doux bruit de lèvres gourmandes et lascives...

« Tout au bout de ce marécage, le village des Porcherons groupait ses chaumières. Ces chaumières-là n'avaient aucun lien de parenté avec leurs homonymes des romances contemporaines. Ce sont petites cousines à la mode de Bretagne. Nos chaumières tenaient la porte gaillardement retroussée, qu'on nous passe l'expression, et la fenêtre au vent ; elles étaient de tournure plaisamment égrillarde et il s'y faisait, pour tout dire en un mot, une grande consommation de jeune vertu et de vin vieux.

« Le village de Clichy, qui ne se piquait pas non plus d'un grand rigorisme en matière de bonnes mœurs, tendait la main à son voisin le village des Porcherons, et à eux deux, ils menaient bien la vie la plus débraillée qui se pût voir dans la banlieue de Paris.

« C'étaient deux grands cabarets, on y allait gris, on en revenait ivre.

« Pour aller de la ville à ce lieu de perdition, les gentilshommes à cheval, les courtisanes en carrosses, et un peu aussi les bourgeois à pied, avaient tracé un chemin sinueux qui, partant de la porte Gaillon aboutissait aux Porcherons.

« Ce chemin qui trottait à travers champs et fondrières, la bride sur le col, enjambait à l'aide d'un mauvais pont un affreux égoût que longeait un sentier boueux et qui s'appelait le ruisseau de Ménilmontant.

« Cette sentine et ce ruisseau sont le père et la mère de la rue de Provence. Le Pont, qui était fort vilain et fort crevassé, avait nom le pont-Arcans. On avait oublié d'y mettre des gardes fous et on le passait à la grâce de Dieu. »

Autrefois, dans le bon temps des Porcherons, quand venait le dimanche, la bonne ville de Paris dégorgeait sa population d'oisifs par la porte Gaillon, et c'était alors tout le jour et toute la nuit un grand vacarme par le chemin. Si les gardes françaises et les gardes suisses ne répondaient pas à l'appel du soir, le lieutenant n'avait qu'à faire filer des patrouilles vers les Porcherons, on glanait des soldats par les champs.

Or, au commencement du XVIIIe siècle, on résolut de redresser le chemin de Gaillon qu'on appelait aussi chemin de l'égoût de Gaillon, Chemin des Porcherons et enfin chemin de la Chaussée de Gaillon.

Un arrêt du Conseil du 31 juillet 1720, ordonna ce redressement jusqu'à la barrière des Porcherons (rue Saint-Lazare), et la plantation d'une rangée d'arbres de chaque côté dudit chemin ; mais le bureau de la ville ayant représenté qu'il serait plus convenable et plus utile de faire une rue droite de 8 toises de large et de redresser l'égout jusqu'à la barrière, une ordonnance du

4 décembre de la même année autorisa ce changement; l'égoût fut revêtu de murs et voûté, et la rue percée et alignée d'après le plan présenté.

On la nomma rue de l'Hôtel-Dieu, parce qu'elle conduisait à une ferme appartenant à cet hôpital, puis rue de la Chaussée-d'Antin, parce qu'elle commençait au rempart en face duquel avait été bâti l'hôtel d'Antin, (depuis hôtel de Richelieu).

En 1791, on l'appela rue Mirabeau, en mémoire de Mirabeau qui y demeurait au moment de sa mort.

En 1793, la rue fut nommée rue du Montblanc, en souvenir de la réunion de ce département à la France.

En 1816, elle reprit son nom de rue de la Chaussée-d'Antin.

Dans la même année 1720, fut aussi ouvert le passage Corby, rue Richelieu; son nom lui vient du propriétaire de l'immeuble à travers lequel il fut percé.

Le 16 septembre 1719, un édit, qui eut son exécution dès le 18 du même mois, fut rendu à la satisfaction générale des habitants de Paris; il supprimait tous les offices établis sur les ports, quais, halles et marchés de la capitale, et ordonnait le remboursement des sommes que les titulaires avaient versées pour les exercer.

On publia dans le même temps un arrêt du Conseil, bien qu'il fût daté du 28 août, qui maintenait tous les marchands et artisans de Paris et de ses faubourgs dans le privilège de pouvoir s'établir dans toutes les villes et tous les bourgs de France.

A cette époque, la vente du bois n'était pas libre et le prix en était taxé par le prévôt des marchands; nous trouvons à la date du 18 décembre, une ordonnance de ce magistrat, portant que, depuis ce jour jusqu'au 1er avril suivant, chaque voie de bois serait augmentée de dix sols, ce qui établissait le prix du bois ainsi : la voie de bois neuf valait 13 livres 12 sous 6 deniers, et celle de bois tailli mêlé de bois blanc 10 livres 12 sols 6 deniers. La voie de cotrets composée de 208, 13 livres 3 sols 6 deniers; la voie de fagots du même nombre 13 livres 3 sols 6 deniers. Plus pour ces différents bois, 4 sols par voie au profit de l'hôpital général.

Le roi étant entré dans sa onzième année le 15 février 1720, le prévôt des marchands alla au nom de la ville le complimenter et, le 18, le jeune monarque commença à entrer au conseil de régence.

Le 4 avril, on publia un arrêt du Conseil d'État qui défendait de vendre, acheter ni tuer des agneaux pendant l'année courante et jusqu'à la Pentecôte de 1721 ; la défense s'appliquait aussi aux veaux et génisses âgés de plus de huit ou dix semaines « ni aucunes vaches qui seront encore en état de porter des veaux. »

Le 10 mars, une nouvelle ordonnance du roi fut rendue contre les « mandians, vagabonds et gens sans aveu »; dans la huitaine, ils devaient se retirer dans leurs lieux de naissance ou s'occuper à des professions utiles, et, faute de ce faire dans ledit délai, ils devaient être envoyés à l'hôpital général pour de là être expédiés aux colonies.

Quelques jours plus tard, après les mendiants on visa les joueurs, et une amende de trois mille livres fut encourue par quiconque donnait à jouer aux dés, ou aux jeux de cartes de hasard, tels que le pharaon, le lansquenet, le biribi, etc.

La banque de Law avait annoncé au mois de juillet qu'elle rembourserait des billets de dix livres et la foule assiégeait les bureaux; on entrait par la rue Vivienne dans les jardins du palais Mazarin où elle était établie et on passait ensuite dans la galerie où étaient les bureaux ; quand le jardin était plein on ne laissait plus entrer personne; quatre ou cinq personnes avaient déjà été écrasées; mais le mercredi 17 juillet, la foule était plus compacte que jamais; dès trois heures du matin, il y avait 15,000 personnes qui faisaient queue; avant cinq heures, il y en avait seize étouffées ; craignant un pareil sort, beaucoup de gens se retirèrent, mais se portèrent, furieux, au Palais-Royal dont on se hâta de fermer les portes.

Ils voulaient parler au régent.

On leur répondit que le régent était à Bagnolet, mais plusieurs prétendirent que ce n'était pas vrai, et qu'il n'y avait qu'à mettre le feu aux quatre coins du Palais-Royal et qu'on le trouverait bientôt; bref toute la matinée ce fut un tapage infernal dans le quartier; déjà on avait amené trois cadavres au Palais-Royal ; une bande de gens en apporta un autre; le maréchal de Villeroi fit donner aux porteurs cent livres pour les calmer ; mais en même temps une autre bande se jeta du côté de la maison de M. Law et ils en cassèrent toutes les vitres. On y fit entrer des suisses pour la garder.

Le régent qui était bien au Palais-Royal, mais ne se montrait pas, y fit introduire une cinquantaine de soldats aux gardes, en habits bourgeois, puis il donna ordre d'ouvrir les portes et en un moment quatre à cinq mille personnes entrèrent dans les cours.

Le duc de Tresmes, gouverneur de Paris, arriva vers dix heures et parut au balcon; il harangua le peuple pour tâcher de l'apaiser ; il y serait peut-être parvenu, malheureusement au même instant, Law fit son entrée en carrosse dans la grande cour et lorsque son cocher vit toute cette populace massée, il s'écria qu'il fallait faire pendre quelques-uns de ces Parisiens.

Cette insolence excita le peuple; cependant on laissa le cocher sortir avec la voiture du palais, mais dès qu'il fut dehors, une femme prit la bride des chevaux et lui dit :

— B..., s'il y avait quatre femmes comme moi, tu serais déchiré dans le moment..
Le cocher descendit de son siège et répondit :
— Vous êtes des canailles.
Sur ce mot, on se jeta sur lui on l'assomma, à moitié et le carrosse fut mis en pièces.

Le premier président du parlement, pour annoncer cette nouvelle à la cour, improvisa ce distique :

> Messieurs, messieurs, bonne nouvelle,
> Le carrosse de Law est réduit en cancllc.

Tandis que la colère d'un groupe de mécontents se déchaînait contre une voiture, des gens toujours disposés à mal faire hasardèrent d'abord timidement, puis à haute voix, qu'il fallait piller l'hôtel du financier, et une bande se dirigea vers la place Vendôme ; mais cet acte de vandalisme fut empêché par le plus grand nombre d'honnêtes gens qui s'y montrèrent absolument hostiles, et il suffit de la présence de quelques soldats pour réprimer cet excès.

Mais la situation devenait chaque jour plus précaire. Law ne quittait plus le Palais-Royal où le régent le garda jusqu'au mois de décembre, qu'il le congédia à petit bruit en le faisant monter dans une chaise de poste du duc de Bourbon, ce qui lui permit de traverser Paris et de gagner la route de Valenciennes sans être inquiété.

Le 18 juillet, c'est-à-dire le surlendemain du bris du carrosse de Law, le duc d'Orléans voulut régulariser la situation de la banque et envoya au parlement le précis des arrêts qu'il désirait faire approuver. Ils consistaient en cinq articles :

« 1° Le parlement approuvera les conventions faits par le roi avec la compagnie des Indes et celles que cette compagnie a passées avec des particuliers.

« 2° Le roi rétrocédera à la compagnie les 43 millions qu'elle avait rétrocédés au roi, au moyen de quoi, plus de rentes sur l'hôtel de ville.

« 3° La compagnie recevra un milliard en compte ouvert de la Banque.

« 4° Il y aura création de 100,000 actions nouvelles sur la mer du Sud, sur le pied de 9,000 livres l'action, payables de mois en mois.

« 5° Les anciennes actions se nourriront par elles-mêmes, sur le pied de trois pour cent. »

Toutes les chambres assemblées délibérèrent sur ces propositions et les rejetèrent presque unanimement, en se fondant sur ce que le parlement s'étant constamment opposé à tout ce qui s'était fait en faveur de la banque, il ne lui convenait pas d'approuver aucun de ces articles qui n'étaient propres qu'à prolonger les misères publiques et même à les augmenter.

Cette décision fut portée au Palais-Royal par les gens du roi, le 19.

Le 21, à trois heures du matin, divers détachements de gardes françaises et suisses s'emparèrent de toutes les portes du palais ; les gardes du corps se saisirent des chambres du parlement ; en même temps, des mousquetaires portèrent à tous les présidents, conseillers, gens du roi et au greffier en chef, des lettres de cachet dont ils se firent donner reçu et qui contenaient ceci :

« Monsieur,

« Ayant, pour de bonnes considérations, résolu de transférer ma cour de parlement de Paris, en la ville de Pontoise, je vous fais cette lettre de l'avis de mon oncle le duc d'Orléans régent, pour vous enjoindre et ordonner de vous y transporter, toutes affaires cessantes, dans deux fois vingt-quatre heures, pour y rendre la justice à votre ordinaire, en vertu de la déclaration qui y sera envoyée et ne vous assembler nulle part ailleurs, sous quelque prétexte que ce soit, sous peine de désobéissance et de privation de votre charge. Et la présente n'étant à autre fin, je prie Dieu monsieur, qu'il vous ait en sa sainte garde ; fait à Paris le vingt juillet mille sept cens vingt. »

Le premier président fut gardé à vue dans sa chambre par un officier, et on posa deux sentinelles à sa porte pour empêcher que personne ne pût communiquer avec lui. La maison du roi eut ordre de se tenir prête à marcher en cas de besoin.

Le guet à cheval et à pied fut répandu dans les divers quartiers de Paris.

Les régiments du Roi, de Champagne et de Navarre furent mis en marche avec plusieurs autres, afin de former un camp de 25,000 hommes aux environs de Paris.

« Précautions assez inutiles, dit un historien du temps ; la misère et la consternation étoient si grandes à Paris qu'on n'avoit à appréhender que le désespoir de quelque particulier, chacun y étoit occupé de sa fortune et ne s'embarrassoit guère de celle du parlement, à qui même on reprochoit de ne s'être pas opposé plustôt, et lorsqu'il étoit encore tems, aux maux qu'on éprouvoit. »

Le parlement se soumit et se transporta à Pontoise.

Mais les avocats ne voulurent pas quitter Paris et les quelques-uns qui allèrent à Pontoise s'y rendirent en habit de campagne.

En vain, on menaça les avocats de les rayer du tableau s'ils ne remplissaient pas leurs fonctions habituelles ; ils répondirent que leur profession les rendait absolument libres d'aller et de venir à leur guise, et que nul ne pouvait les forcer à plaider.

Alors « on se regarda à Pontoise comme à la campagne, on joua gros jeu, on fit grande chère » et ce fut tout.

Ancien château des Porcherons, appelé aussi château du Coq, anciennement rue Saint-Lazare.

Au mois de septembre, on tira l'oie devant le Louvre, et nombre de badauds y prenaient un plaisir extrême.

Pendant ce temps, le duc d'Orléans, maître de la situation, fit publier des lettres patentes en forme de commission, portant établissement d'une chambre des vacations dans le couvent des grands Augustins. On y lisait ceci : « Louis etc, à nos amez et féaux les sieurs d'Armenonville, Bignon, Rouillé du Coudray, Foucault, de la Houssaye, de la Rochepot, de Chateauneuf, Ferrand et de Machault, conseillers en nostre conseil d'estat et à nos amez et féaux les sieurs de Gourgues, d'Herbigny, Maboul, de Morangis, de Maupeou, de la Granville, Orry de Vignory, Poncher, de la Vigerie, Doublet de Persan, Bertin, Midorge, Ollier de Touquin, Rossignol, Regnault, Leféron de Villayer, de Signy, Legras, de Fontanieu, de Tourny, de Talhouet, de Bonnelle, Mandat et Du Puys, conseillers en nos conseils, etc, n'ayant pas jugé à propos, pour de grandes considérations, d'établir une chambre des vacations à Pontoise où nous avons transféré nostre cour de parlement de Paris par nostre déclaration du 20 juillet dernier, la justice que nous devons à nos sujets nous oblige de commettre d'autres juges auxquels ils puissent s'adresser, pour l'obtenir aussi promptement que la nature des affaires qui se traitent ordinairement dans la chambre des vacations le demande. A ces causes etc. »

Les magistrats ci-dessus désignés allèrent donc constituer leur chambre aux Augustins.

Mais il fallait surtout prendre des mesures à propos des fameux billets de la banque. Le régent rendit plusieurs édits pour tâcher de les relever, mais tous ces édits se contredisaient les uns les autres et ne firent qu'augmenter la confusion générale.

On persécuta les actionnaires, on fit rendre gorge aux agioteurs.

Mais l'heure de l'effondrement était sonnée, la banque était à vau-l'eau et le régent finit par faire négocier le retour du parlement à Paris; cependant, au préalable, il reçut l'ordre de se rendre à Blois.

C'était un moyen de l'intimider; il préféra s'arranger et promettre plus de docilité à l'avenir ; c'était tout ce qu'on voulait de lui.

Messieurs du parlement rentrèrent à Paris et tout fut oublié. — Ils signèrent tout ce qu'on voulut.

Toutefois, l'accord avec le régent fut de courte durée ; à peine était-il de retour de Pontoise qu'on pensa à l'y renvoyer. Il y eut encore brouille au sujet de l'augmentation de la capitation et de la réduction du milliard du capital des rentes sur l'hôtel de ville, il refusa l'enregistrement de ces édits ; mais, lorsqu'il fut avisé qu'il allait de nouveau être exilé, il céda.

Le 3 août, il arriva une aventure singulière :

La comtesse de Roncy, une fort jolie personne, était très jalouse de son mari ; or elle apprit qu'il allait souvent chez une de ces dames qu'on appelle de nos jours une « belle petite ».

Elle se rendit chez la demoiselle qui demeurait dans la rue Git-le-Cœur, et n'y rencontra pas son mari ; mais elle la surprit portant au bras un bracelet orné du portrait de l'infidèle.

La comtesse fit tapage, cria, menaça la donzelle ; mais celle-ci était entourée d'amies de demi-vertu comme elle : la querelle s'envenima et enfin, excitées par la discussion, ces filles ne trouvèrent rien de mieux que de se saisir de la personne de la comtesse et de la jeter par la fenêtre ; or comme on était au second, la comtesse eut les reins cassés et mourut le lendemain.

On arrêta les filles qui furent envoyées au Châtelet.

Au mois d'août, les six corps des marchands envoyaient une députation au régent pour l'entretenir à propos du prix des draps ; le régent était, il paraît, mal disposé, car il les reçut d'une façon plus que cavalière. Il les traita de voleurs, de fripons, de b... de gueux, et leur dit d'aller se f...f...., puis leur tourna le dos.

Les marchands, demeurés tout stupéfaits, allèrent rendre compte au maréchal de Villeroi, gouverneur du roi, de leur réception, puis se plaignirent au chancelier d'Aguesseau, en lui disant qu'ils avaient la coutume, lorsqu'ils allaient en députation, de consigner sur leurs registres ce qui leur avait été dit et répondu, et qu'ils étaient fort embarrassés pour transcrire cette fois le procès-verbal de leur ambassade.

Le chancelier les engagea à faire un procès-verbal de fantaisie, — ce qu'ils firent.

Le 24 août, le régent voulant être tout porté aux séances du conseil de régence, lorsqu'elles se tenaient, alla demeurer au Louvre, mais son départ du Palais-Royal fut attribué à la peur. Le lendemain, les soldats aux gardes furent assemblés à 4 heures du matin, sous prétexte d'une revue ; ils se dirigèrent vers le Louvre sans tambour, et une vague inquiétude se répandit dans Paris.

La coutume existait alors d'aller le 1ᵉʳ septembre à l'Étoile, (au bout du grand cours, à l'endroit où furent plus tard construits l'arc de triomphe et la barrière. Cet endroit avait été ainsi nommé parce qu'il se trouvait au centre même où venaient aboutir plusieurs des avenues du grand cours, plantées depuis 1670) pour voir le retour de la fête à Bezons. Mˡˡᵉ Law s'y montra dans un carrosse à sept glaces. Tous les laquais et la populace qui se trouvaient à l'Étoile commencèrent à dire :

— C'est la livrée de ce b... de gueux qui ne paye pas les billets de dix livres.

Et bientôt, prenant des pierres et de la terre, ils les lancèrent contre le carrosse ; le cocher se hâta de mettre ses chevaux au galop, et Mˡˡᵉ Law en fut quitte pour quelques blessures.

Il y avait une exaspération considérable contre tout ce qui tenait de près ou de loin à Law et à sa banque qui ruinait tant de gens.

Un officier décoré de la croix de Saint-Louis, nommé de Crochetel, passait en voiture dans la rue Saint-Antoine, et sa livrée avait quelque ressemblance avec celle du fameux financier ; il n'en fallut pas plus pour que tout à coup les pierres et les ordures ne fussent lancées contre lui ; en vain il montra sa croix, cela ne désarma nullement la populace ; il sauta alors hors de sa voiture et se réfugia dans l'église des jésuites (Saint-Paul-Saint-Louis), mais on l'y poursuivit jusqu'au maître-autel et, comme il franchissait la balustrade, il reçut un grand coup de bâton sur l'épaule.

Une affaire de vol et d'assassinat fit grand bruit : le jeudi 28 novembre 1720, un juif, Joseph Lévi, et un complice nommé Dumesnil, emmenèrent dans une chambre un autre juif, marchand de diamants, et après lui avoir donné deux coups de marteau sur la tête, ils lui coupèrent la gorge ; puis, le soir venu, les deux assassins allèrent au domicile de leur victime, y virent sa femme et lui dirent qu'ils venaient prendre le thé avec elle ; au moment où elle leur servit ils l'assommèrent à coups de marteau ; la petite fille de cette femme, une enfant de six ans, cria ; les assassins la jetèrent brutalement sur sa mère ; ce fut elle qui désigna les assassins ; le juif fut pris, mais Dumesnil avait pris la fuite.

Le 4 décembre, il fut mis en jugement ; on lui appliqua la question, et là il avoua son crime et déclara en outre avoir tué un homme rue Poupée, dans une auberge, et qu'on trouverait son cadavre dans une armoire ; ce qui était la vérité.

Douze juifs assistèrent à la levée de ce cadavre qu'ils accompagnèrent au Châtelet.

Le 5, Joseph Lévi fut baptisé dans sa prison, en grande cérémonie, par le curé de Saint-Germain-l'Auxerrois, et l'après-midi, il fut rompu vif en place de Grève.

La foire Saint-Germain s'ouvrait au mois de février ; au commencement de celle de 1721 il y eut une grande querelle entre les pages de la maison royale et ceux des ambassadeurs. Les premiers ne voulaient pas que les autres entrassent au théâtre des danseurs de corde ; il y eut grand tapage, ils désarmèrent le guet, et, pendant trois jours, ils se promenèrent au nombre de deux cents, porteurs de cannes, et effrayèrent les paisibles promeneurs.

Le 4 mars, ils se réunirent de nouveau à la foire et entrèrent de force dans les loges des danseurs de corde, ils firent un grand tapage et empêchèrent le jeu. On fut obligé d'appeler non seulement la garde de la foire, mais les soldats aux gardes qui se trouvaient dans le faubourg Saint-Germain, et qui arrivèrent la baïonnette au bout du fusil.

Il y eut un commencement de lutte ; les laquais tombèrent sur les soldats et en désarmèrent quelques-uns, mais ceux-ci finirent par avoir le dessus et bientôt les laquais durent abandonner le champ de foire en en sortant un à un ; on leur retirait leurs armes ou leurs bâtons au fur et à mesure qu'ils défilaient, et six des plus mutins furent arrêtés.

Le 12 mars, il y eut encore du trouble dans le quartier Saint-Germain : un cocher de louage, ayant volé une barre de fer de trente sous à son maître, avait été condamné pour cette peccadille à être fouetté et marqué de la fleur de lis. Il subit sa peine devant la porte de son maître qui habitait la rue des Grands-Augustins ; la femme de celui-ci, présente à l'exécution, excitait le bourreau à fouetter fort.

Cette cruauté indigna la populace qui faisait cercle autour du malheureux et, quand l'homme eut subi sa peine, une bande de gens entra dans la maison et brisa tout, puis, apercevant deux carrosses de louage dans la remise, elle les traîna jusque dans la rue Saint-André et y mit le feu.

Les cris de joie, les imprécations de ces gens et la vue des flammes firent accourir un grand nombre de curieux ; on traîna les voitures toutes enflammées par les rues, escortées par quatre mille personnes qui vociféraient.

Le guet arriva et dut stationner au coin de la rue pendant la nuit et pendant toute la journée du lendemain, pour empêcher que de nouvelles scènes de désordre se produisissent.

Un ambassadeur turc fit son entrée dans Paris, au milieu d'un concours de peuple « étonnant », le dimanche 16 mars 1721, et la pompe qui fut déployée à cette entrée, mérite qu'on la signale.

Mehemet Effendi, ambassadeur de l'Empire ottoman, était arrivé à Paris le 8 mars, et son entrée publique fut fixée au 16 ; ce jour-là le maréchal d'Estrées et l'introducteur Rémond se rendirent à une heure après-midi, dans le carrosse du roi, prendre l'ambassadeur au faubourg Saint-Antoine, rue de Charenton ; ils descendirent à la maison où il séjournait depuis son arrivée, et tous trois montant à cheval, se dirigèrent vers la porte Saint-Antoine dans l'ordre suivant :

La compagnie des inspecteurs de police à cheval avec trompettes et timbales.

Le carrosse de l'introducteur précédé de quatre chevaux de main, deux suisses du maréchal à cheval, douze palefreniers menant douze chevaux de main, quatorze gentilshommes à cheval, son écuyer, et six pages à cheval, puis les deux carrosses du maréchal.

Trois escadrons du régiment d'Orléans-dragons ; douze chevaux de main des deux écuries du roi, magnifiquement harnachés et menés par des palefreniers ; trente-six Turcs à cheval, marchant deux à deux et portant des fusils et des lances.

Le secrétaire à la conduite des ambassadeurs, de Merlin, marchait ensuite, et après lui venaient huit principaux officiers de l'ambassadeur à cheval, quatre trompettes, six chevaux de main, harnachés à la turque et menés par des Turcs, l'interprète à cheval.

L'ambassadeur était à cheval, ayant le maréchal à sa droite et l'introducteur à sa gauche. Les valets de pied turcs entouraient leur maître ainsi que la livrée du maréchal et celle du sieur Rémond ; l'écuyer de l'ambassadeur marchait derrière lui et portait son sabre, et vingt maîtres du régiment colonel général commandés par un lieutenant et un maréchal des logis escortaient l'ambassadeur.

Les grenadiers à cheval marchaient après ; ensuite, le régiment colonel général, le carrosse du roi, (les gardes de la connétablie sur les ailes), ceux de madame, du duc d'Orléans et des autres princes et princesses, du ministre des affaires étrangères, etc.

Le cortège prit par la rue de Charenton, la rue Traversière, le faubourg Saint-Antoine. Le régiment du Roi-infanterie formait la haie jusqu'à la porte Saint-Antoine, la compagnie de la Bastille était sous les armes sur le rempart, et, passé la porte, la haie était formée dans la rue Saint-Antoine et la rue Royale par le guet à pied. Sur la place Royale, se tenaient les archers ; dans les rues de l'Écharpe, Culture-Sainte-Catherine, et sur la place Baudoyer, des escouades du guet. Le cimetière Saint-Jean, et les rues de la Verrerie, des Lombards, Saint-Denis, de la Ferronnerie, Saint-Honoré et du Roule, étaient occupés aussi par des escouades du guet. La compagnie du prévôt de la monnaie était dans la rue de la Monnaie ; le Pont-Neuf était bordé d'un détachement de gardes françaises, et trois escadrons du guet à cheval, avec leurs timbales et trompettes, étaient sur la place, vis-à-vis la statue d'Henri IV. La compagnie du lieutenant de robe courte était dans la rue Dauphine ; la rue de Condé était garnie d'une escouade de guet à pied, et la compagnie du prévôt de l'Ile était rangée rue de Vaugirard, vis-à-vis le palais.

Au fur et à mesure que les troupes accompagnant l'ambassadeur arrivaient dans la rue de Tournon, elles se rangeaient en haie, et il passa au milieu d'elles pour entrer dans l'hôtel des ambassadeurs extraordinaires.

Le maréchal lui donna la main jusque dans la chambre d'audience et, lorsqu'il se retira, il fut à son tour accompagné par l'ambassadeur jusqu'à son carrosse.

Le 21, il eut son audience du roi, et le cortège fut encore plus imposant. On avait tout préparé aux Tuileries pour lui faire une réception superbe et jamais on n'avait vu une telle affluence de monde, sur tout le parcours qui séparait son hôtel des Tuileries, où il entra par le pont tournant.

On le promena partout; le 27, il alla à l'Opéra avec toute sa suite et y fit collation.

Il obtint un grand succès de curiosité dans tous les endroits où on le vit.

M. d'Argenson mourut dans le couvent de Traisnel, au faubourg Saint-Antoine, le 8 mai, et on porta son corps à Saint-Nicolas du Chardonnet, le surlendemain, à dix heures du matin, avec un cortège digne de son rang ; mais le peuple l'accompagna en le chargeant de malédictions; les femmes se jetaient sur les chevaux en s'écriant :

— Ah! voilà le fripon! le chien qui nous a fait tant de mal.

On eut toutes les peines du monde à tenir en respect toute cette foule mal intentionnée qui lui attribuait la misère amenée par la chute du système de Law.

Le 31 mai, nombre de gens s'étaient arrêtés dans la rue de Richelieu, pour voir un spectacle assez curieux : le chevalier de Breteuil, capitaine aux gardes, et le chevalier de Gravelles, lieutenant aux gardes, se battaient en pleine rue, à midi et demi; le chevalier de Breteuil reçut deux coups d'épée dont il mourut le même jour.

Le 22 juin, un bal extraordinaire fut donné à l'Opéra en l'honneur de l'ambassadeur de Turquie; tout le monde y fut admis en payant une entrée de cinq livres; la recette du bal s'éleva à 10,150 livres.

Le 31 juillet, le roi se trouva mal à la messe, et, le 2 août, le parlement rendit un arrêt qui ordonnait la découverte de la châsse de sainte Geneviève et des prières de 40 heures, ce qui fut exécuté; le 4, le roi était hors de danger, et le soir il y eut, à cette occasion, feu de joie à la Grève et grandes réjouissances dans tout Paris; toute la nuit, des feux, des illuminations à toutes les fenêtres, des tables dans les rues, des danses avec des cris de vive le roi! Cette fête dura trois jours. Les libraires de la rue Saint-Jacques se distinguèrent par des illuminations en lampions. Les femmes de la halle allèrent faire visite au roi.

Les charbonniers se rendirent en corps au Louvre avec des cocardes à leurs chapeaux et des tambours. Ils avaient dans leur cortège une brouette (espèce de chaise à deux roues traînée par un homme), dans laquelle il y avait une charbonnière; sur la calotte de la brouette était une autre femme à cheval, les jambes nues, en habit de toile, « sans coiffure et les cheveux tignonnés, la physionomie d'une femme ayant un seau de vin dans le ventre ».

Le 6, un *Te Deum* fut chanté à Notre-Dame ; toutes les cours y assistèrent en robes rouges, « une affluence de peuple épouvantable ». Le régent entra dans Notre-Dame sans que personne soufflât mot et on affecta de crier dehors et dans l'église : Vive le roi ! vive madame de Ventadour!

Le soir il y eut encore des feux et des illuminations dans la ville, plus magnifiques les unes que les autres; des tonneaux de vins défoncés désaltéraient les passants.

« Jamais dans le jour, dit le *Journal de Barbier*, il n'y a eu dans les rues le monde qu'il y a eu par tout Paris jusqu'à trois heures du matin avec des folies étonnantes; c'étoient des bandes avec des palmes et un tambour, d'autres avec des violons; enfin les gens âgés ne se souviennent point d'avoir vu pareil dérangement et pareil tapage, réjouissance dans Paris. Il est impossible de décrire cela ; qui auroit pu courir les différents quartiers de Paris, auroit eu un plaisir infini, car partout il y avoit des beautés différentes. »

Il y eut bal gratis donné par la comédie italienne, à la foire Saint-Laurent, et le 8 la comédie joua aussi gratis avec feux et illuminations à la façade de l'hôtel. Le lendemain, ce fut l'Opéra qui joua gratis, illumina le soir et donna un concert sur un amphithéâtre dressé dans la rue.

Pendant plusieurs jours, Paris entier était sur la place publique, tout travail était délaissé; jamais la misère n'avait été plus grande et tout le monde paraissait ne songer qu'à s'amuser, à boire et à festiner.

Le 25 août, les fêtes recommencèrent à l'occasion de la Saint-Louis. « Toute la cour et tout le public » voulurent être témoins d'un feu d'artifice extraordinaire qui était l'œuvre d'un artificier hollandais.

Dans la nuit du 29 au 30 août, trois mousquetaires s'enretournaient vers minuit à l'hôtel du faubourg Saint-Antoine; l'un d'eux, qui portait un flambeau, l'émoucha sur une borne et le guet à pied « qui est souvent saoul, leur dit insolemment : s'ils vouloient mettre le feu aux maisons. Cela excita querelles, tant il y a qu'il y eut deux mousquetaires tués à coups de baïonnettes. »

On voit que, lorsque ce n'étaient pas les vagabonds et les malfaiteurs qui troublaient la tranquillité publique, les soldats et les agents de l'ordre savaient au besoin les remplacer dans cette besogne.

Le 30, on coupa le cou en place de Grève à un gentilhomme appelé Moreau, marquis de Ma-

Cartouche fut trouvé dans le comptoir de la boutique, où il s'était ramassé en un petit tas. (Page 123, col. 2.)

zières, qui employait ses loisirs dans son château de Normandie à fabriquer de la fausse monnaie.

— Un autre gentilhomme, M. de Clisson, capitaine grenadier du régiment des gardes avait deux neveux, l'un prêtre, l'autre capucin, qui se firent arrêter pour vols de grands chemins; on les mena, à cause des privilèges ecclésiastiques, à l'abbaye Saint-Martin-des-Champs, mais alors M. de Clisson alla se jeter aux pieds du régent qui donna ordre de les tirer de l'abbaye et de les conduire à Bicêtre et l'affaire s'assoupit.

Au mois de septembre, on tira l'oie devant le Louvre, car ce stupide jeu était à cette époque en grand honneur, et nombre de badauds y prenaient un plaisir extrême. On avait élevé une sorte d'estrade et toute la place était couverte de monde; au moment le plus intéressant du jeu, l'échafaud s'écroula, un homme fut tué et quatre blessés; mais cet accident ne nuisit nullement à l'enthousiasme que provoquèrent les plus habiles à casser le cou de l'oie.

Le gouvernement pensait alors qu'un grand préjudice était causé aux manufactures par l'introduction en France des étoffes de l'Inde, de la Chine, de la Perse et du Levant; un arrêt fut rendu faisant très expresses et itératives défenses sous peine de la vie à tous négociants, marchands, colporteurs, porte-balles et revendeuses à la toilette de Paris d'exposer en vente, colporter, débiter ni acheter aucune de ces étoffes ni celles fabriquées dans la ville de Marseille. « Fait S. M. très expresses défenses à tous fripiers, tailleurs, couturiers, tapissiers, brodeurs et autres ouvriers et ouvrières, d'employer chez eux ou dans des maison particulières, ni d'avoir dans leurs magazins, boutiques ou chambres, aucune desdites étoffes ni aucuns habits, vêtemens ou meubles faits d'icelles, neufs ou vieux, à peine du fouet et du bannissement à temps pour la première contravention et, en cas de récidive, des galères pour les hommes et du bannissement perpétuel contre les femmes. »

Nous avons bien souvent, dans le cours de cette histoire, parlé des vagabonds et des mendiants qui infestaient Paris, mais jamais à aucune époque le nombre des voleurs n'avait été si grand que pendant la Régence et surtout après la débâcle de la banque de Law.

Les attaques nocturnes étaient devenues si fréquentes, qu'on ne sortait le soir qu'avec une escorte, qu'on organisait des espèces de caravanes pour traverser les ponts ou pour cheminer le long des quais; les malfaiteurs agissaient avec tant d'ensemble et sur des plans si bien combinés; ils étaient dirigés par des chefs si habiles, que toutes leurs tentatives étaient couronnées de succès.

Parmi ces chefs, il en était un surtout, qui donnait terriblement de souci à la police.

C'était le fameux Cartouche.

Louis-Dominique Cartouche était Parisien; il était né, en 1693, à la Courtille, près de la fontaine-aux-Échaudés.

Voleur dès l'enfance, il avait fini par acquérir une célébrité de banditisme qui faisait trembler Paris; la hardiesse de ses coups inspirait une véritable terreur, et quelques traits de sa vie, où il se montra généreux et galant envers les dames, avaient fait de lui un véritable héros de légende.

La bande à laquelle il commandait en roi absolu, et qui lui obéissait aveuglément, avait pour auxiliaires une quantité innombrable de receleurs des deux sexes, et un chirurgien qui en faisait partie, se portait toujours aux endroits où les associés pouvaient recevoir des horions.

On ne parlait que des exploits de Cartouche. Il mettait la police sur les dents et glissait entre ses doigts, quand il ne la faisait pas fuir, car il lui arriva de faire, tout seul, tourner les talons à un gros d'archers.

Aussi quand, le 15 octobre 1721, le bruit se répandit dans Paris que Cartouche était pris, ce fut un véritable événement, et tous les gens en s'abordant s'informaient de la véracité de la nouvelle, que le *Journal de Barbier* signale en ces termes : — « Grande nouvelle à Paris. J'ai parlé ci-devant d'un nommé Cartouche, fameux voleur que l'on cherchoit partout et que l'on ne trouvoit; on croyoit que c'étoit une fable : son existence n'est que trop réelle pour lui, ce matin à onze heures il a été pris; mais jamais voleur n'a eu tant d'honneur. Les discours qu'on lui avoit fait faire l'avoient fait appréhender par le régent, de sorte qu'on avoit donné des ordres secrets pour le trouver; or, par politique de la part de la cour, on avoit fait courir le bruit dans Paris qu'il n'y étoit plus, qu'il étoit mort à Orléans et même que c'étoit un conte, afin qu'il ne se méfiât pas lui même de l'envie qu'on avoit de l'avoir. »

Venons à sa découverte, dont le récit passionna Paris.

Un certain Du Chastelet, soldat aux gardes françaises, était affilié à la bande de Cartouche, et des absences nocturnes éveillèrent l'attention de son hôtesse qui, en le voyant rentrer et s'excuser gauchement d'avoir découché, le regarda avec plus d'attention et, ayant jeté les yeux sur sa cravate, elle y aperçut quelques gouttes de sang. Toutes ces circonstances lui rappelèrent dans l'esprit ce qu'elle venait d'entendre dire qu'on avait trouvé dans la rue du Regard, faubourg Saint-Germain, un corps dont la tête était séparée et le visage plein de coups de couteau. Elle en conçut un léger soupçon contre son hôte, et elle se figura que peut-être il était associé de Cartouche et complice de ce meurtre; comme elle le connaissait de longue main et qu'elle ne lui savait point de mauvaises qualités, ce soupçon ne dura pas longtemps.

Le lendemain, Du Chastelet découcha encore et son hôtesse sentit les mêmes pensées renaître dans son esprit. Elles se confirmèrent par le bruit qui courut le même jour que plusieurs personnes avaient été tuées dans la nuit précédente; qu'on en avait jeté dans la Seine et qu'on avait trouvé un homme massacré dans les filets de Saint-Cloud. Le même bruit s'augmenta sur le soir et elle entendit dire que cet homme noyé avait été attaqué au sortir d'un café par des bandits et qu'ils lui avaient volé un beau diamant qu'il avait au doigt. Cela engagea cette femme qui connaissait l'aide-major Pacôme, du régiment des gardes françaises, à l'aller trouver, et, l'abordant avec un air atterré, elle lui raconta ce qu'elle savait et le conjura de ne la mêler en rien dans cette affaire. Il le lui promit, elle partit et il se fit amener sur-le-champ le soldat soupçonné.

— Mon ami, lui dit-il, je sais de bonne part que tu es associé à Cartouche, et que tu as eu part aux derniers meurtres qui se sont faits. Avoue-le ou tu es perdu, il n'y a pas de milieu.

Du Chastelet fut interdit de ce discours et pâlit. Cependant il nia tout et affecta même de répandre des larmes.

Mais Pacôme ne fut point dupe de ses artifices. Il le pressa, il lui fit différentes interrogations coup sur coup et il le tourna adroitement de tous les côtés. Enfin, ne doutant plus de sa culpabilité, il ne le ménagea pas.

— Quand on ne m'aurait pas prouvé que tu es coupable, dit-il, je le découvre assez aux différents changements de ton visage et de tes yeux. Ainsi il est inutile que tu le nies. Songe seulement qu'il faut te résoudre à me dire où est Cartouche, ou bien à être roué vif dans vingt-quatre heures; et que si tu ne choisis pas, tout à l'heure je choisis pour toi.

Cet officier offrit cette cruelle alternative d'un ton ferme qui fit trembler Du Chastelet. Il avoua tout, après avoir hésité encore un peu, et il déclara qu'il devait aller joindre Cartouche à neuf heures du matin, et qu'il le ferait prendre si on lui donnait une escorte suffisante pour cela.

Pacôme n'hésita pas et il lui donna sur-le-champ un sergent et trente soldats pour l'accompagner dans cette entreprise.

Du Chastelet les conduisit à un cabaret de la Courtille nommé le Pistolet, situé entre Belleville et Ménilmontant, et il ordonna à l'un d'eux d'avancer le premier et de demander au cabaretier s'il avait quelqu'un de logé chez lui. — Non, répondit le cabaretier. — Du Châtelet entra à l'instant et il demanda s'il y avait quatre dames. C'était le mot du guet ce jour-là; l'hôte répondit à ce mot qu'il n'avait qu'à monter, et il monta au même instant suivi de dix des siens.

Cartouche, qui s'était couché à deux heures, était encore au lit et trois de ses amis étaient avec lui et se levaient. Ils furent saisis les premiers et le sergent les donna à garder à dix hommes. Craignant ensuite que Cartouche ne le tuât avec ses pistolets, ou qu'il ne tuât quelqu'un, il fit semblant de ne l'avoir pas vu et cria tout haut :

— Ah ! quelle fatalité ! Cartouche est échappé ! oh ! nous l'avons manqué encore !

Ce stratagème fit croire à ce voleur qu'effectivement on ne l'avait pas aperçu; il s'enveloppa de ses couvertures et se glissa adroitement sous le lit. C'était là que le sergent l'avait attendu et ce fut là qu'il le prit, sans qu'il pût faire la moindre résistance. On le lia sur-le-champ, on ne lui donna pas même le temps de s'habiller. On prit ensuite ses pistolets qu'on avait trouvés chargés sur une planche, près de son lit, et on le conduisit avec ses trois associés et son hôte chez M. Le Blanc. Le ministre ordonna qu'on le menât nu-pieds, comme il l'était, au grand Châtelet, afin que le monde le vît, et il ne put s'empêcher de rire, de lui avoir vu donner en sortant un coup de pied à un archer qui s'était moqué de lui.

« On l'incarcéra dans un cachot à trappe. Il avait une main liée par devant et l'autre attachée sur le dos. Six archers le gardaient à vue et ils se relevaient de deux heures en deux heures. Toutes ces précautions semblaient devoir suffire, et cependant elles ne suffirent point; il trouva moyen, en s'approchant de la muraille de la prison, d'en sonder l'épaisseur avec les fers qu'il portait. Au bruit creux qu'elle rendit, il jugea qu'elle devait être voisine de quelque cave, il était sauvé. A l'instant, il conçoit la résolution de s'évader par là. Les difficultés qu'il y prévoit ne le rebutent pas. Il se met en besogne. Un de ses fers n'arrache, à chaque moment, du mur, qu'un grain de sable ou un éclat de pierre. Cependant, la longueur affreuse de ce travail ne le fatigue point. La liberté est au bout. Enfin il fit un trou assez grand pour qu'un homme y passât. Il en avertit un maçon qui était le triste compagnon de sa captivité et il l'exhorta à être aussi de sa fuite. Cartouche passa le premier, son confrère le suivit, et ils descendirent dans un endroit où ils jugèrent que plusieurs tuyaux devaient aboutir. En effet ils montèrent par un de ces tuyaux dans une cave dont ils rompirent la serrure sans peine, et ils arrivèrent bientôt à la boutique d'un layetier. Il ne s'agissait plus alors que d'ouvrir cette boutique sans bruit, et cela était facile à des gens comme eux. Mais un petit chien rompit leurs mesures par ses jappements continuels. La fille de la maison s'éveilla, et elle éveilla son père et sa mère par les cris qu'elle fit en appelant le guet. Le père descendit tenant à la main une vieille pertuisane, et la chandelle tomba de ses mains à l'aspect du terrible Cartouche. Il se crut trop heureux de lui être échappé à la faveur de l'obscurité. Cependant le chien aboyait toujours et la fille continuait de crier : Au voleur et au guet ! Cartouche tâchait d'apaiser la dernière par ses humbles supplications, et de sacrifier le premier à sa fureur. Mais l'une ne l'écoutait pas et l'autre trompait la rage du vindicatif voleur, par sa petitesse et sa légèreté; et il osait même approcher de lui, et lui faire de cruelles morsures aux jambes.

« Enfin le guet accourut et força la porte du layetier. Le maçon fut saisi le premier et Cartouche trouvé dans le comptoir de la boutique où il s'était ramassé en un petit tas. On les conduisit sur-le-champ à leur premier cachot, d'où l'on résolut de transférer Cartouche à la Conciergerie, ce qui fut exécuté de cette manière-ci. On mit ce malfaiteur dans un carrosse avec deux exempts à ses côtés, et on le fit partir sous l'escorte de onze archers à pied. Étant arrivé à cette prison, un des exempts, voulant ouvrir le carrosse le premier, pressa un peu son captif. Celui-ci lui dit effrontément : Fripon, prends garde de te blesser, et en même temps il voulut lui donner un coup. Mais un archer le prit par le milieu du corps et le porta ainsi dans un cachot de la tour de Montgommery, où il devait être jusqu'à nouvel ordre, quoiqu'on eût ordonné de le mettre dans un autre, où le fameux Ravaillac a été mis.

« Là il fut enchaîné d'une grosse chaîne de fer, et qui ceignait tout son corps. »

On transporta peu de jours après plusieurs de ses complices dans la même prison, et on en délivra le concierge du Châtelet, qui craignait de ne pouvoir les garder tous. En effet, il y en avait un grand nombre, et tous les jours on en faisait de nouvelles captures. Le 31 octobre, on en amena cinq d'Orléans, le 4 novembre sept. Le 7 on en prit trois dans la forêt de Senlis. Enfin on en prenait encore davantage dans Paris.

« Toutes les précautions étaient prises pour qu'aucun de la bande n'échappât. On arrêtait les étrangers en pleine rue. On les faisait descendre de carrosse, et il fallait qu'ils justifiassent par des preuves authentiques ce qu'ils disaient du lieu de leur naissance et des causes de leur séjour à Paris. »

De cette manière, plusieurs voleurs furent enlevés ; le 15 novembre, il y en avait déjà 49 en prison.

Le 26, le procès commença ; Cartouche nia hardiment connaître aucun de ses complices et soutint qu'il était victime d'une erreur judiciaire, et prétendit s'appeler Charles Bourguignon.

La cour rendit le même jour un arrêt qui condamnait Louis-Dominique Cartouche, dit Lamare, dit Petit, dit Bourguignon, Jacques Maire dit le Limousin, Jean-Pierre Balagny dit le capucin, Pierre François Gruthus, Du Chastelet dit le Lorrain et Charles Blanchard dit Gaillard, à être rompus après avoir subi la question ordinaire et extraordinaire. Le même arrêt condamnait encore deux autres complices de Cartouche, Jean-Baptiste Magdelaine, dit Beaulieu, et Jean-Baptiste Messier, dit Flamand, à être pendus.

Le 27, la question leur fut appliquée ; Magdelaine et d'autres avouèrent tout ; une hernie que les médecins constatèrent sur le corps de Cartouche lui épargna l'estrapade ; il souffrit la torture du brodequin comme ses camarades, et la subit avec une constance et une fermeté extraordinaire jusqu'au huitième coin. Il refusa de rien avouer.

On le plaça sur un matelas et on le transporta dans la chapelle de la Conciergerie, où le curé de Saint-Barthélemy s'efforça d'ouvrir son âme au repentir, mais ce fut en vain.

« Pendant que cette lugubre scène se passait dans la chambre de la torture, lisons-nous dans les *Mémoires des Sanson*, le charpentier des hautes œuvres avait reçu l'ordre de dresser en grève cinq roues et deux potences.

« Le bruit de l'exécution de Cartouche et de ses complices s'était répandu dans la ville ; la Grève, les rues adjacentes étaient encombrées de monde, des fenêtres avaient été louées à des prix considérables. »

Cinq roués et deux pendus, la fête était complète.

Les magistrats eurent-ils la sage inspiration de ne point donner satisfaction à cette détestable curiosité ; voulurent-ils, au contraire, lui réserver un nouvel aliment, ou ceux qui devaient être exécutés avec Cartouche se trouvèrent-ils tout simplement trop fatigués par la torture pour pouvoir être décemment conduits à l'échafaud ? On l'ignore ; toujours est-il que vers deux heures de l'après-midi, l'ordre arrivait de descendre quatre des roues et d'abattre une potence. Celle qui restait debout était destinée à pendre en effigie un nommé Le Camus, contumax.

« Vers quatre heures, Charles Sanson, l'exécuteur, se rendait à la conciergerie avec ses valets et le greffier de la cour, après avoir lu au condamné sa sentence, le remit aux mains de celui qui avait mission de l'exécuter. »

Cartouche était fort pâle ; on le hissa dans la charrette et le sinistre cortège entouré d'une force considérable d'archers et de soldats du guet se mit en route. Cartouche était étendu au bord de la lugubre voiture.

« Alors il regarda de tous côtés, pour voir s'il ne découvrirait pas ses complices, et s'ils ne viendraient pas le délivrer, comme ils s'y étaient tous engagés par des serments exécrables. Mais, voyant qu'aucun d'eux ne se montrait et que la terreur leur avait fait oublier leurs promesses, il oublia lui-même celle qu'il leur avait faite, de ne les dénoncer jamais, et qu'il avait si bien observée jusque-là. »

En débouchant du quai de la Tournelle, la charrette tourna pour entrer sur la place de Grève ; par un effort surhumain, il se souleva à l'aide de ses coudes sur les ridelles de la voiture et, lorsqu'il n'aperçut qu'une roue sur la place il devint livide ; de grosses gouttes de sueur perlèrent sur son front et il répéta plusieurs fois : les frollants ! les frollants ! (les traîtres).

Sa fermeté l'abandonna entièrement, et il demanda son confesseur.

Il lui dit qu'il souhaitait parler à ses juges et qu'il avait des secrets importants à leur communiquer avant de mourir. Il ajouta qu'il lui semblait que la mort lui avait dit d'un ton menaçant : Déclare tes horreurs, tes complices, et repens-toi ; et il finit en confessant que ce spectacle imaginaire l'avait changé.

Le prêtre le félicita de cet heureux trouble qu'il venait de sentir, il l'exhorta à faire un aveu sincère. Sur-le-champ, on conduisit le criminel à l'hôtel de ville, comme il l'avait souhaité et où se tenaient messieurs du parlement.

« L'échafaud resta dressé pendant toute la nuit, et, pendant toute la nuit aussi, une grande partie de la foule, accourue pour assister aux derniers moments de Cartouche demeura sur la place.

« Toutes les fenêtres de la Grève s'illuminèrent comme en un jour de fête. Le froid était vif et piquant : on improvisa sur la place des feux qui pouvaient passer pour des feux de joie. Des marchands de toute espèce de comestibles circulaient au milieu de la multitude ; on buvait, on riait, on chantait autour de l'appareil du supplice. »

Cartouche commença, par faire un ample détail de tous ses crimes ; il reconnut tous ceux qui lui avaient été imputés et il en déclara qu'on ignorait. Il confessa entre autres, qu'il était l'un des auteurs du meurtre d'un page de chez le roi, qui avait été tué quelque temps auparavant qu'il fût pris. Le fait était que ce jeune gentilhomme, revenant de la maison de campagne d'un ami, fut surpris par la nuit, sur le mont Parnasse, derrière les Chartreux. Cartouche et quelques autres de ses complices, qui rôdaient dans les environs, le tuèrent à coups de pistolet, l'enterrèrent à demi dans un tas de fumier, et prirent son argent et son cheval. Le lendemain matin, un jardinier aperçut la jambe de ce malheureux. Il en avertit sur-le-champ un commissaire ; on porta le cadavre à la Morgue, et il y fut reconnu sur le soir.

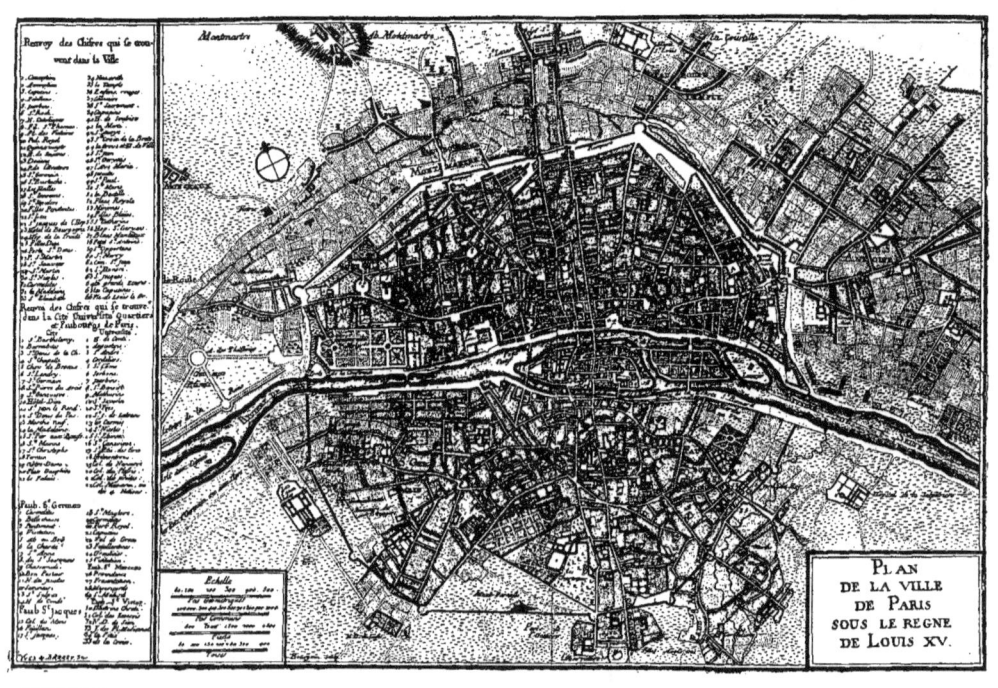

Plan autographié d'après l'original existant à la Bibliothèque Nationale.

On mit sur le haut de la pyramide le bœuf roti, qui reposait sur ses quatre pieds. (Page 128, col. 1.)

Cartouche dénonça ensuite ses complices, il détailla les crimes de ceux qui étaient déjà prisonniers et il déclara où l'on pouvait trouver ceux qui ne l'étaient pas encore. En attendant que ces derniers fussent pris, ce qui ne pouvait être fait en peu de temps, il se retira dans un coin de la salle avec son confesseur. Il lui demanda de prier Dieu pour lui.

Enfin, les archers qui s'étaient dispersés de tous les côtés pour arrêter ses camarades, en surprirent un grand nombre et ils les conduisirent à l'hôtel de ville. Lorsqu'il les vit, il leur parla en ces termes :

« Messieurs, ne trouvez pas mauvais que je déclare aux juges qui vous êtes tous, et ce que vous avez fait. J'ai souffert une question cruelle, sans vouloir rien avouer, charmé de vous décharger s'il eût été possible. Mais mon confesseur m'a commandé de la part de Dieu de faire une déclaration entière à la justice de ce que je saurais. Je le ferai donc, avec d'autant plus de raison, que vous avez manqué à la parole formelle que vous m'aviez donnée de me délivrer au péril de votre vie. »

Il dit alors les noms de chacun d'eux en particulier, et montra en quoi consistaient les crimes de chacun. Il nomma, outre cela, plus de quatre-vingts personnes d'un rang distingué, et qui évitèrent par une prompte fuite une recherche rigoureuse qu'ils n'auraient pu soutenir.

« Il dénonça quarante personnes qui étaient à la suite de Mlle de Montpensier, qui allait en Espagne et dont deux étaient valets de pied de la duchesse de Ventadour, gouvernante de la reine;

et il nomma une grande quantité de ces femmes que l'on appelle recommanderesses, et dont le métier est de placer les domestiques qui n'ont pas de condition. Il s'était servi de ces femmes-là, pour placer ses associés, et pour engager des laquais à lui ouvrir les portes de leurs maîtres, pour s'y réfugier en cas de besoin.

« Il ajouta à ces dépositions les noms et les demeures de ses maîtresses, et on envoya sur-le-champ des archers qui les amenèrent devant lui. Il y en avait trois. L'une était une fille grande, bien faite, d'un air modeste et qu'il appelait sa sœur grise. Il déclara qu'elle avait eu plusieurs enfants, et qu'elle en avait défait un ; et sur cette déclaration et les preuves qu'il en apporta, elle fut jetée dans un cachot. Sa seconde maîtresse qui était alors maîtresse en charge, ou la sultane régente, comme il disait lui-même, parut ensuite et elle parut d'un air hardi, et avec des habits magnifiques. Il ne chargea point celle-là. On se contenta de la raser en sa présence, et de l'envoyer à la maison de force pour dix ans. La troisième qui vint était une de ces fameuses poissonnières de la halle, il l'avait toujours plus aimée que les autres. Cependant il ne l'épargnait point, et il lui mit d'avoir été une de celles qui recélaient les vols. En effet on trouva chez elle une montre et un calice, dont il assura qu'il l'avait priée de se charger, et on la transporta dans le même moment au Châtelet.

« Enfin il avoua qu'il avait laissé des hardes à Saint-Denis et à Luzarche, de l'argent à Bièvre, et une grosse valise à Chartres.

« Il désigna encore un endroit au bois de Boulogne où l'on trouverait enterrés des hardes et objets précieux entre autres des vases sacrés et des bijoux ; et l'on députa sur-le-champ des personnes qui devaient rapporter tout ce dont il avait parlé. »

Cette longue énumération de ses différents crimes et ceux de ses associés occupa, pendant une nuit entière et la matinée suivante, M. Armand de Bréson, rapporteur, un conseiller et son greffier.

Le 28 octobre, vers une heure et demie de l'après-midi, on le remit pour la seconde fois aux mains de l'exécuteur. Lorsqu'il eut été placé sur la croix de Saint-André, il reçut onze coups de barre de fer qui lui broyèrent les chairs, en lui rompant les os.

Au premier coup, il cria d'une voix retentissante.

— Un !

Mais ce fut tout ; alors, on ne l'entendit plus qu'implorer la miséricorde divine ; il fut ensuite exposé sur la roue pour y expirer, comme la sentence le portait. Mais, une demi-heure après, à la prière de son confesseur, un archer tira par-dessous l'échafaud une corde que Cartouche avait au cou, et il fut étranglé sans que personne s'en aperçût.

Son cadavre ᵣré aussitôt au valet du bourreau, avec .e de le faire enterrer d'abord. Mais il ne ɡea pas à propos d'obéir. Il le garda dans sa ma..on, et, pendant plusieurs jours il le montra au public. « C'est une chose incroyable que l'avidité avec laquelle on courut à ce spectacle. Celui qui le donnait exigeait un sou de chaque particulier, sous prétexte qu'il voulait faire un cercueil à ce malheureux qui le méritait bien, disait-il, pour les beaux sentiments de religion qu'il avait eus dans ses derniers moments.

« Il le vendit ensuite aux chirurgiens de Saint-Côme, qui le lui demandèrent pour en faire la dissection dans leur amphithéâtre anatomique.

« Ceux-ci en retirèrent encore un profit considérable en l'exposant une seconde fois à la curiosité du peuple badaud. Plusieurs peintres y allèrent, et ils n'obtinrent qu'à prix d'argent la permission de le tirer.

« Après l'exécution de Cartouche, Du Chastelet qui l'avait dénoncé et qui avait souffert la question contre la réquisition du procureur général, obtint sa grâce du roi. Lorsqu'on lui offrit de la part du duc d'Orléans de le mettre en liberté, il répondit qu'il valait mieux pour lui qu'il fût dans une prison perpétuelle, que ce serait une occasion de faire une pénitence proportionnée, en quelque sorte, à ses fautes, et qu'il éviterait par le même moyen, la fureur de ses complices qui avaient juré sa mort, et qui ne manqueraient pas de le tuer, s'il tombait entre leurs mains. Il dit ensuite qu'à la pension qu'on voulait lui donner, il ne demandait que dix sols par jour, que c'était assez pour vivre, et qu'il ne méritait pas plus. On lui a accordé ce qu'il souhaitait.

« Le 8 décembre, on prit un nommé Ferrand la Charité. On lui trouva sous ses habits magnifiques l'attirail d'un serrurier, et outre cela plusieurs rossignols et des fers à couper l'acier. Le 13, l'abbé de la Mothe, gentilhomme poitevin, fut arrêté par le commissaire Bizotan au sortir de chez un baigneur, où il venait de prendre un habit cavalier. Il demeurait au séminaire des Missions étrangères, et il y avait fait plusieurs vols dont on ignorait qu'il fût l'auteur, d'autant plus qu'il paraissait que lui-même avait été volé et qu'en effet il se volait.

« Une lettre qu'il avait laissée dans un carrosse de louage, le découvrit ; le cocher l'aperçut et la lut : il y vit des mystères d'iniquités qui l'effrayèrent ; et comme il n'avait point perdu son homme de vue, il le dénonça et le fit saisir.

« On enleva le même jour le nommé Durand qui servait de recéleur à ce jeune homme, et, peu de jours après, ils furent pendus. L'abbé Jean-Gaspard de la Mothe n'avait encore que dix-neuf à vingt ans, et il confessa publiquement que l'amour seul des femmes l'avait porté à ces excès et conduit à la mort.

« Le 16, le nommé Pélissier fut arrêté à Lyon et conduit à Paris.

« On n'en finirait point, si l'on voulait faire un détail exact de tous ceux qui ont été faits prisonniers. On en prenait tous les jours encore, et l'on compte que le nombre de ceux qui furent découverts, monte à plus de huit cents. »

La nuit même qui suivit le jour de l'exécution de leur chef, et de la prise de plusieurs d'entre eux, ceux qui n'avaient pas été dénoncés ne craignirent point de faire une assemblée générale à la Porte-Saint-Antoine.

Ils y procédèrent à l'élection d'un commandant, et leur choix tomba sur le nommé Saint-Étienne, autrefois lieutenant général de Cartouche, et son intime confident. « Ce nouveau capitaine distribua aussitôt les départements à chacun de ses sujets qui se sont répandus à l'instant dans les villes assignées à leurs fonctions. »

Si nous nous sommes longuement étendu sur les exploits de cette bande, c'est que l'arrestation et le supplice de Cartouche et de ses complices furent un événement d'une grande importance et que, pendant plus d'un an, la police ne fut occupée qu'à sévir contre ces derniers.

« Tout ce sang, au lieu de finir par noyer cette affaire, semblait au contraire, comme une pluie infernale, la féconder et y faire éclore de nouveaux forfaits. »

Sanson cite la nuit qui suivit le dernier interrogatoire de Rozy, l'un de ces bandits, dans laquelle on arrêta quatre-vingts personnes qui furent toutes conduites à la Conciergerie. M. Arnauld de Bouex, conseiller rapporteur passa trente-deux heures consécutives à les entendre les unes après les autres.

De grands scandales furent mêlés à ces révélations; deux exempts de police, Leroux et Bourlon, qui faisaient aussi partie de la bande, furent accusés d'avoir assassiné un poète nommé Vergier, qui avait été trouvé poignardé dans la rue du Bout-du-Monde, et le bruit se répandit que cet assassinat avait été le résultat d'une erreur, attendu que Leroux et Bourlon en frappant Vergier, avaient cru tuer La Grange-Chancel et que ce crime avait été commis à l'instigation du régent qui avait voulu se venger de La Grange-Chancel, auteur, comme on le sait, des *Philippiques*, et qui fut quelques temps après, envoyé aux Iles Sainte-Marguerite.

L'arrestation de ces deux hommes fit un bruit considérable à Paris.

M. d'Argenson, lieutenant de police, et M. de la Vrillère intervinrent en leur faveur et demandèrent instamment qu'ils fussent rendus à la liberté.

« Dans la soirée qui suivit leur arrestation, M. de Maurepas vint avec une lettre de cachet pour les enlever de la Conciergerie et les conduire à la Bastille. Le guichetier, qui se considérait sans doute comme ne relevant que du parlement, refusa de les livrer. M. de Maurepas revint avec une nouvelle lettre de cachet qui portait l'ordre d'emmener le geolier lui-même, s'il persistait à refuser d'obéir. On en référa à M. le premier président qui, de son côté, consulta M. Amelot, président de la Tournelle, et ces deux magistrats se décidèrent à faire remettre Bourlon et Leroux entre les mains des hommes de M. de Maurepas qui les conduisirent à la Bastille. »

On juge de l'impression que causa dans le public toute cette affaire.

Le parlement, jaloux de ses prérogatives, s'émut de la faiblesse de ses chefs, il se réunit et députa le procureur général au Palais-Royal; le régent refusa de le recevoir.

A midi, le président Amelot se présenta de nouveau, assisté de deux conseillers.

Cette fois, ils furent admis en présence du régent, et le prièrent de nommer des commissaires pour achever l'instruction de la bande à Cartouche, attendu qu'eux étaient disposés à faire mettre en liberté tous les criminels qui s'y trouvaient encore.

Le prince s'effraya du scandale, et sur son ordre, Bourlon et Leroux furent ramenés à la Conciergerie, mais cependant, ils la quittèrent peu de temps après, et on ne sut ce qu'ils devinrent.

Des gens de toute condition furent compromis dans toute cette affaire : on vit des commerçants, qui avaient jusqu'alors passé pour d'honnêtes gens, être recherchés; des orfèvres convaincus de recel; bref, ce fut des étonnements journaliers et des stupéfactions sans cesse renaissantes.

C'étaient évidemment les premiers germes de cette démoralisation qui allait peu à peu s'infiltrer dans les diverses classes de la société parisienne, pour aboutir on sait où.

Mais reprenons la chronologie des faits.

Le 15 novembre 1721, il y eut grand tapage à Paris : un laquais de M. d'Erlach avait été condamné au carcan et aux galères pour « avoir dit des sottises de sa maîtresse ». Il fut mené à la queue d'une charrette avec deux cents archers du guet à cheval, rue Sainte-Anne, près la butte Saint-Roch, vis-à-vis la maison de son maître, où devait avoir lieu l'exécution. Personne n'avait suivi la charrette, mais cinq ou six mille personnes s'étaient assemblées aux environs du poteau où il devait être attaché, ce poteau fut brisé par la populace : le laquais fut ramené au Châtelet par les archers qui tirèrent quelques coups. D'Erlach qui craignait qu'on pillât sa maison, avait eu la précaution d'y faire entrer le matin la compagnie des gardes dont il était capitaine, ce qui n'empêcha pas qu'on en brisa toutes les vitres; alors les gardes tirèrent par les fenêtres sur le peuple et tuèrent quatre ou cinq personnes, une douzaine furent blessées et arrêtées.

Tout le quartier fut en émoi jusqu'à la nuit.

Le 19, on ramena le laquais au carcan ; toutes les rues étaient gardées par le guet à cheval et, grâce au déploiement de forces opéré, il ne se passa rien de fâcheux.

Le 21, le prince Dolgorouki, ambassadeur de Russie, donna une fête dans la rue de l'Université, où il était logé, aux jeunes seigneurs et dames de la cour ; il y eut feu d'artifice, illuminations, grands rafraîchissements et concert ; le lendemain il donna un souper, qu'on estima coûter 12,000 livres, aux ambassadeurs étrangers ; et enfin, le troisième jour, il offrit une fête au peuple de Paris, peu accoutumé à semblable politesse.

Voici en quoi cette fête singulière consistait :

« Les bouchers et cuisiniers avoient fait tuer et préparer, quelques jours auparavant, un bœuf qui fût rôti tout entier. On fit construire un gradin élevé sur quatre roues en forme de pyramide qui avoit quatre faces ; on mit sur le haut le bœuf rôti, qui reposoit sur ses quatre pieds, dont la corne et les sabots étoient dorés ; la tête et le corps étoient ornez de guirlandes de fleurs ; à chaque côté du bœuf il y avoit un veau, aussi rôti en entier ; les quatre angles étoient occupés de quatre moutons rôtis de même et pour remplir les vuides et garnir en plein le gradin, on y employa quarante cochons de lait, quarante oyes, quarante poulets d'Inde, quarante chapons avec cent poulets ; le tout rôti.

« Cela fut accompagné de mille pains d'une livre chacun, dont on fit plusieurs pyramides tout autour, le tout garni de fleurs et de branches de laurier ; une nappe qui couvroit le gradin qui servoit de table, tomboit jusqu'à terre et couvroit également les roues comme le reste du bois de cette machine. Elle avoit été exposée trois jours dans la cour de l'hôtel, où tous les curieux eurent le temps de l'examiner.

« Le mardi, 23 décembre, un bruit de tambours, timballes, trompettes et haut-bois attira devant l'hôtel de l'ambassadeur une si grande affluence de peuple que les rues voisines en furent bientôt remplies ; alors on roula la machine à la rue, où elle resta quelque temps en spectacle environnée de gardes, non pour empêcher de la voir, mais pour veiller à ce que les indiscrets ne dérangeassent pas sitôt la simétrie.

« L'ambassadeur et plusieurs personnes de distinction étoient sur les balcons et aux fenêtres de l'hôtel ; vers les sept heures du soir, on tira vingt gerbes de feu et autant de trompes d'artifice, ce qui fut le signal que tout cet appareil était exposé à la discrétion du peuple. Elle éclata bientôt cette discrétion, car dans un moment tout fut pillé et emporté, jusqu'au bois de la pyramide et aux roues qui la soutenaient.

« Ceux qui n'avoient point pu attraper ni pain ni viande se dédommagèrent à boire, car les fontaines de vin coulèrent depuis environ midi jusqu'à une heure après minuit. Enfin ces fêtes se terminèrent au dedans de l'hôtel par un somptueux repas, suivi d'un bal pour les personnes de distinction qui avoient été témoins du pillage divertissant que la libéralité de ce ministre leur avoit occasionné. »

Barbier, qui raconte aussi le fait, donne une version toute différente, elle paraît moins vraisemblable ; la voici : « Il (l'ambassadeur) a fait rôtir un bœuf tout entier ; Crepy, rôtisseur fameux, a entrepris cette cuisson moyennant mille livres. Il y avoit toutes sortes de volailles qui tenoient au bœuf, il est ainsi sorti de la cour sur un échafaud, posé sur des roulettes, et est venu au milieu de la rue, vis-à-vis la porte, avec des fanfares. On devoit le distribuer au peuple ; il y avoit aussi des tonneaux de vin, mais on avoit mis dans le corps du bœuf un artifice, qui tout à coup a parti dans toutes les fenêtres du voisinage qui étoient remplies de monde. Cela a gâté et fait sentir le bœuf, en sorte qu'il n'y a pas eu presse à en manger. »

De façon ou d'autre, la vue de ce bœuf rôti, et abandonné tout entier au peuple qui le dévora, était un répugnant spectacle.

Ce fut en 1721, que fût bâti, sur les dessins de Bruant, l'hôtel de Belle-Isle, rue de Bourbon (de Lille) pour Charles-Louis-Auguste Fouquet ; les façades de cet hôtel, décorées de balustrades, de balcons et de sculptures, étaient d'un grand effet. Il fut ensuite, la propriété successive des familles Choiseul-Praslin, Demidoff, d'Harville, Lépine, et fut affecté plus tard à la caisse des dépôts et consignations. Brûlé en 1871, par la Commune de Paris, il fut réédifié peu de temps après.

La même année, l'architecte Cortonne commença à construire pour le prince de Tingri, plus connu sous le nom du Maréchal de Montmorency, un magnifique hôtel rue de Varennes ; il fut vendu avant d'être achevé, en 1723, à Jacques Goyon de Matignon, qui lui donna son nom ; on construisit, à l'extrémité du jardin, un petit pavillon, formant appartement complet, et que M. de Matignon appelait son petit Trianon. Son jardin particulier se trouva séparé du grand.

Cet hôtel, l'un des plus beaux du faubourg Saint-Germain, passa ensuite à Léonor Grimaldi, duc de Valentinois, prince de Monaco, fils de Goyon de Matignon, puis en 1812 à M. de Talleyrand, en 1848 au général Cavaignac, puis à M. Baroche, au duc de Galiera et enfin, depuis 1879, il est habité par M. le comte de Paris.

L'année 1722 se présenta assez mal, au point de vue de la prospérité publique ; aussi la foire Saint-Germain s'en ressentit ; il n'y avait de lumières que dans les cafés ; les marchands obtinrent la permission de donner à jouer « pour leurs marchandises seulement, mais sans parieurs, mais cela ne leur donne pas grand profit d'autant que personne n'a d'argent pour acheter. »

Le 12 février, des lettres patentes du roi érigèrent la paroisse du Roule en faubourg de Paris, et le 10 février 1765, le roi permit d'élever des constructions dans la rue du faubourg du Roule, depuis la rue de la Pépinière jusqu'à la rue de Chaillot. De nos jours, le faubourg du Roule est devenu le faubourg Saint-Honoré jusqu'au boulevard de l'Étoile.

Il fut aussi question, en 1722, d'établir un pont à l'endroit où fut depuis le pont de la Concorde, et la ville de Paris fut autorisée à contracter un emprunt à ce sujet, mais le projet fut abandonné et ce ne fut qu'en 1786, ainsi qu'on le verra plus loin, qu'il fut repris et mis à exécution.

On ouvrit aussi en cette année la rue Harlay

Plafond du salon de la Paix à la Chambre des députés : le Génie de la Science.

au Marais; au mois de mai de l'année précédente, le roi avait signé les lettres patentes suivantes : Louis, etc., nostre chère et bien-amée Anne-Françoise-Marie-Louise Boucherat, veuve de Nicolas-Auguste de Harlay, chevalier, comte de Cély et de Compans, etc.; nous a fait remontrer que le jardin de son hôtel Boucherat étant très-spacieux, elle a cru devoir en retrancher une partie et écouter les offres qui lui ont été faites de lui en acheter une portion du costé des ramparts; pour rendre le quartier plus praticable aux acquéreurs du terrain, elle se seroit engagée d'abandonner gratuitement au public plus de 220 toises de places qui lui appartenoient pour faire une rue de même largeur et une continuation du cul-de-sac de la rue Saint-Claude, pour aboutir par un retour sur le rampart, etc., à ces causes... avons permis et permettons de faire ouvrir la nouvelle rue... laquelle sera dénommée la rue de Harlay. »

Enfin, en 1722, l'architecte Girardini éleva pour la duchesse de Bourbon un palais qui fut continué par Lassurance et successivement augmenté par Gabriel Barreau, Charpentier et Belisart et qu'on appela le Palais-Bourbon. Vers 1770, le prince de Condé, ne trouvant pas les constructions suffisantes pour lui, acheta tout le terrain compris entre le quai, la rue de Bourgogne et ce qu'on appelait à cette époque le marais des Invalides; il y joignit l'élégant hôtel de Lassay (habité aujourd'hui par le président de la Chambre des députés), qu'il incorpora au palais, dont les

Liv. 140. — 3ᵉ volume.

travaux coutèrent 20 millions, et ne furent terminés qu'en 1789.

Les princes de Condé avaient rassemblé là ce que le luxe produisait de plus somptueux et de plus élégant; malheureusement, l'extérieur du palais ne répondait pas à la richesse des appartements. La façade qui regarde la Seine se composait de deux pavillons en longueur, symétriques par la dimension seulement, et formés chacun d'un simple rez-de-chaussée. « Cette composition, disent MM. Lazare, était sans grandeur et devint plus mesquine encore, lorsque Louis XVI eut fait bâtir le pont qui porte aujourd'hui le nom de la Concorde. On avait été obligé d'exhausser le terrain, et la façade entière du palais se trouva masquée dans son soubassement et parut de loin comme enterrée. »

Le prince de Condé se disposait à faire disparaître ces défauts, lorsque survint la Révolution qui s'empara du palais et le déclara propriété nationale, sous le nom de Maison de la Révolution (séance de la Convention du 27 nivôse an II). Il fut consacré à la Commission des travaux publics. Puis on y installa l'École centrale des travaux publics.

En 1795, les architectes Gisors et Lecomte furent chargés de transformer les grands salons de réception en une salle de séance pour le conseil des Cinq-Cents et, à la même époque, on éleva sur la cour, au centre de la façade, l'avant-corps actuel.

En 1804, Napoléon 1er donna l'ordre de construire, du côté du quai, une façade monumentale qui fut terminée en 1807, sous la direction de l'architecte Poyet. Cette façade a une longueur de 72 mètres 50; un perron de 25 degrés, large d'environ 33 mètres, conduit à un portique dont le développement est de 46 mètres 50, qui est orné de douze colonnes corinthiennes supportant un fronton avec un bas-relief sculpté par Cortot et représentant *la France entre la Liberté et l'Ordre public* et appelant à elle les génies de l'agriculture, du commerce, de la paix, de la guerre et de l'éloquence; à droite et à gauche du portique, sur le mur nu de la façade, se détachent deux bas-reliefs dus à Pradier et à Rude. Sur les socles latéraux, entre lesquels s'élève le perron, se trouvent deux statues colossales : *Thémis* par Houdon et *Minerve* par Rolland. Au bas du perron, on voit les statues de Sully par Beauvallet, de Colbert par Dumont, de l'Hôpital par Desseine et de d'Aguesseau par Foucou.

La façade qui donne sur la place de Bourgogne se compose d'une grande porte en style d'arc triomphal, laquelle occupe le centre d'une colonnade corinthienne à jour dans le style du XVIIIe siècle, haute de 8 mètres 25 sur un socle de 2 mètres 15. Au-delà de cette colonnade, s'étend une cour de 56 mètres de profondeur sur 48 mètres de largeur et qui est bordée à droite et à gauche de bâtiments à un étage avec mezzanine. Le bâtiment de face, ou façade proprement dite, consiste en un corps de bâtiment à un seul étage, percé de six fenêtres en portiques dont les pieds droits sont ornés de colonnes corinthiennes cannelées de 6 mètres 50 d'élévation. Au centre de ce bâtiment couvert en terrasse avec balustrade, se trouve un portique de quatre colonnes corinthiennes couronnées par un fronton triangulaire. Le bas-relief du fronton représente la loi protégeant l'innocence et la vertu; à droite et à gauche du portique, se trouvent la statue de Minerve par Bridan et celle de la Force par Espérieux.

La salle du conseil des Cinq-Cents fut occupée par le corps législatif de l'Empire, puis par la Chambre des députés sous la Restauration.

En 1814, le prince de Condé rentra en possession de ses biens; naturellement, le Palais-Bourbon lui fut rendu, mais le prince le laissa à l'État pour que les députés pussent continuer à y siéger. Le gouvernement lui acheta alors une partie du palais, en 1827, et acquit le reste du duc d'Aumale en 1830, le tout moyennant une somme de 10 millions 500,000 francs.

En 1829, la salle des Cinq-Cents fut remplacée provisoirement par une salle en bois, et on en construisit une nouvelle, par les soins de l'architecte Joly, qui ne fut terminée qu'en 1832. Les travaux occasionnèrent une dépense de 4 millions 420,000 fr.

Enfin, une loi du 30 juin 1843 approuva la vente faite par le duc d'Aumale au profit de l'État de toutes les portions de l'ancien Palais-Bourbon lui appartenant comme héritier des Condé (au prix de 5 millions 47,475 francs).

Après la révolution de 1848, la salle nouvelle étant trop exiguë, on construisit, dans la cour du palais, une chambre en bois et en toile qu'on appela la salle de carton et qui fut démolie après le coup d'État du 2 décembre 1851.

Depuis le second empire, le corps législatif reprit possession de l'ancienne salle des séances dont nous allons donner la description, telle qu'elle existait alors :

Cette salle dont le diamètre est de 32 mètres, et qui fut construite pour contenir cinq cents personnes assises, a la forme d'un hémicycle, avec des gradins en amphithéâtre, au sommet duquel se trouvent vingt colonnes ioniques en marbre à chapiteaux de bronze doré supportant un plafond en fer éclairé par le haut et décoré de caissons et d'arabesques par Fragonard. Le côté de la salle occupé par les bureaux et la tribune présente trois grandes divisions séparées par deux ajustements composés chacun de deux colonnes ioniques encadrant des niches qui renferment les statues de la Liberté et de l'Ordre public par Pradier.

Dans l'attique, au-dessus des colonnes, se

COSTUMES DE PARIS A TRAVERS LES SIÈCLES

QUI VEUT DU BON LAI? — Laitière au XVᵉ siècle
SOULIERS VIEULT! — Marchand de vieux habits, XVᵉ siècle

(Cris de Paris. Carnavalet. n° 21.)

trouvent les statues de la Raison, la Justice, la Prudence et l'Eloquence, par Duprez, Dumont, Allier et Foyatier.

Entre les piédestaux des colonnes, on voit des bas-reliefs de Coutant, de Ramey, de Petitot. L'une représente *la France distribuant des récompenses aux arts et à l'industrie;* les deux autres représentaient *Louis-Philippe acceptant la Charte* de 1830 et *Louis-Philippe distribuant des drapeaux à la garde nationale.* Ces bas-reliefs furent voilés, en 1848, par une draperie verte.

Entre les colonnes de l'hémicycle se trouvent deux rangs de tribunes, dont un certain nombre seulement restèrent ouvertes sous le second empire.

Parmi les autres salles du palais, il faut mentionner le salon de la Paix dont le plafond peint par Horace Vernet représentait la Paix ; la salle de Casimir Périer servant d'entrée du côté de la cour. Au-dessus de la porte principale, ornée en bronze, et sur la surface correspondante vis-à-vis, M. de Triqueti sculpta deux bas-reliefs : *la Loi vengeresse* et *la Loi protectrice.* La statue de Casimir Périer, figurant dans cette salle avec quelques autres, lui donna son nom.

La salle du Trône, décorée de peintures par Eugène Delacroix, la salle des distributions, ainsi nommée parce qu'elle fut consacrée à la distribution aux députés des rapports des commissions et de tous les autres documents imprimés. Abel de Pujol l'orna de figures allégoriques.

Enfin la salle des Conférences, décorée par Heim, et dont la belle cheminée en marbre vert porte deux statuettes de A. Mayne, dans le style du XVIe siècle.

N'oublions pas la bibliothèque, riche d'environ 80,000 volumes, et de manuscrits précieux, et dans laquelle se trouvent de fort belles peintures allégoriques d'Eugène Delacroix, les statues de Cicéron et de Démosthène, etc.

Après 1870, la chambre des députés fut transportée à Bordeaux, puis à Versailles, et le Palais-Bourbon demeura vide.

En 1874, on y installa une exposition de tableaux et d'objets d'art, au profit des Alsaciens et des Lorrains.

Enfin le 19 juillet 1879, une loi vota le retour des Chambres à Paris et immédiatement les travaux d'aménagement commencèrent pour la réinstallation de la chambre des députés au Palais-Bourbon. La salle des séances dut être transformée de façon à recevoir 583 sièges. Ce fut l'architecte Joly qui fut chargé de la direction des travaux.

Il y eut douze rangs de gradins au lieu de onze ; l'architecte fit enlever les panneaux de marbre qui étaient adossés aux colonnes. Ces panneaux furent remplacés par des toiles peintes figurant le marbre. C'est cette modification qui a permis à l'architecte l'établissement d'un douzième rang de gradins.

La salle, éclairée par un plafond lumineux très intense, est chauffée par d'immenses calorifères. Le système de ventilation est également installé avec soin.

On sait que sous l'Empire la tribune avait été supprimée en 1852 et rétablie en 1860 ; toutefois ce ne fut pas celle qui avait été prise à la salle du corps législatif au moment de l'installation de l'Assemblée nationale au chef-lieu de Seine-et-Oise, qui figure dans la salle des séances du Palais-Bourbon. C'est la tribune de marbre du conseil des Cinq-Cents.

Elle est en fort beau marbre griotté, tacheté de rouge et de brun.

L'incrustation en marbre blanc qui forme le panneau est une véritable merveille de sculpture.

Le ciseau de Lemot n'a jamais rien taillé de plus fin, de plus délicat, de plus charmant, que les deux femmes qui personnifient l'Histoire et la Renommée.

Elles sont accroupies entre une colonne au faîte de laquelle se trouve le buste de la République, tandis que sur le piédestal se détache en relief la double face de Janus, c'est-à-dire le Passé et l'Avenir.

Cette admirable composition si élégante et si fine est datée de l'an VI (1798).

Deux caducées en marbre blanc, incrustés dans des plaques de marbre griotté, complètent la tribune des Cinq-Cents.

On procéda aussi à la toilette des statues colossales qui ornent cette façade du palais.

Au moyen d'une double couche de couleur d'un blanc jaunâtre, on rafraîchit les statues de Sully, Colbert, L'Hôpital et d'Aguesseau placées sur l'alignement de la grille qui fut aussi remise à neuf.

Ces statues ne sont pas en pierre, comme on le croit communément ; elles sont en plâtre et elles se trouvaient dans un piteux état, il y a quelques années, lorsqu'elles furent l'objet d'une restauration complète.

Enfin, le trottoir ainsi que les passages empierrés qui précèdent l'entrée, furent l'objet d'une réfection complète.

Revenons à l'année 1722. Le lundi 2 mars, eut lieu l'entrée publique à Paris de l'infante d'Espagne et de grands préparatifs avaient été faits pour la recevoir. Toutes les rues par où devait passer le cortège avaient été tapissées ; il y avait des arcs de triomphe à l'ancienne porte Saint-Jacques, au petit Châtelet, au bout du pont Notre-Dame et dans la rue de la Ferronnerie, tous portaient des inscriptions à sa louange.

On construisit des estrades dans toutes les boutiques, et des écriteaux multiples indiquaient les fenêtres à louer pour voir le défilé.

Le roi était allé au-devant d'elle à Montrouge

et il menait la marche avec un détachement de toute sa maison, les princes, l'ambassadeur du czar, le maréchal de Villars, etc.

Puis venaient les inspecteurs de police, le guet à cheval, la maison du roi, grenadiers à cheval, mousquetaires, chevau-légers, gendarmes et les quatre compagnies de gardes du corps; le duc d'Ossone avec 8 pages à cheval, 24 valets de pied et quatre carrosses garnis de domestiques; puis l'équipage du gouverneur de Paris composé de 12 palefreniers à cheval tenant 12 chevaux de main houssés de velours cramoisi, bordé de galon d'or avec les armes brodées en or, 6 pages, 6 gentilshommes, 60 gardes, tous habillés de neuf en rouge avec galon d'argent, trois carrosses dont un à 8 chevaux et deux à 6.

Ensuite venaient le corps de ville à cheval, les premiers carrosses de l'infante, 12 laquais du prévôt des marchands, 24 laquais du gouverneur de Paris, le carrosse du roi dans lequel était l'infante sur les genoux de Mme de Ventadour, les princesses « et la poupée de l'infante ». Le gouverneur de Paris, à cheval, se tenait à la portière de droite, et le prévôt des marchands à celle de gauche.

La haie était formée jusqu'au Louvre par le régiment du roi, le guet à pied, les archers, les gardes françaises et les Suisses.

Le cortège défila pendant une heure et demie.

« Le soir, lisons-nous dans Barbier, les rues ont été bien plus illuminées que je ne l'aurois cru. Le peuple de Paris est bien sot. A la ville, il y avoit un feu de bois et toute la façade de la ville étoit très galamment illuminée. On prépare de grandes réjouissances ».

Elles eurent lieu; Paris à cette époque semblait éprouver un besoin de plaisirs qui lui faisait profiter des moindres occasions de divertissements qui se présentaient : les pauvres gens avaient le ventre creux, mais ils s'en consolaient volontiers en allant voir tirer des feux d'artifice, ou passer de riches cortèges.

Il y eut bal aux Tuileries le 8 mars, dans la salle des machines; comme ce bal où se trouvaient des seigneurs vêtus d'habits de 40,000 livres n'offrit aucun détail particulier, nous n'en parlerons pas davantage, mais le lendemain, il y eut dans le jardin des Tuileries un beau feu d'artifice et une grande illumination, aussi l'affluence des curieux fut-elle considérable; autrefois ce feu ne répondit pas complètement à l'attente générale : 800 fusées partirent à la fois, mais le reste manqua et l'artificier confessa avoir eu peur; son œuvre était si colossale qu'elle l'effraya !

Le 10, il y eut feu et bal à l'hôtel de ville, le roi, l'infante et toute la cour y assistèrent. « Les eschevins n'ont pas pensé de faire prendre le poste des gardes du corps par leurs archers. D'ailleurs, tout étoit un peu gris comme cela arrive toujours à la ville. (La réputation de messieurs de la ville sur ce point étoit méritée. Le duc de Gesvres, gouverneur de Paris, approuvant un repas offert par les échevins, mit en marge : surtout boire.) Le tumulte est arrivé après la sortie du roi. Les pages du roi et des princes et d'autres jeunes gens ont balloté les femmes, les ont décoiffées, jetoient des perruques sur les lustres et ont fait le tapage. Le prévôt des marchands en a porté ses plaintes au roi. »

Le 12, ce fut un grand *Te Deum* chanté à Notre-Dame, tout le monde officiel y assista; les bourgeois y allèrent aussi pour voir, et les filous s'y rendirent pour tâcher d'escamoter la bourse des bourgeois.

Le soir il y eut bal au Palais-Royal, le roi, l'infante et la cour s'y rendirent; cette fois, tous les soldats aux gardes y formaient la haie ; mais après la sortie du roi qui quitta le bal à dix heures et demie, on ouvrit les portes et tout le public put entrer et danser jusqu'au lendemain matin, et Dieu sait s'il ous a fait de la permission.

Le Palais-Royal était illuminé au dehors et au dedans avec des flambeaux blancs et des pots à feu, et l'hôtel de ville l'étoit également; aussi toute la nuit la place de Grève fut remplie de promeneurs qui s'extasiaient devant cette illumination. « De longtemps on n'en avoit vu de plus galante et de meilleur goût. »

Mais le 14, ce fut encore bien plus beau. On avait décoré la place du Palais-Royal d'une charpente formant portique peint, puis dans la rue Saint-Honoré, on avait élevé deux grandes portes de la hauteur d'un troisième étage, et le soir venu, tout cela fut illuminé ainsi que le Palais-Royal. Le roi s'était placé sous un dais élevé sur le balcon de pierre surmontant la porte d'entrée, et tout le monde venait le voir. La ville était aussi brillamment illuminée.

Mais tout cela n'était que le prologue de la grande fête qui fut donnée aux Parisiens le 24 mars; de mémoire d'homme on n'avait jamais rien vu de pareil, et le récit de cette fête fut imprimé, de façon à en perpétuer le souvenir. C'est à la *Chronique de la Régence* que nous allons l'emprunter.

« Le feu de M. le duc d'Ossone (c'était l'ambassadeur d'Espagne qui l'offrait, cela lui coûta environs 200,000 livres) a été tiré mardi 24, veille de la Vierge ; tout le monde est convenu que c'étoit la plus belle fête qu'on ait jamais vue ici à Paris.

« Le feu d'artifice étoit au milieu de l'eau, vis-à-vis le balcon de la reine et vis-à-vis la maison de l'ambassadeur, qui s'est logé exprès sur le quai Malaquais, au coin de la rue des Petits-Augustins. Le feu étoit de cent pieds de hauteur et de trente en carré, couvert de toiles qui étoient peintes, d'un côté, de l'Hymen, d'un autre côté, de la Paix, avec des colonnes aux quatre coins en façon de marbre, ce qui étoit bien imaginé. On avoit illuminé le devant du feu, en sorte que toutes ces

Plafond de la Chambre des Députés. — La Paix.
(par Horace Vernet.)

toiles et peintures étoient transparentes. On avoit ramassé du côté du Pont-Royal et du Pont-Neuf tous les bateaux chargés, et on avoit fait une enceinte très considérable, bien plus longue que large, de bateaux vides qui se tenoient bout à bout. On appeloit cela un parc de bateaux. Tous les bords de ces bateaux-là étoient garnis de gros lampions ou pots à feu ; et à chaque bateau, au même bord, tenoit une machine de bois, de la hauteur de six pieds et de largeur de quatre, plus étroite en haut qu'en bas, garnie de morceaux de bois de traverse. Cela étoit rempli de lampions, en sorte que c'étoit la plus belle illumination qu'on puisse voir. Il paroissoit qu'il y eût le double de lumières, à cause du reflet de la rivière, et on ne voyoit dans la rivière que cette grande place illuminée. On ne voyoit point les bateaux de derrière qui étoient dans le sombre. Au milieu de ce parc

Plafond du salon de la Paix : *la Vapeur mettant en fuite les dieux marins.*

de bateaux, se promenoient autour du feu vingt petits bateaux, qui étoient peints en rouge, avec au mât un étendard rouge aux armes d'Espagne. Il y en avoit de couverts d'un taffetas cramoisi, avec des fleurs de lis dorées. Il y avoit à chaque quatre matelots en camisole blanche avec des bonnets rouges et des écharpes jaunes, qui est la livrée de l'ambassadeur. Dans quatre de ces bateaux étoit la musique : violons, trompettes, hautbois et timbales qui redoubloient leurs fanfares quand ils passoient devant le bateau du roi. Dans les autres étoit de l'artifice.

« A sept heures, on donna du balcon du roi un signal avec une grosse gerbe de feu, pour commencer le feu. Aussitôt, il partit des quatre coins du parc des bateaux, des fusées volantes en grand nombre et très magnifiques ; ensuite les petits bateaux vinrent comme assiéger le feu et jetoient toute sorte d'artifices qui alloient sur l'eau et dans l'eau, en sorte qu'on voyoit des gerbes de feu se promener sur l'eau ; ensuite, on fit jouer l'artifice du feu qui fut très bien servi, qui dura du temps en toute sorte de figures de feu et avec un pétillement si grand qu'il sembloit un enfer. On peut dire qu'on ne peut pas admirer une fête plus belle et plus galante ; on n'a jamais vu une si grande abondance de peuple. L'endroit est aussi bien favorable, car sur le Pont-Neuf, sur le Pont-Royal, tout le tour des deux quais, tous les bateaux sur l'eau étoient remplis de monde. L'ambassadeur doit avoir été bien content et le roi mal satisfait du feu des Tuileries qui a manqué. La différence est que les officiers du roi, qui se mêlent des fêtes, veulent toujours friponner. »

Cette dernière remarque mérite d'être signalée.

On peut dire que le mois de mars, du 2 au 24, se passa presque exclusivement en fêtes, les Parisiens s'en étaient donnés à cœur joie.

Le 16 juillet, se tint pour la première fois le chapitre de l'ordre de Notre-Dame-du-Mont-Carmel et de Saint-Lazare, dans la salle de la communauté de Saint-Jacques-l'Hôpital, en présence du duc de Chartres, grand maître de cet ordre. Tous les chevaliers de l'ordre qui étaient à Paris, ou aux environs, s'y trouvèrent.

Le 17, on alla voir à la Grève l'exécution d'un fameux bandit appelé Pelissier, dit Boileau, qui fut roué vif, et le 24, on pendit une bouquetière appelée Marie-Jeanne Roger, et surnommée la grande Jeanneton ; cette fille qui avait commis des vols, dénonça cinquante-deux personnes comme ses complices, l'avant-veille de son supplice : un exempt alla chercher d'après cette indication, deux demoiselles, filles de M. de Saint-Vigor, professeur de philosophie au collège de la Marche ; mais Jeanneton ne les connaissait pas plus qu'elles ne la connaissaient et on les renvoya chez elles avec une escorte de vingt archers pour empêcher qu'elles fussent maltraitées par le peuple qui stationnait sur la Grève, depuis que chaque jour on exécutait des complices de Cartouche.

Les voleurs et les assassins semblaient sortir de sous terre ; le bourreau était sur les dents, jamais il n'avait tant travaillé.

Les crimes contre la religion commençaient aussi à devenir fréquents : dans les premiers jours de juillet, on avait trouvé un des autels des côtés de la nef, à Notre-Dame, souillé d'excréments, on avait fait des ordures sur le dernier évangile ; le 22 du même mois, on arrêta dans un cabaret des gens qui faisaient rôtir un crucifix avec des maquereaux.

Et ce n'était pas seulement contre des gens du peuple que la justice était obligée de sévir, la démoralisation se glissait partout ; le 2 août, six jeunes seigneurs de la cour furent arrêtés pour débauche honteuse.

Le 6 août, il y eut grande affluence à la porte Saint-Denis pour assister au pari qu'avait fait le marquis de Saillans d'aller de cette porte au château de Chantilly deux fois et d'en revenir deux fois à cheval, depuis six heures du matin jusqu'à midi ; il gagna ce pari et fit ses trente-six lieues en cinq heures 35 minutes. Il avait choisi 16 chevaux dont il changeait à sa fantaisie.

Le roi partit de Paris le 24 octobre pour se faire sacrer à Reims et revint dans sa capitale le 8 novembre ; le corps de ville et le gouverneur de Paris étaient allés au-devant de lui au haut du faubourg Saint-Denis pour le complimenter ; toutes les fenêtres étaient garnies de monde sur son parcours et les rues bordées de soldats ; on l'attendait dans l'après-midi, mais il n'arriva qu'à la nuit, ce qui déconcerta fort tous ceux qui faisaient le pied de grue pour le voir passer.

Le 8 décembre, *Madame* mourut et, le jour même de la mort, des commissaires reçurent l'ordre d'aller chez tous les marchands drapiers et marchands d'étoffe de soie de Paris, pour s'informer de la quantité de drap et d'étoffes qu'ils avaient en magasin et des prix ; ils en dressèrent procès-verbal, et sur ce, le conseil du commerce fixa le prix du drap noir de paignon qui était le plus beau, à 29 livres l'aune, et le plus beau ras de Saint-Maur à 14 livres 5 sols ; les marchands étaient furieux ; ils prétendaient que ces étoffes leur coûtaient plus cher, mais il fallut en passer par là.

Le 13 septembre 1722, un arrêt du conseil du roi réglementa la situation des afficheurs de Paris, dont le nombre fut fixé à 40 ; il leur fut ordonné de porter à la boutonnière une plaque de cuivre avec le mot afficheur, à peine d'interdiction et de 50 livres d'amende. A la porte de leur domicile, une affiche imprimée devait porter leur nom et leur profession. Rien ne pouvait être affiché que par leurs soins.

Le lundi 22 février 1723, le roi vint du Louvre au parlement à l'effet d'y tenir un lit de justice ; il arriva au palais à dix heures du matin pour entendre d'abord la messe à la Sainte-Chapelle.

Il était accompagné de deux compagnies de mousquetaires, des gendarmes et des chevau-légers, et de ses Cent-Suisses en noir ; le carrosse qui l'amena avec les princes du sang était violet.

On remarqua beaucoup l'équipage du gouverneur de Paris : il se composait de douze Suisses en noir avec leurs hallebardes, du capitaine de ses gardes à cheval, de ses 60 gardes et de 24 domestiques en livrée noire. Il était seul dans son carrosse, six pages l'escortaient, deux devant la voiture, quatre derrière.

Ce lit de justice fut complètement insignifiant ; le roi dit quelques mots qu'on entendit à peine, puis on y enregistra un édit rigoureux sur les duels, et ce fut tout.

Le soir, il y eut à la Grève un feu à neuf piliers à cette occasion.

Paris s'occupa d'un assassinat dont les circonstances singulières le passionnèrent :

Un sieur Maclot, grand maître des eaux et forêts de Champagne, avait pour maîtresse une femme Jorry, demeurant avec son mari dans la même maison que Maclot, rue Sainte-Croix de la Bretonnerie, au coin de la rue de l'Homme-Armé. Le mercredi saint, Maclot partit avec Mme Jorry pour se rendre à Maisons, Jorry resta seul avec une servante ; le samedi, on trouva la servante renversée, les jupes levées, une corde au cou, la gorge coupée et deux coups de hache sur la tête. Quant à Jorry, on le trouva en robe de chambre et en pantoufles, dans sa salle à manger, renversé sur la table avec trois coups d'épée dans la poitrine et deux coups de hache sur la tête.

Un moment on accusa madame Jorry et son amant d'avoir commis ce double assassinat; mais ces soupçons s'envolèrent vite et on apprit que c'était un sieur Ricœur, valet de chambre de Maclot, qui avait agi, non sur l'ordre de son maître, mais uniquement pour voler Jorry, et qu'il avait tué la servante parce qu'elle avait refusé de l'aider à commettre le crime; il fut arrêté et rompu en place de Grève, le 7 mai; il reçut onze coups de barre et expira sur la roue, où il demeura un quart d'heure; il avait tout avoué, ce qui lui épargna la question.

Quelques jours auparavant, le feu prit dans un four de boulanger au faubourg Saint-Antoine, et se communiqua à trois maisons qui furent entièrement brûlées; plusieurs personnes périrent dans cet incendie.

Le 6 février 1723, le roi avait accordé à Joseph-Antoine d'Aguesseau et à Coste de Champeron, tous deux conseillers au parlement, la permission d'établir un marché public dans un terrain à eux appartenant au faubourg Saint-Honoré; mais cet établissement n'eut pas lieu, à cause des défenses qui furent faites de bâtir dans les faubourgs; cependant, dans le but de faciliter les abords du marché projeté, on perça la même année, une rue sur l'emplacement de l'hôtel de Duras et qui fut appelée rue de Duras.

Ce fut aussi dans la même année, que fut plantée aux Champs-Élysées l'avenue d'Antin qui changea, nous l'avons dit, la physionomie de cette promenade.

On a vu que de temps à autre, les rois de France éprouvaient le besoin de créer des chambres de justice pour faire rendre gorge aux traitants. On les laissait s'engraisser pendant une dizaine ou une quinzaine d'années en agiotant, en volant, en pressurant tous ceux qui avaient affaire à eux; puis, quand on jugeait qu'ils avaient amassé assez de millions, on les faisait comparaître devant des juges qui les obligeaient à en verser une bonne partie dans les coffres du roi.

Ce fut ainsi que Louis XV établit, le 14 mai 1723, la chambre de l'Arsenal, afin de faire comparaître devant elle tous ceux qui avaient malversé dans le *visa* et la liquidation des effets royaux; le 27 août, elle rendit plusieurs jugements qui envoyèrent à la Bastille nombre de financiers aux doigts trop habiles.

Il y avait aussi quelques années qu'il ne s'était tenu d'assemblée du clergé; la dernière datait de 1715; il en fut convoquée une par les ordres du roi, et elle s'ouvrit aux Augustins, le 25 mai. Le roi qui avait alors un assez pressant besoin d'argent, lui fit savoir qu'il lui serait extrêmement agréable de recevoir une marque de gracieuseté de la part du clergé, et celui-ci vota un don gratuit au roi de huit millions.

Louis XV l'accepta très volontiers et, à la fin du mois de juillet, l'assemblée fut congédiée.

Un fait judiciaire fit aussi quelque bruit à cette époque.

Il y avait alors dans les prisons un agioteur nommé Chéret, accusé d'avoir fait de faux billets. Il occupait une chambre dont on voulut le faire sortir, le 10 juin, pour le transférer dans une autre, il s'y refusa; il avait à la main un couteau, de l'autre une fourchette, il s'en servit pour se défendre comme un beau diable et blessa plusieurs archers. Le lieutenant criminel intervint en personne, le prisonnier lui dit de ne pas s'avancer s'il voulait éviter d'être maltraité. Le lieutenant, pour toute réponse, ordonna à un garde de lui tirer dans les jambes; le prisonnier se baissa et reçut le coup dans le ventre et en mourut.

Ce résultat ne satisfit pas la justice, qui continua les poursuites contre le malheureux mort, et le 11 juin 1723, un jugement fut rendu contre lui : « Son cadavre tiré de la basse geôle des prisons du Grand Châtelet et mis sur une claie, sa face tournée contre terre, pour être traîné en la place de Grève et y être pendu par les pieds à une potence qui, pour cet effet, sera plantée en ladite place de Grève, son cadavre y demeurer vingt-quatre heures et ensuite jeté à la voirie; tous et chacuns ses biens acquis et confisqués au roi, etc. »

La mort de Chéret et le jugement blessèrent l'opinion publique; le lieutenant criminel prétendit que ce n'était pas par son ordre que l'archer avait tiré; celui-ci s'excusa, prétendant qu'il croyait son arme chargée seulement à poudre. Cette affaire fut sévèrement appréciée.

Par arrêt de MM. des requêtes de l'hôtel, le corps du condamné, qui avait été enterré à Montfaucon, fut exhumé et inhumé dans sa paroisse; les chirurgiens, après la visite du corps, firent un rapport constatant qu'il avait été tué d'un ou plusieurs coups de feu et qu'on avait trouvé des balles dans l'intérieur du cadavre. On accusa hautement le lieutenant criminel d'assassinat, et cela fit un bruit d'enfer. Le parlement fut saisi de l'affaire.

Plusieurs personnes furent, sur ces entrefaites, envoyées à la Bastille, entre autres La Jonchère, trésorier de l'extraordinaire des guerres; M. de Talhouet et autres, tous accusés de malversations, et on parlait de beaucoup de gens qui s'étaient aussi signalés par des friponneries. Il y avait un désordre dans les finances, qui accusait une incurie bien coupable de la part des gouvernants.

Par jugement du 27 août, rendu par les commissaires du roi en la Chambre de l'Arsenal

M. de Talhouet et l'abbé Clément, conseillers au Grand-Conseil, furent condamnés à avoir la tête tranchée, et deux des commis condamnés à la potence.

On ne plaignit pas beaucoup les coupables, le peuple en voulait aux fripons ; mais on supposait bien qu'ils ne seraient pas exécutés.

En effet, le roi d'Espagne demanda et obtint la grâce de l'abbé Clément, dont le père avait accouché la reine d'Espagne et la duchesse de Bourgogne.

Or, il était difficile de ne pas comprendre les autres dans cette mesure de clémence ; l'abbé et Talhouet furent envoyés, le premier à Pierre Encise et le second dans l'île Sainte-Marguerite, et les commis furent bannis à perpétuité.

Le fils du duc de Mazarin, Jules de la Porte-Mazarin, duc de la Meilleraie, passait un jour de juillet sur le Pont-Royal dans un phaéton qu'il conduisait lui-même ; il faillit renverser un cheval chargé d'un panier, dans lequel étaient des petits enfants ; un prêtre, en surplis et en bonnet, qui passait adressa quelques remontrances au duc, qui mit pied à terre et administra au prêtre vingt coups de fouet ; celui-ci porta plainte au curé de Saint-Sulpice et, par lettres de cachet, le duc fut envoyé, pour un an, au fort de Vincennes, après avoir fait des excuses au prêtre en présence de tous les autres prêtres de la communauté et lui avoir constitué, par ordre du régent, 200 livres de pension.

Le 10 août, mourut le cardinal Dubois ; son corps fut apporté dans l'église Saint-Honoré pour y être exposé pendant huit jours, et le peuple de Paris, qui savait que le cardinal était d'une immoralité reconnue, ne se gêna point pour montrer le mépris qu'il professait pour sa mémoire.

Le 27 août, un service solennel fut célébré en son honneur à Notre-Dame, et toutes les cours souveraines furent invitées à y assister par députation. Le même jour on enterra aux Augustins le premier président de Mesmes, qui fut porté à la Sainte-Chapelle avec 200 flambeaux et tout le parlement en corps.

Le 31 août, un changeur de la rue Saint-Denis, appelé de la Motte, qui altérait de vieux louis, fut condamné à faire amende honorable, nu en chemise, au Palais, à la Monnaie et à plusieurs autres endroits ; après son amende honorable, il fut conduit à la Tournelle et de là aux galères à perpétuité.

La petite vérole fit de grands ravages pendant l'automne de 1723 ; beaucoup de familles furent éprouvées par cette maladie qui fit de nombreuses victimes.

Le régent mourut le 2 décembre, et, le jeudi 16, le convoi vint de Versailles et traversa Paris pour se rendre à Saint-Denis. Le deuil était mené par le prince de Conti et le cortège n'offrait rien de remarquable : le guet marcha d'abord, puis l'écurie du défunt, ses valets de pied, 50 pauvres, les pages de sa maison et tous ses officiers à cheval, deux carrosses drapés à six chevaux couverts de noir, pour les principaux officiers ; et le second, dans lequel était M. d'Argenson, son chancelier ; deux autres carrosses drapés et les chevaux caparaçonnés en noir et en argent, dans lesquels se trouvaient le prince de Conti, ses officiers, M. de Tressan, le premier aumônier du régent ; ses Cent-Suisses, la pointe de la hallebarde en bas ; ses gardes du corps ; une vingtaine de pages de l'écurie du roi ; ensuite le catafalque fort élevé, couvert de velours noir à croix d'argent et armoiries en or ; deux aumôniers à cheval à côté du cocher ; d'un côté du char le comte d'Étampes, et de l'autre les capitaines des gardes à cheval ; derrière quatre gardes de la marche en deuil et pleureuse, et des gardes du corps qui fermaient la marche. Des flambeaux en nombre très ordinaire éclairaient le tout. Les Parisiens regardèrent passer ce cortège funèbre avec beaucoup d'indifférence.

Un assassinat rappelant l'affaire du comte de Horn, eut lieu en janvier 1724. Un homme demanda à la coulisse, qui se tenait alors dans la rue Saint-Martin, au coin de la rue aux Ours, à acheter soixante-dix actions : un agent de change nommé Prévost, qui les avait sur lui, offrit de les lui vendre ; mais comme cette vente représentait environ 100,000 livres, il invita l'acheteur à monter dans un fiacre pour terminer l'affaire.

Quelques jours plus tard, on retrouvait l'agent de change dans la rivière et coupé en morceaux ; c'était le valet de chambre du marquis de Puységur qui avait fait le coup.

Au reste, on assassinait pas mal à cette époque dans la bonne ville de Paris : le dimanche gras, 27 février, M. de la Guillonnière, capitaine de carabiniers, sortait à huit heures du soir de l'hôtel de la Force, rue Saint-Antoine, lorsqu'en entrant dans la rue Pavée, il fut assailli à coups de poignard par quatre hommes ; cependant il en revint.

La Bastille devenait le séjour de tous les manieurs d'argent ; le comte de Belle-Isle y fut envoyé au mois de mars ; quelques jours plus tard, ce fut Moreau de Séchelles, le trésorier des Invalides, puis Grassin, directeur général des Monnaies ; Du Chevron, grand prévôt des maréchaux ; Labarre, lieutenant de la Connétablie, etc., etc. Le public ne plaignait guère tous ces braves gens qui s'enrichissaient à ses dépens et il ne regrettait qu'une chose, c'est qu'on n'en coffrât pas davantage.

Une ordonnance du roi, en date du 7 mars, défendit à quelque personne que ce soit de prendre la qualité d'officier sans l'être, et ordonna à tous les officiers, depuis les lieutenants-colonels jusqu'aux enseignes, réformés ou en pied, qui se trouvaient à Paris, de faire dans la huitaine leur

Pour la première fois depuis seize ans, les processions recommencèrent dans toutes les paroisses, le 30 juin 1725. (Page 139, col. 1.)

déclaration au bureau de la guerre, de leur nom, commission, demeure, des raisons pour lesquelles ils demeuraient à Paris et le temps qu'ils entendaient l'habiter.

Cette mesure était prise dans le dessein de faire une police sévère dans Paris, d'y laisser peu d'officiers et d'en chasser tous les vagabonds et les escrocs, mais c'était une tâche bien difficile, il paraît, car on la commençait sans cesse et on ne la finissait jamais.

Le 29 mars, Perelle, le valet de chambre assassin de l'agent de change Prévost, fut rompu vif en place de Grève, après avoir subi la question; lorsqu'il fut sur l'échafaud, il demanda à faire des révélations; là, il fit connaître qu'il avait été d'abord chirurgien et qu'il mettait à profit, quand il en trouvait l'occasion, ses connaissances chirurgicales; il invitait les gens à le venir voir, il leur faisait boire du ratafia mêlé d'opium, puis, quand la personne était assoupie, il la saignait à la gorge, mettait le sang dans une vessie et, après avoir fait la dissection des membres, il les portait à la Seine ou dans les cabinets d'aisance.

Il indiqua plusieurs meurtres qu'il avait accomplis de cette façon ingénieuse.

Le cardinal de Noailles, archevêque de Paris, de concert avec Marie-Thérèse Le Petit de Verno de Chausseraie, acheta, le 3 avril 1724, une grande maison située rue des Postes et la peupla de religieuses de l'ordre de saint Michel, qu'il avait fait venir de Guingamp. Ces filles étaient aussi appelées filles de Notre-Dame de la Charité. Cette maison servait d'asile aux filles de mauvaise vie qui se repentaient; elles *étaient logées dans des bâtiments séparés de ceux des religieuses*. Cette communauté fut supprimée en 1790 et les bâtiments furent achetés par un particulier. Toutefois, sous la restauration, les filles de saint Michel reparurent et allèrent se loger dans la rue Saint-Jacques, 193, où elles sont encore. Leur maison est à la fois maison de retraite, d'éducation, de refuge et de préservation.

Le lundi, 22 mai, tout Paris était dans les rues et sur les promenades pour voir une éclipse de soleil ; c'était un spectacle peu connu alors et qui produisait une vive impression.

Au mois de septembre, un accident mit en émoi le faubourg Saint-Germain : la maison d'un artificier sauta avec les gens qui l'habitaient, deux ou trois passants furent tués par l'explosion et les maisons voisines furent fort endommagées.

Un arrêt du conseil d'État du roi, en date du 24 septembre 1724, établit la Bourse rue Vivienne, dans l'ancien palais Mazarin, dont le roi fit l'acquisition en 1719, et qu'il donna ensuite à la Compagnie des Indes pour y installer ses bureaux. La Bourse fut ouverte tous les jours, excepté les dimanches et fêtes, depuis dix heures du matin jusqu'à une heure de l'après-midi.

C'est aussi de 1724 que date le café Procope, fondé par le Sicilien Procopio Cultelli dans la rue des Fossés-Saint-Germain, au numéro 13, vis-à-vis la Comédie-Française, qui donna son nom à la rue depuis appelée rue de la Comédie et enfin rue de l'Ancienne-Comédie. Le café Procope ne tarda pas à être fréquenté par la meilleure compagnie et la plus illustre ; des gardes du roi et des philosophes, des gentilshommes et des académiciens. Les auteurs surtout l'avaient adopté ; il est vrai que la Comédie-Française étant en face, il était naturel que ceux qui vivaient d'elle, ou qui la faisaient vivre, demeurassent le plus longtemps possible au café Procope, foyer de nouvelles et de cancans de toutes sortes.

A ce café venaient aussi des fermiers-généraux, protecteurs des comédiennes.

Le départ de la Comédie pour la rive droite ne ruina pas le café Procope, mais il lui enleva cependant une bonne partie de sa clientèle et, dédaigné par les lettrés, il devint peu à peu un café d'étudiants.

Si l'on envoya à la Bastille pas mal de gens en 1724, le For-l'Évêque ne chôma pas non plus : on y fourrait les gens pour toute espèce de causes ; on y voit entrer, rien que dans la seule journée du 3 juillet, le nommé Saint-Martin de Lanou, « qui doit au portier des carmes du Luxembourg et a manqué de parole à la promesse qu'il avait faite de satisfaire son créancier ; Henri Thierri qui, conduisant le carrosse de Valenciennes à Paris, introduisait avec des marchandises de contrebande ; Vincent Aubert et les frères Lanne pour avoir insulté les princes d'Ombre et d'Eu ; le nommé Gouré, qui doit 12,000 francs au sieur Barbier depuis 1720 ; Nibault, rôtisseur, Énault, huissier, le premier pour avoir eu l'insolence de faire assigner le sieur Desjardins, contrôleur de M. le comte de Charolois, comme ayant arrêté un mémoire de ce rôtisseur pour servir de certificat, le second a suivi cette affaire comme huissier ; le nommé Richer, qui insulte ses voisins, compose des chansons insolentes et menace de les tuer avec un couteau, qu'il tire souvent. »

On voit, par cet échantillon des envois d'une journée, que le For-l'Évêque était une sorte de salle de dépôt, dans laquelle on envoyait tous les gens dont on avait à se plaindre.

Le 30 juillet, on y amena seize prisonniers, dont quelques-uns pour délits insignifiants, tels que Dumas, Champagne et Nicolas, prévenu « d'avoir insulté le piqueur de madame la Duchesse », et d'autres accusés de gros crimes, tel que « le nommé Vanance, accusé d'avoir assassiné, en 1719, le fils de Pierre Cosme David, en présence de Mangin et de la dame Ory ; d'ailleurs c'est un intrigant ». Ces derniers mots, à la suite de l'accusation d'assassinat, sont plaisants.

La plupart des gens arrêtés et envoyés au For-l'Évêque étaient là, en attendant qu'on leur fît leur procès ; mais quelques autres, qui y étaient envoyés par ordre, se trouvaient, par le fait même de leur emprisonnement, dont la durée n'était pas fixée, échapper à l'action des tribunaux. Le roi, les ministres et le lieutenant de police y faisaient incarcérer qui ils voulaient et rendaient à la liberté ceux qu'ils y avaient fait enfermer, quand cela leur plaisait.

Quand leur détention était préventive, on avait soin de le faire connaître sur la lettre de cachet. Ainsi, le 24 juillet, on y envoie « le nommé Jean Grouet, dit l'Abbé, accusé d'avoir fait ou sollicité le nommé Poitevin de faire un vol de vaisselle d'argent à M. le Chambellan de Versailles, mis au For-l'Évêque, pour être instruit son procès. »

Quand la mention « pour être instruit son procès » n'existait pas, c'est que le prisonnier ne devait pas être poursuivi : il était sous les verrous en vertu de la puissance de ceux qui l'y avaient fait mettre, il en sortait par le seul fait de leur volonté.

L'assassinat d'un certain Sandrier, qu'on avait trouvé noyé aux filets de Saint-Cloud, avait causé l'arrestation de bien des gens de tous rangs ; ce Sandrier était le premier commis du financier La Jonchère ; le 5 mars 1725, on rompit vif un sieur L'Empereur, accusé d'avoir tué un charretier ; on supposait que cet homme avait été assassiné parce qu'il avait été témoin du meurtre de Sandrier, et Paris, qui se préoccupait beaucoup de cette affaire ténébreuse, espérait apprendre du nouveau, mais il n'en fut rien.

COSTUMES DE PARIS A TRAVERS LES SIÈCLES

CULTURE DE LA VIGNE
(XVᵉ SIÈCLE)
(Extrait des *Chroniques* de Froissard, 1ᵉʳ vol., n° 8320, Bibliothèque nationale, Bibliothèque de l'Arsenal de Paris, Pressoir et cellier, Paul Lacroix.)

Ce fut aussi en mars qu'un concert spirituel fut établi dans l'une des salles des Tuileries ; il eut lieu les jours de fêtes solennelles et pendant la quinzaine de Pâques. Ce concert, où l'on chantait les *stabat*, les *miserere*, les *de profundis*, était exécuté par les acteurs et les actrices de l'Opéra. Ce fut Anne Danican, dit Philidor, musicien de la chambre du roi et frère aîné du musicien de ce nom, qui eut l'idée de le fonder. Ces concerts se continuèrent et furent toujours très suivis.

Ce fut en 1725, que lord Dervent-Waters, le chevalier Maskelyne et quelques autres Anglais établirent à Paris une loge maçonnique dans la rue des Boucheries, chez un traiteur anglais appelé Hure. Nous aurons à revenir sur cette institution.

Il y avait bien longtemps qu'on n'avait vu de miracle à Paris ; il s'en produisit un le 31 mai à la procession de la Fête-Dieu : la femme d'un ébéniste du faubourg Saint-Antoine, Mme La Fosse, était depuis longtemps paralytique ; elle nourrissait en secret la pensée de se faire transporter dans la rue lorsque passerait la procession et d'implorer le Saint-Sacrement. En effet, lorsque la procession défila, cette femme, qui s'était fait descendre au-devant de la porte de sa maison, se jeta à terre aussitôt que le Saint-Sacrement passa.

On la crut folle et on essaya de la retenir, ce qui fit que ses vêtements furent déchirés ; mais elle se releva seule et se mit à suivre la procession.

Cet événement, colporté aussitôt dans tout Paris, y produisit une grande émotion. On nomma des commissaires pour dresser procès-verbal du fait et l'autorité ecclésiastique ordonna une enquête à ce sujet. On entendit plusieurs témoins, entre autres Voltaire, qui écrivit à ce propos à la présidente de Bernières : « Ne croyez pas que je me borne dans Paris à faire jouer des tragédies ou des comédies. Je sers Dieu et le Diable assez passablement. J'ai dans le monde un petit vernis de dévotion que le miracle du faubourg Saint-Antoine m'a donné. La femme du miracle est venue ce matin dans ma chambre. Voyez-vous quel honneur je fais à votre maison et en quelle odeur de sainteté nous allons être ? » Non seulement elle alla chez Voltaire, mais toutes les femmes de qualité allèrent la voir et en quelques jours, elle était devenue la célébrité à la mode de Paris.

Il pleuvait depuis trois mois sans discontinuer. Le 27 juin, le corps de ville alla trouver le parlement pour lui demander qu'on promenât la châsse de sainte Geneviève dans Paris, cérémonie qu'on n'avait pas faite depuis seize ans ; le parlement y consentit et, le 30, les processions commencèrent dans toutes les paroisses ; elles allèrent d'abord à Notre-Dame, puis ensuite à Sainte-Geneviève. « Je n'ai jamais vu, dit Barbier dans son journal, des processions si pieuses et si solennelles pour la quantité de peuple et des meilleurs bourgeois et bourgeoises qui suivoient la procession de leurs paroisses. Il y avoit les processions des couvents. Saint-Martin-des-Champs a un beau droit qu'il a seul, qui est le droit d'aspersion dans Paris. J'ai vu un religieux qui jetoit de l'eau bénite au peuple pendant tout son chemin et je ne l'ai vu faire qu'à eux. Il y a eu deux grandes processions, savoir : celle des Petites Maisons, où les pauvres qui sont à la charité de toutes les paroisses de Paris assistoient par quadrilles distingués par paroisses, un bedeau à la tête ; l'autre est celle de l'Hôpital et de la Salpêtrière. Cela composoit quatre ou cinq mille personnes. M. le procureur général a assisté à toutes les deux. »

Le jeudi 5 juillet, fut faite la procession de la châsse de sainte Geneviève. « Il ne tomba que quelques gouttes d'eau, mais il fit fort vent, de manière que le chemin étoit fort sec. La rue Saint-Jacques étoit remplie de tout ce qu'il y a de gens de qualité. Il y avoit un monde surprenant et beaucoup de peuple. Les rues étoient barrées, mais les archers ne s'emparèrent des postes qu'à cinq heures du matin. Comme le chemin est fort court, il étoit rempli du peuple, en sorte qu'il fallut faire ôter deux rangs de chaque côté de la rue et les faire reculer par le haut et par le bas de la rue Saint-Jacques. Cela ne se put faire qu'avec violence par le guet tant à cheval qu'à pied. La procession fut trois heures à passer et elle n'arriva qu'à près de deux heures à Notre-Dame. Elle étoit fort mal en ordre ; elle commença par une quantité infinie de confrères de Jérusalem qui précèdent les cordeliers, ce qui fait une marche très ennuyeuse.

« Le matin, toutes les processions se rendent à Notre-Dame ; elles en partent à huit heures du matin pour aller à Sainte-Geneviève ; elles passent par la rue Galande. Mais le parlement et les autres cours s'y rendent séparément par un autre chemin ; et, après la grand'messe, toutes les processions reconduisent la châsse hors Notre-Dame qui ne va que jusqu'à Sainte-Geneviève-des-Ardents où les deux châsses s'inclinent pour se dire adieu, et celle de saint Marcel rentre dans Notre-Dame. Les cours ni la ville ne reconduisent pas la châsse. Il n'y a que le Châtelet qui l'accompagne jusqu'à Sainte-Geneviève où ils dînent. Tout cela fut si long qu'ils n'y arrivèrent qu'à sept heures du soir. Les chanoines de Notre-Dame étoient tous habillés de violet avec des parements pourpres. » C'était la première fois qu'ils étaient vêtus de la sorte. A côté de gens qui furent blessés, les uns par suite d'un homme qui, grimpé sur un toit, s'en laissa choir sur les passants, on signala quelques miracles et la pluie s'arrêta. Ce qui n'empêcha pas que le pain augmenta considérablement à Paris et que des troubles s'ensuivirent.

Le 14 juillet, un boulanger du faubourg Saint-Antoine voulut vendre 34 sols un pain dont le pareil avait été vendu 30 dans la matinée ; l'acheteuse fit du bruit, amassa les voisins et bientôt le peuple mécontent s'assembla et une troupe d'environ 1,800 personnes pilla toutes les maisons des boulangers, sur tout le parcours du faubourg, jetant pâte et farine dans le ruisseau. Quelques-uns des pillards profitèrent de l'occasion pour voler l'argent et l'argenterie.

La garde, qui ce jour-là se trouvait aux barrières, se hâta d'accourir, mais elle fut repoussée à coups de pierres et elle s'empressa de fermer les trois entrées de la porte Saint-Antoine.

On fit venir du guet à cheval et le coup de main prit alors les allures d'une sédition.

Le guet s'élança sur le peuple l'épée à la main, et tira trois coups de feu, dont un tua un mousquetaire qui descendait le faubourg avec deux officiers ; cet accident augmenta la confusion : les mousquetaires, avertis de ce qui venait de se passer, voulaient sortir de leur hôtel et tomber sur le guet ; les exhortations des officiers finirent par ramener le calme ; on releva le mousquetaire tué qu'on apporta à l'hôtel et on arrêta une dizaine de perturbateurs, dont deux furent pendus le mardi dans le faubourg. Néanmoins on craignait un soulèvement et, le jour de l'exécution, le régiment des gardes s'empara, dès midi, de toutes les rues aboutissant dans le faubourg, afin d'empêcher le peuple d'y assister.

Tout cela ne remédia à rien. La population parisienne souffrait cruellement de la cherté du pain ; il valait sept et huit sols la livre et encore avait-on de la peine à s'en procurer autant qu'on en avait besoin, les fermiers ne pouvant en envoyer sur les marchés qu'une quantité déterminée ; on ne délivrait aux boulangers qu'une certaine quantité de farine et le parlement, par un arrêt du 21 août, ordonna de ne faire à l'avenir que deux sortes de pain, le bis et le bis-blanc. Le petit pain et le pain mollet furent prohibés.

La saison était des plus mauvaises ; il pleuvait perpétuellement, le travail s'arrêtait, Paris était sombre ; aussi, les mousquetaires qui devaient tous partir pour les environs de Fontainebleau, où se trouvait le roi, en vacances et en fêtes, reçurent-ils l'ordre de rester à Paris. On trouva des placards affichés dans les rues, un, imprimé, dans la cour du palais, contenait « des choses horribles contre le gouvernement ».

« Outre que le pain est excessivement cher, c'est que personne n'a d'argent. Le roi n'en distribue point et par conséquent point de confiance, point de circulation ; les ouvriers ne font rien. Depuis très peu de temps nous essuyons en taxe le joyeux avènement et la ceinture de la reine (taxe imposée sur les corps de métiers qui étaient obligés de payer la valeur d'une maîtrise), le cinquième des biens en nature et une cherté extraordinaire sur le pain. C'est trop à la fois pour ne pas crier. »

On criait et beaucoup, et aussi on faisait des chansons ; entre autres celle ci :

Pour la ceinture de la reine,
Peuples, mettez-vous à la gêne,
Et tâchez à l'allonger,
Le prince borgne (le prince de Condé, duc de Bourbon)
Car il voudrait ménager   [vous en prie]
Une ou deux autres pour la de Prie (sa maîtresse).

Au mois d'août, la coutume était qu'il y eût un repas à l'hôtel de ville ; cette année, les échevins et officiers des corps supprimèrent le festin et en envoyèrent le prix aux curés de Paris afin qu'ils le distribuassent aux pauvres.

On s'occupait toujours du miracle du faubourg Saint-Antoine ; l'enquête le confirma et alors, on songea à le célébrer en portant, le 23 août, le saint sacrement de la paroisse Sainte-Marguerite en procession dans le faubourg. Les rues étaient tapissées, on dressa des reposoirs ; l'archevêque de Paris assista à cette procession et derrière lui marchait, un cierge à la main, la femme de l'ébéniste, en faveur de qui le miracle avait eu lieu.

Le dimanche suivant, une seconde procession mena la paroisse Sainte-Marguerite à Notre-Dame avec tout le faubourg Saint-Antoine escortant la femme qui marchait cette fois derrière le curé, tenant toujours son cierge à la main.

« C'est une femme de bonne mine et qui marchoit de bonne grâce. »

La misère du peuple n'empêcha pas qu'on fît des réjouisances publiques en l'honneur du mariage du roi avec la princesse Marie Leczinska, qui fut célébré le 5 septembre à Fontainebleau. On chanta un *Te Deum* à Notre-Dame, on tira un superbe feu d'artifice sur la place de Grève et le tocsin sonna pendant trois fois vingt-quatre heures au grand étourdissement de ses voisins et un arrêt du parlement ordonna de fermer les boutiques le 10 septembre « A la vérité, la joie a été courte, à cause du pain qui vaut huit sols la livre. »

L'année 1726 commença par un temps affreux. La Seine déborda de tous côtés ; puis tout à coup, à partir du 14 janvier, un froid très vif se fit sentir et la rivière charria si fortement, que le 18, les glaces brisèrent au-dessus de la Tournelle des bateaux chargés de vin : 1,500 pièces de vin furent perdues ; puis elles coupèrent les cordes qui tenaient trois moulins à eau, vis-à-vis le quai des Morfondus (de l'Horloge) ; les moulins qui étaient habités s'en allèrent à la dérive, deux se brisèrent au Pont-Neuf ; on faisait la cuisine dedans, le feu s'y mit et les consuma et ce feu fut si violent, qu'il menaça fortement la clef de l'arche et la Samaritaine. Tous les magistrats s'y portèrent vers midi, on empêcha la circulation sur le pont ; mais ce fut tout, on ne put sauver aucune

Palais de l'Élysée. — Vestibule de l'entrée principale.

Palais de l'Élysée. — Salon d'Argent.
(dit du Coup-d'État.)

Le prince de Carignan parut sur le cours dans un traineau à quatre chevaux, plein de musiciens. (Page 144, col. 1)

des personnes qui se trouvaient dans les moulins.

Autre feu : la nuit du mardi gras, l'Italien Colonna, auteur des *Principes de la nature*, et l'abbé Laurent, traducteur d'ouvrages italiens, tous deux âgés de près de 80 ans, travaillaient ensemble dans la rue Saint-Anastase ; l'un d'eux s'endormit en lisant et mit le feu à la maison qui fut brûlée de fond en comble. Un laquais par peur du feu se jeta par la fenêtre et se brisa sur le pavé.

Le 12 avril, on pendit le cuisinier de M. de Guerchois, conseiller d'État ; cet homme avait écrit à son maître qu'il eût à mettre un sac de louis sur une fenêtre de la rue, sinon qu'on l'assassinerait : son écriture fut reconnue et on le condamna à mort, mais le peuple s'indigna de la sévérité de cette peine et cassa les vitres du conseiller.

Mme de Tencin, l'auteur de *Comminges* et du *Siège de Calais*, fut envoyée à la Bastille le même jour parce que son amant éconduit, M. La Fresnaye, conseiller au grand Conseil, s'était tué chez elle. Cette affaire amena un conflit entre le grand Conseil et le Châtelet ; le garde des sceaux avait décidé que c'était le Châtelet qui devait suivre l'affaire ; furieux, le lieutenant criminel fit arrêter Mme de Tencin, et la fit mettre au grand Châtelet ; l'archevêque d'Embrun eut le crédit de l'en tirer et de la faire envoyer à la Bastille d'où elle sortit peu de temps après.

La voûte de la grande croisée de Notre-Dame menaçait ruine depuis longtemps ; on résolut de la réparer mais on craignait un éboulement et des précautions furent prises en conséquence ; une bande de voleurs s'avisa de profiter de l'occasion, pour tenter un coup dont Piganiol de la Force nous a laissé le récit complet dans sa *Description historique de Paris* :

« Le jour de Pâques de cette année (1727), une troupe de voleurs, que l'on présuma depuis être de la bande de Cartouche, profita de la solennité qui rassemblait dans la Métropole un grand nombre de fidèles pour mettre à exécution un complot ourdi avec une hardiesse inouïe.

« Quelques-uns d'entre eux s'étant introduits dès

le matin dans la charpente de l'église par le moyen des échafauds élevés pour le rétablissement de la voûte de la croisée, les autres se distribuèrent en deux divisions, dont l'une s'éparpilla dans l'église et l'autre se posta aux alentours des différentes portes.

« Au premier verset du second psaume des vêpres, moment convenu pour le coup de main, les voleurs ayant fait tomber du haut de l'édifice des moellons, des outils et des échelles, d'autres de leurs complices, confondus dans la foule, se mirent à crier d'une voix effrayante que la voûte tombait et entraînèrent dans leur fuite combinée la foule épouvantée.

« A l'instant, les diverses issues de l'église se trouvèrent tellement embarrassées, qu'il y eut plusieurs personnes étouffées dans la presse, d'autres grièvement blessées ; enfin, pendant ce tumulte, les voleurs pillèrent montres, tabatières, boucles d'oreilles, bagues, etc., et disparurent sans que jamais on ait pu rien découvrir, malgré les recherches que fit faire la police.

« Il y eut dans cette catastrophe plus de quatre cents personnes qui restèrent pendant plusieurs heures sur des poutres placées dans le parvis ; les unes étaient grièvement blessées, d'autres tellement incommodées, qu'il fallut leur donner dans ce lieu même tous les soins nécessaires pour les faire revenir. »

Il y avait longtemps qu'on n'avait vu à Paris le bûcher se dresser pour y brûler un homme.

Le fait se renouvela le 24 mai 1726.

Étienne Benjamin des Chauffours, gentilhomme lorrain, était accusé de se livrer à une débauche honteuse qui, malheureusement, à cette époque de décadence morale, avait de nombreux partisans à Paris ; on avait trouvé chez lui une liste de plus de deux cents personnes suspectées de ce vice infâme et, comme sa maison était devenue le rendez-vous général de ces sortes de gens, on résolut de faire un exemple pour intimider les autres et, afin d'appliquer au coupable une pénalité proportionnée à la nature du crime, on exhuma les Établissements de saint Louis, et on trouva que l'on devait arder ceux qui en étaient convaincus.

En conséquence des Chauffours fut condamné à être brûlé vif sur la place de Grève.

Son procès terminé, il fut conduit de la Bastille au Châtelet, interrogé à nouveau, et il fut exécuté dans l'après-midi, au milieu d'un concours énorme de gens qui n'avaient jamais vu brûler qui, pour rien au monde, ne se seraient privés de la vue d'un pareil spectacle.

Ils virent bien le criminel consumé par les flammes, mais ils n'entendirent sortir de ses lèvres ni plaintes ni gémissements, grâce à ce que des influences qui n'avaient pu le soustraire à la mort, avaient au moins obtenu qu'il fût étranglé avant d'être jeté sur le bûcher ; de cette façon, ce fut son cadavre seulement qui crépita sur le feu ardent.

La nuit suivante, le feu prit au collège des jésuites, rue Saint-Jacques, et brûla deux planchers ; le lieutenant de police s'y transporta aussitôt et organisa des secours qui arrêtèrent les progrès de l'incendie ; mais de mauvais plaisants, qui accusaient les jésuites de n'être pas ennemis du crime reproché à des Chauffours, prétendirent que c'étaient les cendres de celui-ci qui l'avaient allumé.

Quelques personnes compromises dans cette affaire malpropre furent mises à la Bastille, entre autres le peintre Nattier qui en craignant les suites, se coupa la gorge.

Le 15 août, passa par les rues le convoi de la duchesse d'Orléans, escorté par deux cents pauvres en ermites, avec des flambeaux, des officiers de sa maison et les pages à cheval. La livrée portait aussi des flambeaux ; une douzaine de Suisses marchaient la hallebarde en bas ; huit carrosses à huit chevaux renfermaient les dames de la cour et ses officiers.

Le corps fut porté à l'abbaye du Val-de-Grâce.

Tous les gens qui voyaient passer le cortège étaient attristés par la mort de cette femme de vingt trois-ans.

Un duel entre gens de cour fit grand bruit en 1727. Il naquit d'une querelle à l'Opéra ; le duc de Crussol, jeune homme de 17 ans, offrit des dragées au chicotin à plusieurs seigneurs, entre autres au comte de Rantzau, qui se fâcha et cracha les dragées au nez du duc, en ajoutant qu'il était un morveux et que, s'il n'était pas homme de condition, il lui donnerait son pied au... La garde sépara les querelleurs, mais ils se retrouvèrent et, le mercredi matin 28 mai, ils se rencontraient dans le jardin du Luxembourg ; ils sortirent par la rue d'Enfer, gagnèrent le derrière d'un mur, et mirent l'épée à la main.

Le duc, très petit, contrefait et bossu, donna au comte, grand garçon de trente ans, un coup d'épée qui le jeta à terre ; il se releva pour recevoir un autre qui le fit choir de nouveau ; le duc voulut en rester là, mais le comte insista pour continuer le combat et fut tué roide d'un troisième coup d'épée.

Le vendredi suivant, le parlement rendit un arrêt enjoignant au duc de Crussol de se constituer prisonnier à la Conciergerie, mais il préféra prendre la poste pour Avignon ; toutefois, il revint quelques mois plus tard et fut déchargé de l'accusation.

Au mois d'octobre, un libraire de la rue Saint-Jacques, appelé Osmont, publia une brochure dirigée contre les cardinaux de Fleury, de Rohan et de Bissy ; il fut trahi par son prote qui le dénonça, et il fut condamné par contumace à trois ans de bannissement. On exécuta le jugement en plaçant son effigie dans une charrette accompagnée de deux cents archers à pied, avec le bourreau derrière et le greffier de la commission à cheval. On posa l'effigie sur la place Cambrai où furent aussi brûlés les exemplaires saisis.

Les disputes entre les jansénistes et les molinistes, deux partis qui s'étaient formés sous prétexte de religion et qui profitaient de cela pour s'invectiver réciproquement, occupaient beaucoup les Parisiens en l'an de grâce 1728 ; cependant, au mois de janvier, ils eurent encore un autre sujet de préoccupation ; c'étaient des voleurs qui, à partir de six à sept heures du soir, se répandaient par les rues, armés d'un bâton court, et assommaient les gens pour les voler ensuite. Le nombre de ces attaques devenant assez considérable, l'autorité s'en émut ; on augmenta le guet et on prit toutes les précautions de surveillance possibles. Enfin, au bout de quelque temps, on n'en entendit plus parler. Le 1er octobre, l'archevêque publia un mandement qui ordonnait des prières publiques dans tout le diocèse de Paris pour obtenir un dauphin.

La jeune reine arriva à Paris le 4, afin d'aller prier dans la même intention ; on ne lui fit pas d'entrée officielle ; elle avait son train ordinaire, c'est-à-dire quatre carrosses à huit chevaux, vingt gardes à cheval, quelques pages et dix ou douze valets de pied. Il n'y avait pas de soldats aux gardes dans les rues, mais seulement des archers du guet et de robe courte dans les carrefours par où elle devait passer ; mais la route de Versailles à Paris était pleine de monde, et le Cours la Reine était encombré d'équipages et de promeneurs.

A la porte de la Conférence, en deçà de la ville, se tenaient le duc de Gesvres, gouverneur de Paris, le prévôt des marchands, les échevins et tout le corps de ville avec six suisses, soixante gardes, et dix ou douze gens de livrée. Tous les archers de la ville étaient en file, le long du quai, et la terrasse des Tuileries était couverte de monde.

La reine suivit le quai du Louvre, le Pont-Neuf et le Marché-Neuf — elle se rendait à Notre-Dame, afin d'implorer la Vierge pour avoir un dauphin.

On tira le canon à la Bastille et à la Grève. A la porte de la métropole, se tenaient les Cent-Suisses.

La reine avait quitté le deuil pour venir à Paris ; elle portait une robe de cour couleur de chair, toute découpée en festons, sans or ni argent ; mais elle était chargée de diamants et portait dans ses cheveux le sanci, diamant qu'on estimait alors 1,800,000 livres.

Après la messe, elle alla prendre un bouillon à la sacristie et de là se rendit à Sainte-Geneviève pour y adresser la même prière à Dieu.

A son entrée, aussi bien qu'à sa sortie de Notre-Dame, on lâcha d'une corbeille une vingtaine d'oiseaux qui s'envolèrent, symbole de la liberté que les reines doivent donner aux prisonniers.

La châsse de Sainte-Geneviève était découverte sur le devant ; après qu'elle eut fait ses dévotions, elle sortit et fit un grand tour dans Paris, puis, prit la porte Saint-Honoré pour aller dîner à la Muette.

Pendant toute sa promenade, des pièces d'argent étaient jetées par les portières de son carrosse : 12,000 livres furent ainsi distribuées et Dieu sait le nombre considérable de gens qui l'escortaient, dans l'espérance d'attraper quelque monnaie.

« Elle vit une affluence de monde étonnante sur sa route » dit un écrivain du temps.

L'intérêt mêlé à la curiosité devait en effet en attirer un nombre considérable.

Sa visite à Sainte-Geneviève fut cependant attristée par un accident fâcheux. « Comme elle sortoit de Sainte-Geneviève, un prêtre s'est retiré dans un coin de la porte, en dehors, pour, dit-on, quelque nécessité. Des ouvriers qui travaillaient à un dôme dans la bibliothèque Sainte-Geneviève, sont accourus sur les toits pour voir la marche ; ils ont fait tomber une pierre de trois ou quatre livres pesant, directement sur la tête du prêtre qui en a été tué sur-le-champ. Il semble que cela finisse mal les stations et les prières de la reine. »

Le 25 octobre, on afficha dans Paris un mandement de l'archevêque, annonçant sa soumission au saint-siège, et acceptant purement et simplement la constitution, c'est-à-dire la condamnation de cent et une propositions du fameux livre du Père Quesnel.

Cela fit grande rumeur dans la ville où le peuple était janséniste, c'est-à-dire contre la cour de Rome et les jésuites ; aussi, avait-on eu soin de faire escorter les afficheurs du mandement par des archers, car sans cela, on ne leur eût pas permis de faire leur besogne.

Mais l'agitation était partout ; sur le mandement affiché au coin de Saint-Séverin on colla une bande de papier sur laquelle était écrit : « Les vrais chrétiens n'accepteront point la constitution, quelques persécutions qu'on fasse. »

Ailleurs on essaya de l'arracher. On fit quelques arrestations, mais un ordre vint de laisser déchirer tout ce qu'on voudrait et de n'arrêter personne ; on se contenta de remplacer tous les placards lacérés, et les jansénistes, voyant qu'on ne s'occupait nullement de leur opposition, finirent par se tenir coi — c'était tout ce qu'avait voulu et ce qu'avait espéré le lieutenant général de police.

Au reste, autre chose occupa Paris ; le roi eut la petite vérole, ce fut l'objet de toutes les conversations ; il guérit promptement, et naturellement *Te Deum* et feux de joie firent oublier toutes les autres préoccupations.

Les receveurs généraux se signalèrent en cette circonstance ; ils firent chanter un *Te Deum* le 20 novembre aux grands jésuites (rue Saint-Antoine) par les artistes de l'opéra, et on y entendit avec grand plaisir Mlles Antier et Le Maure.

Cela piqua d'émulation les fermiers généraux qui, le 24, en firent célébrer un autre aux jacobins de la rue Saint-Honoré; mais cette fois, l'archevêque défendit le concours des demoiselles de l'Opéra; on se rabattit alors sur une illumination extraordinaire. «La cour qui est fort grande étoit environnée d'une architecture de charpente en arcade garnie de pots à feu et de lampions, ce qui faisoit une illumination superbe. La façade dans la rue Saint-Honoré étoit ornée dans le même goût; il y avoit une garde étonnante du guet et des Suisses. On n'entroit que par billets, mais c'étoit un tumulte et une tuerie pour entrer, tant à la porte de la rue qu'à la porte de l'église.

« Tout ce qui est curieux à Paris en hommes et en femmes y sont venus; M. le garde des sceaux, le premier président du parlement, le contrôleur général, le lieutenant de police, princes, évêques, ambassadeurs, y sont venus, on dit que cela a coûté 1,600,000 livres. »

L'année 1729 débuta par un froid excessif qui avait commencé à Noël et se continua jusqu'au 25 janvier; une grande quantité de neige gelée avait permis les promenades en traîneaux et le prince de Carignan donna une grande fête à la jeune princesse de Bourbon, et il y parut sept à huit traîneaux à un cheval et un à quatre chevaux, plein de musiciens. La promenade se faisait à toute bride sur le cours, et malgré le froid terrible qu'il faisait, il y avait deux mille personnes qui s'amusaient à regarder ce spectacle nouveau.

Le froid devint si rigoureux, que les tribunaux cessèrent de siéger pendant cinq jours et que les théâtres fermèrent.

La ville de Paris fit délivrer du bois aux pauvres gens à six livres de moins que le prix ordinaire et, de plus, elle en fournit gratuitement pour entretenir des feux publics dans les carrefours.

Inutile d'ajouter que les mendiants et les voleurs devinrent plus nombreux que jamais pendant ce temps de froidure exceptionnelle qui entravait tous travaux.

Un ancien procureur du bureau des trésoriers de France, appelé Barreau, se mit à crocheter les portes d'une maison près Saint-Merri, on cria au voleur, les passants se mirent à sa poursuite et il se réfugia dans l'église Saint-Merri: on en ferma les portes; se voyant pris, il se mit à genoux dans un confessionnal et, tirant son couteau, il s'en donna plusieurs coups à la gorge; néanmoins on l'arrêta et on l'emmena baignant dans son sang au Châtelet, où il mourut trois jours après. Mais à cette époque, la mort ne désarmait pas la justice et, par sentence du lieutenant criminel, du 8 février 1729, Élie-Pierre Barreau de Varabe « duement atteint et convaincu de s'être volontairement homicidé lui-même : pour réparation de quoi, son cadavre mis et traîné sur une claie, la face tournée contre terre, attaché par les pieds au derrière d'une charrette de la basse geôle des prisons du Grand-Châtelet en la place de Grève, et au dit lieu y être pendu par les pieds par l'exécuteur de la haute justice, à une potence, qui pour cet effet y sera plantée ; son corps y demeurer vingt-quatre heures et ensuite jeté à la voirie comme indigne de la sépulture. Tous ses biens acquis et confisqués, etc. »

Quelques jours plus tard, un voleur fut pris dans le cloître Notre-Dame, volant des chandeliers ; il fut conduit dans la prison, et là il se donna trois coups de couteau dans le ventre, dont il mourut.

Une ordonnance du 6 mars, émanant de l'archevêque, rendit aux jésuites, qui en étaient privés depuis douze ans, le droit de prêcher et de confesser, au grand mécontentement des jansénistes.

A la même époque, le bruit se répandit que des miracles s'accomplissaient sur la tombe du diacre François Pâris, janséniste exalté, mort l'année précédente et qui avait été inhumé au cimetière Saint-Médard.

Son tombeau consistait dans une simple pierre plate en marbre, élevée horizontalement au-dessus de terre. Depuis quelque temps, les pauvres, les infirmes, les estropiés, venaient y faire des neuvaines et on prétendit que des guérisons miraculeuses s'y opéraient.

Il n'en fallait pas davantage pour que tous les jansénistes de Paris y courussent.

Bientôt, ceux qui s'y rendirent s'y sentirent spontanément saisis de spasmes convulsifs, de délire extatique et d'une sorte d'épilepsie, à laquelle on attribuait la guérison des maladies, la vision intuitive et le don de prophétie.

Les pèlerins malades ou autres se glissaient sous la tablette de marbre, se couchaient sur le sol et quelques-uns, fanatisés, mangeaient de la terre ou en prenaient pour en donner à leurs proches. Des scènes étranges, extravagantes, avaient lieu sur ce tombeau, constamment entouré d'une foule de croyants et d'illuminés.

« Des frémissements électriques, dit M. H. Martin, couraient dans ces foules animées d'une même passion ; l'agitation redoublait, les femmes s'emportaient en sanglots et en cris, des attaques de nerfs, des spasmes convulsifs s'emparaient des plus exaltées ; quelques-unes étaient saisies par l'extase, des malades, des impotents, transportés d'une foi ardente, se faisaient étendre sur le saint tombeau ; des malheureux tourmentés de crises nerveuses y retrouvaient un calme inespéré ; des paralytiques, des boiteux, au contraire, après de violentes convulsions, se relevaient et marchaient »

Ces scènes de convulsionnaires finirent par devenir indécentes et cruelles ; dans la violence de leurs spasmes, les femmes désignées sous les noms d'aboyeuses, sauteuses, miauleuses, suivant les cris et les mouvements auxquels elles

Le grand Thomas sortit avec un gourdin dont il régala les plus pressés. (Page 147, col. 2.)

s'abandonnaient, se faisaient piétiner sur le corps et frapper avec force; elles se soumettaient joyeusement à l'épreuve du feu, à l'embrochement, à mille autres folles tortures, et prétendaient éprouver de divines consolations; « quatre ou cinq hommes debout pesaient de tout leur corps sur une jeune fille étendue, ou la frappaient à coup de bûches, sans qu'elle témoignât la moindre souffrance; on en vit se faire crucifier en imitation de la Passion, sans paraître sentir les clous qui leur traversaient les mains et les pieds. »

Les simples convulsions étaient le plus souvent accompagnées de douleurs qui obligeaient à demander des secours, d'où le nom de secouristes donné à ceux qui les administraient et à ceux qui les recevaient; bientôt on distingua entre les grands et les petits secours; les grands consistaient en coups de bûche, de pierre, de marteau, de chenet, d'épée.

Un prélat janséniste tenait gravement registre de ces prétendus miracles; telle fut la sensation occasionnée par ces événements, qu'ils furent discutés en plein parlement, et un bon nombre de faits parurent tellement attestés, qu'en désespoir de cause, on prit le parti d'attribuer ces phénomènes au diable; et l'archevêque de Paris, Vintimille, dut, ainsi qu'on le verra plus loin, publier une ordonnance contre le culte rendu au diacre et la cour faire fermer le cimetière de Saint-Médard.

Le 4 mai, l'archevêque de Paris passa de vie à trépas; son corps fut exposé le jeudi 5, et l'enterrement eut lieu le vendredi 6; mais à cause du mauvais temps (il pleuvait à verse) le convoi ne fît au sortir de Notre-Dame que tourner par la Madeleine et rentrer par la rue des Marmousets dans le cloître et dans l'église par le parvis.

« Il y avoit bien cent pauvres avec du drap et un flambeau, les capucins, les cordeliers, les jacobins, les augustins et les carmes, tout Notre-Dame, quatre douzaines d'enfans bleus, rouges et des enfans trouvés; une centaine de laquais, les officiers de sa maison, en manteau et rabat; plus de soixante cierges qui étoient autour du corps avec les armoiries portées par des enfans gris. Le corps porté par des prêtres et le poêle porté par quatre chevaux; derrière le M. duc de Noailles, son neveu, quantité de ducs et de cordons en grand manteau. Il n'y avoit point de magistrats, sinon l'abbé Pucelle, conseiller de grand'chambre. »

Le 16 mai, la place de Grève était pleine de monde pour voir fouetter et marquer une femme accusée de favoriser la débauche de jeunes filles.

Mais il y en eut encore davantage le 31, pour voir exécuter Nivet et ses complices. Philippe Nivet, dit Fanfaron, était un émule de Cartouche; il avait quatre-vingt-dix-huit coaccusés à ses côtés, lorsqu'il fut condamné avec quelques-uns d'entre eux à être roué vif. Son procès fut très long et, pendant tout le temps qu'il dura, il vécut fort gaiement dans sa prison, faisant bonne chère et jouant au volant avec deux gardes qui ne le quittaient pas.

Il fut condamné le 30 mai et, aussitôt après sa condamnation, toutes les fenêtres de la place de Grève avaient été louées; cette exécution était un spectacle que personne ne voulait manquer.

Le mardi 31, on fit sortir cinq de ses complices de la Conciergerie, dans deux charrettes, pour être roués vifs et expirer ensuite sur la roue.

Ce n'était que le prologue qui fut marqué par un incident : l'un des patients, Baremon, fils d'un fameux rôtisseur de la rue Dauphine, avait déjà les jambes liées sur la croix et on allait les lui rompre à coups de barre de fer, lorsqu'il demanda à faire des révélations; on le détacha et on le mena à l'hôtel de ville. « Depuis Cartouche c'est la mode. »

Mais à leur tour, les quatre autres, désireux tout naturellement de retarder le plus possible l'heure de leur supplice, demandèrent également à dénoncer des complices, et tous furent emmenés à l'hôtel de ville, à la grande mortification des curieux qui avaient payé très cher leur place pour voir casser des bras et des jambes, et qui furent frustrés du plaisir qu'ils se promettaient; cependant, s'il en fut qui s'armèrent de patience en attendant que le parlement eût statué, ils en furent récompensés, car si quatre des bandits dénoncèrent des camarades de façon à gagner du temps jusqu'au lendemain, le cinquième, vieillard de soixante-onze ans, déclara, lorsqu'il fut interrogé, que, toute réflexion faite, il ne dirait rien et qu'on eût à l'expédier.

On le ramena sur la place, mais il était neuf heures, et ce fut à peine si on put distinguer la scène du supplice; on ne put entendre que les cris du patient : il demeura exposé sur la roue pendant une heure et demie !

A onze heures du soir, ce fut le tour de Nivet qui fut roué, et enfin le lendemain à cinq heures du matin, à neuf heures et à midi, on exécuta les autres.

Malgré tous les édits passés, on se battait toujours à Paris et on ne prenait pas même le soin de se cacher pour cela : deux officiers qui s'en voulaient, s'étant rencontrés dans les premiers jours de juillet, dans un café de la place du Palais-Royal, ils sortirent et mirent l'épée à la main dans la rue Saint-Thomas-du-Louvre; l'un d'eux fut tué, et l'autre rentra dans le Palais-Royal, sans que personne s'avisât de l'en empêcher.

Les 18, 19 et 20 juillet, il y eut dans tous les quartiers de Paris une grande procession des religieux de la Merci, promenant les captifs qu'ils avaient rachetés et ramenés d'Alger, au nombre de 46. Des quêtes abondantes furent faites pendant tout le parcours.

Grand émoi à Paris, le 4 septembre : la reine était accouchée d'un dauphin. Aussitôt, un courrier fut envoyé à la ville et un à M. le président; le tocsin du palais et celui de la ville apprirent l'événement à tous et pendant trois jours et trois nuits, ces cloches sonnèrent à toute volée.

A midi, il y avait déjà une ordonnance de Messieurs le prévôt des marchands et les échevins, commandant des feux de joie, des illuminations, et la fermeture des boutiques pendant trois jours.

Il fallait s'amuser par ordre; tant pis pour ceux qui eussent préféré vendre.

Le dimanche, il y eut feu de fagots à l'hôtel de ville et illumination; toutes les rues furent aussi illuminées.

Le lundi, le parlement rendit un arrêt autorisant les boutiquiers à ouvrir leurs boutiques jusqu'à midi; il paraît qu'on avait réclamé contre la mesure un peu trop radicale de M. le prévôt et de MM. les échevins.

Le palais ne siégea ni le lundi ni le mardi, et ce dernier jour, le parlement remplaça ses audiences par un *Te Deum* qui fut chanté dans la grand'salle par cent musiciens.

Le duc de Gesvres se rendit pendant les trois jours à la ville avec quatre carrosses de suite, ses gardes et sa maison, vêtu magnifiquement et dans un carrosse superbe avec deux pages devant et quatre derrière; il jetait de l'argent à pleines mains par les portières.

Les maisons des échevins furent illuminées en lampions et lustres chaque jour; et le soir, deux tonneaux de vin, des cervelas et des petits pains étaient placés à leur porte afin que les passants pussent boire et manger à la santé du dauphin.

Le mercredi, un *Te Deum* fut chanté à Notre-Dame; le parlement, la chambre des Comptes, la cour des Aides, la ville, l'Université et le conseil du roi y assistèrent.

Depuis la porte de la Conférence jusqu'à Notre-Dame, le chemin était garni de gardes françaises et suisses. Le roi vint par le quai des Tuileries et celui des Orfèvres. Il était accompagné de toute sa maison, de deux compagnies des mousquetaires, des chevau-légers, de la fauconnerie, les oiseaux sur le poing, de trois carrosses, où se trouvaient les seigneurs de la suite, des gardes du corps et des gendarmes qui fermaient la marche.

Lorsque le roi fut arrivé à Notre-Dame, on tira le canon de la Grève, et toute l'infanterie, qui formait la haie depuis la cathédrale jusqu'aux Tuileries, fit trois décharges.

Après le *Te Deum*, le roi se rendit à l'hôtel de ville avec toute sa cour. Il y fut reçu par le gouverneur de Paris, le prévôt des marchands et les échevins.

On tira un feu d'artifice magnifique.

Après le feu, il y eut souper; le prévôt servait le roi et lui donna la serviette, et cet office fut rendu aux princes du sang par les échevins.

Le roi sortit de la ville à onze heures et demie, avec la même pompe qu'à l'arrivée, les gardes françaises et les Suisses faisant toujours la haie; « toutes les maisons étoient illuminées. La rue Saint-Honoré offroit un coup d'œil magnifique. Le roi fit le tour de la place Vendôme qui étoit le plus beau morceau. Elle étoit illuminée avec uniformité et également et au lieu des lanternes qui sont autour, chacun avoit mis un lustre. »

Pendant ce temps, le duc du Maine faisait tirer un feu d'artifice dans le jardin de son hôtel.

Le lendemain, le financier Samuel Bernard fit aussi tirer un feu d'artifice sur la place des Victoires.

Le 11, il y eut procession générale. « Comme il y a soixante-huit ans qu'il n'y a pas eu de dauphin, il a fallu rechercher les cérémonies. »

A cette procession, le parlement devait assister, mais comme il était en vacance, le roi l'en dispensa. Naturellement toutes les rues de Paris furent tendues. Depuis huit jours la ville était en fête et ce n'était pas fini! Outre la procession, en vertu d'un mandement de l'archevêque, toutes les églises paroissiales et toutes les communautés, tant séculières que régulières exemptes ou non exemptes, allèrent à Notre-Dame pour rendre grâces à Dieu de la naissance du dauphin, ce qui fit que toute la population passa cette journée à se promener et à chanter dans les rues.

Le lundi 12, un grand repas fut donné à l'hôtel de ville à tous les ambassadeurs, les secrétaires de l'État, les grands personnages. Il y avait 180 personnes (quatre tables de quarante-cinq couverts.)

Les cervelas et les petits pains des échevins étaient après tout, un pauvre régal offert au peuple et le fameux charlatan qui se tenait sur le Pont-Neuf devant la statue de Henri IV, sur un char, vêtu à l'antique et porteur d'un casque orné d'une longue plume, le Grand Thomas en un mot, le célèbre arracheur de dents, résolut de faire honte à la parcimonie de Messieurs de la ville envers la populace.

Non seulement il s'engagea à arracher les dents gratis pendant quinze jours, en l'honneur de la naissance du dauphin, à les nettoyer, et à distribuer ses fioles également gratis; mais encore il annonça que le lundi 19, il donnerait sur le Pont-Neuf un grand repas à tout le peuple.

A cet effet, il avait acheté un bœuf, des moutons, et 300 cervelas, et fait une ample provision de vin. Il fit imprimer des billets à la main avec permission pour annoncer qu'il traiterait sur le Pont-Neuf.

Mais le Conseil de police réfléchit sur les suites d'un pareil festin au beau milieu du Pont-Neuf, et le dimanche dans la soirée, on fit défense à l'arracheur de dents de mettre son projet à exécution.

Or le bruit de ce fameux repas s'était répandu partout, et tous les vagabonds, les oisifs et les badauds s'étaient bien promis d'y assister.

Mais c'est Piron qui va lui-même nous raconter, en bonne prose, ce qu'il advint de ce repas pantagruélique :

« Plusieurs honnêtes gens avaient retenu des fenêtres pour voir servir un si noble repas; mais l'homme propose et Dieu dispose. M. le lieutenant de police, on ne sait pourquoi (on dit que c'est parce que les billets d'avis étoient imprimés sans sa permision) a envoyé saisir le repas d'hier jour de l'invitation, avec défense au Grand Thomas de se montrer de la journée sur le Pont-Neuf.

« Cependant arrivèrent les conviés n'ayant pour robe nuptiale que leur chemise sale, des bonnets gras, des tabliers de cuir et des sabots. Ces messieurs n'ayant trouvé sur le Pont-Neuf ni pot-au-feu, ni écuelles lavées, se rabattirent au quai Conti où demeure l'amphytrion. Ils frappèrent insolemment et dirent que le public étoit sacré et qu'on ne se moquoit pas ainsi de lui.

« Le Grand Thomas se présentant à une fenêtre, comme à une tribune, crut pacifier ces affamés par l'aspect de son auguste visage et cette éloquence publique dont il a depuis si longtemps l'usage. Ventre à jeun n'a pas d'oreilles. Les convives se mutinèrent à tel point que le Grand Thomas fut contraint dans cette extrémité de tirer dehors le seul plat que lui avoit laissé l'inspecteur de police ; il sortit avec un gourdin dont il régala les plus pressés. Je vis servir ces entrées-là, j'eus même le plaisir d'offrir un cure-dent à un crocheteur qui se plaignoit des épaules. Amphitryon passa sa journée à voir casser ses vitres et à faire des sorties de temps en temps, au grand plaisir de ceux qui étoient loin des miettes de la table. Gréber et moi, présents à ce festin, en avons tant ri que les reins nous ont fait presque aussi mal qu'aux convives. »

Ce que Piron ne dit pas, c'est que l'autorité, voyant les dispositions hostiles du populaire, finit par envoyer de la troupe pour protéger la personne et le domicile de l'arracheur de dents, et que la place Dauphine et les quais étaient tellement remplis de populace, que les soldats eurent toutes les peines du monde à se frayer un passage.

C'était un curieux type que ce Thomas; ce fut vers 1719 qu'il vint s'établir sur le Pont-Neuf.

> Sur un char ceint de garde-fous,
> Construit d'une forme nouvelle,
> Il y débitoit pour cinq sous
> Sa médecine universelle.
> Le foie et les reins entrepris,
> Par son remède étoient guéris,
> Et par une secrète cause
> Qu'il connaissoit dans tous les maux,
> Il ordonnoit la même dose
> Pour les hommes et pour les chevaux.

Un jour il alla voir le roi et la reine à Versailles et voici en quel équipage :

« Le superbe cheval qui avoit l'honneur de porter l'incomparable Thomas, étoit orné d'une prodigieuse quantité de dents enfilées les unes après les autres. Un valet avoit soin de le traîner par la bride, de peur que la joie et les acclamations du peuple ne le fissent sortir du sérieux qui convient à une pareille cérémonie. Les ajustemens du gros Thomas étoient nouveaux et extraordinaires. Son bonnet d'argent massif avoit à son sommet un globe surmonté d'un coq chantant. Le bas de ce couvre-chef étoit terminé par un retroucy, au milieu duquel on voyoit les armes de France et de Navarre et sur le côté gauche un soleil et les mots : *Nec pluribus impar;* son habit écarlate fait à la turque étoit orné de dents, de mâchoires et de pierreries du Temple ; et de plus, il avoit un plastron d'argent qui représentoit un soleil, mais si lumineux que l'on ne pouvoit le regarder que d'un côté; son sabre étoit long de six pieds; sa suite étoit composée d'un tambour, d'un trompette et d'un porte-drapeau qui marchoient devant lui ; à ses côtés, il avoit un tisanier (marchand de coco) et un pâtissier. »

L'ambassadeur d'Espagne voulut aussi fêter la naissance du dauphin ; il emprunta l'hôtel de Bouillon sur le quai Malaquais (n° 17, à côté de la façade des Beaux-Arts. Cet hôtel appartint successivement à Macé Bertrand de la Bazinière, trésorier de l'épargne, à la duchesse de Bouillon née Mazarin, à M. de Juigné, à M. de Pelleprat et enfin au prince de Chimay; on y voyait encore en 1788 deux grands tableaux de Claude le Lorrain, *un berger* de Téniers et le portrait du cardinal de Bouillon par Rigaud.)

Du jardin, on fit une salle parquetée et couverte pour y donner un repas de 300 couverts, et l'ambassadeur s'entendit avec des entrepreneurs pour qu'il fût tiré un feu d'artifice entre l'hôtel Bouillon et le Louvre.

La Seine devait être coupée dans sa largeur par un parterre dessiné par des lumières avec des allées d'orangers; il devait y avoir 8,000 pots à feu; déjà on avait élevé les charpentes qui représentaient les Pyrénées séparant la France de l'Espagne ; mais dans la nuit du 7 au 8 décembre, un vigoureux coup de vent jeta tout bas : la charpente fut renversée et les bateaux qui la supportaient coulèrent à fond.

La fête fut ajournée au 24 janvier. Elle eut lieu et le feu d'artifice provoqua un enthousiasme général; le *Mercure de France* en donna la description détaillée; malheureusement, elle est trop longue pour être rapportée ici ; disons seulement que la fête « fut au-dessus de ce qu'on avait jamais vu en Europe » et que les Parisiens qui s'étouffèrent pour la voir, en gardèrent un souvenir ineffaçable.

Le 23 mars 1730, Mlle Adrienne Lecouvreur, artiste de la Comédie-Française, mourut à Paris, et cette mort fit beaucoup parler: cette actrice avait pour amant le maréchal de Saxe qui était ami de la duchesse de Bouillon; celle-ci jalouse de la tragédienne résolut, dit-on, de l'empoisonner; elle imagina pour cela de se servir de l'intermédiaire d'un prêtre appelé Bouvet, mais celui-ci eut des remords et dénonça la trame du complot ourdi contre Lecouvreur; le lieutenant de police promit de veiller sur les jours de l'abbé et de l'actrice, mais quelques jours plus tard le prêtre disparut sans que personne sût ce qu'il était devenu. La duchesse de Bouillon aurait alors imaginé de faire empoisonner sa rivale au moyen d'un bouquet imprégné de substances toxiques qu'elle lui envoya dans sa loge. Adrienne Lecouvreur se trouva mal en scène, on fut obligé de faire une annonce et elle ne put continuer à jouer, on la porta dans sa voiture; cependant elle essaya de lutter contre le mal et, le 15 mars, elle reparut sur la scène et joua pendant une huitaine ; mais ce fut un effort suprême, elle mourut quatre jours plus tard dans des convulsions horribles; on ouvrit son corps et on lui trouva les entrailles gangrenées.

Aussitôt qu'elle fut morte, le curé de Saint-Sulpice alla trouver l'archevêque, et, d'accord avec lui, il refusa la sépulture chrétienne à l'artiste ; l'entrée du cimetière lui fut interdite. Il fallut un ordre du lieutenant de police pour que des portefaix consentissent à aller l'enterrer clan-

Palais de l'Élysée. — Grand salon d'honneur, en 1880.

Carte d'invitation très recherchée sous Louis XV.

destinement à une heure de matin près des bords de la Seine, au coin de la rue de Bourgogne.

Les molinistes et les jansénistes continuaient leur polémique et leurs diatribes; l'archevêque, M. de Vintimille, s'occupait très activement d'amener les curés des diverses paroisses de Paris à accepter la constitution; malheureusement, cet archevêque n'était pas aimé, il avait la réputation d'être un goinfre et de ne songer qu'à la table; aussi un Parisien irrévérencieux, afficha-t-il un placard sur la porte de l'archevêché, contenant en substance que si saint Antoine était mort (le dernier archevêque s'appelait Antoine), il avait laissé aux Parisiens son cochon, mais qu'on ne trouverait pas un archevêque comme le dernier, en *vint il mille.*

On voit que le calembour par à peu près, était en faveur sous Louis XV.

A l'église Sainte-Croix de la Cité, le curé étant monté en chaire et parlant du mandement de l'archevêque, le vicaire qui disait la messe quitta le chœur, alla se déshabiller et laissa là la messe, ce qui occasionna un scandale épouvantable dans l'église.

Plusieurs vicaires et prêtres de paroisses, accusés de jansénisme, furent exilés; Barbier prétend qu'ils avaient gâté l'esprit des femmes et du peuple de Paris de ce jansénisme auquel tous n'entendaient rien. Six prêtres de la paroisse Saint-Benoît furent chassés, ils étaient accusés, ne trouvant pas dans leurs pénitents des deux sexes une contrition assez vive, de les fouetter dans leur chambre.

Le 3 avril, il y eut tenue d'un lit de justice par le roi au parlement. Le chancelier y fit connaître que le roi n'y venait pas tant pour honorer le parlement de sa présence, que pour donner plus d'authenticité à la réception d'une constitution; on remarqua que lorsque le roi sortit de la séance, personne ne cria « Vive le roi » sur son passage.

Le 16, on arrêta et on conduisit à la Bastille une mercière de la rue Saint-Jacques et sa sœur, deux dévotes qui, probablement à l'instigation de quelque confesseur de Saint-Benoît, avaient affiché et distribué aux Tuileries des placards écrits à la main sur lesquels on lisait : « Vive le roi, périsse la Constitution et ceux qui la soutiennent! »

Au reste, la Bastille se meubla considérablement à propos des affaires religieuses et, en consultant les registres d'écrou, on voit nombre de gens emprisonnés à ce sujet; ainsi, en 1728, c'est un certain abbé Blondel, dit frère Laurent, écrivain janséniste, aux gages du libraire Desprez, pour composer des écrits jansénistes; la dame Jourdain ou Théodon qui distribuait ces sortes d'ouvrages; le nommé Valder, soupçonné d'en imprimer — il est vrai qu'il fut relâché le lendemain; Pierre Vaillant, prêtre, un fougueux janséniste: relâché une première fois, il fut arrêté de nouveau et, de la Bastille, transféré au fort de Vincennes où il mourut; Thibout fils, imprimeur, place Cambrai; l'abbé Gaillard, l'abbé Samson, l'abbé Roches de Troya, le Père François Louvard, religieux bénédictin, tous accusés d'écrire ou de colporter des brochures séditieuses; Claude Laurrin, courrier, arrêté à l'une des barrières de Paris, chargé de libelles imprimés contre la Constitution; Antoine Patron, janséniste et convulsionnaire, Michel Aubert, gagne-denier, « crocheteur de la Constitution », etc. On en compta 27, en 1728 et 24 depuis le 24 avril 1730 jusqu'à la fin de l'année.

Le 30 août, la reine accoucha du duc d'Anjou, ce fut l'occasion de nouvelles réjouissances publiques; on sonna le tocsin du palais et de la ville pendant trois jours; il y eut des feux commandés partout et le 2 septembre, le roi vint à Paris avec toute sa maison, pour entendre un *Te Deum* à Notre-Dame, où les princes, le clergé et les cours souveraines étaient assemblés. Les boutiques furent fermées pendant le *Te Deum*, et les gardes suisses et françaises qui étaient échelonnés depuis la porte Saint-Honoré jusqu'à Notre-Dame firent trois décharges ainsi qu'ils les avaient faites pour la naissance du dauphin. Après le *Te Deum*, le roi s'en retourna à Versailles, et le soir il y eut à la Grève un grand feu d'artifice à neuf piliers et illumination de toutes les rues.

Le 22, on pendit à la croix du Trahoir un gentilhomme, ancien officier, appelé Le Beer, qui était gouverneur du marquis de Charost et qui lui avait volé cinquante actions et de l'argent pour aller jouer; le marquis demanda sa grâce, mais ne put l'obtenir.

On soupçonnait depuis quelque temps les professeurs du collège Sainte-Barbe d'être jansénistes. Le 2 octobre, le lieutenant de police Hérault, accompagné du procureur du roi, du commissaire Le Comte et autres, avec nombre d'archers, entrèrent dans le collège dont ils firent fermer les portes. Le lieutenant de police exhorta les écoliers à se conformer aux ordres du roi, puis on chassa le principal et tous les ecclésiastiques professeurs; on estima ce que pouvaient valoir les meubles de leurs chambres, on leur en donna la valeur en argent, et on mit à leur place des prêtres sulpiciens. « Tous les pauvres écoliers qui étoient fort attachés à leurs maitres ont marqué leur mécontentement par leurs pleurs. Il y en a même qui ont jeté des pierres à un jésuite qui regardait à une fenêtre du collège. On a voulu les apaiser en leur donnant des poulardes à souper. »

Le lendemain et les jours suivants, la plus grande partie des parents retira les enfants.

Cette expédition fit grand bruit dans le quartier de l'Université, qui était le quartier janséniste par excellence.

Le surlendemain, on révoqua les curés de Saint-Étienne-du-Mont, de Saint-Médard et de la Villette, et l'année s'acheva en destitutions, en révocations, qui ne faisaient qu'augmenter le dépit des jansénistes et qui provoquèrent des satires, et des chansons qu'on fredonnait partout.

Les convulsionnaires continuaient leurs exercices, et leur nombre s'accroissait toujours; non seulement ils donnaient au cimetière Saint-Médard le spectacle des scènes les plus révoltantes, mais ils avaient des réunions particulières, où ils se livraient tout à l'aise à leurs criminelles et monstrueuses pratiques.

Dulaure rapporte la relation qu'écrivit le sieur Morand, médecin des armées du roi, qui avait pu pénétrer dans une de ces réunions, en février 1730; nous lui empruntons les détails suivants:

A Paris, dans la rue des Vertus, quartier Saint-Martin, se tenait une réunion. Plusieurs filles et femmes après avoir prié Dieu et chanté les psaumes, éprouvaient des accès de convulsion, tombant dans un état voisin de l'enfance et de l'imbécillité; puis elles demandaient les secours meurtriers auxquels elles donnaient le nom enfantin de *nanan*. Elles couraient à genoux de chambre en chambre, employaient des expressions caressantes et naïves pour solliciter la torture et le supplice. Un homme avancé en âge, qu'elles appelaient papa, dirigeait avec gravité leurs dévotes fureurs.

Une fille d'environ trente-cinq ans, ouvrit la scène; on la nommait sœur Rachel; elle subit froidement le supplice de la croix, se laissa clouer les pieds et les mains sur des planches croisées et déclara qu'elle était crucifiée pour la seconde fois. Elle ne témoigna de mécontentement qu'à l'arrivée d'une princesse dont les joues étaient chargées de rouge. Les convulsionnaires abhorraient ce genre de luxe. Sœur Rachel clouée à la croix disait qu'elle faisait *dodo*.

Sœur Félicité, fille d'environ trente-cinq ans, parut à son tour, s'apprêta au supplice de la croix, déclara qu'elle allait le subir pour la vingt et unième fois; deux planches fixées et croisées l'une sur l'autre étaient placées horizontalement; elle s'étendit dessus, on lui enfonça dans les pieds, dans les mains, des clous de cinq pouces de long qui pénétrèrent fort avant dans le bois. En cet état, elle conversait avec les assistants; bientôt, elle demanda qu'on lui perçât la langue, on la lui perfora avec la pointe d'une épée, puis elle voulut qu'on la lui fendît; elle fut obéie.

Alors, une femme de soixante ans, dont le nom de secte était sœur Sion, se roula à terre, prononça un discours sans suite et fit une ardente prière à Dieu. Le papa se jeta sur elle, foula aux pieds toutes les parties de son corps jusqu'à ce que la patiente eût dit assez. Bientôt elle dit : encore ! et le papa redoubla ses foulements avec plus de violence. Elle eut ensuite des convulsions, puis on lui administra le secours de la bûche. C'était un gros tronçon de bois de chêne d'un demi-pied de diamètre, dont on la frappa à tour de bras et à plusieurs reprises. Ensuite, elle subit le supplice de la presse, où son corps était violemment comprimé avec des sangles tirées de part et d'autre avec effort.

Pendant cette horrible compression, on lui lançait des coups de pied si violemment, que l'appartement en était ébranlé. Enfin, elle fut écartelée et torturée dans tous les sens.

Tandis que ceci se passait, sœur Rachel était toujours demeurée clouée sur sa croix, posée dans un sens vertical ; on alla vers elle, on la décloua elle perdit un peu de sang.

Une jeune et jolie femme, sœur Suzanne, à genoux, lisait des prières ; elle s'évanouit et eut des convulsions. Son mari était présent, il la foula aux pieds avec un zèle extraordinaire, marcha sur ses bras, sur ses mains, et la piqua aux endroits qu'elle indiquait, avec la pointe d'une épée.

Cependant, sœur Félicité était encore clouée sur sa croix. On lui administra avec une cuiller, un breuvage dégoûtant qu'elle avala sans répugnance. Enfin on la détacha et en arrachant les clous elle perdit environ trois palettes de sang. Aussitôt, le papa avec effort lui appuya le pied sur les diverses parties de son corps et sur son visage. Il lui perça de nouveau la langue avec une épée, puis les bras ; on lui banda ensuite ses plaies et la séance fut levée.

Que doit-on penser de ces extravagances !

Le docteur Morand assista encore au mois d'avril suivant dans une autre réunion de convulsionnaires, rue de Touraine. Là il vit des personnes « plus distinguées par leurs emplois et leur fortune que par leur jugement. »

La scène convulsionnaire commença à une heure.

Pendant que le papa administrait le secours de la bûche, arrivèrent un commissaire de police et un exempt suivis d'archers qui s'emparèrent des portes et prirent les noms des assistants.

Cette brusque apparition ne déconcerta pas le papa qui continuait à frapper sa victime à coups de bûche, disant qu'il fallait que l'œuvre de Dieu s'accomplît.

Six actrices et le directeur de ces scènes de sauvagerie furent arrêtés et enfermés à la Bastille.

Une autre fois, un particulier, que la curiosité avait attiré dans une de ces réunions, ne put demeurer calme devant tant de turpitudes, et, tandis qu'on s'apprêtait à crucifier une convulsionnaire, il s'écria que la flagellation devait précéder le supplice de la croix et se jetant à grands coups de canne sur le bourreau et les victimes, il les fustigea d'importance, et les chassa de la pièce où se tenait l'assemblée.

Il est permis de croire que les premiers qui se rendirent sur la tombe « du bienheureux Pâris » étaient de bonne foi et qu'une exaltation nerveuse leur procura réellement des convulsions ; mais bientôt, les jansénistes spéculèrent sur ces convulsions et prétendirent s'en faire une arme contre leurs persécuteurs. Ce fut alors qu'ils établirent une secte de convulsionnaires et lui donnèrent une organisation, des chefs, des employés subalternes, des règlements etc.

L'un de ces chefs fut Pierre Vaillant qui, sorti de la Bastille en 1728, s'affilia aux convulsionnaires et devint l'un des plus exaltés ; il se trouva à la tête d'un groupe qu'on appela les vaillantistes.

Il faisait des conférences publiques, dans lesquelles il annonçait que le prophète Élie était ressuscité et qu'il reparaissait sur la terre pour convertir les juifs et la cour de Rome.

D'autres prêtres allèrent plus loin et soutinrent que Vaillant était le prophète Élie en personne.

Alexandre Arnaud, un ex-oratorien, prétendait, lui, être le prophète Énoch.

On le fourra à la Bastille.

D'autres prophètes surgirent ; entre autres, frère Augustin, qui fonda la secte des Augustiniens ; ceux-ci exécutaient des processions nocturnes et, on les voyait, la corde au cou, la torche au poing, s'en aller sur le parvis Notre-Dame, faire amende honorable, puis de là, ils se rendaient sur la place de Grève et bénissaient la place où ils pensaient être exécutés un jour.

L'abbé Becheran, qui, couché sur le tombeau du diacre, sautait à se briser les os et dans des accès convulsifs, faisait le saut de carpe, sans en éprouver aucun mal.

« Cet abbé, dit Dulaure, était secouru dans la crise par une femme appelée Magnan. Cette femme fut en 1731, renfermée à la Bastille et dans le même temps, la prison de Saint Lazare reçut l'abbé Becheran qui en sortit au bout de trois mois. On objectait que cet abbé n'avait éprouvé aucune convulsion à Saint Lazare ; les convulsionnaires répondaient que Dieu l'avait ainsi permis, pour cacher la vérité à ceux qui le combattaient. »

Il y eut à Paris des vaillantistes, des augustiniens, des mélangistes, des discernants, des margoullistes, des figuristes et des secouristes.

Nous avons parlé des vaillantistes, qu'on appelait aussi des Éliséens, du nom du prophète Élie, et des augustiniens.

Les mélangistes se composaient de ceux qui distinguaient dans les convulsions deux causes qui produisaient, l'une des actes inutiles, puérils ou indécents; l'autre des actes divins et surnaturels.

Les discernants étaient les voyants qui débitaient, dans l'accès de leur délire, des paroles dépourvues de sens.

Les margoullistes étaient ceux qui se faisaient frapper sur le visage et sur le corps.

Les figuristes étaient les convulsionnaires qui, pendant leurs crises, représentaient les différentes scènes de la passion de notre Seigneur ou des martyres des saints.

Notons pour mémoire l'entrée publique de l'ambassadeur de Venise, Moccnigo, que le maréchal de Roquelaure et le chevalier de Sainctot allèrent prendre à Picpus dans les carrosses du roi au mois de novembre 1730, mais cette entrée n'excita pas beaucoup la curiosité populaire.

Nous avons vu plusieurs offices disparaître dans les dernières années et un édit royal avait supprimé « les charges et offices sur les quais chantiers, halles, places et marchez de la ville de Paris »; ils furent tous rétablis par un nouvel édit enregistré le 17 novembre à la Chambre des comptes.

L'année 1731 ne fut pas beaucoup meilleure que la précédente, au point de vue de la situation générale des affaires, qui était loin d'être brillante. Les dépenses de l'hôpital général excédant de beaucoup ses recettes, le roi lui avait accordé la perception de dix sols sur chaque voie de bois à brûler qui serait vendue dans Paris et deux sols pour chaque voie de charbon. Cette perception qui avait été autorisée dès 1728, se continua pendant les années 1729, 30 et 31.

Un arrêt du parlement, du 31 janvier, condamna à être brûlé un libelle sans nom d'auteur qui avait pour objet « qu'un évêque, bien que soumis à la constitution, ne pouvait communiquer avec ceux qui résistaient à cette constitution, sans que ses diocésains soient en droit de se séparer de sa communion ».

Cet arrêt excita de vifs murmures; néanmoins il fut exécuté par la main du bourreau qui, le 9 février, brûla aussi les *Nouvelles ecclésiastiques* dans la cour du palais.

Le 8 avril, entrée publique d'un nonce extraordinaire du pape, mais personne n'y prit garde.

Les Parisiens s'amusèrent pendant la quinzaine de Pâques à aller voir M. le duc d'Orléans qui avait fait une retraite à Sainte-Geneviève : « Il mangeoit au réfectoire comme les religieux, assistoit à tous les offices, sans avoir ni pages ni valet de pied. Il faisoit toutes les mêmes attitudes et les contorsions de corps des religieux. Cela n'a pas augmenté l'estime qu'on a pour lui ni le crédit qu'il a ».

L'hiver dura cette année-là jusqu'aux premiers jours de mai; il resta trois mois sans pleuvoir; la châsse de Saint-Geneviève fut découverte et toutes les paroisses et tous les couvents allèrent en procession à Notre-Dame et à Sainte-Geneviève.

L'année précédente était venu habiter Paris un juif riche de 7 à 800,000 livres de rentes, M. du Lis, qui était devenu le protecteur de Mlle Pelissier de l'Opéra; ayant appris que Mlle Pelissier était au mieux avec Francœur, un violon du théâtre, il la quitta et s'en alla en Hollande, mais il chargea un sieur François Aline, dit Joinville, dit La France, de bâtonner son rival et de faire quelques marques au visage de Mlle Pélissier. Joinville s'adressa à des soldats aux gardes pour qu'ils fissent pour son compte cette vilaine besogne; des lettres interceptées firent découvrir toute cette histoire, et le lieutenant de police Hérault fit arrêter Joinville et les soldats aux gardes françaises Laurent Laure et Louis Glaron, dit Dragon. L'affaire fut portée au Châtelet et le juif du Lis et Joinville furent condamnés à être pendus, « Joinville préalablement appliqué à la question et sursis au jugement des deux soldats ».

L'affaire revint à la Tournelle et le 8 mai 1731, du Lis et Joinville furent condamnés à être rompus vifs, ce qui fut exécuté le lendemain, en effigie pour du Lis, et très réellement pour Joinville que cependant, par grâce, on étrangla préalablement.

Si nous relatons ce jugement, c'est pour en faire ressortir l'extrême sévérité, disons même l'iniquité, puisque les coups de bâton ne furent pas donnés, et que la lettre du malheureux Joinville faisait connaître seulement qu'il s'était entendu pour cette affaire avec les soldats.

Au reste, l'opinion publique fut d'autant plus indignée, que la lettre n'était pas même signée, et que Joinville ne savait pas écrire!

Le pauvre diable fut cruellement puni; la corde du tourniquet sur lequel il fut étendu cassa, de façon qu'il demeura à demi étranglé, jusqu'à ce qu'on eût été chez le bourreau chercher une seconde corde.

Tout Paris s'occupa de cette affaire qui finit par une chanson qu'on chanta dans les carrefours sur l'air : *Tous les capucins du monde.*

Mlle Pelissier et quelques autres femmes plus que légères furent inquiétées quelques jours plus tard, à propos d'actes de libertinage qui éveillèrent l'attention du lieutenant de police; mais les demoiselles de l'Opéra avaient des protecteurs puissants parmi les grands seigneurs débauchés qui se qualifiaient eux-mêmes de roués et les poursuites furent arrêtées.

Colbert avait en 1666 transporté de la maison de la rue de la Harpe dans la rue Vivienne, la bibliothèque du roi, dans le dessein de la rapprocher du Louvre, où le roi avait l'intention de la

L'abbé Mergé fut culbuté et chassé du palais par ses compagnons. (Page 159, col. 1.)

placer définitivement; mais les achats et les dons successifs, tant de volumes que de manuscrits, faits à cette bibliothèque en avaient singulièrement augmenté le fonds; le 19 février 1711, le roi avait acheté le cabinet de François-Roger de Gaignères composé de plus de 2000 volumes de manuscrits qui après sa mort, survenue le 27 mars 1715, furent portés, partie au Louvre, partie à la bibliothèque du roi.

Il était impossible que le local affecté à un classement de tous ces livres ne fût pas agrandi ou changé; or, lorsque l'abbé Bignon fut pourvu de la charge de bibliothécaire, intendant et garde de la bibliothèque du roi, il s'occupa de faire transporter les richesses de la bibliothèque royale dans une partie de l'hôtel de Nevers ou de Mazarin dont les bâtiments qui se trouvaient en face de l'hôtel Colbert avaient été affectés à la banque de Law et à la Bourse.

Un édit, rendu le 14 septembre 1721, ordonna le transfert « de la bibliothèque du roi en l'hôtel de la banque Royale auparavant l'hôtel de Nevers, et les lettres patentes du roi affectèrent à perpétuité les bâtiments au logement de la bibliothèque royale. On distribua et l'on orna la grande galerie de cet hôtel d'un manière convenable à y placer les livres. On la partagea en trois, par le moyen d'un grand cabinet qu'on a pratiqué vers le milieu, et on mit dans ces trois pièces des tablettes sculptées très proprement. Comme cette galerie est fort élevée, on en a partagé horizontalement la hauteur par des balcons qui règnent autour. »

Le classement de ces livres fut long; on les

avait d'abord entassés au-dessus de la grande porte de l'hôtel et on travaillait encore, en 1731, à l'organisation de la bibliothèque ; on avait projeté d'y pratiquer des cabinets pour placer les globes du P. Coronelli, qui se trouvaient à Marly.

« Chacun de ces globes devoit occuper deux chambres l'une sur l'autre. Le pied et un des hémisphères du globe devoit être dans la pièce d'en bas et l'autre hémisphère dans la chambre au-dessus dont le plancher, percé exprès, auroit procuré une grande commodité pour étudier et examiner les globes, mais ces projets n'ont pas eu de suite. »

C'est l'auteur du *Dictionnaire historique de la ville de Paris* qui s'exprime ainsi ; il s'agit de deux globes l'un céleste, l'autre terrestre, qui avaient été commandés par le cardinal d'Estrées, à un religieux vénitien, Vincent Coronelli, et qui furent présentés à Louis XIV en 1683. Ce prince les avait placés dans deux pavillons de Marly. Un savant Anglais appelé Butterfield y avait ajouté deux grands cercles de bronze qui en formaient les horizons et les méridiens.

De Marly, ces deux globes, chacun de deux mètres de rayon, furent transportés au palais du Louvre et de là à la bibliothèque, où l'on construisit tout exprès pour eux une salle dont le plafond fut percé d'une ouverture circulaire, afin qu'on pût les contempler à l'aise, du haut du premier étage.

Les inscriptions qui servent de dédicace furent gravées sur des lames de cuivre doré ; celle du globe céleste porte : « A l'auguste Majesté de Louis le Grand, l'invincible, l'heureux, le sage, le conquérant, César cardinal d'Estrées a consacré ce globe céleste, où toutes les étoiles du firmament et les planètes sont placées, au lieu même où elles étoient à la naissance de ce fameux monarque afin de conserver à l'éternité une image fixe de cette heureuse disposition, sous laquelle la France a reçu le plus grand présent que le ciel ait jamais fait à la terre. MDC LXXXIII. »

L'inscription du globe terrestre le consacrait à Louis XIV « pour rendre un continuel hommage à sa gloire et à ses héroïques vertus, en montrant les pays où mille grandes actions ont été exécutées et par lui-même et par ses ordres, à l'étonnement de tant de nations qu'il auroit pu soumettre à son Empire, si la modération n'eût arrêté le cours de ses conquêtes, et prescrit des bornes à sa valeur, plus grande encore que sa fortune. »

A cette époque, on ne louait pas à demi!

La grande galerie qu'on aménagea comme nous venons de le dire, était située dans l'aile du nord. Mazarin y avait installé sa propre bibliothèque, confiée aux soins du savant Naudé et ouverte libéralement au public, depuis huit heures du matin jusqu'à cinq heures du soir. Ce fut cette bibliothèque qui forma plus tard le fonds Mazarin, ou bibliothèque Mazarine, aujourd'hui installée dans les dépendances de l'Institut.

Si, sous Louis XIII, la bibliothèque royale s'était accrue des grandes collections de Béthune, de Brienne, de Dufresne, sous Louis XIV, les accroissements furent encore plus considérables : non seulement le roi faisait acheter sur les divers marchés de l'Europe, tous les livres nouveaux qui paraissaient offrir quelque intérêt ; mais les principaux libraires, marchands d'estampes, d'antiquités et d'objets d'art des pays étrangers étaient en correspondance régulière avec les gardes de la bibliothèque et, sur leur avis, tous les documents précieux pour l'étude étaient aussitôt achetés pour la France, même à grand prix.

« En outre, lisons-nous dans *Paris Illustré*, des missions étaient données à des savants français qui allaient parcourir toute l'Europe et de préférence les villes de l'Italie et du Levant, recueillant en tous lieux des manuscrits, des médailles, des camées, précieuses reliques du moyen âge ou de l'antiquité grecque. Enfin de riches personnages, qui, par goût ou par ostentation (car on avait alors le luxe des livres), avaient rassemblé de précieuses collections, les donnaient au roi pour obtenir quelque faveur à la cour, ou pour témoigner, au terme de leur vie, leur reconnaissance des faveurs obtenues. Pendant le règne de Louis XIV, la bibliothèque s'accrut de 20,000 volumes et d'un nombre considérable de gravures et de médailles. »

Il serait trop long de suivre de point en point les accroissements successifs de la bibliothèque depuis son installation dans le local actuel qu'elle occupe depuis 1724 jusqu'à nos jours ; disons seulement que le premier soin de Louis XV fût d'acquérir le cabinet de d'Hozier, recueil immense de documents généalogiques pouvant intéresser environ 80,000 familles ; puis ce fut, en 1728, l'acquisition du cabinet Colbert, eu 1732, celle de 10,000 manuscrits dont 1090 grecs et 645 orientaux provenant du même fonds ; en 1733, l'achat de la bibliothèque de Cangi, comprenant 6000 volumes traitant pour la plupart de l'histoire littéraire. On acheta aussi les manuscrits de Ducange et ceux de l'Église de Paris, au nombre d'environ 300, remontant presque tous aux XIe XIIe et XIIIe siècles. En 1762, Falconnet donna à la bibliothèque plus de 11,000 volumes, en 1763, ce fut l'évêque d'Avranches Huet, qui lui en offrit 8,000, l'année suivante, la collection Fontanieu versa 60,000 pièces originales sur l'histoire de France dans les cartons de la bibliothèque.

En 1779, le nombre des volumes imprimés s'élevait à 150,000.

La révolution de 1789 contribua puissamment à l'augmentation des richesses littéraires de cet établissement, dans lequel elle fit entrer les collections formées depuis un temps immémorial dans les monastères et les couvents ; c'est ainsi que vinrent s'y placer les livres provenant des abbayes de Saint-Germain des Prés, de Saint-Victor, de la Sorbonne, de l'Oratoire, du collège de Navarre, des missions étrangères, des petits et des grands Augustins, des monastères des carmes, des minimes, des barnabites, des célestins etc.

Les fonds réunis de ces diverses communautés dépassaient 100,000 livres imprimés, sans compter près de 20,000 manuscrits.

Puis, ce furent les volumes provenant de quelques riches bibliothèques d'émigrés.

Jusqu'à 1789, les portes de la bibliothèque royale n'étaient ouvertes que deux fois par semaine, le mardi et le vendredi; depuis, elles le furent tous les jours excepté le dimanche : malheureusement les portes ne s'ouvrent que depuis dix heures jusqu'à quatre; on ne communique plus rien aux lecteurs passé trois heures, — c'est-à-dire juste au moment de la journée où les travailleurs peuvent le mieux se livrer à l'étude avant l'heure du dîner.

La loi du 25 vendémiaire an IV limita à quatre le nombre des départements de la bibliothèque. Imprimés, manuscrits, estampes, médailles.

Une autre loi, de 1811, exigea, sous des peines sévères, que les imprimeurs fissent le dépôt de tout ouvrage sortant de leurs presses; non seulement cette mesure est d'une utilité absolue parce qu'elle enrichit continuellement le dépôt des livres, mais aussi parce qu'elle empêche la disparition d'aucune œuvre imprimée, et que le moindre opuscule, dont il n'y a plus trace nulle part, doit se retrouver classé à sa place sur l'un des nombreux rayons de la bibliothèque.

Le département des imprimés a acquis annuellement depuis 1834 un nombre très considérable d'ouvrages étrangers, et des legs importants n'ont cessé d'ajouter de nouvelles richesses à celles existantes.

En 1846, M. Beck, et en 1851 M. Jecker, ont enrichi le département des médailles et des estampes; en 1862, M. le duc de Luynes a fait don à la bibliothèque d'une collection de 7,000 médailles, camées, pierres, bijoux, vases et statuettes, et, en 1865, le vicomte et la vicomtesse de Janzé, enrichirent à leur tour le département des médailles de statues de bronze et de terre cuites.

Enfin les acquisitions des vases de Bernay, la collection Rousseaux, la suite de la collection d'Hozier sont venues, peu de temps avant la guerre de 1870, augmenter encore ce trésor national.

Mais arrivons à la description des bâtiments de la bibliothèque, dont nous donnerons l'organisation intérieure, alors que nous serons arrivé à Paris actuel.

Compris entre les rues Richelieu, Colbert, Vivienne et Neuve-des-Petits-Champs, l'espace occupé par la bibliothèque du roi, qui fut tour à tour et suivant les changements de gouvernement, nationale, impériale, royale, puis de nouveau nationale, impériale et encore nationale, formait un quadrilatère avec corps de bâtiments avant vue sur trois de ces rues. L'extérieur de ces bâtiments était fort laid avant que des travaux récents en eussent changé la physionomie.

« Son vaste édifice, dans son extrême simplicité, lisons-nous dans un *guide dans Paris* datant de la Restauration, ne présente à l'extérieur, sur la rue de Richelieu, que de hautes murailles percées de loin en loin de quelques croisées dénuées, ainsi que sa porte principale, de toute espèce d'ornements. »

Sous le second empire, on résolut de changer l'aspect du vieil édifice; du côté de la rue Vivienne on mit à découvert une charmante façade dans le style Louis XIII, et dans la construction de laquelle la pierre se marie très agréablement pour l'œil à la brique. A la place de petites et chétives boutiques qui en masquaient complètement la vue, on a posé une élégante grille dont l'alignement a été reculé de 1^m.10, et, du côté de la rue Neuve-des-Petits-Champs, des pavillons d'une architecture analogue ont subi une transformation depuis longtemps reconnue nécessaire. La porte de l'ancien hôtel est dégagée des lourdes et massives constructions, au milieu desquelles elle se trouvait resserrée, et les embellissements s'étendent à tout l'extérieur du monument qui longe la rue Richelieu.

Avant 1868, on entrait à la bibliothèque par la rue Richelieu et pour arriver à la salle de lecture, on traversait un jardin au milieu duquel se trouve une fontaine.

Aujourd'hui, la salle publique de lecture du département des imprimés a son entrée spéciale mais provisoire (depuis douze ans!), dans la rue Colbert. Cette salle est pourvue d'immenses tables autour desquelles peuvent s'asseoir simultanément environ cent lecteurs.

Deux portes latérales donnent accès dans la salle des globes.

La salle de travail, ouverte en 1868, aura son entrée principale par la rue Richelieu et, bien que les travaux du bâtiment eussent été terminés en 1864, cette entrée n'est pas encore prête et, en attendant que la porte ouverte sur la cour puisse être livrée au public, on arrive dans la salle de travail par une petite porte provisoire, ouverte dans la rue Richelieu, vis-à-vis la rue Rameau.

Empruntons à M. Adolphe Joanne la description de cette salle :

« Au milieu d'un vestibule semi-circulaire, enrichi de sculptures et de médaillons en marbre de couleurs diverses, on trouve, à droite, un porche carré à deux vantaux ayant de chaque côté une double porte latérale. C'est l'entrée de la salle et, dans cette salle, réellement belle malgré sa grande simplicité, on admire tout de suite l'extrême légèreté des colonnes qui supportent la voûte. La salle affecte une forme carrée, terminée sur une de ses faces par un hémicycle placé en face de la porte d'entrée. Elle est couverte par neuf coupoles en faïence dure et résistante qui offre la plus grande garantie de conservation. Ces coupoles reposent sur un système élégant d'arcatures en fer, que supportent seize colonnes également en fer, et hautes de 10 mètres. Enfin, le jour pénètre à travers neuf lanternons reposant sur des cintres ouvragés et dorés et par trois baies exposées directement au nord, de telle sorte que jamais le soleil ne puisse pénétrer dans la salle pendant les heures de travail...

« Les grands arceaux qui règnent tout au tour de cette salle sont décorés de dessins et d'arabesques en or sur fond blanc ; puis, sur le flanc de chaque pilier, on a placé un médaillon sur fond d'or, représentant un écrivain français ou étranger, avec la date de sa mort. Ces médaillons, exécutés par MM. Lavigne, Gruyère, Sobre et Oudinée sont au nombre de vingt-quatre. Ils sont ainsi placés en partant de la porte d'entrée et en commençant par la gauche pour faire retour sur la droite : Corneille, Machiavel, Shakespeare, la Fontaine, Goethe, Descartes, Bacon, Newton, Montaigne, saint Augustin, saint Thomas d'Aquin, Pascal, Bossuet, Voltaire, Montesquieu, Dante, Milton, Tasse, Petrarque, Molière, Mme de Sévigné, Cervantes, Boccace et Racine. »

Cette salle a une superficie de 1155 mètres carrés, et si l'on contourne le bureau des conservateurs, éclairé par un plafond vitré, on remarque la riche ornementation de cette partie de l'édifice. Ses galeries se relient parfaitement à celles de la grande salle et les médaillons qui la décorent affectent la même forme. Ils représentent douze personnages choisis parmi les grands écrivains de l'antiquité : Homère, Virgile, etc.

Entre ces deux rangs de médaillons se trouve une grande porte vitrée ayant deux rideaux de velours rouge à frange ; à droite et à gauche sont deux puissantes cariatides en pierre et dans le mur, de chaque côté, sont placés deux lampadaires avec flammes d'or.

Au delà se trouve le magasin, cour rectangulaire de 42 mètres de longueur sur 29 mètres de largeur, éclairée par un plafond vitré et comprenant cinq étages à jour ; huit escaliers y conduisent ; ils sont divisés en salles qui communiquent entre elles par des galeries latérales et transversales.

La section des cartes et collections géographiques occupe un local à côté du département des manuscrits. La collection des cartes géographiques, créée en 1828, forma d'abord un département particulier, mais il fut réuni en 1832 à celui des estampes.

Le département des manuscrits occupe le premier étage. On entre d'abord dans un vestibule puis dans une pièce où se trouve placé le *Parnasse français*, composition assez singulière, en bronze, exécutée sur les dessins de Titon du Tillet par Louis Garnier, élève de Girardon. C'est un monument érigé à la gloire de Louis XIV et des littérateurs de son siècle. Depuis, on y ajouta les figures de Rousseau, de Crébillon et de Voltaire.

Vient ensuite la belle galerie Mazarine, dont les fenêtres ont vue sur la rue Vivienne ; elle a un superbe plafond peint par J. F. Romanelli, et d'importantes restaurations ont été faites en ces dernières années à cette galerie dont les parois sont décorées de panneaux peints par nos meilleurs artistes.

Plusieurs autres pièces suivent (à droite sont celles affectées au dépôt des cartes) ; les deux premières servent d'antichambre à la salle de travail des manuscrits.

Le département des médailles, pierres gravées et antiques occupe un local séparé et dont l'entrée est aussi sur la rue Richelieu ; il comprend plusieurs galeries.

Enfin, le département des estampes occupe, depuis 1865, le rez-de-chaussée du bâtiment principal de la bibliothèque ; c'est une galerie, œuvre de Mansard, qui reproduit toutes les dimensions de la galerie Mazarine, au-dessous de laquelle elle est située.

Plus loin, nous aurons à nous occuper de l'organisation administrative de ce vaste établissement et nous jetterons un coup d'œil sur ses principales collections.

Disons en attendant que d'importants travaux d'aménagement entrepris depuis longtemps sont loin d'être encore terminés ; cependant, une nouvelle façade sur la rue Colbert s'étend sur une longueur de 70 mètres et complète dignement le périmètre des parties neuves de la bibliothèque.

L'ordonnance de cette nouvelle façade se rapproche beaucoup de celle des façades modernes de la rue de Richelieu. Comme ces dernières, elle comprend deux hauts étages surmontés d'un attique décoré de tables de marbres polychromes.

Les salles contenues dans cette nouvelle aile auront une profondeur de six mètres. On assure qu'elles sont destinées à loger les ouvrages de littérature française, fort à l'étroit dans les anciennes divisions du magasin général.

Un projet de loi a été présenté pour l'expropriation des maisons en retour sur la rue Vivienne, de façon à isoler complètement la bibliothèque, et cet isolement est une question qui s'impose doublement, si l'on réfléchit un instant à l'insuffisance des locaux actuels et aux accroissements de plus en plus considérables des collections.

En effet, en moyenne, le dépôt légal fait arriver au département des imprimés environ 45,300 articles, dont 5,100 ou environ, appartiennent à des publications périodiques. Il y a quelques années la moyenne n'était que de

Façade de la Bibliothèque Nationale, en 1880, rue Colbert.

Des soldats aux gardes défendaient l'entrée du cimetière Saint-Médard (d'après une estampe du temps.)
(Page 161, col. 1.)

29,500 articles. L'une des causes de cette différence énorme tient à la multiplicité des impressions auxquelles donnent lieu les mouvements électoraux; et cependant, la Bibliothèque est loin de recevoir toutes les pièces imprimées dans les départements. Sur ce chiffre, Paris donne environ 16,000 pièces; les dons et acquisitions se montent en général à 8 ou 10,000 pièces, à ajouter au chiffre total; soit en tout 55,000 articles.

La musique fournit 5 à 6,000 articles par an, la section géographique environ 450 articles.

Les manuscrits augmentent par des dons et des acquisitions : 150 à 200 pièces en moyenne.

Les médailles et les estampes s'augmentent de plus dans des proportions assez considérables; en résumé la place manque un peu partout.

Mais il paraît qu'il faudrait, pour en arriver à cet isolement, une dépense d'environ six millions, et on comprend qu'on hésite.

En tous cas, qu'il nous soit permis de regretter que, dans les constructions nouvelles, on n'ait pu ménager un certain nombre de petites salles de travail pour les gens obligés d'étudier, de prendre des notes et même de composer, qui sont forcés d'être groupés dans le *hall* unique, immense et sonore qui constitue la seule salle d'étude et où les livres ne font que passer pour être enlevés après le peu de temps que dure leur communication. — Nous reviendrons en temps et lieu sur l'état actuel de la bibliothèque et sur son organisation.

XXXII

Toujours les convulsionnaires. — L'Académie de médecine. — Luttes au parlement. — Les livres au bûcher. — Église de l'Assomption du Gros-Caillou. — Le grand Conseil. — Une fête sur l'eau. — Longchamp. — Les assommeurs. — La milice. — Les pantins. — Le Point-du-Jour. — Les enlèvements. — Condamnations au bûcher. — Le procès de l'âne. — Les billets de confession. — L'École militaire. — La place de la Concorde. — Le Panthéon.

Les miracles avaient repris une extension considérable pendant l'été de 1731.

Chaque jour, une affluence énorme se rendait au tombeau du diacre Pâris et le peuple y chantait à pleine voix des *Te Deum*.

On fit graver le portrait du diacre et on le cria par les rues, mais un commissaire se transporta chez le graveur et fit briser la planche; bien vite on en grava une autre et on vendit l'estampe devant Saint-Médard.

C'étaient les femmes des soldats aux gardes qui la criaient.

Cette affaire commençait à prendre une tournure inquiétante; l'archevêque donna un mandement qui déclarait faux un prétendu miracle arrivé à un sieur Anne Lefranc et défendit d'honorer le tombeau du diacre Pâris, de faire dire des messes à son intention et de lui rendre un culte religieux.

Le lendemain de cette défense, il y avait une telle multitude dans l'église Saint-Médard et dans le petit cimetière qu'on s'y étouffait.

Jusqu'alors, les croyants seuls s'y rendaient; depuis le mandement de l'archevêque, tout Paris y courait. Un contre-miracle allait bientôt achever de tourner toutes les têtes.

Gabrielle Gautier, veuve de Pierre de Lorme, soldat invalide, demeurant sur le pont au Change et âgée de soixante ans, en très bonne santé, résolut d'aller sur le tombeau du diacre pour se divertir aux dépens de tous ceux qui croyaient aux miracles.

Elle y arriva contrefaisant la boiteuse et « l'incommodée ».

« On lui fit place; elle se coucha sur le côté droit sur le tombeau; un quart d'heure après elle poussa des cris, demanda pardon et miséricorde à Dieu; la bouche lui tourna et elle devint paralytique du côté droit, de la moitié du corps, de façon qu'on la porta à l'Hôtel-Dieu sur un brancard, accompagnée de trois à quatre cents personnes qui criaient miracle! dans les rues. »

Cette femme, se trouvant fort mal, demanda à se confesser et avoua au confesseur que c'était afin de se moquer du monde qu'elle était allée sur le tombeau du diacre et qu'elle avait été cruellement punie de son impiété.

Mais le prêtre exigea qu'elle fît une déclaration publique.

Pour cela, il alla chercher un notaire, Me Maultrot, qu'il amena à l'Hôtel-Dieu et là, en présence de vingt-six personnes, l'acte suivant fut rédigé :

« Aujourd'hui, 7 août 1731, six heures de relevée, est comparu devant les conseillers du roi notaires à Paris soussignés, en l'étude de Bouron, l'un d'iceux, messire François Chaulin, prêtre, docteur de la faculté de théologie de Paris, y demeurant au bout du pont au Change, paroisse de Saint-Jacques-de-la-Boucherie, lequel a requis les notaires de se transporter présentement avec lui à l'Hôtel-Dieu de cette ville, pour y recevoir un acte en forme de déclaration sur les faits qui y seront détaillés. Dont acte fait et passé à Paris etc.

« Et à l'instant les notaires soussignés se sont transportés avec ledit sieur Chaulin audit Hôtel-Dieu, en la salle Saint-Martin, et nous sommes approchés du lit numéroté 51, où étoit gisante Gabrielle Gautier, veuve de Pierre de Lorme, soldat invalide, demeurant à Paris sur le pont au Change, paroisse Saint-Jacques-la-Boucherie, où étant, avons trouvé le lit environné de plusieurs personnes et entre autres de messire Gui Gentil, prêtre-maître du dit Hôtel-Dieu, messire Patrice Girardin, prêtre, docteur en théologie de la faculté de Paris etc, (suivent les noms de 26 personnes dont deux conseillers au parlement, deux chanoines de Notre-Dame, des gens d'épée, des marchands etc.).

« Et ledit sieur Chaulin a déclaré aux dits notaires soussignés, que ladite veuve de Lorme, l'ayant appelé comme son confesseur ordinaire, dimanche 5 août présent mois, entre 4 et 5 heures du soir, elle l'a prié et requis avant de l'entendre en confession, de rendre publics les faits qui suivent :

« Qu'ayant entendu plusieurs de ses voisins et voisines, qui ont été et vont à Saint-Médard visiter le tombeau de M. Pâris, ils lui ont fait le récit de ce qui s'y passe, sur quoi elle a toujours marqué plus que de l'incrédulité. Le 4 août, vers les dix heures du matin, elle se détermina à aller aussi à Saint-Médard, où elle entendit la messe. Après quoi, elle contrefit la boiteuse afin de se procurer un passage libre. Étant parvenue à la tombe, soutenue de deux personnes, elle s'est fait mettre sur ladite tombe, du côté droit seulement, n'y ayant pas assez de place pour son corps entier; qu'y ayant été environ un demi-quart d'heure étendue sur le côté droit, elle se sentit saisir subitement d'un engourdissement sur ledit côté droit. Dans ce moment, elle cria miséricorde et avoua publiquement que c'étoit par dérision et moquerie qu'elle étoit venue audit tombeau, elle leva le bras gauche au ciel en déclarant que c'étoit la main de Dieu qui la frappoit, et demanda du secours pour se faire transporter chez elle, où elle fut conduite dans une brouette par des inconnus avec un grand concours de différentes personnes, d'où elle a été transportée dans un carrosse de place, vers les six heures après midi, audit Hôtel-Dieu; que le lendemain, ledit sieur Chaulin a été mandé pour la confesser, et avant de l'entendre en confession, elle lui a fait le récit tel que dessus, lequel récit il a à l'instant manifesté dans ladite salle à ceux qui y étoient; ensuite il l'a confessée. Et le lendemain lundi, onze heures du matin, il a été rendre compte de tous ces faits dans le plus exact détail à monseigneur l'archevêque de Paris dans son palais et Sa Grandeur lui a fait l'honneur de l'entendre avec autant de bonté que d'attention.

« Laquelle présente déclaration, à la réquisition dudit sieur Chaulin, a été lue à haute et intelligible voix par Maultrot, l'un desdits notaires soussignés, en présence de son confrère et desdits sieurs susnommés, à ladite veuve de Lorme, laquelle a déclaré que tous les faits ci-dessus sont vrais, et à chacun d'eux a donné à entendre en disant : « Oui qu'ils étoient dans l'exacte vérité » et a aussi déclaré avoir prié ledit sieur Chaulin de rendre publics et manifestes partout lesdits faits. Dont a été fait le présent acte, en ladite salle, lesdits jour et an, après y avoir vaqué jusqu'à huit heures etc. »

Vingt-trois curés de Paris présentèrent une requête à l'archevêque, le priant « de faire informer des miracles que l'on répand dans Paris, pour savoir s'ils sont vrais ou faux ».

Non seulement le peuple allait en foule au tombeau de Pâris, mais la princesse de Conti, aveugle depuis quatre ou cinq ans, s'y rendit le 17 août « à trois carrosses » afin d'obtenir de recouvrer la lumière. Est-il besoin d'ajouter qu'elle n'y vit pas plus clair après qu'avant.

Le 27, l'abbé Mergé était assis dans le parquet des huissiers de la grand'chambre, en compagnie de clercs, laquais et autres; il s'avisa de mal parler du diacre Pâris; ses compagnons se jetèrent sur lui, le culbutèrent, lui déchirèrent ses habits et le chassèrent du palais avec des huées, sans que les exempts du lieutenant de police osassent intervenir pour faire cesser ce scandale.

Au reste le scandale était partout, les jésuites s'étaient attiré la haine de la plus grande partie de la population de Paris par les persécutions qu'ils avaient fait exercer contre les jansénistes. Un arrêt du conseil du roi cassa un arrêt du parlement, à propos d'une affaire regardant la Constitution. Le parlement décida qu'il y avait lieu de faire des remontrances au roi. Quarante avocats furent déclarés hérétiques, tous les autres avocats s'assemblèrent et décidèrent qu'ils cesseraient de plaider; aucun d'eux ne parut aux audiences.

Dix lettres de cachet en exilèrent dix.

Les audiences demeurèrent suspendues.

L'archevêque menaça d'excommunier le parlement et le conseil et de se retirer à Conflans.

Tout Paris se préoccupait de ces troubles, surtout la bourgeoisie qui s'y intéressait beaucoup plus que le populaire; les évêques voulaient se soustraire à l'autorité du parlement, l'archevêque d'Embrun donna aussi un mandement contre un arrêt du parlement et traita M. Gilbert, premier avocat général, d'hérétique. C'était un gâchis complet. Enfin, comme il fallait bien le prévoir, l'affaire des avocats s'assoupit, ils revinrent tous au palais, et les Parisiens s'amusèrent à les chansonner. — C'était toujours comme cela que ça finissait.

Ce qui avait aux yeux du peuple beaucoup plus d'importance que toutes les querelles survenues entre les gens de robe et ceux d'église, c'était la sécheresse exceptionnelle dont on souffrait à Paris: l'été et l'automne furent terribles à traverser en raison de la chaleur; la petite vérole sévissait cruellement et les eaux de la Seine étaient tellement baissées que les bateaux ne pouvaient plus arriver à Paris qu'avec la moitié au plus de leur charge habituelle.

On s'aperçut aussi que des voleurs de nuit, ne sachant probablement comment exercer leur coupable industrie, avaient imaginé de dépaver les rues et de revendre les pavés aux entrepreneurs de pavage, aux marbriers ou à d'autres artisans qui en utilisaient le grès; et une ordonnance du roi, datée du 4 août, défendit de dépaver les rues et chaussées, à peine de 500 livres d'amende et de prison pour ceux qui seraient pris sur le fait.

Le premier médecin du roi, Mareschal, et son successeur désigné, M. de la Peyronie, « sentant tous les avantages qu'il y avoit à retirer d'une société à laquelle les observations et les découvertes en chirurgie seroient rapportées et où elles seroient mises à l'épreuve d'une critique judicieuse, pour être ensuite communiquées au public et composer une espèce de code de chirurgie », concertèrent un projet de règlement pour la fondation d'une académie à établir sous la protection du roi « et l'inspection du premier chirurgien de Sa Majesté ».

Ce projet fut lu, le 18 décembre 1731, dans une assemblée particulière convoquée et présidée par M. Mareschal; on y donna connaissance d'une lettre du comte de Maurepas, secrétaire d'Etat, faisant savoir que le roi approuvait cette fondation académique.

On dressa une liste de 70 académiciens, qui fut présentée au roi.

Six places d'officiers furent créées en faveur de MM. Petit, directeur de l'Académie naissante, Malaval vice-directeur, Morand secrétaire, Le Dran chargé de la correspondance, Garengeot chargé des extraits, et Bourgeois fils, trésorier.

A partir de ce moment, l'Académie fonctionna et son règlement lui imposait l'obligation de perfectionner la pratique de la chirurgie, « principalement par l'expérience et par l'observation ».

Les médecins, chose étrange! apportèrent les plus grands obstacles à cet établissement. On eût dit que l'art de guérir ne pouvait absolument être connu que par eux. Mais, au bout de quelques années (1741), la publication du premier volume des mémoires de l'Académie de chirurgie acheva d'éclairer l'autorité sur la rectitude et l'utilité des opinions de La Peyronie :

Une déclaration du roi, du 23 avril 1743, rétablit les chirurgiens de Paris dans l'état où ils étaient avant l'année 1655, c'est-à-dire avant que les chirurgiens de robe longue eussent reçu parmi eux « un corps de sujets illettrés qui n'avoient pour tout partage que l'exercice de la barberie et l'usage de quelques pansemens aisés à mettre en pratique » c'est-à-dire des barbiers.

« Dès ce moment, s'écrie le docteur Petit-Radel, l'art de la chirurgie fut porté au plus haut point de gloire ; les savants de toutes les nations tinrent à honneur d'être réputés membres de l'Académie, et ainsi succéda à l'ancien corps des chirurgiens un nouveau corps qui en devait effacer la honte. »

Un arrêt du conseil, du 12 avril 1749, permit, tant au doyen et docteurs régents de la faculté de médecine de Paris qu'à son premier chirurgien, de lui présenter tels mémoires et projets de règlements qu'ils estimeraient propres à porter la médecine et la chirurgie à leur plus grande perfection.

Ce fut en conséquence de cette faculté, que Lamartinière, premier chirurgien du roi, demanda et obtint l'annexion à l'Académie d'une école pratique d'anatomie et d'opérations.

Les chirurgiens-officiers du roi et de sa maison, ceux de la reine et de sa maison, ceux des enfants de France, ceux du premier prince du sang et les chirurgiens qui étaient à la nomination du grand maître de l'artillerie ou du grand prévôt de l'hôtel, pouvaient exercer leur profession dans la ville et les faubourgs de Paris, ainsi que les maîtres.

L'Académie royale de chirurgie occupait les bâtiments élevés sur l'emplacement de l'ancien collège de Bourgogne et dont nous avons précédemment parlé. Le 18 mars 1751, le roi donna un nouveau réglement à l'Académie; en voici les principales dispositions :

« L'Académie de chirurgie demeurera toujours sous la protection du roi. Elle recevra les ordres de Sa Majesté par celui des secrétaires d'État qui aura dans son département les autres académies. Le premier chirurgien du roi en sera président né ; il aura inspection sur tout ce qui la regardera ; il en dirigera les travaux, en fera observer les règlemens... L'Académie sera divisée en quatre classes : la 1re sera composée de 40 académiciens qui auront le titre de conseillers du comité, la 2e sera composée de 20 académiciens qui auront le titre d'adjoints au comité, la 3e sera formée par tous les autres maîtres en chirurgie de Paris qui ne seront pas des deux premières. Enfin, il y aura une 4e classe d'académiciens sous la dénomination d'associés tant français qu'étrangers. »

Des prix furent fondés par l'Académie pour récompenser les auteurs des meilleurs mémoires.

L'école pratique établie pour favoriser les progrès des jeunes élèves en chirurgie était composée de 24 jeunes gens qui subissaient deux examens publics et étaient interrogés dans les écoles par le lieutenant du premier chirurgien du roi, par les quatre prévôts et les deux professeurs de l'école pratique, et l'on accordait aux quatre qui répondaient le mieux une médaille d'or de la valeur de 100 livres, et quatre d'argent aux quatre élèves qui venaient ensuite.

Quatorze professeurs, dont douze royaux, donnaient tous les jours leurs leçons dans le collège de chirurgie.

Ajoutons que l'institution de l'Académie reçut un appui solide. En 1750, on soumit les aspirants à faire pendant trois ans un cours complet d'études sur toutes les parties de la chirurgie.

Cette académie subsista de la sorte jusqu'à la révolution de 1789.

Elle fut supprimée par décret du 8 août 1793, et sur ses ruines et celles de la société royale de médecine, également supprimée, une académie de médecine fut fondée par une ordonnance royale du 20 décembre 1820 et organisée définitivement en 1829, 1835, et 1856.

Par le temps de miracles qui courait, il était permis de ne s'étonner de rien; cependant on s'étonnait toujours de voir des personnes de la cour se mêler à la foule de convulsionnaires qui assiégeait le tombeau de Pâris ; le comte de Clermont s'y rendit avec ses laquais, puis des évêques. Au mois de janvier 1732, on y voyait du monde depuis cinq heures du matin jusqu'à cinq heures du soir et on citait le marquis de Légale, sourd

Le Roi, se tournant vers M. de Maurepas, lui dit : — Déchirez cela! (Page 162, col. 2.)

et muet de nature, qui se flattait de l'espoir d'y conquérir le don de l'ouïe et celui de la parole.

Le 21, il y eut un épais brouillard dans les rues de Paris ; personne ne se souvenait en avoir jamais vu un semblable et de nombreux accidents en résultèrent.

Le 29, grand événement prévu, le lieutenant de police Hérault fit fermer, en vertu d'une ordonnance du roi, du 27, le petit cimetière de Saint-Médard ; le guet à cheval occupait le faubourg Saint-Marcel, depuis quatre heures du matin, et à chaque corps de garde de ce faubourg, il y avait vingt soldats aux gardes avec les armes chargées.

Le lendemain, on trouva un placard sur la porte du cimetière, portant ce distique :

De par le roi est fait défense à Dieu
De faire des miracles en ce lieu.

Le lendemain et les jours suivants, du guet à pied et à cheval garda les abords du cimetière et de l'église, mais tout se passa avec calme ; on enleva, dans une voiture, une femme qui faisait mine d'avoir une convulsion devant la porte du cimetière, on arrêta l'abbé Bicheran, apôtre des convulsions, on l'enferma à Saint-Lazare et tout fut dit.

Une bande de trente-cinq voleurs des deux sexes fut jugée au mois de mars ; c'étaient pour la plupart des gens de métier et des domestiques, les uns furent pendus, les autres envoyés aux galères.

« Au bout de la rue du petit Vaugirard, qui est une continuation de celle des Tuileries, est l'hôtel de l'Enfant Jésus, qui est une grande maison accompagnée d'un assez grand enclos. » Ainsi s'exprime l'auteur du *Dictionnaire historique de la ville de Paris*, en parlant d'un établissement qui se trouvait où est aujourd'hui l'hôpital des enfants malades, rue de Sèvres ; le 29 mars 1732, Languet de Gergy, curé de Saint-Sulpice, acheta les bâtiments de l'hôtel de l'Enfant-Jésus, moyennant 86,100 livres pour y recueillir les femmes et filles qui se trouvaient sans occupation et « dont la plupart ignoraient leurs devoirs les plus essentiels. »

Il paraît que les résultats qu'il obtint par la fondation de cette maison de retraite ne répondirent pas tout à fait à ses espérances, car il en changea la destination et y plaça trente jeunes filles nobles et pauvres, qui y recevaient une éducation à l'instar de celle de la maison de Saint-Cyr.

Ce nouvel établissement fut autorisé en 1754.

En 1779, il n'y avait plus que seize pensionnaires dans la maison et « l'intention du fondateur étoit qu'on les employât à former leur cœur et leur esprit au culte de Dieu et à la véritable religion, et qu'après ce temps, on leur montrât à travailler à des ouvrages convenables à leur naissance et à leur sexe ».

La maison était placée sous la conduite des filles de Saint-Thomas de Villeneuve auxquelles le curé de Saint-Sulpice en avait confié le soin.

Elle fut supprimée lors de la révolution de 1789.

Mais ce fut dans les bâtiments, attribués à l'administration des hospices, que le conseil général, par arrêté du 8 mai 1802, établit un hôpital consacré au traitement des enfants malades des deux sexes.

Ce fut en 1732, que l'abbé de Pontbriand établit d'abord, rue Saint-Étienne-des-Grès, puis successivement dans d'autres quartiers de Paris, des écoles de charité pour les Savoyards ; il avait résolu de se vouer à l'éducation des jeunes gens de cette nationalité qui étaient à Paris décrotteurs, scieurs de bois et ramoneurs, et il communiqua son dessein à d'autres ecclésiastiques qui se joignirent à lui ; ils s'adressèrent aux chefs de chambrée qui logeaient ces jeunes garçons et leur firent promettre de les envoyer aux catéchismes qu'ils firent pour eux le dimanche et le jeudi de chaque semaine, d'abord à Saint-Benoît, puis bientôt à Saint-Merri, aux Missions, à Saint-Sauveur.

Le 14 avril 1735, il y eut une distribution générale de prix accordés aux plus instruits ; il y en eut seize qui furent complètement habillés de neuf et 150 autres reçurent des prix en argent. Ces catéchismes spéciaux se généralisèrent et il en fut fondé pour les Limousins, les Normands, les Flamands, les Languedociens, les Basques et les Gascons.

Le 1er mai était l'anniversaire de la mort du diacre Pâris et on craignait quelque bruit à cette occasion ; l'église Saint-Médard regorgeait de monde, mais il y avait aussi, tout à l'entour, du guet en quantité suffisante et l'ordre ne fut pas troublé.

Le surlendemain, un mandement de l'archevêque condamna les *Nouvelles ecclésiastiques* qui se distribuaient dans Paris, avec défense de les lire et de les garder, sous peine d'excommunication, ces *nouvelles* étant séditieuses et diffamatoires.

Quelques jours plus tard, on en brûlait en place de Grève des exemplaires, et une femme accusée d'en avoir colporté fut condamnée à cinq ans de bannissement et à trois livres d'amende.

Or le mandement de l'archevêque se terminait ainsi « si mandons aux officiers de notre *cour* d'église » ; ce mot *cour* sonna désagréablement aux oreilles de Messieurs du parlement, qui firent observer que le terme de cour n'appartenait qu'aux juges supérieurs et qui durent s'assembler pour délibérer à ce sujet, mais le roi le leur défendit, et un arrêt du conseil régla que le roi entendait évoquer à lui et à son conseil la connaissance de tout ce qui rattachait « aux miracles du sieur Pâris ».

Les Parisiens malicieux faisaient volontiers remarquer qu'ils vivaient à une époque singulière, où le lieutenant de police faisait fermer la porte du cimetière d'une église, et où l'archevêque ordonnait la suppression des gazettes.

Les gens du parlement ne pouvant s'assembler, députèrent leur premier président, leur procureur général et les trois avocats généraux auprès du roi qui était à Compiègne, afin d'essayer de lui exposer leurs griefs ; mais Louis XV leur dit lui-même qu'il défendait à son parlement « de s'assembler, de faire aucun arrêté ni aucune délibération touchant les affaires de l'Église ; qu'il ne devoit s'assembler que pour recevoir ses ordres et les exécuter, et qu'il ne le contraignît pas à lui faire sentir son autorité ».

Messieurs de la cour revinrent, l'oreille basse, rendre compte du triste résultat de leur députation.

L'abbé Pucelle, un fougueux, s'écria qu'il était odieux que le parlement fût traité de la sorte et qu'il ne fallait pas souffrir cela.

Un grand trouble eut lieu au palais par suite de tout ceci, et de nouveau, le parlement députa auprès du roi, le mercredi 14 mai ; les députés furent reçus en audience par le roi qui les accueillit très froidement et leur dit : « Je vous ai fait savoir ma volonté et je veux qu'elle soit pleinement exécutée ; je ne veux ni remontrances ni réplique en quelque forme et de quelque nature que ce soit. Vous n'avez déjà que trop mérité mon indignation, soyez plus soumis et retournez à vos fonctions. »

Jamais l'omnipotent Louis XIV ne s'était montré plus absolu.

Les magistrats ne pouvaient en croire leurs oreilles et le premier président ayant voulu répondre :

— Sire, commença-t-il.

— Taisez-vous ! s'écria le roi.

Alors l'abbé Pucelle s'avança respectueusement et s'inclina pour présenter au monarque le discours écrit qu'il avait préparé.

Le roi se tournant vers M. de Maurepas, secrétaire d'État, lui dit :

— Déchirez cela !

Et le discours fut mis en morceaux.

Messieurs du parlement n'eurent plus qu'à se retirer ; au retour, l'abbé Pucelle fut appréhendé au corps et envoyé à son abbaye de bénédictins à Corbigny ; un sous-brigadier des mousquetaires, accompagné de six soldats, arrêta Titon, conseiller aux enquêtes et le conduisit à Vincennes.

Le vendredi 16, le parlement s'assembla à huit heures du matin et le premier président raconta la façon dont lui et ses collègues avaient été reçus par le roi.

A peine le président eut-il cessé de parler, que tous les présidents et conseillers des cinq chambres des enquêtes et requêtes se levèrent et se retirèrent sans souffler mot « semblables à une volée de pigeons qui partent d'un toit au bruit d'un coup de fusil ».

Le 23, entre 4 et 5 heures du matin, chacun des présidents et conseillers au parlement reçut une lettre de cachet qui lui fut remise par deux mousquetaires, elle contenait ceci :

« Je vous écris cette lettre, monsieur N..., pour vous dire que je vous ordonne, à peine de désobéissance, de vous rendre vendredi 23 de ce mois, à huit heures du matin, en mon parlement, pour y continuer les fonctions de votre charge. Sur ce, je prie Dieu, monsieur N..., qu'il vous ait en sa sainte garde. — Écrite à Compiègne le 21 mai 1732, signé « Louis » et plus bas « Phelypeaux. »

Le parlement s'assembla, mais les audiences furent levées presqu'aussitôt ouvertes. Le lendemain il en fut de même ; le mardi 27, il siégea sérieusement et rendit cet arrêt : « La cour, en continuant ses fonctions ordinaires, donnera, en toutes occasions, des marques du même zèle qu'elle a toujours eu pour le service du roi et du public, pour le maintien des droits sacrés de la couronne, pour prévenir et réprimer toutes les entreprises capables d'exciter et d'entretenir le trouble dans l'Église et dans l'État, et pour remplir toutes les obligations qui lui sont imposées par les ordonnances du seigneur roi et par celles des rois, ses prédécesseurs. Et le mandement de M. l'archevêque a été dénoncé à M. le procureur général pour en interjeter appel comme d'abus. »

Tout cela n'arrangeait pas les choses. Le lendemain mercredi, le parlement s'assembla à huit heures du matin et le palais était plein de monde ; le procureur général demanda 15 jours pour examiner les abus qui pouvaient ressortir du mandement et l'assemblée fut remise au 13 juin.

Quand les Parisiens apprirent ce résultat, ils en furent indignés, surtout ceux qui appartenaient au parti janséniste et qui jetèrent feu et flamme contre le parlement.

Pendant toute la quinzaine, on s'occupa considérablement de cette affaire dont nous ne relèverons pas les menus incidents : le 13 juin le parlement vota l'appel comme d'abus, et signification de l'arrêt fut immédiatement faite à l'archevêque.

Lorsque la séance fut levée, à quatre heures un quart, les huissiers qui marchaient devant les magistrats annoncèrent à la foule qui encombrait les abords du palais, qu'il y avait appel comme d'abus.

Aussitôt, un immense cri de joie répondit à cette annonce.

Mais dans la nuit du dimanche, quatre magistrats furent enlevés par ordre du roi et conduits par un officier et ses mousquetaires. C'étaient le président Ogier, mené à Vincennes, puis transporté aux îles Sainte-Marguerite, le conseiller Robert, un vieillard de 75 ans, qui fut conduit à Belle-Ile ; le conseiller de Vrevin, expédié à Poitiers et le conseiller Davy de la Fautrière, conduit à Salins.

Ces arrestations, dont le bruit se répandit aussitôt dans Paris, y causèrent une vive impression et on y murmurait hautement.

Il y eut encore une députation auprès du roi, mais cette fois, c'était Louis XV qui l'appelait ; trente-six personnes la composaient ; le 17 juin, elles furent reçues par le roi qui leur dit : Je vous ai fait venir pour vous faire entendre ma volonté.

Le comte de Maurepas tira de sa poche un arrêt du conseil qu'il lut à haute voix ; cet arrêt cassait celui que le parlement avait rendu le 13.

Après sa lecture, le roi reprit la parole et s'adressant aux députés :

— Je vous avais déjà assez fait connaître mon mécontentement, dit-il, au sujet de la conduite que vous avez tenue. Soyez plus circonspects et retournez aux fonctions ordinaires de vos charges. Je veux bien encore suspendre les effets de ma colère.

Le premier président, qui était à la tête de la députation, essaya de prendre la parole.

Le roi l'interrompit en lui disant : « Retirez-vous ! »

Le vendredi 20, le parlement s'assembla ; le premier président rendit compte de la démarche faite et, aussitôt après, tout le monde se leva et s'en alla.

Chaque président ou conseiller se retira dans sa chambre respective et là, on convint d'envoyer au roi une démission générale, qui fut rédigée sur papier timbré ; tous la signèrent, à l'exception de quatre : le président de la Garde, l'abbé du Mans, M. d'Ormesson, et M. de Novion.

Cette démission était conçue très brièvement et sans phrases :

« Nous soussignés, supplions Sa Majesté de recevoir la démission des charges dont il lui a plu de nous honorer. »

Quand tout le monde eut signé, les membres des sept chambres sortirent en même temps et se joignirent dans la grand'salle, puis ils se rendirent par l'escalier de la sainte chapelle et la cour du palais chez le premier président.

« Ils marchoient deux à deux, les yeux baissés, au nombre de plus de cent cinquante, passant au milieu d'un monde infini dont le palais étoit plein. Dans leur chemin le public disoit :

« — Voilà de vrais Romains et les pères de la patrie. »

« Ceux qui ont vu cette marche, disent qu'elle avoit quelque chose d'auguste et qui saisissoit. »

Le premier président refusa de recevoir la démission collective et supplia les signataires de réfléchir.

Ceux-ci persistèrent dans leur dessein et, repassant par la cour du palais, ils remontèrent dans leurs chambres et firent porter les démissions au chancelier; elles furent envoyées en cour.

La grand'chambre était pleine de curieux; dix conseillers seulement siégeaient. Lorsque l'avocat général se leva pour parler, une clameur s'éleva de tous les coins de la salle et l'audience fut levée. Cet avocat général et le président qui s'étaient séparés de leurs collègues s'esquivèrent prudemment par une porte de derrière, craignant que la foule leur fît un mauvais parti.

Nous n'en finirions pas s'il nous fallait consigner ici toutes les péripéties de la lutte entamée entre le parlement et l'autorité royale; les magistrats avaient tout fait pour sauvegarder la dignité de leur compagnie, mais il était facile de prévoir le dénouement, et le premier président, introduit dans la chambre du roi, dont on fit sortir tous les seigneurs, prit sur lui de demander pardon au roi de la démarche du parlement et d'implorer sa clémence.

C'était tout ce que voulait Louis XV qui, le lendemain, dit aux magistrats qu'il manda :

— Je veux bien vous remettre les démissions des charges de vos confrères, pourvu qu'ils en fassent à l'avenir meilleur usage, et qu'ils n'attirent plus mon indignation. J'aime mieux pardonner que punir.

Ceux qui étaient présents furent « régalés à Versailles » et, le mardi, les membres du parlement se rendirent chez le premier président pour savoir ce qui s'était passé; il leur transmit les paroles du roi, mais ne se vanta pas d'avoir demandé pardon en leur nom.

Cependant « la queue du compliment du roi, dit Barbier, les a fait renifler. »

Quoi qu'il en soit, les démissions furent reprises et la rentrée du parlement s'effectua.

Il y avait un monde considérable au palais, mais cette fois on ne considérait plus les magistrats comme de « vrais Romains » et on en hua quelques-uns lorsqu'ils passèrent.

Le 2 septembre, le roi convoqua son parlement à Versailles afin d'y tenir un lit de justice.

Paris s'émut de ce fait, le parlement étant établi à Paris et ne pouvant être transporté à Versailles par la seule volonté du roi; aussi les magistrats durent-ils, au retour, protester contre la tenue du lit de justice.

Il n'en fallut pas plus pour ramener l'opinion publique en faveur du parlement, et le peuple applaudit des deux mains à cette mesure qui fut qualifiée d'action héroïque.

Le dimanche 7, il y eut beaucoup d'agitation dans la ville.

Le bruit se répandit que, dans la nuit, tous les mousquetaires avaient été occupés à porter des lettres de cachet à tous les présidents et conseillers des enquêtes et requêtes, par lesquelles le roi les exilait en différentes villes, avec ordre de sortir de Paris dans la journée.

Le bruit était vrai et 139 magistrats furent exilés d'un seul coup de filet.

Quant aux présidents de cour et aux conseillers de la grand'chambre, ils furent mandés dans la chambre Saint-Louis pour y exécuter les ordres du roi sous peine de désobéissance.

Or, tandis que tous ces démêlés avaient lieu, les convulsions avaient recommencé avec plus de force que jamais, et c'était dans l'église Saint-Médard qu'elles avaient lieu; il s'y faisait aussi des miracles dont on parlait partout.

Le 29 octobre 1732, une ordonnance du roi réglementa le colportage qui, à plusieurs reprises, avait été l'objet de règlements particuliers. Les colporteurs furent alternativement appelés à Paris porte-balles, coureurs, mercelots, brocanteurs. En temps de contagion, ils ne pouvaient vendre ni porter par la ville « aucunes hardes, habits, linges ni autres meubles, sur peine de la hart ». Il était défendu à toutes personnes, même aux fripiers, d'en acheter, sous peine d'amende et de punition corporelle.

Comme c'étaient les colporteurs qui faisaient le commerce des livres et « des papiers volants non-autorisés, leur état à Paris a attiré l'attention du gouvernement ». Leur nombre fut fixé et leurs noms durent être enregistrés à la chambre royale et syndicale de la librairie.

Par arrêté du conseil d'État, du 28 février 1723, « aucun ne pourra faire le métier de colporteur, s'il ne sait lire et écrire, et s'il n'a été présenté par les syndic et adjoints des libraires et imprimeurs, au lieutenant général de police. Les maîtres imprimeurs, libraires, fondeurs de caractères ou relieurs, leurs fils, compagnons et apprentifs, qui par pauvreté, infirmité d'âge ou de maladie, ne pourront exercer leur profession, seront préférés à tous autres pour être colporteurs. Tous les colporteurs seront tenus trois jours après qu'ils auront été reçus, de faire enregistrer leurs noms, leurs demeures dans le livre de la communauté, avec soumission d'y venir déclarer les maisons où ils iront loger, dans le cas de changement de domicile. »

Le nombre des colporteurs avait été fixé à 120, et on les obligea de porter une marque ou écusson de cuivre au devant de leurs habits, sur laquelle était écrit le mot colporteur, et chacun d'eux devait avoir une balle pour le transport des imprimés.

Les convulsionnaires au cimetière Saint-Médard, sous Louis XV.
D'après une gravure du temps.

Les parents, une lanterne à la main, venaient reconnaître les cadavres. (Page 167, col. 2.)

Le règlement d'octobre 1732 leur fit défense de crier dans les rues, ni d'y vendre ou débiter aucuns imprimés, « dont la permission seroit de plus ancienne date que d'un mois, sous peine d'emprisonnement et de 50 liv. d'amende ».

Il leur fut aussi défendu sous les mêmes peines, de crier, vendre ni débiter aucun ouvrage sans en avoir obtenu la permission du lieutenant général de police.

« Et leur fait Sa Majesté très expresses défenses, d'annoncer au public les différents imprimés qu'ils auront la permission de crier et débiter dans ladite ville, sous d'autres titres et dénominations que ceux mis en tête des dits imprimés, et ce sous peine d'emprisonnement et de 50 livres d'amende. »

Les colporteurs étaient tenus, sous peine de destitution, de représenter tous les ans dans le courant du mois de mars leurs plaques et leurs lettres au syndic et aux adjoints, afin qu'elles fussent vérifiées et visées de nouveau.

Le 1ᵉʳ décembre, fut célébrée la messe rouge au palais, et on compta 152 magistrats en robe rouge dans la Sainte-Chapelle ; une affluence considérable s'y était portée, on était curieux de savoir si toutes les chambres y assisteraient, l'affirmative fit supposer que les choses étaient en voie d'arrangement.

Le 29 janvier 1733, un service solennel fut célébré à Notre-Dame pour le repos de l'âme du roi de Sardaigne Victor-Amédée. L'église était ornée avec une grande magnificence. Le duc d'Orléans, le comte de Clermont et le prince de Conti étaient en manteaux de deuil et les cours souveraines assistèrent à cette cérémonie qui avait provoqué une grande affluence de personnes aux alentours de la cathédrale.

Il y avait eu aussi bon nombre de curieux à Saint-Eustache, le 21 octobre, pour voir les noces du président Molé avec la fille de Samuel Bernard ; il y eut fête à la suite dans la maison du riche financier ; il avait fait élever dans son jardin un salon en bois dont la simple décoration avait coûté 35,000 livres. La somptuosité déployée par ce traitant indisposa le public, et les chansons satiriques tombèrent sur lui et sur son gendre.

Samuel Bernard demeurait alors rue Notre-Dame des Victoires dans un bel hôtel qui se trouvait au n° 32, et le jardin où se fit la fête fut plus tard occupé par la cour des Messageries royales.

Puisque nous parlons de la rue Notre-Dame des Victoires, ajoutons que les immeubles portant les numéros 48 et 50 de cette rue furent expropriés au mois de décembre 1879, pour faire disparaître la petite rue Brongniard, une des plus courtes de Paris, qui forme le retour d'équerre de la rue Notre-Dame des Victoires. (Son nom lui fut donné en 1841, en souvenir de l'architecte du palais de la Bourse.)

Nous avons, à plusieurs reprises, entretenu nos lecteurs des faits et gestes du chevalier du guet. Le 27 janvier 1733, Choppin de Goussangré, qui était revêtu de cette fonction, étant mort, le roi par un arrêt du conseil, du 31 mars suivant, la supprima, et ordonna le remboursement de la charge aux héritiers de Choppin.

Au reste, l'organisation du guet avait subi des modifications; la ville de Paris s'étant considérablement agrandie et l'ancienne compagnie du guet étant devenue insuffisante pour la garder, Louis XIV avait érigé une compagnie d'ordonnance à sa solde; elle fut composée de 45 cavaliers dont le sieur Blondeau reçut le commandement par brevet; il passa après lui aux sieurs Duval père et fils, puis au sieur de Roquemont, chevalier de saint Louis, qui mourut en 1770 et son fils lui succéda.

Le commandant de cette compagnie fut en même temps inspecteur de la compagnie du guet en charge. Le roi établit encore en deux fois sept corps de garde d'infanterie, trois sous M. d'Argenson, successeur de M. de la Reynie, et les quatre autres sous le comte d'Argenson, aussi lieutenant de police.

Sous la prévôté de M. de Turgot, il fut établi une nouvelle compagnie d'infanterie pour la garde des quais, portes et remparts de la ville et des faubourgs de Paris, laquelle fut successivement augmentée jusqu'au nombre de 258 hommes, dont moitié montait la garde chaque jour et était divisée en 22 corps de garde, se relevant toutes les 24 heures.

Cette compagnie était sous les ordres du commandant du guet.

Après la mort de Choppin, tout le guet fut réuni sous les ordres d'un même commandant.

En 1760, le guet fut encore augmenté et se composa de la compagnie d'ordonnance du guet à cheval, forte de 170 maîtres; de celle du guet à pied, de 472 hommes; de celle des gardes des quais et remparts, de 258 hommes, ce qui faisait un effectif de 900 hommes.

Dans la même année, on établit 15 corps de garde pour le guet à cheval, chacun garni de 100 hommes pour veiller nuit et jour et ne se relever que toutes les 24 heures, et cent fantassins montaient à la chute du jour pour faire des patrouilles.

Outre ces patrouilles réglées, il y avait encore des brigadiers chargés de faire très fréquemment des patrouilles extraordinaires dans les lieux suspects; ils étaient accompagnés par des surnuméraires de la compagnie d'ordonnance, qui montaient à cet effet à pied, armés de mousquetons.

Ces trois compagnies avaient le même mot, donné par le commandant; nulle autre troupe ne pouvait aller la nuit dans la ville les armes hautes, pour y monter la garde.

Le roi soldait toute la troupe du guet et les fonds en étaient faits par le trésor royal.

Des pensions de retraite étaient accordées aux anciens cavaliers et aux sergents d'infanterie, lorsqu'ils étaient hors d'état de servir.

Les hommes étaient tous armés et équipés en guerre, ils étaient habillés : la cavalerie en bleu galonné d'or, épaulettes d'or, vestes et parements écarlates, les housses des chevaux écarlate et or, chevaux noirs à tous crins, « le tout uniforme et entretenu proprement, avec des surtouts bleu uni pour le service ordinaire ». Toutes ces troupes furent assujetties, à partir de 1750, à porter toujours l'uniforme dans leur service, de nuit comme de jour.

L'infanterie était habillée de bleu, parements rouges et boutons jaunes avec guêtres.

Les principales fonctions du guet étaient de procurer la sûreté aux habitants de Paris et de ses faubourgs, de se porter partout à la clameur publique, de conduire les délinquants par-devant les commissaires de police, et d'escorter les magistrats et officiers publics qui avaient le droit de les requérir dans les fonctions de leurs charges.

La compagnie des gardes des quais était spécialement chargée de faire exécuter les ordonnances du bureau de la ville.

Un édit du mois d'août 1771, enregistré au parlement, supprima cette compagnie et jusqu'à la révolution de 1789, la compagnie du guet de Paris fut composée de 69 archers à pied, y compris les sergents, caporaux, tambours et fifres attachés au corps du Châtelet.

Il y avait aussi attaché au guet, un commissaire des revues, un enseigne, deux exempts, deux adjudants, un chirurgien-major et un aide-major chirurgien.

En l'année 1733, la foire Saint-Clair fut très brillante; cette foire était une des moins considérables de Paris; on ne sait guère à quelle époque elle commença; mais ce qui est certain, c'est que le peuple parisien avait une très grande dévotion à la relique de saint Clair, déposée dans l'abbaye royale de Saint-Victor, et qu'une grande quantité de personnes se rendaient à l'abbaye, le jour où l'on solennisait la fête de saint Clair et pendant l'octave, qui arrive vers le milieu de juillet, ce qui engagea les marchands forains à venir s'y établir.

Aussi pendant cette époque, de nombreuses petites boutiques s'élevaient depuis les rues des Fossés-Saint-Victor et Saint-Bernard, le long de la rue Saint-Victor jusqu'à celle du Jardin-Royal (Cette rue fut d'abord une partie de la rue Saint-Victor qui n'allait primitivement que de la rue de Bièvre à la rue des Fossés-Saint-Bernard ; la partie qui passait devant le jardin du roi s'appelait rue du Faubourg-Saint-Victor ou rue du Jardin-du-Roi, puis rue du Jardin-Royal ; c'est aujourd'hui la rue Geoffroy-Saint-Hilaire), et toute la place de la tour d'Alexandre et de la Pitié. Cette foire durait huit jours pleins.

Il y eut encore grande affluence de monde, le 23 décembre 1733, à l'église métropolitaine ; on y chanta un *Te Deum* par ordre du roi pour rendre grâce à Dieu des victoires aussi nombreuses que rapides, que ses troupes avaient remportées sur celles de l'empereur d'Allemagne.

Toutes les cours souveraines y assistèrent et la place du parvis était littéralement couverte de gens de toutes classes. Ce fut en cette année 1733 (le 15 juin) qu'on démolit la porte Saint-Honoré, bâtie en 1634, au bout de la rue Saint-Honoré.

Cette porte était construite en pierres de taille, en forme de pavillon couvert en ardoises, comme celle de la Conférence, démolie en 1730.

Le 23 février 1734, eut lieu, dans l'église des Grands-Augustins l'ouverture de l'assemblée générale du clergé de France, à laquelle les prélats et les autres députés assistèrent ; elle élit pour président les archevêques de Paris et de Vienne, avec les évêques de Chalon-sur-Saône et de Vabres, l'abbé de Brissac pour secrétaire, l'abbé de Chabannes pour promoteur, et choisit pour premier président le cardinal de Fleury.

Le 24, les députés allèrent à Marly présenter leurs respects au roi, et, le 27, les commissaires du roi, qui étaient Fagon, le comte de Maurepas, Courson, d'Ormesson et Orry, vinrent à l'assemblée générale, où ils furent reçus avec le cérémonial accoutumé, et ils demandèrent aux députés, au nom du roi, un secours de 12 millions de livres, qui fut immédiatement accordé.

Le roi faisait la guerre et il avait besoin d'argent !

Cette assemblée prit fin au mois de mars ; le 19, ses membres allèrent prendre congé du roi à Versailles et chaque député s'en retourna dans sa province ; un arrêt du conseil, du 23 mars, approuva et confirma toutes les délibérations qui y avaient été prises.

La guerre qu'on soutenait contre l'Allemagne et l'Italie suscitant de grands frais, l'ordre du Saint-Esprit fit présent d'un million au roi.

Un arrêt du 9 février ordonna qu'à l'avenir, et à commencer du 1er décembre 1734, il serait procédé chaque année, du 1er au 10 de ce mois, à l'élection des nouveaux gardes jurés des fabricants et des marchands de Paris.

Le plan de Paris de La Caille (1714) indique l'existence de la Morgue du Châtelet ; elle existait dans la cour du grand Châtelet ; c'était une salle basse, près du vestibule du principal escalier, à côté se trouvait, dans une petite cour, un puits dont les eaux servaient à laver les corps. Ce soin était confié aux filles hospitalières de Sainte-Catherine.

Cette basse geôle était un réduit infect, où les cadavres, jetés les uns sur les autres, attendaient que les parents, une lanterne à la main, vinssent les y reconnaître.

Or, un jour de mars 1734, il y avait grande affluence de visiteurs pour voir réunis là quinze ou seize petits enfants morts, dont le plus âgé avait trois ans.

Les suppositions allaient leur train ; l'indignation et l'effroi se peignaient sur le visage des gens qui se demandaient à quel crime il fallait attribuer cette agglomération de petits cadavres.

Cependant, le fait s'éclaircit bientôt, et l'on apprit que le célèbre anatomiste Joseph Hunault était cause de tout ce scandale ; il avait, dans le but de se livrer à des expériences, réuni chez un chirurgien, de ses amis, tous ces petits corps ; les habitants du voisinage, effrayés, s'étaient plaints à un officier de police qui avait fait enlever et transporter à la Morgue ces enfants destinés d'abord à la dissection.

Le 6 mai, on renouvela un ancien usage interrompu depuis assez longtemps. La ville de Paris ayant obtenu du roi la permission de présenter au dauphin ses premières armes, le corps de ville en robes de cérémonie, se rendit ce jour-là à Versailles, ayant le duc de Gesvres, gouverneur de Paris, à sa tête ; il fut conduit, suivant le cérémonial accoutumé, à l'audience du dauphin, et présenta à ce prince une épée, un fusil et deux pistolets d'un travail exquis.

Le prévôt des marchands Turgot accompagna ce présent d'un compliment de sa façon, et le dauphin voulut bien remercier la ville des armes qu'elle lui offrait.

Au mois d'août, le roi créa de nouvelles rentes viagères sous forme de tontine, par un édit qui fut enregistré au parlement ; il fut vendu et aliéné au prévôt des marchands et aux échevins de la ville de Paris 1,463,000 livres effectives de rentes viagères, à prendre sur le produit des gabelles et des cinq grosses fermes ; chaque action était de 300 livres et les intérêts étaient payés selon l'âge des souscripteurs d'actions.

Les convulsionnaires continuaient à peupler la Bastille ; cent cinquante environ, qui y avaient été incarcérés depuis 1732, furent l'objet de poursuites ; mais on finit par abuser du prétexte des convulsions pour envoyer en prison nombre de gens dont on voulait se défaire, et même d'autres absolument inoffensifs, tels que la dame Marie-Jeanne Lelièvre : cette malheureuse femme qui était épileptique, passant un jour dans la rue Saint-Honoré, eut une attaque de son terrible mal ; il n'en fallut pas plus pour qu'on la considérât comme convulsionnaire et qu'on l'envoyât à la Bastille ; on n'en entendit plus parler.

Les gens de justice étaient sévères pour les libraires et les imprimeurs qui vendaient ou qui imprimaient des livres prohibés ; nous trouvons un arrêt du parlement, du 31 décembre 1734, qui contient de curieux renseignements à cet égard :

« Ce jour, les gens du roy sont entrez et maître Pierre Gilbert de Voisins, avocat dudit seigneur roy, portant la parole, a dit : que sous le titre frivole d'un roman qui se distribue clandestinement dans le public, ils ont été surpris de trouver un monstre d'impiété, digne du châtiment le plus sévère. Qu'une allégorie trop grossière pour être équivoque, quand la clef qui l'accompagne n'acheveroit pas d'en manifester l'horreur et le crime, y tend le dessein formé à détruire tout principe, tout esprit, tout sentiment de religion et porte l'énormité du blasphème jusques sur nos mystères les plus saints, et jusques sur nos véritez les plus adorables. Qu'à la vûe d'un tel excès de scandale, ils ont cru devoir le déférer sur-le-champ à la cour, persuadez qu'il ne peut être trop tôt expié par l'autorité publique. Que par les conclusions, ils ne lui proposent point de qualifications contre un ouvrage dont l'atrocité surpasse toutes celles que l'on pourroit employer, et qu'ils sont forcez d'avouer qu'ils n'en ont pû trouver d'assez capables d'exprimer la juste horreur dont on se sent saisi à sa lecture.

« Eux retirez :

« Lecture a été faite, par Me Louis de Vienne, conseiller, des principaux endroits dudit livre ou libelle apporté par les gens du roy, intitulé *les princesses Malabares* ou *le célibat philosophique* ouvrage intéressant et curieux, etc.

« La cour, faisant droit sur les conclusions du procureur général du roy, ordonne que ledit livre sera lacéré et brûlé par l'exécuteur de la haute justice, en la place publique du Palais ; fait très expresses inhibitions et défenses à tous libraires, imprimeurs, colporteurs et tous autres, de l'imprimer, vendre ou exposer en vente, etc.

« Et le mardi, quatrième jour de janvier 1735, à l'heure de onze heures, en exécution de l'arrêt ci-dessus, ledit livre a été lacéré et jetté au feu au bas du grand escalier du palais, par l'exécuteur de la haute justice, en présence de nous Louis Dufranc écuyer, l'un des trois premiers et principaux commis pour la grand' chambre, assisté de deux huissiers de ladite cour, signé Dufranc. »

On voit que « les gens du roy » ne plaisantaient pas quand il s'agissait de livres politiques ou religieux, mais, par contre, les livres obscènes pullulaient ; on mettait bien de temps à autre à la Bastille quelques colporteurs de ces honteux produits d'une littérature de ruelles et de mauvais lieux, mais ces volumes dont on ne sauroit se permettre d'écrire même les titres, se trouvaient partout, et jamais, à aucune époque, ils ne furent plus nombreux.

Le 21 décembre 1734, avait été célébré à Notre-Dame un service solennel pour le repos de l'âme de tous les officiers et soldats qui avaient été tués sur les champs de bataille pendant le cours de l'année ; le 27 janvier 1735, on en célébra un dans l'église de Saint-Sulpice en l'honneur du maréchal de Villars ; on avait élevé dans la nef un magnifique catafalque cantonné de palmiers, auxquels étaient suspendus des trophées. Cette cérémonie attira un grand nombre de personnes dans l'église.

Le 1ᵉʳ février, le recteur de l'Université de Paris, accompagné des doyens de facultés et des procureurs des nations, allèrent à Versailles, conformément à un ancien usage, à l'effet de présenter un cierge au roi, à la reine et au dauphin.

Le roi ayant été informé qu'il y avait un grand nombre de causes pendantes à l'audience de la grand' chambre du parlement de Paris, qui n'avaient pu être expédiées pendant le cours de l'année précédente, autorisa la formation d'une chambre de tournelle civile qui pût connaître des procès civils et fût compétente jusqu'à 3,000 livres de principal ; cette chambre fut établie par une déclaration du 12 janvier ; elle fut composée de deux présidents à mortier, de six conseillers de la grand' chambre, et de quatre conseillers de chacune des chambres des enquêtes.

Elle tenait ses séances dans la chambre de Saint-Louis, quatre fois par semaine, et rendit de grands services aux Parisiens, dont les procès restaient pendant si longtemps que les plaideurs désespéraient de les voir jamais se terminer.

En raison des frais excessifs nécessités par les guerres, les impôts avaient été augmentés d'un dixième et le roi accepta, le 15 février, les offres qui lui furent faites par le prévôt des marchands et les échevins ; elles consistaient en ce que la ville de Paris s'engageait à payer 100,000 livres au trésor royal pour l'année précédente et pareille somme pour chaque année, tant que le dixième serait perçu, moyennant quoi ses revenus patrimoniaux, domaines, octrois, et autres qui lui appartenaient seraient totalement déchargés de l'exécution de la déclaration relative à l'augmentation, à l'exception néanmoins des maisons, échoppes, chantiers, places et autres parties employées dans les rôles du dixième, arrêtés en 1734 pour la ville de Paris et qui continueraient d'y être compris.

Malgré la chasse faite aux distributeurs de

Le roi sortit du bal sans que l'on sût qu'il y était venu. (Page 171, col. 2.)

belles et d'écrits jansénistes, leur nombre augmentait sans cesse et on les distribuait dans les promenades publiques, aux portes des théâtres, dans les cafés, et même à la porte des églises ; le lieutenant de police ne savait quelle mesure prendre pour empêcher cette propagande, qui lui était vivement reprochée à la cour, et de nouvelles défenses furent publiées, contenant indication pour les contrevenants des peines qu'ils encouraient. Cela n'empêcha pas les pamphlets et les écrits satiriques de se répandre, et, quelques jours plus tard, on arrêta un sieur Henri Pillière et quelques autres qui furent condamnés à deux heures de carcan pour en avoir distribué ; cependant, on leur offrit des lettres de grâce sous certaines conditions, mais ils les refusèrent « en disant qu'ils ne pouvoient se repentir d'avoir bien

fait ». Une femme, Thérèse Dubreuil, fut envoyée à la Bastille pour avoir été trouvée dans une imprimerie clandestine ; le chevalier Despréaux y fut aussi incarcéré « pour libelles contre Chauvelin, Orry, Fagon et Rouillé » ; Christophe et Nicolas Richard, qui écrivirent des mémoires contre M. de Maurepas, furent aussi envoyés à la Bastille, et les abbés, qui n'étaient pas les derniers à se servir de la plume pour attaquer la Constitution, fournirent aussi leur contingent de prisonniers : les abbés Perré et Langevin furent pris le même jour et incarcérés ; jusqu'à un conseiller au parlement de Paris, Carré de Montgeron qui, s'étant avisé de présenter au roi un livre intitulé *la vérité des miracles de M. Pâris*, reçut en échange de cette offre une lettre de cachet pour la Bastille.

Nous trouvons, à la date du 21 juin, un arrêt

du parlement assez curieux : le 25 janvier 1734, deux personnes s'étaient mariées à la paroisse Saint-Médard, bien qu'elles demeurassent sur une autre paroisse, et quatre témoins avaient certifié le faux domicile pris par leurs signatures ; de plus, la belle-mère de la mariée avait pris un nom qui n'était pas le sien ; toutes ces irrégularités se découvrirent, et, par arrêt du 21 juin, le parlement condamna les mariés, la belle-mère et les témoins, à faire amende honorable au parc civil pendant le temps de l'audience (on appelait parc civil le parquet du Châtelet), à genoux, nu-pieds, en chemise, la corde au cou et tenant chacun en leurs mains une torche ardente de cire jaune du poids de deux livres ; de plus, le marié et les quatre témoins furent condamnés à être conduits aux galères pendant trois ans après avoir été marqués d'un fer chaud formant les lettres GAL. sur l'épaule droite ; quant à la mariée et à sa belle-mère, elles furent bannies pour neuf ans de la ville, prévôté et vicomté de Paris.

Au mois de juin, le parlement enregistra une déclaration du roi, en date du 10 mai, qui permettait à la communauté des cent vingt officiers contrôleurs et visiteurs des vins et eaux-de-vie à Paris « d'emprunter les deniers nécessaires au payement de la somme qui restait à fournir pour la réunion de ces offices jusqu'à concurrence de 23 millions 684,000 livres. »

A propos de corporations, disons que les bouquetières de Paris avaient formé un corps de communauté dont les statuts avaient été enregistrés au parlement en 1677 et les qualifiaient de maîtresses bouquetières et marchandes chapelières en fleurs.

Elles avaient seules le droit d'assortir et vendre toutes sortes de fleurs naturelles pour baptêmes, mariages et enterrements de jeunes enfants. Elles étaient obligées d'employer des fleurs nouvellement cueillies et ne devaient pas se servir de fleurs d'acacias.

Par arrêt du 25 juillet 1735, il fut fait très expresses inhibitions et défenses à toutes personnes qui n'étaient pas reçues maîtresses bouquetières, de vendre, débiter et colporter aucunes fleurs ni bouquets dans aucuns des lieux de la ville et faubourgs de Paris, à peine de 500 livres d'amende et de confiscation.

Il fut pareillement fait défenses à tous marchands faïenciers, confiseurs et « autres personnes sans qualité » de faire des bouquets, soit de fleurs naturelles ou artificielles à peine de l'amende et confiscation ci-dessus.

« Il se commet cependant tous les jours, lisons-nous dans un ouvrage du temps, des contraventions au préjudice de ces règlemens par un grand nombre de femmes et filles qui portent sur des éventaires des fleurs de toutes les saisons, qu'elles vendent ou débitent par bottes et paquets propres à mettre dans des pots, bocals, etc., fondées, à ce qu'elles prétendent, sur ce que ces fleurs ne formant point de bouquets façonnés, elles peuvent les débiter ainsi. »

L'apprentissage des bouquetières était de quatre années et deux ans de service chez les maîtresses, dont le brevet coûtait 30 livres et la maîtrise 500. Les bouquetières ne pouvaient prendre deux apprenties à la fois. Leur patron était saint Fiacre.

Ajoutons que c'était surtout sur le Pont-Neuf, auprès du cheval de bronze, que les bouquetières se tenaient avec un éventaire bien garni.

« Elles venaient, dit M. Édouard Fournier, de la rue de la Bouqueterie, près de Saint-Julien-le-Pauvre, où se trouvait le siège de leur corporation. Si elles étaient de celles qui aux fleurs ordinaires, violettes ou roses, mêlaient des fleurs plus rares, elles arrivaient de la rue de l'Arbre-Sec, où elles avaient fait leur fourniture dans le jardin des frères Provençaux dont le nom est resté à l'impasse qu'ils habitaient et chez lesquels seulement se trouvaient alors le oignons des plus belles tulipes, les tubéreuses, les hyacinthes orientales, les narcisses de Constantinople, les asphodèles, martagons, pomplions et autres fleurs rares...

« L'odorant étalage n'avait pas assez des banquettes du pont. Il déborda jusque sur le quai de la Ferraille, où dès lors se tint chaque semaine, le mercredi et le samedi, un marché de fleurs et d'arbustes. »

Lorsque quelque grand personnage arrivait à Paris, il recevait la visite des bouquetières du Pont-Neuf, qui s'empressaient d'aller lui offrir un bouquet, et naturellement il était d'usage que l'étranger fît un cadeau en argent à celles qui venaient ainsi parfumer sa bienvenue.

Ce fut en 1735 que l'on acheva de démolir les maisons qui étaient bâties le long de la rivière, depuis la boucherie exclusivement, jusqu'à l'extrémité du Marché-Neuf ; la ville fit construire à la place de ces maisons un mur de parapet, ainsi que l'avaient ordonné les lettres patentes du roi, du 9 septembre 1734, et, pour s'indemniser de cette dépense, la ville fut autorisée à percevoir à son profit le péage du pont Rouge.

Un règlement concernant la grande voirie fut fait par les trésoriers de France de la généralité de Paris, le 8 juillet 1735 ; il spécifiait que les édits, déclarations, arrêts et règlemens antérieurs concernant la voirie seraient exécutés selon leur forme et teneur et, en conséquence, faisait défense aux propriétaires et locataires des maisons de Paris, ainsi qu'à tous constructeurs et ouvriers de bâtiments, de rien construire ou reconstruire sans avoir obtenu les permissions nécessaires.

Ce fut seulement le 16 janvier 1728, que l'on plaça les premières inscriptions dénominatrices des rues au coin de chacune d'elles ; les noms en furent écrits en gros caractères noirs sur des feuilles de fer blanc. Mais au fur et à mesure qu'on rebâtit les maisons sur lesquelles se trouvaient ces inscriptions, on les grava sur la pierre, à partir de 1735. Ce fut aussi vers la même époque, que se généralisa l'usage de numéroter les maisons, qui jusqu'alors étaient désignées, soit par leur voisinage d'une enseigne ou d'un monument, et on voit encore sur nombre d'adresses antérieures au règne de Louis XV, cette indication : rue N... proche l'église X... ou proche le marché X...

Mais le numérotage qui s'opéra se fit par quartier, avec une seule série de numéros, ce qui occasionnait souvent des confusions fâcheuses ; aussi les marchands continuèrent-ils à donner leur adresse en ayant soin d'indiquer l'enseigne de leur maison sans parler du numéro.

Il en fut ainsi jusqu'au décret du 15 pluviôse an XIII, qui renfermait ces dispositions : « Ce numérotage sera établi par une même suite de numéros pour la même rue ; lors même qu'elle dépendrait de plusieurs arrondissements communaux, et par un seul numéro qui sera placé sur la porte de l'habitation. Ce numéro pourra être répété sur les autres portes de la maison, lorsqu'elles s'ouvriront sur la même rue que la porte principale ; dans le cas où elles s'ouvriraient sur une rue différente, elles prendront le numéro de la série appartenant à cette rue. La série des numéros sera formée des nombres pairs pour le côté droit de la rue et des nombres impairs pour le côté gauche. Le côté droit d'une rue sera déterminé, dans les rues perpendiculaires ou obliques au cours de la Seine, par la droite du passant s'éloignant de la rivière et, dans celles parallèles, par la droite du passant marchant dans le sens du cours de la rivière...

« Dans les rues perpendiculaires ou obliques au cours de la rivière, le numérotage sera exécuté *en noir sur un fond d'ocre* ; dans les rues parallèles, il le sera en rouge sur le même fond.

« Le numérotage sera exécuté à l'huile et, pour la première fois, à la charge de la commune de Paris. »

Le décret de l'an XIII est encore en vigueur ; toutefois celles de ses dispositions concernant les couleurs du numérotage ont été modifiées dans l'opération du renouvellement qui a eu lieu en vertu d'un arrêté préfectoral du 28 juin 1847. L'édilité parisienne a adopté, pour toutes les rues sans distinction, des plaques bleues en porcelaine émaillée sur lesquelles les chiffres sont inscrits en blanc ; ces plaques sont posées ordinairement au-dessus du pied droit de droite de la principale porte d'entrée de chaque maison.

Ce système de numérotage est excellent pour les cochers et les gens à cheval ; mais la brune venue, les piétons font des efforts inimaginables pour voir ces fameux numéros placés à une hauteur à laquelle l'œil perçoit difficilement.

Depuis quelques années, les propriétaires des maisons situées dans les quartiers riches ont imaginé de faire poser, outre le numéro imposé par l'administration et qui ne sert à rien, de petits numéros aussi sur plaque en porcelaine émaillée, à hauteur d'homme et placés immédiatement au-dessus de la sonnette, de façon qu'un enfant même peut lire le numéro sans effort.

Toutefois ce second numérotage n'existe, nous le répétons, que dans les grands quartiers de Paris. L'administration, qui reçoit journellement des plaintes sur l'insuffisance du numérotage des maisons, a cherché toutes les combinaisons possibles pour mettre les numéros des maisons plus en vue ; il a même été question de les éclairer la nuit et cette mesure qui nécessiterait de grands frais, a même reçu un commencement d'exécution sur la place de l'hôtel de ville et dans l'avenue Victoria : il n'est venu à la pensée de personne de baisser tout simplement les numéros ! et longtemps encore il faudra risquer de prendre un torticolis pour découvrir un numéro perché à plusieurs mètres au-dessus du sol.

Depuis que Louis XIV avait fait rebâtir le palais de Versailles, qu'il en avait fait sa demeure habituelle et que Louis XV l'imita, Paris avait perdu tout le grand mouvement de la cour et le roi ne faisait que de courtes apparitions dans sa capitale ; il y vint pendant le carnaval de 1737, mais incognito et nous trouvons dans le *Journal de Barbier*, le récit de cette escapade : « Lundi gras (4 mars), dit-il, le roi est venu au bal de l'Opéra incognito, lui neuvième. Il avoit soupé à Versailles avec plusieurs seigneurs. Un des seigneurs avoit acheté neuf dominos. Le roi avoit une robe bleue avec un domino couleur de rose. Ils descendirent de la grande calèche dans la rue Saint-Nicaise. Il n'y avoit que trois ou quatre hommes à cheval en redingote. Le roi et les autres vinrent à pied depuis la rue Saint-Nicaise jusqu'à l'Opéra, et, comme ils n'avoient pris par inattention que sept billets et qu'ils étoient neuf, on les arrêta à la porte et ils donnèrent deux écus de six francs pour entrer tous ensemble. Le roi fut plus d'une heure et demie sans être reconnu de personne. Mlle de Charolois le reconnut parceque quelque jeune seigneur lui en fit apparemment la confidence par galanterie. Il se divertit beaucoup. Il fut bien poussé et ils s'en retournèrent à pied chez M. le Premier (le premier écuyer) au Carrousel, où étoient les équipages et où ils se déshabillèrent. On ne sut dans le bal que le roi y étoit venu que sur les six heures du matin, plus de deux heures après qu'il en fut sorti. Il fut éclairé par un de ces savoyards qui sont à la porte avec des bouts de flambeaux. Il se fit de même décrotter à la porte de M. le Premier, et il lui donna un écu de six livres. »

Dans la nuit du jeudi au vendredi 2 août 1737,

le feu prit à l'Hôtel-Dieu, dans la boulangerie et la lingerie; Barbier rapporte que le feu s'était déclaré vers neuf heures du soir, le jeudi, et que les religieuses ayant compté l'éteindre par le grand nombre de domestiques dont elles disposaient et de gens attachés à la maison, et par la facilité qu'elles avaient de se procurer de l'eau, elles avaient fermé les portes de l'hôpital, ce qui fit que l'incendie, concentré à son début, éclata bientôt avec violence, et qu'à minuit, les bâtiments du côté de l'archevêché et du Pont au Double s'embrasèrent de façon à épouvanter tout le quartier.

On courut au secours.

La désolation était générale dans toutes les salles; le guet arriva le premier et, peu de temps après, le premier président, le procureur général, le lieutenant de police et tous les autres magistrats accoururent sur le lieu du sinistre.

Les soldats furent commandés pour travailler à éteindre le feu, et les religieux mendiants ne tardèrent pas à venir joindre leurs efforts aux leurs.

Tous les malades qui pouvaient marcher s'étaient sauvés et réfugiés, les uns dans l'église Notre-Dame, les autres dans les rues, et on en transporta autant qu'on put dans des charrettes pour les mener à l'hôpital Saint-Louis.

Le premier président commença par sauver la caisse de la maison, en emportant l'argent chez lui.

« Il y a eu des femmes qui ont accouché dans les rues; tous les petits enfants nouveau-nés ont été étouffés par la fumée. Le feu a continué avec violence jusqu'à midi vendredi, malgré le grand secours, car on arrêtoit encore dans les rues tous les hommes en état de travailler. On a été obligé de découvrir trois salles et de jeter dans l'eau la charpente dans laquelle le feu avoit gagné successivement. Il y a eu deux religieuses perdues, péries apparemment sous les ruines, quelques moines, sept ou huit soldats ou autres écrasés par un plancher qui a fondu, et trente à quarante hommes blessés. Ce n'est que le samedi matin qu'on a été absolument sûr qu'il n'y avoit plus rien à craindre. M. l'archevêque de Paris a fait ramasser ce que l'on a pu trouver de bouillon dans le quartier, et il a donné à dîner aux religieuses.

« Le public souhaiteroit fort que cet accident donnât lieu à ôter l'Hôtel-Dieu du milieu de Paris pour le transporter dans l'Ile Maquerelle, au-dessus des Invalides, attendu que la quantité d'ordures qui sortent de cet hôpital, par une lessive continuelle, doit corrompre l'eau que l'on puise au-dessous pour boire dans tout Paris. »

Les Parisiens devaient attendre encore plus d'un siècle avant qu'on songeât à transporter l'Hôtel-Dieu, non à la place indiquée par Barbier, mais à côté de l'emplacement qu'il occupait.

M. Armand Husson, dans son étude sur les hôpitaux, rapportant cet incendie, s'exprime ainsi :

« Le feu qui s'était déclaré dans le grenier aux chiffons, régnant depuis la salle Saint-Denis jusqu'au Pont au Double, détruisit les étages supérieurs de la partie de l'hôpital située entre le carré Saint-Denis et l'archevêché; il ne fut complètement éteint qu'au bout de trois jours et consuma des approvisionnements considérables en linge et en denrées. »

Ce fut à la suite de cet incendie que, l'année suivante, les administrateurs de l'Hôtel-Dieu, représentant au prévôt des marchands et aux échevins que, nonobstant l'augmentation des bâtiments, de salles et de lits, les malades qui se multipliaient, au fur et à mesure que le nombre des habitants de Paris et la misère augmentaient, étaient trop pressés et trop à l'étroit, ce qui demandait un nouvel accroissement de bâtiments, de salles et de lits, obtinrent, en vue d'un nouvel agrandissement de l'Hôtel-Dieu, la concession d'un terrain vague situé depuis le Pont au Double jusqu'à l'abreuvoir « étant à l'extrémité de la rue de la Bûcherie et de la place Maubert, sur le bord de l'eau, vis-à-vis le jardin de l'archevêché ».

Le nouvel emplacement fut provisoirement transformé en promenoir; car les constructions que les administrateurs de l'Hôtel-Dieu avaient projeté d'y élever durent être ajournés par suite des dégâts et des dépenses qu'occasionna l'incendie à l'administration de cet établissement.

Il paraît que ce n'était pas assez du diacre Pâris pour tourner les têtes faibles, on faillit en avoir un second en la personne de M. Pâris conseiller à la première chambre des enquêtes, frère du diacre, qui, mort le 16 août 1737, fut enterré le 17 dans l'église Saint-Gervais, sa paroisse.

« C'étoit un homme fort sage, qui ne prenoit point de parti violent dans les assemblées, mais qui vivoit très saintement, portoit le cilice et qui n'est mort que par épuisement d'austérités. »

Il y eut à son enterrement une foule considérable; il avait demandé à être inhumé dans le cimetière, mais le lieutenant de police Hérault donna l'ordre de l'enterrer dans l'église, pour éviter les scandales du cimetière Saint-Médard.

Cependant il y eut grand concours de visiteurs à l'endroit où il fut enterré; on prit de la terre, on coupa la planche sur laquelle le corps avait été posé et on s'en partagea les morceaux; mais, grâce à la sévérité des mesures prises par le lieutenant de police, cela n'alla pas plus loin.

Le lendemain, 18 août, se fit l'ouverture, dans l'un des salons du Louvre, de la première exposition de peinture et de sculpture des artistes vivants, membres de l'Académie royale de peinture. Cette exposition fut organisée par les soins de M. Orry, contrôleur général des finances, comme directeur général des bâtiments. Elle ferma le 1er septembre.

Les ouvrages exposés étaient fort peu nom-

La Cour des Comptes, cour de la Sainte-Chapelle, sous Louis XV.

Mme Detours s'était saisie d'un couteau de cuisine pour se défendre. (Page 176, col. 2.)

breux, car ils ne s'élevaient pas à plus de 220.

D'abord l'exposition fut annuelle, mais en 1745, on arrêta qu'elle n'aurait lieu que tous les deux ans. Cet ordre de choses se soutint jusqu'à la révolution de 1789.

Déjà, en 1673, une tentative d'exposition avait eu lieu dans la cour du Palais-Royal. Des tableaux garantis par quelques auvents avaient été placés le long des murs, et notamment de celui d'une maison de la rue Richelieu. A cette exposition figurèrent *la Défaite de Porus*, *le Passage du Granique*, *la Bataille d'Arbelles* et le *Triomphe d'Alexandre* par Charles Lebrun. On y remarquait aussi des tableaux de Van der Meulen, de Baptiste, de Mlle Chéron, de Francisque Milet et de Philippe de Champaigne

Mais les expositions régulières ne datent réellement que de celle de 1737.

Un nouvel incendie effraya Paris :

Le 27 octobre, entre deux et trois heures du matin, on s'aperçut que le feu dévorait le corps de bâtiment occupé par la chambre des comptes dans l'enceinte du palais de justice, et qui se trouvait en face de la Sainte-Chapelle. C'était Louis XII qui l'avait fait construire en 1504 : la façade de ce bâtiment était très chargée de sculptures et d'ornements gothiques. Les arcades qui bordaient le grand escalier étaient fort admirées, ainsi que cinq statues de grandeur naturelle posées dans des niches et représentant Louis XII et les quatre vertus cardinales.

Au haut du grand escalier se trouvait un porc-épic portant les armes de France accolées de deux cerfs-volants.

Tout cela était fort menacé par les flammes; en moins de deux heures, il y eut un embrasement général. C'était le jour de la Saint-Simon, et ce jour là, selon la coutume, les magistrats prenaient vacance.

Le concierge et les gens qui habitaient le palais de justice furent saisis d'effroi, les portes du palais étaient fermées; il fallut envoyer à Madrid, au bois de Boulogne, pour prévenir le premier président, et à Fleury Merongis près Corbeil, où se trouvait M. Joly de Fleury, procureur général.

Pendant ce temps il faisait froid et grand vent; l'incendie prenait des proportions inquiétantes.

Enfin, le lieutenant de police Hérault arriva, il fit appeler en toute hâte le guet, les pompiers et les religieux mendiants et bientôt les secours s'organisèrent.

Quant aux gardes suisses et françaises, il fallut s'en passer, le procureur général, seul, ayant le droit de les requérir.

On s'aperçut bientôt qu'il était impossible d'empêcher le bâtiment principal d'être consumé et on ne songea qu'à préserver l'hôtel du premier président et les autres bâtiments du palais.

« Quoiqu'il en soit, lisons-nous dans Barbier, à près de six heures, quand tout le monde a été rassemblé, la plus grande partie des titres et des papiers étoient brûlés et il tomboit des paquets en feu et à moitié brûlés jusque dans la rue Montmartre et dans le jardin du Palais-Royal, qui étoient enlevés et poussés par le vent. Ce feu et cet embrasement ont duré dimanche et lundi. Tous les bois de charpente sont de châtaignier; cela est très ancien et très sec ; en sorte que la plus grande partie des bâtiments qui sont du côté de l'hôtel de M. le premier président sont tombés et écroulés sur les fondements. Il y a eu nombre d'ouvriers, de soldats et de moines blessés et quelques-uns écrasés.

« Le feu a été éteint au bout de trois jours par la grande quantité d'eau qu'on a jetée par le moyen des pompes dans les caves et sur les toits. Messieurs de la chambre des comptes se plaignent de M. Hérault qui, le premier jour, employoit les deux tiers des pompes à empêcher la communication du feu chez M. le premier président où il n'étoit question que de murs et de bâtiments, au lieu de songer entièrement aux bâtiments de la chambre à cause des papiers et pour donner le temps de les faire sortir ; au lieu que c'a été une confusion épouvantable, indépendamment de tous les titres qui ont été brûlés entièrement ou à moitié. La grande chaleur du feu a fait retirer si fortement des registres de parchemin, qu'il ne sera plus possible d'en faire usage.

« Le public n'a pas laissé que de faire plusieurs raisonnements sur ce feu. Les jansénistes ont fait courir le bruit que c'étoit une punition du ciel. On pourroit croire aussi bien que ce feu a été mis secrètement par quelque janséniste qui a eu accès dans la chambre des comptes, et le feu qui a pris à l'Hôtel-Dieu a été de même. »

Et Barbier déduit les raisons qui peuvent motiver en faveur de l'accusation dirigée contre les jansénistes; à toutes les époques, les partis extrêmes n'ont jamais reculé devant les accusations les plus odieuses. La politique et la religion sont coutumières du fait.

Barbier ne craint pas même de risquer une insinuation plus que malveillante : « M. Arouet, dit-il, (Armand Arouet, frère de Voltaire,) receveur des épices de la chambre des comptes, demeure dans l'emplacement de la chambre. Il est grand janséniste ; il est très honnête homme ; mais cela ne fréquente que des jansénistes ; et il y a tel prêtre qu'il regarde comme un saint, et qui est un cerveau brûlé, capable d'une telle méchanceté. Pour moi, j'aurois fait arrêter tous ceux qui demeurent et logent dans l'enceinte de la chambre, buvetiers, concierge, domestiques et autres, et j'aurois su tous ceux qui seroient entrés la veille du feu dans l'intérieur. »

La ville, c'est-à-dire le prévôt des marchands et les échevins, firent tendre sur la place Royale des tentes, et on y transporta tous les registres et titres qu'on avait pu sauver de l'incendie.

Celle du milieu fut consacrée aux papiers les moins endommagés.

Deux maîtres des comptes, deux auditeurs et deux procureurs qui se relevaient toutes les heures, travaillèrent pendant toute une journée à débrouiller cet amas de papiers mouillés, noircis, et de registres en parchemin.

Tous ceux qui furent encore lisibles furent portés, partie aux Jacobins de la rue Saint-Jacques, et partie aux Grands-Augustins, où la chambre des comptes tint ses séances, en attendant que l'on eût reconstruit un nouveau bâtiment qui fut totalement achevé en 1740, et la chambre des comptes y reprit ses séances le 3 mai.

Les chambres du rez-de-chaussée du nouveau bâtiment furent voûtées de façon à prévenir les accidents du feu ; l'édifice fut élevé sur les dessins de l'architecte Gabriel, et sous la conduite d'Aubri et Carpentier qui les firent exécuter, le premier comme contrôleur et le second comme inspecteur. Deux statues d'Adam l'aîné, représentant la Justice et la Prudence, furent placées sur le portail. L'hôtel de la cour des comptes devint plus tard (en 1842) la résidence du préfet de police. Il fut incendié, en 1871.

Les officiers de la chambre des comptes portèrent longtemps de grands ciseaux à leur ceinture, pour indiquer le pouvoir qu'ils avaient de rogner et de retrancher les mauvais emplois, dans les comptes qui étaient soumis à leur examen.

Ils jouirent jusqu'à la révolution de 1789 de privilèges et de prérogatives considérables ; ils acquéraient la noblesse au premier degré et avaient le titre et les droits de commensaux de la maison du roi; ils étaient exempts de droits seigneuriaux et de toutes les charges publiques.

Ils étaient divisés en plusieurs ordres. Il y avait un premier président, douze présidents, soixante-dix-huit maîtres, trente-huit correcteurs, quatre-vingt-deux auditeurs, un avocat et un procureur général, deux greffiers en chef, un commis au plumitif, deux commis du greffe, trois contrôleurs du greffe, un payeur des gages, trois contrôleurs des offices, un premier huissier, un contrôleur des rentes, un garde des livres, vingt-neuf procureurs et trente huissiers. Le premier président était en même temps chargé de la garde du grand trésor de la Sainte-Chapelle et s'intitulait conseiller du roi en tous ses conseils d'État et privé. Il était compris au nombre de ceux qui recevaient des droits d'écurie et de deuil dans les états de la maison du roi; il drapait lorsque le roi prenait le grand deuil, et c'était le seul des premiers présidents de cours souveraines qui jouît de cette distinction.

Il y avait en outre une chambre du conseil-lez-la chambre des comptes, qui était une chambre particulière dans l'enceinte de la chambre des comptes de Paris. Elle servait à juger les révisions et autres affaires que le roi y envoyait.

La chambre des comptes fut supprimée le 29 septembre 1791, par un décret qui chargea l'Assemblée législative de voir et apurer définitivement par elle-même les comptes de la nation.

Une cour des comptes fut créée par la loi du 16 septembre 1807, et remplaça l'ancienne chambre.

L'ancien égout général de Paris commençait au bout de la rue du Calvaire, au Marais, et se continuait en traversant les faubourgs du Temple, de Saint-Denis, de la Nouvelle-France, de Montmartre, des Porcherons, de la Ville-l'Évêque, du Roule, les Champs-Élysées et le bas de Chaillot jusqu'à la Seine.

Cet égout, nous l'avons déjà dit, n'était formé que par une tranchée fouillée dans les marais, sans aucune maçonnerie ni pavage, ce qui avait beaucoup contribué à son encombrement, à lui faire perdre sa pente et à faire regonfler les eaux dans Paris.

En 1715, la ville avait été obligée de détourner les eaux des égouts de la vieille rue du Temple, qui rentraient plutôt qu'elles ne sortaient. On pratiqua une ouverture dans le fossé qui allait depuis la rue du Calvaire jusqu'à la rivière, près le bastion de l'Arsenal.

Ce remède était insuffisant; il arrivait que par les grandes averses les eaux fournies en abondance entraînaient avec elles dans la rivière toutes les immondices qui les empestaient. Ce fut pour parer à cet inconvénient qu'en 1737, la ville prit la résolution, non seulement de reconstruire le grand égout général dans toute sa longueur, mais encore de faire construire un réservoir, dans lequel on garderait de l'eau pour nettoyer l'égout.

Ce fut l'architecte Beausire qui fut chargé de lever les plans nécessaires et de faire exécuter les travaux.

La longueur de cet égout fut fixée, suivant le plan adopté, à 3,106 toises depuis sa naissance à la sortie de l'égout de la rue Vieille-du-Temple, au bout de la rue des Filles-du-Calvaire, jusqu'à la Seine près et au-dessus de la Savonnerie. — C'était 60 toises de moins que l'ancien.

Il fut construit en maçonnerie dans toute sa longueur, avec des dalles de pierre en caniveau au fond posées sur des plates-formes de pierre, au lieu de massifs, à cause de l'abondance des sources. Les murs des deux côtés avaient quatre ou cinq pieds de haut. Les couronnements servaient de trottoirs à quelques endroits, la majeure partie ayant été accordée par la ville à différents particuliers pour bâtir dessus.

On abandonna l'espace de l'ancien égout aux propriétaires des marais en échange du terrain qu'on leur prit pour les nouveaux ouvrages. L'égout fut entièrement découvert d'un ponceau à l'autre, avant que la ville accordât la permission de bâtir dessus.

Il y avait quatorze vannes dans le nouvel égout.

Chaque ponceau avait des escaliers de pierre pour la descente et des gargouilles pour l'écoulement des eaux.

Ce fut à la tête de l'égout général, c'est-à-dire vis-à-vis la rue des Filles-du-Calvaire, que fut bâti le réservoir. Ce bâtiment était situé sur deux arpents de marais appartenant au grand prieuré de France et qui furent achetés par la ville qui les fit entourer de murs et fit élever trois corps de bâtiments détachés. « Celui du milieu est pour serrer le foin, et pour la manœuvre du puits qui y est renfermé; celui du côté du rempart est pour loger le concierge; le troisième, du côté du marais est pour loger les domestiques et pour les écuries, tant des chevaux travaillans que des chevaux malades. On y a construit aussi deux belles glacières à l'usage de la ville. »

Ce réservoir mesurait 35 toises 5 pieds 4 pouces de longueur sur 17 toises 5 pieds 4 pouces de largeur; il fut revêtu de murs et de contre-murs, garnis dans le fond d'un massif de maçonnerie revêtu d'une forte épaisseur de glaise sous une forme de sable qui la couvrait avec un pavé de grès.

Il pouvait contenir 22,122 muids d'eau.

Comme les eaux de Belleville n'eussent pas suffi pour alimenter ce réservoir, on construisit un puits de 12 pieds de diamètre dont le dessus du rouet qui portait la maçonnerie était de six pieds plus bas que le niveau des basses eaux de la rivière.

Aux deux côtés du puits, étaient deux machines hydrauliques mises en mouvement chacune par deux chevaux ; elles donnaient 75 coups de piston par minute, produisant chacun 18 pintes et demie d'eau, ce qui fournissait un total de 7,000 muids d'eau par 24 heures.

Cette inscription fut posée sur le bâtiment :

« DU RÈGNE DE LOUIS XV

« De la quatrième prévôté de messire Michel-Étienne Turgot chevalier, marquis de Sousmons, seigneur de Saint-Germain-sur-Eaulne, Vaterville et autres lieux, conseiller d'État ; de l'échevinage de Pierre-Jacques Coucicault écuyer conseiller du Roi, quartinier ; Charles l'Evêque, écuyer ; Louis-Henri Verron écuyer, conseiller du Roi et de la ville ; Edme-Louis Meny, écuyer, avocat au parlement, conseiller du Roi, notaire ; étant Antoine Moriau, écuyer, procureur et avocat du Roi et de la ville ; Jean-Baptiste-Julien Taitbout, chevalier de l'ordre du Roi, greffier en chef ; Jacques Boucaut, chevalier de l'ordre du Roi, receveur.

« Le grand égout général de Paris, qui n'étoit formé que par une tranchée, a été commencé en pierre, en 1737, dans un nouveau terrain, depuis la rue du Calvaire au Marais, jusqu'à la rivière près Chaillot, ainsi que ses embranchemens, les pompes et le réservoir pour laver cet égout qui a été achevé en 1740.

« De la cinquième prévôté de Messire Michel-Étienne Turgot, chevalier, marquis de Sousmons ; et de l'échevinage de Louis le Roi de Feteüil, écuyer, conseiller du Roi, quartinier ; Thomas Germain écuyer, orfèvre ordinaire du Roi ; Jean Joseph Sainfray, écuyer, conseiller du Roi et de la ville, notaire ; Michel l'Enfant, écuyer ; étant Antoine Moriau, écuyer, procureur et avocat du Roi et de la ville ; Jean-Baptiste-Julien Taitbout, greffier en chef ; Jacques Boucaut, chevalier de l'ordre du Roi, receveur.

« Cet ouvrage a été exécuté sur les dessins et sur la conduite de M. Jean-Baptiste-Augustin Beausire, conseiller, architecte du Roi, Maître-général, contrôleur, inspecteur des bâtimens de la ville. »

Une seconde inscription fut placée peu de temps après :

« LES 12, 14 ET 16 JUILLET 1740

« Le Roi, la Reine et Monseigneur le Dauphin, allant à Compiègne sont venus visiter le réservoir et les ouvrages du grand égout, ont vu ensuite l'eau du réservoir entrer dans l'égout, et y couler avec une grande rapidité. Leurs Majestés et Monseigneur le Dauphin, s'étant arrêtés à la grille du fauxbourg Saint-Martin, ont vu l'effet des vannes et la force de l'écoulement de l'eau. »

Ajoutons que les parties de l'égout qui étaient restées à découvert furent voûtées au fur et à mesure que les habitations, attirées par le bon marché des terrains, se multiplièrent à l'entour.

Les Parisiens se montrèrent très satisfaits de l'entreprise de M. Turgot et, dans un volume publié en 1750, l'auteur racontant son excursion dans le faubourg Saint-Denis, qu'il monte jusqu'à la grille qui le fermait à la hauteur de la rue des Petites-Écuries, dit : « Lorsque j'y fus arrivé, je tournai à gauche ; à ma droite, je vis un canal où rouloit doucement un peu d'eau ; il n'en fallut pas davantage pour me faire croire que c'étoit la Seine (pas flatteur pour le fleuve !), pendant que ce n'est que l'égout dont M. de Turgot, prévôt des marchands, a, entre beaux ouvrages, embelli la capitale du monde. Je suivis le rivage, admirant les jardins et les palais qui le bordent, jusqu'au faubourg Montmartre où je vis que la rivière se perdoit à ma vue, en passant sous un pont de pierre. »

Tant de palais que cela dans ce quartier ! Ce brave auteur avait certainement des lunettes grossissantes.

« Les seules maisons remarquables qu'on pût voir aux environs, fait très justement observer M. Édouard Fournier à ce propos, étaient l'hôtel du prince de Monaco (16 rue Cadet, devenu l'hôtel du Grand Orient où se tiennent les assemblées des francs-maçons) situé sur la droite du chemin qui montait du faubourg Montmartre à la Croix-Cadet et de l'autre côté du faubourg, après avoir passé le Petit Pont, le fief seigneurial de la Grange Batelière. »

Quoi qu'il en soit, vers la fin du règne de Louis XV, on ne veillait déjà plus à ce que le réservoir fût toujours plein d'eau, les pompes étaient détraquées et tout ce vaste établissement se détruisit peu à peu et finit par disparaître ; il n'en restait presque plus rien en 1811, quand on voulut le reconstituer. On verra plus loin tout un nouveau système d'égouts, aboutissant à un égout collecteur, remplacer l'autre.

Le lundi 27 octobre 1738, une jeune et jolie femme de 25 à 26 ans, Mme Destours, demeurant rue de la Comédie (ancienne-Comédie), qui était entretenue par un peintre d'un certain âge, fut assassinée par un gentilhomme appelé Mauriat ; cet homme était monté chez Mme Destours qui ne voulait pas recevoir ses visites et la battit ; celle-ci forte et vigoureuse s'était saisie d'un couteau de cuisine pour se défendre ; mais il lui donna un coup d'épée dans les reins, puis il l'étrangla, et l'acheva de trois coups de poignard.

Tout ce bruit fit assembler les voisins qui allèrent chercher la garde ; le commissaire de police prévenu fit enfoncer la porte et trouva la

Une gerbe de feu fut allumée en face du trône. C'était le signal du feu d'artifice. (Page 182, col. 1.)

femme morte et son assassin tranquillement assis dans une autre pièce sur un fauteuil.

On le conduisit en prison et, le 15 décembre, en vertu d'une sentence rendue par le lieutenant criminel du Châtelet, on le mit à mort. L'exécution eut lieu au carrefour de la Comédie, à six heures du soir, aux flambeaux. Il fut conduit sur le lieu du supplice dans une charrette, en robe de chambre avec un bonnet de nuit sur la tête.

« Il y avoit six douzaines de flambeaux. La tête a été tranchée du premier coup et le coup a été donné par le bourreau comme le *salve regina* commençoit, ce qui a été fait apparemment par ordre pour lui cacher le moment du coup. »

Cette affaire fit sensation, parce que le meurtrier était parent du duc de Châtillon, gouverneur du dauphin, du duc d'Harcourt, et neveu du prieur de l'abbaye de Saint-Claude; on crut qu'il aurait sa grâce à cause de sa condition et de la mauvaise conduite de la femme qu'il avait tuée : le chancelier s'en mêla, le duc d'Harcourt demanda sa grâce au roi, mais tout fut inutile;

on voulut faire un exemple en punissant comme il méritait l'être un de ces gentilshommes tarés comme il y en avait malheureusement trop à Paris, n'ayant pas de patrimoine, sans emploi et ne vivant que d'expédients.

La construction de l'hôtel des Invalides et celle du palais Bourbon ayant augmenté sensiblement la population du quartier du Gros-Caillou (qui était un bourg tirant son nom d'un caillou d'une grosseur énorme servant d'enseigne à une maison publique de débauche qui fut détruite), c'était un grand inconvénient pour ceux qui l'habitaient, que d'être obligés d'aller à l'église Saint-Sulpice, leur paroisse, lorsqu'ils voulaient assister aux offices, et ce fut en raison de l'éloignement de cette paroisse, qu'on songea à élever une chapelle succursale dans la rue Saint-Dominique au Gros-Caillou. Précédemment, un terrain avait été acheté à cette intention et déjà il était bénit, lorsque les créanciers le firent saisir, le prix n'en ayant pas été payé; en 1735, un local fut acquis pour être transformé en église, mais il y eut encore des oppositions et cette nouvelle entreprise échoua.

Enfin, les habitants du Gros-Caillou, qui ne se décourageaient pas, obtinrent, en février 1737, des lettres patentes qui les autorisaient à faire pendant trois ans une quête dont le produit devait être affecté aux frais de construction d'une chapelle et des objets nécessaires au culte.

Ce fut le 27 janvier 1738, que le curé de Saint-Sulpice vint solennellement bénir le terrain, et les travaux commencèrent aussitôt après.

Cet édifice, élevé avec précipitation, fut en état d'être bénit le 11 août suivant, et la première messe y fut célébrée le 13 du même mois ; l'église fut placée sous le titre de l'Assomption-de-la-Sainte-Vierge. Il y avait un desservant et quatre prêtres.

En 1775, on la rebâtit sur un plan plus vaste et sur les dessins de Chalgrin ; elle devait par son architecture et son étendue pouvoir devenir église paroissiale, mais sa construction se fit avec beaucoup de lenteur ; elle était fort avancée, mais non terminée, lorsqu'arriva la révolution de 1789 et on démolit ce qui existait.

Nous verrons, en 1823, l'église Saint-Pierre du Gros-Caillou remplacer cette chapelle.

Le premier président du grand conseil, messire Michel de Verthamont, étant mort le 2 janvier 1738, le roi, par un édit daté de la même année, supprima cette charge et celle des huit présidents.

La juridiction de ce tribunal dont la création remontait à Charles VIII était fort étendue. Il connaissait des évocations et réglements des juges, des nullités d'arrêts, des bénéfices, des droits de joyeux avénement, des serments de fidélité, de la contravention aux privilèges des secrétaires du roi, des appels de la prévôté de l'hôtel etc., et demeura composé, jusqu'à 1738, d'un premier président, de 8 présidents, de 54 conseillers, de 2 avocats généraux, d'un procureur, de 12 substituts, d'un greffier en chef, de 4 secrétaires de la cour, de 2 greffiers principaux, d'un greffier garde-sacs, d'un greffier des présentations, d'un premier huissier, de 20 autres huissiers et de 23 procureurs.

Par son édit d'août 1717, la noblesse fut accordée aux membres de ce conseil qui ne seraient pas issus de race noble.

Le costume de cérémonie du grand conseil consistait en une robe de velours noir pour les présidents et une de satin noir pour les conseillers, avocats, greffiers etc.

Par arrêt de 1738, le roi déclara que les fonctions de président seraient exercées à l'avenir par les maîtres de requêtes de son hôtel.

Le grand conseil tenait ses séances, avant l'achèvement du Louvre, à l'hôtel d'Aligre, rue Saint-Honoré ; plus tard il fut logé au Louvre dans un local ayant vue sur la colonnade.

Ce tribunal fut supprimé en 1768, et les causes qui y étaient portées furent renvoyées au parlement de Paris.

Cependant il fut rétabli peu de temps après, mais il ne subsista que jusqu'au mois de février 1771, époque à laquelle eut lieu un remaniement général des tribunaux.

Il fut encore reconstitué à l'époque du rappel des parlements et continuer à fonctionner jusqu'à la révolution de 1789.

Saint-Foix rapporte une coutume assez singulière, particulière à ce tribunal ; voici ce qu'il en dit :

« A la fin de la dernière audience, avant les jours gras, celui qui préside se lève, va à la table du greffier, y trouve un cornet et des dés, commence le jeu, et le cornet passe ensuite successivement, aux conseillers, aux avocats, aux procureurs, aux huissiers et même aux laquais qui continuent de jouer jusqu'à la nuit. J'ai demandé l'origine de cet usage à plusieurs avocats et conseillers du grand conseil ; ils m'ont dit qu'ils croyoient que sous le règne de Henri II, le parlement ayant fait publier et afficher un arrêt qui défendoit les jeux de hasard, le grand conseil imagina cette séance du jeu pour montrer qu'il ne connoît point les arrêts du parlement, et qu'il n'est pas obligé de s'y conformer. »

Saint-Foix ne croit pas que ce soit là l'origine de cette coutume bizarre, et voici son « idée » :

« Nos rois avoient des foux en titre d'office ; et qui, étant couchés sur l'état de leur maison, avoient leurs causes commises à la Prévôté de l'Hôtel, et, par appel, au grand conseil : ces foux, pour se divertir, pour divertir les autres, ou autrement, se faisoient des procès dont le grand conseil renvoyoit apparemment la plaidoierie aux jours de carnaval, de même qui l'on plaidoit et que l'on plaide encore je crois, ces jours-là, une cause grasse au Châtelet et au parlement : le président du grand conseil, après avoir ouï les avocats, demandoit un cornet et des dés pour décider des affaires ordinairement ridicules : Voilà ma conjecture. »

L'année 1739 amena encore des nuages entre le parlement et le roi ; le parlement avait rendu un arrêt, aux termes duquel, dans les assemblées de l'Université, il fallait que les votants eussent au moins trente ans ; les jeunes gens présentèrent requête au roi et Louis XV ordonna que tous les membres de l'Université auraient voix à quelqu'âge que ce soit.

C'était un échec pour le parlement qui s'assembla et arrêta qu'il serait fait des remontrances au roi et, le 19 mars, Messieurs du parlement députèrent un des leurs pour aller lui demander un jour d'audience, mais avant qu'elle leur fût accordée, la faculté des arts fit son assemblée et tous les membres y votèrent sans limite d'âge.

Il s'agissait d'une grosse affaire, c'était la révocation de l'appel de la fameuse Constitution

Unigenitus. En conséquence du vote, la Constitution fut acceptée sans aucune restriction ni réserve, ce qui porta un coup terrible aux jansénistes qui allaient être de nouveau signalés comme des rebelles ou des mutins. Il fut fait défense aux notaires de recevoir aucune protestation ou opposition qui émanerait d'eux ; malgré tout, Gilbert, ancien recteur, et soixante autres personnes de marque, présentèrent au parlement une requête portant appel comme d'abus de la délibération de la faculté — Cependant les choses s'arrêtèrent là.

Mais toutes ces disputes, ces querelles, n'amélioraient pas la situation générale ; le pain enchérissait et on redoutait les suites de cette cherté.

La paix avait bien été conclue en 1737, à Vienne, mais on attendait toujours qu'elle fût publiée, et le peuple se demandait pourquoi les charpentes du feu d'artifice qu'on devait depuis si longtemps tirer à l'occasion de cette paix, se pourrissaient sur la place de Grève.

Pendant le carême, le P. Ségaud, jésuite, se disposait à monter en chaire à Saint-Gervais, lorsqu'un prêtre janséniste l'arrêta au passage et lui dit à haute voix :

— Va ! chien de prédicateur, prêcher ta chienne de doctrine dont personne ici ne sera la dupe.

Il fut arrêté et le P. Ségaud prêcha.

Il y avait autant d'animosité entre les jésuites et les jansénistes, qu'il y en avait eu au temps de la Ligue entre les catholiques et les huguenots.

En novembre 1737, la fille d'un financier, Mlle Peirenc de Moras, s'était fait enlever, à l'âge de quatorze ans, par M. de la Roche Courbon, brigadier des armées du roi ; une femme de chambre l'accompagnait. Plainte fut portée ; la fille fut trouvée dans un château appartenant à son ravisseur et ramenée à Paris ; des poursuites furent ordonnées : la fille de chambre fut condamnée, le 21 mars 1739, au fouet, à être marquée d'une fleur de lis et à neuf années de bannissement, et M. de Courbon, à avoir la tête tranchée, mais celui-ci avait eu le soin de quitter la France, et l'arrêt ne put être exécuté contre lui que par effigie. — Quant à la fille de chambre, le bourreau la fouetta et la marqua.

Le 15 avril 1739, le duc de Tresme, gouverneur de Paris, mourut ; il fut exposé plusieurs jours sur un lit de parade avec toute la magnificence possible ; tout l'hôtel (rue neuve Saint-Augustin) était tendu de noir jusqu'au toit, le corps de ville et tous couvents vinrent jeter de l'eau bénite.

Un incident signala cette cérémonie :

Les prêtres de Saint-Roch avaient la garde du corps et passèrent la nuit pour le veiller ; un jour, après avoir soupé dans une pièce voisine de celle où le corps était exposé « et avoir été bien régalés », ils s'endormirent, ce que les mauvaises langues, Barbier en tête, attribuèrent à la façon copieuse dont ils avaient bu ; les cierges qui étaient autour du lit fondirent et une mèche tombant sur le drap mortuaire y mit le feu ; il se communiqua au cercueil de plomb qui fondit aussi et le mort eut les pieds brûlés.

On s'aperçut de l'accident par la fumée qui emplissait l'appartement, on organisa vite des secours et il était temps car un un peu plus, l'hôtel et les prêtres eussent brûlé aussi.

Le duc de Gesvres, fils du défunt, renvoya les prêtres de Saint-Roch et mit à leur place des capucins ; mais « les seigneurs qui, comme les parents, étoient en deuil, ne disoient autre chose, sinon qu'ils étoient en deuil du pied brûlé. Le nom lui est resté. »

Le lundi 20, se fit l'enterrement qui fut des plus magnifiques. « Tout le convoi a été depuis l'hôtel rue Neuve-Saint-Augustin jusqu'à Saint-Roch à pied. A cause de la longueur du convoi, on a pris par la rue Neuve-des-Petits-Champs, la place Vendôme et la rue Saint-Honoré jusqu'à Saint-Roch. On est parti à huit heures et demie de l'hôtel. De Saint-Roch on a conduit le corps dans un carrosse à huit chevaux aux Célestins. La marche étoit composée de cent pauvres avec des flambeaux, le couvent des carmes, les cordeliers, les trois maisons des capucins, petits pères de la place des Victoires, augustins et jacobins, avec des cierges ; une trentaine de ses suisses, cinquante gentilshommes en manteau et rabat à cheval.

« M. le duc de Gesvres avoit emprunté des chevaux des mousquetaires gris, tous les archers de l'hôtel de ville, un grand nombre de domestiques en noir, avec des flambeaux, une douzaine à cheval, ses quatre-vingts gardes à pied comme gouverneur de Paris, un premier carrosse du corps à huit chevaux avec quatre aumôniers à cheval, en surplis, aux portières, un second carrosse où étoient les prêtres, etc. »

C'était la ville qui menait le deuil ; mais, deux jours avant la cérémonie, il y avait eu défense faite à tous les imprimeurs d'en imprimer la marche.

Un concours considérable de monde se trouva sur le passage du convoi, malgré le temps épouvantable qu'il faisait ce jour-là.

Le 1er juin, on publia enfin la paix conclue en 1736 à Vienne, et la marche dura depuis neuf heures du matin, jusqu'à cinq heures du soir ; le lieutenant de police et le prévôt des marchands, tous deux conseillers d'État, étaient montés sur des chevaux ornés et harnachés superbement, avec chacun cinq laquais de livrée.

Le lendemain il y eut *Te Deum* à Notre-Dame.

Les cours souveraines y assistèrent ainsi que l'Université ; et le soir il fut tiré un grand feu d'artifice devant l'hôtel de ville dans lequel se trouvaient toutes les princesses du sang et les ambassadeurs des différentes nations.

« Le concours de monde étoit surprenant, non

seulement dans la Grève, mais aussi à l'hôtel des Ursins. (Cet hôtel était situé dans la cité, sur le port Saint-Landry, dont presque toutes les maisons étaient louées). La décoration du feu étoit extraordinaire et assez belle. Pour le feu on s'attendoit à du merveilleux, mais l'artifice n'a pas été bien servi. Il n'y a point eu de bal à la ville, des feux et illuminations dans les rues de Paris. »

Le mercredi 3, toutes les cours se rendirent à Versailles afin d'y complimenter le roi, et le premier président de la cour des aides, tout en s'acquittant de cette tâche, n'avait pas craint de dire au roi : « Sire, le bruit des trompettes annonce la paix à votre peuple, à ce peuple qui gémit dans la misère, sans pain et sans argent, obligé de disputer sa nourriture aux bêtes qui sont dans les champs, pendant que le luxe immodéré des partisans et des gens d'affaires, semble encore insulter à la calamité publique. »

Il était impossible de mieux peindre en peu de mots la situation qui était bien celle révélée par ce courageux magistrat ; les dépenses de toutes sortes nécessitées par la guerre, les concessions énormes faites aux fermiers généraux qui firent des fortunes scandaleuses pendant un demi-siècle, les querelles religieuses, les persécutions contre les protestants et les jansénistes, la disette, tout se réunit pour rendre le peuple aussi misérable que possible et les Parisiens, accablés d'impôts, essayaient d'oublier qu'ils manquaient de pain, en admirant les feux d'artifice tirés à tous propos.

Il eut de quoi amplement réjouir ses regards pendant le mois d'août.

Le mariage de la fille aînée du roi, Madame Élisabeth, âgée de douze ans, avec l'infant don Philippe d'Espagne avait été décidé ; il eut lieu le 26 août à Versailles, et le 27 l'ambassadeur d'Espagne fit, en signe de réjouissance, tirer un feu d'artifice sur la Seine vis-à-vis de son hôtel situé sur le quai Malaquais. Mais ce ne fut pas tout, la ville tint à honneur de fêter le mariage par des fêtes dont le programme fut soumis au roi ; il en approuva les dispositions et promit d'assister à une fête qui serait donnée le 29 août sur la rivière.

Cette fête coûta 800,000 livres, c'est-à-dire une année des revenus de la ville. A ce titre elle mérite qu'on la décrive.

Elle eut lieu dans l'espace compris entre le Pont-Neuf et le Pont-Royal et ce fut sur le terre-plein du Pont-Neuf que fut construit le bâtiment d'un feu d'artifice. Il représentait un temple grec ouvert en forme de péristyle. Quatre rangs de colonnes d'ordre dorique de quatre pieds et demi de diamètre, et de trente-deux pieds de haut soutenaient l'édifice qui occupait toute l'étendue du terre-plein.

Le plafond de ce temple, construit sur les dessins du chevalier Servandoni, était un compartiment régulier de caisses carrées renfermant de grandes roses de sculpture, coupé par des plates-bandes ornées de guillochés dans le goût antique.

Un grand entablement orné de ses trygliphes et de ses mutulles couronnait ce premier ordre d'architecture et au-dessus était posée une seconde balustrade interrompue par des piédestaux qui portaient des statues à l'aplomb de toutes les colonnes extérieures. Ces figures étaient au nombre de vingt et représentaient toutes les divinités du paganisme.

Pour monter sur la terrasse deux grands escaliers avaient été pratiqués dans l'intérieur de deux corps de bâtiment carrés situés aux extrémités de l'édifice principal.

Des pilastres répondant aux colonnes flanquaient chaque encoignure ; sur chacune des faces du temple était une niche avec une statue sur son piédestal.

A l'aplomb des colonnes intérieures du temple s'élevait sur la terrasse un attique dont les faces étaient décorées d'ornements et de figures en bas-relief. Sur des acrotères étaient des vases environnés de festons et surmontés de flammes. C'est ainsi que se terminait cet édifice de 80 pieds de haut, depuis le rez-de-chaussée du pont, et de 120, en y comprenant la hauteur du massif de pierres, revêtu d'une décoration dans le goût rustique.

Tout le tour du temple fut orné de festons et de lauriers dorés qui portaient des lustres dans toutes les entre-colonnes.

Tout le long du Pont-Neuf s'élevaient des pyramides de trente pieds de haut, entremêlées de piédestaux qui s'y unissaient par des consoles.

Entre le Pont-Neuf et le Pont-Royal, précisément au milieu de la rivière, s'élevait sur deux bateaux un salon octogone ; les deux bateaux étaient dissimulés par des rochers factices et on arrivait au salon par huit escaliers, séparés par huit piédestaux, qui soutenaient sur chacun des angles du salon huit tours de Castille et conduisaient à une terrasse bordée par une balustrade ornée de vases.

Ce salon était ouvert par huit portiques de 21 pieds de haut, séparés par autant de pilastres et laissant pendre de grosses lanternes de couleurs, suspendues à des guirlandes de fleurs ; l'entablement était surmonté d'un rang de lanternes ; au dessus de chaque pilastre était un vase d'où sortait un drapeau de taffetas bleu fleurdelisé d'or.

Au milieu du salon s'élevait une colonne de 44 pieds de haut, formée par des lanternes et dont le chapiteau supportant quatre tours de Castille, était dominé par un énorme globe au sommet duquel était le drapeau blanc, fleurdelisé d'or, se déployant à 96 pieds de hauteur.

Cent quatre-vingts musiciens occupaient ce salon, sous la direction de Rebel et Francœur, directeurs de l'Opéra. Dans l'espace compris

Pont de la Tournelle, île Saint-Louis, sous Louis XV.

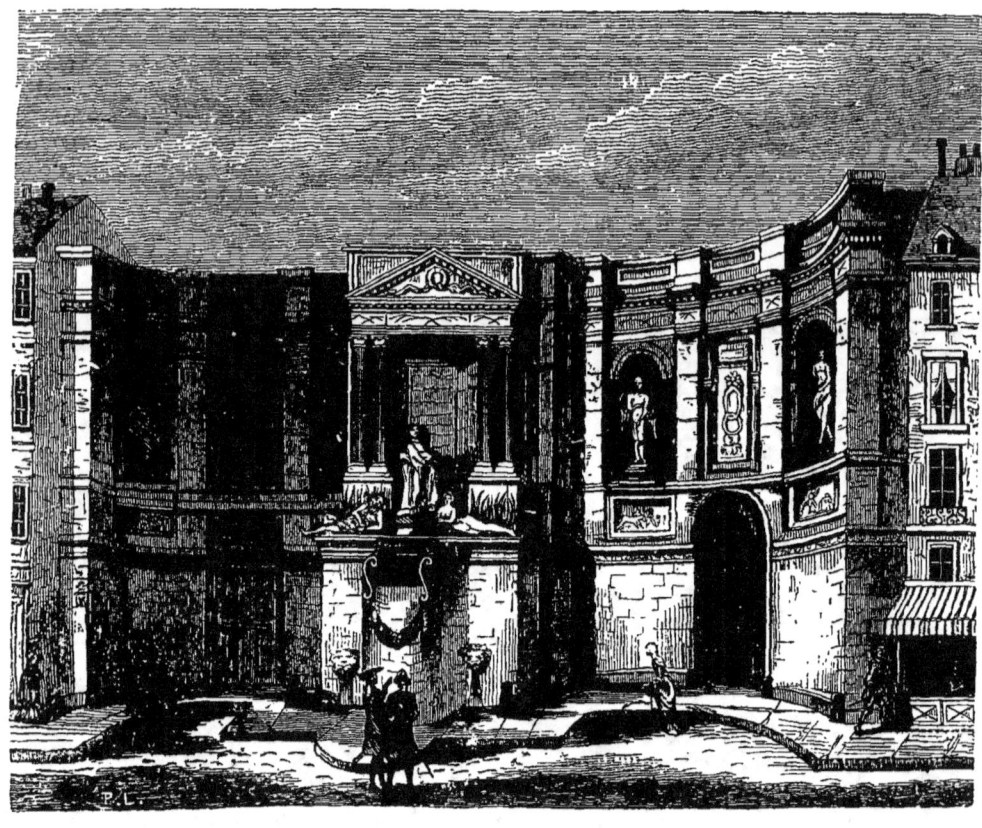

Fontaine de la rue Grenelle-Saint-Germain en 1739, d'après une gravure du temps.

entre le salon de musique et le Pont-Neuf, on voyait huit monstres marins de trente pieds de proportion, les ailes étendues, la gueule béante et les yeux enflammés.

Les deux rives étaient couvertes de gradins et il y en avait de chaque côté une rangée bâtie sur pilotis ; les uns étaient disposés en amphithéâtres, les autres en loges.

Le soir venu, « 500,000 personnes » couvraient les ponts, les gradins, les quais, et les toits des maisons. Le roi, le dauphin, les princesses du sang occupaient un vaste trône construit en face le salon de musique et toute la cour était aux croisées du Louvre. Le trône, en forme de baldaquin, était complètement doré et luxueusement garni de fleurs, de tapis de velours et de tapisseries de damas cramoisi, relevés par des crépines et des galons d'or.

Il était éclairé par des lustres et des girandoles de cristal.

Une ceinture de deux rangs de grandes terrines remplies de cire blanche, avec de grosses mèches, fut placée au bas, dans l'espace vide occupé par la garde du roi et qui s'étendait depuis le trône jusqu'au parapet du quai.

Une terrasse joignait le trône aux appartements du roi, et sur cette terrasse, quatorze loges en forme de tentes avaient été construites pour le corps de ville ; chaque tente, surmontée d'un drapeau, avait 18 pieds de façade, et était éclairée par un lustre. Elles n'étaient séparées que par des cloisons à hauteur d'appui et étaient tapissées de riches étoffes.

Le roi arriva vers dix heures du soir, avec la reine, les dauphins et *Mesdames* ; les grands officiers se placèrent derrière leurs fauteuils et les seigneurs allèrent occuper les gradins sur la terrasse.

Le concert commença :

Des jouteurs divisés en deux troupes commencèrent alors leurs exercices. Ils étaient vêtus de blanc, enrubannés, et portaient de riches écharpes de taffetas, les unes bleues, les autres cerises ; leurs lances étaient dorées et les bateaux, peints de couleurs différentes, étaient conduits chacun par trois rameurs, aussi vêtus de blanc et ornés de rubans.

Après la joute, le salon de musique s'illumina, ainsi que le temple du Pont-Neuf, les refends du massif, la balustrade, les pyramides, les lustres et 140 autres lustres qu'on avait suspendus aux supports des lanternes qui éclairaient le quai en temps ordinaire.

Alors on vit déboucher de dessous les arches du Pont-Neuf soixante bateaux illuminés descendant deux par deux au courant de l'eau, et ayant chacun une forme particulière, jonques chinoises, gondoles, bateaux levantins.

Cette illumination flottante comportait 11,000 lanternes et verres de couleurs.

Après que la flotte se fut promenée, elle se divisa et vint se ranger en bon ordre de chaque côté de la rivière, chaque bateau à égale distance l'un de l'autre.

Alors une gerbe fut allumée en face du trône. C'était le signal du feu d'artifice.

A ce signal répondirent les détonations de 100 boîtes de fonte et une décharge des canons de la ville; toute cette artillerie avait été placée au pied du quai des orfèvres.

Le dernier coup de canon fut suivi du tirage du feu

On tira d'abord 300 fusées d'honneur; tirées 8 à 8, à distance égale dans toute l'étendue du Pont-Neuf, 200 caisses de fusées volantes tirées 4 à 4, le long du trottoir du Pont-Neuf; les chiffres d'artifice (chiffres des deux époux) de neuf pieds de haut en feu bleu, le combat des monstres marins chargés de trompes à feu, de genouillières pots à feu, serpentaux et petites fusées, un filet de gerbes d'artifice qui garnissait la corniche du Pont-Neuf; les nappes de feu qui tombaient en torrent du haut du massif et de chacune de la largeur des arcades. Le feu d'eau placé dans huit bateaux. Ces bateaux contenaient une grande quantité de petits tonneaux pleins de goudron qu'on allumait et jetait au fil de l'eau. « Les mêmes bateaux fournissaient aussi en même tems et sans cesse, une infinité de gerbes, de genouillères ou dauphins et de roues tournantes sur l'eau, ce qui achevait d'occuper tout l'espace du canal; le chiffre de pierrerie, les premiers chiffres éteints, parut pour durer toute la nuit; il étoit placé dans l'entre-colonne du milieu du temple. Ce chiffre et la couronne royale dont il étoit surmonté avoit 24 pieds de haut sur seize de large. Ils étoient figurés par l'assemblage d'une infinité de morceaux de cristal taillés à facettes dont les couleurs différentes étoient disposées avec art; de sorte qu'au moyen des lumières qui étoient cachées derrière les crystaux, le chiffre et la couronne paraissoient en effet de pierreries. »

Le berceau d'étoiles, ces étoiles partaient de 160 mortiers, placés dans des caisses de sable au pied du massif; le soleil, dont le centre était placé à la hauteur de l'entablement du temple, sa face avait huit pieds de diamètre et les rayons qui en sortaient 32 pieds d'étendue, de sorte que la pièce formait un soleil de 72 pieds de diamètre; trente-deux cascades de feu, seize sur chaque rive, et enfin une grande girande de 5,000 fusées volantes qui partirent toutes à la fois; elles occupaient tout le plancher de l'attique du temple; en même temps, deux autres petites girandes, contenant chacune 300 fusées, partirent sur le Pont-Neuf à droite et à gauche du temple. « C'est par ce feu prodigieux, dont le ciel parut tout à coup embrasé, tandis que l'air étoit ébranlé par une nouvelle décharge d'artillerie, rapidement servie, que finit le feu d'artifice. L'éclat dissipé laissa voir plus tranquillement l'illumination qui dura toute la nuit. Le roy et la reine parurent contens de la singularité et de la noblesse de ce spectacle. »

Ces dernières lignes sont extraites de la relation officielle, mais si on en croit Barbier, la fin du feu fut beaucoup moins brillante que le commencement.

« La police avoit ordonné, dit-il, de fermer les fenêtres et d'avoir des tonneaux pleins d'eau dans tout le voisinage du Pont-Neuf, crainte d'incendie. Mais cette précaution fut fort inutile, car le morceau d'artifice qui devoit terminer le feu et qui devoit être surprenant par la grande quantité de feu qui devoit partir à la fois, manqua par la malice des artificiers de Paris qui étoient employés pour servir le feu à divers endroits, et cela, par jalousie de métier contre l'entrepreneur étranger qui ne savoit pas parler français. Jusque-là que le Roi envoya lui-même demander si le feu étoit fini, parce qu'on attendoit toujours quelque chose d'extraordinaire, et que pendant un gros quart d'heure on tira fusée à fusée.

« Cette insolence a été punie; on en a mis plusieurs en prison, on parloit de leur faire perdre leur maîtrise et de punition corporelle. Mais ils en ont été quittes pour des amendes considérables. »

Un bal entrait dans le programme des fêtes, il fut donné le surlendemain 30 août à l'hôtel de ville, et 14,000 invitations furent lancées par M. le prévôt des marchands et messieurs les échevins; c'était un bal masqué, le costume était obligatoire ainsi que le masque, et comme les gens de la cour et les fonctionnaires devaient être naturellement les seuls admis à ce bal, le corps de ville décida, aussitôt les préparatifs terminés, que le public serait autorisé à entrer dans l'hôtel de ville et y voir les apprêts de la fête.

« M. le cardinal de Fleury en voulut aussi voir la disposition; il s'y rendit sur les quatre heures, le jour même du feu sur l'eau; il y trouva tous les ministres que la même curiosité y avoit amenés. M. le prévôt des marchands qui l'attendoit pour le recevoir, avoit fait éclairer toutes les salles avec la même quantité de lumières qui devoient y être la nuit du bal, et la disposition du lieu ne reçut pas moins d'éloges que l'élégante magnificence avec laquelle il étoit décoré. »

La cour du palais municipal avait été changée en un grand salon qui était destiné à devenir la pièce principale du bal; un parquet fut posé sur le plancher, et on décora l'intérieur avec tout le luxe possible.

Nous ne décrirons pas les détails de cette décoration; mais la façon singulière dont on abrita ce salon, mérite d'être rapportée : « On avoit tendu au plus haut des combles un cable de quatre pouces de diamètre qui traversoit toute la cour; il étoit soulagé à son milieu par deux cordages attachés, l'un au sommet de la tour de Saint-Jean, l'autre au campanile de l'horloge de l'Hôtel de Ville. On avoit établi sur ce cable une espèce de filet de cordes très fortes, disposé en forme de toiture, et sur ce toit était posée une toile cirée et goudronnée, fortement tendue. »

Le premier étage était comme le rez-de-chaussée, décoré avec une magnificence extrême, les étoffes de velours, d'or, d'argent, de moire, étaient en profusion; six grandes pièces avaient été réservés pour les buffets.

La nuit du bal, un grand nombre d'officiers servaient aux invités tout ce qu'ils pouvaient désirer en viandes, patisseries, fruits, vins, glaces et liqueurs.

« La consommation fut aussi grande qu'on l'avoit heureusement prévu; il suffira, pour en donner une idée, de remarquer qu'on y distribua 15,000 pêches et autant de tasses de glaces, et cependant, ce fut l'espèce de rafraîchissement dont on consomma le moins ».

Ce bal qui avait commencé à 10 heures du soir ne finit qu'à 8 heures du matin et « tout s'y passa avec une décence infinie et nul accident ne troubla cette heureuse fête. »

A côté de ces prodigalités, excessives en raison de la misère publique, les plus dures privations s'imposaient au peuple: un jour le duc d'Orléans porta au conseil du roi un morceau de pain de fougère et, le posant sur la table du roi, il dit :

— Sire, voilà de quoi vos sujets se nourrissent !

Quelques jours plus tard, Louis XV, traversant le faubourg Saint-Victor, entendit crier : Misère ! Famine ! du pain !

Bientôt une forte inondation de la Seine, qui commença le 7 décembre, vint ajouter ses désastres aux maux qu'on endurait; elle dura jusqu'au 18 février 1740.

En 1739, fut construite aux frais et pour les besoins de la ville une fontaine dans la rue de Grenelle-Saint-Germain qui passe à juste titre pour une des plus belles de Paris. Bouchardon en a fourni les dessins et a lui-même exécuté toutes les sculptures. »

« L'ensemble de la décoration, lisons-nous dans *Paris illustré*, forme un hémicycle avec des pilastres ioniques surmonté d'un entablement et d'un acrotère. Entre les pilastres sont des croisées simulées, des bas-reliefs et des niches garnies de figures des quatre saisons en pierre de Tonnerre. Au milieu de l'hémicycle, s'élève un avant-corps composé de quatre colonnes accouplées supportant un fronton triangulaire. Cet avant-corps est décoré d'un groupe en marbre blanc, représentant la ville de Paris assise avec les figures de la Seine et de la Marne, appuyées sur des urnes entourées de roseaux.

« On lit sur l'imposte une inscription latine dont voici la traduction :

« Tandis que Louis XV, le père et les délices de son peuple, le gardien de la tranquillité publique qui sans verser le sang, a reculé les frontières de la France. et qui a rétabli la paix entre l'Allemagne, la Russie et les Turcs, poursuivait le cours de son règne à la fois glorieux et pacifique, le prévôt des marchands et les échevins ont fait construire cette fontaine, pour la commodité des habitants et l'ornement de la ville en 1739. »

Le 27 janvier 1740, le duc de Bourbon-Condé mourut, mais il fut peu regretté ; les Parisiens lui reprochèrent de leur avoir fait manger le pain très cher. Son corps fut exposé dans son hôtel, le mercredi 3 février; le 5, le prince de Conti y alla jeter de l'eau bénite de la part du roi, il était accompagné de gardes du corps et de Cent-Suisses. Tous les princes, les princesses et les cours souveraines firent de même ; le 8, son cœur fut porté avec pompe à l'église des Grands-Jésuites et enfin le 10 les obsèques eurent lieu. Le corps était placé sur un chariot à huit chevaux, avec quatre aumôniers à cheval, qui portaient le poêle. Il était précédé des hérauts d'armes, mais le cortège était des plus maigres et les restes du duc furent transportés à Enghien.

Le froid avait été très vif pendant l'hiver, il continua jusqu'au mois de mai; cet hiver long et rigoureux augmentait considérablement le nombre de pauvres, la disette était extrême ; les espérances de récolte étaient plus que faibles; le parlement, préoccupé de la misère du peuple, rendit un arrêt pour faire découvrir la châsse de sainte Geneviève, et l'archevêque donna un mandement pour ordonner des processions et des prières publiques.

Toutes les paroisses de la ville s'y associèrent.

Les processions générales et solennelles de tout le clergé à la cathédrale et à l'abbaye de Saint-Germain-des-Prés, eurent lieu pendant neuf jours consécutifs et une multitude de gens les suivaient, dans l'espérance que Dieu leur enverrait le pain dont ils manquaient.

Toutefois, la chasse de Sainte-Geneviève, qui devait être promenée dans les rues de Paris, ne le fut pas ; à partir du 18 mai, le temps s'était subitement adouci et personne ne douta que cet heureux changement ne fût dû aux prières faites partout.

Le 1er juin, l'assemblée du clergé qui se tenait à Paris tous les cinq ans, fut ouverte solennellement aux Grands-Augustins et l'archevêque la présida.

Nous avons parlé plusieurs fois de ces assemblées, il est utile d'en faire connaître le but.

Elles étaient de deux sortes : les grandes se tenaient tous les dix ans et on les appelait les assemblées du contrat, parce que le clergé y renouvelait le contrat des rentes des hôtels de ville et de Paris, contre lesquelles il protestait toujours.

Les petites, qu'on nommait les assemblées des comptes, se tenaient de cinq en cinq ans.

Les unes et les autres étaient convoquées par une lettre de cachet, adressée aux deux agents du clergé et indiquant le jour et le lieu de la réunion ; les agents en informaient les archevêques et ceux-ci les évêques. Sur cet avis, chaque diocèse envoyait ses députés à l'assemblée provinciale, à l'effet de nommer ceux qui devaient se rendre à l'assemblée générale.

Chaque province envoyait aux grandes assemblées quatre députés, deux du premier ordre, c'est-à-dire évêques ou archevêques, deux du second ordre, c'est-à-dire abbés ou prieurs — aux petites assemblées elle n'envoyait que deux députés, un de chaque ordre.

L'assemblée constituée commençait par aller saluer le roi qui y envoyait quelques jours après ses commissaires pour demander en son nom le don gratuit ordinaire.

Ensuite, les séances se passaient à entendre le rapport de l'agence précédente, à examiner et à arrêter les comptes du receveur général, et à d'autres affaires particulières. La durée de ces assemblées était ordinairement fixée à deux, trois ou quatre mois. Il pouvait y avoir des assemblées extraordinaires.

La grande affaire était toujours la cherté du pain; la provision de blé qui était dans les magasins était épuisée et le ministère ne savait trop comment faire pour s'en procurer ; le pain se vendait à Paris 4 sols et demi la livre, ce qui était alors un prix exorbitant.

Le parlement cherchait aussi un remède à cet état de choses et ne le trouvait pas facilement.

Le 22 septembre, il rendit deux arrêts : l'un portait défense de fabriquer d'autre espèce de pain que du pain bis blanc et du bis et de ne plus faire de pain mollet ni de petits pains; l'autre défendait d'employer aucuns grains pendant un an, soit à faire de la bière, soit à faire de la poudre à poudrer, soit pour servir aux tanneurs.

L'exécution du premier de ces arrêts fut fixée au samedi 24, c'est-à-dire au surlendemain.

En même temps, on retrancha aux malheureux enfermés à Bicêtre et dans la maison de force une partie de leur portion habituelle; au lieu d'une livre de pain, ils ne reçurent plus qu'une demi-livre avec du gruau cuit dans l'eau.

Or, les pauvres diables dont le pain était sinon l'unique, du moins la principale nourriture, accueillirent fort mal cette réduction ; ils forcèrent les portes et se mutinèrent.

Bien vite, on requit des détachements de soldats français et suisses pour qu'ils vinssent rétablir l'ordre : ceux-ci tirèrent sur les prisonniers, en blessèrent quelques-uns, et la sédition fut apaisée. Cependant les troupes restèrent à veiller dans la crainte du feu, mais il n'en fut rien; un des mutins qui, peut-être, avait plus grand appétit que les autres et qui s'était montré le moins accommodant, fut pendu.

Les autres craignirent le même sort et préférèrent souffrir la faim.

Malgré cela, le lendemain, on revint sur la décison prise et les malheureux renfermés reçurent leur pitance habituelle.

Une déclaration du 26 octobre, supprima pour un an tous les droits qu'on payait pour la conduite des grains qui purent arriver de toutes les provinces et de l'étranger, en franchise; cette mesure eut pour résultat de faire diminuer le pain de deux liards par livre.

Mais des rapports firent connaître que des particuliers, spéculant sur la misère publique, avaient fait des amas considérables de grains. Il fut dressé un état de tous les blés qui se trouvaient dans les greniers et défense fut faite aux fermiers et aux propriétaires d'en amener aux marchés jusqu'à nouvel ordre, avec injonction de rendre compte de la quantité dont ils étaient chargés et d'en avoir soin.

Le 31 décembre 1740, le parlement rendit un arrêt faisant défense « à tous pâtissiers et boulangers de fabriquer, ni vendre, à l'occasion de la fête des rois, aucuns gâteaux de quelque nature qu'ils soient, sous peine de 500 livres d'amende ».

Si l'hiver de 1739-40 fut calamiteux pour les pauvres gens, celui de 1740-41 ne fut pas plus clément et c'est encore au journal de Barbier que nous empruntons le détail de la terrible inondation qui couvrit Paris.

« Actuellement jour de Noël, 25 de ce mois, Paris est entièrement inondé. D'un côté la plaine de Grenelle et tout le canton des Invalides, le grand chemin de Chaillot, le cours et les Champs-Élysées, tout est couvert d'eau. Elle vient même par la porte Saint-Honoré jusqu'à la place Vendôme. Le quai du Louvre, le quai des Orfèvres, le quai de la Ferraille, le quai des Augustins, la rue Fomenteau jusqu'à la place du Palais Royal, tout est en eau. On ne passe plus qu'en bateau. Le côté de Bercy, de la Râpée, de l'hôpital général, de la porte et quai Saint-Bernard, c'est une

Le 7 janvier 1742, l'ambassadeur de Turquie faisait son entrée à cheval au milieu d'un superbe cortège.
(Page 187, col. 2.)

pleine mer. La place Maubert, la rue de Bièvre, la rue Perdue, la rue Galande, la rue des Rats et la rue du Fouare, c'est pleine rivière. Toutes les boutiques sont fermées; de tous les côtés on est réfugié au premier étage, et c'est un concours de bateaux comme en été au passage des Quatre-Nations. Sur le port au blé, l'eau va au-dessus des portes cochères. La place de Grève est remplie d'eau, la rivière y tombe par-dessus le parapet, toutes les rues des environs sont inondées; dans les maisons à porte cochère, les bateaux entrent jusqu'à l'escalier comme les carrosses feroient. Il y a plus : dans toutes les rues de Paris où il y a des égouts, l'eau de la rivière y gonfle, se répand dans la rue, et il faut passer dans des bateaux ou sur des planches. La rue de Seine, faubourg Saint-Germain, est remplie d'eau qui entre des deux côtés dans les maisons, en sorte qu'on ne sait plus même quel chemin prendre pour aller dans Paris en carrosse, d'autant plus qu'il y a des gardes qui empêchent de passer sur tous les ponts qui sont couverts de maisons.

« La police a fait déménager il y a deux jours tous les marchands et locataires qui sont sur les ponts Saint-Michel, au Change, Notre-Dame et Pont-Marie. L'eau est si rapide et si haute qu'on craint fort qu'elle ne les jette à bas; les arches, surtout des deux bouts, sont à peu de chose près bouchées; on ne passe donc que sur le Pont-Royal et le Pont-Neuf car le pont de la Tournelle n'est pas accessible. Tous les habitants de l'île Notre-Dame sont enfermés et ne peuvent point sortir en carrosse ni du côté de la porte Saint-Bernard dont le quai est rivière. Les gens de pied ne passent plus même sur le pont de bois qui va à Notre-Dame. On dit aussi que la rivière des Gobelins est débordée, et que le faubourg Saint-Marcel est plein d'eau. »

Dans tous les endroits inondés, c'était le prévôt des marchands et les échevins qui avaient la police; et elle était grandement nécessaire pour réglementer les exigences des bateliers qui se faisaient payer le plus cher possible pour aider les gens soit à déménager leurs meubles, soit à sortir de chez eux.

Quelques-uns demandaient quatre sols par personne.

Le lendemain de Noël, la ville envoya des archers pour mettre l'ordre; elle attribua quarante sols par jour aux bateliers et leur défendit de prendre plus d'un liard par personne. Il y en eut un qui fut mis en prison pour avoir exigé douze sols pour passer une femme et son enfant.

Le 27, l'eau diminua d'un pied; cette diminution ne continua pas; le lendemain, la Seine augmenta, et le faubourg Saint-Antoine fut envahi par l'eau, mais le 29 la rivière décrut et il gela. Quelques maisons avaient été détruites et renversées par les eaux, entre autres une rue Saint-Dominique, vis-à-vis le couvent des chanoinesses du Saint-Sépulcre, et trois ou quatre personnes y furent noyées ou écrasées, et la ville dut faire abattre un grand nombre de vieux bâtiments à la descente du pont Marie sur le quai de l'Horloge.

L'inondation eut des suites désastreuses au point de vue de la misère; elle augmenta sensiblement, et le nombre des mendiants devint tel que le Parlement dut rendre de nouveaux arrêts contre eux : tous les pauvres étrangers à Paris durent quitter la ville dans la huitaine, sous les peines les plus sévères; mais ces sortes d'arrêts étaient toujours très difficiles à mettre à exécution et, comme on ne savait comment venir au secours de ceux qu'on ne pouvait pas chasser, on imagina de faire une loterie royale en faveur des pauvres.

Cette loterie fut créée au capital de 10 millions, divisés en 5,135 lots de 1,000 livres à 300,000 livres à répartir par tirages successifs. Le billet était de 200 livres, payables par termes, et vingt-cinq notaires furent commis à titre de receveurs pour en opérer les recettes. Les bénéfices, fixés à douze pour cent, étaient destinés au soulagement des pauvres.

L'opération n'était qu'une sorte d'emprunt déguisé, et elle n'eut qu'un médiocre succès.

Après l'inondation, on eut un moment la crainte d'une épidémie : malgré les ordonnances de police rendues spécialement pour le vidage et le nettoyage des caves dans lesquelles les eaux demeuraient stagnantes, nombre de propriétaires avaient négligé de les observer, et il fallut que des mesures énergiques fussent prises pour prévenir le danger que présentait cet état de choses.

Il était rare, lorsqu'on créait une loterie, que pour obéir à une sorte de système de compensation, on ne sévît pas contre les jeux, c'était une concession faite à la morale publique.

Il paraît qu'à cette époque les grands seigneurs donnaient volontiers à jouer et en retiraient de gros profits; en avril 1741, le prince de Carignan mourut, et sa veuve ferma dès le lendemain le jeu que son mari possédait à l'hôtel de Soissons, et qui lui rapportait un revenu considérable.

Le duc de Gesvres, gouverneur de Paris, avait aussi un pareil établissement, et il est permis de se demander, alors que le gouverneur de Paris, qui ne tirait pas moins de 130,000 livres par an de ce tripot, donnait l'exemple, comment on pouvait empêcher les simples particuliers de tenir des maisons de jeu.

Le duc était payé tous les premiers jours du mois des bénéfices qu'il réalisait de cette façon.

« Ces deux jeux étoient la ruine des enfants de famille de Paris, de bourgeois, d'officiers et autres. Cela faisoit la ressource d'un nombre d'escrocs; cela donnoit lieu à des vols au sortir du jeu, à des accidents funestes. Il n'y a plus de deux mois qu'un officier ayant perdu tout ce qu'il avoit revint désespéré à son auberge et se mit une si bonne dose d'opium dans le corps qu'il creva la nuit. »

Le cardinal de Fleury, qui était alors ministre, saisit l'occasion de la mort du prince de Carignan pour faire cesser le jeu du duc de Gesvres, et une ordonnance fut rendue pour la défense de tous les jeux de hasard. C'était généralement des femmes qui tenaient ces tripots, et naturellement la galanterie venait en aide aux hasards du sort pour dépouiller les habitués de ces antres qui pullulaient à Paris et y constituaient un véritable fléau.

Le 10 mai, un homme portant le costume d'un ouvrier entra au milieu de la journée dans l'allée d'un faïencier de la rue Saint-Martin, aux environs de la rue aux Ours, et y déposa une marmite ovale appelée huguenote, dans laquelle on trouva la tête d'un homme cuite avec des herbes et du lard.

On prévint le commissaire, qui fit transporter le tout à la morgue du Châtelet, et pendant plusieurs jours tout Paris s'y rendit pour voir la fameuse tête dans la marmite.

Comme bien on le pense, on fit toutes les suppositions imaginables à ce propos, mais ce fut en pure perte, et l'on ne connut jamais le mot de ce mystère qui cachait un crime ou tout au moins une effroyable mystification.

COSTUMES DE PARIS A TRAVERS LES SIÈCLES

HENRI III ET SES MIGNONS
(XVIᵉ SIÈCLE)

Nous trouvons, en 1741, l'établissement d'une école des arts ouverte dans la rue de la Harpe par un sieur Jean-François Blondel qui y enseignait les mathématiques, l'architecture; mais elle ne fit pas beaucoup parler d'elle et disparut on ne sait guère à quelle époque.

En juin 1741, mourut la duchesse de Bourbon-Condé, âgée de vingt-six ans; elle fut exposée pendant huit jours dans une chapelle ardente, avec un grand luxe de tentures qui décorait l'hôtel, situé, nous l'avons dit, à peu près à la place où se trouve aujourd'hui l'Odéon. Le Parlement refusa d'aller jeter de l'eau bénite sur le corps. Le comte de Charolais fut très mortifié de ce refus et jura que le corps de la princesse resterait plutôt dix ans dans l'hôtel, dans un appartement particulier, avec six cierges autour, plutôt que d'être inhumé sans que le Parlement lui ait rendu les honneurs auxquels il avait droit.

Enfin le roi envoya une lettre de cachet au Parlement pour lui intimer l'ordre d'aller jeter de l'eau bénite, et il dut s'exécuter; il y alla le vendredi 23; alors les autres cours souveraines suivirent son exemple, et le lendemain eût lieu le convoi; la duchesse fut enterrée aux Carmélites du faubourg Saint-Jacques à dix heures du soir. « Cette pompe a été faite avec grande magnificence. Il pouvoit y avoir au moins trois cents flambeaux portés par des domestiques, beaucoup d'officiers à cheval, les hérauts d'armes; plus de douze carrosses de deuil à six chevaux caparaçonnés en velours noir et argent, et le char à six chevaux, garni et couvert d'hermine avec les armoiries, dont les quatre coins étoient portés par quatre aumôniers à cheval. Ce char étoit extraordinairement précédé, entouré et suivi de flambeaux. M. le comte de Charolois avoit ordonné tout dans le grand. »

Quatre des artificiers qui, au dire de Barbier, avaient par intention fait manquer la fin du feu tiré par ordre de la ville sur la Seine, lors du mariage de Madame première avec don Philippe, obtinrent un privilège de douze ans pour tirer annuellement un feu d'artifice à la fête de la Saint-Louis, sur la rivière, entre le Pont-Royal et le Pont-Neuf, et ce privilège leur donna le droit de construire, le jour de la Saint-Louis, des loges et des échafauds et six pieds de terrain sur le quai pour y mettre des chaises afin que personne ne pût approcher des parapets sans payer. Or le 25 avril de cette même année, ils louèrent le terrain concédé à des entrepreneurs qui y élevèrent des estrades. Les bords de la rivière furent garnis de loges tapissées dont les places se louaient quatre livres et plus, et de chaises dans le bas. Le feu fut tiré à la grande satisfaction des curieux qui, malgré la misère du temps, se portèrent en foule aux environs pour l'admirer, selon l'habitude; car ce spectacle ne lassa jamais les Parisiens, pas plus que les entrées des ambassadeurs.

Aussi, le 7 janvier 1742, le faubourg et la rue Saint-Antoine étaient-ils couverts de gens qui se poussaient à qui mieux mieux pour bien voir Zaïdeffendi, ambassadeur extraordinaire de Turquie, qui faisait son entrée à cheval avec un cortège superbe.

Toute sa suite était richement vêtue et montée sur les chevaux de l'écurie du roi. Des esclaves à pied tenaient les chevaux des principaux officiers de l'ambassadeur; ils avaient les jambes nues et étaient chaussés de babouches. L'ambassadeur avait à sa gauche le maréchal de Noailles et à sa droite M. de Verneuil, introducteur des ambassadeurs.

Comme il avait très fortement gelé, et que le pavé n'était pas praticable pour les chevaux, on avait couvert de fumier haché le faubourg et la rue Saint-Antoine, et le reste du chemin était sablé. Ce travail fut effectué la veille et dans la nuit et coûta 12,000 livres.

L'ambassadeur sortit du faubourg Saint-Antoine (il était descendu comme d'ordinaire, dans la maison de M. Titon, spécialement affectée aux réceptions des envoyés étrangers) à onze heures, il arriva à l'hôtel des ambassadeurs extraordinaires rue de Tournon à trois heures; on eut soin de prendre le chemin le plus long et de le promener par la ville. « Les fenêtres et les rues ont été garnies de tout Paris. »

Le 14, il se commit un crime qui épouvanta les Parisiens; un corroyeur appelé Jean Bourgeois se rendit chez une veuve Lavardin, marchande de peaux, rue de la Heaumerie; celle-ci commanda à son garçon de magasin de montrer des cuirs au client, mais Bourgeois tirant un marteau de sa poche assomma le garçon, puis se jetant sur la veuve, d'un seul coup de marteau, il lui sépara la cervelle en deux. Restait la servante. Bourgeois voulut l'accommoder de la même façon, mais elle avait le crâne si dur que, malgré sept coups de marteau qu'elle reçut sur la tête, elle ne cessa de crier et d'appeler au secours. Le meurtrier fut arrêté et roué vif: — il ne l'avait pas volé.

Un sieur de Longpré avait fondé dans la rue de l'égout en face la rue Sainte-Marguerite (la rue de l'Égout s'appelait autrefois la rue Forestier, puis ce fut la rue de la Courtille-Saint-Germain, puis la rue Tarennes ou Taranne, puis enfin, au commencement du XVIIe siècle, à cause de l'égout qui y passait, la rue de l'Égout); (en 1312, la rue Sainte-Marguerite était la rue Madame la Valence; en 1368 elle fut détruite, et à la place on creusa un fossé qui fut comblé en 1636; la rue qui fut alors construite en cet endroit prit le nom de rue Sainte-Marguerite à cause d'une enseigne; elle a disparu lors du percement du boulevard Saint-Germain) une école d'équitation, à laquelle on donnait le nom d'académie; on y faisait de temps à autre des espèces de carrousels, c'est-à-dire des courses de bagues et de têtes ; c'étaient de jeunes gentilshommes qui fréquentaient le manège «les académistes y couroient la bague avec la lance, les têtes avec les épées, et ce qu'on appelle la Méduse, avec le dard ou javelot. L'émulation de ces jeunes seigneurs pour mériter les prix qu'on distribue aux vainqueurs contribue à rendre ces fêtes galantes et régulières. »

Ce manège fut fermé dans la première partie du xviiie siècle, et la veuve du financier Crozat acheta le vaste emplacement qu'il occupait et y fit construire plusieurs maisons et ouvrir un passage de communication entre la rue de l'Égout et celle du Sépulcre. On l'appela la cour du Dragon, par allusion au dragon de sainte Marguerite qui fut sculpté sur la porte d'entrée.

En 1806, on donna à la rue qui s'appelait depuis le xve siècle la rue du Sépulcre, en raison de la maison qu'y possédaient les chanoines du Saint-Sépulcre, le nom de rue du Dragon.

La semaine sainte avait été fort belle en 1742, ce qui favorisa le concours ordinaire de tout Paris aux ténèbres de Longchamps, c'est-à-dire à la promenade du bois de Boulogne, qui avait repris grande faveur depuis 1729, époque à laquelle une chanteuse de l'Opéra, Mlle le Maure, qui avait pris le voile à l'abbaye de Longchamps, y chantait au chœur. Sa voix était fort belle : on accourut pour l'entendre, et à partir de ce moment il y eut pendant la semaine sainte, à Longchamps, des offices en musique qui y attirèrent une affluence considérable ; c'était là ce qu'on appelait les ténèbres de Longchamps.

L'archevêque de Paris, M. de Beaumont fit fermer les portes de l'abbaye pour éviter la cohue de Longchamps, mais le pèlerinage n'en subsista pas moins. Dès le mercredi saint, le défilé commençait dans les allées des Champs-Élysées et les avenues du bois de Boulogne : c'était une inauguration des promenades, une fête publique du printemps, un salut donné en grande pompe aux premiers rayons du soleil, aux feuilles naissantes, et nul n'eût manqué au rendez-vous général assigné par l'usage.

On vit à Longchamps, en 1742, Mlle Leduc, une belle petite du temps, se promener dans une calèche bleue et argent au dehors et au dedans de velours bleu brodé en argent ; cette calèche était tirée par six petits chevaux nains, et tout Paris remarqua cette élégance.

C'était au reste déjà la coutume d'arborer à Longchamps les modes nouvelles ;

«Mais là-bas dans la grande avenue des Champs-Élysées, ces trois files de voitures et toutes les cavalcades... C'est Longchamps, Longchamps sous Louis XVI!... Courons, justement c'est vendredi, le beau jour! et il fait beau ! Oui, voilà bien les carrosses de la cour sur le haut du pavé et sur les bas-côtés, les carrosses de remise et les fiacres qui s'en mêlent aussi depuis 1650.

Que de broderies, que d'or et d'argent! que de paillettes ! oh ! les jolis bonnets, les jolies dentelles, avec des coques de rubans. Tiens, voici les chapeaux à trois cornes! quelle est donc cette voiture dont les roues étincellent de métaux précieux? les chevaux sont ferrés d'argent et ornés de marcassites, sans doute quelque princesse du sang? non, c'est l'équipage d'une lorette de l'époque.

Nous aurons plus d'une fois l'occasion de revenir à cette promenade traditionnelle, qui prit encore plus d'extension à partir du moment où le comte d'Artois fit bâtir (en 1777) le château de Bagatelle, dont il sera parlé.

Mais esquissons le tableau des modes qu'on put y voir à l'époque où nous sommes arrivé.

Une des plus saillantes est celle des paniers.

M. Quicherat, dans son *Histoire du costume en France*, affirme que cette mode nous vint d'Angleterre, puisqu'en 1711 « les journalistes anglais se désopilaient la rate avec les paniers qu'ils voyaient se promener dans les rues de Londres. Ces paniers s'appelaient *hoop-petticoat* (jupons à cerceaux). »

Ce ne fut qu'en 1718, que la nouvelle mode fit irruption en France.

« Deux dames très grasses, que leur embonpoint incommodait, se firent faire des dessous de jupes montés sur des cerceaux. Elle ne les mettaient qu'à la chambre. Un soir d'été, cependant, elles eurent la tentation d'aller en cet équipage aux Tuileries. Afin de n'être pas vues de la livrée qui obstruait les portes, elles entrèrent par l'Orangerie. Mais dans le beau monde on n'est pas moins badaud que dans celui des laquais. À peine les eut-on aperçues qu'on fit cercle autour d'elles. Bientôt la foule s'épaissit, elles n'eurent que le temps de se retrancher derrière un banc, et sans un mousquetaire qui les protégea, elles auraient été étouffées par la presse. Les pauvres femmes rentrèrent chez elles plus mortes que vives. Elles croyaient avoir causé un grand scandale. Loin de là, elles avaient converti la cour et la ville à leur mode.

« Les premiers paniers furent composés de cercles en jonc, en nattes, en baleines, rattachés ensemble soit par des rubans, soit par du filet. Après 1725, l'armature reçut une application de toile écrue, de gros taffetas, ou même de drap de soie broché ; il en résulta une véritable jupe qui tint lieu, du moins pendant l'été, de toutes les autres qu'on portait auparavant.

« La forme fut d'abord celle d'un entonnoir, et produisit les paniers à *guéridon*. Elle s'arrondit ensuite par le haut, comme pour dessiner une coupole ovale : de là les paniers à *coudes*, appelés ainsi parce que les cercles pouvaient s'appuyer dessus à la hauteur des hanches. Ces derniers sont ceux qui restèrent le plus longtemps en faveur, ceux dont l'ampleur atteignit les der-

Château de Bagatelle, sous Louis XV.

Les racoleurs guettaient le provincial jeune et naïf, bayant aux corneilles. (Page 192, col. 2.)

nières limites. Le bas présentait pour le moins une circonférence de 5 aunes, soit 3 mètres 60 c. »

Avant l'usage des paniers, les femmes, celles du théâtre surtout, portaient une espèce de jupon qui ne venait guère qu'à mi-jambe, fait d'une grosse toile gommée, assez large pour donner de la grâce, tenir les jupes en état et faire paraître la taille. Le bruit que faisaient ces espèces de paniers pour peu qu'on les pressât leur fit donner le nom de *criardes*. Les plus larges n'avaient pas deux aunes, et hors le théâtre il n'y avait guère que les dames du monde qui en portassent.

Barbier rapporte que le cardinal de Fleury a été embarrassé par rapport aux paniers. « Ils sont si amples, dit-il, qu'en s'asseyant, cela pousse les baleines, et l'on fait un écart étonnant, en sorte qu'on a été obligé de faire faire des fauteuils exprès. Il ne peut pas tenir plus de trois femmes dans les loges des spectacles pour qu'elles y soient un peu à l'aise. Cette mode est devenue extravagante, comme tout ce qui est extrême, de manière que les princesses étant assises à côté de la reine ; leurs jupes qui remontaient cachaient celles de la reine. Cela a paru impertinent; mais le remède était difficile et, à force de rêver, le cardinal a trouvé qu'il y auroit toujours un fauteuil vide de chaque côté de la reine, ce qui l'empêcheroit d'être incommodée. On a pris pour prétexte que ces deux fauteuils étaient pour mesdames de France. »

Un théologien publia contre les paniers, en 1728, un traité complet dans lequel, après s'être appuyé de maint texte de l'Écriture sainte, il déclare intolérable l'usage de cet objet de parure comme opposé à la pudeur, à la modestie et à toutes sortes de bienséances propres aux femmes. « L'enflure des habits, écrit-il, porte d'elle-même et présente à l'esprit l'idée de nudité ; l'attention qu'elle attire fait naître des pensées et des réflexions obscènes, et l'impression qui en reste salit l'imagination. »

Il n'y a qu'un théologien pour penser tout cela à la vue d'un panier qui pouvait être d'un effet trop disgracieux, mais qui dissimulait complètement les formes de la femme.

La *Gazette* de 1732 fulmina aussi contre les paniers :

« Comment ce panier si enflé et si élargi et qui laisse un si grand espace vide entre lui et la femme qu'il entoure peut-il être souffert? Ce vide est-ce un asile pour renfermer quelque amant? Ce volume monstrueux qu'on donne à une femme n'est-il pas plus étrange que ces anciennes coiffures érigées en pyramides, ou que ces souliers élevés qui sembloient de petites échasses. »

A l'origine, les paniers en coupole furent à l'usage exclusif des dames de la cour, mais une certaine demoiselle Margot vint s'établir d'Amboise à Paris et imagina le moyen de fabriquer des paniers à un tel bon marché qu'on vit bientôt non seulement les petites bourgeoises, mais même les femmes les moins qualifiées, voire les harengères et les marchandes de coco, s'en passer la fantaisie.

Enfin quelques dames ne voulant pas porter de paniers, mais ne pouvant rester tout à fait en dehors du mouvement, portèrent de courts jupons doublés de crins et piqués qui ne descendaient pas plus bas que les genoux ; on les appelait des paniers *jansénistes*.

Les corsages des robes étaient garnis de baleines et lacées par devant. « Ils se posaient par-dessus le corset, autre corsage simplement piqué sans baleines qui représente le corset d'aujourd'hui. Les manches restèrent plates et eurent des parements aussi larges, mais moins hauts que ceux de l'habit des hommes. » Les femmes portèrent aussi des robes volantes, dont le corsage était ajusté sur la poitrine, tandis que l'étoffe était laissée flottante au dos et sur les côtes.

Les femmes du peuple portaient le corsage à basque, d'où sortirent plus tard les casaquins.

« Lorsqu'il fallut dix à douzes aunes d'étoffe pour faire une robe, dit M. Quicherat, on eut garde de revenir aux ornements d'application. Les habillements les plus lourds furent en drap de soie à grands ramages. L'été on eut recours aux soies légères, aux cotonnades de l'Inde, au basin, à la mousseline, à la gaze. Les garnitures consistèrent en petits nœuds ou en chicorées, ouvrages délicats dont le ruban, les découpures de taffetas ou de gaze fournirent la matière.

Le goût du siècle pour le champêtre fit employer aussi les garnitures de fleurs artificielles, de même qu'il avait mis en faveur les bouquets peints sur les étoffes et les larges raies, imitation du bureau dont étaient habillés les bergers galants dans les ballets de l'Opéra.

Le 19 avril 1737, était parue une ordonnance royale qui défendait aux vilains de faire usage d'indienne spécialement réservée à la noblesse, « une demoiselle de Lagny, demeurant rue de Condé, vue avec un jupon d'indienne à fond blanc et à fleurs violettes ; la femme du sieur Arnoult, écrivain, demeurant dans le passage du Riche-Laboureur, vue avec un jupon d'indienne à fond blanc et à fleurs rouges ; le sieur Brun, demeurant à l'hôtel du Languedoc, trouvé avec un porte-manteau renfermant un casaquin d'indienne à fond blanc et à fleurs rouges, doublé de même. « Après avoir entendu les susnommés dans leur défense, statuant, etc., les condamne chacun à l'amende de 300 livres, au payement de laquelle ils seront condamnés même par corps, les condamne en outre par les mêmes voies à rapporter, si fait n'a été, lesdits jupons, etc., pour être confisqués. »

La poudre était devenue aussi le complément indispensable de la toilette, mais nous ne saurions suivre les métamorphoses de la coiffure imposées par des modes successives ; les femmes se coiffèrent à la culbute, à la doguine, en dorlote, en papillon, en équivoque, en vergette, en désespoir, en tête de mouton ; le rouge et les mouches accompagnaient la poudre, et le fard se mettait en telle quantité que le visage en était « empoucré » au point de rendre la personne méconnaissable.

Notons encore les talons des souliers de dames, élevés, pointus et reculés jusqu'à la cambrure du pied ; ils eurent une vogue universelle.

Les femmes du peuple se coiffaient de la cornette, et l'hiver y joignaient une bagnolette, sorte de capeline sans bavolet.

Les modes d'homme subirent aussi quelques changements : l'habit fut tantôt souple et flottant, tantôt raide et ajusté sur le corps ; en 1719 il était à plis rembourrés de papier ou de crin, afin de ressembler au panier.

La redingote, de l'anglais *riding coat* (habit à chevaucher), date aussi du commencement du règne de Louis XV ; c'était alors un grand surtout boutonné par devant avec deux collets et des ouvertures derrière et au côté. On s'en servait dans les mauvais temps.

La veste, ouverte depuis le haut jusqu'au creux de l'estomac, laissait à découvert la chemise et la cravate formée d'une pièce de linon ou de mousseline dont les bouts pendaient par devant. La veste descendait à mi-cuisse. La culotte fut d'abord attachée sous les bas, puis elle le fut au-dessous du genou par des jarretières transformées en pattes bouclées.

Les gentilshommes portaient des souliers dont les talons étaient peints en rouge ; aussi on les appela des talons-rouges ; ils étaient coiffés du chapeau à trois cornes ou tricorne dont la mode abaissa ou releva les bords ; on les galonna, quelquefois des plumes en garnissaient l'extérieur des bords, ou une cocarde de rubans ornait l'extérieur de l'un d'eux. Mais ce chapeau se portait généralement sous le bras, et la perruque était la véritable coiffure ; elle se terminait en queue. Puis vint la bourse, petit sac dans lequel on enfermait les cheveux de derrière; tantôt elle fut carrée, tantôt plate. On nomma catogan un nœud de cheveux ramassé sur la nuque, tandis que la queue était produite par un ruban tortillé et fortement serré autour de ces cheveux qu'on laissait croître, de façon qu'ils arrivassent sur le dos.

La canne était toujours en usage, mais elle devint plus courte que sous le règne de Louis XIV, et la tabatière ne manquait jamais de se trouver dans l'une des poches de la veste ou de l'habit.

Les assommeurs reparurent, à la fin de 1742, dans les rues de Paris, armés soit d'un fort bâton ferré en forme de marteau ou plombé; ils assommaient les gens qui s'attardaient le soir dans les quartiers un peu déserts, pour les voler. Par arrêt du Parlement du 4 décembre, leur chef, qui était un crieur de listes de loteries, appelé Rafflat, ainsi qu'un de ses complices, furent condamnés à être rompus vifs.

Le lendemain, ils subirent la question et furent menés ensuite à la place de Grève; là, ils demandèrent à faire des révélations. On les mena à l'Hôtel de ville où ils passèrent la nuit, et le jeudi dans la soirée, ils furent rompus et expirèrent sur la roue.

Le 13, un tailleur nommé Rocher et un compagnon orfèvre du nom de Vaucher, coupables du même crime, furent condamnés à la même peine; le 14 ils furent conduits à la Grève puis à l'Hôtel de ville sur leur demande et rompus le samedi 15.

Puis le 17, un jeune homme de dix-sept à dix-huit ans, appelé Desmoulins, fut mené en Grève; à son tour il demanda à être conduit à l'Hôtel de ville où il passa la nuit après avoir dénoncé plusieurs de ses complices : « Il a donc été rompu mardi 18 à midi. C'étoit un garçon si robuste et même très résolu qu'il est resté vingt-deux heures vif sur la roue. On a relayé des confesseurs pendant la nuit, d'autant que la place sur un échafaud est un peu froide. Et ledit sieur Desmoulins a bu plusieurs fois de l'eau et a beaucoup souffert. Enfin, voyant qu'il ne vouloit pas mourir et que le service étoit long, M. le lieutenant criminel a envoyé demander à Messieurs de la Tournelle la permission de le faire étrangler. Ce qui a été fait le matin mercredi 19 à dix heures, sans quoi il y seroit peut-être encore. Messieurs ses compagnons, ou autres de même volonté, doivent voir qu'on ne badine pas. »

Le roi signa le 25 septembre une ordonnance qui ne le rendit pas populaire, la voici :

« Sa Majesté étant informée que la licence touchant l'impression et le débit des livres seroit parvenue à un tel point que toutes sortes d'écrits sur la religion, sur le gouvernement de l'État et sur la pureté des mœurs, imprimés dans les pays étrangers, ou furtivement dans quelques villes de son royaume, sont introduits par des voies obliques et détournées dans sa bonne ville de Paris et y sont distribués par des gens sans qualité et sans aveu, qui les colportent dans des maisons particulières, dans les hôtelleries, les cabarets, les cafés, et même par les rues, ou qui les débitent à des étalages sur les ponts, quais, parapets, carrefours et places publiques et affectent de garnir ces étalages d'autres livres, vieux ou neufs, la plupart vendus et volés par des enfants de famille ou des domestiques, et recélés par ces étaleurs; et que ces abus, également défendus par les ordonnances et règlements intervenus sur le fait de la librairie et de l'imprimerie, ont fait un tel progrès, que ceux préposés pour y veiller n'ont pû en arrêter le cours, ni même exercer la police qui leur est commise sans exposer leur vie par la rébellion et la violence de ces sortes de gens qui sont soutenus par les gagne-deniers servant sur les ports, et autres de la populace; à quoi étant nécessaire de pourvoir, Sa Majesté a fait très expresses inhibitions et défenses à toutes personnes d'introduire en cette ville de Paris par voies subreptices et contraires à la disposition des règlemens rendus pour l'entrée des livres, aucuns libelles ou imprimez sous les peines portées aux dits règlemens, fait pareillement défenses à toutes personnes, même aux libraires ou imprimeurs de faire aucuns étalages de livres et d'avoir des boutiques portatives sur les ponts, quais, parapets, carrefours, places publiques, et autres lieux de ladite ville de Paris, même dans les maisons royales et privilégiées en quelques manières et sous quelques prétextes que ce soit, à peine de mille livres d'amende, de confiscation et de prison, même de punition exemplaire si le cas y échet. »

C'était la guerre déclarée aux étalagistes, depuis si longtemps en possession du droit de débiter leurs bouquins sur le Pont-Neuf et ses parapets.

« Quatorze ans plus tard, dit l'historien du Pont-Neuf, tous les petits détaillants du Pont-Neuf furent frappés à la fois... Les boutiques mobiles qu'ils occupaient avaient été placées sur le pont avec le consentement de Henri IV lui-même.

« Elles obstruaient sans doute un peu les banquettes ou trottoirs et gênaient un peu la vue, mais tant de pauvres petits marchands pouvaient y trouver à gagner leur vie que le bon roi n'avait pas voulu s'opposer à ce qu'on les construisît. » En 1756, le lieutenant de police fit enlever toutes les petites boutiques, et les Parisiens furent loin d'en être satisfaits.

Avant de terminer l'année 1742, disons un mot du fameux Grimaldi, dit jambe de fer, un cabrioleur émérite, qui débuta cette année-là à la foire Saint-Germain. Il avait parié que, dans le divertissement du *prix de Cythère*, il bondirait jusqu'à la hauteur des lustres; il tint si bien parole, que du coup qu'il donna dans celui du milieu, il en fit sauter une pierre à la figure de l'ambassadeur ottoman Mehemet effendi, qui se trouvait dans la loge du roi. A l'issue du spectacle, Grimaldi se présenta devant lui, espérant une récompense, mais il fut rossé haut et ferme par les esclaves de l'ambassadeur, sous prétexte qu'il avait manqué de respect à leur maître.

« Quelques jours après, ajoute l'auteur des *Spectacles populaires*, il annonça qu'il danserait une entrée de nain surprenante. Pour cela, il se fit fabriquer un énorme turban qui englobait sa tête et sa poitrine ; à ses hanches étaient attachés deux petits bras postiches, et sur son ventre nu il avait fait peindre un visage de nain, qui changeait de physionomie à chaque mouvement des plis de sa peau » ; mais la police intervint et le mit en prison.

Le 13 février 1743, fut affichée dans Paris une ordonnance du roi datée du 10 janvier pour la levée de la milice qui était fixée à 1,800 hommes de seize à quarante ans et d'une taille de 5 pieds au moins. Cette ordonnance produisit une grande sensation dans Paris ; il y était dit que les enfants de tous les corps et communautés des marchands et artisans sans distinction tireraient au sort.

Or les marchands des six corps qui avaient jusqu'alors joui de nombreux privilèges étaient surtout furieux de voir leurs fils assimilés aux crocheteurs, brouetteurs, savetiers et « autres gens de cette espèce », auxquels ils se croyaient de beaucoup supérieurs.

L'assimilation n'était pas complète, car, si les fils des marchands étaient appelés à tirer au sort avec « gens de peine et de travail et autres habitants qui ne seront pas dans le cas d'être exemptés par leur état » la même ordonnance disait que tous les gens sans aveu, profession ou domicile fixe « comme domestiques hors de conditions, ouvriers sans maîtres et vagabonds, étaient miliciens de droit, ainsi que ceux qui ne se seraient pas déclarés chez les commissaires dans la huitaine.

Le dessein du gouvernement était d'avoir une forte armée pour entrer en campagne, et si l'augmentation de la milice à lever n'était que de 1,800 hommes pour Paris, c'est qu'en dehors de ceux que le tirage allait désigner, depuis deux mois les racoleurs ne cessaient d'engager de gré ou de force pour le compte du roi dans Paris ; aussi ne voyait-on que des gens portant la cocarde au chapeau, ce qui était le signe distinctif des engagés volontaires ou soi-disant tels, tant qu'ils n'avaient pas endossé l'uniforme.

Rien n'était plus simple que la façon dont les racoleurs s'y prenaient pour recruter des soldats au roi ; le siège de leur industrie, qui remontait au siècle précédent, fut d'abord sur le quai voisin du Pont-Neuf et qu'on nommait le quai de la Ferraille. Ils se tenaient ordinairement dans les cabarets borgnes voisins de l'arche Marion, qu'on appelait des fours, et d'où ils guettaient le provincial jeune et naïf, bayant aux corneilles dans la rue. Dès qu'ils l'avaient aperçu, ils employaient toutes les ruses de leur imagination pour le faire asseoir au cabaret et, entre deux brocs de vin, lui extorquer un bon engagement en due forme.

Le commerce était lucratif : le racoleur, outre un salaire fixe, avait par chaque soldat qu'il enrôlait un profit proportionné à la taille et à la beauté de l'homme de recrue ; il se passait rarement une journée sans que des dupes tombassent dans les filets habilement tendus par les racoleurs qui employaient toute leur éloquence à convaincre les gens qu'ils étaient faits pour devenir soldats. Souvent même, quand l'homme sur lequel le racoleur avait jeté son dévolu refusait de se décider à s'enrôler, on tâchait de l'y contraindre par la violence. La plupart des racoleurs étaient de fines lames, une bonne querelle était bientôt cherchée, et la victime guignée n'avait plus que le choix entre la signature de son engagement, ou un bon coup d'épée généralement mortel. Quelquefois les racoleurs tiraient double profit de leur métier. Si quelque personnage avait le désir de se débarrasser d'un pauvre diable, il s'adressait au racoleur, et le lendemain le malheureux était enrôlé malgré lui ; le racoleur touchait une somme en récompense du service qu'il avait rendu et une prime du capitaine de la compagnie.

Écoutons l'un d'eux, s'adressant à une troupe de badauds qui l'écoute :

— Jeunes gens qui m'entourez, vous n'êtes pas sans avoir entendu parler du pays de Cocagne. C'est dans l'Inde (ou l'Espagne, ou l'Italie, selon que la guerre est imminente de ce côté), qu'il faut aller pour trouver ce fortuné pays, c'est là que l'on a tout à gogo. Souhaitez-vous de l'or, des perles, des diamants ? Les chemins en sont pavés, il n'y a qu'à se baisser pour en prendre...

Et quand le boniment en public était fini, le racoleur invitait parmi les auditeurs ceux qui lui paraissaient les plus faciles à piper, à venir se désaltérer au cabaret, et ceux qui acceptaient l'invitation étaient à peu près sûrs d'avoir, deux heures plus tard, la cocarde au chapeau.

Vers 1740, les racoleurs avaient à peu près abandonné le quai de la Ferraille ; ils opéraient de préférence à Neuilly et aux Porcherons. Mercier, dans son *Tableau de Paris*, représente un ouvrier qui s'est vendu dix écus, grâce aux promesses hyperboliques du marchand d'hommes : nourriture exquise, voyage en voiture, vin à discrétion, liberté absolue, toutes choses qui ont séduit le naïf.

— Mon bon ami, dit le recruteur, j'attendais la voiture du régiment, elle ne vient pas, je ne sais pourquoi, mais il fait si beau, marchons à pied, nous gagnerons de l'appétit.

Au lieu d'entrer à l'auberge promise, on entre dans une maison nue, et l'éloquent recruteur ajoute :

— Mes amis, le roi vous fait servir de la chair

On jetoit du haut des buffets en l'air des langues, des cervelas, des membres de dindons; attrapoit qui pouvoit. (Page 199, col. 1.)

crue parce que chacun suivra ses goûts, l'un l'aime rôtie, l'autre bouillie, celui-ci un peu cuite. Faites rôtir votre viande. Voici un pot de vin nouveau, c'est assez pour vous rafraîchir. Le vin nouveau d'ailleurs vaut bien le vieux.

Enfin on arrive au régiment.

— Mon ami, dit le recruteur le lendemain, vous avez parcouru hier la ville, quand vous vous promèneriez encore demain, vous verriez toujours la même chose. Autant vous amuser autrement. Allez vous mettre à la muraille. »

Le racolage fut réglementé en 1778, ainsi qu'on le verra, et aboli lorsque arriva la révolution de 1789.

L'ordonnance relative à la milice ne fut pas vendue publiquement par les colporteurs, ou du moins elle ne fut pas criée par les rues; il y eut en réponse des placards séditieux écrits à la main et affichés la nuit au coin des rues, contenant des menaces contre le lieutenant général de police et exhortant le peuple à mettre le feu aux quatre coins de Paris.

Liv. 148. — 3ᵉ volume.

Ce qui exaspérait les marchands et aussi le reste de la population active, c'est que les domestiques étaient dispensés du tirage. Depuis les princes du sang jusqu'aux conseillers du Châtelet et même les avocats, tous avaient fait exempter leurs laquais. Cependant la livrée s'attendait à tirer; « le peuple le désirait avec ardeur parce qu'une partie des laquais se moquaient des miliciens qu'ils rencontraient et leur faisaient des signes insultants derrière leurs carrosses ».

C'était une grosse affaire que le tirage de cette milice, et tout le monde s'en occupait à Paris. Enfin il eut lieu le 7 avril; on commença par le faubourg Saint-Germain, le lendemain ce fut le quartier du Luxembourg, puis celui Saint-André, etc. Le tirage avait lieu à l'hôtel des Invalides.

On redoutait quelques désordres, il ne s'en produisit pas. Les soldats des Invalides étaient sous les armes et posés à toutes les portes, et personne n'entrait que les jeunes gens appelés à tirer.

On divisait le quartier par groupes de trente ; sur trente billets il y en avait vingt-cinq blancs qui renvoyaient les miliciens quittes du service, et cinq noirs qui les obligeaient à servir. Ceux qui tiraient les cinq billets noirs donnaient leurs noms ; on les inscrivait, on prenait leur signalement, et on leur donnait une cocarde bleue et blanche pour mettre à leur chapeau.

« Ceux qui ont des billets blancs s'en vont en courant de bon cœur ; ceux qui ont des billets noirs prennent cela avec patience, et le tout boit de côté et d'autre au retour. »

Quelques-uns s'étaient cachés pour ne pas prendre part au tirage ; ils étaient déclarés fuyards et miliciens de droit. Ceux des jeunes gens tombés au sort qui en découvraient étaient exempts du service, et c'était l'homme découvert qui servait à la place de celui qui l'avait fait prendre.

Nous le répétons, il n'y eut pas de désordre ; cependant on en craignait, surtout dans le faubourg Saint-Antoine. Enfin, pour éviter que les tireurs au sort traversassent Paris pour se rendre aux Invalides, on les fit tirer à Vincennes.

Mais, il faut bien le constater, la haute bourgeoisie fut profondément blessée de voir ses enfants soumis aux chances de ce tirage, concurremment avec ceux du menu peuple, et elle ne pardonna jamais à la royauté, qui l'avait ordonné, ce qu'elle considérait comme une mortelle offense.

A peine le tirage fut-il terminé que les gens puissants furent assaillis de demandes d'exemption pour ceux qui avaient tiré des billets noirs. Les six corps des marchands nommèrent des députés pour aller présenter au roi une requête en faveur de ceux des fils de marchands qui devaient être soldats. Le roi refusa de les recevoir ; les ministres firent de même, et ils durent s'adresser au lieutenant de police, qui les reçut assez mal ; enfin on leur fit connaître que, moyennant le payement d'une certaine somme, on pourrait être exempté : ce qui fut fait.

Le 17 mai, les miliciens des divers quartiers reçurent l'ordre, par une ordonnance affichée au coin des rues et publiée aux prônes des paroisses, de se rendre le 20 à Saint-Denis, où on les équipa. On leur donna un habillement complet avec deux chemises, col, havresac et guêtres. L'habit et la veste étaient blancs avec boutons jaunes et le chapeau bordé de faux or.

Ils se promenèrent dans Paris dans cet uniforme et commencèrent à partir, bataillon par bataillon, à dater du 27.

La guerre de succession mettait l'Allemagne et l'Italie en feu, et les nouvelles arrivaient mauvaises à Paris. Au mois d'août 1743, on publia deux ordonnances du roi : l'une pour la création de 150 compagnies de cavalerie nouvelle, l'autre pour l'augmentation de 30,000 hommes de nouvelle milice, et l'on commença à s'inquiéter, on craignait un nouveau tirage, mais il n'en fut rien. Toutefois les affaires générales n'étaient pas brillantes, on parlait de plusieurs édits bursaux, du rétablissement du grand conseil ; on disait que le contrôleur général avait besoin de 50 millions, et tout le monde comprenait que pour faire la guerre il fallait de l'argent, mais personne n'était disposé à en donner.

Le mardi gras de février 1744 fut marqué par un accident qui attrista ce jour de fête populaire. Le chapitre Saint-Honoré était propriétaire d'une grande maison, au commencement de la rue des Petits-Champs, louée à un tapissier qui louait des chambres meublées ; l'intendant du marquis de Clermont-Resnel occupait le premier étage. Il alla à l'Opéra et dit à son laquais de lui faire bon feu pour son retour. Le laquais en fit tant que toute la maison brûla.

Douze personnes habitaient au-dessus de l'appartement de l'intendant, sept d'entre elles furent entièrement carbonisées, entre autres M. Le Lièbre, procureur au Parlement.

Le feu dura toute la nuit, les magistrats s'y rendirent ainsi que nombre de moines et de soldats aux gardes ; on ne put que préserver les maisons voisines.

Une victoire, la prise de Menin, fut l'occasion d'un *Te Deum* qui fut chanté le 17 juin 1744, à Notre-Dame. On pensait que la reine, le dauphin et Mesdames y assisteraient, mais ils s'en dispensèrent, ainsi qu'au feu d'artifice à neuf piliers qui fut tiré en face l'Hôtel de ville, dont toute la façade fut brillamment illuminée, ce qui attira un grand concours de monde. « Le soir, il n'y a point eu de feux de joie dans les rues de Paris, mais toutes les maisons ont été illuminées par ordonnance de police, ce qui faisait un plus bel effet, et tous les bourgeois étaient en foule dans les rues à se promener la nuit. Un rien suffit pour consoler le Parisien des inconvénients de la guerre. »

Les jours se suivent sans se ressembler. Après s'être extasiés sur les merveilles pyrotechniques de la réjouissance publique, les bons bourgeois purent lire le lendemain matin une affiche contenant une ordonnance émanant du roi et obligeant les corps et communautés des marchands, les artisans et autres habitants à fournir 300 hommes pour compléter les trois bataillons de milice de la bonne ville de Paris.

Les bourgeois firent la grimace, mais le tirage s'effectua sans difficulté.

Elle était soucieuse, la bourgeoisie ; deux sinistres financiers importants étaient venus la frapper : le 13 février, le notaire Bapteste, un des plus accrédités de Paris, était allé se noyer laissant un déficit considérable derrière lui ; le 3 mars, un autre notaire, M. Laiquedive jeune, quitta furtivement son domicile devant trois millions.

Ces deux événements mirent la frayeur dans Paris sur le compte des notaires. « Mais le 12 juillet il y eut de nouvelles réjouissances publiques à propos de la prise de la ville d'Ypres. Un *Te Deum* fut chanté à Notre-Dame ; le dauphin y assista et fut reçu dans la cathédrale par l'archevêque et le clergé avec les mêmes honneurs que s'il eût été le roi.

Après le *Te Deum*, ce prince alla se promener au petit Cours, et aussitôt les Parisiens sortirent de chez eux, pour se diriger de ce côté ; à huit heures et demie du soir, le dauphin revint à l'Hôtel de ville et « on a tiré dans la place, un feu d'artifice bien plus beau que celui pour Menin. M. le dauphin a soupé dans la grande salle seul, et il y avoit plusieurs tables pour toute la cour. La façade de l'Hôtel de ville étoit ornée et illuminée dans une grande magnificence, mais le vent et la pluie très indiscrète en ont empêché l'effet et la durée. M. le dauphin en est parti à onze heures et demie, et dans son chemin, par la rue Saint-Honoré et la place Vendôme il a trouvé toutes les maisons illuminées magnifiquement, autant que cela pouvoit être par une pluie à verse. Toutes les rues de Paris étoient fort bien illuminées, avec un concours de peuple étonnant, pour voir les illuminations, malgré la pluie, qui n'a été violente que sur les onze heures. J'ai vu passer devant ma porte une douzaine de polissons avec des tambours, à la tête des flambeaux, portant deux figures habillées : l'une représentant la reine de Hongrie et l'autre le prince Charles, une pipe dans la bouche. La joie de la populace, animée par la vue du dauphin, était très grande ».

Le 12 août, nouveau *Te Deum* pour la prise de Château-Dauphin ; mais cette fois sans feu d'artifice, on se borna aux illuminations.

Une grande inquiétude se répandit dans Paris le 15. Le roi était tombé dangereusement malade à Metz, et la nouvelle arriva dans la nuit du 14, qu'il avait reçu les sacrements et qu'il était à toute extrémité.

La population paraissait consternée. Le samedi 15 et le lendemain, l'hôtel des postes fut assiégé de gens qui attendaient l'arrivée des courriers. Des prières de quarante heures furent ordonnées dans toutes les paroisses ; « le 17 au matin, tout Paris alla ou envoya à la poste ; chacun avoit la larme aux yeux ; et enfin, sur les dix heures, il arriva un courrier qui dit que le roi avoit mieux passé la nuit du 15 au 16. »

A partir de ce moment, au fur et à mesure que les bulletins de santé arrivaient à la poste, on les faisait copier et afficher dans les cours de l'hôtel et aux portes des ministères. Aussitôt que le roi fut officiellement déclaré hors de danger, le Parlement s'assembla et ordonna qu'on chanterait immédiatement un *Te Deum* à Notre-Dame ; il fit prévenir le lieutenant de police qui eut ordre de faire imprimer et afficher cette ordonnance sans désemparer, afin que des illuminations pussent être faites dans tout Paris le soir même.

L'ordonnance fut affichée à deux heures, et à huit heures la ville fut illuminée, comme elle ne l'avait jamais été ; il y avait des lampions ou des chandelles jusqu'aux fenêtres des quatrièmes étages. Les rues Saint-Denis, Saint-Martin et Saint Honoré se firent particulièrement distinguer.

Malgré tout, les Parisiens n'étaient pas complètement satisfaits.

Ils avaient illuminé leurs maisons, mais il n'y avait pas eu de feu d'artifice.

Cela ne pouvait pas se passer de la sorte : la fête était à recommencer ; on la recommença.

On chanta un nouveau *Te Deum*, et il y eut à la Grève un feu d'artifice tiré par des artificiers italiens qui se signalèrent. L'illumination générale de la ville fut encore plus belle que la précédente, et sur le Pont-Neuf, sur les places publiques et aux principaux carrefours, il y avait deux pièces de vin en perce, des pyramides de pains et de cervelas « et devant chaque distribution de vin, il y avoit une charpente de gradins pour cinq ou six musiciens qui jouoient des instrumens. Le peuple a couru en foule une partie de la nuit dans les rues pour aller visiter dans les différents quartiers les grandes illuminations. Cette réjouissance a été complète ».

Toutefois on remarqua que le feu d'artifice, « qui étoit d'un goût infiniment galant et superbe, étant sur une place aussi irrégulière et aussi vilaine que la Grève, étoit placé, formé et entouré de façon qu'il étoit uniquement construit pour l'Hôtel de ville et nullement pour le peuple qui ne pouvoit le voir aisément, quoique le premier objet de la réjouissance ».

Aussi le public se montra-t-il fort indisposé contre le prévôt des marchands, M. de Bernage, qu'on chansonna d'importance.

Nos pères attachaient tant de prix aux feux d'artifice que Barbier ne craint pas de dire dans son *journal*, à propos de la mauvaise disposition que nous venons de citer : « Il ne faut qu'une misérable aventure pareille pour discréditer M. de Bernage dans l'esprit du public et faire trouver mauvais tout ce qu'il fera dans la suite.

Mais continuons, d'après lui, le récit de ces réjouissances qui n'en finissaient pas. Il n'y eut point de corps et de communautés, de quelque espèce qu'ils fussent, qui ne fissent chanter un *Te Deum* pour le rétablissement du roi. On ne voyait que cela affiché, chaque jour, au coin des rues et, le jour où il était chanté, chaque particulier appartenant à la communauté qui l'avait commandé illuminait sa fenêtre « jusqu'aux charretiers du port Saint-Bernard ».

Les orfèvres et joailliers qui demeuraient sur la place Dauphine et sur les quais des Orfèvres et de l'Horloge donnèrent, à cette occasion, une véritable fête le 14 septembre. « La place Dauphine étoit ornée et illuminée avec goût et tout le tour des quais et la rue de Harlay avec des lustres de lampions à la place de lanternes, et, dans le milieu de la place, il y avoit une enceinte où il y a eu un grand concert sur les dix heures du soir. Ce spectacle d'illuminations étoit d'un grand goût, et depuis huit heures jusqu'à trois heures du matin il y a eu un concours de peuple et de tout Paris. »

Le 21, les salpêtriers de l'arsenal firent aussi chanter un *Te Deum* en musique; ils illuminèrent tout le jardin et firent tirer un grand nombre de fusées sur la Seine avec des décharges de boîtes. « On entend tous les soirs tirer de tous les côtés. Tous les collèges font aussi des fêtes et des illuminations. »

En même temps que le roi revenait à la santé, nos armes étaient victorieuses en Italie, et alors les *Te Deum* et les réjouissances recommencèrent ou plutôt continuèrent.

Les Parisiens passaient tout leur temps à se promener dans les rues nuit et jour.

On se demande comment ils pouvaient s'accommoder de tant d'heures de chômage.

Le 23, après plusieurs autres, le contrôleur général Ory fit tirer un feu d'artifice à Bercy, et, du côté de la porte Saint-Bernard, « il y eut une telle affluence de carrosses et de peuple à pied qu'on ne s'apercevoit pas ni de la guerre ni des vacances. Il y en avoit aussi beaucoup de l'autre côté de la rivière, et l'on voyoit le feu jusqu'au pied dans l'eau de tous côtés ».

Les garçons charbonniers firent chanter leur *Te Deum* le 4 octobre à Sainte-Geneviève. Ils marchèrent en corps avec les hautbois et les trompettes de la ville en portant huit pains bénits. Celui qui rendait le pain bénit était en tête, tout habillé de blanc (un charbonnier!), souliers, chapeau et plumet blancs, une épée au côté et une perruque noire; les autres, au nombre d'une centaine, étaient en habits bourgeois.

Les porteurs d'eau les imitèrent, et l'affiche qui indiqua l'heure et, le jour de leur *Te Deum* portait en tête : *Porteurs d'eau de l'Université de Paris*. Cela ne vouloit pas dire que ces porteurs d'eau fussent bacheliers, mais plus probablement qu'ils appartenaient au quartier de l'Université ; néanmoins on plaisanta l'en-tête de cette affiche, qui fut diversement interprété.

A propos des corps et communautés, quelques modifications assez importantes furent apportées aux statuts de certaines corporations; ainsi les maîtres cardiers de Paris avaient reçu un règlement par un arrêt du roi, du 30 décembre 1727, qui limitait la longueur et la largeur des cardes qu'ils fabriquaient pour les maîtres cardeurs, bien que ceux-ci eussent le privilège de pouvoir faire et monter des cardes.

Les dominotiers, c'est-à-dire les fabricants de papiers marbrés et coloriés, furent aussi l'objet d'un règlement, en date du 28 février 1723, ordonnant aux « maîtres dominotiers imagers et tapissiers de Paris », lorsqu'ils vouloient mettre au dessous de leurs images et figures quelque explication imprimée et non gravée, d'avoir recours aux imprimeurs. Cette explication ne pouvait jamais excéder le nombre de six lignes. Ajoutons que les dominotiers étaient soumis aux visites des syndics de la librairie qui devaient veiller à ce qu'ils n'imprimassent « aucune peinture dissolue ».

Mais ce furent surtout les épiciers qui virent augmenter leurs privilèges : déjà un arrêt du Parlement les avait autorisés au siècle précédent à vendre du fer ouvré ou non ouvré et du charbon de terre « comme les merciers », mais un nouvel arrêt du Parlement, du 6 novembre 1731, leur donna permission de vendre toute espèce de liqueurs de table, de parfums et de fabriquer du chocolat. Ces privilèges furent confirmés par un autre arrêt, du 5 juillet 1738, qui les maintint dans le droit de vendre de l'eau-de-vie et même d'en donner à boire chez eux sans que le consommateur pût s'attabler, de vendre du café en fèves et non brûlé et du thé en feuilles et non en boisson. Le 23 février 1740, ils obtinrent encore le droit de vendre des graines légumineuses sèches, mais à la condition qu'ils les achèteraient au delà de 20 lieues de Paris et qu'ils ne pourraient les vendre qu'aux bourgeois.

L'ambition de l'homme est sans limites.

Plus les épiciers se voyaient accorder de nouvelles autorisations, plus ils en sollicitaient. Le 11 juillet 1742, un arrêt du Parlement leur permit de vendre, concurremment avec les apothicaires, toutes les drogues simples et les quatre grandes compositions foraines (la thériaque, le mithridate, les confections alkermes et l'hyacinthe); le 9 mai 1743, ils purent encore par arrêt du Parlement, vendre des jambons et « autres chaircuiteries venant de Bayonne, Mayence, Bordeaux et villes environnantes. » Enfin, peu à peu, ils obtinrent de vendre « des couleurs, des bouchons, des citrons, des bergamotes, des cédrats, du papier au détail, des rognures de parchemin, etc. ».

Puis enfin ce furent les tireurs d'or, dont le nombre fut fixé à trente pour la ville de Paris, par lettres patentes sur arrêt du 7 mai 1725; les parcheminiers qui, ayant supplié le roi de leur accorder une jurande, obtinrent des lettres patentes du mois de mars 1728, qui leur donnaient des statuts et des règlements contenant 22 articles ; les libraires-imprimeurs et marchands merciers, dont un règlement nouveau fut rendu obligatoire par arrêt du conseil du 13 mars 1730; il y est fait défense aux merciers de vendre aucuns livres imprimés, à l'exception des abécédaires, des almanachs et des petits livres d'heures et de prières im-

Les racoleurs se tenaient ordinairement dans les cabarets borgnes, voisins de l'arche Marion.

Le roi arriva au palais des Tuileries, où l'attendaient la reine et la dauphine. (Page 200, col. 1.)

primés hors Paris et n'excédant pas deux feuilles d'impression. Il y est dit aussi que nul ne peut parvenir à la maîtrise, après quatre années d'apprentissage et trois de compagnonnage, s'il n'a vingt ans accomplis, s'il n'est congru en langue latine, et s'il ne sait lire le grec, suivant certificat du recteur de l'Université, et s'il n'a en outre un certificat de catholicité, de bonne vie et mœurs, et enfin s'il n'a subi un examen sur les matières de la librairie, par-devant le syndic et les adjoints en charge.

Les horlogers furent aussi contraints par arrêt du conseil, du 19 novembre 1740, à observer les règlements concernant les matières d'or et d'argent et, le 20 mars 1741, ils furent assujettis aux règles de police semblables à celles qui étaient prescrites aux orfèvres.

Le 13 novembre 1744, la reine était arrivée à une heure de relevée de Versailles au château des Tuileries avec Mesdames; le dauphin y vint à cinq heures et, à six heures, le roi qui était venu en poste, monta dans un carrosse qui l'attendait à Bercy et fit son entrée dans sa bonne ville. Le gouverneur et le corps de ville le reçurent à la porte Saint-Antoine et le complimentèrent. Il se dirigea ensuite vers les Tuileries. Les soldats aux gardes et les Suisses faisaient la haie depuis la porte Saint-Antoine jusqu'au petit Saint-Antoine. Le cortège était composé des inspecteurs de police du guet à cheval, de la fauconnerie, des mousquetaires noirs et gris, des chevau-légers, des gendarmes, de nombre de chevaux de la petite écurie et des gardes du corps. Le roi était dans un grand carrosse, lui cinquième, et une compagnie des gardes de la monnaie fermait la marche.

Quelques bourgeois du faubourg Saint-Antoine en habit uniforme avec un simple bouton d'or et veste galonnée, avaient été à cheval au-devant du roi. Ils n'étaient pas plus d'une centaine.

Les rues n'étaient pas tendues, mais elles étaient parfaitement décorées et illuminées.

Le lendemain, ce fut encore un jour de fête; le roi se rendit à Notre-Dame, en grand cortège, dans ses carrosses à huit chevaux, et toute la famille royale l'accompagna, puis les gentilshommes, les mousquetaires, les gendarmes, etc. « Quoiqu'il fît mauvais temps, pluie et vent, l'église où tout le monde entroit et le parvis de Notre-Dame étoient remplis de peuple et autant sur la route. »

Le 15, autre fête, le roi vint dîner à l'Hôtel de ville, et tout Paris se bouscula sur la place de Grève pour voir la décoration dont elle était l'objet; on l'avait entourée d'une colonnade en carton peint en marbre avec des trophées dorés au-dessus et des guirlandes d'illuminations d'une colonne à l'autre. Vis-à-vis la grande arcade se trouvait un grand arc de triomphe en charpente couvert de toile peinte et sur le sommet était un char en carton blanc à quatre chevaux, sur lequel le roi était représenté couronné par la Victoire, debout derrière lui.

Sur la Grève, en descendant vers la rivière, se trouvait une grande fontaine carrée, avec quatre bouches jetant du vin au peuple. Tout le carré de cet emplacement était entouré de poteaux supportant des girandoles; il y en avait aussi tout le long du quai Pelletier.

Messieurs de la ville avaient fait construire un pont de bateaux traversant la Seine au port Saint-Landry, parce qu'ils pensaient qu'il y aurait *Te Deum* avant le dîner, et qu'ils pourraient passer sur ce pont aussitôt après, de façon à devancer le roi à l'Hôtel de ville et pouvoir l'y recevoir.

Mais le roi se contenta d'arriver avec toute sa maison à deux heures pour dîner.

La table était de trente couverts; mais il y avait en outre deux cents personnes (des femmes pour la plupart) assises sur des banquettes pour voir festiner la maison royale, et de plus un orchestre de quarante musiciens qui joua pendant toute la durée du repas municipal.

Des tables étaient disposées dans toutes les salles de l'Hôtel de ville, pour les pages, les Cent-Suisses, les gardes du corps, etc., et toutes abondamment servies « à deux soupes, neuf entrées, rôti, entremets, dessert monté, toutes sortes de vins et de liqueurs; çà été une consommation étonnante ».

Une particularité mérite d'être signalée :

D'ordinaire, les échevins, lorsqu'ils traitaient, faisaient faire le service de la table par des gardes suisses; mais comme il n'y en avait pas de disponibles, ils firent afficher dans Paris que tout domestique en service pourrait se présenter à la ville muni d'une autorisation de son maître, pour servir à table. Ils devaient venir en bas blanc, culotte de velours ou de panne noire et veste blanche; on avait fait faire des habits bleus brodés qu'ils n'eurent qu'à endosser. »

La veille du dîner, ils se rendirent à l'Hôtel de ville, on donna à chacun une bourse de cheveux et une carte pour entrer le lendemain à huit heures du matin.

On les distribua par tables, on leur attacha un ruban à la boutonnière, et ils servirent; après le dîner, ils quittèrent leurs habits et s'en allèrent pour revenir le jeudi.

Naturellement tout Paris était encore illuminé ce soir-là. Il y avait un si grand concours de peuple et de carrosses sur la place de Grève et aux alentours de l'Hôtel de ville, qu'il était impossible de marcher; les quais, les hôtels, les établissements publics et particuliers, les maisons, tout était couvert de lampions, de chandelles, de girandoles. Paris se ruinait en illuminations.

Le 17 il y eut de nouveau illumination générale, et le roi et sa famille se promenèrent dans Paris après souper. Ce souper était en public; c'est-à-dire que tout le monde, hommes et femmes, pouvait entrer aux Tuileries pour regarder le roi, la reine, le dauphin et mesdames manger, pourvu toutefois qu'on fût en noir; la cour était en deuil à la suite de la mort de la sixième fille du roi, et cela obligeait tous ceux qui entraient dans la demeure royale à n'y paraître aussi qu'en deuil.

Pendant que la cour était aux Tuileries, le dauphin passa par la rue Saint-Vincent pour aller entendre la messe à Saint-Roch; à son retour et passant dans la même rue, il remarqua qu'on avait changé l'inscription de la rue pendant la durée de son séjour à l'église, elle s'appelait maintenant rue du Dauphin; elle conserva ce nom jusqu'en août 1879, où elle devint la prolongation de la rue Saint-Roch.

Une affaire criminelle assez singulière termina l'année; un certain Arnaud, fameux chirurgien, jaloux de sa femme, obtint du ministre Maurepas une lettre de cachet pour la faire enfermer; un sieur Michel en obtint une pour la faire sortir de prison. Arnaud jura alors de se venger de Michel; il imagina d'abuser d'une enfant de neuf ans d'accord avec sa mère et de mettre ce crime sur le compte de Michel, mais au dernier moment la mère refusa de consentir à cette infamie. Il inventa alors de se trouver le soir sur le chemin de Michel, de s'approcher de lui en criant au meurtre et de l'accuser d'avoir voulu l'assassiner. Cette combinaison manqua encore. Enfin, à l'aide de fausses lettres faites de complicité avec un sieur Baudouin, il accusa Michel de conspirer contre la sûreté de l'État. Michel fut arrêté, mais il protesta de son innocence et dénonça Arnaud comme son ennemi; celui-ci, Baudouin et un autre complice furent alors emprisonnés. Arnaud avoua tout, mais comme les gens de la cour avaient souvent besoin de ses services pour une maladie spéciale et malheureusement trop commune alors, ils firent tout ce qu'ils purent pour obtenir sa grâce; ils purent seulement lui sauver la vie. Il fut condamné avec ses complices à faire amende honorable, au fouet, à la marque au fer rouge et aux galères perpétuelles.

Après l'amende honorable, les condamnés furent réintégrés dans leur prison pour être fouettés. Le lendemain 30 décembre, on trouva Baudouin la gorge coupée à l'aide d'un rasoir. Alors, au lieu de le fouetter, on pendit son cadavre par les pieds. Quant à Arnaud, il subit sa peine.

Nous n'en avons pas fini avec les fêtes ! Tout Paris s'occupa, au commencement de 1745, de celles qui allaient être données en l'honneur du mariage du dauphin avec Marie-Thérèse-Antoinette, fille de Philippe V, mariage qui fut célébré à Versailles le 23 février.

Ce jour-là, par ordonnance du lieutenant de police, toutes les boutiques furent fermées à Paris, et les habitants durent illuminer.

Puis on disposa sept salles publiques dans lesquelles le peuple de Paris, put danser, souper et se divertir toute la nuit : c'était une innovation. Deux de ces salles furent construites sur la place Vendôme ; elles étaient toutes ouvertes et plafonnées de toile blanche ; l'intérieur et l'extérieur étaient peints en treillage avec des figures, et un plancher d'un pied de hauteur couvrait le sol. Dans chacune, quatre orchestres étaient garnis de musiciens, et quatre buffets élevés par gradins étaient garnis de plats en fer-blanc (qu'on avait pris la précaution de clouer sur place) pleins de morceaux de mouton rôti, de dindons coupés, de langues, de cervelas, de pain ; le vin était dans des tonneaux dont on n'avait qu'à tourner la cannelle.

Une autre salle semblable occupait la place du Carrousel, une était à la place Dauphine, une à l'Estrapade, une à la porte Saint-Antoine et toutes très vastes et très solides. Malheureusement comme elles étaient ouvertes à tous venants, elles se remplirent de tout ce que Paris renfermait d'affamés qui se ruèrent sur les comestibles. « Elles n'étoient remplies que de la dernière populace ; on jetoit du haut des buffets en l'air les langues, les cervelas, le pain, les membres de dindons ; attrapoit qui pouvoit ! Ce qui faisoit le tumulte. La symphonie, bonne et nombreuse, jouoit des contredanses, mais personne ne dansoit que quelquefois une bande de polissons, en rond. La femme d'un cordonnier, une couturière, se seroient crues déshonorées de danser là. Il y avoit grand ordre de police, par du guet à cheval et à pied, à chaque salle ; en sorte qu'il n'y est arrivé aucun désordre, malgré le vin dont plusieurs s'étoient sentis. »

Vers dix heures du soir, les places où se trouvaient élevées ces salles furent envahies par les curieux qui venaient en carrosse pour voir l'effet des salles de plaisirs publics.

On s'en prit encore au prévôt des marchands de l'idée saugrenue que la ville avait eue d'établir de pareilles salles éclairées par des terrines de suif, plutôt que de les avoir aménagées pour la bourgeoisie et d'avoir fait des distributions de vivres au peuple sur les places publiques.

Il était dit que ce malheureux prévôt ne ferait que des fours !

Le dimanche 28 février, il organisa avec les échevins un grand bal à l'Hôtel de ville ; quinze jours à l'avance il avait fait annoncer dans Paris que quiconque désirait des billets pour entrer au bal n'avait qu'à se faire inscrire.

Laquais, clercs, bourgeois, et gens sans état, tout le monde se fit inscrire, et le fils du prévôt, M. de Bernage de Vaux, qui délivrait des billets fut tellement assourdi, le jour où, selon l'avis donné, on pouvait se présenter pour les retirer, qu'il put à peine en délivrer quelques-uns ; le lendemain et le surlendemain, il fallut mettre des barrières et des gardes pour protéger le bureau envahi par la foule, criant, tempêtant, qui menaçait de tout bouleverser si l'on ne lui donnait pas les billets qu'elle réclamait.

Mais le jour du bal, ce fut bien pis, « car il y avoit nombre de chie-en-lit ; les laquais des ministres étrangers, des gens de cour en vendoient le dimanche dans Paris trois livres, et le soir à dix heures on les crioit dans la place de Grève à vingt-quatre et à douze sols ».

On ne pouvait monter ou descendre les escaliers ; on se portait dans les salles, on s'y étouffait, on criait, on s'y trouvait mal ; plusieurs personnes furent blessées et quelques-unes moururent des suites de la fatigue, de la chaleur et du froid qu'elles avaient éprouvés en sortant.

Depuis ce jour on n'appela plus le prévôt des marchands que le prévôt de *salle*.

Naturellement, quand on procure tant de plaisir au peuple, il faut toujours qu'il le paye d'une façon ou d'autre ; aussitôt la série des fêtes terminées, le Parlement enregistra cinq édits bursaux dont un créait nombre de charges d'inspecteurs et contrôleurs sur tous les corps de marchands et des arts et métiers.

Il y avait en 1745 dans Paris et ses faubourgs environ 4,000 vaches ; une épizootie se déclara vers la fin de mars et en fit périr une grande quantité, mais elle fut heureusement de courte durée.

Le 18 mai, le Parlement rendit un arrêt qui défendit de composer ou débiter tous écrits qualifiés de gazettes ou nouvelles à la main, sous peine du fouet et de bannissement pour la première fois.

Le 20, on chanta un *Te Deum* à Notre-Dame pour célébrer la victoire de Fontenoy, soixante-dix membres du Parlement et quarante évêques y assistèrent ; le soir, il y eut illumination dans toutes les rues et distribution de vin au peuple sur les places publiques.

Le 24, on en chanta un autre pour la prise de la ville de Gand, et le 3 août un pour la prise de Bruges et d'Audenarde. Le soir, illuminations et feu d'artifice.

Joseph-Antoine Daguesseau, conseiller honoraire au Parlement, M. de Champeron et la dame de la Vergne avaient obtenu, le 26 janvier 1723, un arrêt du conseil et, le 6 février suivant, des lettres patentes qui leur permettaient d'établir un marché dans un grand marais qui existait alors entre les rues de Suresne et du faubourg Saint-Honoré et qui leur appartenait; mais il parut plus avantageux, par la suite, de placer ce marché plus près de la ville, et l'on choisit un emplacement entre la rue de la Madeleine et celle du chemin du Rempart (qu'on appela d'abord rue de Chevilly, en raison d'un hôtel de ce nom qui y était situé : elle est devenue la prolongation de la rue Royale Saint-Honoré). André Mol de Lurieux, avocat au conseil, était propriétaire du terrain, il le céda à la condition qu'il serait intéressé pour un quart dans le privilège. Cette translation fut autorisée par de nouvelles lettres patentes données au camp d'Alost le 16 août 1745 et enregistrées au Parlement le 6 décembre suivant. Elles permettaient d'y établir six étaux de boucherie, des échoppes, baraques et étalages pour des boulangers, poissonniers, fruitiers, etc.

Il fut ouvert le 2 juillet 1746.

Aujourd'hui, la partie du terrain où fut établi le marché Daguesseau se nomme la cité Berryer, après s'être appelée passage du marché Daguesseau. On lui donna en 1837 le nom du célèbre avocat; quant à l'ancienne rue de la Madeleine, elle devint la continuation de la rue de l'Arcade et prit ensuite le nom de rue Boissy d'Anglas depuis sa naissance jusqu'au boulevard Malesherbes.

Le 23 août 1745, *Te Deum* à Notre-Dame avec les cérémonies ordinaires, pour la prise de la ville de Termonde.

Le 3 septembre, *Te Deum* pour la prise d'Ostende, et le 7 grande fête à Paris pour l'arrivée du roi; dès le 2 le Parlement avait rendu un arrêt ordonnant de tapisser les rues, d'illuminer les maisons, et de sonner la cloche du palais. De grands préparatifs furent faits à la porte Saint-Martin, dans la rue de la Ferronnerie, dans la rue Saint-Honoré, où se trouvait la barrière des Sergents qui fut abattue à cette occasion, au palais des Tuileries et à l'Hôtel de ville.

Le roi arriva avec le dauphin par la Villette vers quatre heures de relevée. Il était attendu par un détachement de gardes du corps, de gendarmes, de chevau-légers, de mousquetaires gris et noirs, etc. Un concours énorme de gens et de voitures couvraient le chemin. Arrivé à la porte Saint-Martin, le roi s'arrêta pour recevoir les clefs qui lui furent présentées par le gouverneur de Paris, le prévôt des marchands, les échevins, conseillers et quarteniers de la ville, tous à genoux.

Le roi arriva à six heures au palais des Tuileries, où était la reine, la dauphine et mesdames. Une grande partie du peuple, qui s'était répandu par la ville pour voir l'entrée, revint dans le jardin des Tuileries où toute la cour se montra aux fenêtres, ce qui donna lieu à de nombreuses et réitérées acclamations.

Le lendemain, le roi et toute la cour se rendirent à l'Église Notre-Dame pour y voir placer les drapeaux pris sur l'ennemi et apportés par les cent-Suisses, et pour y entendre la messe et le *Te Deum*. Toutes les cours souveraines avaient été invitées à la cérémonie. Bien qu'on fût au commencement de septembre, les présidents à mortier portaient la grande fourrure et le mortier qui constituaient le costume d'hiver, afin de faire voir cet habillement à la dauphine.

A la sortie de Notre-Dame, l'affluence de curieux était énorme; tout le monde voulait voir la dauphine dont les carrosses à huit chevaux, tout en velours cramoisi, brodés d'or, étaient d'une magnificence de dorure sans égale.

Le mercredi, il y eut grand gala à l'Hôtel de ville, souper, concert et feu d'artifice.

Les illuminations retinrent tout Paris par les rues. Il y eut bal de nuit à l'Opéra, et à trois heures du matin c'était à peine si on pouvait circuler dans la rue Saint-Honoré où se trouvait agglomérée une foule énorme qui se promenait aux environs du Carrousel.

Le jeudi il y eut réception aux Tuileries du Parlement et de toutes les cours, du grand conseil et de l'Université; pendant toute la journée le cours la Reine, les boulevards et les Tuileries furent couverts de monde. Le lendemain la cour dîna au Louvre et dans l'après-midi partit pour Versailles. La foule se plaça sur son passage jusqu'au Point du jour.

Le 18, on chanta un *Te Deum* à Notre-Dame pour la prise de Tortone.

Nous avons déjà parlé de l'installation des francs-maçons à Paris, qui commencèrent par établir une loge dans la rue des Boucheries, chez un traiteur anglais appelé Hure. Dans une autre auberge de la même rue, dont l'enseigne était : *Au louis d'argent*. Une seconde loge fut fondée le 7 mai 1729 par un sieur Le Breton, une troisième fut encore ouverte rue de Buci dans la maison d'un traiteur nommé Landel. On la désigna d'abord sous le nom de loge de Buci, puis sous celui de loge d'Aumont, après que le duc d'Aumont s'y fut fait recevoir. Ces loges naissantes reconnaissaient comme grand-maître de l'ordre maçonnique lord Dervent-Waters; mais, ce lord ayant été décapité, son successeur fut lord d'Harnouester qui, en 1736, fut élu grand-maître par les quatre loges parisiennes (la quatrième était la loge de Goustand, fondée par un lapidaire anglais).

Lord d'Harnouester obligé, lui aussi, de quitter la France, convoqua une élection générale des maçons de Paris, pour lui nommer un successeur; mais le roi, qui voyait avec déplaisir l'introduction en France de la franc-maçonnerie, fit connaître que si le choix des électeurs tombait

La cérémonie fut soudainement interrompue par l'arrivée d'un commissaire de police. (Page 202, col. 1.)

sur un Français, il le ferait mettre à la Bastille. Cette menace n'empêcha pas les maçons d'élire le 24 juin 1738, pour grand maître inamovible le duc d'Antin.

Le choix était heureux, en ce sens que le monarque y regarderait à deux fois avant d'ordonner l'emprisonnement du duc qui, en effet, demeura libre.

Cependant, le lieutenant de police, qui avait reçu des ordres en conséquence, surveillait très activement les maçons qui s'assemblaient chez un traiteur de la Rapée, appelé Chapellot. Un jour il se proposa de les surprendre et se rendit en personne au lieu indiqué ; or justement, ce jour-là, le duc d'Antin présidait, et il reçut le lieutenant de police de façon à lui ôter toute envie de se mêler à l'avenir de ce qui se passait dans la loge maçonnique.

Mais le lieutenant de police se vengea : il fit fermer la loge, ordonna d'en murer les portes et rendit une ordonnance qui prohibait toutes les réunions des francs-maçons.

Ceux-ci, au mépris de la défense, ne craignirent pas de se réunir le 27 décembre 1738, dans une loge nouvellement installée dans la rue des Deux-écus, afin d'y célébrer la fête de l'Ordre ; mais le lieutenant de police averti, envoya des agents qui arrêtèrent les délinquants et les conduisirent au For-l'Évêque. Cela n'empêcha nullement les loges de se propager ; en 1742 on en comptait 22 à Paris. Le 11 décembre 1743, le comte de Clermont succéda au duc d'Antin comme grand maître et la loge mère reçut le titre de Grande Loge anglaise.

« La persécution, lisons-nous dans Dulaure, continua à s'exercer contre la franche-maçonnerie : le 5 juin 1744, la chambre de police du Châtelet rend une sentence qui renouvelle les défenses faites aux maçons de s'assembler en loges et aux propriétaires des maisons ou cabaretiers de les recevoir, à peine de 3,000 livres d'amende. Ce fut alors que le grand-maître, le prince de Clermont, abandonna les loges et laissa pour le substituer un nommé Baure, banquier, qui cessa de réunir les membres de la grande loge. Il en résulta de nombreux désordres.

« La manie des réunions mystérieuses ne se ralentit pas, mais les maçons, dépourvus de leur société régulatrice, tombèrent dans un état d'anarchie. »

Le 8 juin 1745, une assemblée maçonnique se tenait à l'hôtel de Soissons, on recevait un nouvel adepte, lorsque la cérémonie fut soudainement interrompue par l'irruption d'un commissaire de police, accompagné d'une escouade du guet qui dispersa l'assemblée, saisit le mobilier, les insignes et objets particuliers aux tenues maçonniques et dressa procès-verbal. Le sieur Le Roi, traiteur, qui avait reçu les maçons, contrairement aux défenses publiées, fut condamné à 3,000 livres d'amende.

Au reste, le goût des réunions particulières de tous genres était très prononcé sous Louis XV, réunions bachiques, érotiques, académiques, culinaires, il y en avait pour tous les goûts. Citons-en quelques-unes.

En 1723, c'était la société de l'Entresol qui devait son nom à un entresol d'une maison de la place Vendôme où logeait l'abbé Alary et où on se réunissait librement pour causer et lire. On y trouvait bons sièges, bon feu en hiver et en été des fenêtres ouvertes sur un joli jardin. On y prenait, selon la saison, du thé ou des liqueurs fraîches. En tout temps on y trouvait les Gazettes de France, de Hollande et même les papiers anglais.

Puis c'étaient les dîners du Bout du Banc, qui florissaient en 1733, chez Mlle Quinault la cadette, actrice célèbre. C'était une sorte de société littéraire et culinaire ; elle était composée de gens de lettres et d'hommes du monde et passait pour l'une des plus agréables de Paris. On avait donné à cette société le nom de Bout du banc pour caractériser l'empressement avec lequel on sollicitait la faveur d'y être admis, dût-on n'être placé à table ou au salon que sur le bout d'un banc.

La société du Caveau, qui prit naissance en 1729, dans l'arrière-boutique de l'épicier Gallet, ami de Panard, de Piron, de Collé et de Crébillon fils, et qui se transporta ensuite dans le cabaret de Landel, chez qui, on l'a vu, fut fondée une loge maçonnique. Les réunions du Caveau se tenaient dans une pièce spéciale appelée le Caveau, aux noms que nous venons de citer vinrent se joindre ceux de Fuzelier, Saurin, Sallé, Duclos, Gentil-Bernard, Labruère, Moncrif, Helvétius, Rameau, Boucher.

Ils se réunissaient là chaque mois pour dîner, y dire des vers et chanter des chansons. Bientôt aux gens de lettres se joignirent de grands seigneurs, leurs amis ; mais ceux-ci invités aux séances du Caveau refusèrent les sièges qu'on leur offrait, tenant bien à faire constater qu'ils n'étaient là que comme spectateurs ; cela blessa plusieurs membres de la société qui cessèrent de venir aux réunions, et la société se dispersa à la fin de 1739 ; nous la verrons reparaître vingt ans plus tard.

La Société académique des *Enfants d'Apollon* fut un des rameaux du Caveau ; elle fut fondée en 1741 et se continua jusqu'à notre époque, « Elle n'a cessé depuis son origine de se réunir, de faire des lectures publiques, et de donner des concerts. La Terreur seule a pu la paralyser un instant, mais ça n'a été qu'un instant de deuil et de silence. Avant et depuis, ni la guerre de sept Ans sous Louis XV, ni les drames de la première révolution, ni le directoire, ni le consulat, ni l'empire, ni 1815, ni 1830 ni 1848 ne l'ont empêchée de remplir son programme, qui a pour but d'associer les progrès de tous les arts avec ceux de la poésie et des lettres. »

L'*Académie de ces dames et de ces messieurs* fut fondée en 1739 par le comte de Caylus et quelques-uns de ses amis dont le comte de Tressan, Duclos, Vadé, Salé, etc., qui s'amusaient dans leurs réunions à parodier les académies savantes par des œuvres facétieuses.

L'*Ordre de la Félicité*, association d'hommes et de femmes qui parodiait la franc-maçonnerie et se composait de frères et sœurs qui se soumettaient à certaines épreuves et avaient adopté un argot spécial emprunté à la marine, comme les francs-maçons empruntaient le leur au bâtiment. Au lieu d'être en loge, on était en escadre ; pour constituer une escadre il fallait être cinq. L'ordre avait quatre grades, mousse, patron, patron-salé et chef d'escadre. Les grands dignitaires étaient grand-maître, commissaire, grand sondeur et instructeur. L'Ordre avait ses mystères, ses mots de passe, ses signes de reconnaissance. Il fut fondé en 1740 par M. de Chambonas, et le principal devoir des chevaliers et des chevalières était de se rendre réciproquement heureux.

L'*Ordre aphrodite*, qui date de la même époque, aussi fondé à l'imitation de la franc-maconnerie et dont le mystère était la galanterie ; son nom tiré de celui de Vénus, indique suffisamment le but et les travaux de ses membres.

Le chevalier Beauchaine maître inamovible de la grande loge maçonnique de France, fonda en 1747 l'ordre des Fendeurs, où les dames étaient admises et qu'on nomma en conséquence Ordre d'adoption. Ce chevalier poussait l'amour des travaux mystérieux jusqu'au fanatisme, il avait établi une loge dans le cabaret du Soleil d'Or rue Saint-Victor. Il couchait dans cette loge et, moyennant six francs, il conférait dans le même jour tous les grades à ceux qui se présentaient pour les recevoir.

La première réunion de l'Ordre des Fendeurs eut lieu le 17 août 1747 dans un vaste jardin situé dans le quartier de la Nouvelle-France, et que Beauchaîne avait pompeusement appelé le chantier du globe et de la gloire. Cette association était tout à fait en dehors de la franc-maçonnerie. Il en fut de même de quelques autres qui semblaient s'y rattacher, tels que l'Ordre de la Coignée, qui fit beaucoup parler de lui de 1747 à 1765. Le registre de ses délibérations indique la première au 16 février 1745 et la dernière le 2 août 1765. Il se recruta parmi les classes élevées de la société. Les dignitaires étaient : Grand-maître particulier du collège de Paris, frère Clément Marchand, avocat au Parlement ; assistant, frère Jean-Nicolas Jacaud de la Bretonnière, gentilhomme suisse ; 2e assistant, Marc Dupignet, écuyer ; les très respectables premiers inspecteurs, Fr. Jacaud colonel, 2e inspecteur M. Robinot, écuyer, conseiller, secrétaire du roi, maison et couronne de France, chancelier Jacques Cottin, négociant ; perpétuel secrétaire, Charly de Valois, écuyer ; les vénérables orateurs frère Barthélemy, Christophe Fagan, écuyer ; trésorier, frère Isaac, Louis Tassin, banquier ; Provéditeur, frère Jérôme Dessaix.

Les séances se tenaient une fois par mois ; de Valois devint grand maître et le frère de Lenchives, secrétaire perpétuel. Le droit d'entrée fixé d'abord à six louis, monta à 240 livres. Le lieu où se tenaient les assemblées était nommé l'Arsenal. La fête annuelle de l'Ordre se célébrait le 15 mai.

Il y avait des novices, des parfaits, et des frères syriens.

Les règlements voulaient que tous les membres (appartenant presque tous à la noblesse) fussent habillés de noir dans les réunions.

L'ordre de la Centaine, etc.

Revenons aux francs-maçons. En 1754, le chevalier de Bonneville fonda un chapitre des hauts grades dans le faubourg Poissonnière, où il avait fait élever un beau bâtiment où il réunit des hommes puissants de la cour et de la ville qui, fatigués des dissensions qui se produisaient dans les diverses loges, avaient résolu de s'en séparer pour en former une spéciale qu'ils appelèrent le chapitre de Clermont. On y fit revivre le système organique des Templiers.

En 1756, la grande loge anglaise de France se déclara grande loge du royaume, s'affranchit de celle d'Angleterre et s'attribua la suprématie sur toutes les loges de France.

En 1757, le sieur de Saint-Gélaire fonda à Paris l'Ordre des Noachites ou chevaliers prussiens, et l'année suivante, un chapitre dit des empereurs d'Orient et d'Occident dont les membres portaient le titre fastueux de souverains princes maçons. Pendant ce temps la grande loge de France travaillait à la régularisation de toutes les autres loges ; c'était une tâche difficile : le comte de Clermont résigna ses fonctions de grand-maître et les confia à un sieur La Corne, maître de danse ; la grande loge refusa de les reconnaître ; le comte retira alors les pouvoirs qu'il avait donnés à La Corne pour en investir le sieur Chaillou de Joinville. La réconciliation s'opéra le 4 juin 1762. Il n'y eut plus alors qu'une seule grande loge à Paris, mais la paix ne dura pas longtemps entre les diverses loges. La Corne avait ses partisans, Bonneville avait les siens. Des dissidents s'établirent dans le faubourg Saint-Antoine et se qualifièrent de frères de la Grande Loge ; en cette qualité ils fondèrent d'autres loges et le 4 février 1767, jour où l'ancienne grande loge tenait son assemblée, ils s'y présentèrent, tombèrent sur les maçons qui étaient en séance, une rixe s'ensuivit et le gouvernement qui voyait avec déplaisir toutes ces discussions, fit cesser les assemblées.

Elles reprirent en 1771, le comte de Clermont étant venu à mourir, les maçons du faubourg Saint-Antoine firent proclamer grand-maître le duc de Chartres, qui nomma le duc de Luxembourg pour son substitut. Il y eut encore une trêve, mais elle fut de courte durée.

En novembre 1772, la grande loge du faubourg Saint-Antoine tint ses séances à l'hôtel de Chaulnes, et après plusieurs réunions, elle arrêta le 24 décembre que l'ancienne grande loge avait bien et dûment cessé d'exister et qu'elle était remplacée par une nouvelle grande loge nationale qui ferait partie intégrante d'un nouveau corps qui administrerait l'ordre, sous le titre de Grand Orient.

Le 5 mars 1773, le Grand Orient tint sa première séance, confirma la nomination du duc de Chartres en qualité de grand-maître et celle du duc de Luxembourg, comme administrateur.

En 1774, il s'établit dans le noviciat des jésuites, rue du Pot de fer et y resta jusqu'en 1801, époque à laquelle il se transporta rue du Four-Saint-Germain.

Malgré tout, l'ancienne grande loge subsistait quand même ; enfin en 1799, elle finit par se réunir au Grand Orient.

L'historique du Grand Orient, qui forme pour ainsi dire la seconde partie de l'histoire de l'Ordre maçonnique à Paris sera fait à cette date.

Revenons à l'année 1745 : des lettres patentes accordées le 28 décembre à l'abbé Matherot de Preigney et à Bourgeois de Châteaublanc, et leur conférant le privilège de l'éclairage public de

Paris au moyen de réverbères qu'ils avaient inventés pour remplacer les lanternes. Ils le sollicitaient depuis 1743; en 1744, ils avaient adressé sur ce sujet à l'Académie des sciences un travail qui fut inséré dans les mémoires de cette compagnie ; enfin ils recueillirent le fruit de leur invention ; leurs réverbères obtinrent tout d'abord un succès prodigieux et un certain Valois d'Orville publia un poëme à leur louange, intitulé *les nouvelles lanternes*. Cependant, en 1763, un concours fut ouvert à l'Académie des sciences sous le patronage de M. de Sartine en vue d'arriver « à la meilleure manière d'éclairer une grande ville en embrassant, autant que possible la sûreté, la durée et l'économie. » Un nommé Rabiqueau, l'un des plus actifs industriels de ce temps-là proposa de nouvelles lanternes appelées Rabiqueau-réverbères ; mais, en 1769, Bourgeois de Châteaublanc l'emporta sur tous ses concurrents et, à partir de ce moment, il fut chargé de l'éclairage général de la ville de Paris. La concession lui fut donnée pour vingt ans. Le nombre des réverbères augmenta successivement. En 1769, la capitale comptait 7,000 becs, compris dans 3,500 réverbères.

Le 29 décembre 1745, fut aussi publiée une sentence de police qui ordonnait l'exécution de l'art. 9 des statuts des chandeliers de Paris et défendait aux maîtres chandeliers de faire ou fabriquer des chandelles des rois, à peine de vingt livres d'amende, et aux garçons de les porter à peine de prison. Cette défense fut renouvelée au mois de janvier 1748. (Les chandelles des rois étaient de grosses chandelles peintes de diverses couleurs, dont les marchands chandeliers faisaient présent à leurs pratiques le jour des rois ; ils les leur envoyaient par leurs garçons, ce qui explique la défense faite à ceux-ci de les porter).

Le 3 février 1746, un *Te Deum* fut chanté à Notre-Dame pour la prise de Bruxelles et, le 6, l'archevêque de Paris, Mgr de Vintimille, mourait à 91 ans ; il fut enterré le 17 dans le chœur de la cathédrale ; le convoi fut simple : il y avait des pauvres, des enfants rouges et bleus, des religieux des quatre ordres mendiants, des membres de sa famille et ses serviteurs. Le chapitre de Notre-Dame fit un service funèbre en son honneur le 21 et invita tous les principaux personnages du gouvernement.

Au mois de mars, les gens de police informés que les chefs de cuisine du marquis de Beauffremont débitaient de la viande pendant le carême, au préjudice du privilège exclusif accordé à l'Hôtel-Dieu de Paris, se rendirent avec un cortège nombreux à son hôtel, et y saisirent dans la cuisine, en présence de ses gens, 15 quartiers d'agneaux, 69 pièces de volaille, 22 pigeons, 3 lapereaux, 4 perdrix, 2 faisans, 4 têtes d'agneaux et 2 petites pièces de lard.

Mme de Beauffremont, indignée, prit la plume et écrivit de suite à M. de Marville, lieutenant de police : « Je ne me serois pas cru, Monsieur, susceptible de visite de commissaire dans ma maison, n'étant ni joueuse, ni recéleuse d'aucuns criminels envers l'État ni la justice. Je suis bien étonnée d'apprendre que, sous votre nom, il y en eut un assez insolent pour venir chez moi, et mon suisse assez sot pour l'avoir laissé entrer. J'avois un rôtisseur que mon fils aîné veut mener à l'armée, avec un cuisinier. Mon mari et mes fils mangent en gras : il faut avoir des provisions de viande chez moi ; voilà la déclaration de l'état de conscience de la famille. Si l'inquisition s'établit, au moins que ce soit sous une forme un peu plus polie : avec gens de ma sorte ce n'étoit rien faire de trop que de m'avertir. Vous jugez, Monsieur, que par un pareil procédé c'est exposer la sagesse de mes enfans, qui auroient peu respecté la queue crottée du commissaire, de l'insolence duquel je vous demande justice.

« Je suis, Monsieur, votre très humble, très obéissante servante. » Signé Hélène de Courtenay-Beauffremont.

« *P. S.* — Je veux que votre infâme commissaire me restitue mes moutons, car le chevalier de Beauffremont est garçon de bon appétit. »

Le prélat qui le remplaça fut M. Gigault de Bellefont, archevêque d'Arles ; il fut reçu par le Chapitre et prit possession de son siège le 2 juin avec le cérémonial accoutumé. Le 10 il chanta un *Te Deum* pour la prise de la ville et de la citadelle d'Anvers ; il y eut le soir illumination dans les rues.

Le 19 juillet, la nouvelle arriva à Paris que la Dauphine était accouchée, dans la matinée, d'une fille ; le soir il y eut feu de bois devant l'Hôtel de ville et illumination aux fenêtres des maisons de Paris, par ordre du lieutenant de police et des commissaires de quartiers.

Le 20, le nouvel archevêque mourait de la petite vérole ; il fut enterré le lendemain sans cérémonie, dans la cave du chœur, et le surlendemain un service très ordinaire fut fait par le chapitre ; le même jour, il arriva des ordres de Versailles pour qu'il fût dit des prières de Quarante heures à Notre-Dame pour la Dauphine qui était au plus mal ; le 22 elle était morte.

Paris fut tout surpris de cette mort, il y eut relâche aux théâtres, on rendit l'argent à ceux qui avaient retenu leurs places, et il fut décidé que ce relâche continuerait jusqu'après l'enterrement qui eut lieu le 1er août.

Le corps partit de Versailles aux flambeaux et arriva par le Point du Jour en côtoyant la Seine jusqu'aux Tuileries, qu'il tourna pour prendre les boulevards jusqu'à la porte Saint-Denis, sous laquelle il passa pour monter le faubourg et se rendre à l'abbaye de Saint-Denis.

Le cortège était formé par un corps de jeunes

Ancien château de Madrid, au bois de Boulogne, sous Louis XV.

Six sergents aux gardes le saisirent et lui jetèrent autour des bras un cordon de soie. (Page 210, col. 1.)

gens de Paris nouvellement établi et qu'on appelait le régiment Dauphin ; Barbier prétend que c'étaient pour la plupart de petits polissons à qui on avait fait faire des exercices et des sièges ; ils avaient un habit d'ordonnance, des officiers et un tambour.

La maréchaussée occupait le chemin et les boulevards ; et suivait le char, après le régiment Dauphin, le guet à cheval, soixante pauvres, quelques pages, des gardes du corps et des gens de tous états en noir, des hérauts d'armes et une douzaine de carrosses drapés à six chevaux qui étaient ceux de la reine et des princesses, cinq à huit chevaux pour les évêques et les dames de la Dauphine ; enfin, le char funèbre.

Après la cérémonie faite à Saint-Denis, le cœur fut mis dans un carrosse et conduit, avec un détachement du cortège, le lendemain, à l'abbaye du Val-de-Grâce.

Le 5, toutes les cours souveraines, le corps de ville, l'Université et l'Académie française se rendirent à Versailles pour offrir au roi leurs compliments de condoléance et, le soir, les théâtres jouèrent.

Le 13, on chanta un *Te Deum* à Notre-Dame pour la prise de la ville de Charleroi et du fort de Saint-Guillain et on y apporta les drapeaux qu'on y avait pris, sur un mandement du Chapitre.

Le 12 octobre, même cérémonie, à l'occasion de la prise de la ville et des châteaux de Namur; autre semblable le 26 pour la victoire de Raucoux qui termina la campagne.

Le 20 novembre, le maréchal de Saxe, qui s'était fait très remarquer dans cette campagne, fut l'objet à l'Opéra d'une ovation publique ; aussitôt le lever du rideau, Mlle Chevalier, première chanteuse, au lieu de commencer le prologue, chante une cantate à la louange du maréchal, avec accompagnement de trompettes et de timbales. Les spectateurs applaudirent à tout rompre, mais le maréchal qui ne s'attendait pas à cette ovation, parut tout surpris et tout décontenancé. Il fut flatté, mais non satisfait.

Le 25, eut lieu à Notre-Dame le service funèbre de la Dauphine et toutes les cours et les personnages marquants y assistèrent. Le 15 décembre on en célébra un pour le roi d'Espagne, Philippe V, père de la Dauphine, qui la suivit de près au tombeau.

L'année finit par l'adoption de la mode des pantins.

« Dans le courant de l'année dernière, 1746, on a imaginé à Paris des joujoux qu'on appelle des pantins, pour d'abord faire jouer les enfants et qui ont servi ensuite à amuser tout le public. Ce sont de petites figures faites de carton, dont les membres sont séparés, c'est-à-dire taillés séparément et attachés par des fils pour pouvoir jouer et remuer. Il y a un fil derrière qui répond aux différents membres, et qui faisant remuer les bras, les jambes et la tête de la figure, la font danser. Ces petites figures représentent un arlequin, scaramouche, mitron, berger et bergère, etc., et sont peintes, en conséquence, de toutes sortes de façon. Il y en a eu de peintes par de bons peintres, entre autres par M. Boucher, un des plus fameux de l'Académie, et qui se vendoient cher. Il y en avoit aussi qui étoient de figures et de postures assez lascives.

« Ce sont donc ces fadaises qui ont occupé et amusé tout Paris, de manière qu'on ne peut aller dans aucune maison, qu'on n'en trouve de pendus à toutes les cheminées. On en fait présent à toutes les femmes et filles ; et la fureur en est au point qu'au commencement de cette année, toutes les boutiques en sont remplies pour les étrennes.

« Cette invention n'est pas nouvelle, elle est seulement renouvelée comme bien d'autres choses. Et il y a vingt ans que cela étoit de même à la mode. Il y a une chanson de caractère et consacrée pour cette petite figure :

> Que Pantin seroit content
> S'il avoit l'art de vous plaire !
> Que Pantin seroit content
> S'il vous plaisoit en dansant ;
> C'est un garçon complaisant,
> Gaillard et divertissant,
> Et qui, pour vous satisfaire,
> Se met tout en mouvement.
> Que Pantin, etc.

« Sur cet air de pantin chacun a fait des chansons de toute espèce. »

Le dauphin, veuf, se remaria avec la princesse Marie-Josèphe de Saxe, le 9 février 1747 : le mariage fut célébré à Versailles ; mais le corps de ville de Paris imagina, pour faire plaisir aux Parisiens, de faire promener, depuis dix heures du matin jusqu'au soir, cinq chars peints et dorés, dans les différents quartiers de Paris. « Le premier représentoit le dieu Mars avec des guerriers, le second étoit rempli de musiciens, le troisième représentoit un vaisseau qui sont les armes de la ville de Paris, le quatrième Bacchus sur un tonneau, et le cinquième la déesse Cérès. Ils étoient tous attelés de huit chevaux assez bien ornés, avec des gens à pied qui les conduisoient. Tous les habillements dans chaque char étoient de différentes couleurs et en galon d'or ou d'argent ; le tout faisoit un coup d'œil assez réjouissant et assez magnifique, quoique tout en clinquant. »

Mais ce que le peuple trouvait encore plus réjouissant que magnifique, c'est que, lorsque les chars arrivaient sur une place, ils s'arrêtaient un moment, et les gens qui étaient dedans jetaient à la foule des morceaux de cervelas coupés, du pain, des biscuits et des oranges, et que sur ces mêmes places coulaient des tonneaux de vin.

Ces libéralités charmaient surtout les mendiants et les polissons qui suivirent les chars toute la journée en les accompagnant de cris et de joyeuses acclamations et qui tendaient les mains pour tâcher d'obtenir quelques rondelles de cervelas.

Le soir, la ville fut brillamment illuminée ; mais les chars furent vertement critiqués ainsi que la parcimonie avec laquelle la distribution de vivres s'y était faite, M. de Bernage, le prévôt des marchands, fut chansonné et on s'étonna d'autant plus de la mesquinerie de la fête, que, selon le bruit public — qui était vraisemblablement une calomnie, le prévôt touchait deux sous par livre sur le montant des dépenses occasionnées par les fêtes publiques.

Heureusement que le prévôt regagna l'estime des Parisiens par le feu d'artifice qu'il leur offrit, le dimanche 12, sur la place de Grève ; il représentait le temple de l'hymen, et ses décorations étaient d'un goût nouveau qui plut beaucoup ; l'artifice était dirigé par les artificiers de la Comédie italienne. « Les feux étoient de différentes couleurs. Il a été des plus beaux et il auroit paru encore davantage, sans une pluie qui dura pendant plus de deux heures. Il y a eu à ce feu un concours de monde surprenant ; aussi y a-t-il eu quelques carrosses renversés dans la grève et quelques personnes étouffées. »

Le 27 juin, la nouvelle Dauphine vint à Notre-Dame entendre la messe et elle y fut reçue par le nouvel archevêque de Paris, M. de Beaumont de Repaire ; elle y vint seule avec les dames de sa suite. Elle était couverte de diamants ; elle se rendit ensuite à Sainte-Geneviève, puis alla dîner aux Tuileries. Pendant ce temps, le canon de la Bastille, des Invalides et de la ville ne cessa de tonner. Après dîner, elle descendit dans le jardin des Tuileries, ouvert à tous les gens qui étaient en deuil, et elle s'en retourna à Versailles en passant par le petit cours, où se pressait une foule énorme, curieuse de voir les traits de la jeune femme du Dauphin.

Le 1er octobre, *Te Deum* à Notre-Dame pour la prise de Berg-op-Zoom et, le soir, feu devant l'Hôtel de ville. Ce feu eût, en toute autre occasion, charmé les Parisiens, mais cette fois ils ne cédèrent pas à l'enthousiasme ; ils étaient mécontents : la veille, le Parlement avait enregistré un édit augmentant d'un droit de quatre sols par livre tous les droits imposés par les édits antérieurs, et, comme ce nouvel impôt allait faire augmenter dans une proportion notable toutes les denrées qui étaient déjà fort chères, et qu'il était mis pour neuf années, les bourgeois firent froide mine et la plupart restèrent chez eux.

Aussi, sans doute pour faire mieux accepter l'impôt, le conseil du roi, par arrêt du 2, établit une loterie royale, composée de 60,000 billets de 500 livres chacun, avec tirage annuel pendant douze ans. Chaque billet était accompagné de dix coupons de 20 livres pour l'intérêt à 4 0|0 des 500 livres pendant dix ans. « Cette loterie, qui est l'ouvrage du sieur Pâris de Montmartel, garde du trésor royal, est si avantageuse au public, que les billets perdants restent toujours dans la roue jusqu'au dernier tirage qui se fera en 1759, lors duquel il ne restera dans la roue que 4,259 billets et autant de lots dont les moindres sont de 700 livres, en sorte qu'on retirera de nécessité, en ne gagnant rien dans les onze tirages, 200 livres d'intérêt et 700 livres de lot, ce qui fait 100, plus que si on avoit prêté 500 livres pendant douze ans, au denier 20, outre l'espérance de gagner non seulement des primes dans onze tirages ou des lots assez forts, et d'avoir au dernier tirage un lot de 200,000 livres, de 100,000 livres et d'autres à proportion. »

Le conseil avait été bien inspiré ; on oublia l'augmentation de l'impôt, pour ne songer qu'aux nombreuses chances de devenir riche, qu'offrait la loterie ; beaucoup de gens ne comprenaient guère le mécanisme des tirages ; mais il leur suffisait de savoir qu'avec un billet de 500 livres ils couraient la chance de gagner un gros lot, pour aller bien vite souscrire. On ne pouvait approcher du bureau au trésor royal, tant la foule des souscripteurs était compacte ; on fut obligé de mettre des gardes aux portes pour empêcher le désordre.

L'engouement dura pendant un mois, et ce fut tout ; on ne tarda pas à s'apercevoir que Pâris de Montmartel, qui était le banquier de la Cour, n'avait créé cette loterie que pour s'acquitter des gros engagements qu'il avait pris par des emprunts contractés par l'État, et ce qui le démontrait, c'est qu'on recevait à la caisse de la loterie, comme argent, tous les billets du banquier, même ceux dont l'échéance était de plus de deux mois.

Plusieurs personnes avaient accaparé des billets de loterie pour les revendre avec prime, mais ils firent une fausse spéculation, car au lieu d'être primés, ils subirent immédiatement une baisse de cinq livres, mais la souscription était couverte, c'était tout ce qu'avait voulu Pâris de Montmartel, et il était bien certain que le plus clair du bénéfice de l'opération tomberait dans sa caisse.

Ce fut en 1747, que fut reconstruit, vis-à-vis l'Hôtel-Dieu, l'hôpital des Enfants trouvés ; nous avons parlé de l'institution, nous allons seulement dire quelques mots du bâtiment qui remplaçait l'ancienne maison de la couche.

Pour la reconstruction de cet hôpital, on démolit l'église Sainte-Geneviève-des-Ardents, qui menaçait ruine, et la petite église Saint-Christophe. Ce fut l'architecte Boffrand qui en donna les dessins ; nous en trouvons la description exacte dans un ouvrage du temps.

« Cet édifice est remarquable par sa simplicité, sa noblesse, sa solidité. Au milieu du bâtiment, se trouve la porte d'entrée, au-dessus de laquelle règne un grand balcon en saillie, fermé de balustres de pierres, ce qui est beaucoup plus noble que les fermetures de fer, dont l'usage est aujourd'hui trop général. Le haut de l'entablement de la façade est orné de gros modillons entre lesquels sont placées des fenêtres mézanines ; à l'extrémité, du côté de Notre-Dame, est un avant-corps d'ordre ionique en pilastres. Il y a même un avant-corps à l'autre extrémité. L'église, ou plutôt la chapelle, a été décorée par deux peintres, Brunetti et Natoire ; le premier pour l'architecture, le second pour l'histoire. Celui-ci a peint tout ce qui remplit les arcades au rez-de-chaussée et toute la partie du fond jusqu'à la voûte, où il a représenté la Navitité de N. S. l'Adoration des Mages et des Bergers et une gloire d'Anges dans le haut. On voit sur l'autel de cette chapelle deux figures feintes en pierre de ronde bosse ; l'une est de saint Vincent de Paul et l'autre de Sainte-Geneviève-des-Ardents. Cette dernière figure est le seul monument qui subsiste de la suppression de la paroisse de ce nom, dont on a pris le terrain pour faire cet hôpital. »

Lorsque, sous la révolution de 1789, les Enfants trouvés furent, ainsi que nous l'avons dit, transférés à l'abbaye de Port-Royal, l'hôpital du parvis Notre-Dame devint le chef-lieu de l'administration des hospices.

Après qu'on eut construit l'édifice destiné aux Enfants trouvés, on établit, sur la face opposée à l'église Notre-Dame, une double fontaine dont les deux parties furent séparées, par une porte, du bâtiment où elles se trouvaient adossées. Chacune d'elles offrait une niche où était placé un vase orné d'un bas-relief représentant des personnes charitables abreuvant des malades.

Une seule de ces fontaines jetait de l'eau provenant de la pompe Notre-Dame.

Dans la matinée du 4 mars 1748, un coureur venant de Versailles, annonça que son maître, le comte de Coigny, lieutenant général, colonel des dragons qu'il ramenait à Paris, était mort et gisait sur la route, à la suite d'un accident : la chaise de poste dans laquelle il était avait versé, et M. de Coigny en tombant s'était tué. Immédiatement on courut à l'endroit indiqué, c'est-à-dire au Point du Jour, et on y trouva la chaise de poste renversée dans un fossé et le comte sans vie auprès.

Cependant la nouvelle se répandit que le comte avait eu une querelle avec quelqu'un et que c'était à la suite, dans un duel, qu'il avait été tué. Or, voici ce qui était arrivé.

Le comte jouait chez la reine contre le prince de Dombes, et il perdit une somme importante; il s'oublia jusqu'à dire à son adversaire :

— Il faut être bâtard pour avoir un tel bonheur.

Ce mot était d'autant plus inexplicable dans la bouche du comte, qu'il passait pour l'homme le plus poli et le plus courtois.

Le prince, sans cesser de jouer, lui dit à l'oreille :

— Vous pensez bien que nous allons nous voir tout à l'heure.

— Où et quand? lui demanda le comte.

— Sur la route, au point du jour.

Quelques moments après, les deux adversaires quittaient Versailles. Les carrosses partaient l'un derrière l'autre et s'arrêtaient un peu avant où fut élevé plus tard le pont de Grenelle; et comme l'aube commençait à naître, les deux hommes mirent pied à terre, et dégaînèrent.

Le combat ne fut pas long ; M. de Coigny, blessé à mort, tomba pour ne plus se relever.

Ce duel demeura célèbre, car le groupe d'habitations qui se trouvait proche le lieu du combat prit, à partir de ce moment, le nom de hameau du Point du Jour; il dépendait de la commune d'Auteuil et devint une partie du 61e quartier de Paris lors de l'annexion de la banlieue à la capitale en 1860.

Les impôts augmentaient toujours : par un édit du 21 mars 1748, il fut mis un impôt d'un sol sur la livre de suif, ce qui augmenta le prix de la chandelle; de deux sous par livre de poudre à poudrer, de cinq sous par livre de bougie (qui valait avant l'impôt 2 livres 12 sols la livre), et tout le papier timbré fut taxé d'un quart en plus de son prix ordinaire.

Depuis que la France était en guerre avec ses voisins, et malgré les victoires célébrées par tant de *Te Deum*, il y avait augmentation d'un cinquième sur tous les impôts; le peuple s'en plaignait amèrement et le Parlement s'en émut; il s'assembla à plusieurs reprises pour faire des remontrances qui furent portées au roi par le premier président et deux présidents à mortier. La réponse du monarque fut qu'il voulait être obéi; cependant il finit par accorder la suppression de deux droits portant sur les successions et sur les immeubles.

Un greffier criminel du Châtelet, appelé Marot, accusé d'avoir détourné du greffe quelques couverts et autres objets de peu de valeur pour en faire présent à une cordonnière qu'il honorait de ses bontés, fut arrêté, au mois d'octobre, et condamné à être marqué, à faire amende honorable, la torche au poing, et à neuf années de galères et, le 26 novembre, il fit son amende honorable, mais on l'exempta de la marque et des galères.

Depuis nombre d'années, le roi avait coutume de passer, dans les premiers jours de mai, la revue de ses deux régiments de gardes françaises et suisses dans la plaine des Sablons, qui s'étendait depuis la grille de Chaillot jusqu'au pont de Neuilly, (cette vaste étendue de terrain inculte, qui devait son nom à la nature de son sol sablonneux, s'est trouvée, en grande partie, réunie à Paris lors de l'annexion de la banlieue). En 1748, le 29 mars, le roi la passa comme de coutume; il était accompagné de Mesdames, qui se plaignirent très vivement du froid, et, le 28 novembre de la même année, pour faire plaisir au maréchal de Saxe, il fit venir de Saint-Denis son régiment de uhlans et le passa en revue, non pas dans la plaine des Sablons, mais « dans un terrein qui est à gauche de l'étoile des Champs-Élysées, entre les derrières de Chaillot et de Passy et les murs du bois de Boulogne, au milieu des terres labourées, ensemencées, et des vignes qui ont été entièrement endommagées ».

On voit que ce côté de Paris ne ressemblait guère au superbe quartier qui y fut construit depuis.

On avait envoyé, dès le matin, les régiments des gardes françaises et suisses par gros détachements de chaque compagnie sans drapeau, pour établir et former une enceinte très étendue en carré et pour empêcher les carrosses et même les gens de pied d'entrer dans ce carré réservé aux carrosses de la cour et à ceux des princes, princesses, ministres et ambassadeurs.

C'était un spectacle curieux que celui d'une grande revue, aussi les Parisiens ne manquèrent pas de s'y rendre en masse ; mais des ordres avaient été donnés pour éviter une trop grande affluence et, à une heure après-midi, des hommes du guet arrêtaient tous les fiacres à la « grille des Champs-Élysées, à la barrière Saint-Honoré et à la montagne de Passy ». Quant aux bons bourgeois qui étaient dedans, ils furent obligés

Les filles du roi se promenèrent dans le jardin des Tuileries, où il y avait grande affluence pour les voir.
(Page 213, col. 2.)

de mettre pied à terre « dans la crotte, ce qui en fit revenir une partie, surtout des femmes et c'étoient les plus sages. »

Malgré tout, la file de voitures bourgeoises et de remises était interminable et on ne laissait passer que celles occupées par des amis du duc de Biron, colonel des gardes françaises, ou du colonel des Suisses. Pour les autres, la consigne était absolue.

« Tous les soldats qui formoient la ligne et l'enceinte avoient la baïonnette au bout du fusil ; comme il y a toujours des gens du peuple, ou autres téméraires et indiscrets, qui veulent passer en courant, ils étoient très embarrassés à courir après. Il y a eu plusieurs personnes blessées, entre autres un homme comme il faut qui, au lieu d'un coup de bourrade, a attrapé un coup de baïonnette, et qu'on a remis dans son carrosse beaucoup plus mal qu'il n'étoit venu ; on a dit depuis qu'il en étoit mort. »

Ils ne brillaient pas par la courtoisie, Messieurs les gardes françaises.

Après que la Dauphine, Mesdames et toute la cour furent arrivées, le roi à cheval, entouré des principaux seigneurs et du maréchal de Saxe portant l'uniforme de colonel de uhlans, fit son entrée et la revue commença :

Tous les regards étaient fixés sur ce corps de troupe que l'on voyait pour la première fois et qui excitait la curiosité générale.

Il se composait d'un polk de 1,000 hommes, composé de six brigades, moitié uhlans, moitié dragons ; l'uniforme des uhlans français (qui étaient une création de Maurice de Saxe) consistait en une simarre et une culotte vertes, des bottes à la hongroise, un casque sans visière, orné d'un turban de cuir roussi, d'où s'échappait une queue de crins de couleur ; ils étaient armés d'un sabre, d'un pistolet et d'une lance de trois mètres avec banderolle. Les dragons avaient un mousqueton et des pistolets. Il y avait en outre une compagnie de nègres avec banderolles blanches et chevaux blancs, c'était la compagnie de uhlans du colonel.

Avant de défiler, cette troupe exécuta des manœuvres. Ils avaient aussi de l'artillerie, consistant en petits canons longs dans des boîtes de sapin, qui se tiraient avec la main et portaient quatre livres de balles; ils étaient montés sur de petits chariots que l'on plaçait sur les petits monticules qu'offrait le terrain.

On s'étouffait pour les voir; la revue dura depuis deux heures et demie jusqu'à près de cinq heures, et les femmes étaient descendues de carrosses pour mieux voir; mais elles furent punies de leur curiosité par une pluie battante, qui se mit à tomber vers quatre heures et causa de grands ravages parmi les toilettes élégantes qu'elles avaient arborées pour la circonstance.

Quant à celles qui étaient venues à pied, elles pataugèrent « dans la crotte » avec héroïsme.

On sait que le prétendant d'Angleterre, le prince Charles-Édouard, s'était réfugié en France, et que Louis XV s'était imprudemment engagé à le laisser habiter Paris; mais, sur les vives réclamations du gouvernement anglais, il s'était vu dans la nécessité d'engager le prétendant à quitter le sol français; celui-ci s'y était obstinément refusé. Or, le 10 décembre, on commanda vingt-cinq hommes par compagnie du régiment des gardes françaises, pour l'après-midi, avec poudre et plomb, sans tambour. On savait que le prince Édouard allait, ce jour-là à l'Opéra, en première loge avec deux seigneurs anglais de sa suite. A cinq heures, il descendit de carrosse pour entrer dans le cul-de-sac de l'Opéra. M. de Vaudreuil, major du régiment des gardes, s'avança vers lui et lui fit connaître qu'il avait ordre du roi de l'arrêter et, en même temps, six sergents aux gardes, qui étaient en habits bourgeois, le saisirent sous les bras et par les jambes et l'enlevèrent de terre, tandis qu'un autre lui jetait autour des bras un cordon de soie qui les serrèrent de façon à ne lui permettre de faire aucun mouvement. On le porta ainsi au fond du cul-de-sac où se trouvait un carrosse dans lequel on le plaça. M. de Vaudreuil se mit à côté de lui, après lui avoir fait retirer son épée et les deux pistolets qu'il portait habituellement dans ses poches. Le cocher fouetta ses chevaux, et le carrosse roula sous l'escorte des soldats aux gardes, la baïonnette au fusil; du guet à cheval attendait, sur la place des Victoires, des flambeaux à la main.

Dans la crainte d'un soulèvement, des soldats environnaient le Palais-Royal et on avait placé des corps de garde à la porte Saint-Antoine, mais tout ce luxe de précautions fut inutile, et le carrosse se dirigea sans aucun obstacle vers le fort de Vincennes, où le prisonnier fut écroué; quant aux deux lords qui accompagnaient le prétendant, on les avait fait entrer dans le corps de garde de l'Opéra, puis on les avait mis en fiacre et menés à la Bastille.

Pendant que tout ceci se passait, des soldats cernaient l'hôtel du prince, situé dans le faubourg Saint-Honoré, et le lieutenant général de police y apposait les scellés, tandis que les officiers du prince, au fur et à mesure qu'ils s'y présentaient, étaient arrêtés et envoyés à la Bastille, ainsi que tous les sujets anglais qui venaient s'informer à l'hôtel de la véracité de la nouvelle qui commençait à se répandre dans Paris et qui y produisait une certaine sensation, le prince anglais étant généralement estimé et respecté.

Tous les officiers irlandais au service de France, qui se trouvaient à Paris, reçurent l'ordre de se rendre sur-le-champ à leur régiment, ce qui fut exécuté.

Le 15, le prétendant sortit sur parole de Vincennes, à huit heures du matin, avec cinq chaises de poste, une escorte à lui à cheval, et, accompagné par M. de Perussy, officier des mousquetaires gris, il prit le chemin de la frontière.

Le départ du prétendant aplanissant toutes les difficultés politiques du côté de l'Angleterre, on attendit chaque jour à Paris la ratification du traité de paix intervenu entre les puissances ennemies, et ordre fut donné par le prévôt des marchands, M. de Bernage, qui cette fois voulait se signaler par quelque action d'éclat afin de se faire pardonner les bévues passées, de préparer un grand feu d'artifice et de construire une salle qui devait occuper tout l'espace compris entre le bâtiment de l'Hôtel de ville et la rivière.

Mais un événement imprévu vint tout suspendre : la duchesse d'Orléans, fille de Louis XIV et de Mme de Montespan, veuve du duc d'Orléans, régent du royaume, mourut à Paris le 1er février et, le 6, on l'inhuma, selon la volonté qu'elle en avait exprimée, au couvent de la Madeleine-de-Tresnel, au faubourg Saint-Antoine, où elle avait un appartement.

Enfin, le mercredi 12 février, la paix fut publiée selon le cérémonial que nous avons déjà rapporté; la onzième publication, qui eut lieu à la place Maubert, se fit à quatre heures. Le cortège était si important, que son défilé durait 25 minutes; le prévôt des marchands, et le lieutenant de police étaient montés sur de très beaux chevaux couverts de housses de velours cramoisi très longues, brodées en or; ils avaient chacun derrière eux six laquais tout de neuf habillés; l'ensemble de la marche comprenait environ 800 personnes.

Après chaque publication faite par le roi d'armes, un archer poussait le traditionnel cri : Vive le Roi ! mais il avait peu d'écho : bien que tout le monde souhaitât la paix, personne n'était satisfait de celle qui venait d'être conclue, et les poissardes de la halle, en se querellant, se disaient :

— Tu es bête comme la paix !

Le peuple était surtout mécontent de l'arrestation du prétendant et cette extradition forcée répugnait à ses sentiments de générosité naturelle.

Le lendemain, toutes les boutiques furent fermées par ordre, avec défense de travailler sous peine de fortes amendes. On chanta dans l'après-midi, à Notre-Dame, un *Te Deum* avec timbales, trompettes et corps de symphonie, auquel les cours souveraines et l'Université, ainsi que le corps de ville assistèrent. Jamais on n'avait vu pareille affluence à la cathédrale ; on s'y étouffait.

Le soir eut lieu le tirage du feu d'artifice sur la place de Grève ; or, comme la charpente de ce feu, qui représentait le temple de la Paix, tenait beaucoup de place et que, d'un autre côté, la fameuse salle construite par les soins du prévôt dans l'espoir d'agrandir la Grève n'avait fait que la rétrécir, il en résulta une presse abominable : une douzaine de personnes furent étouffées et leurs cadavres furent portés à la Morgue. Quant aux blessés qui étaient beaucoup plus nombreux, ils furent envoyés à l'Hôtel-Dieu.

Pendant la durée du feu et après, toutes les rues de Paris furent assez bien illuminées par des lampions ou des chandelles, et, dans les différents quartiers, il y avait des orchestres pour faire danser le peuple, et des distributions de cervelas, de quartiers de dindons, de pain et de vin.

La salle de la Grève avait été destinée par le prévôt à la danse des bourgeois, mais « sur le minuit, il s'y passa des indécences » : une troupe de laquais et de jeunes gens s'étaient emparés de la salle, et entraînant les femmes et les filles au milieu d'eux, ils causèrent un scandale indicible.

Le 25, toutes les cours souveraines et les corps constitués s'en allèrent à Versailles pour complimenter le roi.

On amena, pour la première fois, à Paris, à la foire Saint-Germain de 1749, un rhinocéros, et tout le monde alla voir ce singulier animal qui appartenait à un capitaine de vaisseau ; on payait les places trois livres, une livre et douze sols.

Cette foire était toujours très suivie et, bien que l'Opéra-Comique y fût suspendu, les spectacles forains ne manquaient pas.

Le 21 juillet 1749, il fut procédé en la manière ordinaire, chez le commissaire Regnard le jeune, à l'élection des commis pour allumer les chandelles des lanternes du quartier Saint-Eustache. Les bourgeois et habitants de la rue Croix-des-Petits-Champs choisirent et nommèrent, pour allumer les quatorze lanternes, la personne de M⁰ Daoust, notaire, qui demeurait dans cette rue. Mais il faut croire que cet honneur n'était pas du goût du notaire, car le 18 août, le sieur Coupson, horloger, fut assigné pardevant le lieutenant général de police, pour se voir condamner à accepter la commission d'allumer les chandelles pendant l'année courante, au lieu et place de M⁰ Daoust. Cette affaire fit grand bruit ; on plaida, mais l'horloger perdit son procès.

Les affaires religieuses prenaient de nouveau un caractère aigu et amenaient chaque jour des conflits, et l'archevêque de Paris, Christophe de Beaumont, déployait des rigueurs excessives contre les jansénistes : les convulsionnaires, qui s'agitaient toujours dans l'ombre, étaient traqués et de tous côtés surgissaient des livres hostiles à la religion, ce qui fit exercer des poursuites rigoureuses contre des gens de lettres et des imprimeurs qui furent envoyés à la Bastille, dont le nombre des prisonniers augmentait sensiblement. On y voit successivement écrouer l'abbé Duffars et le chanoine Planchon pour manœuvres jansénistes ; Catherine Quérot, pour avoir broché des ouvrages jansénistes ; Denis Forêt, Maraine, Trugy, Cornart et Longueil, auteurs, graveurs et distributeurs de l'*Almanach du Diable ;* Élisabeth Michel, prédicante extravagante ; François Rozay, pour conduite de ballots prohibés ; l'abbé de la Porte, trouvé dans une imprimerie clandestine ; Alexandre Fleury, commis de la police au bureau de lettres de cachet, convulsionnaire ; l'abbé Brunet, directeur de convulsionnaires ; Françoise Aubillard, tenant assemblées de convulsionnaires ; Guy, bonnetier, « favorisant le parti janséniste par son argent et ses allées et venues » ; de la Borgne, prêtre « élevant la jeunesse aux convulsions » ; l'abbé de la Roquette, fameux janséniste ; l'abbé Lenglet Dufresnoi, impression d'ouvrages contre les ordres du chancelier ; Marie Durrié, dite Noël, chef de convulsionnaires ; J. A. Housset, prêtre janséniste ; Fraissiet, dit l'abbé de Lor, janséniste, (il se pendit à la Bastille) ; Jacques Doublet, compagnon serrurier, « impie digne du feu » ; l'Amoureux, prêtre, « partisan des convulsions et faisant imprimer pour le parti » ; l'abbé Morlet, soupçonné de travailler aux *Nouvelles ecclésiastiques ;* Charlotte Barachia, veuve Gilbert dite sœur Melarue, « pour avoir fait la direction de conscience, comme un confesseur, à l'égard de plusieurs femmes et religieuses jansénistes, convulsionnaires ; la petite Saint-Père, âgée de sept à huit ans, convulsionnaire, (sa détention dura près d'un an) ; Hébesme, impression d'ouvrage sur les affaires religieuses, etc., etc.

Il entra encore à la Bastille, en 1749, un prêtre appelé l'abbé Fleurs, mais celui-ci y fut envoyé pour avoir fabriqué de faux billets de la loterie royale ; il fut pendu en place de Grève par arrêt et jugement de la chambre royale de l'Arsenal.

Un nouveau motif de discorde vint encore augmenter le trouble général : un conseiller du Châtelet, M. Coffin, fit imprimer et distribuer dans tout Paris deux consultations, signées de 41 avocats, sur un mémoire donné en son nom, traitant la question de savoir s'il n'était pas en droit d'actionner le sieur Bouettin, curé de Saint-Étienne-du-Mont, qui avait refusé les sacrements à M. Coffin, principal du collège de Beauvais, son oncle, sous prétexte qu'il ne fournissait pas de certificat de confession ; la consultation était dans le sens affirmatif et invitait le conseiller à se pourvoir au parlement.

Cette affaire, dite des billets de confession, fit un bruit énorme et acheva de mettre les esprits à l'envers ; ce ne fut qu'interprétation de textes, disputes, avis favorables et contraires, discussions de points philosophiques et religieux, suppression du mémoire incriminé, arrêts du parlement, du conseil, etc. Nous n'entreprendrons pas de fatiguer le lecteur de toutes les péripéties de la question, et nous noterons seulement les principaux arrêts rendus et les événements importants qu'ils produisirent, en suivant comme toujours l'ordre chronologique des faits.

Le Parlement soutenait Coffin, et le 22 juillet, vingt ou vingt-cinq conseillers voulurent s'occuper de l'affaire ; mais le président renvoya l'audience au 29, et, dans l'intervalle, le roi ordonna au Parlement de suspendre toutes poursuites sur la matière en question. La cour enregistra l'ordre du roi et l'affaire en resta là provisoirement ; nous la verrons bientôt entrer dans une phase nouvelle.

Le 16 août, eut lieu comme d'ordinaire l'élection de deux nouveaux échevins ; nous trouvons, dans la *Chronique de la Régence et du règne de Louis XV*, des détails intéressants sur le mode de procéder à cette élection, qui fut en usage jusqu'à la Révolution.

« On mande pour cet effet quatre notables de chacun des seize quartiers de Paris, qui vont signer un premier procès-verbal chez le prévôt ; il leur est enjoint par le quartenier d'attendre le jour de Saint-Roch, et de se tenir prêts chez eux jusqu'à midi sonné.

« De ces quatre, le matin, jour de Saint-Roch, à l'Hôtel de ville, on les tire au sort, il y en a deux de brûlés des quatre ; ensuite, un huissier de la ville, dans un carrosse, va prendre dans chaque quartier les deux notables, ce qui fait trente-deux, lesquels se rendent à l'Hôtel de ville.

« Quand tout est assemblé, on nomme quatre scrutateurs pour recevoir les billets ou bulletins cachetés que le quartenier donne à ses notables, où est le nom de celui qui est désigné pour être échevin, et celui des deux qui a le plus de voix est le premier échevin. Ordinairement c'est l'officier de ville ; les quarteniers s'arrangent pour cela avec le prévôt des marchands.

« Le premier scrutateur est toujours un magistrat, jeune homme qu'on appelle le scrutateur royal, qui porte la parole devant le roi en lui présentant les échevins ; le second, un conseiller de ville ; le troisième, un quartenier et le dernier, un des plus notables des mandés.

« Il y a ensuite un discours du prévôt des marchands et du procureur du roy. Les quatre secrétaires prêtent le serment sur le crucifix, entre les mains du prévôt des marchands, et ensuite le scrutateur royal prend le crucifix et reçoit le serment de tous les notables mandés qui donnent leur bulletin, et, quand l'élection est faite, on ôte ses robes et l'on se met à une grande table longue d'environ cent couverts, où il y a toujours un magnifique dîner, et chacun des conviés a devant lui une belle corbeille de confitures sèches qu'il emporte. »

On remarquera que nos pères avaient un goût prononcé pour les confitures.

Le lendemain, 17 août, on se rend à l'Hôtel de ville, à huit heures, où l'on déjeune. Le prévôt des marchands, les deux anciens échevins, le procureur du roi, des conseillers et quarteniers avec les deux nouveaux échevins, montent dans les carrosses de la ville à six et quatre chevaux, et le scrutateur royal mène les trois autres scrutateurs dans son carrosse, et tout cela part pour Versailles en grand cortège, à huit ou dix carrosses, accompagnés d'officiers et gardes de la ville, à cheval.

A Versailles, il y a encore tout un cérémonial à observer : tout le monde se met à genoux pour complimenter le roi, la reine, le dauphin, la dauphine, Mesdames, les ministres, les membres du conseil royal.

On y prend « un rafraîchissement de langues, biscuits et fruits ; après quoi, la ville remonte dans ses carrosses et revient à la ville où il y a un bon dîner-souper, et les scrutateurs ont encore un présent de bougie ou de sucre pour les remercier de leur peine. »

Il faut convenir que l'élection des conseillers municipaux qui se fait de nos jours est beaucoup plus simple, mais les scrutateurs qui dépouillent le scrutin regrettent peut-être le présent de bougie ou de sucre auquel ils avaient jadis droit.

Le roi, qu'on appelait Louis le Bien-Aimé, depuis son retour de Metz, déclara, le 21 août, qu'il permettait à la ville de Paris de lui faire ériger une statue entre la rue de Seine, le carrefour Buci et la rue des Grands-Augustins ; de plus, il fit vendre à la ville de Paris l'hôtel de Conti, par le prince qui l'habitait, afin qu'on pût y transporter l'hôtel de ville, mais ce projet ne fut jamais mis à exécution ; quant à la statue, elle fut érigée, ainsi qu'on le verra plus loin, sur la place Louis XV (place de la Concorde).

Un édit du mois d'août, enregistré au Parlement le 2 septembre, défendit toutes nouvelles fondations de chapitres, collèges, séminaires, de toutes maisons ou communautés religieuses et de tous corps ecclésiastiques, à peine de nullité, si-

L'École Militaire, vue du côté du Champ-de-Mars.

Jeanne Moyon fut conduite sur un âne, coiffée d'un chapeau de paille, la tête tournée du côté de la queue.
(Page 215, col. 2.)

non par permission expresse du roi ; le même édit déclara nuls tous les établissements fondés avant l'année 1666, qui n'avaient pas été autorisés par lettres patentes.

Le 28 septembre, madame Victoire, quatrième fille du roi, qui n'était jamais venue à Paris, y fit une sorte d'entrée; elle vint à Notre-Dame entendre la messe avec ses trois sœurs. Le duc de Gesvres, gouverneur de Paris, le prévôt des marchands et le corps de ville allèrent les recevoir au bout du quai des Tuileries; ils complimentèrent madame Victoire et lui offrirent les clefs de la ville.

Le canon tonna, l'archevêque, mitre en tête et crosse à la main, à la tête de tout son clergé, attendait au bas de la nef, près la porte de la cathédrale, la royale princesse qu'il conduisit au chœur.

Les quatre filles du roi étaient vêtues magnifiquement, et toutes chargées de diamants et de pierreries « à la tête, sur l'estomac, les épaules et sur leurs robes ». Elles montèrent ensuite toutes dans le même carrosse, allèrent faire une prière à Sainte-Geneviève, puis se rendirent aux Tuileries, où elles dînèrent à une table de 25 couverts. Ensuite, elles se promenèrent dans le jardin, où il y avait une grande affluence pour les voir, « et au soleil, elles étoient comme des soleils ».

Elles remontèrent en carrosse à six heures, allèrent faire le tour des places Vendôme et des Victoires, et partirent par le petit cours, où se trouvaient deux files de carrosses bourgeois ou de remise pour les voir passer; mais la nuit était venue, elles n'avaient pas de flambeaux, et les curieux ne virent que les équipages.

A partir du mois d'octobre 1749, Paris se montra fort inquiet à l'occasion d'enlèvements de jeunes filles et de jeunes garçons, qui s'opéraient aussitôt la chute du jour. On disait qu'un exempt déguisé et trois ou quatre hommes se saisissaient principalement des filles servantes qui se trouvaient dans les rues une fois la nuit venue, qu'ils les faisaient monter dans un fiacre, pour les conduire d'abord chez le commissaire de police, et de là à la prison de Saint-Martin ou à l'hôpital Saint-Louis. Et on se demandait ce que signifiaient ces arrestations, et dans quel but elles étaient faites. Bientôt, le bruit se répandit qu'elles étaient si nombreuses que les servantes ne voulurent plus sortir seules; chaque jour on en citait qui disparaissaient.

Quelques filles d'artisans ou de bourgeois furent aussi enlevées, et des jeunes gens disparurent également sans qu'on sût ce qu'ils étaient devenus.

C'était une panique générale; on ne tarda pas à apprendre que ces divers enlèvements, qui devaient se borner d'ailleurs aux filles de mauvaise vie et aux gens sans aveu, aux vagabonds, étaient opérés par les ordres du lieutenant général de police qui voulait débarrasser la ville de tous les gens qui ne pouvaient pas justifier de leurs moyens d'existence ou qui n'en avaient que de répréhensibles, en les appréhendant au corps, pour les envoyer peupler le Mississipi.

Ces enlèvements produisirent un effet déplorable sur le peuple, et on fut obligé de les cesser.

Mais au mois de mai 1750, le bruit se répandit qu'on avait vu des exempts déguisés enlever des enfants de cinq à dix ans, les mettre dans des fiacres et les emmener. Ce fut ainsi que le 16 de ce mois, un enfant avait été pris dans la rue des Nonaindières et jeté dans une voiture de louage; mais il se débattit, cria, et sur l'appel d'une femme, qui s'écria qu'on enlevait les enfants, tous les marchands sortirent de leurs boutiques, les bourgeois de leurs maisons, et bientôt la rue fut pleine de monde; les artisans, les gens du port, les laquais se jetèrent à la poursuite des exempts, qui essayèrent de se sauver en se refugiant dans les maisons ouvertes; mais ils furent poursuivis, traqués et fort malmenés.

La nouvelle qu'on venait d'arrêter des agents occupés à voler des enfants se répandit comme une traînée de poudre dans le quartier Saint-Antoine et y causa une vive agitation; des gens soi-disant bien informés, prétendirent que ces enlèvements étaient faits pour le compte d'un prince malade, à qui on avait ordonné des bains de sang humain, et qui s'en procurait en saignant aux quatre membres les enfants dont on parvenait à s'emparer.

On juge si cette explication excita la fureur populaire.

Le 22, il y eut à ce sujet une émeute considérable dans quatre différents quartiers de Paris. Elle commença dans le cloître Saint-Jean-de-Latran, mais ce fut peu de chose; à la porte Saint-Denis on assomma à demi un archer, et la maison du commissaire de police Desnoyers, située dans la rue de Cléry, fut saccagée à coups de pierres.

A la Croix-Rouge, ce fut plus grave; le bruit public accusa des archers d'avoir voulu emmener le fils d'un cocher qui était devant une porte. Celui-ci courut après eux en appelant le peuple à son aide, et l'un des archers se réfugia dans la boutique d'un rôtisseur qu'il connaissait. On voulut l'en faire sortir, mais un garçon rôtisseur s'y opposa et, s'emparant d'une broche, il en menaça quiconque entrerait dans la boutique; ce que voyant, les agresseurs appelèrent les passants à leur aide, et bientôt un attroupement formidable assiégea la boutique et brisa tout, depuis la cave jusqu'au grenier; puis on pilla les viandes, le vin, les meubles; deux hommes furent trouvés morts dans les caves; le guet arriva, mais il n'osa rien tenter contre cette populace animée qui arrêtait les carrosses passant avec des flambeaux qu'elle prenait pour s'éclairer. Jusqu'à dix heures du soir, ce fut un tumulte inexprimable.

Pendant ce temps, une scène du même genre se passait rue de la Calandre, dans la maison du commissaire Delafosse, où s'était réfugié un agent accusé d'avoir voulu enlever un écolier sur le quai des Morfondus, près la rue de Harlay; le peuple tendit les chaînes de la rue de la Calandre, afin d'empêcher le guet à cheval d'y pénétrer, puis fit le siège de la maison, dont on commença par casser toutes les vitres, puis on alla chercher du menu bois qu'on entassa devant la porte pour y mettre le feu; un homme du guet, qui était dans la maison, tira quelques coups de feu par les fenêtres, ce qui ne fit qu'augmenter la fureur populaire; laissant là le bois préparé, les plus mutins se mirent en devoir d'enfoncer la porte d'un fourbisseur pour se procurer des armes. Le guet à cheval, malgré les chaînes, trouva moyen de pénétrer dans la rue, et sa présence suffit pour apaiser le tumulte; néanmoins, quelques archers furent tués et transportés à la Morgue. Quant au commissaire, il s'était sauvé par les toits, ainsi que sa femme et ses enfants.

Mais le lendemain, 23, la sédition recommença à la butte Saint-Roch, où on avait, selon le bruit qui courait, voulu prendre un enfant; le peuple s'y porta, et un espion de la police, que l'on reconnut, s'étant sauvé chez le commissaire La Vergée, rue Saint-Honoré, cette rue fut bientôt inondée de peuple. Les boutiques et les maisons se fermèrent aussitôt jusqu'à la rue de la Ferronnerie; des bâtiments étaient en construction, on prit les moellons qu'on cassa, et on vint alors sommer le commissaire de livrer l'espion; le commissaire répondit qu'il n'était pas dans sa maison, et un archer du guet tira un coup de fusil au ventre d'un homme.

Cette maladresse mit le feu aux poudres; en un clin d'œil, les vitres de la maison furent cassées, on la voulut brûler; le commissaire se résolut alors à livrer l'agent qui, en un instant, fut assommé, puis on le traîna par les pieds, la tête

UNE RUE DE PARIS

(XVᵉ SIÈCLE)

(D'après une miniature du moyen âge et de la Renaissance.)

dans le ruisseau, à la maison du lieutenant général de police, qui demeurait dans le voisinage; on attacha le cadavre à sa porte, puis on brisa les vitres de la maison, et quelques forcenés s'écrièrent qu'il fallait faire subir au lieutenant de police le traitement qu'on avait infligé à l'agent. Mais il s'était prudemment dérobé par une porte de derrière.

Bientôt, des détachements de gardes françaises et suisses arrivèrent, puis le commandant du guet avec ses hommes; celui-ci les fit ranger huit de front, l'épée à la main, et leur commanda de s'élancer en avant, au galop, ce qui fut fait; on écrasa les moins prompts à s'enfuir, et la maison du lieutenant de police fut dégagée.

A neuf heures du soir, le commandant du guet à cheval arriva à son tour avec ses cavaliers, et la crainte des chevaux acheva de dissiper le rassemblement; à 10 heures il n'y avait plus que des soldats dans la rue, mais 2,000 personnes se portèrent sur la route de Versailles, pour attendre le retour du lieutenant général de police qui était allé y prendre les ordres.

Le lendemain dimanche, tout se passa assez tranquillement; nombre de curieux allèrent voir la maison du lieutenant de police, mais de fortes escouades du guet empêchaient de stationner; pendant plusieurs jours il en fut de même, puis le calme se rétablit et on ne parla plus d'enlèvements.

Le 25, la grand'chambre entendit le rapport du lieutenant de police qui démentait tous les bruits s'y rattachant; après quoi un arrêt fut rendu qui commettait un conseiller à la grand'chambre pour faire une enquête à ce sujet, menaçait de peines sévères ceux qui se trouvaient coupables des dits enlèvements, si toutefois il s'en commettait, et défendait de s'assembler et s'attrouper dans les rues de Paris, sous quelque prétexte que ce soit, sous les peines portées aux ordonnances.

Cet arrêt fut immédiatement imprimé et affiché partout et il suffit pour ramener la tranquillité.

Bientôt une nouvelle cause de mécontentement fut offerte au peuple, l'impôt de quatre sols pour livre qui était pris sur tous les droits touchait à sa fin, le roi en ordonna la continuation pour six années; le Parlement voulut protester mais le roi passa outre.

Une sentence du Châtelet, confirmée par arrêt du Parlement, condamna au fouet et à être marquée d'un fer chaud, une femme qui avait dépouillé un enfant dans une allée.

Quant à l'enquête sur les enlèvements, elle se poursuivait; nombre de gens, bourgeois, peuple et agents furent mis en prison; ces derniers prétendirent avoir reçu par écrit des ordres d'enlèvement. Toute cette affaire, qui ne fut jamais bien éclaircie, laissa de très mauvais souvenirs dans l'esprit des Parisiens; le roi évitait de venir à Paris et pour pouvoir se rendre de Versailles à Saint-Denis sans passer par la capitale, il fit tracer la route de la Révolte.

Le 6 juillet, on alluma un bûcher sur la place de Grève.

Deux jeunes gens, un garçon menuisier et un charcutier, âgés l'un de dix-huit l'autre de vingt ans, convaincus d'un crime contre nature furent condamnés à être brûlés et l'exécution du jugement eut lieu à 5 heures de l'après-midi; le bûcher était composé de sept voies de petit bois, de 200 fagots et de paille.

Les deux criminels furent attachés chacun à un poteau après avoir été revêtus d'une chemise soufrée, mais le bourreau les étrangla avant que le feu les atteignît. Comme ce supplice était assez rarement appliqué, il avait pour effet d'attirer un grand nombre de curieux; aussi ce jour-là, bien avant l'heure fixée, la place était-elle couverte de monde.

Le 11, la nommée Jeanne Moyon, qui avait enlevé et tenté de débaucher une enfant de dix ans fut fouettée publiquement et marquée. Elle fut conduite depuis le grand Châtelet jusqu'à la porte Saint-Michel où se fit l'exécution de la marque, sur un âne, la tête coiffée d'un chapeau de paille et tournée du côté de la queue (elle avait été fouettée en sortant du Châtelet); inutile d'ajouter que tous les gamins du quartier la suivaient en l'injuriant et se moquant d'elle. Arrivée à la porte Saint-Michel, on la fit descendre de l'âne, on la marqua sur l'épaule avec un fer rouge, puis on la mit dans un fiacre pour la conduire hors Paris d'où elle se trouvait bannie.

« Cette exécution a beaucoup diverti le peuple » naturellement, c'était un spectacle odieux mais dont la vue plaisait toujours non pas seulement à la populace, mais aux gens de toute condition.

Le 3 août, il y eut encore pendaison à la place de Grève de trois des gens qui avaient été arrêtés dans l'affaire de la rue de la Calandre; mais comme on craignait que cette exécution n'amenât quelque désordre, des détachements du régiment des gardes furent postés dans les marchés et les endroits les plus fréquentés et spécialement aux environs de la Grève.

A cinq heures de relevée, on amena sur la place un charbonnier qui, ayant été frappé par un archer dans la bagarre, lui avait cassé la jambe, un jeune brocanteur de 17 ans, qui était allé chercher de la paille pour mettre le feu à la maison du commissaire Delafosse et un troisième.

La place de Grève était houleuse, le peuple murmurait à voix basse contre la sévérité des juges.

Lorsque le charbonnier fut monté à l'échelle, un même cri s'échappa de toutes les poitrines: grâce!

Le bourreau, un peu interdit par cette manifestation spontanée, fit descendre quelques échelons au patient mais ce fut tout, il n'était pas maître de surseoir et il fit remonter l'homme.

Au même instant, le guet, tant à cheval qu'à pied, la baïonnette au fusil fit un mouvement de recul pour refouler le peuple, ce qui occasionna une bousculade générale : des gens tombaient, d'autres étaient renversés sur eux, mais la plus grande partie des spectateurs s'enfuit à toutes jambes par les quais Pelletier et de la Ferraille et l'exécution se termina.

Trois cadavres se balancèrent aux potences.

Trois jours plus tard, la corporation des charbonniers de la ville de Paris fit dire dans l'église des Carmes de la place Maubert des messes de requiem, et un service pour le repos de l'âme de leur confrère, mais deux ou trois charbonniers seulement y assistèrent, ce qui fit penser que la police avait fait défendre de s'y rassembler en corps.

En 1750, comme les années précédentes, on procéda le lundi 17 août au lieu du 16 qui était un dimanche à l'élection des échevins ; nous avons donné le détail de cette cérémonie, mais cette année il y eut une modification apportée au repas de l'Hôtel de ville (repas qui consista en une soupe et trois entrées, deux plats de rôti, deux salades, un melon et du dessert) : « ci-devant on donnoit à profusion des assiettes pleines de toutes les viandes aux domestiques avec des bouteilles de vin presque entières ; ils emportoient les assiettes à chaque service, mangeoient malproprement. Quelques-uns se souloient ; ils donnoient même à manger à nombre de gens du peuple qui sont là à regarder (on laissait entrer des amis pour voir la cérémonie et le coup d'œil du repas), ce qui causoit de la confusion, du dégât et du désordre.

« Cette année, avant le premier service, un officier des gardes de la ville a fait le tour de la table et a prié tous les conviés de ne rien donner aux domestiques, ni pour manger ni pour boire, et qu'à la fin du repas on leur distribueroit à chacun quarante sols, quoique cela fasse au moins cent quatre-vingt livres. La ville y gagna par l'ordre qui y étoit et les domestiques, surtout les plus sages, aiment mieux avoir quarante sols de reste. »

Ce fut en 1750, que se forma à Paris la chambre des assurances à laquelle le roi permit de prendre le titre de Chambre royale. Son fonds fut fixé à deux mille actions de 3,000 livres chacune et à son imitation, plusieurs chambres d'assurances se formèrent dans les grandes villes.

Dans le cours de cette année eut lieu aussi le fameux procès de l'âne qui amusa tout Paris :

Le 1er juillet 1750, Jacques Féron, blanchisseur à Vanves, envoya sa femme à Paris montée sur un âne, à l'effet d'acheter du savon ; elle descendit chez un sieur Nepveux, épicier, porte Saint-Jacques et lia le baudet par son licol aux barreaux de la boutique, puis, s'apercevant qu'elle avait aussi besoin de sel, elle pria Nepveux de veiller sur son âne et alla s'approvisionner au regrat qui se trouvait à quelques portes plus bas. (Le regrat était le petit commerce au détail et par petites mesures).

Or, à peine la femme Féron était-elle partie, que la femme de Pierre Leclerc, jardinier-fleuriste à Paris, passa montée sur une ânesse en rut. L'attitude de l'âne attaché aux barreaux fixa l'attention de la bourrique qui se mit à braire, l'âne de Féron lui répondit sur le même ton et bientôt à la faveur de cinq ou six coups de tête, il parvint à rompre son licol et à suivre l'ânesse. La femme Leclerc arriva donc chez elle, — auprès des Gobelins — l'âne fit le beau auprès de la l'ânesse, mais alors la femme Leclerc le frappa à grands coups de bâton : l'âne surexcité se jeta sur elle et la mordit au bras ; les voisins accoururent, on sépara les combattants et Leclerc enferma l'âne chez lui, puis résolut de former une demande en dommages-intérêts contre le propriétaire de l'âne.

Le lendemain, une femme alla dès 7 heures du matin, chez le sieur Nepveux, à la porte de qui Mme Leclerc avait vu l'âne attaché lui dire que si quelqu'un avait perdu un âne il le pourrait venir chercher chez un jardinier-fleuriste du faubourg Saint-Marceau, proche les Gobelins. Jacques Féron informé s'en alla vite chez Leclerc croyant ramener son âne, mais celui-ci lui demanda 1,200 livres de dommages-intérêts pour la morsure faite à sa femme, plus vingt sous pour la nourriture de l'âne.

Féron refusa d'acquiescer à cette demande et s'en retourna tristement chez lui.

Le 4 juillet, il reçut assignation en payement de 1,500 livres de dommages-intérêts et vingt sous par jour pour la nourriture de l'âne. Le 21 août, une sentence de la cour permit à Leclerc de faire preuve des faits articulés dans sa plainte, sauf à Féron à faire preuve du contraire et ordonna que l'âne de Féron lui serait rendu sur caution juratoire ; ce fut alors que le procès, qui jusqu'à ce moment n'offrait rien de particulier, devint le prétexte de nombreuses plaisanteries, en raison du certificat suivant qui fut produit à l'audience par Jacques Féron et qu'il avait eu l'idée de demander à son curé :

« Nous soussignés prieur curé et habitans de la paroisse de Vanvres, avons connaissance que Marie-Françoise Sommier, femme de Jacques Féron avoient un âne depuis quatre ans pour le service de leur commerce et que pendant tout le temps qu'ils l'ont eu, personne ne l'a connu méchant et n'a jamais blessé personne, même pendant six ans qu'il a appartenu à un autre habitant ; qu'aucun ne s'en est jamais plaint, ni

Chaque paroisse prétendait entrer la première dans la cathédrale ; des gros mots on en vint aux coups.
(Page 222, col. 2.)

entendu qu'il ait fait de malice dans le pays ; en foi de quoi nous soussignés lui avons délivré le présent témoignage. A Vanvres, ce 19 septembre 1750, signé : Pinterel, prieur et curé de Vanvres. Jérôme Patin, C. Jannet, Louis Retoré, Louis Senlis et Claude Corbonet. »

Il n'en fallut pas davantage pour rendre à jamais célèbre le curé Pinterel. Dès le lendemain, son nom fut dans toutes les bouches, les gazetiers s'en emparèrent, et l'on ne manqua pas d'établir un parallèle entre lui et le curé de Saint-Étienne du Mont, tous deux étaient religieux de Sainte-Geneviève, six vers coururent partout à ce propos.

De deux curés portant blanches soutanes,
Le procédé ne se ressemble en rien,
L'un met au nombre des profanes
Le magistrat le plus chrétien,
L'autre dans son hameau trouve jusques aux ânes
Tous ses paroissiens gens de bien.

Cette affaire burlesque venait justement au moment où celle des billets de confession se réveillait à l'occasion de la maladie du conseiller Coiffin, celui-là même qui voulait actionner le curé de Saint-Étienne du Mont pour avoir refusé les sacrements à son oncle. Il éprouva à son tour le même refus, parce qu'il n'avait pas voulu reconnaître la Constitution. Grand émoi dans le

Parlement qui s'assembla et manda à sa barre ledit curé de Saint-Étienne du Mont, Bouëttin; mais celui-ci répondit qu'il n'était nullement justiciable du Parlement pour le fait qui lui était reproché, qu'il ne devait compte qu'à Dieu et à l'archevêque du soin d'accorder ou de refuser les sacrements, et il refusa de comparaître.

Un huissier lui fut de nouveau envoyé, avec ordre de l'amener.

Il dut obéir et déclara que si l'archevêque lui ordonnait d'administrer les sacrements, il était tout prêt à le faire.

La réponse ne satisfit pas la cour, qui délibéra et ordonna l'arrestation du curé récalcitrant qui fut mis au secret; le 30 décembre, des députés du Parlement allèrent trouver l'archevêque, qui les reçut avec les marques d'un grand respect, mais resta sur une prudente défensive. Tout se passa en compliments de part et d'autre. Le Parlement ordonna la mise en liberté du curé et déclara qu'il serait informé sur le fond de la question, et le lendemain arrêta que plusieurs de ses membres iraient trouver le roi, lui raconteraient ce qui se passait et le prieraient d'interposer son autorité.

Donc, le 1er janvier 1751, des délégués se présentèrent à Versailles et virent le roi, mais celui-ci désapprouva formellement l'emprisonnement provisoire du curé et dit qu'il saurait maintenir la subordination due aux ministres de l'Église.

Cette réponse, rapportée le lendemain au Parlement assemblé, ne fut pas de son goût, et il fut arrêté qu'on ferait de très humbles remontrances au roi. Le 10, le conseiller Coiffin, cause de tout ce bruit, mourut confessé par le curé de Saint-Paul, un prêtre de Saint-Étienne lui avait apporté alors les sacrements. Malgré cette terminaison du débat, le Parlement continua à s'occuper de l'affaire.

Mais revenons au mois d'août 1750; la dauphine était accouchée d'une fille; aussitôt que la nouvelle en fut apportée à Paris, le canon des Invalides tira et celui de la ville, et le soir on illumina la façade de l'Hôtel de ville; mais ce fut tout. Paris, contrairement à son habitude, ne témoigna en aucune façon sa satisfaction de l'événement; cependant le 30 il y eut *Te Deum* à Notre-Dame, feu d'artifice devant l'Hôtel de ville et illuminations, mais tout cela était de commande.

Le peuple n'était nullement satisfait, il souffrait du mauvais état des affaires publiques, et dans la crainte de quelque mouvement populaire, le gouvernement mit cent invalides dans le vieux Louvre avec une paye de dix à douze sols par jour pour la garde des Tuileries; on établit des corps de garde du guet à pied dans les différents quartiers de Paris, et le 20 octobre une déclaration royale renouvela et ordonna l'exécution d'une précédente mesure de rigueur prise contre les mendiants et les vagabonds qui devaient, les invalides, être conduits dans les hôpitaux et les autres bannis de Paris, mais cela ne diminua nullement le nombre des uns ni des autres.

Ceux qu'on dirigeait sur l'Hôtel-Dieu apportaient dans la maison des germes d'insubordination qui se traduisaient par des révoltes incessantes. C'était un danger réel que la présence de ces soi-disants malades qu'on retenait de force, et qui ne cherchaient qu'à troubler l'ordre dans l'établissement et à s'échapper.

En 1754, ces hôtes dangereux, réunis au nombre de 900 dans les salles de l'Hôtel-Dieu, se mutinèrent cinq fois dans l'espace de deux mois. Le 7 juin de la même année ils formèrent le projet de mettre le feu à l'hôpital afin de profiter du désordre pour s'échapper, ils tuèrent et blessèrent à coups de couteau plusieurs malades et préposés de l'Hôtel-Dieu. Les administrateurs résolurent de ne plus recevoir de malades de force, et leur décision fut approuvée par un arrêt du Parlement en date du 28 août 1767.

Les Parisiens se disaient qu'il y aurait autre chose à faire pour les pauvres que de les envoyer peupler les colonies ou de les parquer dans des hôpitaux ou des maisons de force, et ils pensaient avec raison qu'en venant à leur secours, on emploierait mieux les deniers de l'État qu'ils ne l'étaient, gaspillés par les dépenses considérables auxquelles se livrait le roi adonné aux désordres d'une vie licencieuse, vie que naturellement menaient aussi les courtisans. On se demandait où s'arrêterait cette décadence des mœurs; le roi n'avait pas craint de faire d'une des femmes des dernières classes du peuple une marquise à qui il laissait trafiquer de tous les emplois publics; c'était à qui aurait une Pompadour; le comte de Clermont, abbé de Saint-Germain des Prés, entretenait publiquement une danseuse de l'Opéra. Sur vingt grands seigneurs, il y en avait quinze qui ne vivaient pas avec leur femme et avaient des ménages en ville, les gens les plus haut placés donnaient le spectacle de déréglements, et les honnêtes gens s'indignaient.

Or, tandis qu'on s'occupait de tout ceci, le roi signait un édit créant une école royale militaire; les considérants méritent d'être rapportés:

« Après l'expérience que nos prédécesseurs et nous avons faite de ce que peuvent sur la noblesse françoise les seuls principes de l'honneur, que n'en devrions-nous pas attendre si tous ceux qui la composent y joignoient des lumières acquises par une heureuse éducation? mais nous n'avons pu envisager sans attendrissement que plusieurs d'entre eux, après avoir consommé leurs biens à la défense de l'État, se trouvassent réduits à laisser sans éducation des enfants qui auroient pu servir un jour d'appui à leurs familles, et qui éprouvassent le sort de périr et de vieillir dans nos armées avec la douleur de prévoir l'avilissement de leur nom, dans une postérité hors d'état d'en soutenir le lustre... Nous avons résolu de fonder une école militaire et d'y faire élever sous nos yeux cinq cents gentilshommes nés sans bien dans le choix desquels nous préférons ceux qui, en perdant leur père à la guerre, sont devenus les enfans de l'État. Nous espérons même que le plan qui sera suivi dans l'éducation des cinq cents gentilshommes que nous adoptons servira de modèle aux pères qui seront en état de la procurer à leurs enfants : en sorte que l'ancien préjugé qui a fait croire que la valeur seule fait l'homme de guerre cède insensiblement au goût des études militaires que nous aurons introduit. Enfin nous avons considéré que si le feu roi a fait construire l'hôtel des Invalides pour être le terme honorable où viendroient finir paisiblement leurs jours ceux qui auroient vieilli dans dans la profession des armes, nous ne pouvons mieux seconder ses vues qu'en fondant une école où la jeune noblesse qui doit entrer dans cette carrière pût apprendre les principes de l'art de la guerre. C'est pour des motifs si pressants que nous sommes déterminé à faire bâtir incessamment auprès de notre bonne ville de Paris, et sous le titre d'*École royale militaire*, un hôtel assez grand et assez spacieux pour recevoir non seulement les cinq cents gentilshommes nés sans bien pour lesquels nous le destinons, mais encore pour loger les officiers de nos troupes auxquels nous en confierons le commandement ; les maîtres en tous genres, qui seront préposés aux instructions et exercices et tous ceux qui auront une part nécessaire à l'administration spirituelle et temporelle de cette maison. A ces causes, etc. »

En attendant que les bâtiments fussent élevés, l'école militaire fut établie provisoirement au château de Vincennes, 80 élèves y furent admis ; mais l'architecte Gabriel se mit à l'œuvre aussitôt que le terrain eut été choisi dans ce qui était alors une portion de la plaine de Grenelle, on commença les travaux en 1752 ; ils furent bientôt arrêtés par la dépense, mais Louis XV tenait à son école, et il imagina d'appliquer aux frais de sa construction : 1° le produit des droits perçus sur les cartes à jouer ; 2° une loterie, ce qui était la grande ressource d'alors ; 3° les revenus de l'abbaye de Laon alors vacante, et grâce à ce moyen, les constructions s'élevèrent rapidement.

« Le bâtiment proprement dit de l'École militaire forme un parallélogramme d'une superficie de 116,128 mètres 28 cent. La façade principale donne sur le Champ de Mars. Elle est décorée d'un seul avant-corps de colonnes corinthiennes ; au centre s'ouvre un vestibule à quatre rangs de colonnes d'ordre toscan, sur lequel trois portes s'ouvrent de chaque côté. C'est dans ce vestibule que se voyaient jadis les statues suivantes : celle du maréchal de Turenne, par Pajou ; celle du prince de Condé, par Lecomte ; celle du maréchal de Luxembourg par Mouchy et celle du maréchal de Saxe, par d'Huez. Le bâtiment du côté de la cour est décoré d'un ordre de colonnes doriques surmonté d'un second ordre ionique ; au centre s'élève, comme sur la façade qui regarde le Champs de Mars, un avant-corps corinthien dont les colonnes embrassent les deux étages. Cet avant-corps est couronné d'un fronton et d'un attique, avec un dôme bien proportionné orné de sculptures par d'Huez, et qui embrasse et relie les deux façades. La façade principale donne de plain pied sur le Champ de Mars, la façade postérieure donne sur une série de cours dont la dernière est fermée par une grille parallèle à l'avenue de Lowendall, et d'où part, pour aboutir à la rue de Sèvres, l'avenue de Saxe. Les deux extrémités de cette grille sont rejointes par deux corps de bâtiment en ailes, qui partent du corps principal. Le surplus se compose de cours, jardins et dépendances diverses. Le corps principal surmonté du dôme est d'un bel effet. Au milieu de la cour appelée cour royale, s'élevait la statue pédestre de Louis XV par le Moyne. »

La chapelle ne fut édifiée que beaucoup plus tard, la première pierre, bénite par l'archevêque de Paris, ne fut posée qu'en 1769 par le roi. Elle contenait onze tableaux représentant les principaux épisodes de la vie de saint Louis. *Saint Louis remettant la régence à sa mère. Saint Louis s'embarquant pour la croisade. Saint Louis recevant l'hommage du vieux de la montagne*, etc. Ces tableaux étaient dus aux pinceaux de Restout, Lépicié, Hallé, Taraval, Vien, Beaufort, Lagrenée aîné, Brenet, du Rameau, et de Carle Vanloo. Le maître-autel était orné d'un tableau de Doyen : *Saint Louis, malade de la peste à Tunis, recevant le viatique*. La voûte de cette chapelle, en arc surbaissé, est portée par des colonnes corinthiennes engagées dans les murs.

On remarque sur les frontons des deux faces des bâtiments en aile qui se prolongent jusqu'à la première grille, des grisailles à fresque par Gibelin, la première, à droite, représentant deux athlètes dont l'un arrête un cheval fougueux ; l'autre est une allégorie de l'Étude, environnée des Lettres et des Arts. Au premier étage la salle du conseil et quelques autres furent ornées de tableaux représentant les batailles de Fontenoy et de Lawfeld, les sièges de Tournai, Fribourg, Menin, Ypres et Furnes peints par Lagrenée aîné, Beaufort et Doyen. Un petit observatoire fut bâti plus tard, et de Lalande fit faire à ses frais un grand quart de cercle mural. Une machine hydraulique d'un appareil fort simple, inventée par MM. Laurent et Gilleron, posée sur quatre puits couverts, creusés de 15 pieds plus bas que le niveau de la rivière, dont les quatre pompes fournissaient 44 muids d'eau, alimentait l'établissement qui se trouvait à l'origine séparé de l'avenue de Lowendall par un fossé.

On vantait le réfectoire de l'École, pièce immense où tous les élèves pouvaient s'asseoir à l'aise; la bibliothèque, qui contenait environ 5,000 volumes.

L'École militaire fut placée, quant au spirituel, sous l'autorité directe de l'archevêque de Paris, et ce prélat donna, au mois de février 1761, un règlement très étendu concernant les fonctions et exercices spirituels qui devaient être pratiqués par les élèves.

Sa direction se composait d'un gouverneur, d'un inspecteur général des collèges du royaume, d'un directeur des études, d'un capitaine de la compagnie des cadets, d'un contrôleur général et de quelques autres officiers inférieurs.

Les élèves y furent installés en 1756. Ceux qui avaient des droits à y être admis furent partagés en huit classes : 1° les enfants dont les pères avaient été tués au service, ou des suites de leurs blessures après s'en être retirés ; 2° ceux dont les pères étaient morts au service ou ne l'avaient quitté qu'après trente ans de commission ; 3° ceux qui étaient à la charge de leurs mères, leurs pères ayant été tués au service ou des suites de leurs blessures ; 4° ceux se trouvant à la charge de leurs mères, leurs pères étant morts au service ou retirés après trente ans ; 5° ceux dont les pères étaient au service ; 6° ceux dont les pères avaient quitté le service pour raison d'âge, d'infirmités ou pour toute autre cause légitime ; 7° ceux dont les ancêtres avaient servi ; 8° les enfants de tout le reste de la noblesse qui, par son indigence, se trouvait dans le cas d'avoir besoin de ce secours.

Les postulants devaient justifier de quatre degrés de noblesse du côté paternel. Ils étaient reçus depuis huit à neuf ans jusqu'à dix et onze, à l'exception des orphelins qui pouvaient être reçus jusqu'à treize ans. Ils devaient savoir lire et écrire, ils recevaient à l'école une éducation qui comprenait toutes les sciences ayant rapport à la guerre et toutes celles qui entraient alors dans ce qu'on appelait l'éducation d'un gentilhomme. Parvenus à l'âge de dix-huit à vingt ans, ils entraient dans les troupes du roi et jouissaient d'une pension de 200 livres sur les fonds de l'École.

Louis XV, par sa déclaration du 24 août 1760, expliqua nettement ses intentions sur l'ordre de préférence qu'il voulait qu'on observât dans l'admission des enfants proposés et sur quelques autres dispositions de l'édit de création :

« Notre intention, dit-il, en instituant une école militaire pour l'éducation dans l'art de la guerre de 500 jeunes gentilshommes, a été non-seulement d'en faire un soulagement pour les familles nobles de notre royaume qui seroient hors d'état de donner une éducation convenable à leurs enfants, mais encore un objet de récompense pour celles de ces familles que se seroient vouées plus particulièrement à la défense de notre État. C'est ce double motif de grâce et de justice qui a déterminé l'ordre de préférence que nous avons voulu que l'on observât dans l'admission des enfants qui nous seroient proposés pour cet établissement. Il nous a paru juste en général que les enfants des pères actuellement au service fussent préférés à ceux dont les pères s'en seroient retirés ? »

Et il conclut en entendant qu'on observe le classement qu'il a établi, et qu'en conséquence on préfère les enfants de la 1re classe à ceux de la 2e, ceux de la 2e à ceux de la 3e et ainsi de suite.

La garde de l'hôtel royal militaire était composée d'une compagnie de bas officiers invalides de 70 hommes, pour la garde intérieure, et d'une compagnie de simples invalides pour les postes du dehors.

Le 7 avril 1764, Louis XV modifia l'organisation de l'École militaire, il reconnut qu'une éducation toute militaire ne pouvait convenir à des enfants et institua le collège de la Flèche pour y placer les jeunes nobles de huit à quatorze ans et ce ne fut qu'au sortir de ce collège qu'ils pouvaient être admis à l'École, mais le 2 février 1776, Louis XVI fit plus, il supprima l'École militaire, en reversa les élèves dans divers collèges qui fournissaient des cadets gentilshommes envoyés dans les régiments au sortir de ces collèges. Le nombre des élèves fut élevé aussi de 500 à 600. Le 28 mars 1776 parut un règlement concernant les nouvelles écoles militaires réparties en dix collèges de province qui prirent chacun le titre d'École royale militaire.

En 1778 l'École militaire se reconstitua, et le roi lui alloua une dotation de 15 millions ; en 1788, on y établit un manège pour les élèves.

Un arrêt du 26 mars 1790 abolit et révoqua les dispositions qui exigeaient pour l'admission à cette école des preuves de noblesse, et décida qu'à l'avenir les enfants des officiers des troupes de terre et de mer pussent y être reçus sans aucune distinction de naissance.

Peu de temps après il fut encore question de supprimer l'École militaire et d'installer l'Hôtel-Dieu dans ses bâtiments; l'architecte Brongniart fut chargé de mettre ce projet à exécution, mais les événements de la Révolution arrêtèrent tout.

Le 13 juin 1793, la Convention décréta la vente des biens formant la dotation de l'hôtel et convertit les bâtiments en quartier de cavalerie et en dépôt de farine.

Sous l'Empire, Napoléon installa sa garde à l'École militaire; en 1815, sous la Restauration, ce fut la garde royale qui y fut casernée ; l'École militaire a continué à servir de quartier sous la monarchie de juillet. Sous le second empire on démolit les deux vieux bâtiments que l'on voyait encore debout en 1854 et qui flan-

Salon de l'hôtel Soubise, aujourd'hui palais des Archives.

La garde fut appelée et ne trouva rien de mieux à faire que de tirer dans le tas. (Page 224, col. 2.)

quaient la façade de l'édifice proprement dit ; ils menaçaient ruine. On reconstruisit à leur place des pavillons d'une architecture simple, mais imposante et en harmonie avec la belle ordonnance du siècle dernier ; celui de l'Est fut affecté à la cavalerie, celui de l'Ouest à l'artillerie. En arrière et jusqu'à l'avenue Lowendall furent aussi construits plusieurs bâtiments secondaires. Enfin, pour compléter ce vaste casernement, on éleva au sud, entre les avenues de Suffren, de Ségur, de la Bourdonnaye et de Lowendall, d'autres casernes constituant des annexes de l'École militaire.

La garde impériale de Napoléon III fut installée à l'École militaire, le maréchal commandant la place, ainsi que plusieurs officiers d'état-major, y étaient aussi logés.

Le 17 février 1731, il y eut une grande fête à l'hôtel Soubise (aujourd'hui palais des archives), bal et souper, trois cents personnes des plus titrées y étaient invitées, et toutes étaient vêtues avec une magnificence extraordinaire. Le prince de Soubise, qui donnait cette fête, avait choisi « douze gendarmes des mieux faits » pour donner la main aux dames en descendant de carrosse et les conduire aux appartements. Il est bon d'ajouter que ces gendarmes, dont le prince était colonel, étaient tous gentilshommes, leur nombre était fixé à deux cent cinquante.

Le 20 mars, on jugea en la grande chambre une affaire désagréable pour le curé de Saint-Jean en Grève, M. de la Hogue. Une ravaudeuse, Madeleine Baulan, femme Baron, prétendit que se trouvant au prône de Saint-Jean le 29 décembre 1748, elle avait entendu y publier que le curé avait entre les mains un dépôt de 30,000 livres pour être restituées à elle Madeleine Baulan ; aussitôt le prône terminé, elle était allée à la sacristie demander des explications : le curé la renvoya en lui disant qu'il ne savait ce qu'elle voulait dire. Plainte à l'archevêque, qui renvoie la femme à se pourvoir en justice ; celle-ci sollicita le prêtre qui avait fait la publication de lui en donner le certificat, il y consentit et certifia qu'il avait fait publier un billet dans lequel il était fait mention d'une somme de 30,000 ou 35,000 livres, mais qu'il ne se souvenait plus du nom de la personne, ni de quoi il s'agissait.

Le lieutenant criminel, sur le vu de cette pièce, permit d'informer, et l'affaire passionna le public qui se partagea en deux camps : trente témoins furent entendus de part et d'autre ; la femme Baron prétendait que les 30,000 livres provenaient de sa tante qui, très malade en 1724, et morte depuis, avait déposé cette somme entre les mains d'un particulier pour qu'il eût à la remettre après sa mort à Madeleine Baulan, qu'il avait gardé ce dépôt et qu'enfin, pressé par les remords, il l'avait porté au curé de Saint-Jean.

Malgré les preuves qu'elle produisit, elle fut déboutée, et le curé obtint 3,000 livres de dommages intérêts. Ce jugement, diversement apprécié, fut vivement commenté.

Il y eut en 1751, une forte inondation à Paris, on allait en bateau dans la rue de Bièvre et jusqu'à la fontaine de la place Maubert, sur la place de Grève, le quai des Augustins, le quai du Louvre, etc., tout le chemin de Versailles le cours la Reine et les Champs-Élysées étaient sous l'eau. Une ordonnance fut affichée le 22 mars afin d'obliger ceux qui demeuraient sur les ponts Notre-Dame, Saint-Michel et au Change de déménager dans la crainte que la violence des eaux n'endommageât ces ponts et même ne les renversât. De nombreux bateaux chargés d'approvisionnements étaient arrêtés en amont de Paris. Cette situation dura près d'un mois.

Un mandement de l'archevêque avait annoncé l'ouverture d'un jubilé commençant le 29 mars et devant durer jusqu'au 29 septembre, c'est-à-dire, six mois entiers pendant lesquels il était obligatoire de faire, pendant quinze jours, des stations dans quatre églises chaque jour. Toutes les églises devaient faire cinq processions chacune à Notre-Dame et à trois autres églises, et ces processions, ainsi que les cérémonies publiques, devaient durer deux mois. Tout cela commença dès le 29 par un concours énorme de monde à Notre-Dame, qui fut déclarée station de nécessité chaque jour des quinze stations, ce qui fit grandement murmurer tous les gens qui demeuraient aux extrémités de Paris et dans les faubourgs. L'archevêque était le maître d'agir à sa guise et tout en murmurant, on obéit à ses prescriptions. Cependant il était dit dans son mandement que l'ouverture du jubilé se ferait le 29 à sept heures du matin par le son des cloches de toutes les églises stationales ; or l'archevêque, n'entendant point les cloches à l'heure indiquée, envoya chercher le maître sonneur de Notre-Dame et lui demanda des explications ; celui-ci, tout en se confondant en excuses, lui répondit le chapitre lui avait défendu de sonner, et qu'en conséquence il ne sonnerait pas parce que c'était le chapitre et non l'archevêque qui était seul maître des cloches. Ce dernier fit la grimace, mais il fut obligé de reconnaître que le chapitre était dans son droit et de passer un acte en forme, reconnaissant ce droit, et que c'était par simple omission qu'il avait négligé de s'entendre avec lui sur ce point.

Une fois cet acte signé, le chapitre voulut bien consentir à ce qu'on sonnât.

Les processions s'opérèrent, mais elles donnèrent lieu à des scènes regrettables, particulièrement celles qui eurent lieu le jour de Pâques et le lendemain. Toutes les paroisses commencèrent le dimanche de Pâques par une procession à Notre-Dame et ensuite à Sainte-Geneviève, ce qui fit que dans la Cité une quinzaine de processions arrivèrent à la fois, se mêlèrent, se bousculèrent, et les paroissiens ne pouvant se reconnaître au milieu de la confusion générale, commencèrent par se disputer, puis des gros mots on en vint aux coups.

Chaque paroisse prétendait entrer la première dans la cathédrale, les autres s'y opposaient ; il en résulta un tumulte et une confusion abominables augmentés encore par la pluie qui tomba à verse toute la journée ; il y eut des blessés. « Quoi qu'il en soit ça été un spectacle très divertissant pour ceux qui étaient tranquilles à leurs fenêtres dans le quartier Notre-Dame, que cette confusion et la multitude innombrable de peuple, car aux paroisses de Saint-Étienne du Mont et surtout de Sainte-Marguerite, du faubourg Saint-Antoine, la marche avec foule de monde, tient une demi-heure. »

Au mois de mai 1751, le roi envoya deux édits à enregistrer au Parlement, l'un pour créer 30 millions de contrats à trois pour cent remboursables tous les ans par voie de loterie sur les postes, l'autre pour créer deux millions de rentes viagères, afin de désintéresser les fournisseurs des dernières guerres.

Le Parlement trouva ces chiffres bien élevés et fit des remontrances au roi, celui-ci reçut parfaitement les députés, les remercia des soins qu'ils prenaient des intérêts de tous, mais leur déclara qu'il entendait être obéi.

Le Parlement délibéra, présenta d'autres remontrances, envoya au roi de nouveaux députés ; mais le 27 mai Louis XV, ennuyé par toutes ces observations, se borna cette fois à répondre qu'il n'avait de comptes à rendre à personne et qu'il entendait être obéi.

Nouvelle assemblée du Parlement qui tenait bon et décida que des remontrances seraient présentées au roi pour la troisième fois, mais il n'osa faire plus et les édits furent enregistrés, mais avec des réserves qui montraient que cet enregistrement n'avait lieu que par contrainte ; au reste en voici le libellé : « Registré du très exprès commandement du roi contenu en ses réponses aux remontrances et itératives remontrances de la cour des 21 et 26 mai 1751, et réitéré le jour d'hier aux députés de la cour vers le dit seigneur roi, et encore le même jour à M. le premier président pour être éxécuté, etc. Et sera ledit seigneur roi très humblement supplié, dès ce jour et en toutes occasions, de vouloir bien accorder à ses sujets un terme préfixe pour la suppression du vingtième qu'il a annoncé par son édit du mois de mai 1749... En conséquence, que le produit de cet impôt rigoureux ne puisse servir au payement des dépenses courantes, mais qu'il soit uniquement employé au remboursement des dettes de l'État indiquées par ledit édit, suivant l'arrêt de ce jour. »

C'était bien indiquer que le roi dépensait au delà de ses revenus pour les dépenses courantes.

Décidément, le parlement et le roi étaient mal ensemble.

Une place de supérieure dans l'hôpital des filles acheva d'augmenter la discorde. L'archevêque voulut seul nommer à cette place, le Parlement s'y opposa et le roi donna raison à l'archevêque ; le Parlement blessé, dans sa dignité, cessa alors de faire ses fonctions et de rendre la justice. Il fallut que le roi envoyât par ses mousquetaires à chaque membre de la cour une lettre de cachet portant ordre de reprendre ses fonctions sous peine de désobéissance.

Le 2 août, il y eut à Paris entre minuit et une heure du matin, un ouragan terrible, mêlé de coups de tonnerre, de pluie violente et de vent qui abattit un grand nombre de cheminées, brisa les arbres des promenades et fit des dégâts considérables.

Le lundi 13 septembre, la dauphine accoucha d'un prince (Louis Joseph Xavier, duc de Bourgogne, qui mourut en 1761); le tocsin de la ville et celui de l'horloge du palais sonnèrent pendant trois jours et trois nuits, ce qui n'avait rien d'agréable pour les oreilles des Parisiens, le tocsin ayant un son lugubre qui devait d'ailleurs aussi bien exprimer la douleur lors d'une mort que la joie pour une naissance.

Une ordonnance du même jour, signée par le prévôt des marchands, fut rendue pour faire cesser tout travail sur les ports et commander des illuminations à toutes les maisons de la ville. — Non seulement les ouvriers des ports perdaient en signe de réjouissance une journée de travail, mais encore ils devaient acheter des lampions ou de la chandelle pour illuminer la fenêtre de leur mansarde.

Il y eut aussi le lundi feu de bois sur la place de l'Hôtel de ville ; le mardi, des commissaires et agents de police se répandirent dans toutes les rues pour donner l'ordre de fermer les boutiques le soir en signe d'allégresse. Il y eut encore ce soir-là feu de fagots à la Grève, l'Hôtel de ville et les maisons furent illuminés.

On jeta des pièces de vingt-quatre sols au peuple par les fenêtres de l'Hôtel de ville pendant trois jours, et nombre de gens qui se poussaient pour en ramasser furent blessés et foulés aux pieds.

Le mercredi, nouveau feu de fagots à la grève, solennellement allumé par le gouverneur de Paris, le prévôt et les échevins, avec procession aux flambeaux autour.

Le jeudi, même répétition ; tout cela n'était que le prologue de la grande réjouissance publique commandée pour le dimanche 19 septembre ; ce jour-là il y eut grand *Te Deum* en musique à Notre-Dame. Le rendez-vous général de la cour pour s'y rendre était le rond point de l'Étoile. Le roi y vint avec dix-huit carrosses, et sur son chemin, des officiers des gardes du corps qui se tenaient à la portière de celui qu'il occupait, jetaient au peuple des écus de six livres, de trois livres, des pièces de vingt-quatre sols, de douze sols et quelques demi-louis d'or.

Cette façon ridicule de donner ne faisait qu'occasionner du tumulte, et c'étaient les gens robustes et vigoureux qui s'emparaient de tout en écartant les faibles, les femmes et en les frappant au besoin, mais il fallut encore bien du temps avant qu'on eût l'idée de substituer des secours à domicile à ces distributions à tort et à travers qui assimilaient le peuple à un troupeau d'animaux attendant leur pâture.

Au reste, malgré la richesse du cortège, la beauté des toilettes et les largesses royales, ce fut à peine si quelques cris de vive le roi! se firent entendre, et encore fallut-il que les officiers invitassent les gens à crier. On s'attendait à la diminution de quelques impôts à l'occasion de la naissance du prince que l'on fêtait, et l'on eût préféré cela aux pièces d'argent jetées sur le pavé.

Lorsque le roi descendit de voiture à Notre-Dame, les oiseliers lâchèrent une grande quantité d'oiseaux, suivant l'ancienne coutume, et en un instant le parvis en fut plein.

Le soir, la fête fut couronnée par un superbe feu d'artifice, mais ce fut tout.

Il avait été question d'autres réjouissances, mais comme elles eussent entraîné une dépense de 400,000 livres, le roi décida qu'on emploierait cette somme à marier 600 filles de Paris en les dotant de 500 livres chacune et d'une médaille d'or, représentant d'un côté les armes de la ville et de l'autre la figure du roi ; il voulut qu'on leur donnât en plus à chacune un louis, « pour un petit repas ». Les curés de Paris furent chargés de choisir dans leurs paroisses les jeunes filles en état d'être mariées et les garçons qui pouvaient les épouser; il paraît que tout le monde se montra assez satisfait de cette innovation.

La cérémonie des 600 mariages fut fixée au 9 novembre, et nous pensons qu'on en lira les curieux détails avec intérêt : les curés eurent quelque peine à trouver des époux à assortir, enfin ils y parvinrent, et la ville envoya à chaque curé du drap pour les habits des garçons et des étoffes rayées, soie, fil ou coton pour les robes des filles, « le tout de différentes couleurs, afin d'éviter un uniforme d'habillement reconnaissable dans les rues.

« La ville a ensuite délivré, aux curés, en argent, une somme de 369 livres pour chaque mariage, pour le surplus des 500 livres dont il y a 69 livres pour les frais de mariage, savoir 24 livres pour le repas de chaque mariage à raison de 4 livres par tête, sur le pied de six personnes, le garçon et la fille, et deux personnes de chaque côté ; pour les carrosses, la façon des habits aux tailleurs et couturières, les souliers, les bas, chapeaux, gants, le linge, chemises, garnitures, manchettes avaient été aussi fournis par la ville. Ce sont les curés qui se sont chargés de ces petits détails, d'avoir une salle pour rassembler leurs noces, de commander les repas et tout le reste. »

Le 8 novembre, les fiançailles se firent dans chaque paroisse dont toutes les cloches sonnèrent, le 9, le canon de la ville tira à six heures du matin, et on procéda à la célébration des mariages dans chaque paroisse.

Il y en eut soixante-six à Saint-Sulpice, cinquante à Saint-Paul, autant à Saint-Eustache, douze à Saint-Séverin, douze à Saint-Benoît, etc, les églises étaient pleines de curieux.

Les divers mariages furent célébrés à la même messe, et les mariés étaient rangés deux par deux dans le chœur. Dans chaque paroisse, un député du corps de ville, échevin ou ancien échevin, conseiller ou quartenier, avait la première place dans les hautes stalles du chœur avec un tapis et un carreau de velours devant lui et deux archers de la ville.

A Saint-Roch, la cérémonie fut honorée de la présence du duc de Gesvres, gouverneur de Paris.

Dans les principales paroisses, les curés avaient commandé des voitures de remise pour conduire les mariés chez les traiteurs où des salles avaient été retenues. Le curé de Saint-Roch avait loué l'hôtel des Ambassadeurs (qui occupait l'emplacement où se trouve aujourd'hui le passage Choiseul). « Le curé de Saint-Benoît avait loué un jeu de paume dans la rue Hyacinthe, et c'était lui et ses clercs qui, debout, servoient les mariés, coupoient les viandes. »

Par un sentiment de délicatesse qui mérite d'être signalé, il fut convenu que les députés de la ville à chaque paroisse ne signeraient pas sur l'acte de célébration, de façon à ne laisser aucune trace de l'espèce de charité qui avait présidé à ces mariages.

Le père temporel des capucins, M. d'Argenson, donna une fête aux capucins du Marais à l'occasion de la naissance du duc de Bourgogne, le 27 septembre. Après un *Te Deum* chanté et accompagné en musique par 120 musiciens, il y eut un souper plantureux, « tous les capucins ont été bien régalés et ont eu chacun une bouteille de vin de Bourgogne, une demi-bouteille de vin de Champagne et une verre de vin d'Espagne ».

Après que les six corps marchands, les communautés, les académies eurent achevé de chanter les *Te Deum* pour le duc de Bourgogne, on en chanta pour la fin du jubilé; pendant tout le mois d'octobre cette cérémonie se répéta. A ce moment, le pain mollet valait quatre sols la livre à Paris et le pain ordinaire trois sous et un liard, ce qui faisait hautement murmurer. Aussi, le 27 novembre, on cria dans les rues un arrêt du conseil d'État qui informait les Parisiens que le roi, pour les soulager, avait ordonné qu'à partir du 1er décembre il serait sursis à la perception des droits rétablis en 1743 et des quatre sous par livre sur les denrées les plus ordinaires telles que œufs, fromages, veaux, volailles, etc. Cette mesure tardive fut reçue très froidement, et on la considéra uniquement comme une concession arrachée à la peur.

La lutte du roi et du Parlement avait redoublé d'intensité; après que les magistrats eurent cessé de s'assembler, ils furent obligés de reprendre leurs fonctions par ordre royal signifié par lettre de cachet, ils obéirent, mais ne tinrent aucune audience, de façon que ces débats causaient une perturbation générale dans les affaires civiles qui restaient en suspens.

Le 6 décembre, il y eut une révolte dans la prison du For-l'Évêque, où se trouvait encombrement de prisonniers. Ceux-ci se rendirent maîtres des geôliers, s'emparèrent des clefs et se disposaient à sortir en masse, lorsque la garde fut appelée, et elle ne trouva rien de mieux à faire que de tirer dans le tas : deux femmes furent tuées et quatre hommes dangereusement blessés. Cette sévérité barbare à l'égard de gens qui, pour la plupart, étaient des dettiers, ramena naturellement l'ordre dans la prison, mais fut blâmée par tout le monde, d'autant plus que la révolte avait pour objet la mauvaise qualité du pain et la réduction de la quantité qu'on venait de leur imposer.

Enfin, le 12 décembre, le Parlement fit sa paix avec le roi, mais on commençait à se lasser de toutes ces velléités d'indépendance de la part du Parlement qui, au début de chaque querelle, affectait une grande force de résistance et finissait peu de temps après par se soumettre humblement à la volonté royale.

Le 22, parut l'arrêt du conseil portant règle-

Le premier président eut un quart d'heure pour s'habiller et dire adieu à sa femme. (Page 228, col. 1.)

ment pour la perception de l'impôt sur les cartes à jouer; cet arrêt très rigoureux prononçait des amendes de 1,000 et 3,000 livres et les peines du carcan et des galères contre ceux qui contreviendraient à ses dispositions.

Une affaire criminelle assez singulière amusa Paris; la femme d'un huissier au grand conseil, Mme Pinson, d'accord avec la fille Trumeau, ouvrière, un gendarme et un clerc de procureur, résolurent de se débarrasser de l'huissier Pinson qui les gênait dans leur commerce de galanterie, et ils imaginèrent de s'emparer d'un exploit signé de lui, ils firent disparaître l'écriture et ne conservèrent que la signature; puis ils substituèrent au texte primitif un engagement de soldat pour les îles qui fut mis entre les mains d'un racoleur.

Celui-ci arrêta Pinson chez lui et l'envoya rejoindre son régiment. Pinson trouva, le 30 décembre, le moyen d'adresser une plainte à la justice, et sa femme et la demoiselle Trumeau furent fouettées publiquement en place de Grève, marquées d'un fer rouge et bannies à perpétuité.

Le duc d'Orléans mourut à l'abbaye de Sainte-Geneviève, où il s'était retiré, le 4 février 1752, et fut enterré au Val-de-Grâce sans grande cérémonie. Le 10, ce fut madame Henriette, la fille aînée de Louis XV, qui décéda, et ordre fut aussitôt donné de faire faire relâche à tous les spectacles de Paris, y compris ceux de la foire: sauteurs de corde, montreurs d'animaux, tableaux changeants, tout dut fermer. Le même jours le corps fut transporté de Versailles à Paris.

« Elle fut mise sur un matelas, dans des draps; elle étoit en manteau de lit, coiffée en négligé avec du rouge; des gardes du corps la descendirent ainsi dans un grand carrosse; on l'a mise dans le fond du carrosse, placée sur son séant, et elle étoit tenue par un suspensoir, sous les bras, qui étoit arrêté à un anneau qu'on avoit placé au dossier du carrosse pour l'empêcher de ballotter. Et sur le devant du carrosse étoient deux femmes de chambre, qui étoient très fâchées de cet emploi. » Elle fut embaumée le lendemain, et le 15 on fut admis à la voir exposée au palais des Tuileries sur un lit de parade. La défense de tous divertissements fut si rigoureuse qu'on interdit les masques pendant les jours gras, et même les violons chez les traiteurs où se faisaient des noces. Le 17, le cœur de la princesse fut porté au Val-de-Grâce, et le 19, le corps fut porté à Saint-Denis. Le convoi partit à 7 heures du matin par la rue Saint-Honoré, la rue de la Ferronnerie et monta la rue et le faubourg Saint-Denis jusqu'à l'abbaye.

Ce convoi fut magnifique : il se composait de 100 hommes du guet, à cheval, avec des flambeaux; 4 carrosses à six chevaux, un détachement de gardes du corps suivi de 60 pauvres avec des flambeaux, 50 mousquetaires de chaque compagnie, autant de chevau-légers et de gendarmes. tous portant des flambeaux, 5 carrosses de deuil à huit chevaux caparaçonnés en moire d'argent, portant les princesses et entourés d'un grand nombre de valets de pied, de pages et d'officiers, flambeaux en main; un détachement des écuries de la dauphine, de la reine, du roi, aussi avec pages, valets, etc. ; les trompettes de la chambre, les hérauts d'armes, les officiers, le char funèbre, couvert d'un drap blanc avec des bandes de moire d'argent, et escorté par quatre aumôniers en surplis, à cheval, entourés de valets, suivis d'un détachement de gardes du corps, des carrosses, des officiers, etc.

Le défilé du cortège durait plus d'une demi-heure. Tout le chemin, depuis les Tuileries jusqu'à la Chapelle, était garni de monde. On avait distribué 1,500 flambeaux, qui furent changés à la barrière Saint-Denis, mais beaucoup furent pillés; les mousquetaires s'amusaient avec à brûler les perruques des gens qui marchaient devant eux, ou les jetaient tout allumés sur le public qui regardait passer le convoi. (Il est bien entendu que ce qu'on appelait alors flambeaux était des cierges.)

Les frais de cette inhumation furent estimés à 300,000 livres.

Les spectacles ne furent autorisés à rouvrir que le 23 février, ce qui leur occasionna treize jours d'interruption.

Nous avons déjà parlé des assommeurs. Ils reparurent au mois de mars; on prétendit les voir par groupes, vêtus de longues redingotes sous lesquelles ils cachaient un gros bâton fendu par un bout; au milieu de cette fente était fixée une pierre tranchante, de façon que d'un coup bien appliqué ils cassaient la tête de ceux qu'il voulaient voler. Il y eut quelques agressions de ce genre, et il n'en fallut pas plus pour que, la peur aidant, personne ne voulût plus sortir de chez soi après neuf heures du soir; le guet fut doublé, et l'on arrêta tous les gens en redingote; mais tous ceux qu'on arrêta étaient de parfaits honnêtes gens, qui ne cachaient aucun bâton à pierre tranchante; il résulta de tout ceci une nouvelle ordonnance de police défendant, sous des peines sévères, le port des armes aux gens qui n'avaient pas le droit, en raison de leur naissance ou de leurs fonctions, à sortir armés.

Dans la nuit du 16 au 17 mars, à la foire Saint-Germain, il y eut un incendie terrible qui détruisit toutes les loges et boutiques, ainsi que nous l'avons dit en parlant de cette foire; le public s'en préoccupa beaucoup, mais son attention fut bientôt détournée par l'affaire des billets de confession, qui reprit avec une nouvelle vigueur; une troisième fois le curé Bouëttin, de Saint-Étienne du Mont, refusa les sacrements à un sieur Lemaire, attaché à la maison du duc d'Orléans, qui n'avait pas de billet, et refusa de se prononcer sur la constitution *Unigenitus*. Lemaire se plaignit au procureur général, qui dénonça le curé au Parlement, et de nouveau il fut appelé devant la cour; il s'y rendit, répondit qu'il ne pouvait recevoir d'ordre en matière de confession que de l'archevêque; le Parlement demeura assemblé jusqu'à minuit et condamna le curé à une aumône de trois livres pour le pain des prisonniers, lui fit défense à l'avenir de récidiver, et l'arrêt invitait l'archevêque à ce qu'il ne fût plus commis de pareils abus dans son diocèse, et 73 voix décrétèrent le prélat d'assignation; mais on n'osa l'assigner, et Lemaire mourut sans sacrements le 28 mars.

Prévoyant que les choses allaient se gâter, le curé Bouëttin quitta sa demeure et se mit en sûreté, laissant le Parlement et l'archevêque se débrouiller. Il fut décrété de prise de corps, interdit, mais resta prudemment caché.

10,000 personnes assistèrent à l'enterrement de Lemaire. C'était une manifestation bien évidente. Cependant le roi manda les gens du Parlement le 9 avril, et leur dit qu'il cassait leur arrêt décrétant de prise de corps le curé, et leur ordonna d'arrêter toute procédure à ce sujet. — Remontrances du Parlement. Déclaration du roi, qui maintint l'ordre donné au Parlement de ne plus s'occuper de cette affaire; aussi la cour, sans se préoccuper des personnes, rendit un arrêt, au point de vue général, qui défendait à tous ecclésiastiques de faire aucuns refus publics des sacrements, sous prétexte de défaut de production d'un billet de confession.

Tout Paris accueillit l'arrêt avec joie; il fut affiché partout, colporté, distribué, et dans plusieurs maisons on l'encadra d'une bordure dorée. Mais les curés signèrent une requête adressée à l'archevêque, à l'effet d'être autorisés à exiger des billets de confession.

Nouvelle phase de l'affaire : le Parlement fit assigner les curés, et le 4 mai une déclaration du roi fut décisive. « J'impose, dit-elle, sur ce, silence à mon procureur général, et je défends à mon Parlement de continuer cette procédure, que je veux qui soit regardée comme non avenue, et notamment le décret contre le curé de Saint-Jean en Grève qui demeurera nul et de nul effet. »

Ce fut le signal d'une nouvelle guerre entre la royauté et la magistrature : arrêts, protestations, remontrances, députations, chaque jour amenait un incident nouveau, le peuple soutenait très vivement la conduite du Parlement, qui agissait au nom de la liberté de conscience. Ceux qui étaient du parti du roi prétendaient que les prêtres, avant de donner les sacrements, étaient libres qu'on justifiât être en état de les recevoir, et que le Parlement n'avait nullement à s'occuper de ces questions, qui n'étaient pas de son ressort.

Chacun naturellement soutenait son opinion avec passion, et l'on ne parlait que de cela dans Paris.

Le 13 mai, il y eut un service solennel à Notre-Dame pour le duc d'Orléans; il fut fait aux frais de son fils, le nouveau duc d'Orléans, mais il y eut peu de monde, toutes les préoccupations étaient tournées vers les affaires suscitées par le Parlement, qui chaque jour assignait les curés, les décrétait de prise de corps, à la grande satisfaction des jansénistes, et au grand scandale des catholiques, molinistes.

Le 12 juin, on pendit et brûla, sur la place Maubert, un sieur François Masson, qui avait volé les vases sacrés et des ornements dans l'église des Bernardins. « Il faisoit une pluie considérable, et les ruisseaux tenoient toute la rue; malgré cela, il y avoit un concours de peuple prodigieux. Il n'a rien déclaré à la potence. »

Dans les premiers jours d'août, on eut des craintes pour la vie du dauphin, attaqué de la petite vérole; des prières de quarante heures furent ordonnées, ainsi que l'exposition du saint sacrement. Le 27, on chanta un *Te Deum* à Notre-Dame pour son rétablissement. Le roi, la reine et toute la famille royale y assistaient; il y eut un cortège superbe, et le soir feu d'artifice et illuminations générales.

Le roi, par un arrêt du conseil du 17 octobre, emprunta 22 millions 500,000 livres en argent, et reçut pareille somme en contrats sur la ville de Paris, ce qui faisait un total de 45 millions, sans intérêts, et remboursables en neuf années, en billets au porteur du trésorier général de la caisse des amortissements. Cette opération, avantageuse pour le roi, ne l'était nullement pour les Parisiens.

Tous les jours il y avait de nouveaux refus de sacrements par les curés, ce qui amenait quotidiennement de nouvelles poursuites contre eux, et des arrêts que le roi cassait, ce qui lui valait des remontrances du Parlement; jamais pareil gâchis ne s'était produit, et l'on se demandait en quelles mains se trouvait l'autorité.

L'année 1753 commença par un grand froid; la rivière se mit à charrier, puis se prit entièrement; tous les bateaux furent déchargés, et des ouvriers furent requis partout pour casser la glace; le Parlement se rendit le 3 janvier à Versailles pour présenter ses compliments au roi, mais il fut mal assez reçu : « Mon Parlement, dit le roi à la députation, suffisamment instruit par les ordres que je lui ai donnés, n'en a pas besoin de nouveaux pour se conformer à mes volontés. » Puis, s'adressant au premier président, il ajouta : « Quant aux ordres particuliers que j'ai jugé à propos de donner, je ne croyais pas, monsieur, que vous eussiez osé m'en parler. »

Cette attitude n'augurait rien de bon pour la nouvelle année.

Le 30 janvier fut rompu vif en place de Grève un nommé Séraphin, qui se faisait passer pour l'abbé Labadie, et qui avait voulu assassiner un orfèvre en l'attirant chez lui sous le prétexte de lui vendre des galons d'or; il fut au préalable appliqué à la question extraordinaire.

Il était facile de prévoir que la querelle du roi avec le Parlement finirait par quelque coup d'autorité.

Dans la nuit du 8 au 9 mai, les mousquetaires du roi, dans des carrosses, trois dans chaque, assistés d'un ou deux chevaliers de Saint-Louis, furent occupés à distribuer des lettres de cachet à tous les présidents et conseillers des cinq chambres des enquêtes et de deux des requêtes du palais.

Elles contenaient l'ordre de sortir dans vingt-quatre heures de Paris, et de se rendre dans les diverses villes qui leur étaient indiquées pour exil; outre cette lettre, les mousquetaires remettaient à ceux à qui elle était destinée, un ordre particulier du roi portant à chacun défense de sortir de sa maison, excepté pour son départ, de façon à empêcher tout conciliabule entre les membres du Parlement exilés.

Réveillés ainsi à l'improviste, les magistrats, qui s'attendaient probablement à ce dénouement, ne récriminèrent en aucune façon; ils se contentèrent d'envoyer leurs domestiques les uns chez les autres pour savoir en quel endroit on les exilait, et pour tâcher de s'entendre, ceux qui étaient désignés pour la même ville, afin de partir ensemble. Il y en avait 21 pour Poitiers, 17 ou 18 pour Angoulême, 13 pour Châlons-sur-Marne, d'autres à Bourges, à Clermont en Auvergne, etc. Tous partirent gaiement, ne songeant qu'à se féliciter d'avoir fait leur devoir.

Si un certain nombre de présidents et conseillers furent envoyés en exil en France, d'autres furent frappés d'une façon beaucoup plus pénible. M. de Frémont du Mazy, premier président de la seconde chambre des enquêtes, eut un quart d'heure pour s'habiller, dire adieu à sa famille, et monter dans un carrosse à six chevaux qui le conduisit comme prisonnier d'État, aux îles Sainte-Marguerite. M. Gautier de Beugny, président de la seconde chambre des requêtes, fut traité de même et expédié au fort de Ham. L'abbé Chauvelin, conseiller de la troisième chambre des enquêtes, au Mont Saint-Michel, et M. de Bèze de Lys, conseiller, à la forteresse de Pierre-en-Cise.

Le 9 mai, dans la matinée, la grand'chambre s'assembla et son premier président fit connaître à ses collègues ce qui s'était passé, en regrettant de n'avoir pas été compris dans la mesure qui frappait les autres membres du Parlement, puis la chambre, persistant dans son arrêté du samedi, déclara qu'elle continuerait à s'occuper des affaires « en commencées », et en conséquence ordonna qu'il serait informé dans l'après-midi, à l'occasion d'un refus de payement fait à l'Hôtel-Dieu.

La grande salle du palais était pleine de monde, quand les conseillers sortirent ils furent vivement applaudis et salués par les cris : Vive le Parlement!

On supposait qu'ils allaient être tous arrêtés; il n'en fut rien, mais le surlendemain ils reçurent une lettre de cachet qui les envoyait à Pontoise pour y reprendre leurs fonctions, sous peine de désobéissance. Ils partirent.

Nous voyons en juin 1752 la mode adopter les boulevards pour la promenade, le prévôt des marchands en avait fait sabler les contre-allées, des bans avaient été posés, tout le monde s'y porta et les carrosses y formaient des files depuis la porte Saint-Antoine jusqu'à la rue du Pont-aux-Choux. Bientôt on y établit plusieurs cabarets et des loges de marionnettes. A partir de ce moment, les boulevards devinrent la promenade favorite des Parisiens, qui commencèrent à abandonner le bois de Boulogne.

Le 8 septembre, la dauphine accoucha d'un prince qui fut nommé duc d'Aquitaine, et aussitôt qu'on l'apprit à Paris, les cloches sonnèrent, et l'on prépara un feu de fagots pour le 21 et des illuminations furent commandées. Le 16 il y eut *Te Deum* à Notre-Dame. Le soir il y eut feu d'artifice sur la place de l'Hôtel-de-Ville et des estrades furent dressées pour y placer des musiciens chargés de faire danser la populace, tandis qu'on lui distribuait du pain et des cervelas et que des tonneaux de vin coulaient à son intention ; « le peuple a bu et dansé dans toutes les places jusqu'à près d'une heure, que les violons ont cessé, et il a couru toute la nuit en chantant dans les rues par un très beau clair de lune », et les bourgeois se promenèrent en admirant les chandelles et les lampions qui brûlaient aux fenêtres des hôtels et des principales maisons particulières.

Par lettres patentes, en forme de commission, datées du 18 septembre, le roi établit une chambre des vacations qui dut tenir ses séances dans une des salles du couvent des Grands-Augustins ; elle siégea le 22, le Châtelet, qui était chargé d'enregistrer ces lettres patentes, refusa l'enregistrement. Le 5 octobre, le roi envoya alors au lieutenant civil, aux lieutenants particuliers du Châtelet et aux conseillers de service des lettres de cachet portant défenses de s'assembler et de lever l'audience avant d'avoir enregistré les lettres, ce qui augmenta alors la confusion. Cette déplorable lutte, qui divisait tous les pouvoirs, interrompait le cours de la justice, les procès se trouvaient suspendus et les poursuites à exercer contre les criminels n'osaient plus être intentées sans qu'on craignît des revendications de juridiction.

Le 7 novembre, le premier président, qui faisait tous ses efforts pour arriver à pacifier les choses, reçut une lettre de cachet avec ordre de se rendre immédiatement à Soissons, sans fonctions.

Cette mesure de rigueur, que rien ne justifiait et à laquelle personne ne s'attendait, acheva de bouleverser les esprits; on ne savait plus ce que tout cela voulait dire. Le lendemain 8, tous les autres présidents et conseillers furent également exilés à Soissons, sans fonctions. Il n'y avait plus de Parlement.

Le 11, le roi, par lettres patentes, créa une chambre royale pour le remplacer, qui siégea au Louvre ; cette nouvelle création fut assez mal accueillie des Parisiens. Bien que son établissement fut enregistré au Châtelet « au très exprès commandement du roi », on la tourna en ridicule, et « elle s'y accoutuma si bien qu'elle même s'assembla quelquefois en riant et qu'elle plaisantait de ses arrêts. » Défense néanmoins fut faite à toute personne de se pourvoir ailleurs qu'en ladite chambre.

Un sieur Sandrin fut condamné par le Châtelet à être pendu et en appela à la chambre royale qui confirma la sentence, mais le Châtelet prétendit qu'on ne devait en appeler qu'au Parlement et refusa alors de faire pendre le criminel qu'il avait condamné. Le rapporteur de la cause était le conseiller Milon ; le 6 décembre un archer se présenta à son domicile pour l'arrêter et le mener à la Bastille, attendu qu'il était coupable de n'avoir pas fait pendre Sandrin.

Trois conseillers du Châtelet furent décrétés d'accusation, mais alors tous les conseillers se

Le 11 avril 1792, la place Louis XV prit le nom de place de la Révolution, aujourd'hui place de la Concorde.

Vue de la tour de l'ancienne abbaye Sainte-Geneviève.

retirèrent et cessèrent leurs fonctions. Cette retraite produisit une vive agitation dans Paris qui se trouvait sans justice et complètement livré aux fantaisies du bon plaisir du roi, mais les coquins se réjouissaient fort de la situation, particulièrement Sandrin, l'homme condamné à la potence, et qui du fond de sa prison ne souhaitait nullement que la justice reprit son cours; mais la population parisienne était fort inquiète du résultat de tout ceci, et ses intérêts en souffraient; les commerçants allaient être directement atteints, car il y avait lieu de nommer des juges-consuls, et comme ces magistrats ne pouvaient entrer en fonctions qu'après avoir prêté serment au Parlement, et que ceux dont les fonctions expiraient n'avaient pas cru devoir consentir à les continuer provisoirement, Paris était menacé de n'avoir ni justice criminelle, ni justice civile, ni justice commerciale.

Mais à Paris on rit de tout, et l'on fit des mots sur la situation ; ainsi on prétendit que la nouvelle chambre royale aurait bien du plaisir au bal masqué pendant le carnaval, parce qu'elle ne serait pas *reconnue*.

Les enfants du dauphin mouraient les uns après les autres, le jeune prince d'Aquitaine fut enlevé à cinq mois et demi et le lundi gras, 25 février 1754, son corps fut amené à Paris. Le cœur fut transporté en grande pompe au Val-de-Grâce, et le service funèbre fut fait avec une grande magnificence ; malgré cette mort, le carnaval fut très brillant à Paris ; le 21 février, l'archevêque donna un mandement portant permission de manger des œufs pendant le carême, mais comme pour en manger il en fallait avoir, la chambre royale, au lieu et place du Parlement, rendit un arrêt le surlendemain qui en autorisait la vente sur tous les marchés de Paris.

Les trois premiers mois de 1754 s'écoulèrent au milieu des querelles du roi, du Parlement et du Châtelet, on continua à informer contre les curés n'administrant pas les sacrements, on arrêta les conseillers ; au mois d'avril, il y en avait quatre à la Bastille ; il est impossible de suivre toutes les péripéties fatigantes de cette lutte, à laquelle d'ailleurs les bourgeois et les ouvriers se désintéressaient au fur et à mesure qu'elle se prolongeait ; aussi après les amusements du carnaval vinrent les promenades de Longchamps, qui n'avaient jamais été plus suivies, les toilettes les plus riches s'y montrèrent et les carrosses y roulèrent sur quatre files.

Le 23 août 1754 la dauphine donna naissance à un prince, qui fut appelé duc de Berry (LouisXVI), et naturellement des fêtes signalèrent cet heureux événement ; ce qui augmenta considérablement la joie populaire, ce fut le retour du premier président du Parlement dans son hôtel et, dans la soirée du 27, M. de Maupeou arriva au palais, il fut accueilli par des acclamations enthousiastes, et des feux de joie, des illuminations, des fusées furent allumés en son honneur pendant toute la nuit ; tout le monde pensait bien que le premier président revenant, les autres membres du Parlement ne tarderaient pas à être rappelés de l'exil, et on s'en réjouit à l'avance.

Le 29, il fut chanté un *Te Deum* en musique à Notre-Dame pour la naissance du prince ; le soir, il y eut grand feu d'artifice à la Grève et toute la nuit des illuminations dans Paris. La plus magnifique fut celle de l'ambassadeur d'Espagne, aussi la foule se porta-t-elle davantage du côté de la rue de l'Université pour la voir et l'admirer.

Enfin, à partir du 1er septembre, les gens du Parlement rentrèrent et les conseillers qui avaient été mis à la Bastille en sortirent ; la chambre royale fut supprimée, et le 4 septembre tout était rentré dans l'ordre accoutumé. Tout fut oublié et l'allégresse fut générale, « messieurs les présidents et conseillers se sont rendus au palais à huit heures du matin pour aller chacun dans leurs chambres. Les cours du palais et les escaliers étoient remplis de peuple qui, à l'arrivée de chaque carrosse et au passage des conseillers crioit : Vive le Roi, vive le Parlement ! la grande salle du palais étoit si pleine de monde qu'on ne pouvoit pas s'y remuer. Il y avoit une démonstration de joie générale. On claquoit des mains et on crioit de même. »

Après une longue et laborieuse délibération on coula à fond la fameuse affaire des billets de confession. Il fut arrêté qu'il ne serait fait aucune innovation dans l'administration intérieure et publique des sacrements, le peuple se déclara satisfait, mais le clergé ne le fut pas ; de grandes conférences eurent lieu entre l'archevêque et d'autres prélats, mais rien n'en transpira au dehors.

Toutefois, comme on devait bien s'y attendre, en admettant même que la réconciliation du roi et des cours de justice fut sincère, la déclaration vague, adoptée par les deux parties, laissait le champ libre aux interprétations, et l'on verra bientôt le clergé continuer ses agissements, sans se préoccuper en aucune façon de l'arrangement pris en dehors de lui.

Le 29 octobre, nombre de Parisiens se portèrent à la barrière des Gobelins pour assister à une course de chevaux, lord Pruscot, un gentleman de 23 ans, possesseur de 100,000 écus de rentes, avait parié 1,000 louis contre le duc d'Orléans qu'il viendrait de Fontainebleau en deux heures à la barrière des Gobelins, en changeant deux fois de cheval ; parti de Fontainebleau à 7 heures 9 minutes 45 secondes, il arriva à la barrière à 8 heures 47 minutes 27 secondes, et il ne se servit que de deux chevaux. De nombreux paris avaient été engagés à l'occasion de cette course, qui fit les frais de la conversation tout le long du jour.

Mais nous nous apercevons qu'entraîné par le récit des événements divers qui signalèrent les quelques dernières assemblées, nous avons un peu négligé d'indiquer les travaux d'édilité entrepris ; ils ne furent pas d'ailleurs bien considérables, cependant on ne saurait les passer sous silence ; les plus importants se rattachent à l'érection d'un monument que le prévôt des marchands et les échevins résolurent d'élever, en 1748, au roi régnant, en souvenir de son rétablissement après la maladie dont il fut atteint à Metz.

L'emplacement fut aussitôt choisi, et dès 1751 on travaillait à la place du roi ; « l'esplanade qui est entre le Pont-Tournant et le Cours, est destinée à la place du roi, et l'on y travaille présentement ; le modèle en relief qu'on voit à Versailles met tout le monde à portée de juger de la beauté des plans de M. Gabriel. Le vainqueur de Fontenoy, noblement placé à cheval, y paraîtra avec ce visage de bonté et de clémence qui caractérisent le roi bien-aimé. Autour du piédestal on verra non les peuples qu'il a vaincus, mais les vertus qui le font régner sur nos cœurs. »

Cependant, ce ne fut qu'en 1757, le 27 juin, que les lettres patentes furent signées par le roi pour la construction de la place qui devait porter son nom ; voici cet intéressant document :

« Ayant signé la délibération prise par nos chers et bien-aimés prévost des marchands et échevins de notre bonne ville de Paris, le 27 juin 1748, tendant à transmettre à la postérité leur zèle pour notre gloire, la reconnoissance et l'amour de nos sujets, par un monument décoré de notre statue équestre, en telle forme et dans tel emplacement de cette capitale qu'il nous plairoit ordonner, nous aurions en conséquence déterminé comme le plus convenable à l'embellissement de notre dite ville, au bien public et à la commodité de ses habitants, l'emplacement qui nous appartient, entre le fossé qui termine le jardin de notre palais des Tuileries, l'ancienne porte et faubourg Saint-Honoré, les allées de l'ancien et nouveau cours, et le quai qui borde la rivière; et permis à cet effet, aux dits prévost des marchands et eschevins de faire établir les fondations et constructions du piédestal destiné à recevoir nostre statue équestre dans le point du dit emplacement, etc. Voulons et nous plaît :

« ARTICLE 1ᵉʳ. Que la place destinée à recevoir le monument que nous avons bien voulu agréer continuera d'être formée et construite, jusqu'à son entière perfection, dans l'emplacement par nous désigné, etc., et que tous les ouvrages de construction et décoration nécessaires pour les formation et perfection de ladite place seront faits par les ordres et par les soins des prévost des marchands et eschevins, et exécutés par le maître général des bâtimens de la ville, sous la conduite et inspection du sieur Gabriel, notre premier architecte, etc.

« ART. 2. A l'effet de quoi nous avons, par ces présentes, cédé, abandonné, cédons et abandonnons, même faisons tous dons et délaissons aux dits prévost des marchands et eschevins, de l'entier terrain, à nous appartenant, dans l'étendue de la dite esplanade et contenu dans l'espace de 183 toises de longueur ou environ, etc.

« ART. 3. Notre intention étant que les constructions des façades décorées des bâtimens qui termineront la place, ainsi que celles des maisons qui seront élevées, tant sur les faces des arrière-corps que sur celles des nouvelles rues soient entièrement conformes aux dessins par nous approuvés et ci-attachés sous le contre scel de notre Chancellerie, nous ordonnons aux dits prévost des marchands et eschevins d'y tenir la main, d'y assujettir les propriétaires particuliers des terrains auxquels ils jugeront à propos de permettre de construire eux-mêmes les façades de leurs maisons, tant sur la place que sur les rues y aboutissant. »

A cette époque, en face du jardin des Tuileries, était en effet une esplanade entourée d'un fossé du cours, dont une partie servait de magasin aux marbres du roi.

Or, voici comment elle fut changée en place publique : « Cette place est donc située entre le fossé qui termine le jardin, l'ancienne porte et faubourg Saint-Honoré, les allées des Champs-Élysées, celles du Cours-la-Reine et le quai qui borde la rivière de la Seine. Elle est formée par un quarré de 125 toises de longueur sur 87 de largeur ; entre les balustrades intérieures, les quatre angles du grand carré forment quatre pans coupés de 29 toises de longueur chacun et sont terminés à leur extrémité par des guérites ou gros socles ornés de frontons et surmontés d'un acrotère, décoré par des guirlandes de feuilles de chêne et destinés à porter des groupes de figures de marbre, analogues au sujet et à la place.

« Deux de ces pans coupés, du côté des Champs-Élysées, sont ouverts et conduisent à deux avenues diagonales, dont l'une est appelée le Cours-la-Reine ; du même côté, à la tête des Champs-Élysées, sont quatre pavillons décorés de bossages à l'usage des fontainers, garde et portier des Champs-Élysées et Cours-la-Reine.

« La façade des deux pavillons les plus proches de la grande allée des Champs-Élysées découvre l'ordre de la nouvelle plantation.

« On arrive à cette place qui fait la réunion du jardin des Tuileries avec les Champs-Élysées par six entrées, dont les deux principales ont chacune 25 toises de largeur.

« Le sol de cette place, donné à la ville par le roi, est renfermé par de grands fossés de onze à douze toises de largeur, de quatorze pieds de profondeur, qui se communiquent les uns les autres du côté des Champs-Élysées par sept ponts de pierre avec archivoltes et sont fermés par des balustrades.

« Les murs de l'intérieur des fossés, tous revêtus en pierre, sont décorés de chaînes de refend à l'aplomb des piédestaux, des balustrades, des tables saillantes entre deux ; les murs sont couronnés par un cordon portant les balustrades. Le sol des fossés est semé de gazon, entouré de larges chemins sablés.

« Les passages des ponts l'annoncent par de grandes portions circulaires qui, se raccordant à celles de l'intérieur de la place et seize gros piédestaux, destinés à porter des lions et sphinx en bronze, facilitent l'inégalité de la hauteur des balustrades de l'intérieur de la place d'avec celles de l'extérieur.

« Au centre de la place, en face de l'allée du milieu du jardin des Tuileries, s'élève à la hauteur de 21 pieds, un piédestal de marbre blanc veiné, de quatorze pieds et demi de long sur huit pieds et demi de large, sur lequel est posée la statue du roi, en bronze, de quatorze pieds de proportion, fondue d'un seul jet, sous la conduite de Bouchardon, sculpteur ordinaire de Sa Majesté ; le roi est représenté à cheval, vêtu à la romaine et couronné de lauriers. Aux quatre angles du piédestal paroissent, debout et posées sur un socle de quatre pieds de haut et deux pieds de saillie au delà du nud du piédestal, quatre figures de bronze de 10 pieds de hauteur, représentant des vertus caractérisées par leurs attributs; elles paroissent soutenir dans des attitudes variées la corniche du piédestal de vingt-deux pouces de hauteur sur un pied et demi de saillie.

« Le devant du piédestal, en face du jardin des Tuileries, fait voir deux vertus ; celle qui est à droite représente la Force, et celle de la gauche représente la Paix. Entre ces deux figures est une table de marbre de cinq pieds quarrés, enrichie de deux branches de laurier, doré d'or moulu et portant une inscription latine à la gloire de Louis XV. A l'autre bout du piédestal et du côté des Champs-Élysées, paroissent les deux autres vertus : à droite la Prudence et celle qui est à gauche désigne la Justice ; entre les deux est une pareille table, portant une autre inscription latine. »

Abrégeons cette longue description, en mentionnant seulement que les bas-reliefs en bronze qui décoraient le piédestal ; l'un représentait le roi dans un char couronné par la Victoire et conduit par la Renommée à des peuples qui se prosternaient devant lui ; l'autre représentait Louis XV assis sur un trophée et donnant la paix à son peuple ; vers le bas, entre ces deux bas-reliefs, étaient posés des trophées composés de boucliers, de casques, d'épées, de piques, tout cela en bronze; la frise et le dessus du socle étaient enrichis d'ornements en bronze. La corniche était surmontée d'un amortissement orné par quatre mufles de lion aux angles, auxquels étaient attachées des guirlandes de feuilles de laurier, se groupant avec des cornes d'abondance. Au milieu étaient, du côté des Tuileries, les armes du roi, du côté opposé, celles de la ville.

Ce fut le 17 avril 1763 que cette statue fut transférée sur la place ; malheureusement Bouchardon mourut après l'avoir faite, et ce fut Pigalle qui fut chargé des figures et des ornements du piédestal, et le 20 juin suivant furent découverts aux regards des curieux la statue et ses accessoires. Les quatre figures colossales représentant les Vertus furent assez vivement critiquées, et les mauvaises plaisanteries ne leur manquèrent pas; ce distique sanglant courut aussitôt Paris :

Oh! la belle statue! oh! le beau piédestal!
Les vertus sont à pied, le vice est à cheval.

Un jour aussi les passants remarquèrent que le roi avait les yeux bandés et portait au cou une boîte de fer-blanc avec cette inscription : « N'oubliez pas le pauvre aveugle; s'il vous plaît ! »

Cette belle statue équestre ne fut entourée pendant plus de vingt ans que par une misérable clôture en bois ; enfin, sous le règne de Louis XVI, en 1784, elle obtint un entourage convenable, composé d'une belle balustrade de marbre blanc et d'un pavé en carreaux de même matière.

Le 11 août 1792, cette statue fut renversée et quelques mois après fut élevée sur le piédestal une figure colossale de la Liberté. Cette figure en maçonnerie et plâtre, colorée en bronze, ouvrage de Lemot, était représentée assise, coiffée du bonnet phrygien et s'appuyant sur une haste.

Ce fut alors que la place Louis XV prit le nom de place de la Révolution.

Mais avant d'aller plus loin, terminons l'esquisse de cette place telle qu'elle était alors, en mentionnant que le fond de la place, du côté du faubourg Saint-Honoré, avait été terminé « par deux grandes façades de bâtimens de 48 toises de longueur chacune, sur 75 de hauteur, construites et placées à 16 toises de distance de la balustrade extérieure des fossés. Ces bâtimens forment chacun un péristyle d'ordre corinthien, composé de 12 colonnes à trois pieds de diamètre, posées sur un soubassement de 24 pieds de hauteur, ouvert en portique, formant des galeries publiques. Au-dessus de la corniche du soubassement règne une balustrade de trois pieds de hauteur. Les chapiteaux et entablements de cet ordre sont sculptés et enrichis de tous les ornemens qui leur sont propres, ainsi que les plates-bandes de l'archivolte et les plafonds dans les péristyles. Les extrémités de chacune de ces façades sont composées d'un grand avant-corps, couronné d'un fronton dans le tympan duquel est sculpté un sujet allégorique ; les arrière-corps sont ornés de niches, de médaillons et de tables saillantes et sont couronnés par de gros socles sur lesquels sont posés des trophées. Les retours des extrémités de chaque façade présentent la même ordonnance et la même richesse. »

Ces bâtiments, qui ne furent achevés de construire qu'en 1776, sont : l'hôtel du ministère de la marine, bâti en 1763-1772 (place de la Concorde, 2, au coin des rues Royale et de Saint-Florentin); il fut d'abord affecté, ainsi qu'on le verra plus loin, au garde-meuble de la couronne, puis au ministère ; l'hôtel de Coislin bâti en 1776 (au n° 4), et appartenant à la marquise de Coislin ; l'hôtel de Pastoret, bâti en 1775 (au n° 6), ayant appartenu à la famille de Rouillé de l'Estang, au marquis de Pastoret, à la marquise de Plessis-Bellière, et qui fut donné en 1808 à la nonciature ; l'hôtel de Fougères, bâti en 1772 (au n° 8), il fut d'abord la propriété de Pierre-Louis Moreau, puis celle de Lambert de Fougères, et enfin il est à M. Pean de Saint-Gilles, notaire ; l'hôtel de Crillon, bâti en 1763 (au n° 10) ayant d'abord appartenu au duc d'Aumont, puis en 1788 au comte de Crillon, affecté ensuite à l'ambassade d'Espagne et revenu de nos jours au marquis de Crillon.

« Ces deux grandes façades sont séparées par une rue de 15 toises de largeur dont la décoration en 90 toises de longueur, se termine par des

Sa Majesté posa la première pierre avec les cérémonies accoutumées. (Page 236, col. 1.)

pavillons formant un carrefour sur la rue Saint-Honoré. »

Le 26 octobre 1795, une loi donna à la place le nom de place de la Concorde; quelques jours après des ouvriers, en restaurant la statue de la Liberté, trouvèrent dans le globe que tenait la déesse un nid de tourterelles. L'augure parut favorable et confirma cette dénomination.

Napoléon supprima la statue de la Liberté, et le ministre de l'intérieur fut chargé de la remplacer par une colonne triomphale.

La Restauration rendit à la place son nom de place Louis XV.

Le 27 avril 1826, le roi Charles X signa une ordonnance ainsi conçue :

« Il sera élevé un monument à la mémoire de Louis XVI, au centre de la place située entre les Tuileries et les Champs-Élysées, laquelle prendra le nom de place Louis XVI. La première pierre de ce monument sera posée le 3 mai prochain. etc. »

Cette ordonnance ne fut jamais exécutée.

La loi du 27 novembre 1793, avait réuni la propriété de cette place et des Champs-Élysées au domaine national; le 20 août, une nouvelle ordonnance la concéda à la ville de Paris : « Sont concédées à la ville de Paris, à titre de propriété, la place Louis XV, la promenade dite des Champs-Élysées, telles qu'elles sont désignées au plan annexé à la présente loi, y compris les constructions dont la propriété appartient à l'État, à l'exception des deux fossés de la place Louis XV qui bordent le jardin des Tuileries. Ladite concession est faite à la charge par la ville de Paris... d'y faire dans un délai de cinq ans les travaux d'embellissement jusqu'à la concurrence de 2,230,000 francs au moins... etc.

La révolution de 1830 rendit à la place son nom de place de la Concorde.

Le 31 mai 1834, une nouvelle loi porta : « Il est accordé à la ville de Paris un délai de cinq ans, à partir du 20 août 1833, pour l'exécution des travaux d'embellissement qu'elle doit faire aux Champs Élysées et à la place de la Concorde, conformément à la loi du 20 août 1828 ; la somme de 2,230,000 francs que la ville devait employer à ces travaux est réduite à 1,500,000. »

Ces travaux commencèrent en 1836 et furent menés promptement, sans dépasser le chiffre limité, les embellissements principaux se composent de deux fontaines-jets d'eau monumentales.

Ces fontaines qui versent chacune plus de 6,716 mètres cubes d'eau par 24 heures, se composent d'un bassin de pierre polie de 16 mètres de diamètre, divisé dans la circonférence par douze piédestaux accouplés, surmontés d'amortissements en fonte. Six figures de tritons et de naïades, tenant chacune un poisson qui rejette l'eau, sont placées dans ce bassin. « Une première vasque de 6 mètres de diamètre, lisons-nous dans *Paris illustré*, s'élève au milieu du bassin, supportée par un piédouche auquel sont adossées six figures colossales, de 3 mètres de hauteur, assises sur un socle hexagonal, les pieds posés sur des proues de navires. Entre ces figures sont des dauphins qui jettent de l'eau. La seconde vasque renversée n'a que 3^{m}50 de diamètre. Au piédouche qui la supporte s'appuient trois enfants de 1^{m}33 de hauteur et séparés par des cygnes qui lancent de l'eau.

« La hauteur totale de ces fontaines, non compris la gerbe qui les surmonte, est de 9 mètres.

« L'une de ces fontaines (la plus rapprochée de la rue de Rivoli, est dédiée à la navigation fluviale. Parmi les statues de la vasque intérieure, deux représentent le Rhône et le Rhin par M. Gechter et les quatre autres : la Récolte des fleurs et celle des fruits par M. Lanno ; la Moisson et la Vendange, par M. Aristide Husson. Les deux génies de la vasque supérieure, la Navigation et l'Industrie, sont de M. Feuchères.

« La deuxième fontaine est dédiée à la Navigation maritime. Parmi les six figures de la vasque inférieure, l'Océan et la Méditerranée sont de M. Debay père, les quatre autres représentent les différentes pêches, savoir : la Pêche du corail et celle des coquillages par M. Vallois, la Pêche des perles et celle des poissons par M. Desbœufs. Les trois génies qui supportent la petite vasque et figurent la Navigation maritime, l'Astronomie et le Commerce sont de M. Brion.

« Les tritons et les néréides des grands bassins sont dus à MM. Elschoët, Parfait Merlieux et au regrettable et infortuné A. Moyne. Les figures des fontaines et des ornements modelés par M. Hoëgler sont en fonte de fer et sortent des usines de Tusey, près de Vaucouleurs (Meuse).

« Dans l'origine, ces fontaines étaient tout entières revêtues de peintures. Les chairs des statues imitaient le bronze florentin, les vêtements le bronze antique ; les accessoires et les ornements étaient dorés. Mais cette peinture et ces dorures se détériorant très vite et réclamant de fréquentes restaurations, l'administration municipale s'est décidée à faire bronzer les fontaines d'après les procédés galvaniques inventés par M. Oudry. Les deux monuments ont été démontés et remontés pièce à pièce, dans le courant de l'année 1861. Les vingt colonnes rostrales et les deux cent vingt candélabres de la place et de ses abords ont subi la même transformation. »

Les colonnes rostrales et les candélabres furent posés aussi en 1836 ; et à la même époque on répara les pavillons et on les surmonta de huit statues représentant les principales villes de France personnifiées ; Lyon, Marseille, Bordeaux, Rouen, Nantes, Lille, Strasbourg et Brest.

Au milieu de la place s'élève l'obélisque de Louqsor, présent du pacha d'Égypte, qui fut érigé le 25 décembre 1836 (on lira à son temps les détails de cette cérémonie). Cet obélisque, qui décorait à Thèbes le palais de Louqsor, mesure 23 mètres de hauteur et pèse environ 220,528 kilog. ; trois rangées verticales d'hiéroglyphes couvrent ses faces. La rangée du milieu est creusée à la profondeur de 15 centimètres, les deux autres sont à peine taillées ; les cartouches multipliés sur les quatre faces présentent toutes le nom et le prénom de Rhamessès ou Sésostris, premier roi de la 19e dynastie de Manéthon, et contiennent les louanges et les récits de ses travaux.

L'obélisque de Louqsor est dans un parfait état de conservation, sauf une entaille faite au pyramidion, probablement par la foudre à une époque déjà très reculée et une mince fêlure à la base.

Son piédestal est formé d'un seul bloc de granit des carrières de Lanildut (Finistère), il a 5 mètres de hauteur sur 3 de largeur et pèse 100,000 kilog.

En 1852, l'autorité fit combler les fossés, source permanente d'accidents, et aujourd'hui la place de la Concorde passe à juste titre pour une des plus belles places publiques de l'Europe.

Bien que la rue Royale n'eût été construite qu'en vertu des lettres patentes du 21 juin 1757, son percement, faisant partie du plan adopté pour la formation de la place, il convient d'en parler ; les travaux de construction et surtout de terrassement commencèrent en même temps que ceux de la place ; elle remplaça le cours ou boulevard qui s'étendait jusqu'au jardin des Tuileries ; le roi avait ordonné que les façades des construtions seraient établies d'après une architecture uniforme, des lettres patentes du 30 octobre 1758 maintinrent les conditions relatives à la symétrie des façades, mais ces dispositions ne furent point exécutées, en ce qui concernait la partie comprise entre les rues Saint-Honoré et du Faubourg Saint-Honoré à la place de la Madeleine. Un arrêt du conseil du 11 mars 1768, l'avait nommée rue Royale ; vers 1792, elle prit le nom de rue de la Révolution ; en 1795, celui de rue de la Concorde ; un arrêté du 27 avril 1814 lui rendit le nom de rue Royale.

Profitons de ce que nous nous occupons d'édilité pour noter quelques autres rues dont nous n'avons pas parlé pour ne pas interrompre le récit des événements. C'est d'abord la rue de l'Église, formée en 1738, et qu'on appela d'abord rue Neuve, ensuite rue de l'Église, parce qu'elle conduisait à l'Église de l'Assomption du Gros-Caillou, c'est-à-dire de la rue de Grenelle-Saint-Germain à la rue Saint-Dominique. La partie comprise entre la rue de Grenelle et l'avenue de la Motte-Picquet ne fut ouverte que par ordonnance du 8 août 1826. C'est aujourd'hui, dans tout son parcours, la rue Cler.

Par sa déclaration du 31 juillet 1740, le roi avait autorisé les propriétaires riverains de la rue du Faubourg Saint-Honoré à construire sur leurs terrains, depuis la rue Royale jusqu'à l'hôtel d'Évreux (l'Élysée) d'un côté et jusqu'à la rue des Saussaies de l'autre ; de nombreuses maisons s'élevèrent et une autre déclaration du 10 février 1765 étendit l'autorisation à tout le faubourg.

En 1741, ce fut le passage Saint-Roch qu'on construisit ; en 1750, ce fut la rue de Montreuil ; il est fait mention d'un village de Montreuil dès le XIIe siècle ; le chemin, qui, de Paris conduisait à ce hameau, se couvrit d'habitation vers la fin du règne de Louis XIII et devint rue en 1750.

Le 27 novembre 1754, fut rompu vif, en exécution d'un arrêt du Parlement de la ville, un gentilhomme irlandais appelé Henry Pruxton, âgé de vingt-trois ans, qui avait tué M. Andrieux, avocat au Parlement, en lui logeant trois balles dans le corps pour se venger de la perte d'un procès qu'il avait eu avec lui à l'occasion d'une question de préséance relative au pain bénit.

Les refus du sacrement recommençaient ; les prêtres de Saint-Étienne du Mont se montraient les plus intraitables sur ce point ; Brunet, premier vicaire et Meuriset porte-Dieu, furent encore décrétés de par devant le Parlement, ce que voyant tous les prêtres de la paroisse se retirèrent, et l'archevêque dut envoyer des prêtres du séminaire de Saint-Nicolas et du collège de Lisieux pour y faire le service à leur place. Un second refus de sacrement acheva de brouiller les cartes ; plusieurs prêtres de Saint-Étienne du Mont, furent décrétés de prise de corps, et comme ils avaient été soutenus par l'archevêque, le 3 décembre, un courrier de M. d'Argenson apporta au prélat une lettre de cachet qui l'exilait à sa maison de Conflans, ce qui produisit une grande émotion.

L'abbé et les chanoines réguliers de l'abbaye de Sainte-Geneviève présentèrent au roi, le 9 décembre, une requête tendant à la réédification complète de leur église qui menaçait ruine (déjà, en 1744, on avait reconstruit le cloître qui avait été édifié par le roi Robert et qui croulait de vétusté.) Les fidèles n'y étaient point en sûreté, et les religieux n'étant pas en état de subvenir aux frais considérables que cette reconstruction nécessiterait, le roi fut supplié d'y pourvoir. Louis XV y consentit et ordonna qu'à compter du 1er mars 1755, les billets des trois loteries qui se tiraient chaque mois dans Paris seraient augmentés de cinq sols, ce qui en porterait le prix à 25 sols, et que le produit de cette augmentation serait appliqué aux frais de reconstruction de l'église Sainte-Geneviève.

En conséquence, l'architecte Soufflot fut chargé d'établir les plans, et des lettres patentes du mois de mars 1757 les approuvèrent en ces termes :

« Louis, etc., ayant été instruit par nos chers et bien amés les abbé prieur et chanoines réguliers de notre abbaye de Sainte-Geneviève du Mont de Paris, que les bâtimens de leur église étoient dans un tel état de ruines que la réédification en étoit devenue indispensable et que les fidèles qui la fréquentoient ne cessoient de former des vœux pour sa reconstruction ; ce qui ne pouvoit s'exécuter sans nos lettres patentes duement vérifiées ; lesdits prieur, abbé, chanoines réguliers nous ayant en même temps représenté l'impossibilité où ils étoient par la médiocrité de leurs revenus, de fournir à une dépense aussi considérable, nous avons cru devoir employer notre autorité pour la conservation d'une église précieuse aux habitans de notre bonne ville de Paris, par la juste confiance qu'ils ont eue dans tous les tems en la patronne de cette capitale... A ces causes... nous avons statué et ordonné, statuons et ordonnons voulons et nous plaît ce qui suit : Article 1er. Qu'il soit incessamment procédé aux ouvrages nécessaires, tant pour la reconstruction de la nouvelle église Sainte-Geneviève du Mont, que pour procurer tout ce qui pourra en faciliter les abords ; le tout suivant le plan attaché sous le contre-scel des présentes. — Art. 2. Que les maisons et bâtimens appartenant aux dits abbé, prieur et chanoines réguliers étant sur le terrain sur lequel ladite église doit être reconstruite, soient démolis, après néanmoins que lesdits maisons et bâtimens auront été prisés et estimés par un expert qui sera nommé par notre cour de Parlement, etc. — Art. 6. Ne pourront les ouvrages des bâtimens de ladite église être adjugés et faits que sur les devis dressés par le sieur Soufflot, architecte, par nous commis pour la conduite des dits travaux et ouvrages et signés, tant de lui que des dits abbé, prieur et chanoines réguliers, etc. — Art. 10. Ne pourra la démolition de l'ancienne église être faite qu'après l'entière reconstruction de ladite nouvelle église et la translation de la châsse de Sainte-Geneviève. »

L'emplacement (voisin de la vieille basilique) que devait occuper le nouvel édifice fut bénit par l'abbé de Sainte-Geneviève, le 1er août 1758, mais le peu de solidité du terrain fit retarder la construction de l'église. On avait rencontré un grand nombre de puits, parmi lesquels on en compta sept ou huit qui avaient plus de 26 mètres de profondeur. Ces puits, qui avaient été faits par des potiers de terre qui habitaient le quartier, furent comblés, et les travaux marchèrent sans interruption; l'église souterraine fut achevée en 1763. L'église supérieure était déjà élevée à une certaine hauteur lorsque le roi Louis XV vint solennellement, le 6 septembre 1764, poser la première pierre du dôme. Cette cérémonie mérite d'être décrite : nous l'empruntons au *Journal historique* d'octobre 1764 :

« Le 6 septembre, jour fixé pour cette cérémonie, Sa Majesté, accompagnée de Monseigneur le dauphin, arriva dans cette capitale vers les onze heures du matin, au bruit du canon et aux acclamations du peuple; les gardes françoises et les gardes suisses formoient une haie dans les rues de son passage. Le roi fut reçu à la descente de son carrosse, par le duc de Chevreuse, gouverneur de Paris, qui eut l'honneur de le complimenter, et par le prévôt des marchands et les échevins qui eurent le même honneur; Sa Majesté entra ensuite dans l'ancienne église de Sainte-Geneviève, à la porte de laquelle elle fut reçue par l'abbé, qui étoit à la tête de tous les chanoines réguliers en chapes et qui la harangua. Sa Majesté entra dans le chœur qui étoit orné, ainsi que toute l'église, des tapisseries de la couronne; après y avoir fait sa prière, Elle sortit par la porte collatérale, passa dans le cloître, de là sous la colonnade et ensuite au bas de l'escalier de la bibliothèque d'où elle se rendit au nouveau bâtiment. en passant devant le principal amphithéâtre. Le roi, précédé par des chanoines réguliers, entra dans la nouvelle église dont le portail et une partie de l'intérieur étoient modelés en grand et très bien exécutés.

« Sa Majesté se plaça sur un prie-Dieu près du dôme, après quoi elle posa la première pierre avec les cérémonies accoutumées; on avoit préparé à cet effet une auge dorée, une truelle de vermeil et un marteau très artistement travaillé; ces instrumens ont été remis par l'architecte à qui ils appartiennent de droit pour être déposés dans le trésor de l'abbaye. Tous les ouvriers étoient en vestes, culottes et bas blancs, avec un bonnet de même couleur sur lequel étoit attachée une cocarde. On chanta ensuite le *Te Deum* pendant lequel le roi descendit dans l'église basse. Pendant toute cette cérémonie, les huissiers de la chambre portoient leurs masses devant Sa Majesté qui, après avoir visité la bibliothèque et le cabinet des curiosités, revint à la place où elle monta dans son carrosse, et elle reprit la route de Choisy au milieu d'un peuple nombreux, qui témoigna par des cris de joie, le plaisir que lui inspiroit la présence de son souverain. »

« L'abbé, le bibliothécaire et le procureur de Sainte-Geneviève eurent l'honneur de se faire présenter au roi le 9 à Versailles par M. le comte de Saint-Florentin et de faire leurs remerciements à Sa Majesté à l'occasion de la cérémonie du 6. Ils furent présentés aussi le même jour à Monseigneur le dauphin. »

Dans son ensemble, l'église Sainte-Geneviève a la forme d'une croix grecque; sa façade se compose d'un vaste portique de 42^m20 de développement sur 13^m64 de profondeur, orné de vingt-deux colonnes corinthiennes cannelées, d'une hauteur de 19^m50 reposant sur un perron de 12 marches. Six forment avant-corps et supportent un fronton jadis orné d'un bas relief représentant une croix rayonnante et adorée par des anges et des chérubins avec cette inscription :

D. O. M.
Sub invocatione sanctæ Genovefæ.

Quatre colonnes en arrière-corps prolongent la façade, les autres doublent ou triplent les premiers rangs; derrière le portique, les branches de la croix sont formées par des massifs presque sans ornements d'une hauteur de 25 mètres, dont le soubassement octogone, puis circulaire de 35^m46 sert de base à un temple circulaire percé de 16 fenêtres et enveloppé de 32 colonnes corinthiennes; une terrasse avec balustres le couronne et enveloppe un attique circulaire d'une hauteur de 9 mètres à jour en arcades qui sert de point de départ au dôme ovoïde de 23^m77 de diamètre et 14 mètres de hauteur. Il est terminé par une lanterne à six arcades que coiffe une petite coupole hémisphérique surmontée d'une croix de fer doré, dont le pied est à 80 mètres du sol.

« On pénètre du portique dans le temple, lisons-nous dans le *Grand Dictionnaire universel*, par trois portes de bronze; l'intérieur du Panthéon est majestueux, mais froid, tout est d'une élégance sévère et d'une grande harmonie de proportions. La croix qui forme le dessin de l'édifice se répète dans les deux nefs principales qui se coupent à angle droit et sont accompagnées, chacune de collatéraux; les bas côtés et les transepts sont plus élevés que la nef centrale, et la différence est rachetée par une rampe de cinq marches. Les colonnes corinthiennes sup-

Nouveaux bâtiments de la bibliothèque Sainte-Geneviève qui fut fondée en 1624. — Place du Panthéon. — Saint-Étienne du Mont. — La tour de Clovis. — Un coin de la grille du Panthéon.

Ancienne abbaye Sainte-Geneviève.

portent un entablement dont la frise est ornée de festons et de rinceaux. Le dôme repose sur d'énormes piliers que réunissent quatre arcatures. Cette partie est l'œuvre de Rondelet et remplace les colonnes trop frêles de Soufflot. Les arcades forment des pendentifs au-dessus desquels règne un entablement circulaire que surmonte une colonne corinthienne. L'ensemble du dôme se compose de trois coupoles : la première est au point d'intersection des deux branches de la croix et à une hauteur de 57m80 du sol ; elle est sculptée en caissons avec rosaces et percée d'un œil de 9m60 de diamètre ; la seconde, à 66m45 du sol, est celle qui est décorée des fresques de Gros ; la troisième est la voûte ovoïde du dôme ; ses pendentifs sont ornés de quatre allégories de Gérard. Il n'y a de remarquable à l'intérieur que l'autel du chœur qui est en marbre, d'un goût simple et magistral, précédé d'une balustrade de communion en fer forgé et ouvragé d'un travail digne des merveilles de l'ancienne serrurerie française. Les stalles de bois sculpté sont également d'une belle exécution ; les deux autres autels, dédiés l'un à saint Louis, l'autre à sainte Geneviève, patronne du lieu, resplendissent de luxe et de dorures. L'église a sept portes, trois de façade, quatre latérales, toutes en bronze ou cuivre laminé fondues d'un seul jet sur les modèles de MM. Constant, Dufaux fils et Destouches, par MM. Simonnet père et fils. La plus grande, celle du centre de la façade, mesurant 8m20 de hauteur et

3ᵐ95 de largeur, a coûté à elle seule 92,000 francs. »

Soufflot voulut donner dans sa composition le premier exemple, à Paris, d'un portail formé d'un seul ordre et d'une hauteur qui indiquât celle du temple, mais il tomba dans des erreurs qui soulevèrent les nombreuses critiques de ses contemporains. Toutefois, lorsque les échafauds qui avaient masqué toutes les voûtes disparurent et permirent à l'édifice de se développer, un cri général d'admiration retentit, « mais, disent MM. Lazare frères, la joie fut de courte durée, des fractures multipliées sillonnèrent les quatre piliers du dôme et annoncèrent que le poids de cette masse suspendue sur de faibles soutiens menaçait d'écraser tout l'édifice. Il fallut donc, et sans perdre un moment, renoncer à la jouissance que procurait ce beau spectacle d'architecture et entourer d'échafauds, soutenir par des étais, un monument que l'on avait pu croire achevé après un travail de plus de trente années et une dépense excédant 15 millions. Heureusement l'accident fut jugé moins grave qu'on ne l'avait craint d'abord. Les fondations furent trouvées bonnes. » Seulement la construction vicieuse des piliers intermédiaires au dôme et à l'église nécessita des travaux de consolidation qui furent confiés à M. Rondelet, architecte.

Quant à Soufflot, désespéré, doutant de lui, harcelé par les railleries de la critique, il mourut de chagrin en 1780. Rondelet substitua aux pilastres et aux colonnes isolées qui soutenaient l'édifice de lourds massifs de maçonnerie d'un aspect peu gracieux, mais qui, du moins, sont d'une solidité à toute épreuve.

Cependant l'argent devenait de plus en plus rare, et les travaux marchaient avec une désespérante lenteur ; l'église n'était pas encore complètement terminée quand arriva la révolution de 1789.

Le 4 avril 1791, l'Assemblée nationale décréta que le nouvel édifice de Sainte-Geneviève serait destiné à recevoir les cendres des grands hommes à dater de l'époque de la liberté française, et que le directoire du département de Paris serait chargé de mettre promptement l'édifice en état de remplir sa nouvelle destination et ferait graver au-dessus du portique ces mots : AUX GRANDS HOMMES, LA PATRIE RECONNAISSANTE.

M. Antoine Quatremère fut chargé de la direction des changements à opérer. Pour imprimer à l'édifice un nouveau caractère, il fallut modifier ou changer beaucoup, tant à l'intérieur qu'à l'extérieur du monument. Au lieu d'un fronton sur le tympan duquel on voyait une croix de Coustou, entourée de rayons divergents et d'anges qui priaient, le sculpteur Moitte représenta la Patrie, les bras étendus et portant des couronnes de chêne qu'elle présentait à l'émulation des citoyens.

Le 12 septembre 1792, un décret de la Convention nationale ordonna qu'on transporterait au Panthéon français le corps du commandant Beaurepaire ; ce fut la première fois qu'on se servit officiellement de ce nom de Panthéon.

Mais un décret du 20 février 1806 rendit le Panthéon au culte catholique, sous le nom de l'église Sainte-Geneviève et le consacra à la sépulture des citoyens « qui dans la carrière des armes ou dans celle de l'administration et des lettres, auront rendu d'éminents services à la patrie ». Le chapitre métropolitain de Notre-Dame fut chargé de desservir Sainte-Geneviève et la garde de l'église fut confiée à un archiprêtre choisi parmi les chanoines.

Louis XVIII supprima la nécropole et fit arracher du fronton la légende : *Aux grands hommes*, etc. il y substitua celle-ci : *D. O. M. Sub. invoc. S. Genovefæ Lud. XV dicavit, Lud. XVIII restituit.* (A Dieu, très bon, très grand, sous l'invocation de sainte Geneviève. Dédié par Louis XV, restitué au culte par Louis XVIII).

Sous la Restauration, la seconde coupole de l'église fut décorée par Gros qui représenta l'*apothéose de sainte Geneviève*. Cet immense ouvrage se divise en quatre grands tableaux : la fondation de la monarchie par Clovis, le triomphe de Charlemagne, le règne de saint Louis et la Restauration.

L'église Sainte-Geneviève n'en avait pas fini avec les transformations.

Le 26 août 1830, le roi Louis-Philippe rendit un décret portant : « Art. 1ᵉʳ. Le Panthéon sera rendu à sa destination primitive et légale ; l'inscription : *Aux grands hommes, la Patrie reconnaissante* sera rétablie sur le fronton. Les restes des grands hommes qui auront bien mérité de la Patrie y seront déposés. — Art. 2. Il sera pris des mesures pour déterminer à quelles conditions et dans quelles formes ce témoignage de la reconnaissance nationale sera décerné au nom de la Patrie, etc. »

En raison de ce décret, David d'Angers fut chargé de sculpter le nouveau fronton, Girard orna les pendentifs du dôme de peinture dont le magnifique ouvrage de Gros ne dépare pas le mérite ; sur le fronton, David a représenté la Patrie distribuant des couronnes ; à ses pieds sont : d'un côté la Liberté, de l'autre l'Histoire, deux groupes de citoyens, les uns civils, les autres militaires, reçoivent ces couronnes. Sous le péristyle, restaient quatre grands cadres, destinés à l'origine à contenir quatre épisodes de la vie de sainte Geneviève : le statuaire Nanteuil y représenta un magistrat bravant un assassin, un guerrier refusant les palmes de la victoire, les Sciences et les Arts illustrant la nation, l'Instruction publique accueillant des enfants amenés par leurs mères.

En 1831, la croix placée au sommet du dôme avait été enlevée, on songea à la remplacer par une statue colossale de la Renommée. Cortot fut chargé du travail, et le modèle en carton pierre fut placé en 1838, mais il était mal venu, on le supprima ; en 1840, trois statues de plâtre, la Gloire, la Justice et la Pitié, qui avaient figuré dans la cérémonie du retour des cendres de l'empereur, furent remisées sous les voûtes du Panthéon.

En 1848, pendant les journées de juin, des insurgés s'étant réfugiés au Panthéon, on employa le canon pour les déloger, et la façade subit d'assez fortes avaries.

En 1851, le Panthéon reprit officiellement le nom d'église Sainte-Geneviève et fut rendu au culte catholique. Un décret du 6 novembre rendu par le président fut ainsi libellé : « L'ancienne église de Sainte-Geneviève est rendue au culte, conformément à l'intention de son fondateur, sous l'invocation de sainte Geneviève, patronne de Paris. »

Le 22 mars 1852, un décret institua la communauté de six chapelains de Sainte-Geneviève « pour se former à la prédication, pour prier Dieu pour la France et pour les morts qui auront été inhumés dans les caveaux de l'église ».

Ces caveaux existent dans une crypte qui se trouve à 6 mètres au-dessous du sol de la nef supérieure ; elle a son entrée dans la partie orientale de l'édifice. Les caveaux sont spacieux et grandioses ; des piliers trapus, d'ordre dorique, divisent le souterrain en plusieurs galeries qu'éclaire un jour rare et mystérieux. Les cénotaphes n'offrent aucun intérêt artistique. Ceux de Voltaire et de Rousseau, qui sont vides, ne sont que des modèles provisoires en bois.

Des travaux d'appropriation furent commencés en exécution du décret de 1851. Une boiserie entoure le chœur, le sanctuaire et les croisées. Dans le transept de gauche se trouve l'autel de la Vierge ; dans celui de droite l'autel de Sainte-Geneviève surmonté de quatre anges qui supportent une châsse en forme de tabernacle. Ces figures ont été moulées sur celles que Germain Pilon sculpta en bois pour la châsse primitive et qui sont aujourd'hui au Louvre. Celle qui contient des reliques de la sainte est placée à côté de l'autel. Au-dessus du maître-autel on remarque une fresque représentant Jésus-Chris bénissant.

La décoration intérieure du Panthéon a préoccupé les divers gouvernements qui se sont succédé, et ses vastes parois, où pourrait s'écrire l'histoire entière de l'humanité, sont loin d'être couvertes ; cependant en 1848, le peintre Chenavard fit la proposition à la République d'exécuter dans l'intérieur du Panthéon une suite de peintures murales représentant toutes les grandes phases de l'histoire. Ce projet ne fut pas exécuté, mais en 1874 il fut repris sous le ministère de M. de Fortou ; le directeur des beaux-arts, M. de Chenevières fit décider que ces parois seraient couvertes de fresques confiées à MM. Galland, Bonnat, Puvis de Chavannes, Meissonier, Gérome, Blanc, Gustave Moreau, Millet, Cabanel, Baudry, et qu'il y serait représenté des épisodes historiques : *la Prédication de saint Denis — la Marche d'Attila sur Paris — Sainte Geneviève calmant la multitude affolée — Sainte Geneviève au milieu des horreurs de la famine réunissant la flotille qui doit ravitailler Paris — les Derniers Instants de sainte Geneviève — le Commencement de Charlemagne — Saint Louis rendant la justice*, etc. Ces fresques sont en voie d'exécution, et quelques-unes sont achevées. Elles sont d'un excellent effet et meublent ces grands murs nus qui attendaient depuis si longtemps une décoration digne de la splendeur de l'édifice.

L'ancienne église de l'abbaye de Sainte-Geneviève subsista longtemps encore après que le Panthéon fut achevé ; ce ne fut qu'en 1802 que sa démolition fut ordonnée. Une commission de savants fut chargée de surveiller les travaux et les fouilles, afin de réserver les objets les plus intéressants. On découvrit sous le maître-autel un certain nombre de sarcophages, peut-être même celui du fondateur de l'abbaye, et l'on retira de la crypte, pour le porter à Saint-Étienne du Mont, le cercueil de pierre qui avait renfermé le corps de sainte Geneviève.

On ne comprit pas dans la démolition une haute tour carrée qui accompagnait le chœur de l'église abbatiale du côté du sud ; cette tour est engagée aujourd'hui dans les bâtiments du lycée Descartes ; elle est romane à la base, et sa partie supérieure appartient au style gothique flamboyant. Parmi les tombeaux que contenait l'église, se trouvaient celui de René Descartes et celui du cardinal de la Rochefoucauld, abbé commendataire et réformateur de l'abbaye.

Ce fut ce cardinal qui fonda la bibliothèque de l'abbaye ; lorsqu'il fut nommé abbé en 1624 il ne trouva pas un seul ouvrage imprimé ; il envoya chercher aussitôt 5 à 600 volumes de sa propre bibliothèque, et ce fut le noyau de l'une des plus belles collections de livres de France. « Les frères Chanteau et Lallemant, tous les deux chanceliers de l'université, s'occupèrent activement, lisons-nous dans *Paris illustré*, de rechercher et d'acquérir les livres de choix pour Sainte-Geneviève et en 1675 il fallut construire un vaste local pour la bibliothèque qui s'accroissait rapidement. On commença une galerie décorée d'après les dessins de P. du Creil et agrandie cinquante ans après par les soins et aux frais du duc d'Orléans fils du régent. Jean Restout en peignit la coupole en 1730 (il y représenta l'apothéose de saint Augustin) et cette galerie, qui mesurait 100 mètres de longueur, devint la plus magnifique salle de lecture qu'il y eût en Europe.

« Tel fut le rapide développement de la bibliothèque Sainte-Geneviève, dont le catalogue, imprimé en 1692 par les soins du P. Claude du

Molinet, remplit un immense volume in-folio. Voici le titre de cet ouvrage, il donnera une idée des riches collections accumulées dans l'abbaye : « Le cabinet de la bibliothèque de Sainte-Geneviève, contenant les antiquités de la religion, des chrétiens, des Égyptiens et des Romains, des tombeaux, des poids et des médailles, des monnaies, des pierres antiques gravées et des minéraux, des lampes antiques, des animaux les plus rares et les plus singuliers, des coquilles les plus considérables, des fruits étrangers et de quelques plantes exquises. » La plupart de ces curiosités provenaient du cabinet du célèbre collectionneur M. de Peiresc, conseiller au parlement d'Aix.

En 1710, Maurice le Tellier, archevêque de Reims, enrichit la bibliothèque en lui léguant la sienne, qui consistait en un choix de livres rares et précieux dont le nombre dépassait 15,000. A partir de ce moment, la bibliothèque de l'abbaye, la plus importante après celle du roi, fut ouverte tous les jours au public de 2 heures à 5 heures, et parmi les hommes distingués qui se succédèrent dans les fonctions de bibliothécaire, on peut citer les P.P. le Couroyer, Gillet, Prévôt, Pingré, Mougez et Mercier de Saint-Léger.

En 1782, elle se composait de 45,000 volumes, classés dans des armoires fermées par des portes treillissées de fil d'archal, et qui tenaient tout l'espace compris entre le plancher et le plafond sur une largeur de cinq mètres chacune. De chaque côté de ces armoires se trouvait un scabellon portant le buste d'un homme célèbre choisi soit parmi les anciens, soit parmi les modernes. On y voyait ceux du chancelier le Tellier, de Colbert, de Louvois, de l'archevêque de Reims son frère, de Mansart.

Le cabinet d'antiquités et de curiosités, joint à la bibliothèque, contenait une collection de médailles de grand bronze au nombre de plus de 400, une de moyen bronze de 1,400 pièces, enfin une de petit bronze, unique en Europe, et composée de 1,200 médailles, et enfin une de 700 médailles d'argent, les monnaies et les poids des peuples anciens, 400 médailles en cuivre des papes, les médailles de tous les souverains de l'Europe, les jetons royaux depuis François Ier jusqu'à Louis XV, au nombre de plus de 600, et environ 1,000 des princes, des familles nobles, des magistrats, etc. Des pierres gravées, des armes et des vêtements de tous les pays étrangers, des vases et nombre d'objets de haute curiosité. Les bâtiments et jardins de l'abbaye occupaient un espace d'environ dix-huit arpents.

En 1790, l'abbaye de Sainte-Geneviève fut supprimée, et la bibliothèque devint propriété de l'État.

Elle se composait alors de 80,000 volumes et 2,000 manuscrits.

Elle fut mise au nombre des quatre bibliothèques dont la conservation fut décidée et dont l'usage fut public. Mais en l'an v, le cabinet d'antiquités et de curiosités fut supprimé, et les collections de numismatique furent transférées à la bibliothèque de la rue de Richelieu. Les autres collections furent réparties entre les divers établissements scientifiques auxquels ils pouvaient convenir.

La bibliothèque Sainte-Geneviève fut amplement dédommagée de cette perte lorsque M. Daunou, son administrateur, obtint du directoire l'autorisation d'acheter les livres de prix provenant de la bibliothèque particulière du pape Pie VI.

En 1843, les livres de cette bibliothèque furent transférés provisoirement dans les bâtiments de l'ancien collège Montaigu. Ils y restèrent sept ans en attendant que la bibliothèque qu'on construisait sur la place du Panthéon fût en état de les recevoir ; elle fut inaugurée, ainsi qu'on le verra, en 1850.

Ce fut en 1754 qu'on découvrit à Passy, dans la maison de Mme Casalbigi, veuve du général la Motte, une source d'eaux minérales qui devint la fortune du quartier ; déjà, en 1719, des eaux minérales avaient été découvertes sur le penchant méridional du coteau, et le 3 février 1720 une commission médicale avait déclaré que les eaux de Passy étaient les unes ferrugineuses, et les autres vitrioliques et sulfureuses. Mais les eaux découvertes en 1754, qui contenaient « du sel marin, de l'acide vitriolique et de l'acide nitreux », étaient les premières qu'on rencontrait de cette espèce, et bientôt il fut de mode d'aller prendre les eaux de Passy.

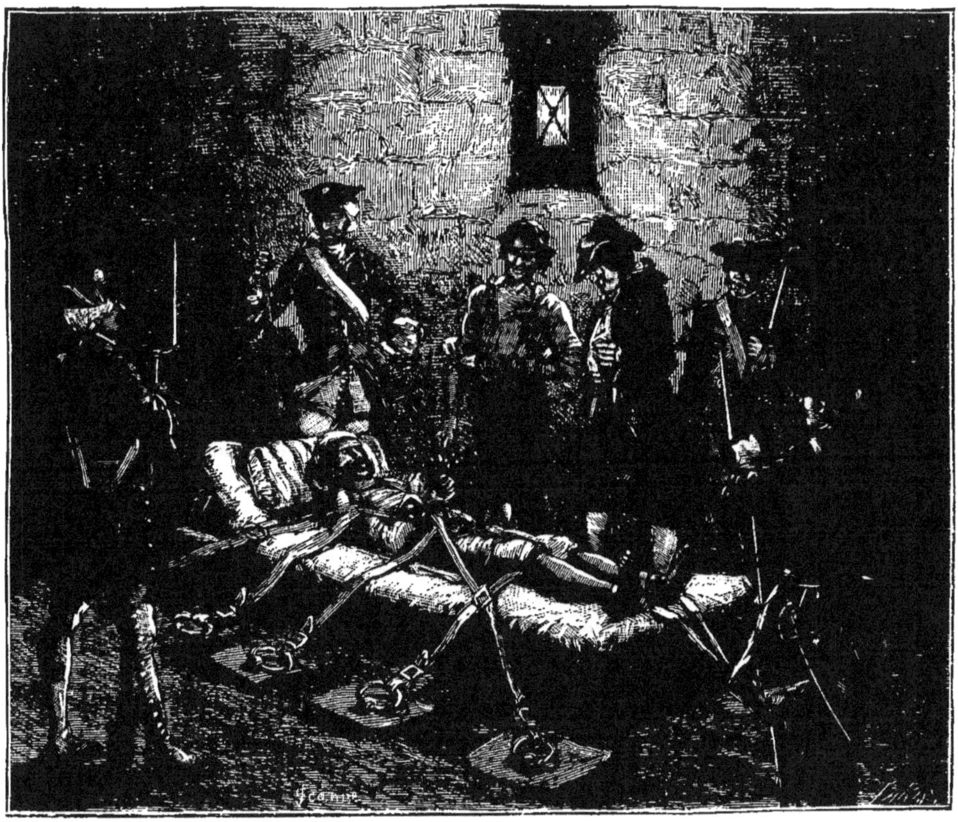

Damiens était couché sur une estrade matelassée, entouré d'un réseau de fortes courroies.

XXXIII

Les refus de sacrements. — La Lescombat. — Damiens. — La petite poste. — Le cabaret de Ramponneau. — Les jésuites. — La loterie. — Église de la Madeleine. — L'inondation. — Théâtre de Nicolet; la Gaîté. — Arts et métiers. — L'hôtel des Monnaies.

L'ANNÉE 1755 commença par un froid excessif; le Parlement prit vacance jusqu'au 14 janvier, à cause de ce froid et de l'impossibilité d'aller en voiture, et, le 14, il s'assembla extraordinairement pour juger un nouveau cas de refus de sacrements fait à la duchesse de Perth, malade, par le curé de Sainte-Marguerite et son porte-Dieu; le lendemain un huissier de la cour se présenta à la paroisse pour constater qu'il n'y avait plus personne, à l'exception d'un seul prêtre nommé Coquelin, et encore était-ce

un prêtre interdit. Or ce Coquelin eut une attaque d'apoplexie; lorsqu'il reprit connaissance, il demanda les sacrements, mais, à son tour, il se les vit refuser; nouvelle assemblée du Parlement qui décréta des prises de corps contre les prêtres récalcitrants, et condamna le curé de Saint-Gervais à administrer Coquelin; le peuple escorta le curé et « il y eut un si grand concours de monde jusqu'à minuit que la rue était pleine de carrosses ».

Le Parlement condamna au bannissement perpétuel le premier vicaire, le second vicaire et le porte-Dieu de la paroisse Saint-Étienne du Mont; l'arrêt fut publié, affiché, crié dans les rues de Paris, et il satisfit pleinement le peuple, qui soutenait énergiquement le Parlement contre le clergé.

De son côté, l'archevêque, exilé à Conflans, publiait des mandements faisant très expresses inhibitions et défenses aux prêtres de son diocèse de s'immiscer dans aucunes fonctions curiales, et notamment dans l'administration du saint viatique et de l'extrême-onction, sous peine de suspension.

Le procureur général interjeta appel comme d'abus de ces mandements.

C'était une guerre de notifications, de déclarations, d'oppositions à n'y rien comprendre.

Le 8 février, l'arrêt de bannissement prononcé contre les prêtres de Saint-Étienne du Mont fut exécuté : on apporta sur la place Maubert, dans la charrette du bourreau, un poteau et un écriteau contenant l'arrêt. Le bourreau planta le poteau en terre, et un greffier et un huissier descendirent de fiacre; le premier lut l'arrêt, et alors l'écriteau fut attaché par le bourreau au poteau. Une escouade du guet à pied et à cheval, et des archers de robe courte formaient le cercle autour des gens de justice qui se retirèrent, leur besogne terminée, et le poteau avec écriteau demeura debout jusqu'à cinq heures du soir, de manière que tous les passants pussent le lire et le commenter tout à l'aise, ce qu'ils ne manquèrent pas de faire, car c'était la question capitale du moment.

Une affaire criminelle occupa beaucoup Paris à l'époque de toute cette agitation religieuse et fit une diversion dans les esprits. Ce fut l'affaire de la Lescombat. Cette femme, née Marie Catherine Taperet, était mariée à l'architecte Lescombat, qui avait parmi ses élèves un jeune homme appelé Mongeot; des relations coupables s'établirent entre celui-ci et Mme Lescombat, qui, résolue à se débarrasser de son mari qui la gênait, finit par faire consentir son amant à tuer Lescombat. Les deux hommes allèrent dîner chez un portier du Luxembourg, et en sortant de cette maison, en arrivant près de Saint-Sulpice, Mongeot frappa le malheureux Lescombat d'un coup de couteau dans le dos qui le fit tomber inanimé.

Arrêté peu de temps après, Mongeot avoua tout et produisit les lettres de la Lescombat qui n'avait pas craint de venir trouver son amant dans la prison pour le supplier de ne pas la perdre.

Le 25 septembre 1754, Mongeot fut condamné à être pendu, mais le jugement fut infirmé, et il fut sursis à l'égard de la veuve Lescombat, qui avait été aussi mise sous les verrous. Mongeot fut rompu vif sur la place de la Croix-Rouge. Par un hasard cruel, les cordes qui servaient à lier le condamné sur la roue étaient trop courtes, et il fallut en aller chercher d'autres.

La Lescombat fut condamnée à la potence, mais elle déclara être grosse des œuvres de Mongeot; son assertion était exacte, il fut sursis à son exécution; elle accoucha peu de temps après et fut renvoyée au Châtelet qui ordonna sa pendaison pour le vendredi 4 mars 1755; dès le matin la potence fut dressée sur la place de Grève, et dès dix heures la foule s'y porta, pour y voir pendre la belle Lescombat, car elle était fort jolie (sa gorge, ses bras et ses mains paraissaient d'une beauté rare : le plâtre de la Lescombat modelé par elle dans sa prison existe chez tous les mouleurs, mais sa main surtout est devenue l'ornement indispensable de tous les ateliers), mais, l'attente des curieux fut trompée. Elle déclara aux juges du Châtelet qu'elle était de nouveau grosse, ce qui fit qu'on la ramena à la Conciergerie à midi. « Elle étoit proprement mise et coiffée modestement; et un grand monde dans la cour du Palais pour la voir descendre. » Des médecins furent commis pour s'assurer si le fait était vrai, mais on dut attendre quelques mois pour être fixé, et enfin il fut reconnu que, cette fois, elle avait fait un mensonge dans le but unique de prolonger ses jours.

Le 2 juillet fut fixé pour être le jour de son supplice. « C'étoit un concours de monde extraordinaire dans la Grève et dans toutes les rues adjacentes pour la voir du moins passer. Il y avoit du monde jusque sur les tours Notre-Dame; les chambres étoient louées dans la Grève, nombre de gens en carrosses dans la place et les passages, et cette folie du public étoit d'autant plus misérable qu'on n'a rien vu. Cette femme avoit le visage couvert d'un mouchoir, et elle a été pendue à 7 heures et demie du soir avec ce mouchoir. Elle n'a rien dit à la question ni à l'Hôtel de ville où elle a été deux heures. Quand elle est sortie pour venir à l'échelle, on a claqué des mains comme à un spectacle. Pendant la cérémonie on vendoit dans les rues l'histoire imprimée de son crime et son portrait, qui n'est pas aussi joli qu'elle l'étoit en effet. Son frère, dont il n'est pas parlé dans l'arrêt, est dans les cachots, mais on dit qu'elle ne l'a pas chargé. »

Le 13 février, un sieur Dufrancey, praticien, faisant les fonctions de juge châtelain et de greffier, un domestique et un garçon tapissier, furent pendus en Grève après avoir fait amende honorable à la porte du grand Châtelet, le premier comme faux accusateur, les deux autres comme faux témoins.

Ce Dufrancey avait prétendu qu'un sieur Roi, dont il voulait tirer vengeance, avait tenté de le faire assassiner, et il avait trouvé des témoins pour le certifier. Tous trois furent rompus après avoir été appliqués à la question extraordinaire. La place de Grève demeura pleine de monde jusqu'à minuit.

Le 8 mars, jugement fut rendu contre le sieur

COSTUMES DE PARIS A TRAVERS LES SIÈCLES

ÉCHEVIN DE PARIS

(XVIᵉ SIÈCLE)

(Tiré d'une ancienne gravure représentant l'entrée de François Iᵉʳ à Paris.)

Laugier de Beaurecueil, curé de la paroisse de Sainte-Marguerite du faubourg Saint-Antoine, et le nommé Fitz, prêtre anglais ou irlandais, porte-Dieu, pour refus de sacrements à la dame de Perth, « autrement Milady Drumont ». La cour condamna le curé au bannissement et ordonna qu'il serait plus amplement informé à l'égard de Fitz. « Pour l'exécution du présent arrêt, ordonne qu'il sera transcrit sur le tableau qui sera à cet effet attaché, par l'exécuteur de la haute justice, à un poteau qui sera planté, jour de marché, dans la plus grande place publique du faubourg Saint-Antoine, etc., » ce qui fut exécuté le 12.

Le lundi 17 mars, on reçut au Parlement dans la grand'chambre, à la petite audience, cinq ducs et pairs : de Rochechouart, de Fitzjames, d'Harcourt, d'Antin et de Valentinois ; le premier président leur fit prêter serment debout, nu tête et sans épée, de servir le roi, de l'assister dans de hautes et d'importantes affaires, de rendre la justice au pauvre comme au riche, de tenir les délibérations de la cour secrètes et de se comporter en bons et fidèles ducs et pairs de France. Après le serment, le greffier ou le premier huissier leur donna leur épée, et le président leur assigna leurs places, selon le rang de leur élection.

Le 16 mai, on planta le poteau et l'écriteau à la place Maubert contre le sieur Dubois, prêtre, habitué de Saint-Eustache, condamné aux galères perpétuelles et « un quidam prêtre, banni à perpétuité ».

Le 26 mai, se fit la montre des huissiers, c'est-à-dire la marche à cheval des premiers magistrats du Châtelet, des conseillers, des commissaires et des huissiers, pour aller faire la visite annuelle à M. le chancelier, au premier et à tous les présidents à mortier et à messieurs les gens du roi.

Le 5 juin, jour de la petite Fête-Dieu, après la procession de la paroisse Saint-André, les augustins firent une procession autour de leur enceinte ; ils prirent par la rue des Grands-Augustins, la rue Christine, la rue Dauphine et regagnèrent le couvent par la porte qui se trouvait sur le quai. Tout le clergé y assista, le cardinal de la Rochefoucault portait le saint-sacrement sous le dais, l'Hôtel de ville y envoya un grand nombre de gardes, avec tambours pour accompagner chaque évêque ; une grande affluence de monde s'était portée sur son passage.

Une assemblée générale du clergé se tenait en ce moment aux Augustins ; par une délibération unanime, elle accorda au roi un secours de 16 millions.

Le 2 septembre, Madame, fille aînée du dauphin, mourut à Versailles, et le 5 son corps fut porté à Saint-Denis, d'où le cœur fut apporté au Val-de-Grâce, escorté par un détachement de gardes du corps.

Un grand procès civil qui intéressait 300 familles fut perdu par M. le maréchal de Richelieu qui plaidait depuis plusieurs années contre les propriétaires des maisons existant autour du Palais-Royal, et dont il prétendait rentrer en possession, en vertu de la substitution du cardinal de Richelieu ; le nombre de personnes qui se trouvaient intéressées donna un grand retentissement à ce procès.

A cette époque, l'État ne touchait pas directement, comme aujourd'hui, ses revenus, la recette en était affermée à 40 fermiers généraux qui pressuraient le peuple tant qu'ils pouvaient pour en tirer le plus possible ; Louis XV jugea que le nombre de ces exploiteurs de la fortune publique n'était pas suffisant ; il l'augmenta et le porta à 60 qui s'engagèrent à lui faire, à partir du 1er octobre 1755 une avance de 60 millions avec intérêt à 4 p. 100. De plus, les 300 secrétaires du grand collège (c'est-à-dire les officiers de la grande chancellerie), durent verser chacun 40,000 livres contre un intérêt de 3 p. 100 et les secrétaires du petit collège (c'est-à-dire les officiers établis près des cours et de petites chancelleries, telles que les chancelleries du Palais) 20,000. Tout cet argent était demandé dans l'occurrence de la guerre à soutenir contre l'Angleterre et, naturellement, tous les impôts qui devaient cesser d'être perçus à la fin de 1755 furent continués pour six ans, ce qui eut pour résultat de provoquer un mécontentement général.

Enfin le roi augmenta le prix de toutes les charges de finance ; ainsi, les charges de secrétaires du roi furent taxées à 150,000 livres, les offices de garde des sceaux, audienciers, contrôleurs et payeurs des gages à 65,000 livres et celles des secrétaires du petit collège à 55,000.

Le 17 novembre, grande sonnerie à Notre-Dame pour les prières de quarante heures ; à 6 heures du soir la dauphine accoucha d'un prince qui fut nommé comte de Provence (Louis XVIII). Il y eut des illuminations dans tout Paris, et le lendemain la Comédie française donna un spectacle gratis.

Ce fut en cette année 1755 que fut bâti la nouvelle abbaye de Pentemont dans la rue de Grenelle Saint Germain ; elle est de forme singulière, « son portail est orné de deux colonnes qui portent un petit fronton cintré surmonté d'un autre plus grand de forme triangulaire ; sur le tout fut placé un grand vitrage, Le plan de l'intérieur de l'édifice forme une petite croix dont les branches sont d'égale longueur. Dès l'entrée, on se trouve sous le dôme qui est placé dans le centre de cette croix. Il est appuyé sur quatre arceaux en plein cintre, qui naissent des angles de la croisée. Le plafond de ce dôme est orné de bandeaux en saillie et percé de huit croisées, dont quatre seulement sont vitrées, et les quatre autres murées, et dans leurs lunettes sont posés des vases d'une forme assez laide. Toute l'architecture est d'ordre ionique, traité en colonnes et en pilastres, entre lesquels on a ménagé de petites tribunes fermées de grilles portées par des bandeaux, les uns cintrés, les autres carrés. Dans la partie de la croisée qui est ouverte, vis-à-vis la porte d'entrée, est placé le maître-autel, où l'on touche presque en entrant; il est adossé à la grille du chœur des religieuses, qui est en face de l'entrée. On a tenu cette grille fort basse, pour laisser voir toute la partie supérieure du chœur, dont le plafond est orné d'une grande table d'un carré long cintré par les extrémités avec moulures de bandeaux. Ce chœur est terminé dans le fond par deux colonnes isolées du même ordre que les précédentes, sur l'entablement est placé un cadran. Cet entablement est surmonté d'un fronton brisé par deux enroulements, sur lesquels sont placés deux anges en attitude d'adoration du nom de Jehova, écrit en lettres d'or, et d'où sortent des rayons de gloire; sur le total est posé un buffet d'orgues qui touche presque à la voûte. »

Cette église, bâtie sur les dessins de Constant, demeura celle du couvent des dames de Pentemont jusqu'à la Révolution; à cette époque elle devint, ainsi que les bâtiments conventuels, un dépôt d'habillements militaires. Ce service était trop important sous le premier empire, pour que le ministre de la guerre pût se dessaisir de ce vaste local; aussi garda-t-il sa destination après que le temple de Pentemont eut été accordé, en 1802, par le Concordat, aux protestants. La Restauration ne s'occupa pas davantage de le leur donner; ce ne fut qu'en 1846 que le temple de Pentemont a été enfin approprié au culte protestant; quant aux bâtiments, ils devinrent plus tard la caserne des cent-gardes.

L'année 1756 commença par de grands préparatifs pour la guerre de sept ans et, dit Voltaire, le roi de France eut avec facilité et en un moment, tout l'argent dont il avait besoin, par une de ces promptes ressources qu'on ne peut connaître que dans un royaume aussi opulent que la France. Vingt places nouvelles de fermiers généraux et quelques emprunts suffirent pour soutenir les premières années de la guerre, facilité funeste qui ruina bientôt le royaume. » Nous avons parlé de l'augmentation des fermiers généraux, nous verrons bientôt comment vint la ruine.

Disons d'abord que le 12 janvier, il y eut sur Paris un ouragan terrible qui jeta à terre une pluie de tuiles, de parties de cheminée, et qui renversa toutes les boutiques du Pont-Neuf.

Le 15, le dauphin et la dauphine vinrent à trois heures de l'après-midi en grande pompe à Notre-Dame, rendre grâces à Dieu de la naissance du comte de Provence. Il y eut *Te Deum*; ils allèrent ensuite à Sainte-Geneviève entendre un salut, et retournèrent à Versailles, accompagnés dans cette promenade par une grande affluence de peuple.

Une querelle très vive s'était élevée entre le Parlement et le grand conseil, mais toutes ces disputes sur des questions d'attribution de pouvoir ne passionnaient que les gens de justice; quant au peuple proprement dit, il n'y prenait qu'un intérêt très médiocre.

Le 18 février entre 7 heures 1|2 et 8 heures du matin, on sentit de très légères secousses de tremblement de terre dans les différents quartiers de Paris. Tous les ecclésiastiques du séminaires des Trente-Trois se réfugièrent en foule dans la cour du collège de Navarre, mais ils en furent quittes pour la peur.

Le 26 février, au matin, le bruit de la nouvelle la plus invraisemblable se répandit dans Paris: deux prisonniers venaient de s'échapper de la Bastille. Cette évasion fut un événement considérable; en voici les détails:

Jean-Henri Masers de Latude, né en 1725, avait eu la folle idée de simuler un soi-disant complot contre les jours de Mme de Pompadour, afin d'avoir l'occasion de la prévenir du danger qu'elle courait, croyant par là se rendre intéressant à ses yeux et obtenir sa protection; malheureusement, on le devina, il fut arrêté, interrogé par le lieutenant général de police Berryer et, forcé d'avouer, il fut jeté dans un des cachots de la Bastille, soumis à la plus rigoureuse incarcération, à la plus minutieuse surveillance, ne pouvant recevoir aucune nouvelle de sa famille ni lui faire parvenir des siennes; transféré quelques mois plus tard au donjon de Vincennes, il parvint le 25 juin 1750 à s'échapper, et persuadé que Mme de Pompadour lui pardonnerait ce qui n'avait été, après tout, qu'une étourderie de jeunesse, il n'hésita pas à lui écrire, pour lui raconter son évasion et lui indiquer son asile.

La favorite se contenta de remettre la lettre au lieutenant de police qui s'empressa de faire arrêter de nouveau Latude et de le réintégrer à la Bastille, où il fut gardé à vue plus étroitement que jamais.

Un jour cependant, le gouverneur fut touché de compassion pour ce pauvre jeune homme et voulut adoucir sa captivité en lui donnant un compagnon: c'était aussi un jeune homme qui avait déplu à Mme de Pompadour et qui se nommait d'Aligre. La conformité de leur destinée unit bientôt les deux prisonniers, et ils osèrent rêver le projet de s'évader ensemble; ils se mirent à l'œuvre avec une intelligence et une persévérance sans pareilles. Ils travaillèrent pendant deux années dans ce but. Après s'être fabriqué une scie et un couteau, ils taillèrent des bûches qu'ils avaient eu le soin de mettre en réserve, et confectionnèrent une échelle; leur linge de corps et ce qu'ils purent détruire de leurs draps et couvertures furent convertis en une corde à nœuds de plus de 100 mètres de longueur.

Ils parvinrent en outre, sans éveiller l'attention des gardiens, à fabriquer des leviers.

Intérieur de l'ancienne bibliothèque Sainte-Geneviève.

Intérieur de Saint-Étienne du Mont.

Le 25 février 1756, tous les préparatifs étant terminés, ils tentèrent l'évasion dans la nuit.

Ils avaient scié les barreaux de fer qui garnissaient l'intérieur de la cheminée et montèrent à la façon des ramoneurs jusqu'au faîte de la tour. Une fois là, ils assujettirent leur corde et se mirent en devoir de redescendre à l'extérieur; il y avait environ 120 mètres de hauteur entre le faîte de la tour et le fossé que la fonte des neiges et des glaces avaient empli; la nuit était noire et par cela même favorable à l'exécution de leur projet, mais le froid était des plus vifs et une bise âpre les secouait cruellement le long des murailles; leurs mains se déchiraient en glissant sur la corde.

Rien n'y fit. Soutenus par leur ardent désir de liberté, ils descendirent et tombèrent exténués et brisés de fatigue dans le fossé de la tour, avec un paquet de vêtements de rechange dont ils s'étaient munis. Grâce à leur échelle de bois ils purent gravir le parapet et se trouvèrent dans le jardin du gouverneur. Mais là il leur fallait encore franchir un mur énorme; ils parvinrent à l'aide de leurs outils à y percer un trou assez grand pour leur donner passage, sans s'occuper ni des rondes, ni des sentinelles, et furent assez heureux pour n'être vus ni entendus par personne.

On a peine à croire qu'un pareil travail ait été exécuté en si peu de temps. Comme cinq heures sonnaient, ils passaient au travers du mur; déjà le petit jour pointait; quelques instants plus tard, la cloche d'alarme avertissait les sentinelles de leur fuite.

Ils avaient eu le temps de se jeter dans une des ruelles voisines du donjon.

Ils s'éloignèrent en toute hâte du lieu maudit et passèrent la frontière; malheureusement d'Alègre fut arrêté à Bruxelles, ramené à Paris, et fou de chagrin il fut mis à Charenton où il mourut dans une cage de fer.

Cinq mois après sa fuite, Latude était à son tour appréhendé au corps à Amsterdam, au moment où il allait s'embarquer pour les Indes, et on le ramena à la Bastille.

Cette fois, il fut mis pour plus du sûreté dans un cachot dont le soupirail donnait sur les fossés du donjon, et par lequel il ne lui arrivait qu'un air empesté; alors toute sa force de caractère l'abandonna; il ne pouvait conserver aucun espoir de quitter ce sépulcre et s'y résigna.

Pour toute distraction le malheureux apprivoisait des rats, et, s'étant confectionné un petit flageolet bien primitif, avec une branche de sureau, il leur jouait des airs auxquels, paraît-il, ces animaux n'étaient pas insensibles. La captivité rend patient et ingénieux; Latude parvint à se fabriquer des tablettes avec de la mie de pain, puis se servant de son sang pour encre, il put écrire ses réflexions, les plans de réformes financières, les projets d'utilité publique qui roulaient dans sa tête.

Le P. Griffet, aumônier de la Bastille, eut pitié de Latude; il lui fit donner un cachot moins affreux et lui procura de l'encre et du papier. C'était une grande consolation pour le pauvre prisonnier qui passa tous ses jours à écrire des mémoires que le P. Griffet se chargeait de faire parvenir au ministre; mais, hélas! tous restaient sans réponse.

Latude, croyant toujours à la clémence et la générosité de Mme de Pompadour, parvint même un jour à lui faire parvenir ce billet : « Le 25 de ce mois de septembre 1760, il y aura 100,000 heures que je souffre! » Hélas! ce billet ne lui apporta pas la liberté qu'il espérait.

Tout ce qu'il obtint fut de pouvoir se promener sur la terrasse de la tour; il trouva moyen d'intéresser à son misérable sort deux petites blanchisseuses dont la mansarde donnait près des murs de la Bastille, et celles-ci, un beau jour d'avril 1764, lui firent voir une grande pancarte sur laquelle elles avaient tracé en grosses lettres : « Mme de Pompadour est morte. »

Encore une fois l'espoir descendit au cœur du prisonnier, vite il écrivit au lieutenant de police, mais le gouverneur lui demanda comment il avait appris la mort de Mme de Pompadour alors que tous les prisonniers l'ignoraient, et comme Latude refusa de répondre, dans la crainte de compromettre celles qui l'avaient renseigné, il se vit remettre au cachot.

Néanmoins, peu de temps après, il fut transféré à Vincennes.

On lui avait accordé la permission de se promener dans le jardin, il en profita pour s'évader encore; mais, ce qu'on a peine à croire, c'est que, malgré l'expérience du passé, il eut encore la naïveté d'écrire au lieutenant de police pour lui demander une audience.

Celui-ci répondit en le faisant arrêter et ramener à Vincennes, où il fut soumis à un régime de rigueur.

Dix années se passèrent.

Le ministre Malesherbes, visitant les prisons d'État, vit Latude, entendit ses doléances et promit de s'intéresser à lui, mais le lieutenant de police l'ayant signalé comme un fou dangereux, il fut transféré à Charenton.

Cependant, un ordre de liberté fut signé en sa faveur en 1777; il était en route pour Montagnac lorsque cet ordre fut révoqué; il fut repris et mené cette fois à Bicêtre, où il resta jusqu'en 1784, époque à laquelle il fut définitivement rendu à la liberté après avoir passé trente-cinq ans en prison.

Il eut la satisfaction de retrouver dans le dépôt des archives de la Bastille les échelles de bois et de corde ainsi que tous les instruments qui avaient servi à sa miraculeuse évasion.

Le 27 février 1756, le roi avait fait demander une députation du Parlement pour en finir avec les troubles qui agitaient si longuement et si fréquemment la magistrature, et il lui fit connaître la défense qu'il faisait au Parlement d'inviter ou convoquer les pairs de France sans sa permission et son intention formelle de décider lui-même du mérite et de l'effet des lois fondamentales du royaume, sauf à prendre l'avis des grands de l'État et du Parlement.

La lutte ouverte depuis si longtemps entre l'autorité royale et le Parlement était plus vive que jamais, et le mercredi 7 avril, un arrêt affiché dans les rues de Paris faisait connaître aux Parisiens que, pour remédier au trouble général causé dans le royaume par les entreprises des gens du grand conseil, il serait fait au roi de très respectueuses représentations sur les surprises multipliées faites à la religion par les arrêts rendus par le grand conseil. Le lieutenant de police envoya chercher tous les imprimeurs, afficheurs et colporteurs de Paris, et leur fit défense d'imprimer, afficher et colporter aucun arrêt ou autre acte émanant du grand conseil. Le 9, le Parlement rendit un arrêt qui condamnait à être brûlés par la main du bourreau trois ouvrages : *Analyse raisonnée de Bayle*, par l'abbé de Marly; *la Christiade*, par l'abbé de la Baume, et l'*Histoire du peuple de Dieu*, par le P. Berruyer, jésuite. Cet arrêt fut exécuté le lendemain.

Le mardi 15 juin, on commença à publier par un crieur et trois trompettes, dans les marchés de Paris, une ordonannce du roi, datée du 9 et portant déclaration de guerre contre le roi d'Angleterre. Cette publication fut continuée le lendemain.

Le 27 juin, le dauphin, la dauphine et Mesdames de France vinrent se promener sur les boulevards de Paris « où l'on a bâti sur les fossés, du côté de la porte du Pont-aux-Choux, quantité de boutiques, de cafés, de pâtissiers, de cabarets, de loges pour les farceurs. Tout cela amuse M. le dauphin. Il y avoit un monde infini, beaucoup de carrosses lesquels étoient rangés des deux cotés, le long des arbres sans se promener. Affluence de monde à pied dans les contre allées. M. le dauphin, avec toute la suite à dix et à douze carrosses, s'est promené tout le long jusqu'à la Maison d'Eau et est revenu de même ».

La nouvelle de la prise de Port-Mahon, par le maréchal de Richelieu, fut publiée à Paris le 15 juillet, et le canon de la ville l'annonça dans l'après-midi aux Parisiens. On sonna le tocsin, et toutes les cloches des paroisses et des églises sonnèrent aussi. « Il y eut feu de bois à la Grève, auquel le duc de Gesvres, gouverneur de Paris, a mis le feu avec la cérémonie ordinaire de l'artifice et des illuminations. Le 25, on chanta à cette occasion un *Te Deum* à Notre-Dame, toutes les cours y ont assisté; et le soir, il y eut un grand feu d'artifice à la Grève. Tout Paris étoit en mouvement pour ces fêtes. »

Des lettres patentes du roi, datées du mois de juillet, et scellées le 31 août suivant, autorisèrent l'établissement d'un bureau de correspondance publique et générale. « Cet établissement fut établi pour la commodité tant des habitans de la ville de Paris que de ceux des provinces du royaume et même pour ceux des pays étrangers. » C'était un bureau de commission de toute nature : recettes, payements, achats, ventes, délivrance d'informations et renseignements de toute espèce, relatifs aux naissances, baptêmes, mariages, enterrements, etc., etc. Les livres de comptabilité étaient parafés par les juges-consuls et les directeurs avaient un cautionnement de 500,000 livres. L'établissement de cette agence de commission fut favorablement accueilli par le public.

Après plusieurs remises successives, les députés du Parlement furent de nouveau admis en présence du roi pour lui faire des remontrances, et le 10 août Louis XV leur fit cette réponse qui avait au moins le mérite de la netteté : « Mon parlement abuse de mes bontés. Je lui ai fait savoir mes intentions, je veux être obéi, et que mes édits et déclarations soient enregistrés dès demain. Je n'écouterai plus de représentation à cet égard. »

Cette façon cavalière de traiter les gens du Parlement causa une impression pénible dans la population parisienne; et elle fut encore augmentée par la nouvelle qui se répandit que le roi avait le dessein de prolonger les impôts extraordinaires pour douze années et le vingtième militaire jusqu'à la déclaration de la paix. Le Parlement gagnait chaque jour du terrain dans l'esprit public, on comprenait qu'il se considérait non pas comme une cour de justice instituée pour enregistrer des édits, mais comme une assemblée représentant la nation tout entière et prenant soin de ses intérêts, même contre la volonté royale.

Le 20 août, le maître des cérémonies arriva à la grand'Chambre, portant une lettre de cachet ordonnant au Parlement de se rendre le lendemain à Versailles pour tenir un lit de justice à 11 heures du matin. Le Parlement délibéra et résolut de se rendre aux ordres du roi.

« Le samedi, tous messieurs du Parlement se sont rendus au palais en robes rouges sur les sept heures du matin. Ils en sont partis en corps avant 8 heures, au nombre de cinquante-sept carrosses, dont les deux tiers au moins à six chevaux et le surplus à quatre chevaux. Il y avoit d'abord quatre carrosses à six chevaux, remplis des huissiers, greffiers et secrétaires, ensuite deux officiers de robe courte à cheval et sur deux colonnes environ, seize archers de robe courte à cheval qui bordoient les carrosses de M. le premier président, des présidents à mortier. Dans celui du premier président ils étoient six dont étoient un secrétaire de la cour en robe rouge, le premier huissier du Parlement aussi en robe rouge, et tenant à la main son bonnet carré de drap d'or semé de perles. » Ils étaient de retour à Paris à quatre heures.

Une sentence du Châtelet, en date du 4 novembre, condamna au feu un écrit imprimé ayant pour titre : *Mandement et Instruction pastorale de Monseigneur l'archevêque de Paris*, touchant l'autorité de l'Église, l'administration des sacrements, etc. Il fut brûlé le lendemain en place de Grève, par la main du bourreau, et la sentence fut publiée le même jour dans les marchés à son de trompe et cri public et affichée.

Le 10, le Châtelet s'assembla de nouveau et fit défense à tous curés, vicaires et autres, de publier ledit mandement; elle leur fut signifiée, puis publiée à son de trompe et affichée le 12. Plusieurs évêques ayant publié des mandements pour adhérer à l'instruction pastorale de l'archevêque de Paris, une nouvelle sentence du Châtelet, rendue le 19, les condamna également au feu. Le 26 on en brûla encore, de façon que les Parisiens se rendaient continuellement à la Grève pour voir flamber ces papiers, ce qui les amusait fort. Naturellement, de son côté, le clergé refusait d'administrer les sacrements sans billets de confession, de sorte que « les affaires tournoient de façon à embarrasser de plus en plus les politiques ».

Le dimanche 12 décembre, les gardes du roi s'emparèrent, à quatre heures de l'après-midi, de l'intérieur du palais et firent fermer toutes les portes qui pouvaient donner issue dans les salles, et le marquis de Dreux, grand maître des cérémonies, fit tout préparer dans la grand'-chambre, pour la tenue d'un lit de justice.

Le 13, le roi arriva à Paris avec un grand cortège, il suivit les quais des Tuileries et du Louvre, le Pont-Neuf, le quai des Orfèvres et la rue Sainte-Anne, pour monter l'escalier de la Sainte-Chapelle, où il arriva à dix heures pour entendre la messe et de là il se rendit à la grand'-chambre, où il tint son lit de justice qui dura deux heures.

Il y fit lire un édit dont voici les principaux articles : 1° Bien que la bulle *Unigenitus* ne soit pas une règle de foi, on la recevra avec soumission. — 2° Malgré la loi du silence, les évêques pourront dire tout ce qu'ils voudront, pourvu que ce soit avec charité. — 3° Les refus de sacrements seront jugés par les tribunaux ecclésiastiques et non civils, sauf l'appel comme d'abus. — 4° Tout ce qui s'est fait précédemment au sujet de ces querelles sera enseveli dans l'oubli.

Un autre édit porta : 1° la grand'chambre seule pourra connaître de toute la police générale. — 2° Les chambres ne pourront être assemblées sans la permission de la grand'chambre. — 3° Nulle dénonciation ne pourra être faite que par le procureur général. — 4° Ordre d'enregistrer tous les édits immédiatement après la réponse du roi aux remontrances permises. — 5° Point de voix délibératives dans les assemblées des chambres avant dix ans de service. — 6° Point de dispense avant l'âge de vingt-cinq ans. — 7° Défense de cesser de rendre justice sous peine de désobéissance.

« Ces deux édits atterrèrent la Compagnie, dit Voltaire, mais elle fut foudroyée par un troisième qui supprima la troisième et la quatrième chambre des enquêtes. Le roi sortit après cette séance à travers les flots d'un peuple immense, qui laissait voir la consternation sur son visage. A peine fut-il sorti que la plupart des membres du Parlement signèrent la démission de leurs charges. Le lendemain et le surlendemain, la grand'chambre signa de même. Il n'y eut enfin que les présidents à mortier et dix conseillers qui ne signèrent pas. Si la démarche du roi avait étonné le Parlement, la résolution du Parlement n'étonna pas moins le roi. Ce corps ne fut que tranquille et ferme, mais les discours de tout Paris étaient violents et emportés. »

Il y eut en tout 180 démissions données ; le roi les accepta : il ne restait que dix présidents et quelques conseillers de grand'chambre pour composer le Parlement.

Le 15, ceux-ci entrèrent dans la grand'chambre à 7 heures du matin, pour tenir audience, mais il n'y avait ni avocats ni procureurs ; à l'audience de 9 heures, même abstention ; à l'audience de la Tournelle, personne ; tous les avocats, sans même se consulter, étaient restés chez eux.

Le 22, arrêté des présidents et conseillers non démissionnaires, portant résolution d'aller se jeter aux pieds du roi pour obtenir de lui la réunion entière des membres du Parlement. Le 29, le roi répondit qu'il ne blâmait pas la grand'-chambre d'avoir eu cette pensée, mais il lui défendait d'insister.

L'année 1756 finit tristement avec ces divisions. Le 29 décembre, le curé de Saint-Leu ayant refusé les sacrements à un prêtre de sa paroisse appelant de la bulle, il y eut plainte portée au Châtelet ; le commissaire et les huissiers saisirent les meubles du curé ; 200 personnes s'assemblèrent devant sa maison avec des intentions hostiles. Les arrestations du curé, du vicaire, de plusieurs prêtres furent ordonnées ; nombre de gens les trouvaient illégales, abusives ; de tous côtés ce n'étaient que discussions, et un vent de discorde soufflait grandement à Paris.

L'année 1757 commença par une tentative d'assassinat sur la personne du roi qui fut blessé le 5 janvier à Versailles d'un coup de couteau par François Damiens ; le meurtrier fut arrêté, et interrogé sur l'heure. La nouvelle de cet événement arriva à Paris dans la soirée et aussitôt tous les princes, seigneurs et ambassadeurs y résidant partirent, malgré le froid excessif qu'il faisait, pour Versailles ; la route était couverte de carrosses et de chaises. Le premier président partit à 10 heures, et aussitôt tous les magistrats démissionnaires se prévenant réciproquement, s'habillèrent et se rendirent au palais. « La nouvelle ayant été publique le jeudi matin, la consternation a été générale, et il y avoit peu de personnes qui n'eussent répandu des larmes. Le mandement de M. l'archevêque de Paris a été envoyé dans toutes les églises de Paris, à Notre-Dame, pour les prières de quarante heures, et les prêtres et les moines, suffoqués par la douleur, à peine pouvoient entonner le *Salvum fac regem ;* les assistants étoient de même. Le grand froid a empêché que tout Paris ne se soit trouvé rassemblé à la fois dans les églises et dans les rues, pour savoir des nouvelles du roi et pour attendre les courriers de côté et d'autre. Mais on alloit ou on envoyoit au palais de l'Hôtel de ville et à la poste, et l'on apprenoit toujours des nouvelles consolantes. »

Le peuple accusa les jésuites d'être les instigateurs du crime, et nombre de familles retirèrent leurs enfants de chez eux, dans la crainte qu'on ne mît le feu à leurs maisons.

Le 9, on cessa les prières de quarante heures et l'on afficha les spectacles qui avaient interrompu leurs représentations pendant trois jours. Toute-

On assujettit les traits d'un cheval à chacun des membres de Damiens. (Page 252, col. 2.)

fois, les patrouilles des régiments furent doublées, et les soldats allaient par quatre, le fusil sur l'épaule.

La femme de Damiens, qui était cuisinière dans une maison bourgeoise, et sa fille, qui était apprentie couturière, furent arrêtées à Paris et conduites à la Bastille.

Le 18, François Damiens fut amené de Versailles à Paris : il partit de Versailles à deux heures du matin, escorté par une forte escouade d'infanterie. Il y avait environ 600 hommes du régiment des gardes, des officiers à cheval et des cavaliers de la prévôté de l'hôtel qui étaient dans une gondole, avec un lieutenant, deux exempts, deux gardes de la prévôté et le chirurgien. Le prisonnier était dans un carrosse sans flambeau ; on le fit entrer par la barrière de Sèvres pour éviter les curieux, et on le logea au palais dans la tour de Montgommery, qui fut gardée par des gardes françaises qui se relevaient toutes les vingt-quatre heures. Le café qui se trouvait auprès de la porte de la Conciergerie devint un corps de garde.

Deux commissaires, Severt et Pasquier, le premier président et le président Molé allèrent l'interroger dans la matinée; l'interrogatoire dura depuis onze heures du matin jusqu'à cinq heures de l'après-midi. Douze sergents aux gardes furent placés dans la tour. Quatre d'entre eux passaient vingt-quatre heures dans la chambre du prisonnier, les huit autres occupaient une chambre au second étage, et ils se relevaient à tour de rôle. Un cuisinier de la bouche du roi était chargé d'apprêter les aliments de Damiens et ne sortait pas de la tour. Foubert, un grand chirurgien du temps, ne quittait pas le prisonnier, qui souffrait des jambes qu'on lui avait brûlées à l'aide d'une pince rougie au feu, aussitôt après son arrestation.

Quant au roi, il s'était promptement rétabli de la blessure qu'il avait reçue, et il avait envoyé 300,000 livres aux curés de Paris pour les distribuer aux pauvres de leurs paroisses, en actions de grâces du rétablissement de sa santé.

Aux dispositions qui avaient été prises pour fortifier la tour de Montgommery, on eût pu croire qu'on redoutait un assaut, une palissade diagonale commençait à l'escalier du mai et finissait au second escalier; à l'extrémité de cette palissade, on avait établi un poste de 100 hommes. Le cachot de Damiens était circulaire, et son diamètre n'excédait pas 12 pieds. L'air n'y pénétrait que par une étroite ouverture pratiquée dans un mur de 15 pieds d'épaisseur, et dont la baie était garnie d'un double rang de barres de fer et d'un châssis de papier huilé.

Le prisonnier était enserré dans une sorte de camisole de force qui ne lui laissait la liberté d'aucun mouvement.

« Il était couché, disent les *Mémoires de Sanson*, sur une estrade matelassée dont le chevet faisait face à la porte, et dont le dossier se baissait et s'élevait au moyen d'une crémaillère, lorsque, brisé par cette épouvantable torture qui se prolongea pendant cinquante-sept jours, le misérable priait ses gardiens de le changer de position.

« L'appareil qui le maintenait sur sa couche vaut bien la peine qu'on le décrive. Il consistait en une espèce de réseau de fortes courroies de cuir de Hongrie qui se reliaient à des anneaux scellés dans le plancher; cinq de ces anneaux se trouvaient de chaque côté du lit et un aux pieds du prisonnier. Les courroies qui partaient des anneaux latéraux du côté de la tête, maintenaient les épaules, les secondes entouraient les poignets comme des menottes et laissaient seulement au prisonnier la faculté de porter la main à sa bouche; les cuisses et les jambes se trouvaient assujetties de la même manière, et enfin une courroie, qui partait de l'anneau scellé au pied du lit, rattachait tous ces liens les uns aux autres, les soudait pour ainsi dire entre eux. »

Jamais précautions plus minutieuses et plus inhumaines n'avaient été prises contre un accusé; Louis XV en fut informé, les trouva excessives, et il envoya son premier médecin, le docteur Senac, visiter Damiens; il ordonna qu'on laissât prendre quelque exercice au prisonnier et prescrivit quelques mesures d'humanité.

Le procès s'instruisait, mais lentement. Soixante ou quatre-vingts personnes soupçonnées d'avoir eu connaissance de l'intention criminelle de Damiens avaient été envoyées à la Bastille, puis successivement mises en liberté. Damiens comparut devant la chambre de la Tournelle le 17 mars et prétendit qu'il n'avait voulu que donner un avertissement au roi et l'engager à renvoyer ses ministres.

Le 24, on lui envoya l'abbé Guéret, curé de Saint-Paul, pour l'exhorter; le 26, la grand'chambre s'assembla; les princes du sang, les ducs et pairs, les présidents, les conseillers et les maîtres des requêtes étaient à leurs sièges. « Loin de paraître interdit lorsqu'il eut été placé sur la sellette, vis-à-vis de cette assemblée, Damiens ne manifesta aucun trouble; il paraissait puiser une présence d'esprit singulière dans l'importance qu'avait prise sa personne; on le pressa de nommer ses complices.

— « Vous parlez bien, monsieur Pasquier, répondit-il, mais aussi vrai que me voilà devant le crucifix, je n'ai rien à vous confesser. »

Alors on ouvrit et l'on donna lecture des conclusions du procureur général; elles tendaient à ce que Damiens fût condamné à la peine des régicides et subît la question préalable.

A sept heures du soir, la cour rendit cet arrêt contre Robert-François Damiens, domestique sans condition :

« La cour, suffisamment garnie de princes et de pairs, faisant droit sur l'accusation contre Robert-François Damiens, le déclare dûment atteint et convaincu du crime de lèse-majesté divine et humaine au premier chef, pour le très-méchant, très-abominable et très-détestable parricide commis sur la personne du roi, et pour réparation condamne ledit Damiens à faire amende honorable devant la principale porte de l'église de Paris, où il sera mené et conduit dans un tombereau, nu en chemise, tenant une torche de cire ardente du poids de deux livres, et là, à genoux, dire et déclarer que méchamment et proditoirement, il a commis ledit très-méchant, très-abominable et très-détestable parricide, et blessé le roi d'un coup de couteau dans le côté droit, dont il se repent, demande pardon à Dieu, au roi et à la justice; ce fait, mené et conduit dans ledit tombereau à la place de Grève, et sur un échafaud qui y sera dressé, tenaillé aux mamelles, bras, cuisses et gros des jambes; sa main droite, tenant en icelle le couteau dont il a commis ledit parricide, brûlée de feu de soufre et sur les endroits où il sera tenaillé, jeté du plomb fondu, de l'huile bouillante, de la poix résine brûlante, de la cire et du soufre fondus ensemble, et ensuite son corps tiré et démembré à quatre chevaux, et, ses membres et corps consumés en feu, réduits en cendres et ses cendres jetées au vent. Déclare ses biens, en quelques lieux qu'ils soient situés, confisqués au roi.

« Ordonne qu'avant ladite exécution, ledit Damiens sera appliqué à la question ordinaire et extraordinaire, pour avoir révélation de ses complices.

« Ordonne que la maison où il est né sera démolie, celui à qui elle appartient préalablement indemnisé, sans que sur ledit fond de ladite maison puisse à l'avenir être fait autre bâtiment.

« Déclare la contumace bien et valablement instruite contre le quidam, âgé de trente-cinq à quarante ans, taille de cinq pieds au plus, cheveux en bourse, portant un habit brun assez usé, un chapeau uni sur la tête ; a sursis à adjuger le profit d'icelle et à faire droit à l'égard de Julien le Guérinays, dit Saint-Julien, Élisabeth Molerienne, femme dudit Robert-François Damiens, Marie-Élisabeth Damiens, sa fille, Pierre-Joseph Damiens, son père, Louis Damiens, son frère, et Élisabeth Schoirtz, Catherine Damiens, veuve Cottel, sœur dudit Robert-François Damiens, Antoine-Joseph Damiens, autre frère dudit Robert, Marie Jeanne Pauvret, sa femme, et Perrine-Joseph-Marie Rénée Macé, jusqu'après l'exécution du présent arrêt. »

« Le quidam » dont il est question dans cet arrêt était un homme que, dans l'instruction, un garde de la porte avait déclaré avoir vu à Versailles sur le passage qui conduisait à la chapelle aborder Damiens en lui disant : « Eh bien ? » ce à quoi Damiens avait répondu : « Eh bien, j'attends. » On ne retrouva pas l'homme, mais on le considéra comme un complice.

Tandis que les juges rendaient leur sentence, on s'occupait des derniers préparatifs pour l'exécution qui devait se faire à la Grève. On avait formé une enceinte entourée de barrières d'un mètre de hauteur, fermées et bouchées au dehors et au dedans par de fortes planches taillées le haut en pointe et les excédant un peu. « Cette enceinte est vis-à-vis la porte de l'Hôtel de ville et de la largeur des barrières qui entourent l'escalier de la ville, et l'enceinte s'étend un peu plus en longueur, vis-à-vis la rue de la Vannerie. Aux quatre coins de l'enceinte, il y a quatre angles qui forment un enfoncement pour donner de l'espace pour le tirage des chevaux qui doivent écarteler le criminel. Dans l'angle du quai Pelletier, il y a une barrière ouvrante pour l'entrée du tombereau et vis-à-vis l'escalier de la ville, il y a une autre barrière ouvrante pour communiquer dans l'enceinte.

« Au milieu de l'enceinte, il y a une table de bois très-épaisse et plantée sur six gros poteaux, de la longueur de six pieds sur quatre de large et de trois pieds environ de hauteur. Le criminel sera couché sur cette table et y sera attaché avec des plaques de fer qui lui passeront sur le ventre et sur l'estomac et entre les cuisses, de façon qu'il n'y ait plus que les quatre membres libres pour le jeu de l'écartelage, de manière que le tronc du corps ne pourra pas être ébranlé. »

Ces préparatifs barbares montraient le désir qu'on avait de faire souffrir au malheureux un supplice infernal ; au reste, aussitôt l'arrêt rendu, il y eut réunion chez le procureur général pour s'entendre sur le choix des tourments à appliquer au condamné, et des amateurs furent admis à soumettre différents procédés de torture dont ils étaient les inventeurs ; on proposa d'enfoncer de petites esquilles de chanvre sec et soufré sous les ongles du patient et d'y mettre le feu ; un autre demandait qu'on l'écorchât partiellement et qu'on répandit un liquide corrosif sur ses muscles mis à nu, jusqu'à ce qu'il se décidât à parler. Il en était qui indiquaient l'arrachement successif des dents. C'était à qui inventerait quelque nouvelle atrocité.

Les chirurgiens opinèrent pour la question des brodequins ; on la lui appliqua.

Le 28 au matin, Damiens fut extrait de son cachot et amené dans une salle du rez-de-chaussée de l'hôtel de ville. Des archers le portaient dans une sorte de sac de cuir chamoisé qui ne laissait passer que sa tête ; on l'en tira, on le fit s'agenouiller et on lui lut sa sentence. Il l'écouta attentivement, puis il demeura pendant quelques instants isolé avec le curé de Saint-Paul au milieu de la pièce.

Celui-ci se retira, et Damiens but une gorgée de vin ; après quoi on le replaça dans son sac, et on le transporta dans la chambre de la question où se trouvaient les commissaires, MM. les présidents Maupeou et Molé, et les conseillers Severt, Pasquier, Rolland et Lambelin ; on l'interrogea à nouveau, il ne dit rien qu'on ne sût déjà ; alors les exécuteurs l'entourèrent et le questionnaire lui mit les brodequins : après qu'on lui eût enfoncé le premier coin, ce qui lui arracha des cris terribles, il accusa un sieur Gautier, intendant d'un conseiller au Parlement, M. Lemaître de Ferrière, qui demeurait rue des Maçons, de l'avoir poussé au crime.

Ordre fut immédiatement donné d'arrêter ces deux personnes.

Au deuxième et troisième coin, il poussa de nouveaux cris de douleur ; au quatrième il demanda grâce.

MM. Gautier et Lemaître, étant arrivés, furent confrontés avec Damiens, qui rétracta ce qu'il avait dit, et alors on recommença à le torturer en lui enfonçant le premier coin de la question extraordinaire, qui se trouvait être le cinquième qu'on lui appliquait, puis on lui en enfonça un sixième, un septième, un huitième.

Les chirurgiens déclarèrent que le patient n'en pouvait supporter davantage.

La torture avait duré deux heures un quart !

Ce n'était que le premier acte du drame.

Mais d'abord, empruntons à H. Sanson le récit du curieux épisode qui se produisit.

« Le tortionnaire qui s'était chargé du tenaillement et qui, par une singulière dérision de la destinée, portait le nom d'un grand seigneur de ce temps-là, Soubise, avait assuré à son chef qu'il s'était procuré tous les accessoires indiqués dans la sentence.

« En arrivant à l'échafaud, Gabriel Sanson s'aperçut sur-le-champ que le misérable Soubise était ivre et dans l'impossibilité de s'acquitter de son ministère. Saisi d'une violente appréhension, il demanda à voir le plomb, le soufre, la cire et la poix-résine que Soubise avait dû acheter ; tout manquait, et l'on reconnaissait en même temps, et au moment où d'un instant à l'autre le patient pouvait arriver, que le bûcher qui devait consumer les restes, était composé de bois humide et mal choisi, que l'on aurait de grandes difficultés à allumer.

« En songeant aux conséquences de l'ivrognerie du tortionnaire, Gabriel Sanson perdit la tête. Pendant quelques instants, l'échafaud offrit le spectacle d'une confusion inexprimable ; les valets allaient et venaient effarés, tout le monde criait à la fois, et le malheureux exécuteur de la prévôté de l'hôtel s'arrachait les cheveux, en déplorant la terrible responsabilité qu'il avait assumée sur sa tête.

« L'arrivée du lieutenant de robe courte qui avait achevé de disposer ses hommes dans l'enceinte, la présence du procureur général, que l'on avait envoyé chercher, mirent fin à ce désordre.

« Le magistrat réprimanda sévèrement Gabriel Sanson..... Pendant ce temps, les valets se rendaient chez les épiciers du voisinage pour s'y pourvoir de ce qui était nécessaire ; mais quand ils sortaient de l'enceinte, la foule les suivait : dans toutes les boutiques où ils se présentaient, ils étaient signalés pour ce qu'ils étaient, et les marchands refusaient de leur vendre ou prétendaient ne pas avoir ce qu'ils demandaient ; il fallut que le lieutenant de robe courte les fît accompagner d'un exempt qui exigea de *par le roi* les objets dont ils avaient besoin. »

Cette scène se prolongea pendant si longtemps que tout n'était pas encore prêt lorsque le patient arriva sur la place de Grève, et qu'on dut le faire asseoir sur un des degrés de l'escalier de l'échafaud, tandis que sous ses yeux on procédait aux dernières dispositions de sa mort.

Damiens était resté trois heures à la chapelle ; il avait constamment prié avec une ferveur et une contrition qui touchaient tous ceux qui se trouvaient là.

Lorsque quatre heures sonnèrent à l'horloge du palais, Gabriel Sanson s'approcha de MM. Gueret et de Marsilly, et leur dit que l'heure de partir était venue.

Quoiqu'il eût parlé à voix basse, Damiens l'avait entendu, car il murmura d'une voix fébrile : « Oui, il fera bientôt nuit ; » et après une pause il ajouta : « Hélas ! demain il fera jour pour eux ! »

On le souleva pour l'emporter ; il envoya un baiser au crucifix ; on le mit dans le tombereau, qui s'achemina vers Notre-Dame. Devant le porche, on voulut le contraindre à s'agenouiller, mais ses jambes étaient tellement brisées qu'il jeta un cri perçant en voulant se pencher ; il dut prononcer debout, soutenu par deux archers, les paroles que le greffier lui dicta.

On le replaça sur la charrette, et l'on regagna la place de Grève, qui était littéralement pleine de monde appartenant à toutes les classes de la société. Arrivé au pied de l'échafaud, Damiens demanda à parler aux commissaires ; on le porta à l'Hôtel de ville ; il rétracta de nouveau l'accusation portée contre Gautier, recommanda sa femme et ses enfants à M. Pasquier, et à cinq heures on le redescendit sur la place et on le monta sur l'échafaud.

Le réchaud dans lequel brûlait le soufre mêlé à des charbons ardents était prêt ; on lui attacha le bras sur une barre, de façon que le poignet dépassât la dernière planche de la plate-forme. Le bourreau approcha le brasier.

Damiens poussa un cri épouvantable et se tordit ; puis, au bout d'un moment, il releva la tête et regarda brûler sa main sans manifester sa douleur autrement que par le claquement de ses dents.

Ce fut un valet de Sanson, André Legris, qui, moyennant cent livres, se chargea du tenaillement.

Il promena son instrument sur les bras, sur la poitrine et sur les cuisses du patient, et enleva des lambeaux de chair ; il versa alors dans la plaie béante de l'huile bouillante, de la résine enflammée, du soufre en fusion ou du plomb fondu que les autres valets lui présentaient.

Damiens, fou de douleur, les yeux démesurément sortis de leurs orbites, les cheveux hérissés, criait d'une voix qui faisait trembler : Encore ! encore !

Mais on le descendit de la plate-forme, on assujettit les traits d'un cheval à chacun de ses membres. Chaque cheval était tenu à la bride par un aide ; un autre était placé derrière avec un fouet à la main ; le bourreau, debout sur la plate-forme, donna le signal.

Les quatre chevaux s'élancèrent avec un violent effort, l'un d'eux tomba, mais le corps du malheureux n'était pas démembré.

Trois fois les chevaux recommencèrent à tirer, et trois fois la résistance du corps les fit rétrograder.

Seulement les bras et les jambes du patient, qui vivait toujours, s'étaient démesurément allongés.

Le curé s'était évanoui ; les exécuteurs ne savaient plus que faire. Les assistants, d'abord muets de stupeur et d'épouvante, laissaient maintenant échapper des cris d'horreur.

Le Panthéon, -- au fond, la tour de Clovis.

Moriceau fut condamné à faire amende honorable, avec un écriteau devant et derrière et une torche à la main. (Page 256, col. 2.)

Ce fut alors que le chirurgien Boyer monta à l'Hôtel de ville pour demander aux commissaires la permission de donner un coup de tranchoir aux jointures, ce qui fut refusé d'abord, prétextant que plus le supplice durerait, plus il souffrirait, et que c'était ce qu'il fallait; mais le chirurgien ayant affirmé que l'écartèlement ne pourrait avoir lieu si on n'y aidait, on se résolut à permettre l'amputation nécessaire.

Mais on n'avait pas d'instrument.

André Legris fit l'opération à coups de hache, il incisa les aisselles et les jointures des cuisses.

Les deux cuisses furent démembrées d'abord, ensuite une épaule, et ce ne fut qu'après que le malheureux Damiens expira.

Un soupir de soulagement s'échappa de toutes les poitrines.

Ce n'était pas fini :

On ramassa les quatre membres et le tronc, on plaça le tout sur le bûcher, et les flammes s'élevèrent.

Le supplice de Damiens avait duré cinq quarts d'heure.

« Les toits de toutes les maisons dans la Grève, dit le *Journal de Barbier*, et les cheminées même étoient couverts de monde. Il y a eu même un homme et une femme qui en sont tombés dans la place et qui en ont blessé d'autres. On a remarqué qu'il y avoit beaucoup de femmes et même de distinction, et qu'elles ont mieux soutenu l'horreur de ce supplice que les hommes, ce qui ne leur a pas fait honneur ».

Ce fait est aussi consigné en ces termes, par le journal de Mme du Hausset, femme de chambre de madame de Pompadour : « Beaucoup de personnes et des femmes même, ont eu la curiosité barbare d'assister à cette exécution, entre autres Mme P..., femme d'un fermier général et très belle. Elle avoit loué une croisée ou deux douze louis, et l'on jouoit dans la chambre en l'attendant. Cela fut raconté au roi, et il mit les deux mains sur ses yeux en disant : *Fi, la vilaine!* On m'a dit qu'elle et d'autres avoient cru faire leur cour par là et signaler leur attachement pour la personne du roi ».

On remarqua aussi qu'au moment où l'on ramassa le tronc de Damiens pour le jeter dans le brasier, ses cheveux, qui étaient bruns lorsqu'il arriva sur la place de Grève, étaient devenus blancs comme la neige.

Remontons d'un mois ou deux en arrière. Le 28 janvier, seize lettres de cachet avaient exilé seize conseillers parmi ceux qui étaient restés en fonction ; le 1er février, M. de Machault, secrétaire d'État de la marine, fut aussi exilé et en même temps M. d'Argenson, ministre de la guerre. Le 3, un avocat nommé Fouchet reçut un coup de couteau qui lui fut donné dans la rue du Foin ; le même soir un ecclésiastique fut presque assommé dans la rue ; ce fut à partir de ce moment que le comte de Saint-Florentin fut chargé du département de la police de Paris. Le 10, un huissier à la cour des aides, appelé Lefebure, alla trouver M. de Saint-Florentin et le supplia de le faire parler au roi ; celui-ci le fit arrêter, et on trouva sur lui un mémoire contenant des plaintes très vives contre les ministres qu'il traitait de fripons. Le 12, un jeune avocat, M. Legouvé, ne craignit pas de dire, en parlant de la blessure que le roi avait reçue de Damiens, que ce n'était qu'une légère saignée, ce qui faillit le faire envoyer à la Bastille. Le 14, on découvrit une imprimerie secrète, dirigée par le vicaire de la basse Sainte-Chapelle, et ces divers événements étaient très commentés. Quant au palais, il était toujours vide ; on ouvrait les audiences, mais il ne s'y présentait personne, et les rares procureurs qui s'y montraient demandaient la remise des affaires, ce qu'on s'empressait de leur accorder.

Dans toutes les villes de province on fêtait la conservation du roi ; Paris seul ne s'associa point à ce mouvement, on sentait qu'il y avait dans toutes les classes un mécontentement général et surtout une grande inquiétude. A l'occasion du crime de Damiens, tous les démissionnaires du Parlement avaient écrit au roi pour qu'il lui plût les réunir : c'était une occasion toute trouvée d'apaiser les dissentiments et d'oublier le passé, mais le roi s'obstinait à demander une soumission complète.

Enfin, le 6 mars, on chanta un *Te Deum* à Notre-Dame, mais il ne fut adressé aucune invitation aux différents corps d'y assister ; quant aux feux de joie et aux illuminations, on prétendit que, dans l'état présent des esprits, il eût été peut-être dangereux de provoquer « une confusion de peuple », et l'on s'en abstint.

Le lendemain on arrêta et l'on conduisit à la Bastille un sieur Muzier, libraire, et sa fille, demeurant sur le quai des Augustins, pour avoir mis en vente des écrits sur les affaires du temps ; on découvrit et l'on saisit aussi une imprimerie clandestine dans la rue de Seine-Saint-Victor ; on y trouva une brochure : *Réflexions sur l'assassinat du roi*, contenant de fortes imputations contre les jésuites. Le 18, il y eut une procession du recteur de l'Université pour aller à Sainte-Geneviève où fut chanté un *Te Deum* ; le 23, anniversaire de la réduction de Paris, fut célébrée la messe solennelle annuelle : le Parlement y assista, 27 personnes le composaient. Le 29, les princes et les pairs se rendirent au palais pour juger la famille de Damiens ; car, à cette époque, il suffisait d'être parent d'un criminel d'état pour se voir l'objet de poursuites :

Arrêt : « Vu par la cour, la grand'chambre assemblée, l'arrêt du 26 mars contre Robert-François Damiens (âgé de 42 ans), natif de la Tieullois, hameau de la paroisse de Monchy-Breton près Saint-Pol, en Artois ; le procès-verbal de question et exécution dudit Damiens, conclusions du procureur général du roi, ouï le rapport de maîtres Severt et Pasquier.

« La cour, les princes et pairs y séant, ordonne que le père, la femme et la fille de Robert-François Damiens seront tenus dans quinzaine de vider le royaume, avec défenses d'y jamais revenir, à peine d'être pendus sans forme ni figure de procès.

« Fait défenses aux frères et sœurs de Damiens et autres de la famille de porter à l'avenir le nom de Damiens, leur permet de le changer en un autre, sous les mêmes peines.

« Ordonne qu'il sera plus amplement informé contre le quidam des faits mentionnés au procès, par-devant les présidents et conseillers de la cour, commissaires nommés par l'arrêt du 18 janvier.

« Renvoye Guerinais dit Saint-Julien, domestique, et Rénée Macé, femme de chambre, de l'accusation contre eux intentée ; ordonne qu'ils seront mis en liberté.

« Ordonne que l'arrêt du 26 et le présent seront lus, publiés et affichés dans les villes d'Arras et de Saint-Omer. »

Le 30 mars, un arrêt de la cour condamna à être brûlés par la main du bourreau trois libelles imprimés : *Réflexions sur l'assassinat du roi, — Lettres d'un patriote* et *Déclaration de guerre contre les auteurs du parricide.*

L'attentat de Damiens fut l'objet de nombreux écrits, et l'avocat général Fleury dans le réquisitoire qu'il prononça à l'occasion de ces trois libelles, s'éleva en vain contre les écrivains téméraires « qui, du sein de l'obscurité, se chargent d'en transmettre le souvenir à nos descendants sous les traits odieux que leur prêtent la passion, le mensonge et l'esprit de parti ». On commençait à discuter beaucoup par la plume et la parole, et il devenait difficile d'imposer le silence.

Le premier président de Meaupou et le président Molé reçurent chacun une pension de 6,000 livres pour s'être occupés du procès de Damiens; au reste tous ceux qui y participèrent furent largement récompensés : les commissaires Severt et Pasquier reçurent chacun 3,000 livres, d'autres magistrats 2,000, le greffier en chef 1,500, le doyen des substituts 1,000 et enfin le Parlement donna à ses commis la somme de 6,000 livres, prix que l'éditeur Simon avait payé le droit de publier la relation du procès criminel de Damiens, de sorte que tous les juges, officiers, commis reçurent de quoi se réjouir « pour avoir fait preuve de dévouement en épuisant sur un misérable tous les raffinements de la cruauté la plus inventive ». On espérait par là faire rentrer les autres membres du Parlement dans le devoir.

Le 2 août, le comte de Clermont et une douzaine de ducs et pairs allèrent à la grand'-chambre procéder au jugement de Ricard, soldat aux gardes, accusé de complicité avec Damiens; il fut condamné à être rompu vif, à expirer sur la roue et son corps jeté au feu après avoir fait amende honorable devant l'église et paroisse de la place publique de la ville de Montdidier. Plusieurs autres accusés, entre autres le fameux « quidam » furent renvoyés de l'accusation.

Le 14, on chanta un *Te Deum* à Notre-Dame pour la victoire remportée le 26 juillet contre les troupes anglaises. Il y eut feu d'artifice sur la place de l'Hôtel-de-ville et illumination dans Paris. Le lendemain 15, il y eut la procession de Notre-Dame et la grand'chambre du Parlement y assista.

Enfin, après de longs tiraillements, la paix fut conclue entre le roi et son Parlement; quarante-deux députés furent reçus par le roi qui déclara effacer le souvenir de ce qui lui avait déplu dans la conduite des magistrats et consentit à regarder comme non avenues toutes les démissions qui lui avaient été données. Quant à ceux qui étaient exilés, le roi fit savoir qu'alors qu'il serait obéi, lorsque tous les démissionnaires auraient repris l'exercice de leurs fonctions et qu'il serait satisfait de la sagesse de leur conduite, il écouterait favorablement les instances qu'on lui adresserait à cet égard.

Le vendredi 2 septembre 1757, le Parlement reprit ses audiences et enregistra les déclarations royales.

« Tout le public en général est enchanté de l'air de douceur et de bonté qui règne dans toutes les réponses du roi, et l'on attribue ce concert d'arrangement à Mme la marquise de Pompadour, à l'abbé de Bernis et aux présidents Molé et d'Ormesson. Il y a eu pendant plus de quatre jours, chaque soir, des fusées tirées dans les cours du palais et à la porte du premier président. »

Deux arrêts rendus au Parlement le 27 août avaient condamné par contumace le sieur de la Martelière « auteur de vers » aux galères pour neuf ans et huit autres particuliers, imprimeurs, reliers, au carcan sur la place de Grève et à trois ans de bannissement; l'abbé de Capmartin aux galères pour neuf, avec marque sur l'épaule. Ces arrêts furent exécutés le 7 septembre; un troisième, du même jour, portait défenses « savoir : aux libraires de vendre des livres ou écrits imprimés sans permission ou privilèges, comme aussi de vendre aucuns imprimés à moins que le nom de l'imprimeur et celui de la ville dans laquelle ils auront été imprimés n'y soient marqués avec la date de l'année de l'impression et défenses de supposer le nom d'une ville ou une fausse date. »

Le duc de Gesvres, gouverneur de Paris, mourut le 19 septembre et fut remplacé par le duc de Chevreuse. Le premier président de Meaupou donna sa démission et fut remplacé par le président Molé. M. de Maupeou reçut 40,000 livres de pension et paya ses dettes qui étaient assez importantes. Enfin, le 1er octobre, l'archevêque de Beaumont, qui était exilé à Conflans, rentra à Paris, et lorsqu'il parut le soir à la porte de l'archevêché, il fut accueilli par des boîtes d'artifice et des fusées, et le 9, il officia à Notre-Dame; le même jour, 9, on apprit à Paris la nouvelle de l'accouchement de la dauphine qui donna naissance au comte d'Artois (Charles X) : les cloches sonnèrent, le canon tonna, et le bruit se répandit que le titre de comte d'Artois avait été donné au nouveau prince pour consoler la province d'Artois « du malheur d'avoir donné naissance au monstre Damiens ». Toutefois, cette naissance occasionna peu de réjouissances et tout se borna à un *Te Deum*.

Plusieurs travaux d'édilité furent entrepris en 1757; au commencement du XVIIIe siècle existait un chemin qu'on appela d'abord le chemin de l'Abreuvoir-l'Évêque, et qui était devenu peu à peu une rue désignée sous le nom de rue de la Bonne-Morue. Par lettres patentes du 21 janvier 1757, le prévôt des marchands et les échevins furent autorisés par le roi à disposer de l'emplacement de la rue de la Bonne-Morue, nécessaire pour les constructions à établir en arrière-corps sur la place Louis XV, et la rue prit le nom de rue Dauphine. Un arrêt du conseil d'État du 11 mars 1768 lui donna définitivement le nom de rue des Champs-Élysées qu'elle a conservé.

Près de là, on voyait encore en 1640 une laide impasse dont les chétives maisons servaient d'abri aux orangers du jardin des Tuileries, on l'appelait le cul-de-sac de l'Orangerie. Une partie appartenait en 1730 à Samuel Bernard et l'autre au roi, qui en fit don par lettres patentes du 21 juin 1757, pour la construction des bâtiments en arrière-corps de la place Louis XV. Cette impasse devait devenir la rue de Bourgogne, mais le 11 mars 1768, elle reçut le nom de rue Saint-Florentin, en l'honneur de Phelypeaux duc de la Vrillière et comte de Saint-Florentin qui y fit construire (au coin de la rue de Rivoli) par Chalgrin, un magnifique hôtel qui fut ensuite habité par le duc de Fitz-James, puis par le duc de l'Infantado. Il devint successivement la propriété du marquis d'Hervas, du prince de Talleyrand, de la princesse de Lieven et du baron de Rothschild.

L'année 1758 commença par de nouveaux démêlés relatifs aux affaires religieuses ; l'archevêque avait interdit l'église des religieuses hospitalières du faubourg Saint-Marcel, et refusa à celles-ci des confesseurs et la permission de communier. Il fut de nouveau exilé par une lettre de cachet du roi, qui l'envoya dans le Périgord. Cet exil fut le sujet de toutes les conversations.

Le 10 mars, la cour enregistra un édit portant création de vingt charges de payeurs de rentes, sur le pied de 175,000 livres, et vingt charges de contrôleurs de rentes sur le pied de 45,000 livres, à l'occasion de 6 millions de rentes viagères nouvelles, créées à la fin de 1757. Le même jour le Parlement, toutes chambres assemblées, condamna à être brûlée par la main du bourreau une *Apologie de la théologie morale des PP. Busembaum et Lacroix, jésuites*. Cet écrit ne fut brûlé que le 17.

Au mois de mars 1758, le garde-meuble de la couronne, qui occupait, au coin de la rue des Poulies, une vieille maison appelée l'hôtel du Petit-Bourbon, fut transféré à l'hôtel de Conti, près du collège des Quatre-Nations ; nous le verrons, en 1770, quitter cet hôtel, affecté à la fabrication de la monnaie.

L'argent devenait de plus en plus rare ; par un édit enregistré le 18 avril, le roi créa 3,200,000 livres de rentes héréditaires sur les aides et gabelles à 4 %, au capital de 80 millions, payables moitié en argent, moitié en titres de rentes sur la ville créées en 1720. De cette façon, le roi empruntait 40 millions, et l'on se demandait avec inquiétude combien la guerre qu'on soutenait allait coûter.

Chaque jour amenait de nouvelles condamnations au feu de brochures sur les affaires du temps ; mais il semblait que ces mesures violentes ne faisaient qu'accroître l'audace de ceux qui les écrivaient. Quant aux refus de sacrements, ils avaient repris, et l'on poursuivait les curés, sans cependant les juger, et ces affaires traînant en longueur surexcitaient le mécontentement public, qui s'accentua encore par une déclaration enregistrée par le Parlement qui frappait les huissiers priseurs d'une contribution de 1,200,000 livres, dont ils étaient autorisés à se rembourser au moyen d'une augmentation de droits sur les ventes de meubles.

En somme, c'était le public qui payait les douze cent mille livres.

L'affaire Damiens eut encore un épisode : le sieur Moriceau de la Motte, huissier des requêtes de l'hôtel, dînant dans une auberge de la rue Saint-Germain l'Auxerrois, à une table d'hôte de douze personnes, se mit à parler du procès Damiens, ne ménageant ni ceux qui l'avaient instruit, ni les ministres, ni même le roi ; le lendemain, il était arrêté et conduit à la Bastille ; le 6 septembre un arrêt de la Tournelle le condamnait à faire amende honorable devant la porte de l'église de Paris, nu-tête, en chemise, la corde au cou, avec une torche ardente à la main, devant et derrière lui un écriteau portant : *Auteur de propos séditieux et attentatoires à l'autorité royale;* puis ensuite à être pendu en place de Grève, le tout précédé de la question. On voit qu'à cette époque il n'était pas prudent de parler de certaines choses et de dire son avis à des gens qui n'avaient nul besoin de le connaître.

Cependant Moriceau ne fut appliqué à la question au Châtelet que le 11 ; son arrêt fut crié par les rues à midi, et la question lui fit avouer qu'il avait composé des placards qu'on avait trouvés chez lui.

« Il a fait l'amende honorable avec tranquillité et bien de la résignation, regardant tout le monde d'un air assez gai, priant le peuple de prier Dieu pour lui. Il a conservé le même air en allant à la Grève ; il a monté à l'Hôtel de ville où il a été environ une heure ; on ne sait pas ce qu'il y a dit, mais il n'a fait venir personne. Il s'est mis à genoux un quart d'heure au pied de la potence pour faire sa prière, et il a été pendu sur les cinq heures. Il y avoit dans son passage et à la Grève grande affluence de peuple. Quelques-uns disoient qu'on ne fait point mourir pour des paroles et de simples écrits, d'autres espéroient qu'il auroit sa grâce, mais on a voulu faire un exemple sur un bourgeois de Paris, homme ayant une charge, pour réprimer la licence d'un nombre de fanatiques qui parlent trop hardiment du gouvernement. »

Une déclaration du roi datée du mois d'août, enregistrée le 7 septembre, défendit aux syndics des différentes communautés, et notamment à ceux des huissiers au Châtelet de Paris et des emballeurs et déchargeurs de marchandises, hardes, etc., d'exiger des récipiendaires des repas pour les receptions, et à ceux-ci d'en offrir, sous peine de mille livres d'amende et de déchéance du syndicat.

Nicolet faisait exécuter des danses de corde, des tours de force, et faisait jouer des marionnettes. (Page 263, col. 1.)

Le 1ᵉʳ octobre, il y eut un *Te Deum* à Notre-Dame, auquel les cours souveraines assistèrent; il était chanté pour célébrer deux victoires remportées sur les Anglais; le soir il y eut grand feu d'artifice sur la place de l'Hôtel-de-ville et grande illumination. Le 28, il en fut chanté un autre pour une nouvelle victoire; cela n'empêcha pas qu'il ne fût nécessaire de créer de nouvelles rentes; le 12 décembre, le Parlement enregistra un édit portant création de 3,600,000 livres de rentes viagères, et le cardinal de Bernis, ministre d'État, qui négociait la paix, fut exilé. Le 19, enregistrement d'une déclaration du roi, qui réunit au domaine de la ville de Paris, pour six ans, de nouveaux droits sur le vin, l'eau-de-vie et d'autres denrées, pour parfaire les 1,200,000 livres de don gratuit que la ville de Paris devait fournir au roi; moyennant la perception de ces droits, la ville prit l'engagement d'avancer au roi six années de ce don, c'est-à-dire 7,200,000 livres.

Le 20, on exécuta un arrêt de la Tournelle qui condamnait le sieur Pons, prêtre du diocèse de Saint-Flour, à faire amende honorable devant Notre-Dame, à être fouetté et marqué en place de Grève, et aux galères perpétuelles, pour avoir abusé des prières et cérémonies de l'Église et de la crédulité des gens du peuple; le serpent de l'église Saint-Paul, Pinet, fut condamné à la même peine. On sévit aussi contre des convulsionnaires qui continuaient leurs exercices.

Le 26 décembre, le roi rendit cet arrêt: « Louis, etc., ayant ordonné la confection du Louvre, et voulant en faciliter les abords par une place, depuis le péristyle jusqu'au portail de Saint-Germain l'Auxerrois, dans une étendue parallèle audit péristyle à prendre depuis le quai jusqu'à la distance de 10 toises au delà du pavillon, du côté des prêtres de l'Oratoire, isoler la face du côté des prêtres de l'Oratoire dans la longueur, depuis la rencontre de celle dite ci-dessus, passant devant le portail de Saint-Germain l'Auxerrois, jusqu'à l'angle de la rue Froidmanteau... faisons défenses à toutes personnes de faire construire de nouveaux bâtiments dans toute l'étendue du terrain, depuis le péristyle du Louvre jusqu'au portail de Saint-Germain l'Auxerrois dans la longueur, depuis le quai jusqu'à la rencontre en retour d'équerre formant une rue parallèle à la façade, du côté des prêtres de l'Oratoire, etc. »

La place ne fut formée qu'entre les rues de l'Oratoire et du Coq. En 1793, on l'appela place de la Liberté; un décret du 26 février 1806 en prescrivit l'alignement, en abattant les cours et jardins de l'hôtel d'Angivilliers, et donna à la place le nom de place Marengo. En 1814, on l'appela place de l'Oratoire; vers cette époque, elle fut prolongée jusqu'à la rue de la Bibliothèque. Le prolongement de la rue de Rivoli et l'achèvement du Louvre firent disparaître la place et la rue de l'Oratoire (1854), qui s'était appelée cul-de-sac de l'Oratoire jusqu'à 1758.

Le 9 février 1759, la duchesse d'Orléans, mère du duc de Chartres, mourut à l'âge de trente-deux ans; « elle était extrêmement aimée et respectée du public; depuis ce jour jusqu'au 15, toute représentation et tout bal furent suspendus à l'Opéra; toutes les cours souveraines et les couvents allèrent jeter de l'eau bénite sur le corps, ainsi que l'Université, les trésoriers de France, le chapitre de Notre-Dame, etc. Elle fut enterrée au Val-de-Grâce; elle était dans un char à huit chevaux, et le convoi fut des plus magnifiques. »

Six ouvrages furent encore lacérés et brûlés par la main du bourreau, et il fut informé contre leurs auteurs, imprimeurs et distributeurs. Helvétius, l'auteur du livre de l'*Esprit*, dut rétracter « toutes les erreurs qu'il renfermait » et se démettre de sa charge de maître d'hôtel ordinaire de la reine; neuf personnes furent commises pour examiner minutieusement l'*Encyclopédie* de Diderot et d'Alembert; bientôt un arrêt du conseil en supprima le privilège et défendit d'en continuer l'impression. Trois arrêts du conseil, datés du 17 avril, vinrent réglementer de nouveau les finances, et toutes les exemptions des tailles furent suspendues tant que durerait la guerre.

Nous avons déjà parlé du Caveau et de ses diners. En 1759, M. Pelletier, fermier général, qui, tous les mercredis donnait à dîner à Marmontel, Boissy, Suard et Lanoue, tenta la résurrection du caveau, en invitant à ses réunions du mercredi Monticour, Saurin fils, Helvétius, Bernard, Collé et Crébillon fils, qui, par la suite, y présenta, pendant leur séjour à Paris, Garrick, Sterne et Wilkes; Goldoni y eut ses entrées, et Laujon y fut admis pendant les dernières années.

Toutefois cette tentative de résurrection du Caveau n'eut pas de suite et ne dura guère que trois ans; les élans de l'intimité n'existaient plus, et le salon doré du fermier général ne valait pas la salle obscure du cabaretier Landel.

Le 21 mai 1759 décéda à Paris M. Moriau, procureur du roi et de la ville; ce magistrat, savant et lettré, avait souvent manifesté le désir qu'il y eût à l'Hôtel de ville une bibliothèque publique, ainsi qu'il en existait une à l'hôtel de ville de Lyon, et il avait acheté de ses deniers personnels un grand nombre de volumes traitant de matières différentes et variées, de manuscrits, de cartes géographiques, de plans de la ville de Paris, d'estampes, de médailles et de jetons; il laissa toute cette collection, en mourant, à la ville de Paris, et aussitôt après sa mort, le prévôt des marchands et les échevins s'empressèrent d'en prendre possession, mais comme il n'y avait pas à l'Hôtel de ville de salle assez vaste pour contenir une pareille bibliothèque, ils l'installèrent rue Pavée au Marais, dans l'hôtel de Lamoignon; elle fut ouverte pour la première fois au public le 23 avril 1763, et elle continua à ouvrir les mercredis et samedis dans l'après-midi (de 2 heures à 5 heures dans l'été, et de 2 à 4 dans l'hiver). M. Ameilhon en fut nommé bibliothécaire.

« Elle se composait, dit M. Joanne, de livres d'histoire, de cartons d'estampes, de médailles, et du fonds de manuscrits de Denys Godefroy. Dans ce fonds on remarquait des lettres autographes des empereurs, rois, papes, princes et autres personnages depuis Philippe IV jusqu'à Louis XIV. »

De l'hôtel de Lamoignon, la bibliothèque passa dans la maison professe des jésuites; mais vers 1793, plusieurs établissements littéraires, tels que l'Institut, la Bibliothèque nationale, les archives, la bibliothèque de l'Arsenal, furent autorisés, ou plutôt s'autorisèrent eux-mêmes à faire dans la bibliothèque de M. Moriau un choix à leur convenance, et bientôt il ne resta pas un seul volume de la riche collection formée par le procureur du roi.

La ville de Paris demeura sans bibliothèque jusqu'en 1817, époque à laquelle une bibliothèque fondée par l'École centrale, qui avait été établie au collège Charlemagne, fut transféré de l'hôtel des Vivres, rue Saint-Antoine, 110, à l'Hôtel de ville, et installée dans la galerie Saint-Jean (rue du Tourniquet, devenue rue Lobau).

La bibliothèque de l'Hôtel de ville demeura paisiblement, jusqu'en 1836, dans ce local; mais alors des travaux importants, qu'on exécuta dans le palais municipal, firent exiler la bibliothèque quai d'Austerlitz, n° 35. Elle resta là pendant onze années, et enfin, en 1845, elle fut réintégrée dans la galerie Saint-Jean. Le déménagement en fut alors opéré, et la classification faite par M. Prosper Bailly, sous-bibliothécaire, dans l'espace de six semaines.

Cette bibliothèque, qui ne comptait guère à son début qu'environ 10,000 volumes, s'élevait déjà en 1832 à 45,000; en 1770, on en comptait 100,000 au moins. L'histoire de Paris, l'administration et les sciences en formaient la partie la plus intéressante. Elle était placée sous la garde d'un bibliothécaire et d'un sous-bibliothécaire. Romany, qui en fut le premier conservateur, y réunit, en 1760, sa bibliothèque particulière; elle s'accroissait sans cesse à l'aide d'un fonds spécial qui lui était alloué sur le budget de la ville. En 1870, ce fonds était de 18,700 francs sur lequel, en prélevant 10,900 francs pour le personnel, il restait 8,700 francs pour payer les abonnements, les suites aux collections, les acquisitions nouvelles, les reliures et les frais de bureau.

Sous le second empire, elle s'était enrichie d'une très remarquable collection de livres donnés par divers États de l'Union américaine et qui se montait à environ 20,000 volumes qui, pour la plupart, ne se trouvaient pas dans le commerce. C'était, par exemple, les documents congressionnaux des États-Unis (environ 1,800 volumes), comprenant les annales du Congrès depuis l'époque coloniale et les documents de toute nature publiés par ordre de la législature fédérale, sciences mathématiques et naturelles, voyages, histoire, géographie, beaux-arts, littérature, industrie, agriculture, avec un nombre infini d'illustrations, cartes, plans, etc.

Cette collection, qui formait à elle seule une encyclopédie américaine, était unique au monde depuis l'incendie de la bibliothèque du Capitole de Washington (laquelle d'ailleurs renfermait 80 volumes de moins) le *Voyage autour du monde* du capitaine Wilkes, véritable merveille bibliographique dont l'exécution a coûté plus d'un million et qui est exclusivement réservée aux dons internationaux. *Les Oiseaux et Quadrupèdes d'Amérique* par Audubon. Cet exemplaire avait été acheté 5,000 francs à l'auteur par la ville de New York, expressément pour la ville de Paris; la collection des travaux des missionnaires américains en Chine, comprenant près de 100 volumes.

Elle possédait aussi quelques copies incomplètes des registres du Parlement et 160 manuscrits.

Son dernier bibliothécaire administrateur fut M. H. Read.

La bibliothèque de la ville était ouverte tous les jours de 10 heures à 3 heures. Ses vacances commençaient le 15 août et finissaient le 1er octobre.

L'incendie de l'Hôtel de ville, brûlé par la Commune en 1871, anéantit la bibliothèque.

La perception du droit des pauvres constitua, à toutes les époques, une charge onéreuse pour les théâtres et lorsque M. d'Argenson conçut le projet de déporter tous les pauvres aux colonies, les directeurs de théâtre purent croire un instant qu'ils allaient être débarrassés de l'impôt qui pesait si lourdement sur eux. En effet, le 1er janvier 1750, une décision royale suspendit le payement du quart du droit des pauvres; mais la mesure proposée par M. d'Argenson n'ayant pu

être acceptée, les théâtres furent mis en demeure de s'exécuter. En 1756, la Comédie française réclama et prétendit qu'exonérée même complètement de l'impôt, elle aurait peine à vivre puisqu'elle devait 200,000 livres. La réclamation ne fut pas écoutée. En 1759, les comédiens français devaient à l'hôpital général 24,873 livres 6 sous 8 deniers, et à l'Hôtel-Dieu 9,177 livres 13 sous 11 deniers. Ils décidèrent dans une assemblée de payer en plusieurs termes cet arriéré, mais ne se pressèrent pas de s'acquitter. Les administrateurs des hôpitaux furent obligés de s'adresser au Parlement pour faire assigner les théâtres. Un arrêt, du 5 juillet 1760 condamna les comédiens à payer les débets sur les recettes de la porte : ceux-ci portèrent l'instance devant le conseil, des mémoires furent échangés; bref, un arrangement intervint; un acte fut passé par-devant Me Dutartre, notaire, le 28 mai 1762, entre les administrateurs, directeurs et gouverneurs des hôpitaux et les caissiers de la Comédie française et de la Comédie italienne.

Les comédiens y reconnaissent que le droit accordé à l'hôpital général et à l'Hôtel-Dieu par les ordonnances des rois est incontestable et déclarent que leur intention n'a jamais été d'y porter atteinte. En conséquence, il fut arrêté :

« Article 1er. Le droit est dû et doit être perçu sur la totalité du produit des spectacles, y compris les locations de loges, abonnements et crédits, ainsi que tout ce qui se reçoit journellement à la porte, sans aucune exception.

« Art. 2 et 3. Le droit de l'hôpital général consiste en trois vingtièmes du produit total des spectacles, sans aucune diminution ni retranchement sous prétexte de frais ou autrement; celui de l'Hôtel-Dieu, dans le dixième du produit total, déduction faite de 300 livres pour les frais de chaque représentation.

« Art. 5. Les administrateurs transportent et délaissent, à titre d'abonnement, aux comédiens français et italiens, chacun à leur égard, pour neuf années consécutives, à commencer au 19 avril 1762, le produit du droit, moyennant le prix réglé ci-après.

« Art. 6. En ce qui concerne la Comédie française, quoique l'année commune prise sur 18 se monte à 77,868 livres 2 sous 6 deniers, pour les deux hôpitaux, l'abonnement est néanmoins fixé à 60,000 livres pour chacune des neuf années. »

En ce qui concerne la Comédie italienne et l'Opéra-Comique réunis, l'abonnement fut fixé à 55,000 livres.

Enfin l'article 11 fixa ce qui était dû pour les recettes de la porte au 19 avril 1762 et établit, sur les neuf années de l'abonnement, la répartition au débet de la Comédie française qui était de 120,000 livres et de celui de la Comédie italienne, qui était de 143,853 livres 17 sous 8 deniers.

Une importante modification fut apportée en

1759 dans les usages de la Comédie française. Jusqu'alors, il y avait eu sur la scène quatre rangées de bancs disposés en gradins, enfermés derrière une balustrade et grille de fer doré pour y placer les spectateurs.

Dans les grandes représentations, on ajoutait encore le long de la balustrade une rangée de banquettes et enfin, outre tous les gens de qualité qui occupaient ces sièges, il y en avait encore debout une cinquantaine au fond du théâtre, de sorte que l'espace réservé aux artistes était si resserré que parfois, pour l'entrée d'un acteur par le fond, on était obligé de faire faire place pour son passage.

Bien souvent les artistes s'étaient plaints de cet usage, qui nuisait essentiellement à la vraisemblance de l'action et gênait considérablement leur jeu, mais l'habitude et la routine ne sont pas chose facile à vaincre; enfin un homme intelligent, le comte de Lauraguais Brancas, de l'Académie des sciences, grand amateur de théâtre, parvint à supprimer tout cela. Le théâtre fut débarrassé de ces places, on prit sur le parterre l'espace nécessaire pour former un parquet contenant environ 180 places, outre l'orchestre, et l'on diminua l'amphithéâtre pour allonger le parterre.

Ces travaux coûtèrent une vingtaine de mille livres, M. de Lauraguais y contribua personnellement pour 1,500 et se réserva une petite loge. Quant aux places de parquet, elles furent louées un écu de six livres.

« Le lundi 23 de ce mois (avril 1759), lendemain de la Quasimodo, on a joué sur ce nouveau théâtre. Tout le monde en a été content, et il n'y a pas de comparaison. Le théâtre sur lequel personne n'entre et ne paroît plus, représente une salle d'un palais et d'un autre lieu pour les comédiens : l'action des acteurs est libre, et l'illusion est bien mieux conservée. »

Le 29 du même mois, un *Te Deum* fut chanté à Notre-Dame pour la victoire remportée par le duc de Broglie ; toutes les cours y assistèrent, et le soir il y eut feu d'artifice à la Grève et illuminations.

Ce fut le 8 juillet que fut établie à Paris la petite poste organisée par M. de Chamousset, conseiller au Parlement, qui avait été frappé de l'insuffisance du service postal pour l'intérieur de la ville. Chose curieuse, quand Paris, au moyen des coches d'eau, des carrosses, des courriers à pied et à cheval, communiquait avec les pays étrangers et la province, il était impossible de faire passer une lettre d'une façon régulière, par l'intermédiaire de la poste du Luxembourg à la Grange-Batelière ; c'étaient les domestiques, commissionnaires, savoyards, qui portaient les lettres à domicile, et on avait bien établi des boîtes, mais on les trouvait brisées, ou salies par des immondices qu'on jetait dedans pendant la nuit.

Le service de la petite poste commença le 1er août ; il comprenait neuf distributions par jour des lettres portées à domicile par 117 facteurs.

Les lettres devaient être affranchies moyennant 2 sols qu'on payait au bureau ; chaque lettre devait porter trois timbres : celui de la boîte où elle était mise, celui du facteur à qui elle était confiée, et celui de la levée ; les facteurs portaient aussi des paquets, on pouvait s'abonner pour le port d'une certaine quantité de billets, tant de mariage, d'enterrement, de service, que d'autres de même nature ; la taxe était de deux sols, pour tous paquets, billets, ou lettres dont le poids n'excédait pas deux onces, un sol de plus jusqu'à 4 onces (125 grammes,) et pour les lettres ordinaires adressées hors l'enceinte des barrières de la ville et des faubourgs. Il y avait à Paris huit bureaux principaux et 395 boîtes.

Ce fut aussi à la même époque que fut construite la fontaine du Diable ou de l'Échelle, située à l'angle formé par la rencontre des petites rues de Saint-Louis et de l'Échelle (la rue Saint-Louis-Saint-Honoré tirait son nom du voisinage de la rue Saint-Honoré qu'on appelait aussi grand'rue Saint-Louis ; elle se nomma encore rue de l'Échaudé et rue des Tuileries. Elle fut supprimée en 1854, lors de l'achèvement du Louvre. Quant à la rue de l'Échelle, elle tire son nom de l'échelle patibulaire que les évêques de Paris avaient dans cette rue). Cette fontaine était décorée d'un obélisque, d'une proue de vaisseau et de quelques figures allégoriques, et d'autres ornements ; elle était alimentée par l'eau de la pompe à feu de Chaillot. Elle fut supprimée en 1854.

Le mardi 7 août 1759, Paris était dans la consternation, les nouvelles de la guerre étaient des plus mauvaises ; elles annonçaient la perte de la bataille de Minden, on parlait de 12,000 hommes tués ou blessés, dont 1,200 officiers, etc. Aussitôt il fut question de créer de nouveaux impôts plusieurs édits, entre autres un sur le luxe, et, le 17, le Parlement fut assemblé pour leur enregistrement, mais il refusa d'y consentir et décida qu'il serait fait des remontrances au roi touchant l'édit somptuaire, celui d'un troisième vingtième, celui de créations de charges pour recevoir les rentes de l'Hôtel de ville et celui de création d'offices pour la maîtrise des corps et métiers.

Le roi tenait à son enregistrement, et fit savoir à messieurs du Parlement qu'il tiendrait un lit de justice à ce sujet à Versailles le 20 septembre ; ce jour-là, le Parlement s'assembla à 7 heures du matin au palais et partit pour Versailles à 8 heures, occupant 52 carrosses à quatre et à six chevaux. Le lit de justice se tint, et les trois édits furent enregistrés.

Le 23 septembre, la dauphine accoucha d'une princesse (madame Clotilde), et la nouvelle en arriva aussitôt à Paris ; mais elle n'y causa pas grande sensation, et il n'y eut ni *Te Deum* ni réjouissances.

La rentrée de l'archevêque, qui eut lieu le 21 octobre, se fit aussi sans bruit, et tout se borna aux

Au sein de la paix, gouter le plaisir
Chés soi s'amuser dans un doux loisir
Ou bien chez Magny s'aller divertir
C'etoit la vieille méthode.
a Paris rue S.t Hyacinthe dans la maison de M. Painville M.e Ecrivain

L'on voit aujourd'hui courir nos Badauds ;
Sans les achever quitter leurs travaux ;
Pourquoy ? c'est qu'ils vont chés Mons.r Ramponaux.
Voilà la Taverne à la mode.
Avec Permission de M. le Lieutenant Général de Police.

L'ancien Ramponneau, en 1758.

Le fossoyeur trouva un sac dans lequel était enfermé un cadavre desséché, dans l'intérieur de l'hôtel de la Vierge.

visites « de toute la gent ecclésiastique de Paris » et à une députation que lui envoya la chambre des vacations.

La grande préoccupation du moment était le besoin d'argent ; le roi malgré tous les moyens qu'il avait employés pour s'en procurer, en manquait, et les gens de sa maison n'étaient pas payés de leurs gages; aussi, à la fin du mois d'octobre, une déclaration du roi invita et exhorta « ses bons sujets et les bons citoyens » à porter leur argenterie à la monnaie, et le contrôleur général, Silhouette, fit entendre que sans cette ressource pour fournir des espèces, le roi allait en manquer tout à fait.

Les courtisans durent, afin de prouver leur soumission, se dépêcher d'obéir, bien qu'à contre-cœur ; mais les bourgeois étaient moins empressés de se dépouiller de ce qu'ils possédaient: seulement, nombre d'entre eux cachèrent leur argenterie, ne voulant pas laisser voir qu'ils continuaient à se servir de vaisselle d'argent, (ce qui était alors le luxe de tous les gens aisés), tandis que les grands seigneurs en étaient réduits à manger dans des assiettes de faïence.

Cependant, comme, après tout, personne n'osait s'exposer à passer pour mauvais citoyen, tout le monde porta quelque chose ; la monnaie payait la valeur de ce qu'on lui apportait, sauf la façon, un quart en argent et le reste en contrat sur les états de Bretagne et de Languedoc. Toute l'argenterie du roi, de la famille royale et des différentes tables de sa maison y fut envoyée. Néanmoins le contrôleur des finances qui avait conseillé cette mesure, M. Silhouette, qui s'était rendu fort impopulaire, fut remplacé dans sa charge par M. Bertin ; en même temps, M. de Sartine, lieutenant criminel, devint lieutenant général de police, et M. Le Noir le remplaça comme lieutenant criminel.

L'année 1760, commença par un service solennel célébré le 15 janvier à Notre-Dame pour la mort du roi d'Espagne ; le même jour, un arrêt du conseil continua l'invitation aux « bons sujets », de porter leur argenterie à la monnaie. Le 12 février, un autre service funèbre eut lieu de nouveau à Notre-Dame ; cette fois c'était pour l'infante, duchesse de Parme.

Le roi et le Parlement recommençaient à se trouver en désaccord à propos des édits bursaux que Louis XV décrétait et que le Parlement refusait d'enregistrer ; la lutte, qui n'avait été qu'assoupie, menaçait de prendre de nouvelles proportions. D'un autre côté, les questions religieuses étaient loin d'être éclaircies, les convulsionnaires s'agitaient beaucoup, et le 4 avril la princesse de Monaco se rendit dans une assemblée du quartier Saint-Antoine, où les sectaires du diacre Pâris se livraient à la distribution de coups de bûches et aux pratiques ordinaires des convulsions ; mais peu après son arrivée la police fit irruption dans la maison et arrêta cinq acteurs de ces scènes scandaleuses, deux femmes, un prêtre, un moine et un avocat de Normandie, et on les envoya à la Bastille, d'où on les tira, quelques jours plus tard, pour les conduire au Châtelet où leur procès dut s'instruire. Le 29, une sentence du Châtelet condamna l'avocat la Barre et quatre filles convulsionnaires, qu'il était accusé d'avoir rassemblées chez lui, à être admonestés en présence des juges, avec défense de récidiver, sous peine de punition exemplaire, et trois livres d'aumône pour les prisonniers du Châtelet.

Ce jugement parut doux, et le ministère public en appela *a minima ;* les cinq prisonniers furent transférés à la Conciergerie, et l'on instruisit le procès à la chambre de la Tournelle, composée de vingt-deux juges ; on joignit aux accusés ceux que la sentence avait laissés de côté, Cottu, prêtre, et Bailly de l'Épine, conseiller de l'élection de Paris.

La justice ne paraissait pas se presser à leur égard, car ce ne fut qu'une année plus tard, c'est-à-dire le 5 mai 1761, qu'un arrêt du parlement infirmant la sentence condamna Pierre de La Barre, avocat au parlement de Rouen, pour avoir administré tant chez lui qu'en maison étrangère, aux quatre filles appelées sœurs, les secours dont elles disaient avoir besoin dans leurs convulsions, à neuf ans de bannissement de la ville et prévôté de Paris, en trois livres d'amende en-vers le roi, et les nommées Élisabeth de Barre, dite sœur Rachel, Marie Madeleine Hesse, dite sœur Madeleine, Catherine le Franc, dite sœur Félicité, et Marie des Marquets, dite sœur Marie, à être enfermées pour trois ans à l'hôpital général pour avoir demandé et reçu des secours, renvoya de l'accusation Bailly de l'Épine et déclara la contumace bien instruite contre le nommé Cottu.

Les registres de la Bastille mentionnent l'emprisonnement de plusieurs personnes incarcérées pour participation aux convulsions, tels que : Joseph-Marie Chapelle, dit le frère Jacob, ancien directeur des fermes de Bretagne ; il est signalé comme « le poëte » de la bande qu'il fréquentait ; parce qu'il composait les cantiques qui se chantaient dans les assemblées se tenant à l'Estrapade, chez un sieur Froissard de Préauval, ancien mousquetaire et détenu à Saint-Lazare depuis 1758.

Le Guay, garçon doreur, qui resta trente années à la Bastille ; après un certain laps de temps passé dans cette prison, on lui avait offert sa liberté, mais il refusa, se fondant sur ce qu'à la Bastille il se trouvait à l'abri du besoin, tandis que libre, sans ressources aucunes, sans amis, sans famille, il lui faudrait mendier pour vivre. Il y mourut en 1786.

Au reste, nombre de gens envoyés à la Bastille sans jugement y demeuraient souvent de longues années, sans même qu'on sût pourquoi ils y étaient. On voit figurer souvent sur les registres la mention : sans motif connu, mais les affaires de religion, et celles de l'État fournissaient généralement la majeure partie des raisons invoquées pour l'arrestation ; nous voyons en 1759 l'abbé Jubeau accusé de complot contre le roi et Mme de Pompadour ; il fut relâché parce qu'on s'aperçut qu'au lieu d'être mêlé à ce complot, il en avait eu connaissance et avait averti la police.

— Le sieur de Bergeron, dit le chevalier d'Escourville, pour avoir fait des vers contre Mme de Pompadour. — Le soi-disant vicomte de Béré, auteur de mémoires sur les finances. — Rodolphe Elter de Sybourg, auteur d'un mémoire sur les finances, — Tavernier, prévenu de complot contre la vie du roi et qui resta trente ans à la Bastille, dont vingt-neuf sans sortir de son cachot.—Victor de Goresse Duharda, pour fausses signatures,—Marmontel, « auteur d'une parodie injurieuse » et son domestique Gilles Bury. En 1760 : Philippe Seichepine, affaire contre M. de Saint-Cy, dite des économats. — L'abbé Rozé, auteur d'un mémoire relatif au clergé. — Beauvisage Lavault, auteur de différents projets de finances « et d'intrigues pour les faire réussir ». — Touche, pour lettres anonymes contre Mme de Pompadour. — Vincent Bourdigue, Anglais soupçonné d'espionnage (il écrivit sur le registre : je ne suis pas Anglais et reconnais la France pour ma patrie, et signa). — Constant, âgé de cent onze ans, sans motif connu. — De la Caussade, ci-devant inspecteur des études de l'École militaire pour libelle. — Merlier, maître apothicaire à Paris, propos séditieux contre le roi et madame de Pompadour. — Pierre de Sauges, imprimeur, contre la religion. — Denis l'Entaigne, contrebandier sur les cartes. — Le baron d'Edelsheim, suspecté d'espionnage. — Magny, premier commis des domaines, auteur d'une histoire contre Mme de Pompadour. — Danjan, architecte de la ville, et son laquais,. pour relations suspectes. — Mais revenons aux faits de l'année.

Le 10 avril 1760, le roi fit dans la plaine des Sablons la revue des régiments des gardes françaises et suisses, et il y avait un concours énorme de peuple pour la voir.

Ce fut aussi en 1760 que le fameux danseur de corde, Nicolet vint s'installer sur le boulevard du Temple, où, l'année précédente, le prévôt des marchands avait autorisé l'installation des billards et des guinguettes qui commençaient à pulluler. Nicolet s'était fait bâtir une baraque dans laquelle il faisait exécuter des danses de corde, des tours de force, faisait jouer des marionnettes et exhibait des animaux savants. Son spectacle était déjà fort connu aux foires Saint-Germain et Saint-Laurent, et il savait si bien le varier et en augmenter l'attrait que l'expression : « De plus en plus fort, comme chez Nicolet », devint proverbiale.

Il demeura, pendant quatre années, le roi du boulevard du Temple ; mais bientôt, encouragé par le succès, sa baraque ne lui suffit plus, et il conçut le dessein de louer un terrain à côté de l'emplacement qu'il occupait et d'y faire construire une salle en bois, qu'il ouvrit, ainsi qu'on le verra plus loin, en 1764 sous le nom de théâtre des Grands Danseurs.

Non loin du boulevard du Temple, se trouvait la Courtille qui avait commencé, vers la fin du XVIIe siècle, à se couvrir de cabarets. La Courtille ou Culture avait appartenu aux religieux desservant l'hôpital Saint-Gervais, mais sa physionomie avait considérablement changé, et l'exploitation agricole était devenue un lieu de plaisirs; un ruisseau creusé par les moines descendait de la hauteur, et entretenait dans ce lieu une fraîche verdure ; de beaux arbres ombrageaient le site champêtre, des bosquets et des réduits de feuillage attiraient les promeneurs, et dès le commencement de la Régence les grands seigneurs s'accoutumèrent à prendre le chemin de Belleville. Or, parmi les cabarets les plus fréquentés, figurait celui de Ramponneau qui était parvenu à vendre son vin 3 sous 6 deniers la pinte, c'est-à-dire un sou de moins que ses confrères, ce qui avait eu naturellement pour résultat de lui attirer un nombre de clients considérable. « Il y avoit une telle affluence de monde chez lui qu'il y en avoit autant dehors que dedans, qui attendoient leur tour pour entrer, quoiqu'il y eût un emplacement considérable. Cette affluence de peuple excita la curiosité des personnes de distinction qui vouloient voir par eux-mêmes ce prodige. »

Ajoutons que ce cabaret était une espèce de caveau, décoré à l'extérieur d'une treille peinte et d'une enseigne : *Au Tambour royal*, où était représenté le maître de l'établissement, à califourchon sur un tonneau. Il était meublé à l'intérieur de bancs de bois et de tables boiteuses, autour desquelles se pressaient des gens de toute condition : tout le monde allait chez Ramponneau.

Cette vogue du cabaretier fut telle que Gaudon, qui était venu avec son associé Nestre, monter un spectacle forain, en 1758, sur le boulevard du Temple, songea à s'attacher Ramponneau qui était une célébrité de l'époque : il lui offrit une dizaine de livres par jour, s'il voulait consentir à se montrer sur son théâtre pendant trois mois. Ramponneau réfléchit que gagner cet argent rien qu'en se laissant voir, c'était une riche affaire, et il signa un engagement par lequel il « s'oblige de paroître et jouer dans le spectacle du sieur Gaudon et consent que le sieur Gaudon le fasse annoncer, afficher, voir en dehors et en dedans, fasse peindre son portrait au naturel, fasse faire des chansons, livres et pièces à son avantage, pour le temps de deux mois et demi, ou environ depuis le 14 avril jusqu'au 1er juin. » De son côté, il lui promit 400 livres, dont 200 livres payables par billet à ordre qui lui seraient délivrées huit jours après son début, et le reste après cinq semaines, et de plus il lui accorda la moitié des produits et bénéfices qu'il acquerrait pendant ledit temps, tant pour estampes que livres, chansons et autres généralement quelconques. Ramponneau signa, à la condition qu'il recevrait tout de suite les 200 fr. qui lui étaient promis huit jours après le début ; bientôt tout fut prêt pour les débuts du fameux cabaretier ; les chansons étaient composées, la pièce de débuts apprise, les affiches imprimées ; tout Paris se promettait d'assister à cette représentation attendue, lorsque soudain le bruit se répandit sur le boulevard que Ramponneau avait refusé de monter sur le théâtre.

Les jansénistes avaient fait un scrupule au cabaretier de se produire sur la scène, sa conscience fut alarmée, et il fit faire un acte chez un notaire, dans lequel on lit :

« Aujourd'hui est comparu le sieur Jean Ramponneau, cabaretier, demeurant à la basse Courtille, lequel a volontairement déclaré que les réflexions mûres qu'il a faites sur les dangers et les obstacles qu'apporte au salut la profession des personnes qui montent sur le théâtre, et sur la justice des censures que l'Église a prononcées contre ces sortes de gens l'ont déterminé à renoncer comme par ces présentes, par principe de conscience et pour d'autant travailler de sa part à conserver la pureté des mœurs qui convient à un chrétien et dans laquelle il prie Dieu de le maintenir, il renonce à monter et promet à Dieu de ne jamais monter sur aucun théâtre ni faire aucune fonction, profession ni acte qui tienne à l'état de ceux qui montent sur les théâtres, quels qu'ils soient, etc. »

Cet acte fut signifié au sieur Gourlier, dit Gaudon, entrepreneur de spectacles sur les boulevards, le 12 avril, avec offre de rendre le billet à ordre, mais Gaudon l'assigna en payement de 1,000 francs de dédit stipulé dans l'engagement.

Ce procès fit grand bruit ; les avocats les plus célèbres (Elie de Beaumont et Coqueley de Chaussepierre) le plaidèrent ; mais il finit par s'arranger moyennant une somme payée par Ramponneau qui, avant de se faire comédien, avait vendu son fonds 1,500 livres ; le marché fut annulé, Ramponneau reprit son fonds, mais ce fut pour le donner à son fils, et, riche de 100,000 livres, il alla s'établir aux Porcherons et acheta du sieur Magny le cabaret de la Grande-Pinte, où il fit pour 60,000 livres de construction. Il obtint là le même succès qu'à la Courtille : la cour et la ville se ruèrent chez le cabaretier, dont l'établissement devint un restaurant à la mode. « L'année 1760, dit Grimm, est marquée dans les fastes des badauds en Parisis, par la réputation soudaine et éclatante de Ramponneau. » La vogue de ce cabaret cessa quelques années avant la révolution de 1789.

Paris s'occupa à cette époque d'une vente mobilière qui excita la curiosité ; une ancienne maîtresse du duc d'Orléans, Mlle Deschamps, danseuse à l'Opéra, était alors une femme à la mode, et les financiers, les gens de cour et de robe se disputaient l'honneur de satisfaire ses plus ruineuses fantaisies. Elle eut celle de vendre son mobilier, et ce fut à qui irait contempler les splendeurs de l'ameublement de la belle courtisane, dont elle faisait elle-même les honneurs avec une grâce parfaite.

Nous allons emprunter à Barbier la description de cet appartement, qui montrera ce qu'était alors l'intérieur d'une femme à la mode. « C'est un appartement de dix pièces de plain pied, qui est distribué en salle à manger, antichambre, pièce de compagnie, et de l'autre, en appartement à coucher, avec les garde-robes, entre autres le salon de compagnie à trois croisées et de toute beauté étonne, en y entrant, par sa magnificence. Il n'y en a point de pareil à Paris. C'est un damas fond cramoisi à trois couleurs et tout le meuble en canapés et fauteuils de même ; des baguettes dorées d'un grand goût. Il y a sept glaces ou trumeaux de très grande hauteur, dont les bordures sont égales, sculptées en palme. Les bras et le feu de la cheminée sont de la dernière magnificence. Il n'y en a point de plus beaux ni d'un plus grand volume chez les princes ; les tables de marbre étoient garnies des plus beaux vases de porcelaine, que l'on avoit rassemblés dans une seconde pièce de compagnie, sur de grandes tables et en très grand nombre, pour les exposer à la vue des curieux, et cette pièce, moins grande pour l'hiver, est tendue d'un pékin d'un grand goût avec tout le meuble pareil, ce qui est suivi d'un petit cabinet, de bibliothèque et de l'autre d'un petit cabinet particulier. La chambre à coucher est garnie d'un lit de damas cramoisi à la polonoise et le meuble pareil, à côté de laquelle sont deux cabinets, l'un de toilette, l'autre de lieux à l'angloise, et le tout orné de glaces. »

La vente des gros meubles avait commencé le 11 avril, le 15 avait eut lieu celle des porcelaines et des curiosités. « La rue Saint-Nicaise, où est cette maison, à côté des magasins de l'Opéra étoit remplie de carrosses des deux côtés. On ne pouvoit pas y aborder. Il y avoit des Suisses aux portes. On donnoit, sous la porte cochère, des billets aux gens qui paraissoient de distinction, pour entrer dans les appartemens. Il y avoit plus de soixante femmes, tant de la première qualité que de robe et de finance, lesquelles dans un autre tems n'auroient pas osé entrer dans cette maison. Les appartemens étoient si pleins d'hommes, seigneurs, cordons bleus et autres, et de femmes que l'huissier ne pouvoit pas faire la vente et qu'il a été obligé de transporter la table dans la cour pour que les curieux qui avoient réellement envie d'acheter eussent la liberté d'examiner. Cette vente a continué sur le même ton pendant huit ou dix jours. »

Encore une création de rentes. Le 23 mai, le Parlement enregistra un édit créant 1,800,000 livres de rentes trois pour cent, héréditaires au capital de 60 millions, à prendre sur les droits établis sur les cuirs. C'était pour payer les fournisseurs de la maison du roi ; on voit que Louis XV ne manquait pas de créanciers, aussi cherchait-il tous les moyens de se procurer de l'argent. On se rappelle que sous Louis XIV on avait concédé des armoiries à tous ceux qui désiraient en obtenir, moyennant le payement de vingt livres. Louis XV imposa, le 16 août 1760, une nouvelle taxe de 30 livres à tous ceux qui en portaient, à commencer par les princes du sang jusqu'aux plus petits bourgeois, toujours friands de distinctions honorifiques. Outre cette taxe, tous ceux qui, quoique ayant des armoiries, n'avaient point eu de jugemens et règlemens sur icelle depuis 1700, durent encore payer un droit de 120 livres et un de 150 payable par ceux qui, n'ayant pas d'armoiries voudraient en porter. » C'était une faveur qui avait considérablement augmenté de prix ! les intéressés avaient six mois pour se conformer à ces dispositions. Mais le Parlement, qui ne trouva pas la mesure équitable, refusa d'enregistrer l'édit.

Par jugement souverain de MM. les officiers

Le 7 août, on exécuta l'arrêt, et le bourreau brûla les livres au pied du grand escalier. (Page 270, col. 2.)

du Châtelet, l'abbé de la Coste fut mis au carcan le 3 septembre, à la place de Grève, le 4 au carrefour Buci et le 5 place du Palais-Royal, où il fut marqué d'un fer chaud et condamné aux galères perpétuelles pour avoir escroqué des marchandises, fabriqué les billets d'une fausse loterie et écrit des lettres anonymes et des libelles diffamatoires.

Une sentence du 2 septembre, émanant du lieutenant de police, et qui fut criée par les rues, déclara valable les saisies faites chez les jésuites de boîtes de thériaque et de confection d'hyacinthe, à la requête des apothicaires de Paris; elle faisait en même temps défense à toutes communautés séculières et régulières de vendre et débiter aucune marchandise d'apothicaire et condam-

nait pour ce fait les jésuites de la rue Saint-Antoine à 100 livres d'amende et 1,000 livres de dommages-intérêts, envers les apothicaires et épiciers-droguistes de Paris.

Il arriva dans les derniers jours de décembre, dans l'église Saint-Benoît, une aventure singulière. Un valet de sacristie accompagné d'un fossoyeur, voulant nettoyer l'intérieur de l'autel de la vierge, en tira un sac dans lequel était renfermé un cadavre desséché. On avertit le curé de la paroisse qui envoya chercher un commissaire pour examiner le corps. C'était celui d'un jeune homme de vingt ans environ, ayant un ruban autour de la gorge et paraissant avoir été étranglé depuis plusieurs années. La justice du Châtelet arrêta plusieurs bedeaux et fossoyeurs et l'affaire en resta là sans qu'on en entendît plus parler.

Avant de terminer l'année 1760, mentionnons les travaux d'édilité importants qui furent entrepris ; dès l'année 1707 on s'était occupé de l'établissement des boulevards du Midi, mais ils restèrent à l'état de projet pendant un demi-siècle. Enfin, le 9 août 1760, le roi signa ces lettres patentes : « Louis, etc. Par arrêt cejourd'hui rendu en notre Conseil d'État, nous y étant, nous avons ordonné l'établissement et la construction d'un nouveau rempart au midi de notre bonne ville de Paris, pour la commodité des abords et l'embellissement de cette partie de la capitale de notre royaume..... Ledit rempart commencera à la barrière de la rue de Varennes, du côté des Invalides, et finira au bord de la rivière de Seine, sur le port hors Tournelle. La partie du rempart depuis la rue de Varennes jusqu'à la rue d'Enfer sera plantée de quatre rangées d'arbres, et le surplus, à commencer de l'embranchement, qui sera pris sur ledit rempart, à l'endroit appelé la butte de Montparnasse, etc. » Ce boulevard prit le nom de boulevard d'Enfer qu'il a conservé jusqu'à ce jour ; la partie comprise entre la rue de Grenelle et la rue de Sèvres s'appela boulevard des Invalides. De la rue de la Glacière à l'ancienne barrière de Lourcine, on le nomma boulevard Saint-Jacques. Dans la partie comprise entre les rues du Champ-de-l'Alouette et de la Glacière, le plan Verniquet l'indique sous le nom de boulevard de la Glacière, mais on l'appela le boulevard des Gobelins. Enfin, de la place d'Italie à la place Valhubert, on lui donna le nom de boulevard de l'Hôpital à cause de son voisinage avec l'hôpital général ou Salpêtrière. Ce ne fut qu'en 1839 qu'on établit des trottoirs sur le boulevard Montparnasse, ce qui occasionna, avec les travaux de pavage, une dépense de 150,000 francs.

Voici la description exacte de ce qu'était le boulevard du Midi après qu'il eut été entièrement achevé et planté ; c'est-à-dire en 1779 : « Il commence à la rue de Grenelle, où l'on a fait une patte d'oye pour unir sa contre allée en dehors avec le quinconce des Invalides. Les allées sont tirées partout en ligne droite ; ce rempart passe entre l'hôtel des Invalides et celui de Biron (l'hôtel Biron, situé rue de Varennes, 77, au coin du boulevard des Invalides, fut bâti par Gabriel et Aubert pour M. Peyrenc de Moras ; il appartint ensuite à la duchesse du Maine, puis au maréchal de Matignon, ensuite au duc de Gontaut Biron et devint le couvent du Sacré-Cœur), où est établi un corps de garde, traverse la tête de la rue Babylone, la rue Plumé (c'était anciennement le chemin de Blomet ; un plan levé par Jean Beausire, en 1720, la désigne sous le nom de rue Plumel, puis on l'appela rue Plumet ; elle commençait à la rue des Brodeurs, — rue Vanneau depuis 1850, — et finissait boulevard des Invalides. En 1852, la rue Plumet fut réunie à la rue neuve Plumet qui lui faisait suite et on en fit la rue Oudinot, en l'honneur du duc de Reggio, mort en 1847 gouverneur des Invalides), où il a été fait un puisard au dehors du rempart, pour recevoir toutes les eaux des environs ; il traverse un terrain qui servait de dépôt aux boues du faubourg Saint-Germain et où étaient établis trois puisards pour les eaux de ce quartier ; passe la rue de Sèvre (ancienne rue de la Maladrerie, puis de l'hôpital des Petites-Maisons), celle de Vaugirard et un marais ; de là, il est conduit à la rue d'Enfer, en face de la rue de la Bourbe (ou de la boue) et du monastère de Port-Royal, en régnant le long du clos des Chartreux. Ce rempart est planté de quatre rangs d'arbres avec une chaussée d'encaissement de cailloux de 24 pieds de largeur.

« L'ancienne butte de Montparnasse détruite, l'on a formé un embranchement qui traverse la chaussée du Bourg-la-Reine, où l'on a placé une grande demi-lune et au même endroit un corps de garde, afin que, dans toutes les allées susdites, aucunes voitures n'y puissent passer que les carrosses. De la demi-lune de la chaussée du Bourg-la-Reine il passe au-dessus de la barrière Saint-Jacques, au-dessus de la rue des Capucins, entre la rue de Seine et l'hôpital de la Santé, traverse le clos Payen, où sont deux ponts de pierre sur deux branches de la rivière de Bièvre, et ce fond est rempli jusqu'à vingt et vingt et un pieds de hauteur.

« Sortant de ce clos, il forme un angle qui conduit à la chaussée de Fontainebleau et de Choisy-le-Roi, où est établi un corps de garde. Enfin, de là, il est continué en droite ligne jusqu'au bord de la rivière de Seine, en face de la rue Contrescarpe et du jardin de l'Arsenal, en laissant l'hôpital de la Salpêtrière en dehors. Ce nouveau rempart contient, dans sa totalité, 3,683 toises, et l'ancien, depuis la porte Saint-Antoine jusques à l'esplanade de la place Louis XV, en contient, comme nous l'avons dit ci-dessus, 2,400. »

Ce fut aussi vers 1760 que fut formée la rue Soufflot, sur l'emplacement d'une partie du collège de Lisieux ; ce ne fut qu'en 1807 qu'on lui donna le nom de Soufflot, en l'honneur de l'architecte du Panthéon ; on l'appela aussi rue du Panthéon-Français (ainsi qu'on la trouve désignée sur le plan Verniquet). A l'origine, la rue Soufflot n'allait que de la place du Panthéon à la rue d'Enfer ; une ordonnance royale du 26 août 1826 porte : « Il sera ouvert, dans notre bonne ville de Paris, une rue de 14 mètres de largeur, en prolongement de la rue Soufflot, dans l'axe de l'église Sainte-Geneviève, depuis la rue Saint-Jacques jusqu'au jardin du Luxembourg ; la portion de ladite rue comprise entre la rue d'Enfer et le Luxembourg sera plantée d'arbres et fermée la nuit par une grille. » La grille a disparu, si jamais elle a existé.

Ce fut encore en 1760 qu'un chapelier de Paris,

COSTUMES DE PARIS A TRAVERS LES SIÈCLES

FAUCONNIER DE LA MAISON DE FRANÇOIS Ier

(XVIe SIÈCLE)

(D'après Chevignard.)

nommé Leprévost, imagina de fabriquer des chapeaux avec de la soie. Le succès attira la foule, et la foule amena la fortune chez l'industrieux inventeur; malheureusement, cette nouvelle façon d'employer la soie n'était pas prévue par la corporation des chapeliers de Paris, qui s'émut du fait. (Cette corporation datait de 1578, et elle était gouvernée par quatre jurés; le corps était divisé en marchands et en fabricants, les marchands en marchands en neuf et marchands en vieux, et les fabricants en chapeliers proprement dits et en teinturiers; en 1760, il y avait environ 320 maîtres chapeliers à Paris.) Leprévost fut mis à l'amende; il plaida, on le condamna. Pour déjouer la haine de ses confrères, il acheta une charge de chapelier du roi; il se croyait avec ce titre à l'abri de toute poursuite, mais il se trompait; un jour, les jurés entrèrent dans ses magasins et, au nom de la loi, détruisirent 3,000 chapeaux. Leprévost plaida de nouveau, mais quatre années se passèrent avant que l'inventeur se vît accorder le droit d'exploiter son invention; mais, lorsqu'il l'eût, il se trouvait dans l'impossibilité d'en profiter, il était ruiné.

Hélas! combien d'autres le furent, dans ces années de gaspillage et de dépenses excessives! En 1759, le déficit annuel du trésor était de deux cent dix-sept millions; aussi le peuple murmurait-il hautement; un moment on crut que le contrôleur général des finances, Étienne de Silhouette, rétablirait l'équilibre dans les finances; mais l'opinion publique, qui le soutint tout d'abord, ne demeura pas longtemps avec lui, et lorsqu'on le vit créer des impôts insolites, conseiller au roi la fonte de la vaisselle d'argent pour faire des espèces, ce fut à qui le ridiculiserait; « des chansons coururent sur lui, une caricature le représenta donnant le fouet aux fermiers généraux, aux croupiers ».

« Par allusion à ses idées d'économie, dit M. A. Challamel, toutes les modes se firent mesquines, les surtouts n'avaient point de plis, les tabatières étaient en bois brut, les portraits étaient des visages tirés de profil, avec un crayon noir, d'après l'ombre de la chandelle, ou découpés sur du papier noir que l'on collait sur un fond blanc. » (Le nom resta à ces sortes de portraits, et aujourd'hui encore on se sert du mot silhouette pour désigner un dessin d'une teinte uniforme, sans détails intérieurs, et dont le bord se détache du fond par la différence de ton ou de couleur). Les tailleurs imaginèrent des culottes sans goussets, qu'on appela des culottes à la Silhouette; le malheureux contrôleur céda sa place à Bertin, mais les affaires n'allaient pas mieux et le besoin d'argent était partout; les hommes, ne trouvant pas de travail, friponnaient ou mendiaient, les femmes se livraient au libertinage; en 1754, on en comptait 30,000 inscrites à la police; en 1760, il y en avait près de 40,000.

Le 1er mars 1761, une société royale d'agriculture de la généralité de Paris fut autorisée par arrêt du conseil d'État du roi; les membres du bureau furent au nombre de sept, et les personnages les plus marquants de l'époque tinrent à honneur de s'y faire recevoir; le 15, la cour prit le deuil pour la mort du prince de Bavière, grand oncle du roi, et il était d'usage que, lorsque la cour était en deuil, on ne se montrât sur les promenades qu'en noir; la bonne bourgeoisie de Paris avait grand soin d'observer cette convenance, mais, cette fois, comme le public avait cru qu'on prendrait le deuil dès le 8 (la nouvelle de la mort était arrivée le 5), nombre de gens « de bon air » se montrèrent sur les boulevards en toilette claire; aussi, pour qu'un pareil fait ne se renouvelât pas, un industriel fonda un bureau de renseignements pour les deuils, et moyennant trois francs par an d'abonnement, on put se tenir au courant des deuils publics, connaître leur durée « et savoir les jours que l'on prendra les bas blancs pour les petits deuils ». Voici, d'après le cérémonial des deuils, comment ils se portèrent à Paris pendant le XVIIIe siècle, jusqu'à la révolution de 1789 : On ne portait les grands deuils que pour père et mère, grand-père et grand'mère, mari et femme, frère et sœur. On appelait grands deuils, ceux qui se partageaient en trois temps : la soie, la laine et le petit deuil. Les autres ne se partageaient qu'en deux temps, le noir et le blanc. Jamais on ne drapait dans ces derniers deuils, et toutes les fois qu'on ne drapait pas, les femmes pouvaient porter des diamants, et les hommes l'épée et les boucles d'argent.

Le grand deuil de père et de mère était de six mois; pendant les trois premiers, on portait la laine en popeline ou ras de Saint-Maur, la garniture d'étamine avec effilé uni, la coiffe pendante, les mantilles de même étoffe, ainsi que l'ajustement; les manches de crêpe blanc, garnies d'effilé uni, pendant les six premières semaines. Si c'était en robe, on portait les bonnets, les barbes, les manches et le fichu de crêpe blanc, garnis d'effilé uni. Au bout de six semaines, on quittait la coiffe, on prenait les barbes frisées, et l'on pouvait mettre des pierres noires. Les trois mois finis, on prenait la soie noire pour six semaines, le poil de soie en hiver, le taffetas de Tours en été, avec les coiffures, manches, fichus de gaze brochée, garnis d'effilé découpé, soit en grand habit, soit en robe. Les six dernières semaines étaient de petit deuil. On portait le noir ou le blanc avec la gaze brochée et les agréments pareils. On pouvait alors porter des diamants. L'étiquette des deuils des grands-pères et grand'-mères était le même, mais le deuil n'était que de quatre mois et demi; six semaines en laine, six en soie et six en petit deuil. Pour frères et sœurs, la laine pendant trois semaines, quinze jours la soie, huit jours le petit deuil. Pour oncles et tantes le deuil était de trois semaines, et on pouvait le porter en soie, quinze jours avec effilé, sept avec gaze brochée ou blonde. Le deuil des cousins germains durait quinze jours, huit avec effilés, sept avec gaz brochée ou blonde. Pour oncles à la mode de Bretagne, onze jours, six en noir, cinq en blanc. Pour cousins issus de germains, huit jours, cinq en noir, trois en blanc. Le deuil des maris était d'un an et six semaines. Pendant les six premiers mois, les veuves portaient le ras de Saint-Maur de laine, la robe à queue retroussée par une ganse attachée au jupon sur le côté, et que l'on faisait ressortir par la poche; les plis de la robe étaient arrêtés par devant et par derrière, les deux de devant joints par des agrafes ou des rubans; les manches en pagode; la coiffure batiste à grands ourlets, les manches plates à un rang et grand ourlet, le fichu en batiste aussi à grand ourlet; une ceinture de crêpe noir, agrafée par devant pour arrêter les plis de la taille, les deux bouts pendant jusqu'au bas de la robe; une écharpe de crêpe plissée par derrière, la grande coiffe de crêpe noir; les gants, les souliers, les boucles bronzées, le manchon revêtu de ras de Saint-Maur, sans garniture, et l'éventail de crêpe; les six autres mois la soie noire, les manches et garnitures de crêpe blanc, et les pierres noires si l'on voulait. Pendant les six dernières semaines, le noir et le blanc uni, la coiffure et les manches de gaze brochée, les agréments ou tout noirs ou tout blancs, au gré de la veuve.

« Les antichambres devaient être tendues de noir; la chambre à coucher et le cabinet de gris pendant un an; les glaces cachées pendant six mois. Le deuil des femmes se portait pendant six mois. L'homme veuf devait porter l'habit et les bas de laine, les manchettes de batiste à ourlet plat; l'épée, les souliers et les boucles bronzées; une grande cravate unie, les grandes et les petites pleureuses. On quittait les grandes après les trois premières semaines. Au bout de six semaines, les bas de soie noire, les manchettes effilées, mais toujours l'épée et les boucles noires. Les six semaines suivantes, l'habit de soie noire, l'épée et les boucles d'argent, et pendant les six dernières l'habit coupé ou le petit deuil, les bas de soie blancs. »

Ce cérémonial du deuil reparut lors de la Restauration, puis disparut tout à fait en 1830.

Le dimanche 22 mars, le duc de Bourgogne mourut à Versailles, et le concert spirituel affiché aux Tuileries n'eut pas lieu; on amena le corps aux Tuileries vers 10 heures du soir, et les gardes de la porte, les cent-Suisses et les soldats des régiments des gardes françaises et suisses vinrent prendre leur poste dans la soirée; le lendemain le corps fut ouvert, puis exposé sur un lit de parade, à visage découvert, et le peuple fut admis à le venir voir. Le 27, on disposa une chambre ardente pour les visites de cérémonie, et l'archevêque, les cours souveraines, l'Université, les ambassadeurs, vinrent y jeter de l'eau bénite.

La dépense des obsèques s'éleva à 800,000 francs.

Elles commencèrent par une vive altercation, qui se produisit à l'occasion de l'eau bénite. Les princes de Rohan et de Guéménée voulurent entrer dans la chambre après les princes du sang; mais sept ou huit ducs et pairs s'y opposèrent en s'emparant de la porte et en en bouchant l'entrée; le marquis de Dreux, grand maître des cérémonies, n'osa se prononcer sur ce différend, de sorte qu'ils n'entrèrent ni les uns ni les autres.

Les ambassadeurs se plaignirent aussi de n'avoir pas été avisés qu'on observerait le grand cérémonial, ce qui leur eût permis de venir chacun avec deux carrosses, tandis qu'au contraire, ils étaient venus deux ensemble dans une seule voiture. Ce qui était tout le contraire.

Enfin, le 30 mars, à huit heures du soir, le duc de Chartres conduisit le cœur du duc de Bourgogne à l'abbaye du Val-de-Grâce, et le mercredi 1er avril le corps fut transporté de Paris à Saint-Denis.

Le convoi partit des Tuileries à 7 heures et demie du soir, passa le long de la rue Saint-Honoré, rue de la Ferronnerie et ensuite la rue Saint-Denis. On arrêta le corps devant chaque église, dans son passage, sur la porte de laquelle les prêtres ou les moines se présentaient et chantaient une prière.

Le cortège était nombreux : une partie du guet à cheval, soixante pauvres, les mousquetaires noirs, les gris, 60 de chaque compagnie avant les pauvres; un carrosse drapé à six chevaux, appartenant au grand maître de cérémonies, les chevau-légers, beaucoup de valets à pied, des pages et des officiers à cheval, quatre carrosses de la cour drapés, à 8 chevaux caparaçonnés d'étoffes blanches, un petit détachement de gendarmes, les hérauts d'armes, des gardes du corps devant et derrière le char qui était très haut et couvert de satin blanc avec des écussons, dont quatre aumôniers à cheval tenaient les coins, des cent-Suisses, d'autres gendarmes, deux carrosses du prince de Condé; mais fort peu d'autres. Toutes les troupes, et ce qui était à cheval et à pied tenaient des flambeaux.

Le prévôt des marchands et les échevins attendaient et reçurent le corps à Saint-Denis.

Une foule compacte stationnait sur le passage du cortège.

Le 5 avril on chanta un *Te Deum* à Notre-Dame pour une victoire remportée par le comte de Broglie, mais il n'y eut ni feu d'artifice ni illuminations, à cause de la mort du duc de Bourgogne.

Cuisine du petit Ramponneau moderne, à la barrière Rochechouard.

Le 22, on traîna sur la claie un notaire de province pour crime de faux. (Page 269, col. 1.)

Le 22, on traîna sur la claie et pendit par les pieds un notaire de province pour crime de faux. La preuve du faux qu'on lui reprochait n'ayant pas paru suffisante, on s'était contenté de le condamner aux galères perpétuelles, et après son jugement il avait été conduit en prison ; mais là, il se coupa les deux artères des bras pour échapper au sort qui l'attendait. On fit alors le procès au cadavre qui fut, comme nous venons de le dire, traîné sur la claie et pendu.

Le 6 juillet, les Parisiens se pressaient aux environs de Notre-Dame pour apercevoir les deux princesses royales Louise et Sophie qui n'étaient jamais venues à Paris et s'y rendaient de Versailles pour entendre la messe à Notre-Dame ; elles se transportèrent ensuite à Sainte-Geneviève ; après quoi elles allèrent dîner à la Muette et revinrent à six heures et demie du soir au petit cours changer de carrosses ; elles montèrent dans ceux du roi et firent une promenade sur les boulevards, « dont elles avoient bien entendu parler, » et depuis la porte Saint-Honoré jusqu'à celle Saint-Antoine, il y avait deux files d'équipages occupés par les femmes les plus élégantes de Paris, on n'avait das permis aux fiacres ce jour-là de passer par les boulevards, et un nombre considérable de gens de tous états s'y promenaient, les princesses étaient suivies par le duc de Chevreuse qui avait dans son carrosse le prévôt des marchands et le lieutenant général de police.

Le jeudi 9, il y eut un grand service à Notre-Dame pour la reine d'Espagne décédée quelque temps auparavant.

Il y eut encore de la brouille entre le roi et le parlement au sujet des édits qui continuaient les impôts du troisième-vingtième et doublaient la capitation ; le roi fut supplié de retirer ces édits, mais il s'y refusa obstinément. Alors le Parlement ne les enregistra pas et Louis XV assembla un lit de justice, après avoir dit à messieurs les gens du roi, qu'il connaissait bien toutes les charges de son peuple, mais qu'il avait besoin d'argent et qu'il voulait être promptement obéi.

Ce lit de justice devait cette fois se tenir au palais le 21 juillet 1761 ; dès le 19 on travailla à tout préparer pour l'organiser. Le mardi 21, le roi qui avait couché à la Muette, arriva au palais à neuf heures trois quarts, avant même le chancelier et les princes ; il était entré à Paris par la porte de la Conférence, le quai des Tuileries, le Pont-Neuf et le quai des Orfèvres. Il n'avait qu'un seul carrosse dans lequel était le dauphin, le capitaine des gardes du corps et autres avec des détachements de sa maison, mousquetaires, chevau-légers, gardes du corps et gendarmes, la fauconnerie, guet à cheval, gardes françaises et suisses.

Il y avait beaucoup de monde sur son parcours, mais il y eu peu de cris de vive le roi.

Le lit de justice enregistra non seulement les deux déclarations pour la continuation du troisième-vingtième et du doublement de la capitation pendant deux ans, mais en plus, un emprunt de 30 millions auquel on ne s'attendait pas.

Louis XV s'était dit que ce n'était pas la peine d'assembler un lit de justice pour si peu, et il avait voulu profiter de sa bonne volonté.

Naturellement, le Parlement protesta le lendemain, mais Louis XV laissa protester tout à l'aise ; l'emprunt était enregistré, il pouvait être effectué, c'était tout ce qu'il désirait.

Deux arrêts sévères furent rendus contre les jésuites le 6 août ; ils méritent d'être rapportés : par le premier, la cour ordonna que plus de vingt-quatre livres et ouvrages faits par les jésuites, imprimés depuis 1590 (tous énoncés dans l'arrêt), seraient lacérés et brûlés par le bourreau, comme séditieux, destructeurs de la morale chrétienne, enseignant une doctrine meurtrière et abominable, non seulement contre la sûreté et la vie des citoyens, mais même, contre celle des personnes sacrées des souverains.

Le second défendit à tous ses sujets du roi « d'entrer dans ladite société à titre de probation, noviciait ou autrement et à toutes les maisons de jésuites d'en recevoir. A toutes personnes de ladite société de continuer des leçons publiques de théologie, philosophie ou humanités dans leurs collèges ou séminaires, sous peine de saisie du temporel et ce, à compter du 1ᵉʳ octobre prochain dans Paris.

« Défend à tous les sujets du roi de fréquenter, après l'expiration des dits délais, les écoles, pensions, séminaires, missions dites de foi des jésuites.

« Enjoint à tous étudiants, pensionnaires et novices de vider les maisons, séminaires et collèges dans les délais marqués et à tous pères, mères, tuteurs, curateurs, chargés de l'éducation des dits étudiants, de les en retirer comme de bons et fidèles sujets du roi, zèlés pour sa conservation ; leur défend pareillement d'envoyer leurs enfants étudier dans les collèges de ladite société hors du ressort de la cour, même du royaume, le tout à peine d'être réputés fauteurs de ladite doctrine impie, sacrilège, homicide, attentatoire à la sûreté de la personne des rois, et comme tels poursuivis selon la rigueur des ordonnances.

« Et quant aux étudiants, déclare ceux qui auront fréquenté lesdits collèges, séminaires après lesdits délais en quelque lieu que ce puisse être, incapables de prendre aucuns degrés dans les universités ou de posséder aucunes charges ou offices.

« Fait défenses à tous les sujets du roi de s'assembler avec les prêtres, écoliers et autres de ladite société sous prétexte de congrégations, confréries et conférences et aux dits prêtres ou écoliers, de se soustraire à la supériorité et juridiction des ordinaires. »

Le 7 août, on exécuta l'arrêt, et le bourreau brûla les livres au pied du grand escalier. Quant aux mesures prises contre les jésuites, elles étaient beaucoup moins faciles à mettre à exécution, les esprits étaient très divisés sur la question, et le roi ordonna au Parlement de surseoir.

Le 5 décembre, le Parlement enregistra un édit pour un emprunt de 40 millions en rentes viagères ; il fallait toujours de l'argent pour suivre les opérations de la guerre, et le corps de ville s'assembla et arrêta de fournir au roi les fonds nécessaires pour la construction d'un vaisseau de 74 pièces de canon. Le trésorier des parties casuelles, M. Boucot s'engagea personnellement pour 12,000 livres et tous les particuliers furent invités à souscrire selon leurs moyens. De plus, les gardes en charge des six corps des marchands de la ville de Paris s'assemblèrent et votèrent six à sept cent mille livres pour la construction d'un vaisseau de 80 pièces. Enfin le contrôleur général des rentes convoqua les syndics des payeurs des rentes de la ville, qui étaient au nombre de 62, et d'office, les taxa chacun à 10,000 livres pour la construction d'un troisième vaisseau. Cette façon d'augmenter la flotte les mécontenta fort.

Le 26 janvier 1762, une sentence du Châtelet de Paris fut rendue contre « Paul Réné Dutruch de Lachaux, écuyer, ci-devant garde du corps de Sa Majesté, compagnie de Luxembourg, brigade de Saint-Sauveur, convaincu d'avoir le 6 du présent mois entre neuf et dix heures du soir estant lors de service, en habit uniforme, mis à exécution dans le château de Versailles, le roy souppant à son grand couvert, le détestable projet de faire croire qu'il aurait été assassiné par des gens qui en vouloient à la personne sacrée de Sa Majesté. Pourquoi, condamné à faire amende honorable devant l'église Notre-Dame, devant la porte des Thuileries, et à la Grève dans un tombereau, ayant la corde au col, portant une torche ardente de cire jaune du poids de deux livres avec écriteaux portant ces mots : *Fabricateur d'impostures contre la sûreté du roy et la fidélité de la nation*, à genoux, nûe teste, nuds pieds et en chemise, dire et déclarer sa faute à haute et intelligible voix dont il se repent, demande pardon à Dieu, au roy et à justice, ce fait, condamné à avoir la teste tranchée sur un échaffaud, qui pour cet effet sera dressé en la place de Grève préalablement appliqué à la question ordinaire et extraordinaire, comme étant crime de lèse-majesté au second chef. » En somme, ce malheureux était coupable d'avoir inventé une histoire mensongère destinée à le mettre en évidence et à lui faire obtenir quelque pension en récompense pour le zèle qu'il prétendait avoir déployé; car, selon sa déposition, deux hommes lui avaient demandé de les introduire au grand couvert et lui avaient offert de l'argent pour cela; ce que voyant, il avait mis l'épée à la main pour les arrêter, et c'était alors que les deux hommes s'étaient jetés sur lui, lui avaient donné des coups de couteau et s'étaient enfuis.

Il avait avoué que tout cela était de pure invention, il n'était donc point nécessaire de lui faire appliquer la question pour obtenir des aveux et son jugement était cruellement sévère.

On supposait dans le public que le roi lui ferait au moins grâce de la vie, — la seule qu'on lui fit fut de le pendre au lieu de le rompre.

Le jeudi 4 février, dans l'après-midi, on le fit sortir du Châtelet dans un tombereau et on le mena aux endroits prescrits pour faire ses amendes honorables; après quoi il revint à la Grève où il fut pendu vers quatre heures et demie, devant une grande affluence de spectateurs qui furent témoins « d'une grande résignation; il avoit écriteaux devant et derrière ».

Le dimanche 7 février, on prit le deuil pour trois semaines, à cause de la mort de l'impératrice de Russie, ce qui nuisit considérablement aux fêtes du carnaval.

Le 17 mai, à trois heures du matin, le feu prit à la foire Saint-Germain, dans la loge du bateleur Nicolet. On y avait donné une représentation dans laquelle de l'artifice avait été tiré, et quelque étincelle avait sans doute provoqué un commencement d'incendie, il éclata au milieu de la nuit; il faisait grand froid et grand vent, il y avait peu de secours à espérer à pareille heure; le feu, ne trouvant de résistance que dans des planches et du vieux bois, fit en peu de temps des progrès considérables. Le premier président, le lieutenant de police, les magistrats, les moines, les soldats aux gardes accoururent sur le lieu du sinistre et y passèrent le reste de la nuit, mais on ne put rien sauver. Tout fut consumé, et les loges et les boutiques disparurent avec tout ce qu'elles renfermaient. Le feu fut si violent que les gros murs des maisons de la rue du Petit-Bourbon, qui bordaient la foire par derrière, furent calcinés, endommagés, et « bien qu'il y eût un contre-mur entre deux, les flammes ont été même sur la voûte de Saint-Sulpice, au-dessus de la chapelle de la Vierge, et ont fait effet sur les plombs; cela a causé un grand désastre; il paraissoit encore du feu dans l'intérieur de la foire à deux heures après midi. »

Le roi, sur la somme qui lui avait été offerte par les six corps de marchands de Paris pour la construction d'un vaisseau, préleva 200,000 livres pour venir en aide aux victimes de cet incendie, et elles étaient nombreuses, car les marchands se virent voler tout ce que le feu n'avait pas touché; sous prétexte de porter secours, nombre de voleurs et de filous firent main basse sur les marchandises qui garnissaient les loges; il y eut des ordonnances de police affichées pour exhorter les gens à porter les marchandises « égarées » dans une salle des Grands-Augustins; mais ceux qui les avaient prises se gardèrent bien de les rendre.

Un arrêt du 23 avril ordonna, que les scellés seraient mis sur toutes les maisons des jésuites, et que leurs biens mobiliers et immobiliers seraient saisis; à quatre heures de l'après-midi, six huissiers de la cour partirent en fiacre avec deux recors; trois se rendirent à la maison professe, au collège Louis-le-Grand et au noviciat, et trois dans leurs maisons de campagne, à Ménilmontant, à la maison du feu père de la Chaise, confesseur de Louis XIV, à Gentilly et à Montrouge.

Dans chacune de ces maisons, chaque huissier apposa les scellés, saisit les meubles, les effets, les papiers, registres, etc., et l'arrêt qui ordonnait ces mesures fut imprimé et affiché dans Paris le lundi 26. Le 30, la cour rendit un nouvel arrêt qui nommait les séquestres. Cette exécution des jésuites produisit une vive impression à Paris.

Ce fut un arrêt du conseil du 31 août 1762 qui organisa la loterie telle qu'elle fonctionna pendant près de quatre-vingts ans; trois aventuriers italiens, dont l'un, Casanova, s'était rendu fameux pour s'être échappé des plombs de Venise, en avaient conçu le plan. Il reposait sur les combinaisons que peuvent former entre eux tous les nombres depuis 1 jusqu'à 90; il devait en être tiré 5 qui seraient les numéros gagnants. Le public était appelé à parier soit pour un seul nombre, soit pour plusieurs à sortir au hasard ou dans un ordre déterminé, ce qui constituait des extraits, des ambes, des ternes, des quaternes et des quines; combinaisons qui dissimulaient habilement l'exiguïté des chances et mettait en relief au contraire la brillante perspective des résultats.

Le plan des Italiens fut adopté, l'arrêt du conseil rendu, et une instruction signée de M. de Sartine convia le public à se ruiner au profit de la loterie, dont le premier tirage donna une recette brute de 2 millions et un bénéfice net de 600,000 francs. C'était un résultat superbe; à partir de ce moment la loterie fonctionna régulièrement, et régulièrement aussi elle amena des sommes considérables dans les caisses royales. La cupidité fut allumée jusqu'au délire: revenus du riche, épargnes du pauvre, tout y passa; tout le monde se rua sur la loterie qui faisait quelques heureux contre une foule de misérables!

Louis XVI, par son édit du 30 juin 1776, supprima, à partir des 1er et 6 août suivant, les loteries de l'École royale militaire, de l'hôtel de ville de Paris, de la générale d'association, et celle des communautés religieuses, au profit d'une unique loterie royale de France. Quant à celle dite des enfants trouvés et celle dite de piété, elles furent conservées, mais elles dépendirent de la régie de la loterie royale, dont une partie du produit fut affectée à former un fonds de soulagement et de secours.

« La sûreté nécessaire des fonds qui seront versés dans la nouvelle loterie et l'exécution la plus exacte des engagements de sa régie envers le public exigeaient des fonds d'avance et des cautionnements considérables; les détails de la régie de la nouvelle loterie, plus compliquée et étendue qu'aucune de celles qui ont existé jusqu'à présent, ne pouvant d'ailleurs être que très multipliés, Sa Majesté a jugé nécessaire de commettre un nombre de personnes choisies et dignes de la confiance publique par leur fortune et leur bonne réputation pour, avec un intendant qui sera nommé par Sa Majesté, régir et administrer lesdites loteries en qualité d'administrateurs généraux, sous les ordres du contrôleur général des finances. »

Cet édit comprenait quatorze articles et expliquait le mécanisme de la loterie royale de France.

Il était payé pour chaque lot : pour un extrait simple 15 fois la mise, pour un extrait déterminé 70 fois la mise, pour un ambe simple 270 fois, pour un ambe déterminé 4,900 fois, pour un terne 5,200 fois, pour un quaterne 70,000 fois, et enfin, pour le quine, 1,000,000 de fois. Indépendamment de ces lots, des primes gratuites étaient payées pour chaque ambe déterminé : 1re classe : 500 liv., terne, 500 liv.; quaterne, 15,000 liv.; quine, 80,000 liv.; 2e classe : terne, 300 liv.; quaterne, 9,000 liv.; quine, 60,000 liv.; 3e classe : quaterne, 6,000 liv.; quine, 40,000 liv.; 4e classe : quine, 20,000 liv.

Des crieurs publics racolaient les chalands et les chassaient vers les bureaux de la loterie, toujours ouverts, et qui étalaient tout un appareil de billets préparés, de roues de fortune, d'inscriptions pompeuses, de rubans entrelacés. Bientôt la mise, dont le minimum avait été fixé à 3 livres, n'était pas accessible à toutes les bourses, il se créa des sortes de sociétés en participation qui la divisèrent jusqu'à un denier; l'indigent, les mendiants purent jouer à la loterie, et ils n'y manquèrent pas.

« En dépit des malédictions des philosophes et des moralistes, l'institution corruptrice était si bien passée dans les mœurs qu'il devenait presque impossible de l'abolir. Parmi les publicistes qui ont écrit contre la loterie les pages les plus éloquentes, nous signalerons Dupont de Nemours, président de son bailliage, dont les cahiers contiennent une sévère critique de la loterie.

En 1793, Chaumette, procureur général de la commune de Paris, proposa à la Convention et fit voter l'abolition de la loterie; mais elle fut rétablie sur de nouvelles bases le 30 septembre 1799.

Les gouvernements de l'Empire et de la Restauration la conservèrent; cependant, en 1827, les chambres furent saisies, pour la première fois, d'une proposition de suppression de la loterie royale, et pendant neuf années consécutives, la même proposition se reproduisit sans succès.

Enfin une loi du 21 mai 1836, interdit toutes les loteries, laissant toutefois au gouvernement la faculté d'autoriser les loteries d'art et de bienfaisance.

On parlait depuis quelque temps d'un livre appelé *Émile* ou *l'Éducation*, imprimé à la Haye, et dont l'auteur, Jean-Jacques Rousseau, s'était vite fait remarquer par son esprit philosophique. Cet ouvrage, en quatre volumes in-8, fut déféré à la cour, qui le fit brûler par la main du bourreau et décréta J.-J. Rousseau de prise de corps. Le duc de Luxembourg, qui s'intéressait à lui, le fit monter en chaise de poste et quitter Paris avant que l'arrêt eût pu être exécuté contre le philosophe.

Un poète dramatique, Jolyot de Crébillon, mourut à Paris au mois de juin, à l'âge de quatre-vingt-neuf ans, et les comédiens français voulurent honorer sa mémoire par un service religieux et s'adressèrent à la paroisse Saint-Sulpice et aux Cordeliers, mais ils furent refusés; comédiens et auteurs dramatiques étaient alors considérés comme des gens que l'église ne pouvait admettre dans son sein; ils se tournèrent alors vers l'ordre de Saint-Jean de Jérusalem, et le prince de Conti, grand prieur de l'ordre, autorisa le curé de la commanderie de Saint-Jean de Latran à célébrer ce service, ce qui eut lieu avec une grande pompe le 10 juillet 1762. On y assista avec des des billets délivrés par messieurs de la Comédie française. « Il y avoit plus de cent musiciens, et les directeurs de l'Opéra y envoyèrent trois de leurs musiciens. Il y eut même, dit-on, trente-huit louis d'or à l'offrande. Bonne aubaine pour le curé. » Cette bonne aubaine ne dura guère, car la tolérance montrée par ce curé lui valut une suspension de six mois, et il fut en outre condamné à donner aux pauvres le produit du service.

Le 6 août, un arrêt du parlement de Paris jugeant l'appel comme d'abus des bulles, brefs, constitutions et règlements de la société dite de Jésus, déclara qu'il y avait abus, dissout cette société, fit défense aux jésuites d'en porter l'habit,

Le 31 mai, le roi arriva à Paris; il était dans son carrosse avec ses principaux officiers. (Page 278, col. 2.)

de vivre sous l'obéissance du général et autres supérieurs de ladite société, d'entretenir aucune correspondance avec eux, directement ou indirectement; leur enjoignit de vider les maisons qui en dépendaient, et leur fit défense de vivre en commun, réservant d'accorder à chacun d'eux, sur leur requête, les pensions alimentaires nécessaires, et leur interdit de pouvoir posséder aucuns canonicats, bénéfices, chaires et autres emplois à charge d'âmes ou municipaux, sans prêter préalablement le serment indiqué audit arrêt.

Tous leurs collèges du ressort du Parlement furent interdits, et il fut ordonné que ces collèges seraient à l'avenir tenus par de nouveaux maîtres, choisis et institués par les officiers des bailliages et sénéchaussées des lieux.

Pendant ce mois d'août, toutes les maisons que les jésuites possédaient à Paris furent évacuées. Des économes, désignés à cet effet, en prirent possession, et les églises de la rue Saint-Antoine et du noviciat, faubourg Saint-Germain, furent desservies par quelques prêtres de Saint-Paul et de Saint-Sulpice, pour des messes seulement.

Le 25 novembre 1762 parurent des lettres patentes du roi, en forme de déclaration, portant établissement dans la ville de Paris d'une nouvelle halle aux blés et d'une gare pour les bateaux. « Louis, etc., occupé à l'exemple des rois nos prédécesseurs de tout ce qui peut augmenter la splendeur de la capitale de notre royaume et procurer à ses habitants de nouveaux agréments et de plus grandes commodités, nous avons porté successivement notre attention sur les différents objets d'utilité et de décoration qui peuvent encore rester à désirer parmi tant d'édifices et de monuments consacrés à la piété, à l'utilité et à la magnificence publique, entrepris ou achevés de notre règne. Nous n'avons jamais perdu de vue ceux qui peuvent assurer et augmenter l'abondance des choses nécessaires à la vie des citoyens... A ces causes, etc., Article 1er. Lesdits prévôt des marchands et échevins feront incessamment construire une halle pour les grains et farines dans l'emplacement de l'hôtel de Soissons, dans un espace de 1,800 toises de superficie, conformément au plan qui sera par nous adopté... Art. 14. Ordonnons qu'en présence des dits prévôt des marchands et échevins et en celle de M. Deniset, président des trésoriers de France, que nous avons commis à cet effet, il sera, par le maître général des bâtiments de la ville, tracé de nouvelles rues pour les abords et pourtour de ladite halle, ensemble une nouvelle place au milieu d'icelle, le tout dans les endroits, longueurs et dimensions indiqués par le plan qui sera par nous approuvé. »

Ce fut en 1763 que commencèrent les travaux de cette halle sur les dessins et sous la direction de M. Camus de Mezières ; ils furent terminés en 1767.

« La forme circulaire laisse au centre une cour de même nature dont le diamètre est de 19 mètres 50, tandis que le diamètre total de l'édifice est de 68 mètres 19 cent. Ce monument est percé de vingt-huit arcades au rez-de-chaussée et d'autant de fenêtres qui éclairent l'étage supérieur, auquel on monte par deux escaliers placés à égale distance l'un de l'autre, et qui, différents par leur forme, sont remarquables en ce que la double rampe dont chacun est composé, permet aux personnes de monter sans être rencontrées par celles qui descendent. »

En 1782, MM. Legrand et Molinos, architectes, furent chargés de couvrir cette cour au moyen d'une charpente en forme de coupole et de la convertir en une rotonde pour servir d'abri aux différents grains. Ce travail fut commencé le 10 septembre 1782 et terminé le 31 janvier 1783. La coupole fut percée de vingt-cinq grandes fenêtres ou côtes à jour, ayant près de 100 mètres de circonférence et 33 mètres de hauteur, depuis le pavé jusqu'à son sommet.

Sur les parois de l'intérieur on plaça des médaillons représentant les portraits de Louis XVI, du lieutenant de police le Noir et de Philippe Delorme, inventeur du procédé dont les architectes firent usage pour la charpente de la coupole.

En 1802, la coupole fut incendiée et un décret impérial du 4 septembre 1807, porta ce qui suit :

« La halle aux bleds de la ville de Paris sera couverte au moyen d'une charpente en fer, dont les arcs verticaux seront en fer fondu. Elle sera couverte en planches de cuivre étamé. » Cette charpente, exécutée sous la direction de M. Brunet, fut terminée à la fin de 1811. Les 25 fenêtres de l'ancienne coupole furent remplacées par une lanterne qui éclaire la rotonde.

Nous avons parlé (IIe vol., page 30) de la colonne de Médicis adossée à cette halle. Nous n'y reviendrons pas, disons seulement qu'on a fait courir le bruit que la halle aux blés allait être démolie et que sa coupole serait vendue comme vieux fer.

Ce bruit, nous assure-t-on de bonne source, est absolument controuvé. Il n'a jamais été question que de transporter à la Halle aux blés la « Bourse aux comestibles ».

C'est là que se réuniraient les négociants en huile, cafés, colzas, etc., qui, en ce moment, ont leur réunion derrière le palais de la Bourse.

Depuis le commencement du second Empire, la rotonde de la Halle aux blés a cessé d'être l'entrepôt général des farines. Les boulangers, de même que les grands négociants, reçoivent directement chez eux, ou dans des entrepôts particuliers, les blés qui arrivent de la province.

La facilité et la rapidité des transports par voies ferrées ont rendu inutiles les grands approvisionnements. La Halle aux blés est donc devenue aujourd'hui un lieu de rendez-vous pour les facteurs et les commissionnaires en grains et farines.

Sa transformation en Bourse des comestibles ne changerait en quelque sorte pas l'usage actuel de cet établissement.

Les percements de rues indiqués dans les lettres patentes de novembre 1762 étaient relatifs aux rues de Babille, Devarenne, Mercier, Oblin, Sartine, Vannes et de Viarmes.

La rue Babille, livrée à la circulation en 1765, reçut son nom en l'honneur de Laurent-Jean Babille, avocat au parlement de Paris et échevin en 1762-1763, celle Devarenne, ouverte à la même époque, prit son nom de Pierre Devarenne, écuyer, avocat au Parlement, conseiller du roi, quartenier et échevin à la même date. C'est aujourd'hui la rue Sauval. Louis Mercier, écuyer, conseiller du roi en l'Hôtel de ville, et qui fut échevin en 1761 et 1762, donna son nom à la rue Mercier. La rue Oblin était, en 1636, une impasse désignée sous le nom de cul-de-sac de la rue de l'Hôtel de Soissons, ou de cul-de-sac de Carignan ou encore rue Bouchée ; elle fut prolongée en 1765 jusqu'à la halle aux blés et s'appela alors rue Oblin, parce que François-Bernard Oblin et Charles Oblin, intéressés dans les affaires du roi, s'étaient rendus acquéreurs de plusieurs terrains provenant de l'hôtel de Soissons et y avaient fait construire des maisons ; la rue Sartine dut son nom à Antoine-Raymond-Jean-Gualbert-Gabriel de Sartine, comte d'Alby, lieutenant général de police, de 1759 à 1774. Elle fut ouverte comme les rues précédentes, en 1765 ; la rue Vannes, livrée à la circulation en avril 1765, rappelle par sa dénomination M. de Vannes, avocat et procureur du roi de la ville en 1765, et enfin la rue de Viarmes, ouverte à la même époque, dut son nom à messire Jean-Baptiste-Elie Camus de Pontcarré, chevalier, seigneur de Viarmes, Sengy, Belloy et autres lieux, prévôt des marchands en 1758.

Le 3 novembre 1762, des préliminaires de paix ayant été signés, on s'occupa des fêtes qui devaient la célébrer à partir du 1er janvier 1763 ; l'ambassadeur d'Espagne donna un bal magnifique dans son hôtel, mais le peuple n'était pas disposé à se réjouir, l'hiver était terrible, la gelée avait commencé le 18 décembre et à partir de la fin de l'année la Seine était prise et fut un lac de glace jusqu'au 29 janvier ; ce froid rigoureux avait développé la misère dans des proportions considérables.

Enfin, le 10 février, le traité définitif de paix entre la France, l'Angleterre, l'Espagne et le Portugal fut signé à Paris chez le duc de Bedfort, ambassadeur d'Angleterre.

Le 23 du même mois fut placée sur la place Louis XV la statue équestre du roi dont nous avons parlé, et il y avait foule pour voir cette opération conduite par un charpentier de Saint-Denis ; le gouverneur de Paris, le prévôt des marchands, les échevins étaient sous des tentes élevées à cet effet, la marquise de Pompadour, le duc de Choiseul, le maréchal de Soubise et d'autres grands personnages étaient aussi spectateurs de cette cérémonie, et l'on arrêta plusieurs personnes qui, pour passer le temps, s'amusaient à faire des mots qui sonnaient mal aux oreilles de l'autorité ; ainsi, elles disaient que si la statue allait doucement, c'est que le roi allait comme on le menait, qu'on aurait de la peine à la faire passer au delà de l'hôtel de la Pompadour (l'Élysée), qu'en descendant pour être mise sur le piédestal elle se trouverait entre quatre grues, en faisant allusion aux ministres qui se trouvaient là ; bref on plaisantait en n'épargnant pas la majesté royale.

Le 6 février 1763, le roi signa les lettres patentes suivantes : « Louis, etc... La protection singulière que nous avons toujours accordée aux établissements destinés pour le culte de la religion et l'utilité de nos sujets, nous a fait mettre en considération les très humbles remontrances qui nous ont été faites par notre cher et bien amé le sieur Cathlin, curé de la paroisse de la Ville-l'Évêque de notre bonne ville de Paris, sur la nécessité de faire reconstruire une nouvelle église pour ladite paroisse qui est une des plus considérables de cette ville... Nous aurions à cet effet fixé, par nos lettres patentes du 21 juin 1757, l'emplacement sur lequel nous avons jugé devoir être construite la nouvelle église à l'extrémité de la rue Royale, entre le rempart et la rue de Chevilly et nous aurions destiné des fonds pour cette entreprise... A ces causes... nous voulons et nous plait que tous les ouvrages nécessaires pour la construction d'une nouvelle église paroissiale de la Madeleine de la Ville-l'Évêque, d'un presbytère, place et rues adjacentes, soient faits dans le lieu désigné par nos lettres patentes du 21 juin 1757, par les ordres du sieur curé de la Madeleine de la Ville-l'Évêque et exécutés par les soins du sieur Cathlin, avocat au Parlement, sous la conduite et inspection du sieur Contant d'Ivry, l'un de nos architectes de l'Académie royale d'architecture, etc.

Louis XV posa la première pierre de l'église de la Madeleine le 3 avril 1764.

Le monument était déjà élevé à 15 pieds du sol lorsque Contant d'Ivry mourut. Cet architecte avait rêvé une basilique qui devait dépasser en grandeur et en majesté toutes les autres églises. Conçue dans le style de Sainte-Geneviève, elle aurait rappelé aussi dans quelques-unes de ses parties l'église des Invalides, elle eût eu un dôme, des tourelles. La continuation de ces travaux fut confiée par le roi à l'architecte Couture, qui renversa tout ce que son prédécesseur avait fait. Le plan primitif fut entièrement changé par lui, mais la rareté de l'argent ne permit pas de pousser les travaux avec activité. Néanmoins douze colonnes étaient dressées jusqu'aux chapiteaux quand la Révolution de 1789 éclata. Tout fut suspendu, et l'édifice inachevé se dressait comme une ruine ; jusqu'en 1799 il n'existait que le péristyle, le portail principal et les deux murs latéraux sans voûte ni couverture. Enfin MM. de Gisors et Vaudoyer, architectes, prirent l'initiative d'un projet de reprise des travaux ; le premier proposa au gouvernement de faire du monument terminé une bibliothèque nationale. M. Vaudoyer voulait en faire un édifice dans le genre du Panthéon de Rome. Mais tandis que les commissions délibéraient sur ce projet, arriva un décret de l'empereur, daté du camp de Posen, 2 décembre 1806, ainsi conçu : « Napoléon etc., avons décrété et décrétons qui suit :

« ARTICLE 1er. Il sera établi, sur l'emplacement de la Madeleine de notre bonne ville de Paris, aux frais du trésor de notre couronne, un monument dédié à la grande armée et portant sur le fronton : *L'empereur Napoléon aux soldats de la Grande-Armée.*

« ART. 2. Dans l'intérieur du monument seront inscrits sur des tables de marbre, les noms de tous les hommes, par corps d'armée et par régiment, qui ont assisté aux batailles d'Ulm, d'Austerlitz et d'Iéna et sur des tables d'or massif, les noms de tous ceux qui sont morts sur les champs de bataille ; sur des tables d'argent sera gravée la récapitulation par départements des soldats que chaque département a fournis à la Grande-Armée.

« ART. 3. Autour de la salle seront sculptés des bas-reliefs où seront représentés les colonels de chacun des régiments de la Grande-Armée avec leurs noms... les statues en marbre des maréchaux qui ont commandé les corps ou qui ont fait partie de la Grande-Armée, seront placées dans l'intérieur de la salle.

« ART. 4. Les armures, statues, monuments de toute espèce enlevés par la Grande-Armée dans ces deux campagnes, les drapeaux, étendards et symboles conquis par la Grande-Armée avec les noms des régiments ennemis auxquels ils appartenaient seront déposés dans l'intérieur du monument, etc. »

Un concours fut ouvert pour l'érection de ce monument qui devait conserver la partie du bâtiment de la Madeleine existant et ne pas coûter plus de 3 millions. 127 concurrents se présentèrent avec 127 plans différents et le vainqueur fut M. de Beaumont qui paraissait le mieux avoir répondu aux conditions du programme. Mais l'approbation de l'empereur était indispensable ; on lui envoya à Tilsitt les divers projets, et Napoléon ne ratifia pas le jugement de l'Académie qui avait décerné le prix, et réformant ce jugement, il choisit le plan de Pierre Vignon qui avait fait un projet de temple, ce qui répondait complètement à sa pensée, tandis que M. de Beaumont avait imaginé une église. L'exécution du plan Vignon fut immédiatement ordonnée. Les travaux se poursuivirent activement ; on dut exhausser le sol, et par suite, recommencer les fondations.

Les constructions étaient très avancées quand arrivèrent les désastres de 1814 et de 1815.

Une ordonnance du 14 février 1816 rendit au monument son titre primitif d'église de la Madeleine, et l'on s'occupa d'approprier l'ancien temple de la Gloire à sa nouvelle destination.

Une ordonnance royale du 27 mai 1827 porte : « Charles, etc... Le ministre des finances est autorisé à abandonner, au nom de l'État, à la ville de Paris, les terrains précédemment acquis par le gouvernement pour les abords de l'église de la Madeleine... »

Vignon mourut en 1828, laissant son œuvre inachevée. Après sa mort, ce fut M. Huvé qui dirigea les travaux jusqu'à la terminaison de l'édifice.

Une ordonnance royale du 23 mars 1842 fut rendue en ces termes : « Louis-Philippe, etc... Nous avons ordonné et ordonnons ce qui suit :

ARTICLE 1er. — Il est fait concession à la ville de Paris, à titre de propriété, de l'église de la Madeleine pour être affectée au service de la paroisse principale du 1er arrondissement... etc. »

L'église fut définitivement consacrée le 4 mai 1842, par l'archevêque de Paris. La dépense totale de sa construction et de sa décoration fut de 14,253,000 francs.

La Madeleine a 108 mètres de longueur hors d'œuvre, et $79^m,30$ dans œuvre ; sa largeur est de 43 mètres à l'extérieur, et de $21^m,40$ à l'intérieur, et sa hauteur, mesurée sous les coupoles, de $30^m,30$. Elle a la forme d'un carré long entouré sur toutes ses faces d'un rang de colonnes corinthiennes supportant une frise ; à l'intérieur, des colonnes supportent également la voûte. De chaque côté de l'église court, au-dessus, une double rangée de tribunes, et dans les bas-côtés des portiques on a taillé des niches renfermant des statues.

« Le fronton méridional porte une grande composition sculpturale, due au ciseau de Lemaire, et mesurant $38^m,35$ de long sur $7^m,15$ de hauteur à l'angle ; au centre est le Christ debout, ayant à ses pieds la Madeleine repentante ; à droite, l'ange de la Miséricorde, soutenu par la Foi et l'Espérance, est suivi de la Charité protégeant deux pauvres enfants ; à gauche, l'ange des vengeances chasse tous les vices personnifiés, et l'extrémité du bas-relief est terminée par une figure précipitée dans l'abîme, et sous laquelle on lit : *Væ impio!* (malheur à l'impie), en opposition avec la devise : *Ecce dies salutis*, qui termine l'angle de droite. Au-dessous, sur le tympan, se lit l'inscription suivante :

D. O. M. SUB INVOCATIONE
SANCTÆ MAGDALENÆ.

(A Dieu très bon, très grand, sous l'invocation de sainte Madeleine.)

« En pénétrant sous le portique principal (sous le fronton), on rencontre, à droite, la statue de saint Philippe, par Nanteuil ; à gauche, celle de saint Louis par le même. Le portique du nord, à fronton uni, est orné de quatre statues : à droite, saint Matthieu, par Desprez ; saint Marc, par Lemaire ; à gauche, saint Jean et saint Luc, par Ramey. La galerie de droite en renferme quatorze : saint Gabriel, par Duret ; saint Bernard, par Husson ; sainte Thérèse, par Feuchère ; saint Hilaire, par Huguenin ; sainte Cécile, par Dumont ; saint Irénée, par Gourdel ; sainte Adélaïde, par Bosio neveu ; saint François de Sales, par Molchnecht ; sainte Hélène, par Mercier ; saint Martin de Tours, par Grevenich ; sainte Agathe, par Dantan jeune ; saint Grégoire, par Thérasse ; sainte Agnès, par Duseigneur ; saint Raphaël, par Dantan aîné. La galerie de gauche, quatorze également : saint Michel, par Raggi ; saint Denis, par Debay fils ; sainte Anne, par Desbœufs ; saint Charles Borromée, par Jouffroy ; sainte Élisabeth, par Caillouëtte ; saint Ferdinand, par Jaley ; sainte Christine, par Walcher ; saint Jérôme, par Lanno ; sainte Jeanne de Valois, par Guillot ; saint Grégoire de Valois, par Maindron ; sainte Geneviève, par Debay père ; saint Jean Chrysostome, par Gœcther ; sainte Marguerite d'Écosse, par Caunois ; l'Ange gardien, par Bra. Enfin la frise qui court autour de l'édifice est toute sculptée d'anges, de médaillons et de guirlandes du meilleur travail.

« La porte principale de la Madeleine, lisons-nous dans le *Grand Dictionnaire universel* qui nous fournit ces détails, est ouverte sous le fronton méridional. Elle est en bronze ciselé, et ses ciselures, œuvre de Triquetti, représentent des scènes tirées des commandements de Dieu. Elle mesure $10^m,43$ de hauteur sur $5^m,4$ de largeur. L'intérieur de l'église offre cinq travées surmontées, excepté la première, de coupoles dorées. Les revêtements des murs sont en marbre. Les colonnes soutenant les galeries des tribunes,

Vue extérieure de la Madeleine.

Le mercredi 23, il y eut grand feu d'artifice sur l'eau et illumination complète de la place Louis XV.
(Page 279, col. 2.)

celles des petites chapelles, sont d'ordre ionique, et revêtues de marbre et d'or. La peinture joue aussi un grand rôle dans la décoration de la Madeleine. L'abside est couverte d'une grande composition de Ziegler, l'*Histoire du christianisme*. Les six grands tableaux qui complètent cette décoration sont dus aux pinceaux de Signol, d'Abel de Pujol, de Schmitz, de Bouchot, de Léon Coigniet et de Couder. *La Madeleine aux pieds du Christ*, par ce dernier; *la Madeleine dans le désert*, d'Abel de Pujol, et *la Mort de la Madeleine*, de Signol sont les plus remarquables. Parmi les sculptures, nous citerons celles des trois chapelles de la travée de droite; *sainte Amélie*, par Bra; *la Sainte Vierge*, par Seurre; *sainte Clotilde*, par Barye; et celles de la travée de gauche : *saint Vincent de Paul*, par Raggi, *le Christ*, par Darey, et *saint Augustin*, par Etex. La chapelle des mariages possède un groupe en marbre blanc dû au ciseau de Pradier : *le Mariage de la Vierge*, et un autre groupe de Rude, aussi en marbre blanc, *le Baptême de Jésus-Christ*, orne la chapelle des fonts baptismaux. Donnons enfin un souvenir aux admirables bénitiers d'Antonin Moine. Quant à l'autel principal, il est orné du *Ravissement de la Madeleine*, en marbre; c'est une fort remarquable composition.

« Cette église possède un orgue, dû à M. Cavaillé-Coll, et qui passe pour un chef-d'œuvre, bien qu'il ne soit remarquable ni par l'ampleur de ses proportions, ni par la majesté de sa structure, ni par l'élégance architecturale de son buffet, mais il est admirablement construit. Les innombrables parties de cette masse instrumentale sont coordonnées avec une rare intelligence. »

L'intérieur de la Madeleine présente un luxe extraordinaire d'or et d'enluminures; il n'y a qu'une seule nef divisée dans sa longueur par trois travées dont les voûtes figurent des calottes sphériques sur pendentifs, ornés de caissons peints et dorés. Des colonnes accouplées, formant avant-corps, indiquent la division des travées; un petit ordre ionique adossé contre les murs latéraux essaye de motiver l'emplacement des autels des chapelles. La travée du chœur est entourée d'un hémicycle de colonnes et voûtée en demi-coupole; n'oublions pas les deux chapelles qu'on a pratiquées de chaque côté du buffet d'orgues, et qui sont tellement obscures qu'à peine peut-on saisir les lignes principales des deux groupes en marbre qui les décorent.

« La décoration de l'ensemble, selon *Paris illustré*, malgré les critiques qu'elle soulève, n'en produit pas moins une sorte d'éblouissement, grâce à l'éclat des caissons de la voûte aux figures colossales sculptées sur les penditifs, au miroitement des dorures et à la richesse des marbres. On s'aperçoit au premier coup d'œil que tous les efforts pour arriver à l'unité n'auraient pu aboutir à un résultat sérieux, et l'on excuse le style quasi Renaissance du buffet d'orgues et de la chaire, au milieu de ces motifs tantôt grecs, tantôt romains qui diminuent et rétrécissent à l'excès la grandeur de l'édifice, à ce point que la nef paraît de moitié plus petite que le périmètre enfermé dans la colonnade extérieure. »

Malgré tout, ce vaste monument religieux, qui a pour encadrement une bordure de cinquante-deux colonnes cannelées, d'ordre corinthien, une façade magnifique, qui offre un perron de trente marches divisé en deux parties par un palier, est d'un grand aspect.

Pendant le Commune de 1871, la canonnade et la fusillade causèrent de sérieux dégâts à la colonnade et au fronton de l'église. Le conseil municipal de Paris, sur la proposition des architectes de la ville, vota une somme de 40,000 francs pour les réparations à effectuer.

Retournons à l'année 1763. Après quelques jours d'un temps doux, le froid reprit à partir du 8 mars; cela n'empêcha pas de fêter la paix; toutefois, si le peuple dansa et but sur les places publiques le dimanche 13, jusqu'à minuit, en l'honneur de cet heureux événement, il n'y eut ni *Te Deum*, ni feu d'artifice, ce qui réduisit, dans l'esprit des Parisiens, les réjouissances à bien peu de chose.

Le 6 avril, le bruit se répandit dans la matinée, à Paris, que l'Opéra était en feu; en effet, par l'imprudence d'ouvriers qui faisaient sécher des toiles peintes, destinées à décorer la salle pour un bal qui devait être donné le lendemain dans la salle de l'Opéra, le feu prit au rideau qui était baissé et en un instant tout fut enflammé, il n'y avait pas d'eau dans les tonneaux de secours et le feu fit de tels progrès qu'on ne put songer à s'en rendre maître. « En très peu de temps, dit Bachaumont, l'incendie a été terrible; avant que les secours aient pu être apportés, toute la salle et l'aile de la première cour ont été embrasées. Il n'est plus question d'Opéra. Le feu a pris par la faute des ouvriers et s'est perpétué par leur négligence à appeler du secours; il avoit pris dès huit heures du matin, ils ont voulu l'éteindre seuls et n'ont pu y réussir. Les portiers, qui ne doivent jamais quitter, étoient absents. »

« Tout l'Opéra, dit à son tour Barbier, salle, loges, plafonds, décorations et machines de théâtre ont été consumés. On a sauvé heureusement le clavecin, qui étoit resté dans l'orchestre, qui paroît assez laid, mais qui est, au dire de tout le monde, le clavecin le plus parfait de l'Europe, très ancien, et qui n'a point de prix. Le feu a gagné la partie du Palais-Royal qui étoit contiguë à la salle de l'Opéra et y a causé assez de dommages; la calotte du grand escalier a écroulé entièrement. Le toit et la charpente de l'aile du bâtiment, à droite, dans la première cour, jusqu'à la rue Saint-Honoré, ont été brûlés et découverts, ainsi que quelques vieux bâtiments, derrière le grand escalier, qui tenoient au théâtre, où plusieurs personnes qui avoient des logements ont été obligées de déménager et de jeter les meubles par les fenêtres.

« M. le duc de Chartres, qui étoit dans son appartement, sur le jardin, a eu toutes les attentions nécessaires pour faire donner à manger à tous ceux qui ont donné du secours : capucins, soldats aux gardes, même à plusieurs officiers qui y ont donné la main. Il a paru pendant deux jours des vestiges de feu, et l'on y jetoit de l'eau continuellement. »

Le 9 avril, le roi fit écrire aux directeurs de l'Opéra que ceux qui étaient attachés à ce spectacle continueraient à être appointés comme cidevant; que les pensions seraient exactement payées à l'ordinaire. Les artistes reçurent l'ordre de se tenir toujours en état de jouer, et, en attendant qu'une salle spéciale fût reconstruite, le roi décida que l'académie de musique donnerait ses représentations dans la salle de spectacle des Tuileries, que l'architecte Soufflot se mit en devoir d'aménager.

La conclusion de la paix n'avait pas mis d'argent dans les coffres de l'État, et le contrôleur général des finances, qui se creusait vainement l'esprit pour mettre le roi en état de payer ses dettes, prépara plusieurs édits bursaux; mais le Parlement les ayant examinés, arrêta qu'il serait fait des remontrances au roi à ce sujet; alors celui-ci eut recours au moyen ordinaire pour en forcer l'enregistrement : il tint un lit de justice au palais le 31 mai. Il arriva ce jour-là à Paris à onze heures; il était dans un carrosse avec ses principaux officiers, accompagné du grand cortège de toute sa maison, à l'ordinaire. Après avoir entendu la messe à la Sainte-Chapelle, il se rendit à la grand'chambre; les princes du sang, les ducs et pairs qui avaient le droit d'y assister, ainsi que les membres du Parlement et le chancelier de Lamoignon s'y trouvèrent.

L'assemblée se termina à une heure, mais il ne

transpira rien dans le public de ce qui s'y était passé ; toutefois on remarqua que pas plus à l'entrée du roi qu'à sa sortie du palais, nul ne cria : Vive le roi! et si « le silence des peuples est la leçon des rois », ce jour-là, Louis XV dut s'apercevoir que son peuple était loin d'approuver les projets d'impôts nouveaux dont il était menacé.

Le 1er juin, au sortir de l'audience, le Parlement s'assembla pour délibérer sur le lit de justice tenu la veille, et arrêta qu'il serait de nouveau fait des remontrances au roi, touchant la délibération prise malgré ses protestations, et décida que des commissaires s'assembleraient à cet effet le 7 du mois pour les rédiger.

Le 18, le corps de ville fit bénir à Notre-Dame les drapeaux de sa troupe de 300 gardes (arbalétriers, archers et arquebusiers désignés génériquement sous le nom d'archers de la ville) ; et à cette occasion, l'archevêque donna à dîner, la cérémonie faite, au prévôt des marchands et aux échevins.

Le 20, le corps de ville fit la dédicace de la statue équestre du roi sur la nouvelle place Louis XV (statue dont nous avons parlé). Le journal de Barbier contient le détail de la cérémonie. « Cette marche à cheval a été très belle. Outre le prévôt des marchands, les quatre échevins conseillers de ville et quarteniers, on avoit mandé trente-deux notables de Paris comme avocats et notaires ; on n'y admit point de procureurs. Pour récompenser le zèle de messieurs de la ville, le roi a honoré les deux premiers échevins qui sont : le sieur Mercier, conseiller de ville, et le sieur Babille, avocat au Parlement, du collier de l'ordre de Saint-Michel qu'ils avoient sur eux, pour cette cérémonie, pour la première fois, avec dispense de faire les preuves requises pour cet ordre. Dans les notables ci-dessus mandés, il y avoit le fils de M. le prévôt des marchands, maître des requêtes, un conseiller au grand conseil, un maître des comptes, un conseiller de la cour des aides et quelques conseillers au Châtelet.

« Cette marche est sortie à onze heures de l'Hôtel de Ville, a été prendre M. le duc de Chevreuse gouverneur de Paris, en son hôtel rue Saint-Dominique, faubourg Saint-Germain, est venue gagner le Pont-Royal, est entrée par le guichet neuf de Marigny dans la place du Carrousel par la rue de l'Échelle et dans la rue Saint-Honoré et la rue Royale qui entre dans la place Louis XV. Ce cortège de M. le gouverneur de Paris étoit au plus magnifique ; un grand nombre de domestiques en livrée, pages, gentilshommes et sa compagnie des gardes, chevaux de main, avec des housses brodées, le tout habillé à neuf superbement. M. le duc de Chevreuse étoit à cheval, entre M. le prévôt des marchands et le premier échevin.

« La cérémonie de cette dédicace consiste à faire le grand tour de la place, après, de se rapprocher de la statue, que chacun salue, et l'on dresse un procès-verbal. On ne dit point s'il y avoit quelqu'un, comme ministre ou autre, pour recevoir le corps de ville. Ensuite cette marche est venue tout le long du quai des Tuileries reconduire le gouverneur de Paris à son hôtel, et puis, le prévôt des marchands à l'Hôtel de ville ; point d'autres repas à l'Hôtel de ville qu'un déjeuner avant la marche. ».

Le soir il y eut grand concert aux Tuileries ; la grande allée était illuminée par une terrine sur un poteau entre chaque arbre, et le tour de la place Louis XV était aussi illuminé, et des estrades élevées à chaque coin étaient occupées les unes par des musiciens, d'autres par des bateleurs et aussi par des gens qui distribuaient au peuple du pain, du vin et des cervelas ; toutefois, la fête ne fut pas brillante ; un orage épouvantable se déchaîna sur Paris, les illuminations s'éteignirent, et les curieux trempés, se hâtèrent de se disperser.

Le lendemain, le prévôt des marchands, les échevins, le lieutenant de police, une partie des officiers du Châtelet, commissaires et huissiers parcoururent tout Paris à cheval pendant neuf heures, pour faire dans les marchés et sur les places publiques la publication de la paix.

Le mercredi, 23, il y eut grand feu de joie sur l'eau et illumination complète de la place Louis XV ; dix-neuf estrades en forme de loges, avec lustres, furent construites dans le jardin du palais Bourbon pour madame de Pompadour et les principaux personnages de l'État et les étrangers de distinction. L'hôtel de Lassai (à côté du Palais-Bourbon, habité à cette époque par le duc de Brancas, puis devenu Petit-Bourbon lorsqu'il fut acheté par le prince de Condé, qui le réunit au Palais-Bourbon, Corps législatif sous le Directoire et de nos jours, hôtel du président de la Chambre des députés), et les autres hôtels contigus ou voisins qui avaient des terrasses sur le bord de l'eau étaient garnis de chaises ainsi que le quai, la terrasse des Tuileries, et tout cela était couvert de monde. Il y eut des joutes sur la Seine qui furent très brillantes, mais comme la veille, un orage avec pluie, éclairs, tonnerre, tomba de trois à quatre heures, et il s'ensuivit un tumulte considérable ; les femmes en toilettes qui étaient assises sur des estrades et des chaises, voulurent se lever précipitamment et s'enfuir ; on se bouscula, et de tout côté ce n'était que débris de parures, robes déchirées, habits gâtés par l'eau.

Mais, le soir venu, on avait repris ses places et le feu d'artifice fut tiré ; malheureusement la pluie avait mouillé la poudre, et il n'en partit guère que la moitié.

Après le feu d'artifice, nombre d'intrépides, pataugeant dans la boue, allèrent admirer les jardins illuminés de l'hôtel de Mme Pompadour, et les voitures qui s'y rendaient, étaient si nombreuses que, pendant trois heures, elles ne purent ni avancer ni reculer.

Le roi donna, le 24, sa réponse aux remontrances du parlement en déclarant qu'il les avait prévues, mais qu'il était décidé à ne rien changer aux édits qu'il avait signés.

Le 1er juillet, le Parlement s'assembla de nouveau à propos de cette réponse et résolut de faire cette fois d'itératives remontrances. En attendant, comme le feu d'artifice du 22 juin avait raté, le corps de ville en fit tirer un « pour le peuple, sans cérémonie ». Il fut bien exécuté, mais court.

Depuis l'incendie de l'Opéra, les danseurs et les danseuses de l'académie de musique étaient inoccupés, mais à l'occasion de la paix, Favart fit représenter à la Comédie française un acte intitulé *l'Anglais à Bordeaux*, et ces artistes y exécutèrent « un très joli ballet par zèle et sans aucune rétribution ; ce qui depuis quinze jours, attire tout Paris à la Comédie-Françoise. Toutes les loges sont toujours louées à l'avance ; la Comédie ne leur fournit que les gants, aussi par reconnoissance, jeudi 7, les comédiens françois ont donné un très grand souper à tous les acteurs, danseurs de l'Opéra. On dit qu'il y avoit cent personnes. On n'avoit point vu jusqu'ici un pareil spectacle à Paris. »

Les mesures prises contre les jésuites occupaient toujours beaucoup les esprits ; le 20 juillet, un sieur Labatte prêtre de Saint-Eustache, prêchant dans la paroisse de Sainte-Marguerite, faubourg Sainte-Antoine, ne craignit pas de s'exprimer ainsi. « Dans le règne précédent, le prince marquait sa religion en protégeant des ministres de l'Église ; sous ce règne-ci, le prince met sa religion, à détruire les monastères ; les magistrats persécutent l'innocent et oppriment la religion ; les esprits se contiennent par une modération forcée et une politique momentanée ; tôt ou tard la révolution éclatera dans un royaume où le sceptre et l'encensoir s'entre-choquent sans cesse ; la crise est violente, et la révolution ne peut être que très prochaine. »

En 1726, les exécuteurs testamentaires du maréchal de Grammont avaient exposé au roi que, se trouvant dans l'obligation de vendre les biens provenant de cette succession, dans lesquels se trouvait l'hôtel de Grammont (cet hôtel, situé rue Neuve-Saint-Augustin, avait été bâti pour le partisan Monerot, il était ensuite passé au duc de Grammont), il leur serait facile de trouver des acquéreurs, s'il voulait bien leur permettre d'ouvrir deux rues sur son emplacement, et des lettres patentes en date du 19 février de la même année, autorisèrent : 1° l'ouverture d'une rue de quatre toises de largeur, qui serait nommée rue de Grammont, et dont le tracé serait fait en deux lignes parallèles, depuis la rue Neuve-Saint-Augustin jusqu'au nouveau rempart (boulevard) planté d'arbres ; 2° l'ouverture d'une autre rue, de quatre toises de largeur depuis ladite nouvelle rue de Grammont, jusqu'à celle de Richelieu, en passant dans un cul-de-sac déjà formé sur le terrain de l'hôtel de Menars (rue Richelieu, à la porte Richelieu et avait été bâti pour M. de Grancey) ; il passa ensuite au président Menars, puis à Boutin, trésorier de la marine), laquelle prendrait la dénomination de rue de Menars.

« Il ne fut point alors donné suite à cette autorisation, ajoutent MM. Lazare frères, et les lettres patentes ne furent enregistrées au Parlement que le 21 août 1763. Le sieur abbé Clément se rendit adjudicataire de l'hôtel et sollicita, en 1765, le renouvellement des lettres patentes de 1726, en demandant toutefois à introduire une légère modification au tracé de la rue projetée sous le nom de rue de Grammont. Un arrêt du conseil d'État du roi, à la date du 26 février 1765, accorda cette autorisation qui fut confirmée par lettres patentes du 1er juillet suivant, enregistrées au Parlement le 19 du même mois. » Le 30 septembre suivant les rues se firent ; lorsque plus tard, on perça la rue du Quatre-Septembre, une partie de la rue Menars s'y trouva englobée.

Le comte de Lauraguais, prononça au mois de juillet un discours sur l'inoculation pour combattre la petite vérole, et il s'en était montré fervent partisan. Au reste, ce système avait nombre d'approbateurs, surtout parmi les gens de qualité, et le duc d'Orléans, premier prince du sang, avait fait inoculer ses deux enfants et la fille du duc de Chevreuse, mariée au duc de Pecquigny, n'avait pas craint de se faire inoculer ; mais cette nouveauté était combattue par les théologiens, qui prétendaient qu'il fallait que la faculté de théologie se prononçât sur le cas de savoir s'il était permis de se procurer une maladie qu'on pourrait ne pas avoir, et le parlement rendit un arrêt qui ordonna que la faculté de médecine donnerait son avis sur l'avantage et les inconvénients de l'inoculation, et que la faculté de théologie serait consultée. Provisoirement, l'arrêt défendit à toutes personnes de se faire inoculer dans la ville de Paris et ses faubourgs, et aux personnes qui auraient été inoculées de communiquer avec le public depuis le jour de leur inoculation jusqu'à l'expiration du délai de six semaines après leur guérison.

Le 9 août, le roi fit connaître aux membres de son Parlement que leurs remontrances ne le faisaient pas changer d'opinion, mais qu'il voulait bien prendre en bonne part leurs observations.

Le 28, les gens du Parlement firent demander à leur tour au roi une audience pour qu'ils pussent lui présenter de nouvelles remontrances ; le roi leur fixa le 4 septembre, et ce jour-là en effet, il les reçut, écouta les observations qu'ils lui présentèrent et répondit, une fois de plus pour les

Le singe se donnait des airs, faisait des mines, et cherchait à exciter la commisération publique. (Page 288, col. 1.)

remercier de la peine inutile qu'ils prenaient. Les gens du Parlement saluèrent et se retirèrent.

Le lendemain un arrêt porta règlement pour les clercs du Parlement, du Châtelet et autres juridictions, payant pension ou non, et contint défense de porter épées, couteaux de chasse, cannes ou bâtons dans les maisons des conseillers au palais, chez les avocats et procureurs, dans la ville, les faubourgs et la banlieue de Paris, sous peine d'être arrêtés et mis en prison.

« Ce règlement, dont on ne sait pas positivement la cause, embarrasse tous les clercs, ce qui les oblige d'être en noir et en cheveux longs, pour n'être pas confondus avec les domestiques, attendu la dépense à laquelle cela les obligera pour leur habillement. »

Le dimanche 2 octobre, les Parisiens, qui depuis sept années environ avaient été privés des entrées publiques d'ambassadeur, eurent le spectacle de celle de l'ambassadeur de Venise; aussi la foule fut-elle grande pour y assister.

Cependant on ne perdait pas de vue l'opposition du Parlement à l'édit du mois d'avril; on en parlait beaucoup à Paris; les nouvelles venues de la province faisaient connaître que partout les parlements refusaient d'enregistrer l'édit, que le parlement de Rouen avait donné sa démission; des imprimés contenant tout cela circulaient, et c'était à qui se les procurerait.

Enfin le roi envoya au Parlement une nouvelle déclaration, qui cette fois fut enregistrée, et mit fin à la situation embarrassée dans laquelle se trouvait le ministère qui avait un pressant besoin d'argent, et ne pouvait s'en procurer, par le défaut de sanction de l'édit du mois d'avril.

Cette déclaration contenait quinze articles et refondait l'édit d'avril, mais elle se bornait à laisser de côté le centième denier et maintenait l'impôt du sixième sol pour livre sur tous les droits, et elle arrêtait qu'on n'emploierait que 20 millions par an sur la caisse de l'amortissement pour l'acquittement des dettes de l'État. En un mot, le Parlement après avoir réitéré ses remontrances à propos des édits bursaux, sous prétexte de vouloir soulager le peuple, finit par enregistrer ce que le roi voulait, de sorte que le peuple ne fut nullement soulagé ; au contraire, il payait toujours les deux vingtièmes, les deux sols pour livre imposés pour la guerre, tous les anciens impôts, et l'augmentation du sixième sol sur toutes les denrées et autres marchandises.

Par lettres patentes du roi, du 21 novembre 1763, les assemblées générales de l'Université, qui se tenaient primitivement au couvent des Mathurins, celles des quatre nations : France, Picardie, Normandie et Allemagne, celles des maîtres ès arts et de pension de l'Université, et les grands messagers-jurés, durent se tenir à l'avenir au collège de Louis-le-Grand, à partir du 19 octobre 1764, « jour auquel les commissaires du Parlement mirent en possession l'Université et chacune de ses compagnies des lieux qui leur ont été attribués pour la tenue de leur assemblées. » Le greffe de l'Université et ses archives furent placés dans le même collège. Mais disons un mot de cette faculté, qui correspondait à ce qu'on appelle aujourd'hui la faculté des lettres et qui était composée des quatre nations que nous venons de citer. C'était de ces nations que le recteur était choisi, ainsi que le syndic, le greffier et le receveur. Tous les ans chaque nation élisait un procureur, un censeur, un questeur et plusieurs examinateurs pour le premier examen de la maîtrise ès arts. Le 13 ou le 14 août, il y avait, à sept heures du matin, assemblée au collège Louis-le-Grand pour la nomination du second examen, et les chanceliers en désignaient deux dans chaque nation : un pour Notre-Dame et un pour Sainte-Geneviève. Le 27 octobre avait lieu l'élection des quatre censeurs. Le recteur indiquait quatre processions générales qui devaient se faire avant les 22 mars, 23 juin, 10 octobre et 16 décembre. Ces processions, qui partaient du collège à huit heures du matin, étaient précédées par un discours latin du recteur.

Aux dates ci-dessus, il y avait assemblée générale, qu'on appelait intrance, pour nommer un intrant pour l'élection ou la continuation du recteur. On suppliait à cette assemblée, c'est-à-dire qu'on présentait requête ou supplique, pour acquérir le grade de bachelier ès arts ; il fallait, pour cela, avoir fait sa philosophie sous un professeur académique, et subir un examen dans sa nation ; on en passait ensuite un second à Notre-Dame ou à Sainte-Geneviève, et après avoir été admis on recevait, d'un des chanceliers, la bénédiction de licence et le bonnet de maître ès arts.

Avant que de supplier, il fallait aller saluer le recteur, les doyens des facultés de théologie, de droit et de médecine et les procureurs des nations de France, Picardie, Normandie et Allemagne.

Par le concordat passé entre le pape Léon X et le roi François 1er, il avait été ordonné, en faveur des gens de lettres, que les bénéfices qui vaqueraient dans les mois de janvier, avril, juillet et octobre seraient accordés aux gradués des universités fameuses.

On pouvait supplier pour les grades, en vertu de cinq années d'études en la faculté de droit.

Les nobles avaient le privilège de pouvoir obtenir des lettres de nomination pour trois années d'études en droit ; il fallait pour cela qu'ils fussent *nobiles utroque parente*, c'est-à-dire nobles de père et de mère et en fissent la preuve par la déposition de quatre témoins par-devant le juge royal de leur lieu de domicile. Ils devaient être bacheliers. Les maîtres ès arts suppliaient aussi pour être maîtres de pension. Les libraires et les imprimeurs étaient membres de l'Université de Paris. Quatre papetiers-jurés, quatre parcheminiers-jurés, deux enlumineurs, deux relieurs, deux écrivains-jurés et les grands messagers-jurés étaient nommés pas l'Université et, en cette qualité, jouissaient des privilèges, exemptions et immunités attribués à l'Université.

En 1746, le Parlement rendit, le 8 mars, un arrêt ordonnant qu'un legs fait par l'abbé le Gendre, chanoine de l'Église de Paris, serait employé à établir, dans l'Université de Paris, des prix pour tous les collèges de plein et entier exercice, depuis la rhétorique jusqu'à la troisième.

En 1758, l'abbé Collot, chanoine de Saint-Germain l'Auxerrois et professeur émérite de l'Université de Paris, fonda les prix depuis la quatrième jusqu'à la sixième.

Le prix d'éloquence latine pour les maîtres ès arts de l'Université de Paris fut fondé en 1749, par M. Coignard, libraire.

Les compositions pour les prix se faisaient dans la salle de Saint-Thomas des Jacobins de la rue Saint-Jacques.

La faculté des arts avait pour objet la grammaire latine et grecque, la rhétorique et la philosophie, que l'on enseignait dans les dix collèges de l'Université appelés de plein exercice.

Il nous reste à donner l'explication des noms des quatre nations qui commencèrent à être en usage vers 1250. La nation de France était divisée en cinq provinces ou tribus : Paris, Sens, Reims, Tours et Bourges ; chaque tribu comprenait plusieurs villes ; ainsi la première : Paris

Chartres, Meaux, Orléans, Blois et le vicariat de Pontoise; la seconde : Sens, Troyes, etc.

L'Espagne, l'Italie, la Lombardie, Venise, toutes les îles de la Méditerranée et toute l'Afrique dépendaient de la nation de France. Ses messes se célébraient dans la chapelle du collège royal de Navarre, à dix heures ses assemblées avaient lieu au collège Louis-le-Grand. Son titre honorifique et distinctif était *Honoranda Gallorum Natio*. Elle avait deux appariteurs.

La Picardie était divisée en cinq tribus : Beauvais, Amiens, Noyon, Senlis, Soissons et Laon; la cinquième comprenait : Saint-Omer, Anvers, Bruges, Namur, Malines, etc.

Ses messes se célébraient dans la chapelle de la nation, rue du Fouare, à sept heures, les assemblées se tenaient au collège Louis-le-Grand. Titre : *Fidelissima Picardorum Natio*. Deux appariteurs.

La Normandie contenait sept diocèses : Rouen, Avranches, Coutances, Lisieux, Évreux, Bayeux, Seez.

Ses messes se célébraient dans la chapelle du collège d'Harcourt, à sept heures; ses assemblées au collège Louis-le-Grand. Titre : *Veneranda Normanorum Natio*. Deux appariteurs.

Enfin la nation d'Allemagne, primitivement divisée en trois tribus, n'en comprit plus que deux à partir de 1528; 1° la haute et la basse Allemagne, la Suisse, la Pologne, la Prusse, la Hollande ; 2° l'Ecosse, l'Angleterre, l'Hibernie, c'est-à-dire les provinces *Insularium*. Titre : *Constantissima Germanorum Natio*. Assemblées au collège Louis-le-Grand. Deux appariteurs.

La faculté des arts disparut après 1789 et la faculté des lettres la remplaça le 17 mars 1808.

Des lettres patentes, données à Versailles le 16 novembre, portèrent translation des « Écoles de la faculté de droit de l'Université de Paris » sur la place de la nouvelle église de Sainte-Geneviève du Mont.

« Sa Majesté veut qu'au pourtour de la place qui doit être construite devant la nouvelle église de Sainte-Geneviève, il soit construit des édifices convenables et suffisants, tant pour les leçons publiques et exercices de la faculté de droit de l'Université de Paris, que pour le logement des professeurs de ladite faculté, lesquels terrains et bâtimens à construire, tant pour lesdites écoles que pour le logement des professeurs de ladite faculté, lui appartiendront en toute propriété et à toujours, lui en faisant, en tant que besoin est, tout don nécessaire... Ordonne Sa Majesté qu'aussitôt après la construction dudit édifice, pour ladite faculté de droit, les écoles y soient ouvertes et les professeurs logés, et qu'il soit incontinent procédé, par-devant un des conseillers du parlement, à la vente des terrains, cours et bâtimens servant actuellement aux exercices et au logement des trois anciens professeurs de ladite faculté, pour le prix qui en proviendra, être employé au payement des sommes qui se trouveront être redues pour raison des bâtimens desdites écoles des droits, et ensuite à la construction de ladite nouvelle église de Sainte-Geneviève. »

Ces lettres patentes, bien qu'enregistrées au Parlement le 29 novembre, ne furent cependant pas mises à exécution promptement, car ce ne fut qu'en 1771 que les bâtimens furent commencés sous la direction de Soufflot qui eut à lutter contre la disposition fâcheuse du terrain, exigu et très irrégulier, destiné aux bâtimens de l'École. Il triompha néanmoins de cette difficulté et construisit un amphithéâtre, plusieurs salles appropriées à la destination de l'établissement, et des logements particuliers. Quant à la façade de l'édifice, l'architecte eut l'idée ingénieuse de la faire concourir à la décoration des abords de Sainte-Geneviève ; en conséquence, il donna à l'entrée de l'École de droit, ouverte sur la place- un aspect monumental en l'ornant d'un portique de quatre grandes colonnes ioniques surmontées d'un fronton triangulaire. Cette façade est prise sur l'angle qui répond au Panthéon et interrompt la forme rectangulaire. La décoration occupe toute la hauteur du bâtiment.

Lors de la révolution de 1789, les écoles de droit furent suspendues, mais un décret du 13 mars 1804 les réorganisa ; le nombre des étudiants augmentant, les bâtiments étaient devenus insuffisants, et en 1820, on transféra plusieurs cours à la Sorbonne, puis au collège du Plessis. Enfin, vers 1830, on augmenta l'École d'un vaste amphithéâtre, ce qui fait qu'à l'intérieur des bâtiments deux beaux amphithéâtres se trouvent réservés aux cours ; une bibliothèque de plus de 10,000 volumes est ouverte aux élèves de l'école, tous les jours de dix heures à trois heures, à l'exception des dimanches, jours de fête et des deux mois de vacances.

Le parlement de Toulouse avait, le 17 décem-1763, décrété de prise de corps le duc de Fitz-James, pair de France ; le 29 décembre, les princes et les pairs vinrent prendre place à l'assemblée des chambres du Parlement réunies pour délibérer sur la proposition du duc d'Orléans, touchant ce qu'il conviendrait de faire à propos de la validité ou de l'invalidité de ce décret. On rendit un arrêt portant que les princes et les pairs seraient convoqués pour le lendemain afin de juger la question, et que le roi serait prié d'assister à la séance. Le roi n'y vint pas, mais la cour, toutes chambres assemblées, annula le décret du parlement de Toulouse et le lendemain, il fut arrêté qu'il serait fait des remontrances au roi sur les faits contenus dans les procès-verbaux du parlement de Toulouse, et des commissaires furent nommés à cet effet, le 4 janvier suivant.

Avant de commencer le récit des événements de l'année 1764, disons que les registres publics des églises paroissiales de Paris constatèrent pendant le cours de l'année 1763, 20,171 décès, 4,479 mariages et 17,436 baptêmes. Le nombre des enfants trouvés se monta à 5,253.

Quelques autres ordonnances de police rendues à peu près vers la même époque méritent aussi de ne pas être passées sous silence, l'une rendue par le prévôt des marchands et les échevins (le 3 juin 1763) portait « défense à tous compagnons de rivière de conduire des trains de bois flotté sans être vêtus de leurs habits, et à tous maîtres pêcheurs et autres particuliers, de pêcher dans l'espace de la rivière de Seine, depuis la tête du lieu appelé le Terrain jusqu'au-dessous du Petit-Pont. Le motif de cette ordonnance est de prévenir, d'une part, tout ce qui pourroit occasionner des scandales, et de l'autre, les vols des linges et autres hardes et meubles dont la lessive est faite pour le service des pauvres de l'Hôtel-Dieu. »

Une autre de la même date et des mêmes prévôt et échevins, par laquelle il est dit « que les bains d'hommes seront éloignés de ceux des femmes d'une distance suffisante, et que les chemins pour y arriver seront différents, à peine contre les sous-fermiers des places où seront établis les bains, de 300 livres d'amende, de confiscation de leurs bateaux et équipages, et d'être exclus pour toujours de tout commerce sur les ports de Paris, fait très expresses inhibitions et défenses, sous pareilles peines, aux sous-fermiers des places à mettre bateaux à lessives, de souffrir sur ces bateaux aucunes personnes pour se baigner ; fait pareilles défenses à toutes personnes de se baigner d'une manière indécente, de rester nuds sur les bords et graviers de la rivière et sur les bateaux chargés de marchandises ou vuides, d'approcher ou d'aller autour des dits bains et bateaux à lessives à peine de 50 livres d'amende ; comme aussi de se baigner dans le bras de la rivière depuis le jardin appelé le Terrain jusqu'au pont Saint-Michel, sous pareille peine de 50 livres d'amende, même de punition exemplaire. »

Une troisième, aussi de même date et des mêmes « défend à toutes personnes, de quelque qualité et condition qu'elles soient, de monter et de s'asseoir sur les sacs de bled et autres grains et farines, sur les ballots et caisses de marchandises étant sur les ports de cette ville, de se promener entre les piles de bois, de monter sur icelles ni sur les bateaux et bachots étant dans lesdits ports, comme aussi aux personnes du sexe masculin de s'y trouver en robe de chambre et sans être décemment vêtus, sous peine d'amende, même de prison, dans tous les cas où, par leur fait, la sûreté et la tranquillité publique auroient été interrompues. Mande aux huissiers audienciers, commissaires de police de l'hôtel de cette ville, de tenir la main à l'exécution des présentes ; à cet effet, de se transporter, vêtus de leur robe, le soir de chaque journée de la belle saison sur lesdits ports et dans tous les cas où il en sera nécessaire, de s'y faire assister de la garde qui sera de service, de dresser des procès-verbaux, des contraventions, etc. »

Voit-on ces malheureux huissiers audienciers et commissaires obligés d'aller chaque soir, dans l'été, à la recherche des gens qui seraient, en robe de chambre, assis sur des sacs de farine !

Depuis nombre d'années, le nettoyage, la cuisson et la préparation des abatis et des tripes de bœufs, vaches et moutons, se faisaient dans la rivière de Seine, entre le pont Notre-Dame et le pont au Change, et dans le quartier de l'ancienne place aux Veaux ; sur la réclamation des habitants de ces quartiers, ces différentes opérations furent transférées à l'île des Cygnes, et la cuisson confiée à de nouveaux cuiseurs, par arrêt du 7 janvier 1763. Toutefois un second arrêt du 7 septembre suivant ordonna qu'avant de procéder à l'enregistrement des lettres patentes qui avaient ordonné le transfert, il serait fait essai pendant six mois de la manière d'opérer des nouveaux cuiseurs de tripes. Ces cuiseurs se montrèrent probablement à la hauteur de la mission qui leur était confiée, car un commissaire appelé Dudoigt fut spécialement chargé de se transporter chaque jour à l'île des Cygnes afin d'assister à la délivrance des abatis et de surveiller leur nettoyage et leur cuisson, et de présider au transport qui en était fait ensuite dans la cour du grand Châtelet, pour de là être livrés « aux tripiers et tripières avec la propreté et l'attention convenables. »

Et le 12 octobre 1764, une ordonnance de police établit définitivement les cuiseurs de tripes dans l'île des Cygnes.

L'année 1764 commença par la découverte d'une comète. Ce fut M. Meissier, astronome attaché aux plans de la marine, qui la découvrit le premier, et tout Paris s'occupa de l'événement.

Mais son attention fut bientôt sollicitée par un fait beaucoup plus important. L'extrait d'un arrêt rendu le 22 février fut imprimé et affiché dans tous les marchés, sur toutes les places publiques et dans tous les carrefours, et chacun put lire ceci : « Appert entre autres dispositions avoir été ordonné, par arrêt rendu ledit jour par la cour, toutes les chambres assemblées, que dans huitaine, à compter du jour de la publication dudit arrêt, même par extrait, tous ceux qui étoient membres de la ci-devant société se disant de Jésus, au 6 août 1761, étant actuellement dans le ressort de la cour, prêteront serment de ne point vivre désormais en commun, ou séparément, sous l'empire de l'institut et des constitutions de la ci-devant société se disant de Jésus, de n'entretenir aucune correspondance directe ou indirecte, par lettres ou par personnes interposées ou autrement, en quelque forme ou manière que ce puisse être, avec le général, le régime et les supérieurs de ladite ci-devant société, ou autres personnes

Grand orgue de l'église de la Madeleine.

A cette vue, les applaudissements, les rires frénétiques éclatèrent de toutes parts. (Page 288, col. 2.)

par eux préposées ni avec aucun membre d'icelle résidant en pays étrangers, et de tenir pour impie la doctrine contenue dans le recueil des assertions tendant à compromettre la sûreté de la personne sacrée des rois ; lesquels serments à l'égard de tous ceux desdits soi-disant jésuites, qui sont actuellement dans la ville, prévôté et vicomté de Paris, seront reçus par devant M° Joseph-Marie Terray, conseiller rapporteur;... le tout sans préjudice du serment prescrit par l'arrêt du 6 août 1762 à l'égard de ceux qui voudroient remplir des grades dans les universités du ressort, posséder canonicats ou bénéfices à charge d'âmes, vicariats, emplois ou fonctions ayant même charge, chaires ou enseignement public, offices de judicature ou municipaux, et généralement remplir aucunes fonctions publiques, comme aussi, sans préjudice de l'exécution de l'arrêt du 7 septembre suivant, rendu en conséquence... »

Il paraît que le payement des rentes viagères ne se faisait pas toujours avec une régularité parfaite, car une déclaration du roi, après avoir rappelé qu'à commencer du 1ᵉʳ janvier 1764, tous les certificats de vie devaient être signés par les rentiers, qui devaient y faire mention de leurs noms, surnoms, âge, domicile, qualité ou profession, ajoute : « Sa Majesté, par grâce spéciale et pour mettre à l'abri des poursuites extraordinaires les personnes qui pourroient avoir reçu indûment des arrérages de rentes, leur permet, dans le cours d'un an seulement, de rapporter aux payeurs le montant desdits arrérages, sans être tenus de se faire connoître ; il leur sera délivré par le payeur un reçu de ladite somme, sans désignation du nom, mais que le dit temps passé, ils seront poursuivis extraordinairement suivant la rigueur des ordonnances. » L'histoire ne dit pas si l'on rapporta beaucoup d'argent.

Paris fut inondé en février 1764; le temps avait été froid et rigoureux dès la fin du mois de novembre précédent, puis une grande abondance de neige était tombée sur la ville, les pluies succédèrent aux neiges, et le vendredi 27 janvier, une forte pluie, qui dura toute la journée du lendemain, commença à faire croître la Seine, et cette crue ne fit qu'augmenter pendant les jours suivants; bientôt le fleuve déborda et commença à inonder les bas quartiers de Paris; le 7 février, à la tombée de la nuit, l'eau s'élevait à 20 pieds 8 pouces (7 mètres d'eau environ); le bureau de l'Hôtel de ville ordonna aussitôt aux propriétaires et locataires des maisons bâties sur les ponts de déménager, et défendit qu'aucune voiture passât sur les ponts; des gardes y furent placés pour faire observer cette défense.

La communication des différents quartiers se trouva interrompue, excepté par le Pont-Neuf. Le 9, le passage des ponts fut encore défendu. La plus grande hauteur de l'eau fut de 21 pieds 10 pouces; il est curieux de voir ce qu'à cette époque une semblable crue avait pour résultat.

« Toute la plaine d'Ivry a été inondée, jusqu'au pied de la Colline. Le Port-à-l'Anglois étoit au milieu des eaux, qui, d'un côté, noyoient les jardins de Conflans et de Bercy, couvroient tout le port et les chantiers de la Rapée, et avoient reflué par les fossés de l'Arsenal, jusques au delà du pont aux Choux. De l'autre côté, les eaux battoient les murs de l'hôpital général, couvroient le ponceau et s'étoient répandues, par la rivière de Bièvre, dans tous les marais voisins, jusques aux murs du jardin royal des Plantes.

« L'isle Louvier a été presque toute couverte, excepté sa pointe occidentale, qui étoit encore élevée de plus d'un pied au-dessus du niveau de l'eau. La chaussée, construite dans toute la longueur de cette isle et faite en dos d'âne, n'étoit pas non plus couverte d'eau, depuis la pointe occidentale jusque vers le milieu de l'isle. Le bastion du pavillon de l'Arsenal étoit entouré d'eau qui couvroit aussi l'estacade. La partie la plus basse du mail étoit conséquemment inondée. Les deux arches des culées du pont de Grammont ont été bouchées (le pont de Grammont communiquait de l'île Louvier au port Saint-Paul). Il étoit à craindre que la violence de l'eau n'emportât ce pont; aussi l'a-t-on fait charger d'une grande quantité de pavés. L'eau refluoit par l'égout qui est à l'entrée de ce pont, près la porte de l'Arsenal, et commençoit à s'étendre sur le quai; elle a reflué par le port Saint-Paul, a interrompu la communication du quai des Célestins et des Ormes, et s'est étendue d'une part jusques à l'entré de la rue des Barres, et de l'autre, jusques à l'entrée de la rue de l'Étoile (qu'on appelait aussi rue des Barrés, rue des Barrières, petite ruelle descendant au Chantier du roi, rue de l'Arche-Doré, rue de l'Arche-Beau-fils; elle commençait aux quais des Ormes et Saint-Paul et finissait aux rues de l'Hôtel-de-ville et des Barrés. Elle prolonge aujourd'hui la rue Fauconnier). Elle a couvert tout le port au Bled, de l'extrémité de la place aux Veaux, où elle s'avançoit, jusques à l'entrée de la rue Geoffroy-l'Anier. L'extrémité de la rue de la Mortellerie, où est la chapelle des Audriettes, étoit aussi couverte d'eau. On alloit en bateau dans la place de Grève. L'eau s'y est avancée jusques à la chapelle du Saint-Esprit. La communication de l'arcade Saint-Jean, des rues Jean-de-l'Épine, de la Vannerie et de la Tannerie, étoit interrompue. L'eau s'avançoit assez loin dans ces rues et la partie la plus basse du quai Pelletier étoit inondée.

« La communication du quai de l'École avec la terrasse du Louvre a été interrompue, l'eau a couvert tout le port Saint-Nicolas, battoit les murs du Louvre et s'est avancée par le premier guichet dans la rue Froid-Manteau, presque jusques au passage Saint-Thomas du Louvre.

« Dans la Cité, la cour de la Présidence étoit remplie. L'eau avoit remonté par l'égout de cette cour et s'avançoit jusques à la porte de l'hôtel du premier président.

« La partie du cloître Notre-Dame qui aboutit au Pont-Rouge étoit inondée. L'eau avoit reflué d'une part par l'égout qui est au carrefour du Pont-Rouge, et de l'autre, par la place Saint-Landry et couvroit tout le carrefour de la rue d'Enfer, jusques à celle de la Colombe. L'eau avoit également reflué par l'égout situé près Saint-Landry, et sa partie basse, qui avoisine cette église, était noyée.

« Le jardin du Terrain étoit devenu une isle. L'eau qui avoit remonté d'un côté par l'abreuvoir et de l'autre par la descente située à l'opposite des grands degrés, s'étendoit assez loin dans la rue du Cloître qui conduit à ce jardin.

« Le long de la rivière au midi, la barrière Saint-Bernard étoit noyée, de même que tout le quai, jusques près de la Halle aux vins. Un marais contigu au jardin de l'abbaye royale de Saint-Victor étoit inondé.

« Sur le quai de la Tournelle, entre l'hôtel de Clermont-Tonnerre et les Miramiones, l'eau étoit montée sur le pavé. Elle a reflué par les grands degrés et l'égout de la place Maubert; elle s'est avancée presque jusques à l'entrée de la rue des Bernardins, jusques au tiers de la rue de ..èvre; Il entroit dans la rue Perdue, couvroit la rue Pavée et s'est étendue dans la place Maubert, vers le milieu, au de là de la fontaine.

« L'eau refluait également dans la rue de la Huchette, par celles du Chat-qui-pêche, et des Trois Chandeliers; elle remontoit aussi par l'abreuvoir Mâcon, dans la partie la plus basse de la place du Pont-Saint-Michel. Les extrémités de la rue de la Huchette, de la Vieille-Boucherie et de Saint-André des Arcs ne pouvoient plus communiquer.

« Sur le quai des Augustins, l'eau avoit aussi reflué par l'égout qui est situé vis-à-vis la rue Gît-le-Cœur. Elle s'avançoit jusques au tiers de cette rue, couvroit la partie basse du quai, qui n'avoit plus de communication que par le trottoir, qui étoit aussi couvert en partie, et n'avoit d'espace libre que pour le passage d'une seule personne.

« L'extrémité de la rue de l'Université étoit aussi inondée. L'eau qui, depuis le quai d'Orsay, couvroit tout le port de la Grenouillère remontoit par la rue de Bourgogne. Le palais Bourbon et les hôtels qui l'avoisinent formoient une isle. La barrière voisine étoit noyée, ainsi que celle de la Grenouillère. L'eau couvroit presque la moitié de l'esplanade de l'hôtel royal des Invalides et noyoit la plus grande partie du Gros-Caillou, elle s'avançoit jusque à l'École royale militaire. L'isle des Cygnes n'étoit cependant pas couverte dans toute sa longueur. L'eau s'étoit répandue dans la plaine de Grenelle, s'étendoit jusques aux jardins des maisons de Vaugirard, couvroit toute la plaine d'Issy, jusques au pied du coteau de Meudon et Bellevue. Une partie des Moulineaux étoit dans l'eau qui inondoit aussi l'entrée du village de Sèvres.

« L'extrémité de la rue Saint-Honoré, près l'Assomption, participoit aussi de l'inondation. L'eau qui remplissoit les fossés de la place Louis XV avoit reflué par l'égout situé rue de l'Orangerie. L'entrée de la place étoit seulement couverte, mais tout le Cours de la Reine et les Champs-Élysées étoient couverts. La chaussée de l'avenue des Tuileries empêchoit l'eau de s'étendre davantage. Elle a remonté dans le grand égout depuis son embouchure jusques à la naissance du canal, où elle est haute de deux pieds trois pouces. »

L'eau commença à décroître le 9. La grande quantité qu'on a vue avait été fournie par toutes les rivières de Champagne et de Bourgogne.

Nous trouvons à la date du 15 février 1764 un arrêt de la cour de Parlement pour l'hôpital de la Trinité, contre la communauté des tissutiers-rubaniers-frangiers, qui, « déclare nulle la saisie faite sur Antoine-Charles Caillois, ouvrier rubanier de l'institution de l'hôpital de la Trinité, et qui fait défense aux jurés de ladite communauté et à tous autres, de troubler les ouvriers de l'institution du dit hôpital, sous prétexte de non résidence dans l'enceinte d'icelui. »

Il paraît que, malgré toutes les ordonnances rendues contre eux, les jésuites ne se pressaient pas d'obéir aux prescriptions qui leur étaient faites ; à la date du 9 mai 1764, fut rendu un arrêt du Parlement qui, « attendu la persévérance des ci-devant soi-disant jésuites à ne pas abdiquer dans les délais qui leur avoient été marqués, un institut pernicieux contraire à la sûreté de la personne des rois et à la tranquillité de l'État, et à ne vouloir pas renoncer à une obéissance inconciliable avec celle que les François doivent au roi et aux lois du royaume... En conséquence, enjoint la cour à tous lesdits membres de la ci-devant société, de se retirer du royaume dans un mois, à compter du jour de la publication du présent arrêt, tant dans cette ville, que dans les bailliages et sénéchaussées de son ressort, sous peine d'être poursuivis extraordinairement, et punis selon l'exigence des cas, sauf à ceux qui, par leur grand âge, ou pour cause d'infirmité, ne pourroient satisfaire au présent, etc. »

Par lettres patentes du 21 novembre 1763, les boursiers de tous les collèges de Paris dans lesquels il n'y avait pas plein et entier exercice durent être réunis au collège Louis-le-Grand, et le 16 août 1764 d'autres lettres patentes confirmèrent les unions faites et ordonnèrent que les boursiers des collèges d'Arras, d'Autun, de Bayeux, de Bourgogne, de Boissy, des Bons-Enfants, de Cambray, de Saint-Michel, des-Cholets, de Cornouailles, d'Ainville, de Fortet, d'Huban, de Justice, de Laon, du Mans, de Maître-Gervais, de Narbonne, des Dix-huit, de Presle, de Reims, de Sainte-Barbe, de Seez, de Tours, de Tréguier, du Trésorier, de Dormans-Beauvais et ceux du collège Louis-le-Grand seraient tenus d'habiter dans ce dernier collège.

Le 4 août fut rendue une déclaration portant que les vagabonds et les gens sans aveu, mendiants ou non mendiants seraient arrêtés et conduits dans les prisons, et que procès leur serait fait. « Seront réputés vagabonds et gens sans aveu, et condamnés comme tels, ceux qui, depuis six mois révolus, n'auront exercé ni profession ni métier, et qui, n'ayant aucun état ni aucun bien pour subsister ne pourront être avoués ou faire certifier de leurs bonnes vie et mœurs par des personnes dignes de foi. » En vertu de cette déclaration, ceux qui seraient arrêtés dans les deux mois qui la suivirent, devaient être condamnés aux peines portées par les ordonnances précédentes, et à l'égard de ceux qui le seraient passé ce délai ils seraient condamnés, même sans être prévenus d'aucuns crimes ou délits, les hommes à trois années de galères, et les femmes à trois années d'hôpital. Bien des fois déjà, ces mesures de rigueur avaient été employées, et elles n'avaient jamais fait diminuer le nombre des pauvres.

Nous avons dit qu'en 1764, Nicolet fit construire une salle de spectacle en bois, destinée à remplacer sa baraque foraine, mais ce ne fut pas sans rencontrer de sérieux obstacles : d'abord il lui fut défendu d'élever son théâtre plus haut que les remparts ; d'un autre côté, un terrain à niveler, des fossés à combler, c'était à faire renoncer tout autre ; mais Nicolet avait confiance dans l'emplacement qu'il avait choisi, rien ne l'arrêta, il triompha de toutes les difficultés ; et trois ans plus tard, de locataire, il devenait propriétaire du terrain qu'il occupait.

Sur la façade de son théâtre on lisait : *Salle des grands danseurs*, et les pantomimes, les sauteurs, les danseurs de corde, les hercules les plus soli-

les équilibristes justifièrent le dicton « de plus fort en plus fort; » aussi les deux Comédies française et italienne et l'Opéra, jaloux de ce succès, firent rappeler Nicolet à l'ordre, et celui-ci, craignant pour son théâtre naissant, écrivit aux comédiens du roi pour essayer de les fléchir une lettre bien humble; il rappela qu'on lui avait interdit la parole, et qu'il s'était résigné aux pantomimes, mais il suppliait qu'on lui tolérât de nouveau ses farces : « Mon nom, dit-il, caractérise, comme celui du cabaretier mon voisin, la drogue, la ripoupée.... laissez-moi rappeler à mes farces mes savetiers, mes soldats, mes marmitons et mes ravaudeuses... mon spectacle est devenu plus délicat, mais je sens tous les jours qu'il m'est impossible de vivre avec la bonne compagnie... on vient pour huit sols chez moi, s'asseoir fort à l'aise, et sans être gêné sur l'habillement ni même sur la propreté. »

Ces considérations ne touchèrent pas la Comédie, qui le fit venir, le 9 juillet, et lui refusa durement l'autorisation qu'il sollicitait si humblement.

« Nicolet, dit l'auteur des Spectacles forains, n'en continue pas moins, insensiblement, d'empiéter sur le genre dramatique. Par ordre du roi, le duc de la Vrillière, ministre de Paris, écrit au lieutenant de police deux lettres dont on a beaucoup parlé dans ces discussions, sans que personne en ait cité la date, mais qu'on peut évidemment dater de 1767. La première invite à rappeler les forains au respect du privilège de la Comédie et n'autorise formellement que les danses de corde, les pantomimes, les marionnettes et les parades, défend de leur laisser représenter aucunes pièces ou scènes des Théâtres français ou italien aucune pièce qu'ils pourraient faire composer, soit en dialogues, soit en vaudevilles, quand bien même elles seraient jouées par des marionnettes, à peine de 3,000 livres d'amende envers l'une ou l'autre comédie, et de démolition de leurs théâtres ; la seconde leur permet au plus six violons, dix danseurs, restreint le tarif de leurs places à 40 sols aux premières, à 12 aux secondes et à 6 au parterre. » A cette époque, Nicolet fit l'acquisition d'un acteur qui excita bientôt l'admiration des Parisiens : c'était un singe savant qui exécutait avec beaucoup d'intelligence des scènes bouffonnes. « Quelque temps après ses débuts à la Comédie française, lit-on dans Foyers et coulisses, Molé étant tombé malade, l'idée vint à Nicolet d'affubler son singe d'une robe de chambre, d'un bonnet de nuit avec un ruban jaune, de pantoufles, et, dans ce costume, de lui faire représenter le comédien moribond. Le singe se donnait des airs, faisait des mines et cherchait à exciter la commisération publique» ; son succès fut grand, et le chevalier de Boufflers le célébra en vers.

Au reste, Nicolet, n'ayant pu obtenir aucune concession des comédiens du roi, se mit à braver ouvertement toutes les défenses dont ils étaient les inspirateurs ; il avait attaché à son théâtre, un aboyeur qui s'était acquis une réputation universelle pour la façon dont il annonçait le spectacle.

— Entrez ! entrez, messieurs, criait-il, entrez, mesdames ! entrez voir le *Grand Festin de Pierre!* M. Constantin remplira le rôle de don Juan et sera précipité dans les enfers avec toute sa garde-robe !

Ses marionnettes avaient été remplacées par des acteurs vivants, et aux exercices du singe, aux danses de corde, il avait ajouté de petites pièces comiques de la composition de Taconnet, qui en moins de dix ans composa plus de soixante pièces.

« Taconnet, dit l'auteur des *Spectacles populaires*, a composé pour Nicolet une multitude de farces et parodies dont la plupart portent des titres caractérisques ; ce sont par exemple : *la Mariée de la Courtille, les Fous des boulevards, la Mort du bœuf gras, les Écosseuses de la Halle, les Ahuris de Chaillot*. Sur le titre du *Baiser donné et rendu*, un de ses chefs-d'œuvre, il se qualifie, « membre « des arcades du Pont-Neuf, du pont aux Choux, « et du pont aux Tripes, secrétaire de l'académie « aquatique de l'arche Marion, et compositeur des « théâtres forains.» Taconnet ne va pas choisir ses héros dans les nuages : un ivrogne, une commère, un rempailleur de chaises, un égrillard, voilà ses types de prédilection ; mais surtout il aime les savetiers d'un amour sans bornes. Auteur et acteur, il avait mis son ambition à reproduire cette figure dans sa perfection idéale, et il s'était si bien incarné dans la peau de ce rôle qu'il eût paru déplacé dans un personnage de cordonnier. Il en était venu à faire mieux que nature. Prenant son art très au sérieux, il jouait avec une gravité superbe, un sang-froid inébranlable, et il avait surtout des effets de pantomime irrésistibles. Sa grande scène favorite, qu'il ne manquait pas de mêler à tous ses rôles de savetier, et que le public attendait comme on attend aujourd'hui à l'Opéra *l'ut dièse* de Tamberlick, était celle où il tournait le dos aux spectateurs, et se baissant lentement, dans l'attitude d'un homme qui ramasse un objet à terre, lui dévoilait par degrés un vieux fond de culotte en lambeaux par les lacunes desquelles s'échappait un pan de chemise. A cette vue, les applaudissements, les rires frénétiques et les cris d'enthousiasme éclataient de toutes parts. C'étaient sans doute de pareils traits de comique qui avaient fait nommer Taconnet le Molière des boulevards !

« Les parades et le jeu de Taconnet, car il est probable qu'il joua plus d'une fois lui-même à la porte dans ses pièces, attiraient une affluence énorme sur le boulevard du Temple. Quelquefois, les dimanches, il y avait jusqu'à vingt mille hommes pressés, entassés sur tous les points d'où l'on pouvait apercevoir les tréteaux. Et ce n'était

On voyait une foule de chevaliers français s'avancer noblement, proposer des défis. (Page 291, col. 1.)

pas seulement les gens du peuple, mais aussi des grands seigneurs et des dames du plus haut monde, qui s'y rendaient en voiture, ou faisaient arrêter leurs équipages pour le voir et l'entendre. On était alors au temps où Volange, dans le rôle de Janot, faisait les délices des duchesses qui se pâmaient d'aise au fameux : *C'en est!* Les parades de Taconnet appartenaient au même genre de littérature. »

Les directeurs eux-mêmes ne dédaignaient pas de solliciter le public à grand renfort de clarinette et de grosse caisse.

En 1770, un incendie détruisit le théâtre des Grands Danseurs. Nicolet le fit rebâtir, et comme il avait eu la bonne fortune de jouer à Choisy, devant le roi et Madame du Barry, il obtint de Louis XV la permission de mettre sur la façade du nouveau théâtre qu'il fit reconstruire :

THÉATRE DES GRANDS DANSEURS DU ROI

A partir de ce moment, son succès fut complet : il eut un répertoire de deux cent cinquante pièces, trente acteurs, soixante danseurs, vingt musiciens ; il joua des pièces à spectacle, et des arlequinades montées avec un grand luxe ; les entr'actes étaient remplis par des tours de force et d'équilibre ; on y admirait des équilibristes fameux tels que le gracieux Placide, le danseur Desvosges, le beau Dupuis, le Petit-Diable, etc. Cependant cinq ans plus tard, un nouveau revers vint frapper Nicolet : Taconnet, son auteur habituel, mourut, et il ne parvint à maintenir la vogue de son théâtre qu'en faisant venir à grands frais d'Espagne des faiseurs de tour d'une adresse prodigieuse. Il mourut en 1789.

Ce fut Nicolet qui donna le premier une représentation au bénéfice des incendiés de la foire Saint-Ovide.

En 1791, un décret de l'Assemblée nationale proclama la liberté des théâtres. La veuve Nicolet continua l'exploitation du théâtre fondé par son mari, mais le titre en eût été séditieux : elle lui donna celui de théâtre de la Gaîté et joua le répertoire de la Comédie française. Mme Nicolet céda, en 1795, son théâtre à Ribié, qui lui donna le nom prétentieux de théâtre d'Émulation ; le changement ne porta pas chance au théâtre, bien que le nouveau directeur eût inventé les grandes affiches, et qu'il fût un maître dans l'art de battre la caisse roulante. Il fit de mauvaises affaires et vendit son théâtre à Cofin-Rosny, qui lui rendit son titre de théâtre de la Gaîté, et, sans se soucier de l'antithèse qui existait entre ce titre et le genre qu'il adopta dès 1800, il voua spécialement son théâtre au mélodrame : *Kalih-Sergus* fit merveille ; cependant Cofin-Rosny eut l'idée de monter une féerie et s'adressa à un journaliste, Martainville, qui, en 1805, lui donna *le Pied de mouton*. Cette pièce fit la fortune du directeur.

« Après le décret de 1807, dit M. Henri Buguet, qui supprima si brusquement vingt-cinq théâtres, la veuve Nicolet, à la suite d'un long procès pour faire reconnaître ses droits, rentra dans l'exercice de son privilège, dont elle confia l'exploitation à son gendre, M. Bourguignon, qui s'adjoignit M. Dubois comme premier lieutenant. Le premier soin du nouveau directeur fut de faire rebâtir sa salle par M. Peyre, habile architecte, qui la livra le 3 novembre 1808. Le prologue d'ouverture était de Hapdé, il avait pour titre : *Le Siège de la Gaîté*. C'est alors qu'on vit fleurir les mélodrames de Ducange, de Hapdé, de Cuvillier, de Guilbert de Pixérécourt, de Caigniez, etc. *L'Ange tutélaire ou le Démon femelle, la Tête de bronze, le Précipice, l'Homme de la Forêt-Noire, M. et Mme Denis, Androclès ou le Lion reconnaissant, la Forteresse du Danube, Marguerite d'Anjou, les Ruines de Babylone, Miniski,* ou *le Tribunal de famille, Victor ou l'Enfant de la forêt, Jocko ou le Singe de Brésil*, et tant d'autres qu'il serait trop long de nommer, eurent de grands succès. »

Les chefs d'emploi de la Gaîté s'appelaient : Tautin, Marty, Lafargue, Dumesnil, Paschal, Tony, Camel, Mulot, Boulanger, Mmes Bourglais, Picard, Hugens, Joigny, Julie Pariset.

L'orchestre comprenait vingt musiciens, sous la direction de M. Daussy, son chef.

Le 19 décembre 1816, M. Bourguignon mourut, sa veuve continua à diriger la Gaîté, puis s'associa M. Dubois, ensuite M. Dupetit-Méré ; elle mourut le 11 mai 1823, et M. Guilbert de Pi-

xérécourt obtint le privilège et s'associa pour la direction MM. Dubois et Marty, mais le ministère imposa Martainville comme directeur associé. *Latude ou Trente-cinq ans de captivité* fut un des grands succès de la direction Pixérécourt qui venait de vendre le théâtre 500,000 francs à M. Bernard Léon, lorsqu'un incendie terrible le détruisit ; le 21 février 1835, on répétait une féerie : *Bijou ou l'Enfant de Paris*, et l'on essayait un effet de tonnerre et d'éclair ; une frise s'enflamma, et un quart d'heure plus tard tout le théâtre était en flammes. Des représentations à bénéfice furent aussitôt organisées, Bernard Léon s'occupa immédiatement de faire rebâtir l'immeuble dévoré par le feu, et neuf mois suffirent pour faire renaître la Gaîté de ses cendres. L'architecte Bourlat utilisa surtout dans la nouvelle construction le fer, dont ses collègues faisaient encore assez peu usage.

La réouverture eut lieu le 19 novembre 1835, par trois pièces nouvelles : *Vive la Gaîté*, prologue ; *la Tache de sang*, drame et *le Tissu d'horreurs*, folie. MM. Lhérie, Lebel et Mlle Nongaret débutèrent dans ces trois ouvrages, mais le fait le plus remarquable de la soirée fut l'entrée en scène du directeur-acteur, Bernard Léon dans *le Tissu d'horreurs* : dès qu'il parut, la salle faillit crouler sous les applaudissements.

On voyait inscrit sur la façade du nouveau théâtre :

THÉATRE DE LA GAITÉ

FONDÉ EN 1760	INCENDIÉ LE 21 FÉVRIER 1835,
PAR J.-B. NICOLET,	RÉÉDIFIÉ EN FER, ET ROUVERT LA MÊME ANNÉE,
RECONSTRUIT EN 1808.	LE 19 NOVEMBRE ; BOURLAT, ARCHITECTE.

Malgré toute la sympathie qu'on lui portait, Bernard Léon, écrasé sous les lourdes charges qu'il avait dû contracter, ne tarda pas à succomber, et en 1837 M. de Cès-Caupenne obtint le privilège des théâtres de l'Ambigu et de la Gaîté.

Il céda peu de temps après la direction de la Gaîté à MM. Montigny et Meyer, qui montèrent *la Belle Écaillère, le Sonneur de Saint-Paul, la Grâce de Dieu, le Sylphe d'or, les Sept Châteaux du diable*. M. Montigny se retira en 1844 pour prendre le Gymnase, et M. Mayer demeura seul directeur jusqu'en 1852, époque à laquelle M. Hostein lui succéda ; en 1868, M. Hostein prit la direction du Cirque, et M. Harmant devint directeur de la Gaîté, mais en 1862 ce théâtre fut démoli pour la création d'un nouveau boulevard. Nous le verrons transporté dans une salle nouvelle érigée vis-à-vis le square des Arts et métiers.

Ce fut le 29 août 1764, que le sieur Torré, artificier italien, frappé du goût excessif que les Parisiens avaient toujours montré pour les feux d'artifice, ouvrit sur le boulevard Saint-Martin, à l'endroit où la rue de Lancry débouche sur ce boulevard, un spectacle pyrrhique appelé le Waux-hall, le local était vaste, et le parterre contenait plus de 1,200 personnes, les feux d'artifice qu'il y donnait étaient d'un effet jusqu'alors inconnu. Il y mêlait des décorations pompeuses ou agréables et des pantomimes dont les sujets nécessitaient l'explosion du feu ; telles étaient *les Forges de Vulcain*, (juillet 1766), où l'on voyait les travaux des cyclopes, et Vénus demandant à Vulcain de lui forger des armes pour son fils Énée.

« Le spectacle de Torré fut interrompu en 1768, dit Dulaure, par un procès que lui intentèrent les habitants du voisinage ; il obtint comme un dédommagement la permission de donner des bals publics et des fêtes foraines. En cette année, il donna le divertissement du mât de cocagne, exercice qui, en 1425, pendant la domination des Anglais, fut offert aux yeux des Parisiens et qui, depuis cette époque jusqu'au temps de Torré, n'avait pas été renouvelé. »

Au mois de septembre de la même année, il introduisit sur l'avant-scène des bouffons qui y représentaient des farces et chantaient des ariettes italiennes. L'année suivante, il fit presque entièrement reconstruire son théâtre et donna pour l'ouverture : *les Fêtes de Tempé*.

En 1774, il changea encore le genre de son spectacle ; au reste, il s'ingéniait sans cesse à trouver quelque moyen nouveau d'attirer le public. Écoutons Saint-Foix.

« Il inventa d'autres jeux ; dans son enceinte, il fit construire une rotonde couverte très vaste, à double galerie à l'entour, ornée d'un architecture magnifique formant des colonnes et des pilastres enrichis de peintures et dorures, surchargés d'une draperie brillante. Le public y dansa d'abord au bruit d'un nombreux orchestre; ensuite, il y eut de jeunes élèves de l'un et de l'autre sexe qui formèrent des quadrilles et des danses caractérisées. Sur la fin, le sieur Torré donna le simulacre d'un tournoi, à l'instar des anciens, où l'on voyoit une foule de chevaliers françois s'avancer noblement, proposer des défis, rompre des lances ou se battre pour leurs dames ; nous en parlons comme témoin oculaire. L'effet de ce spectacle nouveau étoit pittoresque, l'exécution simple et parfaite ; il reçut les applaudissemens du petit nombre de connoisseurs de notre capitale, qui doivent regretter, ainsi que nous, la cessation d'un tel spectacle. »

En effet, aux tournois offerts au public en 1774, succédèrent, en 1775, une illumination en verres de couleur, en 1777, la fête du Mai qui attira un grand concours de spectateurs.

Torré étant mort en 1780, le Waux-hall (qui avait pris le nom de Waux-hall d'été, après qu'un Waux-hall d'hiver dont nous parlerons plus loin eut été créé) disparut pour se transformer plus tard.

A côté de ces théâtres il convient de placer les divertissements offerts au peuple, à la même époque, par la foire Saint-Ovide. Le pape Alexandre VII, ayant fait présent, en 1665, au duc de Créqui du corps de Saint-Ovide, celui-ci l'offrit aux religieuses capucines de la place Vendôme, qui en solennisèrent la fête annuellement le 31 août ; pendant l'octave de cette fête, nombre de gens accouraient au couvent, et des marchands de pain d'épice, de pâtisseries, de menus objets d'enfants commencèrent à stationner à ses abords, puis il y vint des merciers, des lingers, des bijoutiers de toute espèce, ce qui formait une sorte de foire ; enfin on éleva des tentes sur la place, sous lesquelles les gens de la campagne, qui venaient par dévotion visiter l'église des Capucins, trouvaient à boire et à manger. L'affluence du peuple s'accroissant de plus en plus, un particulier eut l'idée de construire pour la foire de 1764, des loges en charpente tout autour de la place Vendôme, afin d'y placer commodément les différents marchands qui fréquentaient cette foire. Il avait fait pratiquer au centre et aux extrémités un passage pour les voitures, « en sorte que, cet assemblage de boutiques autour de cette place formoit un coup d'œil fort agréable. Dans le milieu, et autour de la statue de Louis XIV étoient des loges, aussi de charpentes, qui étoient distribuées, partie pour les danseurs de corde, joueurs de marionnettes et autres petits spectacles, et partie pour des cafés et autres endroits pour s'y rafraîchir. Rien ne sembloit devoir apporter aucun changement dans ce nouvel établissement aussi agréable que commode aux habitans de cette capitale ; cependant, en 1771, cet établissement a été transféré dans la grande et vaste place de Louis XV. »

Nous devons ajouter que jusqu'à la Révolution de 1789, il se tenait une foire devant chaque église le jour de la fête du patron et qu'elle durait quelquefois toute une semaine, comme celle par exemple qui se célébrait, le jour de la Saint-Samson, aux Prémontrés de la Croix-Rouge, le 28 juillet, et se tenait pendant quatre ou cinq jours.

Ce fut en 1764 que, sous le nom de dépôt militaire du régiment des gardes françaises, il fut créé, par le roi, une école sous l'inspiration du maréchal duc de Biron, colonel de ce régiment, pour l'éducation de soldats « capables de servir avec honneur dans cette troupe ». Ce dépôt était situé sur le boulevard, au coin de la rue de la Chaussée-d'Antin. On y recevait indistinctement tous les jeunes gens qui avaient des dispositions pour le service militaire (jusqu'au nombre de 150 à 200), depuis l'âge de dix ans jusqu'à seize ; parvenus à cet âge, ils étaient libres de contracter un engagement ou de se retirer. Ils étaient nourris, habillés, entretenus et instruits aux dépens du roi, qui donnait pour chacun d'eux huit sous par jour. Les caporaux aspirant au grade de sergent étaient admis au dépôt comme instructeurs, les élèves du dépôt étaient nommés par le colonel et le major; c'était un officier du corps qui en était le commandant, aidé de quatre sergents. Après la révolution, le dépôt des gardes français est devenu le café Foy.

La rentrée du Parlement se fit en 1764, le 12 novembre, avec les cérémonies ordinaires; il eut une messe solennelle célébrée par l'abbé de Sailli, chantre de la Sainte-Chapelle, et M. de Maupeou, premier président, y assista avec toutes les chambres. La rentrée de la cour des aides se fit le même jour, après la messe célébrée selon la coutume, dans la salle de la cour, les trois chambres s'assemblèrent dans la première et l'on fit la lecture des ordonnances et des règlements.

Depuis plusieurs années, dit une ordonnance de police du 9 novembre 1764, le procureur du roi était informé que des fermiers, laboureurs et marchands de paille de Luzarches, Louvres en Parisis, Dammartin, Gonesse et autres lieux circonvoisins, amenaient, les pailles qu'ils avaient à vendre à Paris, et qu'au lieu de les laisser à la place établie depuis longtemps au faubourg Saint-Laurent, ils les exposaient dans la ville, à la porte Saint-Martin, ce qui incommodait les bourgeois de ce quartier et embarrassait la voie publique; « que cependant ce marché est d'autant plus nécessaire à l'approvisionnement de la ville qu'il est le seul pour le commerce de la paille, raison pour laquelle il lui paroit nécessaire de fixer le lieu où il doit se tenir et d'assujettir ceux qui le fréquenteront aux mêmes règles qui s'observent au marché de la rue d'Enfer, près les Chartreux, et à celui du faubourg Saint-Antoine pour le foin ».

Le lieutenant de police rendit en conséquence l'ordonnance précitée, contenant, entre autres dispositions, que tous fermiers, laboureurs et autres particuliers faisant commerce de paille, pouvaient exposer leurs marchandises en vente tous les jours, à l'exception des dimanches et fêtes seulement, dans le faubourg Saint-Laurent, à commencer depuis le corps de garde situé hors la grille, jusqu'à la maison des frères récollets, et ranger leurs voitures sur une seule et même ligne du côté du corps de garde seulement, en observant de ne point gêner la voie publique... « Il est pareillement défendu par ladite ordonnance à tous hôteliers, chandeliers, grainiers et autres particuliers, de quelque qualité et condition qu'ils soient, d'aller au-devant des charrettes de paille ni de donner des arrhes aux conducteurs des dites voitures, lesquelles seront conduites directement audit faubourg. »

Une autre ordonnance de police du même jour réglait le commerce du foin à Paris et taxait le prix du foin de vingt et une à vingt-sept livres le cent de bottes, avec défense de le vendre à un prix supérieur, sous peine de 300 livres d'amende et de confiscation.

Enfin, le 29 du même mois, il fut fait défense, de par les prévôt des marchands et échevins de la ville de Paris, à tous marchands de grains, forains, etc., d'envoyer ou conduire à Paris aucunes avoines, sans qu'elles aient été préalablement vannées et nettoyées de toutes ordures, aussi sous peine d'amende et de confiscation.

Le 3 décembre, un arrêt du conseil d'État ordonna que les droits établis sur la volaille et le gibier entrant à Paris seraient payés par tous les particuliers exempts ou non exempts, même par les secrétaires, maison, couronne de France et de ses finances et autres officiers de sa grande chancellerie, pour le gibier et la volaille qui leur étaient envoyés, à l'exception de ceux provenant de leurs terres et destinés à la consommation de leurs maisons.

En décembre 1764, le roi, employant « autan qu'il étoit possible le poids des impositions qu'une guerre longue et dispendieuse nous avoit forcé d'augmenter, » rendit un décret concernant la libération des dettes de l'État et créa l'établissement d'une chambre composée de membres du Parlement pour veiller à son exécution, et de deux caisses, sous les ordres de cette chambre, l'une pour le payement des arrérages de toutes les rentes et des effets dus par le roi, l'autre pour l'amortissement.

Un arrêt du conseil d'État, en date du 16 décembre, fixa le nombre des imprimeurs à Paris : « Le roi s'étant fait représenter les édits, déclarations, arrêts et règlemens, rendus sur le fait de l'imprimerie et notamment l'arrêt du conseil du 31 mars 1739, par lesquels le nombre des imprimeurs de la ville de Paris aurait été fixé à trente-six ; étant informé que ce nombre est porté actuellement à trente-huit, et que cette multiplicité des imprimeries procédoit de la facilité avec laquelle les veuves des imprimeurs ont disposé pendant leur vie des places d'imprimeurs qui avoient vaqué par la mort de leur mari, Sa Majesté a jugé à propos de faire cesser, par le présent arrêt, des abus également contraires au bon ordre, à la police et aux règlemens de la librairie. En conséquence, veut Sa Majesté que lesdits imprimeurs demeurent fixés au nombre de trente six, sans que, sous aucun prétexte, ledit nombre puisse être à l'avenir augmenté. Ordonne que les places des imprimeurs qui seront décédés ne seront remplies à l'avenir tant que leurs veuves jouiront du privilège à elles accordé, de continuer à exercer l'imprimerie de leur mari. Ordonne en outre, Sa Majesté, que jusqu'à ce jour, lesdites imprimeries soient réduites audit

Théâtre de la Gaîté. — Funambules. — Délassements Comiques.

Mlle Clairon déchira avec colère le discours de M. de Sartine et refusa plus que jamais d'obéir. (Page 294, col. 2.)

nombre de trente-six, les places qui viendront à vaquer par la mort ou démission des maîtres ou des veuves ayant continué d'exercer l'imprimerie ne pourront être remplies par autres que par leurs fils ou leurs gendres jusqu'à ce que ladite réduction au nombre de trente-six soit consommée, etc. »

Si l'on réduisait le nombre des imprimeurs, on ne cessait pas de sévir contre les livres qui sortaient de leurs presses, et chaque jour on supprimait ou l'on condamnait au feu des imprimés ; un arrêt du conseil d'État, du 20 décembre, supprima comme faux et injurieux un *Mémoire à consulter*, parce que l'auteur accusait le sieur Duvaucel, grand maître des eaux et forêts du département de Paris, d'avoir abusé de la confiance du conseil en faisant des traités secrets avec les entrepreneurs de travaux à faire dans la forêt de Saint-Germain.

Le 2 janvier 1765, on supprima une feuille ayant pour titre *Arrêté du grand conseil du 18 décembre* 1764, parce qu'on ne voulait pas que le public eût connaissance de cet arrêté ; le 16 janvier, on supprima un *Mémoire* pour le sieur abbé Giraud contre M. Domyné de Verzet, avocat au Parlement, comme calomnieux et injurieux. Le 11 février, un arrêt de la cour de Parlement supprima une *Constitution du pape* et un autre imprimé contenant trois brefs ; le 15, ce fut un libelle ayant pour titre *Lettre d'un chevalier de Malte*, qui fut condamné à être lacéré et brûlé par le bourreau, etc. La liste en est longue !

Au commencement de 1765, un médecin réclama le payement de ses visites contre un acteur de la Comédie française, nommé Dubois, qui prétendait s'être libéré, et qui offrait de l'affirmer par serment.

On osa soutenir que le serment des comédiens ne pouvait être recevable en justice, attendu qu'ils étaient excommuniés.

Néanmoins l'acteur fut admis à jurer qu'il ne devait rien.

Mais ses camarades, persuadés qu'il avait fait un faux serment, payèrent la dette en se cotisant et refusèrent de jouer à l'avenir avec lui.

Cette louable conduite des comédiens français,

en leur conciliant l'estime du public, leur attira en même temps les rigueurs de la justice.

Dubois était protégé par un des premiers gentilshommes de la chambre ; les comédiens qui avaient refusé de jouer avec lui, et parmi lesquels se trouvaient Lekain et Mlle Clairon furent enfermés au For-l'Évêque pendant plusieurs jours.

Ce fut le 23 février que se passa l'affaire. On jouait le *Siège de Calais;* la salle était pleine ; les portes de la Comédie française avaient été fermées, et les abords soigneusement gardés par les gardes françaises qui veillaient à ce que personne ne s'introduisît sous aucun prétexte dans la salle qui regorgeait de monde.

L'enthousiasme produit aux premières représentations du *Siège de Calais* avait déterminé chez les spectateurs une impatience bien légitime, et cette impatience était encore plus excitée par la longueur du temps qui s'était écoulé depuis l'ouverture des bureaux et le lever du rideau qui ne s'effectuait pas.

A cette époque, le parterre n'avait pas encore l'habitude de jouer avec les pieds l'air des lampions, mais si les mécontents ne frappaient pas le sol en cadence sur cet air fameux, ils ne manquaient pas de produire un bruit analogue.

Bientôt, aux frappements de pied, se mêlèrent les cris et les interpellations.

Et cependant la toile était toujours immobile.

Des cris, on passa aux vociférations.

Enfin le rideau se leva.

Mais ce fut pour donner passage au semainier Bourette qui, s'avançant sur le devant de la scène, et après les trois saluts d'usage, annonça bien humblement que MM. les comédiens ordinaires du roi ne pouvaient satisfaire le public en représentant le *Siège de Calais*, par la raison que Mlle Clairon et les autres artistes qui devaient figurer dans l'ouvrage avaient refusé de jouer en compagnie du sieur Dubois.

Quelle que fût l'honorabilité du motif qui avait dicté à messieurs les comédiens cette abstention, le public fut loin de se montrer satisfait, et le malheureux semainier fut hué et sifflé à outrance.

« — Messieurs, dit-il, ou plutôt essaya-t-il de dire, nous sommes au désespoir...

— Point de désespoir, le *Siège de Calais*, criaient cent voix irritées.

— Mlle Clairon...

— A l'hôpital, la Clairon !

Bientôt le vacarme devient insupportable, l'amphithéâtre, l'orchestre, les loges se joignent au parterre ; les cris, les sifflets, les invectives ordurières contre l'actrice récalcitrante ébranlent la salle jusque dans ses fondements.

Le maréchal de Biron, nouveau Fabius, au milieu de cette guerre retentissante, ordonne à la garde de ne faire aucun mouvement.

Mlle Clairon rentra chez elle, mais, dès le lendemain matin, un exempt se présentait à son logis, porteur d'un ordre d'arrestation, et la mena au For-l'Évêque.

Le bruit de cette arrestation s'était répandu dans tous les quartiers de la ville, et nombre de gens étaient venus se placer sur le passage de ce singulier cortège et criaient : *Vive Clairon ! vive l'artiste qui n'a pas voulu se laisser déshonorer !*

Dès le soir de son incarcération, tous ses amis s'entendirent pour lui envoyer des meubles, des tentures, des tableaux pour décorer son logis ; en quelques heures, les chambres du For-l'Évêque n'eurent rien à envier pour le confortable aux appartements de son hôtel.

Pendant toute cette affaire les portes de la Comédie française demeurèrent fermées. Cet état de choses ne pouvait durer ; après un relâche de trois jours, l'autorité décida que la réouverture du théâtre se ferait solennellement, et que les comédiens qui avaient manqué au public feraient des excuses avant de jouer.

Mlle Clairon déclara qu'on pourrait la traîner de force sur le théâtre, mais qu'on ne saurait la contraindre à parler, et qu'elle refusait toute espèce de service, tant que Dubois ferait partie de la Comédie française. Les prisonniers firent la même déclaration. On ne s'arrêta pas devant ce refus. On fit préparer les affiches et donner l'ordre aux exempts de conduire le lendemain les prisonniers au théâtre pour les réintégrer en prison après leur service, et M. de Sartine leur envoya le discours qui contenait les excuses qu'ils devaient apprendre par cœur pour les débiter au public, et que le lieutenant de police avait rédigé avec MM. les gentilshommes. A la lecture de cette pièce si humiliante et si basse, Mlle Clairon et ses camarades furent pénétrés d'indignation, et cette dernière déchira avec colère le discours de M. de Sartine et refusa plus que jamais d'obéir.

— Ce serait m'avilir à mes propres yeux, dit-elle, aux yeux de mes amis, à ceux du public lui-même que de permettre qu'on lise en mon nom de pareilles choses. Ils perdront mon avenir, ils m'enlèveront ma fortune et ma liberté, mais ils ne pourront m'ôter l'estime de moi-même.

Cette déclaration était formelle, il n'y avait pas à espérer que Mlle Clairon changerait d'avis ; mais un nouvel incident compliqua la situation ; l'auteur du *Siège de Calais*, du Belloy, l'un des fervents amis de l'actrice, imagina de couper court aux tracas suscités par sa pièce en la retirant du répertoire. Cet acte de désintéressement fut vivement loué, mais il embarrassa fort MM. les gentilshommes qui ne voulaient pas avoir le démenti des excuses, et qui s'arrangèrent pour que les artistes qui étaient chargés des rôles dans le *Siège de Calais* pussent paraître dans une pièce et présenter au public les excuses convenues.

Le *Chevalier à la mode* et le *Babillard* furent affichés aux lieu et place du *Siège de Calais*, et l'acteur Bellecour vint au lever du rideau présenter au public ce discours :

« Messieurs,

« C'est avec la plus vive douleur que nous nous présentons devant vous, nous ressentons avec la plus grande amertume le malheur de vous avoir manqué. Notre âme ne peut être plus affectée qu'elle l'est du tort réel que nous avions. Il n'est aucune satisfaction qu'on ne vous doive. Nous attendons avec soumission les peines qu'on voudra bien nous imposer et qui ont déjà été imposées à plusieurs de nos camarades. Notre repentir est sincère ; ce qui ajoute encore à nos regrets, c'est d'être forcés de renfermer au fond de notre cœur les sentiments de zèle, d'attachement et de respect que nous vous devons, qui doivent vous paraître suspects en ce moment-ci. C'est par nos soins et par les efforts que nous ferons pour contribuer à vos amusements que nous espérons vous ôter jusqu'au moindre souvenir de notre faute, et c'est des bontés et de l'indulgence dont vous nous avez tant de fois honorés que nous attendons la grâce que nous vous demandons et que nous vous supplions de nous accorder ! »

Était-il possible d'infliger une plus dure humiliation à un artiste que l'obliger à s'abaisser de la sorte ? Quand on vint apprendre à Mlle Clairon que Bellecour avait consenti à faire de telles excuses, elle s'écria :

— Quoi ! on a trouvé un comédien assez lâche pour les prononcer, un public assez vil pour les entendre ?

Hélas ! oui, voilà où en était la situation des comédiens, des histrions, comme on disait à cette époque.

Le 23 février 1765, un jugement en dernier ressort, rendu par le prévôt des marchands et les échevins de la ville de Paris, condamna Jacques Avice, raccommodeur de faïence et vendeur de peaux de lapin, au carcan et au bannissement, pour trois ans, de la ville, prévôté et vicomté de Paris, pour avoir falsifié un coupon de la 43e loterie de l'Hôtel de ville ; il s'agissait d'un faux, et le jugement, bien que sévère, était mérité, mais à cette époque la justice punissait très sévèrement tout ce qui était crime ou même délit ; ainsi, nous avons sous les yeux un arrêt de la cour de Parlement qui condamna plusieurs rouliers au carcan, au fouet, à la marque et aux galères, pour, en transportant des tonneaux de vin, les avoir percés, en avoir tiré du vin et y avoir substitué de l'eau à la place.

Le 25 mars 1765, le roi donna la déclaration suivante : « Louis, etc... Les officiers chargés, sous nos ordres, de la police de Paris, désiraient depuis longtemps l'établissement d'un marché dans le quartier Saint-Martin des Champs, où, faute d'un terrain qui y fût destiné, les vendeurs et les acheteurs, ne pouvant se placer que dans les rues les plus fréquentées, se trouvaient exposés à de grandes incommodités, à de véritables risques par le passage continuel des voitures, etc. ; à ces causes : Art. 1er. Avons approuvé et autorisé, approuvons et autorisons le contrat d'échange attaché sous le contre-scel des présentes, par lequel le sieur abbé de Breteuil, en vue de l'établissement d'un marché dans le quartier Saint-Martin des Champs, a cédé aux religieux, moyennant 8,000 liv. de rente perpétuelle, la totalité de l'emplacement de son hôtel au prieuré de Saint-Martin des Champs, bâtiments et jardins en dépendant, ainsi qu'un grand terrain vague en forme de marais, contigu audit hôtel prieurial, etc...

« Art. 3. La principale entrée dudit marché sera par la porte de l'enclos qui donne sur la rue Saint-Martin, et il sera ouvert deux autres passages, un dans la rue Frépillon et l'autre dans la rue Aumaire, vis-à-vis la rue Transnonain...

« Art. 7. Permettons auxdits religieux, dans le surplus du terrain à eux concédé, de construire tels bâtiments qu'ils jugeront à propos, etc... »

Cette déclaration fut enregistrée au bureau de la ville le 30 avril suivant ; on commença immédiatement à construire le marché, ainsi que les issues qui devaient y aboutir ; ces issues furent d'abord au nombre de trois, savoir : rue Royale, (cette rue fut formée par l'ancienne cour du prieuré et une partie des terrains en dépendant ; elle reçut le nom de Royale en l'honneur du roi, qui avait ordonné son percement), rue du Marché Saint-Martin et passage Aumaire, voisin de la rue Aumaire.

Un demi-siècle n'était pas écoulé depuis la construction du marché Saint-Martin qu'on ressentait son insuffisance ; le 30 janvier 1811, un décret impérial ordonna l'établissement d'un marché dans le jardin de la vieille abbaye, et l'ancien marché Saint-Martin fut acquis par la ville de Paris pour cause d'utilité publique ; il fut abandonné à la fin de juillet 1816 ; les bâtiments qui le composaient furent jetés bas, et sur le terrain qu'ils laissèrent vide, on forma la place de l'ancien marché Saint-Martin ; cette place disparut lors du percement de la rue Turbigo.

Ce fut aussi au commencement de 1765 que fut ouvert dans la rue de la Cerisaie un passage auquel on donna le nom de passage Lesdiguières, du nom de l'hôtel de ce nom (qui fut achevé de détruire pour le percement du boulevard Henri IV). Il devint la rue de Lesdiguières en 1792. Enfin le 10 février 1765, une déclaration du roi permit d'établir des constructions dans la rue du Faubourg du Roule, depuis la Pépinière (qui devint rue en 1782), jusqu'à la rue de Chaillot.

Au mois d'avril, un édit du roi porta création de trente-quatre charges de barbiers, perruquiers, baigneurs et étuvistes dans la ville de Paris, dont la finance fut fixée à 4,800 livres. Cet édit fut rendu sur la requête des lieutenant et syndic de la communauté des barbiers-perruquiers-baigneurs et étuvistes de Paris, qui y avaient exposé que le nombre des charges créées dans la communauté ne se trouvait pas suffisant. Par suite de cette augmentation, le nombre des charges héréditaires de barbiers-perruquiers-baigneurs et étuvistes de Paris fut porté à 850.

Des lettres patentes, à peu près de la même date, furent aussi signées en faveur de deux autres corporations ouvrières; les unes homologuaient une déclaration royale du 6 décembre 1763, rendue « pour établir la discipline et la subordination qui est à désirer entre les garçons et les compagnons selliers envers les maîtres qui les occupent. » Elles portaient qu'il ne pourrait rester à Paris aucun compagnon sellier sans qu'il se fût fait inscrire sur un registre déposé à la communauté des maîtres et « que lesdits compagnons ne pourraient entrer dans aucune boutique sans y être placés par le clerc et concierge du bureau de ladite communauté, et enfin qu'ils ne pourraient quitter les maîtres sans les avertir quinze jours à l'avance ».

Les autres ordonnaient que les cuirs forts tannés et à œuvre, ensemble les menues peaux que les maîtres tanneurs fabriquaient dans leurs manufactures, seraient conduits à la halle aux cuirs de la ville de Paris pour y séjourner vingt-quatre heures seulement et y être vendus, faute de quoi les tanneurs avaient la permission de les enlever de la halle et de les faire reconduire chez eux.

Le 24 avril fut publiée une ordonnance du roi contre les jeux de hasard, qu'on défendait sans cesse et qui reparaissaient toujours : « Sa Majesté étant informée qu'il s'est établi un grand nombre de jeux de hasard dans différens quartiers de la ville et fauxbourgs de Paris, et même aux environs, et qu'il est de la dernière importance d'y pourvoir pour faire cesser les désordres qui s'y commettent et qui sont également contraires aux bonnes mœurs, à la sûreté publique et à la conservation des biens des citoyens, a fait de nouveau, par ladite ordonnance, très expresse inhibition à toutes personnes, de quelque rang, dignité et condition qu'elles soient, de donner à jouer, ni jouer aux jeux déjà prohibés par ses ordonnances, et notamment à ceux appelés les trois-dix, le tope et quinte et le passe-dix, le quinquenove, la dupe, le biribi, la roulette, le mormonique, le hoca, la bassette, le pharaon, le pair-ou-non, le quinze, les petits-paquets et autres semblables, sous quelques noms et formes qu'ils puissent être désignés, sous peine de désobéissance et de prison. »

Le Parlement s'était fait rendre compte des inconvénients résultant de l'usage enraciné d'enterrer dans l'intérieur de Paris, « usage qui ne doit son origine qu'à l'agrandissement de la ville qui, en s'étendant, a renfermé la plupart des cimetières dans l'enceinte de ses limites ; considérant d'ailleurs que par l'élévation des maisons, le nombre des habitants de chaque paroisse s'est si fort augmenté que les lieux destinés aux inhumations se sont trouvés trop reserrés et par là sont devenus à charge à tout leur voisinage, et qu'enfin, dans la plupart des grandes paroisses, et surtout celles qui sont au centre de la ville, on se plaint journellement de l'infection que répandent aux environs les cimetières, principalement dans les grandes chaleurs, tems où la putréfaction est telle que les alimens les plus nécessaires à la vie ne peuvent se conserver quelques heures dans les maisons voisines sans s'y corrompre ». Le Parlement rendit en conséquence un arrêt conçu en 19 articles, par lequel il ordonna qu'aucune inhumation ne serait plus faite à l'avenir dans les cimetières actuellement existants dans Paris, à partir du 1er janvier 1766... qu'aucune sépulture ne serait faite à l'avenir dans les églises si ce n'était celles des curés ou supérieurs décédés en place, et qu'à l'égard des chapelles et caveaux, qu'ils ne pourraient servir que pour leurs fondateurs et les familles qui en étaient propriétaires,... qu'il serait fait choix de sept à huit terrains situés hors de la ville, pour en former des cimetières,... qu'il y aurait dans chaque quartier des entrepôts ou dépôts, où les corps seraient transportés ; que chaque jour, à deux heures du matin en été et quatre heures en hiver, ces corps seraient transférés des dépôts aux cimetières, dans des chars couverts de draps mortuaires, attelés de deux chevaux allant toujours au pas,... qu'un ecclésiastique demeurerait en prières pendant le temps de séjour du corps au dépôt, et que d'ailleurs, une ou deux chambres seraient construites dans chaque dépôt pour leur usage... Il fut ordonné que ces dépôts seraient un lieu fermé à la hauteur de six pieds au moins de murailles, garnies au-dessus de barreaux de fer de quatre pieds de haut dans tout le pourtour et terminé par une voûte ouverte dans son sommet. Un article indiqua l'emplacement des dépôts et les différents quartiers qu'ils desserviraient; un autre stipula que la dépense à faire pour l'acquisition des terrains et bâtiments qui devaient servir aux nouveaux cimetières serait supportée par les paroisses et qu'elles contribueraient selon la proportion des décès dans les frais des gages et appointements des ecclésiastiques, du luminaire, du transport, etc., et enfin, que pour supporter ces charges, les familles payeraient un supplément de six francs par chaque enterrement avec grands ornements et trois francs

Le roi, remettant son chapeau, dit : « Messieurs, je suis venu pour répondre moi-même à toutes vos remontrances. » (Page 302, col. 1.)

pour les autres, sauf ceux des pauvres qui devaient être faits gratis. Chaque concession particulière donnait lieu à un droit de trois cents livres.

Les huit cimetières de Paris furent ainsi répartis : le 1er à la Chaussée d'Antin, en augmentant celui de Saint-Roch ; le 2e à la Croix-Cadet, près les Porcherons ; le 3e rue des Marais-Saint-Martin, vis-à-vis la rue des Vinaigriers ; le 4e rue du Chemin-Vert, près Pincourt ; le 5e à la Croix, sur le chemin de Vaugirard, près le moulin de la Pointe ; le 6e sur la grand'route d'Orléans, à main droite de la demi-lune du boulevard ; le 7e sur le chemin nouveau du boulevard, près l'hôpital de la Santé, et enfin le 8e au-dessus de la demi-lune du nouveau boulevard allant au chemin de Vitry.

Cet arrêt, qui s'appuyait sur de sages considérations, mécontenta vivement les curés de Paris, qui firent de nombreuses représentations à ce sujet, et la question demeura pendante, de façon que l'exécution de cette mesure de salubrité n'eût pas lieu, et ce ne fut qu'en 1804 qu'on s'occupa de supprimer définitivement les inhumations dans l'intérieur de la ville et de créer de nouveaux cimetières.

Le 16 mai 1765, une déclaration du roi fixa les limites de la ville et des faubourgs de Paris (elle fut enregistrée au Parlement le 28 juin). Il fut défendu, par le premier article de cette déclaration, de bâtir en quelque manière et sous quelque prétexte que ce soit, au delà des maisons qui se trouvaient alors construites à l'extrémité de chaque rue des faubourgs de Paris, du côté de la campagne, et, afin de constater la dernière maison de chaque faubourg, il fut ordonné qu'il serait posé, en présence de commissaires nommés à cet effet, une nouvelle borne dans le mur de ladite maison. Défenses furent faites d'ouvrir de nouvelles rues dans les dits faubourgs, et il fut prescrit de procéder chaque année, au mois d'avril, au recensement des bornes, avec peine, pour quiconque les arracherait, du fouet, du bannissement pour trois ans et de cinq ans de galères pour la récidive.

Au mois d'août, le corps de ville ayant demandé au roi la permission de présenter au duc de Berry les premières armes de ce prince, selon l'ancienne coutume, l'obtint et s'en alla à cet effet porter au duc, à Versailles, une épée, un fusil et deux pistolets d'un travail exquis.

Ce fut aussi en août que fut fondé, sur l'initiative du duc de Biron, l'hôpital militaire de la rue Saint-Dominique, au Gros-Caillou. Il fut destiné aux gardes françaises, et l'on n'y comptait alors que 264 lits. Un mémoire de Tenon, daté de 1788, en parle en ces termes : « L'hôpital militaire des gardes françaises est l'hôpital de Paris où les malades soient le mieux distribués ; on y trouve deux appartements pour officiers malades, une salle contenant six lits pour les sergents, une salle de blessures graves au rez-de-chaussée, une de blessures simples; des salles de fiévreux, de scorbutiques, de galeux, de variolés, de dysentériques, de fièvres de prison et de vénériens. Deux promenoirs, un d'hiver avec un poêle, un d'été, en partie couvert d'arbres; on y trouve deux salles de bains, une à trois baignoires et six fauteuils à cuves pour les soldats, l'autre salle à une baignoire avec un lit pour les officiers. Ce qui mérite surtout attention, c'est la lingerie : les armoires y sont numérotées ainsi que le linge et les vêtements... L'esprit d'ordre et d'administration distingue cet utile hôpital. » Sous la Restauration, on l'appela hôpital de la maison militaire du roi et hôpital des gardes du corps. Sous le second empire, on le nomma l'hôpital militaire du Gros-Caillou ; de la contenance d'environ 640 lits, il fut organisé et administré d'après les mêmes principes que l'hôpital militaire du Val-de-Grâce.

Enfin, le 15 août 1763, fut ouverte l'école gratuite des arts, instituée par l'architecte Lucotte et le peintre Poiraton, mais cet établissement fut de peu d'importance et de courte durée.

Un spectacle nouveau fut aussi établi dans l'été aux Porcherons, ce fut celui des frères Ruggieri, qui donnèrent au public des feux d'artifice et des illuminations. Leur succès fut grand, et nous les verrons, en 1769, s'établir sur les boulevards, dans une salle spéciale.

Il faut croire que les artistes et les ouvriers de Paris n'étaient pas tous satisfaits de leur sort, car les émigrations étaient devenues si nombreuses que le gouvernement s'en émut, et une ordonnance du roi, en date du 19 novembre, porte : « Sa Majesté étant informée qu'il se fait de temps à autre diverses émigrations d'artistes et d'ouvriers français, séduits par le faux appât d'une fortune plus assurée qu'on leur offre dans les pays étrangers, et jugeant convenable au bien de ses sujets d'en arrêter le cours, fait très expresses inhibition et défenses à tous artistes et ouvriers établis dans l'étendue de son royaume, d'en sortir pour quelque cause et sous quelque prétexte que ce soit, s'ils ne sont munis de passeports en bonne forme,... sous peine d'être poursuivis extraordinairement et déchus de leur maîtrise, etc. »

Nous trouvons aussi, à la date du 26 décembre, un arrêt du conseil d'État du roi, au sujet du vin d'exemption des hôpitaux ; il est curieux à connaître : « Le roi s'étant fait représenter en son conseil les états qui s'y arrêtent annuellement de la quantité des vins que nombre d'hôpitaux, séminaires, collèges et maisons religieuses de l'un et de l'autre sexe de la ville, fauxbourgs et banlieue de Paris, ont été autorisés de faire entrer pour leur consommation particulière, en exemption des droits de la ferme générale ; que partie de ces exemptions porte sur des quantités de vin beaucoup plus considérables que celles nécessaires à leur consommation... Le roi, étant en son conseil, a ordonné et ordonne que les sieurs administrateurs des hôpitaux, les supérieurs, prieurs, gardiens et officiers principaux des séminaires, collèges et maisons religieuses de l'un et de l'autre sexe de la ville, fauxbourgs et banlieue de Paris, remettront, dans le courant de trois mois, à compter de la notification du présent arrêt, au sieur contrôleur général des finances, un état certifié du nombre des religieux, novices et autres personnes à gages étant actuellement dans leurs maisons, etc. » Une enquête fut faite, et l'on ne tarda pas à s'apercevoir que les religieux faisaient le commerce des vins qu'ils recevaient sans payer de droits.

Les moines mêlaient volontiers le profane au sacré; on vit même en cette année les bénédictins de l'abbaye de Saint-Germain des Prés présenter requête pour être autorisés à ne plus être tondus, à porter l'habit court et à être dispensés des matines ; dom Pernetti et dom Lemaire, qui étaient à la tête du mouvement, se fondaient sur les grands services rendus par l'ordre de Saint-Benoît aux sciences, aux lettres et aux arts; les travaux auxquels ils se livraient se trouvaient, au dire des requérants, incompatibles avec les pratiques minutieuses, les formules et la règle gênante sous l'empire desquelles ils vivaient. Bien que le duc d'Orléans, qui protégeait les bénédictins, eût soutenu cette demande singulière, elle ne fut pas

COSTUMES DE PARIS A TRAVERS LES SIÈCLES

PREMIER PRÉSIDENT AU PARLEMENT DE PARIS

(XVIᵉ SIÈCLE)

(Règne de Henri III.)

prise en considération, et dom Pernetti et dom Lemaire furent exilés.

Le 21 décembre, la nouvelle de la mort du dauphin se répandit dans Paris; elle était vraie : le fils de Louis XV, Louis de France, dauphin, âgé de trente-six ans, était mort à Fontainebleau la veille, laissant trois fils qui devaient tous régner (Louis XVI, Louis XVIII et Charles X). Ce fut une explosion de douleur universelle. Le 24, l'archevêque de Paris reçut une lettre du roi, qui l'invitait à faire dire des prières publiques dans l'étendue de son diocèse; il publia aussitôt un mandement dans ce sens et fit célébrer un service solennel à Notre-Dame, le 8 janvier 1766. Naturellement la cour prit le deuil à l'occasion de cette mort, et Paris se trouva privé de fêtes pendant tout l'hiver.

Suivant le relevé fait sur les registres publics de Paris, il naquit, pendant le cours de l'année 1765, 19,439 personnes; il en mourut 18,034 et il y eut 4,782 mariages. Le nombre des enfants trouvés fut de 5,495.

Les religieux bénédictins de la congrégation de Saint-Maur se trouvaient divisés par des questions de réglementation intérieure qui semaient le trouble parmi eux; un arrêt du conseil d'État du roi, du 31 janvier 1766, ordonna qu'il serait convoqué un chapitre général et extraordinaire de la congrégation, lequel s'assemblerait dans l'abbaye royale de Saint-Denis, le 24 avril suivant, afin « de mettre les supérieurs majeurs et les représentants de toutes les maisons de la congrégation de Saint-Maur à portée de travailler, conjointement et dans le même esprit, à lever les difficultés, à éclaircir les doutes qu'on a vus s'élever depuis quelques années dans le sein de la congrégation de la part de plusieurs de ses membres, qui se sont portés appelans comme d'abus ».

L'exécution de cet arrêt souleva des difficultés, et il en fallut un second, daté du 19 février 1766, rendu sur la requête de dom Joseph de la Rue, supérieur général de la congrégation, pour que le chapitre indiqué pût être tenu.

Des lettres patentes du roi, datées de février 1766, firent connaître que, si un édit de 1674 avait réuni au Châtelet de Paris plusieurs juridictions répandues dans divers quartiers de la ville, celle du For-aux-Dames avait été comprise dans cette réunion, mais que les abbesse, prieure et religieuses de Montmartre s'étaient pourvues contre cet édit, et qu'un arrêt intervenu en 1676 avait décidé que Louis XIV n'avait pas entendu supprimer les prévôtés de Montmartre, Boulogne, etc, mais établir la haute justice que les abbesses de Montmartre avaient dans Paris. En conséquence, il fut ordonné que lesdites abbesse, prieure et religieuses de Montmartre seraient maintenues en possession de la haute justice desdites prévôtés, laquelle serait exercée par leurs officiers comme par le passé, mais que le siège supérieur desdites hautes justices, qui se tenait dans Paris au lieu dit le For-aux-Dames, rue de la Haumerie, se tiendrait en l'auditoire de Montmartre, où ressortiraient les appels des sentences desdites prévôtés, et les abbesse, prieure et religieuses furent aussi maintenues « en possession de la justice foncière sur les maisons et héritages sis à Paris dans leur censive ».

En exécution de ces dispositions, le bailliage du For-aux-Dames fut transféré à Montmartre, ce qui fit qu'il se trouva trois juridictions à Montmartre, celle du bailliage, celle de la prévôté et celle de Clignancourt, qui appartenait jadis à l'abbaye de Saint-Denis, et que l'abbesse de Montmartre avait achetée en 1669. Or les lettres patentes de 1766 portèrent : « Les exposantes (abbesse, prieure et religieuses de l'abbaye de Montmartre) désirans faire cesser le préjudice que deux degrés de juridiction font aux justiciables de Clignancourt, et même à ceux du territoire entier de Montmartre, nous ont fait très humblement supplier de réunir les deux prévôtés de Montmartre et Clignancourt au bailliage du For-aux-Dames transféré à Montmartre, et attendu que le nombre des maisons et habitans est considérablement augmenté dans leur territoire, de leur permettre de nommer, tant pour l'administration de la justice que pour la manutention de la police, outre le bailli et son lieutenant, deux assesseurs et un substitut du procureur d'office qui soient pour nous autorisés à faire toutes les fonctions de judicature en cas d'absence, maladies ou autres empêchements des bailli, lieutenant et procureur d'office. A ces causes, etc. »

Nous venons de parler de bailliage. Il y en avait de deux sortes : le bailliage général et le bailliage particulier; le bailliage s'entendait de l'étendue de la juridiction du bailli. Voici quels furent les différents bailliages de Paris jusqu'à la révolution de 1789.

BAILLIAGE DE L'ABBAYE ROYALE DE SAINT-GERMAIN DES PRÉS. — Cette juridiction tenait ses audiences dans l'enclos de l'abbaye. Elle se composait d'un bailli, d'un procureur fiscal, d'un notaire pour la confection du papier terrier, d'un greffier, de deux huissiers ordinaires et d'un huissier priseur.

Les procureurs au Parlement et au Châtelet y occupaient concurremment. Cette juridiction connaissait, dans toute l'étendue de son ressort, de toutes causes tant civiles que criminelles. Les appels relevaient du Parlement.

BAILLIAGE DE L'ARTILLERIE DE FRANCE. — Il se tenait dans l'Arsenal, cour de la fonderie; il se composait d'un bailli d'épée, d'un lieutenant général, d'un avocat et d'un procureur du roi, d'un substitut, d'un greffier, d'un garde scel, d'un receveur des consignations et d'un huissier audiencier. Les avocats et les procureurs de toutes les juridictions y plaidaient toutes les affaires civiles.

et criminelles de la juridiction, et, par attribution spéciale, tout ce qui concernait les poudres, salpêtres, différends entre les officiers et les ouvriers employés à l'entretien et à la conduite de l'artillerie. Son ressort comprenait l'enclos de l'Arsenal, le Mail et les circonstances et dépendances — pour les causes d'attribution, toute la France.

BAILLIAGE DE LA DUCHÉ PAIRIE DE L'ARCHEVÊCHÉ DE PARIS. — Composé d'un bailli, d'un procureur fiscal, d'un greffier, de trois procureurs au Châtelet, d'un huissier audiencier, d'un huissier priseur et d'un concierge des prisons.

BAILLIAGE DE SAINT-JEAN DE LATRAN. — Composé d'un bailli général de la commanderie, d'un procureur fiscal, d'un greffier receveur et d'un huissier. Sa juridiction comprenait l'enclos de la commanderie de Saint-Jean de Latran.

BAILLIAGE DE SAINT-MARCEL. — Le chapitre de l'église collégiale de Saint-Marcel-les-Paris, étant seigneur en partie du faubourg Saint-Marcel, avait une juridiction pour l'étendue de sa seigneurie ayant titre de bailliage et composée d'un bailli, d'un lieutenant, d'un greffier tabellion et d'un huissier.

BAILLIAGE DE SAINT-MARTIN DES CHAMPS. — Cette juridiction siégeait dans l'enclos du prieuré royal de Saint-Martin des Champs. Elle se composait d'un bailli, d'un procureur fiscal, d'un greffier, d'un huissier audiencier et d'un huissier priseur. Elle connaissait de toutes causes civiles et criminelles.

BAILLIAGE DE SAINTE-GENEVIÈVE. — Le siège de ce bailliage était adossé au mur de l'abbaye ; il se composait d'un bailli, d'un lieutenant, d'un procureur fiscal, d'un greffier tabellion, d'un huissier commissaire priseur et d'un architecte expert voyer. Toutes causes civiles et criminelles.

BAILLIAGE DU PALAIS. — Tenait sa juridiction dans la grande salle du palais et connaissait de tout ce qui regardait le civil, le criminel et la police dans les cours et les salles du palais. Il se composait d'un bailli d'épée, d'un lieutenant général, d'un procureur du roi, d'un premier huissier, d'un huissier audiencier et d'un voyer.

BAILLIAGE DU TEMPLE. — Siège dans l'enclos du Temple ; composé d'un bailli général, du grand prieuré de France et du Temple, d'un procureur fiscal, d'un greffier, d'un commissaire inspecteur pour la police, d'un huissier audiencier, d'un huissier priseur et d'un chirurgien juré.

BAILLIAGE ET CAPITAINERIE DES CHASSES DE VINCENNES. — Deux capitaines, deux lieutenants de robe courte, un sous-lieutenant, un conseiller au siège et secrétaire général, un avocat, un procureur du roi, un substitut, un greffier, un receveur des amendes et plusieurs autres officiers soit en charge, soit par commissions.

BAILLIAGE ET CAPITAINERIE ROYALE DES CHASSES DE LA VARENNE DES TUILERIES. — Ayant à peu près la même composition, avec un seul capitaine. Son ressort pour toutes causes était les bois, buissons, forêts et terres du royaume.

BAILLIAGE ET CAPITAINERIE ROYALE DES CHASSES DE LA VARENNE DU LOUVRE, GRANDE VÉNERIE ET FAUCONNERIE DE FRANCE. — Composition à peu près analogue.

Un arrêt du conseil d'État du roi, du 15 février 1766, permit la fabrication des porcelaines à l'imitation de celles de Chine « avec des pâtes composées de telles manières que les entrepreneurs desdits ouvrages jugeront à propos, tant en blanc que peintes en bleu et blanc et en camayeu d'une seule couleur, à la charge par chaque entrepreneur de peindre, graver ou imprimer au revers de chaque pièce de sa porcelaine les lettres initiales de son nom, ou telle autre marque qu'il aura choisie, et de faire, avant d'entreprendre ladite fabrication, sa soumission par-devant le lieutenant général de police de Paris, de se servir uniquement de la marque dont il déposera l'empreinte, le tout à peine de trois cents livres d'amende et de confiscation des marchandises, etc ».

Plusieurs autres arrêts furent rendus en faveur des corps de métiers et des communautés d'artisans, mais ils ont peu d'importance. C'est ainsi qu'on en voit un, à la date du 28 février, ordonnant que les fabricants de toiles, de bonneterie, de chapellerie, auront la liberté de fabriquer et de mettre en vente leurs produits, après les avoir fait visiter et marquer ; un autre ordonne aux gardes ou jurés des corps et communautés d'arts et métiers de la ville de Paris de présenter dans les trois mois, après leur sortie d'exercice, leurs comptes aux syndics pour être vus et arrêtés, etc.

Le 1er mars 1766, on célébra par ordre du roi, dans la cathédrale de Paris, un service solennel pour le repos de l'âme du dauphin. Le deuil était conduit par le duc de Berry devenu dauphin, (Louis XVI) et le prince de Condé ; l'archevêque de Paris officia à la grand'messe qui fut chantée en musique à grande symphonie, et l'archevêque de Toulouse prononça l'oraison funèbre du prince défunt. Le chapitre de l'église métropolitaine assista à cette cérémonie, ainsi que le Parlement, la chambre des comptes, la cour des aides, le corps de ville et l'Université. Toute l'enceinte intérieure de la nef était tendue de noir jusqu'à la voûte, avec les armes et les chiffres du dauphin. Le catafalque était à l'entrée du chœur et formait un temple isolé d'ordre corinthien, orné de plusieurs inscriptions. Le couronnement de cet édifice servait de base à un groupe en or, qui représentait la France implorant le ciel et repoussant la mort, tandis qu'un ange élevé sur un nuage lui présentait une couronne. Le cénotaphe était illuminé par deux cents chandeliers d'argent, garnis de cierges aux armes du défunt, et par des pyramides de lumières pla-

L'abbaye de Longchamps au bois de Boulogne. (D'après une gravure du temps.)

Lally entra dans un accès de fureur indicible, saisissant un compas il s'en porta un coup dans la région du cœur. (Page 304, col. 1.)

cées devant les colonnes. Le chœur était décoré d'une architecture d'ordre ionique, quinze arcades et vingt-deux pilastres en formaient l'enceinte, et étaient garnis de cartouches. Le vide des arcades était rempli par de grands cartels représentant les armes et le chiffre du prince, que des anges soutenaient en pleurant. Le sanctuaire était élevé de trois degrés, et au fond trois marches conduisaient à l'autel qui était couvert d'un dais en argent dont les pentes, aux armes du dauphin, étaient garnies de rideaux doublés d'hermine et parsemées de larmes d'argent.

Le 13, un autre service semblable fut célébré pour le repos de l'âme de l'infant d'Espagne, don Philippe de Bourbon, duc de Parme.

M. de la Chalotais, procureur général au parlement de Bretagne, son fils et trois autres conseillers, ayant été arrêtés et mis en jugement, le parlement de Paris crut devoir présenter des remontrances à ce sujet, mais on sait que le roi ne se montrait jamais très disposé à les recevoir; cette fois encore il en fut de même, et il déclara qu'il viendrait au Parlement pour régler cette affaire, ce qui eut lieu le 3 mars. ainsi que le constate cet extrait du procès-verbal :

« Aujourd'hui, 3 mars 1766, le roi ayant jugé à propos de se rendre à Paris pour tenir sa cour de Parlement, Sa Majesté, après avoir entendu la messe en la chapelle du château de Versailles, est arrivée en habit et manteau violets, à dix heures et demie du matin, dans la cour du palais, au bas de l'escalier de la sainte chapelle, où étoient les sieurs comte de Saint-Florentin, ministre et secrétaire d'État, d'Aguesseau, Gilbert de Voisins, Berthier de Sauvigny et Joly de Fleury, conseillers d'État, auxquels elle avoit ordonné de l'accompagner. Sa Majesté ayant monté ledit escalier, entourée des princes de son sang qui étoient descendus à sa rencontre, a trouvé, à l'entrée de la première salle du palais, la députation ordinaire, composée de quatre présidens et six conseillers de ladite cour, qui lui a été envoyée sans que Sa Majesté eût fait annoncer sa venue. Arrivée au parquet des huissiers, précédée des princes de son sang, lesquels sont entrés en la grand'chambre pour y prendre leurs places, et suivie de son capitaine des gardes en habit ordinaire, du sieur comte de Saint-Florentin en manteau, et desdits sieurs conseillers d'État, en robes de deuil, et autres personnes de sa suite, sans plus grand cortège, Sa Majesté a ordonné au capitaine de ses gardes et à ceux de son conseil d'entrer à sa suite dans la grand'chambre, et à tous autres qui n'avoient entrée et séance en ladite cour, de rester audit parquet; et aussitôt Sa Majesté est entrée dans ladite grand'chambre où étoient les présidens et conseillers à leurs places ordinaires, aux bas sièges, en robes noires. Ayant traversé le parquet, suivie du capitaine de ses gardes, Sa Majesté s'est placée sur un fauteuil qui lui avoit été préparé dans l'angle des hauts sièges, lesquels étoient déjà occupés par les princes du sang et par plusieurs pairs, tant ecclésiastiques que laïcs, et elle a ordonné au capitaine de ses gardes de se tenir derrière son fauteuil, où il est demeuré, et à ceux de son conseil qui étoient montés aux hauts étages, en passant par la lanterne du greffe, de se placer au plus près de sa personne, sur un banc que Sa Majesté avoit ordonné d'être mis à sa gauche, en avant desdits hauts sièges; mais ledit banc ne s'y étant pas trouvé, ils sont descendus dans le parquet où ils ont pris séance sur le banc le plus proche de Sa Majesté.

« Alors le roi a dit :

« — J'entends qu'aucune séance ne tire aujour-
« d'hui à conséquence. »

« A quoi Sa Majesté a ajouté :

« — Faites assembler les chambres. »

« Les chambres ayant pris leur séance ordinaire, le roi, en se découvrant, puis remettant son chapeau, a dit :

« — Messieurs, je suis venu pour répondre moi-
« même à vos toutes remontrances. »

« Et Sa Majesté a remis sa réponse audit sieur comte de Saint-Florentin, en disant à ceux de son conseil :

« — Messieurs, qu'on vous la lise. »

« Et le dernier d'entre eux a fait la lecture de ladite réponse, dont la teneur s'ensuit :... »

Cette longue réponse commençait ainsi : « Ce qui s'est passé dans mes parlemens de Pau et de Rennes ne regarde pas mes autres parlemens; j'en ai usé, à l'égard de ces deux cours, comme il importoit à mon autorité, et je n'en dois compte à personne. Je n'aurois pas d'autre réponse à faire à tant de remontrances qui m'ont été faites à ce sujet si leur réunion, l'indécence du style, la témérité des principes les plus erronés et l'affectation d'expressions nouvelles pour les caractériser, ne manifestoient les conséquences pernicieuses de ce système d'unité que j'ai déjà proscrit, et qu'on vouloit établir en principe, en même temps qu'on ose le mettre en pratique. »

Puis le roi, après avoir admonesté le Parlement, lui fit connaître que ses remontrances seraient toujours reçues favorablement quand elles seraient présentées d'une certaine façon, mais que si, lorsqu'elles avoient été repoussées par lui, le Parlement s'obstinait à les lui représenter, il se verrait dans la nécessité d'user de sa puissance souveraine pour sévir; il se fit ensuite représenter la minute de l'arrêt que le Parlement avait rendu le 11 février précédent, et qui contenait les remontrances, et le fit annuler en ces termes : « Rayé par ordre de Sa Majesté et en présence de toutes les chambres assemblées, le trois mars mil sept cent soixante-six. »

Le 25 mars, le Parlement rendit un arrêt en faveur de la communauté des maîtres paumiers-raquetiers de la ville et faubourgs de Paris, qui ordonnait que les statuts et règlements de cette communauté seraient exécutés, et qui permettait aux maîtres et veuves de mettre sur leur porte une inscription portant ces mots : *Billard bourgeois*, et défendait « à tous domestiques et autres gens compris dans les ordonnances et sentences de police du 14 octobre 1747, d'entrer ni fréquenter les jeux de paume, billards et académies où il y aura cette inscription, à peine d'emprisonnement, et fait pareillement défenses à tous maîtres et veuves d'avoir deux billards dans la même maison sous prétexte d'association ou de location de privilège, à peine de saisie et d'amende ».

Il était encore défendu aux taverniers, cabaretiers et autres, vendant vin et boissons, de donner à manger après certaines heures; ce fut probablement ce qui engagea les sieurs Roze et Pontaillé à ouvrir un restaurant, le premier qui existât, rue des Poulies. « Les restaurateurs, disait un ouvrage du temps, sont ceux qui ont l'art de faire les véritables consommés dits restaurants ou bouillons de prince, et le droit de vendre toutes sortes de crèmes, potages au riz, au vermicel, œufs frais, macaronis, chapons au gros sel, confitures, compotes et autres mets salubres et délicats; ces établissemens sont aussi nommés maisons de santé. » Le restaurant Roze et Pontaillé avait fait peindre sur sa porte cette devise : *Venite ad me omnes qui stomacho laboratis, et ego restaurabo vos* (Venez à moi vous tous qui souffrez de l'estomac, et je vous restaurerai). Malheureusement la rue des Poulies était déjà assez mal fréquentée, et un restaurant, qui ne le cédait en rien aux plus beaux cafés, était mal placé là ; aussi ses fondateurs le transportèrent-ils rue Saint-Honoré, à l'hôtel d'Aligre, ou plutôt dans la cour d'Aligre.

« Une extrême propreté, toute la décence possible et l'intégrité sont les principes de cette utile maison », où la grande innovation consistait dans « la carte » ; jusqu'alors les aubergistes et les traiteurs servaient tous à tant par tête, depuis six sols jusqu'à un louis ; chez Roze et Pontaillé le prix de chaque objet était fixé et déterminé, et les dames y étaient admises. On y faisait aussi des repas de commande « à prix fixe et modique ».

« Attendu, dit une ordonnance de police en date du 25 avril 1766, que plusieurs particuliers portent des épées d'une longueur disproportionnée à celle qu'un usage raisonnable a adoptée, et qu'ils font évider les lames d'une façon qui rend les blessures plus dangereuses, suivant le témoignage des chirurgiens qui ont été consultés ; que se croyant assurés d'un avantage avec ces sortes d'épées, ils élèvent des querelles, se livrent à la violence de leur caractère, et cherchent souvent l'occasion de se battre ; que différents homicides ont été commis avec de pareilles épées... etc. ; faisons défenses aux fourbisseurs et à tous marchands faisant le commerce des épées, d'en fabriquer et vendre, et à tous particuliers, de quelque état et condition qu'ils soient, d'en porter qui ayent moins de vingt-huit pouces et plus de trente-trois pouces de longueur, non compris le talon d'icelles et la garde. Ordonnons en outre que les épées n'auront pas moins de deux lignes et demie de largeur, si ce n'est à un demi-pouce de la pointe ; qu'elles ne pourront être affilées, et que la pointe sera en forme de langue de carpe ; faisons défenses aux fourbisseurs et à tous autres marchands et ouvriers de fabrique d'en fabriquer, vendre, etc., à peine de 500 livres d'amende pour la première fois contre les maîtres, et de perte de la maîtrise pour la récidive, et contre les ouvriers sous peine, en plus, de la prison. » Cette ordonnance est signée : Antoine-Raymond-Jean-Gualbert-Gabriel de Sartine, chevalier, conseiller du roi en ses conseils, maître des requêtes ordinaires de son hôtel, lieutenant général de police.

Louis XV signa, le 3 mai, des lettres patentes portant établissement de docteurs agrégés dans la faculté des arts de l'Université de Paris. Les considérants méritent d'être cités : « Louis, etc... L'attention continuelle que nous donnons au progrès de l'éducation et des lettres nous a engagé à faire examiner les moyens qui seroient les plus propres à procurer de bons maîtres aux enfans de nos sujets... Il nous a paru, par cet examen, que ce qui pourroit le plus remplir nos intentions à ce sujet, seroit d'établir dans la faculté des arts de notre Université de Paris des docteurs agrégés, de les faire nommer dans un concours dont les principaux membres de notre Université seroient les juges... A ces causes il sera établi... soixante places de docteurs agrégés... lesdits docteurs agrégés seront tenus de résider à Paris, d'assister aux assemblées de ladite faculté, de l'aider dans les exercices, dans les comités, dans les compositions pour les prix, etc. » Leurs honoraires furent fixés à 200 livres, et un concours annuel fut institué chaque année au collège Louis-le-Grand. Ces 60 agrégés furent divisés en trois classes : 20 pour les chaires de philosophie, 20 pour celles de rhétorique, de seconde et de troisième, et 20 pour celles de quatrième, cinquième et sixième. Ainsi que nous venons de le dire, ils étaient créés dans le but d'aider la faculté dans toutes les occasions où elle pouvait avoir besoin de leurs services, et afin de remplacer les professeurs, dans le cas de maladie ou de quelque autre empêchement légitime. Les agrégés pouvaient être tous bibliothécaires de l'Université, et à ce propos, disons quelques mots de cette bibliothèque qui doit son origine à l'Université, et qui fut successivement appelée : bibliothèque de l'Université de Paris, du collège Louis-le-Grand, du Prytanée français, de l'Université de France, de l'académie de Paris et enfin de la Sorbonne.

L'usage de cette bibliothèque était autrefois exclusivement réservé aux membres des cinq facultés de Paris, mais, depuis 1860, elle devint publique et rendit d'utiles services aux gens d'étude, car elle est surtout riche en livres d'érudition. On y trouve la plupart des éditions savantes d'auteurs classiques grecs et latins, publiées en France et à l'étranger, et un choix d'ouvrages théologiques, scientifiques et historiques. Elle possède une collection unique de thèses soutenues devant les diverses facultés de France.

Le nombre des ouvrages imprimés qu'elle contient est de 260,000, en y comprenant 140,000 volumes qui lui ont été légués, vers 1866, par M. Leclerc, ancien doyen de la faculté des lettres. Les jeunes gens qui se préparent à concourir pour les grades universitaires forment son public habituel. Elle est placée sous l'administration d'un conservateur-administrateur, d'un conservateur adjoint, d'un bibliothécaire et de quatre sous-bibliothécaires.

Cette bibliothèque occupe une partie des bâtiments de la Sorbonne ; elle n'est pas l'ancienne bibliothèque de la Sorbonne, qui fut réunie en 1792 à la bibliothèque nationale ; son fonds principal vient de celle du collège Louis-le-Grand, après l'expulsion des jésuites, en 1763. Achetée par l'Université, elle fut plus tard transférée à la Sorbonne. Elle s'accrut de la bibliothèque particulière de M. Victor Cousin, qui la légua à la Sorbonne avec les fonds nécessaires pour en assurer la conservation.

Le 6 mai, les chambres du Parlement réunies en cour de justice rendaient un arrêt qui condamnait Thomas-Arthur de Lally-Tollendal, lieutenant général et commandant les forces françaises dans l'Inde orientale, à la peine de mort. Le comte de Lally, baron de Tollendal, défendant Pondichéry contre les Anglais, avait été obligé de capituler, et, desservi auprès de Louis XV, il alla volontairement se constituer prisonnier à la Bastille en 1762. Il y resta dix-neuf mois avant d'être interrogé ; enfin, après deux années de procédure et de débats orageux, le Parlement, « à qui le roi, par ses lettres patentes des 12 janvier et avril 1764, avoit renvoyé l'instruction et le jugement du procès criminel intenté contre le comte de Lally, lieutenant général des armées du roi, grand-croix de l'ordre royal et militaire de Saint-Louis, ci-devant colonel d'un régiment irlandois de son nom, commissaire du roi et commandant en chef dans l'Inde, a rendu en conséquence, le 6 mai, un arrêt par lequel la cour, la grand'chambre assemblée, déclare Thomas-Arthur de Lally, duement atteint et convaincu d'avoir trahi les intérêts du roi, de son État et de la compagnie des Indes, d'abus d'autorité, vexations et exactions envers les sujets du roi et étrangers habitants de Pondichéry ; pour réparation de quoi et autres cas résultant du procès, l'a privé de ses état, honneurs et dignités, l'a condamné et condamne à avoir la tête tranchée par l'exécuteur de la haute justice sur un échafaud qui, pour cet effet, sera dressé en la place de Grève, déclaré tous ses biens acquis et confisqués au roi, sur iceux préalablement pris la somme de dix mille livres d'amende, applicables au pain des prisonniers de la Conciergerie du palais et trois cent mille livres applicables aux pauvres habitans de Pondichéry, ainsi qu'il en sera ordonné par le roi ».

Après la lecture de cet arrêt, le condamné demeura muet de stupeur, puis il éclata en malédictions, et, s'adressant au tribunal, il apostropha ses juges, les traitant de bourreaux et d'assassins.

On le ramena à la Bastille, il se montra plus calme, se jeta sur son lit et s'endormit.

On le réveilla à sept heures du soir pour lui annoncer la visite de M. Pasquier, qui avait été rapporteur de son affaire ; celui-ci lui fit entrevoir la possibilité du pardon de son crime, mais à ce mot de crime Lally entra dans un accès de fureur indicible, et, saisissant un compas dont il s'était servi pour dresser une carte de l'Inde, il s'en porta un coup dans la région du cœur.

La pointe du compas glissa sur les côtes et ne fit qu'une légère blessure ; les geôliers se jetèrent aussitôt sur lui et lui enlevèrent cette arme, mais il leur résista avec opiniâtreté, et il fallut appeler à l'aide des soldats de garde pour arriver à se rendre maître de lui.

M. Pasquier, irrité de la façon dont le prisonnier l'avait reçu, lui fit mettre un bâillon et se rendit auprès du premier président pour lui demander qu'en raison de la résistance du général et de sa tentative de suicide, l'heure de l'exécution fût avancée. Lorsqu'on annonça cette résolution au condamné il s'écria :

— Tant mieux ! ils m'ont bâillonné en prison, mais ils n'oseront le faire quand ils me conduiront à l'échafaud, et alors je parlerai.

On le mena à la chapelle, mais lorsqu'on le fit sortir pour le conduire au supplice, on lui remit dans la bouche l'infâme bâillon de fer qui débordait sur ses lèvres, puis on le garrotta, et comme un charretier passait devant la prison, on l'arrêta, et on l'obligea à prêter son tombereau pour mener le condamné à la Grève, l'heure ayant été changée.

Mais le bruit de l'indigne traitement que l'on avait fait subir au comte de Lally s'était répandu dans le public, une foule considérable s'était dirigée vers la Grève dans la journée du 9 mai. « Toutes les croisées de la place avaient été louées des prix fous ; on avait découvert les toits de plusieurs maisons pour contruire des échafauds, et l'on voyait des hommes jusque sur les souches des cheminées. » Innocent, il reçut le coup mortel en héros. L'opinion publique le vengea ; quatorze ans après, un arrêt du Parlement le réhabilitait à l'unanimité.

Le 12 mai, le clergé de France fit célébrer, dans l'église des Grands-Augustins, un service solennel pour le repos de l'âme du dauphin ; la nef était tendue de noir ainsi que le chœur, à l'entrée duquel était placé le catafalque, orné des armes du défunt et décoré de plusieurs figures symboliques. La messe fut célébrée pontificalement par l'archevêque de Reims, et l'oraison funèbre prononcée par l'évêque d'Auxerre ; le lendemain, le duc de Luynes, gouverneur de Paris, et Mlle d'Egmont posèrent les premières pierres de deux chapelles de l'église Saint Roch dont nous avons parlé. Le même jour, « on suppléa les cérémonies du baptême dans l'église collégiale et paroissiale de Saint-Merri » au prince de Tarente, fils aîné du duc de la Trémoille ; il eut pour parrain les États de Bretagne, représentés par l'évêque de Tréguier.

Le 12 juin, il fut encore célébré à Notre-Dame un service funèbre en l'honneur du feu roi de Pologne. Le chapitre de l'église métropolitaine de Paris assista à cette cérémonie ordonnée par le roi, ainsi que l'assemblée du clergé, le Parlement, la chambre des comptes, la cour des aides, l'Université et le corps de ville. Toute l'enceinte intérieure de la nef était tendue de noir jusqu'à la voûte, avec les armes et le chiffre du défunt. L'ar-

Le commissaire s'est rendu sur les lieux, avec un chirurgien, pour ouvrir la boîte à la momie.

chevêque de Paris officia à la grand'messe qui fut chantée en musique à grande symphonie, et ce fut l'évêque de Lavaur qui prononça l'oraison funèbre du roi défunt.

« L'impossibilité où sont plusieurs bourgeois et artisans de faire donner à leurs enfants les principes qui sont la base des arts mécaniques a fait naître le projet d'ouvrir, en différens quartiers de cette capitale, plusieurs écoles de dessin où les jeunes gens recevront des leçons gratuites, chacun dans le genre d'exercice qui lui conviendra. M. Bachelier, peintre du roi, a été chargé d'annoncer cet établissement qui sera, sous l'inspection du lieutenant général de police, et dont l'étendue sera proportionnée aux besoins du public. Il y aura par jour cinq écoles de cent élèves chacune, qui seront distribuées de façon que quinze cents jeunes gens seront exercés deux fois par semaine dans chaque école. On y enseignera, sous l'inspection d'habiles artistes, les principes élémentaires de la géométrie pratique, de l'architecture, de la figure, des animaux, des fleurs et de l'ornement. On fournira aux élèves le bois et la lumière. »

Telle fut l'origine des écoles gratuites de dessin; Bachelier, qui avait sollicité cet établissement, fut directeur de l'école principale, située rue de l'École de médecine.

Des lettres patentes du 20 octobre 1767 donnèrent à l'école gratuite de dessin une consistance nouvelle. Voici comment le roi apprécia cet établissement et s'en déclara protecteur: « Louis, etc.,

La perfection à laquelle par nos soins et notre protection se sont élevés, dans notre royaume, les différents corps d'arts et métiers, nous ayant convaincu de plus en plus que l'industrie des artistes de ces différents corps formoit une des branches du commerce la plus florissante et la avantageuse à nos sujets, nous croyons devoir apporter encore plus d'attention à ce qui peut faciliter l'accroissement de leurs connoissances et de leurs talents. Ces considérations nous avoient déjà déterminé à permettre l'ouverture d'une école dans laquelle on enseigneroit, etc... Le nombre considérable des élèves que le désir de s'instruire a attirés à ces nouvelles écoles... nous a fait penser qu'il ne manquoit plus à ce projet, pour qu'il devînt parfaitement utile, que d'en faire un établissement que nous honorerions particulièrement de notre protection; à ces causes, etc. »

Si le roi semblait tenir à honneur de protéger les arts, il se montrait peu favorable aux lettres, et « les suppressions d'écrits » étaient toujours très pratiquées. Le 26 avril, on avait brûlé avec le cérémonial accoutumé, et par la main du bourreau, un libelle intitulé *Monitoire à publier*. Au mois de juin, ce fut un mémoire sur l'affaire du parlement de Bretagne qui fut supprimé; au mois de juillet, ce fut un ouvrage sur l'autorité du clergé et le pouvoir des magistrats; mais, quelles que fussent les mesures de rigueur que le gouvernement de Louis le Bien-Aimé déployait contre les brochures et les livres destinés à éclairer le peuple sur les abus qui se commettaient partout, il était impossible qu'elles empêchassent la publication d'écrits qui paraissaient quand même, et en dépit des précautions prises pour en défendre l'impression et la distribution.

Et Dieu sait cependant si les divers fonctionnaires et agents de l'autorité mettaient du zèle dans l'exercice de leur mandat et dans la façon de remplir leurs devoirs.

Ce zèle était même quelquefois excessif; ainsi, le 17 juillet, une sentence de la prévôté de l'hôtel du roi et grande prévôté de France déclara « nul, tortionnaire et déraisonnable, un procès-verbal tendant à saisie-exécution, fait par le sieur Broussin, huissier au Châtelet de Paris, assisté de Salmon et Henoc, archers de robbe-courte, ayans fusils et baïonnettes; leur fait défenses de plus à l'avenir récidiver, sous peine d'être poursuivis extraordinairement et suivant la rigueur des lois, etc ».

Les fusils et baïonnettes étaient une usurpation; mais nombre de gens ont toujours été tentés d'usurper ce qui ne leur appartenait pas; nous voyons, par exemple, Guillaume Danet, « syndic garde des ordres de la compagnie des maîtres d'armes des Académies de Sa Majesté et de la ville et fauxbourgs de Paris », obtenir des lettres patentes faisant défenses à toutes personnes d'usurper la qualité de maîtres en fait d'armes ou de prévôts de salles sous telles peines qu'il appartiendra; ce fut en vertu de ces lettres patentes qu'un sieur Crapotte dit Cabriolet et Joseph de Ligne, qui avaient usurpé ces qualités, furent condamnés.

Le chapitre tenu par les religieux de la congrégation de Saint-Maur n'avait pas beaucoup pacifié les choses, mais un arrêt du conseil d'État du roi, en date du 6 juillet, confirma les bulles d'érection de cette congrégation et ordonna l'exécution provisoire des déclarations sur la règle et des constitutions de ladite congrégation. Cet arrêt contenait 42 articles, de façon à établir une descipline sérieuse chez les religieux qui, depuis de longues années, semblaient s'en être complètement affranchis. Au reste un second arrêt, du 31 du même mois, nomma des commissaires spéciaux pour conférer sur les abus qui s'étaient introduits dans les divers monastères des ordres religieux et pour chercher les moyens les plus efficaces pour y remédier.

Une ordonnance du 30 décembre prescrivit l'ouverture de la nouvelle halle aux blés établie sur l'emplacement de l'ancien hôtel de Soissons. Elle eut lieu le 12 janvier suivant. Le curé de Saint-Eustache s'y transporta, à neuf heures du matin, avec une partie de son clergé, et fit la bénédiction, tant de la nouvelle halle que des maisons l'avoisinant. A onze heures, le lieutenant général de police, assisté du procureur du roi et du chevalier du guet, et accompagné d'une partie des commissaires, des inspecteurs de police, des greffiers, des huissiers audienciers et des maîtres des huissiers à cheval et à verge et d'un détachement du guet de la ville de Paris, fit l'ouverture de la halle, où il y avait un grand concours de peuple. A partir de ce jour, la vente s'établit dans le nouveau marché qui était déjà approvisionné de grains et de farines.

Donnons encore cette fois, comme point de comparaison, le mouvement de l'état civil; l'année 1766 vit naître à Paris 9,541 garçons et 9,291 filles; il mourut 10,807 hommes et 8,656 femmes. Le nombre des enfants trouvés fut de 5,604 garçons et 2,706 filles, soit 8,310 enfants.

On éprouva un grand froid à Paris à partir du 8 janvier; pendant la journée du 7, la Seine gela sur tout son parcours dans la ville, le thermomètre Réaumur descendit à 13 degrés au-dessous de zéro.

Malgré toutes les ordonnances antérieures, les rues de Paris continuaient à être dans un état de malpropreté qui jurait avec la belle apparence des hôtels et des maisons nouvelles qui se construisaient. Une nouvelle ordonnance de police, en date du 9 janvier 1767, imposa aux habitants de la ville et des faubourgs de Paris de faire balayer le devant de leurs maisons, tous les matins, à sept heures en été, et à huit heures en hiver. Un des articles du règlement institué pour le bon entretien de la ville prescrivait aussi à ceux « qui auraient chez eux des gravois, poteries, bouteilles cassées, verres à vitres, morceaux de glaces ou vieilles ferrailles, de les rassembler dans des paniers ou autres ustensiles pour les porter dans la rue, et de les mettre dans un tas séparé de celui des boues, sans pouvoir les mêler avec lesdites boues ni les jeter par les fenêtres, le tout à peine de cent livres d'amende pour la première fois, et de plus grande en cas de récidive. » Défenses sont faites à tous particuliers, par le huitième article, de jeter par les fenêtres dans les rues, « tant de jour que de nuit, aucunes eaux, urines, matières fécales et autres ordures de quelque nature qu'elles puissent être, à peine de trois cents livres d'amende ».

Il paraît que les dispositions de ce règlement modifiaient tout à fait les habitudes des Parisiens qui avaient l'habitude de tout jeter par les fenêtres, ce qui offrait de véritables inconvénients pour les passants. Le 27 février, une seconde ordonnance, émanant cette fois du bureau des finances de la généralité de Paris, fit défense à tous particuliers d'étaler aucunes marchandises sur les quais et les ponts de la ville. Cette ordonnance provoqua un mécontentement général.

Le 18 février, les chanoines réguliers de l'abbaye royale de Saint-Victor célébrèrent la messe solennelle qu'ils avaient fondée à perpétuité pour la conservation des jours du roi et de la famille royale, mais cela n'empêcha malheureusement pas que le 13 mars la dauphine de France ne mourût à Versailles ; son corps fut transporté à Sens. Cette nouvelle causa une grande douleur dans Paris, et des services funèbres furent célébrés partout.

Celui de Notre-Dame eut lieu le 8 avril. Quelques jours auparavant (le 8 mars), un arrêt du conseil d'État avait été rendu, qui supprimait tous droits d'entrée à Paris sur la morue sèche, et cet arrêt fut très favorablement accueilli, la morue étant un aliment très consommé par les pauvres gens.

Le 13 avril, le dauphin (Louis XVI), en manteau court de deuil, se rendit en cérémonie à l'église Notre-Dame pour y faire ses Pâques ; il était accompagné de son frère, le comte de Provence (Louis XVIII), qui devait faire le même jour sa première communion, et un grand concours de curieux se placèrent sur leur passage pour les voir ; ils reçurent un accueil très sympathique de la population.

En dépit des arrêts qui les expulsaient de France, les jésuites continuaient à y demeurer, et le 8 mai, le Parlement, toutes chambres assemblées, rendit un nouvel arrêt qui leur ordonnait de sortir du royaume, et des commissaires furent nommés pour délibérer sur les moyens à employer pour obtenir du pape la dissolution entière de la société de Jésus.

Le lendemain 9, après que les commissaires se furent assemblés en l'hôtel du premier président, la cour, toutes chambres assemblées, déclara la société de Jésus et tous ses membres publics et secrets, ennemis de toute puissance et de toute autorité légitime, de la personne des souverains et de la tranquillité des États ; en conséquence, « ordonne que tous les ci-devant soi-disans jésuites demeureront déchus du bénéfice à eux accordés par l'édit de novembre 1764. Ordonne que tous et un chacun de ceux qui étoient membres de ladite société à l'époque du 6 août 1661 seront tenus de se retirer hors du royaume dans quinzaine de la publication du présent arrêt, laquelle vaudra signification à chacun d'eux, sous peine d'être poursuivis extraordinairement, à l'exception toutefois de ceux qui auront prêté les sermens ordonnés par les arrêts de la cour des 6 août 1762 et 22 février 1764. Conformément auxdits arrêts, en exécution d'iceux et dans les délais portés, se réservant la dite cour de statuer sur la contravention aux arrêts de la cour qu'aucun desdits ci-devant soi-disans jésuites qui auraient prêté lesdits sermens, auroient pu commettre postérieurement à la prestation desdits sermens... Fait défenses à tous et un chacun de ceux qui auront été obligés de se retirer hors du royaume, en vertu du présent arrêt, de tenter, sous quelque prétexte que ce puisse être, de rentrer dans les États de la domination du roi, à peine d'être poursuivis extraordinairement.

« Fait défenses à tous gouverneurs de provinces, lieutenans généraux, lieutenans du roi, baillifs, sénéchaux et à tous juges du ressort de la cour, de laisser résider, dans l'étendue desdites provinces et juridictions, aucun desdits ci-devant soi-disans jésuites, exclus des terres de la domination du roi, comme aussi aucuns jésuites étrangers, sous peine d'en répondre en leur propre et privé nom.

« Fait défenses à tous sujets du roi, de quelque qualité ou condition qu'ils soient, de donner retraite à aucun des ci-devant soi-disans jésuites qui sont obligés de se retirer hors du royaume en vertu du présent arrêt, même d'entretenir directement correspondance avec les ci-devant soi-disans jésuites, à peine d'être poursuivis suivant la gravité du délit et l'exigence des cas.

« Fait pareillement très expresses inhibitions et défenses à tous sujets du roi de recevoir du général de ladite société, ou de quelque autre en son nom, des lettres d'association ou d'affiliation quelconque, sous peine d'être poursuivis extraordinairement ; ordonne que tous ceux qui seroient en possession de ces lettres ou qui en auroient eu précédemment en leur possession, seront tenus d'en faire, dans un mois pour tout délai, leur déclaration par-devant le plus prochain juge royal des lieux, même de remettre auxdits juges lesdites lettres, si aucunes ils avoient entre les mains...

« Fait défenses à tous archevêques, évêques, supérieurs et supérieures des communautés séculières ou régulières, séminaires, lieux d'instruction ou éducation, pensions et autres établissemens destinés à l'instruction de la jeunesse, de l'un et de l'autre sexe, d'employer à enseigner, de quelque manière que ce soit, en public ou en particulier, ou aux fonctions de prêcher et de confesser dans les diocèses, séminaires, couvens et autres maisons auxquels ils sont préposés, aucuns de ceux qui auroient été membres de ladite société à l'époque du 6 août 1761...

« Sera le roi très humblement supplié d'écarter de sa personne et de celle des princes de sa famille et de la maison royale, tous ceux qui auroient eu précédemment, ou ceux qui conserveront encore aucune fraternité ou affiliation publique ou secrète avec ladite société; sera le roi, supplié en qualité de fils aîné et de protecteur de l'Église, d'interposer ses offices auprès du pape, même de joindre, s'il le juge à propos, ses instances à celles des princes catholiques, à l'effet d'obtenir l'extinction totale d'une société pernicieuse à la tranquilité de leurs États, etc. »

Des lettres patentes du 23 mai ordonnèrent que les chanoines réguliers du prieuré royal de la Couture seraient transférés dans les maison et église de Saint-Louis, qu'occupaient les jésuites, rue Saint-Antoine, et que sur les terrains et bâtimens du chapitre et de la communauté de ces chanoines serait construit un marché pour remplacer celui qui s'élevait dans la rue Saint-Antoine.

« L'église, terrain, bâtimens, circonstances et dépendances, formant ci-devant la maison professe des jésuites, située dans la rue Saint-Antoine de notre bonne ville de Paris, abandonnée aux créanciers de ladite société par arrêt de notre cour de Parlement du 10 mars 1764, seront acquis en notre nom pour les chanoines réguliers dudit prieuré de Sainte-Catherine de Paris, par les commissaires que nous nommerons à cet effet... pour et moyennant le prix de 400,000 livres... qui seront payées sur les deniers par nous destinés pour la construction de la nouvelle église de Sainte-Geneviève... Voulons qu'aussitôt après que lesdits chapitres et chanoines réguliers habiteront lesdits terrains et bâtimens, il soit formé dans l'emplacement une place pour servir au marché qui se tient actuellement dans la rue Saint-Antoine, suivant les plans qui en seront dressés par le sieur Soufflot, architecte, contrôleur de nos bâtimens. Voulons en conséquence que les étaux et échoppes actuellement subsistans dans la rue Saint-Antoine soient transportés dans ledit nouveau marché, en telle sorte que la place de Birague, qui a été déclarée nous appartenir par l'arrêt de notre cour du Parlement du 18 janvier 1763, soit et demeure libre pour le public. »

La démolition des bâtiments du prieuré de la Couture ou culture Sainte-Catherine eut lieu de 1773 à 1774. Cependant l'église subsistait encore en 1777, lorsque de nouvelles lettres patentes, datées du 18 octobre de cette année 1777, ordonnèrent la démolition définitive de cet édifice et la vente aux enchères des terrains. Ces mêmes lettres ordonnaient que les deniers provenant de cette aliénation seraient destinés à la construction de la nouvelle église Sainte-Geneviève. Les adjudicataires devaient procéder immédiatement à la construction du nouveau marché et à l'ouverture de plusieurs rues pour en faciliter l'accès, conformément au plan dressé par Soufflot. Mais ces dispositions ne furent pas exécutées, et le 6 octobre 1781, le roi ordonna l'exécution d'un nouveau projet de marché dû au sieur Brébion, architecte.

Ce plan fut encore modifié; enfin des lettres patentes du 15 février 1788 reçurent leur pleine et entière exécution. Le 20 avril de cette année, M. d'Ormesson, contrôleur général des finances, posa la première pierre du marché, et les rues qui furent formées sur l'emplacement du prieuré de Sainte-Catherine furent, outre la place du marché, la rue Caron, dont le percement s'effectua en 1784, et qui dut son nom, non pas à Caron de Beaumarchais, comme on l'a prétendu à tort, mais à Caron, maître général des bâtiments du roi Louis XVI; la rue d'Ormesson, aussi percée en 1784, et qui reçut son nom de Louis-François-de-Paule Lefebvre d'Ormesson, contrôleur général qui, le 20 août 1783, avait posé la première pierre du marché Sainte-Catherine; la rue du Colombier, autorisée par lettres patentes du 15 février 1783, et prenant son nom de Marchand du Colombier, avocat, conseiller du roi et assesseur de l'hôtel de ville d'Arras, qui s'était rendu acquéreur d'une grande partie du terrain du prieuré; la rue de Jarente dont l'autorisation de percement date du 6 janvier 1781, mais qui ne fut aussi réellement livrée à la circulation qu'en 1784; et encore à cette époque elle ne débouchait dans la rue Culture-Sainte-Catherine qu'en passant sous la voûte d'une maison de cette voie publique, cette maison fut abattue en 1840, et la rue eut son plein parcours. Son nom lui fut donné en l'honneur de Louis-François-Alexandre de Jarente, Senas d'Orgeval, évêque d'Alba, coadjuteur de l'évêché d'Orléans et prieur commendataire du prieuré royal de la couture de Sainte-Catherine, c'était lui qui avait proposé l'établissement de cette voie; la rue Necker, autorisée par lettres patentes du 15 février 1783, elle fut ouverte en 1784 et reçut sa dénomination en l'honneur de Necker, alors contrôleur général des finances; enfin l'impasse de la Poissonnerie qui fut autorisée ainsi par lettres patentes de 1783 et fut ainsi nommée

L'hôtel de la Monnaie, vue prise du pont des Arts.

Hôtel des Monnaies, vue prise du Pont-Neuf.

parce qu'on y établit la poissonnerie du marché.

Puisque nous en sommes aux travaux d'édilité, disons que ce fut en 1767 qu'un arrêt du conseil, en date du 19 mai, ordonna qu'il serait fait, aux dépens de la ville, la plantation de deux rangées d'arbres, en forme de demi-lune de 36 toises de diamètre ou environ, pour servir d'entrée à l'hôpital général, ce fut ce qu'on appela la place de l'Hôpital; qu'un acte fut passé le 21 mars par-devant Mᵉ Poultier, notaire, entre M. de Sartine, stipulant au nom du roi, et M. Turpin, propriétaire, rue Aumaire, aux termes duquel ce dernier vendit le droit de passage à travers sa propriété et pour les piétons seulement, et que le pavé dudit passage (qui prit le nom de passage Aumaire) serait « fait et entretenu aux dépens du roi »; que l'avenue de Marigny fut formée sur les dépendances de l'hôtel des Ambassadeurs étrangers (palais de l'Élysée); elle dut son nom au marquis de Marigny, directeur général des bâtiments et jardins de Louis XV; enfin qu'on acheva de démolir l'hôtel de Grammont pour le passage de la rue de Grammont dont nous avons parlé.

Un important édit du roi, intéressant les corps et communautés d'arts et métiers, fut rendu le 17 mai. Par cet édit: « Sa Majesté, désirant rendre le commerce de son royaume de plus en plu florissant, et s'occupant des moyens de parvenir à fixer d'une manière plus modérée les frais de réception dans les maîtrises, qui sont devenus excessifs par l'espèce d'arbitraire qui s'est introduit à cet égard dans les corps et communautés d'arts et métiers, veut qu'il soit par Elle accordé à ceux des compagnons et aspirants à la maîtrise qu'il lui plaira choisir, des brevets ou privilèges qui leur tiendront lieu de maîtrises et qu'Elle crée à cet effet, savoir: douze en chacun des corps d'arts et métiers de la ville de Paris, de l'effet desquels brevets ils jouiront en se faisant recevoir, sans être tenus de payer aucuns frais de réception ni des formalités du chef-d'œuvre, apprentissage et compagnonnage. Registré le 19 juin 1767, du très expresse commandement du roi à la charge néanmoins que, conformément aux intentions du roi, aucuns corps et métiers ne pourront être contraints à racheter lesdits brevets, et que ledit édit n'aura aucune exécution à l'égard des chirurgiens, apothicaires, imprimeurs et orfèvres. »

Les nombreux abus qui viciaient l'institution des corps d'arts et métiers avaient atteint leurs dernières limites. Cependant Louis XV trouva encore moyen de tirer de l'argent des petites bourses en instituant ces brevets ou privilèges mis à la portée de ceux qui étaient dans l'impossibilité d'acquitter les frais de maîtrise.

Un arrêt du conseil d'État du 23 juin réglementa la matière : « Ceux des compagnons et aspirans qui seront admis aux brevets ou lettres de privilège créés en chacun art et métier par édit du mois de mars dernier payeront en ses revenus casuels la finance qui sera taxée par les rôles qui seront arrêtés au conseil. Veut Sa Majesté que sur la quittance de finance qui leur sera délivrée par le trésorier desdits revenus casuels, dûment contrôlée et qui leur tiendra lieu de brevet, ils soient incontinent reçus et installés sans difficulté par les baillis ou sénéchaux ou autres juges qu'il appartiendra, et qu'ils jouissent desdites maîtrises avec tels et semblables droits, franchises, libertés et privilèges dont jouissent les autres maîtres jurés des dits métiers, sans qu'ils soient tenus de faire aucuns chefs-d'œuvre ou expérience, ni subir aucun examen, payer banquets, droits de confrérie et de boîtes, ni aucuns autres droits, quels qu'ils puissent être, que les jurés de chaque métier ont accoutumé de prendre et faire payer à ceux qui veulent être reçus maîtres, dont Sa Majesté entend qu'ils soient et demeurent dispensés et exceptés.

« 2° Pourront, les pourvus desdits brevets, ensuite de leur réception, mettre et tenir sur les rues, et en tels lieux et endroits que bon leur semblera, étaux, ouvroirs et boutiques garnies d'outils et autres choses nécessaires pour l'usage et exercice de leurs métiers, tout ainsi et de même manière que les autres maîtres, ayant fait chef-d'œuvre et expérience : Veut en outre Sa Majesté, qu'ils soient appelés en toute assemblée et visites, qu'ils puissent être gardes et jurés desdits métiers et qu'ils jouissent, et, après leur décès leurs veuve et enfans des mêmes privilèges dont jouissent et ont droit de jouir les anciens maîtres jurés, sans aucune distinction ni différence, en contribuant par eux aux charges de la communauté, tant ainsi que les autres maîtres. »

Ces lettres patentes furent enregistrées au Parlement le 6 juillet 1767.

Le 7 juillet, nouvel arrêt du conseil d'État ordonnant que la réception des fils de maître « qui seront dans le cas d'être admis dans chacun art et métier ne pourra être différée, quoique le nombre des brevets ou lettres de privilège, créés dans les corps et communautés d'arts et métiers ne soit pas rempli, et les pourvus reçus et mis en possession, à peine de deux cens livres d'amende et de nullité de réception, etc. »

27 juillet, arrêt du conseil d'État, « qui reçoit les corps des métiers et des orfèvres opposans à la demande des joailliers-faussetiers à leur érection en communauté, au nombre limité de six cens maîtres, et, faisant droit sur ladite opposition, a renvoyé et renvoie lesdits joailliers-faussetiers, de ladite demande ; et néanmoins Sa Majesté ayant aucunement égard à la requête desdits joailliers-faussetiers, a ordonné que tous ceux qui exercent ou exerceront à l'avenir ladite profession... en faisant enregistrer au greffe de la police les lettres ou brevets, ou quittances de finance en tenant lieu, pourront travailler dans la ville et fauxbourgs de Paris comme maîtres dudit métier... Réserve néanmoins Sa Majesté aux gardes orfèvres l'inspection et le droit de visite chez lesdits joailliers-faussetiers pour ce qui concerne l'emploi des matières d'or et d'argent, etc. »

12 août 1767, encore autre arrêt du conseil d'État du roi qui ordonne « que ceux qui conformément aux arrêts du conseil et lettres patentes du 23 juin dernier, lèveront des lettres ou brevets tenant lieu de maîtrises... en jouiront ainsi que les autres maîtres desdits corps et communautés et que dans les communautés de barbiers-perruquiers, baigneurs et étuvistes, d'emballeurs à la douane de Paris ou autres de cette nature dont les maîtrises sont transmissibles par hérédité ou autrement ceux qui lèveront lesdits brevets ou lettres pourront également les transmettre, etc. »

Enfin un arrêt du conseil du 23 août de la même année porta règlement pour les professions d'arts et métiers et autres qui intéressaient le commerce et n'étaient pas en jurande. Il est extrêmement curieux, par la façon dont il englobe quiconque, parmi les infiniment petits, avait jusqu'alors échappé à l'enrôlement dans une corporation quelconque ; en voici la dispositions :

« Tous marchands vendans par poids et mesures et tous autres faisans profession de quelque trafic de marchandises, arts ou mestiers, soit en boutiques ouvertes, magasins, chambres, ateliers ou autrement, qui sont actuellement établis ou s'établiront à l'avenir dans les fauxbourgs enclos et banlieue de Paris, seront tenus de se faire recevoir et prêter serment, auquel serment ils ne pourront être admis qu'en rapportant des lettres ou brevets ou quittances de finances en tenant lieu, etc.

« Seront pareillement tenus de se faire recevoir en la manière portée par le précédent article, notamment dans la ville de Paris : les marchands de bois neuf et bois flotté, les marchands de bois quarré, les marchands de planches, les marchands de bois de sciage et déchirage de bateaux, les marchands et loueurs de chevaux ; les marchands de bled, grains, farine, et avoine, sur les ports, quays et halles ; les marchands de foin et pailles, les marchands de sable, les marchands de charbon de terre, de bois et de tourbes, les marchands de chaux, les marchands de salines, les marchands de tuiles et ardoises, les marchands de poisson d'eau douce, les marchands d'huitres, les marchands de bière en détail, les marchands forains vendant à Paris deux jours par semaine, des gazes, dentelles et blondes, les fabriquans de tapisseries et cuir, toile et autres étoffes peintes, dorées ou en couleur et de tontisses; les fabriquans de papiers et destinés à faire des tapisseries ou autres ornemens, les fabriquans d'indienne ou toile imitant les indiennes; les faiseurs et vendeurs de fleurs artificielles, les faiseurs de modes, les faiseurs de cire à cacheter, les fabriquans de chocolat, les fabriquans de vermicelle ; les faiseurs d'instrumens de mathématiques et de physique, les graveurs en taille douce, les fumistes, les artificiers, les aubergistes-gargotiers, les blanchisseurs et blanchisseuses de linge, dentelles, rabats, blondes et bas de soye; les bateleurs, faiseurs de tours et jeux publics; les brocanteurs de toute espèce, les charretiers, maîtres ou maîtresses et loueurs de charrettes, haquets et tombereaux, les coiffeuses et monteuses de bonnets, les cylindreuses et calendreuses, les colporteurs et enlumineurs de cartes et images; les écrivains établis dans les rues ou qui vont montrer en ville, connus sous le nom de buissonniers, les forts de la douane, de la halle aux grains, farines, des ports, de la halle aux draps, de la halle aux toiles; les herboristes-botanistes; les laitières et marchandes de beurre, crème et fromage; les loueurs de carrosses, chaises et cabriolets; les loueurs ou loueuses de sacs et de bannes; ceux qui tiennent hôtels et chambres garnies, les ouvrières en linge, les plâtriers, les raccommodeuses de dentelles, les revendeuses à la toilette, les revendeurs et revendeuses à la halle, et dans les rues et places; les marchandes tripières et cuiseuses de tripes et d'abatis, les treillageurs et les voituriers sur les quais; les vendeurs d'orviétan, et généralement tous ceux exerçant toutes autres professions, arts et métiers qui ne sont point en maîtrises et jurandes encore qu'ils ne soient dénommés au présent article.

« Entend Sa Majesté que les personnes de l'autre sexe, soit mariées veuves ou filles soient admises à se faire pourvoir desdites lettres ou brevets pour toutes les professions dont leur sexe peut être susceptible, et qu'elles puissent les exercer sans difficulté, après avoir été reçues en la forme prescrite.

« Ordonne Sa Majesté que les marchands forains, les colporteurs, soit par charrette, chevaux ou porte-balles, seront tenus de prendre desdites lettres ou brevets; de même que toutes personnes exerçant des professions qui intéressent la nourriture et logement de ses sujets ou des étrangers voyageant dans le royaume, tels que ceux qui tiennent hôtelleries, auberges, cabarets, hôtels ou chambres garnies, traiteurs et autres donnant à manger.

« Permet Sa Majesté par le neuvième article, aux marchands, artisans et autres, ensuite de leur réception, de s'assembler, après toutefois s'y être fait autoriser à Paris par le lieutenant général de police, pour élire des syndics qui auront droit de visite et inspection chez chacun desdits marchands, artisans et autres.

« Suivant l'article onzième, ceux qui auront été reçus conformément aux articles précédents venant à décéder, leurs veuves pourront continuer d'exercer sans être tenues d'obtenir de nouvelles lettres. Entend Sa Majesté, à l'égard des enfans qui voudront continuer la profession de leurs pères, qu'il leur soit expédié à cet effet des lettres ou quittances en tenant lieu, en payant par eux le quart de la finance; et à l'égard de ceux qui épouseront les filles ou veuves des dits brevetés, en payant moitié.

« Sa Majesté ayant considéré que la profession des courtiers est une de celles qui intéressent plus particulièrement le commerce, attendu que lesdits courtiers sont les agens et les dépositaires de la confiance publique, et étant informée que des gens de tous états et la plupart sans aveu, s'immiscent d'en faire les fonctions, d'où il résulte des abus sans nombre; elle ordonne par le treizième article, que nul ne pourra s'immiscer à l'avenir dans lesdites fonctions d'agens et courtiers de change ou commissionnaires, banque, assurance et marchandises de quelque nature qu'elles puissent être, vins, eau-de-vie, grains, chevaux, facteurs de rouliers, ou autre sorte de courtage, dans aucune ville du royaume, qu'ils n'ayent en vertu des dites lettres ou quittances de finance en tenant lieu, etc... »

Tout ceci arrêté, il s'agissait de savoir ce qu'on exigerait des gens exerçant les professions dénommées dans l'arrêt ci-dessus; jusqu'alors, on n'en avait rien dit, et les intéressés désiraient fort être fixés à cet égard; il leur fallut attendre jusqu'au mois de septembre; chacun put alors apprendre ce qu'il allait avoir à verser dans les caisses du roi, pour pouvoir se livrer à son industrie. Par un arrêt du conseil du 13 septembre 1767, le prix des brevets ou lettres de privilège fut ainsi fixé pour ceux « qui exercent ou exerceront dans la bonne ville de Paris : les marchands de bois neuf et flotté payeront 1,000 livres ; les marchands de bois carré, 1,000 livres; les marchands de planches, 1,000 livres; les marchands de bois de sciage et déchirage de bateaux, 600 livres ; les marchands et loueurs de chevaux, 400 livres; les marchands de bleds, grains, farines et avoines, 400 livres; les marchands de charbon de terre, bois et tourbes, 300 livres; les marchands de tuiles et ardoises, 300 livres ; les marchands de bière, cidre, poiré et eau-de-vie en détail, 75 livres; les fabriquans de tapisseries en cuir, toile, etc., 300 livres; les fabriquans de papiers à tapisseries, etc., 200 livres; les fabriquans d'indiennes ou toile les imitant, 300 livres; les faiseurs et vendeurs de fleurs artificielles,

240 livres; les faiseurs de modes, 400 livres; les faiseurs de cire à cacheter, 400 livres; les fabriquans de chocolat, 400 livres; les faiseurs d'instrumens de mathématiques, 500 livres; les graveurs en taille douce, 400 livres; les artificiers, 240 livres; les aubergistes gargotiers, 75 livres; les brocanteurs, 250 livres; les cylindreurs et calendeurs, 150 livres; les herboristes, 200 livres; les loueurs de carrosses, 300 livres; les tenans hôtels garnis, 600 livres; les tenans chambres garnies, 300 livres; les plâtriers, 180 livres; les treillageurs, 400 livres; les marchands de chaux, 150 livres; les rouliers demeurant dans Paris, 150. » Les agents de change et les courtiers suivant des états particuliers qui devraient être dressés et annotés ultérieurement. Quant aux autres professions, ceux qui les exerçaient n'étaient tenus qu'à un simple enregistrement au greffe.

« Ainsi, dit l'auteur de l'*Histoire des corporations françaises*, tout ce qui jusqu'alors avait vécu dans une liberté commerciale relative, tout ce qui avait échappé à l'obligation légale de faire partie d'une corporation quelconque, fut pris dans ce dernier coup de filet de la réglementation à outrance. Il n'y eut plus une industrie, un métier, un labeur, une occupation, un gagne-pain, quelque modeste et humble qu'il fût, qui eût le droit d'exister en dehors de ce cercle infranchissable. Tout métier, tout art, reçut ses statuts qui le mettaient en jurande, et quiconque voulut vivre de ce qu'il savait faire fut tenu d'entrer dans une communauté et de payer ses droits de réception. Il est vrai que, pour en faciliter l'entrée, le candidat malgré lui fut souvent dispensé d'exécuter le chef-d'œuvre traditionnel : c'était là un moyen trop simple d'augmenter l'abondance de la récolte pour qu'on n'y recourût pas. »

Ajoutons qu'en dehors de la question d'argent, jamais les marchands n'avaient été moins libres dans leur commerce; ainsi le 29 mai de cette même année 1767, un arrêt de la cour du Parlement ordonne « que ceux des marchands épiciers et apothicaires-épiciers qui voudront faire venir et vendre en cette ville de Paris des grains et légumes secs ne pourront les acheter ailleurs qu'au delà de vingt lieues de Paris, ni en avoir des magasins ailleurs que dans les maisons où ils demeurent, sans qu'ils puissent en acheter sur le carreau de la halle et seront tenus de porter sur le carreau de la halle, au premier marché qui suivra l'arrivée desdits grains et légumes secs, le tiers desdites marchandises pour y être vendues, tant à grandes qu'à petites mesures, aux bourgeois seulement pendant l'heure qui leur est réservée. » Ils devaient en outre faire viser et parafer les *lettres* de voitures des marchandises qu'on leur amenait par les commis des barrières et des portes par lesquelles elles entraient, et ils devaient les représenter sur le carreau des halles pour justifier que c'était bien le tiers de ces marchandises qu'ils mettaient en vente.

Encore quelques années, et un ministre intelligent allait supprimer « les dispositions bizarres, tyranniques, contraires à l'humanité et aux bonnes mœurs dont étaient remplis ces espèces de codes obscurs, rédigés par l'avidité, adoptés sans examen dans des temps d'ignorance, et auxquels il n'a manqué pour être l'objet de l'indignation publique que d'être connus. »

En attendant, et après avoir astreint tous les petits marchands et fabricants à l'obligation de prendre moyennant finances des lettres de privilège, Louis XV en gratifia les commerçants en gros, et le 30 octobre 1767, son conseil rendit un arrêt dans lequel on lisait ceci : « Quoique le commerce en gros qui constitue le vrai négociant soit une profession si honorable qu'elle peut être exercée par la noblesse, même sans dérogeance, cependant plusieurs de ceux qui s'y adonnent essuient journellement des contestations... et une des causes qui y donne lieu, c'est que la plupart des simples commerçants, confondant leur état et qualité suffisamment estimables d'ailleurs, avec celles des négocians, prétendent devoir être rangés dans la même classe et jouir des mêmes privilèges. »

Ce fut pour remédier à « ces inconvénients » que le roi ordonna qu'il serait expédié des lettres « à tous ceux qui exercent ou voudront exercer à l'avenir le commerce en gros en payant la finance qui sera réglée par les rôles arrêtés au conseil. Tous banquiers, manufacturiers, et ceux qui font leur commerce en magasin, vendant leurs marchandises par balles, caisses ou pièces entières et qui n'auront point de boutiques ouvertes ni aucun étalage ou enseignement à leur porte ou maison, seront censés et réputés négocians en gros, conformément à l'état de décembre 1701. Ceux qui auront obtenu lesdites lettres et les auront fait enregistrer selon la forme prescrite pourront exercer toute sorte de commerce en gros, encore que la nature dudit commerce exigeât qu'ils tinssent des magasins, et Sa Majesté veut et entend qu'ils soient réputés vivant noblement, ayant rang et séance en cette qualité dans les assemblées de ville et autres et jouissent de tous les honneurs et avantages qui y sont attachés, spécialement, de l'exemption de la milice pour eux et pour leurs enfants et du privilège de porter l'épée dans les villes, et dans leurs voyages les armes nécessaires pour leur sûreté. Sa Majesté se réserve d'ailleurs d'accorder chaque année deux lettres particulières d'anoblissement à ceux d'entre eux qui se seront distingués dans leur profession. Les marchands et commerçans en détail qui voudront quitter leur profession pour embrasser le commerce en gros, pourront obtenir lesdites lettres, à la réserve de ceux qui auraient fait faillite, pris des lettres de répit, ou

Ces demoiselles du quadrille entourèrent le poète et lui distribuèrent une volée de coups de poing.
(Page 318, col. 2.)

fait contrats d'attermoiement avec leurs créanciers. Sa Majesté ordonne par le même arrêt que sur la finance desdites lettres il en sera déduit un tiers à ceux qui auroient été reçus dans des corps ou communautés établis en jurande et à ceux qui auroient pris des brevets ou quittances de finances en tenant lieu, pour des professions, arts et métiers non établis en jurande, la somme qu'ils auroient payée pour l'obtention desdits brevets ou quittances de finance. »

On le voit tous les moyens étaient bons pour se procurer de l'argent.

Or, comme il arrivait chaque fois que l'on avait imaginé quelque moyen d'en faire produire, soit par des créations de charges nouvelles, soit de toute autre façon, on édictait quelque nouvelle mesure de rigueur contre « les vagabonds et gens sans aveu », on n'y manqua pas cette fois encore, et le 21 octobre 1767, l'arrêt suivant émanant du conseil du roi fut publié :

« Le roi étant informé que sa déclaration du 3 août 1764, concernant les vagabonds et gens sans aveu n'est pas exécutée complètement et avec l'exactitude que son utilité exigeroit, sous le prétexte que les hôpitaux ne sont pas suffisamment rentés, la déclaration du 3 août 1764 sera exécutée ; » et en conséquence il fut ordonné de faire préparer et établir dans les différentes généralités des maisons suffisamment fermées pour y recevoir tous ceux qui seraient condamnés à y être enfermés.

Ne quittons pas le mois d'octobre sans noter une aventure assez singulière qui eut lieu le 18 et qui amusa beaucoup Paris ; nous en lisons le récit dans les *Mémoires secrets*.

« Un particulier venant du grand Caire a rapporté une momie comme un objet de curiosité pour orner son cabinet. Passant par Fontainebleau, il a pris le coche d'eau de la cour pour se rendre à Paris. Mais par oubli, en faisant emporter ses bagages du coche, il a laissé la boîte qui contenait la momie. Les commis l'ont ouverte, ont cru y voir un jeune homme étouffé à dessein, ont requis le commissaire, qui s'est rendu sur les lieux avec un chirurgien aussi ignorant que lui. Ils ont dressé un procès-verbal et ordonné que le cadavre seroit porté à la morgue, pour y être exposé et reconnu par ses parents ou autres, et qu'on informeroit contre les auteurs du meurtre. Cela a excité une grande rumeur dans le peuple, indigné de l'atrocité du crime dont on l'a instruit, et sur lequel on a fondé cent conjectures, plus criminelles les unes que les autres. Le propriétaire de la momie s'étant aperçu de son étourderie a retourné au coche réclamer sa boîte. On l'y a arrêté; on l'a conduit chez le commissaire, qu'il a rendu bien honteux en lui démontrant sa bévue, son ignorance et celle du chirurgien. Pour retirer de la morgue le cadavre prétendu, il a fallu se pourvoir par-devant M. le lieutenant criminel, ce qui a rendu très publique cette histoire qui fait l'entretien de la cour et de la ville.»

Cette aventure devait avoir un épilogue.

« Le sieur Taconnet a mis en parodie l'histoire très véritable de la momie dont on a parlé. Cette pièce a eu un succès prodigieux. Le commissaire Rochebrune, qui est le héros de l'aventure, a fait beaucoup de démarches auprès de M. de Sartine pour arrêter le cours de cette facétie, mais en vain ; le sage magistrat n'a point cru hors de propos qu'on bernât un peu l'ineptie de ce suppôt de la police. » La pièce de Taconnet eut quarante représentations.

Après que le projet de formation de la place Louis XV eut été adopté, on s'était tout d'abord demandé quels édifices on pourrait bien élever à l'entrée de la rue Royale, et après qu'on eut décidé de placer d'un côté l'hôtel des Mousquetaires noirs; on songea à établir, au coin opposé, un hôtel des Monnaies pour remplacer celui qui tombait en ruines dans la rue de la Monnaie, et une ordonnance du 7 janvier 1765, consacra ce projet; mais, quand les orfèvres du quai en eurent connaissance, ils s'en montrèrent fort mécontents. C'est qu'en effet, le transfert de la Monnaie loin du Pont-Neuf, c'était pour eux une source d'inconvénients; ils exposèrent leurs raisons au prévôt des marchands, en ayant soin de lui expliquer que, chaque fois qu'ils auraient quelque objet d'or ou d'argent à faire contrôler, ils seraient obligés d'envoyer leurs apprentis au bout de Paris, ce qui leur ferait perdre un temps précieux en courses qui seraient de véritables voyages, et, ce qui serait surtout très dangereux au point de vue de la sûreté des objets précieux que les apprentis transporteraient. Il ne leur resterait qu'un moyen de conjurer ce péril, ce serait d'abandonner le quai des Orfèvres; mais alors adieu le bruit, le mouvement, l'essor commercial du Pont-Neuf, adieu les brillants étalages de ce quai devant lesquels la jeunesse élégante aimait tant à stationner le soir.

Le prévôt des marchands n'avait pas pensé à tout cela, mais il le comprit et porta immédiatement les doléances des orfèvres au roi; Louis XV en apprécia toute la valeur, et le 18 septembre 1767 parut un arrêt du conseil qui annulait la décision prise et contenait ces nouvelles dispositions. — Article 1er. Le nouvel hôtel des Monnoies, qui devoit être à la place où est notre statue équestre sera établi et incessamment construit aux anciens grand et petit hôtels de Conti, appartenant à notre dite ville de Paris et qui sont actuellement occupés par notre garde-meuble, suivant le plan que nous avons agréé, la construction duquel nouvel hôtel des Monnoies fait partie des ouvrages que nous avons énoncés par notre édit du mois de juillet dernier. — Art. 2. Ordonnons que l'acquisition desdits anciens grand et petit hôtels de Conti sera incessamment faite pour nous et en notre nom par les commissaires que nous nommerons à cet effet. — Ordonnons pareillement que les prévost des marchands et eschevins acquerront pour nous et en notre nom les maisons particulières, situées même quai de Conti, attenantes le petit hôtel de Conti jusques et y compris celles faisant l'encoignure de la rue Guénégaud, dont le terrain est nécessaire à la construction dudit nouvel hôtel des Monnoies; les propriétaires desquelles maisons ne pourront se dispenser de les vendre. »

Enfin des lettres patentes du 16 avril 1768 furent expédiées sur cet arrêt, et elles expliquent très nettement que le roi avait eu le dessein de faire bâtir l'hôtel des Monnaies sur le terrain vague existant entre la rue Royale et celle des Champs-Élysées (ci-devant de la bonne Morue) ; mais « il nous auroit été représenté, par nos chers et amés les prévost des marchands et eschevins de notre bonne ville de Paris, que l'exécution de nos lettres patentes pourroit ralentir l'activité du commerce de l'orfèvrerie, en ce que l'emplacement destiné pour ce nouvel hôtel des Monnoies se trouveroit considérablement éloigné du centre de notre capitale, et que les orfèvres et autres correspondans aux monnoies seroient obligés de perdre un temps considérable pour y porter leur ouvrages et matières, et comme nous n'avons en vue que le plus grand avantage des habitans de notre bonne ville de Paris, et la facilité et la commodité du commerce, nous avons estimé convenable de déférer aux représentations qui nous ont été faites à cet égard, en assignant au nouvel hôtel des Monnoies qu'il est nécessaire de construire, un autre emplacement plus à la portée des orfèvres, etc. »

Les plans de l'hôtel des Monnaies furent mis au concours; ce fut le projet présenté par un artiste encore obscur et inconnu, celui de Jacques-Denis Antoine qui fut choisi.

Denis Antoine fut chargé de la construction du nouvel édifice dont le principal corps se développe sur le quai de Conti, et qui se recommande à l'attention des artistes par l'harmonie de ses proportions, le style de son architecture, la magnificence de l'ensemble, la sage économie des détails, la bonne distribution et, par-dessus tout, la construction savante et parfaite. Ce dernier mérite forme le caractère distinctif des travaux d'Antoine.

L'hôtel des Monnaies présente deux façades ayant chacune environ 120 mètres. La façade principale est parallèle au cours de la Seine et s'élève vers le nord. Sa décoration consiste en un avant-corps de six colonnes ioniques élevé sur un soubassement percé de cinq arcades, orné de refends; l'arcade du milieu sert de porte cochère ou entrée d'honneur; elle est munie d'une porte monumentale en chêne, à panneaux grillés, ornée du chiffre de Louis XV en bronze, dans une couronne de feuillage. Les marteaux sont également en bronze et d'un joli dessin; l'imposte est rempli par un caisson fleurdelisé, de chaque côté duquel sont assis un Mercure et une Cérès. La première arcade, à côté de la grande porte, vers l'est, sert d'entrée ordinaire pour le service de l'hôtel. L'édifice est couronné, dans toute sa longueur, par un entablement composé de consoles et de modillons. L'avant-corps est surmonté d'un attique, au devant duquel sont six figures debout et isolées, à plomb sur chaque colonne; elles représentent la Loi, la Prudence, la Force, le Commerce, l'Abondance et la Paix; ces statues sont de Pigalle, Mouchy et Lecomte. La seconde façade, sur la rue Guénégaud, présente un attique orné de bossages; sur l'avant-corps du milieu sont quatre figures représentant les quatre éléments. Elles sont de Caffier et de Dupré. Un pavillon carré, semblable à ceux qui s'élèvent aux deux extrémités de la façade principale sur le quai, termine la décoration symétrique de l'édifice sur la rue Guénégaud.

L'hôtel est divisé en trois grandes cours et plusieurs autres moins considérables, toutes entourées de bâtiments. On arrive à la cour principale en traversant l'avant-corps ayant face sur le quai, lequel renferme un superbe vestibule décoré de 24 colonnes doriques, donnant accès, vers l'occident, à un escalier monumental que décorent également seize colonnes ioniques, par lequel on arrive au musée monétaire. La cour principale a 35 mètres de profondeur sur 30 mètres de largeur; elle est entourée de galeries couvertes fermées par des grilles; au fond est la salle du monnayage qui s'annonce extérieurement par un péristyle de quatre colonnes doriques; la voûte intérieure est supportée par quatre colonnes toscanes; dans le fond, est une statue de la Fortune par Mouchy; à l'entrée du péristyle, sur la cour, on a placé, dans des niches, les bustes de Henri II, de Louis XIII, de Louis XIV et de Louis XV.

La façade est couronnée par deux figures assises de l'Abondance et de la Bonne Foi, ayant au milieu d'elles l'écu de France: au-dessous de ce groupe une plaque de marbre noir renferme ces mots :

Quas effundit opes largo bona copià cornu,
Explorat certa religione fides.

(Les richesses que l'Abondance laisse épancher de sa large corne sont examinées avec une attention scrupuleuse par la Bonne Foi.) C'est le symbole du contrôle sévère qui s'exerce sur la fabrication des espèces.

De chaque côté de la grande cour des voûtes traversant les galeries couvertes et conduisant à deux cours latérales, dont l'une, celle de l'est, donne accès vers les ateliers de la fonte et du laminage, et l'autre, celle de l'ouest, conduit aux communs de l'hôtel, aux ateliers de la fabrication de timbres-postes et à ceux du graveur général. Tout le reste du bâtiment est occupé par les logements des fonctionnaires et des principaux employés, tant de l'administration des monnaies que du directeur de la fabrication.

Le musée monétaire est la seule partie de la Monnaie qui soit absolument publique. On en lira la description dans la partie de l'ouvrage consacrée à l'état actuel de Paris.

Lorsque le prévôt des marchands et les échevins eurent acquis, conformément aux lettres patentes du roi, l'hôtel Conti pour y établir le nouvel établissement de fabrication des monnaies, ils reçurent, en échange, l'ancien hôtel des Monnaies et plusieurs maisons qui y attenaient et en dépendaient. Pendant longtemps cet emplacement fut improductif, mais au mois d'août 1776, ils obtinrent des lettres patentes qui les autorisaient à « ouvrir et former une rue de 24 pieds de largeur, laquelle sera nommée rue Boucher, aura son ouverture rue de la Monnoie et aboutira rue Bétizy près le carrefour de la rue des Bourdonnois, etc... » Il pourra aussi être formé un passage en partie couvert, pour communiquer de la rue Bétizy dans ladite nouvelle rue, lequel sera nommé passage Estienne, aura 12 pieds de largeur, etc. » Ces lettres patentes furent aussitôt exécutées avec quelques modifications, et deux rues, l'une empruntant son nom à Pierre Richard Boucher, échevin, l'autre à Henri Isaac Estienne, aussi échevin, furent ouvertes. La petite rue Estienne a disparu dans les dernières années du second empire, pour faire place à la rue du Pont-Neuf.

Vers la fin de 1767, un sieur Dufaud, déplorant la malpropreté de l'eau livrée à la consommation des Parisiens, avait imaginé de se servir d'une machine pour clarifier l'eau de la Seine ; le lieutenant général de police fit un rapport en faveur de l'invention, et, le 20 mai 1768, la cour homologua un acte de société permettant à une compagnie spécialement créée de vendre et faire distribuer dans la ville de l'eau clarifiée, à raison de 2 sols 6 deniers la voie, tenant trente-six pintes, rendue chez les particuliers, « à quelque étage que soient leurs demeures; et, à l'égard des faubourgs, elle augmenta de 6 deniers, excepté le faubourg Saint-Germain qui fait partie de la ville. Cette compagnie donne la facilité aux citoyens de s'abonner avec le bureau, pour telle grande et petite quantité d'eau qu'on juge à propos de prendre. Les tonneaux sont peints en dehors et marqués aux armes du roi et de la ville; ils sont en outre cadenacés; la clef desdits cadenats est toujours en main des préposés à cet égard, chaque quartier ayant un inspecteur pour veiller sur tout ce qui se passe, les charretiers, ainsi que les porteurs d'eau attachés au service de cette compagnie, sont distingués par une veste et une culotte bleues garnies de boutons jaunes, et sur leurs bonnets, il y a une plaque de cuivre sur laquelle, sont gravées les armes du roi et de la ville. Les charretiers donnent du cor, pour avertir le public de leur passage dans les rues et ce, à l'instar des claquettes de la petite poste de cette ville. Les seaux destinés à porter l'eau dans les maisons sont marqués de quatre clous jaunes en dedans, pour marquer la mesure de trente-six pintes que contient la voie des porteurs d'eau. »

La compagnie Dufaud s'était établie sur le quai des Ormes; quant à la machine à clarifier, elle était due à un sieur de Chavancourt, ingénieur de la ville, et elle était située à la pointe de l'île Saint-Louis. Mercier, dans son *Tableau de Paris*, s'élève fortement contre les charretiers de la compagnie Dufaud qui assourdissaient les oreilles des gens avec leurs trompettes ou cors; au reste, l'habitude que prirent ces voituriers de passer aux mêmes heures et de distribuer leur eau à des pratiques attitrées, leur fit abandonner l'usage de la trompette.

La ville vendait aussi aux gens riches de l'eau du roi; c'était de l'eau qui était réservée à l'usage du roi et qu'on prenait à Ville-d'Avray; la fontaine était cadenassée; cette eau était réputée très saine et très pure, et sa limpidité invitait à la boire. Le roi en avait permis la distribution à Paris dans des bureaux spéciaux.

Mais peu de gens usaient de la permission. Lorsque les Parisiens voyaient de leurs yeux les immondices se mêler aux eaux de la Seine, ils se persuadaient volontiers qu'elles ne la souillaient pas, et que le fleuve, en traversant Paris, retenait, avec son nom, la pureté entière de ses eaux. Les fontaines publiques alors et les rares concessions accordées débitaient à peine deux litres par jour pour chaque habitant, mais trente mille puits fournissaient une eau détestable que, par un préjugé inexplicable, les Parisiens préféraient souvent à toute autre.

« On a exagéré, lisons-nous dans un rapport lu par M. Bertrand à l'Académie des sciences, en nommant un tel temps le temps de la soif; le comble de la misère n'était pas alors de manquer d'eau, mais d'en boire. » Pour achever par un dernier trait le tableau d'une extrême détresse, Voltaire nous montre son pauvre diable

Buvant de l'eau dans un vieux pot à bière.

Il n'était pas besoin d'insister alors sur la qualité de cette eau.

« Les aqueducs de Belleville et des Prés-Saint-Gervais, imitation amoindrie des aqueducs romains, auraient pu imposer aux fontaines qu'ils alimentaient le nom commun de Maubuée, mauvaise lessive, donnée à l'une d'elles. Les échevins, au XVIe siècle, croyaient cette eau préférable à celle de la Seine. Ils se trompaient; elle contient, en réalité, dix fois plus de matières étrangères.

« L'eau d'Arcueil, agréable à boire, était chargée aussi de sels nuisibles dans plus d'un cas, et l'eau de Seine, la plus pure de toutes, recevait sans en être souillée, on l'affirmait de bonne foi, les déjections les plus répugnantes d'une ville de sept cent mille âmes. L'accoutumance rendait cela tolérable, indifférent pour mieux dire; l'eau filtrée était limpide, on la quittait du reste en renvoyant les moyens de mieux faire à un autre temps.

« Lorsque Deparcieux, membre de l'Académie des sciences, proposa de donner aux Parisiens l'eau qui leur manquait, en les sauvant, comme l'a dit Voltaire, de l'opprobre et du ridicule d'entendre toujours crier à l'eau, Parmentier, académicien comme lui, n'en fut pas d'avis; une si grande dépense l'effrayait. Moins sensible au ridicule que Voltaire, le cri des porteurs d'eau n'a rien qui l'humilie ou le choque, et, prenant à la lettre le conseil du sage, il veut qu'on s'abstienne des eaux étrangères.

« Préoccupé surtout de l'honneur de la Seine, il s'indigne, dans un style prétentieusement familier, qu'on ose diffamer un fleuve qu'il admire et que chacun devrait respecter. »

Ce fut aussi en 1767 qu'on plaça sur la place du parvis Notre-Dame, un poteau destiné à soutenir un carcan en ruine auquel on attachait au besoin les condamnés qui allaient faire amende honorable. C'était de ce poteau que partaient les mesures des distances routières. En 1790, il fut remplacé par une borne en pierre qui a disparu lors des démolitions effectuées pour la reconstruction de l'Hôtel-Dieu. Le carcan lui-même n'avait fait que prendre la place de l'échelle patibulaire de l'évêque de Paris, qui, depuis le moyen âge, était sur le parvis de Notre-Dame. L'échelle, nos lecteurs le savent, était un échafaud de justice assez semblable au pilori, et que quelques chroniqueurs ont confondu avec celui-ci. Or il est question de

Mademoiselle Lange, devenue madame du Barry.

modifier d'une manière assez importante la place, un peu nue, qui se développe devant l'église Notre-Dame.

Une colonne en marbre, destinée à marquer le point d'où partent les distances kilométriques, doit être érigée au centre de ce grand quadrilatère, avec un parterre de fleurs et de verdure qui lui servira de cadre.

La Halle au blé.

XXXIV

Les impures. — Théâtre des Associés. — Délassements Comiques. — Jeanne Bécu, comtesse du Barry. — Les joûtes. — Le Colysée. — La foire Saint-Laurent. — L'Ambigu comique. — Le procès des perruquiers. — Les réverbères. — Saint-Philippe du Roule. — L'Opéra rue Saint-Honoré. — La Comédie française aux Tuileries. — Les fêtes du mariage. — Le Champ de Mars. — Le Wauxhall d'hiver. — Le Parlement exilé. — La cour des Monnaies. — L'ordre de la Persévérance. — Tivoli. — Le garde-meuble. — La halle aux veaux. — Les Vestris. — Les vendanges de Paris. — Le feu de l'Hôtel-Dieu. — Le premier théâtre du Montparnasse. — L'Odéon. — Le parc Monceaux. — Paris pendant la maladie de Louis XV. — Mœurs, coutumes, usages et costumes.

E 15 janvier 1768, la faculté de médecine rendit un décret de tolérance à l'égard de l'inoculation (vaccine) il fut voté par 30 voix contre 23 ; quelques docteurs furent d'avis d'ouvrir un bureau de vaccine, où les gens qui voudraient se faire vacciner se présenteraient afin d'être examinés.

On s'entretint beaucoup à Paris d'un acte de générosité dû à Mlle Guimard de l'Opéra. Cette célèbre danseuse, qui était ouvertement protégée par le maréchal de Soubise, ne brillait pas par une fidélité excessive envers son protecteur ; elle accepta un rendez-vous galant dans un faubourg de Paris et s'aperçut qu'il y avait tant de misère dans ce quartier, qu'elle distribua une partie des 2,000 écus qu'elle avait reçus pour prix de sa complaisance, aux pauvres gens qu'elle rencontra et porta le reste au curé de Saint-Roch en le priant de vouloir bien le distribuer aux pauvres.

On ne pouvait plus noblement employer de l'argent exquis d'une façon immorale.

Bachaumont, qui rapporte le fait, ajoute que « la moderne Terpsichore » vivait dans le luxe le plus élégant et le plus incroyable. « Elle a trois soupers par semaine, l'un composé des principaux seigneurs de la cour et de toutes sortes de gens de considération ; l'autre, d'auteurs, d'artistes, de savans qui viennent amuser cette muse rivale de Mme Geoffrin en cette partie ; enfin un troisième, véritable orgie, où sont invitées les filles les plus séduisantes et où la débauche est portée à son comble. »

Au reste, jamais les femmes de théâtre et les femmes à la mode, qu'on appelait alors des impures, n'avaient affiché plus de luxe, et c'était à qui, parmi les grands seigneurs et les financiers, lutterait de prodigalités envers ces dames.

Mlle Grandi, de l'Opéra, danseuse de talent médiocre et d'une figure très ordinaire, se plaignit un soir, sur le théâtre, d'avoir perdu les bonnes grâces d'un protecteur qui lui avait donné 1,000 louis en cinq semaines ; une des personnes présentes lui dit qu'elle trouverait aisément à remplacer cette perte. Mlle Grandi répondit que ce n'était pas si aisé qu'on le supposait, mais qu'en tout cas elle était bien décidée à n'accepter une liaison nouvelle qu'à la condition qu'elle lui procurerait une voiture, deux bons chevaux avec au moins cent louis de rentes assurés pour les entretenir. La conversation tomba, et le lendemain il arriva chez Mlle Grandi un magnifique carrosse attelé de deux chevaux, trois autres chevaux tenus en laisse suivaient, et l'on trouva dans la voiture 130,000 livres en espèces.

Le ministre Bertin, qui avait vécu pendant quinze ans avec Mlle Hus, de la Comédie française, lui avait donné un mobilier évalué à 500,000 livres.

Et cependant, tandis que ces dames gaspillaient des sommes considérables si facilement obtenues, la misère publique était grande. M. de Mirlavaud, qui demeurait rue Saint-Martin, vis-à-vis la fontaine Maubuée, trésorier des grains pour le compte du roi, recevait en février 1768, 600,000 livres afin d'acheter du blé « pour le soulagement de diverses provinces du royaume ». Au reste, Louis XV pouvait donner ces 600,000 livres en les prélevant sur ses revenus de propriétaire ; car à cette époque, si nous en croyons Coquereau, le roi possédait cent vingt-six maisons sur le pavé de Paris ; il en touchait exactement les loyers sous le nom de Louis de Bourbon, ainsi que nous l'apprend Mme Campan. On prétendait même qu'il spéculait aussi sur les blés dont il tenait note exacte des prix sur des carnets spéciaux ; d'ailleurs son trésorier Mirlavaud faillit être pendu pour monopole des grains.

Au reste Louis XV avait grand besoin d'argent et, sur son livre de comptes, on peut constater qu'il encaissa en 1768 (c'est écrit de sa main) 190,140,662 livres, 11 sous, 4 deniers et qu'il dépensa 183,475,350 livres, 19 sous, 6 deniers !

Il est vrai que sur cette somme énorme étaient comprises les pensions du duc d'Orléans : 150,000 livres. Celles du prince de Carignan 160,000, du prince de Condé 100,000, du comte de Clermont 70,000, de la princesse de Conti 45,000, du comte de la Marche 60,000, du duc de Penthièvre 50,000.

Le dauphin ne touchait que 1,500 francs par mois, ainsi que les comtes d'Artois et de Provence !

Donc on n'était pas heureux à Paris en l'an de grâce 1768, et ce qui le prouvait surabondamment, c'était l'exiguité des recettes de l'Opéra ; elles étaient considérablement baissées, et pour essayer de les augmenter, les directeurs imaginèrent de former des quadrilles, pour les bals, qu'ils composèrent des danseuses les plus élégantes, superbement costumées, et cette innovation eut, paraît-il, un grand succès. Au bal du 5 février assistait Poinsin, et l'auteur d'*Énelinde*, qu'il venait de faire jouer et qui était tombé à plat. Ces demoiselles du quadrille, en tête desquelles se trouvait la Guimard, entourèrent le poète qui n'était pas masqué et lui distribuèrent une volée de coups de poing en lui reprochant d'avoir écrit un mauvais opéra. Nombre de gens formèrent galerie ; ce que voyant, les danseuses redoublèrent, et les coups tombèrent dru comme grêle sur le malheureux Poinsinet, « qui eut beaucoup de peine à s'eschapper, roué et moulu de coups ».

Les gens de lettres étaient parfois fort malmenés, et ils n'osaient pas se plaindre ; ils avaient besoin des grands et des favorites ; la Pompadour logeait Bernis dans les combles des Tuileries et faisait accorder 100 louis de pension à Crébillon sur la cassette du roi, elle donnait 50 louis à Rousseau ; mais gare à quiconque d'entre eux laissait échapper dans ses écrits quelque phrase malsonnante.

Marmontel avait publié *Bélisaire*. Son livre fut censuré, et le 1er février 1768 on publia au prône un mandement de l'archevêque de Paris qui le condamnait, comme « contenant des propositions fausses, captieuses, téméraires, scandaleuses, impies, erronées, respirant l'hérésie et hérétiques. Ce mandement ne tenait pas moins de 56 pages in-4°. Le même jour on brûla au pied du grand escalier du palais, un livre de Linguet intitulé : *Histoire impartiale des jésuites*.

Le théâtre bourgeois tenait une grande place dans les divertissements de l'époque, et l'on cite un cordonnier pour femmes, appelé Charpentier, qui, s'enrichissant à chausser les petits pieds de ses contemporaines, trancha du grand seigneur, eut maison montée, des laquais dans son antichambre, et jouait chez lui la tragédie. « Cette parade fait l'histoire du jour dans ce pays de modes et d'oisiveté, surtout depuis que le duc de Chartres y a assisté avec d'autres seigneurs de la cour ; ce prince y est allé à six chevaux, et c'est à qui aura des billets pour ce spectacle grotesque. »

Ce cordonnier avait été milicien dans les dragons et en avait conservé le casque qu'il ornait outre mesure quand il jouait Achille. Un jour qu'il avait emprunté à son ami, le bedeau de Saint-Roch, plusieurs plumes et une aigrette du dais de l'église, le curé s'en aperçut, et voulant que ce sacrilège profitât aux pauvres de sa paroisse, il se rendit le lendemain chez Charpentier, accompagné du commissaire de police. Ils se firent représenter le casque encore tout empanaché ; on verbalisa, on parla de prison, prétendant que l'archevêque et le lieutenant de police voulaient un exemple pour ce scandale. La femme de Charpentier, qui voyait déjà son mari au Châtelet, ou tout au moins au For-l'Évêque, descendit lui faire ses adieux tout en pleurs, mais dans un négligé si galant que le curé détourna la tête et demanda dans cette posture cent francs, en assurant qu'il arrangerait l'affaire ; la somme fut comptée sur-le-champ, et les plumes du dais furent reportées à la sacristie. « Cette anecdote défraye le petit lever du roi. »

Mais d'autres théâtres bourgeois beaucoup plus importants existaient dans Paris ; c'était d'abord celui que le maréchal de Richelieu possédait dans son hôtel, et sur lequel il avait fait jouer, en 1762, *Annette et Lubin*.

Celui de la duchesse de Villeroi où, en 1767, la célèbre Clairon joua plusieurs fois ; en 1768 on y donna l'*Honnête Criminel*, qui n'avait pas encore obtenu la permission d'être joué en public, et en novembre, le roi de Danemark y assista et y vit jouer Lekain et Mlle Clairon.

Celui du baron d'Esclapon, au faubourg Saint-Germain et où les acteurs de la Comédie française venaient jouer. Il y fut donné, en 1767, une représentation au bénéfice du comédien Molé.

Celui de la Folie Titon ; qui appartenait au fermier général Maximin Titon. On voit encore, au nº 31 de la rue Montreuil, deux pavillons et une porte cochère qui formaient autrefois les dépendances d'un hôtel splendide connu sous le nom de *Folie Titon*. C'est là qu'en 1762 fut représenté l'opéra-comique d'*Annette et Lubin*, de Favart. La magnificence des jardins de cet hôtel était, paraît-il, incomparable ; les dessins et les estampes du temps, conservés à la Bibliothèque nationale, justifient la réputation dont ce domaine jouissait au siècle dernier.

Sur le pilier de gauche de la porte cochère, on voit encore incrusté dans la pierre le nº 9, qui date probablement de l'époque de la construction et remonte à plus d'un siècle.

Du fermier général Maximin Titon, cette propriété passa à son fils, Titon du Tillet, sculpteur distingué, qui y réunit une collection d'objets d'art et de tableaux de maîtres.

Puis, la propriété fut vendue à Francois de Saint-Jean, greffier au Parlement ; enfin, en 1783, la Folie Titon était devenue la propriété d'un riche industriel, Réveillon, qui la transforma en une grande manufacture de papiers peints ; elle fut incendiée au commencement de la révolution de 1789.

La duchesse de Mazarin avait aussi fait construire dans son hôtel de la rue de Varenne un très beau théâtre. Les demoiselles Verrières, riches courtisanes du temps, avaient également leur théâtre, et nous verrons en 1772 la Guimard inaugurer brillamment le sien dans son magnifique hôtel de la chaussée d'Antin.

Mais ces théâtres particuliers, qui appartenaient à de riches personnages, avaient d'ordinaire pour acteurs les comédiens en vogue, ce qui privait le public payant qui fréquentait les grands théâtres de les voir jouer ; il en résulta de nombreuses plaintes, et en décembre 1768 il fut défendu aux comédiens du roi de jouer sans permission ailleurs que sur leurs théâtres. Cette défense obligea les amateurs de l'art dramatique à jouer eux-mêmes, sans l'aide des comédiens.

« Dès lors, dit Dulaure, la manie théâtrale s'empara d'une multitude de jeunes gens de toutes les classes. Chaque quartier, chaque faubourg de Paris eut sa *Comédie bourgeoise*, et le nombre des salles destinées à ces spectacles gratuits se multiplia sous le règne suivant. »

En mars, une anecdote égaya Paris. Un chat s'était introduit au Parlement dans l'assemblée des chambres, et les graves magistrats lui jetaient des yeux courroucés. M. de Saint-Fargeau, président à mortier, prit l'animal et le cacha sous sa robe, mais le chat miaula, égratigna son protecteur, et celui-ci dut se lever de son siège et le mettre dehors. Le lendemain une épigramme courait les rues ; elle se terminait ainsi :

Ce chat prend-il la compagnie
Pour conseil tenu par les rats ?
Non, reprit son voisin tout bas,
C'est qu'il a flairé la bouillie
Que l'on fait ici pour les chats.

Le 30 mars s'ouvrit, cette année, la promenade de Longchamp, et elle fut très brillante malgré la misère publique. Mlle Guimard, « la belle damnée », attira tous les regards par le luxe de son carrosse. Pendant ce temps, le Parlement faisait des remontrances sur la cherté des grains, et dans une ordonnance de police (14 avril) concernant les bateleurs, farceurs, danseurs de corde, et autres spectacles des foires et des boulevards, il était dit que ces divertissements étant faits pour le peuple, pour le délasser de ses travaux et empêcher les suites funestes de l'oisiveté et de la débauche, il était défendu à tous les directeurs de troupes de mettre le prix des places au-dessus d'un taux qui excédât sa portée (1res 3, livres ; 2es, 24 sous ; 3es, 12 sous ; 4es, 6 sous).

En 1768 florissait au boulevard du Temple un amusant personnage qu'on appelait le grimacier.

« Type étrange, dit l'auteur de *l'Ancien Boulevard du Temple*, individualité qui s'était détaché des parades. Cet artiste opérait sous la coupole du ciel, monté sur une chaise, il accentuait ses grimaces de la façon la plus vive, au milieu d'un cercle généralement assez nombreux. Lorsque le rire des spectateurs atteignait au paroxysme, le grimacier descendait à terre et demandait une récompense monnayée. »

Il fit de bonnes affaires, ce grimacier, car il ne tarda pas à se faire bâtir une baraque en bois qui devint le théâtre des Associés et dans lequel, après avoir fait jouer les marionnettes, Beauvisage produisit une troupe d'acteurs vivants qui non seulement jouèrent des parodies, mais ne tardèrent pas à afficher les titres des pièces du répertoire de la Comédie française; naturellement, celle-ci protesta, mais Sallé qui avait succédé à Beauvisage, écrivit aux acteurs de la Comédie : « Messieurs, je donnerai demain dimanche une représentation de *Zaïre ou le Turc égaré par la jalousie;* ayez la complaisance d'envoyer une députation de votre illustre compagnie, et si vous reconnaissez la pièce de Voltaire, je consens à mériter votre blâme. »

Lekain, Préville et quelques autres répondirent à l'invitation et rirent tant qu'ils accordèrent à Sallé l'autorisation de puiser tant qu'il voudrait dans leur répertoire.

Le théâtre des Associés devint le Théâtre-Patriotique sous la Révolution; mais après la mort de Sallé survenue en 1795, Prévost qui lui succéda en fit le Théâtre sans prétention.

« Sans prétention aussi, dit M. A. Challamel, le nouveau directeur, qui remplissait cumulativement les fonctions de souffleur, de décorateur, de buraliste, de lampiste, de machiniste et d'auteur. »

« Prévost a écrit le fameux *Victor ou l'Enfant de la forêt* et *la Vengeance inattendue ou le Triomphe de la vertu*, tragi-comédie héroï-comique, en cinq actes. Prévost bravait la censure, parlait franchement, aussi bien contre la liberté que contre le despotisme. »

Supprimé en 1807, le Théâtre sans prétention devint le café d'Apollon, café-concert où l'on jouait devant les consommateurs des petites scènes mêlées de chant et des pantomimes arlequinades.

Puis, au bout de quelques années, le café d'Apollon redevint théâtre comme devant, et en 1815, l'illustre Mme Saqui, première acrobate de France, s'y installa avec des danseurs et des polichinelles; on y joua des pantomimes, des comédies, des opéras et des vaudevilles, mais le principal attrait du Théâtre de Mme Saqui (c'était le nom qu'il avait), consistait dans la danse de corde de la célèbre acrobate qui devait encore en 1861, à l'âge de 83 ans, exécuter un pas de trois sur la corde roide devant le public de l'Hippodrome. M. Dorsay devint en 1830 directeur du théâtre de Mme Saqui, qui fut démoli en 1841 et remplacé par les Délassements-Comiques qui ouvrirent le 6 octobre 1841. Le privilège avait été accordé à MM. Ferdinand Laloue et Edmond Tricquerez, dit Edmond, ancien acteur de la porte Saint-Martin. La salle était spacieuse et commode; elle pouvait contenir environ 1,200 personnes. La décoration ne laissait rien à désirer sous le rapport du bon goût et de l'élégance. Le genre adopté par le théâtre était la comédie, le drame, le vaudeville, et surtout les féeries et les revues. Au bout d'un an, Ferdinand Laloue céda sa part de direction à M. Ducré, ancien négociant en soieries, et ce dernier, après la mort d'Edmond, survenue en 1845, resta seul directeur. Depuis ce temps, le théâtre fut en proie à une foule de vicissitudes et d'échecs. Il ferma et rouvrit plusieurs fois; enfin Émile Taigny, acteur du Vaudeville, en prit la direction et parvint pendant quelques années à le maintenir dans une condition prospère, mais il se vit enfin, comme ses prédécesseurs, contraint d'abandonner la direction. Après de nouveaux essais infructueux, Sari, propriétaire des Funambules, prit les Délassements-Comiques et y introduisit exclusivement les revues et les pièces à femmes. Ce genre tant soit peu décolleté ramena le public, et le théâtre marchait assez bien lorsque la démolition du boulevard du Temple força les directeurs des théâtres qui y étaient établis de transporter leurs pénates ailleurs. Les Délassements allèrent s'installer dans un local de la rue de Provence.

Un deuil assombrit Paris pendant l'été de 1768; la reine Marie Leczinska mourut à Versailles le 24 juin, et aussitôt que la nouvelle en arriva dans la capitale : elle y produisit un grand sentiment de tristesse; on plaignait la pauvre reine dont l'existence avait été si pleine d'amertume, et l'on considéra sa mort comme une délivrance; mais des bruits fâcheux ne tardèrent pas à circuler à propos de cette mort. On parla d'empoisonnement; quelques personnes allèrent même jusqu'à accuser M. Lieutaud, médecin des enfants de France, d'avoir préparé le poison administré à la reine par les agents de M. de Choiseul. Le docteur ne daigna pas même se justifier d'un forfait dont tout Paris le savait incapable, et cet odieux soupçon tomba de lui-même.

Ce ne fut que le 2 juillet qu'eut lieu le convoi qui se rendit de Versailles à Saint-Denis en passant par le bois de Boulogne; des prières furent dites, et des services funèbres furent célébrés dans les diverses paroisses de Paris, à commencer naturellement par Notre-Dame et Sainte-Geneviève.

Vers 1758, était arrivée à Paris Jeanne Bécu, fille naturelle d'une paysanne appelée Anne Bécu dite Quantigny; Jeanne avait alors une quinzaine d'années, elle fut placée dans un couvent, par la protection d'un sieur Lange, elle en sortit et se plaça chez un sieur Labille, marchand de modes, rue Saint-Honoré. Enfin elle entra comme demoiselle de compagnie chez Mme de la Garde, veuve d'un fermier général, puis chez Mme de l^e Verrière, et dans ces diverses maisons Jeanne Bécu,

Neptune, monté sur un char traîné par des chevaux marins, sortait d'un rocher caverneux. (Page 323, col. 1.)

qui était fort jolie, noua des intrigues galantes, et elle finit par se livrer complètement au libertinage. La chronique du temps prétend qu'elle fut pensionnaire de la Gourdan, une entremetteuse célèbre dont la maison était un lieu de rendez-vous de débauches. Quoi qu'il en soit, elle fut remarquée par un chevalier d'industrie qu'on appelait le comte du Barry, et qui en fit sa maîtresse; mais cet homme, profondément méprisable, n'avait eu d'autre but, en associant Jeanne à son sort, que celui d'exploiter à son profit les charmes de celle-ci, et l'argent qu'il tirait de cet infâme métier servait à faire marcher son train de maison. Nous l'avons dit, la fille avait une beauté peu commune. Lebel, valet de chambre de Louis XV, qui se chargeait volontiers d'indiquer à son maître les jolies femmes, la vit et fut si frappé de l'éclat de Mlle Lange, nom sous lequel du Barry la lui avait présentée, qu'il en parla au roi, et le monarque, qui n'avait pas de maîtresse en titre depuis la mort de la Pompadour, fut subjugué dès la première entrevue, et bientôt la cour et la ville apprirent avec stupéfaction que le roi songeait à faire une reine de la main gauche de la fameuse prostituée; et, il faut le dire, malgré le relâchement excessif des mœurs, malgré la profonde immoralité qui régnait partout, on se demandait s'il était possible que le roi de France s'affichât de la sorte.

Quelque temps auparavant, une chanson intitulée *la Belle Bourbonnaise* avait couru Paris. Elle avait été inspirée par la chute d'une courtisane jadis en vogue et tombée dans une profonde misère.

La malignité publique fit à la nouvelle maîtresse de Louis XV l'application de *la Belle Bourbonnaise;* en vain Mlle Lange mit toutes ses créatures en campagne pour arrêter la vulgarisation de la chanson ; elle ne put y parvenir : la police la laissait tranquillement chanter, et elle eut une vogue immense non seulement à Paris, mais dans toute la France.

Tout cela n'empêcha pas le roi de brûler du désir de produire sa maîtresse; mais pour cela il fallait qu'elle eût un nom, un titre ; il songea à la marier; le comte Jean du Barry aurait bien été l'époux qu'on désirait, mais malheureusement il était déjà marié; or il chercha autour de lui et trouva son frère (on n'était pas scrupuleux dans cette famille), le comte Guillaume du Barry, officier gascon, qui accepta la femme que le roi voulait bien lui donner; seulement, comme il ne pouvait décemment épouser Jeanne Bécu, on fabriqua un acte de naissance qui la désigna sous le nom de Jeanne Gomard de Vaubernier, et le mariage eut lieu le 23 juillet 1768, à la paroisse Saint-Laurent.

Le contrat avait été signé quelques jours auparavant dans l'hôtel du comte Jean du Barry, qui était situé rue Neuve des Petits-Champs, au coin de la rue Sainte-Anne, en face de la maison de Lully, qui existe encore avec ses neuf croisées sur la rue Sainte-Anne et ses cinq autres sur la rue Neuve des Petits-Champs. Après la bénédiction nuptiale, la du Barry alla s'établir à Versailles, et son mari retourna à Toulouse.

Toutefois la nouvelle qualité de l'ex-demoiselle Lange ne désarma pas les rieurs; au contraire, la chanson de la *Belle Bourbonnaise* que lui avaient appliquée ses ennemis ne leur parut pas assez personnelle, et l'on en fit une seconde qui s'appela la *Nouvelle Bourbonnaise* : elle eut toute la vogue de son aînée; la police laissa chanter même ce dernier couplet :

> Elle est allée
> Se faire voir en cour.
> Se faire voir en cour.
> Elle est allée,
> On dit qu'elle a, ma foi,
> Plu même au roi.

La chanson parut avec l'autorisation de M. de Sartine et à l'unisson de l'autre *Bourbonnaise*, elle fut bientôt répétée par tous les chansonniers avinés du Pont-Neuf. « Depuis quelque tems, lit-on dans les *Mémoires secrets* (15 octobre 1768), il court ici une chanson intitulée *la Bourbonnaise* qui a été répandue avec une rapidité peu commune. Quoique les paroles en soient fort plates, que l'air en soit on ne peut plus niais, elle est parvenue jusqu'aux extrémités de la France.

« Elle se chante jusque dans les villages, et l'on ne peut se transporter nulle part sans l'entendre. Les gens qui raffinent sur tout ont prétendu que c'étoit un vaudeville satirique sur une certaine fille de rien parvenue de l'état le plus crapuleux à jouer un rôle et à faire une sorte de figure à la cour. Il est certain qu'on ne peut s'empêcher de remarquer, dans l'affectation à la divulguer si généralement, une intention décidée de jeter un ridicule odieux sur celle qu'elle regarde. »

Les crimes contre les personnes et les propriétés avaient été nombreux à Paris depuis le commencement de l'année; la Grève n'avait point désempli et les supplices de toute espèce s'étaient succédé sans relâche. Nous avons bien des fois déjà raconté en détail ces pendaisons, ces étranglements sur la roue qui n'offrent au lecteur qu'une répétition monotone, mais pour la première fois en cette année 1768, on voit se produire une sorte de protestation à Paris contre la peine de mort : voici ce que nous lisons dans les *Mémoires secrets* à la date du 16 août. « Ce spectacle affligeant pour l'humanité a réveillé la question si importante de savoir si un homme a le droit d'en faire périr un autre? On discute de nouveau le code criminel, on en démontre l'absurdité, l'atrocité. On s'étonne que nos magistrats n'aient pas encore porté aux pieds du trône leurs représentations sur cette matière. Nos philosophes voudroient qu'on tournât au profit du bien public les bras dont on prive l'État par tant d'exécutions. »

On voit que « les philosophes » demandaient radicalement l'abolition de le peine de mort.

Bien des lignes ont été écrites depuis sur cette matière, sans faire avancer la question d'un pas.

Le 14 août, tout Vaugirard était en liesse, Mlle Dangeville « l'héroïne émérite du Théâtre-François », y possédait une maison de campagne et ce jour-là, qui était celui de sa fête, dix-neuf beaux esprits et comédiens « amis ou amants » de la maîtresse de la maison, étaient venus dîner; après le repas la compagnie se rendit au jardin où se trouvait érigée la statue de la comédienne, que l'on couronna de fleurs, puis les bosquets s'illuminèrent, « on a introduit le peuple; il s'est formé des danses, partout on avoit établi des rafraîchissemens pour cette populace qui bénissoit sans cesse l'illustre Marie. Enfin un feu d'artifice très brillant a terminé le spectacle; un grand souper a suivi, et le champagne et l'esprit ont recommencé à couler avec la même abondance. »

Nous avons parlé plus haut du spectacle de Torré, mais nous ne pouvons passer sous silence le compte rendu, que nous trouvons, de la première représentation qu'il donna le 25 août, du « divertissement du grand mât de la Cocagne; c'est une grande perche fort droite, au haut de laquelle pendent des jambons, des saucissons et autres grosses pièces. Tous les goinfres sont admis au concours et s'essaye qui grimper et à emporter quelques pièces de résistance. Ce bâton est fort lisse; il faut beaucoup d'adresse pour se soutenir et arriver jusqu'au terme. On célèbre le triomphe du héros gourmand avec toutes les acclamations, tout le brouhaha que comporte une semblable fête; la nouveauté de ce spectacle attire beaucoup de curieux. » Encore un mot sur Torré. Le 8 septembre, il donna une scapinade ou danse en sacs qui n'a pas eu de succès, et ce jour-là il fit « sept mille et quelques cents livres de recette! Avec de l'industrie dans ce pays-ci, on gagne facilement de l'argent. »

On voit qu'il y a un siècle comme aujourd'hui, ce n'étaient pas les meilleurs spectacles qui faisaient venir la foule aux théâtres.

Le 4 septembre, on donna sur la Seine, à la Rapée, une joute à la lance. C'était alors un spectacle nouveau qui attira beaucoup de monde. Des mariniers exercés des différents ports formaient deux partis qui se distinguaient par la couleur du costume, et ils étaient montés sur des barques peintes en couleurs analogues à celles de chaque camp. Cette lutte était accompagnée de spectacles où l'on voyait des bateliers associés aux dieux de l'Olympe. Une déesse, sortie du fond de la rivière, venait couronner les vainqueurs. A l'extrémité de la scène aquatique, Neptune, monté sur un char traîné par des chevaux marins, sortait d'un rocher caverneux et, par un contraste qui faisait la joie des spectateurs, le dieu du feu s'unissait à celui de l'onde : à l'autre extrémité de l'enceinte, se trouvait l'antre embrasé de Vulcain, où l'on voyait ce dieu forgeant avec les cyclopes.

« L'année suivante, rapporte Dulaure, les entrepreneurs de ce spectacle changèrent le lieu de la scène, la transférèrent sur la rive opposée du côté de la gare; lui appliquèrent une dénomination plus savante, celle de *Jeux pléiens* et même lui donnèrent le mérite de l'utilité. Ils en firent une école de navigation, où les élèves choisis par les magistrats de la ville s'exerçaient aux manœuvres de la marine et dans l'art de nager, et montraient au public les progrès de leur instruction. Cette utile partie du spectacle n'en excluait pas l'agrément. On y voyait aussi des joutes et des divinités de la mer se familiariser avec les bateliers. En 1770, au mois de juin, le spectacle se rouvrit avec plus de magnificence et de nouveaux agréments. Il renonça au titre scientifique de *Jeux pléiens* et prit simplement celui d'*Exercice des élèves de la navigation*. Ce spectacle, continué dans la suite, a changé de direction, de local et même d'objet. Au mois d'octobre 1770, les joutes cessèrent sur la rivière. Ce spectacle fut transféré au Colisée ; ce qu'il avait d'utile disparut bientôt, ainsi que ce qu'il avait de pompeux. Au lieu d'y voir figurer le dieu de la mer, on y représenta des scènes bouffonnes ; enfin il fut réduit à de simples fêtes que donnaient les mariniers de Gros-Caillou. Les divers gouvernements ont souvent, dans les fêtes publiques, fait concourir les joutes sur l'eau. »

Un autre spectacle hydraulique fut imaginé la même année; sur les nouveaux boulevards du midi, et d'après les dessins de M. Legrand, architecte des économats, on commença à élever une salle de spectacle appelée le Théâtre d'eau, mais les travaux furent interrompus l'année suivante, et ils ne furent repris qu'en 1775, où on la termina très vivement, mais avec une destination nouvelle ; elle servit à donner des fêtes et des spectacles divers et devint le cirque royal. Déjà en 1767 était venu à Paris un écuyer nommé Beater qui donna des représentations hippiques dans un local qui fut désigné sous le nom de Cirque.

Terminons la nomenclature des divers autres théâtres et spectacles de l'époque.

En 1768-1769 il fut aussi établi, dans la rue Saint-Nicaise (qui devait son nom à l'ancienne chapelle Saint-Nicaise qui faisait partie de l'hôpital des Quinze-Vingts) une salle de spectacle appelée théâtre de Gaudon ; on y jouait des farces, des parodies ; ce spectacle était destiné à l'amusement des gens du quartier qui se trouvaient trop éloignés du boulevard du Temple où se trouvaient alors, nous l'avons dit, les lieux de plaisirs et d'amusements. Ce théâtre n'existait plus en 1779.

Le 26 juin 1769, une société d'entrepreneurs obtint un arrêt du conseil qui autorisait la construction d'un établissement, dont le plan dressé par l'architecte le Camus était inspiré par l'amphithéâtre élevé à Rome par Vespasien, sous son huitième consulat, et qu'on appelait Colisée, ce qui fit donner ce nom à la salle bâtie à l'extrémité occidentale des Champs-Élysées, au nord de l'avenue de Neuilly. Cet établisssement avait été imaginé en vue des fêtes qui seraient données l'année suivante à l'occasion du mariage du dauphin (Louis XVI), mais les travaux n'ayant pas été terminés à temps, on en changea la destination, et on le consacra à des danses publiques et pyrrhiques, à l'instar du Vauxhall anglais que tous les entrepreneurs de spectacles cherchaient à imiter à Paris. Les frais de construction furent énormes, et si le gouvernement et la ville (elle donna pour sa part une somme de 50,000 livres) n'étaient pas venus au secours des entrepreneurs, il est présumable que le Colisée eût été abandonné avant d'être achevé. Enfin l'ouverture en eut lieu le 23 mai 1771 ; le 22 il y avait eu la nuit, ce qu'on appelait alors la répétition des ministres, « c'est-à-dire une exécution de l'illumination la plus complète qui n'a commencé qu'à minuit. On n'y entroit qu'avec des billets, nos seigneurs du conseil ont trouvé cela très beau. C'est M. le duc de la Vrillière, comme ayant le département de Paris et comme s'intéressant infiniment aux plaisirs de la capitale, qui a fait parcourir les beautés du lieu à ses collègues. Le public ne s'y est pas rendu hier avec l'affluence qu'espéraient les entrepreneurs. Il faudrait 40,000 spectateurs pour garnir cet immense labyrinthe dont les portiques et les péristyles annoncent plus un temple qu'un lieu de fêtes et de voluptés. Au surplus, tout n'est pas fini, et il n'y a encore que le grand salon en rotonde d'achevé dans les édifices. On ne peut qu'admirer la folie des auteurs d'un pareil projet et la folie plus grande de ceux qui ont fourni les fonds pour l'exécution ; il n'en coûte que trente sols pour y entrer. »

Mais venons à la description de ce lieu de plaisirs, dans lequel on arrivait par une vaste cour ou plutôt « une esplanade sablée, selon Hurtaut, entourée d'un portique circulaire formé par des colonnes de treillage qui conduit à un premier vestibule, d'où l'on passe dans un second, décoré de colonnes ioniques peintes en marbre dont les bases et les chapiteaux sont dorés et forment une galerie dont chaque travée est occupée par des boutiques de marchands de bijoux, de curiosités et d'objets de luxe. » De là, on descendait sept marches, et l'on passait dans une vaste rotonde ou salle de bal dont le diamètre était de 78 pieds, la hauteur de 80, et dont la principale décoration consistait en seize colonnes corinthiennes de 34 pieds de proportion ; elles étaient couronnées par un entablement au-dessus duquel 16 cariatides dorées, colossales et posées sur des piédestaux à l'aplomb des colonnes, supportaient une coupole terminée par une lanterne de 24 pieds de diamètre. Autour de cette rotonde étaient quatre salles décorées en treillage, trois galeries garnies de boutiques et quatre cafés. La sortie avait lieu par un vestibule semblable à celui par lequel on était entré et placé sur la ligne du premier. On se trouvait alors dans une salle de verdure qu'on nommait le cirque. Au centre, était une grande pièce d'eau de forme ovale, c'était sur cette pièce d'eau que se donnait le spectacle des joutes et, au delà, celui du feu d'artifice. L'extérieur de l'édifice était entièrement recouvert de treillages peints en vert représentant, dans leurs capricieux dessins, des colonnes, des entablements, des frontons, etc., décoration qui donnait à la construcion une apparence de fragilité bien en harmonie avec sa durée éphémère. Les jardins bien dessinés renfermaient de petites maisons ou boudoirs qu'on louait aux amateurs de solitude à deux. Le Colisée réussit d'abord à attirer le public, mais les directeurs ne tardèrent pas à s'endetter ; ils avaient cru dépenser 700,000 livres pour lancer l'affaire, elle leur en coûta 2,675,000 !

Une cantatrice célèbre, Mlle le Maure, fit pendant quelques années les délices du Colisée, mais ses prétentions exorbitantes finirent par faire remplacer le chant par d'autres exercices.

En 1772, on imagina de faire venir d'Angleterre deux coqs de combat, afin d'implanter le spectacle des combats de coqs, très en honneur de l'autre côté du détroit; mais le public parisien ne goûta pas ce plaisir, et l'on dut y renoncer. L'année suivante, on essaya d'organiser des joutes sur les eaux du bassin, puis en 1776 et 1777, on y fit des expositions de tableaux, et des prix furent promis aux artistes. Bien que ces expositions amenassent du monde, elles ne donnaient pas grand bénéfice; au reste il fallut les cesser par ordre. Le Colisée dut s'en tenir aux danses et aux feux d'artifice. En 1778; il n'ouvrit pas; l'édifice construit peu solidement nécessitait déjà des réparations importantes et coûteuses auxquelles les créanciers s'opposèrent, et le Colisée fut définitivement fermé ; on le démolit en 1780.

Au reste, depuis la création des grands boulevards, celui du Temple était devenu une foire perpétuelle, et les foires Saint-Germain et Saint-Laurent avaient reçu le contre-coup de cette tendance du public à se porter au nouveau boulevard ; on sait que cette dernière foire, qui après avoir occupé un emplacement qui s'étendait depuis le faubourg Saint-Laurent jusqu'au Bourget, avait été en 1663 transportée dans un enclos de cinq arpents ceint de murs et situé entre Saint-Lazare et les Récollets. C'était là que les prêtres de la Mission s'étaient fait construire, par une amélioration toute nouvelle, des loges et des boutiques fermées, et percer des rues bordées d'arbres. La foire commençait alors le 28 juin, et ne se terminait que le 30 septembre. Le Châtelet, ayant à sa tête le lieutenant général de police, venait en corps en faire l'ouverture et prendre possession de la justice haute, moyenne et basse. Ces messieurs allaient ensuite dîner chez les pères de la Mission. L'enceinte de la foire était franche pour toutes sortes de marchands et de marchandises. Elle était peuplée de marchands de jouets, et de pâtisseries, de limonade, d'ustensiles de ménage, fréquentée par une foule de promeneurs, et parmi lesquels nombre de filous, et offrait au public des théâtres de marionnettes, des cabarets et surtout force bateleurs et baladins.

En 1716, Catherine Vanderberg était en possession du privilège des théâtres de la foire Saint-Laurent ; nous avons raconté toutes les péripéties des différents spectacles qui s'y étaient établis.

Mais nous le répétons, après avoir été très fréquentée, la foire Saint-Laurent cessa d'être le rendez-vous habituel des promeneurs, et en 1775 elle fut fermée ; cependant les pères de la Mission ne se rebutèrent pas et redoublèrent de soins pour attirer les marchands, les acheteurs et les oisifs. Ils rouvrirent leur foire en 1778; on y trouva des cafés, des salles de billards, une redoute chinoise, avec toute espèce de jeux nouveaux, des salons et bâtiments chinois; une salle où se jouaient des pièces du genre poissard. La nouveauté lui donna un regain de vogue, mais il fut éphémère, et la foire Saint-Laurent fut définitivement supprimée en 1789; un marché s'éleva sur son emplacement.

Ce fut le 9 juillet 1769 qu'Audinot, un ancien acteur de la Comédie italienne, qui s'était fait

Vue de l'église Saint-Laurent en 1780.

Vase Louis XV. — Pendule Louis XV : les Trois Grâces de Falconet. — Vase Louis XV.

montreur de marionnettes à la foire Saint-Laurent, vint s'établir au boulevard du Temple à côté de Nicolet. Son spectacle, dont les acteurs étaient encore des marionnettes, fut appelé *les Comédiens de bois*, mais il obtint bientôt de l'autorité la permission d'associer aux comédiens de bois des enfants qui ne tardèrent pas à se substituer entièrement aux premiers ; parmi les jeunes artistes on distinguait au premier rang Mlle Eulalie, fille d'Audinot, qui se faisait remarquer par sa belle voix et une intelligence précoce. A partir de ce moment, Audinot donna à son théâtre le nom d'Ambigu-Comique. « Les amateurs, disent les Mémoires de Bachaumont, à l'année 1771, sont enchantés de voir la foule se porter à l'Ambigu-Comique pour y applaudir une troupe d'enfants qui y font fureur ; ils espèrent que cette troupe deviendra une espèce de séminaire, où se formeront des sujets d'autant meilleurs qu'ils annoncent déjà des dispositions décidées, et donnent les plus grandes espérances ; mais les partisans des mœurs gémissent sincèrement sur cette invention qui va les corrompre jusque dans leur source, et qui, par la licence introduite sur cette scène, en forme autant une école de libertinage que de talents dramatiques. »

A toutes les époques on a crié contre le relâchement des mœurs : cette protestation des « partisans des mœurs » passa donc inaperçue, les enfants d'Audinot continuèrent à se moquer des artistes de la Comédie italienne en les parodiant, et les Parisiens s'amusaient fort à ce spectacle.

Mais l'Opéra, fidèle gardien des immunités de son privilège, n'entendait pas tolérer une concurrence, si miscroscopique qu'elle fût, et il fit défendre au directeur de l'Ambigu de laisser chanter et danser sur son théâtre et d'avoir plus de quatre musiciens ; en vain Audinot tâcha de s'amoindrir et montra la devise qu'il avait modestement fait inscrire sur sa toile : *Sicut infantes audi nos*. Ce fut en vain : l'Opéra, loin d'être désarmé par ce calembour par à peu près, exigea, pour lever sa défense, une redevance annuelle de 12,000 livres ! C'était beaucoup. Cependant Audinot s'engagea à la payer, et il fit bien, car grâce au succès de sa troupe il put facilement s'acquitter.

L'abbé Delille a peint l'empressement du public pour l'Ambigu, par ce joli vers :

Chez Audinot l'enfance attire la vieillesse.

Cependant Audinot faillit se brouiller avec l'autorité; il avait fait représenter une pièce intitulée *le Triomphe de l'amour et de l'amitié*, et dont le sujet était tiré de l'opéra *Alceste*. On y voyait un grand pontife et des chœurs de prêtres costumés à l'antique. Les dévots représentèrent à l'archevêque de Paris que les cérémonies de l'église ainsi que le clergé étaient tournés en dérision sur le théâtre de l'Ambigu, et l'archevêque s'adressa à M. de Sartine pour qu'il eût à empêcher cette profanation; mais Audinot, averti, s'empressa de faire entendre au lieutenant de police que sur plusieurs théâtres on voyait des prêtres, des processions et des sacrifices, conformément aux rites des religions antiques; qu'à l'Opéra, de pareilles représentations étaient fréquentes; qu'à la Comédie française, dans *Athalie*, on étalait toute la pompe des anciennes cérémonies religieuses des juifs, sans qu'aucune plainte se fût élevée à cet égard. M. de Sartine, édifié, laissa jouer la pièce qui eut un succès considérable.

Un peu avant la révolution de 1789, Audinot fit reconstruire sa salle. «C'est, dit *l'Almanach des spectacles de 1791*, une des plus belles et des plus vastes du royaume; l'intérieur est construit dans le goût gothique. La société y est mieux composée que dans la plupart des spectacles du boulevard», c'était l'architecte Célérier qui en avait fourni le dessin.

Néanmoins les recettes étaient bien baissées, et en 1803 Corse, qui venait de succéder à Audinot, fit jouer une farce d'Aude: *Mme Angot au sérail de Constantinople*, qui fut représentée deux cents fois. C'était un succès sans précédent au théâtre; elle fut suivie de mélodrames dont la noirceur était égayée par les facéties du comique; *le Jugement de Salomon, Tekeli, les Francs Juges, la Forêt d'Hermanstadt, Hariadan, Barberousse, la Femme à deux maris, Calas*, etc. « Parmi les acteurs qui brillèrent dans ces compositions dramatiques, dit M. E. de la Bedollière, on remarqua Tautin, Raffile, Stokleit. Ce dernier, dans *Thérèse ou l'Orpheline de Genève*, faisait frissonner les assistants, rien qu'en se promenant de long en large au fond de la scène, tandis que les acteurs, groupés sur le premier plan, s'entretenaient de ses scélératesses. Il persécutait l'innocence si consciencieusement, et jouait les coquins avec tant de vérité que plus d'une fois des spectateurs indignés l'attendirent à la sortie du spectacle pour lui faire un mauvais parti.

« Corse mourut en 1816 et Mme de Puisay, son associée, céda le privilège à Audinot fils, qui s'associa Franconi et Senepart ».

Nous ajouterons que Franconi ne tarda pas à se séparer de l'association pour fonder le théâtre du Cirque Olympique, et que Audinot resta avec Senepart. *Cardillac, l'Auberge des Adrets, Lisbeth ou la Fille du laboureur, Cœlina, le Songe, le Belvédère*, etc., durent en partie leurs succès aux décorations de Daguerre, furent représentés pendant cette période. En 1826, la troupe se composait pour les principaux artistes de Raffile, Skokleit, Frénoy, Sallé, Boisselot, Caron, Gilbert, Paul, Baron et Frédérick; les femmes étaient Mmes Palmyre, Eléonore, Wsannaz, Olivier, Hallignier, Constance, Mada Jawurech. La danse était représentée par Alexandre Fauqueux, Th. Mignot et Mmes Elisa Guillemin, Ancelin et Adèle Bazire.

Mais en 1827, le 13 juillet, pendant la répétition d'une pièce intitulée *la Tabatière*, un incendie terrible dévora l'Ambigu, que nous verrons renaître de ses cendres, en 1828, sur le boulevard Saint-Martin.

Reprenons la suite des événements de 1768; le 6 septembre, un grand service pour le repos de l'âme de la reine se fit à Notre-Dame avec tout le cérémonial accoutumé.

Le 30, le prévôt des marchands et les échevins en firent célébrer un autre dans l'église de Saint-Jean en Grève avec une pompe presque égale à celle du service fait à Notre-Dame.

L'innovation de la vaccine divisait plus que jamais le corps médical, dont une partie s'opposa à l'établissement du bureau de vaccination, et l'affaire fut portée au Parlement; des mémoires furent publiés pour et contre, et naturellement la lutte n'en fut que plus ardente; mais à côté de ces publications qui avaient trait spécialement à une question de médecine, il s'en introduisait à Paris beaucoup d'autres venant de l'étranger, et dont la police tentait en vain d'empêcher la circulation. Le 2 octobre 1768, on exécuta un arrêt du Parlement qui condamnait Jean-Baptiste Jossevand, garçon épicier, Jean Lécuyer, brocanteur, et Marie Suisse, sa femme, au carcan pendant trois jours consécutifs (Jossevand était condamné en outre à la marque et à neuf années de galères; Lécuyer aussi à la marque et à cinq ans de galères, et sa femme à un emprisonnement de cinq ans dans la maison de force de l'hôpital général) pour avoir vendu des livres « contraires aux bonnes mœurs et à la religion. » Ces livres étaient le *Christianisme dévoilé*, *l'Homme aux quarante écus* et *Ericie ou la Vestale*. En même temps que les trois personnes coupables de les avoir vendus subissaient leur peine, le bourreau lacérait et brûlait les volumes incriminés.

« Bien des gens furent étonnés de la dureté avec laquelle on a sévi contre les colporteurs, flétris par cet arrêt du Parlement surtout, vu l'énoncé des livres prohibés qu'on les accusait d'avoir vendus. »

L'arrivée du roi de Danemark détourna le cours des idées. Tout le monde voulait le voir, lui ne voulut pas se montrer en public avant d'avoir fait sa visite au roi de France et, le 22 octobre, dès son arrivée à Paris, il alla à la

Comédie française, mais dans la petite loge de Mme de Villeroy. Malgré cet incognito, comme on avait su que la majesté danoise se rendait au théâtre, le public s'y porta en foule ; « on se flattoit qu'après le spectacle, le roi de Danemark iroit aux fêtes foraines, chez Torré, qui a eu permission de donner aujourd'hui son spectacle ordinaire », mais le jeune roi n'y alla pas et les curieux qui l'y attendaient en furent pour leurs frais. On le promena partout après qu'il se fut rendu à Versailles et comme il aimait beaucoup le théâtre, on lui fit visiter les différents spectacles, y compris un spectacle particulier que M. de Duras lui offrit dans son hôtel de la rue du faubourg Saint-Honoré (entre les rues Daguesseau et de Duras).

L'Opéra et le Théâtre italien s'étaient distingués par des représentations de gala, mais la musique de l'opéra français avait le don de l'ennuyer profondément ; au reste, on abusait singulièrement du théâtre à son égard et, dans une seule journée, on lui fit entendre dix-sept actes tant en prose qu'en vers et en musique ; le malheureux prince bâillait avec frénésie, mais il lui fallut tout avaler, et de plus complimenter les artistes, ce qu'il fit de la meilleure grâce du monde.

Puis on lui fit visiter les Gobelins, et ses regards s'étant longuement arrêtés sur une tapisserie représentant l'histoire d'Esther et d'Assuérus, d'après le dessin de Vanloo, il demanda à qui était destinée cette magnifique pièce.

— A Votre Majesté, lui fut-il répondu.

A la Monnaie, on frappa sous ses yeux une médaille à son effigie ; à la Savonnerie, il trouva un superbe tapis à ses armes, puis ce fut un service de Sèvres de 100,000 écus qu'on lui offrit ; il vit l'Académie de peinture, visita le Jardin des plantes, où il fut reçu par M. de Buffon.

La foule des curieux se porta le 7 novembre du côté de l'escalier du Palais-Royal, afin d'admirer la grille qu'on avait dorée et qui fut découverte en l'honneur du royal visiteur. L'ouvrage et la dorure en furent trouvés admirables.

Le 23, la duchesse de Mazarin lui donna une fête dans son hôtel ; bref, c'était à qui lui ferait les honneurs, et il faisait de son mieux pour accepter toutes les invitations, mais c'était quelquefois dangereux ; le 15 novembre les comédiens italiens avaient affiché sa présence par les mots *par ordre*, mais il avait si bien dîné en ville qu'il eut une indigestion terrible et qu'il ne put se rendre au théâtre.

A propos de théâtre, un acteur du nom de Fierville, qui arrivait de Berlin, fut emprisonné, pour s'être refusé aux sollicitations des gentilshommes de la chambre qui voulaient le faire débuter malgré lui à la Comédie française. — Le procédé était vif.

On fut un peu surpris que l'Académie française choisit le moment où la cour et la ville étaient en fêtes, à propos de la présence du roi de Danemark, pour faire célébrer, le 23 novembre, un service funèbre en l'honneur de la défunte reine dans la chapelle du Louvre.

Le lendemain, messieurs du Parlement se préparèrent à recevoir ce roi au palais et à lui en faire les honneurs. A neuf heures, Christian VII descendit à l'hôtel du premier président et fut reçu par le marquis et l'abbé d'Aligre, qui le conduisirent à la lanterne (loge) qui lui était destinée ; sa suite fut placée dans une autre.

L'avocat Gerbier présenta les lettres du chancelier et fit à cette occasion un discours qui contenait l'éloge du roi de France, du chancelier, du vice-chancelier, du premier président, du roi de Danemark ; celui-ci put admirer l'art avec lequel l'orateur débita ce protocole de mensonges insipides et surtout la facilité heureuse qui lui permit de prodiguer à chacun des personnages loués un grain d'encens particulier.

On plaida une cause devant Christian VII : ce fut Me Legouvé, avocat, qui prit la parole ; malheureusement cet avocat avait la fâcheuse habitude d'injurier, en plaidant, sa partie adverse ; or, comme cette fois, il plaidait contre l'ambassadeur de Naples, il l'habilla de telle façon que le président, pour le faire taire, fut obligé de lever brusquement l'audience. Christian n'en fut pas fâché, d'autant plus qu'en sortant de la salle d'audience on le conduisit à la buvette, probablement pour lui donner de nouvelles forces dont il avait besoin pour entendre à la Sorbonne une thèse. Thèse et plaidoirie coup sur coup, c'était beaucoup. Le principal du collège du Plessis eut la délicate attention de lui offrir, en outre, à la Sorbonne un certain nombre de pièces en vers latins composées en son honneur par les écoliers du collège. Le prince jeta les yeux dessus, mais il était à bout de courage ; sans les lire, il les déclara toutes superbes, et après avoir demandé et obtenu des congés pour leurs auteurs, il s'empressa de quitter la Sorbonne et de rentrer à son hôtel (il était logé à l'hôtel d'York, rue Jacob), pour se préparer à recevoir ce soir-là à dîner Mairan, d'Alembert, Saurin, Marmontel, la Condamine, Diderot, Condillac, Helvétius, et le choix qu'il avait fait lui-même de ses convives montre que Sa Majesté danoise aimait les gens d'esprit et savait apprécier leur mérite. Le 6 décembre, il alla visiter les trois académies, dont il se fit présenter les principaux membres. On remarqua que ce jour-là le maréchal duc de Richelieu siégea à l'Académie des sciences, ce qu'il n'avait pas fait depuis vingt-huit ans !

Terminons ce qui est relatif au séjour du roi de Danemark en disant que ce prince, avant de quitter Paris, fit mander à son hôtel les demoiselles Luzi et d'Ologny, et MM. Lekain, Brizard,

Préville et Molé de la Comédie française et fit donner une boîte à chacune des deux actrices et 50 louis à chaque acteur.

Ces présents furent jugés maigres : l'acteur Préville reçut en même temps du prince de Condé une pension de 500 livres pour avoir dirigé ses fêtes, et les artistes qui y avaient pris part reçurent environ 50,000 livres de cadeaux.

Le roi de Danemark laissa à Paris le souvenir d'un homme de bonnes mœurs, ce qui était assez rare à cette époque de plaisirs à outrance, et cela, il paraît, fit manquer certains projets galants.

« Les filles qu'on nomme de bon ton fondoient de grandes espérances sur la venue de ce jeune monarque, elles se préparoient de longue main à le captiver : les unes allèrent au-devant de lui, dans de superbes équipages à quatre et à six chevaux, d'autres sont venues s'installer dans les environs de son palais. Quelques-unes, à force d'argent, avoient obtenu du tapissier de placer leurs portraits dans les cabinets et boudoirs de son hôtel. Enfin Mlle Grandi de l'Opéra, accoutumée à s'enrichir des dépouilles des étrangers, et dont la cupidité dévoreroit un royaume, a eu l'audace d'envoyer sa figure en miniature à ce prince. Il paroît que tous les charmes de ces nymphes ont échoué contre la sagesse de ce moderne Télémaque. Il se conduit avec une décence qui fait un honneur infini à la pureté de ses mœurs et à sa tendresse conjugale. »

Quoi qu'il en soit, nous le répétons, ce prince fut accueilli avec beaucoup de sympathie par la population parisienne, qui lui fit fête, et lorsque vint le moment des étrennes, celles qui eurent le plus de succès furent des petits bustes du roi de Danemark en sucre ; tous les bonbons, toutes les nouveautés furent à la danoise.

Dans l'année 1768, on compta à Paris, 18,578 baptêmes, 4,573 mariages, 20,878 décès et 6,025 enfants trouvés.

Le 6 janvier 1769, le coiffeur Barbulé accommodait les cheveux de Mme Bigot, petite cousine d'un procureur du Châtelet. Il n'était arrivé qu'au deuxième étage de l'édifice qui devait en avoir cinq, et montait à l'échelle pour continuer son œuvre, lorsque le syndic des perruquiers, assisté d'un exempt et de la maréchaussée, requise pour prêter main forte en cas de besoin, vint saisir maître Barbulé en flagrant délit, et malgré ses protestations, sans égard à l'émotion visible et à l'état dans lequel se trouvait Mme Bigot, à moitié coiffée, et qui refusait formellement de se laisser achever par le syndic des perruquiers, Barbulé se vit arracher des mains son peigne, sa crépine et son fer à friser, et conduire ès prison du Châtelet, sous la prévention de contravention aux règlements de police et aux arrêts de la cour sur la profession des barbiers-perruquiers.

Le même coup de main eut lieu sur plusieurs autres coiffeurs, habilement surpris en état de même flagrant délit.

A la nouvelle de ces graves événements, les coiffeurs se réunirent, dirigés par maître Bigot de la Boissière, procureur, indigné de l'injure faite à sa cousine sous le peigne de Barbulé. Le plan de défense fut bientôt organisé. Ils formèrent d'abord, en tant que de besoin serait, tierce opposition à tous arrêts ou règlements qui leur seraient opposés en matière de perruquerie, qu'ils prétendirent leur être étrangère, demandèrent par provision la liberté des coiffeurs arrêtés, et conclurent au fond à la nullité des poursuites comme d'abus de maîtrise, et à des dommages-intérêts considérables contre le syndic des perruquiers.

A l'appui de leur demande en élargissement provisoire, ils invoquaient l'intérêt de l'ordre public, compromis par l'atteinte portée à l'indépendance des arts libéraux, en la personne des coiffeurs, et à celle des dames parisiennes leurs clientes, forcément retenues chez elles par l'interdit jeté sur eux.

M. l'avocat général Séguier porta la parole sur ce premier incident. Ses conclusions furent favorables aux coiffeurs détenus, et la cour, par arrêt conforme, ordonna par provision, que maître Barbulé et ses confrères, emprisonnés à la requête du syndic, seraient mis en liberté à la diligence du procureur général ; fit, quant au présent, défense audit syndic d'emprisonner les coiffeurs des dames ; défendant néanmoins en même temps auxdits coiffeurs de s'immiscer en rien dans ce qui concernait la coiffure des hommes.

Ce grand pas fait en faveur des coiffeurs redoubla leur courage ; ils donnèrent leur requête de défenses dernières ; les perruquiers y répondirent, et après répliques et appointements, l'affaire fut reconnue cause grasse, et indiquée pour être plaidée dans la huitaine du lundi gras ; au jour de l'audience, Paris eut dès le matin une physionomie singulière ; il semblait que les perruquiers et les coiffeurs eussent tous quitté leurs boutiques pour courir au palais. Les bons bourgeois de Paris, délaissés par les uns, en barbe longue et sans perruques retapées, les dames abandonnées par les autres, en bonnets de nuit, qui dissimulaient mal le désordre de leurs coiffures du matin, étaient obligés de garder la chambre en attendant vainement les réparateurs de la toilette, du visage et de la tête.

Pendant ce temps, les portes de l'audience s'ouvraient, les places réservées au public furent vite envahies et jamais la salle où se rendait la justice, n'avait exhalé plus doux parfum de moelle de bœuf à la rose, et l'on ne voyait les juges qu'à travers un léger nuage de poudre à l'iris qui s'échappait de la foule pressée des perru-

Le coiffeur montait à l'échelle pour continuer son œuvre, lorsque le syndic vint saisir maître Bardulé.
(Page 328, col. 1.)

quiers présents à l'audience et qui jetaient sur les coiffeurs des regards terribles.

Ce fut leur avocat qui prit le premier la parole, et après avoir fait un pompeux éloge de la perruque, l'avocat expliqua comment et pourquoi les statuts et règlements de ces maîtrises, si chèrement achetées, avaient compris et embrassé dans ses privilèges au profit de la communauté et à titre de récompense nationale tous les cas de la coiffure en cheveux. Aussi s'empressa-t-il de conclure à la condamnation et à l'interdiction des coiffeurs.

C'était un jeune avocat stagiaire, Me Vermeil, que les coiffeurs des dames avaient choisi. Un recueil imprimé par les frères Estienne, en 1770, a conservé textuellement son plaidoyer.

Il commença par établir que l'art de coiffer les dames était un art libre, étranger à la profession des maîtres perruquiers, et que les statuts de ces derniers ne leur donnaient pas le droit exclusif qu'ils prétendaient avoir, et qu'ils avaient abusé des arrêts de la cour pour exercer des vexations contre les coiffeurs et qu'ils leur devaient des dommages-intérêts considérables.

« Par les talents qui nous sont propres, s'écria l'avocat, nous donnons des grâces nouvelles à la beauté que chante le poète... C'est à nous qu'appartient la disposition des diamants, des croissants des sultanes, des aigrettes. Le général d'armée sait quel fond il doit faire sur une *demi-lune* placée en avant. Nous sommes aussi, nous, des ingénieurs, des généraux... Et avec un *croissant* bien placé sur le front d'une beauté, il est bien difficile que l'ennemi résiste...

« Les fonctions des barbiers-perruquiers sont bien différentes : tondre une tête, acheter sa dépouille, donner à des cheveux qui n'ont plus de vie la courbe nécessaire, avec le fer et le feu ; les tresser, les disposer sur un simulacre de bois, employer le secours d'un marteau, comme celui du peigne, mettre sur la tête d'un marquis la chevelure d'un manant, et quelquefois pis encore ; se faire payer cher la métamorphose ; barbouiller des figures pour les rendre plus propres ; enlever avec un acier tranchant, au menton d'un homme, les attributs de son sexe, baigner, étuver, etc., ce ne sont là que des fonctions purement mécaniques, et qui n'ont aucun rapport nécessaire avec l'art que nous venons de décrire. »

Ici, l'avocat exposa avec une complaisance cruelle l'inconvénient invincible, intolérable pour les dames, de la main routinière et pesante des perruquiers dont il examina les statuts :

« L'art. 58 des statuts, invoqués par les maîtres perruquiers, suffirait seul pour faire sentir la différence essentielle qui se trouve entre les perruquiers et les coiffeurs des dames, et la séparation profonde qui existe entre les deux professions.

« Le perruquier a une *matière* d'ouvrage, et le coiffeur n'a qu'un *sujet ;* le perruquier travaille *avec* les cheveux, le coiffeur *sur* les cheveux ; le perruquier fait des ouvrages de cheveux, le coiffeur ne fait que manier les cheveux naturels, leur donner une modification élégante et agréable ; le perruquier est un marchand qui vend sa matière et son ouvrage, le coiffeur ne vend que ses services, la matière sur laquelle il s'exerce n'est point à lui.

« D'après ces définitions, l'article cité ne présentera point d'équivoque : les perruquiers auront seuls le droit de faire et de vendre les ouvrages de cheveux, tels que des perruques et boucles factices ; il sera défendu aux autres d'en fabriquer et vendre, à peine de *confiscation desdits ouvrages, cheveux et ustensiles ;* mais ils ne confisqueront pas la coiffure naturelle d'une dame qui n'aura point employé leur ministère, parce que cette frisure n'est point dans le commerce, et parce que la chevelure qui fait ici la matière de l'ouvrage appartient, par ses racines, à la tête qui la porte. Non, les gothiques statuts des perruquiers n'ont pu régler, prévoir, embrasser un art qu'ils ne soupçonnaient pas. »

Un murmure approbateur accueillit la plaidoirie de M° Vermeil. L'avocat adverse se leva pour répliquer, mais la cause était entendue. La cour en délibéra sans désemparer, et quelques minutes après un arrêt donna gain de cause aux coiffeurs des dames.

M° Vermeil fut porté en triomphe jusqu'au bas du grand escalier, et quelques jours après il recevait, en témoignage de souvenir et de reconnaissance, un cadeau dont la suscription et le choix de la matière le firent complaisamment sourire.

C'était un coquet démêloir de *vermeil*, dans un étui de même métal, sur lequel étaient gravés ces deux vers :

A l'avocat, dont le nom fait mon prix,
Tous les coiffeurs des dames de Paris.

Cette affaire des coiffeurs contre les perruquiers avait fait grand bruit, et un mémoire très plaisant, que nous avons sous les yeux, avait été rédigé par M° Bigot de la Boissière, et répandu à profusion ; il est intitulé : *Mémoire pour les coëffeurs des dames de Paris contre la communauté des maîtres barbiers, perruquiers, baigneurs, étuvistes ;* mais il fut supprimé comme indigne de la majesté du tribunal devant lequel l'affaire avait été portée, de même que le *procès de M. de la Chalotais*, qui fut prohibé sous les peines les plus sévères et que tout le monde lisait avec avidité.

Le 18 janvier, il y eu foule à la Grève pour voir rouer vifs Étienne Charles et François Legros, condamnés pour assassinat d'un nommé Régnier, et, le 21, pour voir périr de la même façon André-Étienne Petit, pour vols d'argenterie, et François Galois, pour vol de farine.

Le 17 février, fut donné aux Tuileries, dans la galerie de la Reine, un concert au profit des écoles gratuites de dessin, qui amena une grande affluence d'auditeurs. Il fut très tumultueux, les organisateurs n'ayant pas proportionné le nombre des billets d'entrée avec la contenance du local ; on espérait y entendre le chanteur en renom, Geliotte, et Mlle le Maure, mais ni l'un ni l'autre ne parurent, « et le concert a été ce qu'on appelle très commun ». Toutefois, le sieur le Comte, vinaigrier du roi, donna 3,000 livres au profit des écoles de dessin.

Le 18, eut lieu l'inauguration de la nouvelle salle de spectacle ouverte par les frères Ruggieri, pour faire concurrence à celle Torré ; elle était construite sur le boulevard et ne contenait que 1,500 personnes ; elle était sous la direction de l'Opéra, qui en encaissait les bénéfices.

L'abbé Matherot de Preigney et Bourgeois de Chateaublanc, après avoir, en 1743, inventé les réverbères, et obtenu, le 28 décembre 1745, le privilège exclusif de l'éclairage de Paris, croyaient avoir atteint les dernières limites de l'illumination ; cependant M. de Sartine ayant offert une récompense à celui qui trouverait le meilleur moyen d'éclairer Paris en toute saison, un sieur Bailly

COSTUMES DE PARIS A TRAVERS LES SIÈCLES

SEIGNEUR (Vers la fin du XVIIe SIÈCLE)

(D'après Chevignard.)

proposa une sorte de lanternes à réflecteur, qui succédèrent à celles de MM. Matherot et Chateaublanc; mais il faut croire qu'on s'était trop hâté de les juger, de prime abord, supérieures aux autres, car on ne tarda pas à leur découvrir des défauts, et l'on en revint aux anciennes; le 30 avril 1769, une compagnie, à la tête de laquelle se trouvait M. Bourgeois de Chateaublanc, obtint pour vingt ans le privilège d'éclairer Paris au moyen de 3,500 lanternes, fournissant 7,000 becs de lumière, moyennant le prix annuel de 305,000 livres. Il se chargeait de la fourniture des appareils et de l'entretien, ainsi que de la substitution de ses réverbères à ceux posés par le sieur Bailly; de plus, il fournissait le luminaire et payait les allumeurs. Cet éclairage devait durer toute l'année, suivant les degrés de lune, et jusqu'à trois heures du matin.

Ce fut alors qu'on publia à Paris une pièce de vers de très médiocre composition, mais qui n'en obtint pas moins un succès d'actualité; elle était intitulée : *Plainte des filous et écumeurs de bourses à nos seigneurs les réverbères*. Elle contenait l'éloge de l'administration du lieutenant de police de Sartine, qui contribua à cette augmentation de lumière.

Si les Parisiens furent satisfaits de voir la ville mieux éclairée qu'auparavant, en revanche ils se montrèrent très mécontents d'apprendre que l'on se proposait de bâtir sur les hémicycles qui couronnaient les piles du Pont-Neuf, et d'installer dans ces pavillons, quelques-uns de ces marchands qui, depuis la disparition des petites boutiques mobiles, ne trouvaient plus à se loger sur le Pont-Neuf. On avait eu soin d'annoncer que les loyers des pavillons seraient perçus, non par les gens du roi, mais par l'Académie de peinture et de sculpture au profit de ses pauvres.

Le peuple ne voyait là que la suppression de l'air et de la perspective qui lui plaisait tant sur le Pont-Neuf; il protesta contre la déclaration royale du 24 mars 1759, qui avait autorisé cette construction.

De son côté, l'Académie fit circuler des estampes montrant les pavillons construits, et au bas desquelles on lisait : « Projet pour la construction des guérites décorées que Sa Majesté a permis à son Académie royale de peinture et de sculpture dans les demi-lunes du Pont-Neuf, en 1769. Ces estampes font voir que, loin de défigurer ce beau pont, ces guérites ne peuvent que contribuer à son embellissement. »

Les choses traînèrent en longueur, et l'on espérait que ce projet ne serait jamais mis à exécution, mais il fut repris en 1775, et les pavillons furent construits en 1776, nous l'avons dit.

A propos du Pont-Neuf, ce fut aussi en 1769 qu'une compagnie obtint (le 6 septembre) un privilège exclusif pour louer des parasols à ceux qui craignaient d'être incommodés par le soleil en traversant le pont; le prix de louage était de deux liards; on prenait son parasol dans un bureau établi à une des extrémités du pont et on le rendait à l'autre bout.

Les *Mémoires secrets* parlent aussi d'une autre invention dont le plan avait été, dit-on, conçu par M. de Laverdy, contrôleur général : « c'étoit d'établir des brouettes à demeure, à différents coins des rues, où il y auroit des lunettes qui se trouveroient prêtes à recevoir ceux que des besoins urgents presseroient tout à coup. Les entrepreneurs promettoient de rendre une somme au trésor royal, ce qui tournoit l'affaire en un impôt digne d'être assimilé à celui que Vespasien avoit mis sur les urines des Romains. »

On prétendit que c'était une dérision, et qu'un plaisant anonyme avait voulu mystifier le ministre; cependant il est bon d'ajouter que le mot brouette signifie une petite voiture, sorte de chaise à porteurs fermée, et qu'en conséquence il s'agissait donc d'installer de petits cabinets d'aisances; l'idée fut reprise plus tard et perfectionnée lorsqu'on inventa les cabinets inodores; mais, vers 1845, on a pu voir, sur la place de la Concorde, des cabinets de ce genre traînés par un homme, qui s'arrêtait lorsqu'on lui en faisait le signe; on montait dans son cabinet roulant, qui demeurait alors stationnaire, et, après qu'on en était sorti, l'homme recommençait à traîner son espèce de citadine, en cherchant pratique; disons cependant que ces cabinets mobiles disparurent après une très courte apparition.

Le 27, on roua vif un sieur Broussin, accusé d'assassinat et de vol, et il y eut une grande affluence à ce supplice.

On vit, en 1769, le roi accorder la décoration de Saint-Michel (ruban noir) comme récompense du talent; en mai, il nomma chevaliers de l'ordre le médecin Bouvard et le sculpteur Pigalle.

On s'amusa à Paris, pendant ce mois, d'une aventure assez singulière survenue à un vieil avare qui habitait la rue Saint-Dominique; il était allé passer quelques jours à la campagne, laissant son logis à la garde d'une vieille gouvernante en laquelle il avait toute confiance; le lendemain, celle-ci vit entrer des gens de justice en robe, qui lui apprirent que son maître était mort et qu'ils venaient apposer les scellés; ils allèrent au secrétaire, dans lequel ils trouvèrent 18,000 livres en or, des bijoux, de l'argenterie, etc. Tout à sa douleur, la gouvernante refusa d'être gardienne des scellés, et le commissaire se chargea alors de conserver les 18,000 livres et les autres objets de valeur, dont il lui donna le reçu, puis il emporta le tout. Quelques jours plus tard, l'avare rentrait chez lui et apprenait avec stupéfaction ce qui s'était passé. On sut alors que le prétendu commissaire et ses acolytes n'étaient que d'audacieux filous qui avaient profité de son absence pour s'emparer de ce que le bonhomme possédait. On fit des recherches, mais on ne découvrit rien.

Un arrêt du conseil d'État du 12 mai, et des lettres patentes expédiées le même jour, prescrivirent au sieur de Boullogne, conseiller du roi, intendant des finances, et au lieutenant général de police, de faire l'acquisition de terrains et maisons sis au Roule, pour former l'emplacement nécessaire à la construction de la nouvelle église paroissiale de Saint-Jacques et Saint-Philippe du Roule. L'architecte Chalgrin fut chargé de la direction des travaux, qui ne furent terminés qu'en 1784.

Cette église doit être comptée au nombre des meilleurs ouvrages de cet architecte; elle présente la forme des anciennes basiliques chrétiennes. Le portail, élevé sur un perron de sept marches, est orné de quatre colonnes d'ordre dorique romain, soutenant un fronton triangulaire, dans lequel Duvet a sculpté la Religion et ses attributs. Sous le portail est un porche qui établit communication avec la nef et les bas-côtés, dont elle est séparée par six colonnes ioniques. Le maître-autel, isolé à la romaine, s'élève sur quelques marches au fond du sanctuaire, à l'extrémité de chacun des deux bas-côtés; à droite et à gauche du chœur se trouvent deux chapelles, dont l'une est dédiée à la Vierge, et l'autre à saint Philippe. Au-dessus de l'ordre intérieur règne, dans toute la longueur de l'église, une voûte ornée de caissons, et éclairée à chaque extrémité par de grands vitraux; elle fut construite en sapin, d'après le procédé de Philibert Delorme; elle a été repeinte, vers 1860, en caissons. La chapelle de la Vierge, au chevet de l'église, fut construite en 1844. L'église fut agrandie sous le second empire. On y voit un bon tableau de Degeorge, *le Martyre de saint Jacques*. M. T. Chassériau, chargé de décorer la coupole de l'hémicycle, y a exécuté une descente de croix. Les peintures de la chapelle de la Vierge sont de M. Jacquand.

On solennisait autrefois, à cette église, le 16 août, la fête de saint Framboud, solitaire du pays du Maine, qui était considéré comme second patron.

Un simple vol de linge était encore puni de la peine capitale, car nous voyons, au 22 août, Jean Brouage roué vif pour ce crime.

En attendant qu'on se servit de la locomotion à vapeur on l'inventait; on fit, le 23 octobre 1769, l'expérience « d'une machine singulière, qui, adaptée à un chariot, devoit lui faire parcourir l'espace de deux lieues en une heure, sans chevaux, mais l'événement n'a pas répondu à ce qu'on se promettoit; elle n'a avancé que d'un quart de lieue en 60 minutes. Cette expérience a été faite en présence de M. de Gribeauval, lieutenant général à l'Arsenal. » On lit, dans les *Mémoires secrets* du 1er décembre : « La machine pour faire aller un chariot sans chevaux, est de M. de Gribeauval; on a réitéré dernièrement l'expérience avec plus de succès, mais pas encore avec tout celui qu'il a lieu de s'en promettre; il est question de la perfectionner. La machine est une machine à feu. »

Le 20 novembre on reparle à nouveau de cette machine « pour le transport des voitures, et surtout de l'artillerie, dont M. de Gribeauval, officier en cette partie, avoit fait des expériences, qu'on a perfectionnées depuis, au point que, mardi dernier, la même machine a traîné, dans l'Arsenal, une masse de cinq milliers servant de socle à un canon de 48, du même poids à peu près, et a parcouru en une heure cinq quarts de lieue. La même machine doit monter sur les hauteurs les plus escarpées et surmonter tous les obstacles de l'inégalité des terrains ou de leur affaissement. »

Seulement, ce que les *Mémoires secrets* ne disent pas, c'est que l'invention du chariot, cabriot ou fardier à vapeur est due, non à Gribeauval, mais à l'ingénieur lorrain Joseph Cugnot, qui la trouva, et Gribeauval ne fit que chercher à la produire, ainsi que l'a constaté Édouard Fournier dans son *Vieux Neuf*. « Gribeauval fut émerveillé de la découverte et ne perdit pas de temps pour la mettre à l'épreuve, sous l'inspection de Planta, officier suisse, qui avait lui-même fait l'essai d'une machine pareille, de sa propre invention. »

Au reste, M. de Gribeauval était, de son côté, un inventeur de mérite, et, le 8 juillet 1769, le *Journal de Paris* cite une autre invention, dont il fit aussi l'essai à l'Arsenal, et qui fut adoptée : celle du grain de lumière, morceau de métal percé d'un trou pour conduire le feu dans l'intérieur de la pièce d'artillerie, moins fusible que le bronze vissé à froid dans la pièce et facilement remplaçable.

Pour en revenir au chariot à vapeur, « un peu de rapidité de plus, un peu de violence de moins, continue M. Édouard Fournier, et la locomotive à vapeur était trouvée; mais quoi que pussent faire Cugnot et Gribeauval, ces deux résultats ne furent pas obtenus; la machine, construite par Brézin, qui n'avait pas coûté moins de 20,000 livres, dut être abandonnée. »

Édouard Fournier oublie de mentionner que trois ans plus tard elle revint sur l'eau, car on lit encore dans les *Mémoires secrets* du 27 mai 1773 : « On peut se rappeler qu'il y a près de trois ans, on avoit adapté à un chariot une machine à feu, au moyen de quoi on pouvoit transporter de l'artillerie avec beaucoup de célérité, que les expériences s'en firent à l'Arsenal quelque temps avant l'exil de M. le duc de Choiseul, sous l'inspection de M. de Gribeauval, lieutenant général. Des gens intelligents viennent d'adapter cette machine à un bateau qui pourra, sans le secours des chevaux, remonter la rivière à très peu de frais. »

Paris en aval au xviiie siècle : Les Tuileries, le Louvre, le Pont-Neuf, l'Institut.

Les Parisiens furent satisfaits de voir la ville mieux éclairée qu'auparavant. (Page 331, col. 1.)

On y avait adapté des roues latérales, et l'Académie des sciences fut chargée de faire un rapport sur cette expérience qui ne réussit pas non plus complètement, car quelque temps après, la machine à feu fut définitivement mise au rebut sous un hangar. Toutefois, en l'an VI, elle fut soumise à une nouvelle épreuve, Coulomb, Périer, Prony et le général Bonaparte furent chargés de l'examiner et en constatèrent la puissance dans une note qu'ils publièrent à cet effet dans les procès verbaux de l'Institut; ils déclarèrent même que cette machine était un très utile acheminement vers le meilleur moyen d'appliquer la vapeur au transport des fardeaux, mais ce fut tout.

Quant à Cugnot, la Révolution lui enleva les 600 francs de pension que le gouvernement de Louis XV lui avait accordés à titre de récompense pour son invention, et il mourut pauvre quelques années plus tard.

Le 8 décembre, à l'Opéra un spectateur s'enthousiasma sur la danse de mademoiselle Asselin; son voisin, au contraire, la trouvait détestable; chacun soutenait son avis avec opiniâtreté. A la dernière reprise le détracteur de la danseuse s'écria qu'il fallait être bien bête pour l'admirer. Son adversaire ne pouvait tolérer une telle injure; tous deux sortirent et mirent l'épée à la main; l'un d'eux resta sur le pavé. C'était un officier nommé Hooke. Quant à l'autre, il s'esquiva prudemment.

Inutile d'ajouter que ce duel grandit considérablement la réputation de mademoiselle Asselin, que toutes ses camarades regardèrent avec envie en souhaitant être l'objet d'une pareille affaire.

Il y eut peu de temps après du désordre au parterre de la Comédie et une dizaine de perturbateurs furent envoyés au For-l'Evêque. Le roi rendit, le 25 décembre 1769, l'arrêt suivant :

« Défend Sa Majesté à tous ceux qui assistent à ces spectacles et particulièrement à ceux qui se placent au parterre, d'y committer aucun désordre, soit en entrant, soit en sortant, de crier ou de faire du bruit avant que le spectacle commence et dans les entr'actes, de siffler, faire des huées, avoir le chapeau sur la tête et interrompre les acteurs pendant les représentations de quelque manière et sous quelque prétexte que ce soit, sous peine de désobéissance ; fait pareille défense sous les mêmes peines à toutes personnes de s'arrêter dans les coulisses qui servent d'entrée au théâtre et hors l'enceinte des balustrades qui y sont posées.

« Défend Sa Majesté à tout domestique portant livrée, sans aucune réserve ni exception, ni distinction, d'entrer à l'Opéra ou aux Comédies même en payant, d'y committer aucune violence ni indécence aux entrées ou environs des salles de représentations, sous telles peines qu'elle jugera convenables.

« Ordonne Sa Majesté d'emprisonner les contrevenants, défendant à toutes personnes, telles qu'elles puissent être, officiers de Sa Majesté ou autres, de s'opposer directement ou indirectement à ce qui est ci-dessus ordonné, d'empêcher par la force ou autrement que ceux qui y contreviendraient ne soient arrêtés et conduits en prison, etc. »

A partir de ce jour les représentations théâtrales cessèrent d'être troublées, et le For-l'Évêque commença à ne plus recevoir que de très rares prisonniers, en attendant qu'il fût supprimé.

Plusieurs importants travaux d'édilité furent entrepris en 1769 nous allons les résumer.

Lettres patentes du 22 avril : « L'ouverture du nouveau boulevard aboutissant à la rivière, ayant rendu le quai hors Tournelle extrêmement fréquenté, et ce quai formant aujourd'hui un des débouchés les plus importants de la ville, le commerce de vins qui s'y fait étant d'ailleurs très actif, ce quai ne se trouve pas avoir une largeur suffisante; pourquoi nous ordonnons qu'il sera élargi dans toute sa longueur, en prenant sur les maisons qui le bordent le terrain nécessaire, de manière qu'il ait partout 8 toises de largeur pour la voie publique et qu'il soit d'un alignement droit depuis la rue des Fossés-Saint-Bernard jusqu'à la rue de Seine. » Le quai Saint-Bernard était anciennement le vieux chemin d'Ivry ; sa nouvelle dénomination lui fut donnée en raison de sa proximité avec le couvent des Bernardins.

On commença près l'hôpital général (Salpêtrière) les travaux d'un bassin propre à mettre les bateaux du commerce à l'abri des glaces et des débordements. L'emplacement était vaste, son plan présentait une demi-lune d'environ 100 toises de rayon qui n'était séparée de la Seine que par un chemin de halage. Aux deux extrémités de cette demi-lune, deux ouvertures, couvertes par deux ponts, devaient y introduire les eaux de la Seine. « Déjà le terrain était creusé tout autour, dit Dulaure, des talus dessinaient le plan de la gare et au-dessus d'une terrasse revêtue de maçonnerie, s'élevait un bâtiment solidement construit destiné à l'administration de cette gare. Ce projet, qui avait toutes les apparences de l'utilité, et dont l'exécution était fort avancée fut abandonné parce que le Parlement refusa d'enregistrer les lettres patentes qui autorisaient cette construction et fit même des remontrances à ce sujet. Pendant près de trente ans ce terrain est resté inutile, désert et sans culture ; depuis la Révolution seulement, on a commencé à y établir des guinguettes. « C'est aujourd'hui la naissance de la gare.

Un arrêt du conseil d'État du roi du 25 août porta : « Le chemin ou ruelle dite des Gourdes formant aujourd'hui une voie sinueuse entre les marais et qui communique de la rue du Faubourg Saint-Honoré dans la grande allée des Champs-Élysées sera élargi pour former une rue dite du Colisée, laquelle aura trente pieds de largeur et sera dirigée d'une seule ligne droite dans toute sa longueur, etc. » Cet arrêt fut enregistré au bureau de la ville le 5 septembre suivant, et l'on commença aussitôt après à tracer la rue, mais on ne bâtit qu'en 1810. Son nom lui vint de la proximité du Colisée dont nous avons parlé.

Autre arrêt du 18 septembre : « Sur ce qui a représenté au roi étant en son conseil, qu'il n'y a point de rue de traverse qui communique de celle de Saint-Dominique à celle de Grenelle dans le quartier du Gros-Caillou, qu'il en résulte journellement des retardements dans l'administration des secours spirituels ou temporels qu'il convient de donner aux malades, etc., que le véritable et unique moyen de prévenir les accidents qui pourroient en résulter seroit d'ouvrir une rue dans l'endroit qui seroit jugé le plus convenable entre la rue Saint-Dominique et celle de Grenelle, afin que l'on pût facilement communiquer d'un lieu à l'autre, etc. Le roi étant en son conseil a ordonné et ordonne qu'il sera ouvert une rue, terrain du Gros-Caillou, fauxbourg Saint-Germain, sur la masse d'héritage étant entre les rues Saint-Dominique et de Grenelle à prendre en ligne droite de la rue Saint-Dominique entre les possessions des hériuers Lefranc et Roussin et celles du nommé Godefroy à la rue de Grenelle, entre les possessions du sieur Petit et celles du sieur Housset et de vingt-quatre pieds de largeur, laquelle rue sera nommée rue de la Comète. » Cet arrêt fut confirmé par lettres patentes du 25 avril 1770, néanmoins la rue ne fut faite qu'en 1775.

Le 22 avril le roi signa des lettres patentes portant qu'il serait construit un quai « au-devant de la place que nous avons agréée par nos lettres patentes du 24 juin 1757, à l'effet de répondre à la décoration de ladite place et contribuer à la sûreté de la route de Versailles, etc. » Son mur de terrasse, disent MM. Lazare, entrepris sous le Directoire, ne fut achevé que sous l'Empire. Ce quai doit son nom à la porte de la Conférence démolie vers 1730.

La construction de deux autres quais, celui du Marché-Neuf et celui des Ursins, fut ainsi ordonnée par lettres patentes du même jour. « Les maisons qui sont à la suite du pont Saint-Michel, du côté du marché neuf seront démolies et supprimées etc. Il sera aussi fait aux maisons ayant face sur le Marché-Neuf, le retranchement nécessaire pour les mettre en ligne droite, depuis l'encoignure de la rue de la Barillerie jusqu'à l'église Saint-Germain le Vieil ». Ces lettres restèrent sans effet, et ce ne fut que le 7 juillet 1807 qu'un décret de Napoléon 1er ordonna la démolition des maisons domaniales et autres qui couvraient le pont Saint-Michel ainsi que celles en retour sur le Marché-Neuf et, que le quai fut formé. A l'égard du quai des Ursins, les lettres patentes portaient : « Il sera ouvert un nouveau quai appelé le quai des Ursins, depuis la descente du pont Notre-Dame, du côté de Saint-Denis de la Chartre jusqu'au pont de pierre dont la construction a été ordonnée. La rue Saint-Pierre-aux-Bœufs sera alignée, élargie et prolongée depuis le parvis Notre-Dame jusqu'à son débouché sur ledit quai. » Ces diverses améliorations ne furent point exécutées à cette époque, et ce fut le 29 vendémiaire an XII que le gouvernement de la République arrêta qu'il serait procédé sans délai aux travaux nécessaires pour l'établissement d'un quai entre le pont Notre-Dame et celui de la Cité, sur la rive gauche de la Seine. L'année suivante on abattit les maisons de la rue Basse des Ursins et d'Enfer qui longeaient la rivière et les travaux du quai Napoléon commencèrent. Ils s'arrêtèrent et furent repris en exécution d'un décret du 11 mars 1808. En 1816 on le nomma quai de la Cité ; le 26 janvier 1834, il reprit le nom de quai Napoléon ; aujourd'hui, on l'appelle le quai aux Fleurs.

Enfin les mêmes lettres patentes du 22 avril prescrivaient l'achèvement du parvis Notre-Dame : « La place étant au-devant de l'église métropolitaine sera achevée et élargie du côté de l'Hôtel-Dieu, comme elle l'est du côté opposé ; en conséquence, la chapelle et les portions du bâtiment dudit Hôtel-Dieu qui occupent l'emplacement à ce nécessaire seront démolis, et sera construit un nouveau bâtiment dans une disposition symétrique avec l'hôpital des Enfants trouvés, pour donner en même tems à la rue Notre-Dame la largeur convenable. » Il en fut de cet arrêt comme des précédents, rien ne fut fait, et ce ne fut que dans la séance du 21 brumaire an II que le conseil général de la commune de Paris, ordonna que la place fût régularisée et nommée parvis de la Raison. Naturellement cette dénomination disparut avec la République, et la place reprit son nom de parvis Notre-Dame qu'elle a conservé depuis.

Enfin, toujours à la date du 22 avril, « la place du Palais-Royal sera élargie par la suppression de plusieurs maisons du côté des Quinze-Vingts, et il sera formé un pan coupé, tant à cet angle qu'à celui de la rue Froid-Manteau sur la rue Saint-Honoré. Le Château-d'Eau qui est devant le Palais-Royal sera aussi supprimé pour l'agrandissement de ladite place, au lieu duquel il sera simplement construit une fontaine publique en face de la principale entrée du Palais-Royal » ; de nouvelles lettres patentes en date du 7 août suivant, enregistrées au Parlement le 29, déterminèrent la décoration uniforme de la place, dont les façades durent être exécutées en pierre. Les constructions furent terminées en 1776. Quant au Château-d'Eau il ne disparut qu'après la révolution de 1848, et la place du Palais-Royal changea complètement de physionomie lors de l'achèvement du Louvre et du prolongement de la rue de Rivoli.

Ce fut aussi à la fin de 1769, que fut ouvert le passage Damois, qu'on nomme aujourd'hui la cour Damoye, bien que celui qui en fut le créateur et le propriétaire s'appelât Damois.

Des lettres patentes du roi furent signées le 15 novembre 1770, pour le rachat des boues et lanternes, « Sa Majesté s'étant déterminé à faire éclairer de nouveaux emplacements et de nouvelles rues et à en ordonner le nettoyement ainsi qu'à augmenter le nombre des pompes... En conséquence, veut Sa Majesté qu'il soit incessamment arrêté des rôles des sommes que chacun des propriétaires des maisons, édifices, boutiques, échoppes, places et jardins situés dans les nouveaux emplacements et nouvelles rues de la ville et fauxbourgs de Paris, même au Gros-Caillou, doivent payer pour le rachat des boues et lanternes dont ils sont tenus.

Il y eut pendant l'année 1769, à Paris, 9,971 baptêmes de garçons et 9,474 de filles, ce qui donne un total de naissances de 19,445. On compta 4,860 mariages et 18,427 décès ainsi répartis, 9,700 hommes mariés ou célibataires, 8,727 femmes ou filles.

Le nombre des enfants trouvés s'éleva à 6,426 dont 3,254 garçons et 3,172 filles.

Terminons l'historique de cette année par le relevé des gens qui furent envoyés à la Bastille depuis le 28 février 1768, jour auquel y fut écroué un sieur Brioy ; il en sortit le 13 septembre pour être mis à Bicêtre. — Le 3 juin, Fonfreide, dit Lambert ; exilé à Torigny, le 14 septembre 1772. — 1er juillet, Delaunay, envoyé à Bicêtre le 26 juin 1769. — 27 juillet, de Cavaros, sorti le 19 mars 1771. — 7 août, Guéry, sorti le 12 septembre ; sa femme fut arrêtée le 8 août et relachée le 13 septembre : le 13 août on avait placé près de ces prisonniers un *mouton* appelé Mahudel. — 15 août Bremard, sorti 14 septembre. — 24 septembre, Poncet de la Rivière et Jacques Louis, son nègre, sortis le 18 octobre. — 17 novembre, Prevot, transféré à Vincennes le 14 octobre 1769. — 18 novembre, femme Belouin transférée le 4 décembre à l'hôpital. — 22 novembre, Mellet sorti 15 mai 1769. — 14 décembre, Ormansé, sorti 12 août 1769. — 27 décembre, Catherine Roland, se disant marquise de Fray, sortie le 25 janvier 1769. — Laurent Duché se disant marquis Duché, et Brun, son domestique, sortis le 27 février 1769, avec injonction de sortir du royaume. — 1769, 23 février, Thérèse Julie de Brancourt, sortie le 13 avril. — 4 mars, le soi-disant comte de Marsan, transféré à Bicêtre le 27 mai. — 13 mars, le Grée de la Ferrière, sorti le 28 septembre, avec injonction d'aller à Saint-Domingue. — 29 mars, Valcroissant, exilé en province le 30 avril. — 7 avril, Marie-Louise Puris dite Blondin, sortie le 17 juillet, exilée avec son père et sa mère à Vendôme. — 24 avril, la dame Puris, sortie le 15 juillet. — 23 juin, Violette transféré à un port de mer le 14 décembre, afin d'être embarqué pour Saint-Domingue. — La Marque, transféré, comme le précédent, le même jour. — 15 juillet, Gressier, parti pour Rochefort le 17 ; Marcel, id., le 18 ; Taveau de Chambrun, id., le 17 ; Léger, id. ; Jousse de Champremeaux, id., le 18 ; le Tort, id. ; Colleux de Longpré, id. ; Dufour, id., le 17 ; Jauvin, id., le 8 ; Maignol, id., De Longpré de Balizières, id., le 18. Ces onze prisonniers furent embarqués sur la frégate l'Isis pour Saint-Domingue. — 22 août, Faure De Beaufort, sorti le 2 mars 1770. — de la Saône, transféré le 4 février 1770 au For-l'Évêque. — de la Chaise, sorti le 10 octobre. — 25 août, François Saleur, sorti le 20 octobre. — 31 août, l'abbé Ponce de Léon, transféré à Charenton le 25 mai 1771. — 11 septembre, le sieur, la dame et la demoiselle de Sainte-Marie ; les deux premiers sortis le 6 avril 1770, et exilés à 30 lieues de Paris, la demoiselle sortie le 26 janvier 1771. — 14 septembre, Pierre Yvan, transféré à Bicêtre le 21 octobre. — 19 septembre, Genée de Brochot, sorti le 10 novembre. — Esprit Yvan, transféré à Bicêtre le 21 octobre. — 12 octobre, le comte de Gouvernay et son domestique, sortis le 29. — 26 octobre, Pierre Cellier, transféré à Bicêtre le 26 février 1770. — 18 novembre, le marquis d'Orvillé et son domestique, transférés à Saint-Lazare le 25. — 17 décembre, Billard, transféré à la Conciergerie le 18 février 1772 pour l'exécution de son jugement. — 19 décembre, Rame, sorti le 18 mars 1770. — 20 décembre, Tournefort, sorti le 10 mars 1770. — 23 décembre, Mme de Laye, transférée à Bicêtre le 10 juillet 1770.

Il faut se borner à la simple indication des noms et des dates d'entrée et de sortie, les registres ne contenant pas d'autre mention. Ce n'est qu'à partir de 1775 qu'on peut connaître le motif de l'emprisonnement.

On voit que plus on approchait de la Révolution, plus les envois à la Bastille étaient nombreux.

Ce fut le 26 janvier 1770 que fut inaugurée la nouvelle salle de l'Opéra ; nous avons dit qu'après l'incendie de 1763, l'Opéra s'était installé aux Tuileries dans la salle des Machines appropriée par Soufflot à sa nouvelle destination ; au mois de février suivant, le roi avait approuvé les plans que lui avait soumis l'architecte Moreau pour l'édification d'une salle et les travaux se firent sans interruption.

Au mois de décembre 1776, Rebel et Francœur, qui dirigeaient l'Opéra, avaient annoncé leur intention de renoncer à leur privilège, et cela donna lieu de constituer l'Opéra en société, comme l'était la Comédie française ; cette société se serait composée de 24 sociétaires et de pensionnaires et les artistes de l'Opéra, qui étaient très partisans de cette idée, avaient publié un mémoire à ce sujet ; mais le mémoire n'eut pas le succès qu'ils en espéraient, et le conseil du roi l'écarta ; le ministère s'était d'ailleurs montré tout à fait opposé à la mise en société du théâtre, et Trial et Berton, artistes distingués tous deux, avaient été officiellement nommés directeurs, par lettre de cachet du 6 février 1767, et ils firent représenter six ouvrages, mais leurs affaires n'ayant pas prospéré, ils avaient demandé la résiliation de leur privilège, et la ville de Paris, encore une fois, se chargea de la direction, en conservant Trial et Berton en qualité de gérants pour son compte, et en leur adjoignant Dauvergne et Joliveau. Telle était donc l'administration de l'Opéra lorsqu'il rouvrit dans une salle construite sur un terrain donné par le duc d'Orléans aux frais de la ville, sur les dessins de Moreau qui reçut une gratification de 50,000 livres. Cette salle avait été bâtie sur l'espace compris aujourd'hui entre la rue de Valois et la rue des Bons-Enfants, et elle avait sa façade sur la rue Saint-Honoré. Voici la description qu'en ont laissée Hurtaut et Magny.

« Le premier ordre est toscan ; il règne dans toute l'étendue de la face du palais et forme terrasse au-devant de la cour dans laquelle on entre par trois portes également commodes et remplies par des menuiseries enrichies de bronzes et d'ornemens bien travaillés. Le second ordre est ioni-

A la dernière reprise le détracteur de la danseuse s'écria qu'il fallait être bien bête pour l'admirer.
(Page 333, col. 2.)

que et les deux ailes présentent deux avant-corps surmontés d'un fronton, dont les tympans sont remplis par des écussons soutenus de figures, de la main de M. Pajon. L'avant-corps au fond de la cour est couronné d'une attique dont le fronton circulaire renferme le blason de la maison d'Orléans soutenu par deux figures ailées, de la main du même sculpteur. Cet édifice est d'un effet très noble. La façade parallèle à la rue est simple et laisse dominer le palais, mais elle est recommandable par la disposition, la symétrie et surtout par les ornemens qui s'y trouvent exécutés par M. Vassé, sculpteur du roi. L'entrée de la salle de spectacle est annoncée par une galerie extérieure et publique qui enveloppe tout le pourtour de la salle et fournit une quantité d'issues très commodes. On peut y entrer par sept portiques égaux. Trois portes qui se présentent de face conduisent à un vestibule intérieur décoré de colonnes doriques de manière grecque, cannelées dans leur fût, couronnées d'un entravement architravé, dont les moulures sont profilées avec correction et taillées d'ornemens agréables. Une voûte s'élève au-dessus formant des lunettes, les arcs doubleaux sont aussi enrichis d'ornemens correspondans à ceux des colonnes et de la corniche ; les extrémités du vestibule se terminent en cul de four, dont le fond est ouvert par une grande arcade à laquelle le corniche de l'ordre sert d'imposte. Ces arcades conduisent à deux grands escaliers qui se présentent pour communiquer aux loges, et deux autres conduisent au parterre, d'où l'on découvre la belle forme de la salle.

« L'ouverture de la scène est large de trente-six pieds et haute de trente-deux. Cette disposition avantageuse rapproche d'autant plus le fond de la salle de l'avant-scène ; la forme de son plan est arrondie et fournit au plafond un bel ovale rempli par un tableau allégorique, l'avant-scène est décorée de quatre colonnes d'une composition riche et élégante dont les cannelures sont à jour, en sorte que cette partie, pour l'ordinaire consacrée seulement à la décoration, fournit des places les plus commodes et des plus recherchées. Leur fût est divisé par tambours à la hauteur de l'appui des loges, qui sont pratiquées dans leurs intervalles. L'entablement règne au-dessus de l'avant-scène, et son milieu est interrompu par un groupe de renommées soutenant un globe parsemé de fleurs de lis ; des enfants forment une chaîne avec des guirlandes.

« Les quatre rangs de loges qui sont pratiquées ne paraissent pas former une trop grande hauteur, et cette disposition rend la salle susceptible de contenir 2,500 spectateurs presque tous également bien placés. Ces loges, construites en fer et en bois avec un artifice ingénieux, sont très solides, malgré leur légèreté ; les ornements en sont simples, mais dessinés avec précision et distribués avec jugement. Les poteaux qui divisent ordinairement les loges sont supprimés dans cette salle, et au lieu de paraître autant de petites cases séparées, elles forment un seul balcon à chaque rang. L'entablement de l'avant-scène règne au pourtour de la salle ; ses ornemens sculptés et dorés forment un encadrement très riche au plafond, et l'on a peint dans la voussure un ordre en arcades et portiques qui procure l'illusion la plus complète. »

Le foyer de la nouvelle salle consistait en une galerie de 60 pieds de longueur, éclairée par cinq grandes croisées ayant vue sur la rue Saint-Honoré accompagnées d'un balcon de fer dû au sieur Deumier. Ce foyer, revêtu de menuiserie dans tout son pourtour, avec une cheminée de marbre à chaque extrémité, était orné d'une belle corniche, de glaces, de sculptures et des trois bustes en marbre de Quinault, Lulli et Rameau, ils étaient dus au ciseau de Caffieri. quatre autres niches attendaient les bustes des futurs grands compositeurs.

« Les commodités publiques n'ont pas été oubliées. Les issues pour les sorties sont multipliées dans tout le pourtour de la galerie extérieure ; en sorte que la facilité de déboucher par tel endroit qu'on veut pour se rendre à ses voitures supplée à la liberté de la circulation qui manque souvent dans un quartier aussi fréquenté que celui du Palais-Royal. Trois réservoirs qui contiennent ensemble environ deux cents muids d'eau sont disposés dans les endroits où ils seroient les plus utiles en cas d'incendie. Les loges des acteurs sont toutes voûtées en briques et plusieurs des escaliers sont en pierre. »

Les diverses peintures et décorations étaient de Boucher, de Rameau, Machy, Guillet et Deleuze.

« Enfin, dit Bachaumont à la date du 26 janvier 1770, la fameuse salle nouvelle de l'Opéra s'est ouverte aujourd'hui (par *Zoorastre*), et au moyen des précautions multipliées qu'on avoit prises, le concours prodigieux des spectateurs et des voitures s'est exécuté avec beaucoup d'ordre. Une grande partie du régiment des gardes étoit sur pied extraordinairement, les postes s'étendoient depuis le Pont-Royal jusqu'au Pont-Neuf, c'est-à-dire environ jusqu'à un quart de lieue de l'Opéra, ce qui ne pouvoit manquer d'opérer une circulation très libre dans les alentours du spectacle si couru, mais ce qui a gêné désagréablement tout le reste de Paris.

« La police n'a pas été si bien exécutée pour la distribution des billets. Outre le tumulte effroyable que l'avidité des curieux occasionnoit, il a redoublé par la petite quantité qu'on en a distribué, soit du parterre, soit d'amphithéâtre. MM. les officiers aux gardes, les gens de la ville et les directeurs avoient accaparé la grande partie des billets. Cette inversion de la règle ordinaire a courroucé M. le comte de Saint-Florentin qui, comme chargé du département de Paris, avoit donné les ordres les plus justes à cet égard. Une autre supercherie n'a pas moins indisposé le public, c'est aussi la transgression de l'arrangement pour la quantité de billets ; la cupidité en ayant fait lâcher beaucoup plus que le nombre fixé, le parterre fut trouvé dans une gêne effroyable, et le premier acte, ainsi que partie du second ont été absolument interrompus par les cris des malheureux opprimés. Indépendamment de ces raisons de mécontentement des spectateurs, la salle a essuyé beaucoup de critiques ; on a trouvé l'orchestre sourd, les voix affoiblies, les décorations mesquines, mal coloriées et peu proportionnées au théâtre ; les premières loges trop élevées, peu avantageuses pour les femmes ; le vestibule indigne de la majesté du lieu ; les escaliers roides et étroits. En un mot, un déchaînement général s'est élevé contre l'architecte, le machiniste, le peintre, les directeurs et les acteurs. Car cet Opéra, très beau en lui-même, a paru tout à fait mal remis. Il n'y a que les habillemens et les danses qui ayent trouvé grâce et reçu beaucoup d'applaudissemens. »

Vingt-deux ouvrages furent représentés à l'Opéra pendant la période de la deuxième direction de la ville de Paris, qui alla de 1769 à 1776, et malgré le succès de quelques-uns, entre autres ceux de Gluck, cette direction avoit un passif de 500,000 livres.

Le 30 mars 1776, dit M. Georges d'Heylli dans *Foyers et Coulisses* le conseil fit publier un nouveau règlement en 42 articles pour l'administration du théâtre, et le 18 avril il en confia la direction avec le titre de commissaires du roi pour gouverner l'Opéra, avec l'autorité la plus étendue, à Papillon de la Ferté, des Entelles, Delatouche, Buffault, ancien marchand de soie, et Hébert, qui reçut le titre de trésorier. On attacha encore à cette direction, déjà bien complexe, un directeur général, deux inspecteurs, un agent et un caissier. Cette combinaison n'eut pas le succès qu'on en attendait, et au bout de quelques mois d'exploitation, les divers associés se retirèrent, à l'exception de Buffault, qui garda la direction de l'Académie, de concert avec le compositeur Berton. Il se passa ainsi deux années assez troublées, pendant lesquelles l'Opéra représenta treize ouvrages.

A cette direction succéda, le 1er avril 1778, le sieur de Vismes de Valgay, sous-directeur des fermes; il était commandité par une compagnie qui le cautionna de 500,000 livres, déposées dans la caisse de la ville, et, à son tour, la ville accorda au nouveau directeur une subvention de 80,000 livres. De Vismes, qui était fort bien en cour, croyait mener l'Opéra haut la main et y faire fortune; au bout d'un an, il renonçait à cette charge qu'il trouvait trop lourde pour ses épaules, et un arrêt du conseil, du 19 février 1779, rendait pour la troisième fois la direction à la ville, qui conserva de Vismes comme gérant jusqu'au 10 mars 1780. Pendant ces deux années, l'Opéra représenta 28 ouvrages. Le 10 mars 1780, une décision du conseil retira la direction à la ville de Paris pour en investir le compositeur Berton, qui avait été deux fois déjà associé à la direction ; toutefois la ville paya les dettes, et Berton put marcher sans être entravé par des engagements antérieurs; malheureusement, il mourait le 14 mai suivant, et Dauvergne lui succéda, avec Gossec pour sous-directeur ; il entra en fonctions le 27 mai et fit représenter huit ouvrages ; mais, le 8 juin 1781, le feu consuma de nouveau l'Opéra, dont il ne resta que les quatre murs qui furent abattus. La troupe se transporta à la salle des Menus-Plaisirs, en attendant qu'on lui élevât une salle nouvelle sur un autre emplacement.

Revenons à l'année 1770 : Un des coryphées de l'Opéra, nommé d'Auberval, se fit construire, dans sa maison, un salon qui lui coûta 45,000 livres, et que tout Paris alla visiter ; ce salon était disposé de façon qu'on pouvait facilement le métamorphoser en salle de théâtre et de bal ; c'était surtout en vue d'y donner des bals que d'Auberval l'avait fait construire; il en sollicita la permission, qui lui fut accordée, et il ouvrit chez lui une école chorégraphique.

Une autre curiosité que les Parisiens allaient admirer, c'étaient les carrosses que l'on fabriquait chez le sellier Francien, pour le prochain mariage du dauphin avec Marie-Antoinette, deux berlines, beaucoup plus grandes que les carrosses ordinaires; elles étaient à quatre places; « l'une est revêtue de velours ras, cramoisi en dehors, où se trouvent, brodées en or, les quatre Saisons, sur les principaux panneaux, avec tous les attributs relatifs à la fête. L'autre est en velours bleu de la même espèce, et représente les quatre Éléments, en or aussi. Il n'y a aucune peinture en tout cela, mais l'ouvrage de l'artiste est d'un fini, d'un recherché qui équivaut presque à ce bel art. Les couronnemens sont très riches ; l'un d'eux, même, paraît trop lourd. L'impériale est surmontée de bouquets de fleurs en or de diverses couleurs, dont le travail n'est pas moins précieux. »

Après avoir été exposées à l'admiration publique, ces voitures furent emballées et envoyées à Vienne.

A propos de carrosses, il arriva une aventure qui amusa tout Paris ; le 31 janvier, l'évêque de Tarbes, qui se trouvait à Paris, dans son carrosse, accrocha un fiacre et le brisa : il était occupé par une dame ; galamment, l'évêque la fit monter dans son équipage et s'offrit à la conduire là où elle allait, c'est-à-dire chez le secrétaire de la marine. La dame accepta, et l'on arriva à l'hôtel de ce fonctionnaire, dont l'antichambre était pleine de solliciteurs. L'évêque entra, donnant la main à son inconnue. Des rires étouffés partirent de toutes parts, et bientôt l'évêque apprit qu'il s'était fait l'introducteur de la célèbre Gourdan, qui tenait à Paris une maison de débauche. Le jour même, le bruit de cette aventure se répandit partout, et le malheureux évêque jura, mais un peu tard, qu'il y regarderait dorénavant à deux fois avant de se faire le cavalier d'une dame qu'il ne connaîtrait pas.

Le 18 mars fut célébrée la messe du Saint-Esprit pour l'ouverture de l'assemblée du clergé, et cette cérémonie se fit avec toute la pompe d'usage, et qui était assez curieuse. Les prélats députés baisaient l'Évangile au milieu du livre, et les députés du second ordre n'en baisaient que la couverture ; puis on encensait les évêques, qui respiraient une dose du parfum et la renvoyaient à leur voisin, et tous les députés se donnaient le baiser de paix sur la joue droite; enfin ils communiaient tous, se préparant par là aux travaux de l'assemblée qui allait s'ouvrir.

Dès le 13 avril, on s'occupait activement des préparatifs des fêtes que la ville de Paris devait donner pour le mariage du dauphin ; on déblayait la place Louis XV, où devait être tiré un magnifique feu d'artifice, et l'on mettait les deux gros pavillons en état de figurer parmi l'ornementation de la place par leur brillante illumination. Il fut encore décidé que les boulevards seraient aussi illuminés par 360 lanternes à réverbère, et qu'on établirait une foire franche qui devait durer neuf jours, et qui se tiendrait sur ces boulevards, depuis la porte Saint-Honoré jusqu'à la porte Saint-Antoine. Les Parisiens railleurs prétendirent qu'aux deux mariages du défunt dauphin, M. de Bernage « avoit fourni beaucoup de mangeaille au peuple, il avoit fait promener des chars avec des cornes d'abondance, d'où se jetoient les cervelas, les saucissons et autres rocamboles pour les gourmands. On dit que celui-là avoit donné des indigestions, et que celui-ci donnoit la *foire* ».

Une cérémonie, qui avait lieu depuis un temps immémorial dans la nuit du vendredi au samedi saint à la Sainte chapelle, se fit cette année avec une affluence prodigieuse de spectateurs; il s'agissait de la guérison des possédés du diable; tous ceux qui se croyaient possédés par le démon vinrent à minuit pour être affranchis de son obsession; ils faisaient mille contorsions, poussaient des cris et d'affreux hurlements; l'abbé de Sailly, grand chantre de la collégiale, les touchait avec du bois de la vraie croix, et aussitôt les convulsions s'arrêtaient et les hurlements cessaient.

« Les incrédules prétendent que ces énergumènes sont des mendians qu'on paye pour jouer un pareil rôle et qu'on exerce de longue main; peut-être, à défaut de vrais possédés, auroit-on recours à ce pieux stratagème pour ne pas laisser interrompre la croyance des fidèles à un miracle subsistant depuis tant de siècles et si propre à les raffermir dans leur foi. »

Le 24 avril, les comédiens français firent l'ouverture de leur théâtre dans la salle des Tuileries, rendue libre par l'Opéra qui avait pris possession de celle qu'on lui avait édifiée, ils avaient abandonné la rue des Fossés-Saint-Germain des Prés, parce que leur théâtre menaçait ruine et le roi les avait autorisés à venir s'installer provisoirement au palais des Tuileries; ils y restèrent jusqu'en 1782. « Cette translation, qu'on croyoit devoir être fort tumultueuse dans ce pays-ci, où tout fait époque et excite la curiosité, n'a eu rien d'extraordinaire que beaucoup de critiques auxquelles elle a donné lieu; la précipitation qu'on a mise à ce bouleversement peut seule faire excuser les restaurateurs de la salle. » On se plaignait surtout qu'on eût multiplié les loges. Quoi qu'il en soit, le public fréquenta plus que jamais ce théâtre, qui produisit pendant son séjour dans la salle des machines ces artistes: Monvel, Dugazon, Desessarts, Larive, Dazincourt, Fleury, Bellemont, Vanhove, Florence et Mmes Raucourt, Suin, Sainval cadette et Contat.

« Pendant ces douze années, dit M. Georges d'Heylli dans *Foyers et Coulisses*, la Comédie française donna 79 ouvrages nouveaux: *la Veuve du Malabar* de Lemierre (30 juillet 1770); *le Fils naturel* de Diderot (26 juillet 1771); *la Mère jalouse* de Barthe (23 décembre 1771); *la Partie de chasse de Henri IV* de Collé (6 novembre 1774); *le Barbier de Séville* de Beaumarchais (23 février 1775); *Gabrielle de Vergy* par de Belloy (12 juillet 1777); *l'Amant bourru* de Monvel (14 août 1777); *Irène* de Voltaire (16 mars 1778). » Le prix des places était fixé: pour les premières, 6 livres; les secondes, 3 livres; les troisièmes, 2 livres; le parterre, 1 livre.

Dès le lendemain de leur installation provisoire aux Tuileries, les comédiens s'occupèrent de chercher une salle. Il n'était pas facile d'en trouver une; on songea à la bâtir, et nous dirons un peu plus loin combien ce soin amena de décisions diverses.

Ce fut en 1770, à la suite d'un souper chez Mme Necker, qu'il fut question d'une statue à ériger à Voltaire. Avant cette époque, il n'existait de lui qu'une statuette de sèvres, dont Voltaire était enchanté, et un buste qu'un modeste artiste franc-comtois (Rosset-Dupont) avait obtenu, à force d'insistance, d'exécuter pendant que Voltaire était à Ferney.

Cette statue était destinée à orner la salle nouvelle de la Comédie française qu'on devait construire. D'Alembert, l'abbé Raynal et quelques autres se mirent à la tête de ce projet, et il fut convenu que les frais en seraient faits au moyen d'une souscription parmi les gens de lettres exclusivement. En attendant que la souscription fût ouverte, la statue fut commandée au sculpteur Pigalle, qui devait l'exécuter en marbre blanc, moyennant le prix de dix mille francs, et qui achevait le mausolée du maréchal de Saxe; dès qu'il fut terminé, l'artiste le soumit à l'appréciation publique, et, le 15 juillet, le public fut admis les dimanches et fêtes à l'aller voir à son atelier.

Quant à la statue de Voltaire, il était fort embarrassé touchant l'attitude qu'il donnerait au philosophe de Ferney, qui avait protesté énergiquement dès qu'on lui avait annoncé qu'on allait lui envoyer Pigalle. « Je n'ai pas un visage de statue, écrivait-il; on veut modeler mon visage, mais il faudrait que j'eusse un visage, on en devinerait à peine la place. Mes yeux sont enfoncés de trois pouces, mes joues sont du vieux parchemin mal collé sur des os qui ne tiennent à rien. Le peu de dents que j'avais est parti. »

Cependant Voltaire se laissa doucement violenter, et Pigalle put le modeler tout à l'aise; mais la souscription marchait lentement.

Bientôt une nouvelle, commentée avec indignation par les uns, avec gaieté par les autres, courut les salons, les bureaux d'esprit et les cafés. Pigalle, soit qu'il ne sût pas draper, comme on le prétendait, soit qu'il voulût rester fidèle aux traditions de la sculpture, allait représenter Voltaire nu: à l'idée de voir leur idole prêter à rire, les partisans de Voltaire poussaient des clameurs désespérées. Le grand homme, si chatouilleux d'ordinaire, eut, cette fois, plus d'esprit que ses amis; il déclara qu'un artiste devait être libre, et

Théâtre de l'Opéra, ancienne salle de Molière, incendié le 6 avril 1763.

que, pour son compte, il n'avait jamais réussi que lorsqu'il avait obéi à sa propre inspiration.

Le 4 septembre, on put visiter dans l'atelier de Pigalle une esquisse de la statue qui est maintenant à la bibliothèque de l'Institut: les épigrammes et les plaisanteries tombèrent dru comme grêle ; on rima à ce sujet d'innombrables petits vers qui, tous, étaient généralement conçus dans le genre de ce quatrain :

> Pigalle, au naturel, nous a rendu Voltaire.
> Le squelette offre à la fois l'homme et l'auteur.
> L'œil qui le voit sans parure étrangère
> Est effrayé de sa laideur.

En effet, Voltaire était représenté nu, tenant de la main gauche un rouleau déployé qui lui servait de pagne; dans la main droite est un poinçon, à ses pieds sont le poignard de Melpomène, le masque de Thalie et des livres.

Aussi, quand il s'agit de mettre la statue de Voltaire au foyer de la Comédie française, on recula, et ce fut le buste de Houdon qui y fut placé le 18 février 1779.

Une ordonnance des prévôt des marchands et échevins de Paris fut lue et publiée au son du tambour, en tous les lieux ordinaires de la ville de Paris le 4 mai, elle ordonnait qu'en réjouis-

Théâtre de l'Opéra de 1794 à 1821.

sance du mariage de Mgr le Dauphin avec l'archichesse Marie-Antoinette, les ports et les chantiers seraient fermés et la façade de toutes les maisons illuminée le mercredi 16 mai, jour de la solennité dudit mariage ainsi que le jeudi 31 du même mois, jour où serait tiré le feu d'artifice (ce jour fut changé, et le feu se tira le mercredi 30) disposé à cette occasion sur la place Louis XV.

Le même jour (4 mai) il en parut une autre du lieutenant général de police prescrivant des mesures de précaution à observer le jour du mariage et le soir où serait tiré le feu « Il est enjoint aux habitants de cette ville de faire fermer et boucher exactement les fenêtres, lucarnes, soupiraux de caves et généralement toutes les ouvertures des greniers des maisons à eux appartenantes ou par eux occupées et de faire fermer exactement toutes les ouvertures des chambres, remises, écuries, hangars et autres endroits où il y aura de la paille, du foin, du bois, ou suif, etc. Fait défenses ladite ordonnance à tous particuliers de tirer aucunes fusées, boîtes, pétards, pistolets et autres armes à feu dans les rues ni par les fenêtres d'aucune maison, à peine de 100 livres d'amende. »

Cette ordonnance fut lue et publiée à son de trompe en tous les lieux accoutumés.

Enfin, le 5, une troisième ordonnance du prévôt des marchands et des échevins porta établissement de la foire sur les boulevards, mais elle fut non franche et sa durée fut fixée à 16 jours à commencer du 15 mai pour finir le 31. Toutes personnes pouvaient y vendre.

Marie-Antoinette, partie de Vienne, était arrivée à Compiègne d'où elle partit le 14 mai pour se rendre à Versailles en s'arrêtant à Saint-Denis. Aussitôt que la nouvelle s'en répandit dans Paris, nombre de Parisiens excités par une ardente curiosité, s'empressèrent de se rendre à Saint-Denis pour la voir, tandis que d'autres s'échelonnaient sur la route de Saint-Denis à Versailles. Dès l'aube ils sortirent de chez eux par milliers, et les gardes françaises, les Suisses et les régiments cantonnés à Saint-Denis avaient dû prendre les armes pour contenir les flots mouvants de cette marée qui allait toujours grossissant.

Il n'y avait plus une seule voiture disponible dans Paris, carrosses particuliers et de louages, vinaigrettes, brouettes, carabas, chariots, charrettes tout avait été mis en réquisition.

« Le jour de la célébration du mariage (16 mai) dit Saint-Foix, fut pour la capitale un de ces jours de fête qu'on se rappelle toujours avec transport. Il y eut une affluence prodigieuse de monde : toute la France se rassembla pour ainsi dire dans Paris, et jamais on ne vit éclater l'allégresse publique avec plus de zèle et d'ardeur. On ferma les boutiques, et le soir toutes les maisons furent illuminées. Ce spectacle nocturne fut de la plus grande beauté. On raconte qu'un vieillard de la rue Saint-Jacques qui n'avoit que cinq sols à dépenser, ne dîna point ce jour-là dans l'intention d'éclairer sa fenêtre de quelques lampions de plus... »

Les gardes des six corps des marchands s'étaient proposés de donner une fête à leurs dépens, mais M. de Sartine leur conseilla d'employer à un acte de bienfaisance la somme qu'ils voulaient consacrer à cette fête ; ils suivirent ce conseil et firent élargir tous les malheureux qu'on détenait dans les prisons pour des mois de nourrice qu'ils n'avaient pas pu payer.

Le 20 mai ils allèrent à Versailles, le lieutenant général de police à leur tête, pour complimenter les nouveaux époux ; ce qu'avait fait l'avant-veille le prévôt des marchands et les échevins qui leur avaient porté les cadeaux de la ville de Paris.

Depuis le jour du mariage Versailles était en fête, Paris commença la sienne. Le 30 mai, cette fête fut annoncée au peuple à six heures du matin par une salve d'artillerie de la ville et à midi par une seconde.

Vers sept heures du soir on commença à faire couler les fontaines de vin et à distribuer au peuple du vin et des viandes ; ces distributions se firent dans les divers quartiers de Paris et à tous les carrefours.

On avait construit des orchestres devant l'Hôtel de ville, devant celui du gouverneur de la ville, celui du prévôt des marchands et les maisons des officiers du bureau de la ville et encore fit-on dans les différents endroits des distributions de pain et de viande. A l'entrée de la nuit, toutes rues et les boulevards avaient été illuminés ; mais la nuit n'était pas encore arrivée que déjà un nombre considérable de curieux s'étaient dirigés vers la place Louis XV pour voir les préparatifs du feu d'artifice.

Chacun s'occupait d'en considérer les apprêts, jugeant à l'avance de l'effet que devait produire l'embrasement de la charpente qu'il avait devant les yeux.

Cette charpente était destinée à représenter en artifice le temple de l'Hymen, allusion au grand événement qu'il célébrait. Ce temple reposait sur une magnifique colonnade, et était adossé à la statue.

Une sorte de parapet formant le carré l'entourait et chacun de ses angles était occupé par des dauphins, dont la gueule béante devait lancer dans l'espace des tourbillons de feu.

Une pyramide supportant le globe du monde surmontait le temple, et les quatre grands fleuves, la Seine, le Rhône, la Loire et le Rhin se tenaient à sa base.

Tout cela promettait beaucoup.

Un bouquet splendide, dont les apprêts se trouvaient derrière le temple, ou plutôt derrière la statue, était destiné à couronner le feu en éblouissant les spectateurs par des milliers d'étoiles, de fusées et d'étincelles lumineuses.

Une fébrile impatience semblait agiter la foule qui commençait à encombrer la place.

Et chacun faisait ses efforts pour se rapprocher de l'endroit d'où les gerbes de feu devaient jaillir.

Mais cette précipitation devait amener de tristes résultats. Disons d'abord que par une inconcevable lésinerie, le bureau de la ville n'avait pas voulu confier le service de la surveillance aux gardes françaises parce que leur colonel avait demandé pour eux une gratification de mille écus, et ce fut seulement quelques escouades d'archers qui eurent la grosse responsabilité de veiller au maintien de l'ordre public.

Or la place Louis XV n'avait pas alors d'autre débouché principal que la rue Royale encore inachevée, et c'était par là qu'arrivaient le flot populaire et les voitures des gens de qualité, qui, habitués cependant aux fêtes élégantes de Versailles et de Choisy, avaient voulu assister à la réjouissance publique et s'étaient fait réserver des places « dans les loges du gouverneur et de la ville qui avaient été pratiquées dans les bâtiments neufs », c'est-à-dire sur les balcons des hôtels qui avaient leur façade sur la place.

Mais il fallait y arriver à ces loges, et c'était là le point difficile ; entourés de piétons, les carrosses avaient grand'peine à se frayer un passage, et bien que les cochers ne se gênassent nullement pour distribuer généreusement, de côté et d'autre, des coups de fouet destinés à écarter les obscurs citoyens qui obstruaient la circulation, il était à peu près impossible de faire une trouée au milieu de ce rempart humain dont l'épaisseur allait toujours en augmentant.

Rétrograder offrait les mêmes inconvénients, et puis d'ailleurs c'était au peuple à reculer et non aux grandes dames et aux seigneurs qui daignaient honorer le feu d'artifice de leur présence.

D'abord, à l'entrée de la rue Royale, il y eut des gens renversés, des côtes enfoncées et pas mal de bras et de jambes cassés. Un mouvement se produisit qui refoula les curieux vers un fossé qui n'avait pas de garde-fou et au fur et à mesure que les piétons se dirigeaient de ce côté, ils y tombaient inévitablement, en poussant des cris de détresse qui ne faisaient que porter l'effroi à son comble.

Cependant la nuit était venue. Soudain un sillon lumineux se dessina sur la voûte sombre des cieux.

C'était la première fusée qui partait.

Les plaintes et les gémissements continuaient toujours.

Les artificiers se hâtèrent.

A cette première fusée en succéda une deuxième, puis une troisième.

Mais bientôt une lueur resplendissante apparut. — Une fusée mal dirigée tomba sur les pièces d'artifice destinées au bouquet, et en un clin d'œil tout prit feu jusqu'à la charpente et à la décoration du temple de l'Hymen, qui devint la proie d'un véritable incendie, à la grande joie des spectateurs qui stationnaient assez loin de la presse pour n'avoir rien à craindre de la foule et qui, croyant que cet incendie était un épisode prévu du feu d'artifice, battaient des mains et témoignaient de leur ravissement par des applaudissements frénétiques.

Mais pour ceux qui se trouvaient placés aux alentours de la statue, et qui voyaient passer au-dessus de leurs têtes des brandons enflammés, dont quelques-uns les blessaient en retombant, ils répondaient aux applaudissements par des cris de terreur et faisaient des efforts inimaginables pour s'enfuir, tandis qu'ils ne parvenaient qu'à se faire écraser et mutiler dans une mêlée qui devint générale.

Alors ce fut quelque chose d'épouvantable.

Des femmes, des enfants, foulés aux pieds, appelaient d'une voix mourante leurs époux ou leurs pères ; d'autres, éperdus, à moitié fous d'inquiétude et de douleur, se cramponnaient avec une sauvage énergie après les vêtements des gens qui se trouvaient devant eux, comme pour les obliger à les tirer hors de cet affreux chaos.

Mais ce n'était pas tout.

Les malheureux spectateurs de cette fête, devenue une lugubre tragédie, n'avaient pas seulement à craindre d'être écrasés ou blessés, ils avaient encore à se défendre contre des bandes de misérables qui, armés de bâtons et marchant les uns auprès des autres, se protégeaient mutuellement et ajoutaient encore au tumulte, en profitant de cette terrible agglomération pour déchirer les oreilles des femmes et en enlever les pendants ; pour leur briser les doigts, afin de s'emparer des bagues ; quelques-uns, armés de poignards, ne craignaient pas de s'en servir pour couper leurs colliers, au risque de leur fendre la gorge ; aux hommes, ils volaient les montres, l'or, les portefeuilles.

Et le sang coulait, les blasphèmes et les imprécations se croisaient dans l'air.

En vain la force armée tentait de ramener l'ordre et de faire cesser cette boucherie ; mais que pouvaient faire quelques soldats du guet contre cette masse impénétrable ?

Or, au moment où la charpente s'était enflammée, et que chacun tentait de s'en éloigner, et comme s'il avait été convenu que rien ne manquerait pour que la fête devînt un désastre public, des échafauds surchargés de personnes qui s'y étaient installées pour mieux jouir de l'effet du feu, cédèrent tout à coup sous le poids énorme qu'ils ne pouvaient supporter et s'effondrèrent en précipitant les gens qu'ils contenaient sur ceux qui étaient dessous.

Pour le coup, la rue Royale et la place Louis XV prirent l'aspect d'un champ de bataille ; les épées tirées hors des fourreaux perçaient en plein corps : « on vit des furieux l'épée à la main, frapper devant eux pour se faire jour. J'ai vu, dit l'auteur du *Tableau de Paris*, plusieurs personnes languir pendant trente mois des suites de cette presse épouvantable, porter sur leur corps l'empreinte forte des objets qui les avaient comprimés. D'autres ont achevé de mourir au bout de dix années. Cette presse coûta la vie à plus de douze cents infortunés, et je n'exagère point. Une famille entière disparut. Point de maison qui n'eût à pleurer un parent, un ami. » A son tour, le chevalier du Coudray qui, lui aussi, assistait à cette scène de désolation, en a raconté les péripéties émouvantes dans ses *Nouveaux Essais historiques sur Paris*. « On brise à nos yeux deux carrosses, on égorge les chevaux, le désordre devient affreux. Dans ce moment de crise, tandis que les eaux de la Seine portent soixante-quatre victimes aux filets de Saint-Cloud, un lourd et grand échafaud s'écroule et ensevelit sous les ruines plus de cinquante malheureux... Ce qu'il y a de certain, suivant une liste exacte que nous avons entre les mains, la masse des morts et des blessés montoit à 462 et que, du nombre de ces derniers, il n'en a survécu que 37. Une autre liste présentée à la police et conforme à celle de monsieur le procureur général fixe le nombre des uns et des autres à 691. »

On trouva dix-sept montres dans les poches d'un des morts.

Toutefois la liste officielle réduisit le nombre

des cadavres, qu'on déposa dans le cimetière de la Madeleine, à 132. « Pour les estropiés, on n'en sait pas la quantité. M. le comte d'Argental, envoyé de Parme, eut l'épaule démise, et M. l'abbé de Raze, aussi ministre étranger, a été renversé et est horriblement froissé et meurtri. »

Le 1er juin, le dauphin adressa 2,000 écus au lieutenant général de la police avec cette lettre :

« J'ai appris le malheur arrivé à Paris à mon occasion ; j'en suis pénétré. On m'a apporté ce que le roi m'envoye tous les mois pour mes menus plaisirs ; je ne puis disposer que de cela, je vous l'envoye. Secourez les plus malheureux. J'ai, monsieur, beaucoup d'estime pour vous.

« Louis-Auguste. »

La dauphine envoya aussi sa bourse à M. de Sartine. Mesdames en firent autant ainsi que les princes du sang ; les fermiers généraux versèrent 5,000 livres, et tous les riches particuliers de Paris donnèrent pour venir en aide aux malheureuses familles éprouvées.

Le 13 juin, à dix heures du matin, on célébra dans l'église paroissiale de Sainte-Marie-Madeleine de la Ville-l'Évêque, un service général pour le repos des âmes des 132 personnes qui avaient péri et qui furent inhumées, nous l'avons dit, dans le cimetière de la paroisse ; et l'on a dit des messes pour le même objet depuis huit heures jusqu'à midi. Les magistrats du Châtelet et de la ville, un grand nombre « de personnes de considération et les parents des morts assistèrent à la cérémonie ».

Le comte de Mercy-Argenteau, ambassadeur d'Autriche, donna, le 27 mai, à l'occasion du mariage, un grand souper, auquel furent invités les ambassadeurs et les ministres étrangers, ainsi que la haute noblesse, et le 29 il donna un bal masqué dans une vaste salle qu'il avait fait construire tout exprès, et il fit distribuer au peuple du pain, du vin et des viandes.

Le 10 juin, l'ambassadeur d'Espagne, comte de Fuentès, donna à son tour une magnifique fête dans le Wauxhall du boulevard Saint-Martin, où il avait fait construire un salon spécial. Il y eut feu d'artifice, souper, concert et bal masqué qui dura jusqu'au lendemain dix heures du matin.

En même temps, par son ordre, des distributions de pain, de vin et de viandes étaient faites au peuple, sur la demi-lune de la porte Saint-Antoine.

Nous avons dit qu'une assemblée générale du clergé s'était tenue au mois de mars. Il y fut voté un don gratuit au roi de seize millions, et des lettres patentes du 10 mai permirent qu'il fût fait un emprunt de constitution de rente à cinq pour cent, au nom du clergé, pour le payement de ce don.

Des lettres patentes de juin autorisèrent la congrégation de Saint-Maur à recevoir dans sa maison des jeunes gens de quinze à seize ans, « pour les élever gratuitement dans les sciences et surtout dans les principes de la religion. Les humanités, la rhétorique, la philosophie, une teinture de la langue grecque, de l'histoire, de la géographie et des mathématiques seront les objets de leurs études jusqu'à l'âge de vingt ans ; alors ils se retireront dans leurs familles ou feront leur noviciat. »

Le privilège des chaises à porteurs appartenait à Mlle d'Étampes ; la cour, par son arrêt du 14 février, fît défense à toutes personnes généralement quelconques de louer aucune chaise à porteurs, « à aucuns selliers, carrossiers, de ne plus faire porter par aucuns bricoliers et journaliers non inscrits sur les registres du préposé de ladite demoiselle d'Étampes, et auxdits bricoliers et journaliers de s'ingérer de porter lesdites chaises, et ordonna qu'à défaut du payement des 25 sols par semaine de la redevance due par chacun des porteurs, ils y seraient contraints par toutes les voies de droit et même par prise de corps. »

Une ordonnance de police du prévôt des marchands et des échevins de la ville de Paris réglementa aussi le bachotage. « Il est défendu à toute personne de s'immiscer au fait du bachotage soit en montant, soit en descendant de la rivière de Seine, sans être pourvu d'une commission du bureau de la ville et sans avoir prêté serment à cet effet. Ne pourront, lesdits bachoteurs, charger dans chaque bachot plus de seize personnes pour les conduire sans retardement aux lieux pour lesquels elles se seront embarquées, à peine de 50 livres d'amende. » Par la même ordonnance, il est dit qu'il sera payé par chaque voyageur se rendant à Sèvres ou à Saint-Cloud 5 sols, 2 sols 6 deniers pour Chaillot et Passy et 3 sols pour Auteuil, « et ainsi à proportion pour les autres lieux des environs de Paris, à raison de 2 sols 6 deniers (22 centimes et demi) pour chaque lieue, tant en descendant qu'en remontant ladite rivière ».

Au mois de février, un droit fut établi sur l'amidon et la poudre à poudrer, dont la consommation était considérable, et un arrêt du conseil d'État du 24 août, ordonna que la régie et l'exploitation de ce droit, ainsi que celui établi sur le papier et le carton, seraient faites par Julien Alaterre, bourgeois de Paris. En conséquence « enjoint Sa Majesté aux amidonniers, marchands parfumeurs, papetiers et autres dénommés, de souffrir les visites, exercices et marques des commis dudit Alaterre et de faire les déclarations prescrites en son bureau. » Les amidonniers avaient leur demeures affectées dans les faubourgs de Paris, et particulièrement dans ceux de Saint-Victor et de Saint-Marcel, « parce que, par une suite de leur fabrique, ils sont dans le cas d'élever et d'engraisser des pourceaux. » Les amidonniers ne formaient point un corps de communauté, le roi

L'évêque entra, donnant la main à son inconnue. Des rires étouffés partirent de toutes parts. (Page 339, col. 2.)

ayant accordé, par lettres patentes de 1716, à tous ses sujets le droit de fabriquer de l'amidon; mais au mois de mars 1744, ils furent, comme les autres corps de métier, érigés en jurande, et leur nombre fut fixé à 35 ou 40.

Au commencement du XVIIIe siècle, M. de Vaudreuil avait trouvé le secret de fabriquer de l'amidon avec de la racine d'arun; en 1716 il obtint un privilège exclusif de ce genre de fabrication, pour vingt années; mais M. de Chèse inventa plus tard d'en faire avec de la pomme de terre.

Bien que les amidonniers ne fissent point le commerce du creton, ils étaient qualifiés maîtres amidonniers-cretonniers de la vil.e de Paris.

Les statuts et règlements de leur communauté étaient rédigés en 39 articles. L'apprentissage était de deux ans; sur le brevet quittancé et le certificat de ses services, l'apprenti pouvait être admis à la maîtrise, et le chef-d'œuvre consistait « en un cent d'amidon parfait chez l'un des jurés, lequel amidon tourne au profit de la communauté. » Les fils de maîtres étaient exempts du chef-d'œuvre; les amidonniers ni leurs veuves ne pouvaient prêter leur nom à qui que ce fût directement ou indirectement pour faire le commerce d'amidon et du creton, et « s'associer avec aucun maître ou veuve des communautés employant l'amidon, les retirer ou loger dans leur maison sous quelque prétexte que ce puisse être, à peine de confiscation des marchandises, en cas de contravention et de cent livres d'amende au profit de la communauté plaignante, de débaucher les compagnons les uns des autres ni les prendre sans un consentement écrit des maîtres qu'ils auront quittés, à peine de 50 livres d'amende. »

Enfin nul ne pouvait s'établir amidonnier sans la permission du lieutenant de police.

On voit par ce qui précède que le commerce de l'amidon était un véritable sacerdoce.

Nous avons longuement parlé des querelles qui s'étaient à plusieurs reprises élevées entre le roi et le Parlement. Elles allaient reprendre avec plus d'intensité que jamais. La cherté du pain, provenant du monopole des grains, amena une disette en 1769-1770, qui obligea le parlement de Paris à prohiber la sortie des grains et, sur le rapport des procureurs généraux de Paris et de Rouen, il eut la hardiesse d'instruire une procédure contre le duc d'Aiguillon, qui commandait en Bretagne et qui avait abusé de son pouvoir ; mais le roi, « vu qu'un pair était inculpé » dans ce procès, déclara qu'il serait fait par la cour des pairs, séante au parlement de Paris, et déclara que, comme il voulait y être présent, les séances se tiendraient à Versailles ; le Parlement dut s'incliner et se montra assez satisfait de la physionomie des séances, mais tout à coup le roi convertit la séance des pairs en lit de justice qui se tint à Versailles le 27 juin 1770, et là il déclara qu'il entendait que le procès entamé fût clos, qu'il ne voulait plus en entendre parler et imposa un silence absolu sur toutes les accusations portées.

Le Parlement revint outré à Paris, et le 2 juillet il rendit un arrêt qui portait que le duc d'Aiguillon était gravement inculpé de faits entachant son honneur ; qu'en conséquence, il était suspendu de ses fonctions de pair jusqu'à ce que, par un jugement rendu par la cour des pairs dans les formes prescrites, il eût été purgé et réintégré. Des commissaires furent aussitôt nommés pour faire imprimer cet arrêt qui fut expédié en nombre considérable dans toutes les provinces.

Le lendemain, 3 juillet, un arrêt du conseil du roi cassa celui du Parlement et enjoignit au duc d'Aiguillon de continuer ses fonctions de pair.

Sur ce, remontrances du Parlement ; la situation se tendait de plus en plus, mais les vacances vinrent apporter du relâche aux parties belligérantes. — Profitons en aussi pour signaler les menus faits qui se produisirent à Paris en attendant la reprise des hostilités.

Le 1er juillet, Jean-Jacques-Rousseau, qui s'était réfugié en Suisse, revint à Paris. Il avait quitté son costume d'Arménien, et se présenta au café de la Régence où sa présence attroupa un nombre considérable de gens empressés de voir de près l'auteur d'*Émile;* il était sous le coup d'une prise de corps à l'occasion de la publication de ce livre et ne parut nullement s'en préoccuper.

Sept ouvrages nouveaux traitant de questions religieuses furent lacérés et brûlés le 21 août ; par un arrêt du 18 du même mois, ils avaient été condamnés comme « impies, blasphémateurs et séditieux, tendans à détruire toute idée de la divinité, à soulever les peuples contre la religion et le gouvernement, à renverser tous les principes de la sûreté et de l'honnêteté publique et à détourner les sujets de l'obéissance due au souverain. » Le même arrêt ordonnait en outre qu'il serait nommé des commissaires qui se réuniraient le lendemain de la Saint-Martin, à l'effet d'arriver aux moyens les plus efficaces pour arrêter les progrès d'écrivains téméraires « qui sembloient n'avoir pour objet que d'effacer de tous les cœurs le respect dû à la religion, l'obéissance aux puissances et les principes qui maintiennent la paix, l'ordre et les mœurs parmi les citoyens. »

Un fils du roi de Suède arriva à Paris à la fin d'août, sous le nom de comte de Vasa ; il se rendit à l'Opéra incognito ; on y donnait la dernière représentation des *Fragments;* il trouva cet opéra si peu intéressant qu'il quitta le théâtre au beau milieu de la représentation. Il visita tout ce que Paris renfermait de curieux et assista à une séance de l'Académie, où il prit place parmi les académiciens.

Il put, comme tout le monde, aller aussi visiter le superbe vis-à-vis (voiture à deux places l'une devant l'autre) que faisait faire Mme la comtesse du Barry chez le sellier en vogue ; il était exposé, et chacun courait le voir. Rien de plus élégant et de plus magnifique ; « outre les armoiries qui forment le fond des quatre panneaux, sur un fond d'or, qui couvre tout l'extérieur de la voiture, avec le fameux cri de guerre : *Boutez en avant!* sur chacun des panneaux de côté, on trouve répétés, d'une part, une corbeille garnie d'un lit de roses, sur lequel deux colombes se becquètent amoureusement ; de l'autre, un cœur transpercé d'une flèche ; le tout enrichi de carquois, de flambeaux, de tous les attributs du dieu de Paphos. Ces emblèmes ingénieux sont surmontés d'une guirlande de fleurs en Burgos, qui est la plus belle chose qu'on puisse voir de ses deux yeux ; le reste est proportionné ; la housse du cocher, les supports des laquais, par derrière, les roues, les moyeux, les marche-pieds sont autant de détails précieux qu'on ne peut se lasser d'admirer et qui portent l'empreinte des grâces de la maîtresse de ce char voluptueux. »

Une autre exposition, celle-ci faite dans un but d'utilité publique, eut lieu le 8 octobre ; c'était celle de la composition de la thériaque, que faisaient en commun les apothicaires de Paris, après avoir exposé au moins quinze jours à la curiosité du public et à l'examen des connaisseurs, les drogues qui devaient être employées. Cette exposition se faisait avec un certain appareil, dans une salle de leur jardin, rue de l'Arbalète, en présence des magistrats et des doyen, professeurs et députés de la faculté de médecine, lesquels s'y rendaient encore deux fois pour assister à la pesée, et ensuite au mélange général, après quoi la masse des ingrédients était enfermée dans un grand vase pour y subir la fermentation nécessaire.

C'était un usage ancien qui exigeait que la composition de cet électuaire polypharmaque, qui jouissait encore au xviiie siècle d'une réputation extraordinaire, fût publique.

« Paris a, dans ses apothicaires, une compagnie d'artistes distingués par leurs capacités et par leur zèle pour le bien des citoyens. Ils sont depuis longtemps dans l'usage de faire publiquement et en commun leur thériaque, et la compagnie la débite à son bureau, cloître Sainte-Opportune, et à son jardin, rue de l'Arbaleste, faubourg Saint-Marceau, en boëttes d'étain de différentes grandeurs. »

Revenons à l'affaire du Parlement; « le lundi 3 septembre, le roi vint à Paris tenir son Parlement, et y a été reçu avec les cérémonies ordinaires. Sa Majesté s'étant assise dans son fauteuil et couverte, M. le chancelier a dit :

« — Faites sortir les étrangers et fermer les portes.

« Puis un moment après :

« — Le roi ordonne que chacun prenne sa séance.

« Ce qui signifiait qu'on se plaçât là où on devait être.

« Après qu'on eut obéi à cette injonction, le chancelier reprit :

« — Le roi permet qu'on se couvre.

« M. le chancelier, étant ensuite monté vers le roi, agenouillé à ses pieds pour recevoir ses ordres, a descendu, remis en sa place, assis et couvert, a dit :

« Le roi ordonne qu'on aille aux Chambres, et qu'on envoie aux requêtes du palais.

« MM. des enquêtes et requêtes sont entrés successivement et se sont assis et placés en leurs places ordinaires. M. le chancelier étant ensuite monté vers le roi, agenouillé à ses pieds pour recevoir ses ordres, descendu, remis en place, le roi, ayant ôté et remis son chapeau, a dit :

« — Messieurs, mon chancelier va vous expliquer mes intentions.

« Sur quoi, M. le chancelier prononça un long discours, qui contenait ceci : « Le roi a écouté vos représentations; il y a reconnu l'esprit de chaleur et d'animosité qui les a dictées. Vous avez, depuis, multiplié les actes contraires aux volontés de Sa Majesté. Votre exemple a été le principe et la cause d'actes encore plus irréguliers émanés de quelques autres parlements; Sa Majesté veut enfin vous rappeler à l'obéissance qui lui est due. Elle vient vous faire connoître ses intentions et vous imposer de nouveau le silence le plus absolu. Elle veut bien effacer jusqu'aux traces de votre conduite passée et vous ôter les moyens de lui désobéir à l'avenir; le roi ordonne que les pièces envoyées au parlement de Paris, en conséquence des arrêts du parlement de Bretagne, et toutes les autres pièces du procès lui soient remises. »

« Le chancelier appela alors les greffiers Ysabeau, Dufranc, Fremin et Le Ber, qui remirent toutes les pièces indiquées.

« On eût pu supposer que c'était afin de les examiner lui-même et de se former une opinion.

« Point.

« M. le chancelier, monté vers le roi, s'est agenouillé à ses pieds pour recevoir ses ordres; redescendu, remis à sa place, assis et couvert, a dit :

« — Le roi ordonne que lesdits actes et procédures, arrêts et arrêtés soient supprimés de vos registres; Sa Majesté vous fait défenses de tenter de les rétablir en votre greffe par copies ou expéditions, etc., ordonne, sous peine de désobéissance, à son premier président et à tout autre président ou officier qui présideroit en son absence, de rompre toute assemblée où il pourroit être question de rétablir, en tout ou partie, les actes, pièces ou procédures supprimés, etc... A l'égard de vos représentations, Sa Majesté a vu avec étonnement que vous tentiez d'établir des rapports entre les événemens de son règne et les événemens malheureux qui devroient être chassés du souvenir de tout bon Français, et auquel son Parlement ne prit alors que trop de part; elle veut croire qu'il n'y a que de l'imprudence dans vos expressions, etc. »

Puis, rappelant les faits qui s'étaient passés en Bretagne, le chancelier ajouta : « Sa Majesté vous défend, sous peine de désobéissance, toutes délibérations sur ces objets. Elle vous défend pareillement de vous occuper de tout ce qui n'intéressera pas votre ressort, etc.

Enfin le chancelier, après être de nouveau remonté vers le roi, s'être agenouillé à ses pieds pour recevoir ses ordres, être redescendu, s'être remis à sa place, assis et couvert, termina la séance en ordonnant au nom du roi, aux présidents et conseillers des enquêtes et requêtes de se retirer dans leurs chambres pour vaquer à l'expédition des affaires des particuliers.

Présidents et conseillers obéirent, mais comme bien on le pense, ils étaient loin d'être satisfaits; ils le furent bien moins encore lorsqu'à un second lit de justice tenu le 7 décembre, ils virent le duc d'Aiguillon siéger en qualité de pair : c'était montrer publiquement le mépris qu'il faisait de la magistrature. Les membres du Parlement protestèrent, dans cette séance, de leur respect, de leur soumission et de leur fidélité au roi, mais ils laissèrent voir qu'ils étaient bien résolus à opposer les lois de la monarchie à la volonté du monarque, toutefois ils durent enregistrer par ordre un édit qui, entre autres dispositions blessantes pour les cours suprêmes de l'État, leur défendait d'envoyer d'autres mémoires que ceux spécifiés par les ordonnances, de donner leur démission en corps, de rendre jamais aucun arrêt qui retardât les enregistrements. C'était mettre toute la puissance parlementaire à néant et la réduire, en tout ce qui touchait les affaires politiques, au bon plaisir du souverain.

Dans la soirée les chambres s'assemblèrent, mais ne prirent aucun parti; le lendemain étant jour férié, elles s'ajournèrent au lundi 10. Ce jour-là, toutes les chambres assemblées, le Parlement rendit un arrêt qui suppliait le roi de lui rendre l'autorité qui lui appartenait ou de recevoir sa démission; un billet du roi écrit au crayon et adressé au premier président le convoqua pour le mercredi, 7 heures du soir à Versailles. A partir du lundi, les cabinets des avocats furent fermés, et le service cessa au Châtelet et dans tous les autres tribunaux, ce qui provoqua un sentiment d'inquiétude dans tout Paris.

La réponse du roi fut courte; il avait dit au premier président:

« — Rien ne prouve mieux la nécessité de la loi que j'ai fait enregistrer que la conduite de mon parlement; qu'il reprenne ses fonctions, je vous l'ordonne. »

Sur ce, il fut arrêté que le premier président se retirerait de nouveau par devers le roi pour lui présenter de nouvelles et itératives représentations qui ne furent pas plus écoutées, et le Parlement de Paris ayant « déclaré que la douleur profonde ne laisse pas aux membres de ce corps l'esprit assez libre pour décider des biens, de l'honneur et de la vie des sujets du roi. »

Cette situation créa un conflit étrange d'obstination réciproque; le roi refusa d'écouter son Parlement jusqu'à ce qu'il ait repris ses fonctions; le Parlement refusa de remonter sur ses bancs jusqu'à ce que le roi l'ait entendu.

Cela pouvait durer longtemps de la sorte, et en effet cela dura pendant le reste de l'année courante et amena les mesures de rigueur qui furent prises contre le Parlement l'année suivante, et dont nous parlerons bientôt; mais terminons d'abord l'historique de 1770 qui vit s'accomplir plusieurs travaux importants, entre autres ceux de la transformation d'un grand terrain occupé par des maraîchers, en champ de Mars, c'est-à-dire champ de manœuvres, destiné aux élèves de l'École militaire. On traça sur cet immense terrain un parallélogramme de 1,000 mètres de longueur sur 500 mètres de largeur, qui fut le théâtre de bien des événements importants. On l'entoura de fossés, on l'orna intérieurement et extérieurement de quatre rangées d'arbres de chaque côté, et l'on posa cinq grilles de fer aux cinq portes qui en ouvraient les entrées; après un accident survenu en 1837, on se décida à combler les fossés, et le Champ de Mars ne fut plus entouré que d'un mur à hauteur d'appui qui à son tour disparut, et toute la superficie du Champ de Mars fut nivelée principalement du côté du quai, où elle formait des ondulations et où l'on a vu longtemps les tombeaux de quelques victimes des journées de 1830.

Ce fut aussi en 1770 que fut tracée la place de Fontenoy, avenue Lowendal, derrière l'École militaire; sa forme est demi-circulaire, et le nom qu'elle porte lui fut donné en mémoire de la bataille de Fontenoy gagnée par les Français; cette place fut cédée à la ville de Paris, en vertu d'une loi du 19 mars 1838, qui ordonna la même cession de l'avenue Lowendal formée également en 1770, comme celle de Suffren.

Le passage de la forge royale, dans la rue du Faubourg Saint-Antoine date aussi de 1770; à cette époque c'était une impasse qui tirait son nom d'une enseigne.

Le 15 décembre 1770, le roi signa des lettres patentes portant : Louis, etc., Notre amé, et féal secrétaire, Jean-Joseph de Laborde, propriétaire de son chef de terrains situés en notre bonne ville de Paris, entre la rue Neuve-Grange-Batellière et la chaussée d'Antin et d'un bout sur l'égout d'entre le faubourg Montmartre et ladite chaussée d'Antin et comme subrogé aux droits du sieur Bouret de Vézelay, auquel la ville a concédé la propriété de la superficie du grand égout en toute sa largeur entre le ponceau de la chaussée d'Antin et la partie déjà voûtée du faubourg Montmartre, nous auroit fait exposer que les terrains dont il est propriétaire sont devenus, par l'extension successive de la ville, propres à former dix habitations aussi commodes qu'agréables et utiles, la proximité du quartier, la pureté de l'air et la promenade des remparts y faisant désirer à nombre de citoyens d'y établir leur demeure, mais que ces terrains n'étant traversés d'aucune rue et n'y ayant aucun débouché commode entre le faubourg Montmartre et la chaussée d'Antin, ils ne pourroient être divisés en portions de grandeur convenable à ceux qui voudroient en acquérir et y bâtir d'une manière proportionnée à leurs facultés et à leurs besoins, et qu'en concourant par ledit exposant à la décoration de la ville et à la commodité du public, il retireroit un plus grand avantage de ses terrains, s'il nous plaisoit lui permettre d'ouvrir deux rues nouvelles, etc., à ces causes, etc. Il sera ouvert aux frais du sieur de Laborde deux rues de 30 pieds de large chacune, conformément à notre déclaration du 16 mai 1765, l'une qui sera nommée rue d'Artois, à travers ses terrains à prendre du rempart de ladite ville en face de la nouvelle rue de Grammont et qui ira aboutir sur l'égout,

Théâtre de l'Opéra, deuxième salle du Palais-Royal, incendié le 8 juin 1781.

Une ordonnance des prévôt et échevins de Paris fut lue et publiée au son du tambour. (Page 341, col. 2.)

et l'autre qui sera nommée rue de Provence sur le terrain dudit égout, à prendre de la chaussée d'Antin au faubourg Montmartre. »

Ces lettres patentes furent enregistrées au Parlement le 6 septembre 1771, et les deux rues commencèrent à être bâties au mois de décembre suivant. En 1792, la rue d'Artois s'appela rue Cérutti en mémoire du jésuite Cérutti, membre de la commune de Paris et député à l'assemblée législative, qui avait son hôtel dans cette rue, au coin du boulevard, hôtel qui fut démoli en 1839, et remplacé par la Maison dorée. De 1771 à 1823, la rue d'Artois allait donc du boulevard à la rue de Provence ; une ordonnance royale du 30 juillet 1823 autorisa le sieur Berchut à ouvrir sur des terrains qui lui appartenaient le prolongement de cette rue jusqu'à la rue de la Victoire ; sur cet emplacement s'élevait alors l'hôtel Thélusson, dont nous parlerons plus loin.

Enfin une autre ordonnance royale du 21 juillet 1824 ordonna le prolongement de la rue d'Artois jusqu'aux abords de l'église Notre-Dame de Lorette, c'est-à-dire jusqu'à la rue Ollivier. En 1830 la rue prit dans tout son parcours le nom de Laffitte qui avait puissamment contribué au succès de la révolution de juillet.

Quant à la rue de Provence, elle dut son nom au comte de Provence (Louis XVIII). Cette rue s'arrêtait à la rue de la Chaussée d'Antin et la rue Saint-Nicolas (formée en 1784) lui faisait suite ; depuis quelques années, la rue de Provence et celle de Saint-Nicolas ne forment qu'une seule et même rue sous le nom de Provence jusqu'au boulevard Hausmann.

On ouvrit aussi en 1770 la petite rue Saint-Martin qui conduisait à la petite église Saint-Martin située dans le cloître Saint-Marcel; en 1806, on lui donna le nom de rue de Pierre Lombard en mémoire de l'évêque de Paris Pierre Lombard, qui fut inhumé dans le chœur de l'église Saint-Marcel. Cette rue a disparu lors du percement de l'avenue des Gobelins.

Puis ce fut la place du Panthéon, commencée en même temps que la construction des Écoles de droit.

La rue Saint-Pierre-Popincourt, qui était un chemin qu'on appelait le chemin de la Contrescarpe, et qui régnait tout le long du fossé. Le nom de Saint-Pierre lui fut donné en raison d'une statue de ce saint, placée à l'une de ses extrémités; elle allait de la rue Saint-Sébastien à la rue de Ménilmontant. C'est aujourd'hui la continuation de la rue Amelot.

On planta l'allée des veuves en 1770; c'était une promenade isolée et solitaire : c'est pour cela, dit-on, qu'elle était recherchée par les veuves des environs; on prétend aussi que nombre d'assassinats s'y commettaient le soir venu, et que c'est en raison des gens qui y furent tués qu'on l'appela allée des veuves. La vérité est qu'on n'est pas du tout fixé sur ce nom funèbre que l'avenue quitta d'ailleurs en 1852, pour celui de Montaigne, parce qu'elle fait suite à la rue Montaigne.

Enfin c'est de 1770-1771 que date la formation de l'impasse Conti, qui fut nommée aussi impasse de la Monnaie, parce qu'elle longe l'hôtel des monnaies.

Nous avons déjà parlé du Wauxhall; il en fut ouvert un qu'on appela Wauxhall d'hiver, le 3 avril 1770; il était situé dans la partie ouest de l'enclos de la foire Saint-Germain, et avait été construit dans le cours de l'année précédente par l'architecte Lenoir. « Le plan de la principale salle, dit Dulaure, avait la forme vicieuse d'une ellipse. Cette salle était ornée d'un péristyle de vingt-quatre colonnes ioniques en treillage, entourées de guirlandes de fleurs. C'est en ce lieu que de jeunes danseuses à gages exécutaient des danses et des ballets.

Autour de cette salle régnaient deux rangs de galeries ou de loges. Là circulaient et se reposaient les spectateurs. L'objet apparent de cet établissement était, comme beaucoup d'autres de ce genre, d'amuser les Parisiens; mais l'objet secret consistait à les corrompre, les étourdir et attirer leur argent. Les danses et les filles publiques, dont ce lieu était le rendez-vous et le marché, n'offraient cependant pas des attraits assez puissants pour y amener l'affluence. Les administrateurs stimulaient de temps en temps la curiosité des habitants de Paris par d'autres moyens. En 1770, ils y établirent une loterie dont le plus fort lot était de 1,200 livres. Pour y prétendre, il suffisait de donner un écu à la porte. En 1772 on y donna un concert au profit des écoles gratuites de dessin. En 1774, un célèbre escamoteur juif, appelé Jonas, y faisait des tours étonnants et donnait des leçons d'escamotage. Toutes ces ressources furent vaines; l'entreprise échoua, et le Wauxhall fut démoli en 1785. »

L'année 1770 donna un chiffre de baptêmes de 19,549; 10,000 garçons et 9,549 filles, 18,719 décès, dont 9,922 hommes et 8,797 femmes ou filles; les mariages s'élevèrent à 4,775; le nombre des enfants trouvés s'éleva à 6,918 dont 3,531 garçons et 3,387 filles.

Ibrahim Effendi premier codja du divan du bey de Tunis et envoyé de ce prince auprès du roi, arriva à Paris le 1er janvier 1771; il y fut reçu par M. le Laboureur, chevalier du guet et commandant de la garde de Paris. Sa présence laissa les Parisiens assez indifférents; il alla se loger avec sa suite à l'hôtel de Bretagne : et ses frais de séjour furent supportés par le roi.

Le 3 janvier 1771, des lettres de jussion du roi mandèrent et ordonnèrent « à tous ceux et chacun des officiers qui composent notre cour de Parlement, de se rendre aussitôt après la lecture et enregistrement de nos présentes lettres dans les différentes chambres où ils sont de service pour y vacquer aux fonctions et au devoir de leurs charges, etc. » La cour s'assembla le lendemain et arrêta que la délibération serait continuée au lundi 7; ce jour, la cour, toutes chambres assemblées, rendit un arrêt avec de nombreux considérants, aux termes desquels elle résolut de reprendre ses fonctions, mais en protestant contre tout abus du pouvoir absolu. Le dimanche 13, le roi répondit que cet arrêt contenait des maximes contraires aux principes établis par son précédent édit, dont il maintenait l'exécution.

En même temps il envoya au Parlement un règlement concernant le commerce des grains pour en empêcher le monopole. Le Parlement par son arrêt du 15, déclara qu'il ne s'occuperait exclusivement que de l'affaire des blés; c'était en effet celle qui intéressait réellement le public, très mal disposé contre les accapareurs de blé qui étaient arrivés, par leurs manœuvres, à faire payer le pain un prix exorbitant.

Dans l'espoir d'arriver à un accommodement avec le roi, le Parlement avait député son premier président auprès de lui, mais le monarque refusa de le recevoir; il en fut de même de l'ancien secrétaire du Parlement, Timoléon Ysabeau, qui, chargé d'une lettre pour le roi, se la vit refuser.

Dans la nuit du 19 au 20 janvier 1771, deux mousquetaires portèrent à chacun des présidents et conseillers une lettre de cachet contenant injonction d'avoir à déclarer, par *oui* ou par *non*, s'ils entendaient se soumettre aux ordres du roi, et la lettre se terminait par ces mots : « vous déclarant que je prendrai le refus de vous expliquer et de signer, comme une désobéissance à mes ordres. »

Quelques-uns n'hésitèrent pas à se prononcer aussi nettement que le roi les invitait à le faire, mais le plus grand nombre s'abstint et bientôt, tous réunis, ils rédigèrent une adresse collective au souverain ; le duc de la Vrillière, qui fut chargé de la lui remettre, leur écrivit : « J'ai, messieurs, mis sous les yeux du roi votre lettre ; Sa Majesté m'a ordonné de ne vous faire aucune réponse. »

Évidemment, le roi se chargeait de répondre lui-même. Dans la nuit du 20 au 21, un huissier apporta au domicile de chacun de messieurs de la cour un arrêt du conseil ainsi conçu :

« Le roi, étant en son conseil, a ordonné et ordonne que les offices desdits sieurs..... et autres présidents et conseillers qui se sont constamment refusés à remplir les fonctions de leurs offices dont ils sont tenus par leur serment, et ont interrompu tout service ordinaire et qui, sur les ordres de Sa Majesté, qui leur ont été notifiés, ont encore expressément persévéré dans leur refus, seront et demeureront acquis et confisqués et comme tels les déclarant vacans et impétrables en ses parties casuelles, en exécution de son édit du mois de décembre dernier. En conséquence, déclare, Sa Majesté, qu'il sera par elle incessamment pourvu à donner des officiers à la dite cour au lieu et place des sieurs... et autres. Ordonne que le présent arrêt sera signifié à chacun d'eux de l'ordre exprès de Sa Majesté ; leur fait défenses de s'immiscer dans les fonctions desdits offices sous peine de faux ; leur défend pareillement de prendre dans aucuns actes la qualité de présidens ou conseillers de Sa Majesté en la cour du parlement de Paris. »

Dans la même nuit et après l'huissier, se présentèrent deux mousquetaires porteurs de lettres de cachet ainsi conçues : « M... je vous fais cette lettre pour vous ordonner de sortir, dans le jour de ma bonne ville de Paris, sans recevoir ni aller chez personne et de vous rendre sans délai à ... pour y demeurer jusqu'à nouvel ordre de ma part, sans en pouvoir sortir à peine de désobéissance. » Cette lettre ne fut pas adressée à trente-huit des membres du Parlement que sans doute le roi croyait prêts à se soumettre, mais ceux-ci se réunirent le lendemain à midi au palais et déclarèrent unanimement qu'ils persistaient « dans les arrêtés faits par le suffrage de la compagnie entière ». La nuit suivante, ces trente-huit magistrats reçurent un ordre d'exil semblable à celui qui frappait leurs collègues.

Le Parlement exilé, il fallut le remplacer ; le roi transforma son conseil en Parlement et indiqua séance pour le jeudi 24 janvier. La population parisienne était indignée.

« M. le duc de Biron ayant refusé les gardes françaises, comme ne marchant que pour le roi, le guet fut commandé pour garder les avenues du palais.

« Les gardes de la ville et les archers de robe courte étaient dans l'intérieur. Les gardes de la ville sont au nombre de 300, mais on n'en put avoir qu'environ la moitié. Toutes les boutiques de la grande salle étoient fermées, et l'on avoit donné ordre d'écarter la foule ; il se glissa cependant un grand nombre de personnes jusque dans la grande chambre ; il y avoit même beaucoup de personnes de marque, mais *incognito*, elles n'étoient pas venu pour faire leur cour au chancelier.

« Sur les dix heures et demie, M. le chancelier arriva en grande cérémonie, entouré de la prévôté de l'hôtel, tenant à la main leur épée nue. Tout le conseil étoit à la suite, ce qui formoit une longue suite de carrosses... En montant l'escalier de la sainte chapelle, M. le chancelier dit à ses gens qui l'entouraient : Serrez-moi ! Tout le cortège étant arrivé au parquet des huissiers, et M. le chancelier ayant appris que la grande chambre étoit pleine, il ne voulut point entrer que tout le monde ne fût sorti ; on eut beaucoup de peine à exécuter cet ordre qui fut réitéré à trois reprises. Les personnes de marque refusant d'obéir aux archers et aux hoquetons du chancelier, un de ces derniers ayant voulu agir par force, il y eut une épée tirée et quelque tumulte, ce qui causa beaucoup de peur ; mais le tumulte fut apaisé à l'instant, et, enfin quand il n'y eut plus personne, M. le chancelier entra suivi de tout le conseil et prit séance.

« Avant tout, il falloit un greffier, et il ne se trouvoit dans la séance que celui des présentations, qui ne doit tenir la plume qu'en son greffe. M. le chancelier exigea qu'il la tînt en cette séance. M. Dupré résista longtemps et fortement ; mais les menaces et les injonctions faites au nom du roi furent si impérieuses que M. Dupré céda. »

Le chancelier fit un discours installant les conseillers d'État au Parlement, et M. Séguier en qualité d'avocat général se leva et dit :

« — C'est avec douleur que nous sommes obligé de reprendre les fonctions de notre ministère, la tristesse peinte sur notre visage vous en dit assez, et les larmes qui coulent de nos yeux ne nous permettent pas d'en dire davantage. »

Puis on ouvrit la séance, mais les procureurs et les avocats manquaient ; trois causes furent appelées et remises, et la séance fut levée. « Tous messieurs du conseil, excepté quelques jeunes maîtres des requêtes et M. le chancelier auquel quelques personnes, ajoutait M. l'abbé Terrai, avoient l'air consterné : on auroit dit qu'ils assistoient à un enterrement ».

A l'audience du lendemain, il s'éleva des huées

si violentes, lors de l'entrée des membres du conseil, « que M. Daguessau en a pleuré. » Le samedi la garde fut doublée, il y avait environ 400 hommes armés dans le palais, les huées recommencèrent et quelques arrestations eurent lieu, dans l'après-midi ; les inspecteurs de police se transportèrent chez tous les procureurs pour prendre le nom de leurs clercs et enjoindre, aux procureurs, de la part du lieutenant de police, de ne pas les laisser aller au palais jusqu'à nouvel ordre ; puis, le lundi, signification fut faite aux secrétaires et aux greffiers de se rendre au palais dans les trois jours pour y exercer les fonctions de leurs charges, sous peine d'emprisonnement ; le mardi 29 janvier, les audiences furent tenues, mais on ne plaida aucune cause. « Le palais étoit aussi rempli de gardes que samedi, un sergent et deux gardes prenoient chacun de messieurs du conseil à la descente de son carrosse et le conduisoient à la Chambre ; le sergent marchoit devant, les gardes à ses deux côtés, et le laquais qui portoit la queue formoit le quadrille. »

Les cabinets des avocats continuaient à être strictement fermés.

Paris commençait à s'inquiéter de cette guerre déclarée entre le pouvoir royal et la magistrature qui ne promettait rien de bon, on vantait hautement la conduite des magistrats exilés qui montrèrent un courage calme et intrépide ; la voix de la nation se déclara tout entière en leur faveur ; les princes du sang, plusieurs pairs et tous les parlements du royaume protestaient contre la suppression de celui de Paris, on murmurait partout. En vain, le chancelier promit-il que l'administration de la justice serait gratuite, en vain déclama-t-il contre l'esprit de corps qui animait tous les parlements, le peuple s'obstinait à voir en eux ses défenseurs et les gardiens fidèles de ses lois. La persécution qu'ils subissaient ne faisait qu'inspirer un intérêt général.

Le 10 avril, le bruit se répandit que M. Lamoignon de Malesherbes, premier président de la cour des aides, qui se trouvait à sa campagne et était sur le point de rentrer à Paris, avait reçu l'ordre de rester dans sa terre et dans la nuit du 8 au 9, des mousquetaires avaient porté à chacun des membres de la cour des aides l'ordre de se rendre au palais à huit heures du matin.

Dès sept heures, un fort détachement du guet à pied s'était répandu dans les cours du palais, dans la grande salle et jusque sur les escaliers de la cour des aides, et à huit heures le maréchal de Richelieu, envoyé par le roi, vint faire un discours qui n'était que le préambule d'un édit de suppression de la cour des aides dont il fut donné lecture ensuite. Le maréchal ajouta qu'il était chargé de s'opposer à toute délibération des membres de cette cour, il les fit placer entre deux haies de soldats de la pousse (c'est ainsi qu'on appelait vulgairement les soldats du guet) et les fit défiler devant lui, puis il fit mettre les scellés sur les greffes dont il se fit donner les clefs et les emporta.

La nouvelle de cette dissolution brutale causa une impression pénible dans Paris, les membres de la cour des aides chassés de leurs sièges se rendirent le lendemain matin chez leur président, M. Charpentier de Boisgibaut, mais à onze heures, il reçut une lettre de cachet qui l'exilait à sa terre dans les vingt-quatre heures, et les autres présidents et conseillers recevaient l'ordre de se retirer à dix lieues de Paris.

A quatre heures, le président Boisgibaut était sommé de partir sur-le-champ.

Dans la nuit du 12 ou 13, tous les présidents et conseillers du grand conseil reçurent des lettres de cachet les convoquant à Versailles pour un lit de justice qui se tint dans cette ville le 13.

On y lut trois édits, l'un de cassation de l'ancien parlement, le second de cassation de la cour des aides et le troisième de transformation du grand conseil en parlement.

Il fut aussi donné lecture du nouveau règlement qui contenait la nouvelle forme d'administrer la justice : la suppression de la vénalité des charges, et le remboursement des charges des membres du grand conseil.

Cette séance dura près de deux heures, et le roi la termina par cette phrase :

— Vous venez d'entendre mes intentions, je veux qu'on s'y conforme ; je vous ordonne de commencer vos fonctions lundi, mon chancelier ira vous installer. Je défends toute délibération contraire à mes volontés et toutes représentations en faveur de mon ancien parlement, car je ne changerai jamais.

Le roi prononça ces dernières paroles et surtout le mot jamais avec une énergie « qui imprima la terreur dans toute l'assemblée ».

M. de Sauvigny, intendant de Paris, prêta serment en qualité de premier président du nouveau parlement qui se rendit au palais, chancelier en tête, à cinq heures de l'après-midi, escorté par la maréchaussée l'épée nue, le guet à pied, le guet à cheval, la robe courte. Des détachements de sergents aux gardes françaises formaient la haie sur les avenues du palais, et ce spectacle militaire avait attiré une foule prodigieuse de gens, qui se demandaient ce que signifiait ce déploiement de forces.

Le nouveau parlement se composait de 5 présidents à mortier et de 70 autres membres.

Le 16 avril, sept membres du grand conseil envoyèrent leur démission.

Dans la nuit du 19 au 20, ils reçurent la visite des mousquetaires (ils n'étaient plus occupés qu'à cette besogne), qui leur apportaient des lettres de cachet les exilant.

« Depuis que les sergents aux gardes se sont

Un sergent et deux gardes prenaient chacun de messieurs du conseil à la descente de son carrosse et le conduisaient à la Chambre. (Page 352, col. 1.)

retirés du palais, le tumulte y est revenu, et le soi-disant parlement y est sifflé et hué; l'autre jour quelques membres furent obligés de s'échapper par la buvette. Paris est aujourd'hui (23 avril) comme la Bretagne ou comme Rennes. C'est une espèce de guerre civile, toutes les familles sont divisées. Non seulement on fait fermer sa porte aux membres du nouveau tribunal, mais les femmes méprisent leurs maris, les fils fuient leurs pères, les pères maudissent leurs fils, les frères se détestent; en un mot c'est un spectacle continuel de haines et de divisions qui se perpétueront peut-être pendant plusieurs générations. Le sieur Sauvigny, le premier président, est surtout l'objet de la risée publique, il est

d'une ignorance si crasse, qu'il faut le souffler sur le tribunal... Ce qu'il y a de remarquable dans tout ceci, c'est le zèle et la fermeté que les femmes y mettent, ce sont elles qui ont échauffé beaucoup de magistrats tremblants, indécis, et qui peut-être auroient molli; le propos de madame Nègre à son fils, conseiller au grand conseil, est surtout mémorable, M. Nègre partoit pour aller à Versailles en vertu de la lettre de cachet dont il a été parlé. — Mon fils, lui dit cette mère courageuse, laissez à la cour, s'il le faut, votre robe et votre charge, et rapportez votre honneur. »

Malgré tout, les rapports du roi avec les magistrats étaient ceux de maître à valets, et lorsque Louis XV avait besoin d'un enregistrement d'édit, il commandait qu'on le fît, c'est ainsi que lorsqu'il voulut faire enregistrer, le 4 mai, l'édit qui portait suppresssion et création d'offices dans le parlement de Paris, dans la nuit du 3 au 4, les officiers de service au parc civil du Châtelet de Paris reçurent chacun une lettre de cachet conçue en ces termes :

« M... Je vous fais cette lettre pour vous dire que mon intention est que vous vous rendiez demain, 4 du présent mois, au parc civil du Châtelet, où vous êtes actuellement de service, pour y assister à la lecture, publication et enregistrement de mon édit du mois d'avril dernier, vous faisant défense de prendre à ce sujet aucune délibération ni rien proposer de contraire à l'exécution dudit édit, même au sujet du présent ordre, à peine de désobéissance. »

Les autres officiers et conseillers du Châtelet qui étaient de service au présidial, au criminel et à la chambre du conseil, reçurent chacun une autre lettre de cachet portant défense de s'assembler et délibérer à l'occasion de l'édit en question. Le greffier fut convoqué au parc civil aussi « sous peine de désobéissance » et ce fut encore des mousquetaires qui distribuèrent de nuit ces missives.

Un ancien commissaire du Parlement, puis huissier révoqué, nommé Letinois, demanda au chancelier une place dans les nouveaux tribunaux, et le chef de la magistrature lui ayant fait répondre qu'il n'avait d'autre place à lui donner que celle de Bicêtre, Letinois dit au porteur de cette réponse qu'elle le surprenait d'autant plus que le chancelier devait savoir que s'il eût été honnête homme et bien famé, il ne fût pas venu solliciter une place dans ces tribunaux.

Le mot était vif; il fut rapporté au chancelier, qui envoya son auteur à Bicêtre, et l'on n'en entendit plus parler.

Mais il serait trop long d'énumérer ici tous les incidents, les protestations, les démissions, les exils et même les emprisonnements qui se produisirent pendant le cours de l'année à propos des cours de justice qui se trouvaient dans le plus profond désarroi; contentons-nous de citer les principaux édits, déclarations et arrêts concernant les tribunaux et officiers de justice du parlement de Paris.

En février 1771, un édit du roi établit pour le Parlement les mêmes formes de procédure que celles établies au grand conseil. Cet édit fut enregistré au Parlement le 17 mai 1771.

Le 26 du même mois, une déclaration du roi régla le droit de *Committimus* dont il fut fait une revision complète.

Le 4 mai, lettres patentes évoquant au roi et à son conseil la connaissance de toutes les causes qui étaient pendantes aux deux chambres des requêtes, du palais et du parquet.

Mai, édit du roi portant création d'offices de présidents aux requêtes de l'hôtel, enregistré le 31 mai.

4 mai, lettres patentes fixant à six le nombre des conseillers d'honneur au Parlement, enregistrées le 7 mai.

Mai, édit du roi portant suppression des procureurs au Parlement et création de 100 avocats, enregistré le 10 juin.

Mai, édit du roi portant suppression des siège et juridiction des eaux et forêts à la table de marbre de Paris. 5 juin, arrêt de la cour du Parlement condamnant un écrit intitulé : *Extrait des registres du parlement de Toulouse*, à être brûlé par l'exécuteur de la haute justice.

Juin, édit du roi portant suppression du siège général de l'amirauté de Paris.

23 juin, déclaration du roi portant que les sommes qui ont été consignées entre les mains des buvetiers pour servir au payement des épices seraient remises aux parties qui les avaient consignées; le 30 août un arrêt du Parlement fut rendu dans le même sens, à l'égard des sommes déposées à la cour des aides, pour les épices des procès.

Juin, édit du roi portant suppression, remboursement et création d'offices aux bureaux des finances et à la chambre du domaine de Paris. Par cet édit, la juridiction de la chambre du domaine de Paris fut réunie au bureau des finances pour ne former dorénavant qu'un seul siège et corps de juridiction.

D'autres édits ultérieurs confirmèrent les attributions des 100 avocats nommés, des huissiers audienciers du Châtelet, des huissiers de la cour, etc. C'était un remaniment complet. Tout ce qui de près ou de loin touchait à l'administration de la justice était changé.

La cour des monnaies le fut aussi; des lettres patentes de mai 1771, en forme d'édit, créèrent en titre d'offices un conseiller lieutenant guidon de la prévôté générale des monnaies et maréchaussées de France, et deux cents archers de ladite prévôté. « Sa Majesté autorise le prévôt général pour le service des cours et hôtel des monnoies, à commettre dans Paris soixante-dix archers, lesquels n'auront aucun gage ni ne jouiront d'aucune sorte de privilège, mais seront seulement réputés main forte pour arrêter les délinquants en flagrant délit et en assurer le dépôt à la justice. Sa Majesté, désirant donner au sieur Bazard des marques de sa bienveillance et de sa pleine satisfaction de ses services, lui a permis de se qualifier en justice et hors d'icelle, ainsi que dans tous les actes qu'il passera, conseiller aux conseils de Sa Majesté, prévôt général des monnoies, gendarmerie et maréchaussée de France, lui accorde le droit de noblesse au premier degré, ainsi qu'à ses successeurs audit office; veut que, comme gradué, il ait voix délibérative en la cour des monnoies de la ville de Paris, etc. »

Le 10 juillet, un arrêt de la cour des monnaies « fit défense à toutes personnes quelconques de donner ni recevoir pour aucune valeur les pièces dites de quatre sous décriées par l'édit du mois de janvier 1726, ni aucunes autres pièces de monnoie dont l'empreinte seroit totalement effacée, à peine d'être poursuivies extraordinairement et punies comme billonneurs. »

Le 27 du même mois, un arrêt de la même cour ordonna qu'il serait informé contre les auteurs du bruit d'une prétendue diminution sur les pièces de deux sous; un autre arrêt du 30 fit « défense à toutes personnes, marchands en gros ou en détail, manouvriers et à tous autres de quelque état et condition qu'elles soient, de refuser dans les payements aucune des pièces d'or, d'argent et de billon dont l'empreinte sera visible, ou sur lesquelles de l'un ou de l'autre côté d'icelles, il paroîtra quelques marques de l'empreinte qu'elles ont reçue, à peine contre les contrevenans d'emprisonnement et d'être punis comme billonneurs. »

Enfin un édit du roi du mois de septembre porta désemestrement de la cour des monnaies de Paris, c'est-à-dire que le roi réunit les deux semestres de la cour des monnaies et ordonna la réduction du nombre des membres de ladite cour, qui devait se composer à l'avenir d'un premier président, de quatre présidents, de deux conseillers d'honneur créés en titre d'office, de vingt conseillers, de deux avocats généraux, d'un procureur général, de deux substituts, d'un greffier en chef secrétaire du roi et d'un premier huissier. Chaque année il devait être établi une chambre des vacations qui commençait à siéger le 9 septembre et finissait à la fête de saint Simon et saint Jude. « Ladite chambre ne connoitra que des affaires sommaires ou provisoires et des affaires criminelles. Sa Majesté supprime le surplus des offices de présidens, ceux de chevaliers d'honneur et ceux de conseillers et commissaires. »

Plusieurs autres édits réglèrent la comptabilité du trésorier général des monnaies et fixèrent le tarif du change, etc.

La cour des monnaies avait été unique dans le royaume jusqu'en 1704, époque à laquelle Louis XIV en créa une seconde à Lyon. On gardait dans cette cour tous les poids originaux de France sur lesquels ceux de toutes les villes du royaume devaient être étalonnés. Elle nommait tous les ans un conseiller pour faire marquer en sa présence du poinçon du roi tous les poids publics.

Dans les cérémonies, la cour des monnaies prenait rang après la cour des aides. Les présidents portaient une robe de velours noir, les conseillers, gens du roi, et le greffier en chef une robe de taffetas noir.

La cour des monnaies fut supprimée en 1791.

La prévôté générale des monnaies était une juridiction particulière et différente de celle de la cour des monnaies. Elle avait un prévôt général, cinq lieutenants, un assesseur, un procureur du roi, qui était substitut du procureur général de la cour des monnaies, un greffier, un huissier audiencier, douze exempts, un guidon et 130 archers cavaliers, et un commissaire des guerres.

Les archers avaient le droit de veiller sur la fabrication et l'émission de la fausse monnaie et sur les abus et malversations dans le commerce des matières d'or et d'argent, dont le prévôt général et ses lieutenants connaissaient jusqu'à sentence définitive inclusivement; de tous les cas prévôtaux, même des duels, comme les autres prévôts des maréchaux et les exempts pouvaient informer, décréter et constituer prisonnier en cas de flagrant délit. Le siège de la prévôté était dans l'enclos du palais, c'était les procureurs au Parlement qui y occupaient. Cette compagnie faisait corps avec la gendarmerie et maréchaussée de France et jouissait des mêmes privilèges.

A propos de gendarmes, disons qu'en raison du mauvais état des finances qui existait alors et qui influait sur tout, la plupart des corps à la solde du roi étaient fort mal payés, et que les compagnies d'ordonnance de la garde de Paris l'étaient si peu que ces gardes étaient obligés de vivre à crédit et de contracter des dettes qui occasionnaient des oppositions entre les mains des commandants, majors, etc., et, par suite, de gros frais. Comme après tout, on ne pouvait rendre ces soldats responsables de l'indigence dans laquelle ils se trouvaient par la faute de ceux qui ne les payaient pas, une déclaration du roi, en date du 30 juin 1771, défendit de saisir la solde et les pensions de retraite des officiers, cavaliers, soldats et pensionnaires des compagnies d'ordonnance de la ville de Paris et des postes et remparts de ladite ville.

Cette déclaration eut pour résultat de couper le crédit aux malheureux gardes qui furent plus affamés que jamais.

Nous trouvons dans le recueil les arrêts du conseil d'État, de 1771, cet arrêt, en date du 24 mars qui défendit l'entrée du poiré à Paris : « sur ce qui a été représenté à Sa Majesté qu'il se consommoit autrefois très peu de poiré à Paris; qu'il n'en est entré, année commune, depuis le 1er octobre 1764 jusqu'au dernier septembre 1768, qu'environ cent cinquante muids, mais qu'en 1769, la consommation a été portée à 1,362 muids, en 1770 à 4,234 ; et qu'à compter du 1er octobre 1770 jusqu'au 1er mars 1771, il en est entré plus de 4,000 muids, que la plus grande partie de ce poiré ayant été employée par les marchands de vins à des mixtions contraires à la santé des citoyens, Sa Majesté, pour réprimer ces abus, ordonne qu'à compter du jour de la publication du présent, l'entrée du poiré dans la ville et faux-bourgs de Paris sera et demeurera prohibée, fait défenses à tous marchands de vin, bière et cidre et à tous autres, d'en introduire dans ladite ville et fauxbourgs, à peine de 1,000 livres d'amende. »

Le Parlement enregistra le 21 juin 1771 cet édit : « Les prévôt, syndics et maîtres de la communauté des barbiers-perruquiers-baigneurs de la ville de Paris, ayant représenté qu'il seroit nécessaire de créer par augmentation cent dix nouvelles charges ou places héréditaires, le nombre de celles ci-devant créées se trouvant insuffisant pour procurer à quantité d'aspirans à ladite profession un titre en vertu duquel ils puissent l'exercer, conformément aux règles prescrites par leurs statuts, Sa Majesté a jugé convenable d'y pourvoir ; en conséquence, elle a rendu cet édit qui porte création de cent dix charges de perruquiers, sur la finance desquels il sera délivré au caissier de l'école gratuite de dessin une somme de 24,000 livres, dont il ne pourra disposer que par ordre du lieutenant général de police. »

Ce n'est pas tout : le 22 juillet, des lettres patentes du roi furent données, elles portaient que « Sa Majesté, interprétant l'article 58 des statuts de la communauté des maîtres perruquiers de Paris, ordonne que par les mots *toutes sortes d'ouvrages de cheveux*, tant pour hommes que pour femmes énoncés audit article, la frisure et l'accommodage et la frisure des cheveux naturels et artificiels des hommes et des femmes y soient compris, et que lesdits maîtres perruquiers, en ayent à l'avenir, à compter du jour de l'enregistrement des présentes lettres, le droit exclusif, privativement à tous autres, à la réserve toutefois des coëffeurs de femmes, au nombre de 106 qui se sont fait inscrire en ladite qualité, au greffe ou bureau de la communauté des maîtres perruquiers. Et cependant Sa Majesté, pour procurer aux femmes et aux filles qui s'occupent actuellement ou qui s'occuperont par la suite de la frisure et de la coëffure des femmes les moyens de subsister, veut qu'elles puissent continuer à entreprendre cette profession, nonobstant le droit exclusif attribué aux maîtres perruquiers, à la charge par elles de ne pouvoir faire ni composer des boucles, tours de cheveux ou chignons artificiels, tenir école de coëffure, ni de faire des apprentisses et en outre de faire inscrire dans le mois leurs noms, surnoms et demeures sur le registre du bureau de la communauté des maîtres perruquiers, en payant par chacune d'elles la *somme de vingt livres*, et le greffier de ladite communauté sera tenu de leur remettre un extrait dudit enregistrement, pour qu'elles puissent le représenter auxdits prévôt, syndics, lors des visites qu'ils seront autorisés à faire chez elles, sans que, pour raison desdites visites, elles soient tenues de payer aucuns droits. Sa Majesté expliquant ainsi son édit de février dernier, portant création de cent dix charges de perruquiers, veut que le greffier de la communauté soit rétabli dans les droits ordinaires de réception des cent dix particuliers qui lèveront lesdites charges : comme aussi, que chacun de ces cent dix particuliers soient tenus de payer à chacun des prévôt, syndics en exercice, la somme de six livres lors desdites réceptions. »

Ces lettres patentes furent enregistrées au Parlement le 14 août 1771.

Par sa déclaration du 19 juin 1770, le roi avait ordonné qu'aucuns chirurgiens ne seraient reçus pour servir près de sa personne et celles de la famille royale et premiers princes du sang, sans qu'ils eussent été admis à la maîtrise en chirurgie, mais il reconnut « que dans le nombre des concurrents qui pourroient aspirer à ces places, il pourroit s'en rencontrer plusieurs qui, sans avoir rempli les formalités ordinaires d'une réception, auroient cependant acquis toute la capacité et l'expérience nécessaires pour en continuer les fonctions avec applaudissement. Sa Majesté en conséquence déroge, pour ce regard seulement, à la déclaration de juin 1770 » et il ordonna que ces places pourraient être données à ceux qui, avec un certificat attestant leur capacité, produiraient nu procès-verbal de deux actes subis en deux jours différents au collège de chirurgie de Paris « à la satisfaction du premier chirurgien de Sa Majesté, de son lieutenant, des quatre prévôts du collège et de quatre autres maîtres choisis à cet effet par ledit premier chirurgien. »

Ces deux examens exigeaient le versement de 380 livres. Cette déclaration fut enregistrée à la cour des comptes le 19 août 1771.

Sur ces entrefaites, le comte de Provence (Louis XVIII) avait épousé, le 13 mai 1771, Marie-Joséphine-Louise de Savoie, et le 14, les façades de toutes les maisons de Paris avaient été brillamment illuminées en signe de réjouissance publique, et pour obéir à une ordonnance de police rendue le 10, qui enjoignait à tous les habitants de la ville et faubourgs de Paris de fermer leurs boutiques et d'illuminer le soir les fenêtres de leurs maisons, le 14, jour du mariage et le jour auquel la ville ferait tirer un feu d'artifice à cette occasion, ce qui eut lieu ; le 16, le corps de ville en costume de cérémonie ayant à sa tête le duc de Chevreuse, était allé à Versailles complimenter les nouveaux époux et leur porter les présents de la ville de Paris, ce fut le prévôt des marchands, Bignon, qui porta la parole au nom du corps de ville.

Quelque temps auparavant, un Parisien complimenta le roi à sa façon ; il répandit dans la ville de nombreuses copies de ce *Pater* de sa composition : « Notre père qui êtes à Versailles, votre nom soit glorifié, votre règne est ébranlé, votre volonté n'est pas plus exécutée sur la terre que dans le ciel ; rendez-nous notre pain quotidien,

Théâtre National. Folies-Dramatiques.

La vue de ce globe météorologique fut l'objet de nombreux commentaires. (Page 358, col. 1.)

que vous nous avez ôté; pardonnez à vos parlemens, qui ont soutenu vos intérêts comme vous pardonnez à vos ministres qui les ont vendus ; ne succombez plus aux tentations de la du Barry, mais délivrez-nous du diable de chancelier. »

L'abbé Terray, contrôleur général, se faisait construire à Paris dans la rue Notre-Dame des Champs un hôtel qu'on allait voir par curiosité ; c'était l'architecte Carpentier qui en avait fait le plan et conduisait les travaux ; cet hôtel n'avait toutefois rien de bien extraordinaire, mais c'était surtout par le bon agencement des pièces qu'il était remarquable; il fut plus tard occupé par la pension Liautard, puis il devint le collège Stanislas et fut démoli en 1849 pour le percement de la rue Stanislas.

Un charmant petit hôtel où l'on aimait à être invité, c'était celui que M. le Camus de Mézières, architecte du roi, possédait à Charonne ; il y avait fait construire un théâtre où l'on jouait souvent : on y représenta, notamment en 1770 et 1771, les Plaisirs innocents, les Suisses reconnaissants, et les Laitières de Bagnolet. Ces pièces étaient écrites par M. le Camus de Mézières, mais ses frères, le médecin Antoine le Camus et Florent de Camus, marchand de fer, en composaient aussi, et la meilleure société de Paris se réunissait dans cet hôtel entouré d'un magnifique jardin. Plus d'un bel esprit briguait l'honneur d'y être invité.

Une autre faveur que les gens de la meilleure noblesse ambitionnaient, c'était d'être reçu dans l'ordre de la Persévérance, qui fut fondé à Paris en 1771. Il réunissait les grandes dames et les gentilshommes de haute volée, s'attachait à faire de belles actions et à rendre des services à l'humanité souffrante. Il avait pour dignitaires la duchesse de Chartres, Mme de Bourbon, le comte d'Artois, le duc de Chartres, les frères de Seignelay et de Rosambo; mais ce furent le duc de Lauzun et la princesse Potocka qui contribuèrent plus que personne à son établissement.

« Une immense tente de bois, qui était au milieu de mon jardin, dit Lauzun dans ses *Mémoires*, en devint le temple » et « quand nous fûmes une quinzaine, dit à son tour Mme de Genlis dans ses *Mémoires*, M. de Lauzun nous donna, dans une maison qu'il avoit hors des barrières au milieu d'un jardin, une tente qu'il avoit faire exprès pour nous, qui nous servoit à nos assemblées qui se tenoient tous les quinze jours ; cette tente étoit vaste, superbe, richement décorée en dedans. »

On était reçu membre de l'ordre au scrutin; il fallait deviner une énigme de Mme de Genlis et répondre à une question morale posée par le président; le candidat faisait l'éloge d'une vertu à son choix, recevait l'exhortation du président et prêtait un serment religieux, patriotique et chevaleresque. On s'engageait à défendre les opprimés et à révéler les belles actions pour lesquelles un prix de 120 livres était destiné. On faisait des quêtes, un chevalier et une dame étaient chargés de s'informer des pauvres et de les visiter pour qu'ils fussent secourus.

L'uniforme des membres était blanc ou gris de lin, hommes et femmes portaient une écharpe violette brodée d'argent, et chaque chevalier recevait un anneau d'or portant les initiales de la devise de l'ordre: C. E. L. C. E. B. V. B. P: candeur et loyauté, courage et bienfaisance, vertu, bonté, persévérance.

Quatre-vingt-dix personnes furent affiliées à cet ordre qui disparut avant la Révolution.

Le mercredi 17 juillet 1771, vers les dix heures et demie du soir, on vit tout à coup au nord-ouest de Paris dans la moyenne région de l'air une lumière qui croissait au fur et à mesure qu'elle augmentait; elle parut d'abord sous la forme d'un globe, ensuite avec une queue semblable à celle d'une comète. « Ce globe ayant traversé avec assez de rapidité une partie du ciel, au nordouest au sud-est, en s'approchant de l'horizon répandit, comme en s'ouvrant, une lumière si vive et si brillante que la plupart de ceux qui la virent ne purent en soutenir l'éclat. » La vue de ce globe météorologique fut l'objet de nombreux commentaires.

Ce fut aussi au mois de juillet que la foire Saint-Ovide, qui se tenait, on le sait, sur la place Vendôme, fut transférée sur celle Louis XV. Les marchands se plaignirent vainement de cette translation qui les exposait à la poussière dans les temps secs et à la boue dans les temps pluvieux, mais l'autorité tenait à ne pas laisser la place sous le coup du terrible souvenir de la fête du mariage royal, et de fait, rien n'était plus propre à chasser l'idée d'un désastre que le joyeux mouvement de la foire Saint-Ovide. Monstres, géants, avaleurs de sabres, chanteurs de pontsneufs, danseurs de corde, marionnettes installées dans des baraques en charpente, le coup d'œil était des plus gais et des plus animés.

« Cependant, dit M. V. Fournel, il ne faudrait pas croire que là se bornât le cercle de ces exhibitions ; la foire Saint-Ovide avait aussi son public aristocratique, qui y venait, ne fût-ce que par curiosité. Les fournisseurs en vogue, les modistes, et particulièrement les coiffeurs en profitaient pour y exposer le fruit de leurs doctes méditations, et, en 1772, on y vit, figurées sur de grands mannequins, dans un des nombreux cafés qui la remplissaient, les gigantesques coiffures à la monte-au-ciel, que le peuple s'attroupait pour saluer de ses applaudissements ironiques. »

Dans la nuit du 22 au 23 septembre 1777, le feu se mit aux baraques et dévora tout.

Le chanteur Trial, l'un des directeurs de l'Opéra, mourut subitement à Paris dans la nuit du 22 au 23 juin, et le 31 juillet l'Académie royale de musique, profitant de la faveur spéciale qu'elle possédait de ne pas être placée sous les censures ecclésiastiques, fit célébrer un service funèbre pour le repos de l'âme de son directeur défunt, bien que celui-ci fût mort sans avoir reçu les secours de la religion. Cette cérémonie se fit avec une grande pompe à l'église Saint-Germain l'Auxerrois. On y chanta la messe de Gilles qui fut suivie du *de profundis* de d'Auvergne, et tout l'Opéra coopéra à l'exécution de ce morceau. « Les demoiselles de l'Opéra, disent les *Mémoires secrets*, n'ont pas manqué de s'y rendre ainsi que les filles les plus galantes de Paris. Il y avoit aussi beaucoup de femmes comme il faut et une multitude prodigieuse d'hommes. Cette fête lugubre a été égayée par une quantité de jolis minois et aussi édifiante que le pouvoit permettre la sorte de spectateurs dont elle étoit composée. On n'entroit que par billets. »

La première maison de santé qui fut établie à Paris date de 1771. Déjà depuis plusieurs années un sieur Chamousset avait eu la pensée de fonder « une maison d'association où les malades pourroient se rendre et être traités à beaucoup moins de frais que chez eux, et il en avoit répandu le prospectus » ; mais les fonds avaient manqué pour tenter l'entreprise : un chirurgien, appelé Silvie, la mit en petit à exécution ; il loua une maison, avec jardin, dans le faubourg Saint-Germain, et il reçut des malades au prix de 6 livres par jour pour les maîtres, et 4 pour les domestiques. Le lieutenant de police se montra très favorable à cette fondation et en encouragea très vivement le développement.

Ce ne fut pas un établissement utile, mais un lieu de plaisir que fonda, à la même époque, le receveur général des finances Boutin. « C'est un virtuose renommé par son goût pour les arts. Il a entrepris de créer dans un faubourg de Paris un jardin singulier où il rassemblera tout ce que la nature agreste et cultivée peut fournir de productions et de spectacles en quelque genre que ce soit. Il a nommé le lieu *Tivoli* et quoique l'entreprise de ce chef-d'œuvre ne soit pas à son point de perfection, on en parle avec emphase ; la curiosité l'exalte ; on se presse de l'aller voir, mais on n'y peut entrer que par billet. On veut que M. Boutin ait déjà répandu un million dans l'établissement. »

Ce jardin dessiné à l'anglaise et qu'on appelait aussi la Folie Boutin, eut un grand retentissement sous le nom de Tivoli. Son créateur avait tiré très habilement parti de la forme irrégulière du terrain existant sur le commencement des hauteurs qui dominaient la chaussée d'Antin.

L'entrée de Tivoli était située rue Saint-Lazare, mais il en existait une seconde rue de Clichy. « Tous les boudoirs de Flore y étaient ouverts, et le vaste et beau Tivoli appelait la foule empressée des couples amoureux de la capitale. Longtemps, ce lieu de délices fut le séjour favorisé et le rendez-vous des sociétés les plus aimables. Au déclin d'un beau jour, le bruit des boîtes et le son des trompettes annonçaient le prélude de la fête champêtre. On y jouait déjà sous l'ombrage, sur le pré verdoyant, au bord du ruisseau, dans les allées du vaste parterre ; on se reposait sous l'ombrage des tilleuls pour applaudir à Olivier et à ses tours nombreux, au magicien et à ses oracles, à l'énorme éléphant et à son cornac, à la petite perruche et à son vieux maître. La jeunesse volage et toujours active, lançait le volant, et sur la bascule ou sur le cheval de bois du jeu de bagues elle oubliait tous les autres plaisirs placés dans ce lieu de délices. Mais le signal est donné. L'orchestre se prépare, et bientôt l'air de la danse, cher aux belles, se fait entendre, on délaisse le site, le bocage et l'arbuste, on accourt, on arrive, les mains se joignent, le cœur bat, les couples fortunés se balancent... et lorsque la danse est terminée, de nouveaux choix amènent de nouvelles jouissances... C'est la jeune Saqui s'élançant dans les airs sur la corde roide, les merveilles de la pyrotechnie offertes par Ruggieri l'habile artificier, etc. »

C'est un admirateur passionné de Tivoli qui écrivait cela, mais en termes moins pompeux, disons simplement que Tivoli n'avait pas moins de 40 arpents d'étendue et qu'il ne devint jardin public qu'après la Révolution, lorsque Boutin eut été guillotiné.

« Qui pourrait peindre, disent à leur tour MM. de Goncourt, tous les amusements de ce délicieux séjour? S'enfonçait-on dans les bosquets c'étaient de nouveaux jeux et de nouvelles scènes. Ici un coin de Trianon, les Champs-Élysées et la laiterie où l'on boit du lait ; puis, tandis que les deux orchestres luttent d'harmonie, l'un menant les contredanses, l'autre guidant les valses, les furies s'élancent ; c'est le feu d'artifice : les cascades de Tivoli surmontées du temple d'Hercule dont les gerbes de flamme retombent sur le temple magnifique, la rotonde, le salon de verdure. » Pendant trente ans, des entrepreneurs de fêtes publiques louèrent ce jardin qui ne cessa d'être un lieu de danses et de plaisirs variés ; les dimanches et les jeudis étaient spécialement affectés à des fêtes champêtres, où l'on montrait toutes sortes de curiosités, ou on exécutait des tours d'adresse et de physique, des ascensions aérostatiques terminées par un bal et un feu d'artifice.

Mais vers 1826, des rues furent tracées sur l'emplacement de Tivoli, des maisons s'élevèrent et en 1827, un nouveau Tivoli s'ouvrit au haut de la rue de Clichy et de la rue Blanche.

Nous avons vu le garde-meuble de la couronne transporté à l'hôtel Conti ; en 1770, il fut transféré provisoirement à l'hôtel d'Évreux (Élysée), et en 1771 il fut définitivement installé dans le bâtiment que l'architecte Gabriel avait construit sur la place Louis XV, à l'angle de la rue Royale, et qui est maintenant occupé par le ministère de la marine. « On y entrait par l'arcade du milieu de la façade, un escalier orné de bustes, de termes et de statues antiques conduisait dans plusieurs salles; trois de ces salles étaient surtout curieuses, une d'elles était consacrée aux armures. On y remarquait l'armure que François 1er portait à Pavie et celles de Henri II, Henri III, Henri IV, Louis XIII, et Louis XIV ; puis deux canons montés sur leur affût et damasquinés en argent qui furent volés le 14 juillet 1789, deux épées de Henri IV, une du roi Casimir et celle dont le pape Paul V se servit dans la guerre contre les Vénitiens. La plupart des curiosités historiques qui étaient réunies là furent plus tard transportées au musée des Souverains, mais beaucoup furent volées pendant la Révolution. Dans la deuxième salle se trouvaient les belles tapisseries de Flandre et des Gobelins qui avaient été exécutées d'après les œuvres de Jules Romain, de Lebrun, de Raphaël, de Jouvenet, etc.

Enfin, dans la troisième, étaient conservés les objets les plus précieux, tels que les diamants de la couronne, les ornements du sacre, quantité de vases, hanaps, coupes d'agate, ustensiles du culte, parmi lesquels deux chandeliers en or massif, la coupe en agate-onyx dite calice de l'abbé Suger et une croix avec un Christ également en or massif dont la couronne et la draperie étaient littéralement tissées de diamants. Là se trouvaient encore la chapelle d'or que le cardinal de Richelieu légua en mourant à Louis XIII, et enfin différents présents reçus par les rois de souverains étrangers, y compris ceux apportés en 1742, au nom du grand seigneur, par Saïd Mehemet, ambassadeur extraordinaire de la Porte, et qui consistaient en deux caparaçons de cheval, l'un en drap écarlate avec dessin arabesque brodé en or et en argent, l'autre, aussi de drap écarlate brodé et enrichi de pierres et de perles fines, le pommeau et l'arçon garnis de vermeil, enrichis d'opales, d'émeraudes, de diamants ; un poitrail enrichi d'or émaillé de diverses couleurs et orné de diamants roses ; deux étriers, deux pistolets, deux fontes, une têtière, une cartouchière et une boîte à poudre, le tout en or et vermeil émaillé et garni de pierreries, plusieurs carquois, fusils et pistolets garnis d'or etc.. On pouvait considérer le garde-meuble qui contenait aussi les lits de François 1er et de Henri II, le lit du sacre et plusieurs autres pièces d'ameublement comme le plus riche dépôt qu'il y eût à Paris de hautes curiosités qui étaient conservées avec le plus grand soin par M. de Fontanieu, intendant et contrôleur général de la couronne, qui y admettait le public une fois par mois. Nous le répétons, la révolution de 1789 dispersa une partie de ces richesses ; néanmoins l'Assemblée législative, par un décret du 26 mai 1791, ordonna qu'un inventaire fût fait des diamants et pierres fines qui s'y trouvaient, et le député Delattre, membre de la commission nommée à cet effet, présenta son rapport le 28 septembre de la même année. Il avait constaté la présence de 7,482 diamants, de 230 rubis, 71 topazes, 150 émeraudes, 134 saphirs, 3 améthystes et autres pierres de grande valeur. Toutes ces pierreries étaient enfermées dans onze armoires sur lesquelles les scellés furent apposés.

En 1806, le garde-meuble fut transféré dans l'ancien hôtel du général Junot rue des Champs-Élysées, puis, sous la Restauration, il fut établi rue du Faubourg-Poissonnière dans l'hôtel des Menus-Plaisirs ; aujourd'hui, il occupe un grand bâtiment construit sous le second Empire rue de l'Université et quai d'Orsay. Cet édifice renferme une immense collection de meubles, tentures, tapisseries destinés à l'ameublement et à la décoration des palais nationaux. La collection des diamants, perles et pierreries est évaluée à 21 millions de francs ; les plus gros diamants sont le Sancy et le Régent (ce dernier vaut près de 12 millions), une parure en perles d'Orient est estimée un million. Deux salles ouvertes récemment au Garde-Meuble viennent de subir quelques changements assez importants ; l'exposition permanente du mobilier national ayant pour but de faire passer successivement sous les yeux du public les séries de tapisseries et de meubles en dépôt au quai d'Orsay, un certain nombre d'objets ont déjà été renouvelés.

Nous citerons entre autres, et bien que ces curiosités ne présentent qu'un très médiocre intérêt artistique, plusieurs meubles de la Malmaison, parmi lesquels le lit de l'impératrice Joséphine, le bureau et l'échiquier de Napoléon 1er, qu'on a pu voir autrefois au musée des Souverains ; une chaise à porteurs Louis XVI, le berceau du duc de Bordeaux et un grand coffret ayant appartenu à Louis-Philippe, provenant de la manufacture de Sèvres, d'un très mauvais style, mais encadrant de très fines peintures ; un grand nombre de tapisseries, parmi lesquelles celles qui ornaient la grande galerie du château de Saint-Cloud et qui ont pu être enlevées avant l'investissement de Paris.

Les salles contiennent encore un certain nombre de vases, statuettes, meubles, consoles, etc. ; mais ce sont surtout les tapisseries qui attirent l'attention des amateurs. Il en est d'anciennes du plus grand mérite et d'un prix inestimable. Peu de nos musées en possèdent d'aussi belles que les fragments rapportés qui encadrent la grande cheminée de la première salle ; on remarque encore des tapis et des armes. Ce musée est installé dans le bâtiment contigu à la caserne des chasseurs ; il comprend deux salles d'exposition, une d'étude et une bibliothèque ; il est ouvert au public, de dix heures à quatre heures, les dimanches et jeudis.

Une déclaration du roi du 26 juillet 1771, enregistrée au Parlement le 3 août, ordonna qu'il serait perçu pendant trois années consécutives au profit de l'hôpital général et de celui des Enfants trouvés, le double de l'impôt du vingtième accordé à l'hôpital général en 1711. « Veut Sa Majesté, qu'il soit de même levé à commencer du jour de la publication des présentes, pendant trois ans consécutifs, 20 sols par muid de vin entrant, tant par terre que par eau, en sus de ce qui a été ci-devant accordé aux hôpitaux dans les 45 sols levés au profit des pauvres, qu'il soit aussi perçu au profit des dits deux hôpitaux six sols par voie de bois marchand et du cru, en sus des droits précédemment établis au profit de l'hôpital général sur lesdits bois. »

L'autorité voyait avec déplaisir nombre de livres circuler à Paris, venant des imprimeries étrangères ; un arrêt du conseil d'État, du 11 septembre, fut rendu pour arrêter cet abus : « Sur les représentations des libraires et imprimeurs tant de Paris que des autres villes du royaume, qu'il s'imprime à l'étranger, où le papier et la main-d'œuvre sont plus à bas prix, quantité de livres qui s'introduisent et se débitent dans le royaume au préjudice de l'imprimerie françoise et au mépris de leurs privilèges, ordonne qu'à l'avenir et à compter du jour de la publication du présent

M. le gouverneur jetait de l'argent au public. (Page 363, col. 1.)

arrêt, tous livres imprimés ou gravés, soit en françois, soit en latin, reliés ou non reliés, vieux ou neufs qui seront apportés de l'étranger, payeront à l'entrée du royaume 60 livres par quintal etc. » Les manuscrits et les livres imprimés en langue étrangère étaient exempts du payement de cette taxe.

Cet arrêt n'empêcha en aucune façon les livres imprimés à l'étranger, ou soi-disant tels, car plusieurs étaient fabriqués dans des imprimeries clandestines, de circuler à Paris, et il s'en distribua un au mois d'août qui se distinguait par sa liberté d'allures; il avait pour titre : *le Gazetier cuirassé*.

On craignait qu'en raison du trouble apporté dans la magistrature par la volonté royale, la procession du vœu de la Vierge, qui s'effectuait le 15 août, n'amenât quelque conflit, la chambre des comptes contestant d'ordinaire la préséance et la droite au Parlement qui les conservait chaque année par une décision expresse du roi et « sans tirer à conséquence ». On lit dans les *Mémoires secrets* du 16 août 1771 : « La procession a eu lieu hier en la manière ordinaire, mais jamais tant de curieux ne s'y étoient trouvés, beaucoup de gens étoient revenus de la campagne pour la voir. Le gouvernement, pour prévenir tout désordre, avoit fait mettre sur pied une nombreuse garde. Messieurs de la chambre des comptes s'y sont trouvés au nombre ordinaire, les gens du roy y étoient aussi suivant l'usage, et ceux-ci n'ont point reçu les huées auxquelles ils s'attendoient et la populace a été fort sage; ils avoient l'air très humble. La députation du nouveau tribunal avoit au contraire l'air superbe qu'ont ordinairement les vainqueurs. »

Le 19, un ex-jésuite rédacteur à la *Gazette de France*, appelé Roger, ayant blâmé avec un peu trop de vivacité les opérations du chancelier, il fut arrêté et mis à la Bastille.

Au reste, à cette époque où la presse était loin d'être libre, on ne se gênait guère pour exprimer son opinion sur les magistrats, car en parlant des conseillers au Châtelet un écrivain du temps les passe en revue en ces termes : « M. Pillet : il fut de tout temps un homme très médiocre, très grand bavard et radoteur complet et du reste sans âme comme sans pudeur, après avoir présidé à la séance du 7 mai et signé le procès-verbal, il a eu la lâcheté de revenir contre un pareil acte, il est digne beau-père de Nau de Saint-Marc, son très digne gendre. — Benoît père, vieux et franc épicurien, gourmand, ivrogne, paresseux. — Fosseyeux, juge éclairé, intègre et scrupuleux, mais disposé dans tous les temps à recevoir le fouet aux quatre coins de Paris plutôt que de risquer la perte d'un écu ; en un mot ce qu'on appelle un vrai fesse-mathieu. — Gâteau de la Chatière, fils unique des plus honnêtes gens du monde, mais mauvais fils, mauvais juge, hypocrite, espionneur, rapporteur, donc menteur aussi libertin que lui permet la petitesse de ses moyens, en tout très mince et très mauvais sujet. — Puissant-Desplacelles, fils d'un fermier général, reçu conseiller depuis huit ans et enfermé depuis sept pour inconduite et libertinage, sur la demande de son père et sorti tout fraîchement de prison pour venir jouer un rôle dans sa nouvelle troupe. — Benoît de Maisoncelles, très digne fils de son père, paresseux et sans aucune énergie. — Boucher le jeune, petit polisson sans esprit, sans jugement, sans talent, fat, joueur, menteur et libertin, fils d'un avocat au conseil, dont le père étoit brocanteur, fripier, usurier, etc. — Magnier, aussi plat notaire que mauvais citoyen, etc. »

De nos jours un journaliste oserait-il s'exprimer de la sorte !

Une charade sur le nom du chancelier Maupeou, faisait aussi la joie des Parisiens frondeurs, la voici : « Ma tête annonce tous les *maux* imaginables et tous les malheurs les plus cruels ; il n'est point de fléau destructeur que je ne renferme en moi-même, point de crime dont je ne sois coupable, point de scélératesse et de trahison que je ne puisse exécuter. Mes pieds et mes jambes désignent un animal odieux, un insecte vermineux et rongeur (pou) qui ne se trouve que dans les cachots et les prisons dont je suis digne et où ma patrie, pour son bonheur et le mien, auroit dû me me faire renfermer dès ma jeunesse. Tout mon corps n'est bon qu'à brûler. »

Chaque jour produisait de nouveaux pamphlets et de violentes satires, et la police était inhabile à pouvoir en empêcher la circulation qui était plus active que jamais.

Le 19 août, François Alain, âgé de vingt-huit ans, et convaincu de meurtre sur la personne d'un sieur Charpentier, qu'il avait assassiné à coups de pied sur le ventre, fut roué vif en place de Grève.

Par arrêt du conseil d'État, en date du 30 septembre 1771, le lieutenant général de police fut commis pour connaître par voie de police et d'administration, instruire et juger en dernier ressort de toutes les introductions, ventes et distributions qui pouvaient être faites dans la ville de Paris et ses faubourgs, de faux tabacs en poudre ou en bouts, ou de telle autre poudre factice ou mélangée avec du tabac, distribuée sous la dénomination de tabac, ensemble contre les débitants qui pourraient être convaincus d'opérer lesdits mélanges.

Au mois d'octobre 1771, le gouverneur de la ville, prévôté et vicomté de Paris changea ; au duc de Chevreuse qui était pourvu de ce gouvernement, le roi fit succéder le maréchal duc de Brissac.

Le 12 novembre fut célébrée à la Sainte-Chapelle avec la plus grande pompe la messe du Saint-Esprit vulgairement appelée la messe rouge. Le premier président, les présidents, les conseillers d'honneur, les maîtres des requêtes et les conseillers de la cour, tous revêtus de leurs robes rouges, s'assemblèrent dans la grand' chambre où l'huissier de la Sainte-Chapelle vint les avertir que l'archevêque de Paris, pair de France, était arrivé et habillé. Chacun alors alla prendre la place qui lui était destinée, et la messe commença avec l'observation de toutes les cérémonies en usage, y compris celle des révérences. Après la messe la cour attendit que l'archevêque eût quitté ses ornements pontificaux et se rendit ensuite avec lui dans la grand' chambre où le prélat siégea sur un banc, à la droite du premier président qui lui adressa un discours pour le remercier au nom de la compagnie. L'archevêque y répondit. Le premier président reçut ensuite le serment des avocats généraux et de 319 avocats. Tout ceci terminé, la cour passa à la buvette où elle quitta la robe rouge et l'épitoge et se rendit chez le premier président pour y dîner en corps et en robes noires. « Quoiqu'il y eût une foule prodigieuse de monde au palais, tout s'y est passé avec le plus grand ordre, la plus grande décence et la plus grande tranquillité. »

Il est bon d'ajouter que la garde avait été triplée et que nombre de « suppôts de la police » étaient répandus dans la foule.

Le 30 décembre, le maréchal de Brissac, nouveau gouverneur de Paris, se rendit au palais avec un cortège de cinq carrosses, afin d'y prêter le serment obligatoire entre les mains du premier

COSTUMES DE PARIS A TRAVERS LES SIECLES

Nº 1. BOUTIQUE. — MARCHANDE DE JOUETS
(XVIIᵉ SIÈCLE)
(Extrait d'un ouvrage de 1625, dessiné par Jean-Pierre de Vermes.)
Nº 2. ORNEMENT D'UN LIVRE D'HEURES
(en 1520.)

président. Le cérémonial exigeait que, pour la circonstance, il quittât son épée et ses gants. Il eut quelque peine à se dessaisir de son épée, mais enfin il s'y décida toutefois; en redescendant les marches du grand escalier, il fut entouré et félicité par les dames de la halle qui l'embrassèrent. Il se rendit ensuite à l'Hôtel de ville, où après les discours et enregistrements ordinaires, on se mit à table, où l'on resta quatre heures. Après quoi, on reconduisit M. le gouverneur aux flambeaux, ce qui attira une prodigieuse affluence de monde sur son parcours. « M. le gouverneur n'a pas voulu perdre le beau droit qu'il a, seul après le roi, de jeter de l'argent au public, il en a répandu à plusieurs reprises et l'avidité du peuple à le ramasser a eu les suites ordinaires en ces jours de cérémonie, c'est-à-dire qu'il a été étouffé quelques personnes, que plusieurs ont été estropiées et que ceux qui ont recueilli l'argent ont été obligés, pour la plupart, de le porter chez un chirurgien pour se faire panser. Il seroit bien à désirer que l'humanité fît abolir ce beau droit très précieux pour la vanité, mais si cruel et si atroce. M. le maréchal avoit à sa suite 80 prisonniers délivrés de ses deniers, et c'est à un usage aussi salutaire qu'il faudroit employer les profusions funestes dont on vient de parler. »

Il n'est pas surprenant qu'il y eût eu empressement de la part du peuple à se ruer sur l'argent qu'on lui jetait, car la misère était si grande à Paris en 1771 qu'on y compta 2,350 banqueroutes s'élevant à la somme de 50 millions, et 200 suicides. La rareté du numéraire avait doublé le prix de toutes les denrées et rendait la vie à charge à tout le monde.

Mais la Bastille voyait chaque jour ses pensionnaires augmenter. Voici la liste de ceux qui, pendant les deux années 1770 et 1771, y furent incarcérés : 1770, 10 janvier, Foucaut, sorti le 23 juin 1771 ; — 21 janvier le frère Nicolas, bénédictin, sorti le 23 février ; — 17 février, Jacques Guirot, exilé hors du royaume le 19 janvier 1772 ; — 24 février, Bouclard du Guay, transféré à Bicêtre le 30 juin ; — 9 mars, l'abbé Grizelle, sorti le 7 septembre 1771 ; — 10 mars Marceau, transféré au For-l'Évêque le 1er avril ; — 24 mars, Maucarré transféré à Bicêtre le 29 août 1774 ; — 12 mai, Durosoyx, sorti le 21 juillet ; — 18 juillet, la veuve Anelon, transférée à l'hôpital le 18 octobre ; — 23 août, Benin du Rosail, frère Jacobin, sorti le 1er novembre ; — 19 septembre, Lefebvre, sorti le 28 décembre ; — 20 octobre, Lamy de Joursan, id. 23 novembre, Kauffamm id. — 1er décembre, Grimaud, avocat, sorti le 29 novembre 1771 ; — 1771 16 janvier, la veuve Lespine, transférée à l'hôpital le 23 février ; — 18 janvier, M. Pelletier, sorti le 1er février ; — 1er février, Huguet sorti le 17 mars ; — 5 février, Dubois de la Rouance, sorti le 7 mai 1772 ; — 7 février, Verrier sorti, le 29 novembre ; — 2 mars, Pepin de Gronette, sorti le 3 décembre ; — 27 mars, Heyn, Tonus, Hennequin, Veugny, sortis le 4 avril ; — 28 mars, le chevalier de Montfort sorti le 3 décembre ; — 2 avril, le chevalier du Reyne, sorti le 15 mai ; Roger, sorti le 29 novembre ; — 7 avril, Boullemeix, sorti le 18 mai ; — 17 avril, l'abbé Diharcé sorti le 12 mai ; Dutilloi, envoyé à Rouen le 26 décembre ; — 28 avril, de la Rivoire, transféré à Charenton le 17 septembre 1772 ; Tort, sorti le 26 janvier 1772 ; — 18 mai, Gillet, sorti le 31 mai ; Defranck, sorti le 3 juin, exilés à Béziers, Jean Colignon, son domestique qui, le 3 juin, suivit son maître de bonne volonté ; — 19 mai, Manoury, Honnius, sortis le 1er octobre ; — 21 mai, Malassis, sorti le 17 juillet ; — 5 juillet, la veuve Padeloup et sa fille, sorties le 12 décembre ; — 7 juillet, le marquis de Taillefer, sorti le 12 septembre, avec injonction de retourner dans sa province ; — 27 juillet, Merot des Glacis, sorti le 3 décembre 1771 ; la fille Fleury, la Brande, sortis le 28 novembre — 5 juillet ; l'abbé Brussy Duclos, sorti le 20 janvier 1772 ; — 5 août, Louise Mercier, sorti le 16 septembre ; Michel Saurin, sorti le 20 janvier 1772 ; — 6 août, Mlle Amaury, sorti le 28 novembre ; — 14 août, Maugras, transféré à Bicêtre le 3 octobre ; — 21 août, Joubert, sorti le 29 novembre ; — 5 septembre, Mlle Dangean, Mlle Morin, sorties le 20 janvier 1772 ; — 16 septembre, Convers Desormeaux, sorti le 27 novembre ; — 19 septembre, Dumont, sorti le 28 novembre ; — 20 septembre, Dechoulant dit de Saint-Cyr, transféré à Bicêtre le 27 janvier 1772 ; — 28 septembre, Mme Dusiquet et la fille Lebas, sa sœur, sorties le 28 novembre ; — 28 octobre, Jacquottot, sorti le 4 janvier 1772 ; — 7 novembre, Jean Peeryra Malabar, sorti le 12 avril 1772 ; — 20 novembre, la femme Stochdorph, libraire de Strasbourg, sortie le 24 décembre ; — 21 novembre, Amet, courrier de Strasbourg, sorti le 6 décembre ; — 30 novembre, M. Delafond, sorti le 1er décembre ; Trouet, cocher de Strasbourg, sorti le 6 décembre.

A propos de la Bastille, nous devons noter aussi des lettres patentes de mai 1771 qui prescrivirent de combler les fossés de la porte Saint-Antoine. « Les motifs de cette entreprise, lisons nous dans un almanach parisien de l'époque, ont été l'inutilité de ces fossés et des murs de fortifications qui les bordent, l'incommodité de l'égout découvert qui passe au fond et l'irrégularité du rempart occasionné par les bastions. Six années s'écoulèrent avant qu'on songeât à faire ce qui était ordonné par les lettres patentes de 1771, et ce fut seulement en 1777 qu'on combla les fossés jusqu'à la hauteur du chemin de la Contrescarpe et à six pieds environ plus bas que le sol du rempart ou boulevard, ce qui s'est fait par le moyen d'un nouveau mur de terrasse. On a pratiqué une rue nouvelle de six toises de largeur, sous laquelle on a construit un égout voûté. Cette rue commence au centre de la place, à l'entrée du fauxbourg Saint-Antoine et est continuée en ligne droite de 600 toises de long jusqu'à l'entrée de la rue Basse-du-Temple, formée derrière les cafés.

« Les fossés sont remplis de gravois et produisent une nouvelle superficie sur laquelle on a élevé des bâtiments sans que le boulevard perde rien de son étendue, parce qu'en élargissant les parties étroites au-devant de la courtine des bastions et en supprimant la place au charbon avec le chantier de bois qui est à côté, le rempart se termine sur le passage du fauxbourg par un fond de 40 toises d'étendue, l'exécution de ce projet a été suivie de la démolition de la porte Saint-Antoine. Une partie du produit de la vente des pierres des fossés fut employée à former sur le rempart une chaussée de pavés. »

La rue dont il est question dans les lignes ci-dessus est la rue Amelot, et le percement de cette rue ne se fit qu'en 1781, son nom lui vient de M. Amelot qui était ministre en 1777. Elle avait son ouverture dans la demi-lune qui se trouvait à l'entrée du faubourg Saint-Antoine et aboutissait à la rue Saint-Sébastien, mais lorsqu'on établit le canal Saint-Martin, la partie de la rue Amelot débouchant sur la place de la Bastille, fut supprimée.

Pendant le cours de l'année 1771, il était né à Paris 9,604 garçons et 9,337 filles, ce qui donnait un total de naissances de 18,941 ; il s'était fait 4,452 mariages et le nombre des décès avait été de 20,685, dont 10,947 hommes ou garçons et 9,738 femmes ou filles. Il était entré à l'hopital des enfants trouvés, 3,581 garçons et 3,575 filles.

A cette époque, on évaluait l'état de la population existant en multipliant le chiffre des morts par celui des vivants ; c'est-à-dire à raison d'un mort par 32 vivants ; cette façon un peu fantaisiste donnait au 31 décembre 1771, le chiffre de 661,920 pour la population parisienne.

Le 16 janvier 1772, un assassin, Louis-François Daux, fut rompu vif en place de Grève, et, le 29, François Abraham Lecerf fut pendu pour vol.

Un artiste en serrurerie nommé Gérard avait imaginé de construire un dais en fer ayant 7 pieds en carré et 16 pieds de hauteur. Il s'élevait des piédestaux qui étaient aux quatre angles, quatre palmes avec des guirlandes de fleurs, d'épis, de pampres et de raisins. Ces palmes soutenaient le dais et formaient une partie de son couronnement terminé par une gloire, chacun des montants portait un ange adorateur, et des angles de la partie supérieure sortaient des armatures en fer revêtues d'ornements. Au milieu de leur réunion se trouvait l'agneau pascal ; au-dessus était un soleil rayonnant suspendu au dais. Ce chef-d'œuvre, qui brillait comme de l'argent, était le fruit de dix années de travail ; il était si remarquable qu'on en parla et que le bruit en vint aux oreilles du roi, qui manifesta l'intention de l'acheter, ce qu'il fit, mais il oublia de le payer, et le malheureux serrurier réclamait depuis bien longtemps le prix de 50,000 livres auquel le dais avait été estimé ; voyant que jamais il ne serait payé, il redemanda le dais, qu'on lui rendit, et il l'exposa publiquement dans les premiers jours de janvier 1772, et moyennant 24 sous, les curieux — et ils étaient nombreux — purent admirer ce chef-d'œuvre trop cher pour le roi.

Cependant beaucoup préféraient aller voir à la foire Saint-Germain, qui ouvrit le 3 février, un singe qui jouait de la vielle, tandis que son maître l'accompagnait de la mandoline : « Tout Paris court à cette nouveauté, et ce singe-là ne fera pas moins fortune que le singe de Nicolet, si célèbre il y a quelques années. »

Le 24 janvier s'ouvrit sur le boulevard une manufacture de poulets. Une compagnie d'étrangers avait formé cet établissement dans lequel, au moyen de fours chauffés à 32 degrés Réaumur, elle se proposait de faire éclore environ 50,000 poulets par mois. Les résultats ne répondirent pas aux espérances conçues.

Le 9 février, une réunion d'artistes, de gens de lettres et d'amateurs des deux sexes se forma en société, sous la présidence de M. et Mme Daversy, qui demeuraient rue d'Anjou Saint-Honoré, et elle prit le nom de Société littéramique, annonçant ainsi par un barbarisme qu'elle était amie de la littérature : ses principaux membres étaient Liénard, Baignières, les frères Agasse, Thion de la Chaume, Rohault de Fleury, etc. Chaque sociétaire portait une médaille avec son nom gravé ; la révolution fit fermer les portes de cette société académique ; cependant elle les rouvrit en 1796, mais elle disparut au commencement de l'Empire.

Nous venons de parler de la foire Saint-Germain, jamais elle n'avait été plus fréquentée que cette année, particulièrement le Vauxhall qui y avait été élevé et qui fit fureur. « Par un accord assez singulier, quoique non préparé, il se trouve que les femmes de qualité et les filles se sont partagé les jours de ce spectacle ; les premières y dansent exclusivement aux autres les mardi et samedi, et le reste de la semaine est rempli par les courtisanes ».

« Malgré les calamités dont est affligé Paris, le carnaval s'y est passé dans la plus grande folie. De longtems on n'avoit vu tant de masques à la porte Saint-Antoine, rendez-vous autrefois de tout ce qu'il y avoit de plus brillant en ce genre ; ce genre de plaisir s'étoit aboli insensiblement, mais il a repris avec plus de fureur cette année. La police, qui entretient ordinairement dans les jours gras une certaine quantité de masques qu'on appelle chie-en-lit, a fait une dépense prodigieuse en ce genre. Il y avoit des files de carrosses depuis

Salle du Musée des Monnaies.

le Trône jusqu'à la porte Saint-Antoine, ce qui fait plus d'un quart de lieue d'espace. Le superbe tems qui a régné pendant ces jours d'extravagance y avoit attiré un concours de monde immense. »

Le 12 mars, on alla voir à la Grève la pendaison de Jacques Harivel, voleur.

Le 2 mars, le chapitre de Notre-Dame s'était assemblé pour statuer sur la demande des chanoines conseillers au Parlement qui voulaient jouir de leurs droits de présence, aux heures où leurs fonctions les appelaient au palais. Cette assemblée fut remise au samedi 7, les chanoines y furent déboutés de leur prétention comme inusitée et trop contraire aux principes et maximes du chapitre.

Le 21 mars, on traîna sur la claie le cadavre d'un pauvre diable qui s'était suicidé; cet homme était un domestique qui se proposait de retourner dans son pays avec une cinquantaine de louis qu'il avait amassés; un voleur le débarrassa de ses économies. Désolé de cette perte, le malheureux entra à l'église Saint-Eustache, où il pria jusqu'à l'heure de la fermeture des portes; on le fit sortir, mais à peine fut-il sous le portique qu'il se brûla la cervelle.

Ce fut alors que le parlement fit le procès à ce cadavre qui fut condamné à être traîné sur la

Bureau Louis XV.

Commode Louis XV.

claie par la ville. « Le peuple a été intrigué de voir le nouveau tribunal sévir contre le cadavre de ce malheureux, tandis que d'autres vraiment infâmes par leurs déprédations et leurs escroqueries, ont joui des honneurs de la sépulture. »

Le bureau des finances et chambre du domaine de la généralité de Paris publia en mars une ordonnance datée du 27 janvier 1772, qui ordonnait que « les maîtres entrepreneurs et fermiers des coches, carrosses et voitures publiques, tant par terre que par eau et rouliers, seront tenus de donner avis au procureur du roi de ladite chambre des effets qui se trouveront dans leurs magasins, non réclamés après deux ans de garde ». Cette ordonnance fut très bien accueillie par la population parisienne.

Une assemblée extraordinaire du clergé ayant été indiquée pour le 2 juin, ses membres se remuaient beaucoup pour obtenir le rappel des jésuites, et le bruit courait qu'en échange du don gratuit ils insisteraient sur ce rappel se fondant sur la situation précaire dans laquelle se trouvaient les collèges depuis leur expulsion et les progrès sensibles que faisait l'ignorance.

On pourrait croire que, grâce au mouvement philosophique qui se produisait, les persécutions contre les protestants avaient cessé, et que tout le monde était d'accord pour blâmer les rigueurs qui avaient suivi la révocation de l'édit de Nantes; il n'en était rien, ainsi que le prouve le curieux document qui suit.

Le 15 mars 1772 fut rendue une déclaration du roi par laquelle «Sa Majesté fait très expresses défenses à ceux de ses sujets qui ont ci-devant fait profession de la religion prétendue réformée de vendre durant le tems de trois ans les biens immeubles qui leur appartiennent et l'universalité de leurs meubles et effets mobiliers sans en avoir obtenu la permission de Sa Majesté par un brevet qui sera expédié par l'un des secrétaires d'État et des commandemens, pour la somme de 3,000 livres et au-dessus. Sa Majesté fait pareillement défenses à ses dits sujets de disposer de leurs biens, immeubles et de l'universalité de leurs meubles et effets mobiliers par donations entre vifs durant lesdites trois années, si ce n'est en faveur et par les contrats de mariage de leurs enfans et petits enfans, et de leurs héritiers présomptifs, demeurans dans le royaume, au défaut des descendans en ligne directe, Sa Majesté déclare nulles toutes les dispositions que ses dits sujets pourroient faire entre vifs.... déclare aussi Sa Majesté nuls les contrats d'échange que ses dits sujets pourroient faire pendant ce tems en cas qu'ils sortissent du Royaume et qu'il se trouvât que les choses qu'ils auroient reçues valussent un tiers moins que celles qu'ils auroient données, etc. » Ces lettres, contenant en outre d'autres dispositions d'exception, furent enregistrées par le Parlement le 8 avril 1772, sans que personne songeât à présenter la moindre observation à ce sujet.

Le même jour furent lacérées et brûlées en la cour du Palais « au pied du grand escalier d'icelui, par l'exécuteur de la haute justice comme impies, blasphématoires et séditieuses, attentatoires à l'autorité du roi, injurieuses à la famille royale et aux princes du sang, tendantes à soulever les peuples contre le gouvernement et détourner les sujets de l'obéissance qu'ils doivent au souverain et du respect dû aux ministres et aux magistrats, » deux brochures ayant pour titres l'une : *Suite de la correspondance*, l'autre, *Supplément de la Gazette de France*. L'arrêt du Parlement qui condamnait ces brochures au feu avait été rendu la veille et portait en outre « défenses à toutes personnes, de quelque qualité et condition qu'elles soient, de colporter, vendre ou débiter lesdites brochures, à peine d'être poursuivies extraordinairement et punies selon la rigueur des ordonnances : ordonne qu'à la requête du procureur général il sera informé tant contre les auteurs, fauteurs, adhérens et complices comme coupables du crime de lèse majesté divine et humaine au second chef, que contre les imprimeurs, colporteurs et distributeurs desdites brochures. Enjoint la cour à tous ceux qui en ont des exemplaires, de les apporter et déposer incessamment au greffe de la cour pour y être supprimées. »

Le 17, il se tint à l'Hôtel de ville une assemblée générale du corps de ville, dans laquelle M. Delamichodière, conseiller d'État, fut élu prévôt des marchands en remplacement de M. Bignon, décédé, et le 23, le corps de ville, ayant à sa tête le gouverneur de Paris, se rendit à Versailles à l'effet de présenter au roi le nouveau prévôt, qui, selon l'usage, prêta serment de fidélité.

Le 28 avril, une déclaration du roi prorogea pour six années, à partir du 1er janvier 1773, la perception au profit de l'hôpital général, « de deux sous six deniers par chacun jour, sur chaque carrosse de remise de la ville et fauxbourgs de Paris qui se louent dans les maisons par journées, demi-journées, et au mois, et qu'à cet effet, ledit droit soit perçu par les propriétaires des carrosses de place, leurs commis et préposés, à la charge par eux de payer l'hôpital général la somme de dix mille livres par chacun an desdites six années, de quartier en quartier, franches et quittes à leurs risques, périls et fortunes.... fait Sa Majesté très expresses défenses à toutes personnes qui louent des carrosses de remise, d'en louer aucun dans la ville et fauxbourgs de Paris, sans avoir fait auparavant leur déclaration aux propriétaires des carrosses de place et leur soumission de payer les deux sous six deniers qu'ils doivent par jour par chacun des carrosses.... leur fait défense de faire rouler à l'avenir aucun carrosse qu'ils n'ait été marqué desdits propriétaires... le tout à peine de 500 livres d'amende, de saisie et confiscation des carrosses et chevaux, etc. »

L'assemblée générale du clergé, indiquée d'abord pour le 2 juin, puis remise au 9, se passa très pacifiquement ; dans la séance du 16 juin, un don gratuit de dix millions fut fait au roi qui ne manqua pas de l'accepter et un arrêt du conseil d'État du roi, ordonna l'exécution des délibérations prises et autorisa un emprunt de même somme à cinq pour cent au nom du clergé.

Le 24 juillet, une déclaration du roi touchant la communauté des vinaigriers fut rendue en ces termes : « Sa Majesté ayant été informée des abus, fraudes, contraventions et malversations pratiqués depuis nombre d'années et surtout dans les dernières entre un grand nombre de maîtres vinaigriers de Paris et quelques marchands de vin qui, indépendamment des droits du roi, intéressent plus particulièrement la santé et la conservation de ses sujets en ce que, année commune, 2,000 muids de vins gâtés des provinces vignobles sont plus que suffisans, convertis en vinaigres, pour la consommation de la capitale... que pendant le cours de l'année 1768-1869, la communauté des vinaigriers en fit entrer 7,520 muids en fraude, des droits du roi, contre la bonne foi du commerce et destructibles de la santé des sujets de Sa Majesté par les absorbans dont ils se servent pour raccommoder et rendre potables ces mêmes vins, vinaigres qu'ils vendent à des marchands de vin, leurs complices qui les détaillent ainsi au peuple au hasard de l'empoisonnement, et Sa Majesté voulant y pourvoir et à tout ce qui peut intéresser la sûreté et la santé des habitans... En conséquence, Sa Majesté fait défenses à tous vinaigriers de faire aucun commerce de vins potables, mais seulement des vins aigris, gâtés, piqués, amers ou autrement défectueux, etc. » Par cette déclaration, la communauté des vinaigriers fut mise en demeure d'avoir à observer les statuts qui lui avaient été donnés en 1661, et il fût absolument interdit aux vinaigriers d'avoir des magasins autres que ceux attenant à leur domicile et d'avoir chez eux aucun cidre ou poiré, etc.

Le 4 août eut lieu le supplice de Edme Savel, rompu vif pour vol et assassinat.

Nous avons dit précédemment que le marché aux veaux avait été transféré du quai des Ormes au clos des Bernardins. Les lettres patentes autorisant ce transfert furent signées en août 1778; après un long préambule destiné à démontrer que le clos des Bernardins était un emplacement excellent pour l'établissement de ce marché, le roi dit : « Nous avons agréé, approuvé et autorisé la vente qui a été faite de l'enclos des Bernardins aux sieurs Regnaud et de Ronzières, Damien, Lenoir et Benoît de Sainte-Paule par acte passé devant Paulmier et son confrère notaires à Paris le 30 mai dernier. Ordonnons qu'à l'avenir le marché aux veaux sera tenu dans ledit enclos des Bernardins sur lequel il sera percé des issues et disposé des rues suivant l'alignement qui sera donné à cet effet, etc. Ordonnons en outre qu'il sera construit sur ledit terrain une halle couverte et des étables dans le lieu jugé suffisamment grand et convenable à cet effet par ledit lieutenant de police ; que le service qui a rapport à ce marché sera fait par lesdits sieurs de Ronzières, Damien, Lenoir et de Sainte-Paule, ou gens par eux préposés exclusivement à tous autres, etc. » Le parlement enregistra ces lettres le 30 juin 1773 et autorisa les impétrants à percevoir un droit de douze sols pour chaque veau qui serait amené au marché et cinq sols pour le logement et la nourriture de chacun des veaux qui resteraient d'un jour de marché à l'autre.

Le 18 juillet 1773, les sieurs Lenoir et autres cédèrent leur privilège au sieur de Cintry; les travaux de construction de la halle furent aussi entrepris sous la direction de l'architecte Lenoir, dit le Romain ; ils furent terminés de façon que la halle put ouvrir le 28 mars 1774. Ses bâtiments occupèrent 2,300 mètres de superficie.

En 1784, le roi Louis XVI ordonna, par lettres patentes du 17 décembre, que le privilège de la halle aux veaux serait réuni à son domaine et exploité à son profit.

Un décret du 26 mars 1806, autorisa la ville de Paris à percevoir des droits de place dans la halle aux veaux qui servit aussi à la vente des vieilles ferrailles.

Le 20 janvier 1865, une compagnie obtenait la concession d'un marché unique pour la vente des bestiaux, et la halle aux veaux se trouva supprimée et réunie au marché de la Villette.

En vertu des lettres patentes d'août 1772, on ouvrit une rue faisant face à l'emplacement de la halle aux veaux, c'est-à-dire commençant au quai de la Tournelle pour finir au jardin des bernardins ; le collège des bernardins étant devenu propriété nationale en 1790, une décision ministérielle du 29 thermidor an XI prescrivit le prolongement de la rue jusqu'à celle Saint-Victor ; cependant les choses demeurèrent en l'état ; on se contenta de donner le nom de rue de Poissy à cette voie de communication parce que les veaux les plus estimés viennent de Poissy, et ce ne fut qu'après un nouveau décret impérial rendu en 1810, que le préfet de la Seine fit acquisition de propriétés particulières dont la démolition permit de prolonger enfin la rue de Poissy jusqu'à la rue Saint-Victor.

Ce fut aussi pour obéir aux mêmes prescriptions, que fut ouverte la rue de Pontoise commençant aussi au quai de la Tournelle et continuée, d'après la décision ministérielle de l'an XI jusqu'à la rue Saint-Victor sur les terrains dépendant du ci-devant collège des bernardins. En 1806, cette rue fut appelée rue de Pontoise, Pontoise comme Poissy fournissant à Paris les meilleurs veaux.

Deux autres rues furent encore octroyées à Paris en 1772 ; les rues Amélie et Thiroux. Les sieurs Wauthy et Fabus de Maisoncelle étaient propriétaires des terrains au Gros-Caillou ; ils obtinrent le 6 septembre l'autorisation de percer une rue de 24 pieds de largeur, entre la rue Saint-Dominique et la rue de Grenelle. Ces deux propriétaires devaient abandonner gratuitement le terrain nécessaire, mais l'un d'eux seulement donna sa part de terrain, de sorte que la rue ne fut ouverte que dans la moitié de sa largeur, ce qui la métamorphosait en une ruelle étroite. « Cet état de choses, disent MM. Lazare, durait encore en 1823 ; à cette époque, M. Pihan de Laforest, propriétaire riverain, et un grand nombre d'habitants s'adressèrent à l'autorité supérieure et demandèrent l'exécution complète des lettres patentes de 1772. Cette demande fut accueillie favorablement, et le ministre de l'intérieur décida le 12 juin 1824 que la rue qui jusqu'alors n'était connue sur les plans que sous le nom de rue projetée s'appellerait désormais rue Amélie ; c'était le nom de baptême de la fille de M. Pihan de Laforest. » Mais, malgré la décision du ministre, le propriétaire récalcitrant ne s'exécuta pas, il fallut plaider, et un jugement du tribunal civil débouta en 1826 la ville de Paris de ses prétentions ; mais, en 1832, un arrêté du préfet de la Seine prescrivit la clôture à ses deux extrémités de la rue Amélie. Les choses ont fini par s'arranger. Car vers 1848, la rue fut élargie et livrée à la circulation.

Un arrêt du conseil d'État du roi du 12 septembre autorisa le percement de la rue Thiroux, et des lettres patentes du 14 octobre de la même année portèrent : « Il sera ouvert aux frais du sieur Sandrier des Fossés, entrepreneur de nos bâtiments, une rue de 30 pieds de large, dans le terrain de 90 toises de face qu'il a acquis des Mathurins sur la rue neuve de ce nom, laquelle, nouvelle rue portera le nom qui lui sera donné par les prévôt des marchands et échevins de notre bonne ville de Paris que nous commettons à cet effet. » Ces lettres furent enregistrée le 23 août 1773 et reçurent peu de temps après leur exécution.

Le nom de Thiroux lui fut donné en l'honneur de Louis Lazare Thiroux d'Arconville, président de la première chambre des enquêtes. Elle est aujourd'hui réunie à la rue Caumartin dont elle a pris le nom.

Depuis déjà longtemps, les femmes galantes avaient choisi le jardin du Palais-Royal pour se livrer à leur promenade intéressée, et nombre d'honnêtes bourgeois se plaignaient vivement de cet état de choses qui ne leur permettait pas, surtout le soir venu, d'entrer dans le Palais-Royal sans y être coudoyés par des filles dont le costume et les allures dénotaient suffisamment le honteux métier. Les femmes mariées avaient fini par déserter complètement cette promenade. Sur les plaintes réitérées des habitants du quartier on avait fini par expulser, vers la fin de 1771, toutes les femmes de mauvaise vie qui fréquentaient le Palais-Royal; mais dans l'été de 1772, elles y étaient toutes revenues, et le jardin était devenu leur lieu de rendez-vous habituel.

Or un jour que le duc de Chartres se promenait dans son jardin, en passant auprès d'une de ces filles, il s'écria en se retournant vers les personnes qui l'accompagnaient : « Ah ! que celle-ci est laide ! »

L'amour-propre de l'offensée ne lui permit pas d'entendre ce propos sans répondre.

— Ah ! répliqua-t-elle, vous en avez de plus laides dans votre sérail.

Le prince ne jugea pas à propos d'engager une discussion sur ce point, mais il raconta le fait au lieutenant de police, et dès le lendemain des ordres sévères chassaient du Palais-Royal toutes les filles publiques. « Aujourd'hui, fait remarquer un chroniqueur du temps, le Palais-Royal, excepté les jours d'opéra, n'est plus qu'une vaste solitude. »

A propos de courtisanes, nous devons parler de Mlle Guimard, la célèbre danseuse de l'Opéra, qui mêlait fort agréablement la chorégraphie à la galanterie et avait une réputation justement méritée, aussi bien par son talent de danseuse que par sa vie licencieuse. Elle possédait un hôtel dans la rue de la Chaussée d'Antin qui fut après elle habité par le banquier Perregaux, puis par la comtesse Dulau, MM. Dittmer et Laffitte, banquiers, le magasin de la Chaussée d'Antin, et qui fut détruit, lors du percement de la rue Meyerber; or, au mois d'août 1772, elle conçut le projet de faire construire dans cet hôtel un théâtre semblable à celui qu'elle avait fait bâtir dans sa maison de campagne de Pantin, et elle s'adressa à l'architecte Ledoux, qui lui éleva une ravissante salle de spectacle que Fragonard décora. C'était un des monuments artistiques de Paris. Ce théâtre avait des loges grillées au rez-de-chaussée dans lesquelles les prudes de la cour faisaient incognito des visites et se sauvaient ensuite par une porte dérobée.

L'ouverture de ce théâtre fut tout un événement ; on en parla longtemps à l'avance, et ce fut à qui serait assez heureux pour assister à l'inauguration « du temple de Terpsichore. C'est une fureur pour avoir des billets. On doit jouer *la Partie de chasse de Henri IV* et *la Vérité dans le vin*. Ce sont les acteurs de la Comédie françoise qui doivent exécuter la première pièce. En vain M. le maréchal duc de Richelieu s'étoit opposé à cet abus et avoit arrêté avec les autres gentilshommes de la Chambre, qu'il n'auroit pas lieu. M. le maréchal prince de Soubise et le sieur de la Porte, qui ont l'oreille du roi et qui sont les principaux tenants de cette danseuse, ont fait donner aux comédiens un ordre de Sa Majesté qui annule celui des gentilshommes de la Chambre. » Le spectacle s'ouvrit le 8 décembre, « malgré les nouveaux efforts de M. l'archevêque de Paris. Pour contenter en partie ce prélat, on a supprimé la pièce *la Vérité dans le vin*. » On y substitua une pantomime appelée *Pygmalion*. La salle était d'une grande élégance et rappelait en plus petit (elle contenait 500 personnes) celle de Versailles.

« L'assemblée étoit charmante par la quantité de filles du plus joli minois et radieuses de diamants ; en hommes, la compagnie étoit très bien composée : deux princes du sang s'y sont trouvés M. le duc de Chartres et M. le comte de la Marche. » Cette salle était le rendez-vous ordinaire des courtisanes les plus recherchées et des hommes frivoles et aimables. C'était de Laborde, premier valet de chambre du roi, qui se chargeait de diriger les spectacles qu'y donnait Mlle Guimard. C'est pour eux que Collé composa les pièces contenues dans son *Théâtre de société*.

En 1786, Mlle Guimard, qui se trouvait dans la gêne, mit son hôtel en loterie pour 300,000 livres, le quart environ de ce qu'il lui avait coûté, et ce fut au banquier Perregaux qu'il échut.

Un début qui fit grand bruit, parmi les habitués de l'Opéra, fut celui de Marie-Auguste Vestris, fils de Vestris 1er, qui dansait depuis 1748. On sait que ce fameux danseur disait modestement : « On ne compte aujourd'hui que trois grands hommes vivants : moi, Voltaire et le roi de Prusse ! »

Donc Gaëtan Vestris 1er avait eu un fils qui débuta le 18 septembre 1772 dans *la Cinquantaine;* il possédait tous les avantages physiques de son père ; aussi, profitant de l'expérience de celui-ci, il parvint, comme danseur, à une perfection jusqu'alors inconnue et fut appelé dieu de la danse.

Mais, tout dieu de la danse qu'il fût, cela ne l'empêcha pas d'aller au For-l'Évêque.

Le duc de Chartres, se promenant dans son jardin, se mit à dire : « Ah! que cette fille est laide! »
(Page 368, col. 1.)

Un jour qu'il était mal disposé, car le dieu était parfois d'humeur difficile, il refusa de danser devant le roi de Suède, de passage à Paris, et qui avait témoigné un vif désir de le voir.

Il resta enfermé pendant un mois.

Lorsqu'il reparut à l'Opéra, le public, mécontent à son tour d'avoir été privé de le voir danser, l'accueillit par des huées.

« A genoux, et des excuses ! » lui cria le parterre en courroux.

Vestris eut un moment d'hésitation.

Les cris redoublèrent.

Soudain, on vit apparaître sur la scène Vestris père qui, le visage enflammé, l'œil ardent, s'approcha de son fils.

« — A genoux, et des excuses! répéta-t-il avec un geste stupéfiant. Auguste, dansez! »

A ce son de voix impératif, Auguste n'hésita plus.

Il dansa, et le public fut désarmé.

Gaëtan Vestris avait dansé pendant cinquante-deux ans, Auguste Vestris dansa pendant quarante-huit.

Mais quittons l'Opéra, et reprenons le récit de l'historique de l'année 1772. Un arrêt du conseil d'État du roi daté du 15 août autorisa les prieure et religieuses du prieuré royal des filles-Dieu et Claude-Martin Goupy, « entrepreneur des bâtiments de Sa Majesté », à ouvrir sur leurs terrains deux rues de 30 pieds de largeur au moins. L'une devait former le prolongement de la rue Bergère, traverser la maison de l'Échiquier et aboutir à la rue du Faubourg Saint-Denis. L'autre, commençant à la rue Basse Saint-Denis, devait se terminer à la rue de Paradis ; mais ce projet ne fut pas mis à exécution, et ce fut seulement en 1783 que de nouvelles lettres patentes furent signées à ce propos.

Jusqu'en 1772, le vin qui entrait dans Paris était soumis à un droit qui variait selon que le vin était destiné au commerce, ou qu'il devait être consommé par des bourgeois ; de là sa qualification de vin marchand et de vin bourgeois, mais les marchands, habiles à trouver le moyen de se soustraire au pavement du droit qui frappait le vin bourgeois et qui était plus élevé que l'autre, avaient imaginé de déclarer dans leurs lettres d'expédition que le vin qu'ils envoyaient était vin marchand.

C'était un abus qui succédait à un autre, car avant 1759 ils adressaient tout leur vin à l'adresse de certains bourgeois (il n'y avait pas alors de taxe sur le vin bourgeois) et pour y remédier on avait dû, comme nous l'avons dit, taxer aussi le vin bourgeois. Cette fois il s'agissait d'empêcher toute fraude, et un arrêt du conseil d'État en date du 10 septembre 1772 porta : « Art. 1er. — Toute distinction entre le vin marchand et le vin bourgeois entrant dans Paris demeurera abolie, à compter du 1er octobre 1772 En conséquence, les différens droits montant ensemble à six livres un sou de principal qui se perçoivent actuellement sur le vin marchand au profit de l'hôtel de ville et des communautés d'officiers, en vertu des anciens tarifs, et sur le vin bourgeois au profit de Sa Majesté, seront, à compter dudit jour 1er octobre, levés et perçus uniformément sur tous les vins ordinaires entrant dans Paris, sans distinction de destination... Art. 2. — Le droit appelé petit octroi de deux sous 9 deniers en principal par pièce de vin sera de même, à compter dudit jour 1er octobre, levé et perçu indistinctement sur tous les vins, savoir deux sous au profit de l'hôtel de ville et neuf deniers au profit de Sa Majesté. »

Le 14 septembre, une déclaration du roi fut rendue concernant les vendanges dans l'intérieur des barrières de la ville de Paris : Après avoir constaté qu'il était défendu de faire du vin dans Paris à toutes personnes qui n'avaient pas de vignes dans l'intérieur des barrières, l'ordonnance ajoute : « Sa Majesté avoit cru pouvoir sans inconvénient y permettre l'entrée des raisins de quelque qualité et en quelque quantité que ce soit en exemption de droits, et Sa Majesté avoit espéré qu'une liberté aussi indéfinie, en procurant l'abondance d'un aliment salubre, en diminueroit nécessairement le prix, mais les habitans des fauxbourgs qui y font quelques récoltes de vendanges ou qui sont à portée de s'en ménager l'apparence, ont rendu la prévoyance de Sa Majesté inutile. Les uns ont affecté d'étendre leurs plantations, les autres ont cherché dans la possession des moindres treilles un prétexte pour s'arroger la faculté du pressurage... En conséquence, Sa Majesté ordonne qu'il n'y ait que les particuliers qui dans l'intérieur des barrières de Paris auront exploité pendant l'année au moins un arpent de vigne planté en plein, qui puissent convertir leurs vendanges en vin, etc. »

Un arrêt du Parlement rendu en matière criminelle le 27 octobre 1772, mérite d'être rapporté : « La cour faisant droit sur l'appel interjeté par Marie-Elisabeth Bigot, femme Petit-Pas et Jeanne, Marguerite Durendart, femme Paulard, d'une sentence du Châtelet, met l'appellation et sentence de laquelle a été appelé au néant ; émendant, pour les cas résultans au procès, condamne ladite Marie-Élisabeth Bigot, femme Petit-Pas, à faire amende honorable au parc civil du Châtelet de Paris, l'audience tenante, ayant écriteau devant et derrière portant ces mots : *Femme qui a ravi un enfant pour s'en supposer mère;* et là, étant à genoux, nuds pieds, nue tête, en chemise, ayant la corde au col et tenant entre ses mains une torche ardente de cire jaune, du poids de deux livres, dire et déclarer à haute et intelligible voix que méchamment, témérairement et comme mal avisée, elle a, de dessein prémédité et réfléchi, supposé et fait accroire à son mari pendant neuf mois qu'elle étoit grosse, au bout duquel temps elle a feint d'être accouchée d'une fille chez la femme Paulard, où elle s'étoit transportée sous prétexte d'y faire ses couches ; après quoi, elle a annoncé à son mari, à ses parens et connoissances, même fait présenter au baptême et baptiser sous le nom de son mari et le sien, une fille déjà baptisée à Belesme, lieu de sa naissance, et qu'elle avoit enlevée sur les marches de Saint-Germain le Vieux à Paris, des mains d'un homme chargé de porter cette petite fille à la crèche des enfans trouvés, sous prétexte de l'y porter elle-même ; ce fait, la bannit pour le tems et espace de cinq ans de cette ville, prévôté et vicomté de Paris ; lui enjoint de garder son ban, sous les peines portées par lesdites déclarations du roi ; la condamne en outre en trois livres d'amende envers le roi à prendre sur ses biens ; lui fait défenses de se retirer en aucun cas, même après le tems de son bannissement expiré, dans ladite ville de Paris, fauxbourgs et banlieue d'icelle, ni à la suite de la cour, sous les peines portées par lesdites déclarations du roi ; condamne aussi Jeanne-Marguerite Durendart, femme de Pierre-Joseph Paulard, sage-femme, à estre admonestée et en trois livres d'aumône envers les prisonniers de la Conciergerie pour avoir conseillé et favorisé une supposition de maternité. »

Le 25 novembre, la faculté de droit prit possession des nouvelles écoles que le roi avait fait construire sur la place de Sainte-Geneviève. MM. Moreau de Beaumont, intendant des finances, conseiller d'Etat et doyen d'honneur de cette faculté, Joly de Fleury, conseiller d'État ordinaire, de l'Averdy, ministre d'État, et de Sartine, conseiller et lieutenant général de police, docteurs honoraires, se rendirent avec tous les membres de la faculté à l'église Sainte-Geneviève, où l'on chanta une messe solennelle, après laquelle M. Martin, professeur, prononça un discours.

Ce fut aussi au mois de novembre qu'un édit du roi porta création de dix gardes du commerce et règlement pour les contraintes par corps pour dettes civiles dans la ville, faubourgs et banlieue de Paris. « Art. 1er.— Nous avons créé et établi dix places d'officiers-gardes du commerce, auxquels nous avons attribué et attribuons le pouvoir exclusif de mettre à exécution dans notre bonne ville, fauxbourgs et banlieue de Paris, les contraintes par corps pour dettes civiles prononcées par les arrêts, jugemens et sentences émanés de de nos cours, juges et toutes juridictions quelconques... etc., avons attribué et attribuons auxdits officiers-gardes du commerce, par chaque capture, la somme de soixante livres, etc. »

Les maîtrises avaient été déclarées héréditaires par un édit du roi de février 1771 ; aux termes de cet édit les artisans des corps et communautés, leurs veuves, enfants, héritiers ou ayants cause, jouissaient héréditairement de leurs brevets et pouvaient disposer par testament, vente, donation et transport de leurs maîtrises à charge de payer, dans les six mois qui suivaient le jour de la publication de l'édit, le cinquième du prix desdites maîtrises et les deux sols pour livre en plus.

« Il sera remis par les gardes et syndics des communautés, au sieur lieutenant général de police des états du prix qu'il en coûte dans chaque corps pour la maîtrise, pour sur ce arrêter au conseil un rôle de fixation desdites maîtrises. Nul ne pourra à l'avenir être reçu dans aucun corps maître, qu'il ne soit d'une maîtrise héréditaire. Dans les lieux où il n'y a pas de maîtrise on en établira. Ceux qui auront joui, pendant vingt années et passé, des charges de leur communauté, pourront continuer de vendre et disposer de leurs maîtrises, ainsi que les veuves et les enfants. Les veuves actuellement exerçant continueront de jouir de leurs maîtrises et pourront même acquérir l'hérédité. Les acquéreurs payeront aux parties casuelles un cinquième du prix et les apprentis et fils de maître seulement le dixième, et les deux sols pour livre appartiendront aux gardes. »

Le 22 novembre 1772, un second édit parut pour réglementer les arts et communautés de la ville de Paris.

« Dans une longue loquelle, en forme de préambule, lisons-nous dans le *Journal historique*, il est toujours fait mention de l'amour paternel du roi pour ses peuples, du désir de leur félicité et, surtout, de l'augmentation des finances, terme substitué aux besoins de l'État. On supprime les chefs-d'œuvre comme inutiles et les lieux privilégiés comme abusifs. Les trois quarts du produit des droits de réception seront perçus au profit du roi et le dernier quart pour les communautés, pour leurs dépenses et payement de leurs rentes. Les communautés ne pourront s'assembler que sous le bon plaisir du lieutenant général de police qui y enverra un de ses commis pour assister aux délibérations. Viennent ensuite beaucoup d'articles aussi bizarres les uns que les autres et toujours dans le même esprit de despotisme, le tout pour la félicité des peuples. »

Suit le nouveau tarif des sommes fixées pour le droit de réception et qui varient considérablement selon la profession ; ainsi, tandis que les drapiers. apothicaires, batteurs d'or et tireurs d'or payent 3,000 livres, les selliers, charpentiers, maçons et orfèvres n'en payent que 1,500 ; les bouchers, bonnetiers, libraires et limonadiers sont taxés à 1,200 ; les couvreurs, les maréchaux, serruriers, charrons, plombiers, charcutiers, pâtissiers, à 1 000 ; les pelletiers, fourreurs, chapeliers, horlogers, cartiers et merciers, marchands de vin, brasseurs, épiciers, teinturiers grand teint, tapissiers, paulmiers, à 900 ; les rôtisseurs, boulangers, teinturiers en soie, menuisiers, chandeliers, paveurs et tanneurs, à 800 ; les vitriers, faïenciers, bourreliers, fourbisseurs, potiers d'étain, fruitiers-orangers, vinaigriers, corroyeurs, gantiers-parfumeurs, à 700 ; les tissutiers-rubaniers, couteliers, mégissiers, miroitiers, coffretiers, fripiers, relieurs, taillandiers, ferblantiers, éperonniers, peaussiers, luthiers, lingères, graveurs, cuisiniers-traiteurs, tailleurs d'habits, à 600 ; les brodeurs, tabletiers, doreurs, gainiers, parcheminiers, arquebusiers, tonneliers, fondeurs, éventaillistes, chaudronniers, fabricants d'étoffes, grainiers, peintres, sculpteurs, lapidaires, à 500 ; imprimeurs en taille douce, layetiers, épingliers, ferrailleurs, boursiers, plumassiers, balanciers, boisseliers, amidonniers, tourneurs, ceinturiers, papetiers-colleurs, potiers de terre, carreleurs, cardeurs, teinturiers du petit teint, pain-épiciers, écrivains, tondeurs de draps, vanniers, passementiers-boutonniers, cordiers, 300 livres. Patenôtriers, bouchonniers, cloutiers, brossiers, boyaudiers 250 ; savetiers, couturières, bouquetières, découpeurs, oiseleurs, maîtres d'armes, foulons de drap, 150 ; filassiers, maîtres de danse, nattiers et tisserands, 75 ; jardiniers, 50 livres.

Il serait difficile de se rendre compte de cette classification qui assimile les maîtres de danse aux tisserands et les peintres aux tonneliers, mais c'était ainsi, et ces choses-là ne se discutaient pas.

Le même journal annonce à la date du 24 novembre qu'on « étoit fort alarmé il y a quelques jours dans le quartier Saint-Croix de la Bretonnerie, où l'on remarquoit un espionnage continuel. Dans ce tems de désolation, chacun étoit effrayé pour son compte. La chose s'est enfin éclaircie par la détention d'un jeune bénédictin, qui, réclamant contre ses vœux, s'étoit logé aux carmes des Billettes pendant le cours de son procès. Il a été arrêté par le commissaire de la Bastille, où il a été conduit ; on a fouillé dans ses papiers ; on ne lui a rien trouvé qu'un seul exemplaire du n° 9 du supplément à la *Gazette de France* qu'il avoit dans sa poche. Il a cependant été conduit à ce château. »

Beaucoup d'arrestations eurent lieu vers la

même époque, les colporteurs de brochures et d'écrits anonymes étaient vigoureusement poursuivis et traqués. Il y eut vers la fin du novembre un commencement d'émeute à la Conciergerie ; elle avait été occasionnée par les mauvais traitements des concierges et des geôliers qui rançonnaient les prisonniers de la façon la plus dure et la plus exorbitante.

Le soulèvement fut apaisé, mais il donna lieu à un arrêt du Parlement qui rappela et remit en vigueur les règlements antérieurs et fit « défenses à tous greffiers, concierges, geôliers et guichetiers de toutes les prisons de Paris et à tous huissiers ou autres officiers, à tous records, archers ou autres assistans..... d'exiger, recevoir, ni faire recevoir directement ou indirectement aucune somme d'argent, présens, ou autres gratifications, de quelque manière et sous quelque prétexte que ce puisse être, quand même ils leur seroient volontairement offerts, à peine d'être tous poursuivis extraordinairement comme concussionnaires. »

Le 30 novembre, il se passa à la Comédie française un fait assez curieux. Pendant l'entr'acte qui précédait la grande pièce, un spectateur assis à l'orchestre se leva, monta sur la banquette et se tournant vers le parterre, il demanda à haute voix un moment d'audience. Ce spectacle attira l'attention générale, et le silence se fit. Notre homme alors apprit à ceux qui l'entouraient qu'il se nommait Billard, qu'il était fils d'un bourgeois secrétaire du roi, receveur des tailles, et qu'entraîné par l'amour des lettres, il était venu à Paris pour y présenter aux comédiens du roi une pièce de sa façon intitulée le Suborneur, pièce approuvée, ajouta-t-il, par une quantité de connaisseurs, mais cependant refusée par « les histrions » ; que depuis sa pièce refusée, il avait inutilement tenté auprès des comédiens tous les moyens pour les faire revenir sur leur décision ; que finalement, il en appelait au parterre assemblé ; qu'il allait lire sa comédie, et que s'il la jugeait digne de ses suffrages il attendait de sa bonté qu'il forçât par ses acclamations messieurs les comédiens à la jouer.

Et il se mettait en devoir de lire le Suborneur lorsqu'un sergent vint lui mettre la main au collet ; il tira alors son épée pour se défendre ; on la lui arracha, et on le conduisit au corps de garde le plus proche. Pour éviter le tumulte on avait commencé immédiatement la représentation du Comte d'Essex, mais aussitôt le rideau baissé, un tapage infernal s'éleva dans la salle ; tout le monde redemanda l'auteur du Suborneur, en protestant contre son arrestation.

Bientôt le vacarme devint si grand qu'il fallut faire entrer dans le parterre trente hommes de garde qui se chargèrent d'arrêter les plus bruyants, mais tout cela produisit un trouble inexprimable ; quant à celui qui l'avait provoqué, une fois au poste, il avait entrepris de lire sa pièce aux soldats, de façon à les faire juges du procès.

Le commissaire mit fin à tout ceci, en envoyant Billard à Charenton.

Le 9 décembre, il y eut encore un fort boucan à la Comédie française, à cette occasion : l'acteur Pontheuil qu'on savait avoir été un des plus empressés à refuser la pièce de Billard, jouant Achille dans l'*Iphigénie* de Racine, fut hué par le parterre, à chaque vers, nouveaux sifflets et nouvelles clameurs, ce que voyant il perdit la tête et apostropha le public en le suppliant de l'écouter avant de le juger ; on commença d'abord par avoir égard à cette supplique, mais au bout d'un moment les huées recommencèrent, et l'on obligea l'acteur à revenir faire des excuses au public.

Billard sortit de Charenton le 16 décembre et fut exilé à Nancy, où habitait sa famille.

Un incendie terrible consterna Paris au mois de décembre, ce fut celui de l'Hôtel-Dieu. Ce fut un véritable désastre qui vint prouver une fois de plus que le défaut d'espace et l'accumulation des bâtiments sur un terrain resserré, expose les malades à des dangers épouvantables.

Cet incendie dura onze jours et détruisit toute la partie de l'Hôtel-Dieu comprise entre la rue du Petit-Pont et le carré Saint-Denis. Voici du reste la copie du procès-verbal qui fut dressé à cette occasion : « L'an 1772, le mercredi 30 décembre à deux heures du matin, nous Jean-Baptiste Dorival, conseiller du roi, commissaire au Châtelet de Paris, sur l'avis à nous donné par un cavalier de la garde de Paris que le feu étoit à l'Hôtel-Dieu, nous y sommes à l'instant transporté : le feu embrassoit en même tems la fabrique à la chandelle, les boucheries, les escuries, un grenier à foin et à paille, le bâtiment appelé la communauté des religieuses, les salles dites de l'infirmerie, salle jaune et du légat. Ayant trouvé des malades qui se sauvoient nuds en partie et cherchoient un azile, le sieur Boullanger, commissaire au Châtelet, a averti le suisse de l'église de Paris de faire faire l'ouverture de ladite église pour y recevoir lesdits malades ; ayant eu avis qu'à la porte de la chapelle de la Vierge ayant sa sortie rue du marché Palu, proche le pont du Petit-Châtelet, il y avoit une quantité de malades et gens dudit hôtel qui crioient à leur secours et demandoient qu'on fît ouvrir ladite porte dont ils n'avoient point la clef, nous nous sommes transportés à ladite porte qui a été enfoncée avec des haches et par l'ouverture de ladite porte sont sortis une grande quantité de malades et de domestiques... Il étoit important d'empêcher que le feu ne pût pénétrer aux réservoirs d'huile, magasins de pharmacie et caves contenant des vins, eaux-de-vie, etc., qui s'ils avoient pris feu, auroient pu occasionner non seulement l'embrasement des maisons de la rue Neuve Notre-Dame,

Vestris père s'approcha de son fils, le visage enflammé, en lui disant : « A genoux, des excuses! Auguste, dansez ! »
(Page 369, col. 1.)

mais même celui du carré de Saint-Denis, de l'église dudit hôtel, de la communauté des prêtres et enfants de chœur, de l'office des chiffons, de l'apothicairerie, de la boulangerie, des cuisines, des deux salles dites Saint-Cosme et Saint-Denis et généralement de toute la partie dudit hôtel qui se trouve au nord, en deçà de la rivière. A l'extrémité dudit incendie, proche le marché Palu, étoit un portique de pierres de taille de plus de cent vingt pieds de hauteur paraissant déversé sur ladite rue et ayant un surplomb effrayant. On posa des étais et contre-fiches pour assurer la cime dudit portique et en faciliter la démolition sur l'intérieur de la salle du Légat.

« Il a été dès ce moment (vendredi 1ᵉʳ janvier)

travaillé au décombrement des matériaux tombés dans les salles jaune et du Légat. Le samedi, 2 janvier et le dimanche 3 janvier, ledit décombrement avoit été suivi avec célérité tant pour la salle de l'infirmerie que pour la salle du Légat. On a trouvé dans les décombres des corps de logis de la communauté un cadavre revêtu de l'uniforme de pompier. Dans cette même après-midi, il a été trouvé parmi les décombres de la salle du Légat huit cadavres incendiés et presque consumés. Le 4 janvier, il a été trouvé parmi les décombres auxquelles on travaillait dans la salle du Légat, un cadavre incendié et presque consumé et dans l'endroit où le plancher de la salle de l'infirmerie s'est enfoncé sur les boucheries, un autre cadavre aussi incendié. Le 6 janvier, il a été trouvé dans les décombres de la salle du Légat un cadavre incendié et presque consumé, plus une mâchoire de corps humain et plusieurs os calcinés et en partie brisés. Le 7 janvier, vers dix heures du soir, trois foyers se sont découverts avec aussi grande vivacité que lorsque les pompiers les ont voulu éteindre par le jet de leurs pompes, il s'est fait un grand bruit avec fusée et effusion de matière comme d'un volcan. Le samedi 9 dudit mois de janvier, nous avons remarqué qu'il ne subsistait plus qu'un foyer ; à onze heures du soir, les pompiers, à l'aide des travailleurs, l'ont éteint, et dès ce moment il n'a plus subsisté de feu dans aucun endroit dudit incendie. »

Ainsi pendant onze longs jours le feu fit ses ravages ; on parvint après deux jours et deux nuits d'un travail acharné à concentrer le feu dans la partie nord où il s'était déclaré et à préserver le carré Saint-Denis en abattant des bâtiments, mais le 31 janvier le bâtiment de la communauté s'écroula au milieu de la nuit. L'archevêque et le procureur général, ayant visité les malades qui s'étaient réfugiés dans l'église Paris, trouvèrent qu'ils étaient au nombre de de 450.

Deux pompiers et un garde-française avaient été tués ; nombre de travailleurs furent blessés.

« Il n'est pas possible, ajoute M. Armand Husson, à qui nous empruntons ces détails, de préciser le nombre des malades qui furent victimes de l'incendie, car des débris humains calcinés furent retrouvés en même temps que les onze cadavres restés presque entiers.

« Les ruines de l'hôpital étaient encore fumantes que le bureau mit en délibération l'opportunité de son déplacement et sa reconstruction sur un point plus salubre de la capitale ; une assemblée générale fut tenue extraordinairement à l'archevêché, et dans la séance du 11 janvier le bureau arrêta que « messieurs les chefs de l'administration et deux députés du bureau se retireraient près le ministre du département de Paris, à l'effet de supplier Sa Majesté de vouloir bien leur accorder une audience et leur permettre de lui représenter humblement les pertes que l'Hôtel-Dieu a éprouvées par l'accident du 30 décembre dernier » et la nécessité de le rétablir.

« Ces pertes s'élevèrent à la somme de 1 million 10,202 livres.

« Quelques jours après le sinistre, l'archevêque invita les fidèles à venir en aide à l'Hôtel-Dieu ; le produit des quêtes faites dans les paroisses et des aumônes particulières monta à 158,462 livres 13 sous 3 deniers. « Lorsque la construction des quatre hôpitaux destinés à suppléer à l'insuffisance de l'Hôtel-Dieu fut décidée, une souscription nationale fut ouverte, en peu de temps le total des souscriptions s'éleva à 2,226,807 livres, mais jamais cette somme considérable n'entra dans les caisses de l'administration. »

Nous trouvons dans Saint-Foix des détails assez curieux sur un certain théâtre du Mont-Parnasse destiné à la population habitant le quartier des boulevards du Midi :

« En 1772, un maître menuisier de Paris, nommé Coffinon, établit une petite troupe de comédiens et comédiennes qui jouaient farces et parades avec diverses anciennes pièces du théâtre italien ancien (on ne représente que fêtes et dimanches). Il fit plusieurs fois afficher et distribuer des annonces par permission de police pour achalander son spectacle qui alloit cahin-caha ; plusieurs sociétés bourgeoises y venoient représenter des comédies et tragédies. Une fois, le sieur Coffinon fut réprimandé pour être contrevenu aux règlemens de police qui ne tolèrent que six cens spectateurs aux comédies bourgeoises : on les lui défendit pendant quelque tems, ce qui fit grand tort à cet entrepreneur. Il quitta donc, poursuivi par ses créanciers et céda son spectacle établi avec permission sous le nom de nouvelle troupe comique du Mont-Parnasse, au sieur Fournier, marchand de vins, qui le céda au sieur Galva, arquebusier de la ville, qui eut une nouvelle permission du magistrat (M. le Noir). En 1774, il s'associa avec le nommé Aubert, marchand limonadier à Paris ; ces deux entrepreneurs firent jouer par leur troupe quelques farces, parades et parodies nouvelles, et les anciennes pièces à l'ordinaire ; on cessa les représentations l'hiver à cause du peu de spectateurs, car ces boulevards sont déserts dans cette saison. »

En effet, le soir venu, nombre de quartiers de Paris étaient encore fort dangereux à fréquenter.

Au printemps de 1775, tous les théâtres ayant cessé leurs représentations les jours de fête et les dimanches en raison du jubilé, cela ne faisait pas les affaires du théâtre Mont-Parnasse qui justement ne jouait que le dimanche. « Cette interruption causa un grand dommage aux entrepreneurs qui avoient renouvelé leur permission au magistrat de police (M. Albert) de jouer farces, parades, parodies et pantomimes, à l'instar de celles des sieurs Nicolet et Audinot, mais les directeurs du théâtre Mont-Parnasse ont eu le bonheur de trouver cette année 1778, des personnes qui leur fournissent des fonds et des gens de lettres qui veulent bien leur confier la représentation de leurs ouvrages. La devise qui est sur la toile est ingénieuse et parlante : *Le tout pour rire* ; elle convient d'autant plus à ce spectacle qu'on n'y représente jamais que du comique. »

En février 1779, le sieur Darny, directeur de troupes de province, et la veuve d'Auvillier, directrice des petits comédiens du bois de Boulogne, achetèrent de MM. Grandjean frères, le théâtre Mont-Parnasse avec la propriété du terrain, par acte passé devant M° Donne, notaire à Paris, moyennant 20,000 livres, et ils obtinrent au mois de mars suivant une permission de M. le Noir, lieutenant de police, pour donner des représentations « à l'instar de leurs prédécesseurs » ; mais ils voulaient bien faire les choses, et il fallut réparer et presque rebâtir la salle qui était peu solide. Tout était en mauvais état ; on orna les plafonds, on distribua des loges, le théâtre se trouva agrandi, il fallait refaire les décors, les acquéreurs manquèrent d'argent, mais le hasard leur fit rencontrer un homme de lettres « un citoyen zélé pour le bien public et pour l'art dramatique, qui voulut bien leur prêter 25,000 livres », et cela d'après une permission signée du magistrat de la police dans la forme ordinaire et relatée à la tête de l'acte. Aussitôt les deniers déposés, entrepreneurs, peintres, machinistes, décorateurs, s'empressèrent à travailler à qui mieux mieux dans leur partie. On fixa un temps pour la finition des ouvrages, les réparations furent grandes pour la sûreté publique et l'embellissement de la salle. »

Les entrepreneurs demandèrent un mois de délai ; il leur fut accordé et le théâtre du Mont-Parnasse devait ouvrir le dimanche 13 juin « Tous les jours on faisoit des répétitions ; les jeunes personnes de l'un et de l'autre sexe étoient exercées dans la danse et dans les pièces et toutes disposées à bien faire. Par un malheur inouï l'entreprise échoua ; le public en fut fâché ; il s'attendoit à voir un petit spectacle honnête et décent, ainsi qu'on l'avoit annoncé dans les papiers publics et par des lettres imprimées. »

On retrouve dans l'annonce de ce théâtre l'idée première du distique dont se servit plus tard M. Comte lorsqu'il ouvrit son spectacle du passage Choiseul. Voici les vers du théâtre du Mont-Parnasse :

> Mère, vous y pourrez amener votre fille,
> Sur ce théâtre en tout, modeste, simple, uni,
> L'oreille ne sera d'aucun mot offensée,
> Le vice jamais impuni,
> Et la vertu toujours récompensée.

Les petites affiches de Paris annoncèrent l'ouverture en ces termes : « Troupe du Mont-Parnasse, boulevard du Luxembourg. Dimanche 13 juin, pour l'ouverture de son nouveau théâtre des pièces de différents genres ; entre autres des proverbes. » Le numéro suivant le journal se rétracta en disant : « C'est sans permission que l'on a annoncé l'ouverture du nouveau théâtre du Mont-Parnasse. »

En somme, il n'ouvrit pas : « Les uns prétendirent que c'étoit la faute des directeurs qui ne s'étoient point conformés au règlement de police sur cet objet ; les autres avancèrent que ce furent les comédiens françois qui prirent ombrage de ce nouveau spectacle annoncé avec trop d'éclat, vanté, prôné par tous les gens de lettres, et qui sembloit empiéter sur leur droit, surtout ce mot drame, avoit effarouché ces messieurs et ces dames. Ce qui est certain, c'est que le spectacle du Mont-Parnasse sur les boulevards neufs, quartier du Luxembourg, n'eut pas lieu cette année 1779. »

Un arrêt du conseil d'État du 27 septembre 1772, ordonna que les ingénieurs pour les ponts et chaussées porteraient à l'avenir un habit uniforme : « Cet habit sera de drap ou de bouracan gris de fer ; les parements, la veste, la culotte de même étoffe et couleur ; la doublure de l'habit couleur cramoisie et celle de la veste en blanc ; le collet rabattu d'un pouce et demi de large de couleur pareille à celle de la doublure, les manches en botte et les poches à l'ordinaire ; le bouton sera couvert d'une feuille d'argent avec bord doré et fleur de lys semblable au milieu. Cet habit sera de plus garni d'une broderie sur un fond d'argent avec bordure de fil d'or, les inspecteurs porteront un galon d'or et argent au lieu de broderie. Les sous-ingénieurs auront le même habit que les inspecteurs, à l'exception du galon qui sera simple sur les poches. Les élèves auront le même habit que les sous-ingénieurs, mais sans galon ; il ne sera point mis de bouton sur la manche. Les élèves appointés annuellement et les trois premiers de chacune des trois classes de l'École des ponts et chaussées sont les seuls auxquels Sa Majesté permet de porter ledit habit. Cette école avait été fondée en 1747-1757 sur l'initiative de l'ingénieur Perronnet ; elle fut plusieurs fois réorganisée et instituée définitivement en 1804 ; nous en parlerons en détail à cette date.

En 1772, la Bastille reçut : 31 janvier Poitier, soi-disant chevalier d'Autherive, transféré à Bicêtre le 2 mars ; — 14 mars ; Lombard, sorti le 14 septembre ; — 1er juin, la Guérys, sortie le 7 septembre 1773, décret subsistant. — 8 juin, Droneau, sorti le 12 novembre ; — 10 juin, Mequignon, sorti le 7 septembre 1773 ; — 11 juin, Simoneau, sorti le 7 septembre ; — Laroche, sorti le 7 septembre ; de Quincy, François, sorti le 27 mars 1773 ; — Prestelle, sa femme et sa fille, sortis le 7 septembre 1773 ; — 13 juin, Mlle Nanette, Morel, sortie le 7 novembre ; — 20 juin, la veuve Mequignon, sortie le 7 septembre 1773 ; — 21 juin, Lefebvre, sorti le 5 septembre, Arnoux exilé à Argentan le 8 septembre ; — 22 juillet, Prudhomme, avocat, et sa femme, sortis le 26 novembre ; — 26 août ; le P. Mirassin, barnabite, sorti le 11 mars 1773, exilé au bourg Saint-Yol ; — 7 octobre, Levasseur, sorti le 11 septembre 1773 ; — 27 octobre, Bourbel de Monpinson, le 18 mars 1773, exilé à Mantes ; — 28 octobre Lemaitre, le 18 janvier 1774 exilé à Soissons ; — 12 novembre, Becu, Polonais, sorti le 28 novembre 1772 avec injonction de sortir du royaume ; — 17 novembre, le P. Imbert, bénédictin, sorti le 11 février 1774 ; — 19 novembre, de Manneville et son domestique

Lamarre, sortis le 10 mai 1773; Manneville, exilé à sa terre; — 24 novembre, Jourdant, capitaine de navire marchand, transféré à Marseille le 11 février 1773 à une heure du matin par le sieur Saraire; — 29 novembre, Mlle Dufossés, sortie le 15 février 1773; — 29 novembre, la femme Bruce et sa femme de chambre, sorties le 15 février 1773; deux domestiques de Mlle Dufossés, sortis le 2 décembre; — 2 décembre, Alexandre Gaillon exilé à Gisors le 16 avril 1773; — 3 décembre, Brunnières, prieur de Saint-Lô, exilé en Touraine le 22 décembre 1773; — 31 décembre, Mlle Suart, femme de chambre de Mlle Dufossés, sortie le 15 février 1773.

Pendant le cours de l'année 1772 il y eut à Paris 18,713 baptêmes, dont 9,557 garçons et 9,156 filles, 4,611 mariages, 7,676 enfants trouvés parmi lesquels 3,899 garçons et 3,777 filles. Il mourut 11,126 hommes ou garçons et 9,248 femmes ou filles, ce qui fait un total de 20,374 personnes.

L'année 1773 commença, dit-on, « par un nouveau genre d'espionnage qui, établi depuis quelque temps, alarme les citoyens. Des filous gagés de la police et endoctrinés par elle, se répandent dans toutes les foules, y fouillent dans les poches des gens peu précautionnés, non pour enlever les bourses, mais les papiers qu'ils trouvent sous leurs mains. Ils les portent à un bureau d'adresse où on les épluche. On commence par chercher ce qui pourroit s'y trouver de répréhensible imprimé ou manuscrit; après quoi on voit si l'on peut découvrir des renseignemens sur le porteur. Il est rare qu'on n'ait pas quelque lettre, quelque adresse dans sa poche: on en profite pour vous faire venir, vous interroger, ou l'on vous renvoie vos papiers par la petite poste, s'ils ne sont pas de nature à vous faire suspecter. »

La reine mère de Louis XIV avait légué aux pauvres de la ville de Paris 84,000 livres de rentes à distribuer aux curés pour ce charitable emploi. Depuis, les pauvres de la banlieue y furent compris, et les contrats furent augmentés de 20,000 livres, en sorte que le total de cette donation était de 104,000 livres; elle était hypothéquée sur les diamants de cette princesse.

M. de Silhouette fut le premier, pendant le cours de son ministère, qui suspendit le payement de cette rente, sous prétexte qu'il fallait payer ses dettes avant de faire l'aumône. M. de l'Averdy donna une seconde atteinte à cette dette si sacrée en convertissant en nouveaux contrats six années de cette rente qu'il avait d'abord payée en bons royaux qui perdaient 36 p. %. Enfin, sous l'abbé Terray, cette rente ne fut pas mieux payée, et au 1er janvier 1773, il était dû quatre ans et demi d'arrérages, ce qui formait un chiffre de 500,000 livres. Sur les réclamations des curés des diverses paroisses de Paris, le contrôleur général se laissa attendrir et ordonna le payement d'un acompte de 7,000 livres! « On laisse à réfléchir sur une pareille vilenie qui ne peut se qualifier. »

Le chancelier tint le sceau à Paris le 13 janvier et reçut les compliments au sujet de la nouvelle année.

Nous avons publié le procès-verbal relatif à l'incendie de l'Hôtel-Dieu, mais cette pièce officielle fut l'objet d'une vive opposition « On est révolté de l'impudence du sieur Marin qui ose assurer dans sa gazette du lundi 25 janvier qu'il n'a péri que 14 personnes dans l'embrasement de l'Hôtel-Dieu; assertion d'autant plus absurde qu'elle est démentie par une multitude de témoins oculaires qui ont vu les trois salles en feu, qui ont distingué les lits et auroient presque pu compter le nombre des malades à la clarté des flammes jetant des hurlemens horribles. Ils ont été présents à l'instant fatal où tout s'est écroulé, et où un silence terrible a succédé aux cris aigus des mourans. Ceux qui sont à même de confronter les divers témoignages rendus à ce sujet déclarent que l'on varie depuis le nombre de 600 jusques à 1,000 victimes. »

Cette déclaration produisit une certaine sensation dans Paris, bien qu'elle fût officiellement démentie.

Le mardi 8 juin, le dauphin et la dauphine firent leur entrée à Paris: ils furent salués à leur arrivée et à leur départ par le canon de la Bastille, par celui de l'Hôtel de ville et par celui de l'hôtel royal des Invalides. Le corps de ville conduit par M. de Nantouillet, maître des cérémonies, les reçut à l'endroit où se trouvait auparavant la porte de la conférence, le maréchal de Brissac gouverneur de Paris, et M. de Sartine s'y trouvaient également. La portière de leur carrosse fut ouverte par M. Delamichodière, prévôt des marchands, qui les complimenta et les fit monter dans une des six voitures de gala qui les attendaient et qui furent aussitôt remplies par les seigneurs et les dames de leur suite. Arrivés à Notre-Dame, ils furent reçus et complimentés à la porte de l'église par l'archevêque de Paris, revêtu de ses habits pontificaux et à la tête des chanoines. Après avoir fait leur prière dans le chœur et entendu la messe à la chapelle de la Vierge, ils visitèrent le trésor et se rendirent ensuite à l'église Sainte-Geneviève, où ils firent leur prière; de là ils allèrent descendre au palais des Tuileries, où ils dînèrent à une table de vingt-sept, couverts avec les dames de la dauphine et les dames de la cour invitées.

A une seconde table, tenue par le maréchal duc de Richelieu, étaient les premiers officiers de la dauphine, les menins du dauphin et les seigneurs nommés pour l'accompagner. Il y eut ensuite jeu. On avait pratiqué dans la salle une galerie pour le passage du public qui voulait voir le prince et la princesse royale. Ils se promenèrent

Le foyer des artistes sous le grand Talma.

ensuite dans le jardin, et à huit heures du soir ils retournèrent à Versailles.

« Le peuple accouru en foule sur leur passage faisoit retentir les airs de ses acclamations... Lorsque monseigneur le dauphin et madame la dauphine se montrèrent sur la galerie qui domine la terrasse des Tuileries, ce fut un spectacle bien intéressant de voir le peuple innombrable, répandu dans le jardin, faire éclater sa joie par des battemens de mains et par les cris mille fois répétés de : Vive le roi, monseigneur le dauphin et madame la dauphine. »

Ceux-ci désirant que leur voyage à Paris fût marqué par quelque bienfait appliqué particulièrement au soulagement du peuple, approuvèrent la proposition qui leur fut faite par le duc de la Vrillière, ministre d'État, de délivrer tous les prisonniers détenus faute de payement des mois de nourrice de leurs enfants. Le roi ayant donné son consentement à cet acte de bienfaisance, fit donner l'ordre au lieutenant général de police de se conformer au désir exprimé par le dauphin et sa femme, et l'élargissement des prisonniers eut lieu.

Ce voyage fut bientôt suivi de plusieurs autres, et il est curieux de noter l'accueil empressé que le futur roi de France et Marie-Antoinette recevaient des Parisiens. On citait surtout le compliment que le duc de Brissac avait adressé à celle-ci :

« — Madame, lui avait-il dit, vous avez là, sous les yeux, cent mille amoureux de vous ! »

Le 16 juin, le dauphin et la dauphine vinrent à l'Opéra. Aussi une affluence inusitée de spectateurs se porta-t-elle au théâtre ; la duchesse de Chartres avait eu le soin de se rendre à l'avance dans la loge réservée au jeune couple qui fit son entrée au milieu de la curiosité générale. La dauphine occupait tout le devant de la loge, et les dames de sa suite garnissaient les loges de son côté. Le maréchal duc de Biron avait, du reste, composé la salle, en retenant les balcons qu'il avait fait occuper par des personnes de la cour.

Il était d'usage lorsque les princes ou princesses de la famille royale venaient au théâtre, de former une enceinte réservée au-dessous de leur loge qui était surmontée d'un dais. Cette enceinte était garnie de cent-suisses de leur garde ; la loge des secondes, qui se trouvait au-dessus de celles qu'ils occupaient demeurait vide, avec un garde du corps en sentinelle. Deux autres gardes du corps étaient aussi placés en faction sur le théâtre ; ils étaient relevés après chaque acte.

Il était d'étiquette de ne pas applaudir ; les gens placés au parterre, qui, probablement ignoraient cette prescription du cérémonial, voulurent se livrer à leurs transports ordinaires en battant des mains, mais aussitôt ils furent interrompus par les murmures des gardes, et dans la crainte d'être mis à la porte ils continrent leur admiration ; cependant Mlle Heynel ayant paru, et la dauphine ayant invité une de ses dames à applaudir, le public se crut autorisé à l'imiter, et des bravos unanimes saluèrent la danseuse.

Le 23, le couple princier se rendit à la Comédie française, et dès midi les bureaux de location étaient assiégés. Le cérémonial fut le même qu'à l'Opéra. La dauphin avait demandé qu'on jouât le *Siège de Calais* et *le Legs*. « Pour éviter le tumulte indécent qu'on trouve ordinairement à ce spectacle aux jours des premières représentations, on avoit affiché dès la veille qu'on ne pourroit point faire retenir de places par des laquais ou valets de chambre. Un peu avant madame la dauphine, madame la duchesse de Bourbon est arrivée et a été applaudie, quoique légèrement, M. le Dauphin et madame la Dauphine sont venus à cinq heures et demie et ont été accueillis avec des transports indicibles. Dès le commencement de la pièce, le duc de Duras, ayant pris l'ordre de madame la dauphine a applaudi, par un battement de mains ; ce qui a été un signal au public que la princesse lui donnoit la liberté de le faire, en sorte que le parterre s'est livré à l'enthousiasme qu'il a voulu.

« Au troisième acte, dans une scène où Aliénor disserte sur la loi salique qui exclut les étrangers du trône et n'y admet que les héritiers de la famille régnante, suivant l'ordre de la succession et le droit d'aînesse, Mlle Vestris qui faisoit ce rôle, aux derniers vers :

Le François dans son prince aime à trouver un frère,
Qui, né fils de l'État, en devienne le père.

a regardé M. le Dauphin en les prononçant, ce qui a été suivi de longs et unanimes applaudissements.

« Dans un autre endroit, il se trouve ces mauvais vers, mais vrais et sentencieux :

Quelle leçon pour vous, superbes potentats,
Veillez sur vos sujets dans le rang le plus bas.
Tel, loin de vos regards, dans la misère expire,
Qui, quelque jour peut-être, eût sauvé votre empire.

« M. le dauphin et madame la dauphine ont pris leur revanche en cette occasion et ont applaudi les premiers à la tirade, et cette marque de sensibilité de leur part a été reçue avec des transports nouveaux de tendresse et de reconnoissance du public.

« Le reste du spectacle s'est passé dans le cérémonial d'usage, et les comédiens n'ont fait aucuns frais, aucun divertissement, rien qui caractérisât ce jour mémorable pour eux et pût servir d'époque. L'entracte même entre la grande et la petite pièce a été fort long. »

Le 29, quoique ce fût jour de fête, le dauphin et sa femme vinrent aux Italiens.

« La circulation a été un peu gênante pour le public et pour les voisins du spectacle qui ont eu peine à rentrer chez eux comme ils vouloient : au demeurant, il n'est arrivé aucun accident, les comédiens se sont distingués d'abord par une décoration dans le pourtour de la salle qui donnoit un air de fête à la représentation. Au moyen de girandoles en lustres qu'ils avoient appliquées contre les loges, il en a résulté un ton plus brillant dans l'enceinte du public. »

La dauphine avait demandé pour pièce italienne *Arlequin et Scapin rivaux* et pour grande pièce *le Déserteur*. Cette dernière donna lieu à des applications de circonstance que le public saisit facilement. C'était l'acteur Clairval qui jouait le rôle de Montauciel et lorsqu'il prononça le cri de : Vive le roi ! qui se trouve dans la pièce, il ajouta : et vivent ses chers enfants ! Et le public d'applaudir à tout rompre. La Dauphine y revint seule le 26 septembre et se plaça dans la loge des gentilshommes de la chambre ; le maréchal de Richelieu lui présenta le poète Dorat, auteur des pièces qu'on jouait ce soir-là.

Le 14 juillet, ce fut *Madame* qui vint à Paris, accompagnée de la comtesse de Marsan, gouvernante des enfants de France et de ses dames ; le canon la salua aussi à son arrivée et à son départ, et le même cérémonial que celui observé pour la dauphine fut pratiqué. En arrivant à Notre-Dame, elle trouva un détachement de gardes françaises et suisses sous les armes. L'archevêque la complimenta ; après la messe, elle se rendit à Sainte-Geneviève, dîna au palais des Tuileries avec Madame Élisabeth, qui était venue de Versailles avec la princesse de Rohan-Guéméné, et après la promenade au jardin toutes ces dames retournèrent à Versailles. — Les gazettes du temps font un pompeux récit des acclamations populaires qui les accueillirent pendant le séjour de quelques heures qu'elles firent à Paris.

Des lettres patentes du 30 juillet 1773, contiennent ceci : Louis etc... L'hôtel dans lequel nos comédiens françois donnoient leurs représentations étoit devenu dans un tel état de caducité, qu'il n'étoit plus possible de les y continuer. Pour ne point laisser interrompre un spectacle devenu célèbre par les acteurs, encore plus par les drames qu'ils représentent et dont le but est de contribuer autant à la correction des mœurs et à la conservation des lettres qu'à l'amusement de nos sujets, nous avons bien voulu permettre aux comédiens françois l'usage de notre théâtre du palais des Tuileries, mais nous reconnûmes dès lors l'impossibilité d'y laisser subsister un spectacle public, s'il nous plaisoit de séjourner dans la capitale de notre royaume; d'ailleurs l'étendue et la disposition primitive de ce théâtre, pour un autre genre de spectacle, ont fait connoître qu'il étoit incommode aux acteurs de la comédie, par la nécessité de forcer continuellement leur voix pour se faire entendre, inconvénient qui, en rendant la déclamation pénible et désavantageuse, préjudicie également à la santé des acteurs et à la satisfaction des spectateurs, etc. »

Les considérations exprimées dans ces lettres étaient celles qui déjà avaient, bien avant qu'elles fussent signées, déterminé le roi à faire construire une nouvelle salle, et un jeune architecte nommé Liégeon avait proposé de l'élever au carrefour Buci. Le plan fut soumis aux comédiens le 29 novembre 1769, et il fut immédiatement adopté, sauf à en référer à messieurs les gentilshommes de la chambre; mais le 4 mars 1770 il parut un *Mémoire sur la construction d'un théâtre pour la Comédie françoise* accompagné d'un plan: ce mémoire proposait la transformation de l'hôtel de Condé, que le prince allait quitter, en salle de spectacle. Ce projet fut repoussé tout d'abord. Il est curieux de faire connaître les motifs allégués par ceux qui le repoussaient : « Ce projet jetteroit dans une dépense très considérable pour édifier un magnifique monument où il seroit difficile d'aborder pendant les grandes chaleurs comme dans les grandes gelées et ne feroit que gêner la circulation des voitures publiques qu'il veut éviter. On sait que c'est par là que doivent déboucher les rouliers venant d'Orléans, et autres voitures de charge dont cette grande route abonde et nécessités à ne passer alors que dans les rues adjacentes, les issues en seroient beaucoup plus resserrées et sujettes à des engorgements dangereux. »

Ce fut cependant ce projet qui fut adopté par le conseil et signé au mois de mai. « mais on croit, ajoute l'auteur des *Mémoires secrets*, que le défaut d'argent pourroit bien obligé d'en revenir à celui du carrefour de Bussi. »

En février 1772, le devis de la nouvelle salle et celui de la formation d'une place au milieu de laquelle devait s'élever l'édifice, furent soumis au roi : ils se montaient à 6 millions de livres, dont 1,500,000 livres pour l'acquisition du terrain.

Malgré tout, l'architecte Liégeon n'avait pas abandonné son idée, et il présenta de nouveau son plan qu'il se proposait de mettre à exécution moyennant une dépense de 1,400,000 livres par an pendant trois ans. Le roi était partisan de ce projet, et dans une séance du conseil il s'exprima nettement sur ce point.

« Voilà, dit-il, pour la troisième fois qu'on me propose ce projet, j'ai déjà dit que je voulois qu'il eût lieu, et que le sieur Liégeon en suivit l'entreprise; qu'on ne m'en parle plus. »

Le contrôleur général des bâtiments dut alors se mettre en communication avec l'architecte, et il travailla plusieurs fois avec lui.

Mais le conseil avait traité avec le prince de Condé pour l'achat de son hôtel, et le prince, au mois de juin 1773, demanda l'exécution des clauses du traité; on résolut de lui donner satisfaction, de sorte que, malgré la volonté du roi, l'architecte Liégeon dut renoncer à l'espoir de construire la nouvelle salle. Le 19 août, le nouveau tribunal remplaçant le Parlement enregistra les lettres patentes du 30 juillet pour la construction des bâtiments sur les terrains de l'hôtel de Condé que le roi achetait, ainsi que ses dépendances, moyennant 3 millions, et il donnait à la ville l'emplacement nécessaire pour y construire le théâtre. La ville en faisait les frais, et pour s'en couvrir, elle était autorisée à emprunter la somme de quinze cent mille livres. Ce fut l'architecte Moreau, maître général des bâtiments de la ville qui fut chargé du plan et de la construction de la salle qui devait être édifiée à l'endroit où viennent aboutir aujourd'hui dans le carrefour de l'Odéon, les rues de Condé et Monsieur le Prince.

La vente de l'hôtel fut signée le 1er novembre, et les travaux commencèrent peu de temps après.

Ils étaient encore peu avancés en 1779 lorsque le roi Louis XVI, par lettres patentes du 10 août, crut devoir les arrêter « parce qu'en même tems qu'il nous auroit paru plus convenable qu'un monument de ce genre et dont la propriété devoit nous demeurer, fût exécuté sous les ordres du directeur général de nos bâtimens, arts et manufactures, nous aurions jugé devoir adopter différens changemens, tant relatifs à la construction, décoration et embellissement de cette salle qu'à sa situation. Nous aurions pensé aussi qu'au lieu de faire construire cette salle dans le bas de l'hôtel de Condé, il étoit plus convenable de la placer dans la partie la plus voisine du Luxembourg, afin que, plus rapprochée du palais que nous avons donné à notre très cher et amé frère Monsieur, pour son habitation et celle de notre très chère et amée sœur Madame, elle soit un nouvel agrément pour leur habitation, en même tems que pour nos sujets qui, avant d'entrer, ou en sortant du spectacle de la Comédie françoise, auront à proximité une promenade dans le jardin du Luxembourg; mais, pour que cet établissement ne soit pas, dans les circonstances actuelles, à charge à nos finances, nous avons cru devoir écouter les propositions qui nous ont été faites de la part du sieur Pierre-Charles Machet de Vélye, de faire faire à ses frais la construction de ladite salle et hôtel de la Comédie françoise, sous les ordres du sieur comte d'Angeviller, directeur et ordonnateur de nos bâtimens, et sous la conduite et d'après les plans et devis des sieurs de Wailly et Peyre (Marie-Joseph) et par nous approuvés, et de faire tous les frais nécessaires à ce sujet, etc. » Ces lettres patentes furent enregistrées au Parlement le 7 septembre suivant.

Les devis des travaux à exécuter fixèrent le prix de la dépense à 1,600,000 livres.

La salle fut terminée en 1782 au mois de mars et le 9 avril, les comédiens français l'inaugurèrent par une pièce de circonstance du poëte Barthélemy Imbert, *l'Inauguration du Théâtre-François*. Ce fut là que Caron de Beaumarchais fit jouer *le Mariage de Figaro*, ainsi qu'on le verra plus loin.

En 1789, ce théâtre s'appela le théâtre de la Nation.

En 1791, une scission s'étant faite au sein de la Comédie française, une partie des comédiens, Talma en tête, émigra dans la salle Louvois, et les autres demeurèrent dans la salle qu'ils occupaient.

En 1793, ils furent arrêtés, et le théâtre fermé et livré aux usages les plus divers.

Le 16 août 1794, Mlle Montansier y installa une troupe nouvelle; il devint alors le théâtre de l'Égalité; mais l'entreprise ne fut pas heureuse, la salle ne servit bientôt plus qu'à des bals, des banquets et des réunions politiques. C'était là que se passaient les thiases, fêtes renouvelées des Grecs, à la mode alors, ce qui fit donner au théâtre le nom d'Odéon. Le conseil des cinq-cents y siégea.

Diverses troupes s'installèrent ensuite à l'Odéon, mais sans succès. En janvier 1798, les comédiens de la place Louvois rouvrirent l'Odéon qui était fermé, mais ce ne fut encore que pour en clore les portes quelque temps après. Une nouvelle troupe prit possession de la salle le 10 brumaire an VII, mais le 18 mars 1799, un incendie dévora le théâtre qui resta à l'état de ruines jusqu'en 1807. A cette époque il fut reconstruit, reçut le nom de théâtre de l'Impératrice et rouvrit ses portes, sous la direction d'Alexandre Duval, le 15 juin 1808. La troupe qui comptait parmi ses meilleurs acteurs Armand, Grandville, Firmin, Mmes Molé-Léger, Pélissier, Molière, Delille, donna des représentations quatre fois la semaine; les artistes italiens y jouèrent les trois autres jours. Grâce à Picard, Duval, Dumersan, Rougemont, le théâtre obtint d'assez nombreux succès. Le 2 décembre 1815, le théâtre de l'Impératrice fut placé sous l'autorité du ministre de la maison du roi et ses acteurs, assimilés à ceux de la Comédie française, reçurent le nom de comédiens ordinaires du roi.

Picard, qui en prit la direction le 1er janvier 1816, s'attacha à y attirer le public par des comédies et des ballets, et il obtint une subvention de 27,000 francs.

Un nouvel incendie consuma la salle le 20 mars 1818. Mais sa reconstruction ne se fit pas attendre sous la direction des architectes Chalgrin et Baraguei qui en conduisirent les travaux et livrèrent la salle telle qu'elle existe aujourd'hui. C'est un parallélogramme de cinquante-six mètres de longueur sur trente-sept mètres de largeur et vingt-et-un mètres environ de hauteur. La façade principale est précédée d'un perron et d'un portique d'ordre dorique. De larges galeries percées d'arcades cintrées et occupées en partie par des libraires et des marchands de journaux font le tour de l'édifice. Le vestibule, qui sert en même temps de foyer, est décoré avec goût ainsi que la salle, et le lustre passe pour être le plus beau des théâtres de Paris.

Cette salle contient 1650 places.

Le 30 septembre 1819, l'Odéon était rebâti et renaissait encore une fois de ses cendres; son directeur Picard y réinstallait sa troupe à laquelle se joignirent Joanny, Samson, Provost, David, Mmes Brocard, Fleury, Delia, Astruc. Casimir Delavigne y fit représenter plusieurs pièces avec un grand succès, et par suite des passions politiques, ce théâtre vit fréquemment ses représentations troublées par de violentes altercations entre spectateurs d'opinions opposées. Picard, ayant abandonné la direction, fut successivement remplacé par Spontini, Montau, Berton, Grimel, Gentil-Bernard. La subvention était alors de 80,000 francs, et la comédie et la tragédie comptaient parmi leurs interprètes Beauvallet, Frédérick-Lemaitre, Ligier, Bocage, Mlles Georges, Brohan, etc. Malgré ces éléments de succès, le directeur Bernard fit de l'Odéon un théâtre lyrique. On y représenta *le Barbier de Séville, la Pie voleuse, Marguerite d'Anjou, Tancrède, Robin des bois*, qui fit des recettes énormes. Puis l'opéra disparut et fut de nouveau remplacé par la tragédie et la comédie. La vogue abandonna alors l'Odéon qui fut dirigé sans succès par Dupetit-Méré et Sauvage. Il était fermé depuis un an lorsque Harel en obtint la direction avec une subvention de 180,000 francs, le 21 septembre 1829. « Cette subvention, le concours d'acteurs éminents, dit le *Grand Dictionnaire universel*, parmi lesquels se trouvaient Bocage, Beauvallet, David, Lockroy, Mlles Georges et Noblet, Mmes Dorval et Albert, des pièces remarquables de Soumet, Dumas, Soulié, etc., *Christine à Fontainebleau, la Maréchale d'Ancre, l'Homme au masque de fer, la Bellemère et le Gendre*, etc., n'empêchèrent point le théâtre de tomber en déconfiture, et à la fin de 1830, Harel prit la direction de la salle de la Porte-Saint-Martin.

L'Odéon devint alors une salle de passage où tous les genres purent défiler successivement : opéra comique, opéra italien, comédie, jusqu'au théâtre Castelli. Toutefois, comme la nécessité d'une succursale du Théâtre-Français dans le quartier des Écoles se faisait sentir, M. d'Epagny demanda et obtint le privilège de l'Odéon qui

Portrait de la reine Marie-Antoinette.

Le grand Talma.

ressuscita le 28 octobre 1841. Peu de temps après, il en abandonna la direction à M. Auguste Lireux, qui déploya la plus grande activité pour rappeler le succès à son théâtre. Parmi les artistes qu'il enrôla dans sa troupe se trouvaient Bocage, Monrose, Maubant, Baron, Rouvière, Ballande, Gil Perès, Pierron, Barré, Mmes Georges, Araldi, Dorval, Naptal. Parmi les pièces qu'il fit représenter, nous citerons *la Ciguë*, d'Emile Augier, la *Lucrèce* de Ponsard, *le Voyage à Pontoise* d'Al. Royer, *la Main droite et la Main gauche* de Léon Gozlan. Malgré toute son activité et tous ses efforts, Lireux ne put faire prospérer l'Odéon qu'il abandonna au bout de quatre ans, en mai 1845. Le célèbre acteur Bocage lui succéda, il obtint que la subvention fût portée de 60,000 à 100,000 francs et rouvrit l'Odéon le 20 novembre 1845. Pendant sa direction, qui dura jusqu'au commencement de 1847, il compta au nombre de ses succès le *Diogène* de Félix Pyat, et *l'Univers et la Maison* de Méry. M. Vizentini, qui le remplaça en 1847, abandonna la direction après la révolution de 1848.

Une partie des acteurs de l'Odéon se formèrent alors en société et exploitèrent le théâtre, à la tête duquel fut ensuite replacé Bocage. C'est alors que fut représenté *François le Champi* de George Sand, dont le succès fut éclatant. De 1849 à 1853, l'Odéon resta sous l'habile direction de M. Altaroche qui réussit enfin à le faire prospérer. Il possédait d'excellents acteurs, entre autres Tisserand, Boudeville, Clarence. Deshayet, Delaunay, Henri Monnier, Kime, Talbos, Mmes Naptal Arnauld, Roger-Solié, Sarah Félix, Marie Laurent, Jouassin, Valérie, Emilie Dubois, etc. Outre une pièce dont le succès fut énorme, *l'Honneur et l'Argent* de Ponsard, il fit représenter *les Ennemis de la maison* de Doucet; *Une tempête dans un verre d'eau*, de Gozlan; *Grandeur et Décadence de Joseph Prud'homme*, de Henri Monnier, etc. A M. Altaroche, succéda en 1853 M. Alphonse Royer, qui dirigea le théâtre pendant trois ans et engagea Laferrière, Ligier, Brésil, Randoux, Mmes Araldi, Grassau, Pauline Grangé, Berengère et fit représenter, entre autres pièces, *Guzman le Brave* de Méry,

Mauprat de George Sand, *la Conscience* de Dumas, *Que dira le monde?* de Seret. Après lui se fut M. de la Rounat, qui dirigea l'Odéon de 1856 à 1867. Administrateur habile, il rendit ce théâtre prospère et fit une grande place aux jeunes auteurs. Parmi les pièces à succès qu'il fit représenter, nous citerons *Mme de Montarcy*, *Hélène Peyron*, *la Conjuration d'Amboise*, de Bouillet; *le Marchand malgré lui*, d'Amédée Rolland et Du Bois; *la Contagion*, d'Emile Augier et surtout, *le Testament de César Girodot*, de Belot et Villetard; *le Marquis de Villemer*, de George Sand. Au nombre des acteurs qui se produisirent à cette époque, nous citerons Thiron, Febvre, Laray, Guichard, Grenier, Mmes Jane Essler, Agar, Rousseil, Ramelli, Devoyod, Dinah Félix, Dica-Petit, etc. De Chilly administra l'Odéon de 1867 jusqu'à sa mort, arrivée en 1872. Il y fit représenter quelques drames nouveaux, entre autres l'*Aïssé*, de Bouilhet; *la Baronne*, de Foussier; reprit *Ruy Blas*, d'Hugo; *la Vie de Bohème*, de Murger et donna quelques petites pièces, dont l'une, *le Passant*, de Coppé, parfaitement jouée par Mmes Agar et Sarah Bernhardt, eut un très vif succès.

Depuis 1872, le théâtre de l'Odéon fut dirigé par M. Duquesnel qui y fit représenter *Cendrillon*, de Barrière; *la Jeunesse de Louis XIV*, d'Alexandre Dumas père; *Attila*, par M. de Bornier, etc.

En 1880, M. de la Rounat reprit la direction de ce théâtre qui n'est habituellement ouvert que neuf mois de l'année et ferme ses portes en juin, juillet et août.

Pendant le siège de Paris en 1870-1871, l'Odéon fut transformé en ambulance. Lors de la compression du mouvement de la commune en mai 1871, la façade reçut des obus et fut endommagée, mais elle fut promptement réparée.

Ajoutons que l'Odéon est souvent désigné sous le nom de second Théâtre-Français.

Revenons à l'année où furent signées les lettres patentes autorisant l'édification de cette salle, en 1773, et achevons de signaler les divers travaux d'édilité qui furent accomplis à cette époque. C'est d'abord la rue de Chabanais : « Louis, etc., ordonnons, voulons et nous plaît ce qui suit : art. 1er Il sera ouvert aux frais du sieur Claude-Théophile-Gilbert Colbert, marquis de Chabanais sur le terrain de l'hôtel de Saint-Pouanges à lui appartenant, sis rue Neuve-des-Petit-Champs (cet hôtel avait été bâti pour Béchamel de Nointel, il passa ensuite à Bollioud de Saint-Jullien et disparut en 1776), une nouvelle rue formant équerre, donnant d'un bout, dans la rue Saint-Anne et ayant dans toute son étendue vingt-quatre pieds de largeur, laquelle portera le nom de Chabanois. »

Ces lettres sont datées du 10 avril, cependant le marquis de Chabanais n'en profita pas et en sollicita de nouvelles qui lui furent accordées le 4 juin 1775. Enregistrées au Parlement, le 13 juillet suivant, elles furent mises à exécution en 1776. Une ordonnance royale du 26 mai 1838 prescrivit le prolongement en ligne droite de cette rue jusqu'à la rue Rameau, et en 1844 le retour d'équerre par lequel la rue de Chabanais allait à la rue Sainte-Anne fut dénommé rue Cherubini en souvenir du compositeur florentin de ce nom, mort en 1842.

Par lettre d'octobre 1773, le sieur Roussel, curé de Vaugirard, fut autorisé à faire avec l'Hôtel-Dieu un échange de 300 toises de terrain faisant partie du marais de la cure, situé au Montparnasse et à la condition qu'il serait ouvert aux frais du sieur Morel, propriétaire d'un terrain contigu, une rue de trente pieds de largeur sous la dénomination de rue du Montparnasse pour communiquer de la rue Notre-Dame-des-Champs aux nouveaux boulevards. Ces lettres furent enregistrées au Parlement le 5 septembre 1775, mais la rue ne fut ouverte que sur une largeur de 9 mètres 58 centimètres. En 1786, la seconde partie de cette rue, comprise entre le boulevard du Montparnasse et l'ancien chemin de ronde fut formée. Toutefois on ne commença à y bâtir des maisons qu'en 1822. Elle va aujourd'hui jusqu'au boulevard de Montrouge.

Enfin des lettres patentes du 13 août portent : « Il sera ouvert aux frais du sieur Bouret de Vezelay une rue de 30 pieds de largeur dans le terrain par lui acquis à titre d'emphytéos des religieux mathurins au quartier du Faubourg-Montmartre, laquelle aboutira d'un bout sur le rempart de la ville en face de la rue de Grammont, à travers un terrain dont ledit sieur Bouret de Vezelay est propriétaire, et par l'autre bout dans la rue de Provence, formant un coude dans le milieu, ou environ de sa longueur et au surplus alignée droite, et les deux côtés parallèles. Voulons que ladite rue soit nommée Taitbout. »

« L'exécution de ces lettres patentes, disent MM. Lazare, rencontra une assez vive résistance de la part des trésoriers de France, en ce qui concernait le coude à former au milieu de la nouvelle rue. Ces lettres furent néanmoins enregistrées au Parlement le 25 février 1775, et la rue Taitbout fut tracée et ouverte le 4 octobre de la même année, conformément aux dispositions arrêtées par le roi. Mais les trésoriers de France obligèrent M. Bouret de Vezelay à former une autre branche de rue qui, partant du coude de la rue Taitbout, devait aboutir au rempart. M. Bouret de Vezelay se soumit à cette condition, mais, n'étant point propriétaire de tous les terrains que devait traverser le percement, il ne put établir qu'une impasse qui prit le nom d'impasse Taitbout et qui, plus tard, au moyen de son prolongement jusqu'au boulevard des Italiens, est devenue la rue du Helder. » En 1854, on réunit à cette rue celles du Houssay et des Trois-Frères, et en 1856, elle fut prolongée jusqu'à la rue d'Aumale.

On lit dans les *Mémoires secrets*, du 28 juin 1773 : « On a parlé du jardin de M. Boutin appelé Tivoli qui depuis qu'on l'a annoncé, est devenu encore plus varié et plus magnifique. On a inspiré au duc de Chartres, le goût d'en créer un semblable, c'est-à-dire un plus magnifique et plus digne de Son Altesse. C'est un séjour enchanté qui continue à rendre plus délicieuses les orgies du prince. C'est le sieur Carmontel, amateur éclairé des arts et qui les cultive lui-même, qui dirige les travaux de cette petite maison, où, entre autres curiosités, on a fait usage de la pompe à feu pour produire une rivière avec un puits. »

Il s'agit de la folie de Chartres, ou plutôt du parc Monceaux, dont beaucoup d'historiens reculent la fondation en 1778, tandis qu'on le voit, on y travaillait déjà en 1773. Voici la description de ce qu'il était, lorsqu'il fut terminé.

« Le jardin de Monceaux, dit Thirey, renferme quantité de choses curieuses, et n'est fermé du côté des champs que par un fossé, moyen peu dispendieux d'agrandir ses possessions.

« En face de l'entrée principale est une espèce de portique chinois qui sert d'entrée au jardin. Sous ce portique, on communique à gauche du pavillon, d'où l'on passe à une autre galerie qui mène à un pavillon bleu, d'où l'on passe à une autre galerie qui mène à un pavillon dont tous les objets sont transparents, puis à un pavillon jaune, de là aux serres chaudes, que l'on traverse et au bout desquelles on trouve un petit pavillon chinois orné de glaces peintes en arabesques, etc.. Une de ces galeries s'ouvrant au moyen d'un bouton, vous entrez dans le jardin d'hiver, fabriqué dans une vaste et immense galerie. La porte cintrée est décorée de deux cariatides qui soutiennent un entablement dorique. Derrière les arbres placés près de cette porte, une statue de Faune, tenant deux torches, éclaire l'entrée d'une grotte formant cabinet à l'anglaise. L'eau tombe en cascade sur les rochers qui sont auprès. Parmi les arbustes groupés sur ces rochers sont des raquettes et des coraux factices dont les tubes creusés servent à placer des bougies le soir.

« Toute cette galerie, garnie d'un sable fin et rouge, est remplie d'arbres et d'arbustes en fleurs tout l'hiver, comme lilas, vigne de Judée, aburnum, noyers des Indes, bananiers, palmiers, cerisiers, caféiers, thés, cannes à sucre etc. chargés de fleurs ; de l'autre côté sont de pareils arbres ; leurs troncs sculptés et coloriés servent de supports aux vitraux, et leurs branchages s'étendent pareillement sur la voûte peinte en ciel. De distance en distance sont des lanternes de cristal, censées suspendues à leurs rameaux.

« Vers les deux tiers de cette galerie, on voit à gauche une grotte extrêmement profonde ; une espèce d'antre, formé par des rochers placés dans le fond de cette grotte, s'ouvre ; vous passez sous une petite voûte au bout de laquelle, en montant trois marches, une porte vous introduit dans une petite pièce appelée le pavillon blanc. Cette pièce ressemble à l'intérieur d'une tente et est tendue de même en toile de coton blanche bordée de perse ; l'on y jouit d'une vue fort agréable. Rentrant dans la grotte, vous trouvez dans une de ses cavités, à gauche, un tour par où se fait le service des cuisines, lorsque le prince donne à souper dans cette grotte. Par le moyen d'un cordon, les musiciens qui sont dans la pièce qui est au-dessous de cette grotte, sont prévenus d'exécuter les symphonies dont les sons mélodieux, pénétrant dans cet endroit par les lézardes de la roche qui en forme la voûte, viennent surprendre agréablement les convives, et semblent être produits par les prestiges de la féerie. Une fontaine coulant sur des rochers fixe encore vos regards avant de quitter ces lieux enchanteurs.

« Sur la droite de la cour où vous vous trouvez en sortant est un jardin fleuriste. Dans le fond, la pompe à feu. Les bâtiments de la gauche contiennent des serres chaudes servant à la culture des plantes exotiques et des arbustes et fleurs pour renouveler le jardin d'hiver. Tout près est la cour et la maison du jardinier, à droite de laquelle est un cabaret. Le chemin qui se présente en face conduit aux ruines du Temple de Mars. Après ce temple vous trouvez une prairie où serpente une rivière ; vous traversez une petite île formée par des rochers pour passer dans la prairie opposée, où un sentier sur la droite vous conduit au moulin à vent hollandais qui fait mouvoir une pompe dont le produit fournit une partie de la cascade du rocher placé dans la pièce d'eau qui est au bas du moulin : près de là, est un réservoir entouré de rochers servant à recevoir les eaux de Chaillot... Derrière le moulin est la maison rustique du meunier, son intérieur revêtu de marbre blanc forme une charmante laiterie dont tous les vases sont de porcelaine. Après est un jardin fleuriste bordé sur la droite par un petit ruisseau provenant d'une fontaine située à gauche du bassin du rocher. En suivant ses bords, on arrive à la montagne sur le sommet de laquelle on a élevé un petit pavillon rond dans le genre gothique... En descendant, vous trouvez à droite, un antre formé par des rochers et qui sert d'entrée à la glacière pratiquée sous cette montagne. En face est la melonnière, derrière laquelle est la ferme.

« Traversant le ruisseau sur la gauche, et cotoyant le jardin fleuriste, vous arrivez au bois des tombeaux, composé de peupliers d'Italie, de sycomores, de platanes, de cyprès et de thuyas de Chine. »

L'écrivain décrit minutieusement les tombeaux et la pyramide qui décorent d'une façon si funèbre cette partie du parc.

Après s'être reposé un instant sous un berceau joignant deux pavillons recouverts en treillage et qui avoisinent un des tombeaux, il continue : « Vous apercevrez bientôt la vigne italienne empressée de gravir le coteau sur lequel elle est située ; une statue antique de Bacchus placée au milieu, réveillera votre âme encore attristée de la scène précédente... Après avoir traversé cette vigne et le ruisseau qui est derrière, vous entrez dans le bois qui est sur la rive opposée. »

Dans ce bois se trouvaient une belle statue antique de Mercure en marbre blanc, « un autel antique, deux monuments en ruine, dont l'un contient une chambre chinoise, puis c'est un groupe de Houdon représentant une femme au bain, sculptée en marbre blanc, tandis qu'à côté d'elle, une autre femme en plomb peint en noir (pour figurer une négresse) tient une aiguière d'or dont elle répand l'eau sur le corps de sa maîtresse » ; plus loin, c'était la colonnade entourant une partie de la naumachie, formée par un vaste bassin ovale. Sur les rochers, un obélisque de granit, puis un pont.

« En tournant à gauche, au sortir de ce pont, vous entrerez dans le jardin botanique... regagnant ensuite le pont, un chemin élevé sur le bord de la rivière vous conduira à la fontaine de la nymphe qui lui sert de source, puis à la tente tartare, où le chemin faisant la fourche, mène à droite au jeu de bague et à gauche à la statue antique du berger Pâris, devant lequel le chemin, se bifurquant encore, conduit à droite au temple de marbre, et à gauche au château ruiné. Des fragments d'un escalier vous permettent de monter dans les ruines de cet ancien fort et d'arriver sur la plate-forme d'un bâtiment carré et à créneaux... au bas de cet endroit, les eaux qui viennent de plus loin forment une cascade sur des rochers près de l'arche principale d'un pont construit en pierres meulières et briques, rompu en partie et tenant à ce château antique. Un autre pont rempart vous conduira dans un bois agreste sur la droite duquel vous irez gagner le temple de marbre blanc : c'est une rotonde sans calotte, composée de douze colonnes corinthiennes entre lesquelles sont des bancs de marbre. Un autel placé au milieu sert de piédestal à une statue antique en marbre, représentant un des compagnons d'Ulysse, lorsqu'il était chez Lycomède. Du temple on arrive à travers un bois agreste à la partie du pavillon du prince exposée au levant ; une bascule placée entre les deux croisées du milieu sert à monter extérieurement au premier étage ; sur la gauche est une fontaine, au bas d'un bassin pratiqué sur une terrasse contiguë à la salle de bains, placée de côté. Traversant le bosquet de la balançoire qui est à droite, vous arriverez à la façade principale du pavillon...

« En avant de ce pavillon est un bassin qui s'étend circulairement autour du jeu de bagues chinois et le renferme dans une île. Trois pagodes chinoises portent un grand parasol qui couvre ce jeu. Ces pagodes appuyées sur une base horizontale se meuvent avec le plancher qui est sous leurs pieds. La mécanique qui les fait tourner est mise en mouvement par des hommes dans un souterrain pratiqué au-dessous. Des bords du plancher partent quatre branches de fer, dont deux soutiennent des dragons sur lesquels les messieurs montent à cheval. Sur les deux autres branches sont couchés des Chinois qui soutiennent d'un bras un coussin sur lequel s'assoient les dames. Ils tiennent d'une main un parasol garni de grelots, et de l'autre un second coussin servant à poser les pieds. Aux bords du grand parasol sont suspendus des œufs d'autruche et des sonnettes. A droite et à gauche de ce jeu de bagues, du côté du pavillon, sont des bancs ottomans placés dans des enfoncements de verdure. Ces bancs sont en pierre et imitent des carreaux de Perse ; au-dessus sont des draperies rayées de violet, d'aurore et de blanc, soutenues par des bâtons. C'est où se tient la compagnie pour voir courir la bague. A droite et à gauche de ces ottomanes sont des roses ou cassolettes imitant le bronze rouge ; leurs guirlandes et ornements sont dorés.

« Sur la gauche du jeu de bagues, vous apercevrez une niche entre deux colonnes de proportions doriques ornées de bossages et soutenant un entablement. Cette niche est occupée par une superbe statue de marbre blanc, copiée par le célèbre Bouchardon, d'après le faune antique et dormant qui est à Rome dans la villa Borghèse.

« Un sentier qui se présente sur la droite de cet intéressant morceau vous conduira sur le bord d'un fossé qui servait autrefois de clôture au jardin de ce côté ; vous pénétrerez dans l'agrandissement que le prince s'est procuré au-delà par un petit pont ployant qui se baisse et se relève contre le mur de clôture. L'abreuvoir que vous trouverez dans ce nouveau terrain est destiné aux bestiaux de la ferme ; de l'autre côté est un petit tertre nommé tertre de Diane. »

Monceaux, malgré ses défauts de goût, était un parc alors unique dans son genre, une *folie*, suivant l'expression de l'époque, et l'abbé Delille le célébra dans son poème des jardins.

J'en atteste, ô Monceaux ! tes jardins toujours verts :
Là, des arbres absents les tiges imitées,
Les magiques berceaux, les grottes enchantées,
Tout vous charme à la fois. Là, bravant les saisons,
La rose apprend à naître au milieu des glaçons,
Et les temps, les climats, vaincus par des prodiges
Semblent de la féerie épuiser les prestiges.

La naumachie du parc Monceaux.

Ce jardin d'Armide devait devenir le rendez-vous des bals galants, des spectacles, des soupers et des fêtes décolletées. Le luxe qu'on y déploya était inouï.

La Convention nationale décréta en 1794 que le parc Monceaux serait entretenu pour être affecté à des établissements divers. On en fit peu de temps une promenade publique. L'empereur en fit cadeau à l'archichancelier Cambacérès, mais celui-ci, après l'avoir gardé cinq ans, fut effrayé des frais considérables que lui occasionnait cette propriété et la rendit au donataire.

En 1804 un décret du roi Louis XVIII rendit à la famille d'Orléans le bien de leur ancêtre. Monceaux fut habité pendant quelque temps par Louis-Philippe et sa sœur Adélaïde.

En 1148, il servit d'hôtel d'état-major aux ateliers nationaux. Le décret de janvier 1852 l'enleva à la famille d'Orléans; toutefois il resta fermé au public. Il était en effet la propriété indivise de l'État et des héritiers de la princesse d'Orléans. Une partie (11,000 mètres) appartenait à l'État seul; enfin le sol du large fossé qui séparait au nord le parc de l'ancien boulevard extérieur était à la ville. Cependant des permissions particulières signées par le général Fleury, premier écuyer de l'empereur, étaient facilement accordées aux personnes qui sollicitaient leur entrée permanente dans le parc. En 1859 c'était le directeur des domaines, M. d'Origny, qui délivrait ces permissions valables pour une année.

La création du boulevard Malesherbes fit céder à la ville de Paris la propriété entière du parc, destiné désormais à servir de promenade publique. Mais en même temps, elle nécessita de nombreuses modifications. Des 190,749 mètres carrés qui formaient la superficie totale du parc, 87,923 mètres seulement ont été conservés en jardin. Le reste a été affecté à l'établissement d'un riche quartier et de nouvelles voies de communication. Une servitude fut imposée aux acquéreurs de lots en bordures sur le parc et sur les voies publiques qui y ont été ouvertes, de conserver en jardins une zone de 15 mètres de largeur close de grilles d'un modèle uniforme.

Le parc Monceaux occupe aujourd'hui le vaste espace entouré par les rues de Valois, de Courcelles, et les boulevards extérieurs et de Malesherbes. Quatre entrées donnent accès dans le jardin public.

Celle du boulevard Monceaux est fermée par une grille d'apparat percée de cinq portes et passe pour un des plus beaux spécimens de la serrurerie de ce temps. Quant aux détails du jardin, l'ingénieur M. Alphand a sauvé le plus qu'il a pu de ce que l'expropriation des trois quarts du domaine primitif lui permettait de conserver : la rivière, le bois de haute futaie et un des tombeaux qui s'y cache, la naumachie, qu'on s'est borné à consolider sans toucher à son caractère curieux de ruine. (On prétend que cette colonnade fut commencée au nord de la basilique de Saint-Denis, par ordre de Catherine de Médicis, pour recevoir le mausolée de Henri II et le sien, et resta inachevée.) La rotonde de Monceaux, complètement transformée, sert d'habitation aux gardiens chefs du parc. Un massif pittoresque de rochers abritant une grotte formée de stalactites et un pont ont été ajoutés aux quelques curiosités conservées de l'ancien parc. Les rochers et la grotte où fut essayé l'emploi des stalactites artificielles ont été construits par M. Combaz ; le pont rappelle par sa forme le Rialto de Venise. Enfin terminons en disant que les entrées du boulevard Monceaux et sur l'avenue de Messine sont reliées entre elles par une voie carrossable de 15 mètres de largeur, garnie d'élégants candélabres. Indépendamment de ces deux grandes artères et d'une allée de ceinture destinée à donner accès aux hôtels qui entourent le parc, toutes les autres allées sont conservées ainsi que les massifs dont une profusion de fleurs forme la bordure. Pour assurer l'écoulement des eaux, deux égouts ont été établis dans chacune des grandes allées du jardin. Une conduite principale, embranchée sur celles qui entourent le parc alimente les bouches d'eau réparties de côté et d'autre, pour l'arrosage des pelouses et l'approvisionnement de la naumachie et de la cascade.

La duchesse de Chartres était accouchée le 6 octobre 1773 d'un fils (Louis-Philippe) qu'on appelait le jeune duc de Valois, et sa nourrice le promenait dans son jardin du Palais-Royal : nombre de gens s'approchaient du petit jardin réservé, séparé de l'autre par une grille, pour le voir ; le duc et la duchesse de Chartres désignèrent alors des heures pendant lesquelles le futur roi des Français était exposé dans son appartement. On demandait au valet de chambre « la grâce » d'être introduit ; on donnait son nom, et on l'était.

Le bruit de cette liberté accordée aux Parisiens d'entrer au Palais-Royal attira beaucoup de monde.

Le 16 novembre, les façades de toutes les maisons de Paris furent illuminées à l'occasion du mariage du comte d'Artois avec la princesse Marie-Thérèse de Savoie. Il y eut ordre de fermer les boutiques après-midi. Les officiers municipaux de la ville consacrèrent à l'occasion de ce mariage une somme nécessaire pour doter vingt jeunes filles parisiennes, orphelines de père et de mère ; elles devaient être d'une conduite irréprochable et n'avoir pas plus de vingt-cinq ans.

Leur mariage se fit le 25 à Saint-Jean-en-Grève, et en présence du corps de ville. Les nouvelles mariées furent reconduites ensuite à l'Hôtel de ville où on leur servit « un dîner splendide ».

« Tout s'est passé avec l'ordre et la décence qu'exigeoit une pareille cérémonie. La fête avoit été annoncée le matin par une décharge des boêtes et des canons de la ville. Cette décharge fut répétée à midi et le soir. Dans l'après-midi il y eut des distributions de pain, de viande et de vin dans les principales places de la ville avec des orchestres de symphonie. »

« Le 13 décembre, lisons-nous dans les *Souvenirs d'un chevau-léger*, le vicomte de Gamaches et M. le Prestre, chevalier de Saint-Louis, ayant renouvelé au foyer de la Comédie italienne une ancienne querelle qu'ils avoient ensemble sur le peu de discrétion avec laquelle M. de Gamaches fréquentoit la femme de ce M. le Prestre, se rendirent sur-le-champ, à huit heures du soir, rue du Jour, quartier Saint-Eustache, chacun dans son carrosse, et s'y battirent à l'épée. M. le Prestre a été légèrement blessé à la main, mais M. de Gamaches a reçu dans la poitrine un coup d'épée dont il est mort dans la nuit. On l'avoit transporté d'abord chez un chirurgien de la rue Montmartre, qui, le voyant en grand danger, le fit porter chez une garde-malade à l'hôtel de Laval, au coin de la rue Coquillière, car on ne pouvoit le mener à son hôtel, attendu l'état de Mme la vicomtesse de Gamaches, sa femme, qui étoit alors en couche, et que ce terrible événement auroit pu gravement indisposer. C'est là que M. de Gamaches est mort, après avoir refusé de déclarer le nom de son adversaire, mais avoir dit seulement que c'étoit un brave et galant homme, auquel il n'avoit point de reproches à faire. »

Nous avons cru le trait curieux à raconter, car il peint bien les mœurs de l'époque.

Entrèrent à la Bastille en 1773 : 28 janvier, le sieur Koade, transféré à Bicêtre le 1er mai ; — 4 février, l'abbé de Poily, sorti le 3 juillet ; — 6 février, Louis Laporte, transféré à Bicêtre le 3 juil-

COSTUMES DE PARIS A TRAVERS LES SIÈCLES

CUREUR DE PUITS, VENDEUR D'HUITRES, MARCHAND DE VINAIGRE

(Règne de Louis XIII.)

(Tirés des types de Paris.)

let ; — 16 février, le sieur Pagès, mouton du sieur Laporte, sorti en mars : — 17 mars, la femme Strochdorph, libraire à Strasbourg, transférée le 8 juillet au Châtelet pour son jugement, et rentrée le même jour à la Bastille, mise en liberté le 3 août ; le sieur Ricks, son commis, transféré de même et sorti ledit jour ; — 22 mars, le baron de Linsenguen, transféré à Pierre Encise le 7 avril et s'est sauvé en route ; — 16 juin, Courtois sorti le 8 juillet ; — 23 juin, Pallebot de Saint-Lubin et son esclave Narcisse ; Malabar, sortis le 3 juillet, — 3 juillet, Dieudé de Saint-Lazare rentré, sorti le 10 juillet pour partir le surlendemain par le carrosse de Rennes ; — 6 août, Troussey inspecteur de police, le 5 novembre parti pour la Lorraine ; — 17 août, Ribert de Grimelin, soldat il s'est détruit la nuit du 26 au 27 janvier 1774 ; — 7 septembre, le comte de Ségur, le 25 avril 1774, exilé dans son pays ; Favier sorti le 1ᵉʳ avril 1774 et transféré à la citadelle de Dourlan ; — 8 septembre, Balouvier domestique de Favier : il a suivi son maître ; — 13 septembre, Dumourier, colonel d'infanterie, exilé à Caen le 7 mars 1774 ; Pierre Maurice Turgis, son domestique, Claude Antoine Lamy, son second domestique : ils ont suivi leur maître ; — 18 septembre, Joseph Jacob, sorti le 20 septembre, méprise ; — Joseph Marie Golvan, domestique de Mᵐᵉ de Bernevalle, sorti le 8 mars 1774 ; Mᵐᵉ de Bernevalle et un garde, sortis le 20 octobre ; — 30 septembre, de Quatreville, avocat de Rennes, sorti le 23 octobre 1774, avec injonction de retourner à Nantes ; — 27 octobre, le sieur Aubry de Julie, sorti le 5 novembre.

L'année 1774 commença par la banqueroute d'un notaire, le sieur Prignot de Beauregard, qui disparut de Paris laissant un déficit de plus d'un million.

Le 20 janvier, six commissaires de l'Académie des sciences se transportèrent auprès du pont Royal, vis-à-vis la rue de Beaune, pour assister à l'expérience d'une machine à l'aide de laquelle son inventeur affirmait pouvoir rester sous l'eau pendant une heure ; malheureusement il cassa le ressort destiné à lui procurer de l'air, et au bout de dix minutes on se hâta de le retirer de l'eau.

Le dauphin, la dauphine, le comte de Provence et sa femme, le comte et la comtesse d'Artois vinrent pendant la nuit du 30 au 31, au bal de l'Opéra et ne retournèrent à Versailles qu'à six heures du matin ;

La nuit du 4 au 5 février les glaces s'étant accumulées, s'élevèrent si haut à Charenton que, se renversant par-dessus les estacades, elles se précipitèrent à travers les gares et entraînèrent par leur impétuosité quarante-deux bateaux de différentes grandeurs, tous chargés de charbon. Cette masse énorme détacha et entraîna par son choc plusieurs autres bateaux vides, le bac de Charenton et l'une des pataches de la ferme générale dans laquelle cinq personnes étaient de garde. Ces bateaux heurtèrent en différents endroits et laissèrent partout des traces funestes de leur passage. L'alarme se répandit à Paris.

La nécessité de pourvoir à la sûreté des ponts, de la pompe Notre-Dame et d'un grand nombre de gens logés sur les ponts, excita la vigilance des officiers municipaux, qui prescrivirent des mesures de précaution pour empêcher le désastre qu'on redoutait. Trente de ces bateaux s'étaient arrêtés au pont de la Tournelle, la plus grande partie fut brisée et submergée ; plusieurs furent trouvés au-dessus le long de la berge, ainsi que la patache d'où les commis purent se sauver. Le bac resta au pont Marie, les autres bateaux allèrent se perdre plus bas et quelques-uns furent poussés par les eaux jusqu'au pont de Sèvres. Ils entraînèrent avec eux un moulin et plusieurs embarcations qui étaient amarrées le long de la rive. Dans toute cette étendue, la Seine fut couverte pendant tout le jour de glaçons et de morceaux de charbon. Le corps municipal assembla un grand nombre de travailleurs pour opérer le sauvetage de ce qu'il était possible de sauver et pour prévenir les malheurs que l'embarras des ponts et la surcharge des glaces pouvaient occasionner. On n'eut à déplorer que la mort d'une seule personne, mais la perte des bateaux et des marchandises fut évaluée à plus de 300,000 livres.

Depuis quelque temps, Caron de Beaumarchais soutenait un procès contre le comte de la Blache, et, suivant la coutume consacrée alors, il avait précédemment visité les juges et fait un présent à la femme du rapporteur de son affaire, le conseiller Goëzman. Ce qui n'empêcha pas celui-ci de conclure contre Beaumarchais. Mᵐᵉ Goëzman restitua alors le présent qu'elle avait reçu, moins toutefois quinze louis que Beaumarchais redemanda avec insistance. Celle-ci refusa de les rendre, et Goëzman assigna Beaumarchais en calomnie ; le 26 février 1774, le Parlement rendit l'arrêt suivant :

« La cour, toutes les chambres assemblées, faisant droit sur le tout, pour les cas résultans du procès, condamne Gabrielle-Julie Jamart, femme de Louis-Valentin Goëzman, à être mandée à la Chambre pour, étant à genoux, y être blâmée, la condamne en outre à trois livres d'amende envers le roi, à prendre sur ses biens ; sans s'arrêter ni avoir égard à la requête de Pierre Augustin Caron de Beaumarchais, et faisant droit sur les conclusions du procureur général du roi, ordonne que ladite Gabrielle-Julie Jamart sera tenue, même par corps, de rendre et restituer la somme de 360 livres par elle reçue de Edme Jean le Jay, pour être ladite somme appliquée au pain des pauvres prisonniers de la Conciergerie du palais, condamne pareillement Pierre Augustin Caron de Beaumarchais à être mandé à la Chambre pour, étant à genoux, y être blâmé, le condamne en outre en trois livres d'amende envers le roi, à prendre sur ses biens; faisant droit sur la plainte du procureur général du roi reçue et jointe au procès, par arrêt de la cour du 18 février 1774, ensemble sur ses conclusions, ordonne que les quatre mémoires imprimés en 1773 et 1774, etc. (suivent les titres des mémoires rédigés par Beaumarchais et leur détail) seront lacérés et brûlés au pied du grand escalier du palais par l'exécuteur de la haute justice, comme contenant des expressions et imputations téméraires, scandaleuses et injurieuses à la magistrature en général, à aucuns de ses membres, et diffamatoires envers différents particuliers; fait défenses audit Caron de Beaumarchais de faire à l'avenir de pareils mémoires sous peine de punition corporelle, et pour les avoir faits le condamne à aumôner au pain des prisonniers de la Conciergerie du palais la somme de douze livres à prendre sur ses biens. Comme aussi, fait défenses à Bidault, Adet et Malbeste, avocats, de plus à l'avenir autoriser de pareils mémoires par leurs consultations et signatures, sous telles peines qu'il appartiendra; fait pareillement défenses à tous imprimeurs, libraires et colporteurs de les imprimer, débiter ou colporter; enjoint à tous ceux qui ont des exemplaires, de les apporter au greffe criminel de la cour pour y être supprimés, condamne Edme Jean le Jay et Antoine Bertrand Dairolles à être mandés à la chambre pour, étant debout, derrière le barreau, y être admonestés; les condamne en outre à aumôner chacun la somme de trois livres au pain des pauvres prisonniers de la Conciergerie du palais, ladite somme à prendre sur leurs biens; sur l'accusation intentée contre Louis Valentin Goëzman, à la requête du procureur du roi, met les parties hors de cour et de procès. Sur les différentes plaintes, requêtes et demandes de Louis François Claude Marin, Louis Valentin Goëzman, Gabrielle Julie Jamart, sa femme, Pierre Augustin Caron de Beaumarchais, Edme Jean le Jay, Antoine Bertrand Dairolles et Joseph Jacques Gardanne, met pareillement les parties hors de cours. Faisant pareillement droit sur les conclusions du procureur général du roi, ordonne que les mémoires, ensemble les notes imprimées d'Antoine Bertrand Dairolles, Louis Valentin Goëzman, Gabrielle Julie Jamart, sa femme, Louis François Claude Marin et François Thomas d'Arnaud, seront et demeureront supprimés. Ordonne qu'à la requête du procureur général du roi, le présent arrêt sera imprimé et affiché dans cette ville de Paris et partout où besoin sera. »

Cette affaire avait fait grand bruit dans Paris, les *Mémoires* de Beaumarchais étaient des chefs-d'œuvre de verve, de bon sens et d'esprit où la satire la plus acérée s'unissait à l'éloquence la plus originale et à la dialectique la plus pénétrante, et pendant les sept mois que dura l'affaire, on peut dire que toute la France eut les yeux fixés sur lui.

Le lendemain du procès qui se terminait comme on le voit par un blâme pour toutes les parties, tout Paris alla s'inscrire chez Beaumarchais et le prince de Conti et le duc de Chartres lui offrirent une fête brillante.

De leur côté les comédiens français, habiles à profiter de la popularité qui s'attachait à toutes les œuvres de la plume de Beaumarchais, sollicitèrent la permission de jouer *le Barbier de Séville*, comédie dont il était l'auteur. Ils l'obtinrent et la représentation fut fixée au 12 février; toutes les loges étaient louées jusqu'à la cinquième représentation, lorsque le jeudi 10, arriva un ordre supérieur qui défendait de jouer la pièce; déjà elle avait été arrêtée à la police, et Beaumarchais s'était rendu chez M. de Sartine pour se plaindre de l'embargo qu'il avait fini par faire lever; d'un autre côté, on disait que la Dauphine avait formellement promis non seulement de lever tous les obstacles, mais encore d'assister à la première représentation. On avait compté sans Mme du Barry et le duc d'Aiguillon, qui ordonnèrent au duc de la Vrillière d'interposer son autorité pour empêcher la publicité de cette comédie dont on redoutait la portée. Or ce jour là même Beaumarchais publiait le dernier et le plus brillant de ses factums judiciaires, et comme on avait répandu le bruit que sa pièce était pleine d'allusions à son procès, il ajouta à la suite de son mémoire une note où, après avoir annoncé au public la prohibition du *Barbier*, il démentait toutes les allusions qu'on lui prêtait, mais il en fut pour ses frais d'éloquence et il dut se résigner à abandonner la partie; il partit pour l'Angleterre.

On s'amusa beaucoup à Paris d'un fait assez bizarre: deux personnes avaient parié que si l'une d'elles faisait vendre des écus de six francs sur le Pont-Neuf pour vingt-quatre sols, elle n'en trouverait pas le débit pendant la première heure. Le pari fut accepté et un des parieurs fut établi, en effet, sur le Pont-Neuf de dix à onze heures du matin, devant une petite table couverte d'écus de six francs, et à côté de laquelle un homme criait aux passants: Des écus de six francs pour vingt-quatre sols! sans que personne parût tenté de faire un si bon marché. Une femme qui en avait acheté le rapporta un moment après, craignant d'avoir été trompée et exigea qu'on lui rendît ses vingt-quatre sols. Enfin il ne s'en vendit qu'un, et celui qui l'avait acheté le porta chez un orfèvre qui après l'avoir examiné et après l'avoir assuré que c'était réellement un écu, lui donna de la monnaie en échange; l'acheteur courut aussitôt au Pont-Neuf pour avoir le reste, mais le temps fixé par les conditions du pari était expiré, et la boutique avait disparu.

Il y eut grande affluence à la promenade de

Grille du parc Monceaux.

Le pont du parc Monceaux.

Longchamps en 1774. On y avait vu précédemment Mlle Duthé briller dans un pompeux équipage à six chevaux : Mlle Cléophile se piqua d'émulation et s'y rendit le vendredi saint de la même manière pour faire assaut de magnificence avec sa rivale. Mlle Cléophile était protégée par le comte d'Aranda qui lui donnait 300 louis par mois, ce qui lui permettait de se montrer élégante. Quoi qu'il en soit « ce spectacle curieux a réjoui les amateurs et indigné les gens austères qui ne comprenaient pas que cette danseuse de l'Opéra, qui avoit appartenu au préalable à la troupe d'Audinot, affichât un tel luxe. »

Au reste, c'était à qui parmi ces demoiselles de l'Opéra se distinguerait par ses toilettes et ses prodigalités ; le 14 avril, on afficha sur toutes les portes de l'Opéra et dans l'intérieur de la salle une ordonnance du roi datée du 5 de ce mois, qui affligea profondément tous ceux qui aimaient à voir de près les chanteuses et les danseuses de l'Académie royale de musique. Jusqu'alors on entrait librement au foyer des artistes avant et pendant les représentations ; on voyait ces demoiselles ajuster leurs toilettes et les amateurs ne manquaient pas. A partir de ce jour toute communication entre le public et les artistes fut interdite et défense fut faite aux directeurs « de laisser subsister un usage aussi contraire au bon ordre du service qu'à la décence et aux mœurs. »

Nous avons dit qu'on poursuivait avec acharnement tous ceux qui colportaient ou vendaient des écrits prohibés ; au mois de mars on publia un arrêt du Parlement, daté du 29 janvier, qui statuait sur le sort de cinquante personnes accusées d'avoir colporté et vendu différents libelles contre l'honneur des magistrats ; les condamnés furent l'abbé du Clos, contumax, banni pour neuf ans — la veuve Mequignon, marchande libraire ; Archier, ci-devant exempt de robe courte, condamnés à cinq ans de bannissement et trois livres d'amende chacun. Paul le Sage, marchand de livres et la fille Babet, sa demoiselle de boutique, blâmés et trois livres d'amende envers le roi ; Henri de la Roche, employé aux fermes ; François employé aux fermes ; François de Quincy, bourgeois de Paris ; la Guerye, receveur à la ville ; Pestrel, tailleur et sa femme ; Sorin, commis du sieur Boudet, libraire-imprimeur ; admonestés et aumônés, chacun de trois livres ; l'arrêt enjoignit ensuite à dom Imbert, bénédictin ; Simonet, ancien clerc de procureur au Parlement ; Thevenet et Duvivier, employés au bureau de l'extraordinaire des guerres d'être plus circonspects ; la femme Archier ; la Marre, gazetier ; François le Sage, colporteur ; Prot, imprimeur en lettres ;

Valeyre et Vielle, colporteurs furent mis hors de cour; enfin le surplus fut déchargé de l'accusation, sauf l'abbé Jubineau, les filles Danjan l'aîné et Janneton; les nommés Perrot, Daigue et Laurent absents, qui restèrent sous le coup d'un plus ample informé.

Le Conseil d'État, dans sa séance du 4 mars 1774, ordonna la formation de plusieurs voies publiques ainsi que le constatent les diverses lettres patentes qui suivent: « Louis, etc... sur la requête de nos chers et bien aimés Louis d'Astorg d'Aubarède, marquis de Roquepine, lieutenant général de nos armées, comme ayant des droits considérables de propriété sur un grand terrain contigu aux rues Verte et à la Ville-l'Évêque, appartenant pour la majeure partie aux héritiers Belloy et se portant fort pour eux, Louis-Charles Froment et Marie-Anne-Élisabeth Louvet, sa femme, Charles Lemaitre, Jean Toray, François Drouet et Marie-Marthe Louvet, sa femme, et autres copropriétaires de différents terrains contigus auxdites rues et ayant consenti d'abandonner gratuitement les portions nécessaires à la formation d'icelles, etc., ordonnons que la rue Verte (en 1690, c'était le chemin des Marais, en 1734, on n'y voyait pas encore de constructions; en 1750 on la nommait rue du Chemin vert. En 1775 c'était la rue Verte) sera prolongée; comme aussi, ordonnons qu'il sera ouvert sur le terrain de la succession de Belloy, une nouvelle rue sous le nom d'Astorg qui commencera par embranchement à la rue de la Ville-l'Évêque et qui finira à la continuation de la rue Verte. » Ces lettres furent enregistrées au Parlement le 6 septembre 1775, et la rue fut ouverte en mai 1776. Le 24 juillet 1778, le roi s'étant fait représenter les plans du faubourg Saint-Honoré et des rues Verte et d'Astorg reconnut que « pour rendre ce quartier plus commode, donner les accès et débouchés qui y sont nécessaires, faciliter à nos gardes françoises qui sont casernés rue Neuve Saint-Charles (c'était la rue comprise entre la rue du Faubourg du Roule et celle de Courcelles, et qui prit le nom de rue Pépinière lorsqu'elle fut prolongée) et rue Verte, les moyens de se rendre aux exercices qui se font dans les Champs-Élysées et aux lieux où leur service peut les appeler, en évitant aux soldats l'occasion de passer et traverser les marais où, malgré toutes leurs précautions, ils ne peuvent s'empêcher d'occasionner beaucoup de dégâts. Il serait également utile et dans l'intention desdites patentes que ces deux rues fussent prolongées, la première pour avoir son ouverture dans la rue Neuve Saint-Charles près de ladite caserne et la deuxième jusqu'à la rue d'Anjou, etc. Ordonnons que la rue d'Artorg sera prolongée » (de la rue Roquepine à la rue Pépinière).

Ces lettres patentes furent soumises aux trésoriers de France qui présentèrent plusieurs observations; néanmoins, on passa outre et la rue fut prolongée; enfin un troisième prolongement eut lieu quelques années plus tard par le percement de la partie située entre la rue Pépinière et la rue Delaborde, et qu'on nomma d'abord rue Maison-Neuve; ce ne fut qu'en 1840 que cette rue devint la rue d'Astorg. Elle ne va de nos jours que de la rue de la Ville-l'Évêque au boulevard Hausmann.

La rue de Roquépine fut créée par les mêmes lettres patentes pour mettre la rue d'Astorg en communication avec la rue de la Ville-l'Évêque.

Ce fut à la même date que furent formées les deux communications qui longeaient les grands côtés de la Halle aux veaux dont nous avons parlé et dont la première pierre fut posée le 6 août, par M. de Sartine, qui fut complimenté à cette occasion par l'ancien avocat Boysson, procureur du roi de la chambre des bâtiments.

Puis ce fut de l'établissement d'un quai dont le conseil s'occupa dans cette séance du 4 mars; disons d'abord que dans son testament du 22 avril 1763, le président Turgot avait écrit: « Je donne et lègue la somme de cent mille livres une fois payée à l'hôtel de ville de Paris et je prie MM. les prévôt des marchands et échevins de l'employer à la construction du quai projeté par mon père, qui doit prendre au bout du quai de l'horloge et aboutir au pont Notre-Dame, vis-à-vis Saint-Denis de la Chartre. » Or le 4 mars 1774 le bureau de la ville, délibérant sur le legs, fut d'avis de le refuser « attendu qu'il paraissait peu convenable à la dignité du corps de ville de la capitale du royaume d'accepter ledit legs sans l'employer sur-le-champ à l'objet désigné; que le bureau ne pouvait se dissimuler qu'il lui serait impossible, d'ici à un très grand nombre d'années, de s'occuper du quai projeté par M. Turgot, lorsqu'il était prévôt des marchands, attendu que cette construction exigeait une dépense très considérable, non seulement pour les ouvrages de construction, mais encore pour les acquisitions de terrains et de maisons, etc. »

Cependant en septembre 1786, le conseil étudia de nouveau la question, et cette fois elle fut résolue dans le sens indiqué par le testateur. « Il sera procédé à la démolition des maisons de la rue de la Pelleterie, sur le bord de la rivière, à la place desquelles maisons il sera édifié un nouveau quai avec un parapet d'alignement à celui du quai d'horloge. » Enfin le 18 avril 1788, une nouvelle délibération porta: « La rue de la Pelleterie sera supprimée jusque près de l'angle de l'église Saint-Barthélemy, la partie réservée de la rue sera nommée cul-de-sac Saint-Barthélemy. Pour remplacer ladite rue de la Pelleterie, il sera établi un passage de la rue Saint-Barthélemy à ladite rue de la Lanterne... Il sera établi un nouveau quai avec un parapet d'alignement à celui du quai de l'Horloge. Il aura 44 pieds de longueur et sera nommé quai de Breteuil. » Cet arrêt ne fut pas exécuté, et le quai depuis vingt ans était toujours à l'état de projet, mais le 24 messidor an VIII, il sortait enfin de ses limbes et la première pierre du quai de la Pelleterie était posée par le ministre de l'intérieur qui décida qu'à partir de ce moment le quai futur s'appellerait quai Desaix, en l'honneur du général Desaix de Voycoux tué à Marengo.

Depuis la troisième république, le nom de Desaix a disparu, et le quai se nomma quai de la Cité.

Dans les derniers jours d'avril, le bruit se répandit à Paris que le roi était malade et bientôt on sut qu'il s'agissait de la petite vérole ; ce qui occasionna de grandes craintes ; toutes les transactions s'arrêtèrent, les affaires cessèrent; il y avait une inquiétude générale dans toute la population et cette inquiétude augmenta sensiblement lorsqu'on sut que des prières de quarante heures avaient été ordonnées, que la châsse de sainte Geneviève avait été découverte et qu'enfin les théâtres avaient reçu l'ordre de fermer leurs portes.

Pour satisfaire la curiosité et l'impatience du public qui se portait en foule à l'Hôtel de ville pour avoir des nouvelles de la maladie du roi, outre les bulletins qui étaient affichés aux portes on en mit en plusieurs endroits de la ville, et aux portes de quelques particuliers.

On remarqua cependant avec surprise que les églises demeuraient désertes; cependant les six corps marchands témoignèrent le désir de faire dire une messe solennelle pour demander à Dieu la conservation des jours du roi et ils s'adressèrent à l'archevêque pour en obtenir la permission. Pendant le temps qu'exigeait cette formalité, le lieutenant général de police fut instruit de leur désir et il les manda auprès de lui pour les prier de s'abstenir de faire dire une messe, ce qui aurait pour résultat d'accroître les alarmes de la population, le roi n'étant pas d'ailleurs dans un état de danger qui nésessitât cette cérémonie. Les six corps promirent de s'abstenir mais les nouvelles étant devenues plus mauvaises ils n'hésitèrent pas à suivre leur première inspiration et la messe fut célébrée le 6 mai.

A partir du 7 mai les bulletins signés par les médecins qui soignaient le roi furent imprimés.

Le 6, le Parlement avait rendu un arrêt pour ordonner que la châsse de sainte Geneviève, déjà découverte, fût descendue, et cet arrêt fut immédiatement notifié à l'abbé de Sainte-Geneviève, mais celui-ci refusa de s'y conformer, objectant qu'il n'avait pas été motivé par une lettre de cachet. Au reste les moines avaient fait tout ce qu'ils avaient pu pour exciter la curiosité publique, en formant une sorte de chambre noire dans laquelle la châsse était exposée, afin de faire mieux ressortir l'éclat des pierreries qui enrichissaient la précieuse relique.

Enfin l'archevêque de Paris donna un mandement portant la date du 9 mai et dans lequel il était dit que le roi rempli d'une confiance particulière envers sainte Geneviève, avait désiré que sa châsse fut descendue pour être exposée à la vénération des fidèles. En conséquence, le prélat ordonna que tout le clergé séculier et régulier de la ville et des faubourgs de Paris irait processionnellement en l'église Sainte Geneviève et que lui, le doyen et le chapitre de l'église métropolitaine commenceraient le lendemain. A l'égard des autres processions, pour éviter la confusion que leur concours eût pu occasionner, il prescrivit l'ordre, le jour et l'heure de leur marche, ce qui devait durer jusqu'au 12 après midi.

Le même jour parut un mandement de l'abbé de Sainte-Geneviève faisant mention du désir du roi et ordonnant que pour se conformer à ses ordres et à l'arrêt du Parlement, la châsse de sainte Geneviève, patronne de Paris, serait descendue avec les prières et cérémonies accoutumées et exposée à la vénération des fidèles sur l'autel dit de sainte Clotilde, et que quatre chanoines de ladite église feraient successivement jour et nuit des prières devant la châsse, etc.

En conséquence de tout ceci, la châsse fut enfin descendue et suivant l'usage, les lieutenants civil et criminel et les procureur et avocat du roi au Châtelet revêtus de robes rouges, se rendirent à 10 heures du soir à l'église Sainte-Geneviève avec les commissaires et autres officiers pour prendre la châsse en leur protection au nom de toute la ville, s'obligeant par serment et par écrit d'en répondre et à partir de ce moment ils restèrent au couvent et se relevèrent successivement à l'église auprès de la châsse.

Le 10 mai, les Cours souveraines commencèrent leurs prières ; le Parlement vint en robe rouge et fut reçu par deux religieux et ensuite par le bailli et les autres officiers de l'abbaye dans la nef de l'église ; d'où passant par le milieu du chœur, les magistrats s'avancèrent jusqu'à l'endroit où reposait la châsse : ils lui rendirent leurs devoirs et furent conduits ensuite dans la salle qui était préparée pour les recevoir.

Le dauphin avait écrit une lettre à M. le contrôleur général par laquelle il le priait de faire tenir sur-le-champ aux curés de la ville de Paris une somme de 200,000 livres à répartir entre eux pour être distribuée aux pauvres, en ajoutant que si le roi ne ratifiait pas ce don, il consentait à ce que cet argent fût pris sur les mois de sa pension et sur ceux de la dauphine.

Dès qu'on sut dans Paris que la châsse était descendue, on vint de tous les quartiers à Sainte-Geneviève et il fallut poser des gardes à pied et à cheval aux portes et dresser de doubles barrières pour contenir la multitude qui grossissait sans cesse.

Malheureusement, toutes ces démonstrations furent inutiles, et vers la fin de la journée on apprit que le roi Louis XV avait cessé de vivre ce 10 mai 1774, à trois heures 20 minutes de l'après-midi.

Bien qu'on s'y attendît, l'événement causa une émotion profonde chez tous.

Avant de raconter les événements qui suivirent et d'entrer dans le récit du nouveau règne, continuons comme nous l'avons fait jusqu'ici, à jeter un coup d'œil sur les coutumes, les mœurs, les usages et les costumes des Parisiens, pendant le règne de Louis XV.

Disons d'abord que jamais époque ne fit plus « gémir les presses » que celle-ci, les gazetiers, les libellistes et les pamphlétaires s'en donnèrent à cœur joie; il ne se passait aucun événement à la cour ou à la ville qu'il ne donnât naissance aussitôt à quelque écrit en vers ou en prose: c'était une rage, la moitié de Paris chansonnait l'autre; mais qui ne se sentait pas le goût d'écrire en ce XVIII° siècle où, sans compter Voltaire et Diderot, et ne nous occupant que des Parisiens, nous trouvons parmi les écrivains qui s'illustrèrent, les philosophes d'Holbach, d'Alembert Helvétius, les historiens Anquetil et Hénault, les poètes dramatiques ou lyriques J. B. Rousseau, Lemierre, Montcrif, Carmontel, Sedaine, Favart, Collé, Marivaux, Dorat, de La Harpe, Caron de Beaumarchais, les romanciers Crébillon fils, de Caylus, etc. etc.

« L'histoire pardonne au XVIII° siècle, ont dit MM. de Goncourt, parce que le XVIII° siècle a aimé les lettres. Cela est la grandeur de ce temps, cela sera son excuse, d'avoir adoré l'intelligence, couronné la pensée, donné le triomphe et l'apothéose au génie vivant; d'avoir libéré l'homme de lettres de la sportule des grands pour l'élever à leurs poignées de main, d'avoir montré les couronnes courtisant les plumes; d'avoir jeté les plumes au gouvernement de l'opinion publique, à l'avant-garde de l'humanité, glorieuse excuse de ce siècle qui, de Choiseul à Turgot, a fêté les muses riantes ou armées, la parole, le livre, l'idée ! »

Mais ce ne sont pas seulement des écrivains célèbres que Paris a l'honneur de revendiquer comme ses enfants, il faut aussi compter le voyageur Bougainville, les astromones la Condamine, Lemonnier, Cassini, Pingri, Dionis du Séjour, le géomètre Alexis Clairault, les géographes Danville et de Vaugondy, les chirurgiens Bordenave et Morand, les artistes peintres Lemoine, Boucher, Charles Antoine et Noël Nicolas Coypel, Nicolas Bertin; les architectes Jean-Baptiste Chalgrin, Jacques et Jacques-Ange Gabriel; les sculpteurs Jean-Baptiste Lemoyne, Pierre Lepautre, Jean-Baptiste Pigalle, Etienne Maurice Falconet etc.,etc.

Savants et lettrés jetaient l'éclat de leur talent sur ce siècle adonné à la débauche, au luxe, aux extravagances de toute espèce et pendant lequel Paris rivalisait avec Versailles de folies et d'excès : c'était le temps de ces fameuses petites maisons où les plus grands personnages allaient cacher leur parties libertines avec des filles qui, après tout, valaient bien les maîtresses du roi; c'était ainsi « qu'après avoir eu son domicile d'amour rue Basse-Saint-Pierre, à Chaillot, Lauzun déjà fané, installa sa petite maison de la barrière du Maine avec des danseuses de l'Opéra entre-caressées par MM. de Noailles, de Dillon, de Choiseul, de Narbonne, de Talleyrand. »

Le comte de Charolais s'enfermait dans sa petite maison du faubourg avec Mme de Courchamp ; M. de Richelieu avait pour maîtresse Mme de la Popelinière, la femme du fermier général « qui aurait dû payer aux barrières comme bête à cornes » ; le prince de Soubise fit un arrangement avec Mlle Audinot, « au lieu de 3,000 livres qu'il lui donnait, il lui donne 1,200 livres pour ses menus plaisirs, et 1,200 à sa mère pour la dépense de sa maison et toutes ses provisions. Il a fait le même marché avec la petite Dervien. Il n'y a que les demoiselles Coste et Guimard à qui il donne les 3,000 livres. » Au reste tout cela se passait au grand jour et Mlle de Romans promenant aux Tuileries un fils qu'elle avait eu de Louis XV, et se trouvant dans la foule s'écriait :

— Eh ! Mesdames et Messieurs, n'écrasez pas et laissez respirer l'enfant du roi !

Certains prélats ne craignaient pas de mener semblable vie, et les moines les imitaient. Ce fut ainsi qu'à l'occasion d'un père capucin qui s'étant rendu chez une fille mal famée y avait laissé sa béquille, une chanson parut en 1737, qu'on appela *la Béquille du père Barnaba:* en un instant elle devint populaire et se chanta partout; bien plus, l'air resta et toutes les chansons satiriques de l'époque furent faites sur l'air de *la Béquille du père Barnaba.* « Les étrennes de 1737, dit M. A. Challamel, furent toutes chargées de béquilles; les couvertures d'almanach, les tabatières, les frisures, les desserts artificiels et mêmes les morceaux de pain d'épices portaient un capucin tenant une béquille. La fameuse chanson fut écrite sur les assiettes; on la chantait à la fin des repas et les musiciens qui couraient les rues mettaient leurs airs en béquilles. »

Au reste, jamais on ne pratiqua tant l'allusion. Nous avons parlé des silhouettes, dessins tirés de profil par allusion au contrôleur général des finances Silhouette, et des tabatières qui aussi portèrent ce nom ; plus tard on inventa les écrans à la Monteynard ; ils étaient établis sur un pied en forme de boule, base mobile qui servait à les faire rouler aisément partout et comme on voulait, mais comme elle était en même temps plombée de telle façon qu'on renversât les écrans, ils se relevaient toujours d'eux-mêmes, allusion à la situation du ministre qui, très ballotté par la poli-

Les cabarets sous Louis XV.

tique, n'en continuait pas moins à rester toujours debout au ministère.

Naturellement le luxe des habitations parisiennes fut en rapport avec les habitudes de confort et d'élégance qui se glissaient partout. Bachaumont cite « une chambre à coucher meublée de moire bleue fort claire, une jolie table de nuit d'un bois violet sur laquelle plusieurs flacons de cristal garnis d'or et un flambeau d'argent; salon fond cramoisi à trois couleurs, » mais nous avons donné le détail d'un appartement d'une belle impure; au reste on pouvait consulter Bachaumont pour meubler sa maison à la mode du jour ainsi que le fit le maréchal d'Isenghein qui s'adressa à lui pour cela. « Prendre MM. Constant et Cartaut pour les grands parcs et les grands jardins, M. de la Chapelle, le meilleur élève de Lenôtre pour bosquets, parterres et autres gentillesses, MM. Slodz sculpteurs du roi, excellents pour les ornements extérieurs, cheminées, buffets, coquilles, cuvettes de marbre de salle à manger, vases, brasiers de feu, bras de cheminée, girandoles, chandeliers de bronze doré, vases pour les jardins en pierre, en bronze, en plomb, en terre cuite, en potin, gens d'honneur et de probité, point durs, point intéressés et ennemis des colifichets, prendre pour les statues de marbre, Bouchardon, Lemoyne fils, les frères Adam, la Datte, prendre le sieur Pingat, Collins est trop cher, pour nettoyer les tableaux Pingat est sur le pont Notre-Dame, *aux Armes d'Espagne;* les sieurs Morizeau et Lesueur pour les sculptures des bordures, puis Charny et Cayeux; et pour les bordures ordinaires de *composition* le sieur de Launay, quai de Gesvres *à l'étoile.* »

Tous ces gens-là étaient des fournisseurs en vogue, de même que chez le brocanteur Dufresne on trouvait une foule de jolis objets de haute curiosité, chez Habermann les meubles, les sièges chez Radel, les glaces chez Pineau, c'était là que s'approvisionnaient les riches et les grands.

« Au milieu de leurs appartements, lisons nous dans les *Mémoires du peuple français*, plusieurs dames tenaient café. Des tables de deux, trois ou quatre places étaient dressées, les unes garnies de cartes, jetons, échecs, damiers, tric-tracs, les autres de bière, de vin, d'orgeat et de limonade. La maîtresse de la maison, vêtue à l'anglaise, était assise à une grande table en forme de comptoir sur laquelle on trouvait des oranges, des biscuits, des brochures et tous les journaux. Les liqueurs étaient rangées sur la tablette de la cheminée. Les valets de la maison portaient la veste blanche et le bonnet blanc, on les appelait garçons comme dans les cafés publics. La dame de comptoir ne se levait pour personne. Chacun se plaçait à la table qui lui convenait.

« A l'époque des cafés en salons, la soirée se terminait par un souper pris dans la salle à manger, où se trouvaient de petites tables de cinq places au plus, places numérotées, livrées au sort pour prévenir toute discussion entre les dames. Les invités y trouvaient la poule au riz, de fortes pièces de rôti, une entrée et un entremets. Les pièces principales étaient sur le buffet, les deux autres mets sur chaque table.

« Des amateurs jouaient ensuite des pantomimes ou des proverbes, d'autres dansaient et chantaient. »

Ces tables servies dans des « cafés en appartements, » nous amènent tout naturellement à parler de la nourriture.

« Dans le dernier siècle, on servait, dit Mercier, des masses considérables de viande et on les servait en pyramides. Les petits plats qui coûtent dix fois plus qu'un gros n'étaient pas encore connus. On ne sait manger délicatement que depuis un demi-siècle. La délicieuse cuisine du règne de Louis XV fut inconnue même à Louis XIV : il n'a jamais tâté de la garbure. On ne mange pas le quart de ce qui est servi, et ce n'est pas sans raison que les domestiques sont gros et gras; ils font bien meilleure chère que l'ordre de la bourgeoisie, ils le savent, ils en sont fiers : qui pourrait nombrer tous les mets de la nouvelle cuisine? c'est un idiome absolument neuf. J'ai goûté des mets accommodés de tant de manières et préparés avec tant d'art que je ne pouvais plus imaginer ce que ce pouvait être. »

Voltaire n'était pas favorable à cette nouvelle cuisine, car il écrivait en 1765, au comte d'Autrey :

« Si j'avois pu vous posséder, j'aurois tâché de vous faire une bonne chère plus simple que délicate. J'avoue que mon estomac ne s'accommode pas de la nouvelle cuisine. Je ne puis souffrir un riz de veau qui nage dans une sauce salée, laquelle s'élève quinze lignes au dessus de ce petit riz de veau. Je ne puis manger d'un hachis composé de dinde, de lièvre et de lapin qu'on veut me faire prendre pour une seule viande. Je n'aime ni le pigeon à la crapaudine ni le pain qui n'a pas de croûte. Je bois du vin modérément, et je trouve fort étranges les gens qui mangent sans boire et qui ne savent même pas ce qu'ils mangent. Je ne désapprouve point qu'on dise le *Benedicite*, mais je souhaite qu'on s'en tienne là. Quant aux cuisiniers, je ne saurois supporter l'essence du jambon, ni l'excès des morilles, des champignons, et de poivre, et de muscade avec lesquels ils déguisent des mets très sains en eux-mêmes et que je ne voudrois pas seulement qu'on lardât. Il y a des gens qui vous mettent sur la table un grand surtout où il est défendu de toucher; cela m'a paru très incivil; je veux que le pain soit cuit au four et jamais dans un privé. Un souper sans apprêts, tel que je le propose, fait espérer un sommeil fort doux et fort plein et qui ne sera troublé par aucun songe désagréable. »

Il ne faudrait pas cependant induire de là qu'on avait abandonné les pièces de résistance : point, Mercier nous apprend qu'on recherchait alors les tortues de la Jamaïque et qu'on en faisait un plat qui coûtait un millier d'écus ; il parle aussi du sanglier à la crapaudine qu'on arrosait de soixante bouteilles de vin de champagne. « Oui je l'ai vu de mes yeux sur le gril, on l'environne d'un brasier ardent, on le larde de foie gras, on le flambe avec des graisses fines, on l'inonde avec des vins les plus savoureux ; il est servi tout entier avec sa hure. »

Mais ces grosses pièces répugnaient aux grandes dames qui prétendaient qu'il était ignoble de mâcher comme le fait le vulgaire, et à l'instigation de quelques-unes d'elles, on imagina de tout mettre en bouillies et en consommés. « Une duchesse vous avale un aloyau réduit en gelée et ne veut point travailler comme une harengère après un morceau de viande. Il ne lui faut que des jus qui descendent promptement dans son estomac sans l'effort ni la gêne de la mastication. » La viande de boucherie n'était déjà bonne que pour le peuple, la volaille commence à devenir roturière ; il faut des plats qui n'aient ni le nom ni l'apparence de ce qu'on mange.

Cependant vers la fin du règne de Louis XV, la satiété est au comble : « les laquais ne s'en vont plus au dessert et restent jusqu'à la fin du repas. On ne l'allonge plus, il est plus court. Nos repas sont un peu tristes, on ne boit plus, on change d'assiettes sans les salir; une certaine dignité froide a remplacé la gaieté que le vin inspirait jadis ; les riches ne font plus bonne chère, parce qu'ils ont commencé de trop bonne heure et qu'ils ont le goût émoussé. Souvent le maître de la maison au milieu d'une table délicieusement servie, boit tristement du lait, des jus et des coulis : voilà la cuisine nouvelle, aux banquets fastueux des grands et des riches il n'est pas rare de voir des femmes ne boire que de l'eau, ne pas toucher à vingt mets délicats, bâiller, se plaindre de leur estomac et les hommes les imiter en dédaignant le vin par air et pour afficher le bon ton ».

On faisait trois repas; on déjeunait le matin, on dînait à 2 ou 3 heures et on soupait le soir.

Déjà « l'usage du café au lait, dit Mercier, a prévalu et est si répandu parmi le peuple qu'il est devenu l'éternel déjeuner de tous les ouvriers en chambre. Ils en boivent une prodigieuse quantité et disent que cela les soutient le plus souvent jusqu'au soir. Ainsi ils ne font plus que deux repas, le grand déjeuner et la persillade du soir. »

C'était plus par raison d'économie que par goût que les travailleurs qui, plus que tous autres, eussent eu besoin d'aliments solides, ne faisaient plus que deux repas.

Le déjeuner est le repas des amis, a dit Rousseau, les valets en sont exclus, les importuns ne s'y montrent point. Le bel air était de dîner à deux heures; cependant il y avait des exceptions pour une heure et surtout pour trois heures : « A trois heures, lit-on dans le *Tableau de Paris*, on voit peu de monde dans les rues parce que chacun dîne : c'est un temps de calme, mais qui ne doit pas durer longtemps. Les seigneurs ne dînent qu'à trois heures et demie, à cinq heures et un quart, c'est un tapage affreux, infernal. Toutes les rues sont embarrassées; toutes les voitures roulent en tous sens, volent aux différents spectacles. Les cafés se remplissent. A neuf heures du soir, le mouvement recommence, c'est le défilé des spectacles. »

Entre le dîner et le souper venait la collation, de gâteaux, de liqueurs, de fruits etc.

Enfin venait le souper vers neuf heures, à la sortie du théâtre; il se prolongeait jusqu'à onze heures généralement et souvent beaucoup plus loin. On réservait tout son appétit et tout son esprit pour le souper; mais comme le disait Mercier : « point de maisons assez riches à Paris pour donner à dîner et à souper, la robe dîne et la finance soupe. »

La vaisselle plate était fort commune au xviiie siècle : depuis que le régent s'était fait faire une batterie de cuisine en argent et que Louis XV l'eût imité, tout le monde voulut avoir de la vaisselle plate et dans les premières années du règne on servait dans les cafés de Paris le café dans des soucoupes d'argent; c'était surtout les gens de finance, les fermiers généraux et même bon nombre de magistrats qui se signalaient par le luxe de leur argenterie de table.

Et, bien qu'en 1759, on en eût envoyé à la monnaie pour 20 millions, une douzaine d'années plus tard il y en avait sur les tables des riches particuliers tout autant qu'auparavant.

Venons au costume : « Plus on avance, dit M. Quicherat, dans le règne de Louis XV, moins le bon goût préside à la façon des habits; la mode s'épuise en variations sur un thème ingrat, sans revenir au naturel qu'elle a perdu de vue. Cela est surtout sensible dans l'ajustement des femmes : il devient de plus en plus chiffonné et confus.

La forme du corps humain est pour lui comme si elle n'existait pas. Il semble n'avoir pas d'autre objet que de montrer combien de pièces et de morceaux peuvent être réunis ensemble pour former des poupées habillées. »

En 1774 les femmes portaient encore la robe à dos flottant; elle était ouverte au corsage et à la jupe; le corsage était ajusté sous la pièce volante, et fortement échancré sur les hanches, lacé dans le dos et muni de baleines de tous côtés de façon que le corps était très serré, très gêné, mais formait le pain de sucre, ce qui était le véritable bon goût du jour.

En 1770 un livre dirigé contre l'usage meurtrier des corsets avait tenté de réagir contre cette mode barbare qui a survécu à toutes nos révolutions. Voici son titre : *Dégradation de l'espèce humaine par l'usage des corps à baleines, ouvrage dans lequel on démontre que c'est aller contre les lois de la nature, augmenter la dépopulation et abâtardir pour ainsi dire l'homme, que de le mettre à la torture dès les premiers instants de son existence, sous prétexte de le former*. Ce livre ne décida pas une seule femme à retirer une baleine de son corset.

Depuis 1760, les pans des robes s'ouvraient en rond et se prolongeaient par derrière en une queue qui était relevée sur le panier dont nous avons parlé, et qui faillit disparaître lorsqu'au milieu du siècle les acteurs de la Comédie-Française eurent enfin le bon esprit de ne plus jouer les rôles tragiques, en paniers et de joindre à l'illusion de la parole et du geste celle du costume.

« Les robes des jeunes personnes, disent les *Mémoires du peuple français*, appelées fausses robes, n'ont pas de pièces volantes et sont lacées dans le dos; elles sont cousues sur un corps en bougran et bardé de baleines, appareil en forme de gaîne qui doit, assure-t-on, empêcher la taille de se gâter. Le nom de fourreau se donne à la fausse robe dont la jupe n'a pas de queue. Dans la moyenne tenue, les jeunes personnes portent un tablier. Avant 1760, pour couvrir la poitrine au défaut de la robe, on fit des devants de gorge tout unis sur lesquels on établit plus tard des échelles de rubans. Les dames se servaient à la même époque de « compères » ou de deux petits devants attachés sous les échancrures de la robe et s'assemblait au moyen de boutons. »

On posait des bouquets de fleurs artificielles sur le corsage, et de petites montres appendaient à des chaînes de col. En 1770, les couturières adoptèrent au fichu un coqueluchon se tenant tout droit sur les épaules, au moyen d'une garniture d'apprêt en forme de cerceau, le coqueluchon s'appela d'abord un monte au ciel, puis ensuite un parlement.

Mais ce fut surtout par les coiffures excentriques que les femmes se distinguèrent : la mode consista à relever les cheveux sur le sommet de la tête ; ceux de derrière étant lissés, ceux de devant crêpés très menu et tirés sur le crâne de manière à former une sorte de diadême autour du front et des tempes. C'est ce qu'on appelait le Tapé ; des boucles étaient disposées autour du tapé ou au bas vers les oreilles, avec le bout des cheveux relevés de la nuque ; on inventait des combinaisons de cimier ; les boucles se disposaient en marrons, en brisures, en béquilles. On appelait des barrières, les mèches lisses conduites entre les boucles et le tapé ; les tire-bouchons qui pendaient de derrière les oreilles sur les épaules, se nommaient des dragonnes, les favoris étaient deux boucles de cheveux formant un croissant renversé sur le front.

Une huppe fut bientôt le complément indispensable de la coiffure. *Le Mercure* de 1763 nous en donne la description : « Figure-toi deux grands ailerons de chaque côté du visage, qui excèdent de sept à huit pouces la physionomie et de deux ou trois les plus grands nez de France. Ces ailerons ne paraissent rien par le haut, car il faut que la huppe ait sa saillie franche ; mais ils sont attachés par derrière à une ample bourse de linge qui enveloppe le volumineux amas de cheveux dont les Françoises font à présent leur plus chère parure. On met par là dessus une espèce de carcasse en rubans bouillonnés, qui paraît nouée avec une rosette des mêmes rubans vers l'extrémité postérieure du crâne. Je suis bien trompé si cela n'est pas appelé ingénieusement un *cabriolet*. Je n'ose cependant t'en assurer, car leurs ouvrières et marchandes de brillants chiffons, la plupart du temps sans goût comme sans raisonnement, ont la suprême législation sur cette partie, et chaque semaine changent les noms de ces bagatelles, pour obliger celles qui les portent à en faire faire de nouvelles ».

« Il y eut après cela, ajouta l'auteur de l'*Histoire du costume en France*, l'édifice de la chevelure montant toujours, des cornettes qui ne consistèrent plus qu'en un fond entouré d'une garniture. Le tout n'était guère plus large que la main et semblait une cocarde plutôt qu'une coiffure. Puis un nouveau caprice fit restaurer la forme du bonnet, en dépit du sens commun, car la cornette avec passe et rayons perchés sur le sommet du tapé produisait tout juste l'effet du linge qu'on met sécher sur un buisson. »

Nous n'en finirions pas s'il nous fallait consigner ici toutes les modes de coiffure successivement adoptées par les femmes : tantôt c'est le bonnet de dentelle à tous vents, accompagné de deux barbes descendant jusqu'au chignon ; plus le chignon était volumineux, plus il était beau et admiré ; on en voyait dont la largeur couvrait entièrement et débordait le cou. Un ruban très large s'enroulait autour du toupet et se terminait par un nœud superbe ; le bonnet était devenu de grande mode et le génie des modistes s'exerçait chaque jour à lui trouver de nouvelles formes et de nouveaux noms. On vit alors paraître les bonnets en *rave*, en *navet*, en *choux*, en *laitue*, en *asperge*. Bonnets à la *grenade*, à la *cerise*, à la *fanfan*, en *gondole*, à la *Thisbé*, au *parc Anglais*, au *vol d'amour*, aux *sentiments repliés*.

Il est vrai que pour ne pas rester en arrière, les couturières inventaient de leur côté les jupes *émues, ébaubies, soufflées, décidées, galantes, craintives, arrogantes, fugitives* etc..

Les femmes se coiffèrent au quesaco, mais elles abandonnèrent cette coiffure pour le pouff au sentiment qui lui était infiniment supérieur par la multitude de choses qui entraient dans sa composition, et par le génie qu'il exigeait pour le varier avec art. On l'appelait *pouff*, à raison de la confusion d'objets qu'il pouvait contenir et *au sentiment* parce qu'il devait être relatif à ce qu'on aimait. Les *Mémoires secrets* du 26 avril 1774 nous donnent la description du pouff au sentiment de la duchesse de Chartres. « Dans celui de son S. A. S. au fond est une femme assise sur un fauteuil et tenant un nourrisson ; ce qui désigne M. le duc de Valois et sa nourrice. A la droite est un perroquet becquetant une cerise, oiseau précieux à la princesse. A gauche est un petit nègre, image de celui qu'elle aime beaucoup. Le surplus est garni de touffes de cheveux de M. le duc de Chartres, son mari, de M. le duc de Penthièvre, son père, de M. le duc d'Orléans, son beau-père, etc... Toutes les femmes veulent avoir un pouffe et en raffolent. »

En avoir un, soit, mais le porter sur sa tête sans y être obligée, c'était roide !

Enfin ! la mode ! Il y avait à Paris à cette époque, un homme qui était l'arbitre de la coiffure des dames ; c'était un sieur Legros qui tenait académie de coiffures dont les élèves étaient recompensés des progrès qu'ils faisaient dans ce bel art, par des diplômes et des médailles qu'il leur décernait. Il y avait là des prêteuses de têtes ; c'étaient des jeunes filles pourvues de beaux cheveux qui servaient aux démonstrations du maître et aux travaux des élèves, et les jours de fêtes, Legros promenait triomphalement ses prêteuses sur les boulevards pour faire admirer aux connaisseurs le résultat des nouvelles combinaisons de coiffures produites par son imagination féconde.

Les chapeaux de paille, dits à la Bastienne, commencèrent à être en vogue en 1765.

La poudre, le fard et les mouches étaient toujours les accessoires indispensables de la toilette féminine ; un moment on put espérer que la poudre allait disparaître après 1765, le peuple souffrait cruellement de la disette, et Rousseau avait dit : « il faut de la poudre pour nos perruques, voilà pourquoi les pauvres n'ont pas de pain ; » mais c'eût été un trop dur sacrifice que celui de

La pyramide du parc Monceaux.

La cascade du parc Monceau

renoncer à s'enfariner la tête; malgré les paroles du philosophe, la poudre tint bon.

Quant au fard, le bon ton voulait qu'il fût très épais et qu'il touchât les paupières inférieures de l'œil; cela, disait-on, donnait du feu aux yeux; on tenait tant à ce rouge que toutes les femmes avaient dans leur poche une boîte, plus ou moins riche, dans laquelle étaient les mouches, le pinceau et surtout le miroir. Plusieurs dames renouvelaient sans façon, à leur aise, leurs belles joues rouges, partout où elles se trouvaient.

« Avec tout cet attirail venait la chaussure. Le soulier, bien pointu, avait un talon épais d'un pouce et demi de haut. On a déjà dit que les femmes, ainsi chaussées, ressemblaient en marchant à des pigeons pattus. Toute la partie depuis le coup-de-pied jusqu'à la pointe était nécessairement ployée, c'était sur elle seulement que les femmes marchaient. Cette chaussure les forçait à jeter le corps en arrière, afin de le tenir en équilibre en luttant contre la pente naturelle qui le porte en avant ; je puis vous assurer que tout cela, avec de grands ou de petits paniers sur les côtés, formait un personnage bien ridicule. »

Tout en se montrant aussi sévère, l'écrivain avoue cependant que « tout cela n'empêchait pas que les femmes ne fussent alors très aimables; elles ne l'étaient point par leur ajustement et leur coiffure, mais par une politesse délicate ».

M. de Vaublanc est aussi surpris de la singularité de la toilette des hommes. « Ils avaient dit-il, des coiffures à l'oiseau, en cabriolet, à la grecque; en marrons, la grecque était surtout remarquable : les cheveux poudrés, frisés et surtout crêpés s'élevaient sur la tête. Les procureurs et les avocats aimaient cette coiffure. Il résultait de la quantité de poudre que recevait la tête, que les chambres, les cabinets en étaient salis. Lorsque la coiffure était finie, on la poudrait à grande houppe et de loin. Il fallait se mettre alors sur le palier de l'appartement, et c'était l'escalier qui recevait tous ces nuages de poudre, ainsi que les personnes qui y montaient.

« D'autres élégants, et c'étaient les plus merveilleux, avaient un cabinet particulier, destiné à cet usage. Quand l'échafaudage de la coiffure était achevé, le coiffeur armé de sa longue et grosse houppe de soie, rempli d'un noble enthousiasme, lançait de toute sa force la poudre la plus fine en l'air, contre le plafond, l'élégant se plaçait de manière à recevoir sur la tête cette poudre fine lorsqu'elle retombait du plafond. L'artiste animé par le succès, recommençait avec vigueur le jet de la poudre jusqu'à ce qu'il fût content de l'effet de cette neige blanche ou demi blonde. Le poudré sortait triomphant de son cabinet, sûr du succès que lui préparait dans les salons et dans les coulisses une tête si bien poudrée. Cela s'appelait poudré en frimas. D'autres disaient poudré aux œufs et je ne sais pourquoi. On ne manquait pas de mettre une grande quantité de poudre dans les cheveux de derrière quoiqu'on les enfermât dans une bourse de taffetas noir, qui d'abord fut très grande, diminua ensuite peu à peu et devint très petite. Elle prit alors le nom élégant de crapaud. »

Avec le toupet grec, les hommes se servirent moins de chapeau que jamais, et les chapeliers les firent aussi plats qu'ils purent afin qu'ils fussent commodément portés sous le bras; cependant, après 1760, on put voir ce qu'on ne voyait plus depuis longtemps, le chapeau placé sur la tête, grâce à l'adoption de la perruque de chasse ou de campagne, de petit format, et sur laquelle un chapeau de feutre gris, vert ou brun, tout bas, avec un petit rebord pouvait se poser d'une façon assez galante.

Ce fut en 1768, que parurent les premiers gilets : c'étaient des vestes sans manches à l'imitation de celles des Anglais, et qui étaient croisées à double rang de boutons et de boutonnières.

L'ensemble de l'habillement des hommes devenait chaque jour plus simple; les habits furent beaucoup moins amples, ils étaient échancrés sur le devant et ne fermaient pas, les boutons étaient de simples ornements. Les habits de cour étaient pailletés, et les pierres de Strass avaient peu à peu remplacé la dorure. Le frac était l'habit généralement adopté par les jeunes gens qui se trouvaient à l'aise dans ce petit vêtement sans boutons ni poches, et l'hiver, l'usage de la redingote commençait à devenir général ; elle remplaçait le manteau qui fut relégué pour les besoins du voyage; au reste depuis que le parapluie était devenu à la mode on n'avait plus besoin de manteau, et les bourgeois prirent si bien ce meuble sous leur protection qu'on n'en voyait pas un marchand à pied, sans avoir son parapluie sous le bras; qu'il plût ou qu'il fit beau, il ne s'en séparait jamais; il l'abritait contre l'eau du ciel, et pouvait lui servir au besoin d'arme défensive.

C'était donc orné de ce fameux parapluie qu'on le voyait le dimanche se promener au Palais-Royal ou aux Champs-Élysées et s'arrêter devant les opérateurs, les arracheurs de dents, les charlatans qui trônaient sur la place publique, car ils étaient toujours nombreux : on se pâmait d'aise à la foire Saint-Germain où, nous apprend Mercier, on créait des géants à l'aide d'un ingénieux système de coiffures et de brodequins au talon élevé, des animaux extraordinaires et uniques, avec des ourses rasées, épilées, auxquelles on avait passé des chemises, vestes et culottes; des colosses de bois qui parlaient, grâce à un petit garçon placé dans leur ventre, etc.

Que de célébrités de tous genres débutèrent aux foires Saint-Germain ou Saint-Ovide et s'y firent une réputation justement méritée. M. Victor Fournel, dans ses *Spectacles populaires*, a esquissé quelques-uns de ces types, chers aux bourgeois du XVIIIe siècle. C'est d'abord Gertrude Boon, plus connue sous le nom de la Belle Tourneuse, qui attirait tous les ans une foule immense dans la baraque de la dame Baron. Elle se piquait trois épées au coin de chaque œil et pendant un quart d'heure tournait ainsi sur elle-même, au son des violons, avec une éblouissante rapidité, sans perdre un moment l'équilibre et sans qu'une des épées quittât son poste. Gertrude Boon était aussi sage que belle, elle épousa un homme puissamment riche.

Puis ce fut Grimaldi, surnommé la Jambe de Fer, l'un des plus intrépides cabrioleurs que l'on ait vus. « Il avait parié, dit M. Fournel, que dans le divertissement du *prix de Cythère* il bondirait jusqu'à la hauteur des lustres, et il tint si bien parole, que du coup qu'il donna dans celui du milieu, il en fit sauter une pierre dans la figure de Méhémet Effendi, ambassadeur de la Porte, qui se trouvait dans la loge du roi. A l'issue du spectacle, Grimaldi se présenta devant lui espérant une récompense, mais il fut rossé haut et ferme par les esclaves de l'ambassadeur, qui prétendirent qu'il avait manqué de respect à leur maître. Ces Turcs n'ont jamais rien compris aux arts. Quelques jours après, il annonça qu'il danserait une entrée de nain surprenante. Pour cela, il se fit fabriquer un énorme turban qui englobait sa tête et sa poitrine ; à ses hanches étaient attachés deux petits bras postiches et sur son ventre nu, il avait fait peindre un visage de nain qui changeait de physionomie à chaque mouvement de sa peau, mais la police intervint, et comme il insistait, en homme qui se voit enlever sa gloire, l'exempt de la foire l'envoya coucher en prison.

« Jambe de Fer avait pour danseuse, disent les anecdotes dramatiques, sa femme, sa fille ou sa sœur, tout ce que l'on voudra, car on n'a jamais pu débrouiller leur degré de parenté. C'était une nymphe trapue qui lui disputait en vigueur et en agilité le prix de la gargouillade ; mais malgré tout son mérite, elle ne fut point goûtée à Paris, qui déjà comme aujourd'hui, consacrait ou cassait les réputations venues de province. »

En janvier 1774, « le phénomène curieux d'une fille âgée de vingt ans, n'ayant que deux pieds quatre pouces, fut annoncé partout, et les bons bourgeois s'empressèrent d'aller voir une naine si extraordinaire, pour la modique somme de deux sous ; mais ils étaient reçus dans la baraque par une fort jolie personne, qui leur montrait en riant qu'en effet, bien qu'âgée de vingt ans, elle n'avait que deux *pieds* et quatre *pouces*, tout comme les aimables personnes qui voulaient bien l'honorer de leur visite. » Quelques spectateurs prirent gaîment la chose et se retirèrent en riant, mais d'autres, furieux d'avoir été pris pour dupes, faillirent faire un mauvais parti au maître de la baraque qui se vit bientôt contraint de cesser cette plaisanterie.

Ce fut peut-être cette tromperie qui rendit les Parisiens défiants, lorsque l'anglais Wildman fit afficher dans Paris que le 26 février, il ferait à la foire Saint Germain quatre expériences, qu'il engageait fort les amateurs à venir voir ; il prétendait avoir trouvé le moyen d'apprivoiser les abeilles et s'engageait :

1° A faire sortir à son appel les abeilles d'une ruche et à leur commander d'aller se placer sur tel chapeau des spectateurs qu'on voudrait bien lui indiquer, ce que les dites abeilles s'empresseraient d'exécuter ;

2° A les faire venir s'entortiller autour de son bras en forme de manchon, sans lui faire aucun mal ;

3° A se les appliquer sur le visage, en forme de masque, de façon à ce qu'elles le couvrissent entièrement ;

4° Enfin à les faire rentrer dans leur ruche à son commandement.

Un pareil spectacle était certainement curieux, mais on craignait qu'il n'en fût comme de la naine à deux pieds ; cependant quelques amateurs se risquèrent et ils furent si satisfaits de ce qu'ils avaient vu, qu'ils engagèrent tous leur amis à aller admirer Wildman qui, non seulement fit les expériences qu'il avait annoncées, mais de plus annonça qu'il pourrait faire prendre à ses abeilles cinquante positions différentes à deux minutes d'intervalle entre chaque. Et il n'avait pas besoin d'abeilles particulières pour cela, il se faisait fort d'opérer « avec tel essaim qu'on lui présentera, même avec des guêpes ou des mouches les plus méchantes, qu'il apprivoisera en cinq minutes ».

Le boniment parlé ou écrit fut en faveur sous Louis XV et les habiles qui savaient en jouer y trouvaient parfois des éléments de fortune, tels que le fameux Lyonnois, médecin consultant des chiens de Sa Majesté, et ses nièces mesdemoiselles Demoncy et Varichon qui faisaient répandre, en 1774, un prospectus dans lequel elles annonçaient leurs talents et donnaient leurs tarifs pour couper, saigner, tondre les chiens et les chats, rogner les oreilles, nettoyer les yeux, raffermir la poitrine, remettre les cuisses, enlever la gale, la morve, la toux, les ulcères, cancers, fractures, blessures et maladies quelconques des susdits.

Lyonnois avait été mis en vogue par la guérison de la chienne de Mme de Pompadour, et son titre de médecin consultant des chiens de Sa Majesté Louis XV lui valait douze cents livres de pension. « Il savait, dit M. Fournel, apprécier à sa valeur et traitait de collègue à collègue avec les membres de la Faculté. C'est de lui cette réponse magnifique à un docteur célèbre dont il venait de guérir le toutou malade, et qui insistait pour lui payer ses soins. « Allons donc, monsieur le docteur, voulez-vous m'humilier ? Entre confrères, vous savez bien que ce n'est rien. » Mais quand il n'avait pas affaire à un collègue, il en était tout autrement. On a de lui un billet à la Gourdan qui s'exprime en ces termes : « Votre petite chienne, madame, est en bonne santé ; je vous prie qu'on la vienne chercher demain et de m'envoyer par le porteur *soixante et quinze louis* à quoi se montent sa pension et mes honoraires. »

On ne sera pas surpris d'apprendre que Lyonnois put, sur ses économies, s'acheter un château et la terre de Vernon en Bourgogne.

Mais c'était surtout devant les farceurs faisant la parade que les bourgeois et le populaire s'arrêtaient et formaient foule ; nous avons déjà parlé de celle qui se faisait au théâtre de Nicolet, mais tous les théâtres forains qui s'étaient établis sur les nouveaux boulevards, usaient et abusaient de la parade pour appeler les spectateurs. C'était à qui, parmi les paradistes, lancerait aux auditeurs qui écoutaient bouche béante, le mot le plus grivois et l'expression la plus salée. Rousseau (de Toulouse) dans sa *Lettre sur les spectacles des boulevards*, en fit une violente satire ; les établissements ouverts là, étaient selon lui le rendez-vous des filles de mauvaise vie, des escrocs et des valets ; « des criminels ont avoué qu'ils avaient été perdus par eux et on se plaignait généralement de la licence effrénée qui y régnait, mais cette licence était tellement entrée dans les mœurs de l'époque, qu'il eut été bien difficile de la combattre utilement ».

D'ailleurs, il faut bien le reconnaitre, quoiqu'on ait dit de la courtoisie, des belles manières de la société du XVIIIe siècle, il est bien certain que les mœurs bourgeoises et populaires n'étaient nullement raffinées. Écoutons Saint Foix : « Le peuple de Paris est une portion d'hommes qu'une égalité de bassesse dans la condition réunit : Ils se querellent, ils se battent, se tendent la main, se rendent service et se desservent tout à la fois ; un moment voit renôitre et mourir leur amitié. Ils se raccommodent et se brouillent sans s'entendre.

Les gens mariés d'entre le peuple se parlent toujours comme s'ils alloient se battre. Cela les accoutume à une rudesse de manières qui ne fait pas grand effet, même quand elle est sérieuse et qu'il y entre de la colère. Une femme ne s'alarme pas de s'entendre dire des gros mots; elle y est faite en tems de paix comme en tems de guerre. Le mari de son côté, n'est point surpris d'une réplique brutale, ses oreilles n'y trouvent rien d'étrange. Le coup de poing avertit seulement que la querelle est sérieuse et leur façon de parler est toujours si voisine que ce coup de poing ne fait pas un grand dérangement ».

XXXV

Louis XVI. — Rentrée du Parlement. — *Le Barbier de Séville*. — Mlle Laguerre. — Les maisons de jeu. — Suppression des jurandes. — Les coiffures. — Le Mont-de-Piété. — Mort de Voltaire. — La pompe à feu. — Les sourds-muets. — La duchesse d'Angoulême. — Le bois de Boulogne. — *La Muette; Madrid; Bagatelle; le Ranelagh*. — Saint-Louis-d'Antin. — Hôpital Necker.

Aussitôt que le roi Louis XV eut rendu le dernier soupir, les feuillants du monastère royal de Saint-Bernard furent mandés par le grand aumônier pour qu'ils eussent à prier Dieu auprès du corps.

Le 10 mai 1774, dans la soirée, le premier soin du nouveau roi Louis XVI avait été de faire expédier par le duc de la Vrillière trois lettres de cachet, l'une au premier président du Parlement, la seconde au procureur général, et la troisième au greffier en chef, afin de leur notifier la mort de Louis XV et l'avènement de Louis XVI au trône. Ces lettres arrivèrent à destination à onze heures et demie du soir et en conséquence, le lendemain 11, les chambres s'assemblèrent et désignèrent une députation de quarante-deux personnes chargées d'aller présenter leurs hommages au roi.

Le 12, le feu roi fut conduit à Saint-Denis.

Le défunt était peu regretté ; on sait qu'en raison de la maladie pestilentielle qui l'avait emporté, on dut supprimer toutes cérémonies pour son enterrement ; sur le chemin de Saint-Denis les cabarets étaient remplis d'ivrognes qui chantaient, et Paris avait aussi une physionomie qui inspirait peu la douleur ; le premier moment d'émotion passé, on ne songeait plus qu'à la nouvelle qui circulait du renvoi de Mme du Barry,

et on faisait des vœux bien sincères pour que le règne qui commençait n'offrît pas les tristes excès du précédent.

Louis XVI fut tout d'abord appelé par les parisiens Louis le Désiré : c'était la meilleure satire qu'ils pussent faire du règne de Louis XV.

Les ordres royaux du Mont-Carmel et de Saint-Lazare firent célébrer un service funèbre dans la chapelle du vieux Louvre, pour le repos de l'âme du feu roi, et bientôt, l'abbesse de Pentemont, la paroisse de Saint-Hilaire, les religieux de l'ordre royal et militaire de Notre-Dame de la Merci du Marais, l'abbé et les chanoines réguliers de Sainte-Geneviève, les général, ministre et chanoines de la Trinité, les chanoines de la Culture, l'école royale militaire, les curés et marguilliers de Saint-Séverin et Saint-Landry, firent célébrer des services solennels.

Le 17 ce fut le tour de l'abbaye de Saint-Germain-des-Prés : ce fut le cardinal de la Roche-Aymon qui y officia pontificalement devant les principaux personnages de Paris.

Le premier acte du nouveau roi fut un édit daté de mai, dans lequel il déclara renoncer au droit qui lui était dû à cause de son avènement à la couronne : « faisons remise à nos sujets du produit du droit qui nous appartient ». Cet abandon fit un excellent effet sur le peuple de Paris (en 1723, ce droit avait été affermé 23 millions).

Ils pendirent deux mannequins habillés, le visage fait avec un masque en cire. (Page 402, col. 2.)

Le 5 juin, le Parlement, composé d'une députation de treize de ses membres seulement et non de quarante-deux, comme cette cour le désirait, la chambre des comptes et la cour des monnaies furent admises à présenter leurs compliments de condoléance au roi et à la reine, qui, le 9, accompagnèrent le saint-sacrement à la procession de l'église paroissiale de Passy, puis assistèrent aux vêpres dans celle de Chaillot. Le 10, le corps de ville de Paris, ayant à sa tête le duc de Brissac, gouverneur de Paris, et de la Michodière, prévôt des marchands, les juges consuls, les six corps des marchands et Gondouin, grand garde du corps de la draperie, allèrent aussi complimenter le nouveau roi, et toute la première quinzaine du mois, les différents corps constitués firent la même démarche; trois services solennels furent, selon la coutume, célébrés à Notre-Dame par le chapitre pour le repos de l'âme du roi Louis XV, et les six corps marchands, après en avoir fait célébrer un dans l'église de l'Oratoire, délivrèrent soixante-seize prisonniers détenus pour n'avoir pas payé les mois de nourrice de leurs enfants.

Les spectacles qui étaient fermés depuis le commencement de la maladie du feu roi, furent rouverts le 15 juin, et les comédiens italiens pour faire leur cour au roi, jouèrent le *Déserteur*, pièce dans laquelle on criait: Vive le roi! Les spectateurs ne se contentèrent pas de répéter ce cri, ils y ajoutèrent celui de : Vive la reine ! La Comédie française chercha aussi une pièce à allusions et donna

Héraclius; au reste, il faut le dire une fois pour toutes, au moment où Louis XVI devint roi, Paris, comme la France, saluait son avènement avec une joie pleine d'espérance. Michelet l'a dit : « Quelle joie de voir enfin s'asseoir, sur le trône purifié de Louis XV, l'honnête, l'excellent jeune roi et cette reine charmante. Qui n'eût tout espéré? un grand mouvement d'art décorait ce couronnement, illuminait la scène. Et la reine en était le centre. Une seule femme semblait exister. »

Comment, quinze ans plus tard, des sentiments si opposés avaient-ils remplacé ceux-ci, c'est ce que nous pourrions examiner si nous écrivions une *Histoire de France;* mais nous ne saurions trop nous rappeler que nous écrivons l'*Histoire de Paris* et nous nous hâtons d'y rentrer, pour nous y confiner absolument.

Le 4 juillet, les bouchers de Paris remirent au roi un mémoire pour demander la suppression de la caisse de Poissy, qui, sous prétexte de leur venir en aide, obligeait ceux qui n'avaient pas besoin de son secours à se servir de son intermédiaire, et était la cause que la viande qui eût pu se vendre dans la capitale six ou sept sous la livre se vendait huit et neuf. Et après que les syndics de la boucherie eurent remis leur pétition, ils allèrent chez M. de Sartine pour lui faire part de leur démarche, en priant ce magistrat de vouloir bien appuyer leur demande.

Quelques jours après la mort du roi, on avait trouvé inscrit au pied de la statue de Henri IV, sur le Pont-Neuf, le mot *resurrexit* (il est ressuscité), allusion qui annonçait les espérances qu'on fondait sur le nouveau monarque, mais un certain Dumersans crut devoir y joindre ce distique qu'il attacha au-dessus du mot *resurrexit:*

D'Henri ressuscité j'approuve le bon mot,
Mais pour m'en assurer, j'attends la poule au pot.

Il courait aussi dans la société parisienne, des tabatières qu'on appelait une consolation dans le chagrin; c'était des tabatières de deuil, recouvertes en chagrin noir, et sur le couvercle desquelles on voyait les portraits de Louis XVI et de Marie-Antoinette.

On construisit le 10 juillet dans le jardin de l'infante, au bas de la galerie du Louvre, un petit bâtiment pour y faire des expériences sur la fusion et l'évaporation du diamant : c'étaient MM. Cadet et Lavoisier de l'Académie des sciences qui présidaient à ces expériences dont on s'occupait beaucoup; c'était la manie du moment.

Le 25 du même mois, le roi, la reine, *Monsieur, Madame* et la comtesse d'Artois, vinrent se promener en carrosse sur les boulevards, ce qui attira en quelques instants une foule considérable, néanmoins, on remarqua que les cris de « Vive le roi » qui étaient nombreux, n'étaient poussés «que par une multitude de poliçons qui couroient constamment en avant du carrosse de leurs Majestés, gagés par la police pour cet office et que les gardes encourageoient à soutenir sur le même ton ».

C'était la première fois que le roi et la reine se montraient à Paris, et la population était un peu froissée qu'ils eussent tant tardé à se faire voir.

Le 27, on célébra à Saint-Denis le grand service que le cérémonial exigeait pour la mémoire du feu roi; naturellement les chambres souveraines y assistèrent, mais au retour, les membres du Parlement furent hués et sifflés. « Il y avoit même des gens très comme il faut parmi les siffleurs, en sorte que le garde de la prévôté de l'hôtel, qui les escortoit, n'a osé sévir, mais les espions ont distingué quelques-uns de ces plaisans. » Notons en passant que trois d'entre eux étaient officiers chez le roi.

Le 2 août, nouveau service funèbre en mémoire de Louis XV, à Saint-Jean-en-Grève, avec convocation de tous les corps constitués

Le 24, Paris était dans la joie en apprenant que le duc de la Vrillière était allé de la part du roi redemander les sceaux au chancelier de Maupeou, qui était remplacé par Hue de Miromesnil, et que le sieur Turgot était nommé contrôleur général des finances à la place de l'abbé Terray.

Depuis déjà longtemps, les deux personnages révoqués étaient fort mal vus des Parisiens; aussi témoignèrent-ils leur allégresse par des feux de joie, des illuminations et des fusées; le surlendemain, nombre de gens se rendirent au palais pour voir l'impression que produisaient ces changements sur les membres du Parlement; mais il en vint tant que ceux-ci prirent peur et que malgré la garde renforcée extraordinairement, qui occupait les postes du palais, ils n'osaient sortir; cependant, le président de Nicolaï, en sa qualité d'ancien militaire, se risqua; il fut hué, et comme il se retournait en menaçant ceux qui semblaient se moquer de sa personne, il fut grossièrement invectivé, et quelques individus lui montrèrent le poing : l'un d'eux lui effleura les cheveux; il se hâta de monter en carrosse et de se retirer au plus vite.

On se contenta de saluer les autres par des révérences grotesques et de leur souhaiter bon voyage; le soir, pour empêcher les attroupements, on fit faire une patrouille par les sergents de robe courte.

Les clercs et « autres gens du palais » témoignèrent leur satisfaction d'une autre façon : Dans la nuit du dimanche au lundi 29 août, ils pendirent au carreau de la justice de Sainte-Geneviève, deux mannequins habillés avec des masques de cire; l'un de ces mannequins avait un masque couleur de bigarrade, une grande perruque, une simarre, un cordon bleu et, sur le dos et sur la poitrine, un écriteau avec ces mots :

Maupeou chancelier; l'autre dont le masque était haut en couleur et couperosé « était coiffé d'une perruque d'abbé, culotte et manteau, cordon bleu aussi, plus grand que l'autre, avait un écriteau sur lequel on lisait : *L'abbé Terrai, contrôleur des finances;* leurs membres étaient disloqués comme s'ils venaient d'être roués ».

Le lendemain matin les gens du quartier se réjouissaient fort à la vue de cette pendaison pour rire.

Les chansons et les quolibets pleuvaient dru, et dans la nuit du 30, de nouveaux rassemblements eurent lieu au Palais et sur la place Vendôme; il en résulta un certain tumulte dans lequel un garde de la prévôté et plusieurs personnes furent blessés.

On fit dans la soirée et pendant une partie de la nuit, une consommation effroyable de fusées et d'autres pièces d'artifice, au risque de mettre le feu; le lieutenant de police interdit la vente aux artificiers et en même temps « fit dire aux marchands, artistes et artisans du palais, qu'ils eussent à contenir leurs ouvriers ».

Le 1er septembre, les sergents de robe courte s'emparèrent de très bonne heure de l'intérieur du Palais, les portes en furent fermées avant la nuit dans les endroits où le passage n'était pas nécessaire, et des escouades du guet à pied et à cheval furent posées en d'autres. On ne pouvait passer qu'escorté d'un garde ; enfin des détachements de gardes françaises étaient postés de côtés et d'autres, afin de porter secours là où il serait nécessaire.

Toutefois ces précautions, loin de diminuer les attroupements, les augmentèrent, mais le « tout s'est passé avec gaieté et tranquillité. Vers les onze heures, par une tactique ingénieuse et savante, les détachemens se sont avancés insensiblement et ont nettoyé les parapets du Pont-Neuf et le Pont-Neuf absolument. La canaille se retiroit comme des moutons devant les gardes, mais ce refoulement, bien loin de dissiper la multitude, ne faisoit que l'augmenter. Cette journée a rappelé celle des *barricades*, mais sans aucune effusion de sang, sans coup férir, sans brûler une amorce. Les alguazils et la population rioient et buvoient ensemble. C'étoit pour les honnêtes gens un coup d'œil unique. »

Il est vrai qu'il était assez singulier de voir l'autorité obligée de prendre des mesures de précaution contre des gens qui ne faisaient tapage que pour montrer combien ils approuvaient les actes du gouvernement.

Le 4 septembre, le corps de ville, ayant à sa tête le gouverneur de Paris, se rendit à Versailles avec de la Michodière, prévôt des marchands, pour présenter au roi les nouveaux échevins, et pour offrir ses hommages au roi et à la famille royale, et le 7 on célébra à Notre-Dame un service solennel pour le repos de l'âme du feu roi;

le clergé, le Parlement, la chambre des comptes, l'Université et le corps de ville y assistèrent; une foule énorme encombrait le parvis pour admirer la magnificence des tentures qui couvraient l'extérieur de la métropole. « Le deuil étoit traversé par trois litres de velours sur lesquelles étoient distribués, à distances égales, des écussons chargés des armes de France et de Navarre, des sceptres mis en sautoirs et des chiffres du roi Louis le bien aimé. Un vaste portique hexastyle, dont le solide étoit de marbre gris veiné de noir, présentoit, sous une grande voussure, l'entrée d'un temple antique; cette voussure étoit ornée, dans ses compartimens, de roses antiques, et étoit encadrée dans une archivolte. » Elle formait le milieu d'un péristyle soutenu par des colonnes de granit rose, avec chapiteaux en marbre blanc, portant entablement de gris veiné couronné d'un fronton, dans le fond duquel étaient les armes de France, en marbre de Paros, sur des boucliers soutenus par des anges.

Sur un socle isolé était la statue de la Religion, en marbre blanc, et sur un acrotaire, des urnes de bleu turquin.

Sous le portique, un grand bas-relief de marbre de Paros, représentant le roi dans un quadrige couronné par la Victoire, et nombre de figures symboliques. Au-dessus couraient des festons de laurier en marbre blanc.

Plusieurs lampes de bronze étaient suspendues à des chaînes d'or, sous les plafonds des architraves.

En face de la porte d'entrée s'élevait une grande pyramide de porphyre rouge, posée sur un soubassement au milieu duquel se trouvait une porte, etc., etc.

Au milieu du chœur, en face de l'entrée et vis-à-vis l'autel, s'élevait un monument consacré à la mémoire du roi, et élevé sur six degrés de granit rouge. Le cénotaphe était représenté par une urne d'or, sur laquelle les Vertus cardinales, en argent, étaient appuyées. L'urne était couverte du poêle et du manteau royal; le poêle était en drap d'or bordé d'hermine, et traversé par une croix de moire d'argent; il portait, sur ses angles, les armes royales. Le manteau était de velours violet, doublé et bordé d'hermine, et semé de fleurs de lis sans nombre, brodées en or. Il portait, sur son extrémité supérieure, un carreau de velours noir, orné de glands et de galons d'argent, sur lequel étaient posés la couronne royale, voilée de deuil, le sceptre, la main de justice et les cordons des ordres.

Ce cénotaphe était placé au milieu d'un temple isolé, soutenu par un solide et des pilastres de porphyre vert, où étaient suspendus des trophées et des couronnes militaires ; la description de ce temple, magnifiquement orné, nous entrainerait trop loin ; jamais on n'avait vu pareille ornementation : des flambeaux, des pyramides de lumières, des torches, des trépieds en or, d'où s'élançaient des tourbillons de flamme, des statues, des bas-reliefs, des tables de marbre, des pavillons, des plumes, des rideaux, des écussons, des arcades, des cartouches, des cercles de lumière, des lances, des lampes, des vases, des girandoles, des tables de lapislazuli, des candélabres, des aigrettes, des tapis, des reverbères; — c'était un entassement inexprimable de richesses ornementales de tous genres. Tout cela brillait, miroitait, resplendissait aux regards éblouis des assistants. Ce fut naturellement l'archevêque de Paris qui officia.

On craignait beaucoup que les membres du Parlement ne fussent hués, pendant le trajet du palais à l'archevêché, où ils se rendirent à pied; mais une garde nombreuse les escorta, et quelques rumeurs sourdes se firent seulement entendre; seul, le gouverneur de Paris fut hué à sa sortie de Notre-Dame.

Les mauvaises dispositions de la population envers les gens du Parlement montraient que le peuple désirait fort le retour des magistrats exilés, dont ceux-ci avaient pris la place; enfin il fut satisfait : le 9 novembre, les membres de l'ancien Parlement étaient tous rentrés à Paris, et le 10 ils reçurent une lettre de cachet du roi, qui les convoquait pour le mardi 12, à sept heures du matin, au Palais, dans la chambre de saint Louis, en habits de cérémonie, « pour y attendre les ordres du roi, en silence ». Quant aux membres du nouveau, ils reçurent l'ordre de se rendre, le même jour 12, à dix heures du matin, en robes noires, « au château du Louvre, en la chambre où se tenait ci-devant le grand conseil ».

Le 12, le roi, parti du château de la Muette, arriva à Paris dans un carrosse, avec les princes ses frères. Il entra accompagné de toute sa garde, composée de détachements des gardes du corps, des mousquetaires, gendarmes, chevau-légers, etc. Les gardes françaises et suisses formaient la haie. Il fut harangué, à la porte de la Conférence, par le gouverneur de Paris, et il arriva au Palais, salué par les acclamations du peuple. Les ducs et pairs avaient déjà pris place au lit de justice; les princes vinrent le recevoir au bas de l'escalier de la sainte chapelle; il y entendit la messe et se rendit un peu avant neuf heures au lit de justice, où il fit connaître sa volonté de rétablir son Parlement. Un moment après, le premier président et neuf présidents à mortier, qui attendaient les ordres du roi dans une pièce voisine, traversèrent le parquet et s'inclinèrent devant le roi. Puis messieurs de la grand'chambre, des enquêtes et des requêtes défilèrent successivement devant Louis XVI, qui, après avoir rappelé les raisons qui avaient engagé son aïeul à supprimer son Parlement, fit connaître celles qui le déterminaient à le rappeler et à nommer M. de Miromesnil chancelier, M. Séguier, premier avocat général, M. Joly de Fleury, procureur général, M. Barantin, second avocat général, et M. d'Aligre, premier président.

La lecture de huit édits suivit ce discours; le premier remettait aux officiers composant le parlement de Paris les offices qu'ils occupaient précédemment, et les autres portaient abolition des conseils supérieurs provinciaux, suppression des cent avocats, des quatre cents offices de procureurs, création de deux cents autres, établissement d'une nouvelle discipline, rétablissement du grand conseil, aux offices duquel le roi nommait ceux qui avaient composé le dernier Parlement, et rétablissement de la cour des aides.

Le roi sortit à deux heures du Palais, qui fut illuminé dans la soirée, et les poissardes allèrent chez chacun des membres du Parlement rétabli, pour lui adresser leurs compliments et chanter, en dansant, une chanson qu'elles avaient composée pour la circonstance.

Quant aux membres qui reprenaient leurs offices au grand conseil, ils furent hués par la foule qui les escortait, et particulièrement le président de Nicolaï. Ce fut *Monsieur* qui se transporta au Louvre, à deux heures un quart, après la séance du *Parlement, pour rétablir le grand conseil,* tandis que, de son côté, le comte d'Artois se transportait à la cour des aides pour y rétablir cette compagnie.

Le 22, le Parlement reprit ses travaux; il entendit la messe rouge, et les poissardes vinrent placer une couronne de fleurs sur la tête du premier président et crièrent : Vive le roi, vive la reine, vive la famille royale, vive le Parlement, vive d'Aligre, vive Séguier, etc. Cette journée de fête pour la magistrature fut terminée par un grand dîner offert par le premier président.

Des illuminations et des feux d'artifice, tirés malgré les défenses, témoignèrent de la joie publique.

Messieurs du Châtelet obtinrent à leur tour des lettres de rappel et purent rentrer à Paris.

Bien que les jésuites n'eussent pas été compris dans ce rappel général, 1,500 d'entre eux profitèrent de la circonstance pour rentrer dans Paris à la suite de plusieurs de leurs puissants protecteurs.

Pendant ce temps, le prix du pain haussait toujours, et vers le 10 décembre on put craindre un moment que Paris allait en manquer; les fermiers étant libres d'y apporter du blé ou de s'en abstenir, le prévôt des marchands expédia en toute hâte des voitures à Corbeil pour en aller chercher, et le 16, le Parlement dut s'assembler pour discuter la question de la liberté du commerce des blés, et tâcher de prendre des mesures pour arriver à faire baisser le prix de cette denrée de première nécessité.

Un assassinat, commis dans des circonstances singulières, occupa Paris pendant quelques

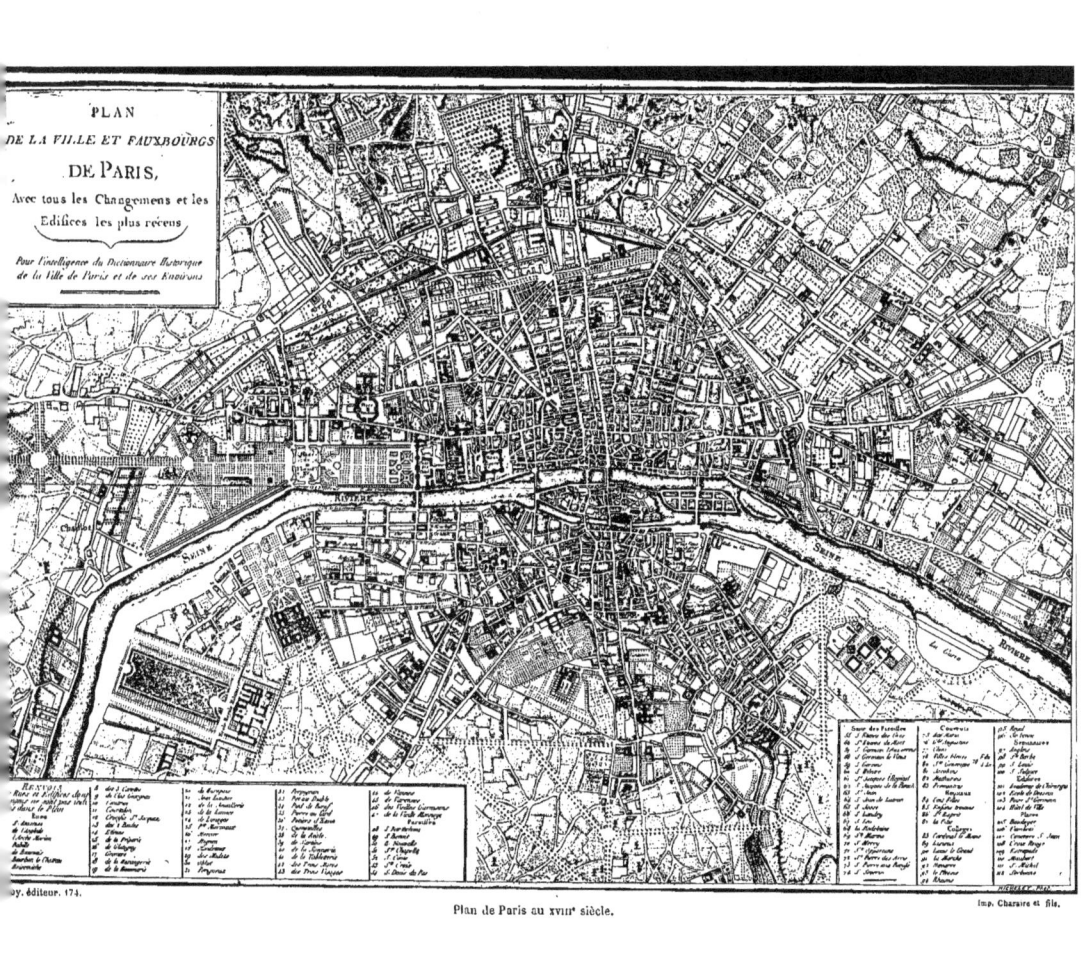

Plan de Paris au xviiie siècle.

Les poissardes vinrent placer une couronne sur la tête du premier président. (Page 404, col. 2.)

jours : un marchand de chevaux, demeurant dans l'enceinte du Palais, fut assassiné à sa porte, au milieu de la nuit, par un jeune homme qui lui donna un coup de couteau. La femme de ce marchand, ayant entendu les cris de son mari, descendit avec son fils; mais celui-ci, au lieu de se porter au secours de son père, éteignit la chandelle dont sa mère était munie, débarrassa l'assassin des mains du mourant et lui facilita les moyens de se sauver. La femme fit porter son mari sur un lit, où il mourut quelques heures plus tard, et, persuadée que son fils était complice de cet assassinat, elle lui donna dix louis avec un cheval, pour l'aider à se soustraire aux recherches de la justice. L'assassin passa la Seine à la nage, vis-à-vis l'échelle de la Présidence, et fut arrêté le lendemain. La police fit poursuivre le fils, qui fut arrêté à Blois. Dans l'instruction, on découvrit que ces deux hommes étaient amis, qu'ils avaient commis ensemble plusieurs vols et que l'assassin avait été sollicité et encouragé à tuer le marchand de chevaux par ce fils dénaturé, qui lui avait fourni le couteau. Tous deux furent condamnés à être rompus vifs; l'arrêt fut exécuté le 13 décembre; le parricide fit amende honorable avant son supplice, eut le poing coupé, et son corps, après être resté douze heures sur la roue, fut jeté au feu ensuite.

Ce fut le 14 décembre que le roi posa la première pierre de l'amphithéâtre de l'école de chirurgie, dont nous avons parlé précédemment. Cette cérémonie, à laquelle assistèrent le gouverneur de la ville, le prévôt des marchands, M. le Noir, le colonel des gardes françaises et plusieurs autres personnages marquants, avait attiré une grande affluence de curieux. Ce fut le comte d'Angivillers, directeur général des bâtiments, qui présenta au roi la truelle et l'auge de vermeil.

Ce fut aussi en 1774 qu'on commença à construire, à Paris, des fontaines marchandes, dont l'objet était de procurer aux Parisiens une eau salubre et limpide, et de préserver les porteurs d'eau des dangers qu'ils couraient en allant puiser l'eau dans la Seine. « Les premiers établissements de ce genre, dit Dulaure, eurent lieu sur la rive droite de cette rivière, et notamment sur le quai de l'École. Les entrepreneurs percevaient une légère contribution sur les porteurs d'eau. Là, des tonneaux portés sur des charrettes étaient facilement remplis. Le fisc vint, en 1775, comme à l'ordinaire, porter sa main avide sur cet établissement qui prospérait. Il accrut considérablement le prix de cette contribution, ce qui fit naître des clameurs. Enfin les prix furent réglés d'une manière plus convenable, et les fontaines se multiplièrent dans la suite, surtout depuis l'existence des pompes à feu. »

Une ordonnance du bureau des finances, du 21 juin 1774, fit fermer, à ses deux extrémités, la rue du Petit-Banquier, qui n'était, quinze années auparavant, qu'une ruelle ; rouverte en 1788, elle tirait son nom de la rue du Banquier, où elle prenait naissance, pour finir au boulevard de l'Hôpital ; depuis, elle a changé de nom et se nomme aujourd'hui la rue Watteau.

En 1774, le sieur Jacques Millet, maître menuisier, fit tracer, sur des terrains qui lui appartenaient, une rue ; trois ordonnances du bureau des finances, datées des 14 mai 1774, 27 avril 1779 et 5 septembre 1780, essayèrent vainement de s'opposer à ce percement de rue, Millet construisait toujours ; enfin le bureau de la ville, consulté, fut d'avis, dans sa séance du 30 mars 1781, de ne pas comprendre cette rue au nombre des voies publiques. Millet persévéra dans son entreprise, et il eut raison ; car une ordonnance du roi, rendue le 8 septembre 1787, autorisa la nouvelle rue faite sur le terrain du sieur Millet, donnant d'un côté sur la rue du Faubourg Saint-Honoré, et de l'autre sur les Champs-Élysées, et voulut que la rue fût appelée rue de Matignon, en l'honneur du maréchal de ce nom.

Parmi les édits et ordonnances rendus dans l'année, nous trouvons à la date du 2 août : « ordonnance du bureau des finances de la généralité de Paris, concernant la police des ateliers de pavage « et nous y lisons » qu'il est fait défense à tous ouvriers ou compagnons paveurs qui seront employés à la réparation du pavé de Paris, de passer au service soit des particuliers soit de quelque autre entrepreneur, sans un congé par écrit de l'entrepreneur qui les emploie. Défense est faite aux ouvriers, manœuvres et compagnons paveurs, d'abandonner leurs ateliers et de quitter hors du temps de repos, à peine de 15 livres d'amende, ni d'exciter aucuns troubles dans les ateliers, d'ameuter les ouvriers pour abandonner les ouvrages, d'injurier, de paroles, menaces, voies de fait ou autrement, les entrepreneurs ou leurs commis, à peine de 50 livres d'amende. Défenses sont faites à toutes personnes de troubler les paveurs dans leurs ateliers, à peine de 300 livres d'amendes etc ».

Nous trouvons aussi un arrêt ordonnant la translation à l'hôtel de Breton-Villiers du bureau unique pour l'enregistrement des titres de propriété des bourgeois de Paris « et autres privilégiés, qui veulent jouir de l'exemption des droits sur les denrées provenant de leurs terres, et destinées à la consommation de leur maison ».

Un arrêt du conseil d'État fut aussi rendu à propos de la communauté des perruquiers de Paris, gens remuants et qui étaient souvent en discussion avec d'autres ; par cet arrêt, (du 30 juillet), « Sa Majesté ordonne que les édits, arrêts, statuts et règlements donnés pour la communauté des perruquiers, les droits, privilèges et prérogatives attribués sur icelle à son premier chirurgien, ses lieutenans, greffiers et commis, en sa qualité d'inspecteur général de la barberie et de la profession de perruquier, seront gardés, maintenus et observés. »

En conséquence, les assemblées de la communauté ne pouvaient être convoquées que sur les mandements des lieutenants du premier chirurgien du roi, et défense était faite aux prévôts-syndics d'en provoquer aucune, ni de procéder à la réception d'aucun maître ou de recevoir leur serment.

Nous continuons le relevé des emprisonnements faits à la Bastille, et nous trouvons pour l'année 1774 : « 27 février, le D... X... le 5 mars le S... X... est arrêté avec lui, sortis le 3 avril entre 8 heures et 9 heures du soir, — 19 mars, le sieur du Genéty ancien officier, de Royal-Comtois, sorti le 2 juillet ; Lambert, anglais, (pas de sortie indiquée) ; — 1er juillet, Pereira Malabar, (rentré), sorti le 26 septembre ; — 25 juillet, Mme de Saint-Vincent et Marion sa domestique. Rentrées à leur couvent avec un garde, le 30 juillet. Le sieur de Bennavent, transféré au grand Châtelet le 20 août. — 26 juillet, Jacques Surgeon, gazetier, sorti le 10 août. — 27 juillet, Jacques Brasseur, sorti le 10 août. Pignatel, sorti le 10 août. — 28 juillet, Mercier, sorti le 13 septembre ; Bella, le Gras, Wetzel Bruer, sortis le 10 août ; Arnoux, sorti le 30 juillet. — 29 juillet, Raphaël Dubecq, sorti le 19 août. — 4 octobre, le chevalier de Sainte-Il-pisse, sorti le 5 octobre. — 3 novembre, le sieur Royer, sorti le 23 novembre.

Deux déclarations enregistrées le 10 janvier 1775, à la grand'chambre et à la Tournelle, furent reçues à Paris avec un grand contentement; la première datée du 25 décembre 1774, rendit le commerce de la viande libre pendant le carême, ainsi que dans tout autre temps de l'année, et 50,000 livres furent affectées à l'Hôtel-Dieu comme dédommagement pour le monopole de cette vente que l'hôpital avait affermé moyennant cette somme.

L'autre déclaration, datée du 8 janvier, ordonna la suppression des droits d'entrée dans la ville de Paris sur le poisson salé pendant le carême, et réduction de moitié des droits perçus pendant la même époque sur le poisson de mer frais. « Sa Majesté se réserve en outre d'étendre cette diminution et cette suppression à la totalité de l'année, si l'état de ses finances et les circonstances peuvent le lui permettre. »

Le 13 janvier, la reine vint à l'Opéra et se plaça dans la loge des bâtiments en face de la scène, aux secondes; elle était accompagnée de Madame, de Monsieur, et du comte d'Artois. Elle fut reçue par des acclamations auxquelles elle répondit par trois révérences, ce qui fut imité par les trois personnes qui l'accompagnaient; une allusion lui fut faite dans le cours de la représentation, et les bravos la saluèrent ainsi qu'à la sortie, où la foule l'accueillit par les cris de : Vive la reine !

Beaumarchais qui n'avait pas renoncé à faire jouer *le Barbier de Séville*, de retour à Paris, fit tous ses efforts pour obtenir l'autorisation, qui lui fut enfin donnée, de le faire représenter, et le 22 février eut lieu la première représentation.

A un siècle de distance, il est curieux de lire le jugement que porte sur la pièce celui qui avait succédé à Bachaumont dans la rédaction des *Mémoires secrets*, le *Figaro* du xviiie siècle : « *Le Barbier de Séville* tant annoncé, n'a pas répondu à l'attente du public, dont la foule a pensé produire des événements sinistres par le peu d'ordre qui règne aujourd'hui, soit pour la distribution des billets, soit pour l'entrée du spectacle. Cette pièce que l'auteur prolixe a allongée en cinq actes, au lieu de la réduire à trois, n'est quant à l'intrigue, qu'un tissu mal ourdi de tours usés, au théâtre, pour attraper les maris ou les tuteurs jaloux. Les caractères sans aucune énergie, point assez prononcés, sont quelquefois contradictoires. Les actes extrêmement longs sont chargés de scènes oisives, que l'auteur a imaginées pour produire de la gaieté et qui n'y jettent que de l'ennui. Le comique de situation est ainsi totalement manqué et celui du dialogue n'est qu'un remplissage de trivialités, de turlupinades, de calembourgs, de jeux de mots bas et même obscènes ; en un mot, c'est une parade fatigante, une farce insipide, indigne du théâtre français. Le premier acte seul, assez bien disposé, a reçu de vrais applaudissemens et les méritoit. Dans tous les autres, le dégoût n'a fait que croitre et parvenir à son comble. L'auteur a soutenu cette chute avec son impudence ordinaire. Il espère bien se relever et monter aux nues dimanche, où elle sera jouée pour la seconde fois. »

En effet, elle fut jouée de nouveau, le 26 février, et réduite en quatre actes. « *Le Barbier de Séville* au moyen de la ressource usitée des auteurs a été aux nues les dimanche et mardi gras. Les battoirs, comme les appelle le sieur Caron lui-même dans sa pièce, l'ont parfaitement bien servi. Il y désigne sous cette qualification burlesque cette valetaille des spectacles, qui gagne ainsi ses billets de parterre par des applaudissemens mendiés et des battemens de mains perpétuels. Il a réduit sa pièce en quatre actes, ce qui la rend moins longue, moins ennuyeuse, et ce qui fait dire qu'il se mettoit en quatre pour plaire au public. On a dit encore mieux qu'il auroit plutôt dû mettre ses quatre actes en pièces, jeu de mots qui, en indiquant le respect qu'il auroit dû avoir pour la décison du public, désigne le principal défaut de son ouvrage où il n'y a ni suite ni cohérence, entre les différents actes. »

On sait de quelle façon ce jugement du critique, qui était bien un peu l'expression de l'opinion des lettrés à cette époque, fut cassé par un succès persistant.

La cérémonie de la réception du duc de Cossé au Parlement, en qualité de gouverneur de Paris, et celle de son installation à l'Hôtel de ville se firent le 4 mars. Le duc sortit de son hôtel à dix heures du matin pour se rendre au Palais suivi de douze hallebardiers ayant un officier à leur tête, deux trompettes, les cent-gardes du gouverneur et leurs officiers, et quarante valets de pied richement vêtus, avec six beaux carrosses de gala et plusieurs autres de suite. Les hallebardiers et les gardes marchaient en haie jusqu'au carrosse du gouverneur, sur le siège duquel il y avait deux pages ; quatre étaient derrière. Le capitaine, le lieutenant, le major et le premier exempt des gardes étaient à cheval aux quatre roues. Les autres carrosses étaient occupés par des seigneurs et des gentilshommes. Tout ce cortège était précédé de cavaliers de la garde de Paris, et il y avait sur tout son passage des escouades pour faire ranger le peuple. Après sa réception au Parlement, le duc remonta en voiture et commença à jeter de l'argent au peuple du haut de l'escalier de la cour du Mai, et il continua d'en répandre dans la cour du Palais et sur tout son parcours jusqu'à l'Hôtel de ville, aux acclamations de la population.

En passant devant les prisons, il délivra le plus grand nombre de gens détenus pour dettes de mois de nourrice.

A son arrivée à l'Hôtel de ville, il fut reçu au bas de l'escalier par le corps de ville, complimenté par le prévôt des marchands et conduit dans la grande salle préparée pour la cérémonie de l'installation qui eut lieu de la manière suivante :

Le duc s'assit dans un fauteuil, ayant à sa gauche le prevôt des marchands et les échevins assis sur des sièges, les conseillers, les quarteniers et leurs mandés, le procureur du roi et le greffier occupaient tous des places spéciales. Le duc présenta ses lettres à l'assemblée, le procureur du roi en requit l'enregistrement et fit un discours, le prévôt des marchands parla ensuite et finit en disant que le corps de ville ordonnait que les lettres fussent enregistrées; cette formalité accomplie, le duc fut conduit dans un appartement spécialement disposé pour le recevoir, et il jeta par la fenêtre de l'argent au peuple à plusieurs reprises. Quatre fontaines élevées sur la place de Grève laissaient pendant ce temps couler du vin, et des distributions de pain étaient faites au peuple; en se retirant, le nouveau gouverneur jeta de rechef de l'argent au peuple, et, à la porte de son hôtel, deux fontaines laissaient également couler du vin et des valets distribuaient du pain.

Naturellement un grand repas termina la journée, une table de quatre-vingts couverts réunit les principaux personnages de la ville, et des fanfares, en charmant les oreilles des invités, envoyaient des échos de leur mélodie aux pauvres diables qui se pressaient aux portes de l'hôtel pour tâcher de participer à la joie commune, en trempant dans le jet du vin qui coulait pour tout le monde, les croutes du pain qu'ils devaient à la libéralité municipale.

Le 7 mars, le comte d'Artois vint à Paris accompagné des principaux officiers de sa maison, et fut salué à son arrivée et à son départ par les canons des Invalides, de l'Hôtel de ville et de la Bastille; le corps de ville lui fut présenté par le duc de Cossé gouverneur de Paris, qui le reçut à l'endroit ou était précédemment la porte de la Conférence, avec M. de la Michodière, prévôt des marchands, et le lieutenant général de police Lenoir : le prince monta dans undes carrosses de parade qui l'attendaient, et qui furent aussitôt remplis par les personnes de sa suite.

Ce cortège, précédé et suivi des gardes du corps se dirigea vers Notre-Dame où le comte d'Artois, fut reçu et complimenté à la porte de l'église par l'archevêque de Paris, à la tête de ses chanoines; le prince entendit la messe, puis alla à Sainte-Geneviève où on le complimenta, et revint diner aux Tuileries, où une table de 40 couverts était préparée; après le diner, il alla à l'Opéra et retourna à Versailles.

« Le peuple accouru sur son passage malgré le mauvais temps, lui a donné partout des témoignages éclatants de la joie que sa présence lui inspirait. »

C'était alors tout un événement que la présence d'un membre de la famille royale dans la capitale.

Le 9 mars, des courses de chevaux eurent lieu, et c'était un spectacle tout nouveau qui excita fort la curiosité publique; elles se firent à la plaine des Sablons « la course consistoit en un certain espace de terrein à parcourir plus ou moins promptement. Plusieurs seigneurs de la cour avaient fourni des coursiers sur lesquels ils avoient assis des paris considérables. Ils étoient montés par des palfreniers accoutumés à ces sortes d'exercices. Outre la famille royale, on comptoit au nombre des princes du sang, monsieur le duc de Chartres et monsieur le duc de Bourbon. Il y avoit une estrade élevée pour placer Sa Majesté et sa cour. Le cheval de M. le duc de Lauzun a eu l'avantage ».

Ce cheval vainqueur mourut des suites de sa victoire.

Il parut le 16 mars 1775, une ordonnance du roi concernant la levée du régiment provincial de la ville de Paris : cette ordonnance dispensait jusqu'à nouvel ordre la ville de Paris de tirer au sort pour la fourniture des hommes nécessaires à ce régiment « qui sera désormais composé de deux bataillons et permet qu'il soit formé et recruté par la voie des engagements volontaires, par les soins et sous l'autorité du lieutenant général de police. »

Le refus que quelques personnes faisaient de laisser visiter leurs voitures à l'entrée de Paris, donna lieu à une ordonnance du roi qui soumit à cette visite toutes les voitures sans exception, pas même pour les siennes et pour aucune de celles de la famille royale. Les cochers étaient tenus d'arrêter à la première réquisition des commis, et des rapports devaient être dressés contre les seigneurs de la cour ou autres personnes qui refuseraient de souffrir ces visites.

Le 1er dimanche de mai on tira, selon la coutume, un patigot dans la cour de l'abbaye de Montmartre. Jadis ce tir avait lieu sur la butte près des moulins. Il consistait à abattre un oiseau fixé au bout de plusieurs perches jointes ensemble, à l'aide d'une flèche ferrée. Celui qui avait l'adresse d'enlever cet oiseau recevait pour prix une écuelle d'argent qui lui était donnée par l'abbesse de Montmartre en sa qualité de dame du lieu; un second prix consistant en un gobelet d'argent, était donné à celui qui, sans enlever l'oiseau, parvenait à le toucher et à lui enlever quelques plumes.

Il y eut en mai des troubles occasionnés par la cherté du pain, et cependant le pain avait été beaucoup plus cher sous le règne précédent, puisque le jour où des bandes partirent de Paris pour aller piller les fermes des environs, le pain se vendait 13 sous les quatre livres, et que du temps de l'abbé Terray il s'était vendu 16 sous.

Aussi nombre de gens pensaient-ils que cette émeute avait été montée uniquement pour perdre le contrôleur général Turgot, dont les idées sur la liberté des grains étaient vivement combattues; quoi qu'il en soit, on arrêta dans le fau-

En 1775, une rosière fut couronnée, dotée et mariée. (Page 409, col. 1.)

bourg Saint-Antoine des gens bien vêtus, dans les poches desquels on trouva jusqu'à cinq cents louis en or, et des femmes vêtues en amazones, à cheval, et ayant aussi sur elles beaucoup de louis et de demi-louis en or.

Ce qui est certain, c'est que le 3 mai, des pillards réunis à Paris, y renouvelèrent les scènes de désordre qui s'étaient produites sur les marchés de Pontoise, de Saint-Germain, de Versailles, etc; quelques gens du peuple, en petit nombre toutefois, se joignirent à eux et pillèrent les marchés parisiens, puis fermèrent les boutiques des boulangers. Des bandes parcoururent les rues en excitant au pillage.

Le gouvernement avait pris des mesures pour réprimer ces excès, et les troupes avaient été autorisées à repousser la violence par la force. Il avait été défendu sous peine de mort de s'attrouper, des soldats avaient été placés chez des boulangers et des corps de garde disposés dans les différents quartiers; voyant alors qu'ils se trouvaient réduits à l'impuissance dans Paris, les agitateurs se répandirent de nouveau dans les environs. Le 11 mai, deux des séditieux furent pendus à la place de Grève.

Le 18 mai l'archevêque de Paris bénit à Notre-Dame les étendarts des gendarmes de la garde et donna à dîner dans son palais aux principaux officiers; le dimanche suivant il fit de même à l'égard des chevau-légers.

Nous avons précédemment parlé de la fête de la rose nommée, qui se célébrait à Belleville, et qui avait fini par tomber en désuétude. En 1775, il se forma à Belleville avec l'agrément du marquis de Ségur, une association dont le but était de ressusciter cette fête du vieux temps; seulement on en modifia les rites et les cérémonies : et la rose nommée fit place à une rosière qui fut élue et couronnée en mai, puis dotée et mariée le premier lundi du mois de septembre suivant. Cette fête se célébra jusqu'à la Révolution.

Une association en partie maçonnique, qui prit le nom de loge d'adoption de Saint-Jean de la Candeur, fut fondée en 1775 et tint sa première assemblée le 21 mars; les principaux membres étaient : le marquis de Saisseval, vénérable; le comte de Belbe, premier surveillant ; le comte de Strogonoff, deuxième surveillant ; le frère baron de la Chevalerie, grand orateur terrible ; le frère Bouvard, secrétaire. La comtesse de Choiseul-Gouffier et la princesse de Polignac furent reçues dans cette assemblée. Le premier procès-verbal fut signé par la comtesse d'Oza, inspectrice, L. Turpin de Crissé fils, prince de Nassau, frère Simon, etc. Un banquet maçonnique eut lieu, et les assemblées ultérieures se tinrent au nombre de 65 jusqu'en 1785 ; la dernière eut lieu le 10 février, et l'on ne voit plus de trace de la loge après cette date. Le comte de Boufflers, F. d'Havrincourt, les comtes de Ségur, de Gouy et de Sesmaisons en firent partie.

A cette époque, on le voit, les femmes n'étaient pas exclues des loges maçonniques, et elles pouvaient obtenir des grades d'apprenties, de compagnonnes et de maîtresses. En 1775, il parut un règlement de la maçonnerie des femmes en trois grades. L'admission des femmes les soumettait à des épreuves qui ne les effrayaient que médiocrement ; on exigeait d'elles qu'elles fussent saines de corps et d'esprit, sans grossesse ; la récipiendaire prêtait serment d'observer les conditions imposées à toute bonne maçonne et ajoutait : « Je promets de plus et m'engage de coucher cette nuit avec la jarretière de l'ordre. Sur cette jarretière, qu'on plaçait séance tenante, et qui consistait en une banderole de peau blanche, on lisait les mots : Vertu et Silence. Après cette cérémonie, le vénérable embrassait la récipiendaire, qui recevait le baiser d'association de tous les frères et amis présents à la séance.

Le 25 mars 1777, la loge de la Candeur fut visitée par les duchesses de Chartres et de Bourbon et la princesse de Lamballe. Une gravure de Voysard a consacré le souvenir de cette visite.

Nous venons d'écrire le nom de Turpin de Crissé ; sa femme, fille du maréchal de Lowendahl, fonda aussi en 1775 une société destinée à célébrer la beauté et à rétablir le culte de l'amour, et qui avait pour titre : Société de la Table ronde. Elle disparut aux approches de la Révolution.

Au mois de juillet il y eut plusieurs pendaisons à la Grève, entre autres celle d'un sieur Pierre-Joseph Lavallée, pour avoir violé à Montmartre deux petites filles de sept ans. Le jugement rendu par le Parlement porta en outre que le fils du criminel, César-Jean-Claude Lavallée, serait condamné à assister à l'exécution de son père et à être fouetté ensuite sous la custode par le questionnaire, dans la chambre de la question, puis enfermé à Bicêtre pendant six mois.

On s'entretenait beaucoup des folies que le duc de Bouillon faisait pour une chanteuse de l'Opéra, mademoiselle Laguerre, pour laquelle il avait dépensé 800,000 livres en quelques mois. Le roi instruit de ses prodigalités, tança vertement le duc et lui enjoignit de se tenir à sa terre de Navarre. Cette jeune artiste « d'une jolie physionomie, d'un organe sonore, et dont les talents savoient amorcer les amateurs », n'était pas seulement sensible à l'amour, elle ne détestait pas les plaisirs de la table, et elle avait coutume, lorsqu'elle devait chanter, de se préparer aux émotions de la scène en ingurgitant pas mal de verres de vin de Champagne.

Un soir qu'elle avait eu quelques démêlés avec un de ses amants, elle s'oublia jusqu'à vider un si grand nombre de verres de son vin favori que lorsque sa soubrette vint l'avertir qu'il était temps de partir pour le théâtre, elle se leva en titubant légèrement.

« — Madame paraît être mal à son aise, dit la camériste en réprimant un léger sourire.

— Ce n'est rien, répondit la cantatrice, la tête un peu lourde, voilà tout, mais, baste, j'en ai vu bien d'autres ! »

Et en pirouettant sur elle-même, Mlle Laguerre descendit l'escalier tant bien que mal et arriva au théâtre.

Elle chantait le rôle d'Iphigénie dans l'opéra de ce nom, de Danchet. A son entrée en scène le feu de la rampe lui fit monter au visage une chaleur nouvelle ; cependant elle parvint avec un violent effort à maîtriser les effets de l'ivresse, et elle attaqua son air qu'elle chanta avec assez de justesse toutefois.

Mais le public avait cependant remarqué quelque chose de singulier dans ses allures, sans pouvoir se rendre compte de ce qu'elles avaient d'extraordinaire.

Tant qu'elle chanta, on ne s'aperçut trop de rien, mais au bout d'un moment elle voulut remonter la scène et trébucha.

Tous les yeux se fixèrent sur elle avec obstination.

Une seconde fois, elle faillit tomber.

Il n'y avait pas à en douter, Laguerre était grise.

En un instant ce bruit se répéta dans la salle, et quelques huées timides se firent entendre, entremêlées de rires et de quolibets.

L'actrice s'aperçut que c'était à elle qu'on en avait, et elle s'avança de nouveau pour chanter, en affectant de pouvoir se tenir droite ; mais plus elle faisait d'efforts pour dissimuler son état d'ivresse, plus il paraissait évident ; elle finit par pousser une fausse note qui ne laissait aucun doute sur sa situation ; alors un charivari épouvantable eut lieu. Laguerre faisait bravement face à l'orage, en essayant de parler pour se justifier.

On voulut l'obliger à se retirer au fond de la scène, mais elle ne le voulut point ; surexcitée par les rires inextinguibles du parterre, elle finit par perdre complètement le peu de raison qui lui restait, et serait tombée sur le théâtre si l'on ne s'était hâté de faire baisser le rideau.

Directeur et musiciens étaient furieux; mais qu'y faire? le plus sage était d'attendre que les fumées du vin fussent dissipées.

Mlle Laguerre fut donc reconduite chez elle, mais le lendemain elle dormait encore, quand un exempt porteur d'un ordre d'arrestation fut annoncé chez elle.

C'était un vilain réveil, mais en même temps que la raison la mémoire lui revint, et elle n'essaya même pas de demander grâce.

« Ah! madame! s'écria la soubrette, on va vous mettre au For-l'Evêque.

— Eh bien, mon enfant, qu'y faire?

— N'est-ce pas de la barbarie, parce que madame avait peut-être bu un verre de champagne de trop.

— Dis un flacon, mon enfant. Oui, je me le rappelle à présent, c'est ce monstre de marquis qui me versait.

— Ah! n'importe, madame, c'est de la cruauté et je vais...

— Tu vas te dépêcher de m'habiller afin de ne pas faire attendre l'exempt du roi. »

Une demi-heure plus tard la jolie chanteuse était au For-l'Evêque, où des ordres avaient été donnés pour qu'elle pût y recevoir tous les visiteurs qui lui plairaient et les lettres qui lui seraient adressées; tout pouvait arriver jusqu'à la prisonnière, hormis une seule chose, le vin de Champagne, qui était absolument et impitoyablement consigné à la porte.

Elle resta pendant treize jours en prison, d'où on la faisait sortir les soirs d'Opéra, afin qu'elle pût faire son service au théâtre; la représentation finie, l'exempt qui l'avait accompagnée s'en retournait avec elle pour la réintégrer sous les verrous; cependant, le soir du treizième jour, on la laissa partir seule pour l'Opéra et aller coucher chez elle. Quelques jours plus tard, afin de fêter son retour à la liberté, elle donna à ses amis un magnifique souper dont elle fit les honneurs avec une grâce infinie, et au dessert elle prit solennellement l'engagement de ne jamais boire à l'avenir plus de treize coupes de vin de champagne dans le même repas, en mémoire de ses treize jours de captivité.

Le contrôleur général Turgot, dans le but de perfectionner la navigation, la construction des machines hydrauliques et l'architecture navale, créa à Paris une chaire d'hydrodynamique, qui fut ouverte le 25 octobre 1775, dans une salle des pères de l'Oratoire de la rue Saint-Honoré.

Ce fut aussi en 1775 qu'on vit les maisons de jeu fonctionner régulièrement, en vertu d'une autorisation que leur donna le lieutenant de police; on lit dans les *Mémoires secrets* à la date du 6 novembre : « Depuis l'institution d'un nouveau jeu de hasard, intitulé *la Belle*, on compte dans Paris douze maisons de femmes qui ont permission de recevoir le public à certains jours de la semaine. On est surpris que M. de Malesherbes n'ait point réformé ces coupe-gorge, le ministre a voulu du moins tourner cet abus inévitable à quelque utilité publique. Ces maisons ont deux jours par semaine auxquels les banquiers président, donnent six louis à la maîtresse et se chargent de tous les frais. On leur en a accordé un troisième, mais auquel les six louis doivent appartenir en entier à la police. Ce qui forme un impôt annuel de plus de 80,000 livres, applicable à des objets de charité, ou de nécessité, ou d'embellissement, etc. »

On vit alors des femmes titrées, solliciter l'avantage de posséder un de ces tripots, qu'elles faisaient exploiter par des gens qui en partageaient les bénéfices avec elles. C'étaient généralement des valets de grands seigneurs qui prenaient en leur nom la direction de ces maisons de jeu, et ils avaient pour caissier général un sieur Gombaud. « Ces jeux furent des sources de malheurs et de crimes, lisons-nous dans Dulaure; prohibés en 1778, ils trouvèrent un refuge à la cour où il s'établit des banquiers et des filous, dans les hôtels privilégiés des ambassadeurs, où la police ne pouvait exercer son ministère. Bientôt les jeux de hasard furent de nouveau rétablis, et celui qu'on nomme le *Biribi* devint en grande faveur. En 1781, ces jeux, qui avaient ruiné plusieurs familles, causé des suicides et des banqueroutes, et ébranlé le commerce, furent en février dénoncés au Parlement qui manda à sa barre le lieutenant de police. De beaux discours furent prononcés; et comme plusieurs personnes du plus haut rang tenaient elles-mêmes des jeux, le Parlement décida qu'il convoquerait les pairs. Il en résulta, le 20 février de cette année, un arrêt réglementaire sur lequel le roi, se réservant de statuer, rendit le 1er mars une déclaration. Cet arrêt, sévère contre les banquiers des jeux, les menaçait du carcan et du fouet. »

La déclaration du roi prohiba tous les jeux dont les chances sont inégales, et chargea les commissaires au Châtelet de veiller exactement sur les maisons où l'on jouait à des jeux prohibés. Cette déclaration prononça en outre la nullité de tous contrats, obligations, promesses, billets, ventes, cessions, transports, et tous autres actes ayant pour objet une dette de jeu contractée, non seulement par les mineurs, mais même par les majeurs.

Les maisons autorisées continuèrent avec sécurité; quant à celles qui ne l'étaient pas, elles continuèrent aussi, mais éprouvèrent quelques ennuis. Plusieurs lettres de cachet furent le châtiment des infractions aux règlements. On vit des personnes très éminentes convaincues de tenir ces tripots. Parmi leurs noms figure celui de Genlis. « La contagion gagna jusque dans les sociétés établies au Palais-Royal, sous les titres de club et de salon; ce qui fit naître une ordonnance de police de mars 1785, qui interdit les jeux dans ces sociétés. »

En 1786, de nouveaux désordres dans les maisons de jeu qui n'étaient que tolérées nécessitèrent de nouvelles mesures prohibitives.

Sous la Révolution, la passion du jeu ne connut plus de frein, sur les quais, sur les places, sur les boulevards, des hommes tirant de petits tabourets pliants de dessous leur habit, déployaient un jeu qui se refermait comme une carte de géographie, tandis que ses compères agitaient un sac d'argent. Les badauds s'amassaient, pontaient et se faisaient rafler.

La loi du 22 juillet 1791 modifia sensiblement la législation antérieure, tout en prononçant des peines sévères contre les personnes qui jouaient à des jeux prohibés. Suivant cette loi, les commissaires de police pouvaient en tout temps entrer dans les maisons où l'on donnait habituellement à jouer à des jeux de hasard, mais seulement sur la désignation qui leur en avait été donnée par deux citoyens domiciliés.

Le Directoire réduisit à neuf le nombre des maisons de jeu et obligea les directeurs à payer une redevance à l'État.

Sous le Consulat, Fouché accorda à un sieur Perrin l'autorisation de donner à jouer et lui prescrivit surtout la création d'un cercle d'étrangers. A Perrin succéda, comme fermier des jeux, un sieur Bernard, puis un sieur Boursault qui soumissionna la ferme des jeux, les vidanges et les boues de Paris, ce qui lui fit donner le surnom de Merdiflore. Enfin à Boursault succéda M. Benazet, sous la direction duquel eut lieu la clôture des maisons de jeu en 1837.

La ferme des jeux se composait de l'exploitation du cercle des étrangers, 6, rue Grange-Batelière, de Frascati, rue Richelieu 108, de la maison Dunan, rue du Montblanc, 40, de la maison Marivaux, rue de Marivaux 13, de la maison Paphos, rue du Temple 110, de la maison Dauphine, rue Dauphine, 36, et enfin du Palais-Royal, où se trouvaient des maisons de jeu aux n°s 154, 129, 113 et 9.

Le fermier général des jeux versait au trésor, par douzièmes, une somme annuelle de 5,550,000 francs; cette somme était allouée à la ville, sauf un prélèvement de 1,660,000 francs attribué par parts égales aux subventions théâtrales, au Conservatoire et aux Quinze-Vingts. Une somme de 500,000 francs de cautionnement était en outre exigée du fermier. Enfin un article du cahier des charges attribuait encore à la ville, sur le montant des bénéfices, une part de moitié, lorsque les produits bruts ne s'élevaient pas au-dessus de neuf millions, et les trois quarts sur la somme qui excédait 9 millions.

Les bénéfices annuels des 19 dernières années, (de 1819 à 1837) donnèrent une moyenne de sept millions 227,021 francs 39 cent.

L'administration des jeux se composait de vingt-huit tailleurs de trente et un, de vingt-huit croupiers, de quatre-vingts tailleurs de biribi et de creps, de douze inspecteurs, de dix suppléants, de six chefs de parties dans les grandes maisons, de trois chefs de parties pour les roulettes, de vingt inspecteurs secrets, d'un inspecteur général, et de cent trente garçons de salle.

On pouvait se faire servir des rafraîchissements dans chaque maison de jeu, et, dans quelques-unes, il se donnait deux dîners par semaine.

Le Parlement, rappelé par Louis XVI, fit sa rentrée ordinaire après la Saint-Martin et assista à la messe rouge de la Sainte-Chapelle. Les magistrats se réunirent ensuite dans la grand'-chambre où le président fit un superbe discours à l'adresse du roi et de ses ministres, qu'il couvrit d'éloges. La paix et la concorde étaient donc absolument rétablies entre les deux pouvoirs, royal et judiciaire.

Le 26 novembre, Marie-Antoinette et Monsieur assistèrent au bal de l'Opéra, on ne les attendait pas et « comme en général les bals de la Saint-Martin ne sont pas brillants, il y avoit peu de monde et mal choisi. »

« En vertu des ordonnances données par le roi à Versailles, le 5 décembre 1775, fixant le nouveau sort de sa maison, lisons-nous dans les *Souvenirs d'un chevau-léger* (de Belleval), on a fait assembler (le 23 décembre) dans la cour de leurs hôtels situés à Paris rue de Charenton, faubourg Saint-Antoine, rue du Bac et faubourg Saint-Germain, les deux compagnies des mousquetaires gris et noirs, tenant chacun leur cheval par la bride et ayant à leurs pieds tout leur bagage militaire, et on leur a lu l'ordonnance du roi qui les supprimoit en entier à compter du 1er janvier suivant. Aussitôt après avoir entendu cette lecture, ils se dépouillèrent tous de la soubreveste bleue garnie de galons d'argent, avec une croix brodée devant et derrière qu'ils avoient coutume de porter par-dessus leur habit, la posèrent à leurs pieds sur leurs bagages, abandonnant en même temps leurs chevaux et renonçant à leur état, quoiqu'ils dussent demeurer encore quelque temps dans leurs hôtels où l'on apposa les scellés sur les papiers et les effets appartenant à ces deux compagnies. Cette cérémonie a fait répandre des larmes à quelques mousquetaires qui disoient avec raison qu'on n'auroit point dû choisir, pour leur faire perdre leur état, l'année où l'on avoit demandé d'eux le service le plus dur, relativement aux troubles causés dans Paris par la cherté du pain. »

Par lettres patentes de novembre 1775, le prince de Condé fut autorisé à changer la direction d'une partie de la rue de Bourgogne et à former une place demi-circulaire au-devant de l'entrée de son palais; en 1778, on commença les travaux de la place, mais on substitua à la forme indiquée;

Boulangerie du xviiie siècle.

Boulangerie du xixe siècle.

Au dessert, Mlle Laguerre prit solennellement l'engagement, à l'avenir, de ne boire que treize coupes de champagne
(Page 411, col. 1.)

une place rectiligne, formant évasement du côté du palais, qui fut appelée place du palais de Bourbon; par arrêté du 18 janvier 1798, le conseil des Cinq-Cents décida qu'elle prendrait le nom de place du conseil des Cinq-Cents. Sous l'Empire, on la nomma place du Palais du Corps législatif; un arrêté préfectoral du 27 avril 1814 lui rendit sa dénomination de place du Palais Bourbon, qu'elle a conservée depuis.

Une partie de la rue du Helder fut aussi ouverte la même année sur des terrains appartenant à M. Bouret de Vezelais. En 1792 c'était encore une impasse qu'on appelait l'impasse Taitbout; le 17 mai 1792 un arrêté en prescrivit la conversion en rue, et le 12 brumaire an VIII on lui donna le nom de la rue du Helder en mémoire de l'expulsion des Anglais du territoire batave.

La partie de la rue de la Ferme des Mathurins, comprise entre la rue Neuve des Mathurins et la rue de Provence fut ouverte aussi en 1775 sur un terrain dépendant d'une ferme appartenant aux religieux; en 1823, une ordonnance royale auto-risa les sieurs Lafaulotte frères et Godot de Mauroy frères à ouvrir sur leur terrain une rue qui prolongeait la rue de la Ferme et qui porta d'abord le nom de rue Neuve de la Ferme des Mathurins, c'est la partie de la rue de la Ferme qui arrive au boulevard de la Madeleine. Enfin le passage Sandrié fut aussi ouvert à la même époque; il allait de la rue Basse du Rempart à la rue Neuve des Mathurins : il a été supprimé pour faire place à la rue Scribe.

Les emprisonnements à la Bastille furent nombreux en 1775.

Voici ce que mentionne le registre d'écrou : 24 janvier, la fille Lamarche, libraire, sortie le 30 mars; — 29 janvier, Laurent Bare, libraire, sorti le 7 février; — 30 janvier, Desauges père, libraire, et son fils, le premier sorti le 6 avril, le second le 3 mars; — 13 février, Michel Collet, cavalier du guet, transféré à l'Abbaye, le 24 février; — 22 février, Lucas, libraire de Rouen, sorti le 28 mars; — 1er mars, Desruelles, bénédictin, exilé le 24 mai, à Beurrières en Artois; —

2 mars, l'abbé Dubignon, exilé le 24 mai, à Vitré ; — 3 mars, Pintiau, libraire, sorti le 28 mars ; — 6 mars, de Caussanel, gendarme, transféré à Charenton, le 28 mars ; — 7 mars, Valle, libraire, sorti le 28 mars ; — 1er mai, Clof, garçon libraire, sorti le 24 juin ; — 3 mai, Saffray de Boilabbé, sorti le 26 juin, avec injonction de suivre la cour ; — 5 mai, Doumerc, sorti le 21 juin ; — 6 mai, Sorin de Bonne, sorti le 20 juin ; — la femme Bourrettes, sortie le 21 juin ; — Dubois, maire, sorti le 19 juin ; — 9 mai, Thomas Blaison, procureur fiscal, Jacques de Lépine, sorti le 20 juin ; — Pasquier et Jouffroy, curés, sortis le 23 mai ; — Jolivet, marchand, sorti le 15 mai ; — Hattot, sorti le 27 juin ; — l'abbé Regiret, exilé à Chartres le 29 juin ; — 24 mai, Chastellain, meunier, sorti le 26 mai ; — Texier de Lancey, sorti le 27 mai ; — 29 mai, l'abbé Sauri, sorti le 26 juin ; — 30 mai, E.-S. Hurelle, sorti le 2 septembre ; — 3 juin, l'abbé Delarue, sorti le 20 juillet ; — 7 juin, Cantel, sorti le 19 juillet ; — Tirel de la Martinière, curé, sorti le 17 juillet ; — 17 juin, Cavelier, curé, sorti le 26 juillet ; — 18 juin Ph. Dubois, Madeleine Porcher sa femme, Etienne Lemoine, la femme Françoise Martin, transférés à Melun, le 30 juillet ; — 20 juin, P.-Cl. Dourdan, curé, sorti le 28 août ; — 28 juin, Bailly, notaire et procureur, sorti le 24 juillet ; — 2 juillet, Langlois, président du conseil supérieur de Rouen, sorti le 10 juillet ; — Queudray, maître de poste, sorti le 17 juillet ; — Thorel, domestique de Langlois, sorti le 17 juillet ; — Jean Renault, transféré à Chartres, le 20 août ; — 3 juillet, Jean de Bon, curé de la Queue, sorti le 17 août ; — 5 juillet, Pierre Dutertre, dit Potrus, transféré à Bicêtre le 1er juin, 1776 ; — 8 juillet, de Ligny, Laurent, sortis le 2 septembre ; — 17 juillet, Clément Croville, transféré à Bicêtre, le 1er juin 1776 ; — 13 août, le chevalier Peyrau, sorti le 4 septembre ; — 22 août, Meslin, sorti le 1er juin 1776 ; — 20 novembre, Bourgeois, sorti le 20 janvier 1776 ; — 25 novembre, Jean le Clerc, dit Saint-Jean, exilé en Savoie, son pays, le 21 septembre 1776 ; — 28 décembre, François Favre, frotteur, sorti le 18 janvier 1776 ; — Arnoux, sorti le 2 janvier 1776.

On voit figurer dans cette liste nombre de libraires ; or, comme les motifs de ces arrestations sont consignés à partir de cette année, il est facile de constater qu'ils ont trait généralement aux libelles dirigés contre les ministres déchus ou les nouveaux et aux troubles occasionnés par la cherté des grains.

On s'égaya fort à Paris au commencement de 1776, d'un mémoire publié, par M. Chol de Clercy, dans lequel il accusait l'abbé Terray d'avoir abusé de sa femme pour la dominer ensuite, et en faire l'esclave de ses moindres volontés ; et de la disparition du premier commis de la caisse de la Comédie française, qui partit avec 50,000, francs emmenant avec lui la femme de Thomassin, l'acteur de la Comédie italienne, qui de son côté avait volé son mari et lui avait vendu tout son mobilier. Quelques jours plus tard, c'était Audinot, le directeur du théâtre des comédiens de bois, qui fut condamné par le Châtelet, pour avoir séduit une femme qui, comme lui, se vit obligée de subir quelques mois de prison.

La chronique scandaleuse était loin de chômer ; les grands seigneurs continuaient à donner l'exemple des folies ruineuses, et les bourgeois les imitaient. Depuis quelque temps, le comte d'Artois s'était épris de Mlle Contat, une des étoiles de la Comédie française ; ce fut pour elle qu'il fit construire, au commencement de l'année 1776 aux Champs-Elysées, qu'on appelait alors le Grand Cours, et à l'angle d'un projet de rue qui devait devenir la rue d'Angoulême, le bel hôtel qui existe encore, et qui fut appelé hôtel Contat et hôtel d'Angoulême. Ce fut Chalgrin, architecte du roi, qui dirigea la construction, les plafonds furent ornés par Barthélemy ; le jardin, qui était bien plus spacieux que celui qui existe, fut dessiné et ordonnancé par un jardinier du Petit-Trianon.

Les salons de l'hôtel Contat furent ouverts aux réunions les plus recherchées.

Mlle Contat mourut en 1810. Son hôtel avait été acquis quelques années auparavant par l'ambassadeur italien Manescalchi, puis il devint la propriété du baron Roger, du comte de Flahaut, et le séjour du duc de Morny ; il fut vendu en 1879.

En même temps, qu'il faisait bâtir un hôtel à sa maîtresse, le comte d'Artois, jaloux de voir *Monsieur*, grand maître de l'ordre de Saint-Lazare, voulut aussi devenir le restaurateur de quelque ordre religieux, et il se mit à la tête de la confrérie du Saint-Sépulcre, qu'il essaya de convertir en ordre ; les membres de cette confrérie étaient des bourgeois, des commerçants et des artisans, qui faisaient des quêtes pour le rachat des gens emprisonnés pour dettes ou pour non payement des mois de nourrice. Le comte d'Artois voulut en faire des chevaliers et créa des commanderies, des croix furent données, mais jamais le comte ne parvint à rattacher l'ordre à celui du Saint-Sépulcre de Jérusalem, ce qui était son intention. Le public couvrit l'institution de ridicule, on la désigna sous le nom de confrérie de l'Aloyau ; quelques membres de l'ordre ayant été salués des titres de chevaliers de l'Aloyau, ils retirèrent leur croix de leur poitrine, et il n'en fut plus question.

Le mois de février 1776 fut excessivement froid, le thermomètre baissa plus qu'en 1709 ; aussi la misère était-elle grande à Paris : les libellistes en profitèrent pour publier chaque jour des écrits satiriques et des chansons, dans lesquels la reine et les ministres n'étaient pas épargnés.

La suppression des jurandes vint bientôt fournir un élément nouveau aux pamphlétaires.

Le bruit s'était répandu que le roi, au lieu de faire disparaître les abus dont souffraient les corporations d'arts et métiers, s'était résolu à les supprimer. Aussitôt des plumes se taillèrent et des mémoires parurent pour défendre les jurandes menacées. Ces écrits furent supprimés, par arrêt du conseil royal du 22 février, et un long édit portant abrogation des communautés parut. Ce fut au ministre Turgot qu'on le dut, et il fut considéré comme un des plus beaux titres de gloire de cet homme d'État, qui s'était donné la mission de rendre le commerce et l'industrie libres.

Il est regrettable que la dimension de cet important document historique ne nous permette pas de le donner *in extenso;* mais nous allons en extraire les principales dispositions.

« Nous devons à tous nos sujets de leur assurer la jouissance pleine et entière de leurs droits ; nous devons surtout cette protection à cette classe d'hommes qui, n'ayant de propriété que leur travail et leur industrie, ont d'autant plus le besoin et le droit d'employer dans toute leur étendue les seules ressources qu'ils aient pour subsister.

« Nous avons vu avec peine les atteintes multipliées qu'ont données à ce droit naturel et commun des institutions anciennes à la vérité, mais que ni le temps, ni l'opinion, ni les actes mêmes, émanés de l'autorité qui semble les avoir consacrées, n'ont pu légitimer...

« L'exercice des différents arts et métiers est consacré dans les mains d'un petit nombre de maîtres réunis en communauté qui peuvent seuls, à l'exclusion de tous les autres citoyens, fabriquer ou vendre les objets de commerce particulier dont ils ont le privilège exclusif, en sorte que ceux de nos sujets qui, par goût ou par nécessité, se destinent à l'exercice des arts et métiers, ne peuvent y parvenir qu'en acquérant la maîtrise à laquelle ils ne seront reçus qu'après des épreuves aussi nuisibles que superflues, et après avoir satisfait à des droits ou à des exactions multipliées par lesquelles une partie des fonds dont ils auraient eu besoin pour monter leur commerce ou leur atelier, ou même pour subsister, se trouve consommée en pure perte.

« Ceux dont la fortune ne peut suffire à ces pertes sont réduits à n'avoir qu'une subsistance précaire sous l'empire des maîtres, à languir dans l'indigence ou à porter hors de leur patrie une industrie qu'ils auraient pu rendre utile à l'État.

« Toutes les classes de citoyens sont privées du droit de choisir les ouvriers qu'ils voudraient employer et des avantages que leur donnerait la concurrence pour le bas prix et la perfection du travail. On ne peut plus souvent exécuter l'ouvrage le plus simple sans recourir à plusieurs ouvriers de communautés différentes, sans essuyer les lenteurs, les infidélités, les exactions que nécessitent ou favorisent les prétentions de ces différentes communautés et les caprices de leur régime arbitraire et intéressé.

« Ainsi les effets de ces établissements sont à l'égard de l'État une diminution inappréciable de commerce et de travaux industrieux, à l'égard d'une nombreuse partie de nos sujets une perte de salaires et de moyens de subsistance.....

« Ces abus se sont introduits par degrés ; ils sont originairement l'ouvrage de l'intérêt des particuliers qui les ont établis contre le public ; c'est après un long intervalle de temps que l'autorité, tantôt surprise, tantôt séduite par une apparence d'utilité, leur a donné une sorte de sanction.

« La source du mal est dans la faculté même accordée aux artisans d'un même métier de s'assembler et de se réunir en un corps.

« Parmi les dispositions déraisonnables et diversifiées à l'infini de ces statuts, mais toujours dictées par le plus grand intérêt des maîtres de chaque communauté, il en est qui excluent entièrement tous autres que les fils des maîtres ou ceux qui épousent des veuves de maîtres ; d'autres rejettent tous ceux qu'ils appellent étrangers, c'est-à-dire ceux qui sont nés dans une autre ville.

« Dans un grand nombre de communautés, il suffit d'être marié pour être exclu de l'apprentissage et par conséquent de la maîtrise. L'esprit du monopole, qui a présidé à la confection de ces statuts, a été poussé jusqu'à exclure les femmes des métiers les plus convenables à leur sexe, tels que la broderie, qu'elles ne peuvent exercer pour leur propre compte.

« Nous ne poursuivrons pas plus loin l'énumération des dispositions bizarres, tyranniques, contraires à l'humanité et aux bonnes mœurs dont sont remplies ces espèces de codes obscurs, rédigés par l'avidité, adoptés sans examen dans des temps d'ignorance, et auxquels il n'a manqué, pour être l'objet de l'indignation publique, que d'être connus... A ces causes :

« 1. Il sera libre à toutes personnes, de quelque qualité et condition qu'elles soient, même à tous étrangers, encore qu'ils n'eussent point obtenu de nous lettres de nationalité, d'embrasser et d'exercer dans tout notre royaume, et notamment dans notre bonne ville de Paris, telle espèce de commerce ou telle profession d'arts et métiers que bon lui semblera, même d'en réunir plusieurs ; à l'effet de quoi nous avons éteint et supprimé, éteignons et supprimons tous les corps et communautés de marchands et artisans, ainsi que les maîtrises et jurandes ; abrogeons tous privilèges, statuts et règlements donnés auxdits corps et communautés, pour raison desquels nul de nos sujets ne pourra être troublé dans l'exercice de son commerce et de sa profession, pour quelque cause et sous quelque prétexte que ce puisse être.

« 2. Et néanmoins seront tenus ceux qui voudront exercer lesdites professions ou commerce, d'en faire préalablement leur déclaration devant le lieutenant général de police, laquelle sera inscrite sur un registre à ce destiné, et contiendra leurs noms, surnoms et demeures, le genre de commerce ou de métier qu'ils se proposent d'entreprendre; et en cas de changement de demeure ou de profession, ou de cessation de commerce ou de travail, lesdits marchands et artisans seront également tenus d'en faire leur déclaration sur ledit registre, le tout sans frais, à peine, contre ceux qui exerceraient sans avoir fait la déclaration, de saisie et confiscation des ouvrages et marchandises et de cinquante livres d'amende.

« Exceptons néanmoins les maîtres actuels des corps et communautés, lesquels ne seront tenus de faire lesdites déclarations que dans le cas de changement de domicile, de profession, réunion de profession nouvelle ou cessation de commerce et de travail. Exceptons encore les personnes qui font actuellement ou qui voudront faire par la suite le commerce en gros, notre intention n'étant point de les assujettir à aucunes règles ni formalités auxquelles les commerçants en gros n'ont point été sujets jusqu'à présent.

« 3. La déclaration et l'inscription sur le livre de la police, ordonnées par l'article ci-dessus, ne concernent que les marchands et artisans qui travaillent pour leur propre compte et vendent au public; à l'égard des simples ouvriers qui ne répondent point directement au public, mais aux entrepreneurs d'ouvrages ou maîtres pour le compte desquels ils travaillent, lesdits entrepreneurs ou maîtres seront tenus, à toute réquisition, d'en représenter au lieutenant général de police un état contenant le nom, le domicile et le genre d'industrie de chacun deux.

« 4. N'entendons comprendre dans les dispositions portées par les articles 1er et 2 les professions de la pharmacie, de l'orfèvrerie, de l'imprimerie et librairie, à l'égard desquelles il ne sera rien innové, jusqu'à ce que nous ayons statué sur leur régime, ainsi qu'il appartiendra.

« 5. Exceptons pareillement des dispositions desdits articles 1er et 2 du présent édit les communautés des maîtres barbiers, perruquiers, étuvistes, dans les lieux où leurs professions sont en charge, jusqu'à ce qu'il en soit autrement ordonné.

« 6. Voulons que les maîtres actuels des communautés des bouchers, boulangers, et autres dont le commerce a pour objet la subsistance journalière de nos sujets, ne puissent quitter leurs professions qu'un an après la déclaration qu'ils seront tenus de faire devant le lieutenant général de police, qu'ils entendent abandonner leurs professions et commerce, à peine de cinq cents livres d'amende, et de plus forte peine s'il y échoit.

« 7. Les marchands et artisans qui sont assujettis à porter sur un registre le nom des personnes de qui ils achètent certaines marchandises, tels que les orfèvres, les merciers, les fripiers et autres, seront obligés d'avoir et de tenir fidèlement lesdits registres, et de les représenter aux officiers de la police à la première réquisition.

« 9. Ceux des arts et métiers dont les travaux peuvent occasionner des dangers ou des incommodités notables, soit au public, soit aux particuliers continueront d'être assujettis aux règlements de police faits ou à faire, pour prévenir ces dangers et ces incommodités.

« 10. *Il sera formé dans les différents quartiers des villes de notre royaume, et notamment dans ceux de notre bonne ville de Paris, des arrondissements dans chacun desquels seront nommés, pour la première année seulement, et dès l'enregistrement ou lors de l'exécution de notre présent édit, un syndic et deux adjoints, par le lieutenant général de police; et ensuite lesdits syndics et adjoints seront annuellement élus par les marchands et artisans dudit arrondissement, et par la voie du scrutin, dans une assemblée tenue à cet effet en la maison et en présence d'un commissaire nommé par ledit lieutenant général de police, lequel commissaire en dressera procès-verbal, le tout sans frais, pour, après néanmoins que lesdits syndics et adjoints auront prêté serment devant ledit lieutenant général de police, veiller sur les commerçants et artisans de leur arrondissement, sans distinction d'état ou de profession, en rendre compte audit lieutenant général de police, recevoir et transmettre ses ordres, sans que ceux qui seront nommés pour syndic et adjoints puissent refuser d'en exercer les fonctions, ni que pour raison d'icelles ils puissent exiger ou recevoir desdits marchands ou artisans aucune somme ni présent, à titre d'honoraires ou de rétribution, ce que nous leur défendons, à peine de concussion.

« 11. Les contestations qui naîtront à l'occasion des malfaçons et défectuosités des ouvrages seront portées devant le sieur lieutenant général de police, à qui nous en attribuons la connaissance exclusivement, pour être, sur le rapport d'experts par lui commis à cet effet, statué sommairement, sans frais et en dernier ressort, si ce n'est que la demande en indemnité excédât la valeur de cent livres, auquel cas lesdites contestations seront jugées en la forme ordinaire.

« 19. Voulons que, dans le délai de trois mois, tous gardes, syndics et jurés, tant ceux qui se trouvent actuellement en charge que ceux qui sont sortis d'exercice, et qui n'ont pas encore

Pignolet avait pour logement un tonneau, qu'il ne quittait ni jour ni nuit. (Page 420, col. 1.)

rendu les comptes de leur administration, soient tenus de les présenter, savoir : dans notre ville de Paris, au sieur lieutenant général de police, et dans les provinces, aux commissaires qui seront par nous députés à cet effet, pour être arrêtés et revisés dans la forme ordinaire et d'en payer le reliquat à qui sera par nous ordonné, pour les deniers qui en proviendront être employés à l'acquittement des dettes desdites communautés.

« 22. Il sera procédé, par-devant le lieutenant général de police, dans la forme ordinaire, à la vente des immeubles réels ou fictifs, ainsi que meubles appartenant auxdits corps et communautés, pour en être le prix employé à l'acquittement de leurs dettes, ainsi qu'il a été ordonné par l'article 20 ci-dessus ; et dans le cas où le produit de ladite vente excéderait, pour quelques corps ou communautés, le produit de ses dettes, tant envers nous qu'envers des particuliers, ledit excédant sera partagé par portions égales entre les maîtres actuels dudit corps ou communauté. »

On juge de l'effet que produisit la publication d'un pareil édit qui renversait de fond en comble tout l'échafaudage de lois et règlements construit en faveur du privilège.

Le Parlement refusa net de l'enregistrer, et il fallut que Louis XVI eût recours à un lit de justice qui se tint à Versailles le 12 mars, et ce fut là, avec toute la solennité que comportaient ces assises souveraines, que se plaida la grande cause. En vain l'avocat du roi, Antoine-Louis Séguier, combattit le projet du roi et proposa de donner la liberté à quelques professions seulement, telle que celle de bouquetière et reconnut volontiers qu'il n'était pas besoin de statuts pour former un bouquet et vendre des fleurs ; et fut d'avis qu'il y avait lieu à réunir certaines autres communautés telles que celles des tailleurs et des fripiers, des menuisiers et des ébénistes, etc., en procédant par assimilation.

Le roi répondit en ordonnant que l'édit qui avait été lu serait enregistré au greffe du Parlement.

Mais Turgot, qui maintenait Louis XVI dans les idées favorables à la décision qu'il lui avait fait prendre, se retira du ministère le 12 mai

1776, c'est-à-dire deux mois après l'enregistrement de l'édit, et de nouvelles influences s'exercèrent sur l'esprit incertain du roi qui, au mois d'août, modifia ainsi l'édit de février :

« Louis, etc., notre amour pour nos sujets nous avait engagé à supprimer, par notre édit du mois de février dernier, les jurandes et communautés de commerce, arts et métiers. Toujours animé du même sentiment et du désir de procurer le bien de nos peuples, nous avons donné une attention particulière aux différents mémoires qui nous ont été représentés à ce sujet, et notamment aux représentations de notre cour de Parlement; et ayant reconnu que l'exécution de quelques-unes des dispositions que cette loi contient pouvaient entraîner des inconvénients, nous avons cru devoir nous occuper du soin d'y remédier, ainsi que nous l'avions annoncé. Mais, persévérant dans la résolution où nous avons toujours été de détruire les abus qui existaient avant notre édit dans les corps et communautés d'arts et métiers, et qui pouvaient nuire au progrès des arts, nous avons jugé nécessaire, en créant de nouveau six corps de marchands et quelques communautés d'arts et métiers, de conserver libres certains genres de métiers ou de commerces qui ne doivent pas être assujettis à aucuns règlements particuliers ; de réunir les professions qui ont de l'analogie entre elles et d'établir à l'avenir des règles dans le régime desdits corps et communautés, à la faveur desquelles la discipline intérieure et l'autorité domestique des maîtres sur les ouvriers seront maintenues sans que le commerce, les talents et l'industrie soient privés des avantages attachés à cette liberté, qui doit exciter l'émulation sans introduire la fraude et la licence. La concurrence établie pour des objets de commerce, fabrication et façon d'ouvrages, produira une partie de ces heureux effets, et le rétablissement des corps et communautés fera cesser les inconvénients résultant de la confusion des états.

. . . .
A ces causes :

« 1. Les marchands et artisans de notre bonne ville de Paris seront classés et réunis, suivant le genre de leur commerce, profession ou métier ; à l'effet de quoi nous avons rétabli et rétablissons, et, en tant que de besoin est, créons et rédigeons de nouveau six corps de marchands, y compris celui des orfèvres, et quarante-quatre communautés d'arts et métiers. Voulons que lesdits corps et communautés jouissent, exclusivement à tous autres, du droit et faculté d'exercer les commerces, métiers et professions qui leur sont attribués et dénommés en l'état arrêté en notre conseil, lequel demeurera annexé à notre édit.

« 2. En ce qui concerne les autres commerces, métiers et professions, dont la liste sera pareillement annexée à notre présent édit, il sera permis à toutes personnes de les exercer, à la charge seulement d'en faire préalablement leur déclaration devant le sieur lieutenant général de police; ladite déclaration sera inscrite sur un registre à ce destiné ; elle contiendra les nom, surnoms, âge et demeure de celui qui se présentera et le genre de commerce ou de travail qu'il se proposera d'exercer. »

Cinquante articles réglementèrent la nouvelle situation faite à l'industrie au commerce et au travail. Il est impossible de reproduire toute cette législation, disons seulement que les corps et communautés d'arts et métiers furent divisés en six corps, 44 communautés, et qu'il fut créé une classe de professions libres. En voici la liste :

Six corps : 1. Drapiers-merciers.— 2. Épiciers. — 3. Bonnetiers pelletiers, chapeliers.— 4. Orfèvres, batteurs, d'or, tireurs d'or.— 5. Fabricants d'étoffes et gazes, tissutiers, rubaniers.— 6. Marchands de vin.

Communautés. 1. Amidonniers.— 2. Arquebusiers, fourbisseurs, couteliers. — 3. Bouchers.— 4. Boulangers. — 5. Brasseurs. — 6. Brodeurs, passementiers, boutonniers. — 7. Cartiers. — 8. Charcutiers.— 9. Chandeliers. — 10. Charpentiers. — 11. Charrons. — 12. Chaudronniers, balanciers, potiers d'étain.— 13. Coffretiers, gainiers. — 14. Cordonniers. — 15. Couturières, découpeuses. — 16. Couvreurs, plombiers, carreleurs, paveurs.—17. Écrivains.—18. Faiseuses et marchandes de modes, plumassières.—19. Faïenciers, vitriers, potiers de terre. — 20. Ferrailleurs, cloutiers, épingliers. — 21. Fondeurs, doreurs, graveurs sur métaux. — 22. Fruitiers, orangers, graissiers, — 23. Gantiers, boursiers, teinturiers. — 24. Horlogers. — 25. Imprimeurs en taille douce.— 26. Lapidaires.— 27. Limonadiers, vinaigriers.— 28. Lingères.— 29. Maçons. — 30. Maîtres en fait d'armes. — 31. Maréchaux ferrants, éperonniers. — 32. Menuisiers, ébénistes, tourneurs, layetiers. — 33. Paumiers. — 34. Peintres sculpteurs.—35. Relieurs, papetiers, colleurs et en meubles. — 36. Selliers, bourreliers. — 37. Serruriers, taillandiers, ferblantiers, maréchaux grossiers. — 38. Tabletiers, luthiers éventaillistes. — 39. Tanneurs, hongroyeurs, corroyeurs, peaussiers, mégissiers, parcheminiers.— 40. Tailleurs, fripiers d'habits et de vêtements en boutique ou échoppe.— 41. Tapissiers, fripiers en meubles et ustensiles, miroitiers. — 42. Teinturerie en soie etc., du grand teint du petit teint: tondeurs, foulons. — 43. Tonneliers, boisseliers. — 44. Traiteurs, rôtisseurs, patissiers.

Professions rendues libres.— Bouquetières.— Brossiers. — Boyaudiers. — Cardeurs de laine et coton. — Coiffeuses de femmes. — Cordiers. — Fripiers-brocanteurs, achetant et vendant dans les rues, halles et marchés, et non en place fixe.

COSTUMES DE PARIS A TRAVERS LES SIÈCLES

DAME NOBLE DE PARIS EN 1633

(Collection Israël.)

— Faiseurs de fouets. — Jardiniers. — Linières-filassières. — Maîtres de danse. — Nattiers. — Oiseleurs. — Pain-d'épiciers. — Patenôtriers-bouchonniers. — Pêcheurs à verge. — Pêcheurs à engin. — Savetiers. — Tisserands. — Vanniers. — Vidangeurs. — Sans préjudice aux professions qui ont été jusqu'à présent libres, et qui continueront à être exercées librement.

En somme par ces nouvelles dispositions, les rapports du patron et de l'ouvrier se trouvaient à peu près les mêmes qu'aujourd'hui : le premier était tenu de donner un certificat à l'ouvrier qu'il congédiait, les droits de réception à la maîtrise étaient considérablement diminués, les filles et les femmes pouvaient exercer les professions convenant à leur sexe.

Mais il y avait encore bien des choses à mettre d'accord entre elles ; un règlement provisoire à observer par les communautés rétablies, s'occupa des brevets d'apprentissage qui devaient être enregistrés par les syndics et adjoints des communautés, des modes de réception à la maîtrise et des droits à payer, de l'établissement des tableaux de maîtres et agrégés qui devaient être formés tous les ans dans chaque communauté, l'élection des syndics et des adjoints, les assemblées, les visites, etc. Le nouveau règlement défendait expressément à tous les membres des communautés à leurs syndics et adjoints, ainsi qu'aux aspirants d'exiger, de recevoir ou de donner aucuns présents, ni de faire aucuns repas à l'occasion des assemblées, réceptions, visites, ou sous prétexte de confrérie, ni pour quelque cause que ce soit, sous peine de concussion.

« Jamais depuis Louis IX, dit M. Mazaroz, dans son *Histoire des corporations françaises*, on ne s'était tant occupé des communautés d'arts et métiers que dans les quinze années qui s'écoulèrent de 1776 à 1791. Non seulement on les voit durant cette période, abolies, puis aussitôt rétablies sur des bases plus libérales, mais encore elles reparaissent à chaque instant sur la scène dans des circonstances et avec des actes fort honorables pour elles. C'est ainsi qu'en 1776 même, elles se plaisent à prêter un concours efficace aux améliorations apportées dans l'organisation de l'école gratuite de dessin, créée quelques années auparavant sous le règne de Louis XV. « Le 19 décembre 1776, le roi rendit cet édit : « Nous voulons et nous plaît qu'à compter du 1er janvier prochain, il sera reçu annuellement dans chacun des corps et communautés d'arts et métiers de notre bonne ville de Paris : savoir dans chacun des six corps de marchands et dans chaque communauté, un maître ou une maîtresse au profit de l'école royale gratuite de dessin ; le prix desquelles réceptions... sera versé dans la caisse de ladite école. »

Mais la question si importante des corporations et des jurandes nous a entraîné un peu loin, revenons aux événements de l'année ; nous avons dit que les satires et les pamphlets se succédaient sans interruption, il est bon d'ajouter que les plus hauts personnages de l'État ne se gênaient pas pour faire leur partie dans ce concert de critiques. Dans les premiers jours de mai 1776, la duchesse de Bourbon alla faire des acquisitions à l'hôtel Jaback, et le marchand lui ayant demandé ce qu'elle désirait, elle répondit : « Des turgotines ; » et comme le marchand ne comprenait pas, elle lui montra des tabatières en carton de forme plate, et qui étaient la dernière nouveauté à la mode.

— Madame, lui répliqua le vendeur, ces nouvelles tabatières se nomment des platitudes.

— Platitudes ou turgotines, c'est la même chose, fit la duchesse.

Le mot courut partout, et, dès le lendemain, tous les Parisiens demandèrent des turgotines.

La reine était allée à l'Opéra, et le roi lui avait demandé comment elle avait trouvé le public.

— Froid ! répondit-elle.

— Apparemment, madame, reprit le roi, vous n'aviez pas assez de plumes.

— Je voudrais vous y voir, Sire, vous, avec votre Saint-Germain et votre Turgot, je crois que vous y seriez rudement hué !

Attaqué de toutes parts, le ministre devait tomber, il tomba quelques jours plus tard.

La Société libre d'émulation pour l'encouragement des métiers et inventions utiles fut établie en 1776, et tint ses premières séances rue Hautefeuille, dans la maison des Prémontrés, puis dans celle des Grands-Augustins, ensuite à l'hôtel Soubise. Cette société distribuait des prix et soutenait les principes des économistes ; elle fut dissoute en 1780.

Le 4 avril, vers sept heures du soir, on crut à un commencement d'émeute sur les boulevards, et l'on parlait de gens tués et blessés ; voici ce qui était arrivé. Un certain chevalier de Saint-Sauveur, sortant du café Caussin, boulevard du Temple, rencontra deux particuliers avec lesquels il eut une dispute ; la querelle s'échauffa, la garde fut appelée, mais le chevalier n'était pas d'humeur à se laisser arrêter, il voulut résister ; de leur côté les soldats, insultés et même maltraités, usèrent de violence ; alors le chevalier se mit résolument à crier.

— A moi, la noblesse et les officiers !

Il n'en fallut pas plus pour que quelques gens d'épée qui flânaient par là ne répondissent à l'appel de Saint-Sauveur, et bientôt une véritable rixe s'engagea ; des soldats furent désarmés, mais il en vint d'autres qui mirent assez promptement fin à cette escarmouche, dont on parla le soir dans les divers cafés et cabarets de Paris. Le chevalier fut arrêté, mais bien qu'il eût eu, trois années auparavant, une affaire à peu près semblable avec des soldats de garde à la foire Saint-Ovide, et qu'il eût été emprisonné pour cela à l'Abbaye, comme, après tout, il était bon gentilhomme et avait de puissantes recommandations, il fut relâché, et les soldats qu'il avait maltraités en furent pour leurs fusils tordus ou leurs baïonnettes cassées.

L'hôtel de la Guimard était en fête le jour du mardi gras 1776 ; dans le jardin d'hiver, fastueuse dépendance du sanctuaire de la rue de la Chaussée d'Antin, on préparait les tables pour un souper de soixante couverts, organisé par souscription, à raison de cinq louis par tête, ce qui fit donner aux invités le nom de chevaliers de cinq louis ; on devait jouer, avant souper, l'opéra de la *Colonie*, avec Mlles Dervieux et Duthé, mais une défense de l'archevêque, appuyée d'un ordre du roi, vint soudain faire contremander la fête. Mlle Guimard envoya le souper, qui était tout prêt, aux pauvres de Saint-Roch, avec une lettre très respectueuse adressée au curé.

Parmi ces pauvres devait probablement figurer un aveugle mendiant qui, depuis trente années, était installé dans une encoignure de la porte des Feuillants (porte qui conduisait à la terrasse des Feuillants, aux Tuileries). Pignolet avait pour logement un petit tonneau garni de paille, qu'il ne quittait ni jour ni nuit.

Ce mendiant, qui ne demandait jamais rien à personne, passait ses journées à faire des colifichets et à causer avec les passants, qui ne manquaient pas de lui faire l'aumône ; il était très au courant de toutes les chroniques scandaleuses, et pour bon nombre de nouvellistes il était une ressource. Beaucoup d'artistes et d'hommes de lettres aimaient à converser avec lui pour en avoir quelques renseignements.

Piron, qui allait le voir fort souvent, lui composa les vers suivants, qu'il cloua sur son tonneau :

Chrétiens, au nom du Tout-Puissant,
Faites-moi l'aumône en passant.
L'aveugle qui vous la demande
Ne verra pas qui la fera,
Mais Dieu, qui voit tout, le verra.
Je le prierai qu'il vous la rende.

On ne dit pas si cet appel à la charité fit augmenter les recettes de l'aveugle-mendiant. Ce qui est certain, c'est qu'il devint une des célébrités du Paris d'alors ; il mourut à la fin de 1776.

A propos d'hôtel, ce fut aussi en 1776 que fut construit le magnifique hôtel de Lariboisière, que l'on vient de démolir pour faire passer une rue à la place qu'il occupait.

L'hôtel de Lariboisière était un splendide bâtiment, construit entre cour et jardin. L'entrée était au 62 de la rue de Bondy ; une longue avenue conduisait à une cour formant le rond-point, où se trouvaient les communs. Les bâtiments seuls occupaient une superficie de 800 mètres. L'hôtel, qui avait sa principale façade en regard de la rue du Château-d'Eau, donnait sur un jardin, ou plutôt sur un parc de 3,000 mètres, où il y avait des charmilles, des massifs, des accidents de terrains et des grandes pelouses gazonnées, entourées d'arbres séculaires dont la hauteur dépassait les maisons voisines. De tout cela, il n'existe plus rien. En 1880, l'hôtel fut démoli, tous les arbres furent abattus.

Toutes les pièces de l'hôtel étaient couvertes de boiseries sculptées et dorées ; les moulures des plafonds, les corniches, les cadres des panneaux, tout était en bois sculpté.

Les dessus de portes ainsi que les plafonds étaient ornés de peintures sur toiles du plus grand prix, qui ont pu être enlevées facilement, ainsi que les cadres.

Rien que l'espace occupé par cet hôtel et ses dépendances suffit pour faire place à une rue de 130 mètres de longueur sur 19 de largeur, avec une bordure de maisons modernes de chaque côté.

La nouvelle voie part de la rue du Château-d'Eau, en face de la rue Albouy, et va déboucher rue de Bondy, à la hauteur du numéro 62, devant le théâtre de l'Ambigu-Comique.

L'hôtel Thélusson datait aussi de 1776. Thélusson était un riche banquier genevois qui était venu s'établir à Paris vers 1750, son hôtel était alors situé rue Michel-le-Comte, il y mourut, et ce fut alors que sa veuve se fit construire un superbe hôtel rue de Provence, en face la rue d'Artois (Laffitte) ; il s'étendait en profondeur jusqu'à la rue Chantereine (de la Victoire). Des jardins entouraient les bâtiments dont l'architecte Ledoux avait été le constructeur. Tout était décoré dans le goût du temps, mais avec magnificence, le peintre Callet avait décoré les plafonds des salons de compagnie et de musique, et celui de la salle à manger ; la porte d'entrée avait cinq toises de hauteur et cinq toises d'ouverture, ce qui lui donnait plutôt l'air d'un arc de triomphe que d'une entrée d'hôtel. « C'est une grande bouche qui s'ouvre pour ne rien dire », avait malignement dit d'elle Sophie Arnould.

L'hôtel Thélusson coûta deux millions à celle qui l'avait fait bâtir et mourut peu d'années après ; en 1788 l'hôtel passa au lieutenant général, comte Pons de Saint-Maurice ; sous la Révolution il devint un lycée, puis, Murat devenu gouverneur de Paris, en fit son palais. Napoléon l'affecta ensuite à l'ambassade de Russie. Le tailleur Berchut l'acheta pour le démolir et par ordonnance royale du 30 juillet 1823, la rue d'Artois se prolongea sur son emplacement jusqu'à la rue de la Victoire.

On construisit beaucoup en 1776 : dans la rue Saint-André des Arts, on ouvrit un passage qu'on appela Cour du commerce et qui donnait de l'autre bout, rue de la Comédie française, cul-de-sac de Rouen (rue de l'Ancienne-Comédie).

Turgot, ministre sous Louis XVI.

Une rixe s'engagea et les soldats furent désarmés. (Page 419, col. 2.)

Il fut ouvert sur l'emplacement de deux jeux de paume ; les maisons qui formèrent le côté oriental se trouvaient adossées à la muraille de Philippe-Auguste. Le passage lui-même, d'ailleurs, est assis en quelque sorte sur le dos d'âne du second fossé qui longeait les anciennes fortifications. Ses deux extrémités marquaient, à quelques mètres près, l'emplacement des portes Saint-Germain et des Cordeliers, démolies au xviie siècle. Naguère encore, on retrouvait sur son parcours les débris de deux tours ayant fait partie de l'enceinte fortifiée.

Le passage du Commerce a été raccourci de près d'un quart par le tracé du boulevard Saint-Germain. Le bout du passage débouchant sur cette dernière voie fut refait à neuf en 1880 et se termine par une grille en fer. Le passage du Commerce ne va donc maintenant que de la rue Saint-André des Arts au boulevard Saint-Germain.

Un arrêt du conseil du 26 avril 1776 autorisa la comtesse de Choiseul, douairière, et son fils, propriétaires d'un hôtel dont le jardin s'étendait jusqu'au rempart, à ouvrir une impasse, et bientôt cette impasse fut convertie en rue, selon les lettres patentes du 19 juin 1779 portant : « Il sera ouvert et formé en continuité du renfoncement, une nouvelle rue sur le terrain des jardins et bâtiments de leur hôtel et à leurs dépens dont l'une des issues sera sur le rempart, et l'autre rue Neuve Saint-Augustin ; ladite rue sera renommée rue de Choiseul. »

Des lettres patentes d'août 1776 ordonnèrent

aussi l'ouverture d'une rue sur l'emplacement de l'ancien hôtel des monnaies (rue Boucher) et elle fut nommée rue Estienne, du nom d'Isaac Estienne, échevin de 1773 à 1775. Elle a été supprimée pour donner passage à la rue du Pont neuf.

Puis, ce fut la rue de Valois du Roule, qui fut aussi ouverte à la même époque, entre la rue de Courcelles et la rue du Rocher; son nom lui fut donné en l'honneur du duc de Valois, fils du duc d'Orléans, né en 1773. Le 12 thermidor an VI, un arrêté porta: « La rue de Valois, sise à Monceaux, prendra le nom de rue Cisalpine. » C'est aujourd'hui la continuation de la rue de Monceaux.

La rue de Miromesnil fut aussi percée en vertu de lettres patentes du 18 juillet 1776, pour la partie comprise entre la rue du Faubourg-Saint-Honoré et l'ancienne grande rue Verte, sur des terrains appartenant à M. Camus, avocat au Parlement; MM. de Senneville, fermier général, Aubert, garde des diamants de la couronne, et de Lethe, entrepreneur de bâtiments, étaient à cette époque propriétaires de vastes terrains situés entre la rue Verte et le chemin de Monceaux; ils exposèrent au roi que leurs terrains étaient devenus, par suite de l'extension de la ville, propres à former des habitations, que la pureté de l'air, la promenade des Champs-Élysées et le nouveau percement de la rue Miromesnil faisaient désirer à nombre de citoyens, l'ouverture d'une nouvelle rue, en continuité de l'autre; bref, de nouvelles lettres du 7 novembre 1778, autorisèrent les susnommés à ouvrir à leurs frais une rue qui serait appelée rue Guyot; ceux-ci s'entendirent avec le propriétaire de la rue Miromesnil, et, en modifiant son alignement primitif, la rue se confondit avec l'autre et se continua jusqu'à la rue Delaborde (qui ne fut ouverte qu'en 1788). Lors de la construction de l'abattoir du Roule (1810), la rue Miromesnil fut continuée jusqu'à la rue de la Bienfaisance, et enfin, par une ordonnance royale de 1826, MM. Hagerman et Mignon furent autorisés à prolonger cette rue jusqu'à la rue de Valois (de Monceaux). Le nom de Miromesnil lui avait été donné en l'honneur de Hue de Miromesnil, garde des sceaux de France.

Enfin, le 22 novembre, des lettres patentes du roi ordonnèrent qu'il serait ouvert une rue dans la masse de terrain appartenant aux sieurs Lancry et Lollot, enfermée par la rue de Bondy et la ruelle Saint-Nicolas. Ce fut la rue Lancry.

Mais revenons aux autres faits de l'année : Sur les fonds provenant des contributions mises sur les maisons de jeu autorisées par la police, il fut prélevé la somme nécessaire pour l'établissement de quatre maisons de santé destinées au traitement de maladies provenant du libertinage. Ce fut un médecin de la police, nommé Gardane, qui présidait à ces sortes de lazarets.

Le 22 mars, les badauds, assemblés à l'endroit où était précédemment la porte de la Conférence, assistaient à la réalisation d'un défi accepté. MM. de Fénelon et de Fontenilles luttaient à qui irait le plus vite à Versailles en cabriolet et en reviendrait; tous deux partirent au galop; le cheval de M. de Fénelon mourut en arrivant à Sèvres et celui de M. de Fontenilles en rentrant à Paris. Au reste, les courses de chevaux commençaient à être très à la mode, et le 27 du même mois il y en eut une seconde du même genre; mais cette fois ce furent les jockeys qui coururent, et M. de Nassau et le duc de Chartres furent vainqueurs. Le surlendemain, ce fut sur le cours la Reine, non pas une course proprement dite, mais une partie de barres qui fut organisée entre des officiers des gardes françaises, suisses et autres, et ce spectacle attira une affluence considérable de curieux. Les deux partis étaient distingués par des écharpes rouges et par des jaunes. Ils coururent depuis neuf heures du matin jusqu'à deux heures.

Ce fut là qu'on commença à voir des « petits maîtres » coiffés de chapeaux à quatre cornes, bien que cette coiffure fut apparue pour la première fois à la promenade de Longchamps, promenade que l'archevêque de Paris s'était bien promis d'interdire cette année-là en raison du Jubilé; mais il ne put y parvenir et se contenta de fulminer contre le Wauxhall de Toré, qui fit sa réouverture le 11 avril, alors que tous les autres théâtres étaient fermés; pour apaiser le prélat, le gouvernement dut lui promettre qu'il ne permettrait aucun théâtre profane les dimanches et fêtes pendant les deux mois du Jubilé.

Dans la nuit du 10 au 11 mai 1776, le feu prit au Palais de justice, dans la salle appelée la galerie des prisonniers, et la *Gazette de France* raconte ainsi les détails de cet événement : « Comme ce lieu est entouré de bâtimens, dans la plus grande partie desquels il ne se trouve personne pendant la nuit, tout porte à croire que le feu y est demeuré longtemps caché, puisqu'au moment où l'on s'en est aperçu du dehors, les flammes occupoient déjà cette galerie en entier : la première antichambre de la chancellerie, la chapelle et le greffe des bureaux, le grand escalier des requêtes, le cabinet, l'antichambre, jusqu'à la salle d'audience, le logement du buvetier, les galeries qui communiquent au dépôt et ce dépôt, donnant sur les cours des cuisines du premier président, les cuisines, offices et autres bâtimens attenans à l'hôtel de la première présidence, la seconde et la troisième chambre et le greffe des dépôts de la cour des aydes, l'escalier donnant dans la grande salle du palais, où étoit la bibliothèque du grand conseil, toutes les parties avoisinant la tour de Montgommery, dans la Conciergerie, plusieurs petits bâtimens du maître de musique de la Sainte-Chapelle, partie du logement de la Conciergerie et le greffe des eaux et forêts.

« Ce fut environ à une heure du matin qu'on donna l'alarme ; le sieur Morat, directeur des pompes, et le sieur Dubois, commandant la garde de Paris, avertis promptement, se trouvèrent au palais à une heure un quart... » Les secours s'organisèrent ; le foyer de l'incendie fut concentré dans la partie qu'il dévorait, et l'on réussit à garantir une partie des bâtiments ; le service des pompes fut très intelligemment fait par des artisans et des moines des divers ordres, qu'on appelait toujours en ces sortes de circonstances. « L'écroulement de la galerie des prisonniers dans le préau de la Conciergerie ayant formé un monceau de ruines, plus vivement embrasé par le mouvement de la chute, on vit la galerie des greffes une seconde fois menacée et sauvée une seconde fois... A neuf heures du matin, le directeur des pompes calma les vives alarmes des magistrats en les assurant que le feu ne s'étendrait pas plus loin. »

Le local incendié contenait 320 toises de superficie ; et un moment on avait craint que le palais tout entier devînt la proie des flammes ; le duc de Cossé, gouverneur de Paris, le premier président, le procureur général, le premier président de la cour des aides, le lieutenant de police, le prévôt des marchands et plusieurs magistrats s'occupèrent dès le lendemain de remettre de l'ordre parmi le monceau de paperasses que le feu avait atteint, et le roi et la reine envoyèrent des secours en argent pour être distribués aux plus nécessiteux parmi les gens victimes de l'événement.

Ce fut à partir de cet incendie que les titres de la couronne, diplômes des rois, traités de paix, et ce qu'on appelait enfin le trésor des chartes, cessa d'être confiné dans les deux salles voûtées qui faisaient partie du bâtiment de la Sainte-Chapelle.

Jusqu'en 1776, on n'avait connu que la voie des affiches et des cris publics pour retrouver les objets perdus, mais dans le cours de cette année il fut établi un « dépôt public des choses perdues et recouvrées », dont voici l'organisation. Le préposé au dépôt tenait un registre contenant l'apport de l'effet trouvé, sa description, le lieu où il avait été trouvé et le nom de la personne qui l'avait apporté. — Toutes personnes, « de quelque état, qualité et conditions qu'elles soient, qui auront trouvé des effets quelconques, sont priées de les envoyer au dépôt ». — On accordait une récompense à celui qui apportait au dépôt la chose par lui recouvrée. (Cette récompense était de 6 deniers pour livre pour les objets d'une valeur de 200 livres et au-dessous ; 3 deniers pour ceux de 200 à 1,000 livres ; 6 deniers pour ceux de 1,000 à 3,000 ; 4 deniers pour ceux de 3,000 à 5,000 ; 3 deniers pour ceux de 5,000 à 8,000 ; 2 deniers et demi pour ceux de 8,000 à 12,000. Passé cette somme, la récompense était de 3 deniers pour livre. S'il s'agissait d'argent monnayé trouvé, on touchait un sou pour livre pour toute somme au-dessous de 1,200 livres, et 9 deniers pour livre pour toute somme au-dessus de 1,200 livres.)

On recevait à ce dépôt toute espèce de choses ; chaque mois le préposé présentait au public un état à trois colonnes : énumération des effets apportés, réclamés et remis, — effets apportés non réclamés, — effets réclamés non rapportés ; il publiait en outre dans les papiers publics les effets existant au dépôt non réclamés depuis un an, afin qu'on pût les réclamer dans les six mois.

Des frais de garde étaient perçus dans l'ordre établi pour les récompenses et dans les mêmes proportions.

Le roi ayant reçu des lettres de confirmation du mariage de la princesse Clotilde de France avec le prince de Piémont, le 24 août, le sieur de Sequeville, secrétaire à la conduite des ambassadeurs, se rendit chez le comte de Viri pour la réception du corps de ville de Paris ; à une heure, les gardes de la ville, le colonel et les autres officiers à leur tête, entrèrent tambour battant, au bruit des timbales et trompettes, dans l'hôtel de la cour de l'ambassadeur, suivis du corps de ville ; les pages de celui-ci, suivis des officiers de l'ambassade, descendirent dans la cour et reçurent le prévôt des marchands à la descente de son carrosse ; les huissiers de la ville, revêtus de leur robe, étant suivis du premier huissier et du colonel de la ville, portaient les présents. Le prévôt, précédé du greffier en chef et les échevins en robes de velours cramoisi, furent reçus et conduits vers l'ambassadeur, par le seigneur de Sequeville. Le comte de Viri, ayant satisfait au cérémonial, on passa dans la pièce du dais, où le prévôt complimenta l'ambassadeur et lui remit quatre douzaines de bougies de cire blanche musquée, et quatre douzaines de boîtes de confitures, le tout noué de rubans de différentes couleurs, et dans des corbeilles. L'ambassadeur, enchanté du cadeau, reconduisit le prévôt des marchands jusqu'à son perron et rentra dans son appartement.

Le 24 novembre, il arriva à Jean-Jacques Rousseau une aventure qui fit beaucoup parler de lui. Laissons à Bernardin de Saint-Pierre le soin de la raconter. « Tous mes lecteurs ont entendu parler de l'abominable aventure dont il a été si cruellement victime à la butte de Ménilmontant. Il fut rencontré par le chien danois de M. de Saint-Fargeau, qui, voulant rejoindre le carrosse de son maître, avait dans sa course la vitesse d'une balle de fusil. Il passa entre les jambes du malheureux Rousseau, qui tomba le visage sur le pavé, sans avoir eu le temps de se garantir avec les mains. La chute fut d'autant plus malheureuse qu'il descendait la butte et conséquemment qu'il tomba de plus que sa hauteur. Je cours chez lui le lendemain matin. En entrant, je fus saisi d'une odeur de fièvre véritablement effrayante. Il était dans son lit, je l'aborde : jamais sa figure ne sortira de ma mémoire. Outre l'enflure de toutes les parties de son visage, qui, comme on le sait, en change si fort le caractère, il avait fait coller de petites bandes de papier sur les blessures de ses lèvres; ces blessures étaient en long, de façon que ces bandes allaient du nez au menton...»

Une autre personne fut aussi fort dangereusement malade vers cette époque, et revint à la santé au mois de novembre. C'était le duc d'Uzès : or les porteurs et porteuses d'eau de Paris eurent l'idée de faire célébrer dans l'église des Petits-Pères une messe d'actions de grâces pour sa convalescence; ils en demandèrent la permission au duc, qui ordonna à tous les gens de sa maison d'y assister et au comte de Crussol, son fils, de le représenter. Il fit en même temps déclarer aux porteurs d'eau qu'il serait enchanté de les voir dans l'après-midi et de les remercier; car il ignorait absolument, comme tout le monde, la cause de cette affection que lui portaient ces dignes enfants de l'Auvergne. La communauté ne put se transporter tout entière à l'hôtel du duc, d'ailleurs le service public des eaux en eût été interrompu, mais elle députa deux hommmes et vingt-deux femmes pour la représenter, et celles-ci voulurent absolument embrasser le duc, puis son fils, puis la duchesse sa femme. Tant d'embrassades devaient être récompensées, le duc d'Uzès leur fit donner vingt louis, et la duchesse reconduisit la députation jusqu'à la porte de son hôtel, et dans la rue. « Cet événement fait l'entretien du jour ». (L'hôtel d'Uzès était situé rue Montmartre, 172 ; il fut occupé sous l'Empire et la Restauration, par l'administration des domaines, puis par celle de la douane; il devint ensuite la demeure de M. Delessert et fut détruit pour le percement de la rue d'Uzès; à côté était une fontaine, ce qui explique peut-être les bonnes dispositions, que les porteurs d'eau avaient pour le propriétaire de l'hôtel.)

Aux courses de chevaux vinrent se joindre les courses d'hommes. En novembre, le duc de Chartres, le duc de Lauzun et le marquis de Fitz James parièrent 200 louis à qui ferait plutôt à pied le chemin de Paris à Versailles, ; le duc de Lauzun renonça à moitié chemin, le duc de Chartres aux deux tiers, seul le marquis de Fitz James alla jusqu'au bout et gagna ; en arrivant, le comte d'Artois, l'avait fait saigner et coucher.

Les registres de la Bastille sont moins chargés pour l'année 1776 que pour la précédente; voici la liste des écrous : 1er janvier, Boutigny et Méric, valets de M. Journel, sortis le 7 mars; — 20 janvier, Blonde, avocat, sorti le 29 janvier; — 27 janvier, Lesclabert, écrivain, sorti le 23 mars; — 31 janvier, l'abbé de Gages, transféré au mont Saint-Michel le 9 juin ; — 12 avril, le chevalier de Saint-Sauveur, sorti le 11 mai, exilé à 15 lieues; Jacques Surgeon, sorti le 7 Août; — 19 avril, Pigasse, sorti le 7 août ; — 27 juillet, Prot colporteur, sorti le 12 août; de la Corbière, transféré à l'Abbaye le 1er août; — 6 août, J.-B. Prot, sorti en octobre; — 2 septembre, Bourdon des Planches, sorti le 19 septembre; — 10 octobre, le sieur Cazin, libraire de Reims, sorti le 16 décembre ; — 24 décembre, le seigneur de Chavaigne, sorti le 17 janvier 1787.

Cette même année nous donne un chiffre de naissances, pour Paris, de 18,919: 9,716 garçons, 9,203 filles, 5,432 mariages : enfants trouvés : garçons 3,226, filles 3,193, total 6,419. Décès : hommes et garçons 11,000; femmes et filles 9,016; total 20,016. Il fut fait 79 professions religieuses.

Veut-on savoir quelle était à cette époque le prix des denrées? Un chapon moyen valait 4 livres, un poulet gras 2 livres, un poulet commun ou une poule 1 livre (on en trouvait de 2e qualité à 10 sols) un pigeon 1 livre, 1 pigeonneau 10 sols. Les dindons variaient depuis 8 livres, jusqu'à 42 sols, une perdrix moyenne 2 livres, une vieille perdrix 10 sols, un faisan depuis 8 livres les plus beaux, jusqu'à 4 livres, un lapin 2 livres, 30 sols, et 15 sols selon la grosseur, un canard de Rouen, beau, 4 livres 10 sols, moyen, 2 livres 10 sols, on trouvait des canards barboteux à 45 sols, 22 et 20 sols. Un agneau coûtait 15, 12 et 7 livres, le porc frais de 7 à 9 sols la livre, les œufs de 23 à 28 sous le quarteron, le beurre de Chartres de 15 à 18 sols la livre, le Gournay de 20 à 26 sols, le beurre en livres de 12 sols 6 deniers à 15 sols.

Le 1er janvier 1777 parut le premier numéro du *Journal de Paris*. Ce fut la curiosité du jour que ce journal du soir dont le format, petit in-4, était celui de la moitié du *Petit Journal* d'aujourd'hui. Sa publication quotidienne fut un événement, c'était un sieur de la Place qui en était le directeur et qui s'était promis de doter la capitale d'un journal spécial contenant toutes les indications utiles, telles que les observations météorologiques, la hauteur de la rivière, les heures de lever et de coucher du soleil et de la lune, des articles sur les nouveautés littéraires et musicales, (il est bon de dire en passant, qu'à cette époque, ces sortes d'articles étaient en première page et passaient avant tous les autres), des anecdotes, des nouvelles, l'indication des appositions de scellés, des spectacles du jour, etc.

On croyait peu au succès de cette tentative. « M. de La Place, pour l'exécution de son projet de la *Poste du soir* (c'était le nom sous lequel le journal avait été annoncé primitivement), a pris deux acolytes, les sieurs d'Ussieux et de Senneville, personnages peu connus... ils ont loué un hôtel dans un quartier de Paris fort cher (rue du Four-Saint-Honoré), et vont monter des bureaux; malgré cet appareil, on doute que la chose réus-

Les officiers d'ambassade reçurent le prévôt des marchands à la descente de son carrosse.

sise. » Il réussit bien cependant, le journal parisien : les gazettes rivales, lourdes et indigestes, sentirent le tort qu'allait leur créer cette concurrence, et à force de se plaindre, elles réussirent à faire suspendre le *Journal de Paris* en 1785. Il reparut cependant et traversa la période révolutionnaire, en voyant ses bureaux saccagés au 10 août 1792; toutefois il reparut au mois d'octobre suivant, dirigé par Condorcet, Sieyès, Garat et Cabanis. En 1827, le *Journal de Paris* se fondit avec l'*Étoile* et la *Gazette de France*.

Le roi, par un arrêt du conseil d'État du 2 février, permit au sieur Joseph Villemin et à ses ayants cause d'entretenir à leurs frais dans la ville et les faubourgs de Paris le nombre de ramoneurs qu'ils jugeraient à propos pour le service des habitants, en ayant soin de les répartir dans les divers quartiers pour être préposés au ramonage des cheminées. Les ramoneurs étaient en outre tenus de se rendre sans rétribution aucune aux incendies. Les premiers succès de cet établissement ayant entièrement répondu à l'attente générale, le nombre de dépôts de ramoneurs fut fixé à vingt. Ces ouvriers étaient tous vêtus uniformément et portaient un numéro placé en évidence ; généralement, ils le mettaient au bonnet. Le prix du ramonage était fixé à six sols pour les cheminées du rez-de-chaussée et du premier, cinq sols pour celle du second et du troisième étage, quatre sols pour celles du quatrième et au-dessus, et quinze sols pour les cheminées des fours, forges et des grandes cuisines.

Les abbesse, prieure et religieuses de l'abbaye de Saint-Antoine des Champs ayant représenté au roi que le marché public pour la vente des denrées dans le faubourg Saint-Antoine, établi dans la grande rue du faubourg en 1643, étant absolument abandonné, et que les marchands embarrassant la voie publique, elles étaient disposées à établir un nouveau marché et à céder pour cet objet une portion de leur enclos et un marais de dix arpents, dans lequel elles se proposaient de faire l'ouverture de cinq rues qui communiqueraient au marché ; en même temps, elles supplièrent le roi de ratifier la vente du terrain nécessaire pour faciliter la construction dudit marché, ce qui leur fut accordé. En conséquence, le roi, par lettres patentes du 17 février, autorisa le contrat de vente fait par les religieuses au sieur Chomel de Cerville, le 27 avril 1776, la construction du marché et le percement des cinq rues.

L'architecte Lenoir fit le plan, et bientôt le marché et les rues furent commencés. Le marché et la place qui l'entoure devaient être appelés marché et place du marché de l'abbaye Saint-Antoine, mais on leur donna le nom de Beauvau, en l'honneur de Mme de Beauvau-Craon, abbesse de Saint-Antoine en 1778; le marché Beauveau fut concédé à la ville de Paris par décret impérial du 30 janvier 1811. La ville le fit reconstruire de fond en comble en 1843. On l'appelle aujourd'hui le marché d'Aligre.

Les rues furent percées en décembre 1778; ce furent la rue Beauvau qui a changé de nom depuis quelques années et se nomme aujourd'hui rue Beccaria, la rue d'Aligre qui prit son nom d'Étienne-François d'Aligre, premier président au Parlement, la rue de Cotte ainsi nommée de Jean-François de Cotte, président au grand conseil, la rue Lenoir, qui prit son nom de l'architecte Lenoir qui bâtit le marché; depuis quelques années on l'a réunie à la rue d'Aligre. Et enfin la rue Trouvée, qui prit son nom du voisinage de l'hospice des Enfants-Trouvés; elle a été réunie à la rue de Cotte qu'elle continue.

Puisque nous en sommes aux rues, citons celles qui furent encore créées en 1777.

Ce fut : la rue d'Angoulême Saint-Honoré ; le comte d'Artois était devenu propriétaire du terrain situé dans le faubourg Saint-Honoré et appelé la Grande-Pépinière ; il demanda et obtint l'autorisation par lettres patentes du 29 novembre, de percer et ouvrir une rue au lieu connu sous le nom d'ancien Chemin du Roule, et qui fut appelée rue d'Angoulême; sous la République et l'Empire, elle fut nommée rue de l'Union ; en 1815, elle reprit son nom primitif; après 1830, on l'appela rue de la Charte, mais elle redevint rue d'Angoulême, elle est aujourd'hui la continuation de la rue de la Pépinière.

La rue des Trois-Frères dont le percement fut autorisé le 25 octobre, elle continue aujourd'hui la rue Taitbout.

La rue Laval, ouverte sous le nom de rue Ferrand ; on lui a donné le nom de Laval, nous l'avons dit en parlant de Montmartre, du nom de la dernière abbesse, Marie-Louise de Laval-Montmorency.

Le passage des Petits-Pères, percé suivant lettres patentes du mois de décembre sur l'emplacement de l'hôtel de la Ferrière ; il doit son nom à sa proximité du couvent des augustins réformés dits petits-pères.

La rue Buffault (lettres patentes du 4 juillet), en l'honneur de J.-B. Buffault, trésorier honoraire de la ville et qui fut échevin en 1787.

La rue du Chemin-Vert ; c'était un chemin traversant un marais, et qu'on appelait rue Verte ; en mai 1777, des lettres patentes ordonnèrent que cette rue serait prolongée jusqu'au boulevard vis-à-vis de la rue du Pas-de-la-Mule, et s'appellerait rue Levé, mais ce nom ne fut jamais officiel ; on la désigna sous le nom de rue du Chemin-Vert, et ce nom lui resta.

La rue Martel, ouverte aux frais des sieurs Lefaivre, Louis et Gandelet sur des terrains à eux appartenant et qui doit son nom à Michel Martel, échevin en 1764.

La rue du Val-Sainte-Catherine ; ce fut plutôt un élargissement de voie publique qu'une nouvelle rue, car elle existait déjà sous le nom de rue de l'Égout. C'est aujourd'hui une fraction de la rue Turenne.

Le promenoir de Chaillot, formé en vertu d'un arrêt du conseil du 21 août. C'était des terrains longés par la ruelle ou chemin des vignes qu'on appelait aussi ruelle aux fouetteurs et qui, à partir de cette époque, fut nommée rue des Vignes à Chaillot. Depuis quelques années, on lui a donné le nom de rue Vernet.

La rue Courty dont le percement fut autorisé en 1777, mais qui ne fut réellement ouverte qu'en 1780, sur un terrain acquis par le sieur Courty de Romange, dans la rue de Lille sur l'emplacement occupé précédemment par le petit hôtel du Maine.

Marie-Antoinette était une habituée des bals de l'Opéra; le 30 janvier 1777, elle assista de minuit à quatre heures du matin à la fête donnée au Palais-Royal par le duc de Chartres, et à quatre heures du matin par le couloir qui communiquait du palais au théâtre, elle se rendait dans la loge du duc d'Orléans, où elle assistait au bal de l'Opéra ; le 6 février, nouveau bal donné par le duc de Chartres et coïncidant avec celui de l'Opéra. La reine se montrait aux deux fêtes et ne retournait à Versailles qu'à six heures du matin. Le mardi gras 11 février, elle y assistait encore, et cette trop grande fréquentation d'un lieu de plaisir public, donna lieu à des remarques désobligeantes ; la reine y parlait à tout le monde, s'y promenait suivie de jeunes gens, « et tout cela s'est passé avec une tournure de familiarité à laquelle le public ne s'accoutumera jamais » ; mais aussi jamais les bals n'avaient été plus suivis et le carnaval de 1777 fut des plus brillants.

Les courses de chevaux devinrent aussi le plaisir à la mode, déjà l'année précédente elles avaient fait fureur, grâce à l'encouragement que leur donna la reine, qui s'était passionnée pour les courses, comme elle avait pris goût aux promenades en traîneau. « Les courses, dit M. Imbert de Saint-Amand, étaient pour les femmes à la mode un prétexte à des exhibitions de toilettes nouvelles ; pour les joueurs et les dissipateurs, une occasion de jouer et de dépenser. » Ces courses avaient lieu dans la plaine des Sablons : on avait élevé dans le milieu un belvédère pour la reine, et les Parisiens s'enthousiasmèrent pour ce nouveau divertissement.

En 1777, les courses devinrent une véritable institution nationale, un acte passé entre divers seigneurs, avait stipulé que chacun d'eux donnerait pendant dix ans une somme de 600 livres pour avoir le droit de faire courir un cheval à deux époques différentes, au 15 avril et au 6 octobre, aucun cheval ne pouvait être admis à courir s'il n'était français.

La première course eut lieu le 15 avril.

Le 18, Paris recevait la visite d'un souverain; l'empereur Joseph II, frère de Marie-Antoinette, et qui voyageait sous le nom du comte de Falkenstein; il arriva à Paris à sept heures et demie du soir et descendit au petit Luxembourg, où logeait le comte de Mercy-Argenteau, ambassadeur d'Autriche. Il obtint un grand succès parmi les Parisiens par ses façons toutes simples et sa manière de penser, empreinte d'un libéralisme tout à fait dans le goût du jour. Mme du Deffand en parlant de lui disait: « On ne parle ici que de l'empereur. Il est surpris qu'on s'en étonne; il dit que l'état naturel n'est pas d'être roi, mais d'être homme. » Il voulut tout voir. « Il y a dans une guinguette de Paris un cabaret immense qu'on appelle le Grand-Salon. C'est là que se rendent, les fêtes et dimanches, tous les ouvriers et en général tout le peuple. M. le comte de Falkenstein n'a pas jugé ce lieu indigne de son coup d'œil. Il y est allé dans son incognito... un tel emplacement contient environ deux mille personnes buvant, mangeant et dansant. Le seul spectacle des viandes et du vin qui s'y débitent est effrayant. »

Quand il eut tout vu, l'Opéra et le Grand-Salon, la Comédie française et Notre-Dame, il partit le 30 mai, entre onze heures et minuit, et le 9 juin il écrivait : « J'ai quitté Paris sans regrets, quoique l'on m'y ait traité à merveille. »

Le 15 mars s'était fait le baptême d'une cloche à Saint-Jacques la Boucherie; le duc et la duchesse de Charost en étaient les parrains; voici les principales cérémonies de cette bénédiction qui se fit en présence du parrain et de la marraine : le curé aspergea d'abord la cloche avec de l'eau bénite, et ses vicaires la lavèrent entièrement avec la même eau extérieurement et intérieurement, puis ils l'essuyèrent avec un linge blanc, après quoi le curé forma sept croix sur la cloche avec les saintes huiles et quatre à l'intérieur avec le saint-chrême, enfin un thuriféraire mit sous la cloche un encensoir rempli d'encens.

Une affaire criminelle occupa tout Paris en 1777, celle de Desrues, nous allons la résumer aussi brièvement que possible, mais le bruit qu'elle fit dans les diverses classes de la société ne nous permet pas de la passer sous silence. Antoine-François Desrues était d'abord un garçon épicier qui, affectant de grands dehors religieux, parvint à devenir propriétaire du fonds de sa maîtresse ; il se maria en 1773, vendit son fonds, et, bien que ses affaires fussent en très mauvais état, il acheta moyennant 130,000 livres, d'un sieur Saint-Faust de la Motte, une terre appelée le Buisson-Souef, et Mme de la Motte vint à Paris en décembre 1776 pour le règlement du prix. Desrues alla le 16 décembre l'attendre à la descente du coche de Montereau et l'engagea à venir loger chez lui ; bientôt la dame se plaignit de nausées et de douleurs de tête, et le 1er février, les voisins virent Desrues faire enlever par un commissionnaire une lourde malle qu'il fit déposer au Louvre chez un sculpteur de ses amis, puis quatre jours plus tard, il fit transporter cette malle dans une cave qu'il avait louée rue de la Mortellerie, au nom d'un sieur du Coudray.

Or les époux de la Motte avaient un fils qui était au collège à Paris; et Desrues, sous le nom de Bury, avait trouvé moyen de devenir le correspondant de ce jeune homme ; le 10 février, Desrues fit savoir au collégien que sa mère était partie précipitamment, mais qu'elle s'arrêterait à Versailles, et qu'il était chargé de le mener vers elle. Avant de monter en voiture, le collégien prit du chocolat préparé par Desrues et se plaignit aussitôt après de nausées et de crampes d'estomac. Le 15 il mourait.

Desrues revint à Paris et produisit alors un acte sous-seing privé, en date du 12 février, par lequel Mme de la Motte lui donnait quittance du montant de l'acquisition du Buisson-Souef. Mais il fallait, pour que cet acte fût valable, qu'on produisît à l'appui la procuration de M. de la Motte, qui était déposée depuis 1774 chez le procureur Jolly. Desrues mit tout en œuvre pour l'obtenir, mais ne put y parvenir, et son insistance fut telle que Jolly exprima ses soupçons dans une lettre qu'il écrivit à M. de la Motte. Celui-ci ne cessait de demander à M. de Bury des nouvelles de sa femme et de son fils, et n'en recevant pas, il déposa une plainte contre Desrues en supposition d'acte de vente et en suppression de personnes.

Desrues s'habilla alors en femme, partit pour Lyon et là, sous le nom de Mme de la Motte, il eut l'adresse de faire rédiger par un notaire un acte par lequel celle-ci reconnaissait avoir reçu de M. Desrues de Bury la plus grande partie du prix d'une terre qui lui appartenait et autorisait son mari, en son absence, à poursuivre le recouvrement du reste. Tout cela n'empêcha pas qu'à son retour Desrues fut arrêté, et qu'une instruction eut lieu à la fois à Paris, à Versailles et à Lyon.

Le 18 avril 1777, la police découvrit le cadavre de Mme de la Motte dans la cave où il l'avait enfoui, et le 22 on exhuma à Versailles celui de son fils. Les chirurgiens déclarèrent que tous deux avaient été empoisonnés, ce que l'accusé ne cessa de nier ; le 28, sur le rapport du conseiller d'Outremont, le procureur général de la Chaise lança son réquisitoire, et le 30 la sentence fut prononcée. Elle portait que Desrues, convaincu d'empoisonnement sur la personne de Mme de la Motte et de son fils, ferait amende honorable devant la principale porte de l'église Notre-Dame de Paris; qu'il y serait mené dans une charrette portant devant et derrière cette inscription : « Empoisonneur de dessein prémédité »; qu'il serait revêtu d'une chemise, aurait la corde au col, dans la main droite, une torche du poids de deux livres; qu'après avoir reconnu son crime, il devrait demander pardon à Dieu et à la justice, puis qu'il serait conduit à l'échafaud dressé en Grève, et là aurait les bras, les jambes, les cuisses et les reins rompus vifs et à l'instant serait jeté dans un bûcher ardent au pied de l'échafaud et ses cendres jetées au vent; que ses biens seraient confisqués et au préalable une somme de 200 livres prélevée pour amende au roi et une somme de 500 livres pour faire prier pour le repos de l'âme de ses victimes.

Desrues interjeta appel au Parlement qui, le 5 mai, mit l'appel à néant.

Le 6, il fut mis en la chambre de la question. Tandis qu'on le conduisait, il ne manifesta ni terreur ni inquiétude; on lui lut son arrêt, on l'assit sur la sellette et on lui mit les brodequins; au premier coin, il s'écria : « Ah! mon Dieu, ayez pitié de moi, faut-il que je sois accusé comme cela! mais j'ai dit la vérité, mon Dieu! donnez-moi la force de la soutenir »; au second, au troisième, au quatrième coin, il continua à protester de son innocence, et sa fermeté ne se démentit pas pendant la question extraordinaire, dont il subit également les quatre coins, ne cessant de prendre Dieu à témoin de son innocence.

A une heure de l'après-midi, l'exécuteur se présenta.

« Depuis deux mois, dit Charles-Henri Sanson, dans ses notes, il n'était question que de Desrues dans Paris. Lorsqu'on l'avait conduit rue de la Mortellerie, pour le mettre en présence de la dame qu'il avait fait mourir par le poison, l'affluence du peuple était si grande, l'indignation de tout le monde si violente qu'il fallut appeler deux compagnies des gardes-françaises pour tenir cette foule en respect... je m'approchai de lui, et je lui dis en le saluant qu'il était l'heure. Il me demanda où je prétendais le conduire, et comme je ne répondais pas, il dit à plusieurs reprises et très vite : « A la maison de ville! je veux dire par écrit, comme j'ai dit par ma bouche, qu'il n'y a pas de poison. »

La station à la maison de ville ne fut pas longue; il y renouvela ses protestations d'innocence et le bourreau Sanson le ramena au lieu du supplice où l'attendait une foule énorme.

« Partout où le cortège funèbre devait passer, se pressaient des milliers d'hommes et de femmes, un océan de têtes ondulait comme les épis d'un champ de blé. Les vieilles maisons louées à prix d'or tremblaient sous le poids des spectateurs avides et tous les châssis des fenêtres avaient été enlevés afin de ne pas gêner les regards.

« Comme trois heures sonnaient, on le descendit, et on le porta sur l'échafaud. Sa figure était devenue aussi jaune que la peau d'une orange, comme l'est celle d'un homme qui a la jaunisse, mais il était calme et ne tremblait pas. Pendant qu'on lui déliait les bras pour pouvoir l'attacher sur la croix de saint André, il regarda dans la foule et salua plusieurs personnes de la main; puis il aida mes aides à le déshabiller, ce qui donna quelque peine, car, malgré le parapluie, il avait été fort mouillé. On l'attacha en croix : alors il demanda à M. Bender de lui faire baiser le crucifix; ensuite il regarda fixement un de mes valets nommé Bastien, qui, devant tenir la barre, l'avait prise dans la main, et lui dit : « Faites vite. » Bastien le frappa d'abord aux bras, puis aux jambes et aux cuisses; à chaque coup, il poussa de grands cris, mais au coup de la poitrine, ses yeux demeurèrent ouverts, il ne bougea plus, et l'on brûla son corps, comme l'ordonnait le jugement.

« Malgré la revue qui avait lieu ce jour-là, un concours de spectateurs distingués a désiré jouir de ce spectacle affreux, et les chambres à la Grève se louaient fort cher. On n'a pas manqué de le graver, et l'on vend son portrait. La police a fait faire aussi des chansons où est relatée cette monstrueuse histoire. »

Nous avons parlé plus haut de la confrérie de l'Aloyau qu'on pouvait croire disparue; il n'en était rien, des chevaliers et des commandeurs reparurent, et le 2 juin 1777, un ordre du roi défendit aux membres de la confrérie de porter la croix, mais ils rédigèrent un mémoire qui fut signé par plus de 300 personnes et présentèrent requête au Parlement; l'affaire arriva pour être plaidée, et ce fut Me Vermeil qui défendit neuf d'entre les membres de l'ordre qui avaient été décrétés d'ajournement. Ces chevaliers prétendaient n'avoir rien à démêler avec la confrérie de l'Aloyau et appartenir à l'ordre du Saint-Sépulcre de Jérusalem, bien que formant l'archiconfrérie royale du même nom établie en l'église des cordeliers de Paris; l'affaire prenait des proportions considérables, et les bourgeois de Paris qui s'y trouvaient mêlés jetaient feu et flammes; enfin ils obtinrent gain de cause, et l'archiconfrérie fut conservée et définitivement séparée de celle de l'Aloyau.

Le Colisée, qui cherchait tous les moyens d'attirer le public, avait imaginé l'année précédente d'organiser une exposition de tableaux concurremment à celle du Louvre, et en 1777, il recommença. Mais le 10 juin, le comte d'Angiviller mit opposition à la formation de ce salon, et par un arrêt du conseil du 30 août, il fut for-

Derniers restes de la muraille de Philippe-Auguste, existant rue de Clovis, 7.

L'indignation de tout le monde était si violente qu'il fallut appeler la garde pour tenir la foule en respect. (Page 428, col. 1.)

mellement interdit au directeur du Colisée d'ouvrir aucun salon de peinture, sculpture ou architecture; et, de plus, il lui fut défendu d'ouvrir son établissement et d'y donner aucune fête, représentation ou spectacle sans l'autorisation du lieutenant de police.

Bien que la Basoche eût depuis longtemps cessé de faire parler d'elle, il ne faut pas croire qu'elle eût cessé d'exister; loin de là, nous trouvons des lettres patentes du 19 juillet ordonnant que les arbres nécessaires pour la plantation du mai dans la cour du palais soient officiellement délivrés aux officiers de la Basoche.

D'autres lettres, ou plutôt une ordonnance du 26 juillet, rassembla toutes les dispositions des anciens règlements de police relatifs aux contraventions « dans lesquelles les habitans de Paris tombent le plus souvent. »

Ce long document prescrivait aux bourgeois et habitants de la ville et des faubourgs de se soumettre aux diverses obligations qui leur étaient imposées; notamment celles du balayage, de l'arrosage, faisait défense de rien jeter sur la voie publique ni de l'encombrer, de jouer dans les rues et places publiques au volant, aux quilles, au bâtonnet, au cerf-volant, de tirer des pétards ou fusées, boîtes, pommeaux d'épée ou saucissons, pistolets, fusils, mousquetons, etc.; aux aubergistes et débitants de donner à boire passé dix heures en hiver et onze heures en été;

de laisser jouer chez eux, d'y recevoir des femmes de débauche, vagabonds, mendiants et filous, d'avoir des violons et de tenir des assemblées de danse les jours ouvriers, si ce n'est en cas de noce et à la charge d'obtenir la permission et de faire retirer les violons avant minuit, de donner à boire pendant les heures du service divin; à toutes personnes qui allaient dans les jeux de billard, de faire aucuns paris, même de donner des avis et conseils aux joueurs; aux propriétaires, de louer aucunes chambres ni donner retraite à des femmes de débauche et gens supects.

En cette année 1777, alors que le boulevard du Temple était devenu plus que jamais le lieu de promenade à la mode, un sieur Tessier fit construire en face de la rue Charlot, tout près du fameux café Goddet, un théâtre d'essai pour les élèves chantants et dansants de l'Opéra. Six colonnes cannelées, « d'une grande proportion » formaient le péristyle que couronnait un bas relief représentant l'amour dans son char. L'intérieur, divisé en trois rangs de loges, était tout parsemé d'arabesques d'or sur un fond gris perle; au plafond s'étalait le groupe mythologique d'Hercule filant aux pieds d'Omphale, enfin de chaque côté de la scène, s'élevaient deux statues de plâtre, la danse et la musique.

Quatre-vingts élèves des deux sexes formèrent tout d'abord le personnel actif du théâtre de Tessier qui prit le titre de théâtre des élèves de l'Opéra ; ces jeunes gens s'exerçaient sur cette scène en miniature pour figurer plus tard dans les ballets de l'académie royale de musique.

Il ne fut ouvert au public que le 7 janvier 1779, par une une tragédie-pantomime en quatre actes de Lebœuf : *la Jérusalem délivrée* ou *Renaud et Armide;* puis se succédèrent *l'Amour enchaîné par Diane*, et plusieurs autres pantomimes; mais tout cela ne fit pas beaucoup des affaires du théâtre; son directeur passa la main au sieur Parisot, avocat-auteur-acteur et directeur, qui offrit, le 18 mai 1780, une représentation au fameux américain Paul Jones, mais négligea de payer tous ceux qui y avaient coopéré, ce qui lui attira un ordre du roi de fermer son théâtre.

Après Parisot, un industriel loua la salle pour y installer des jeux pyriques, mais, en 1790, les Beaujolais, chassés de leur salle du Palais-Royal (celle qui est aujourd'hui le théâtre du Palais Royal), vinrent s'établir pour un an au boulevard du Temple et succédèrent aux jeux pyriques; Le théâtre s'appela alors *Lycée dramatique*, « mais cette salle est maudite; elle est trop isolée et devancée par trop de spectacles, pour en avoir autre chose que les éclaboussures une fois par hasard. Il faut deviner qu'il y a là un spectacle. M. Briois, malheureux directeur ambulant, y avoit pourtant rassemblé une troupe passable, et il commençoit à y faire quelque chose, quand une espèce de garçon menuisier vint l'en chasser en accaparant l'entreprise. Ce menuisier (Cauvin), qui est directeur du Lycée depuis ce temps-là, donnoit spectacle une ou deux fois la semaine; on ne joue plus chez lui que tous les dimanches, encore n'y voit-on que des billets gratis. Un musicien de son orchestre, engagé à tant par semaine, ne pouvant parvenir à se faire payer, fit saisir tous les rabots du directeur et les garda chez lui jusqu'à parfait payement. Il avoit dans sa chambre dix-huit rabots et treize varlopes, mêlés avec des cors, des violons et des clarinettes. Le *Lycée dramatique* est un théâtre perdu.»

En 1792, le menuisier directeur Cauvin déguerpit, et un mime plein de d'adresse et de légèreté, qu'on nommait Lazzari, prit le théâtre qu'il appela *les Variétés amusantes de Lazzari*. Il fit jouer avec succès *Ariston, l'Esprit follet, la Tartane de Venise, le Diable à quatre, la Cinquantaine infernale* ou *la Baleine avalée par Arlequin*. Bientôt, flattant le goût du jour, le nouveau directeur monta des pièces terroristes et des sans-culottides telles que *A bas la Calotte, les Vrais Sans-culottes*, etc.

La réaction qui s'opéra dans les esprits fut fatale aux *Variétés amusantes*, les recettes baissèrent, et un dernier coup l'acheva : le 31 mai 1798, une pluie de feu qui faisait le dénoument du *Festin de pierre* consuma le théâtre, et le directeur se brûla la cervelle.

Un café chantant succéda aux Variétés amusantes et en conserva le nom ; en 1838, l'immeuble fut démoli.

Le 25 septembre 1777, le feu prit à la foire Saint-Ovide, et vingt-sept boutiques furent brûlées. Audinot et Nicolet organisèrent chacun à leur théâtre une représentation au bénéfice des incendiés, et outre le zèle des directeurs forains à concourir à leur secours, le corps de la draperie et de la mercerie, la communauté des marchandes de modes, et divers particuliers s'empressèrent de venir à leur aide, et la police exigea que les dix maisons de jeu, autorisées à faire jouer à *la belle* chez elles, consacreraient le profit d'une journée de jeu à cette bonne œuvre, « de sorte que les brûlés se trouveront vraisemblablement mieux qu'auparavant. »

On publia en septembre de nouveaux arrêts du conseil concernant la librairie ; ils étaient au nombre de six et peuvent être considérés comme la base de la législation en cette matière, ils portent la date du 30 août. Le premier ordonne la suppression de diverses chambres syndicales et les remplace par d'autres; le second règle les formalités relatives aux réceptions des libraires et imprimeurs, le troisième porte règlement de discipline pour les compagnons imprimeurs, le quatrième fixe la durée des privilèges, le cinquième s'occupe de la contrefaçon, et enfin la sixième porte établissement de deux ventes publiques de librairie.

Le Parlement enregistra aussi au mois de septembre une déclaration du roi datée du 18 août précédent, agrégeant six cents coiffeurs de dames à la communauté des maîtres barbiers, perruquiers, à la condition qu'ils ne s'immisceraient en aucune façon dans la coiffure des hommes.

Ils payèrent 600 livres chacun pour être autorisés à promener leurs peignes sur les têtes illustres qui se confiaient à leurs soins ; quant à la petite bourgeoisie, elle se faisait coiffer par les coiffeuses.

Au reste la coiffure des dames était devenue un art et en même temps une science, et elle occupait une place si importante dans le goût du jour qu'il fallait bien multiplier les artistes chargés de bâtir ces élégants et bizarres édifices que les femmes faisaient alors construire sur leur tête.

On en était arrivé au point culminant de la folie, et l'on peut s'en rendre compte en lisant le *Recueil général des coiffes de différents goûts*. On y voit qu'on portait des chapeaux à l'anglaise, des chapeaux en cheveux, à la Henri IV, inventés par Monbaillard, le coiffeur de la rue Montorgueil, et des coiffures en plumes à la Daphné, à la baigneuse, à la frivolité, au chien couchant, et des bonnets au Colisée, à l'hérisson, à la Gabrielle de Vergy, à la Minerve, au croissant de Diane, à la corne d'abondance, au chignon frisé, avec bandeau d'amour, à la candeur, au mystère, au parterre galant, au levant, la coiffure en échelle de cinq boucles, etc.

Mais tous ces noms ne donnent pas une idée de la chose ; prenons le détail d'une de ces coiffures dans les *Mémoires* de M. de Vaublanc, homme important, ancien ministre, et exempt de toute exagération :

« Au-dessus du front s'élevaient des cheveux bien crêpés, bien raides, bien graissés, et bien poudrés. Cette coiffure était à angles droits, saillants et rentrants, et avait un air menaçant comme une fortification ; pour accompagner ces bastions, on mettait, des deux côtés et sur le cou, de grosses boucles bien raides, bien graissées et poudrées, bien tenues par des broches de fer et qui avaient le charme de salir sans cesse le cou. Au-dessus des fortifications dont j'ai parlé, on plaçait un coussin de taffetas noir rempli de crins. Ce coussin, qui perdait promptement sa propriété primitive, était attaché à la fortification par de longues épingles de fer. Il était destiné à recevoir toutes les broches de fer qui devaient attacher le nombre immense des ornements qui relevaient toute cette coiffure, des rubans, des fleurs, des nattes en cheveux, des boudins en cheveux et un attirail difficile à décrire, composé de faux cheveux. Les cheveux de derrière, bien graissés et encore plus poudrés que le reste, étaient relevés, tantôt en plusieurs nattes ou tresses, tantôt en chignon volumineux qui faisait peur à tous les meubles et à tous les habits qui en approchaient. Comme tous les cheveux du derrière de la tête avaient une irrégularité choquante dans la partie d'en haut, on fourrait, dans l'espace qui se trouvait entre le coussin et les cheveux, de grandes cocardes de crêpe ou de taffetas, pour cacher ce vilain commencement de nattes, de tresses et de chignon volumineux. J'oubliais de dire qu'une mode impérieuse força bientôt toutes les femmes à substituer une poudre rousse à une poudre blanche. Elle produisait une saleté abominable sur le front, le cou et les épaules. Tout cet échafaudage était surmonté d'une touffe de plumes blanches plus ou moins élevées. La mode vint alors d'avoir des voitures à l'anglaise ; l'impériale intérieur était très bas, en sorte que les dames d'une taille élevée, étaient forcées de se mettre à genoux dans la voiture, mais encore passaient la tête par la portière ».

L'auteur de l'*Histoire du costume en France*, nous apprend que le bonnet des femmes comptait à lui seul deux cents espèces différentes !

Le goût pour les plumes était devenu une frénésie.

Après le *qu'es a co*, qui se composait de trois plumes seulement plantées derrière le chignon, on inventa la coiffure à la Minerve, cimier de dix plumes d'autruche, mouchetées d'yeux de paon qui s'ajustait sur une coiffe de velours noir toute brodée de paillettes.

Les coiffures à la Belle-Poule et à la Junon, représentaient une mâture avec ses voiles et ses agrès.

Mais nous reviendrons sur ces excentricités, et si nous les relatons au milieu du récit, c'est afin de faire remarquer combien le goût public était alors porté vers la légèreté et la frivolité. Aussi commençait-on à saisir toutes les occasions qui s'offraient pour dévoiler les ridicules des personnages de la cour, et les fustiger d'importance, et ces occasions ne manquaient pas. Un jour (1775), la reine ayant choisi une robe de taffetas de couleur rembrunie, le roi dit en riant : « C'est couleur de puce » ; à l'instant, toutes les femmes de la cour voulurent avoir des taffetas puces ; la manie passa aux hommes ; les teinturiers furent occupés à travailler les nuances nouvelles, car on distingua entre la vieille puce et la jeune puce, et l'on sous-divisa les nuances même du corps de cet insecte : le ventre, le dos, la cuisse, la tête se différencièrent. Cette couleur dominante semblait être celle de tout l'hiver ; les marchands intéressés à multiplier les modes, ayant au mois de novembre présenté des satins à la reine, celle-ci en choisit de préférence un gris cendré. *Monsieur* s'écria qu'il était couleur des cheveux de la reine ; aussitôt la couleur puce fut abandonnée, et l'on dépêcha des courriers pour obtenir du velours, des ratines, des draps, couleur cheveux de la reine, ce fut une rage.

Ce fut à la fin de décembre 1777 que l'on vit fonctionner le premier bureau de bienfaisance, il fut établi sur la paroisse Saint-Sulpice ; on divisa pour la distribution des œuvres de charité la paroisse en quatre cantons dans chacun desquels on forma une administration particulière, « composée de quatre prêtres de la communauté et de quatre dames bourgeoises ayant à leur tête deux hommes de qualité. »

Avant de terminer cette revue de l'année, mentionnons quelques édits, déclarations, etc. Un arrêt du 20 juillet supprima les fonctions d'intendant de la loterie royale ainsi que les croupes, et réduisit le nombre des inspecteurs à six, sous l'inspection de M. de la Michodière. — Une déclaration du roi, du 9 mai, réunit à Paris en un seul et même corps les orfèvres tireurs d'or et les batteurs d'or et d'argent.

Le 4 juillet, un arrêt du conseil d'État porta règlement sur l'exploitation, visite et reconnaissance des carrières existant sous la ville de Paris. — Ordonnance du roi du 27 juillet prescrivant « à tous mendians de l'un et de l'autre sexe de se retirer dans le délai de quinze jours, dans le lieu de leur naissance ou de prendre un état, emploi, métier ou profession, passé ce délai, ceux qui seront trouvés dans les rues de Paris, de quelque âge qu'ils soient, seront arrêtés et conduits dans les maisons de force, etc. » — Lettres patentes du 19 juillet, qui ordonnent que les arbres nécessaires pour le mai et la plantation d'icelui dans la cour du palais à Paris, seront annuellement délivrés dans le bois de Vincennes aux officiers de la Basoche dudit palais, par les officiers de la maîtrise de ladite ville. — Arrêt du conseil d'État du 17 août, portant établissement d'une commission « pour rechercher et proposer à Sa Majesté tous les moyens d'améliorer les divers hôpitaux de la ville de Paris. » — En octobre, établissement, rue des Fossés-Saint Germain l'Auxerrois, d'un bureau d'abonnement pour le service du balayage. — Jugement rendu le 4 septembre qui déclare bonne et valable la saisie de quarante-huit pieds en plants de tabac, faite sur le sieur Meteyer, marchand tabletier à Paris, en prononce la confiscation et condamne ledit Meteyer à 3,000 francs d'amende et aux dépens. Ce jugement nous a paru intéressant à noter, parce qu'il est le premier rendu sur cette matière. — Sentence du Châtelet du 20 octobre « défendant aux clercs de procureurs de porter épées et cannes dans l'intérieur du Châtelet et partout ailleurs, et enjoint aux procureurs, lorsqu'ils sont au Châtelet les jours plaidoyables, de n'y paraître qu'en robes et de se conformer aux usages pour la remise des avenirs aux avocats, sans troubler les audiences par leurs domestiques et gagne-deniers. »

Lettres patentes du roi portant établissement d'un mont-de-piété données le 9 décembre. « Il est ordonné qu'il sera établi incessamment dans la ville de Paris un bureau général de caisse d'emprunt sur nantissement, sous le nom de mont-de-piété et sous l'inspection de M. le lieutenant général de police qui en sera le chef et de quatre administrateurs de l'hôpital général dont les fonctions seront gratuites. »

Suivent les dispositions relatives à l'administration intérieure, à la quotité des sommes prêtées sur gages, qui furent fixées aux quatre cinquièmes de la valeur des objets d'or et d'argent et aux deux tiers pour les autres ; aux droits à percevoir aux frais de vente, etc.

« Il sera permis aux administrateurs d'établir dans Paris différents bureaux particuliers sous la dénomination de bureaux auxiliaires, où l'on pourra emprunter depuis trois livres jusqu'à cinquante. »

Le bureau central du mont-de-piété de Paris fut établi dans une maison sise rue des Blancs-Manteaux le 9 février 1778, et fut ouvert tous les jours ; des acquisitions faites en 1779 et 1783 par les directeurs de l'hôpital général de plusieurs maisons situées rue des Blancs-Manteaux et rue de Paradis, complétèrent l'ensemble des bâtiments dans lesquels siège encore aujourd'hui l'administration du mont-de-piété.

Cet établissement, qui rendait de grands services au peuple, eut une courte durée ; il fut supprimé par la Révolution comme une institution de monopole, et le prêt sur gage devint; libre mais il en résulta des abus nombreux, et un arrêté du Directoire, du 22 mai 1797, rétablit le mont-de-piété de Paris, et par une loi du 4 février 1799 nulle maison de prêt sur gages ne put s'ouvrir sans une autorisation préalable du gouvernement.

En vertu de la loi du 24 juin 1856, le mont-de-piété est institué comme établissement d'utilité publique.

Dès son installation à Paris, le mont-de-piété eut une vogue considérable, et Mercier parle de 40 tonnes remplies de montres d'or qu'on y a apportées. Ceci a tout l'air d'une exagération ; cependant il est bon de dire que de nos jours on y engage 1,000 à 2,000 montres par jour.

L'exercice de la première année se solda par l'engagement de 128,508 objets représentant 8,509,384 livres ; en 1869, on comptait 1,772,596 engagements sur lesquels on avait prêté 34,453,860 francs.

Pendant le siège de 1870, le mont-de-piété eut à traverser de mauvais jours ; à la fin de juillet, la réserve s'élevait à 8 millions, il ne restait disponible, le 6 février 1871, qu'une somme de 62,000 francs. On sauva l'institution en lui prêtant 3 millions sur les fonds des caisses d'épargne.

Cet établissement a prêté en un siècle, c'est-à-dire de 1777 au 31 décembre 1877 :

2 *milliards* 308 *millions* 655,696 *francs*.

M. Brizard apparut dans la loge tenant une couronne, qu'il mit sur la tête de Voltaire. (Page 431, col. 1.)

Pendant ce même laps de temps, les remboursements effectués et les ventes de gages non retirés, — intérêts et droits divers non compris, — ont fait entrer dans les caisses une somme de 2 milliards 269 millions 104,266 francs.

Si nous ajoutons la somme prêtée sur les objets en gage au 1ᵉʳ janvier 1878, nous arrivons à un total de dégagements possible de 2 milliards 307 millions 245,648 francs, ce qui donne une perte de 1 million 410, 048 francs pendant le siècle écoulé.

Cette perte a d'ailleurs été comblée par les bénéfices considérables qu'ont produits les opérations de prêts. Ces bénéfices, qui sont absorbés par l'Assistance publique, en dehors des frais d'agrandissements souvent nécessaires, s'étaient élevés en 1872 à 23 millions 955,897 francs.

Le nombre des objets déposés en garantie des sommes prêtées a été de : 112 millions 537,676.

Sur ce nombre il a été retiré ou vendu, par suite de non-retrait au renouvellement, 110 millions 790,003 articles.

Au 1ᵉʳ janvier 1878, il en restait en magasin 1 million 758,572.

Il y a eu, par suite, un déficit de 1 million 99,101 nantissements, chiffre qui représente probablement les divers engagements qui ont été opérés gratuitement à diverses époques, notamment sous la Commune, en 1871.

Le mont-de-piété n'a pas d'argent à lui : celui qu'il prête, il l'emprunte, et il l'emprunte presque au jour le jour à des particuliers. Il subit par suite les oscillations du cours de l'argent, empruntant tantôt à 3, tantôt à 4 1/2.

Il avait été fondé pour remédier à l'usure qui rongeait le peuple. Le taux de l'intérêt, quoique relativement fort élevé alors comme aujourd'hui, était, pour les pauvres emprunteurs, un véritable bienfait.

En outre, comme on ne voulait pas fonder une entreprise de spéculation, l'ordonnance royale de fondation décida que les sommes dont l'institution n'aurait pas besoin pour son fonctionnement, seraient versées à la caisse de l'Hôpital général, auquel a succédé aujourd'hui l'Assistance publique.

Depuis de longues années il est question de la séparation des deux institutions, non qu'on veuille que le mont-de-piété ne verse plus ses bénéfices nets au profit des pauvres, mais parce qu'on veut éviter qu'il soit exploité en vue du produit qu'il peut donner.

Les renseignements qui précèdent sont puisés dans la brochure de M. Amédée Cochut, directeur du mont-de-piété intitulée : *Notes et Renseignements concernant les rapports et la situation réciproque du mont-de-piété de Paris et de l'Assistance publique.*

Elle nous apprend que, lors de sa reconstitution, sous le Directoire, le mont-de-piété prêtait à 30 p. 100. On descendit successivement jusqu'à 12, et ce ne fut qu'après la révolution de 1830 que le taux fut réduit à 9 p. 100.

Dans le premier règlement qui fut publié, on remarque que les diamants et les pierreries ne pouvaient être présentés aux bureaux du mont-de-piété « qu'au jour. »

Ce fut Framboisier de Baunay, conseiller procureur du roi honoraire au bailliage de Lions, ancien subdélégué de l'intendance de Rouen, qui fut le premier directeur du mont-de-piété ; il demeurait dans la maison de la rue des Blancs-Manteaux.

Mouvement de la population parisienne pour 1777 : naissances, garçons 11,445, filles 10,821, total 22,266 ; mariages 6,705. Décès : hommes 9,191, femmes 8,100, total 17,291. Enfants trouvés : garçons 3,411, filles 3,294, total 6,705. — Professions religieuses prononcées 92.

Le 20 février 1778, le feu prit à la foire Saint-Germain dans la loge du *Lapin escamoteur*, vis-à-vis la salle de Nicolet ; le feu s'était déclaré au premier étage, et les flammes sortaient par trois croisées, ce qui jeta une panique terrible dans la foire : tout le monde s'empressa d'apporter des secours, et l'on en fut quitte à peu près pour la peur.

Le 25 février, le bruit se répandit tout à coup dans Paris que Voltaire était au plus mal ; à midi un quart, il avait été attaqué subitement d'une violente hémorragie et rendait le sang à flots. Le marquis de Villette, qui se trouvait auprès de lui, courut en robe de chambre chercher le chirurgien Tronchin, et il le tira de ce mauvais pas.

Ce fut pendant cette maladie, c'est-à-dire le 2 mars, qu'il aurait signé la fameuse déclaration dont il a été tant parlé et que nous reproduisons :

« Je soussigné déclare qu'étant attaqué depuis quatre jours d'un vomissement de sang, à l'âge de quatre-vingt-quatre ans et n'ayant pu me traîner à l'église, M. le curé de Saint-Sulpice ayant bien voulu ajouter à ses bonnes œuvres celle de m'envoyer M. l'abbé Gaultier, prêtre, je me suis confessé à lui, et que si Dieu dispose de moi, je meurs dans sa sainte religion catholique où je suis né, espérant de la miséricorde divine qu'elle daignera pardonner toutes mes fautes, et que si j'avais jamais scandalisé l'Église, j'en demande pardon à Dieu et à elle, en présence de M. l'abbé Mignot, mon neveu, et de M. le marquis de Villevielle, mon ami. Signé : Voltaire, Mignot, Villevielle. Le 2 mars 1778, dans la maison de M. le marquis de Villette.

« M. l'abbé Gaultier, mon confesseur, m'ayant averti qu'on disait, dans un certain monde, que j'ai protesté contre tout ce que je ferais à la mort, je déclare que je n'ai jamais tenu ce propos, et que c'est une ancienne plaisanterie attribuée, dès longtemps, très faussement, à plusieurs savants plus éclairés que moi. Signé : Voltaire.

« Cette déclaration, lit-on dans les *Souvenirs* du marquis de Valfons, qui a été écrite en entier de la main de Voltaire, est, en original, dans les mains de M. l'abbé Gaultier. M. le curé de Saint Sulpice m'a assuré qu'il avait légalisé lui-même cette pièce sur l'original de la main de Voltaire.

« Le 27 mai, l'abbé Gaultier et le curé de Saint-Sulpice vinrent chez lui ; il commençait à avoir moins sa tête. Le curé, de qui je tiens ces détails, lui dit son état et lui demanda encore une abjuration plus précise, en réparation du scandale ; Voltaire tergiversa :

« — Prenez votre parti, dit le prêtre : finissez avec fermeté dans l'incrédulité où vous avez vécu ; sinon, résignez-vous à fixer aux yeux du public votre croyance chrétienne.

« Voltaire ne répondit et ne fit rien. Le curé dit aux parents qu'il ne porterait point le viatique et qu'il ne l'enterrerait pas, mais il conseilla qu'on s'abstînt de le présenter à la paroisse et que, mort, on le transportât incognito à Ferney, renonçant pour sa part à tous les honoraires curiaux. »

Le cadre de cet ouvrage ne nous permet pas de rapporter ici toute la polémique qui s'éleva à propos de la déclaration de Voltaire, niée par les uns, affirmée par les autres. Ce qui est certain, c'est que Voltaire mourut le samedi 30 mai à neuf heures du soir, chez le marquis de Villette, quai des Théatins, et le lendemain dimanche on mit son corps tout habillé dans sa voiture avec son valet de chambre, pour le transporter à Scellières, abbaye du diocèse de Troyes, dont l'abbé Mignot, son neveu, était abbé.

Revenons, pour ce qui le concerne, au mois de mars.

Le 16 mars, sa santé n'était pas encore assez rétablie pour lui permettre d'assister à la première représentation qui eut lieu ce soir-là à la Comédie française; mais le 30 mars, se sentant mieux, il y vint. « A peine le public eut-il aperçu son carrosse, lit-on dans le *Journal de Paris*, qu'il s'est transporté en foule au-devant de lui, et l'intérêt qu'il inspire a pu seul modérer une curiosité qui lui seroit peut-être devenue funeste. Les spectateurs l'attendoient dans la salle avec impatience et ont marqué, par des cris de joie et des applaudissemens réitérés la satisfaction de le voir. Un instant après qu'il a été placé dans sa loge, le sieur Brizard a paru tenant une couronne et l'a mise sur sa tête. M. de Voltaire y a porté la main et s'apercevant des honneurs qu'on lui rendoit, l'a ôtée en disant d'un ton pénétré :

« Ah! Dieu, vous voulez donc me faire
« mourir!

« La nouvelle tragédie a été jouée avec plus de chaleur et de vérité qu'à toutes les représentations précédentes. A peine a-t-elle été finie qu'un spectacle imprévu a succédé à celui dont les spectateurs avoient encore l'âme toute remplie. La toile s'est relevée, on a vu tous les acteurs et actrices entourant le buste de M. de Voltaire et venant y placer tour à tour des couronnes de lauriers. Cet hommage fut accompagné d'applaudissemens incroyables, et au bout d'un quart d'heure Mme Vestris s'avançant un papier à la main, eut bien de la peine à obtenir un moment de silence; elle lut enfin ces vers que venait de composer M. le marquis de Saint-Marc :

> Aux yeux de Paris enchanté
> Reçois en ce jour un hommage
> Que confirmera d'âge en âge
> La sévère Postérité.
> Non! tu n'as pas besoin d'atteindre au noir rivage
> Pour jouir de l'honneur de l'Immortalité.
> Voltaire, reçois la couronne
> Que l'on vient de te présenter
> Il est beau de la mériter
> Quand c'est la France qui la donne.

« Le public confirma par de nouveaux applaudissemens des honneurs aussi extraordinaires et fit répéter, une seconde fois, les vers qu'il venoit d'entendre. »

Ce jour fut un des plus beaux de sa vie; mais il devait être un des derniers, il mourait le 30 mai suivant.

Une ordonnance de police du 14 avril fut rendue « concernant la conduite par eau des bourgeois et habitans de la ville de Paris » elle contient la défense à toutes personnes autres que les bachoteurs reçus à l'Hôtel de ville et pourvus d'une commission, de s'immiscer au fait du bachotage. Il ne pouvait être chargé plus de seize personnes dans chaque bateau; il était payé, par chaque personne, pour se faire conduire de Paris à Sèvres ou à Saint-Cloud, cinq sols, pour Chaillot et Passy, deux sols six deniers, et trois sols pour Auteuil et dans tous les autres lieux environnant Paris, à raison de deux sols six deniers (12 centimes et demi) par lieue.

Un arrêt du conseil d'État du roi du 10 avril fixa le chiffre des « honoraires » des auteurs travaillant pour l'académie royale de musique. Ces droits étaient « que chacun des auteurs, soit du poème, soit de la musique, d'un ouvrage qui remplit la durée du spectacle, recevra, pour chacune des vingt premières représentations, 200 livres, pour chacune des 10 suivantes 150 et 100 pour les autres. »

Au-dessus de 40 représentations il était payé à l'auteur une gratification de 500 livres.

Les ouvrages en un acte donnaient droit à 100 livres pour chacune des 20 premières, 60 pour les 10 autres et 50 pour celles au-dessus. L'édition du poème appartenait à l'auteur, à la condition qu'il en remettait 500 exemplaires à l'entrepreneur du privilège de l'Opéra.

Une ordonnance de police du 30 avril réglementa l'observation des dimanches et jours fériés; elle mérite d'être rapportée.

« Il est fait défense à tous maçons, charpentiers et autres ouvriers et artisans de la ville, faubourgs, banlieue, prévôté et vicomté de Paris, de travailler à aucun ouvrage de leur profession et à tous marchands et négociants de faire aucun commerce et débit de marchandises, les dimanches et les jours de fête; il leur est enjoint de tenir leurs boutiques et magasins exactement fermés, à peine de deux cents livres d'amende pour chaque contravention, dont les maîtres seront responsables pour leurs garçons, ouvriers et domestiques; il est également défendu à tous portefaits et gens de journée de travailler de leurs vacations et à tous charretiers et voituriers de faire aucune voiture et charrois les dimanches et fêtes à peine de cent livres d'amende, de confiscation tant de marchandises qui seroient portées ou voiturées, que des chevaux, charrettes, harnois et traîneaux qui serviroient à transporter lesdites marchandises; il est défendu à tous marchands merciers, quincailliers, revendeurs et revendeuses, à tous marchands de livres et d'images, aux colporteurs, d'étaler et exposer en vente aucuns livres, images et estampes ni aucune sorte de marchandises, de mercerie et quincaillerie au coin des rues, dans les places publiques et sur les quais, à peine de saisie, confiscation des marchandises exposées en vente un dimanche ou un jour de fête, et de cent livres d'amende; pourront même les contrevenans être arrêtés et emprisonnés en cas de récidive. Les marchands de vins, limonadiers, vendeurs de bière et d'eau-de-vie ouvrir leurs cabarets et boutiques les jours de dimanches et fêtes pendant les heures du service divin, il est enjoint à tous maîtres de paume et de billard, de refuser l'entrée chez eux à ceux qui se présenteroient pour y boire ou pour y jouer, à peine de 300 livres d'amende pour la première contravention et de fermeture des boutiques jeux de paume et billards en cas de récidive. Il est aussi défendu à tous maîtres à danser, cabaretiers, traiteurs et autres, de tenir chez eux des assemblées et salles de danse les jours de dimanches et fêtes et à tous joueurs de violon et d'instrumens de s'y trouver, à peine de 500 livres d'amende contre chacun des contrevenans et en outre de confiscation des instrumens de musique. »

On voit qu'à cette époque Paris n'était pas gai le dimanche.

Un arrêt du conseil d'État du roi du 30 avril réglementa le service des voitures desservant les environs de Paris ; le prix des places fut fixé à 10 sols par lieue pour celles partant à jours et heures fixes et 12 sols par lieue et par place pour les carrosses et cabriolets partant au gré des voyageurs. Des voitures à six ou huit places appelées guinguettes étaient moins chères, elles ne coûtaient que six sols par lieue et 8 sols pour celles à volonté. — On ne pouvait payer moins de deux lieues.

Le 15 mai, M. Framboisier de Baunay, directeur du bureau des nourrices, se rendit par ordre de la reine à la prison où se trouvaient enfermés les pères de famille n'ayant pu payer les mois de nourrice qu'ils devaient, et cinquante-trois furent mis en liberté ; les prisonniers célébrèrent leur libération par des acclamations, et l'on célébra pour la circonstance une messe du Saint-Esprit.

Quarante-sept autres pères de famille qui se trouvaient pour le même motif sous le coup de contraintes par corps virent aussi leurs dettes payées.

Nous avons dit que six cents coiffeurs avaient été agrégés à la communauté des barbiers, perruquiers-baigneurs-étuvistes de Paris, mais ils réclamèrent contre la grosse somme qu'on exigeait d'eux, et un arrêt du conseil du 9 avril réduisit la finance à 300 livres, mais ceux qui consentirent à en payer 600 furent propriétaires de deux places et eurent la faculté d'avoir un garçon pour les aider.

Le 15 juin eut lieu la montre des huissiers du Châtelet ; cette montre avait lieu jadis le jour du mardi gras, mais depuis 1558 elle se faisait le lendemain de la fête de la Trinité. C'était une cavalcade composée du lieutenant civil, d'un des avocats du roi, de douze commissaires, d'un greffier, d'un premier huissier, de quelques audienciers, de plusieurs huissiers-priseurs et des huissiers à verge et à cheval. Ceux-ci ouvraient et fermaient la marche ayant à leur tête des attributs militaires et de justice. Les lieutenants de police, criminel et particulier pouvaient y assister. Les magistrats étaient en robes rouges, les commissaires en robes de soie noires, les huissiers à cheval en rouge, les autres en bleu, tous étaient montés et les chevaux du greffier, du premier huissier, des audienciers et des huissiers priseurs étaient couverts de housses noires presque traînantes.

Les huissiers à cheval et à verge allaient prendre en son hôtel le lieutenant civil et l'amenaient au Châtelet, d'où la cavalcade partait pour se rendre chez le chancelier, le premier président, les présidents à mortier, les avocats et procureurs généraux du Parlement, le gouverneur de Paris, le prévôt de Paris, le lieutenant civil, les principaux magistrats du Châtelet et à Sainte-Geneviève. Une collation était servie chez quelques-uns de ces personnages. La marche terminée, le cortège reconduisait au Châtelet le lieutenant civil et les huissiers à cheval et à verge l'escortaient jusqu'à son hôtel.

« Le peuple affecte de conserver des préjugés contre cette marche, probablement faute d'en bien connoître la dignité et sa première institution. » Il est vrai qu'avant le XVIe siècle le prévôt de Paris se promenait avec ses officiers le jour du mardi gras dans Paris pour recevoir les plaintes que les particuliers pouvaient avoir à adresser contre eux, mais il convient d'ajouter que la justice donnait plus souvent tort à celui qui se plaignait qu'à celui qu'on accusait et puis enfin le peuple de Paris n'aima jamais les huissiers ; il se dérangeait volontiers pour aller en voir pendre un, mais non pour aller l'admirer faisant le beau sur un cheval au milieu de tous les gens de justice.

Le 18, eut lieu aussi la procession du recteur mais nous en avons déjà parlé, et le 25 celle des Invalides.

Disons quelques mots de celle-ci : elle sortait à huit heures du matin par la porte royale du Dôme et se rendait dans l'avenue de Breteuil au milieu de laquelle était dressé un reposoir sous la tente qui servait de chapelle pour la messe du roi lorsqu'il était à l'armée.

Cette procession avait lieu à l'occasion de la Fête-Dieu. « La richesse des ornemens, la piété vraie et édifiante de tous ces vieux militaires, leur nombreux cortège, la présence de M. le gouverneur, suivi de l'administration et de l'état-major, le bruit de plusieurs décharges d'artillerie, les tambours, la musique, enfin, tout ce que la pompe militaire à laquelle on n'est point accoutumé dans cette ville peut donner, ajoutoit son éclat à la majesté de l'acte religieux ».

Ce fut en 1778 que fut établie la pompe à feu de Chaillot; le 16 juillet 1778, le Parlement enregistra des lettres patentes du roi du 7 février 1777, portant privilège en faveur des sieurs Périer d'établir dans Paris des pompes à feu, et ainsi conçues : « Louis, etc. Il est permis aux sieurs Périer frères, sans s'arrêter aux demandes des sieurs

Ancienne salle des dégagements au mont-de-piété, rue des Blancs-Manteaux.

Les huissiers, à cheval et à verge, allaient prendre en son hôtel le lieutenant civil et l'amenaient au Châtelet.
(Page 436, col. 2.)

Dauxiron, officier réformé du régiment d'Austrasie, et Capron, architecte, premièrement, d'établir et de faire construire à leurs frais dans la ville de Paris et lieux qui seront jugés convenables par les sieurs prévôt des marchands et échevins de la ville, des pompes ou machines propres à élever l'eau de la Seine et à la conduire dans les différents quartiers de ladite ville et de ses fauxbourgs pour être distribuée aux porteurs d'eau dans les rues et dans les maisons, aux particuliers, corps et communautés qui en désireront au prix qui sera convenu de gré à gré entre eux et lesdits sieurs Périer; secondement, de faire construire aussi à leurs frais et aux endroits qui leur seront indiqués par lesdits sieurs prévôt des marchands et échevins, des fontaines de distribution pour faciliter à un prix modique l'approvisionnement des petits ménages et des particuliers qui ne jugeront pas à propos d'avoir chez eux des réservoirs; troisièmement, de placer sous le pavé tous les tuyaux de conduite, trappes, regards, puisards, robinets et de faire en toutes contre les constructions nécessaires à la perfection de l'établissement desdites pompes à feu, pour lequel établissement il leur est accordé un privilège exclusif pendant quinze années, à compter du jour que leurs machines commenceront à servir, sous la condition, toutefois, qu'ils seront obligés de les mettre dans leur perfection, et en état de distribuer au moins 150 pouces d'eau dans trois ans à compter de ce jour, passé lequel tems et à faute de ce faire, que ledit privilège sera regardé comme nul et de nul effet; sans cependant qu'il puisse nuire ni préjudicier à l'exécution, s'il y a lieu, du projet donné par le feu sieur de Parcieux, de l'Académie des sciences, pour amener à Paris l'eau de la rivière d'Yvette, ni à celle de tous projets, machines, ou établissemens autres que lesdites pompes et machines à feu pourroient être propres à fournir de l'eau à la ville de Paris »

La proposition des frères Périer ne pouvait arriver en temps plus opportun, les machines hydrauliques en usage tombaient en vétusté et la pénurie d'eau avait depuis longtemps éveillé l'attention des magistrats chargés de l'entretien de la cité. En 1762, de Parcieux avait proposé de conduire à Paris l'eau de la petite rivière l'Yvette, mais on n'en fit rien, en 1769, le chevalier d'Auxiron avait offert d'installer des pompes à feu à l'instar de celles d'Angleterre. En 1771, les sieurs Vachette et Langlois proposèrent des pompes à manège; en 1776, un sieur Capron demanda à construire une nouvelle machine hydraulique.

Le bureau de la ville hésitait entre ces divers systèmes, surtout en raison de ses maigres ressources pécuniaires; les frères Périer sollicitèrent et obtinrent l'autorisation de publier un prospectus offrant aux Parisiens de leur fournir de l'eau moyennant un abonnement qu'ils payeraient contre livraison. Cela fut accepté, ils fondèrent alors une compagnie financière et commencèrent les travaux d'installation de leur pompe au bas de ce qu'on appelait alors le village de Chaillot, c'est-à-dire quai de Billy.

« Un bâtiment solide, dit Dulaure, fut construit sur ce quai ; un canal d'un mètre de largeur pratiqué sous le chemin de Versailles reçoit l'eau au milieu du cours de la Seine et conduit sous cette maison, dans un puisard, une quantité suffisante d'eau de cette rivière ; cette eau s'élève du puisard par deux pompes aspirantes et refoulantes destinées à se suppléer au besoin. Ces pompes sont mises en mouvement par la vapeur qui s'échappe des chaudières construites sur des fourneaux de grande dimension.

« Une de ces pompes élève l'eau au-dessus du niveau moyen de la Seine à la hauteur de 110 pieds, et la verse dans quatre réservoirs placés sur la partie éminente du coteau de Chaillot, réservoirs où l'eau se clarifie, et dont chacun contient 9,000 muids. Un tuyau de fonte de fer d'un pied de diamètre part de ces réservoirs, passe sous la rue du faubourg Saint-Honoré, se prolonge le long du boulevard, jusqu'à la porte Saint-Antoine, se divise en plusieurs branches qui suivent la direction des rues principales, puis se subdivisent en moindres branches qui aboutissent aux maisons qui sont abonnées. Ces canaux s'étendent jusqu'aux extrémités du faubourg Saint-Antoine. Une des deux pompes élève dans l'espace de 24 heures, 219 pouces d'eau, équivalant à 15,768 muids d'eau (4,342 hectolitres).

« Le 8 août 1781, on fit, en présence du lieutenant de police, le premier essai de la pompe à feu ; le succès fut complet et, au mois de juillet 1782, les eaux de cette pompe furent, pour la première fois, conduites à la fontaine publique située à la porte Saint-Honoré, puis de semblables fontaines s'établirent à la Chaussée d'Antin, à la porte Saint-Denis, jusqu'à l'entrée de la rue du Temple.

« Cette machine, la première qui ait paru en France a depuis son établissement, et notamment en 1805, été considérablement perfectionnée. »

La création de la compagnie Périer fut considérée comme un bienfait ; les abonnés étaient servis tous les deux jours à des heures fixes et payaient 50 livres par an pour un muid d'eau par jour.

Mais en 1843 et 1854, il fallut remplacer ces machines, qui n'étaient pas en rapport avec l'état actuel de la science, et qui ne pouvaient pas d'ailleurs, élever un volume d'eau suffisant, et en 1857 elles furent remplacées par des machines à vapeur qui n'élèvent pas moins de 1,200 litres d'eau à chaque coup de piston. Ce volume d'eau fut reparti entre cinq bassins dont la hauteur, au-dessus de l'étiage de la Seine varie de 30 à 36 mètres; un de ces bassins fut construit en 1858 sur le point culminant de Chaillot et la distribution de ses eaux se fit par quatre conduites, les trois premières destinées à l'approvisionnement de la rive droite et la quatrième à celui de la rive gauche. Aujourd'hui, l'usine à vapeur de Chaillot élève 9,495 mètres cubes d'eau par jour.

Une ordonnance de police du 1ᵉʳ août 1778 fixa au 17 du même mois, la réouverture de la foire Saint-Laurent. « On vit avec plaisir ses rues larges, alignées, plantées d'arbres, on y trouva des boutiques garnies de toute espèce de marchandises, des cafés, des salles de billards, des salles de spectacle, des traiteurs. Sous le rapport des amusemens, des plaisirs, cette foire ne le cédoit en rien à celle Saint-Germain ; elle lui était de beaucoup supérieure par la beauté et l'étendue du local et par sa situation riante et champêtre. Comme les religieux de Saint-Germain, les prêtres de la Mission voulurent avoir leur Waux-hall. Ils firent construire dans l'enclos de leur foire, sur les dessins de M. Mœnch, une redoute chinoise où se trouvoient des escarpolettes, une roue de fortune, des balançoires, un jeu de bagues et autres petits jeux connus ; de plus un jardin, un salon chinois pour la danse, une grotte pour un café, un bâtiment chinois pour un restaurateur, des décorations charmantes ou bizarres ; c'étoit un Waux-hall d'été.

« Dès son ouverture, il y fut établi la salle de spectacle du sieur Lécluse où se jouoient des pièces dans le genre poissard. »

La nouveauté de cet établissement, tout différent de l'ancienne foire Saint-Laurent, attira tout d'abord la foule, qui sembla l'adopter. Au reste, cette foire jouissait des mêmes franchises que celle Saint-Germain; cependant cette vogue ne se soutint pas, soit qu'elle fût trop éloignée du centre de la ville, soit pour d'autres causes ignorées, elle fut peu à peu abandonnée, et elle n'existait plus lors de la Révolution.

Il paraît qu'en 1778 il y avait encore des moulins sur la Seine, car nous lisons dans le *Journal de Paris* à la date du 18 août : « Hier, à sept heures moins un quart du matin, le feu a pris à un moulin à farine placé sous la *quatrième* arche du Pont-Neuf du côté du Louvre. On prétend que le feu a été mis par un garde-moulin qui cherchoit, une chandelle à la main, un écu de trois livres qui avoit roulé sous son lit. Le feu s'est communiqué par la paillasse et a duré environ un quart d'heure sous l'arche qui n'en paroît point endommagée. Il est tombé seulement quelques portions écailleuses de la superficie des pierres. La plupart des câbles qui retenoient le bateau étant brûlés, on a coupé les autres, et les gens de rivière ont suivi le moulin qu'ils ont coulé à fond vis-à-vis le collège des Quatre-Nations, par le moyen de la pompe que l'on conserve d'ordinaire sous une des arches du Pont-Neuf. »

Dans ce même mois d'août, le lieutenant général de police forma de concert avec le bureau de la ville « un établissement peu dispendieux et qui manquoit dans une ville aussi immense que Paris : ce sont des civières ou brancards disposés dans tous les corps-de-garde et pied-à-terre de la garde de Paris, ainsi que dans ceux des ports pour faciliter les moyens d'enlever et de porter dans les hôpitaux les personnes blessées ou à leurs demeures celles que quelque accident imprévu auroit mis hors d'état de marcher. »

Une société contre l'épizootie fut instituée à Paris en vertu d'un arrêt du conseil de 1776, mais les lettres patentes la confirmant ne furent signées que le 1er septembre 1778. Sa première séance se tint le 1er février suivant dans la grande salle du Collège royal, et son secrétaire perpétuel fut Vicq d'Azyr. Elle eut pour objet « d'entretenir sur tous les objets de médecine pratique, une correspondance suivie avec les médecins les plus habiles du royaume, et même des pays étrangers et à porter dans les cas d'épidémies et d'épizooties des services dans les différens endroits où elles règnent. Ces assemblées se tiennent les mardis et les vendredis de chaque semaine. Tous les ans elle distribue un prix. Les médecins qui composent cette société sont divisés en neuf classes, sous les noms de médecins consultans, de médecins ordinaires et correspondans, d'associés régnicoles, d'associés étrangers, d'adjoints à Paris, d'adjoints régnicoles, d'adjoints étrangers, de correspondans régnicoles et de correspondans étrangers. »

La faculté de médecine vit avec déplaisir cette nouvelle institution et surtout la protection que lui accordait le gouvernement. Elle se trouva blessée, humiliée, et menaça d'exclure de son sein tous les médecins qui en faisaient partie ; mais on ne le lui permit pas. La Société contre l'épizootie, qui s'appela plus tard Société royale de médecine, se maintint jusqu'à la Révolution et fut ensuite réorganisée sur des bases nouvelles.

En 1760, l'abbé de l'Épée, qui s'était voué à l'éducation des sourds-muets, avait établi une école dans son domicile, rue des Moulins, n° 14, et il y avait réuni soixante-douze élèves. Marie-Antoinette s'était montrée très enthousiaste de cette œuvre utile, et l'empereur Joseph II, son frère, lors de la visite qu'il fit à Paris, exprima toute l'admiration qu'il ressentait devant des efforts si habilement dirigés. Bientôt Louis XVI se déclara protecteur de l'institution, et un arrêt du conseil du 21 novembre 1778 fut rendu en ces termes :

« Sa Majesté, instruite du zèle et du désintéressement avec lequel le sieur abbé de l'Epée s'est dévoué depuis plusieurs années à l'instruction des sourds-muets de naissance, et du succès presque incroyable de sa méthode, croit devoir prendre sous sa protection un établissement aussi utile et en assurer la perpétuité. En conséquence, ordonne Sa Majesté, qu'il sera incessamment procédé par les sieurs commissaires établis pour l'exécution de l'arrêt du 23 mai 1766, concernant les ordres réguliers, à l'examen des moyens les plus propres, pour former dans Paris un établissement d'éducation et d'enseignement pour les sourds-muets des deux sexes et proposé à Sa Majesté tels statuts et règlemens qu'il appartiendra, tant pour la fondation que pour le gouvernement et la direction de cet établissement et en attendant qu'il y soit pourvu définitivement, ordonne Sa Majesté que sur la portion libre des biens que les célestins du diocèse de Paris tenoient de la libéralité des rois, ses prédécesseurs, il sera sur les ordres du sieur Taboureau, conseiller d'État, et du sieur évêque de Rodez, que Sa Majesté commet particulièrement pour veiller à ce qui peut accélérer et préparer cet établissement, payé et délivré par le sieur de Saint-Julien les sommes qui seront jugées nécessaires, soit pour la subsistance et l'entretien des sourds-muets qui seroient sans fortune, soit en général, pour toutes les dépenses préparatoires de cet établissement. »

En 1785, l'ancien couvent des célestins fut, par suite de cet arrêt, affecté à la destination indiquée, en même temps que la maison était dotée d'une rente de 3,400 livres.

Trente enfants étaient entretenus là, et le revenu de l'abbé ne dépassait pas 12,000 livres ; mais à force de privations il suffisait à tout. Après sa mort, survenue en 1789, ce fut l'abbé Sicard, l'un de ses principaux disciples, qui fut appelé à lui succéder et continua sa tradition.

L'institution fut momentanément réunie au couvent des célestins, mais en 1794 elle fut installée dans l'ancien séminaire de Saint-Magloire, où elle est encore. Un décret de la Convention rendu le 5 janvier 1795, lui confirma le titre d'établissement national et créa soixante places gratuites pour les indigents. Les bourses étaient de 500 francs pendant les trois premières années ; les études duraient cinq ans ; les élèves devaient apprendre un métier. Après la mort de l'abbé Sicard en 1822, la durée du cours d'études fut portée à six ans.

En 1859, l'institution des sourds-muets de Paris fut affectée exclusivement aux garçons et celle de Bordeaux aux filles, ce qui occasionna un échange d'élèves à peu près égal, et une réorganisation complète de l'enseignement eut lieu à l'instigation du directeur, M. de Col; la subvention annuelle fut portée à 46,000 francs. La durée du cours fut prolongée à sept ans pendant lesquels les élèves reçoivent une instruction religieuse et apprennent tout ce qui est porté au programme des écoles primaires élémentaires, l'articulation de la parole et la lecture des mots sur les lèvres, le dessin linéaire, artistique, mécanique, le lavis; puis l'instruction professionnelle, et quelques-uns voient leurs études poussées jusqu'au baccalauréat.

L'institution des sourds-muets est située rue Saint-Jacques. La maison présente, du côté de l'entrée principale, une haute et large façade appuyée à deux ailes en retour; du côté opposé, l'édifice offre la même disposition. En avant de la maison est une vaste cour entourée d'un portique, et vers le milieu de laquelle s'élève à cinquante mètres de hauteur, un orme magnifique que l'on appelle l'arbre de l'abbé Sicard et qui, suivant la tradition, a été planté par Sully. En arrière, se trouvent une large terrasse donnant sur un vaste jardin, où l'on enseigne la culture, et un gymnase.

« On remarque surtout la salle des exercices publics, qui est décorée avec un goût original et élégant, et la chapelle qui, ornée de bonnes peintures, contient entre autres un excellent tableau peint par un ancien élève de l'institution : *la Mort de l'abbé de l'Epée.* »

Les bâtiments ont été reconstruits en 1823, sur les plans de M. Peyre, architecte.

Le 14 mai 1879 a eu lieu à l'institution l'inauguration de la statue de l'abbé de l'Épée, placée au milieu de la grande cour de l'établissement; elle est l'œuvre de M. Félix Martin, sourd-muet, élève de l'école, et fait le plus grand honneur à l'institution des sourds-muets qui a formé un tel élève. Le socle mesure 1^m,20 de hauteur. Le buste, qui est au milieu d'un tapis de verdure, produit le plus grand effet.

Le socle de la statue porte l'inscription suivante :

A L'ABBÉ DE L'ÉPÉE
NÉ A VERSAILLES LE 24 NOVEMBRE 1712,
MORT A PARIS LE 23 DÉCEMBRE 1789.

Il y a trois bas-reliefs, dont voici les sujets :

1° L'abbé de l'Épée offre à une mère éplorée de faire l'éducation de ses enfants sourds-muets;

2° L'abbé de l'Épée refuse à Joseph II de quitter la France pour aller s'établir à Vienne;

3° L'abbé de l'Épée demeure, pendant l'hiver rigoureux de 1788, sans feu, pour pouvoir donner de l'instruction aux malheureux sourds-muets.

Un cours a été créé en 1864, à l'usage des personnes qui désirent se livrer à l'enseignement des enfants sourds-muets.

Une société générale de patronage, la société centrale d'éducation et d'assistance pour les sourds-muets en France, prête son appui aux élèves, à la sortie de l'institution.

Mme Molé de la Comédie française fut une des dernières comédiennes enfermées au For-l'Évêque; cette artiste avait eu maille à partir avec le duc de Villequier, gentilhomme de la chambre, à propos d'un passe-droit dont elle se plaignit en termes un peu trop vifs.

M. de Villequier, furieux, l'envoya au For-l'Évêque après l'avoir dépeinte à M. Amelot, secrétaire de la maison du roi, comme une personne animée des plus mauvais sentiments.

M. Amelot crut devoir en donner avis au lieutenant de police, M. Lenoir, dans ces termes :

« J'ai présumé, monsieur, que, suivant l'usage, vous chargeriez un officier d'aller chercher la dame Molé au For-l'Évêque pour la conduire à la Comédie toutes les fois qu'elle jouera et pour la reconduire après le spectacle. Mais l'ordre du roi que je vous ai adressé ce matin contre cette actrice étant plus rigoureux que ceux qui s'expédient ordinairement contre les acteurs que l'on veut punir, vous pourriez penser qu'il lui est défendu d'aller jouer; c'est pour cette raison que j'ai l'honneur de vous prévenir qu'elle peut sortir pour aller remplir ses rôles, en la faisant accompagner comme à l'ordinaire. »

Cette lettre était datée du 22 octobre 1778.

Le lendemain, M. Lenoir reçut une nouvelle missive :

« M. le duc de Villequier vient de prendre de nouveau les ordres du roi, au sujet de la dame Molé; Sa Majesté a demandé qu'elle fût mise ce soir, après avoir joué, au For-l'Évêque.

« Il paraît qu'elle y restera jusqu'à demain soir, Molé devant jouer demain *le Joueur*, et le roi ayant dit que s'il jouait bien et qu'il demandât la grâce, on pourrait la lui accorder. C'est M. le duc de Villequier qui me charge d'avoir l'honneur de vous écrire, ne le pouvant, étant au lever du roi. »

Le duc de Villequier était tout-puissant, on sentait qu'il avait voulu faire comprendre à Mme Molé jusqu'où allait son pouvoir, et son amour-propre satisfait, il se montrait prêt à s'humaniser; que Molé fasse preuve de soumission en demandant la grâce de sa femme, il n'exigeait pas davantage. Le lieutenant de police commit spécialement un de ses inspecteurs, le sieur Marais, pour veiller à ce que tous les ordres du duc fussent exécutés dans leurs moindres détails.

L'inspecteur s'acquitta de la commission avec tout le zèle possible, et il se hâta d'envoyer ce rapport à son chef.

« Après avoir reçu vos instructions au sujet

Les poissardes, acteurs, actrices et charbonniers formèrent un véritable bal. (Page 442, col. 2.)

des ordres décernés contre la dame Molé, j'ai été au For-l'Evêque prévenir le concierge de permettre au sieur Molé d'y passer la nuit avec elle; qu'elle se rendrait dans ladite prison sur les neuf heures du soir, à la suite de la comédie; et, de fait, elle s'y est rendue hier à ladite heure; le greffier desdites prisons m'en a donné son reçu au bas desdits ordres du roi. »

M. le duc de Villequier avait décidément été bon prince; en permettant à Molé de passer la nuit avec sa femme, il avait mis celui-ci dans l'obligation de reconnaître cette complaisance en jouant mieux encore que de coutume.

C'est ce que fit Molé; la représentation de la pièce de Regnard marcha à merveille, l'acteur fut couvert d'applaudissements, et lorsque, son service fini, il se dirigea vers le For-l'Evêque, ce fut non pour y passer la nuit, mais pour y reprendre sa femme.

Le concierge avait reçu l'ordre de la mettre en liberté.

L'ordre était signé de M. Lenoir, qui avait reçu quelques instants auparavant cette seconde lettre :

« M. le duc de Villequier me charge d'avoir l'honneur de vous prier de vouloir bien faire sortir tout de suite madame Molé du For-l'Evêque. »

Et, en fonctionnaire scrupuleux, il s'était hâté d'obéir.

Cette affaire, racontée partout, défraya les conversations parisiennes. On voit comment la liberté d'une artiste se trouvait à la merci du caprice d'un grand seigneur.

« Samedi 19 décembre 1778, à une heure un quart de relevée, les Parisiens entendirent le bruit d'une décharge d'artillerie : c'était le canon de la ville qui annonçait l'heureuse délivrance de la reine accouchée d'une princesse (la duchesse d'Angoulême), à onze heures et demie du matin.

« Aussitôt que le bureau de la ville avoit été informé que la reine étoit sur le point d'accoucher, il avoit fait prévenir dans les prisons où plusieurs pères et mères étoient détenus pour mois de nourriture de leurs enfans, que aussitôt l'accouchement de Sa Majesté, deux de MM. les échevins se transporteroient à la prison pour leur procurer leur liberté en acquittant leurs dettes, et que les pères et mères eussent à adresser leurs prières pour la prompte délivrance de Sa Majesté ; en conséquence, dès l'instant de la nouvelle de l'heureux accouchement de la reine, MM. Duval et Guyot, échevins, se sont rendus à la prison et ont procuré la liberté à tous les pères et mères. Dans le nombre desquels il s'en est trouvé un nommé Lafosse, compagnon doreur, demeurant rue des Lombards, chargé de dix-neuf enfans vivans, restant de vingt-quatre, et prisonnier pour la première fois. La ville, en le délivrant, s'est chargée de nourrir à ses frais l'enfant pour la nourriture duquel il étoit détenu ainsi que ceux qui pourroient naître de ce père de famille.

« Il y a eu l'après-midi distribution de pain et de vin ; à quatre heures et demie, procession du corps de ville autour d'un feu de bois et illumination. »

Le lendemain, dimanche, il y eut trois salves d'artillerie ; à sept heures du matin, à midi et le soir, puis il y eut feu d'artifice à la place de Grève et distribution de pain, vin et cervelas.

Un père de famille riche, ayant lu dans le journal la libération du compagnon Lafosse, bon compagnon s'il en fut, fut si ravi de sa fécondité, qu'il lui envoya vingt-cinq louis, et fit en outre annoncer que lorsqu'il marierait sa première fille, il enverrait au journal vingt-cinq autres louis pour sa dot : « que Lafosse compte sur l'engagement que j'en contracte ; ayant moi-même des enfans de vingt ans, je ne puis marier qu'une petite Lafosse ; il lui en restera dix-huit. Je ne doute nullement que par succession de tems, il ne se trouve encore des bienfaiteurs pour consommer la bonne œuvre que j'aurai ébauchée. »

C'était de la bonne confraternité !

Mais ce n'est pas tout, et bientôt on ne parla que du fameux Lafosse ; aussitôt en liberté, il alla remercier le prévôt des marchands qui lui donna de nouveaux secours, et plusieurs personnes voulurent s'associer à ce bienfait. Il ne comptait probablement pas sur un tel succès, soit qu'il en eût honte, soit qu'il conçût des craintes pour l'avenir, il alla spontanément à la direction des nourrices et là il avoua que s'il avait bien eu vingt-quatre enfants, il ne lui en restait en réalité que dix au lieu de dix-neuf, offrant d'ailleurs de restituer les charités dont il avait été l'objet ; mais on ne les voulut point reprendre, et *le père de famille* qui avait promis de lui donner vingt-cinq louis pour marier sa fille envoya dès le lendemain ses 600 francs (les louis valaient alors 24 fr.) au directeur du *Journal de Paris* pour les lui remettre en temps et lieu, et ce dernier se chargea de son côté de doter de même somme la seconde fille de Lafosse. — On le voit tout finit bien.

Au reste, on était tout à la joie, on avait désespéré de voir naître des héritiers au roi, la naissance de la princesse avait été fêtée par tous avec la plus grande expansion.

Il y avait spectacle gratuit à cette occasion à la Comédie française : on donnait *Zaïre* et *le Florentin*. Les portes furent ouvertes à midi, et bientôt la salle fut pleine ; or, en pareille circonstance, il était d'usage que les charbonniers fussent placés dans la loge du roi et les poissardes dans celle de la reine ; quelques précautions qu'on eût observées pour conserver ces places, celles des charbonniers se trouvèrent prises par les premiers arrivés ; lorsque ceux-ci entrèrent, on s'excusa et on les plaça sur le théâtre ; mais alors les poissardes « qui ne vouloient pas perdre de vue les charbonniers », demandèrent à quitter la loge de la reine, et elles passèrent sur la scène où elles furent installées sur des banquettes, vis-à-vis les charbonniers.

A une heure un quart le rideau se leva.

Alors le sieur Deshayes, maître de ballets, invita à danser la doyenne des poissardes, et Mlle Constance Cholt, première danseuse, dansa avec un charbonnier.

Ce prologue chorégraphique fut fort applaudi, il dura jusqu'à deux heures, on joua ensuite les deux pièces, puis on reprit la danse ; alors tous les acteurs, actrices, danseurs, danseuses, charbonniers et poissardes formèrent un véritable bal.

On apporta du vin qu'on but abondamment, et cette petite fête de famille dura jusqu'à huit heures du soir.

Le lendemain 23, un sieur Noverre écrivit « aux auteurs du *Journal de Paris*, » pour les prier de demander aux magistrats de la ville qu'ils voulussent bien lui indiquer une jeune fille pauvre à marier afin de la doter de 30 louis, et de faire les frais de la noce et du banquet au Wauxhall de la foire Saint-Germain ; en outre il les informait que cette dot était déposée chez Mlle Guimard, et invitait les « personnes honnêtes » à déposer un louis chez le notaire Rouen, à l'effet de former une somme destinée « à l'entretien et à la première nourriture de l'enfant qui naîtra d'une union formée sous le règne le plus heureux et sous les auspices des jeux et des ris. » Cet enfant futur devait être appelé Louis si c'était un garçon et Antoinette si c'était une fille. « C'est le patron et la patronne de la France. »

Enfin, des réjouissances publiques furent ordonnées pour le samedi 26 décembre. Elles consistaient en quatre décharges d'artillerie sur la place de Grève ; à une heure, *Te Deum* à Notre-Dame auquel les cours souveraines, le gouverneur de la ville et le corps de ville assistèrent ; à quatre heures, le gouverneur et le bureau de la ville, accompagnés de leurs troupes et précédés des tambours et instruments, marchèrent processionnellement autour d'un feu de bois élevé sur la place de Grève, en jetant de l'argent au peuple, et l'allumèrent au troisième tour.

Vingt-quatre buffets de distribution de pain, de vin et de cervelas furent placés dans les divers quartiers, ainsi que vingt-quatre orchestres de musiciens. Illuminations dans toute la ville, et enfin couronnement de la fête par un feu d'artifice.

Or les illuminations qui séduisirent le plus les Parisiens furent celles de l'hôtel des Invalides; le péristyle était en feux coloriés et représentait les chiffres du roi et de la reine, accompagnés de fleurs de lis et surmontés d'une couronne. « Cette espèce de spectacle a attiré la curiosité d'une foule immense de citoyens de tous les états. »

Plusieurs rues furent ouvertes en 1778 : c'est d'abord la rue Neuve de Berry, c'était anciennement une ruelle, appelée ruelle de l'Oratoire, parce qu'elle longeait des terrains appartenant aux pères de l'Oratoire. Le roi, par lettres patentes du 4 avril, autorisa son frère le comte d'Artois à percer et ouvrir deux nouvelles rues transversales sur le terrain de l'ancienne pépinière qu'il avait acheté; l'une fut la rue Neuve de Poitiers, et l'autre, la rue de Ponthieu; et ordonna que la ruelle de l'Oratoire ou de Chaillot formerait, après alignement, une rue qui serait appelée rue Neuve de Berry.

Ces lettres patentes furent enregistrées au Parlement le 26 mai suivant et reçurent immédiatement leur exécution; la rue Neuve de Poitiers devint la rue des Écuries-d'Artois, et la rue Neuve de Berry est appelée aujourd'hui rue de Berry.

Le 8 avril, des lettres patentes du roi ordonnèrent qu'il serait ouvert et formé une nouvelle rue sous le nom de rue Delamichodière, sur l'emplacement des bâtiments, cours et jardins de l'hôtel des Deux-Ponts, dont un côté aboutirait rue Neuve Saint-Augustin et l'autre sur le rempart de la ville, près de la Chaussée d'Antin. Son nom lui fut donné en l'honneur de Jean-Baptiste Delamichodière, comte d'Hauteville, prévôt des marchands, de 1772 à 1778.

Le 7 novembre, des lettres patentes portent : « Notre très cher et très amé frère Louis-Stanislas-Xavier, comte de Provence, *Monsieur*, nous a fait exposer qu'ayant acquis un terrain considérable faubourg Saint-Germain, entre les rues Plumet et Babylone, etc... Il sera formé et ouvert une nouvelle rue sur ce terrain, ci-devant en marais; » en 1779 la rue fut faite; en 1799, on l'appela rue Fréjus; elle reprit son nom de Monsieur le 27 avril 1814 et l'a conservé depuis.

Les emprisonnements à la Bastille pour les années 1777 et 1778 n'avaient pas été très nombreux, cependant une vingtaine de personnes y furent écrouées. Nous trouvons, sur le registre de 1777 : Un sieur Michel-Jacques Paulmier-Duverger et un garde nommé Lapierre, entré avec lui, le 6 janvier; Duverger fut transféré à Charenton, le 28 septembre; le garde sortit le même jour; — 6 janvier, Jean-François Aubé, compromis dans l'affaire de Duverger, sorti le 15 juillet; — 16 février, Marie Piery, femme Rogé, soupçonnée d'avoir des relations d'affaires avec les jésuites, sortie le 21; François Girard, même accusation, sorti le 24; — 13 mars, Victoire Wallard, femme Cahouet de Villers, pour avoir acheté des chapeaux chez la modiste en vogue, Mme Bertin, en contrefaisant la signature de la reine. Son mari fut arrêté en même temps qu'elle. Elle fut transférée au couvent de la Croix, sous le nom de Mme des Noyan, le 21 août; son mari avait été mis en liberté le 24 mars; — 3 juin, Roch-Antoine Pellissery, brochure contre l'État, transféré à Charenton, le 24 juillet 1788; — 6 août, François Godefroy dit Lavallée, vente du livre, *les Mémoires secrets*, condamné aux galères, le 17 avril, peine commuée en neuf ans de bannissement; — 11 août, Guillaume Hodge, Américain, soupçonné d'intelligence avec l'Angleterre, sorti le 24 septembre; — 19 septembre, Jean-Baptiste Lefebvre, libraire, accusé d'avoir vendu un pamphlet contre la reine, le 14 avril 1778, exilé à trente lieues de la cour; — 6 octobre, Dessau de Montazau, pour mauvais propos, sorti le 20 avril 1778; — 17 octobre, Legaud, colporteur des *Mémoires secrets*, sorti le 4 novembre; — 19 novembre, Edme-Marie-Pierre Desauges fils, libraire, pour avoir colporté les *Arrêtés et très humbles Remontrances du grand conseil*, sorti le 14 décembre; — 13 décembre, Rubigny de Berteval, tanneur, pour avoir présenté au roi un mémoire sur le commerce des cuirs, sorti le 24; — 23 janvier 1778, Guillaume Debure l'aîné, libraire, contravention; — 9 mars, N. Payen, femme Goupil; son mari était agent de police; on ne sait de quoi elle était accusée. Le 16 octobre 1778, elle fut transférée au couvent de la Madeleine, à la Flèche; — 9 mars, Poultier dit Delmotte, commis du sieur Goupil, sorti le 17 avril; — 26 avril, Jacques Quinard, architecte, accusé de malversation, le 6 novembre, exilé en Bourgogne; — 3 mai, Ruthio et Duport, son domestique; on ignore la cause de leur détention, sortis : Ruthio, le 11 juin, et Duport, le 12 mai; — 13 juillet, de la Tour, transféré de Saint-Lazare à la Bastille (il passa, pendant son séjour à la Bastille, pour avoir tenté de séduire la femme du gouverneur), transféré à Charenton, le 5 septembre; — 14 juillet, Jean Simon, Irlandais, accusé d'espionnage pour le compte de l'Angleterre, sorti le 12 août, avec injonction de quitter le royaume; — 29 septembre, l'abbé Henri Jabineau, colportage de brochures, sorti le 8 octobre; — 22 novembre, Claude-Eugène Preaudeau de Chemilly, trésorier général des maréchaussées, accusé de malversation; sa probité fut reconnue, et il sortit le 15 mai 1779; — 16 décembre, le Bel, premier commis de M. Radix de Sainte-Foy, accusé de malversation, transféré à la Conciergerie, le 30 avril 1779; — 19 décembre, Marie Piery, femme Roger; pour la seconde fois, cette femme, mise à la Bastille, en sortit le 24 juin 1779, sans qu'on ait pu rien invoquer pour justifier son incarcération, si ce n'est sa grande fortune; — Melchior-François Parent, directeur de la manufacture de Sèvres, pour le mauvais état de ses affaires; transféré à Charenton, le 24 juin 1779; — Brochier, commis de M. Bertin, sorti le 13 février 1779.

Nous avons déjà parlé des recruteurs ou racoleurs; il faut croire que des plaintes s'étaient élevées au sujet de leur façon de procurer des soldats au roi, car celui-ci, par une ordonnance du 15 novembre 1778, défendit à tous recruteurs « de faire le racolage ni aucun engagement forcé par surprise, menace, ou autrement que de bonne volonté, à peine de nullité des engagemens, du carcan, des galères contre ceux qui en seroient convaincus ou qui les auroient favorisés. »

En même temps, défenses furent faites aux marchands de vins, cabaretiers, traiteurs, limonadiers et autres « de recevoir chez eux aucun racoleur, et de se prêter ni souffrir qu'il y soit fait aucun engagement par ruse ou par violence. Injonction d'avertir le commissaire même et de requérir le guet pour s'assurer des coupables, à peine de 300 livres d'amende et d'être poursuivis extraordinairement. »

Toute à la joie que lui inspirait la naissance d'une fille, Marie-Antoinette refusa des fêtes que Paris désirait lui offrir et demanda que l'argent qu'on voulait y consacrer fût employé à doter « cent mariages de filles pauvres et vertueuses et d'honnêtes artisans qui, ayant par leur travail des ressources contre l'extrême misère, ne pouvoient cependant, sans contracter des dettes, faire les premiers frais nécessaires à un établissement. » Les curés des diverses paroisses furent chargés de choisir les candidats et la reine fit déposer 500 livres entre leurs mains, pour la dot de chacune des filles.

Les époux étaient habillés de neuf aux frais de la reine qui s'engagea en outre à payer les mois de nourrice du premier enfant qui naîtrait de ces mariages, en accordant à la mère qui nourrirait elle-même une layette et le tiers de la rétribution attribuée aux nourrices.

La reine fit ajouter à ces cent mariages celui d'une cinquantaine à laquelle devaient assister les enfants, petits-enfants et arrière-petits-enfants : les deux époux célébrant leurs noces d'or recevaient les mêmes avantages que les jeunes mariés.

Le 8 février 1779, la reine devait venir faire ses relevailles à Paris et le 1er février une ordonnance du maître en la maîtrise particulière des eaux et forêts de Paris, prescrivit à chaque maître de la communauté des maîtres oiseleurs de la ville de Paris de fournir, par égale portion et jusqu'à concurrence de 400 oiseaux, aux syndics et adjoints pour être par eux lâchés en signe de joie et d'allégresse, le 8 dans l'Église Notre-Dame, lors de l'entrée du roi et de la reine pour le *Te Deum* qui y serait chanté.

Voici le détail de ce qui se passa dans cette journée du 8, selon le récit qui fut publié par *le Journal de Paris*. « Leurs Majestés étoient accompagnées de Monsieur et Madame, Monseigneur le comte et madame la comtesse d'Artois, madame Élisabeth, madame Adélaïde, madame Victoire et madame Sophie. Elles furent reçues à leur entrée par le gouverneur, le corps de ville et tous les officiers qui sont dans l'usage d'assister à ces sortes de cérémonies. Le cortège étoit composé de vingt-huit carrosses, de détachemens des gardes du corps, gendarmes et chevau-légers et des officiers de la fauconnerie. Elles se rendirent à l'église de Notre-Dame, où les avoient précédés tous les princes et toutes les princesses du sang. Les cent mariages que nous avons annoncés avoient été célébrés le matin, et les époux, rangés dans la nef, eurent le précieux avantage de pouvoir faire lire dans leurs regards à leurs Majestés les témoignages de leur reconnoissance. La messe fut entendue par toute la cour à la chapelle de la Vierge et sous les yeux d'un grand nombre de personnes qui avoient été, dès le matin, se placer dans les galeries hautes. En sortant de Notre-Dame, leurs majestés, avec le même cortège, se rendirent à Sainte-Geneviève, où elles furent reçues dans la forme ordinaire; elles furent haranguées en route par M. Duval, recteur de l'Université, qui se rendit, assisté des membres de son tribunal et de leurs adjoints, tous en habits de cérémonie, à la porte du collège Louis-le-Grand, chef-lieu de l'Université. Après la harangue, tout le collège retentit des cris redoublés de : Vive le roi! vive la reine! La vue de ces vieillards vénérables qui présentoient leurs respectueux hommages à leurs souverains, et cette foule innombrable d'enfans qui crioient : Vive le roi! formèrent un spectacle touchant, dont Leurs Majestés se montrèrent satisfaites. Elles quittèrent Sainte-Geneviève à deux heures, et toujours dans le premier ordre et avec le même cortège, jusqu'à la place Louis XV, où elles montèrent dans leurs voitures ordinaires pour aller dîner au château de la Muette.

« Les marchandes d'oranges dont les boutiques sont placées sur le Pont-Neuf ont eu l'honneur de présenter à Leurs Majestés une corbeille d'oranges et une de fleurs » qu'elles accompagnèrent d'un compliment, et les cent mariés avec leurs parents déjeunèrent à l'archevêché.

Ce fut le 18 février 1779 que le buste de Voltaire d'Houdon fut placé au foyer de la Comédie française, en remplacement de celui de Caffieri qui avait été couronné à la représentation triomphale d'*Irène* du 30 mars 1778. Dès le 19 avril, le public avait été convié à admirer ce nouveau buste dans l'atelier d'Houdon. L'artiste l'avait achevé depuis quelques jours; avant d'être placé à la Comédie française, il avait été exposé à l'Académie le 25 août précédent.

L'abbé de l'Épée, fondateur de l'institution des sourds-muets.

Les marchandes d'oranges eurent l'honneur d'offrir à Leurs Majestés une corbeille d'oranges et une de fleurs.
(Page 444, col. 2.)

Le buste d'Houdon figura au Salon de 1779, avec une statuette en bronze doré et un autre buste d'une expression différente. Ce ne fut qu'après ces trois essais, qu'Houdon crut assez bien posséder son modèle pour entreprendre la grande statue qui fut exposée au Salon de 1781.

Le 26 février, le Parlement enregistra des lettres patentes du 17 portant vente, cession et transport à Pierre Perreau, pour trente années, à compter du 1er avril 1779, du privilège exclusif des carrosses de place de la ville et des faubourgs de Paris, et celui des voitures établies pour en desservir les environs. Il était fait défenses en même temps de créer aucun autre établissement de voitures publiques sans la permission du concessionnaire, à peine de 3,000 livres d'amende. Le tarif des voitures de place fut fixé à partir de cette époque, savoir : 30 sols par course et 40 sols par heure, de onze heures du soir à six heures du matin pour toutes les saisons de l'année et pour le jour, c'est-à-dire de six heures du matin à onze heures du soir, 24 sols la course, 30 sols la première heure et 25 sols les autres.

Nous avons précédemment parlé de l'affaire Desrues ; la femme (Marie-Louise Nicolais) de ce criminel avait été laissée de côté, mais un arrêt de la cour du Parlement du 9 mars 1779 la condamna « à être, ayant la corde au col, battue et fustigée nue de verges et flétrie d'un fer chaud, en forme de la lettre V sur les deux épaules par l'exécuteur de la haute justice au-devant de la porte des prisons de la Conciergerie du palais; ce fait, menée et conduite en la maison de force de l'hôpital général de la Salpêtrière, pour y être détenue et renfermée à perpétuité, pour avoir méchamment et sciemment pratiqué diverses manœuvres et faussetés à l'effet de s'emparer, de concert avec Antoine-François Desrues, son mari, de la terre de Buisson-Souef sans bourse délier ; et en outre, véhémentement suspecte d'avoir participé aux autres crimes commis par ledit Desrues. »

Le 12 mars, le Parlement enregistra des lettres patentes du 23 janvier, portant confirmation de statuts pour la communauté des maîtres écrivains qui remplaçait l'académie d'écriture dont nous avons parlé. Elles établirent un bureau particulier, composé de vingt-quatre maîtres de la communauté, chargés de la perfection des arts et sciences dépendant de leur profession et notamment de la vérification des écritures et signatures ; ce bureau, dont le lieutenant général de police et le procureur du roi au Châtelet étaient présidents nés, était en outre composé d'un directeur, d'un secrétaire et de quatre professeurs. Les vingt-quatre membres nommés furent : Ion, d'Autrepe, Liverloz, Roland, Hénard, Vallain, Guillaume, Pollard, Charme, J.-N. Blin, Pourchasse, Harger, Paillasson, Delile, Collier, Bedigis, Roberge, Lemaire, Chanvel, Gomet, Dinant, Valder de Manneville, Buret et de Courcelle.

Ces maîtres étaient les seuls experts en justice.

Vingt-quatre agrégés furent choisis pour les remplacer en cas de vacances.

Ce bureau fut à son tour remplacé par la société académique d'écriture qui eut son siège rue Quincampoix.

Le 11 avril, il y eut grande procession de l'archiconfrérie royale du Saint-Sépulcre, qui avait fini par conquérir une pleine et entière reconnaissance. Cette procession se fit de l'église des Cordeliers à celle du Saint-Sépulcre, rue Saint-Denis, et elle délivra, en passant au Grand-Châtelet, quatre-vingt-quatorze prisonniers détenus pour dettes qui s'empressèrent de se joindre à elle.

Au XVIIIe siècle, comme de nos jours, les cochers de voitures publiques n'étaient pas toujours disposés à marcher au gré des voyageurs, et ils ne se gênaient pas pour afficher des prétentions nullement justifiées. Après que le sieur Perreau eut obtenu son privilège, et qu'il eut mis des cochers en route, ceux-ci avaient constamment des querelles avec ceux qui les employaient, et une ordonnance de police du 12 avril dut minutieusement préciser tous les points sur lesquels les cochers étaient obligés de se rendre sur la réquisition des voyageurs, et de fixer le prix qui était dû pour certaines courses, à des points qui se trouvaient hors Paris, comme le Gros-Caillou, l'École militaire, Picpus, Chaillot, la montagne des Bons-Hommes, les Invalides, courses pour lesquelles on dut payer 40 sols et 48 sols. Le tarif réglementa le prix dû pour tous les endroits dont la distance n'excédait pas deux lieues, à partir de la pierre milliaire placée sur le parvis Notre-Dame. Les différends entre cochers et voyageurs ne cessèrent pas pour cela, mais cependant ils furent moins nombreux.

Le 1er mai eut lieu au Ranelagh du bois de Boulogne la réouverture d'un théâtre d'enfants, qui s'appela *théâtre des Petits Comédiens* du bois de-Boulogne ; on y donna *le Puits d'Amour ou les Amours de Pierre Lelong et de Blanche Bazu*, drame nouveau « en longue romance », imité du roman de M. de Savigny, mêlé d'ariettes mises en musique par M. Philidor, suivi d'un divertissement, précédé de *Zénaïde*, comédie de M. Cahusac

« avec ses agrémens ». Ce petit théâtre avait commencé à donner des représentations en 1776.

Jusqu'à présent nous n'avons pas parlé du bois de Boulogne, cette promenade parisienne se trouvant placée en dehors des limites de la ville de Paris ; mais nous ne pouvons plus longtemps la laisser à l'écart. Au reste, la concession qui en fut faite plus tard à la ville nous oblige à lui consacrer une place dans l'histoire de Paris, auquel elle va se trouver d'ailleurs indissolublement liée.

Le bois de Boulogne fut longtemps désigné sous le nom de forêt de Rouvray, à cause des chênes rouvres qui y poussaient en toute liberté, abritant quelques huttes de bûcherons et de charbonniers.

En 1320, la forêt s'appela le bois de Notre-Dame de Boulogne, par suite de la construction de l'église du village de Boulogne.

A l'époque où nous sommes arrivés, c'est-à-dire sous Louis XVI, les débris de la forêt de Rouvray parsemaient encore de leurs bosquets touffus les grandes plaines qui entourent le bois actuel au nord et au sud. C'étaient de vastes enclos, appelés remises du roi, et dans lesquels des gardes nourrissaient et propageaient le gibier. Plusieurs de ces remises couvraient le versant septentrional de la colline de Montmartre et s'étendaient même jusqu'aux portes de la ville de Saint-Denis. Les parcs de Monceaux et de Saint-Ouen ont été tracés sur les anciennes dépendances de la vaste forêt de Rouvray.

Au XIVe siècle, le bois était infesté de voleurs et d'aventuriers, et longtemps sa réputation ne valut guère mieux que celle de la forêt de Bondy, de sinistre mémoire.

Louis XI donna cette forêt, érigée en seigneurie, à son médecin, Jacques Coictier, et avait nommé son barbier, Olivier le Daim, grand gruyer (dignitaire chargé de juger les délits forestiers ou fluviaux) de la garenne de Rouvray.

François Ier y fit bâtir le château de Madrid, en souvenir et sur les dessins, dit-on, de celui où Charles-Quint le tint captif. C'est une erreur profonde, car il ne ressemblait nullement au bâtiment qui servait de prison au roi chevalier ; il était émaillé extérieurement de faïence, ce qui le faisait appeler vulgairement le château de faïence. A la mort de François Ier, la façade nord n'était pas encore achevée. Philibert Delorme fut chargé par Henri III de le finir ; il en exclut les figures émaillées, et la dépense totale s'éleva à une somme pouvant représenter aujourd'hui sept millions.

En 1724, Louis XV y fonda une chapelle royale sous l'invocation de saint Louis. Le domaine de Madrid fut vendu comme bien national le 27 mars 1793, pour 648,205 livres en assignats. La revente du plomb seul rapporta 150,000 livres. Plus tard, par suite d'une folle enchère, l'État procéda à une nouvelle vente; la propriété fut divisée en cinq lots; deux restèrent au domaine; on établit dans les écuries un haras, supprimé en 1825; sur les communs on bâtit le petit château de Madrid-Maurepas (du nom de Mme de Maurepas); il fut démoli en 1847; une jolie maison fut bâtie sur les caves de l'ancien château et fut habitée par M. de Lamartine.

Le château de la Muette, dont la porte d'entrée actuelle fait face à la station de Passy, était dans l'origine un rendez-vous de chasse, où Charles IX venait tuer le cerf et le sanglier. Son nom lui vient de ce qu'on y conservait les mues des cerfs. Marguerite de Valois, première femme de Henri IV, l'offrit au jeune roi Louis XIII en 1610.

La Muette devint ensuite la propriété du sieur Fleuriau d'Armenonville; la duchesse de Berry la lui acheta, en échange du château de Madrid, et, en 1719, la Muette revint au domaine royal, et Louis XV le fit rebâtir; à cette époque, le château se composait d'un corps de bâtiment flanqué de deux pavillons.

« Il y a dans le vestibule, lit-on dans Hurtaut, des tableaux de Vander Meulen qui représentent des sièges, et dans la salle à manger ceux de Oudry; les jardins sont très étendus; le parterre, les deux allées qui, par opposition, se confondent avec le bois de Boulogne, font une agréable illusion. La faisanderie et le parterre de l'escarpolette, où l'on voit différents jeux, le tout ensemble forme un séjour agréable et amusant. »

En 1787, la Muette fut classée parmi les châteaux royaux destinés à être vendus. Elle cessa alors d'être une résidence royale; cependant elle ne fut vendue qu'en 1791.

En 1791, une partie de la Muette fut vendue comme bien national, l'autre demeura la propriété de l'État jusqu'en 1803, époque à laquelle elle fut aliénée.

Il ne reste aujourd'hui de ce château qu'un pavillon appartenant à Madame veuve Érard.

Entre le mur de la Muette, le chemin de fer d'Auteuil et l'extrémité supérieure de la Grande-rue de Passy, s'étend la pelouse où se trouvait le Ranelagh, fondé en 1774 par Morisan, garde de l'une des portes du bois de Boulogne. C'était un établissement dans le genre du Wauxhall; on s'y promenait dans des bosquets, on y entendait des concerts, on y dansait, on y voyait des feux d'artifice, etc. Morisan avait appelé ce lieu de plaisir le Ranelagh, du nom d'un établissement analogue, très fréquenté de Londres, créé sur la propriété de lord Ranelagh.

Morisan était protégé par le prince de Soubise, gourverneur de la Muette et dernier gruyer du bois de Boulogne. Mais un arrêt du 3 juillet 1779 faillit tout bouleverser. « Nous permettons, dit cet arrêt, rendu par le grand maître des eaux et forêts, siégeant à la table de marbre du Palais de justice, de faire assigner aux délais de l'ordonnance en la cour, Morisan et Renard, et cependant, par provision, ordonnons que dans le jour de la signification du présent arrêt, lesdits Morisan et Renard seront tenus, chacun en droit soi, de faire abattre et démolir les cheminées, fours et fourneaux par eux construits dans le bois de Boulogne; faisons aussi défense par provision, auxdits Morisan et Renard, de récidiver, d'allumer dans leurs loges, enceintes, Ranelagh et baraques, aucuns feux, sous peine de galères. Au surplus, faisons défense de continuer aucuns ouvrages à peine d'être, les contrevenans, ouvriers et voituriers, emprisonnés sur le champ. »

Malgré cet arrêt fulminant, le Ranelagh continua à exister, grâce à la protection dont le couvrirent Soubise et, plus tard, Marie-Antoinette.

La Révolution amena la ruine du Ranelagh; cependant il rouvrit en 1796, mais, en 1797, il devint le théâtre d'une lutte sanglante et dut fermer de nouveau.

L'Empire lui permit de rouvrir une seconde fois, mais l'invasion lui fit un tort considérable. Cependant il traversa encore ces temps troublés et redevint très fréquenté sous la Restauration. Sous le règne de Louis-Philippe, les concerts y alternèrent avec les bals, mais les bals l'emportèrent, et il devint un bal public jusqu'à ce que, en 1854, le bois de Boulogne fut complètement métamorphosé. A cette époque, le Ranelagh fut exproprié.

Au delà de la station de Passy, à l'extrémité de l'avenue Ingres, ombragée d'une quadruple rangée de sycomores, on aperçoit la charmante villa Rossini; le célèbre maestro l'avait fait construire pour son usage particulier, et il y mourut le 13 novembre 1868.

Ce fut la ville de Paris qui, sur son refus d'accepter à viager de magnifiques terrains boisés, dont la jouissance lui était offerte, céda pour une modique somme, à l'auteur du *Barbier*, tout ce qui était à sa convenance, larges pelouses et vieux chênes.

La villa Rossini se compose d'un bâtiment carré, d'élégant aspect; le rez-de-chaussée est élevé de 2 mètres au-dessous d'un perron qu'abrite une marquise.

Une belle grille, tapissée de lierre, entoure cette vaste demeure d'une ceinture de verdure perpétuelle.

On sait que ce fut aussi la ville de Paris qui offrit à M. de Lamartine l'usufruit du ravissant chalet, situé sur la lisière du Bois-de-Boulogne, auprès de la Muette, et qu'il occupa jusqu'à sa mort (28 février 1869). Sa veuve l'habita après lui.

Ce fut aussi au bois de Boulogne qu'en 1777 le comte d'Artois fit rebâtir Bagatelle en soixante-quatre jours; c'était dans l'origine un simple pavillon de chasse, appartenant à Mlle de Charolais, et qui était situé entre le champ d'entratnement actuel et la grande allée de la reine Marguerite, près de Longchamps. Ce pavillon étant devenu la propriété du comte d'Artois, celui-ci voulut en faire un petit Trianon, et dépensa 600,000 livres pour l'édifier. Il avait parié avec Marie-Antoinette de le faire construire dans un délai déterminé, et il tenait à gagner son pari. Aussi lit-on dans les *Mémoires secrets* du 18 novembre 1777 : « On presse les travaux du nouveau château que M. le comte d'Artois fait construire dans le bois de Boulogne, et l'on y met tant de zèle qu'on arrête au besoin les voitures de pierres, de plâtre et autres destinées aux bâtimens des particuliers : on s'en empare et on les détourne pour les y mener. Cet abus, qu'il ne faut sans doute attribuer qu'à l'empressement des chefs, fait beaucoup crier et avec raison. »

Il est vrai que c'était dépasser un peu les bornes du sans-gêne.

Le château de Bagatelle s'appela d'abord la Folie d'Artois, et reprit plus tard le nom de Bagatelle.

Vendu pendant la Révolution, il devint un jardin-restaurant à l'instar de Tivoli; en 1815, il revint à son propriétaire, le comte d'Artois, qui le donna au duc de Berry. C'est aujourd'hui la propriété du marquis d'Hertford. Le parc, qui est superbe, a une contenance de 21 hectares 75 ares.

En 1783, le comte d'Artois y avait fait construire une machine pour l'élévation des eaux, dans le genre de la grande pompe à feu des frères Périer. Elle fonctionna jusqu'en 1860, époque à laquelle M. le marquis d'Herford fit un construire un pavillon d'une élégance originale, qui rappelle, par sa situation et sa construction, les charmants édifices que l'on plaçait autrefois dans les bois pour servir de rendez-vous de chasse.

Situé au bord de la Seine, au milieu d'un site charmant, ce pavillon est entouré d'un jardin disposé en terrasse, et ombragé d'arbres magnifiques.

Son architecture est de pur style Louis XIII, et les détails du Louis XIV. Un grand escalier de pierre à balustres et rampants conduit de chaque côté à la plate-forme, où se poursuit la balustrade. Sur cet étage repose le pavillon proprement dit.

Il a été construit sur les dessins de M. Léon de Sanges, architecte.

Lors de la Révolution, le bois de Boulogne ne présentait guère à la vue des promeneurs que des arbres décrépits, craquant sous le poids des ans. Napoléon Ier le dota de plantations nouvelles et d'avenues, et en fit une des promenades les plus agréables. En 1840, la construction de l'enceinte fortifiée en diminua l'étendue, il ne compta plus que 765 hectares de superficie et 13,760 mètres de tour. Enfin, en 1852, il a été distrait du régime forestier et concédé à la ville de Paris, qui l'a fait disposer en superbe parc à l'anglaise. Resserré du côté d'Auteuil, agrandi du côté de Longchamps, le bois de Boulogne embrasse maintenant plus de 900 hectares. Il est enclos de murs et fermé par onze grilles, savoir : deux au nord, la porte Maillot et la porte de Neuilly ; quatre à l'ouest, les portes de Saint-James, de Madrid, de Bagatelle et de Longchamps; deux à l'extrémité méridionale, celle de Boulogne et celle des Princes; les trois dernières sont celles d'Auteuil, de Passy et de la Muette.

Le bois a été considérablement embelli depuis que la ville de Paris en a pris possession; une rivière, dont les eaux entourent des îles verdoyantes, a été creusée. Les chaussées principales ont été macadamisées et bordées de gazon. Des routes spacieuses, de larges avenues, dont plusieurs sont éclairées au gaz sur une longueur de plus de 1,000 mètres, aboutissent maintenant à des sites ravissants, à des lacs, à des chalets, à des cascades artificielles, à des restaurants, à des cafés, à des jeux et à des divertissements de toute sorte. Une enceinte nouvelle a été tracée. Par suite, le bois se trouve limité à l'est par les fortifications, à l'ouest par la rive droite de la Seine, depuis la ville de Boulogne jusqu'à Neuilly, enfin au nord et au sud par deux vastes boulevards, défendus au moyen d'un saut de loup, et qui s'étendent des fortifications à la Seine, sur une longueur de plus de 8 kilomètres. Nous aurons d'ailleurs à revenir en temps et lieu sur ces grandes transformations, en décrivant les divers établissements créés dans le bois de Boulogne.

Notons seulement que l'entretien du bois de Boulogne est confié à 151 conducteurs ou cantonniers et 21 jardiniers. Le nombre des gardes est de 39 commandés par 5 brigadiers ou sous-brigadiers.

Revenons à l'année 1779. Une ordonnance de police du 31 juillet défendit à tous marchands et artisans, sous peine de 100 livres d'amende, d'étaler ou vendre aucune marchandise sur le rempart et dans les rues et places publiques de Paris. Cette ordonnance rendait les propriétaires responsables des étalages que leurs locataires auraient indûment faits et qui les exposaient à 200 livres d'amende.

Elle fut homologuée par un arrêt du Parlement du 16 décembre.

Des lettres patentes de septembre 1779 ordonnèrent que, pour répondre aux vœux des habitants du quartier de la Chaussée d'Antin, qui se plaignaient de ne pas avoir d'église proche chez eux, il serait construit une chapelle succursale de Saint-Eustache, dans la rue Sainte-Croix d'Antin (aujourd'hui rue de Caumartin). Une délibération du chapitre des capucins du faubourg Saint-Jacques en date du 7 juillet de la

La procession, en passant devant le Châtelet, délivra quatre-vingt-quatorze prisonniers, qui s'empressèrent de se joindre à elle.

même année, portait consentement « à ce que leur couvent fût transféré dans le nouveau quartier de la Chaussée d'Antin, où il n'y avait point d'église, et à ce que l'emplacement et bâtiments de la rue du Faubourg Saint-Jacques fussent vendus pour le prix qui en proviendrait être employé à leur translation aux conditions que le roi agréerait. Ce fut en conséquence que, par arrêts du conseil du 6 août 1779 et 18 février 1780, des commissaires furent nommés pour acquérir au nom du roi « dans ledit quartier de la Chaussée d'Antin des terrains suffisants à l'effet d'y faire construire une église et des bâtiments pour y loger commodément le même nombre de religieux qui se trouvaient dans le couvent du faubourg Saint-Jacques, et procurer aux habitants de ce nouveau quartier, qui se peuple de plus en plus, les secours spirituels qu'ils ne peuvent avoir que dans des églises éloignées ; qu'en exécution desdits arrêts, les sieurs commissaires ont, par contrat passé le 8 juin 1780, acquis du sieur de Sainte-Croix 2,050 toises de superficie de terrain pour y placer ladite église, bâtiments et dépendances, etc. »

Les travaux se firent immédiatement, et le cloître, commencé en 1780 sur les dessins de l'architecte Brongniard, fut entièrement achevé en 1782.

« Cet édifice, dit Dulaure, atteste les progrès de l'architecture et son affranchissement des règles routinières du passé. La façade simple, convenable à l'humilité séraphique et dépourvue d'ornements superflus, tire toute sa beauté de l'harmonie des proportions. A ses extrémités figurent deux pavillons, chacun couronné d'un fronton surmonté d'un attique et percé par une porte ornée de deux colonnes sans bases. Une troisième porte est au centre de cette façade, où l'on remarque huit niches destinées à recevoir les figures des illustres de l'ordre de Saint-François, mais qui sont toujours restées vides. On y voit aussi deux tables renforcées chargées de bas-reliefs dont les sujets étaient relatifs à la première destination de cet édifice, et qui ont

paru dès qu'il en a reçu une autre. Ces bas-
[re]liefs étaient sculptés par Clodion.
« Le cloître de ce couvent est décoré de co-
[lon]nes dépourvues de bases à l'exemple de
[qu]elques monuments antiques. La façade mesure
[..] mètres de longueur sur 42 de hauteur. La
[ch]apelle occupe le pavillon en avant-corps de
[ga]uche ; elle est aujourd'hui ce qu'elle était à
[cet]te époque. »
Suivant la coutume de l'ordre séraphique,
[cet]te chapelle n'a qu'un bas côté, et seulement
[un]e corniche d'ordre dorique, avec des traits
[d'a]ppareil sur les arcades. Sur les piliers de la
[nef], M. S. Cornu, d'un côté, et M. Bezard, de
[l'a]utre, ont peint les figures des douze apôtres.
[Le]s peintures du chœur sont de M. Signol ; on y
[re]marque un tableau de Gassier représentant
[sai]nt Louis visitant des soldats malades de la
[pe]ste. A côté de la chapelle du Christ, la première
[à] gauche, en entrant se trouve une urne de
[ma]rbre gris, sur une colonne de marbre noir,
[av]ec une inscription indiquant qu'à cette place
[re]pose le cœur du comte de Choiseul Gouffier,
[mi]nistre d'État, décédé le 20 juin 1817.
L'unique bas côté se prolonge au delà du
[chœ]ur pour former une chapelle des catéchismes.
L'église Saint-Louis-d'Antin est aujourd'hui
[pr]emière succursale de la Madeleine.
[Le] cloître et église avaient été bénis solennelle-
[me]nt, le 21 novembre 1782, par l'archevêque de
[Par]is, et le 15 septembre 1783, les capucins du
[fau]bourg Saint-Jacques, sortis processionnelle-
[me]nt de leur ancien couvent, vinrent occuper le
[nou]veau, qui fut supprimé en 1790 et devint
[pro]priété nationale. Pendant quelques années,
[les] bâtiments furent affectés à un hospice où l'on
[soi]gna les maladies vénériennes. En vertu de
[la] loi du 1ᵉʳ mai 1802, on y établit un des quatre
[lyc]ées de Paris, après qu'on eut fait exécuter
[de] grandes réparations à l'ancien cloître ; on
[l'ap]pela lycée Bonaparte, dans les premiers
[jou]rs d'avril 1814, il devint le collège royal de
[Bo]urbon, puis reprit son nom de lycée Bona-
[pa]rte sous le second empire ; c'est aujourd'hui
[le] lycée Fontanes. Il y a une entrée rue du
[Ha]vre.
De collège à savants la transition est facile. Or
[en] cette année de grâce 1779, si nous en
[cro]yons les successeurs de Bachaumont, les sa-
[van]ts de Paris furent très intrigués par une
[dé]couverte, qui mit les membres de l'Académie
[des] inscriptions et belles lettres sur les dents.
[Vo]ici le fait : au mois d'octobre, au pied du ver-
[san]t oriental de Montmartre, on trouva une
[pie]rre sur laquelle était gravée une inscription
[en] caractères presque indéchiffrables.
[C'é]tait une bonne aubaine pour les doctes de
[l'A]cadémie, on la leur envoya. Grâce aux
[mo]yens que la science possède pour faire appa-
[raî]tre les caractères quelque peu effacés et en

s'aidant de beaucoup de patience, les académiciens arrivèrent enfin à rétablir l'inscription dans
son entier telle que la voici :

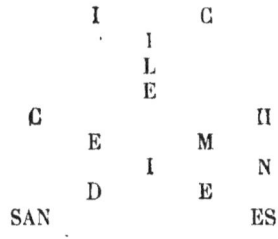

« Quand il a fallu rechercher, disent les *Mémoires secrets*, dans quelle langue étaient écrits
ces caractères et ce qu'ils signifiaient, les académiciens se sont inutilement cassé la tête. Ils ont
consulté M. Court de Gébelin, ce savant auteur
du *Monde primitif* et l'homme le plus versé dans
la connaissance des hiéroglyphes ; il s'est avoué
incapable d'y rien comprendre. Le bedeau de
Montmartre, entendant parler du fait et de l'embarras des académiciens, a prié qu'on lui fît voir
la pierre, et, sans doute instruit de son existence
antérieure, il en a donné sans difficulté la solution, en assemblant simplement les lettres qui
forment ces mots français : *Ici le chemin des ânes*.
Il y avait dans ces cantons des carrières à plâtre,
et c'était une indication aux plâtriers qui venaient
en charger des sacs sur leurs ânes, dont ils se
servent pour cette expédition. »
L'histoire est drôle, mais n'oublions pas que
les *Mémoires secrets* ne se piquaient pas toujours
d'une véracité absolue, bien que cette fois ils af-
firment la véracité de l'anecdote.
Nous avons dit précédemment que le couvent
des religieuses bénédictines de Notre-Dame de
Liesse avait été supprimé en 1778; à cette époque,
Mᵐᵉ Necker, née Cuchaud, femme du contrôleur
général des finances, conçut et exécuta le projet
de fonder sur l'emplacement qu'occupait ce couvent, dans la rue de Sèvres, un hôpital qui fut
d'abord appelé hospice de Saint-Sulpice et du
Gros-Caillou. Louis XVI ayant accordé une somme
annuelle de 42,000 francs, pour fonder 120 lits
de malades, Mᵐᵉ Necker prit la direction de cette
œuvre de bienfaisance, et ce fut à l'aide de cette
première ressource qu'elle put louer le couvent
qui avait été supprimé et y installer son hôpital.
Tous les ans on publiait un compte de dépenses,
de recettes, d'améliorations et de mortalité de cet
hospice. Pendant la Révolution, l'établissement
reçut le nom d'hospice de l'Ouest. A son origine,
il contenait 120 lits, en 1792; ce nombre fut
porté à 128, dont 68 furent destinés pour les
hommes et 60 pour les femmes. Ces lits étaient
distribués en huit salles, quatre au rez-de-chaussée et quatre au premier étage, deux salles furent réservées aux convalescents.

« Les bâtiments primitifs, dit Dulaure, n'étant pas construits pour un hôpital, il en est résulté plusieurs inconvénients contraires à la salubrité, inconvénients qu'on a fait en partie disparaître dans les années 1802 et 1803, et dont quelques-uns subsistent encore malgré les améliorations nombreuses qu'on y a exécutées. Aujourd'hui, le nombre des lits est de 136, 14 pour les blessés et 12 pour les blessées, 12 pour les convalescents et 15 pour les convalescentes, 36 pour les malades ordinaires, hommes et 44 pour les femmes.

Depuis que Dulaure écrivait cela, le nombre des lits s'accrut considérablement. Car, dans son *Etude sur les hôpitaux*, M. Husson, directeur de l'administration générale de l'assistance publique, indiquait en 1862, que le nombre des lits était de 386, dont 234 de médecine, 89 de chirurgie, 28 de nourrices et au besoin d'accouchement, 30 berceaux et 5 lits de reposantes. Le nombre des malades avait été en 1861, de 7,256, ayant donné 129,975 journées, et les dépenses de l'établissement pour cette même année, s'étaient élevées à 309,636 francs 75.

Ce fut à peu près à cette époque, que les bâtiments de l'hôpital Necker furent reconstruits, sa configuration rappelle en plusieurs points celle de l'hôpital militaire de Vincennes et reproduit presque identiquement celle de *London hôpital*, mais il a de plus que ces deux établissements une galerie couverte qui réunit les deux extrémités des pavillons latéraux, et permet d'accéder à la chapelle et à quelques services généraux établis au rez-de-chaussée, à la suite de cette galerie. Il offre dans son ensemble un quadrilatère complètement ouvert au sud, et ne laisse rien à désirer sous le rapport de l'installation et de l'hygiène. Le service de la chirurgie (femmes) offre une longueur de bâtiments de $21^m,40$ sur 8 mètres de largeur et une hauteur de $5^m 20$, le cube d'air par lit, est de $44^m,512$. Le service des femmes en couche offre des proportions identiques.

Cet hôpital, qui porte aujourd'hui le nom de sa première directrice, a conservé, dans le parloir particulier des religieuses, les portraits de Mme Necker et de sa fille. Ces deux toiles, bien que médiocrement peintes, paraissent ressemblantes. La chapelle renferme deux belles statues en marbre d'Aaron et de Melchisédech.

Un second hôpital est à peu près de même date : l'hôpital Cochin, rue du Faubourg Saint-Jacques. Ce quartier était alors habité, en grande partie, par des ouvriers qui travaillaient aux carrières voisines. Il ne possédait pas d'infirmerie, et l'on était obligé de transporter les pauvres blessés à l'Hôtel-Dieu. Souvent les secours arrivaient trop tard. Ce fut en considération de tout ceci que l'abbé Cochin, curé de la paroisse de Saint-Jacques du Haut-Pas, conçut la pensée d'élever un hôpital spécial aux gens de sa paroisse. Malheureusement il n'était pas riche : il n'avait guère que quinze cents livres de revenu, il les sacrifia bravement à l'achat (en 1779) d'un terrain sur lequel il fit bâtir un modeste bâtiment, dont il fit poser la première pierre par deux pauvres de la paroisse, élus en assemblée de charité, comme étant les plus dignes d'être distingués par leurs vertus.

M. Viel, architecte, ami du curé, fut par lui chargé de faire les plans, de surveiller les travaux, et il s'associa à l'œuvre en refusant tout honoraire.

Commencé en 1780, l'hospice fut construit en 1782, et bientôt, grâce à de pieuses générosités, il se trouva doté de quinze mille livres de rentes.

Le curé nomma tout simplement son hôpital hospice de la paroisse Saint-Jacques du Haut-Pas ; mais après sa mort, survenue en 1783, on désigna l'établissement sous le nom de son fondateur.

Pendant la Révolution on l'appela hospice Jacques et hospice du Sud ; enfin, en 1801, le conseil général des hospices lui donna officiellement le nom d'hôpital Cochin. Grâce à des aménagements bien entendus, cet hôpital, où l'on ne comptait à l'origine que 38 lits, en contient aujourd'hui 119, savoir : 50 lits de médecine, 51 de chirurgie, 8 d'accouchement et 10 berceaux.

Construit dans de bonnes conditions de salubrité, il renferme quatre salles principales de malades, deux au premier étage, deux au second, formant la croix avec la chapelle qui occupe le centre des constructions (longueur de chaque salle $22^m,75$; largeur $6^m,82$; hauteur $5^m,50$; cube d'air afférent à chaque lit $42^m,666$). Il est regrettable que les salles n'aient des fenêtres que d'un seul côté : cette disposition est peu favorable à l'aération naturelle et au renouvellement rapide de l'air vicié. Une partie des magnifiques jardins de l'hôpital sert de promenoir aux malades. Au fronton du péristyle d'ordre dorique qui forme l'entrée principale de l'hôpital sur le faubourg Saint-Jacques, on lit l'inscription suivante : *Pauper clamavit et Dominus exaudit eum*. On reçoit à cet hôpital les malades atteints d'affections aiguës ou chirurgicales. Le personnel administratif comprend un directeur comptable, un expéditionnaire, un aumônier, 17 sœurs de l'ordre de Sainte-Marthe, 3 sous-employés et 19 serviteurs. Le personnel médical compte un médecin, un chirurgien, 2 internes en médecine ou en chirurgie, 9 élèves externes.

Le 18 décembre, le prince de Condé, mécontent des propos tenus par le marquis d'Agout, capitaine de ses gardes, le fit appeler pour exiger sa démission ; dans les termes les plus mesurés, M. d'Agout répondit qu'il la donnait malgré lui et par force, et qu'étant né gentilhomme, il lui demandait raison de cette insulte. Le prince de

Condé consentit, et le samedi 19, à 8 heures du matin, il se trouva avec un seul valet de chambre dans une allée du Champ de Mars, où était M. d'Agout, suivi de son frère le chevalier d'Agout, aide-major des gardes du corps. Ils mirent l'épée à la main. Le prince de Condé fut blessé légèrement au poignet et le long du bras. On les sépara, et sur-le-champ, le prince de Condé partit pour Versailles, rendit compte au roi de ce qui s'était passé et revint à Paris. M. d'Agout dont il sollicita la grâce, partit pour Bruxelles.

« Des lettres patentes du 16 décembre 1779, lisons-nous dans le *Dictionnaire des rues de Paris*, ayant ordonné la translation de l'hôpital royal des Quinze-vingts, situé dans la rue Saint-Honoré, dans l'hôtel des Mousquetaires, de la rue de Charenton, ces mêmes lettres autorisèrent le cardinal de Rohan, supérieur dudit hôpital, à vendre tous les terrains et bâtiments formant l'enclos de cet établissement. Les acquéreurs de ces terrains étaient tenus d'ouvrir les rues et passage désignés au plan adopté par le roi; ce plan, tracé par M. Lenoir, architecte, indiquait cinq rues sous la dénomination de Beaujolais, de Chartres, Montpensier, Rohan et Valois, ainsi qu'un passage entre les rues Rohan et Saint-Nicaise. Lors de l'exécution, quelques changements furent apportés à ce plan; le passage dut être supprimé, et l'on forma la rue des Quinze-Vingts. »

La rue de Beaujolais-Saint-Honoré fut tracée le 3 juillet 1781; son nom lui fut donné en l'honneur du comte de Beaujolais fils du duc d'Orléans; le 12 thermidor an VI, on l'appela rue Hoche, le 27 avril 1814, elle reprit son nom primitif. Supprimée pour l'achèvement du Louvre.

La rue de Chartres-Saint-Honoré reçut son nom en l'honneur du duc de Chartres, fils aîné du duc d'Orléans; le 2 thermidor an VI, on l'appela rue de Malte; elle reprit son nom primitif le 27 avril 1814. Cette rue fut supprimée lors de l'achèvement du Louvre.

La rue de Montpensier-Saint-Honoré reçut son nom en l'honneur du duc de Montpensier, fils aîné du duc d'Orléans. Elle disparut à la même époque que la précédente.

La rue de Rohan dut son nom à Louis-René Édouard de Rohan Guéménée; le 12 thermidor an VI, on l'appela rue Marceau; le 27 avril 1814, elle reprit son nom primitif. Aussi supprimée pour l'achèvement du Louvre.

La rue de Valois-Saint-Honoré reçut son nom en l'honneur du duc de Valois, fils du duc d'Orléans; le 2 thermidor an VI, on l'appela rue Batave; le 27 avril 1814, elle reprit son nom primitif. Supprimée lors de l'achèvement du Louvre.

Plusieurs autres voies publiques datent de 1779 : la rue Boudreau, ouverte aux frais des sieurs Delahaye et Aubert, suivant les dispositions des lettres patentes du 3 juillet, autorisant l'ouverture de cette rue et celle des rues de Caumartin et Trudon. La rue Boudreau, dut son nom à M. Boudreau, alors greffier de la ville de Paris.

La rue de Caumartin fut ouverte en avril 1780; son nom lui fut donné en l'honneur de M. Lefebvre de Caumartin, prévôt des marchands. Elle commençait à la rue Basse du Rempart et finissait à la rue Neuve des Mathurins; sous le second Empire, elle a été prolongée jusqu'à la rue Saint-Lazare, en supprimant les rues Thiroux et Sainte-Croix d'Antin; ces trois rues n'en formèrent plus qu'une : la rue de Caumartin.

La rue Trudon fut ouverte en avril 1780, son nom lui fut donné en l'honneur de Jacques-François Trudon, écuyer, échevin de la ville de Paris, de 1774 à 1776. Supprimée par le percement de la rue Auber.

Le passage des Chartreux fut ouvert rue Traînée, vis-à-vis la porte latérale de l'église Saint-Eustache. « Les chartreux pourront faire reconstruire, aux deux côtés du passage, un puits et une pompe en remplacement du puits de la pointe Saint-Eustache. » (Lettres patentes de juillet 1780.)

Il a été supprimé depuis l'établissement des Halles centrales.

La rue Chauchat fut percée en octobre 1779; elle communiquait de la rue Chantereine (de la Victoire) à celle de Provence; le 29 juillet 1793, le corps municipal accorda à la veuve Pinon et au sieur Thévenin l'autorisation d'ouvrir une nouvelle communication en prolongement de la rue Chauchat jusqu'à la rue Pinon. Ce projet n'eut point de suite; il fut repris en 1821. Depuis l'incendie de l'Opéra, cette rue se continue jusqu'au passage de l'Opéra. Son nom lui fut donné en l'honneur de Jacques Chauchat, échevin en 1778.

La rue Corneille, autorisée par lettres patentes du 10 août 1779; ce nom lui fut donné en l'honneur du grand Corneille.

La rue de Crébillon, ouverte sur l'emplacement de l'hôtel de Condé, suivant les lettres patentes du 10 août; son nom lui fut donné en l'honneur de l'auteur Jolyot de Crébillon.

La rue Molière, ouverte sur le même emplacement à la même époque. C'est aujourd'hui la rue Rotrou.

La rue Racine, la première partie de cette rue, comprise entre la place de l'Odéon et la rue Monsieur-le-Prince, fut ouverte en même temps que les précédentes; la partie comprise entre les rues Monsieur-le-Prince et de la Harpe (c'est-à-dire jusqu'au boulevard Sébastopol aujourd'hui), ne fut percée qu'en vertu d'une ordonnance royale du 3 janvier 1822 et d'une loi du 26 avril 1832. Ce percement fut exécuté en 1835 seulement sur des terrains provenant du couvent des Cordeliers et de l'église Saint-Côme.

La rue Regnard, aussi ouverte sur l'emplacement de l'hôtel de Condé.

Nouvelle machine hydraulique au bois de Boulogne.

Le château de la Muette au bois de Boulogne.

La rue Voltaire, toujours sur le même emplacement; elle a changé de nom : c'est aujourd'hui la rue de Delavigne.

La rue Saint-Georges, la partie de cette rue, comprise entre les rues de la Victoire et Saint-Lazare, existait en 1734, et s'appelait ruelle Saint-Georges; elle fut élargie en 1778; des lettres patentes du 7 mai 1779 autorisèrent Jean-Joseph de la Borde, conseiller, secrétaire des finances, à ouvrir, sur ses terrains, une nouvelle rue en prolongement de la ruelle Saint-Georges; ces deux parties reçurent alors la seule et même dénomination de rue Saint-Georges. En 1851, la même rue fut prolongée jusqu'à la place Saint-Georges.

Enfin l'impasse Saint-Sébastien : « Sur la demande à nous faite par les différents propriétaires des maisons formant un cul-de-sac nouvellement construit dans la rue Neuve-Saint-Sébastien, qu'il nous plut de nommer ledit cul-de-sac : cul-de-sac Saint-Sébastien; en conséquence, permettons, etc. » (Ordonnance du bureau de la ville du 18 juin 1779.)

En 1779, Paris comptait vingt abreuvoirs publics où il était permis de mener les chevaux, bœufs et autres animaux boire et se baigner dans la rivière; c'étaient ceux de l'île Notre-Dame, Saint-Louis, de la pointe de l'île du Palais, de la porte de la Conférence, de la porte Saint-Bernard, du port au Blé, de la Grenouillère, de l'Hôpital général, des Invalides, du port au plâtre, du port Saint-Nicolas, du port Saint-Paul, du quai de Conti, du quai de l'École, du quai des Miramiones, du quai des Orfèvres, du quai d'Orsay, du quai des Théatins, de la rue des Grands-Degrés, de la rue des Gobelins, et enfin de la rue de l'Arche-Pépin ou Saint-Germain l'Auxerrois.

On se plaignait depuis plusieurs années de la malpropreté des rues qui semblait augmenter; le lieutenant de police, touché de ces reproches, fit publier, dans le *Journal de Paris*, du 25 décembre 1779, un avis invitant toutes les personnes qui voudraient s'occuper de projets relatifs au nettoyage des rues à les lui communiquer, informant le public qu'un prix de 600 livres était destiné à l'auteur du meilleur mémoire sur ce sujet.

« Les causes qui nuisent à la propreté sont très multipliées, lit-on dans cet avis. La capitale a pris, depuis huit ou dix ans, un accroissement étonnant; les fauxbourgs Saint-Germain, Saint-Honoré, Montmartre, la Chaussée d'Antin, les boulevards ont doublé l'étendue de cette ville, sans compter un grand nombre de rues percées dans les quartiers déjà subsistant; on bâtit de tous côtés, et rien ne contribue tant à la malpropreté des rues que la multiplicité des bâtimens, la fouille et le transport des terres qui se tamisent à travers les tombereaux, l'apport du plâtre, celui des moëlons, les recoupes des pierres, le séjour des boues sur les ateliers où il est impossible de balayer; le nombre des voitures et des chevaux est prodigieusement augmenté; le pavé, dont la solidité contribue si essentiellement à la propreté, est bien plus fatigué qu'autrefois par le nombre prodigieux des charrois et par l'excès des fardeaux qu'on transporte d'un bout de la ville à l'autre. Une des causes qui nuit le plus au service, c'est l'éloignement actuel des voiries, etc. »

Les registres d'écrou de la Bastille nous donnent, pour 1779 : 11 janvier, Chrétien-François Legendre, agent de change; Fournay, agent de change, sortis le 3 mai; Cleymann, chargé des affaires de l'évêque prince de Furnes, transféré à la Conciergerie le 5 janvier 1782, et J.-F. Caron, trésorier du marc d'or, transféré à Charenton le 28 mai. Ces quatre personnes étaient accusées de banqueroute; — 7 février, Brun de la Condamine, écrivain de la marine, capitaine dans les milices de Saint-Domingue, sorti le 25 avril 1783; — 7 mars, de la Bastide, gentilhomme ordinaire du roi, sorti le 10 mars et exilé en Auvergne, dispute avec un officier; — 23 mars, Joseph-Nicolas de Saint-Pierre-Dutailly, capitaine-ingénieur des États-Unis, transféré au château de Ham, 2 janvier 1782, affaire de politique extérieure; — 12 avril, Étienne Jumelle, soixante-dix-huit ans, menuisier, Geneviève Catolle, sa femme, même âge, sortis le 21 avril; Catherine Théo, soixante-trois ans; Marie-Catherine Lallier, transférées à l'Hôpital général, le 29 mai; Michel Hostein, ancien substitut, convulsionnaire, sorti le 7 juillet; — 17 août, Marie-Marguerite du Paquier dite de Longueville, femme du sieur Claude Chauvel, intendant de l'ambassadeur de Naples, et Hyacinthe Legros, domestique, sortis : la première, le 6 septembre; Legros, le 18; espionnage; — 27 septembre, Jean Asseline, sorti le 18 mars 1780; — 15 octobre, Charles-Nicolas Roland, receveur des tailles, affaire des grains, sorti le 18 mars 1780, et conduit au petit Châtelet.

Nous voici arrivé à 1780.

Un siècle nous sépare de l'année pendant laquelle ce volume a été écrit.

Et ce siècle qui marque la fin d'un monde et qui sert d'ère à la chronologie de l'avenir, embrasse l'histoire des événements les plus mémorables des temps modernes.

Quelle période plus fertile, plus féconde que celle de la Révolution ! et quel rôle plus important que celui joué par Paris dans le grand drame social qui commence au milieu du règne de Louis XVI pour se dérouler jusqu'à nos jours avec ses péripéties émouvantes, ses alternatives de gloire, de désastre, d'affaissement et de réveil !

Mais il faut savoir se borner, et nous ferons en sorte, tout en ne négligeant aucun détail de l'époque révolutionnaire à laquelle nous sommes parvenu, de ne pas excéder les limites que nous nous sommes imposées.

Au reste, laissons à d'autres le soin de développer les conséquences phylosophiques et politiques de la Révolution et des différents gouvernements qui lui succédèrent, nous nous sommes contenté de relater avec l'impartialité qui doit être la première qualité de l'historien, les faits qui se sont passés à Paris, de façon que le lecteur puisse s'en faire une idée exacte et précise.

Nous nous sommes surtout attaché à éclaircir tous les points obscurs, à rectifier des erreurs accréditées; en un mot à ne pas nous écarter du plan qui a été suivi jusqu'ici.

Nous allons montrer Paris en travail de transformation complète.

Et ce ne seront pas seulement ses mouvements nouveaux qui changeront d'aspect et de physionomie, ses institutions qui se modifieront; mais par suite de l'éclosion des idées nouvelles, un changement radical va s'opérer dans les mœurs et dans les usages des Parisiens; on les a vus dans leur état d'asservissement et de soumission absolue — nous allons les voir en pleine possession d'eux-mêmes, devenir enfin des citoyens dignes de conquérir la liberté, qu'il leur faudra acheter au prix de luttes terribles, de combats incessants qui seront pour l'Europe attentive le plus furieux spectacle qu'il lui soit donné de contempler.

TABLE DES CHAPITRES DU TROISIÈME VOLUME

TROISIÈME PARTIE

CHAPITRE XXX

Saint-Thomas d'Aquin. — Révocation de l'édit de Nantes. — La place des Victoires. — Saint-Germain des Prés. — La place Vendôme. — Persécution des protestants. — Les comédiens français. — Un banquet à l'hôtel de ville. — L'Opéra. — Les hôtels. — La Comédie italienne. — L'homme au masque de fer. — Bercy. — Corporations. — Mœurs, coutumes, modes. 1

CHAPITRE XXXI

La régence. — Les bals de l'Opéra. — L'Élysée. — Law et la rue Quincampoix. — La foire Saint-Laurent et les Italiens. — Pierre le Grand à Paris. — L'incendie du Petit-Pont. — L'Abbaye-au-Bois. — Les porcherons. — Louis XV. — Les réjouissances publiques. — Cartouche. — Le Palais-Bourbon. — Fêtes du mariage. — Les convulsionnaires. — La Bibliothèque royale. 79

CHAPITRE XXXII

Toujours les convulsionnaires. — L'Académie de médecine. — Luttes au Parlement. — Les livres au bûcher. — Église de l'Assomption du Gros-Caillou. — Le grand conseil. — Une fête sur l'eau. — Longchamps. — Les assommeurs. — La milice. — Les pantins. — Le Point du jour. — Les enlèvements. — Condamnations au bûcher. — Le procès de l'âne. — Les billets de confession. — L'École militaire. — La place de la Concorde. — Le Panthéon. 158

CHAPITRE XXXIII

Les refus de sacrements. — La Lescombat. — Damiens. — La petite poste. — Le cabaret de Ramponneau. — Les jésuites. — La loterie. — Église de la Madeleine. — L'inondation. — Théâtre de Nicolet; la Gaîté. — Arts et métiers. — L'hôtel des Monnaies. 241

CHAPITRE XXXIV

Les impures. — Théâtre des Associés. — Délassements-Comiques. — Jeanne Bécu, comtesse du Barry. — Les joûtes. — Le Colysée. — La foire Saint-Laurent. — L'Ambigu-Comique. — Le procès des perruquiers. — Les réverbères. — Saint-Philippe du Roule. — L'Opéra rue Saint-Honoré. — La Comédie française aux

Tuileries. — Les fêtes du mariage. — Le Champ de Mars. — Le Wauxhall d'hiver. — Le Parlement exilé. — La cour des Monnaies. — L'ordre de la Persévérance. — Tivoli. — Le garde-meuble. — La halle aux veaux. — Les Vestris. — Les vendanges de Paris. — Le feu de l'Hôtel-Dieu. — Le premier théâtre du Montparnasse. — L'Odéon. — Le parc Monceaux. — Paris pendant la maladie de Louis XV. — Mœurs, coutumes, usages et costumes. 317

CHAPITRE XXXV

Louis XVI. — Rentrée du Parlement. — *Le Barbier de Séville*. — Mlle Laguerre. — Les maisons de jeu. — Suppression des jurandes. — Les coiffures. — Le mont-de-piété. — Mort de Voltaire. — La pompe à feu. — Les sourds-muets. — La duchesse d'Angoulême. — Le bois de Boulogne. — *La Muette; Madrid; Bagatelle; le Ranelagh*. — Saint-Louis d'Antin. — Hôpital Necker. 400

FIN DE LA TABLE DES CHAPITRES

AVIS. — Les nombreux documents qui doivent entrer dans cette grande histoire de Paris étant classés, nous pouvons annoncer à nos abonnés qu'elle sera complètement terminée dans le courant de l'année 1881, et mentionnera jusqu'aux derniers événements accomplis.

En conséquence, nous engageons tous les acheteurs à se tenir au courant de cette publication unique dans son genre; car, vu la difficulté qu'entraîne le tirage des gravures hors texte, aussitôt l'ouvrage terminé, le prix en sera augmenté ainsi que nous l'avons déjà annoncé et sera porté à **75** centimes la série. (*Note de l'éditeur.*)

www.ingramcontent.com/pod-product-compliance
Lightning Source LLC
Chambersburg PA
CBHW051405230426
43669CB00011B/1772

www.ingramcontent.com/pod-product-compliance
Lightning Source LLC
Chambersburg PA
CBHW051405230426
43669CB00011B/1771